D1618494

SCHÄFFER
POESCHEL

Die neue Schule des Bilanzbuchhalters
Band 4

Volks- und Betriebswirtschaft, Recht, EDV

Bilanzbuchhalter (IHK)
mit Aufgaben und Lösungen

6., überarbeitete und erweiterte Auflage

Begründet von Prof. Dr. Werner Kresse
Herausgegeben von Dipl. oec. Norbert Leuz, Steuerberater

Bearbeitet von:
Diethard Erbslöh
Dr. Werner Klein
Prof. Eberhard Rick
Prof. Dr. Bettina Schwarzer
Dr. Monika Simoneit
Prof. Dr. Michael Wobbermin

2004
Schäffer-Poeschel Verlag Stuttgart

Bibliografische Information Der Deutschen Bibliothek
Die Deutsche Bibliothek verzeichnet diese Publikation in der Deutschen Nationalbibliografie;
detaillierte bibliografische Daten sind im Internet über <http://dnb.ddb.de> abrufbar.

Gedruckt auf chlorfrei gebleichtem, säurefreiem und alterungsbeständigem Papier

ISBN 3-7910-2236-9

Dieses Werk einschließlich aller seiner Teile ist urheberrechtlich geschützt. Jede Verwertung außerhalb der engen Grenzen des Urheberrechtsgesetzes ist ohne Zustimmung des Verlages unzulässig und strafbar. Das gilt insbesondere für Vervielfältigungen, Übersetzungen, Mikroverfilmungen und die Einspeicherung und Verarbeitung in elektronischen Systemen.

© 2004 Schäffer-Poeschel Verlag für Wirtschaft · Steuern · Recht GmbH
www.schaeffer-poeschel.de
info@schaeffer-poeschel.de

Einbandgestaltung: Willy Löffelhardt
Satz: Grafik-Design Fischer, Weimar
Druck und Bindung: Kösel, Krugzell
www.koeselbuch.de

Printed in Germany
August/2004

Schäffer-Poeschel Verlag Stuttgart
Ein Tochterunternehmen der Verlagsgruppe Handelsblatt

Vorwort zur 6. Auflage

Band 4 der »Neuen Schule des Bilanzbuchhalters« hat zum Ziel, dem Leser unter Beibehaltung der bewährten, aus Band 1 bis 3 vertrauten Grundstruktur weitere wichtige Fachgebiete zu vermitteln, die dem so genannten funktionsübergreifenden Teil der Bilanzbuchhalterprüfung (national) angehören.

Trotz formaler Gleichheit der einzelnen Bände der »Neuen Schule« weist Band 4 eine wichtige Besonderheit auf. Während in Fächern wie Buchführung, Buchhaltungsorganisation, Jahresabschluss oder Steuerbilanz – den beruflichen Anforderungen entsprechend – eine tief gehende Behandlung notwendig ist, müssen die Autoren in Band 4 umfangreiches Wissen in der gebotenen Kürze verständlich darstellen. Wegen der Fülle des Stoffes ist der vierte Band deshalb sehr umfangreich und wurde mit dieser Auflage wesentlich erweitert.

Die Ausführungen in Band 4 beginnen mit dem 11. Hauptteil **Arbeitsmethodik**. Dieses Fachgebiet ist zwar selbst nicht Gegenstand der Prüfung, gibt aber praktische Hilfen für die Organisation des Lernens, mit dem Ziel, den Lernprozess möglichst erfolgreich und ökonomisch gestalten zu können.

Der 12. Hauptteil des Gesamtwerkes behandelt die **volkswirtschaftlichen Grundlagen.** Neben den Themen Wirtschaftsordnungen und -systeme, Märkte und Preisbildung, volkswirtschaftliche Gesamtrechnung, Konjunkturen, Geldpolitik und Außenwirtschaft wird besonderes Gewicht auf die aktuellen Probleme zwischen Ökonomie und Ökologie gelegt. Darüber hinaus werden die Europäische Union, ihre Organe und der Stabilitäts- und Wachstumspakt ausführlich behandelt.

Zahlreiche Abbildungen erleichtern den Zugang zu dem oft als schwierig empfundenen VWL-Stoff. Der mit mathematischen Formeln auf »Kriegsfuß« stehende Leser sollte sich von einigen mathematischen Ableitungen nicht erschrecken lassen. Der darin enthaltene Sinn ist auch ohne Formeln verständlich; sie sind aber erforderlich für alle, die es »genauer« wissen wollen.

Der 13. Hauptteil ist den **betriebswirtschaftlichen Grundlagen** gewidmet. Er umfasst neben der Darstellung der Grundbegriffe der Betriebswirtschaftslehre weitere Kapitel zu Standortentscheidung, Kooperation und Konzentration im Unternehmensbereich, Betriebsorganisation, Materialwirtschaft, Fertigungs- und Personalwirtschaft, Unternehmensführung und Absatz.

Der umfangreichste Abschnitt ist der 14. Hauptteil **Recht.** Er enthält eine systematische, straffe und leicht verständliche Darstellung der wichtigsten Rechtsgebiete (z. B. BGB, Handels- und Gesellschaftsrecht, Wechsel- und Scheckrecht, Gewerberecht, Gerichtsbarkeit, Mahn- und Klageverfahren, Insolvenzverfahren, Arbeitsrecht), ergänzt durch eine Vielzahl von Kontrollfragen.

Band 4 schließt mit dem 15. Hauptteil **EDV, Informations- und Kommunikationstechniken**, der entsprechend den detaillierten Lernzielvorgaben des DIHT-Rahmenstoffplanes gegliedert ist und durch zahlreiche Abbildungen und Übersichten veranschaulicht wird. Die behandelten EDV-Komponenten beziehen sich hauptsächlich auf den Anwendungsbereich des Personalcomputers.

Gegenüber der vorhergehenden Auflage war eine **detaillierte Überarbeitung und Erweiterung** notwendig:

- so wurde der gesamte Hauptteil zur Betriebswirtschaft neu erstellt und um wesentliche Themen erweitert, z. B. um das immer wichtigere Thema »Standortentscheidung«;
- Prof. Dr. Bettina Schwarzer hat als neue Autorin im EDV-Bereich Anpassungen an neue Entwicklungen vorgenommen;
- auch zu den Themen Volkswirtschaft (insbesondere zur EU) und Recht (insbesondere zur Schuldrechtsreform) waren zahlreiche Änderungen zu berücksichtigen.

Damit ist der vorliegende Band wieder auf aktuellem Stand.

Herausgeber und Verlag

Vorwort zum Gesamtwerk

Die »Neue Schule des Bilanzbuchhalters« ist ein Lehr- und Nachschlagewerk für den gesamten Bereich des kaufmännischen Rechnungswesens. Es wendet sich nicht nur an diejenigen, die sich auf die Bilanzbuchhalterprüfung vorbereiten sowie an Studierende, sondern dient auch dem kaufmännischen Nachwuchs allgemein zur systematischen Weiterbildung und hilft den erfahrenen Praktikern in Betrieben und Steuerberatungen bei der Lösung von Zweifelsfragen.

Das Gesamtwerk, das mit den Bänden 1–6 eng an die Rahmenstoffpläne zu den Bilanzbuchhalterprüfungen national wie international angelehnt ist, umfasst insgesamt 7 Bände:

Die ersten **vier Bände** gewähren eine umfassende Vorbereitung für die schriftliche Prüfung (national). Die **Bände 1 bis 3** enthalten den funktionsspezifischen Teil. Den funktionsübergreifenden Teil deckt der **Band 4** ab. **Band 5** ist ganz auf die Besonderheiten der mündlichen Prüfung (national) ausgerichtet.

Konzipiert an der neuen IHK-Weiterbildungsprüfung »**Bilanzbuchhaltung international**« vermittelt **Band 6** praxisnahe Kenntnisse von Außenwirtschaft und internationalem Finanzmanagement, internationalem Rechnungswesen (IAS, US-GAAP), internationalem Steuerrecht sowie fachbezogenem Englisch.

Band 7 ist ausschließlich **Sonderbilanzen** gewidmet, die einerseits nur zu außerordentlichen Anlässen (Gründung, Umwandlung, Auseinandersetzung, Sanierung, Insolvenz, Liquidation), andererseits für steuerliche Zwecke notwendig sind (steuerliche Sonderbilanzen für Sonderbetriebsvermögen und Ergänzungsbilanzen für Wertkorrekturen des Gesamthandvermögens).

Zum besseren Verständnis und zur Vertiefung des Wissens wurden **Aufgaben** entwickelt, auf die an den entsprechenden Stellen im Text verwiesen wird. Um inhaltliche Zusammenhänge nicht auseinander zu reißen, sind die Aufgaben und dazugehörigen **Lösungen** gesondert am Ende des jeweiligen Textteils zu finden.

Kontrollfragen zu jedem Abschnitt erleichtern die schnelle Rekapitulation des Stoffgebiets.

Ein besonderes Anliegen ist die **Praxisbezogenheit** des Werkes, die u. a. durch Berücksichtigung der Belange einer EDV-gerechten und umsatzsteuergerechten Buchungsweise zum Ausdruck kommt, z. B. auch unter Verwendung des DATEV-Kontenrahmens SKR 03.

Herausgeber und Verlag

Verzeichnis der Bearbeiter des Gesamtwerkes

Diethard Erbslöh, Benningen am Neckar

Prof. Dr. Dr. Ekbert Hering, Fachhochschule Aalen

Prof. Dr. Hans-Peter Kicherer, Berufsakademie Heidenheim

Dr. Werner Klein, Universität zu Köln

Dr. Lieselotte Kotsch-Faßhauer, Steuerberaterin, Stuttgart

Dipl.-Finanzwirt (FH) Angelika Leuz, Stuttgart

Dipl. oec. Norbert Leuz, Steuerberater, Stuttgart

Christa Loidl, Stuttgart

Prof. Eberhard Rick, Fachhochschule Ludwigsburg, Hochschule für öffentliche Verwaltung und Finanzen

Prof. Dr. Werner Rössle, Berufsakademie Stuttgart

Prof. Dr. Bettina Schwarzer, Fachhochschule Stuttgart – Hochschule der Medien

Dr. Monika Simoneit, Tübingen

Prof. Dr. Herbert Sperber, Fachhochschule Nürtingen, Hochschule für Wirtschaft, Landwirtschaft und Landespflege

Dipl.-Betriebswirt Günter Weyrauther, Stuttgart

Cornelia Wobbermin, beeidigte Verhandlungsdolmetscherin, Affalterbach

Prof. Dr. Michael Wobbermin, Fachhochschule Reutlingen, Hochschule für Technik und Wirtschaft

Überblick über das Gesamtwerk

Im **1. Band** werden behandelt:

- Grundlagen der Buchführung
- Grundsätze ordnungsmäßiger Buchführung (GoB), Organisation der Buchführung und EDV
- Abschlüsse nach Handels- und Steuerrecht (Bilanz, GuV-Rechnung, Anhang, Lagebericht, Prüfung, Offenlegung u. a.)

Im **2. Band** werden behandelt:

- Besondere Buchungsvorgänge (Wechselgeschäfte, Leasing, Kommissionsgeschäfte, Reisekosten, Lohn und Gehalt u. a.)
- Konzernrechnungslegung
- Auswertung der Rechnungslegung (Bilanzanalyse)
- Kosten- und Leistungsrechnung
- Finanzwirtschaft und Planungsrechnung

Im **3. Band** werden behandelt:

- Steuern (AO, EStG, KStG, GewStG, UStG, UmwStG, InvZulG)

Im **4. Band** werden behandelt:

- Arbeitsmethodik
- Volkswirtschaftliche Grundlagen (Wirtschaftsordnungen und -systeme, Märkte und Preisbildung, Konjunktur, Geld und Geldpolitik u. a.)
- Betriebswirtschaftliche Grundlagen (Unternehmensziele, betriebswirtschaftliche Steuerungsgrößen, Produktionsfaktoren, betriebliche Funktionsbereiche u. a.)
- Recht (BGB, HGB, Gerichtsbarkeit, Zivilprozess und Mahnverfahren, Gewerberecht, Insolvenzrecht, Arbeits- und Sozialrecht u. a.)
- EDV, Informations- und Kommunikationstechniken

Im **5. Band** werden behandelt:

- Fragen und Antworten zur mündlichen Bilanzbuchhalter-Prüfung

Im **6. Band** werden behandelt:

- Außenwirtschaft, Internationales Finanzmanagement
- Internationale Rechnungslegung nach IAS und US-GAAP im Vergleich zum HGB
- Internationales Steuerrecht
- Fachbezogenes Englisch (Englisch/Deutsch und Deutsch/Englisch)

Im **7. Band** werden behandelt:

- Gründungsbilanzen (einschließlich steuerliche Sonder- und Ergänzungsbilanzen)
- Umwandlungsbilanzen
- Auseinandersetzungsbilanzen
- Sanierungsbilanzen, Insolvenzbilanzen und Liquidationsbilanzen

Inhaltsverzeichnis

Vorwort zur 6. Auflage V
Vorwort zum Gesamtwerk VI
Verzeichnis der Bearbeiter des Gesamtwerks VII
Überblick über das Gesamtwerk VIII
Abkürzungsverzeichnis VIII

11. HAUPTTEIL: ARBEITSMETHODIK

1   **Die Arbeitsmethodik in ihrer Bedeutung für das »Lernen zu lernen«** 1

2   **Sammeln, Verarbeiten und Vermitteln von Information** 2
2.1 Lerntechniken 2
2.2 Lesestrategie 4
2.3 Gedächtnistraining 5
2.4 Zeitplanung 7

3   **Protokoll- und Berichtstechniken** 9

4   **Darstellungs- und Gliederungstechniken** 10
4.1 Gliederung 10
     4.1.1 Numerisches System 10
     4.1.2 Alphanumerisches System 11
4.2 Verzeichnisse 11
4.3 Textkörper 12
4.4 Anhang 12
4.5 Literaturverzeichnis 13
     4.5.1 Bücher 14
     4.5.2 Aufsätze in Zeitschriften und Zeitungen 14
     4.5.3 Aufsätze in Sammelbänden, Festschriften usw. 14
     4.5.4 Dokumente aus dem Internet 15

5   **Hauptprobleme der Gruppendynamik und Methodik der Gruppenarbeit** 15

6   **Methoden der Problemanalyse und Entscheidungsfindung** 16

7   **Grundlagen der Sprech- und Redetechnik** 18
7.1 Atemübungen 18
7.2 Artikulationsübungen 19
7.3 Resonanzübungen 20
7.4 Sprechgestaltung 20
     7.4.1 Regeln 20
     7.4.2 Verbote 22
7.5 Vorbereitung einer Rede 23

7.6	Psychologische Faktoren	24
7.7	Vortragstechnik	25
7.8	Diskussionstechnik	26
8	**Neue Medien**	**27**
8.1	Technologiegestütztes Lernen	27
8.2	Planspiele	30
8.3	Audio-/Videocassetten	30

12. HAUPTTEIL: VOLKSWIRTSCHAFTLICHE GRUNDLAGEN

1	**Einführung in die Volkswirtschaftslehre**	**34**
1.1	Grundsachverhalte des Wirtschaftens	34
1.2	Grundprobleme des Wirtschaftens	37
2	**Wirtschaftsordnungen und Wirtschaftssysteme**	**40**
2.1	Privatwirtschaftliche Marktwirtschaften	41
2.2	Zentralverwaltungswirtschaften	42
2.3	Sozialistische Marktwirtschaften	43
2.4	Soziale Marktwirtschaft	43
3	**Märkte und Preisbildung**	**46**
3.1	Nachfrage der Haushalte	47
3.2	Angebot der Unternehmen	50
3.3	Märkte, Marktstrukturen und Preisbildung	56
	3.3.1 Preisbildung bei vollständiger Konkurrenz	58
	3.3.2 Preisbildung im Angebotsmonopol	61
	3.3.3 Preisbildung im Angebotsoligopol	65
3.4	Institutionen und Strategien der Wettbewerbspolitik	66
	3.4.1 Wettbewerb und Wettbewerbspreise	66
	3.4.2 Wettbewerbspolitische Instrumente	67
	3.4.3 Verhandlungsstrategien	68
	3.4.4 Behinderungs- und Ausbeutungsstrategien	70
	3.4.5 Konzentrationsstrategien	71
4	**Volkswirtschaftliche Gesamtrechnung**	**74**
4.1	Makroökonomischer Wirtschaftskreislauf und Volkswirtschaftliche Gesamtrechnung	75
4.2	Einkommensverteilung	82
4.3	Die Zahlungsbilanz	86
5	**Konjunkturen**	**89**
5.1	Das Grundmuster des Konjunkturverlaufs	90
5.2	Ziele, Instrumente und Träger der Konjunkturpolitik	93
6	**Geld und Geldpolitik**	**98**
6.1	Geld und Geldmengenaggregate	99
6.2	Ziele der Geldpolitik	99
6.3	Das geldpolitische Instrumentarium des Europäischen Systems der Zentralbanken (ESZB)	102

	6.3.1	Beitritt zur Währungsunion	102
	6.3.2	Beschlussorgane der EZB und ihre Funktion	104
	6.3.3	Euro-Fixkurse	105
	6.3.4	Sicherung der Geldwertstabilität	106
	6.3.5	Ansatzpunkte der Geldpolitik	106
		6.3.5.1 Offenmarktoperationen	107
		6.3.5.2 Dauerfazilitäten	109
		6.3.5.3 Mindestreserven	109

7 Außenwirtschaft ... 110
7.1 Bestimmungsgründe des internationalen Handels ... 110
7.2 Devisenmarkt und Wechselkurs ... 112
7.3 Wechselkurssysteme ... 114
    7.3.1 Freie Wechselkurse ... 114
    7.3.2 Fixe Wechselkurse mit Bandbreiten ... 115
7.4 Ziele und Instrumente der Außenwirtschaftspolitik ... 118

8 Ökonomie und Ökologie ... 121
8.1 Umweltnutzung und Wirtschaften ... 121
8.2 Ziele und Instrumente der Umweltpolitik ... 124

9 Die Europäische Union ... 128
9.1 Ziel der europäischen Integrationspolitik ... 129
9.2 Europäische Institutionen ... 130
9.3 Organe der EU ... 131
9.4 Vollendung des Binnenmarktes ... 134
9.5 Stabilitäts- und Wachstumspakt ... 137

13. HAUPTTEIL: BETRIEBSWIRTSCHAFTLICHE GRUNDLAGEN

1 Inhaltliche Abgrenzung in der Reihe »Neue Schule des Bilanzbuchhalters« ... 139

2 Grundbegriffe und Gegenstand der Betriebswirtschaftslehre ... 139
2.1 Betriebswirtschaftslehre als Teil der Sozialwissenschaften ... 139
2.2 Betriebswirtschaftslehre im Rahmen der Marktwirtschaft ... 141
2.3 Struktur betrieblicher Entscheidungen ... 143
2.4 Zur Geschichte der Betriebswirtschaftslehre ... 144
2.5 Leistungserstellung durch Produktionsfaktoren ... 145
    2.5.1 Überblick ... 145
    2.5.2 Elementarfaktoren ... 145
    2.5.3 Dispositiver Faktor ... 146
2.6 Betriebswirtschaftliche Grundprinzipien ... 147
    2.6.1 Wirtschaftlichkeit ... 147
    2.6.2 Erzielung von Gewinn und Rendite ... 148
    2.6.3 Sicherung der Zahlungsfähigkeit ... 149

3 Standortentscheidung ... 150
3.1 Verschiedene Ebenen des Standortproblems ... 150
3.2 Klassifizierung der Standortfaktoren ... 151

	3.2.1	Überblick	151
	3.2.2	Inputbezogene Standortfaktoren	151
	3.2.3	Produktionsbezogene Standortfaktoren	152
	3.2.4	Outputbezogene Standortfaktoren	152
3.3	Erläuterung besonders wichtiger Standortfaktoren		152
	3.3.1	Arbeitskosten	152
	3.3.2	Produktivitäten und Wechselkurs	155
	3.3.3	Transportkosten	155
	3.3.4	Nationale und internationale Besteuerung	156
	3.3.5	Staatliche Leistungen – insbesondere Subventionen	158

4 Kooperation und Konzentration im Unternehmensbereich ... 159

- 4.1 Überblick ... 159
- 4.2 Kooperationen ... 160
  - 4.2.1 Wettbewerbsbeschränkende Kartelle ... 160
    - 4.2.1.1 Verschiedene Arten von Kartellen ... 160
    - 4.2.1.2 Kartelle: Verbot und Ausnahmen ... 161
  - 4.2.2 Wettbewerbsneutrale Interessengemeinschaften ... 161
    - 4.2.2.1 Arbeitsgemeinschaften und Konsortien ... 162
    - 4.2.2.2 Verbände ... 162
- 4.3 Konzentration durch Konzerne ... 163
  - 4.3.1 Verschiedene Arten von Konzernen ... 163
  - 4.3.2 Einbeziehung in den Konzernabschluss ... 165
- 4.4 Konzentration durch Fusionen ... 166

5 Betriebsorganisation ... 167

- 5.1 Formelle und informelle Organisation ... 167
- 5.2 Aufbauorganisation ... 168
  - 5.2.1 Strukturierung der Kompetenzen ... 168
    - 5.2.1.1 Stellen ... 168
    - 5.2.1.2 Systeme der Leitung ... 169
    - 5.2.1.3 Organisationsformen ... 170
  - 5.2.2 Festlegung der Kommunikationswege ... 172
- 5.3 Ablauforganisation ... 173

6 Materialwirtschaft ... 173

- 6.1 Grundlagen ... 173
- 6.2 Planung im Materialbereich ... 175
  - 6.2.1 Materialbedarfsplanung ... 175
    - 6.2.1.1 Orientierung am Fertigungsprogramm ... 175
    - 6.2.1.2 Orientierung am Verbrauch ... 176
  - 6.2.2 Materialbeschaffung ... 177
    - 6.2.2.1 Beschaffungsarten ... 177
    - 6.2.2.2 Lagerhaltungsstrategien ... 178
  - 6.2.3 Materialeinkauf ... 179
    - 6.2.3.1 Operative und strategische Aufgaben ... 179
    - 6.2.3.2 Bewertung der Lieferanten ... 179
- 6.3 Durchführung und Kontrolle des Materialflusses ... 180

7	**Fertigungswirtschaft**	182
7.1	Programmplanung	182
	7.1.1 Produktgestaltung	182
	7.1.2 Sortimentsplanung	182
	7.1.3 Planung der Produktionsmenge	183
7.2	Durchführung der Produktion	184
	7.2.1 Fertigungsverfahren	184
	7.2.2 Fertigungstypen	185
	7.2.3 Fertigungskontrolle	186
8	**Personalwirtschaft**	186
8.1	Stellenwert der Personalabteilung im Unternehmen	186
8.2	Personalplanung	187
	8.2.1 Quantitative Planung des Personalbedarfs	187
	8.2.2 Qualitative Planung des Personalbedarfs	188
8.3	Personalbereitstellung	189
	8.3.1 Personalsuche	189
	8.3.2 Personalauswahl	189
	8.3.3 Personaleinsatz	190
8.4	Personalbindung an das Unternehmen	191
	8.4.1 Aktive Personalverwaltung	191
	8.4.2 Personalentwicklungsmaßnahmen	191
	8.4.3 Akzeptanz der Arbeitsbedingungen	192
	8.4.4 Leistungsgerechte Vergütung und Incentives	193
8.5	Personalumschichtungen und Personalabbau	194
	8.5.1 Interne Maßnahmen zur Personalumschichtung	194
	8.5.2 Externe Maßnahmen zum Personalabbau	195
9	**Unternehmensführung**	196
9.1	Kernbereiche der Unternehmensführung	196
9.2	Personalführung im Unternehmen	196
	9.2.1 Führungsstile	197
	9.2.2 Führungstechniken und Führungsmittel	197
9.3	Führungssysteme der Planung und Kontrolle	198
9.4	Controlling als Führungsinstrument des Unternehmens	199
	9.4.1 Organisation und Prozesse des Controlling	200
	9.4.2 Aufgaben des Controlling	201
10	**Absatz**	202
10.1	Bestimmungsgrößen der Erlöse	202
10.2	Absatzpolitische Instrumente	204
	10.2.1 Produktpolitik zur Beeinflussung des Lebenszyklus	204
	10.2.2 Preis- und Konditionenpolitik	205
	10.2.2.1 Festlegung und Differenzierung von Preisen	205
	10.2.2.2 Gestaltung der Kaufkonditionen	206
	10.2.3 Kommunikationspolitik	207
	10.2.3.1 Werbung	207
	10.2.3.2 Weitere Maßnahmen der Kommunikationspolitik	208
	10.2.4 Vertriebslogistik	209

14. HAUPTTEIL: RECHT

1	**Einführung in das Recht**	211
1.1	Grundlagen und Aufbau der Rechtsordnung	211
	1.1.1 Stellung des Begriffs Recht im Gefüge menschlicher Verhaltensweisen	211
	1.1.2 Begriff des Rechts	212
	1.1.3 Einteilung des (objektiven) Rechts	213
	1.1.3.1 Einteilung nach der Entstehung bzw. den Quellen des Rechts	213
	1.1.3.2 Privates und öffentliches Recht	214
	1.1.3.3 Zwingendes und nachgiebiges (dispositives) Recht	215
	1.1.3.4 Materielles und formelles Recht	215
	1.1.3.5 Strenges und billiges Recht	215
1.2	Technik der Rechtsanwendung	216
1.3	Verfassungsrechtliche Grundsätze	217
	1.3.1 Begriff der Verfassung	217
	1.3.2 Grundrechte	217
	1.3.2.1 Begriff der Grundrechte	217
	1.3.2.2 Rangordnung der Grundrechte	218
	1.3.2.3 Einschränkungen der Grundrechte	218
	1.3.2.4 Überblick über die einzelnen Grundrechte	218
	1.3.3 Allgemeine Verfassungsprinzipien	220
	1.3.4 Grundzüge des Gesetzgebungsverfahrens	222
	1.3.4.1 Allgemeines	222
	1.3.4.2 Einleitungsverfahren	222
	1.3.4.3 Hauptverfahren	222
	1.3.4.4 Abschlussverfahren	222
2	**Bürgerliches Gesetzbuch (BGB)**	223
2.1	Allgemeiner Teil des BGB	224
	2.1.1 Die Rechtssubjekte (natürliche und juristische Personen)	224
	2.1.1.1 Natürliche Personen	224
	2.1.1.2 Juristische Personen	227
	2.1.2 Die Rechtsobjekte	229
	2.1.2.1 Einteilung der Sachen	230
	2.1.2.2 Weitere Grundbegriffe	230
	2.1.3 Die Rechtsgeschäfte	231
	2.1.3.1 Willenserklärung (§§ 116 ff. BGB)	231
	2.1.3.2 Wille	232
	2.1.3.3 Zugang (§§ 130 ff. BGB)	233
	2.1.3.4 Einseitige und zwei- oder mehrseitige Rechtsgeschäfte	233
	2.1.3.5 Verpflichtungs- und Erfüllungsgeschäfte	234
	2.1.3.6 Formlose und formbedürftige Rechtsgeschäfte	235
	2.1.3.7 Rechtsgeschäfte, die aufgrund mangelhafter Willenserklärung fehlerhaft sind	236
	2.1.3.8 Rechtsgeschäfte, die durch Verstoß gegen ein Gesetz fehlerhaft sind	239
	2.1.3.9 Rechtsfolgen der Fehlerhaftigkeit	239
	2.1.4 Stellvertretung (§§ 164 ff. BGB)	241

		2.1.4.1	Funktion	241
		2.1.4.2	Voraussetzungen der offenen Stellvertretung im Einzelnen	241
		2.1.4.3	Vertreter ohne Vertretungsmacht (§§ 177 ff. BGB)	243
		2.1.4.4	Verbot des Selbstkontrahierens (§ 181 BGB)	244
	2.1.5	Bedingung und Befristung (§§ 158 ff. BGB)		245
		2.1.5.1	Bedingung	245
		2.1.5.2	Befristung	245
		2.1.5.3	Berechnung von Fristen und Terminen (§§ 186 ff. BGB)	245
	2.1.6	Verjährung (§§ 194 ff. BGB)		247
		2.1.6.1	Wirkung der Verjährung (§ 214 BGB)	247
		2.1.6.2	Beginn der Verjährung (§§ 199 ff. BGB)	248
		2.1.6.3	Verjährungsfristen	248
		2.1.6.4	Rechte, die nicht der Verjährung unterliegen	248
		2.1.6.5	Neubeginn der Verjährung (§ 212 BGB)	248
		2.1.6.6	Hemmung der Verjährung (§§ 203 ff. BGB)	248
2.2	Allgemeines Schuldrecht			250
	2.2.1	Entstehung der Schuldverhältnisse		250
	2.2.2	Inhalt der Schuldverhältnisse		252
		2.2.2.1	Leistungsgegenstand	252
		2.2.2.2	Leistungszeit (§ 271 BGB)	253
		2.2.2.3	Leistungsort (§ 269 BGB)	253
	2.2.3	Folgen der Verletzung der Vertragspflichten		254
		2.2.3.1	Unmöglichkeit	254
		2.2.3.2	Verzug	257
		2.2.3.3	Leistungsstörungen bei gegenseitigen Verträgen	258
	2.2.4	Erlöschen des Schuldverhältnisses		259
	2.2.5	Allgemeine Geschäftsbedingungen (AGB)		261
		2.2.5.1	Begriff der AGB	261
		2.2.5.2	Geltungsbereich	261
		2.2.5.3	Einbeziehung der AGB in den Vertrag	262
		2.2.5.4	Unwirksame Klauseln	262
		2.2.5.5	Rechtsfolgen der Unwirksamkeit (§ 306 BGB)	263
		2.2.5.6	AGB zwischen Kaufleuten	263
2.3	Besonderes Schuldrecht			264
	2.3.1	Kaufvertrag (§§ 433 ff. BGB)		264
		2.3.1.1	Begriff/Wesen	264
		2.3.1.2	Rechte aus dem Kaufvertrag	265
		2.3.1.3	Gefahrtragung	265
		2.3.1.4	Gewährleistung für Sachmängel	266
		2.3.1.5	Umfang der Haftung	267
		2.3.1.6	Verjährung	269
		2.3.1.7	Besondere Arten des Kaufs	269
		2.3.1.8	Haustürgeschäfte	270
		2.3.1.9	Fernabsatzverträge	271
	2.3.2	Werk- und Werklieferungsvertrag (§§ 631 ff. BGB)		271
		2.3.2.1	Begriff/Wesen des Werkvertrages	271
		2.3.2.2	Wichtige Pflichten des Unternehmers	271
		2.3.2.3	Wichtige Pflichten des Bestellers	272
		2.3.2.4	Gefahrtragung	272

			2.3.2.5	Unternehmerpfandrecht	273
			2.3.2.6	Werklieferungsvertrag (§ 651 BGB)	273
		2.3.3	Wichtige andere vertragliche Schuldverhältnisse		274
			2.3.3.1	Tausch (§ 480 BGB)	274
			2.3.3.2	Schenkung (§§ 516 ff. BGB)	274
			2.3.3.3	Miete (§§ 535 ff. BGB), Leasing	274
			2.3.3.4	Pacht (§§ 581 ff. BGB)	275
			2.3.3.5	Leihe (§§ 598 ff. BGB)	275
			2.3.3.6	Gelddarlehen (§§ 488 ff. BGB) und Sachdarlehen (§§ 607 ff. BGB)	276
			2.3.3.7	Verbraucherdarlehensvertrag	276
			2.3.3.8	Dienstvertrag (§§ 611 ff. BGB)	277
			2.3.3.9	Reisevertrag (§§ 651a ff. BGB)	278
			2.3.3.10	Maklervertrag (§§ 652 ff. BGB)	278
			2.3.3.11	Auftrag (§§ 662 ff. BGB)	279
			2.3.3.12	Geschäftsbesorgungsvertrag (§§ 675 ff. BGB)	280
			2.3.3.13	Verwahrung (§§ 688 ff. BGB)	280
			2.3.3.14	Einbringung von Sachen bei Gastwirten (§§ 701 ff. BGB)	280
			2.3.3.15	Bürgschaft (§§ 765 ff. BGB)	281
			2.3.3.16	Schuldbeitritt und Garantievertrag	282
		2.3.4	Schuldverhältnisse aus Gesetz		283
			2.3.4.1	Unerlaubte Handlung (§§ 823 ff. BGB)	283
			2.3.4.2	Ungerechtfertigte Bereicherung (§§ 812 ff. BGB)	285
2.4	Sachenrecht				285
	2.4.1	Rechte an beweglichen Sachen			286
			2.4.1.1	Eigentum (§§ 903 ff. BGB)	286
			2.4.1.2	Besitz (§§ 853 ff. BGB)	288
	2.4.2	Rechte an Grundstücken			289
			2.4.2.1	Grundbuch	289
			2.4.2.2	Eigentum	291
			2.4.2.3	Vormerkung (§§ 883–888 BGB)	292
			2.4.2.4	Dienstbarkeiten	293
			2.4.2.5	Nießbrauch (§§ 1030–1089 BGB)	293
			2.4.2.6	Dingliches Vorkaufsrecht (§§ 1094–1104 BGB)	295
			2.4.2.7	Reallast (§§ 1105–1112 BGB)	296
	2.4.3	Kreditsicherheiten			296
			2.4.3.1	Grundpfandrechte	296
			2.4.3.2	Pfandrecht an beweglichen Sachen und an Rechten (§§ 1204–1296 BGB)	302
			2.4.3.3	Eigentumsvorbehalt	303
			2.4.3.4	Sicherungseigentum	304
			2.4.3.5	Sicherungsabtretung	306
2.5	Grundlegende Bestimmungen des Familien- und Erbrechts				308
	2.5.1	Familienrecht			308
			2.5.1.1	Bürgerliche Ehe	308
			2.5.1.2	Verwandtschaft und Schwägerschaft	310
			2.5.1.3	Vormundschaft und Pflegschaft	311
	2.5.2	Erbrecht			312
			2.5.2.1	Gewillkürte Erbfolge	312
			2.5.2.2	Gesetzliche Erbfolge	313

3 Handelsrecht ... 315
3.1 Rechtsgrundlagen ... 315
3.2 Kaufmann, Handelsregister und Firma ... 316
    3.2.1 Kaufmann ... 316
        3.2.1.1 Istkaufmann ... 316
        3.2.1.2 Kannkaufmann (Kleingewerbetreibender, § 2 HGB) ... 317
        3.2.1.3 Kannkaufmann (Land- und Forstwirte, § 3 HGB) ... 317
        3.2.1.4 Formkaufmann (§ 6 HGB) ... 317
        3.2.1.5 Kaufmannseigenschaft der stillen Gesellschaft ... 317
        3.2.1.6 Kaufleute und Kleingewerbetreibende ... 318
        3.2.1.7 Kaufmann kraft Eintragung (§ 5 HGB) ... 318
        3.2.1.8 Scheinkaufmann ... 318
    3.2.2 Handelsregister ... 319
        3.2.2.1 Eintragungen ... 319
        3.2.2.2 Publizitätswirkung (§ 15 HGB) ... 320
    3.2.3 Firma ... 321
        3.2.3.1 Firmenbildung ... 321
        3.2.3.2 Firmenwahrheit ... 321
        3.2.3.3 Firmenbeständigkeit (§§ 21 ff. HGB) ... 322
        3.2.3.4 Firmenausschließlichkeit (§ 30 HGB) ... 322
        3.2.3.5 Schutz der Firma ... 323
        3.2.3.6 Geschäftsbezeichnung ... 323
3.3 Hilfspersonen des Kaufmanns ... 324
    3.3.1 Generalbevollmächtigter ... 324
    3.3.2 Prokurist (§§ 48–53 HGB) ... 325
    3.3.3 Handlungsbevollmächtigter (§§ 54–58 HGB) ... 326
    3.3.4 Handlungsgehilfe (§§ 59–75 HGB) ... 327
    3.3.5 Handelsvertreter (§§ 84–92c HGB) ... 327
    3.3.6 Handelsmakler (§§ 93–104 HGB) ... 328
    3.3.7 Kommissionär (§§ 383–406 HGB) ... 328
    3.3.8 Spediteur (§§ 453–466 HGB und Allgemeine Deutsche Spediteurbedingungen) ... 329
    3.3.9 Frachtführer (§§ 407–452d HGB) ... 330
    3.3.10 Lagerhalter (§§ 467–475h HGB) ... 330
3.4 Handelsgeschäfte, Handelskauf, Handelsklauseln ... 330
    3.4.1 Handelsgeschäfte ... 330
    3.4.2 Handelskauf (§§ 373–382 HGB) ... 331
    3.4.3 Handelsklauseln ... 331
3.5 Besonderheiten des kaufmännischen Zahlungsverkehrs ... 332
    3.5.1 Kontokorrent (§§ 355–357 HGB) ... 332
    3.5.2 Akkreditiv ... 332

4 Gesellschaftsrecht/Rechtsformen der Unternehmung ... 334
4.1 Einzelunternehmen oder Personenzusammenschlüsse ... 334
4.2 Personengesellschaften ... 334
    4.2.1 Gesellschaft bürgerlichen Rechts (GbR) ... 335
        4.2.1.1 Gründung ... 335
        4.2.1.2 Rechtsbeziehungen der Gesellschafter untereinander ... 336
        4.2.1.3 Geschäftsführung und Vertretung ... 337
        4.2.1.4 Gesellschaftsvermögen ... 338

		4.2.1.5	Wechsel der Gesellschafter	339
		4.2.1.6	Beendigung, Auflösung und Liquidation	339
	4.2.2	Offene Handelsgesellschaft (OHG)		340
	4.2.3	Kommanditgesellschaft (KG)		342
	4.2.4	Stille Gesellschaft (§§ 230 ff. HGB)		344
4.3	Kapitalgesellschaften			346
	4.3.1	Gesellschaft mit beschränkter Haftung (GmbH)		346
		4.3.1.1	Rechtsnatur	346
		4.3.1.2	Gründung der GmbH	347
		4.3.1.3	Änderung des Gesellschaftsvertrages	348
		4.3.1.4	Firma der GmbH	348
		4.3.1.5	Organe der GmbH	349
		4.3.1.6	Gesellschafterwechsel	350
		4.3.1.7	Haftung	350
		4.3.1.8	Beendigung der Gesellschaft	351
	4.3.2	Aktiengesellschaft (AG)		352
		4.3.2.1	Aktie	352
		4.3.2.2	Gründung	353
		4.3.2.3	Organe der AG	354
		4.3.2.4	Satzungsänderung	356
		4.3.2.5	Kapitalbeschaffung	356
		4.3.2.6	Auflösung der AG	357
4.4	Konzernrecht			358

5 Wechsel und Scheckrecht ... 359
5.1 Wechsel ... 359
    5.1.1 Arten des Wechsels ... 359
    5.1.2 Formerfordernisse des Wechsels ... 359
    5.1.3 Akzept/Annahme ... 361
    5.1.4 Übertragung des Wechsels ... 361
    5.1.5 Vorlage zur Zahlung, Zahlungs- und Annahmeverweigerung ... 362
    5.1.6 Rückgriff/Regress ... 362
    5.1.7 Diskont und Lombard ... 363
5.2 Scheck ... 363
5.3 Wechsel- und Scheckprozess (§§ 592–605a ZPO) ... 365

6 Grundsätze des Gewerberechts ... 365
6.1 Gesetzliche Grundlagen ... 365
6.2 Bestimmungen des Gewerberechts ... 366
    6.2.1 Gewerbefreiheit (§ 1 GewO) ... 366
    6.2.2 Gewerbeanmeldung ... 366
    6.2.3 Gewerbeaufsicht ... 366
    6.2.4 Gewerbeuntersagung (§ 35 GewO) ... 367

7 Gerichtsbarkeit, Klage- und Mahnverfahren ... 367
7.1 Gerichtsbarkeit ... 367
    7.1.1 Örtliche Zuständigkeit ... 368
    7.1.2 Sachliche Zuständigkeit ... 368
7.2 Klageverfahren ... 369
7.3 Mahnverfahren (§§ 688–703d ZPO) ... 371
7.4 Grundzüge der Zwangsvollstreckung ... 373

8	**Insolvenzverfahren**	375
8.1	Einführung	375
8.2	Zweck des Insolvenzverfahrens	376
8.3	Voraussetzungen des Insolvenzverfahrens	376
8.4	Eröffnung des Insolvenzverfahrens	377
8.5	Verfahrensgang	378
	8.5.1 Stellung und Aufgabe des Insolvenzverwalters	378
	8.5.2 Insolvenzanfechtung (§§ 129–147 InsO)	378
	8.5.3 Aussonderung und Absonderung	379
	8.5.4 Verteilung der Masse	380
	8.5.5 Rechtslage nach Beendigung des Insolvenzverfahrens	380
8.6	Verbraucherinsolvenzverfahren	380
9	**Arbeitsrecht**	381
9.1	Quellen	381
9.2	Arbeitsvertragsrecht	382
	9.2.1 Begründung des Arbeitsverhältnisses	382
	9.2.2 Inhalt des Arbeitsverhältnisses	384
	9.2.3 Kündigung des Arbeitsverhältnisses	385
9.3	Arbeitsrechtliche Schutzbestimmungen	387
	9.3.1 Sozialer Arbeitsschutz	387
	9.3.1.1 Arbeitszeitschutz	387
	9.3.1.2 Jugendarbeitsschutz	388
	9.3.1.3 Mutterschutz	388
	9.3.1.4 Schwerbehindertenschutz	388
	9.3.2 Technischer und medizinischer Arbeitsschutz	389
	9.3.2.1 Arbeitssicherheit	389
	9.3.2.2 Arbeitsstättenverordnung	389
	9.3.2.3 Arbeitsstoffverordnung	389
9.4	Berufsbildungsgesetz	390
9.5	Kollektives Arbeitsrecht	390
	9.5.1 Koalition, Streik, Aussperrung	390
	9.5.2 Tarifrecht	391
	9.5.3 Betriebsverfassungsgesetz	392
	9.5.4 Mitbestimmungsrecht	393
9.6	Grundzüge des arbeitsrechtlichen Verfahrens	393

15. HAUPTTEIL: EDV, INFORMATIONS- UND KOMMUNIKATIONSTECHNIKEN

1	**Grundsätzliches**	397
1.1	Begriffsbestimmungen	397
1.2	Anwendungsbereiche	399
1.3	Umgang mit dem Computer	400
2	**Grundlagen**	400
2.1	Historische Wurzeln	401
2.2	Grundlagen über Zahlensysteme	404
	2.2.1 Das Dezimalsystem (Zehnersystem)	404
	2.2.2 Das Dualsystem (Zweiersystem)	405
	2.2.3 Das Hexadezimalsystem (Sechzehnersystem)	405

2.3	Grundlagen über Codes	406
	2.3.1 Numerische Codes	406
	2.3.2 Alphanumerische Codes	407
2.4	Besonderheiten bei Mikrocomputern	408

3 Hardware 411

3.1	Zentraleinheit	412
	3.1.1 Prozessor	413
	3.1.2 Interner Speicher	413
	3.1.3 Schnittstellen	414
	3.1.3.1 Parallele Schnittstellen	414
	3.1.3.2 USB	414
	3.1.3.3 Infrarotschnittstelle	415
	3.1.3.4 Bluetooth	415
	3.1.4 Bussystem	415
3.2	Peripheriegeräte	416
	3.2.1 Direkte Dateneingabe und -ausgabe	416
	3.2.1.1 Tastatur	416
	3.2.1.2 Maus	417
	3.2.1.3 Eingabehilfen bei Notebooks	418
	3.2.1.4 Scanner	419
	3.2.1.5 Bildschirm	420
	3.2.1.6 Drucker	422
	3.2.2 Externe Speichergeräte	428
	3.2.2.1 Magnetische Speicher	428
	3.2.2.2 Optische Speicher	432
	3.2.2.3 Elektronische Speicher	437
	3.2.3 Spezielle Techniken und Verfahren	438
	3.2.3.1 Maschinelle Beleglesung	438
	3.2.3.2 Mikroverfilmung	441
	3.2.3.3 Sprachverarbeitung	442

4 Netze und Netzdienste 444

4.1	LAN	445
4.2	Übertragungsdienste	448
	4.2.1 Kabelgebundene Netze	448
	4.2.2 Funknetze	450
	4.2.3 Mehrwertdienste	451
	4.2.3.1 Telefax	451
	4.2.3.2 Telebox	452
	4.2.3.3 T-Online	452
	4.2.4 Internet	453
	4.2.5 Anwendungsstandards und Normen	454

5 Software 455

5.1	Systemsoftware	457
	5.1.1 Betriebssystem	457
	5.1.1.1 MS-DOS, Windows	457
	5.1.1.2 UNIX	458
	5.1.1.3 Linux	459

	5.1.2	Compiler	459
	5.1.3	Programmiersprachen	461
		5.1.3.1 Erste Generation: Maschinensprache	461
		5.1.3.2 Zweite Generation: maschinenorientierte Sprachen	462
		5.1.3.3 Dritte Generation: Prozedurale Sprachen	462
		5.1.3.4 Sprachen der vierten Generation	465
		5.1.3.5 Sprachen der fünften Generation	466
	5.1.4	Dienst- und Hilfsprogramme	466
5.2	Anwendungssoftware		468
	5.2.1	Software für kommerzielle Anwendungen	469
	5.2.2	Branchensoftware	470
	5.2.3	Bürosoftware	471
		5.2.3.1 Textverarbeitungsprogramme	471
		5.2.3.2 Tabellenkalkulationsprogramme	473
		5.2.3.3 Datenbanksysteme	475
5.3	Spiel-, Unterhaltungs- und Lernsoftware		476
5.4	Software-Entwicklung		477
	5.4.1	Phasenmodell	478
	5.4.2	Techniken und Werkzeuge	481
		5.4.2.1 Ablaufdiagramm	481
		5.4.2.2 HIPO-Diagramme	483
		5.4.2.3 Struktogramme	484
	5.4.3	Aufnahme der fachlichen Anforderungen	485
		5.4.3.1 Funktionales Vorgehen	486
		5.4.3.2 Objektorientiertes Vorgehen	486
	5.4.4	CASE	486

6 Datenorganisation — 487
- 6.1 Datenformat — 488
- 6.2 Speicherform — 489
- 6.3 Datenbanksysteme — 490
  - 6.3.1 Hierarchische Datenbanken — 493
  - 6.3.2 Relationale Datenbanken — 493
- 6.4 Verteilte Datenbanken — 494
- 6.5 Online-Datenbanken — 495

7 Datenschutz und Datensicherung — 496
- 7.1 Datenschutz — 497
  - 7.1.1 Zulässigkeit der Datenverarbeitung und -nutzung — 497
  - 7.1.2 Rechte gegen Pflichten — 498
  - 7.1.3 Aufsicht und Überprüfung — 499
  - 7.1.4 Aufbau des Bundesdatenschutzgesetzes — 500
- 7.2 Datensicherung — 500
  - 7.2.1 Sicherung des Datenverarbeitungsprozesses — 501
  - 7.2.2 Sicherung gegen Gefährdungen im Umfeld — 502

8 Untersuchung der Wirtschaftlichkeit — 505
- 8.1 Kostenanalyse — 505
- 8.2 Nutzenanalyse — 505

AUFGABEN

Aufgaben zum 12. Hauptteil: Volkswirtschaftliche Grundlagen 509

Aufgabe 12.01	Güterknappheit	509
Aufgabe 12.02	Lorenz-Kurve	509
Aufgabe 12.03	Staatliche Investitionsplanung	509
Aufgabe 12.04	Preisbildung bei vollständiger Konkurrenz	509
Aufgabe 12.05	Preisbildung im Angebotsmonopol	509
Aufgabe 12.06	Kreislaufzusammenhänge	510
Aufgabe 12.07	Aktive Lohnpolitik	510
Aufgabe 12.08	Magisches Viereck	510
Aufgabe 12.09	Antizyklische Fiskalpolitik	510
Aufgabe 12.10	Offenmarktoperationen	510
Aufgabe 12.11	Wechselkurs und Kaufkraftparität	510
Aufgabe 12.12	Selbstbeschränkungsabkommen	510
Aufgabe 12.13	Umweltschutzpolitik	511
Aufgabe 12.14	Integrationsformen	511

Aufgaben zum 13. Hauptteil: Betriebswirtschaftliche Grundlagen 512

Aufgabe 13.01	Betriebliche Prozesse	512
Aufgabe 13.02	Standortentscheidung	512
Aufgabe 13.03	Unternehmenszusammenschlüsse	512
Aufgabe 13.04	Kartelle	512
Aufgabe 13.05	Fusionen	512
Aufgabe 13.06	Verbände	512
Aufgabe 13.07	Projektorganisation	513
Aufgabe 13.08	Einrichtung einer Stabsstelle	513
Aufgabe 13.09	Funktionale Stablinienorganisation	513
Aufgabe 13.10	Matrixorganisation	513
Aufgabe 13.11	Optimale Bestellmenge	514
Aufgabe 13.12	Materialwirtschaftliche Kontrolle	514
Aufgabe 13.13	Planung der Produktionsmenge	514
Aufgabe 13.14	Deckungsbeitragsrechnung	514
Aufgabe 13.15	Effizienter Personaleinsatz	515
Aufgabe 13.16	Formen der Entlohnung	515
Aufgabe 13.17	Kleiner Leitfaden bei der Stellensuche	516
Aufgabe 13.18	Zielvorgaben	516
Aufgabe 13.19	Personalcontrolling	516
Aufgabe 13.20	Marketingplanung	516

Aufgaben zum 14. Hauptteil: Recht 518

Aufgabe 14.01	Minderjährigkeit	518
Aufgabe 14.02	Irrtum bei Vertragsschluss	518

Aufgabe 14.03 Fehlerhafte Willenserklärung 518
Aufgabe 14.04 Stellvertretung 518
Aufgabe 14.05 Verjährung 519
Aufgabe 14.06 Allgemeine Geschäftsbedingungen 519
Aufgabe 14.07 Kaufvertrag 519
Aufgabe 14.08 Mängel beim Kauf 519
Aufgabe 14.09 Eigentumsvorbehalt 520
Aufgabe 14.10 Einfacher Eigentumsvorbehalt 520
Aufgabe 14.11 Kaufmann 520
Aufgabe 14.12 Handelsregister 520
Aufgabe 14.13 Firma 520
Aufgabe 14.14 Firmenfortführung 520
Aufgabe 14.15 Haftung bei Firmenfortführung 520
Aufgabe 14.16 Firmenfortführung ohne Übernahme von
 Verbindlichkeiten 521
Aufgabe 14.17 Bürgschaft 521
Aufgabe 14.18 Prokura 521
Aufgabe 14.19 Personenzusammenschluss 521
Aufgabe 14.20 Zusammenschluss von Freiberuflern 522
Aufgabe 14.21 GmbH 522
Aufgabe 14.22 Insolvenzverfahren 522
Aufgabe 14.23 Kündigung 522
Aufgabe 14.24 Kündigung bei mangelnder Auftragslage 523
Aufgabe 14.25 Nicht gerechtfertigte Kündigung 523
Aufgabe 14.26 Arbeitsvertrag und Mutterschutz 523
Aufgabe 14.27 Befristeter Arbeitsvertrag 523

Aufgaben zum 15. Hauptteil: EDV, Informations- und Kommunikationstechniken 524

Aufgabe 15.01 Begriff Informatik 524
Aufgabe 15.02 Argumente für die Verbreitung von PCs 524
Aufgabe 15.03 Komponenten eines Computers und ihre Funktionen 524
Aufgabe 15.04 Begriff Hardware 524
Aufgabe 15.05 Anforderungen an die Aufbereitung von Ergebnissen 524
Aufgabe 15.06 Konfiguration eines PCs 524
Aufgabe 15.07 Klärungsbedarf bei der Einführung eines LAN 524
Aufgabe 15.08 Vom Quellprogramm bis zum ausführbaren Programm 524
Aufgabe 15.09 Begriff Software 524
Aufgabe 15.10 Softwareanwendungen auf einem PC 524
Aufgabe 15.11 Anforderungen beim Kauf von Software 525
Aufgabe 15.12 Einsatz von Software in Anwendergruppen 525
Aufgabe 15.13 Merkmale für die Beurteilung von Software 525
Aufgabe 15.14 Entwurf eines Programmablaufdiagramms 525
Aufgabe 15.15 Strukturierung einer Datenbank 525
Aufgabe 15.16 Pflichten der speichernden Stelle nach dem BDSG 525
Aufgabe 15.17 Bekanntgabe von personenbezogenen Daten 525
Aufgabe 15.18 Nutzenanalyse 525

LÖSUNGEN

Lösungen zum 12. Hauptteil: Volkswirtschaftliche Grundlagen 527

Lösungen zum 13. Hauptteil: Betriebswirtschaftliche Grundlagen 533

Lösungen zum 14. Hauptteil: Recht 542

Lösungen zum 15. Hauptteil: EDV, Informations- und
                                    Kommunikationstechniken 550

Literaturverzeichnis 555

Stichwortverzeichnis 558

Abkürzungsverzeichnis

Abs.	Absatz
a. D.	außer Diensten
AG	Aktiengesellschaft
AGB	Allgemeine Geschäftsbedingungen
AIDA	Attention, Interest, Desire, Action
AktG	Aktiengesetz
ArbGG	Arbeitsgerichtsgesetz
ArbSichG	Arbeitssicherheitsgesetz
ARGE	Arbeitsgemeinschaft
AZO	Arbeitszeitordnung
BBankG	Gesetz über die Deutsche Bundesbank
BBiG	Berufsbildungsgesetz
BDA	Bundesvereinigung der Deutschen Arbeitgeberverbände
BDI	Bundesverband der Deutschen Industrie
BDSG	Bundesdatenschutzgesetz
BetrVG	Betriebsverfassungsgesetz
BeurkG	Beurkundungsgesetz
BGA	Bundesverband des Deutschen Groß- und Außenhandels
BGB	Bürgerliches Gesetzbuch
BImSchG	Bundes-Immissionsschutzgesetz
BPV	Bestellpunktverfahren
BRV	Bestellrhythmusverfahren
BSC	Balanced Scorecard
Btx	Bildschirmtext
BWL	Betriebswirtschaftslehre
CAM	Computer Aided Manufacturing
CEN	Europäisches Komitee für Normung
CENELEC	Europäisches Komitee für elektrotechnische Normung
DAG	Deutsche Angestellten Gewerkschaft
DGB	Deutscher Gewerkschaftsbund
DIHK	Deutscher Industrie- und Handelskammertag
DIN	Deutsche Industrienorm
DÜ	Daten(fern)übertragung
ECU	European Currency Unit (Europäische Währungseinheit)
EDV	Elektronische Datenverarbeitung
EheG	Ehegesetz
ESZB	Europäisches System der Zentralbanken
EU	Europäische Union
EZB	Europäische Zentralbank
FuE	Forschung und Entwicklung
GbR	Gesellschaft bürgerlichen Rechts
GenG	Genossenschaftsgesetz
GewO	Gewerbeordnung
GKG	Gerichtskostengesetz
GmbH	Gesellschaft mit beschränkter Haftung

GmbHG	Gesetz betreffend die Gesellschaften mit beschränkter Haftung
GRS	Grenzrate der Substitution
GVG	Gerichtsverfassungsgesetz
GWB	Gesetz gegen Wettbewerbsbeschränkungen
HDE	Hauptverband des deutschen Einzelhandels
HGB	Handelsgesetzbuch
IGBCE	Industriegewerkschaft Bergbau, Chemie, Energie
IGM	Industriegewerkschaft Metall
IHK	Industrie- und Handelskammer
InsO	Insolvenzordnung
ISDN	Integrated Services Digital Network (diensteintegriertes digitales Fernmeldenetz)
ISO	International Standard for Organisation
JArbSchG	Jugendarbeitschutzgesetz
JGG	Jugendgerichtsgesetz
jit	just-in-time
KG	Kommanditgesellschaft
KSchG	Kündigungsschutzgesetz
LAN	Local Area Network (lokales Netzwerk)
Mio.	Millionen
MIS	Management-Informationssystem
MitbestG	Mitbestimmungsgesetz
Mrd.	Milliarden
OHG	Offene Handelsgesellschaft
PartGG	Partnerschaftsgesellschaftsgesetz
PC	Personalcomputer
QMS	Qualitätsmanagementsystem
REFA	ursprünglich »Reichsausschuss für Arbeitszeitermittlung«, heute Kurzbezeichnung für »Verband für Arbeitsstudien-REFA e. V.«
ScheckG	Scheckgesetz
SchwbG	Schwerbehindertengesetz
StabG	Gesetz zur Förderung der Stabilität und des Wachstums der Wirtschaft
StGB	Strafgesetzbuch
T €	Tausend Euro
TVG	Tarifvertragsgesetz
UmwG	Umwandlungsgesetz
UWG	Gesetz gegen den unlauteren Wettbewerb
VDE	Verband Deutscher Elektrotechniker
VOB	Verdingungsordnung für Bauleistungen
VWL	Volkswirtschaftslehre
WG	Wechselgesetz
ZDH	Zentralverband des deutschen Handwerks
ZPO	Zivilprozessordnung
ZVG	Gesetz über die Zwangsversteigerung und über die Zwangsverwaltung

11. HAUPTTEIL: ARBEITSMETHODIK

Bearbeitet von: Dr. Monika Simoneit

1 Die Arbeitsmethodik in ihrer Bedeutung für das »Lernen zu lernen«

Lernpsychologische Erkenntnisse zeigen, dass der Studienerfolg zu einem sehr großen Anteil von Lerngewohnheiten und -einstellungen abhängt. Diese resultieren zunächst aus der familiären und schulischen Sozialisation und haben nicht selten einen negativen Unterton:
- »Lernen ist keine richtige Arbeit.«
- »Arbeitstechniken und Lernverhaltensweisen sind für den späteren Beruf unbrauchbar.«
- »Ich kann nur unter Druck (sprich: in letzter Minute) lernen.« usw.

Derart negative Einstellungen sollten erkannt und durch die Aneignung der entsprechenden Lern- und Arbeitstechniken »abtrainiert« werden. Genauso wie ein Langstreckenläufer nicht vom ersten Tag an einen Marathon bestreiten kann, müssen gute Lerngewohnheiten kontinuierlich trainiert werden, um sie Erfolg bringend einsetzen zu können. Dazu muss man herausfinden, welche Lernmethoden und -gewohnheiten für den Studienerfolg förderlich sind und wie man sie umsetzen kann. Das Ziel muss es sein, möglichst viele Abläufe, Entscheidungen oder Organisationsprobleme so zu automatisieren, dass nicht jedes Mal neue Energie hierfür aufgewendet werden muss. So ist es zum Beispiel denkbar, den Tag in Zeitscheiben einzuteilen, von denen einige ausschließlich für Lernzwecke vorgesehen sind. Die Frage, ob und wann gelernt werden soll, stellt sich dann nicht immer wieder aufs Neue, sodass Zeit und Energie für ihre Beantwortung gespart und für das eigentlich Wichtige, das Lernen, verwendet werden können. Dazu sollen in diesem Kapitel die erforderlichen Grundlagen vermittelt werden.

Bevor im Folgenden auf konkrete Techniken eingegangen wird, sollen Probleme des Arbeitsortes und -raumes, der Arbeitszeit und der Arbeitsmittel angesprochen werden.

Arbeitsort und -raum

Lernen ist entweder zu Hause am eigenen Schreibtisch oder in Seminar- oder Bibliotheksräumen möglich. Beide Orte haben Vor- und Nachteile: Am eigenen Schreibtisch befinden sich alle Arbeitsmittel am gewohnten Platz; Überlegungen, welche Bücher, Unterlagen und Hilfsmittel mitgenommen werden müssen, entfallen. Andererseits ist die Ablenkungsgefahr deutlich größer (Telefon, Besuche, Radio usw.). Entsprechend umgekehrt liegen die Vor- und Nachteile des Lernens oder Arbeitens in einer Bibliothek. Letztendlich ist es vor allem eine Frage persönlicher Präferenzen, welcher Ort als geeignet empfunden wird. Wichtig ist ein Mindestmaß an Kontinuität, sodass man sich nicht täglich auf eine neue Arbeitsumgebung einstellen muss.

Lernen oder wissenschaftliches Arbeiten ist in aller Regel nur am Schreibtisch möglich. Wer meint, im Freibad lernen oder auf dem Sofa ein wissenschaftliches Fachbuch lesen zu können, braucht in der Regel nur ein Alibi für eine Pause, die vielleicht auch gerechtfertigt ist. Der Schreibtisch muss zudem groß genug und bis auf die für die Arbeit notwendigen Materialien leer sein. Eine ausreichende Beleuchtung verhindert eine vorzeitige Ermüdung.

Arbeitszeit
Die Arbeitszeit bzw. die Zeit, die für das Lernen zur Verfügung steht, erweist sich oft als großer Engpassfaktor. Aus diesem Grund ist eine übersichtliche und realistische Zeitplanung für den Studienerfolg von hoher Bedeutung.

Arbeitsmittel
Da im Zusammenhang mit wissenschaftlichem Arbeiten und Lernen Informationen gesammelt und wiedergegeben werden, kann bereits die Art der Informationssammlung über (Lern-)Erfolg oder Misserfolg entscheiden. Auf erforderliche und sinnvolle Arbeitsmittel wird im nächsten Abschnitt vertiefend eingegangen.

2 Sammeln, Verarbeiten und Vermitteln von Information

2.1 Lerntechniken

Eine kurze Einführung in die Lernpsychologie soll das Verständnis für verschiedene Lerntechniken verbessern. Dabei ist nicht der eigentliche Lernprozess beobachtbar, sondern lediglich dessen Ergebnis. Lernen ist dabei der erste Schritt, die Erinnerung an Gelerntes, das Gedächtnis, der zweite. Lernen lässt sich in eine Konzentrations- und Wahrnehmungsphase sowie das Lernen im engeren Sinn unterteilen (vgl. Abbildung 2.1).

In der erste Phase geht es vor allem um die Aufmerksamkeit bei entsprechender **Konzentration** und um die **Wahrnehmung** der zu lernenden Sachverhalte in Form von Lesen, Hören und Sehen. Da das Lesen bei jedem Studium eine zentrale Rolle spielt, wird darauf im folgenden Abschnitt gesondert eingegangen. Ein zentraler Störfaktor für eine hohe Konzentration ist oft die fehlende Motivation. Motivation ist grundsätzlich als Triebfeder für jegliches Handeln zu verstehen. Dabei gibt es zum einen die intrinsische Motivation, die eine Person aus sich heraus aufbringt, in der Regel aus Interesse »an der Sache«. Extrinsische Motivation entstammt dem Umfeld: Das Studium ist dann Mittel zum Zweck, um beispielsweise ein bestimmtes Image zu erzielen, Ansprüchen von Freunden, Eltern, Arbeitgebern usw. zu genügen. Intrinsische Motivation, d. h. Interesse am Studienfach, ist die beste Voraussetzung für hohe Konzentration.

Störfaktoren der Konzentration sind möglichst weitgehend zu unterbinden:
- Externe Störfaktoren sind beispielsweise Lärm, das Telefon, ein unbequemer Arbeitsplatz usw. Sie lassen sich in der Regel durch organisatorische Maßnahmen reduzieren. Dies bedeutet jedoch nicht, dass ein Einsiedlerdasein für konsequentes

```
┌─────────────────────────────────────────────────┐
│              **Lernen**                          │
│  ┌───────────────────────────────────────┐      │
│  │   Konzentration und Wahrnehmung       │◄──┐  │
│  └───────────────────┬───────────────────┘   │  │
│                      ▼                       │  │
│  ┌───────────────────────────────────────┐   │  │
│  │ Lernen im engeren Sinne (Aneignung    │   │  │
│  │ von Wissen)                           │   │  │
│  └───────────────────┬───────────────────┘   │  │
│                      ▼                       │  │
│              **Gedächtnis**                  │  │
│  ┌───────────────────────────────────────┐   │  │
│  │           Speicherung                 │   │  │
│  │         – Kurzzeitgedächtnis          │   │  │
│  │         – Langzeitgedächtnis          │   │  │
│  └──────────┬─────────────────▲──────────┘   │  │
│             ▼                 │              │  │
│  ┌───────────────────────────────────────┐   │  │
│  │           Erinnerung                  │   │  │
│  │ – Wiederholen und Abrufen der         │───┘  │
│  │   gelernten Inhalte                   │      │
│  └───────────────────────────────────────┘      │
└─────────────────────────────────────────────────┘
```

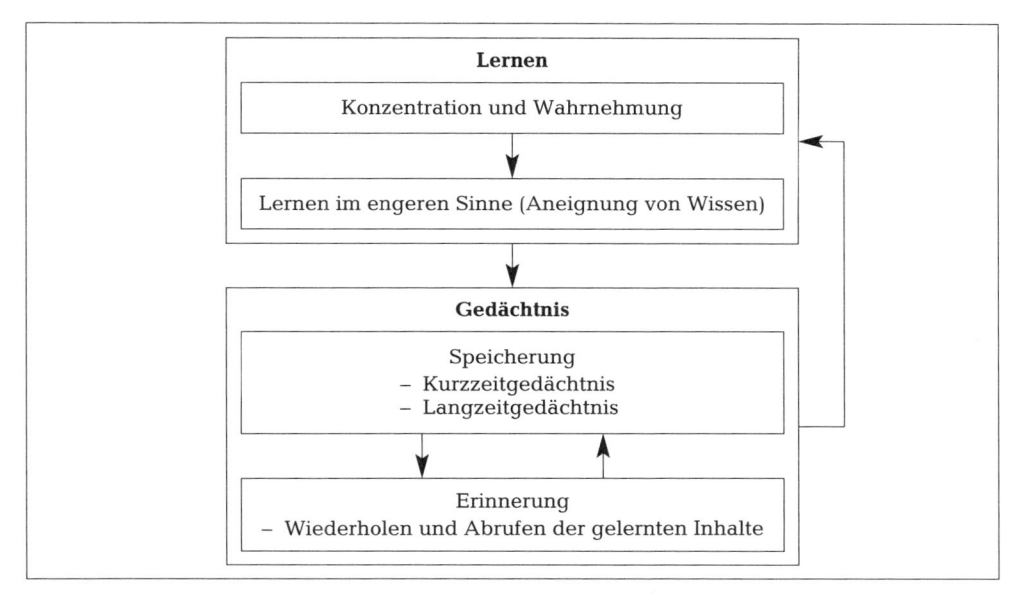

Abb. 2.1: Der Lernprozess

Lernen angestrebt werden muss. Lediglich in aktiven Lernphasen, die einer erhöhten Konzentration bedürfen, sind Ablenkungen jeglicher Art zu vermeiden.
– Interne Störfaktoren sind schwieriger zu beseitigen: Hierzu gehören Sorgen und Probleme im persönlichen, finanziellen oder sozialen Umfeld. Sie beeinflussen die Konzentration, indem sie sich immer wieder in den Vordergrund drängen. Sofern sie sich nicht durch Gespräche mit Freunden oder Vertrauenspersonen beseitigen lassen, bietet sich autogenes Training an, um die Lernphasen von diesen Störungen freizuhalten.

Bei der Zeitplanung ist zu berücksichtigen, dass auch bei bester Motivationslage jede Konzentrationsphase begrenzt ist. So ist es beispielsweise weder möglich noch sinnvoll, zehn Stunden ohne Unterbrechung an einem Referat zu arbeiten oder zu lernen.
Die Wahrnehmung in der ersten Lernphase kann auf verschiedene Aspekte hin untersucht werden, die als Basis für spätere Handlungsstrategien dienen können. Zum einen spielt die Art der Informationsaufnahme eine große Rolle, zum anderen die Einordnung von Einzelinformationen bzw. ihre Verbindung mit gegebenem Vorwissen, um den neuen Informationen einen Sinn zu verleihen. Die verschiedenen Möglichkeiten der Informationswahrnehmung werden als sensorische Kanäle bezeichnet. Diese Kanäle sind Sehen, Hören, Tasten, Schmecken und Riechen. Dabei spielt in diesem Zusammenhang das Sehen – meist in Form von Lesen – eine große Rolle. Wahrnehmung ist kein zufällig ablaufender Prozess. Vielmehr finden gleichzeitig Selektions- und Interpretationsprozesse statt, die neu eingetroffene Informationen gezielt verarbeiten und in einen logisch erscheinenden Zusammenhang mit dem eigenen Vorwissen bringen. Zudem werden Informationen in der Regel in dem situativen Kontext wahrgenommen, in dem sie auftreten. Aussagen über die Wahrnehmungsorganisation trifft die Gestalttheorie, auf die an dieser Stelle jedoch nicht weiter eingegangen werden soll. Gleichzeitig erfordert eine aktive Wahrnehmung, z. B. von Lerninhalten, die oben erwähnte Aufmerksamkeit und Konzentration.

Das **Lernen im engeren Sinne** bezeichnet die Aneignung von Wissen. Dabei können verschiedene Mechanismen wirken bzw. gezielt eingesetzt werden, die alle in mehr oder weniger direktem Zusammenhang mit dem Gedächtnis stehen, das eine Reproduktion dieses Wissens ermöglicht.

- Die **klassische Konditionierung** kennt Lernen als bedingte Reaktion, die sich bei identischen oder ähnlichen Umweltbedingungen wiederholen lässt. Dabei konnte *Pawlow* zeigen, dass neutrale Reize (Klingeln einer Glocke) in Verbindung mit effektiven Reizen (Fütterung eines Hundes) nach einer gewissen (Lern-)Zeit eine Reaktion hervorrufen können, auch wenn der effektive Reiz unterbleibt (der Hund speichelt beim Klingeln der Glocke, ohne Futter zu bekommen). Diese Lernform ist vor allem im Hinblick auf Vorlieben und Abneigungen bei Studenten zu beobachten, deren Interesse an einem Studienfach nicht selten von der Sympathie zur Person des Lehrenden abhängt (vgl. THOMAS, A., 1991, S. 218).
- Bei der **instrumentellen Konditionierung** werden bestimmte Verhaltensweisen belohnt oder bestraft. Dieser Mechanismus wird beispielsweise bei Lernprogrammen eingesetzt, indem bei Zwischenfragen ein sofortiges Feedback erfolgt und Erfolg oder Misserfolg bekannt gegeben bzw. entsprechend belohnt (Übergang zu nächsten Lerneinheit) oder sanktioniert wird (Wiederholung der letzten Lerneinheit). Oft wird hier jedoch seitens des Individuums eine Versuch-und-Irrtum-Strategie eingesetzt, die nicht unbedingt zur späteren Reproduzierbarkeit des gelernten Wissens beiträgt (vgl. THOMAS, A., 1991, S. 218f.).
- Schließlich ist **Lernen durch Einsicht** eine sehr wichtige Lernform innerhalb des »akademischen Lernens«. Hierbei werden einfache Lernformen kombiniert und durch eine systematische Vorgehensweise Informationen logisch verknüpft. Diese Neuverknüpfung erfolgt durch Denken und Problemlösungsmechanismen, auf die in Abschnitt 6 eingegangen wird. Der auf diese Weise gelernte Stoff lässt sich in der Regel leicht reproduzieren und auf andere Probleme übertragen, sodass Transfereffekte die Effizienz dieser Lernart weiter verstärken (vgl. BANYARD, P., 1995, S. 127ff.).

2.2 Lesestrategie

Die Wahrnehmung in Form von Sehen bzw. Lesen spielt beim Studieren eine wichtige Rolle. In diesem Abschnitt geht es darum, die Informationsaufnahme beim Lesen zu optimieren. Effektives Lesen heißt nicht, in möglichst kurzer Zeit viele Seiten zu überfliegen, sondern den gelesenen Stoff auch inhaltlich aufzunehmen, um ihn ggf. später reproduzieren zu können.

Bevor mit dem eigentlichen Lesen begonnen wird, muss entschieden werden, ob der zu lesende Text tatsächlich für die zugrunde liegende Fragestellung relevant ist. Dazu ist die Frage zu klären: »Was möchte ich wissen?« Die Antwort auf diese Frage im Hinterkopf unterbindet zielloses Lesen und verhindert eine Vertiefung irrelevanter Einzelheiten. Auf diese Fragestellung hin sollte dann auch der gewählte Text (Buch, Artikel, Aufsatz) untersucht werden. Neben Titel und Untertitel können Zusammenfassungen, das Publikationsjahr oder das Inhaltsverzeichnis wertvollen Aufschluss über die Relevanz des vorliegenden Textes geben. Schließlich kann das kursorische Lesen des Textes, das oft als »diagonallesen« oder »überfliegen« bezeichnet wird, diese Entscheidung erleichtern. Es stellt in der Regel die Schnittstelle dar zwischen der Entscheidung über die Relevanz eines Textes und der Schaffung eines ersten inhaltlichen Überblicks.

Im zweiten Schritt erfolgt das eigentliche, intensive Lesen. Dabei sollen der Gedankengang des Autors nachvollzogen und die zentralen Aussagen erfasst werden. Dies fällt leichter, wenn es sich um ein eigenes Buch handelt, in dem Markierungen, Unterstreichungen und Anmerkungen möglich sind. Diese Hervorhebungen sollten dabei einem System folgen, das individuell entworfen werden kann. Dabei können durch verschiedene Farben unterschiedliche Sachverhalte gekennzeichnet werden, z. B. Definitionen grün, zentrale Aussagen blau, Praxisbeispiele rot. Sinnvoll kann es auch sein, zentrale Begriffe an den Rand zu schreiben, unverständliche Textteile mit Fragezeichen zu markieren usw. Wichtig ist vor allem, dass jeder sein selbst definiertes System konsequent anwendet.

Im dritten Schritt findet eine Lesekontrolle statt. Dabei wird der Text nochmals zur Hand genommen und anhand der Überschriften und markierten Begriffe die zentralen Aussagen rekapituliert. Dabei soll festgestellt werden, ob der Text verstanden wurde und die Grundgedanken reproduziert werden können. Zur Unterstützung kann dieser Schritt schriftlich erfolgen. Dabei sollte man versuchen, eigene Worte zur Wiedergabe des Textes zu verwenden, da so eher sichergestellt ist, dass der Text tatsächlich verstanden wurde. Diese selbsterstellte »Zusammenfassung« kann zudem zu einem späteren Zeitpunkt wertvolle Dienste leisten, wenn der Text nicht mehr so präsent ist wie im Zeitpunkt des Lesens.

Ist der zu lesende Text extrem lang, umfasst er also beispielsweise ein ganzes Lehrbuch oder große Kapitel hiervon, sollte eine Einteilung in Etappen vorgenommen werden. Es ist den allermeisten Menschen nicht möglich, mehrere Stunden am Stück ausschließlich hochkonzentriert zu lesen. Daher bietet es sich an, die drei Schritte dieser Lesetechnik für jedes Kapitel bzw. jeden größeren Abschnitt durchzuführen.

2.3 Gedächtnistraining

Der zweite große Schritt des Lernprozesses ist das Behalten und Erinnern des gelernten Stoffes. Die Teilphasen Speicherung und Erinnerung können dabei kaum getrennt werden.

Mit Gedächtnis wird die Speicherung von Erfahrungen oder Lerninhalten bezeichnet, wobei in diesem Kontext nur Letztere betrachtet werden sollen. Das Phasenmodell

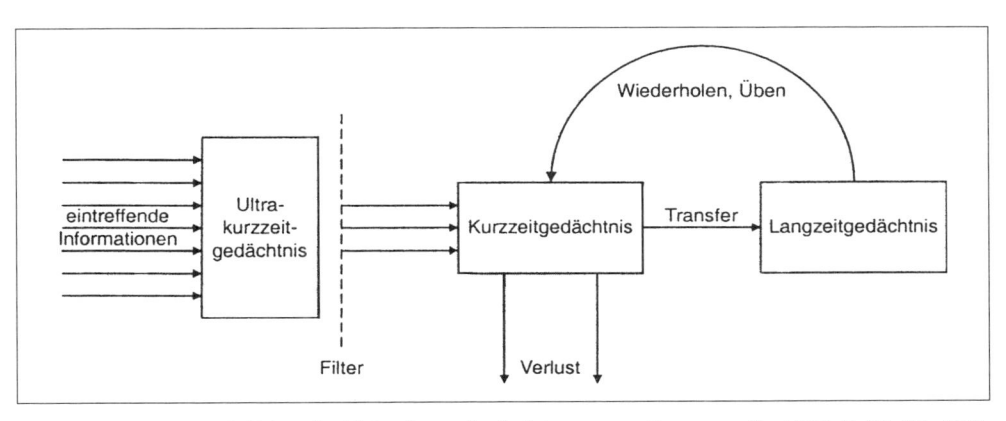

Abb. 2.2: Phasenmodell des Gedächtnisses (in Anlehnung an BANYARD, P., 1995, S. 31, 97, 165)

des Gedächtnisses unterscheidet zwischen dem Ultrakurzzeit-, Kurzzeit- und Langzeitgedächtnis. Das Ultrakurzzeitgedächtnis speichert ankommende Informationen nur für einige Sekunden und dient primär als Informationsfilter. Ist genügend Aufmerksamkeit vorhanden, so kann die Information in den Kurzzeitspeicher gelangen, der Informationen bis zu zwanzig Minuten speichert. Erst dann besteht die Möglichkeit des Transfers in das Langzeitgedächtnis, wo sie bis zu lebenslang gespeichert werden kann. Durch Wiederholen und Üben kann die Information dann wieder aktiv in das Kurzzeitgedächtnis geholt werden (vgl. Abbildung 2.2).

Der Lern- bzw. Gedächtnisprozess umfasst drei Verarbeitungsstufen: Enkodieren, Speichern, Abrufen. Treten Fehler auf einer dieser Verarbeitungsstufen auf, so kommt es zu Gedächtnislücken und damit zu Vergessen (vgl. BANYARD, P., 1995, S. 30 ff.).

1. Das **Enkodieren** hängt stark mit der jeweiligen Wahrnehmungsform zusammen. Bei akustischer Enkodierung wird beispielsweise eine Buchstabenreihe laut wiederholt, um sie später reproduzieren zu können. Visuelle Enkodierung bezieht sich auf Bilder usw. Schließlich ist die semantische Enkodierung ein wichtiger Mechanismus für die Übertragung von Informationen in das Langzeitgedächtnis. Hier fehlt ein logischer Zusammenhang zwischen inhaltlich zusammengehörenden Informationen, der dann künstlich durch Merksprüche, Eselsbrücken oder Ähnliches geschaffen werden kann.

    Beispiel
    Nach l, n, r das merke ja,
    steht nie tz und nie ck.

2. Für die eigentliche **Speicherung** gilt, dass in den meisten Fällen versucht wird, einen logischen Zusammenhang zwischen zu speichernden Elementen zu finden bzw. durch Gruppenbildung die Speicherung zu vereinfachen. Diese werden nach individuell verschiedenen Organisationsprinzipien im Gedächtnis abgelegt. Dabei gilt allgemein: Je aktiver und intensiver die Auseinandersetzung mit dem Stoff ausfällt, desto besser ist später die Erinnerung daran; je mehr der Stoff logisch und inhaltlich durchschaut wird, desto einfacher lässt er sich reproduzieren. Das Ziel muss somit immer darin liegen, den zu lernenden Stoff in eine verständliche Struktur einzuordnen (Lernen durch Einsicht).
3. Schließlich soll die enkodierte und gespeicherte Information abgerufen werden. Innerhalb dieses aktiven Prozesses können verschiedene **Arten des Erinnerns** unterschieden werden:
– Bei aktiver Erinnerung können Informationen bewusst und gezielt aus dem Gedächtnis abgerufen werden. Dies ist für die Reproduzierbarkeit von Prüfungsstoff die wichtigste Art des Erinnerns.
– Beim Wiedererkennen werden Informationen im Zeitpunkt der Wahrnehmung als bekannt identifiziert.
– Wichtig ist der Ersparniseffekt beim Wiederlernen: Einmal gelernte Information lässt sich leichter und schneller wieder lernen, auch wenn eine bewusste Erinnerung daran nicht mehr existiert.
– Bei der Rekonstruktion werden Gedächtnisinhalte mit dem Ziel der Weitergabe an Dritte wiederhergestellt (z.B. bei Augenzeugenberichten). Dabei besteht jedoch immer die Gefahr der subjektiven Verzerrung und Interpretation gemäß eigener Wertvorstellungen, Erwartungen usw.
– Bei der Konfabulation werden aus Gedächtnisfehlern resultierende Informationslücken durch Annahmen o. ä. geschlossen.

In allen Fällen kann sich die Wiedergabeleistung deutlich verschlechtern, wenn die Information in einem völlig anderen Kontext wiedergegeben werden soll, als dies bei der Enkodierung und Speicherung der Fall war.

Folgende konkrete Techniken können diesen Prozess in einer oder mehreren Phasen unterstützen:

- Ein wichtiger Bestandteil ist die Wiederholung. Dabei geht es nicht darum, unzusammenhängend auswendig gelerntes Material möglichst wortgenau wiederzugeben. Vielmehr soll verstandener und strukturierter Stoff inhaltlich reproduziert werden, weil Lernen durch Einsicht hier die wirkungsvollste Art des Lernens ist. Dabei spielt die zeitliche Einteilung der Wiederholung eine maßgebliche Rolle. Effizienter werden Wiederholungen dann, wenn sie zeitlich verteilt sind. Die zur Verfügung stehende knappe Zeit wird besser genutzt, wenn der Lernstoff statt zweimal täglich im Abstand von ein bis zwei Tagen wiederholt wird.
- Um Informationen auch losgelöst aus einem Zusammenhang besser reproduzieren zu können, empfiehlt sich die Karteikartentechnik. Dabei wird ein Stichwort auf die eine Seite der Karte geschrieben, seine Erklärung auf die andere. Zum Lernen wird eine Karte nach der anderen zur Hand genommen und das Stichwort mündlich, schriftlich oder mental erklärt. Eine sofortige Überprüfung erfolgt mit der »Lösung« auf der Kartenrückseite. Da die Karten in beliebiger Reihenfolge bearbeitet bzw. erfolgreich erklärte Stichworte aussortiert werden können, wird eine kontextunabhängige Reproduzierbarkeit verstärkt.
- Bei Übungen wird der aufgenommene Stoff anhand konkreter Beispiele vertieft. Durch die unmittelbare Anwendung erhöht sich das Verständnis, was wiederum zu einer besseren Merkfähigkeit beiträgt.
- Vor allem beim Lernen von scheinbar oder tatsächlich zusammenhanglosen Informationen können narrative Verknüpfungen und Reime große Dienste leisten. Im ersten Fall wird aus den Informationen eine Geschichte gebildet, die alle zu lernenden Elemente enthält. Im zweiten Fall werden Reime gebildet, um Fakten besser abrufbar zu machen:

    Beispiel
    »7 5 3 – Rom kroch aus dem Ei.«

- Rückkopplungen in Form von gegenseitigem Abfragen des gelernten Stoffes geben sehr objektiv den tatsächlichen Wissensstand wieder. Das gegenseitige Abfragen verhindert Selbstbetrug und kann gleichzeitig Erfolgserlebnisse vermitteln, wenn der gelernte Stoff verständlich reproduziert werden kann. Zudem ergeben sich meist Transfereffekte beim gemeinsamen Lernen.

Da Gedächtnistraining ebenso von der Konzentrationsfähigkeit abhängt wie die Wahrnehmung, sind auch hier alle möglichen Störfaktoren auf ein Minimum zu reduzieren.

2.4 Zeitplanung

Die Zeit, die für das Lernen bzw. die Erstellung einer Studienarbeit oder Ähnliches zur Verfügung steht, erweist sich oft als großer Engpassfaktor. Aus diesem Grund ist eine übersichtliche und realistische Zeitplanung für den Studienerfolg von hoher Bedeutung. Neben der Einschätzung der eigenen Belastbarkeit und des zur Verfügung stehenden Zeitbudgets gehören folgende Aufgaben generell zu einer Zeitplanung:

– Alle parallel laufenden Arbeiten und Prüfungsvorbereitungen sind aufeinander abzustimmen. Dazu gehört auch die Besorgung der zum Arbeiten erforderlichen Materialien (Bücher, Skripte, sonstige Unterlagen).
– Für alle Aufgaben sind Schwerpunkte, Zwischenziele und eine Abarbeitungsreihenfolge zu bestimmen.
– Der Arbeitsfortschritt muss laufend kontrolliert werden.

Durch die Zeitplanung wird das Arbeitsvorhaben strukturiert. Termine haben schließlich nicht nur eine Kontrollwirkung, sondern motivieren auch, weil Zwischenerfolge sichtbar werden, z. B. wenn eine Lerneinheit termingerecht bewältigt worden ist. Das »schlechte Gewissen« kann bei (ehrlicher) Erledigung der Tagesaufgaben beruhigt und die verbleibende Freizeit genossen werden.

Bei der Terminplanung wird langfristige und kurzfristige Planung unterschieden. Die **langfristige Planung** bezieht sich auf globale Studien- oder Berufsziele, während die kurzfristige Planung sich mit der Wochen- und Tagesplanung befasst. Im Rahmen der langfristigen Planung ist festzustellen (vgl. THEISEN, M., 1990, S. 18 f.):

– welche offiziellen Anforderungen gestellt werden;
– welche Veranstaltungen und Kurse besucht werden müssen;
– welche Leistungsnachweise in Form von Prüfungen, Klausuren, Referaten, Studienarbeiten usw. zu erbringen sind;
– welche Materialien und Hilfsmittel hierfür erforderlich sind.

In diesem Zusammenhang ist zu ermitteln, ob und ggf. welche Reihenfolge zur Erbringung der Leistungsnachweise vorgegeben und sinnvoll ist. Sind diese Fragen geklärt, so kann ein grober Rahmenplan aufgestellt werden, der dann bei der kurzfristigen Planung konkretisiert wird.

Bei der **kurzfristigen Planung** geht es darum, einen Wochen- und Tagesrhythmus zu finden, der eine möglichst effiziente Aufgabenerfüllung gewährleistet. Dabei muss nicht nur die Arbeits- sondern auch die Entspannungszeit eingeplant werden. Nachgewiesenermaßen ist es sinnvoll, von Zeit zu Zeit verschieden lange Pausen in den Arbeitsprozess zu integrieren. Nach ca. einer halben Stunde sind kurze Pausen von fünf Minuten Dauer sinnvoll, in denen man kurz aufsteht, sich bewegt, das Fenster öffnet usw. Alle zwei Stunden bietet sich eine längere Pause von ca. 15–20 Minuten Dauer an. Durch Kaffee trinken, ein kurzes Gespräch usw. soll hier ein größerer Abstand zum Arbeitsgegenstand geschaffen werden. Den größten Abstand verschafft eine lange Pause von ein bis zwei Stunden Dauer, die nach ca. vier Stunden sinnvoll ist. Hier sind Essen, Schlafen oder andere Erholungsformen angebracht. Mehr als zwei Vier-Stunden-Lernblöcke pro Tag sind nicht sinnvoll. Auch wenn Pausen die Arbeitszeit zunächst zu verkürzen scheinen, so erhöhen sie insgesamt die Arbeitsleistung. Nur ein erholter Kopf ist in der Lage, neue Informationen aufzunehmen und zu verarbeiten. Wer sich keine Pausen »gönnt«, wird auf Dauer ineffizient und müde. Auch bei einem Langstreckenläufer können neue Trainingsreize nur dann gesetzt werden und ihre Wirkung entfalten, wenn der Sportler ausgeruht und erholt ist.

Die Aufstellung eines **Zeitplans** erfüllt somit mehrere Aufgaben:

1. Der Lern- bzw. Arbeitsbereich wird durch die Zeitplanung terminlich und inhaltlich strukturiert.
2. Durch den Zeitplan ist eine objektivierte Kontrolle des Arbeitsfortschrittes möglich.
3. Die Erreichung gesetzter Termine und Zwischenziele trägt maßgeblich zur Motivation bei.

3 Protokoll- und Berichtstechniken

Wissenschaftliches Arbeiten schlägt sich in verschiedenen Formen nieder, beispielsweise in einem Protokoll, einem Referat, einem Bericht, einer Diplom-, Studien- oder Projektarbeit. Sie sollen im Folgenden charakterisiert werden. Dabei können Definition und Anforderungen an diese Arbeiten im konkreten Einzelfall variieren. Um Zweifel auszuräumen, ist in jedem Fall die jeweilige Lehrkraft genau zu befragen (vgl. THEISEN, M., 1990, S. 7 ff.).

Protokoll

Ein Protokoll ist ein Dokument, in dem Aussagen und/oder Beobachtungen wiedergegeben werden. Dabei findet lediglich eine wertfreie Abbildung statt; neue Inhalte werden nicht generiert. In den Naturwissenschaften werden Versuche bzw. deren Ergebnisse in Protokollen festgehalten, in Besprechungen oder Versammlungen die wichtigsten Aussagen. Meinungen müssen inhaltlich korrekt wiedergegeben werden, ohne eigene Wertungen oder andere Meinungen zu berücksichtigen, Zusätze hinzuzufügen usw.

Zu unterscheiden sind das strukturierte und das unstrukturierte wissenschaftliche Protokoll. Letzteres nimmt die Wirklichkeit im Maßstab 1:1 auf, beispielsweise durch ein mitlaufendes Tonband oder eine Videokamera. Bei einem strukturierten Protokoll wird ein Aufnahmeraster entworfen, anhand dessen die Realität beobachtet und aufgenommen werden soll (beispielsweise eine Strichliste). In beiden Fällen müssen Ort, Datum, Zeit, Name des Protokollanten usw. angegeben werden.

Referat

In einem Referat werden Inhalt und zentrale Aussagen ausgewählter Texte wiedergegeben. Auch hier geht es primär um die Reproduktion bereits vorhandener Aussagen und Meinungen. Eigene Problemlösungen sind hier nicht oder nur selten gefragt. Werden sie doch angeboten, so sind sie ausdrücklich als solche zu kennzeichnen. Ein Referat ist somit als wertneutrale Zusammenfassung oder Paraphrasierung bestehender Meinungen zu verstehen.

Ein Referat umfasst einen formalen Teil, aus dem sich Veranstaltung, Veranstalter, Thema, Referent, Ort und Datum entnehmen lassen. Bedeutender ist jedoch der inhaltliche Teil, der die eigentlichen Aussagen trifft und neben Inhalts- und Literaturverzeichnis in der Regel eine Dreiteilung in Einleitung, Hauptteil und Schluss erfährt (vgl. Abschnitt 4.1).

Bericht

Ein Bericht vermittelt umfassende Informationen zu einem bestimmten Thema. Er hat zudem eine Rechenschaftsfunktion gegenüber demjenigen, der den Bericht fordert. Neben einem informierenden und zusammenfassenden Teil sind Meinungen, Ursachen oder vermutete Zusammenhänge wiederzugeben.

Auch der Bericht besteht aus einem formalen und inhaltlichen Teil. Der formale Teil muss den Beobachtungsgegenstand, Beobachter, Ort, Zeit, Rahmenbedingungen usw. umfassen. Im inhaltlichen Teil wird nach der Gliederung eine Situationsdarstellung gegeben und Tätigkeiten chronologisch aufgelistet. Aus diesen Beobachtungen sind Ergebnisse abzuleiten und die beobachterische Tätigkeit zu beurteilen. Schließlich sind alle Objekte, die im Verlauf der Beobachtung entstanden sind, als Anhang dem Bericht beizufügen (Fragebögen, Strichlisten usw.).

Diplom-, Studien- oder Projektarbeit
Eine wichtige Funktion solcher schriftlicher Arbeiten ist der Leistungsnachweis. Sie soll zeigen, dass der Teilnehmer in der Lage ist, eine selbstständige (wissenschaftliche) Leistung zu erbringen. Sie enthält immer auch einen reproduzierenden, informativen Teil, der eher den Charakter eines Referats hat. Der Schwerpunkt liegt jedoch auf der eigenständigen Erarbeitung von Problemlösungen.

Die formalen Angaben solcher Arbeiten sind den jeweiligen Prüfungsvorschriften zu entnehmen. Sie umfassen in der Regel den Titel der Arbeit, die Bezeichnung der (Hoch-)Schule, Name, Geburtsort und Abgabedatum sowie den Namen des betreuenden Dozenten. Die inhaltliche Strukturierung hängt stark vom gewählten Thema und Fachgebiet ab. Mindestbestandteile sind in jedem Fall eine Gliederung, die eigentliche Arbeit und ein Literaturverzeichnis. Ggf. können ein Abbildungs-, Tabellen- und Abkürzungsverzeichnis erforderlich sein.

4 Darstellungs- und Gliederungstechniken

Die Darstellung eines wissenschaftlichen Textes unterliegt zunächst formalen Anforderungen: Alle Texte sind gedruckt auf DIN-A4-Papier anzufertigen. Die Seiten dürfen nur einseitig beschrieben werden und müssen einen breiten Korrekturrand auf der linken Seite aufweisen.

Der formale Aufbau wissenschaftlicher Arbeiten umfasst folgende Elemente:

1. Titelblatt
2. Vorwort (nach Bedarf)
3. Inhaltsverzeichnis (Gliederung)
4. Abbildungsverzeichnis
5. Tabellenverzeichnis
6. Abkürzungsverzeichnis
7. Text der Arbeit
8. Anhang (nach Bedarf)
9. Literaturverzeichnis

4.1 Gliederung

Das Inhaltsverzeichnis der Arbeit dient einerseits dem Leser als Orientierung, andererseits wird das eigene Vorgehen logisch strukturiert. Dabei werden aus formaler Sicht das numerische und das alphanumerische System unterschieden. Das alphanumerische System findet jedoch immer weniger Verwendung.

4.1.1 Numerisches System

Alle Abschnitte werden beginnend mit eins durchnummeriert. Nach jeder Zahl steht ein Punkt, wobei der Schlusspunkt nach der letzten Ziffer entfällt. Jede Gliederungsebene muss mindestens zwei Einheiten umfassen. Abbildung 4.1 zeigt die numerische Gliederung nach dem Abstufungsprinzip. Beim Linienprinzip werden alle Gliederungspunkte ohne Einrückung untereinander geschrieben.

```
1  Einleitung
2  Erstes Hauptkapitel
   2. 1  Kapitel auf Ebene 2
   2. 2.  Kapitel auf Ebene 2          ←——— Kein Schlusspunkt nach der letzten Ziffer
3  Zweites Hauptkapitel
   3. 1  Kapitel auf Ebene 2
   3. 2  Kapitel auf Ebene 2
        3.2.1  Kapitel auf Ebene 3
        3.2.2  Kapitel auf Ebene 3
   3. 3  Kapitel auf Ebene 2
        3.3.1  Kapitel auf Ebene 3    ←——— Unzulässig, da nur ein Element
   3. 4  Kapitel auf Ebene 2
4  Zusammenfassung
```

Abb. 4.1: Numerische Gliederung nach dem Abstufungsprinzip

4.1.2 Alphanumerisches System

Beim alphanumerischen System werden wechselnde Zeichen und Symbole verwendet, was optisch eine erste Orientierung erleichtern soll. Dies setzt allerdings eine gewisse Vertrautheit mit diesem System voraus. Folgende Zeichen und Symbole finden nach dem Linienprinzip Anwendung (vgl. Abbildung 4.2):

A.	Lateinische Großbuchstaben	(Teil)
I.	Römische Zahlen	(Kapitel)
1.	Arabische Zahlen	(Abschnitt)
a.	Lateinische Kleinbuchstaben	(Unterabschnitt)
b.		(Unterabschnitt)
α. (ba.)	Griechische Kleinbuchstaben	(Absatz)
β. (bb.)	Hilfsweise verdoppelte lateinische Kleinbuchstaben	(Absatz)
2.		(Abschnitt)
II.		(Kapitel)
B.		(Teil)

Abb. 4.2: Alphanumerische Gliederung nach dem Linienprinzip

4.2 Verzeichnisse

Im Anschluss an die Gliederung folgen Abbildungs-, Tabellen- und Abkürzungsverzeichnis.

— Abbildungen und Tabellen sind über den ganzen Text einheitlich zu nummerieren. Ob dabei Kapitelnummern einbezogen werden oder nicht, bleibt dem Autor überlassen.
— Bei der Verwendung von Abkürzungen ist auf Einheitlichkeit zu achten. Übliche Abkürzungen wie beispielsweise »z. B.« für »zum Beispiel« sind nicht aufzunehmen. Abkürzungen aus Bequemlichkeit »BWL« statt »Betriebswirtschaftslehre« sind zu unterlassen.

Alle Seiten, die vor dem eigentlichen Textkörper erscheinen, sind einheitlich mit römischen Ziffern durchzunummerieren, um sie so vom folgenden Hauptteil abzugrenzen. Beim eigentlichen Text, inklusive Anhang und Literaturverzeichnis, werden die Seiten durchgehend mit arabischen Ziffern versehen.

4.3 Textkörper

Mit Ausnahme einer Dreiteilung in Einleitung, Haupt- und Schlussteil können über die inhaltliche Gliederung eines Textes keine allgemeinen Angaben gemacht werden, da diese maßgeblich vom Thema abhängt.

- Die **Einleitung** ist dabei inhaltlich zum Text gehörig. Sie führt in der Regel auf die Themenstellung hin und erläutert in kurzer Form der Aufbau der Arbeit.
- Der **Hauptteil** beinhaltet die Ausführungen zum Thema. Wie viele Gliederungsebenen gewählt werden, bleibt dem Verfasser überlassen. Dazu sind jedoch zwei Anmerkungen zu machen: Zum einen ist es selten sinnvoll, in mehr als fünf Ebenen zu untergliedern. Zum anderen sollen Abschnitte der gleichen formalen Gliederungsebene auch inhaltlich auf gleicher Ebene angesiedelt sein. Schließlich sind die Übergänge zwischen den einzelnen Abschnitten so zu formulieren, dass der Leser den »roten Faden« immer erkennen kann. Dies fördert eine hohe Lesbarkeit und das globale Textverständnis.
- Auch für den **Schlussteil** der Arbeit sind keine allgemeinen Gestaltungsanforderungen möglich. Es hängt vom Verfasser, vom Thema und vom Aufbau der Arbeit ab, wie dieser Teil gestaltet wird. Neben einer reinen Zusammenfassung bietet sich ein Ausblick, beispielsweise auf künftige Forschungsperspektiven, an. Möglich ist es auch, Gedanken aus der Einleitung aufzugreifen und weiterzuführen oder dort gestellte Fragen in kurzer Form zu beantworten.

Auch wenn der Schreibstil einen Autor kennzeichnet, so sind doch gewisse Regeln bei der Erstellung wissenschaftlicher Arbeiten zu beachten:

- Umgangssprachliche Wendungen sind in einer wissenschaftlichen Arbeit fehl am Platz, da sie die erforderliche Sachlichkeit vermissen lassen.
- Verstärkende Adverbien, Wertungen und Superlative, die zudem häufig falsch sind, sind in aller Regel nicht angebracht, weil sie meist an die Stelle überzeugender Argumente treten: »Die optimalste Alternative«, »unglaublich einfach« usw. Ferner haben Füllworte wie »an und für sich, fast, gewissermaßen, irgendwie, nun, übrigens, wohl« sowie Adverbien wie »natürlich« und »selbstverständlich« in einer wissenschaftlichen Arbeit nichts zu suchen.
- Aktuell gültige Rechtschreib- und Zeichensetzungsregeln müssen in jedem Fall berücksichtigt werden: So entschied das Verwaltungsgericht Mannheim, dass Mängel in der Rechtschreibung, der Zeichensetzung oder Fehler grammatikalischer Art zu inhaltlichen Fehlern und damit zu einer Abwertung der Arbeit führen können.[1]
- Für viele stellt die Einbeziehung des Verfassers in die Arbeit ein mehr oder weniger größeres Problem dar. Dabei sollte in wissenschaftlichen Arbeiten grundsätzlich »man« und »wir« vermieden werden. Letzteres ist nur dann zulässig, wenn es sich um eine Autorengemeinschaft handelt. Auch dann sollte es jedoch sparsam verwendet werden – ebenso wie das direkte »Ich« bei Arbeiten von nur einem Verfasser.

4.4 Anhang

In den Anhang gehören Ergänzungen, Protokolle, Zusätze usw., die für das unmittelbare Verständnis des Textes nicht erforderlich sind. Ferner können Zahlentabellen, alte Textquellen und Übersetzungen aufgeführt werden, die als Beleg oder zur Ver-

---

[1] Vgl. VGH Mannheim, Urteil vom 27. 1. 1988, NJW 41 (1988), S. 2634.

anschaulichung erforderlich erscheinen, aber die Übersichtlichkeit des eigentlichen Textes beeinträchtigen würden. Dasselbe gilt für Exkurse, die zwar bemerkenswert sind, aber nicht unmittelbar zum Thema gehören.

4.5 Literaturverzeichnis

Ausführungen und Gedanken anderer, die bei der Erstellung einer wissenschaftlichen Arbeit übernommen werden, sind in jedem Fall als solche zu kennzeichnen: Sie müssen zitiert werden. Dabei werden direkte und indirekte Zitate unterschieden. Bei einem direkten Zitat wird der Wortlaut übernommen und die zitierten Aussagen in Anführungszeichen gesetzt. Bei indirekten Zitaten wird lediglich der Inhalt, nicht aber der Wortlaut, sinngemäß wiedergegeben. In der Fußnote muss der Quellenangabe dann ein »Vgl.« vorangestellt werden. In beiden Fällen ist jedoch eine Kennzeichnung erforderlich. Zudem gilt, dass Zitate nur aus der unmittelbaren Literatur stammen sollen, d. h. dass die Originalquelle herangezogen wird, aus der das Zitat ursprünglich entnommen wurde.

Ferner gilt, dass Zitate nicht aus dem Zusammenhang gerissen werden dürfen. Ein Zitat muss so umfangreich sein, dass es seinen Zweck erfüllt, soll aber auch nicht umfangreicher sein als notwendig. Insbesondere ist die Übernahme längerer, wörtlicher Zitate zu vermeiden. Häufig ist es dann besser, den Inhalt sinngemäß wiederzugeben. Wörtliche Zitate sollten in der Regel nur dann verwendet werden, wenn es auf den Wortlaut ankommt oder wenn es sich um besonders prägnante Sätze handelt.

Dabei stellt sich zunächst die Frage, welche Textquellen aus der Fachliteratur zitierfähig sind und welche als Quellen für wissenschaftliche Arbeiten nicht herangezogen werden sollen. Erstes Kriterium ist zunächst, dass die Quellen und die Sekundärliteratur veröffentlicht worden sind. Dies gewährleistet, dass außenstehende Dritte nachvollziehen können, wie ein Verfasser zu seinen Aussagen kommt. Nicht zitierwürdig sind – bis auf Ausnahmen – Illustrierte, Publikumszeitschriften usw.

Grundsätzlich sind die vollständige und die Kurzzitierweise zu unterscheiden. Erstere wird nur dann eingesetzt, wenn die Arbeit kein Literaturverzeichnis enthalten soll. In der Fußnote beim entsprechenden Zitat wird dann der vollständige Titel inklusive der Seitenzahl, der das Zitat entnommen wurde, aufgeführt. Die Fußnoten können entweder über die ganze Arbeit oder seitenweise nummeriert werden.

Sinnvoll ist bei wissenschaftlichen Arbeiten die Kurzzitierweise. Hier wird zur Kennzeichnung der Quelle der Name des Verfassers sowie ein Wort aus dem Titel der Veröffentlichung verwendet, welches die Quelle besonders gut kennzeichnet. Es folgt die Seitenangabe des zitierten Textes.

Beispiel
Im funktionellen Sinn ist Informationsmanagement die Gesamtheit aller Aufgaben, die sich mit der bedarfsgerechten Versorgung des Unternehmens mit Informationen unter organisatorischen, technischen, personellen und wirtschaftlichen Aspekten befassen.[2]

Dabei lautet die vollständige Quellenangabe im Literaturverzeichnis:

Heinrich, Lutz J. [Informationsmanagement, 1996]: Informationsmanagement. Planung, Überwachung und Steuerung der Informationsinfrastruktur, 5., vollständig überarbeitete und ergänzte Auflage, München, Wien 1996.

---

2 Vgl. *Heinrich, L.*, Informationsmanagement, 1996, S. 8.

Nach dem Namen des Verfassers wird die Kurzzitierweise in eckiger Klammer aufgeführt, wie sie in den jeweiligen Fußnoten erscheint. Oft wird neben einem Titelwort auch das Erscheinungsjahr in der Kurzzitierweise aufgeführt, um dem Leser weitere Informationen über die Quelle zu geben. Die dann folgenden Angaben hängen von der Art der Veröffentlichung ab. Unabhängig davon gilt, dass das Literaturverzeichnis alphabetisch zu ordnen ist. Ausschlaggebend für die Einordnung ist der Familienname des ersten Autors. Der Vorname wird, soweit bekannt, nur im Literaturverzeichnis, nicht aber in der Fußnote ausgeschrieben. In der Regel werden Autorennamen kursiv oder in Kapitälchen gesetzt, um sie vom übrigen Text abzuheben. Bei den folgenden Beispielen wurde auf die Angabe einer Kurzzitierweise verzichtet.

4.5.1 Bücher

Aufgelistet werden bei Büchern Verfasser, Titel, Untertitel, Auflage, Erscheinungsort und Erscheinungsjahr. Wird die erste Auflage zitiert, so ist dies nicht gesondert zu erwähnen. Als Erscheinungsort gilt der Verlagsort.

> **Beispiel**
> *Heinrich, Lutz J.*: Informationsmanagement. Planung, Überwachung und Steuerung der Informationsinfrastruktur, 5., vollständig überarbeitete und ergänzte Auflage, München, Wien 1996.

4.5.2 Aufsätze in Zeitschriften und Zeitungen

Auch bei Aufsätzen werden Verfasser, Titel und Untertitel genannt. Zur Kennzeichnung der Zeitschrift folgt ein »in:« und anschließend der Name der Zeitschrift, Heftnummer und Jahrgang, Erscheinungsjahr sowie die Seitenzahlen des Aufsatzes. Der Jahrgang wird dabei oft in Klammern gesetzt.

> **Beispiel**
> *Jahnke, Bernd/Bächle, Michael/Simoneit, Monika*: Methodische Analyse von Vertriebsprozessen zur Zertifizierungsvorbereitung nach ISO 9004, in: Handbuch der modernen Datenverarbeitung, Heft 175 (31), Januar 1994, S. 50–60.

4.5.3 Aufsätze in Sammelbänden, Festschriften usw.

Bei Aufsätzen in Sammelbänden gilt zunächst das für Zeitschriften Gesagte. Bei der Angabe des Sammelbandes wird das vollständige Werk mit allen Angaben eines Buches (s. o.) aufgeführt. Hinter den bzw. die Herausgeber wird (Hrsg.) gesetzt, um diese zu kennzeichnen. Auch hier dürfen zum Schluss die Seitenzahlen nicht fehlen. Werden mehrere Titel aus einem Sammelband zitiert, muss der Sammelband als eigene Literaturangabe aufgeführt werden.

> **Beispiel**
> *Frank, Helmut/Gronau, Norbert*: Vorgehensmodell der Systemanalyse, in: *Krallmann, Hermann* (Hrsg.): Systemanalyse im Unternehmen. Geschäftsprozessoptimierung, partizipative Vorgehensmodelle, objektorientierte Analyse, 2., durchgesehene Auflage, München, Wien 1996, S. 25–99.

Krallmann, Hermann (Hrsg.): Systemanalyse im Unternehmen. Geschäftsprozessoptimierung, partizipative Vorgehensmodelle, objektorientierte Analyse, 2., durchgesehene Auflage, München, Wien 1996.

4.5.4 Dokumente aus dem Internet

Bei Dokumenten aus dem Internet gibt es noch keine allgemein gültigen Zitierregeln. Grundsätzlich gilt jedoch, dass neben der Adresse auch das Datum des Herunterladens angegeben werden soll:

Beispiel
HM Treasury 2003: EMU and Trade [http://www.hmtreasury.gov.uk], 12. 01. 2004.

5 Hauptprobleme der Gruppendynamik und Methodik der Gruppenarbeit

Gruppenarbeit kann in aller Regel das individuelle Lernen nicht ersetzen. Die gemeinsame Prüfungsvorbereitung kann jedoch das individuelle Lernen auf sehr produktive Art unterstützen. Eine Motivationswirkung resultiert oftmals schon daraus, dass sich die Lernenden alle in derselben Situation befinden. Folgende weitere **Vorteile** können sich ergeben (vgl. KOEDER, K., 1994, S. 24):

- In der Prüfungsvorbereitung leidet oft der soziale Kontakt. Gruppenarbeit verhindert diese Isolation, weil neben dem Fachgespräch auch Gedanken, Erfahrungen und Probleme ausgetauscht werden können.
- Durch gegenseitiges Abfragen findet ein Feedback statt. Die eigene Leistung kann besser überprüft werden als beim »einsamen Kampf am Schreibtisch«, sodass die Prüfungsvorbereitung erleichtert wird. Durch die Simulation von Prüfungssituationen können Prüfungsängste abgebaut werden.
- In der Regel ergeben sich positive Effekte für alle Teilnehmer auch durch den Transfer von Wissen innerhalb der Gruppe. Konvergierendes und assoziatives Denken durch die verschiedenen Gruppenmitglieder ermöglicht eine kritische Auseinandersetzung mit der Lehrmeinung und eine optimierte Problemlösung.

Unabhängig davon, ob Gruppenarbeit zur Prüfungsvorbereitung oder für die Erarbeitung eines gemeinsamen Referates durchgeführt wird, ergeben sich immer auch diverse **Probleme** (vgl. KOEDER, K., 1994, S. 27):

- Die Erwartungshaltungen der Teilnehmer variieren oft stark: Während die einen ausschließlich arbeiten wollen, ist für die anderen die soziale Komponente und das Beisammensein ebenso wichtig. Erschwerend kommt oft die Heterogenität der Gruppenmitglieder hinsichtlich Vorwissen, Lernbereitschaft und fachlichem Interesse dazu.
- Dominante Gruppenmitglieder und Rivalitäten können die Gruppenarbeit stark behindern.

– Die Gruppe sollte drei bis fünf Mitglieder haben, um Kommunikation und Koordination in der Gruppe, z. B. bezüglich der Terminvereinbarung, nicht unnötig zu erschweren.

Um die Kommunikation in der Gruppe produktiv zu gestalten, müssen sich alle Gruppenmitglieder an bestimmte Regeln halten:

(1) Alle Teilnehmer in der Gruppe sind gleichberechtigt. Jeder kann seine Meinung frei äußern und muss die der anderen respektieren. Wenn ein Diskussionsleiter ernannt wird, so ist er für die Einhaltung der Kommunikationsregeln zuständig.
(2) Die Teilnehmer sollen ihre Äußerungen kurz halten und beim Thema bleiben. Dennoch müssen kritische Äußerungen inhaltlicher Art möglich sein.
(3) Ein höflicher Umgangston ohne abwertende oder spöttische Bemerkungen ermuntert auch stillere Teilnehmer, einen Wortbeitrag abzugeben.
(4) Eine Gruppensitzung muss immer von allen Teilnehmern vorbereitet werden.

Neben den Verhaltens- und Kommunikationsregeln sind Rollen in Gruppen von zentraler Bedeutung. Mit Rollen werden Positionen innerhalb einer Gruppe bezeichnet, die mit bestimmten Verhaltensweisen assoziiert werden. Zum einen gibt es designierte Rollen, die bestimmten Personen zugewiesen werden, um Arbeit und Verantwortung zu teilen. Beispiele für derartige Rollen sind Diskussionsleiter oder Protokollant. Daneben gibt es Rollen, die sich im Lauf der Zeit in der Gruppe entwickeln. Sie haben in der Regel eine soziale Funktion (z. B. der Klassenclown, der »alte Hase«). Hat sich eine Gruppe einmal etabliert, so ist ein großer Teil ihrer Interaktion aufgrund der bestehenden Gruppenstruktur vorhersagbar.

Die Gruppenstruktur determiniert ferner die Kommunikationskanäle. Je näher sich die Mitglieder der Gruppe stehen, umso öfter und problemloser kommunizieren sie miteinander. Gerade diese Kommunikation ist in Lern- oder Arbeitsgruppen eine Machtquelle. Umfang und Ausmaß der Beteiligung an der Kommunikation und damit die Möglichkeit, das Gruppenverhalten zu steuern oder zu beeinflussen, wirken sich wiederum auf die Zufriedenheit des Einzelnen bei der Gruppenarbeit aus.

Ein weiterer wichtiger Punkt ist die Gruppenkohäsion: Sie bezeichnet das Ausmaß des Zusammenhalts der Gruppe, respektive das Ausmaß, in dem Mitglieder der Gruppe positive Gefühle entgegenbringen und sich gemeinsamen Normen und Zielen verpflichtet fühlen. Je stärker die Gruppenkohäsion ist, desto höher ist die Leistungsbereitschaft des Einzelnen und das Ergebnis der Gruppe. Allerdings werden in einer Gruppe mit hoher Kohäsion abweichende Verhaltensweisen und Meinungen weniger toleriert, sodass produktive Diskussionen im extremsten Fall unterbunden werden. Um der Gefahr unrealistischer Entscheidungen durch einseitige Problembetrachtung in sehr kohärenten Gruppen zu begegnen, sollten rationale Methoden der Problemanalyse und Entscheidungsfindung eingesetzt werden.

6 Methoden der Problemanalyse und Entscheidungsfindung

Probleme können erst gelöst werden, wenn sie als solche erkannt worden sind. Aus diesem Grund ist die Problemanalyse ein wichtiger Teil des Problemlösungsvorgangs. Alle Problemsituationen lassen sich durch einen Ausgangszustand und einen Endzustand, der nach der Entscheidung eintreffen soll, charakterisieren. Bei der Lösung geht es darum, zulässige und mögliche Operationen zu finden, die den Anfangszustand – ggf. über mehrere Zwischenstufen – in den angestrebten Endzustand transformieren. Die Gesamtheit aller möglichen Zustände wird dabei als Problemraum bezeichnet. Ferner müssen nicht beeinflussbare Umweltzustände in Form von Restriktionen bei der Problemlösung berücksichtigt werden.

Obwohl es kaum möglich ist, eine Vorgehensweise für alle denkbaren Problemsituationen zu finden, sind doch in vielen Fällen folgende Schritte sinnvoll: Zunächst muss der Sachverhalt erkannt werden. Das Problem wird formuliert und strukturiert und ggf. in Einzelprobleme gegliedert. Um später eine rationale Entscheidung treffen zu können, muss das zu erreichende Ziel so präzise wie möglich definiert werden. Die Problemsituation wird dann untersucht und eingegrenzt, um mögliche Lösungsansätze zu formulieren und eine zielgerechte Entscheidung zu treffen. Dabei können über den ganzen Lösungsprozess hinweg folgende Methoden des Problemerkennens und -lösens angewandt werden (vgl. KOEDER, K., 1994, S. 176 ff.):

Analyse und Synthese
Analyse und Synthese ergänzen sich bei der Problemlösung. Bei der Analyse wird das Untersuchungsobjekt gegen seine Umwelt abgegrenzt und in elementare Systemeinheiten zerlegt bzw. gegliedert. Gleichzeitig sollen wesentliche von unwesentlichen Betrachtungselementen getrennt sowie Beziehungen zwischen verschiedenen Elementen gefunden werden. Im Rahmen der Synthese werden die Elemente nach festzulegenden Kriterien wieder verknüpft und zusammengefügt.

Deduktion und Induktion
Diese Methode wird auch schlussfolgerndes Denken genannt. Hier werden Zusammenhänge zwischen Untersuchungsgegenständen hergestellt, um neue Erkenntnisse zu gewinnen. Bei der Deduktion werden neue Aussagen aus vorgegebenen Aussagen abgeleitet (lat. deducere = herleiten). Dabei wird vom Allgemeinen auf das Spezielle, vom Abstrakten auf das Konkrete, von der Ursache auf die Wirkung geschlossen. Voraussetzung sind somit die Existenz und die Kenntnis allgemein gültiger Regeln und Gesetze, die sich für die Anwendung auf den Untersuchungsgegenstand eignen. Den umgekehrten Weg geht die Induktion (lat. inducere = zurückführen). Hier werden aus Beobachtungen oder Experimenten gewonnene Erkenntnisse benutzt, um allgemeine Regeln, Gesetzmäßigkeiten oder Aussagen herzuleiten.

Nachbildung/Simulation
Diese Problemlösungsmethoden sollen das Problem und mögliche Lösungswege veranschaulichen, um Erkenntnisse zu gewinnen, das Problemverständnis zu verbessern und eine optimale Lösung zu ermöglichen. Mögliche Formen sind Modelle, Experimente und Fallstudien bzw. Planspiele.

- **Modelle** werden in nahezu allen Wissenschaftsbereichen gebildet. Ein Modell ist eine vereinfachende und abstrahierende Darstellung eines Realitätsausschnitts, anhand dessen die wichtigsten Eigenschaften eines Originals erkannt, verstanden und analysiert werden können. Dieses darzustellende Original bezeichnet real existierende Gegenstände, Phänomene oder Systeme. Modelle ermöglichen somit Erklärung, Gestaltung und Kommunikation über reale Objekte, ohne dass diese physisch präsent sein müssen. Computersimulationen beruhen auf Modellen und bilden kybernetische Systeme bzw. deren Verhalten ab. Der Übergang zu Experimenten kann dabei fließend sein.

- **Experimente** untersuchen den Einfluss einer oder mehrere unabhängiger Variablen auf eine (oder mehrere) abhängige Variable. Dabei werden die Umfeldbedingungen so konstant wie möglich gehalten, um auf der Grundlage der gewonnenen Daten Aussagen über Art und Umfang des Einflusses treffen zu können.
- **Fallstudien** stellen reale Problemsituationen dar, die zum einen die Anwendung gelernten Wissens ermöglichen, gleichzeitig aber auch die Problemlösungskompetenz fördern. Sie zeichnen sich durch eine hohe Sach- und Problembezogenheit aus. Ferner wird interdisziplinäres, ganzheitliches Denken geschult. Planspiele sind eine Weiterentwicklung der Fallstudienmethode, wobei als zusätzliches Element die Systemdynamik zu berücksichtigen ist.

Heuristiken

Heuristische Methoden sind in erster Linie »Daumenregeln«, die in schlecht strukturierten und schwer überschaubaren Problembereichen angewandt werden. Auf der Basis von Erfahrung oder Urteilsvermögen führt die Anwendung von Heuristiken zu einer guten, aber nicht unbedingt optimalen Lösung eines Problems.

Brainstorming

Die Brainstormingmethode wird vor allem zur Generierung von (kreativen) Lösungsvorschlägen eingesetzt. Hierbei setzen sich alle Beteiligten zusammen und machen Problemlösungsvorschläge. Bei einer Brainstormingsitzung gilt, dass jeder auch absurd anmutende Gedanke geäußert werden darf und soll und Kritik nicht erlaubt ist. Erst nach dem Ende der Sitzung werden die Ideen sondiert und auf ihre Brauchbarkeit hin untersucht.

Mental Sets

Probleme werden in der Regel durch Denken gelöst. Forschungsarbeiten haben gezeigt, dass häufig so genannte »mental sets« entworfen werden, mit deren Hilfe Probleme auf eine bestimmte Art und Weise angegangen und gelöst werden. Dabei können Erfahrungen helfen, diese mental sets zu bilden und zu formen. Allerdings können sie auch selbst zum Problem werden, weil alte Strategien sich nicht immer zur Lösung neuer Probleme eignen.

7 Grundlagen der Sprech- und Redetechnik

7.1 Atemübungen

Die richtige Atmung kann nicht nur zu einer guten Verständlichkeit einer Rede beitragen, sondern auch die eigene Nervosität bekämpfen. Während ein Mindestmaß an Nervosität oder Lampenfieber erforderlich ist, kann ein Übermaß kontraproduktiv und konzentrationsstörend wirken.

Entgegen der landläufigen Meinung ist es nicht empfehlenswert, vor dem Beginn einer Rede »nochmals tief Luft zu holen«. Statt einer Entspannung ruft dies nämlich eher eine Verspannung hervor, die die Nervosität verstärkt. Bei einer guten Atemtechnik liegt der Schwerpunkt auf dem Ausatmen; beim Reden werden dabei gleichzeitig Töne produziert.

Ferner muss darauf geachtet werden, nicht zu viele Wörter in einem Atemzug aussprechen zu wollen, da hierbei nicht nur die Luft knapp wird, sondern auch ein massives Einatmen erzwungen wird.

Eine Atemübung, die am Abend und am Morgen vor der Rede durchgeführt werden kann, sieht folgendermaßen aus:

- Aufrecht und gerade stehen, die Hände seitlich auf den Bauch legen. Tief durch die Nase einatmen und spüren, wie sich die Bauchdecke hebt. Dann Arme strecken, in die Hocke gehen, Arme wieder senken und durch den Mund ausatmen.
- Diese Übung sollte fünf bis zehn Mal an der frischen Luft durchgeführt werden.

7.2   Artikulationsübungen

Im Hinblick auf die Aussprache (Artikulation) ist es wichtig, dass deutlich gesprochen wird. Oft verschlucken Redner Anfangs- und Endsilben oder sprechen manche Wörter undeutlich (und zu schnell) aus. Hier hilft Selbstkontrolle über eine Tonbandaufzeichnung. Zunächst reicht es aus, einen Text laut zu lesen und wieder abzuhören. Dabei kann man schnell feststellen, welche Anfangs- und Endsilben fehlen oder welche Wörter unverständlich ausgesprochen werden. Anfangs kann ein beliebiger Text herangezogen, später sollte ein Fachtext mit dem entsprechenden Vokabular gewählt werden. Schließlich empfiehlt es sich, vorbereitete oder spontane Reden aufzunehmen und abzuhören (vgl. MOHLER, A., 1996, S. 279).

Tonbandaufzeichnungen eignen sich zudem zur Kontrolle der Betonung, der Geschwindigkeit sowie der Lautstärke (vgl. MOHLER, A., 1996, S. 270 ff.).

- Eine unterschiedliche Betonung kann die Aussage eines Satzes verändern:

  Beispiel   **Bedeutung**
  Warum trainieren wir *nicht* mehr?   Warum haben wir aufgehört?
  Warum trainieren wir nicht *mehr*?   Warum trainieren wir so wenig?
  Warum trainieren *wir* nicht mehr?   Warum trainieren wir nicht so viel wie andere?

  Dabei ist darauf zu achten, dass kein »Singsang« aus dem Gesagten wird, sondern gezielt an bestimmten Stellen Akzente gesetzt werden.
- Die Geschwindigkeit hängt von der Komplexität des Themas, der Größe des Auditoriums und des Saales ab. Wenig geübte Redner sprechen aufgrund ihrer Aufregung meist viel zu schnell. Oft hilft es hier, die ersten Sätze bewusst langsam zu sprechen und gezielte Pausen zu machen. Pausen sind für Redner und Zuhörer wichtig. Zum einen können die Zuhörer das Gesagte verarbeiten, zum anderen merken sie, dass der Redner selbst auch mitdenkt und seine Rede nicht gelangweilt »abspult«. Diese Pausen dürfen allerdings nicht mit »uhm«, »äh« oder ähnlich sinnlosen Füllwörtern gestopft werden. Eine Untersuchung hat gezeigt, dass ein Redner eine Redepause ab drei Sekunden bereits als peinlich empfindet und nervös wird, während sie von den Zuhörern meist noch nicht einmal als Pause wahrgenommen wird.
- Bei der Lautstärke geht es nicht darum, möglichst laut zu sprechen. Zum einen gibt es in größeren Vortragssälen Mikrophone, zum anderen kann eine Absenkung der Stimme unter Umständen ein Argument deutlich mehr hervorheben als extreme Lautstärke.

Viele Menschen empfinden ihren Dialekt als Hindernis bei Vorträgen. Solange die Sprache klar und verständlich ist, können die Zuhörer durchaus merken, dass ein

Schwabe, Bayer oder Berliner zu ihnen spricht. Unabhängig vom Dialekt oder der Sprache gilt, dass eine monotone Stimmlage die Zuhörer irgendwann langweilt (vgl. KOEDER, K., 1994, S. 159).

7.3 Resonanzübungen

Bei Resonanzübungen geht es darum, den Klang der Sprache entsprechend der jeweiligen Situation zu gestalten. Dabei sind Lautstärke, Betonung und die richtige Atmung zu beachten. Hilfreich sind hier in jedem Fall Tonbandaufzeichnungen, mit welchen das Gesagte wiederholt abgehört und analysiert werden kann (vgl. hierzu Abschnitte 7.1 und 7.2).

7.4 Sprechgestaltung

Für die Gestaltung der Rede lassen sich verschiedene Regeln und Verbote aussprechen, deren Beachtung jede Rede verständlich und klar macht (vgl. hierzu ausführlich REINERS, L.: Stilfibel. Der sichere Weg zum guten Deutsch, 1992).

7.4.1 Regeln

Die folgenden Regeln geben Hilfestellungen für die Gestaltung einer Rede. Dabei werden Probleme der Wortwahl, des Satzbaus, der Tonart sowie der Verwendung von Fremdwörtern diskutiert (vgl. REINERS, L., 1992, S. 67 ff.).

- Die richtige Wortwahl ist mit Sicherheit ein Problem, welches sich nicht allgemein gültig lösen lässt. Grundsätzlich gilt jedoch, dass besondere und speziellere Ausdrücke nicht nur genauer und treffender sind, sondern auch die Zuhörer mehr fesseln, weil sie sich eher ein Bild des beschriebenen Gegenstandes machen können.

    Beispiel: Sie war sehr ungeduldig.
    oder: An dieser Stelle führt eine Brücke über den Fluss.
    Besser: Sie saß wie auf glühenden Kohlen.
    bzw.: An dieser Stelle schwingt sich eine Brücke über den reißenden Strom.

    Dabei besteht oft das Problem, dass die entsprechenden Ausdrücke nicht im aktiven Wortschatz zu finden sind. Hier können Lexika, Duden oder andere Nachschlagewerke helfen, richtige und treffende Ausdrücke zu finden.
- Modewörter klingen zwar schön; durch ihren häufigen Gebrauch sind sie jedoch oft abgegriffen und besitzen weniger Überzeugungskraft als andere Ausdrücke. Dasselbe gilt für viele allgemeine Ausdrücke und umgangssprachliche Wendungen. Dennoch ist ihre Verwendung in einer Rede in manchen Fällen nicht ganz vermeidbar.

    Beispiel: Diese brennende Frage kann letzen Endes nie hundertprozentig beantwortet werden.
    Besser: Für dieses Problem der neunziger Jahre existiert keine konkrete Lösung.
- Immer häufiger werden Verben substantiviert, d. h. anstelle von Verben werden Hauptwörter gebildet, die einen Satz vielleicht wichtiger klingen lassen, dessen Verständlichkeit in der Regel jedoch nicht verbessern – im Gegenteil. Substantivierungen können zwar hilfreich sein, sind jedoch in einer Rede besser zu vermeiden.

Beispiel 1: Nach der Ankunft und einer Betrachtung der Lage gelang mir der Sieg.
Besser: Ich kam, sah und siegte.
Beispiel 2: Unter Berufung auf die Genehmigung des Gemeinderates bezüglich der Nutzung öffentlicher Sportanlagen begann Anke mit der Fortsetzung des Trainings.
Besser: Der Gemeinderat hatte beschlossen, dass alle Sportler öffentliche Sportanlagen benützen dürfen. Anke berief sich darauf und setzte ihr Training fort.

- Sätze einer Rede dürfen nicht zu lang und vor allem nicht zu verschachtelt sein, da die Zuhörer sonst nicht mehr folgen können. Grundsätzlich gilt: Hauptsachen gehören in Hauptsätze, Nebensachen in Nebensätze. Dabei sollten weder mehrere gleichartige Nebensätze hintereinander noch ausschließlich Hauptsätze verwendet werden.

  Beispiel 1: Er bat sie, mit ihrem Vater zu sprechen, um ihn zu überzeugen.
  Besser: Er bat sie: Sprich mit Deinem Vater und überzeuge ihn!
  Beispiel 2: Aufgrund der Tatsache, dass die Teilnehmerzahl nicht feststeht und dass noch nicht alle Sponsoren zugesagt haben, können wir noch keine Aussagen bezüglich des zu erwartenden Gewinns machen.
  Besser: Wir wissen erst nach der Veranstaltung, wie hoch der Gewinn ist. Die Höhe des Gewinns hängt von der Teilnehmerzahl und den Zusagen der Sponsoren ab.

- Die deutsche Sprache ist in der Wortstellung sehr frei, d. h., ein Satz kann nach seinem Sinn aufgebaut werden. Das Wort, das die Bedeutung des Satzes ausmacht, wird an den Anfang des Satzes gestellt.

  Beispiel: Als Antwort auf die Frage: »Hast Du Dich über die Gruppe geärgert?«
  »Ich habe über sie gelacht.« bedeutet: »Mir hat es nichts ausgemacht.«
  »Gelacht habe ich über sie!« bedeutet »Nein, ich habe gelacht.«
  »Über sie habe ich gelacht.« bedeutet »Diese Gruppe kann mir nichts anhaben.«

- Eine Rede wird immer zu einem bestimmten Anlass gehalten. Dementsprechend sollte auch der Sprachstil gewählt sein. Unter anderem können folgende Sprachstile unterschieden werden:
  - Festrede oder Ansprache (z. B. »Meine sehr verehrten Damen und Herren, liebe Gäste«)
  - Wissenschaftlicher Vortrag (z. B. »Sehr geehrte Damen und Herren«)
  - Dichterische Sprache (z. B. »Hochverehrtes Publikum«)
  - Umgangssprache (z. B. »Hallo Leute«)
  - Amtsdeutsch (z. B. »Bürger«).

  Die Unterschiede von Wörtern, die sich den einzelnen Stilschichten zuordnen lassen, sind oft nur gering. In der Regel wird intuitiv der passende Ausdruck gewählt.

- Um bestimmte Sachverhalte besonders zu betonen, werden oft Superlative verwendet. Superlative reizen zum einen zum Widerspruch, zum anderen finden sich hier viele Fehlerquellen, da einige Adjektive sich nicht steigern lassen, z. B. tot, eindeutig, einzig, voll. Aus diesen Gründen sollten Superlative sparsam oder überhaupt nicht verwendet werden.

- Manche Redner verwenden bewusst viele Fremdworte, um ihre Intelligenz, den Wissenschaftsgehalt ihrer Aussagen oder die Bedeutung der eigenen Person hervorzuheben. In vielen Fällen können Fremdwörter vermieden werden, um so eine

Rede verständlicher und klarer zu gestalten. Davon ausgenommen sind Fachbegriffe in einem wissenschaftlichen Vortrag oder Fremdwörter, die in die Alltagssprache eingegangen sind (z. B. Reformation, Kapitalismus usw.).

7.4.2 Verbote

Da eine Rede mündlich vorgetragen wird, ist darauf zu achten, dass kein Schriftdeutsch verwendet wird. Dabei können die folgenden »Verbote« bzw. Empfehlungen eine sinnvolle Unterstützung bieten (vgl. REINERS, L., 1992, S. 25 ff.):

– »Derselbe« ist zu vermeiden. Zum einen ist es kein Bestandteil der gesprochenen Sprache, zum anderen kann es zu überflüssigen Missverständnissen führen.
   Beispiel: Andrea hat eine Katze. Die Fresslust derselben ist unermesslich.
   Besser: Andrea hat eine Katze, deren Fresslust unermesslich ist.

– Wortwiederholungen sind zu vermeiden, es sei denn, sie werden als gezielte Stilmittel eingesetzt.
   Beispiel: Im Herbst sind Bäume schön, wenn sich das Laub der Bäume verfärbt.
   Besser: Im Herbst sind Bäume schön, wenn sich ihr Laub verfärbt.
   Beispiel für Wortwiederholung als Stilmittel:
       »I have a dream…« Rede Martin Luther Kings am 28. 8. 1963 anlässlich des »March on Washington«.

– Neben der Wiederholung eines Wortes sind auch die Wiederholung desselben Inhaltes, die so genannte Ausdrucksverdoppelung, schlechter Stil.
   Beispiel: Weißer Schimmel, junges Baby usw.

– Durch das Umformen von Sätzen oder die Ersetzung von Wörtern können auch Klangwiederholungen, die inhaltlich nichts miteinander zu tun haben, umgangen werden.
   Beispiel: Nach der Konferenz muss eine Entscheidung auf jeden Fall fallen.
   Besser: Nach der Konferenz muss auf jeden Fall eine Entscheidung fallen.
   Oder: Nach der Konferenz ist unbedingt eine Entscheidung zu treffen.

– Um das Verständnis zu erleichtern, dürfen zusammengesetzte Verben nicht zu weit auseinander gezogen werden.
   Beispiel: Das Finanzministerium setzte, nachdem sich die gesamtwirtschaftliche Lage nicht zu verändern schien, den Steuersatz herunter.
   Besser: Das Finanzministerium setzte den Steuersatz herunter, nachdem …

– Ein Genitiv darf nicht mit von gebildet werden.
   Beispiel: Das Auto von meinem Bruder
   Richtig: Das Auto meines Bruders; oder: meines Bruders Auto.

– Bei verständlichen Sätzen dürfen nicht zu viele Wörter zwischen Artikel und Hauptwort eingefügt werden.
   Beispiel: Mit den durch die in der Sitzung beschlossenen Änderungen …
   Besser: Mit den Änderungen, die in der Sitzung beschlossen wurden, …

– Die Verwendung des Passivs kann im Schriftdeutsch durchaus angebracht sein. In einer Rede ist die Passivform jedoch zu vermeiden.

Beispiel: In der Sitzung kann von der Hauptversammlung beschlossen werden, ...
 Besser: Die Hauptversammlung kann in der Sitzung beschließen, ...
- Amtsdeutsch (auch: Kanzleistil) ist in einer Rede fehl am Platz.
 Beispiel: In meiner Eigenschaft als Finanzvorstand ...
 Besser: Als Finanzvorstand ...
- Zusammenfassungen mit Präpositionen sind nur möglich, wenn beide den gleichen Fall erfordern. Trifft dies nicht zu, muss der Satz aufgelöst und entsprechende Teile wiederholt werden.
 Beispiel: Die Karten von und an meinen Bruder ...
 Richtig: Die Karten von meinem Bruder und an meinen Bruder ...

Diese Liste ließe sich noch weiter verlängern. Die angeführten Beispiele sollten jedoch genügen, um Stilfehler aufzuzeigen und sie in der eigenen Rede zu vermeiden.

7.5 Vorbereitung einer Rede

Um Lampenfieber zu vermeiden oder zumindest zu reduzieren, ist eine gründliche Vorbereitung auf die Rede unerlässlich. Dazu gehört zum einen ein strukturiertes Manuskript, das die wichtigsten Stichworte und ggf. erforderliche Medieneinsätze beinhaltet. Die Rede sollte dabei nicht ausformuliert auf dem Papier stehen und abgelesen werden. Vielmehr soll durch Stichworte der rote Faden deutlich werden, durch den sich der Redner lenken lässt. Auch wenn die eigene Gliederung immer logisch erscheint, ist es hilfreich, sie einem Kollegen oder Kommilitonen vorzulegen, um dies zu überprüfen. Zum anderen hilft es, auch die Körpersprache zu trainieren. Dazu kann der vollständige Vortrag mit Mimik, Gestik, Stimmführung, Haltung usw. geübt werden. Wichtig ist es hier, den eigenen Stil zu finden, da dieser natürlich wirkt und zudem zur Selbstsicherheit beiträgt. Bei einem Vortrag kommt es schließlich nicht auf die schauspielerische Leistung an. Zur Unterstützung kann die Rede vor dem Spiegel, einer Videokamera oder vor Bekannten geübt werden. Letztere sollten in der Lage sein, konstruktive Kritik üben zu können (vgl. KOEDER, K., 1994, S. 161 ff.).
 Bei der Vorbereitung einer Rede sollte man versuchen, so viel wie möglich über die Zuhörer zu erfahren: Anzahl, Aufteilung der Zuhörer nach Geschlecht, Alter, gesellschaftlicher Stellung, Erwartungen und Gründe für die Anwesenheit usw. Entscheidend sind weiterhin deren Vorwissen über das Thema und den Redner, die Bedeutung des Themas für ihren Beruf bzw. ihr Privatleben und andere. Wichtig ist es, sich in die Zuhörer hineinzuversetzen, um besser auf sie eingehen zu können.
 Die Zuhörer müssen vor allem in den ersten paar Minuten gefesselt werden, um ihrer weiteren Aufmerksamkeit sicher zu sein. Jeder weiß aus eigener Erfahrung, dass in den ersten Minuten die Konzentration noch sehr hoch ist und im Laufe der Zeit abnimmt. Bei der allerersten Rede kann es zudem sinnvoll sein, die Anfangspassagen auswendig zu lernen, um einen Einstieg zu finden. Ist der Einstieg geschafft, legt sich in der Regel auch die erhöhte Nervosität.
 Die Einleitung soll nicht nur die Aufmerksamkeit der Zuhörer sichern, sondern auch auf das Thema hinführen. Hier sind verschiedene Möglichkeiten denkbar (vgl. REINERS, L., 1992, S. 198 ff.):

- Oft wird von einer allgemeinen Feststellung zum eigentlichen Thema übergeleitet (Deduktion).

- Besser – und in der Regel fesselnder – ist der umgekehrte Weg: vom Besonderen zum Allgemeinen (Induktion). Dabei wird die Rede mit einem persönlichen Ereignis, einem konkreten Vorfall oder einer aktuellen Frage begonnen.
- In manchen Fällen ist eine historische Einleitung sinnvoll, welche die geschichtlichen Hintergründe des Themas aufzeigt.
- Eine Rede kann auch mit der etymologischen Erläuterung des Hauptbegriffs begonnen werden (Definition).
- Je nach Anlass kann auch eine humorvolle Einleitung angebracht sein.
- In manchen Fällen bietet es sich an, mit dem Zitat einer themenrelevanten, zeitgenössischen oder historischen Persönlichkeit zu beginnen.
- Schließlich kann ein aktuelles Problem, ein konkretes Beispiel oder eine Anekdote für die Einleitung herangezogen werden.

Für die Überleitung zwischen verschiedenen Teilen der Rede stehen mehrere Möglichkeiten zur Verfügung: Zum einen wird explizit auf die Überleitung hingewiesen, ohne dass zwangsläufig ein logischer Zusammenhang zwischen den entsprechenden Teilen bestehen muss, zum anderen kann angegeben werden, wie zwei Teile einer Rede zueinander stehen. Schließlich besteht auch die Möglichkeit, auf eine Überleitung zu verzichten, und die Teile der Rede einfach aufzuzählen. Wichtig ist hierbei, dass man die logische und inhaltliche Beziehung der verschiedenen Absätze, Tatsachen usw. selbst verstanden hat. Nur dann ist es einem Redner möglich, sinnvolle Überleitungen zu finden und den Gesamtzusammenhang strukturiert zu vermitteln.

Die Aufmerksamkeit der Zuhörer bleibt dabei umso sicherer, je aktiver sie am Vortrag beteiligt werden. In Abhängigkeit von der Situation bietet es sich an, sie zum Mitschreiben aufzufordern. Dies erreicht man vor allem durch Aufzählungen, die gleichzeitig den Vorteil haben, dass sie eine gewisse Struktur in die Rede einbringen.

Beispiel
»Für dieses Problem gibt es drei Ursachen. ...«

Das Ende einer Rede hat eine besondere Bedeutung für den Zuhörer. Oft hängt der bleibende Eindruck vom Schlusssatz bzw. Schlussabsatz ab. Gängig sind die Zusammenfassung oder der Ausblick. Die Zusammenfassung gibt die wichtigsten Tatsachen und Argumente in knapper Form wieder, während bei einem Ausblick Folgerungen oder Parallelen zu angrenzenden Fachgebieten gezogen werden. Ein aktueller Bezug oder ein Zitat können eine Rede abrunden, sind aber nicht immer leicht zu finden. Gegebenenfalls werden auch Handlungsempfehlungen abgegeben.

7.6 Psychologische Faktoren

Redeängste haben in der Regel die meisten Menschen, manche mehr und manche weniger. Sie entstehen aus Angst vor der Umwelt oder vor sich selbst. Sehr hohes Lampenfieber resultiert in psychologischen Barrieren, die ein freies Reden und ein ungezwungenes Verhalten verhindern. Weitere Ursachen für Redeängste sind zurückzuführen auf (vgl. KOEDER, K., 1994, S. 160):

- Angst vor der ungewohnten Situation;
- Angst vor stimmlichem Versagen;
- Angst, den Faden zu verlieren und stecken zu bleiben;
- Angst vor den Blicken der Zuhörer;
- Angst vor Kritik;
- mangelnde Übung;
- mangelnde rhetorische Fähigkeiten und Techniken.

Diese Angst kann wiederum eine Reihe von Problemen nach sich ziehen, die sich auf verschiedenen Erscheinungsebenen manifestieren. Konzentrationsprobleme, Leere im Kopf und Blockaden zeigen sich auf der kognitiven Ebene, während Nervosität, Verunsicherung, Gereiztheit oder Hemmungen der emotionalen Ebene zuzurechnen sind. Nervöse Störungen vegetativer Art sind Mundtrockenheit, feuchte Hände, Herzklopfen, Übelkeit, Schwitzen, Erröten und ähnliche Erscheinungen. Schließlich äußert sich die Nervosität in Form muskulärer Probleme wie beispielsweise einer unsicheren und verkrampften Haltung, zitternden Händen, Stottern oder nervöser Gestik.

Um übersteigerte Nervosität zu reduzieren sind die folgenden Regeln hilfreich (vgl. SCHNEIDER, D./RECHTIEN, W., 1991, S. 88 ff.):

- Eine gute Vorbereitung gibt mehr Ruhe als viele Entspannungsübungen.
- Dennoch sind auch Entspannungsübungen, vor allem autogenes Training, hilfreich.
- Kann die Hauptursache des Lampenfiebers ermittelt werden (z. B. die Zuhörer, der Raum), so kann viel eher dagegen angegangen werden.
- Sicherheit gibt auch das Üben im Vorfeld. In der Regel bieten sich im Leben viele Gelegenheiten, sich vor Publikum zu einem bestimmten Thema zu äußern: im Freundeskreis, im Verein, bei Sitzungen usw.
- Vor der Rede sollte nur eine Kleinigkeit gegessen werden.
- Die letzte halbe Stunde vor dem Vortrag sollte man sich anderen Dingen zuwenden.
- Die Zuhörer sind normalerweise nicht böswillig – vielmehr verzeihen sie auch gern kleine Schwächen. Andererseits stellte sich Bismarck immer vor, seine Reden vor Kohlköpfen zu halten, um sich nicht verunsichern zu lassen.
- Vorbereitete Folien oder der Einsatz von Flipcharts sind Hilfsmittel, die Teile des Redemanuskripts ersetzen können oder den Redner wieder zu seinem roten Faden zurückführen. Gleichzeitig wird der Erinnerungseffekt bei den Zuhörern durch paralleles Hören und Sehen um das Drei- bis Vierfache verstärkt.

7.7 Vortragstechnik

Die Beachtung einiger Grundregeln für Reden hilft, die Aufmerksamkeit der Zuhörer auch über einen längeren Zeitraum zu binden (vgl. KOEDER, K., 1994, S. 161 ff.):

- Die Rede darf erst begonnen werden, wenn der Redner vor dem Publikum steht und Ruhe eingekehrt ist – und nicht bereits auf dem Weg nach vorne. Durch Schweigen und entspanntes Warten kann die notwendige Aufmerksamkeit der Zuhörer erreicht werden. In dieser »Wartezeit« sollte der Redner Ruhe ausstrahlen, Blickkontakt zum Publikum aufnehmen und nicht nervös in seinem Manuskript blättern.
- Kurze Hauptsätze sind verschachtelten Schlangensätzen vorzuziehen. Komplizierte Zusammenhänge sollten im Rahmen einer Rede auf jeden Fall wiederholt werden, da der Zuhörer nicht die Chance hat, über die gesagten Dinge zu reflektieren – wie dies beispielsweise beim Lesen der Fall ist.
- Die wichtigsten Gliederungspunkte und Stichworte können gegebenfalls an die Tafel bzw. auf den Tageslichtprojektor geschrieben werden. Es bietet sich auch an, die Gliederung mit den notwendigen Literaturhinweisen an die Zuhörer auszuteilen, damit diese sich Stichworte zum Thema machen können.
- Sehr wichtig ist der Blickkontakt mit dem Publikum. Dabei sollte nicht ein Zuhörer fixiert, sondern der Blick langsam und entspannt nacheinander auf verschiedene Zuhörer gerichtet werden. Dies setzt voraus, dass die Rede als Stichwortmanuskript vorliegt und nicht ausformuliert abgelesen wird – was die Aufmerksamkeit

der meisten Zuhörer ohnehin innerhalb kürzester Zeit abschweifen lässt. Anzeichen von Verständnisproblemen, Widerspruch und Langeweile lassen sich auf diese Weise aus der Mimik der Zuhörer ablesen. Bei der Benutzung eines Tageslichtprojektors sollte der Blick immer in Richtung Publikum und nicht an die Wand gerichtet werden. Grundsätzlich ist es zu vermeiden, dem Publikum den Rücken zuzukehren. Eine Ausnahme gilt bei Wandtafeln, bei deren Benutzung keine andere Möglichkeit existiert.
- Gezielt eingesetzte Gestik kann einen Vortrag wirkungsvoll unterstützen. Um wildes Herumfuchteln aus Nervosität zu vermeiden, sollte Gestik anfangs nur sparsam eingesetzt werden. Dennoch gilt: Wenn Gestik eingesetzt wird, dann mit großen Bewegungen. Der (pädagogische) Zeigefinger und die (aggressive) Faust sollten jedoch vermieden werden.
- Auch der Tonfall spielt eine wichtige Rolle. Ein monotoner Vortrag schläfert die Zuhörer ein. Aus diesem Grund sollten Tonlage und Lautstärke in einem dem Inhalt angemessenen Ausmaß variiert werden. Gleichzeitig ist das richtige Sprechtempo entscheidend: flüssig, aber nicht zu schnell. Ferner sollte man es unbedingt vermeiden, beispielsweise auf den Tageslichtprojektor zu schreiben und gleichzeitig zu sprechen. Regelmäßige Pausen nach logischen Abschnitten oder Argumenten unterstützen zum einen die logische Struktur, zum anderen können sie für Ruhe sorgen und die Aufmerksamkeit des Publikums wieder herstellen.
- Durch Fragen können Zuhörer aktiviert und integriert werden. Umgekehrt können die Zuhörer von Anfang an ermuntert werden, bei Verständnisproblemen unverzüglich Fragen zu stellen bzw. diese zu notieren und sie nach Ende des Vortrags zu stellen.

7.8 Diskussionstechnik

Im Anschluss an eine Rede findet oft eine Diskussion statt, in der Fragen an den Redner gestellt werden können bzw. dieser eine Diskussionsrunde moderieren muss.

Für den Redner ist es wichtig zu wissen, dass Einwände gegen die von ihm vorgebrachten Argumente oder Standpunkte sehr viele verschiedene Ursachen haben können. Die häufigsten Ursachen sind die folgenden (vgl. MOHLER, A., 1996, S. 207 ff.):
- Der Einwand ist logisch begründet.
- Der Redner hat zu viel vorausgesetzt, sich nicht klar ausgedrückt oder seine Begründung war nicht stichhaltig genug.
- Die Zuhörer haben vorgefasste Meinungen oder wurden vom Vorredner bereits vom Gegenteil bzw. einer anderen Meinung überzeugt.
- Die Zuhörer sind aggressiv oder bewusst unsachlich, um den Redner zu Fall zu bringen.
- Die Zuhörer kennen sich in der Thematik nicht aus und der Redner ist nicht in der Lage, darauf einzugehen.
- Der Redner wirkt arrogant, trägt aggressiv oder langweilig vor.

Ungeachtet der Tatsache, ob Einwände rational begründbar sind oder nicht, ist es als Redner wichtig, darauf vorbereitet zu sein. Dabei ist zunächst die eigene Argumentation auf Schwachstellen zu überprüfen und eine Argumentation gegen potenzielle Einwände aufzubauen. Ob diese Einwände und ihre Entkräftigung von vornherein in die Rede integriert werden, oder ob man sie ausklammert und abwartet, ob sie später vorgebracht werden, muss fallweise entschieden werden. Sofern im Anschluss an den Vortrag keine Diskussion vorgesehen ist, sind Argumente *und* Gegenargumente zu integrieren. Dies kann einer entgegengesetzten Meinungsbildung vorbeugen, da eine anschließende Rechtfertigung nicht mehr möglich ist. Ebenso sind Einwände, die bei der eigenen Vorbereitung auftauchen, in den Vortrag aufzunehmen.

Schwachstellen oder Gegenargumente sollten in jedem Fall ernst genommen werden. Eine Meinung bzw. Argumentation kann auch trotz Schwachstellen vertretbar sein. Zu den bekannten oder offensichtlichen Schwachstellen zu stehen, ist dabei in aller Regel die beste Vorgehensweise. Allerdings sollte man bei einem »böswilligen« Publikum darauf verzichten.

Auch wenn Fragen aggressiv und emotional vorgetragen werden, muss ein guter Redner freundlich und sachlich auf die Frage eingehen. Dabei gilt: Je aggressiver die Frage, desto freundlicher die Antwort. Es geht schließlich nicht darum, den Zuhörer oder den Redner bloßzustellen. Umgekehrt ist es als schlechter Stil des Redners zu bewerten, wenn er Fragen mit fiktiven Aussagen beantwortet. Wird eine solche, erfundene Aussage mit der notwendigen Souveränität vorgetragen, so ist der Fragesteller meist eingeschüchtert und fragt nicht weiter nach. Hier gilt für den Fragesteller wie für den Redner: Wer ehrlich zu seinen Wissenslücken steht, kann in der Regel weniger bloßgestellt werden als jemand, der seine Argumentation auf fiktiven Aussagen aufbaut.

Die Atmosphäre der Diskussion wird zudem verbessert, wenn der Redner den Empfang der Fragen quittiert. Dies kann er zum einen durch Dank tun, was wiederum zu weiteren Fragen aufmuntert. Zum anderen kann er Verständnis signalisieren oder die Frage umgeformt wiederholen, um sicherzugehen, dass sie richtig verstanden wurde. Letzteres bietet sich zudem bei einem großen Auditorium an, bei dem oft nicht alle Zuhörer die gestellte Frage verstehen.

Da Diskussionen im Anschluss an Vorträge manchmal schlecht in Gang kommen, ist es sinnvoll, selbst einige Fragen vorzubereiten. Diese Fragen können dann dazu dienen, die Diskussion zu eröffnen. Man kann beispielsweise mit den Worten beginnen: »Eine Frage, die oft gestellt wird ...« oder »Vor einiger Zeit wurde ich gefragt ...«. Selbst wenn im Anschluss noch immer keine Diskussion in Gang kommen sollte, so kann zumindest die Situation einigermaßen gerettet werden.

8 Neue Medien

8.1 Technologiegestütztes Lernen

Technologiegestütztes Lernen kann als Sammelbegriff für alle Lehrformen verwendet werden, welche auf Informationstechnologie aufbauen. Technologiegestütztes Lernen bietet sich vor allem dann an, wenn kognitive Fähigkeiten erlernt werden sollen. Dazu zählen beispielsweise die Vermittlung von Wissen, Problemlösungsmethoden usw. (vgl. DRISCHOLL, M., 1998, S. 2). Der Lernende muss in der Regel einen PC bedienen können, das Unternehmen des Lernenden muss wiederum die entsprechende Hard- und Software zur Verfügung stellen.

Folgende **Anforderungen** an computerbasierte Lernumgebungen sind zu beachten (vgl. BRUNS, B./GAJEWSKI, P., 1999, S. 15 ff., DRISCHOLL, M., 1998, S. 9):
- Die Motivation des Lernenden muss durch das **Design** der Lernumgebung stimuliert werden. Eine intuitive Bedienbarkeit fördert die Motivation, weil »technische«

Schwierigkeiten nicht vom eigentlichen Stoff ablenken. Dabei gilt, dass der Lehrstoff umso besser internalisiert wird, je authentischer bzw. praxisnäher die Lernsituationen sind, und idealerweise in verschiedenen Situationen und aus verschiedenen Perspektiven und in seiner ganzen Komplexität dargestellt wird.
- Eine hohe **Interaktivität** zwingt den Lernenden zudem, sich aktiv mit dem Lehrstoff auseinander zu setzen, was wiederum die Gedächtnisleistung erhöht. So kann im Rahmen von interaktiven Übungen einerseits Wissen abgeprüft, andererseits aber auch die Fähigkeit trainiert werden, Situationen (wieder-) zu erkennen und entsprechende Methoden sowie relevantes Wissen anzuwenden. Simulationen gehen einen Schritt weiter: Hier soll der Lernende i. d. R. mehrere Einflussfaktoren der simulierten Umwelt verändern, um erwünschte Reaktionen zu erzeugen (vgl. auch unten »Planspiele«).
- Interaktivität bezieht sich dabei nicht nur auf die Lerninhalte, sondern auch auf die Gestaltung des Ablaufs: Die unmittelbare **Vorgehensweise** kann idealerweise vom Lernenden selber bestimmt werden. Zudem sollte es einen »Standard-Lernweg« geben, dem diejenigen folgen können, die mehr Anleitung benötigen. Vor- und zurückblättern, ggf. auch das Überspringen einzelner Einheiten müssen möglich sein. Die Lerninhalte sollten zwar strukturiert, nicht jedoch streng linear vermittelt werden.
So können bei Hypertext/Hypermedia-gestützten Systemen die Lerninhalte »assoziativ oder einer bestimmten Ordnung folgend« vom Kursteilnehmer erarbeitet werden (BRUNS, B./GAJEWSKI, P., 1999, S. 43). Je mehr Elemente eines geführten Kurses dazukommen, desto weniger kann der Lernende seine Vorgehensweise selbst gestalten. Je mehr ein Kurs geführt wird, desto sicherer kann aber davon ausgegangen werden, dass alle Inhalte bearbeitet wurden.
- **Lerndauer** und **Lerntempo** werden vom Lernenden selbst bestimmt. Dazu sollte zu Beginn des Programms eine Angabe über die durchschnittliche Bearbeitungsdauer gemacht werden. Ein modularer Programmaufbau ermöglicht es dem Lernenden, einzelne Lerneinheiten dosiert in den Zeiten abzuarbeiten, die ihm zur Verfügung stehen.
- Wenn dies sinnvoll ist, sollte auch Lernen in der **Gruppe** bzw. ein Austausch z. B. über Intra- oder Internet ermöglicht werden.

Der **Aufbau** eines Lernprogrammes besteht aus folgenden Abschnitten (vgl. BRUNS, B./ GAJEWSKI, P., 1999, S. 35 ff.):
- Im Rahmen der **Einleitung** und Vorbereitung werden grundsätzlich der Ablauf erläutert sowie ggf. ein Eingangstest durchgeführt. In jedem Fall muss ein Überblick über die zu lernenden Inhalte sowie die **Lernziele** dem Lernprogramm vorangehen. Anhand dieses Überblicks kann der Lernende dann entscheiden, ob das vorliegende Programm seine eigene Zielsetzung trifft. Lernziele unterstützen zudem die Erfolgskontrolle.
- Der eigentliche Lernprozess umfasst die Aneignung der Fähigkeiten bzw. des geforderten Wissens. Die **Nachbereitung**, die Aufgaben, Lernkontrolle, Wiederholungen, Fallbeispiele und strukturierte Zusammenfassungen beinhalten kann, kann hier eingearbeitet sein. In jedem Fall muss ein **Feedback** gegeben werden (vgl. BRUNS, B./GAJEWSKI, P., 1999, S. 24 ff.). So beenden einige Lernprogramme jede Lerneinheit mit Kontrollfragen. Alle Antworten werden kommentiert bzw. berichtigt und begründet. Die Kontrollfragen und -aufgaben müssen möglichst vielfältig sein, um die Aufmerksamkeit des Lernenden nicht sinken zu lassen.

Eine besondere Stellung unter den »technologiebasierten Lernumgebungen« nehmen **webbasierte Umgebungen** ein (vgl. DRISCHOLL, M., 1998, S. 26):

1. Webbased Training/Computer Based Training (WBT/CBT)
   Diese individuelle Lernmethode beinhaltet Übungen und Aufgaben, kleine Simulationen, Leseeinheiten sowie Fragen und Antworten, ohne dass Kontakt zu anderen Lernenden vorgesehen ist. Sie eignet sich für die Vermittlung von strukturierbarem Wissen und dessen Anwendung. Sie entspricht meist klassischen Multimedia-Lernprogrammen.
   Als Lernmechanismus wird die instrumentelle Konditionierung eingesetzt, bei welcher der Teilnehmer durch eine sofortige Rückmeldung über Erfolg oder Misserfolg informiert wird. Dem Benutzer werden nach Abschluss einer Lerneinheit Kontrollfragen gestellt. Werden zu viele Fragen falsch beantwortet, muss die Lerneinheit wiederholt werden, im anderen Fall kann zur nächsten Lerneinheit übergegangen werden.
2. Web/Virtual Asynchronous Classroom
   Diese Umgebung beinhaltet Diskussionen, Gruppenprojekte sowie einen Erfahrungstausch, die jedoch nicht in Echtzeit stattfinden. Classroom-Anwendungen sind besonders für schlecht strukturierbare Lerninhalte, die Analyse, Synthese und Bewertung erfordern, sinnvoll.
   Ein Tutor, der zu vorgegebenen Zeiten oder auf Anfrage zur Verfügung steht, kann die Lernenden – und damit ihren Fortschritt – unterstützen.
3. Web/Virtual Synchronous Classroom
   Bei dieser Form sind alle Beteiligten zur gleichen Zeit in die Lernumgebung eingeschaltet und diskutieren, arbeiten oder reflektieren über gemeinsame Probleme und Aufgaben. I. d. R. steht in diesem Zeitraum ein Tutor als Ansprechpartner oder Moderator zur Verfügung.
   In Abhängigkeit von der Synchronität müssen entsprechende Kommunikationswerkzeuge eingesetzt werden: Asynchrone Mechanismen sind z. B. E-Mail, Diskussionsforen, in die Beiträge zu beliebigen Zeiten eingestellt werden können. Synchrone Mechanismen setzen die (virtuelle) Anwesenheit der Teilnehmer voraus. Hierzu sind beispielsweise der Chatroom oder auch Video- oder Audiosysteme zu zählen (vgl. BRUNS, B./GAJEWSKI, P., 1999, S. 45 ff.).

Der **Vorteil** des WBT/CBT liegt in der Autonomie des Benutzers. Dieser kann – in gewissen Grenzen – Thema, Dauer, Intensität, Geschwindigkeit usw. individuell bestimmen. Ein Lernprogramm kann ferner zu beliebigen Zeiten absolviert werden, da keine Bindung an ein Seminar bzw. die Anwesenheit anderer Teilnehmer und des Seminarleiters gegeben ist. Zudem kann i. d. R. die bestehende Hardware genutzt werden; Reisekosten entfallen. Durch die Freischaltung entsprechender Passwörter kann ein schneller und unproblematischer Zugang zu einer Lernsoftware im Intranet gewährleistet werden. Von der inhaltlichen Seite her kann bei allen genannten Formen des webbasierten Lernens zentral sichergestellt werden, dass Inhalte aktuell und vollständig sind bzw. laufend angepasst werden. Classroom-Umgebungen bieten zusätzlich den Vorteil, dass eine Diskussion mit anderen Teilnehmern stattfinden kann und »Intellectual Capital« ausgetauscht wird, Teilnehmer von Erfahrungen und Problemen anderer lernen können usw.

Nachteile von web-basierten Lernumgebungen sind zunächst in einem hohen Entwicklungsaufwand zu sehen. Zudem müssen die Benutzer mit neuen Methoden und/oder Medien arbeiten können. Bei Kontrollfragen wird oft eine Trial-and-Error-Strategie zu ihrer Beantwortung eingesetzt und nicht versucht, das gelernte Wissen gezielt wiederzugeben. Darunter leidet wiederum die Effizienz von Lernprogrammen. Sie setzt somit eine hohe intrinsische Motivation der Benutzer voraus.

8.2 Planspiele

Planspiele im Unternehmensumfeld sind beispielsweise Simulationsmodelle von Unternehmen. Sie simulieren Abläufe und Zielkonflikte in Unternehmen, die realitätsnah nachvollzogen werden. Die Teilnehmer eines Planspiels lernen praxisnahes, unternehmerisches Denken und Handeln. Die erworbenen Fähigkeiten lassen sich i. d. R. sehr viel leichter in die Praxis bzw. die eigene Tätigkeit integrieren als reines Vorlesungswissen. Die Teilnehmer werden durch die aktive Beteiligung deutlich mehr integriert als beispielsweise bei einem Seminar. Erwiesenermaßen wird bei einer derart aktiven Beteiligung sehr viel mehr Wissen reproduzierbar gespeichert.

Planspiele verfolgen verschiedene Lernziele. Die Teilnehmer lernen nicht nur, welche endogenen und exogenen Faktoren für den Unternehmenserfolg eine Rolle spielen, sondern auch, wie Ziele und Strategien definiert und mit Hilfe welcher Maßnahmen die Ziele erreicht bzw. die Strategien umgesetzt werden können. Ferner müssen die Folgen getroffener Entscheidungen vorauskalkuliert und (auch für andere) transparent gemacht werden können. Dazu gehört auch die Früherkennung und Beurteilung kritischer Situationen und der nutzbringende Einsatz betriebswirtschaftlicher Methoden. Durch die Vielzahl der zu treffenden Entscheidungen sowie die Berücksichtigung von entsprechenden Auswirkungen werden unternehmerische Zusammenhänge i. d. R. sehr gut erkannt und verstanden.

Bei gruppenorientierten Spielen müssen die Teilnehmer Entscheidungen im Team treffen. Hier besteht ein zusätzlicher Lerneffekt im Verständnis gruppendynamischer Prozesse und deren Auswirkung auf die Entscheidung.

Aufgrund der genannten Vorzüge von Planspielen nimmt ihr Markt ständig zu. Dabei werden manuelle und computergestützte Planspiele unterschieden. Planspiele an sich sind nicht zwangsläufig zu den neuen Medien zu rechnen. Da sie inzwischen jedoch fast ausschließlich computergestützt eingesetzt werden, werden sie an dieser Stelle aufgeführt.

Je nach Umfang wird nur ein Unternehmensbereich, z. B. die Fertigung, oder das gesamte Unternehmen abgebildet. Planspiele können allein oder im Team sowie gegen reelle oder simulierte Konkurrenz gespielt werden. Einfache Planspiele erfordern dabei eine geringe Anzahl an Entscheidungen pro Periode, während bei komplexen Spielen bis zu 100 Entscheidungen getroffen werden müssen. Die Komplexität wird ferner durch die Anzahl der Produkte und Märkte bestimmt, die simultan berücksichtigt werden müssen. Diese und weitere Kriterien sowie die Eigenschaften der Zielgruppe müssen berücksichtigt werden, wenn ein Planspiel ausgesucht und eingesetzt werden soll.

8.3 Audio-/Videocassetten

Audio- und Videocassetten werden hier nur der Vollständigkeit wegen aufgeführt, sind jedoch nicht zu den »neuen Medien« zu zählen. Sie eignen sich vor allem für das Selbststudium oder beispielsweise beim Erlernen einer Fremdsprache. Sie enthalten

Lerninhalte, die sich ein Schüler bzw. Student mehrfach und zu beliebigen Tageszeiten anhören bzw. ansehen kann. Bei Fremdsprachen ist neben der Vermittlung von Vokabular und Grammatik vor allem die Aussprache besser darstellbar als in Lehrbüchern. Allerdings müssen die Konzentrationsfähigkeit und der Lernwille sehr ausgeprägt sein, um diese Lernmittel für das Selbststudium einzusetzen. Anders gestaltet sich dies bei ihrer Verwendung im Rahmen des Unterrichts, wo von einer höheren Aufmerksamkeit und oft auch einem hohen Lernwillen ausgegangen werden kann.

12. HAUPTTEIL: VOLKSWIRTSCHAFTLICHE GRUNDLAGEN

Bearbeitet von: Dr. Werner Klein

Vorbemerkung
Dieser Beitrag soll Ihnen einen Überblick über das Gebiet der Volkswirtschaftslehre bieten. Sie werden einleitend wesentliche **Grundtatbestände** und **Grundprobleme** des Wirtschaftens kennen lernen, unabhängig von dem jeweils realisierten Wirtschaftssystem.

Auf der Grundlage des inhaltlichen Verständnisses von **Wirtschaftsordnungen** wird deren Verknüpfung mit den daraus hervorgehenden Strukturen von alternativen **Wirtschaftssystemen** erläutert. Ergebnis dessen ist die begriffliche Abgrenzung der privatwirtschaftlichen von der sozialistischen Marktwirtschaft sowie dieser beiden von der Zentralverwaltungswirtschaft. In einem folgenden Kapitel werden die ordnungspolitischen Besonderheiten des Konzepts der Sozialen Marktwirtschaft beschrieben.

Auf dem ordnungstheoretischen Hintergrund einer privatwirtschaftlichen Marktwirtschaft lernen Sie die **Bestimmungsgründe der Nachfrage** nach Konsumgütern und des **Güterangebots** der Unternehmen kennen. Auf der Grundlage der Diskussion alternativer Marktstrukturen wird die Preisbildung als Koordinationsprozess von Angebot und Nachfrage erläutert.

Wegen seiner zentralen Bedeutung für die Funktionsweise und Effizienz einer privatwirtschaftlichen Marktwirtschaft werden hierauf aufbauend die Funktionen von **Wettbewerb** und die auf Erhaltung desselben zielende **Wettbewerbspolitik** erläutert. Dazu bedarf es der Darstellung der entsprechenden gesetzlichen Grundlagen.

Sodann erhalten Sie einen Überblick über das makroökonomische Geschehen in einer Marktwirtschaft. Sie werden die Darstellung der gesamtwirtschaftlichen Zusammenhänge als Wirtschaftskreislauf kennen lernen, der die Basis für die nationale volkswirtschaftliche Buchhaltung, die **Volkswirtschaftliche Gesamtrechnung (VGR),** bildet. Verschiedene Interpretationsmöglichkeiten dieses Zahlenwerkes führen zur Unterscheidung von Entstehung, Verwendung und Verteilung des Sozialprodukts. Auf der Basis der Volkswirtschaftlichen Gesamtrechnung und der dabei verwendeten Definitionen lässt sich die Unterscheidung von **primärer und sekundärer Einkommensverteilung** erarbeiten. Als eine Sonderform der nationalen Buchhaltung werden in der **Zahlungsbilanz** die grenzüberschreitenden, d. h. außenwirtschaftlichen Beziehungen einer Volkswirtschaft wertmäßig erfasst.

Die gesamtwirtschaftliche Entwicklung in der Zeit ist durch das Phänomen der **Konjunkturschwankungen** gekennzeichnet. Konjunkturen weisen ein bestimmtes Grundmuster auf und sind durch verschiedene Indikatoren darstellbar. Weil Konjunkturschwankungen mit gesamtwirtschaftlich unerwünschten Effekten einhergehen, ist die Wirtschaftspolitik als **Konjunkturpolitik** gefordert, insbesondere durch antizyklische Fiskalpolitik eine Glättung des Konjunkturverlaufs zu versuchen.

Ein hervorstechendes Phänomen moderner Volkswirtschaften ist die Tatsache, dass sich der Austauschprozess von Gütern und Leistungen vermittels des Mediums Geld vollzieht. In diesem Kapitel sollen Sie die **Erscheinungsformen des Geldes** und die definitorischen Abgrenzungen verschiedener Geldmengenaggregate kennen lernen sowie das Phänomen der Geldschöpfung durch das Geschäftsbankensystem. Als wichtiges wirtschaftspolitisches Ziel gilt die **Geldwertstabilität.** Deshalb ist zu diskutieren, mit welchem Instrumentarium die Deutsche Bundesbank bzw. seit Januar 1999 die Europäische Zentralbank (EZB) dieses Ziel zu realisieren versucht.

In einem anschließenden Kapitel sollen Sie zunächst die Bestimmungsgründe der wirtschaftlichen Vorteilhaftigkeit internationalen Handels erfahren. Der **Handels-, Dienstleistungs- und Kapitalverkehr** vollzieht sich in aller Regel zwischen Volkswirtschaften mit unterschiedlichen nationalen Währungen. Zwecks Begleichung von Forderungen und Verbindlichkeiten im Außenwirtschaftsverkehr entstehen Angebot von und Nachfrage nach Devisen, die auf Devisenmärkten zu einem bestimmten Wechselkurs gehandelt werden. Abschließend soll verdeutlicht werden, welche Ziele durch staatliche **Außenwirtschaftspolitik** verfolgt und mit welchen Instrumenten diese Ziele zu erreichen versucht werden. Hieran anschließend werden mögliche Varianten von Wechselkurssystemen erläutert.

Die Nutzung und Belastung der natürlichen **Umwelt** in Gestalt der Umweltmedien Boden, Wasser und Luft sind Gegenstand eines folgenden Kapitels. Es werden die Möglichkeiten einer auf Umweltschonung ausgerichteten Wirtschaftspolitik diskutiert.

Das abschließende Kapitel ist der Politik der **europäischen Integration** unter wirtschaftlichem Aspekt gewidmet. Zentrale Diskussionsfelder bilden hierbei die alternativen Stufen wirtschaftlicher Integration, das Programm zur Vollendung des Europäischen Binnenmarktes, die Struktur und Funktionsweise des Europäischen Währungssystems und nicht zuletzt der Plan zur Verwirklichung der Wirtschafts- und Währungsunion entsprechend dem Abkommen von Maastricht.

1 Einführung in die Volkswirtschaftslehre

Die **Volkswirtschaftslehre** befasst sich mit einem weiten Spektrum der Analyse von Phänomenen, im weitesten Sinne dem **Wirtschaften des Menschen, von wirtschaftlichen Institutionen** (Haushalte, Unternehmen, Staat) und von **Volkswirtschaften als Ganzes.**

Die spezifischen Fragestellungen der Volkswirtschaftslehre werden aus einer Reihe von Grundtatbeständen, d. h. Grundsachverhalten und daraus hervorgehenden Grundproblemen sowie damit verbundenen Verhaltensweisen, gewonnen, die allen Volkswirtschaften, unabhängig von dem jeweils realisierten Wirtschaftssystem, gemeinsam sind. Zu den Grundtatbeständen von Wirtschaftsgesellschaften sind drei miteinander verbundene **Grundsachverhalte** und vier daraus hervorgehende **Grundprobleme** des Wirtschaftens zu zählen. Beide zusammen, die Grundsachverhalte und die Grundprobleme, bilden die Basis für die Norm ökonomisch rationalen Verhaltens, die durch das **wirtschaftliche Prinzip** beschrieben wird.

1.1 Grundsachverhalte des Wirtschaftens

Die **drei Grundsachverhalte** des Wirtschaftens betreffen

(1) den Zusammenhang von Bedürfnissen und Gütern,
(2) den Tatbestand der Güterknappheit und
(3) den der Arbeitsteilung.

Der Mensch, sei er Einzelwesen oder eingebunden in die Institutionen einer sozialen Gruppe (Familie, Staat), bedarf zur Befriedigung seiner Bedürfnisse der Güter im weiteren Sinne. Bedürfnisse entspringen den Existenzbedürfnissen des Menschen, die physiologischer, sozialer und kultureller Natur sind. **Bedürfnisse,** die als Ziele der Lebenserhaltung und Lebensgestaltung interpretierbar sind, können, je nach ihrer Art, wie folgt klassifiziert werden:
- individuelle – kollektive Bedürfnisse,
- teilbare – unteilbare Bedürfnisse,
- Existenzbedürfnisse – Lebens- und Luxusbedürfnisse.

In hierarchischer Sicht unterscheidet der amerikanische Soziologe MASLOW fünf Stufen von Bedürfnissen (Abbildung 1.1).

```
                    /\
                   /  \
                  / Be-\
                 / dürfnis\
                / nach Selbst-\
               / verwirklichung und\
              / Verwirklichung der  \
             /   eigenen Möglichkeiten\
            /----------------------------\
           /    Wertschätzungsbedürfnisse  \
          /     Streben nach Anerkennung und\
         /        Bestätigung durch andere    \
        /--------------------------------------\
       /          Soziale Bedürfnisse            \
      /    Wunsch nach Leben in der Gemeinschaft und\
     /        nach Aufnahme in bestimmte Gruppen       \
    /----------------------------------------------------\
   /           Sicherheits- und Schutzbedürfnisse         \
  /         Sicherer Arbeitsplatz, sichere Altersversorgung \
 /------------------------------------------------------------\
/                       Grundbedürfnisse                        \
/            Hunger, Durst, Schlaf, Bewegung, Wohnung            \
------------------------------------------------------------------
```

Abb. 1.1: Hierarchie der Bedürfnisse

Der Begriff der **Güter** umfasst im weiteren Sinne **Sachgüter und Dienstleistungen.** Güter sind in den seltensten Fällen Darbietungen der Natur, sondern vielmehr das Ergebnis von Produktionsprozessen. Sachgüter sind lagerfähig, wohingegen bei Dienstleistungen Produktion und Gebrauch oder Verbrauch zur gleichen Zeit stattfinden. Güter im weiteren Sinne finden sich als Konsumgüter oder Produktionsmittel, Gebrauchs- oder Verbrauchsgüter (Abbildung 1.2).

Bis zu welchem Grade die menschlichen Bedürfnisse (Ziele der Lebenserhaltung und Lebensgestaltung) befriedigt werden können, hängt ab von der Menge der hierfür zur Verfügung stehenden Güter. Als **freie Güter** werden solche bezeichnet, deren Menge ausreicht, die zugehörigen Bedürfnisse voll zu befriedigen, d. h., solche Güter gelten als nicht knapp. **Wirtschaftliche Güter** hingegen sind knappe Güter.

Das **Phänomen der Knappheit** lässt sich anhand der Abbildung 1.3 analytisch erfassen.

Träger von Bedürfnissen sind solche Institutionen, die als Endverbraucher Nachfrage nach Konsumgütern entfalten. Institutionen dieser Art sind private, öffentliche und gesellschaftliche Haushalte (private Organisationen ohne Erwerbscharakter). Ziel aller gesellschaftlichen Produktion ist letztlich die Herstellung von Konsumgütern. Die

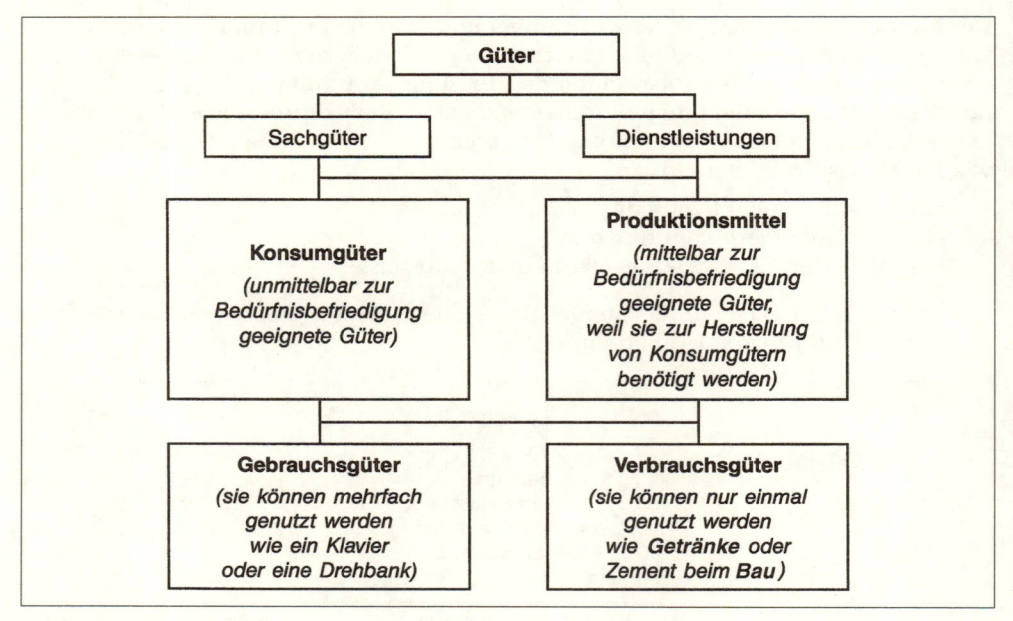

Abb. 1.2: Güterarten

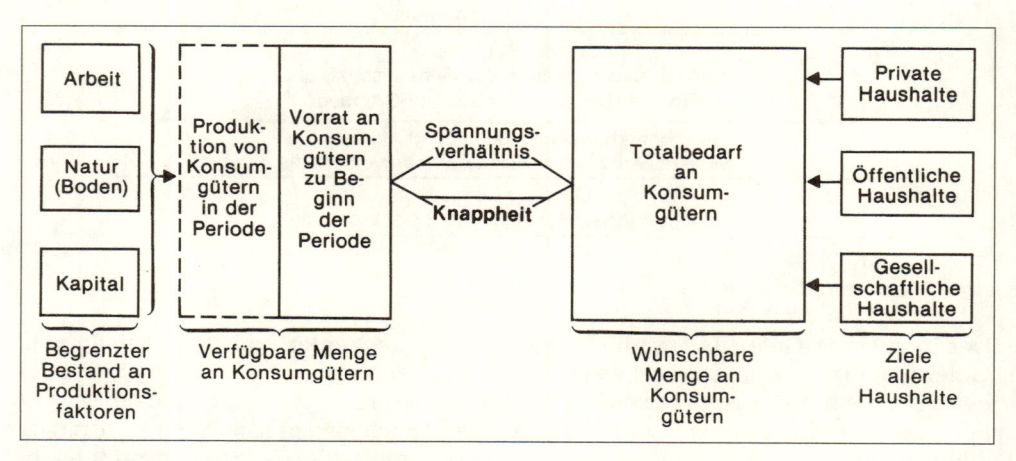

Abb. 1.3: Knappheit

Produktionsmöglichkeiten einer Volkswirtschaft zur Erzeugung von Konsumgütern sind begrenzt durch die Verfügbarkeit an volkswirtschaftlichen Produktionsfaktoren (Ressourcen):

- Arbeit,
- Natur (Boden),
- Kapital.

Die mit den Beständen an Produktionsmitteln herstellbare Menge an Konsumgütern ist grundsätzlich kleiner als jene Menge an Gütern dieser Art, die notwendig wäre, um die mit ihrer Hilfe zu befriedigenden Bedürfnisse **voll** zu erfüllen.

Die volkswirtschaftlichen Produktionsfaktoren Arbeit und Natur (Boden) werden als **ursprüngliche Produktionsfaktoren** bezeichnet, weil sie nicht selbst Ergebnis eines Produktionsprozesses sind. Kapital ist der **abgeleitete Produktionsfaktor,** weil Resultat zumindest eines ursprünglichen Produktionsprozesses der Kombination von Arbeit und Natur (Boden).

Den dritten Grundsachverhalt des Wirtschaftens stellt die **Arbeitsteilung** dar. Nach ihrer spezifischen Art lassen sich verschiedene Typen von Arbeitsteilung unterscheiden (Abbildung 1.4).

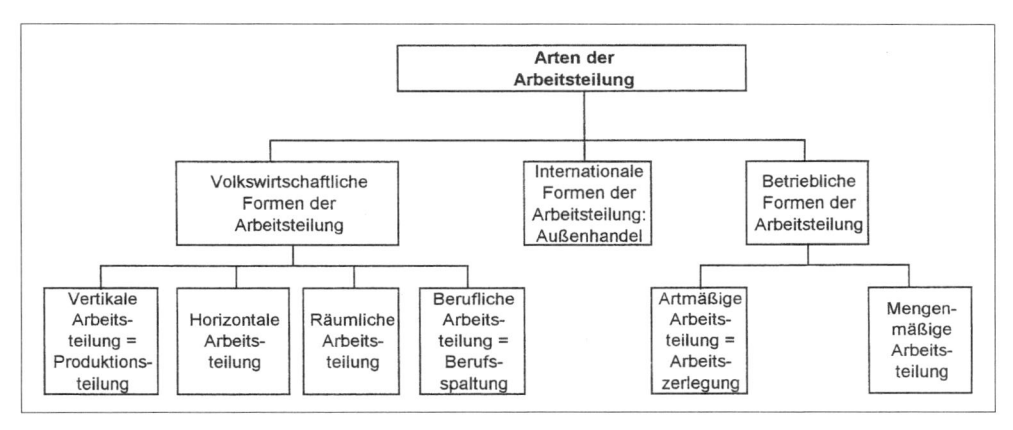

Abb. 1.4: Arbeitsteilung

Die **ökonomische Vorteilhaftigkeit** arbeitsteiliger Wirtschaftsweise zeigt sich in ihrer produktivitätssteigernden Wirkung, darstellbar in Form gestiegener Arbeits-, Boden- und Kapitalproduktivität. Die **Arbeitsproduktivität** (A_{pr}) ist definiert als Produktionsergebnis (Y) pro eingesetzter Arbeitsmenge (A), z. B. Arbeitsstunden (einzel- oder gesamtwirtschaftlich gesehen):

$A_{pr} = Y/A$

Analog dazu die **Kapitalproduktivität**:

$K_{pr} = Y/K$

Nachteile zeigen sich bei zu weit gehender Arbeitsteilung (Spezialisierung) infolge monotoner Arbeitsbedingungen in produktivitätssenkenden Wirkungen. Intensiv arbeitsteilige Prozesse führen darüber hinaus zu einem hohen Grad gegenseitiger Abhängigkeit, was bei Ausfall eines »technischen Kettenglieds« zu Produktionsunterbrechungen oder -ausfällen führen kann.

1.2 Grundprobleme des Wirtschaftens

Aus den genannten Grundsachverhalten erwachsen in allen Wirtschaftsgesellschaften gleichermaßen vier zu lösende Grundprobleme,
- das **Allokations- oder Lenkungsproblem,**
- das **Leistungsproblem,**

- das **Problem der leistungsgerechten Einkommensverteilung** und
- das **Interessen- und Machtproblem.**

Mit dem **Allokations- oder Lenkungsproblem** wird der Umstand beschrieben, dass die Verwendung des knappen Bestandes an volkswirtschaftlichen Produktionsfaktoren (Ressourcen) in ökonomisch effizienter Weise, d. h. in zeitlicher, räumlicher und sachlicher Hinsicht, zu entscheiden (planen) ist. Insoweit lässt sich das Allokationsproblem auch als **Planungsproblem** interpretieren.

In arbeitsteiligen Wirtschaftsgesellschaften geht das ökonomische Geschehen aus Plänen der Güterproduktion und -verwendung hervor. Bei weitgehender Trennung von Planungskompetenz und Planausführung sind ökonomische Ergebnisse letztlich auch von den in den Wirtschaftsplänen erwarteten Leistungen, insbesondere den Arbeitsleistungen, abhängig. Insoweit stellt sich dies als **Leistungsproblem** dar. Instrumente zur Lösung dieses Problems bilden verschiedene Formen von Leistungsanreizen materieller (Lohn, Gehalt, Prämien) und immaterieller Art (Belobigungen, Urkunden, Medaillen etc.). Formen des Leistungszwangs (verknüpft mit Sanktionsmechanismen) zwecks Lösung des Leistungsproblems bestehen in verschiedenen Arten von Leistungskontrollen (innerbetriebliche, marktliche, bürokratische), wie in Abbildung 1.5 verdeutlicht.

```
            Mittel zur Lösung
           des Leistungsproblems
          /                      \
    Leistungsanreize         Leistungskontrollen
     /            \            /            \
Das Einkommen  Das Ansehen  Innerbetriebliche  Außerbetriebliche
  erhöhende   des Leistenden    Kontrollen        Kontrollen
   Anreize   erhöhende Anreize
```

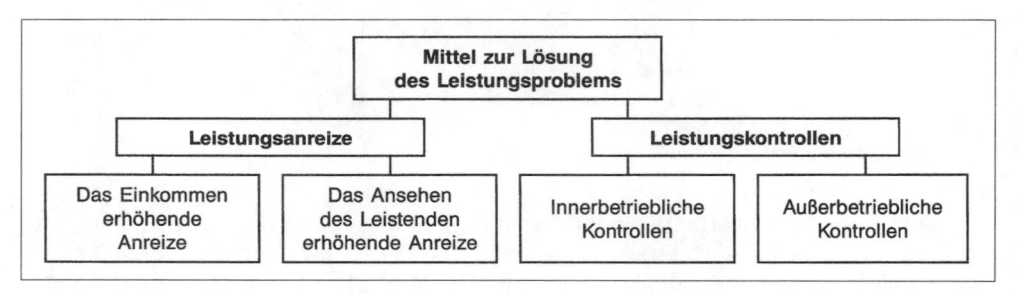

Abb. 1.5: Leistungsanreize und -kontrollen

Quellen des Einkommens der Wirtschaftssubjekte sind die Entlohnungen, die aufgrund der produktiven Beiträge der volkswirtschaftlichen Produktionsfaktoren im gesamtwirtschaftlichen Produktionsprozess als

- Löhne,
- Zinsen einschließlich der verteilten Gewinne und
- Grundrenten (Pacht)

entstehen und den personalen Trägern der Produktionsfaktoren zufließen. Da Einkommen Zugriffsmöglichkeiten auf die Güter des Sozialprodukts darstellen, ist hiermit das Problem der **leistungsgerechten Einkommensverteilung** verbunden. Eine grafische Darstellung der (personellen) Einkommensverteilung zeigt die LORENZ-Kurve (Abbildung 1.6). Die Diagonale repäsentiert den (hypothetischen) Fall völliger Gleichverteilung, die »gebogene« Kurve die tatsächliche Einkommensverteilung innerhalb eines Landes.

Als viertes Grundproblem ist das **Interessen- und Machtproblem** zu nennen. Wirtschaftliche Akteure trachten ihre Interessen vermittels ihrer wirtschaftlichen Aktivitäten durchzusetzen, wodurch es unausweichlich in jeder Wirtschaftsgesellschaft zu Interessengegensätzen kommt. Verbinden sich einzelwirtschaftliche Interessen mit ökonomischer Macht, ist die Gefahr der Durchsetzung individueller Interessen zu Lasten der Interessen der anderen am Wirtschaftsverkehr beteiligten Akteure gegeben.

- In Marktwirtschaften wird durch staatliche Ordnungspolitik (Wettbewerbspolitik) versucht, Bedingungen für einen Interessenausgleich durch Wettbewerb auf den Märkten herbeizuführen.
- In Zentralverwaltungswirtschaften wird dieses Problem systembedingt in hierarchisch-bürokratischer Weise zu lösen versucht.

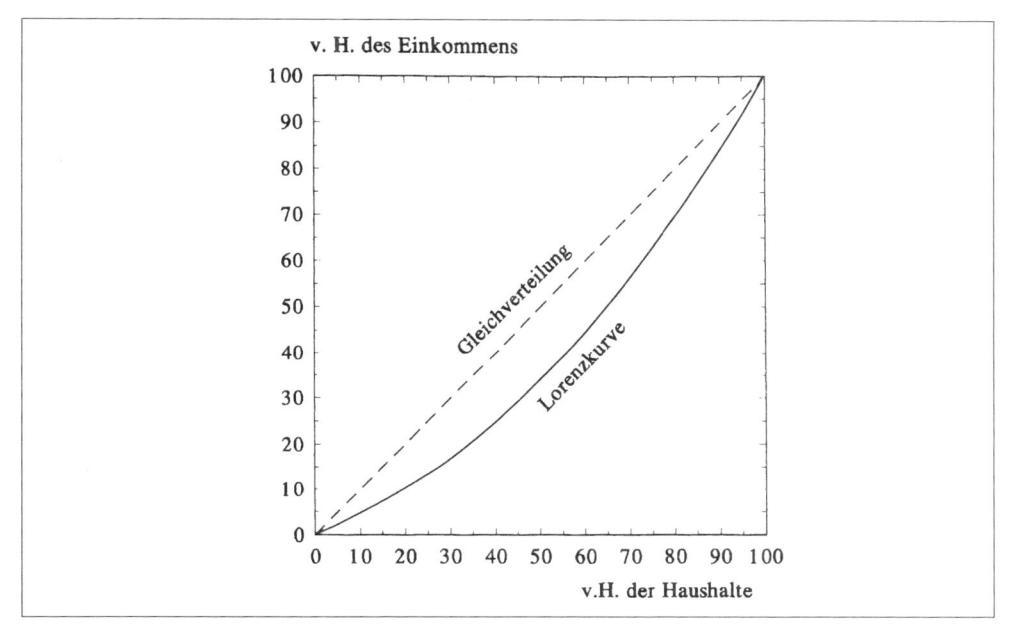

Abb. 1.6: LORENZ-Kurve

Die Forderung nach ökonomisch effizientem Umgang mit den Ressourcen eines Landes ergibt sich aus dem allgemeinen Grundphänomen der Knappheit. Als Norm wird das **wirtschaftliche Prinzip** in alternativer Form zum einen als Maximal-, zum anderen als Minimalprinzip formuliert. Aus gesamtwirtschaftlicher Sicht gilt hiernach:
- Der gegebene Ressourcenbestand einer Volkswirtschaft ist so einzusetzen, dass mit der erzeugten Menge an Gütern und Dienstleistungen ein Maximum an Zielerreichung (Wohlfahrtsmaximum) ermöglicht wird.
- Bei gegebenen ökonomischen Zielen ist der zur Erzeugung entsprechender Güter und Dienste notwendige Ressourcenaufwand zu minimieren.

Beide Aspekte des wirtschaftlichen Prinzips lassen sich in gleicher Weise auch einzelwirtschaftlich interpretieren.

Kontrollfragen
1. *Nennen Sie die Grundsachverhalte und Grundprobleme des Wirtschaftens.*
2. *Erläutern Sie den Sachverhalt der Güterknappheit.*
3. *Wie lassen sich Bedürfnisse, wie Güter im weiteren Sinne klassifizieren?*
4. *Welche Bedürfnisse unterscheidet der amerikanische Soziologe MASLOW?*

5. Nennen Sie die volkswirtschaftlichen Produktionsfaktoren. Warum werden sie als »ursprünglich« oder »abgeleitet« bezeichnet?
6. Welche Formen der Arbeitsteilung kennen Sie?
7. Welche ökonomischen Wirkungen bringt Arbeitsteilung hervor?
8. Was versteht man unter dem Allokations-, dem Leistungs- sowie dem Macht- und Interessenproblem in einer Volkswirtschaft?
9. Was beschreibt die Lorenz-Kurve?
10. Worin besteht der Unterschied bei der Formulierung des wirtschaftlichen Prinzips als Maximal- oder Minimalprinzip?

Aufgabe 12.01 *(Güterknappheit) S. 509*

Aufgabe 12.02 (LORENZ-*Kurve) S. 509*

2 Wirtschaftsordnungen und Wirtschaftssysteme

Die spezifische Art und Weise, wie sich die volkswirtschaftliche Güterproduktion und -verteilung in Wirtschaftsgesellschaften vollzieht, ist bedingt durch das jeweils realisierte **Wirtschaftssystem.** Ein Wirtschaftssystem kann als Subsystem eines gesellschaftlichen Gesamtsystems betrachtet werden, dem die weiteren sich überlappenden Subsysteme politisch-rechtlicher und sozio-kultureller Art zugehörig sind. In einem Wirtschaftssystem besteht aufgrund des Grundsachverhalts der Arbeitsteilung ein Netz von wirtschaftlichen Beziehungen und Aktivitäten zwischen Menschen und Institutionen (Haushalte, Unternehmen und Staat), die darauf gerichtet sind, den Bedarf an wirtschaftlichen Gütern zu decken.

Das Muster solcher Beziehungen und ökonomischen Aktivitäten, d. h. die Struktur eines Wirtschaftssystems, wird durch die jeweils diesem zugrunde liegende **Wirtschaftsordnung** determiniert. Wirtschaftsordnungen umfassen die wirtschaftliches Handeln begründenden und beeinflussenden Regeln des Rechts (z. B. Kauf-, Miet-, Pachtrecht; Rechtsformen der Unternehmen) sowie diejenigen, die aus Tradition und Kultur erwachsen sind. Letztlich manifestieren sich Wirtschaftsordnungen in fünf Elementarformen:

– Formen der Planung der Ressourcenverwendung,
– Formen des Eigentums an den Produktionsmitteln,
– Formen der Plankoordination wirtschaftlicher Aktivitäten,
– Formen der Geldproduktion,
– Formen der Unternehmen,
– Formen der Außenwirtschaft,
– Formen der sozialen Sicherung,
– Formen der öffentlichen Finanzwirtschaft.

Je nach Ausformung dieser Elemente, wobei das Element »Formen der Planung der Ressourcenverwendung« in Kombination mit der jeweiligen Eigentumsordnung ordnungsprägend ist, lassen sich drei Grundtypen von Wirtschaftsordnungen unterscheiden:

- privatwirtschaftliche Marktwirtschaften,
- Zentralverwaltungswirtschaften,
- sozialistische Marktwirtschaften.

Die kombinative Verknüpfung von Ordnungselementen und zugehörigen Grundtypen von Wirtschaftsordnungen ist aus der Abbildung 2.1 ersichtlich.

Wirtschafts- systeme Ordnungs- elemente	Privat- wirtschaftliche Marktwirtschaft	Zentralverwal- tungswirtschaft sowjetischen Typs	Sozialistische Marktwirtschaft	
			Typ Ungarn (1968–1989)	Typ Jugoslawien (1950–1991)
Planung der Ressourcen-verwendung	dezentral	zentral	dezentral	dezentral
Eigentum an den Produktions-mitteln	dominant Privateigentum	Staatseigentum und sozialist.-genoss. Eigentum	Staatseigentum und soz.- genoss. Eigentum	gesellschaft-liches Eigentum
Plankoordination	Märkte und Marktpreisbildung	staatlich administrativ	Märkte und Marktpreisbildung	Märkte und Marktpreisbildung
Geldproduktion	Zentralnotenbank und Geschäfts-banken	staatliches Monobanksystem	staatliches Monobanksystem	Zentralnotenbank und Geschäfts-banken
Unternehmen – **rechtlich**	verschiedene Formen: (Personen- u. Kapitalges.)	Staatsbetriebe und sozialist. Genossenschaften	Staatsbetriebe und sozialist. Genossenschaften	gesellschaftliche Betriebe und Genossenschaften
– **Willensbildung**	Kapitaleigner – Mitbestimmung	staatl. Kapital-eigner – soz. Genossenschafter	staatsbeauftragtes Management – soz. Genoss.	»Arbeiterselbst-verwaltung« – Genossenschafter
– **Unternehmens-ziel**	Gewinn	Planerfüllung plus Prämien	Gewinn	Einkommen pro Kopf
Außenwirtschaft	Protektionismus – Freihandel	staatl. Außenwirt-schaftsmonopol	Protektionismus – Freihandel	Protektionismus – Freihandel
Soziale Sicherung	Umlage/Kapitaldeckung	staatliches Versi-cherungsmonopol	staatliches Versi-cherungsmonopol	staatliches Versi-cherungsmonopol
öffentliche Finanzwirtschaft	zentralistisch – föderalistisch	zentral geplant	zentralistisch	föderalistisch

Abb. 2.1: Grundtypen der Ordnungsstrukturen alternativer Wirtschaftssysteme

2.1 Privatwirtschaftliche Marktwirtschaften

Privatwirtschaftliche Marktwirtschaften sind geprägt durch grundsätzlich dezentrale Planung des wirtschaftlichen Geschehens bei dominierend **privatem Eigentum** an den Produktionsmitteln. Hierin zeigt sich das diese Wirtschaftsordnung kennzeichnende

Individualprinzip. Die **Koordination** dezentraler Pläne erfolgt grundsätzlich durch Marktprozesse. Preise, in ihrer Funktion als Anzeiger relativer Knappheit von Gütern und Leistungen, bilden sich vorwiegend durch das Marktgeschehen. **Geld** als Tauschmedium entsteht im Wege der (staatlichen) Geldschöpfung durch die Zentralnotenbank sowie im Prozess der Kreditgewährung durch das Geschäftsbankensystem (zweistufiges Bankensystem).

In rechtlicher Hinsicht lassen sich, je nach Geschäftserfordernis, **alternative Formen zur Gestaltung von Unternehmen** wählen (Einzelunternehmen, GbR, OHG, KG, GmbH, eG, GmbH & Co KG, KGaA, AG). Die unternehmensinterne Willensbildung liegt dominant in den Händen der Unternehmenseigner. Es existieren daneben Formen der Mitbestimmung durch die Arbeitnehmer. Das **Primärziel** der Wirtschaftstätigkeit von Unternehmen ist auf Gewinnerzielung gerichtet.

Für die ordnungspolitische Gestaltung der **Außenwirtschaft** können verschiedene Ordnungsprinzipien zur Anwendung kommen, was alternativ die Anwendung der verschiedenen Varianten von Protektionismus bis hin zur Verfolgung des Ziels des Freihandels meint. Die Ausgestaltung der Systeme der **Sozialen Sicherung** können hinsichtlich deren Finanzierung den Prinzipien eines Umlageverfahrens oder eines Kapitaldeckungsverfahrens oder einer Mischung aus beiden folgen. Die Ordnungsstruktur der **öffentlichen Finanzwirtschaft** ergibt sich aus dem jeweils realisierten Staatsaufbau und ist somit als zentralistisch oder föderalistisch zu deuten.

2.2 Zentralverwaltungswirtschaften

Das ordnungsprägende Element von Zentralverwaltungswirtschaften ist die (dominant) **zentrale Planung** des gesamtwirtschaftlichen Geschehens. Die Produktionsmittel werden ganz überwiegend als in **gesellschaftlichem Eigentum** (Staats- und sozialistisch-genossenschaftliches Eigentum) befindlich definiert. Zentrale staatliche Planung und gesellschaftliches Eigentum an den Produktionsmitteln sind Ausfluss des diese Wirtschaftsordnung prägenden **Kollektivprinzips**. **Preise** dienen als Hilfsmittel der prinzipiell auf Naturaleinheiten basierenden zentralen Planung (Bilanzierung) und werden staatlich fixiert. Die **Plankoordination** erfolgt prinzipiell auf staatlich-administrativem Wege. **Geld** wird durch ein Monobankensystem und entsprechend den aus dem zentralen Plan abzuleitenden Wertgrößen geschaffen und in seiner Zirkulation streng kontrolliert.

Als **Unternehmensformen** dominieren in rechtlicher Sicht Staatsbetriebe und sozialistisch-genossenschaftliche Betriebe. In der zentralen Planung kommt im Hinblick auf die unternehmensinternen Willensbildungsprozesse die Dominanz des staatlichen Eigentums zum Ausdruck. Das **Unternehmensziel** besteht in der Erfüllung beauflagter Plankennziffern (Planerfüllungsprinzip), was mit der Auslobung von einkommenswirksamen Prämien bei Erfüllung bzw. Übererfüllung und Prämienkürzungen bei Planuntererfüllung verknüpft ist.

Die ordnungspolitische Gestaltung des **Außenwirtschaftsregimes** folgt parallel zur Form der Ressourcenplanung nach streng zentralistischen Regeln, was in dem staatlichen Außenwirtschaftsmonopol zum Ausdruck kommt. Für die Systeme der **Sozialen Sicherung** gilt ein staatliches Versicherungsmonopol. Entsprechend dem zentralistischen Staatsaufbau ist auch der Bereich der **öffentlichen Finanzwirtschaft** zentral geplant.

2.3 Sozialistische Marktwirtschaften

Sozialistische Marktwirtschaften waren in Jugoslawien ab 1950 und in Ungarn ab 1968 verwirklicht worden. Ihr ordnungsprägendes Element ist die **dezentrale Planung** wirtschaftlichen Geschehens bei (dominant) »nicht privatrechtlicher« Gestaltung der **Eigentumsrechte an den Produktionsmitteln.** Im (ehemaligen) Jugoslawien herrschte de facto gesellschaftliches Gruppeneigentum an den Produktionsmitteln, wobei die Eigentümerrechte durch das Prinzip der Arbeiterselbstverwaltung in den Betrieben verwirklicht wurden. Im Reformmodell Ungarns (ab 1968) herrschte weiterhin dominant Staats- und sozialistisch-genossenschaftliches Produktionsmitteleigentum. Die **Koordination** der dezentral geplanten wirtschaftlichen Aktivitäten vollzog sich in beiden Wirtschaftssystemen durch prinzipiell freie Preisbildung auf den Märkten. Die **Geldversorgung** erfolgte in Jugoslawien durch ein zweistufiges Bankensystem; Ungarn verwirklichte dieses erst in Ansätzen.

In rechtlicher Hinsicht dominierte in den wichtigsten Branchen dieser Länder das **gesellschaftliche Unternehmen,** in Ungarn das Staatsunternehmen, daneben fanden sich sozialistisch-genossenschaftliche Betriebsformen. Die Willensbildung erfolgte in Jugoslawien durch Vertreter der Arbeiterschaft (Arbeiterselbstverwaltung). In ungarischen Unternehmen war in dieser Hinsicht der staatlich bestellte Unternehmensdirektor mit den entsprechenden Entscheidungskompetenzen ausgestattet.

In systemtypischer Weise war es **Ziel** der jugoslawischen Unternehmung, ein möglichst hohes Einkommen pro Kopf der Belegschaft zu erwirtschaften, während in Ungarn das Ziel der Gewinnerwirtschaftung zu finden war.

In den beiden hier behandelten Varianten einer Sozialistischen Marktwirtschaft können prinzipiell alternative Ordnungsprinzipien von Protektionismus bis hin zu Freihandel zur Gestaltung der **Außenwirtschaft** angewandt werden. Historisch gesehen wurde der Bereich **Soziale Sicherung** in den beiden dargestellten Ländern durch ein staatliches Versicherungsmonopol geregelt. Generell lässt dieser Typus eines Wirtschaftssystems auch die Finanzierungsmöglichkeit durch ein Kapitaldeckungsverfahren zu. Der Bereich der **öffentlichen Finanzwirtschaft** folgt wieder den Ordnungsprinzipien des jeweiligen Staatsaufbaus und kann somit zentralistisch oder föderalistisch gestaltet sein.

2.4 Soziale Marktwirtschaft

Als soziale Marktwirtschaft wird jene ordnungspolitische Konzeption einer privatwirtschaftlichen Marktwirtschaft bezeichnet, die das Wirtschaftssystem der Bundesrepublik Deutschland seit Ende der vierziger Jahre kennzeichnet. Die Leitidee der Konzeption der sozialen Marktwirtschaft besteht darin, »auf der Basis der Wettbewerbswirtschaft die freie Initiative mit einem gerade durch die marktwirtschaftliche Leistung gesicherten sozialen Fortschritt zu verbinden« (Alfred Müller-Armack). In der inhaltlichen Ausgestaltung dieser Leitidee wird die Verwirklichung eines Bündels voneinander abhängiger gesellschaftlicher Ziele versucht. Die Interdependenz sozialer und individuell-wirtschaftlicher Zielstellungen wird darin erkennbar, dass die anzustrebenden Zielsetzungen sozialer Art (soziale Sicherung, soziale Gerechtigkeit, sozialer Fortschritt) nur durch die im wettbewerblich geordneten Marktprozess erzielten ökonomischen Leistungen gesichert werden können.

Somit steht das Konzept der sozialen Marktwirtschaft sowohl im Gegensatz zu der Idee der so genannten »freien Marktwirtschaft« einerseits als auch der »sozialistischen Planwirtschaft« andererseits. In Ersterer wird die Lösung sozialer Problem de facto dem Marktmechanismus überlassen. Die wirtschaftspolitischen Aufgaben des Staates reduzieren sich lediglich auf die Durchsetzung einer privatwirtschaftlich-marktwirtschaftlichen Ordnung. Eine Korrektur der durch den Marktprozess hervorgebrachten wirtschaftlichen Ergebnisse unter sozialen Gesichtspunkten findet nicht statt. Im Modell der »sozialistischen Planwirtschaft« gibt es keinen Raum für individuelle ökonomische Entscheidungen. Produktion und Verteilung sind Ergebnis eines kollektiven Entscheidungsprozesses.

Aus der Leitidee der sozialen Marktwirtschaft folgt die Forderung nach einer wirtschafts- und sozialpolitisch aktiven Rolle des Staates. Die wirtschaftspolitische Aufgabenstellung des Staates betrifft zwei miteinander verbundene Aufgabenfelder. Die ordnungspolitische Aufgabenstellung besteht darin, jene Wirtschaftsordnung in ihren einzelnen Elementen durchzusetzen, die der Leitidee der sozialen Marktwirtschaft entspricht. Obwohl im Grundgesetz für die Bundesrepublik Deutschland kein direkter Hinweis auf den Begriff der sozialen Marktwirtschaft zu finden ist, sind einige wesentliche Grundrechte auch im wirtschaftlichen Sinne eindeutig Ausdruck dafür, dass die Wirtschaftsordnung der Bundesrepublik Deutschland der Konzeption der sozialen Marktwirtschaft verpflichtet ist. Als einschlägig dürfen in diesem Kontext die folgenden Verfassungsartikel gelten:

- das Recht auf freie Entfaltung der Persönlichkeit (Art. 2 Abs. I GG). Im ökonomischen Sinne umfasst dieses Grundrecht die Freiheit der Konsumwahl (Konsumentenfreiheit), die Freiheit zur Gründung und des Betreibens eines Unternehmens im Rahmen der sonstigen Gesetze (Unternehmensfreiheit), aber auch die Freiheit wettbewerblicher Betätigung im Markte (Wettbewerbsfreiheit);
- das Recht auf Bildung von Vereinigungen (Art. 9 Abs. III GG) zwecks Wahrung und Förderung der Arbeits- und Wirtschaftsbedingungen (Tarifautonomie);
- das Recht der persönlichen Freizügigkeit (Art. 11 GG). Dieses Recht umfasst nicht nur die freie Wahl des Wohnsitzes, sondern auch das Recht, Niederlassungen von Betrieben entsprechend eigener Ortswahl zu gründen;
- das Recht der freien Berufs- und Arbeitsplatzwahl (Art. 12 GG). Hiermit wird durch das Grundgesetz eines der stärksten wirtschaftlichen Freiheitsrechte garantiert;
- Garantie des Privateigentums und des Erbrechts (Art. 14 GG). Privateigentum auch und insbesondere an den Produktionsmitteln gehört zu den wesentlichen Funktionsvoraussetzungen einer effizienten Marktwirtschaft;
- die Überführung von Grund und Boden, Naturschätzen und Produktionsmitteln in Gemeineigentum ist in Art. 15 GG geregelt. Eine Enteignung dieser Art ist nur unter außerordentlich eingeschränkten Bedingungen und nur bei entsprechender Entschädigung möglich. Die Überführung ganzer Branchen oder aller Sektoren der Volkswirtschaft in Gemeineigentum würde mit den sonstigen im Grundgesetz verankerten allgemeinen und speziellen ökonomischen Freiheitsrechten kollidieren und wäre deshalb grundgesetzwidrig.

Wesentliche wirtschaftsverfassungsrechtlich relevante sonstige **ordnungspolitisch-gesetzliche Grundlagen** finden sich unter anderem in dem »Gesetz gegen Wettbewerbsbeschränkungen« aus dem Jahre 1958, das der Durchsetzung und Erhaltung des Prinzips des Wettbewerbs auf den Märkten dienen soll (vgl. Kapitel 3.4). In Erfüllung des Verfassungsauftrags des Art. 88 GG errichtete der Gesetzgeber zum 1. Januar 1958 die Deutsche Bundesbank als Emissionsbank in der Rechtsnachfolge der seit 1948 amtierenden Bank Deutscher Länder. In den einzelnen Bestimmungen des Handelsgesetzbuches (HGB), des Bürgerlichen Gesetzbuches (BGB), des GmbH-Gesetzes, des Aktiengesetzes sowie auch des Genossenschaftsgesetzes finden sich speziell jene Regelungen, die die Unternehmensverfassung betreffen.

Die **prozesspolitischen Aufgaben** des Staates im Rahmen der Konzeption der sozialen Marktwirtschaft lassen sich in einem hierarchisch gegliederten Katalog von wirtschaftspolitischen Zielbündeln auflisten. Als oberstes Ziel der Wirtschaftspolitik wird die Steigerung (Maximierung) der ökonomischen Wohlfahrt der Gesellschaft erachtet. Die dieser obersten Zielstellung dienenden Ziele lassen sich nach bestimmten einheitlichen Kriterien bündeln. Die wirtschaftspolitischen Instrumente sind in ihrer Ausgestaltung und angestrebten Wirkung letztlich so auszurichten, dass die in den einzelnen Zielen angestrebten und politisch definierten Sollzustände erreicht werden können.

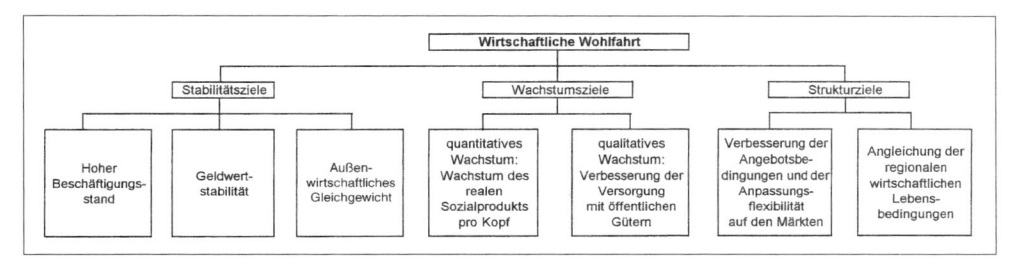

Abb. 2.2: Ziele und Bereiche der allgemeinen Wirtschaftspolitik

Charakteristisch für das Leitbild der sozialen Marktwirtschaft ist ebenso die Betonung **sozialpolitischer Ziele**, die sich auf Forderungen nach sozialer Gerechtigkeit, sozialer Sicherheit und sozialem Fortschritt konzentrieren. Auch in diesem Zusammenhang lassen sich wiederum einzelne Bereiche sozialpolitischer Zielstellungen und Aktivitäten identifizieren, deren Erreichung letztlich der Verwirklichung der sozialpolitischen Grundziele mit Hilfe entsprechender wirtschafts- und sozialpolitischer Instrumente dienen soll.

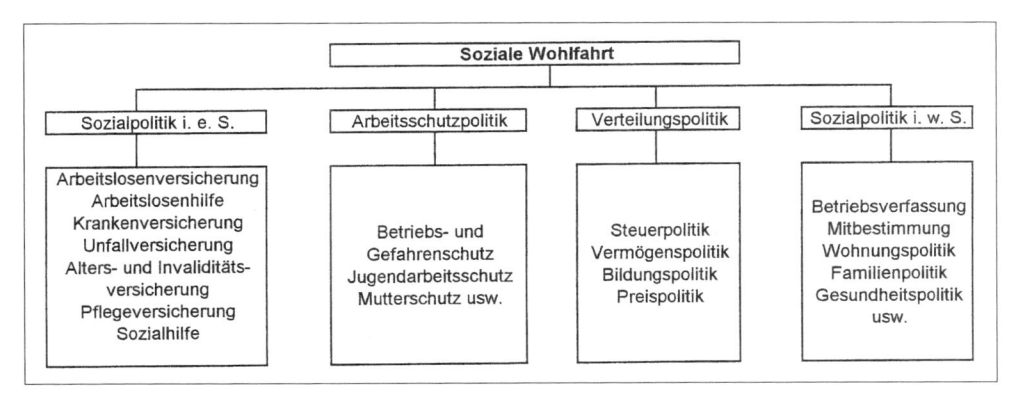

Abb. 2.3: Ziele und Bereiche der Sozialpolitik

Ihre Grundlage finden die sozialpolitischen Aktivitäten des Staates in einer großen Zahl sozialpolitisch relevanter gesetzlicher Regelungen. So sind z. B. die Instrumente der aktiven und passiven Arbeitsmarktpolitik im Arbeitsförderungsgesetz von 1969 kodifiziert. Normen im Hinblick auf den Arbeitnehmerschutz finden sich unter anderem im BGB, der Gewerbeordnung, in Gesetzen zum Schutze der arbeitenden Jugend, zum Schutze der erwerbstätigen Mütter oder auch im Bundesurlaubsgesetz. Diese Gesetze und das sozialpolitische Regelwerk im engeren Sinne (Systeme der sozialen Sicherung: Krankenversicherung, Rentenversicherung, Unfallversicherung, Arbeitslosenversicherung, Pflegeversicherung) sind in den entsprechenden Sozialgesetzbüchern zusammengefasst. Sozialpolitisch motivierte Korrekturen in der Einkommens- und Vermögensverteilung sind sowohl im Steuerrecht (Einkommensteuerprogression) als auch in den verschiedenen Maßnahmen zur Förderung des Vermögens in privater Hand angelegt (936 DM-Gesetz; Förderung des privaten Wohnungsbaus usw.). Sozialpolitische Aspekte finden nicht zuletzt ihren Niederschlag im Betriebsverfassungsgesetz von 1972, im Gesetz über die Mitbestimmung in den Aufsichtsräten und Vorständen der Unternehmen des Bergbaus und der Eisen und Stahl erzeugenden Industrie (Montan-Mitbestimmung) von 1951 und im Mitbestimmungsgesetz von 1976.

Kontrollfragen
1. Welche Elemente von Wirtschaftsordnungen kennen Sie?
2. In welchem Verhältnis steht der Begriff Wirtschaftsordnung zu dem des Wirtschaftssystems?
3. Welche Grundtypen von Wirtschaftssystemen sind Ihnen bekannt? Nennen Sie die ordnungsprägenden Elemente.
4. Welche Bedeutung haben die Formen der Planung in Kombination mit der jeweiligen Eigentumsordnung für die Bestimmung einer Wirtschaftsordnung?
5. In welcher Weise unterscheidet sich die Ordnungskonzeption der sozialen Marktwirtschaft von derjenigen der freien Marktwirtschaft einerseits und derjenigen der Zentralverwaltungswirtschaft andererseits?

Aufgabe 12.03 *(Staatliche Investitionsplanung) S. 509*

3 Märkte und Preisbildung

In Marktwirtschaften vollzieht sich die Koordination der einzelwirtschaftlich (dezentral) geplanten Aktivitäten durch die Preisbildungsprozesse auf den Märkten. Märkte sind bestimmt durch eine Angebots- und eine Nachfrageseite. Preise, die sich auf Märkten bilden, erfüllen folgende drei wichtigen Funktionen:
- **Anzeige relativer Knappheit:** Voraussetzung und Basis einzelwirtschaftlicher Planung von Angebot und Nachfrage bilden Informationen über die in Preisen zum Ausdruck kommende relative Knappheit von Gütern und Leistungen.
- **Koordination:** Preise, respektive die Preisbildungsprozesse, verknüpfen (koordinieren) die Wirtschaftspläne von Anbietern und Nachfragern auf den Märkten, letztlich zu einem gesamtwirtschaftlichen Plansystem.
- **Lenkung oder Allokation:** Preise und Preisveränderungen bewirken eine Anpassung (Lenkung oder Allokation) der Verwendung knapper Ressourcen entsprechend den in den Preisen reflektierten relativen Knappheiten.

– **Kontrolle:** Preise bilden die Basis für Kontrollen der ökonomischen Leistung aus Selbstinteresse (Kontrolle der Kosten wirtschaftlicher Aktivität) sowie auch für die Leistungskontrolle durch die Marktneben- und die Marktgegenseite.

Akteure auf Märkten sind Anbieter und Nachfrager. Die Nachfrage nach sämtlichen Gütern und Leistungen in einer Marktwirtschaft lässt sich letztlich zurückführen auf die nach Konsumgütern (Konsumentensouveränität). Insofern ist die Nachfrage nach Zwischenprodukten und Produktionsfaktoren interpretierbar als »abgeleitete« Nachfrage. Das Angebot an Gütern und Leistungen wird durch Unternehmen bereitgestellt.

3.1 Nachfrage der Haushalte

Die Nachfrage der Haushalte nach Konsumgütern hängt ab von dem verfügbaren Einkommen, den Preisen der in den Begehrskreis eines Haushalts fallenden Güter sowie der Nutzenschätzung (Präferenz) diesen Gütern gegenüber. Quelle des verfügbaren Einkommens können Bruttoeinkünfte aus unselbstständiger Arbeit (Bruttolöhne und -gehälter) und/oder Unternehmertätigkeit und Vermögen in Form von Unternehmerlohn, Zinserträgen, Gewinnen und Miet- und Pachteinnahmen sein. Nach Abzug der Einkommensteuer (Lohnsteuer) und Sozialversicherungsbeiträge und unter Hinzufügung eventueller staatlicher Transferzahlungen (z. B. Kindergeld, Wohngeld usw.) sowie nach Abzug der individuellen Sparbeträge verbleibt die zu Konsumzwecken verfügbare **Konsumsumme** (C). Das Entscheidungsproblem der Haushalte besteht darin, bei gegebenen Preisen und Präferenzen für die einzelnen in ihren Begehrskreis fallenden Konsumgüter jene Mengenkombinationen nachzufragen, die in ihrem individuellen Urteil ein Maximum an Nutzen erbringen. Hierbei sind zwei Fakten zu bedenken. Erstens sind die Nachfragemöglichkeiten (Kaufmöglichkeiten) der Haushalte durch die verfügbare Konsumsumme (C) und zweitens durch die relative Höhe der Preise der relevanten Konsumgüter begrenzt. Beides zusammen bezeichnet die jeweilige **Budgetrestriktion** der Haushalte. Bezeichnet man mit $(p_1, …, p_n)$ die Preise der genannten Konsumgüter und mit $(x_1, …, x_n)$ die zugehörigen Mengen derselben, lässt sich die Budgetrestriktion eines jeden Haushalts wie folgt formulieren

(1) $C = p_1 \cdot x_1 + , … , + p_n \cdot x_n$

Die individuellen Präferenzen mit Blick auf die in den Begehrskreis eines Haushalts fallenden Konsumgüter sind darstellbar mit Hilfe der subjektiven Nutzenschätzungen der einzelnen Haushalte (Individuen) diesen gegenüber. Es entspricht der Alltagserfahrung, dass der Nutzen (U) eines Konsumgutes (x) mit zunehmender Menge zwar insgesamt steigt, dass jedoch bei Betrachtung der Zunahme des Nutzens (Grenznutzen) einer zusätzlich konsumierten Mengeneinheit dieser Zuwachs jeweils geringer wird, bis dieser den Wert von null erreicht, wo der Gesamtnutzen sein Maximum hat. Der Grenznutzen (U') ergibt sich unmittelbar aus der Entwicklung des Gesamtnutzens, wie die Abbildung 3.1 zeigt.

Diese Gesetzmäßigkeit wurde erstmals von H. H. Gossen (1810–1857) formuliert und wird deshalb als **erstes Gossen'sches Gesetz** bezeichnet. Wegen der subjektiven Nutzenbewertungen ist davon auszugehen, dass, abgesehen von reinen Zufälligkeiten, die jeweiligen Gesamt- und damit auch Grenznutzenbewertungen von Haushalt zu Haushalt (Individuum zu Individuum) im Hinblick auf die einzelnen Konsumgüter in ihrer Intensität und Höhe durchaus unterschiedlich ausfallen.

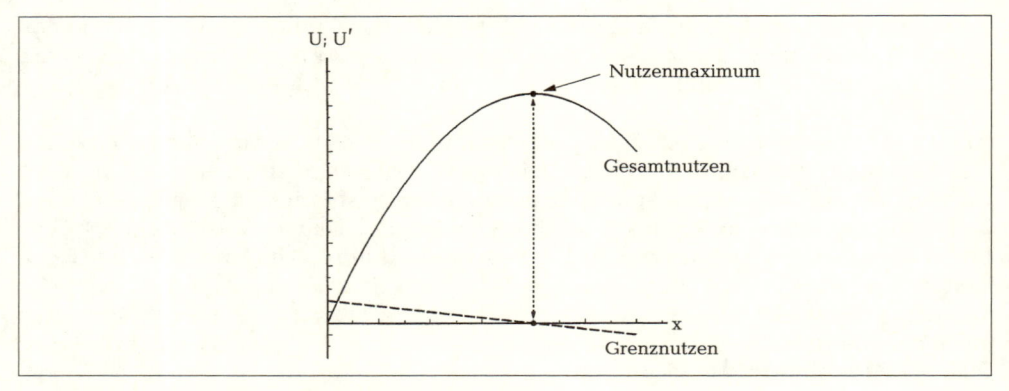

Abb. 3.1: Gesamtnutzen- und Grenznutzenkurve

Bei der Vielzahl von Konsumgütern, die in den Begehrskreis eines Haushalts fallen können, und den jeweils gegebenen Budgetrestriktionen ist damit zu rechnen, dass die allermeisten Haushalte bezüglich ihrer periodenbezogenen Konsumgüternachfrage (z. B. täglich, wöchentlich, monatlich) nicht in der Lage sind, jene Mengen an Konsumgütern nachzufragen, die es ermöglichen, das jeweils zugehörige Nutzenmaximum zu realisieren. Das Problem der Nutzenmaximierung bei solchermaßen bestehenden Beschränkungen ergibt sich dann daraus, die bestehende Konsumsumme bei gegebenen Konsumgüterpreisen und gegebenen Präferenzen (Nutzenschätzungen) so auf den Kauf von Konsumgütern aufzuteilen, dass damit unter diesen Einschränkungen ein jeweils (relatives) Nutzenmaximum erreicht wird. Da mit der Verausgabung jeder einzelnen Geldeinheit (Euro) eine bestimmte Mengeneinheit eines Konsumgutes, das heißt auch ein entsprechender Nutzen realisiert werden kann, lässt sich die Lösung dieses Problems auch mit Hilfe der (indirekten) Nutzenbewertung der Geldverwendung, das heißt des **Grenznutzen des Geldes**, darstellen. Dieser ist definiert als der Nutzenzuwachs (U'_G), den eine zusätzliche Geldeinheit (Euro) infolge der damit kaufbaren Menge eines Konsumgutes unter Berücksichtigung seines Preises zu stiften vermag. Bezeichnet (U') den Grenznutzen eines Konsumgutes und (p) dessen Preis, dann gilt

$$(2) \quad U'_G = \frac{U'}{p}$$

Wie aus Gleichung (2) erkennbar, nimmt der Grenznutzen des Geldes bei gegebenem Preis des Gutes mit zunehmendem Konsum ebenfalls ab. Gleichzeitig wird deutlich, dass, je nach Höhe des Preises, aus einem zunächst hohen Nutzen stiftenden Konsumgut (relativ hoher Grenznutzen) bei einem relativ hohen gegebenen Preis ein relativ niedriger Grenznutzen des Geldes resultiert und umgekehrt mit Blick auf die beiden genannten Aspekte. Bei gegebener Konsumsumme, gegebenen Präferenzen (Nutzenschätzungen) und gegebenen Konsumgüterpreisen besteht das Problem nunmehr darin, die gegebene Konsumsumme so auf den Kauf von Konsumgütern aufzuteilen, dass unter diesen Bedingungen die Verwendung der Konsumsumme ein Nutzenmaximum ergibt. Die Verausgabung jeder einzelnen Geldeinheit (Euro) wird danach bewertet, für welche Kaufentscheidungen der damit verbundene Grenznutzen des Geldes den relativ höchsten Wert ergibt. Das Gesamtnutzenmaximum ist schließlich dann erreicht, wenn die in allen Verwendungsmöglichkeiten zuletzt verausgabte Geldeinheit den gleichen Grenznutzen des Geldes erbracht hat. Dieses so genannte **zweite GOSSEN'SCHE Gesetz** lässt sich auch vermittels der folgenden Gleichung formulieren

(3) $U'_G = \dfrac{U'_1}{p_1} = , \ldots , = \dfrac{U'_n}{p_n} = \lambda$, wobei

λ ein konstanter Wert ist, der sich aus den beschriebenen Restriktionen ergibt.

Die Gesetzmäßigkeit vom abnehmenden Grenznutzen ist dann auch verantwortlich dafür, dass Haushalte bei gegebener Konsumsumme, gegebenen Präferenzen und gegebenen Preisen der jeweils sonstigen in ihren Begehrskreis fallenden Konsumgüter auf Veränderung des Preises eines Konsumgutes im Normalfall in typischer Weise reagieren. Ein sinkender Preis geht im Regelfall mit einer Zunahme der Nachfrage nach dem betreffenden Konsumgut einher und umgekehrt. Dem liegt zugrunde, dass sich die Haushalte an eine neue Situation anpassen, in der die Gleichung (3) wiederum erfüllt ist, wobei der Wert der Konstanten sich entsprechend verändert. Bei gegebener Anzahl der nachfragenden Haushalte nach einem Konsumgut x_1 ergibt sich aus der horizontalen Aggregation der individuellen Nachfragekurven die Nachfragekurve des Marktes für dieses Gut (Abbildung 3.2).

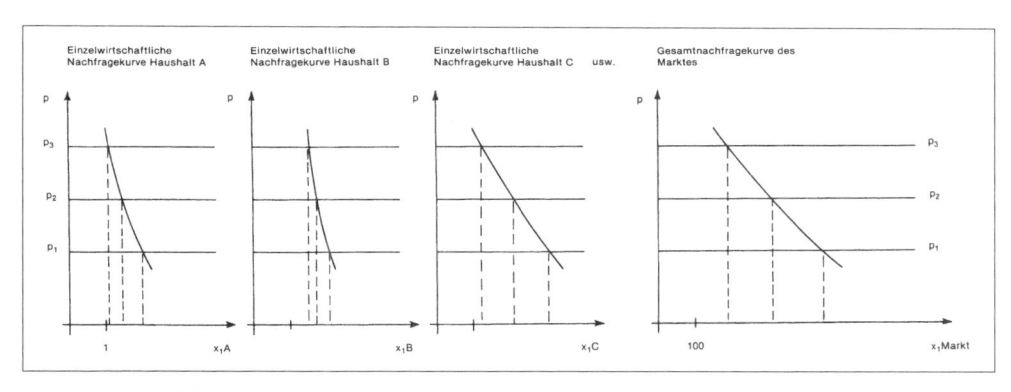

Abb. 3.2: Nachfragekurven

Wie aus Abbildung 3.2 ersichtlich, können Haushalte (Individuen) wegen unterschiedlicher subjektiver Nutzenbewertungen durchaus unterschiedlich hinsichtlich ihrer Nachfragemenge auf Preisveränderungen reagieren. So steigt bei Haushalt B die Nachfragemenge bei einer Preissenkung kaum, während Haushalt C seine Nachfrage weitaus stärker ausweitet. Im ersten Fall ist die Nachfragereaktion auf Preisveränderungen **relativ unelastisch**, während sie im zweiten Fall als **relativ elastisch** anzusehen ist. Diese Qualifizierung kann auch für die Charakterisierung des Verlaufs von Marktnachfragekurven genutzt werden.

Ob und in welcher Weise die Nachfrage der übrigen Konsumgüter ebenfalls auf eine **Preisveränderung** bei dem betrachteten Gut reagiert, hängt davon ab, in welchem ökonomischen Verhältnis die betrachteten Konsumgüter zueinander stehen. Steigt (sinkt) die Nachfragemenge nach einem anderen Konsumgut, weil infolge einer Preiserhöhung (Preissenkung) die Nachfrage nach ersterem gesunken (gestiegen) ist, so beruht dieser Effekt auf der Tatsache, dass beide Güter als **Substitutionsgüter** zu betrachten sind (z. B. Butter – Margarine, Nudeln – Reis, Kaffee – Tee). Reagiert die Nachfrage eines anderen Konsumgutes auf Preisveränderungen des ersteren in der gleichen Richtung, dann handelt es sich um **Komplementärgüter** (z. B. Kaffee – Kaffeemilch; Zigarettentabak – Zigarettenhülsen). Es sei darauf hingewiesen, dass beide

Qualifizierungen, Substituierbarkeit bzw. Komplementarität, das Ergebnis individueller Präferenzen sind.

Es bleibt noch die Frage zu erörtern, wie Haushalte hinsichtlich ihrer Konsumgüternachfrage auf **Einkommensveränderungen** bzw. Veränderungen der Konsumsumme unter sonst gleichen Umständen (gegebenen Präferenzen, gegebenen Preisen) reagieren: Mit einer steigenden (sinkenden) Konsumsumme ist im Normalfall auch eine Zunahme (Abnahme) der Nachfrage nach den entsprechenden Konsumgütern verbunden. Ein Konsumgut, dessen Nachfrage bei einer Steigerung der Konsumsumme überproportional hierzu zunimmt, bezeichnet man als ein **superiores Gut**. Als **inferiores Gut** gilt ein solches, dessen Nachfrage in der geschilderten Situation nur eine unterproportionale Nachfrageausdehnung erfährt.

3.2 Angebot der Unternehmen

Basis des Angebotes von Gütern durch Unternehmen bilden die hiermit verbundenen Produktionsprozesse, die dadurch verursachten Kosten sowie die durch das Ziel der Gewinnerzielung, d. h. der Differenz von Umsatz und Kosten, bestimmte Angebotsmenge. Die Güterproduktion erfolgt auf der Grundlage technisch bedingter Tatbestände, von Produktionsfunktionen, die den Zusammenhang zwischen (physischen) Faktoraufwendungen (Input) und (physischem) Produktionsertrag (Output) beschreiben. Werden die Faktoraufwendungen mit den jeweiligen Faktorpreisen bewertet, erhält man die den alternativen Outputs zuordenbaren Kosten.

Je nach Betrachtung und Analysezweck lassen sich verschiedene **Kostenkategorien** unterscheiden.

In den **Gesamtkosten** (K) werden sämtliche mit den jeweiligen Faktorpreisen (q) bewerteten (physischen) Faktoraufwendungen (r) erfasst:

(1) $K = r_1 \cdot q_1 + \ldots + r_n \cdot q_n$

Je nachdem, ob Kosten mit dem Output variieren oder unabhängig davon fix gegeben sind, unterscheidet man **variable Kosten** (K_v) und **fixe Kosten** (K_f):

(2) $K_v = r_v \cdot q_v$
(3) $K_f = r_f \cdot q_f$

Aus dieser Sicht setzen sich die **Gesamtkosten** der Produktion (K) aus **variablen (K_v)** und aus **fixen Kosten (K_f)** zusammen:

(4) $K = K_v + K_f$

Abgeleitet aus diesen Kostenkategorien sind die **durchschnittlichen Gesamtkosten** oder **Stückkosten** (K_d), also die Gesamtkosten pro Einheit Output (x):

(5) $K_d = \dfrac{K}{x}$

die **variablen Durchschnittskosten** (K_v^d):

(6) $K_v^d = \dfrac{K_v}{x}$

sowie auch die **durchschnittlichen fixen Kosten** (K_f^d):

(7) $K_f^d = \dfrac{K_f}{x}$

Eine analytisch wichtige Kostenkategorie stellen die **Grenzkosten** (K') dar. Sie sind (mathematisch genau) definiert als der **Zuwachs an Kosten** (dK) bei Ausbringung einer weiteren (infinitesimal kleinen) Einheit eines Output-Produkts (dx):

(8) $K' = \dfrac{dK}{dx}$

Beispiel
Die dargestellten Zusammenhänge lassen sich anhand eines vereinfachten (fiktiven) Beispiels und mit Bezug auf die alternative Tagesförderung einer kleinen Zeche, gemessen in Tonnen (x), demonstrieren. Es seien die **Gesamtkosten** (K) in Abhängigkeit der Produktionsmenge (x):

(9) $K = 0{,}0001\,x^3 - 0{,}1\,x^2 + 100\,x + 10\,000$

Es ist darin enthalten der Betrag der fixen Kosten (K_f) mit:

(10) $K_f = 10\,000$

Hieraus ergibt sich für die **variablen Kosten** (K_v):

(11) $K_v = 0{,}0001\,x^3 - 0{,}1\,x^2 + 100\,x$

In Abbildung 3.3 sind diese Zusammenhänge für verschiedene Produktionsmengen rechnerisch ermittelt.

1	2	3	4
Fördermengen in Tonnen (x)	Variable Kosten (K_v) in €	Fixe Kosten (K_f) in €	Gesamtkosten (K) in € (2 + 3)
0	0	10 000	10 000
100	9 100		19 100
200	16 800		26 800
300	23 700		33 700
400	30 400		40 400
500	37 500		47 500
600	45 600		55 600
627,12	48 047		58 047
700	55 300		65 300
800	67 200		77 200
900	81 900		91 900
1 000	100 000		110 000
1 100	122 100		132 000
1 200	148 800		158 800

Abb. 3.3: Produktionsmengen, variable, fixe und Gesamtkosten

Aus den Gleichungen (9) bis (11) lassen sich dann die weiteren Kostenkategorien ableiten. Für die **durchschnittlichen Gesamtkosten (Stückkosten)** gilt:

(12) $K_d = 0{,}0001\,x^2 - 0{,}1\,x + 100 + \dfrac{10\,000}{x}$

Die **durchschnittlichen variablen Kosten** (K_v^d) sind dann:

(13) $K_v^d = 0{,}0001\,x^2 - 0{,}1\,x + 100$

Die **durchschnittlichen fixen Kosten** (K_f^d) ergeben sich aus:

(14) $K_f^d = \dfrac{10\,000}{x}$

Schließlich sind die Grenzkosten (K') ableitbar aus der Gleichung (9) bzw. (10):

(15) $K' = 0{,}0003\,x^2 - 0{,}2\,x + 100$

Hieraus lassen sich die entsprechenden Werte dieser Kostenkategorien in der Abbildung 3.4 darstellen.

1	5	6	7	8
Fördermengen in Tonnen (x)	Durchschnittl. Gesamtkosten (K_d) in € (4 : 1)	Durchschnittl. variable Kosten (K_v^d) in € (2 : 1)	Durchschnittl. fixe Kosten (K_f^d) in € (3 : 1)	Grenzkosten (K') in € verstanden als Kostenzuwachs bei der Förderung **einer** weiteren Tonne z. B. beim Übergang v. d. 99. zur 100. Tonne usw.
100	191	91	100	83
200	134	84	50	72
300	112,33	79	33,33	67
400	101	76	25	68
500	95	75	20	75
600	92,66	76	16,66	88
627,12	92,56	76,61	15,95	92,56
700	93,29	79	14,29	107
800	96,50	84	12,50	132
900	102,11	91	11,10	163
1 000	110	100	10	200
1 100	120,09	111	9,09	243
1 200	132,33	124	8,33	292

Abb. 3.4: Alternative Kategorien von Durchschnittskosten und Grenzkosten (Wertetabelle)

Auf der Grundlage der Werte der Abbildung 3.4 können dann entsprechende Grafen abgeleitet werden (Abbildung 3.5).

Die zu produzierende und anzubietende individuelle Angebotsmenge in Abhängigkeit des erzielbaren Preises wird auf der Basis gegebener Kostenfunktionen und gegebener Marktstrukturen durch die Verhaltensweise der **Gewinnmaximierung** bestimmt. Analytisch ist der **Gewinn** (G) definiert als Differenz zwischen Umsatz (U) und Kosten (K):

(16) $G = U - K$

Für den einfachen Fall der Ein-Produkt-Unternehmung, die ein Produkt (x) erzeugt, gilt:

(17) $U = p \cdot x$

wobei (p) den erzielbaren Produktpreis meint.
Unter der Annahme eines gegebenen Preises (p) ist der Umsatz (U) dann proportional abhängig von der Outputmenge. Dies wird regelmäßig unterstellt für den Fall der (vollständigen) Konkurrenz auf dem Absatzmarkt. Bei Annahme alternativer Preise und gegebenen Gesamtkosten bei jeweils alternativen Produkt- und Absatzmengen, entsprechend dem beschriebenen Beispiel, lassen sich die zugehörigen Kosten-, Umsatz- und Gewinnsituationen tabellarisch wie folgt darstellen:

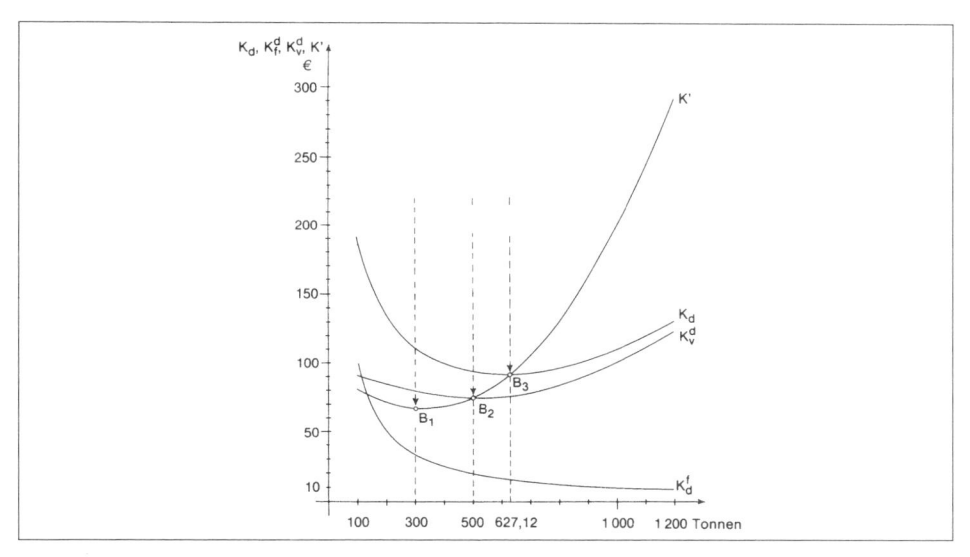

Abb. 3.5: Alternative Kategorien von Durchschnittskosten und Grenzkosten (Grafen zu Abbildung 3.4)

1	2	3	4	5	6	7	8
Förder- und Verkaufsmenge in Tonnen (x)	Gesamtkosten K in €	Umsatz U_1 bei einem Preis von $p_1 =$ 100,— € pro Tonne	Gewinn G_1 bei einem Preis von $p_1 =$ 100,— € pro Tonne (3 − 2)	Umsatz U_2 bei einem Preis von $p_2 =$ 120,— € pro Tonne	Gewinn G_2 bei einem Preis von $p_2 =$ 120,— € pro Tonne (5 − 2)	Umsatz U_3 bei einem Preis von $p_3 =$ 130,— € pro Tonne	Gewinn G_3 bei einem Preis von $p_3 =$ 130,— € pro Tonne (7 − 2)
0	10 000	0	− 10 000	0	− 10 000	0	− 10 000
100	19 100	10 000	− 9 100	12 000	− 7 100	13 000	− 6 100
200	26 800	20 000	− 6 800	24 000	− 2 800	26 000	− 800
300	33 700	30 000	− 3 370	36 000	+ 2 300	39 000	+ 5 300
400	40 400	40 000	− 400	48 000	7 600	52 000	11 600
500	47 500	50 000	+ 2 500	60 000	12 500	65 000	17 500
600	55 600	60 000	4 400	72 000	16 400	78 000	22 400
666,66	$K_1 \triangleq$ 61 851,85	$U_1 \triangleq$ 66 666	$G_1 \triangleq$ 4 814,15	79 999,20	18 147,35	86 665,80	24 813,95
700	65 300	70 000	4 700	84 000	18 700	91 000	25 700
754,97	$K_2 \triangleq$ 71 530,81	75 497	3 966,19	$U_2 \triangleq$ 90 596,40	$G_2 \triangleq$ 19 065,59	98 146,10	26 615,29
792,80	$K_3 \triangleq$ 76 257,02	79 280	3 022,98	95 136	18 878,98	$U_3 \triangleq$ 103 064	$G_3 \triangleq$ 26 806,98
800	77 200	80 000	2 800	96 000	18 800	104 000	26 800
900	91 900	90 000	− 1 900	108 000	16 100	117 000	25 100
1 000	110 000	100 000	− 10 000	120 000	10 000	130 000	20 000
1 100	132 100	110 000	− 22 100	132 000	− 100	143 000	10 900
1 200	158 800	120 000	− 38 800	144 000	− 14 800	156 000	− 2 800

Abb. 3.6: Alternative Umsatz- und Gewinnsituationen (Wertetabelle)

Aus der Abbildung 3.7, entwickelt aus den Werten der Abbildung 3.6, können auch unmittelbar die Situationen maximaler Differenz zwischen Umsatz ($U_{1, 2, 3}$) und Kosten (K), also die gewinnmaximalen Situationen ($G_{1, 2, 3}$), und die zugehörigen Outputmengen bei alternativen Preisen ($p_{1, 2, 3}$) entnommen werden.

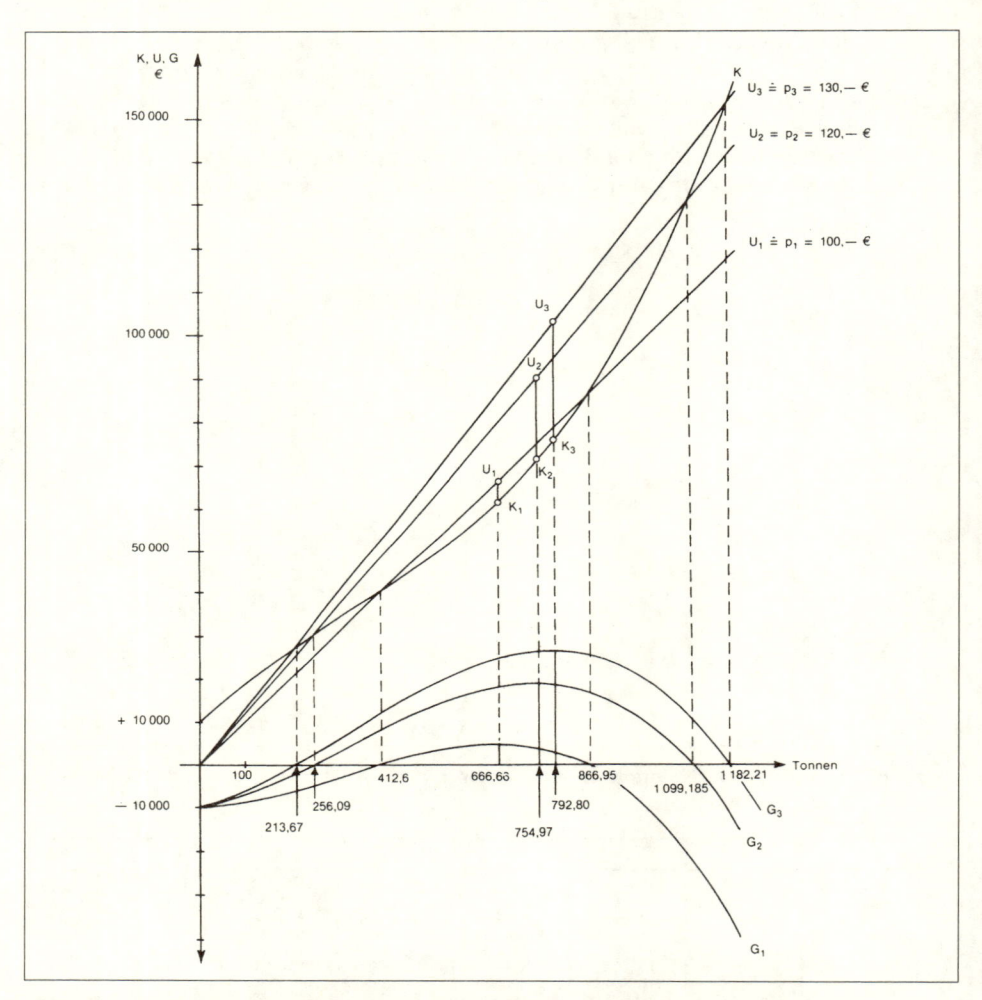

Abb. 3.7: Alternative Umsatz- und Gewinnsituationen (Grafen zu Abbildung 3.6)

Analytisch lässt sich das Problem gewinnmaximaler Outputgestaltung auch mittels des (mathematischen) Marginalprinzips erklären und darstellen. Nach den Regeln der Maximierung einer Funktion ergibt sich nach Gleichung (18), dass deren erste Ableitung »null« zu setzen ist, wobei als »strategische Variable« die Outputmenge (x) unterstellt wird.

$$(18) \quad \frac{dG}{dx} = \frac{dU}{dx} - \frac{dK}{dx} = 0$$

oder in anderer Schreibweise

(19) $G' = U' - K' = 0$

Daraus folgt

(20) $K' = U'$

Gleichung (20) stellt die allgemeine **Outputregel der Gewinnmaximierung** dar:

Grenzkosten = Grenzumsatz

Für den Fall des hier zunächst unterstellten Marktes vollständiger Konkurrenz wird (p) als gegeben, also konstant, unterstellt. Daraus und aus Gleichung (17) folgt:

(21) $\dfrac{dU}{dx} = U' = p$

sodass für ein Unternehmen im Markt der vollständigen Konkurrenz die spezielle Outputregel lautet:

(22) $K' = p$

Dieser Sachverhalt wird in Abbildung 3.8 grafisch erläutert auf der Basis des in dem Beispiel unterstellten Grenzkostenverlaufs. Hierbei entspricht der Preis p_1 dem Punkt des **Betriebsminimums (A)**, der Preis p_2 dem des **Betriebsoptimums (break-even-point; B)** und der Preis p_3 einem solchen, der einen (positiven) Gewinn repräsentiert (C). Bei alternativen Produktpreisen bildet somit die Grenzkostenkurve in den Grenzen Betriebsminimum – Kapazitätsgrenze die individuelle Angebotsfunktion eines Unternehmens.

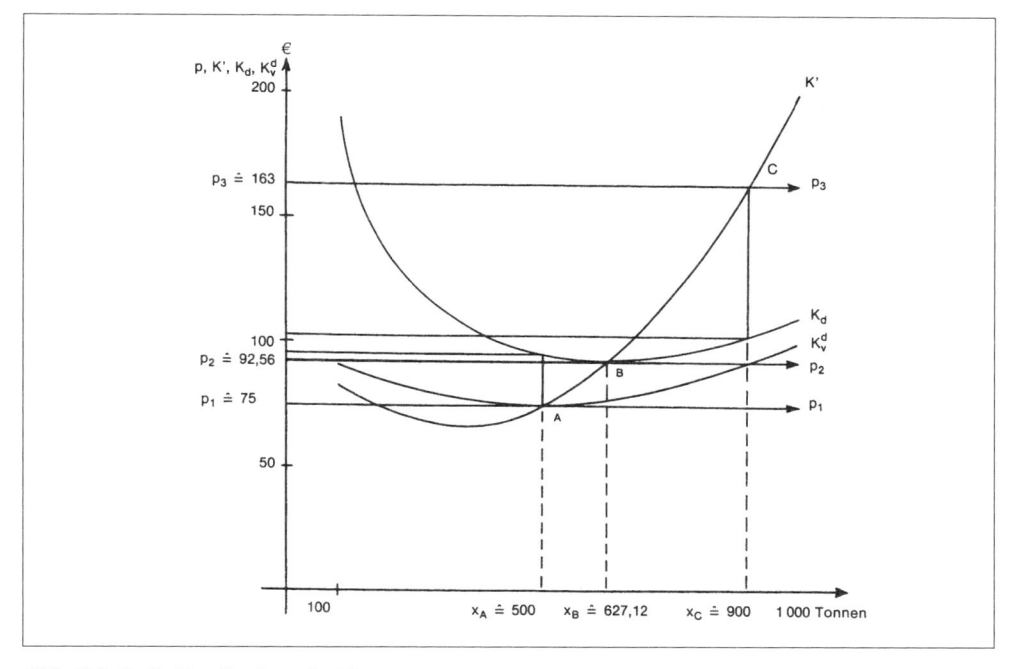

Abb. 3.8: Individuelle Angebotskurve

Wiederum lässt sich durch horizontale Aggregation der individuellen Angebotskurven die Marktangebotskurve gewinnen (Abbildung 3.9).

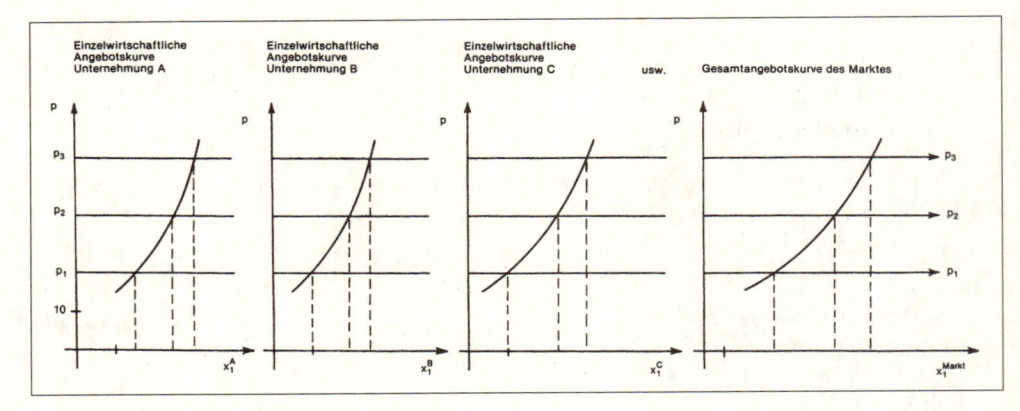

Abb. 3.9: Marktangebotskurve

Je nach Kostenstruktur (Verlauf der Grenzkostenkurve) reagiert die Angebotsmenge auf Preisveränderungen relativ **unelastisch** (Unternehmung B) oder relativ **elastisch** (Unternehmung C). Übertragen auf den Markt lassen sich somit auch relativ unelastische bzw. relativ elastische Gesamtangebotskurven unterscheiden.

3.3 Märkte, Marktstrukturen und Preisbildung

Märkte sind definiert als der ökonomische Ort des Zusammentreffens von Angebot und Nachfrage bezüglich eines Tauschobjektes, welches ein wirtschaftliches Gut, eine Faktorleistung oder ein ökonomisch verwertbares Recht sein kann. Je nach Analysezweck lassen sich verschiedene **Typisierungen von Märkten** angeben. Eine sehr weite Fassung des Marktbegriffs beinhaltet die Zuordnung derselben zu bestimmten Verwendungszwecken:

- Konsumgütermärkte – Investitionsgütermärkte,
- Exportgütermärkte – Importgütermärkte.

Auch eine Klassifikation der Märkte nach Branchengesichtspunkten lässt sich erstellen. Märkte für die

- Erzeugnisse der Land- und Forstwirtschaft,
- Erzeugnisse der chemischen Industrie,
- Erzeugnisse der elektrotechnischen Industrie,
- Erzeugnisse der Automobilindustrie usw.

Als Faktormärkte gelten der

- Arbeitsmarkt,
- Kapitalmarkt,
- Boden- und Grundstücksmarkt.

Für Zwecke der Analyse von Preisbildungsprozessen sind diese Abgrenzungen zu weit gefasst. Letztlich kommt es darauf an, hierfür den jeweils relevanten Markt zu identifizieren. Ein **relevanter Markt** zeichnet sich dadurch aus, dass das dort gehandelte Produkt oder die entsprechende Leistung zumindest zu der Kategorie enger Substitute gehört, also bei mehreren Anbietern von einem relativ einheitlichen (homogenen) Produkt oder einer relativ einheitlichen (homogenen) Leistung ausgegangen werden kann, sodass gegenseitige Austauschbarkeit mit Bezug auf die entsprechenden Produkte oder Leistungen gegeben ist.

Marktstrukturen lassen sich in Verknüpfung zweier Kriterien bestimmen. Unter qualitativem Aspekt gilt es, vollkommene von unvollkommenen Märkten zu unterscheiden. **Vollkommene Märkte** sind durch folgende Merkmale gekennzeichnet:

- Gegenstand des marktlichen Tauschverkehrs ist ein homogenes (identisches) Produkt bzw. eine homogene (identische) Leistung,
- es existieren keine Präferenzen zeitlicher, persönlicher oder räumlicher Art,
- es herrscht vollkommene Markttransparenz, das heißt Anbieter und Nachfrager sind über die für sie relevanten ökonomischen Entscheidungsdaten perfekt informiert.

Fehlt es lediglich an vollkommener Markttransparenz, gilt ein solcher Markt als nur temporär unvollkommen. Ist eines der übrigen Kriterien aus obigem Katalog nicht erfüllt, ist ein solcher Markt als unvollkommener Markt zu qualifizieren.

Das zweite Kriterium zur Bestimmung von Marktstrukturen bezieht sich auf die Identifikation von **Marktformen**.

Marktformen werden durch alternativ mögliche Kombinationen der Formen des Angebots und der Formen der Nachfrage bestimmt. Formen des Angebots und der Nachfrage lassen sich nach der Zahl der jeweils auf einer Marktseite agierenden Marktbeteiligten und deren relativer Größe (Umsatzanteil) gruppieren als: viele kleine, wenige mittlere oder ein großer Anbieter oder Nachfrager. Hieraus ergibt sich das Marktformenschema nach H. v. STACKELBERG mit insgesamt neun alternativen Marktformen (Abbildung 3.10).

Formen des Angebots / Formen der Nachfrage	viele kleine	wenige mittlere	ein großer
	\multicolumn{3}{Marktform}
viele kleine	Vollständige Konkurrenz	Angebotsoligopol	Angebotsmonopol
wenige mittlere	Nachfrageoligopol	Zweiseitiges Oligopol	Beschränktes Angebotsmonopol
ein großer	Nachfragemonopol	Beschränktes Nachfragemonopol	Zweiseitiges Monopol

Abb. 3.10: Marktformen nach H. v. STACKELBERG

Je nach realisierter Marktform vollziehen sich die Preisbildungsprozesse in unterschiedlicher Weise. Dies sei im Folgenden an drei Beispielen verdeutlicht: der Preisbildung bei vollständiger Konkurrenz, im Angebotsmonopol und bei der Marktform des Angebotsoligopols. Unterstellt sei die Existenz jeweils eines vollkommenen Marktes.

3.3.1 Preisbildung bei vollständiger Konkurrenz

Bei vollständiger Konkurrenz betrachten Anbieter und Nachfrager u. a. den Preis des Gutes als Datum ihrer individuellen Planung, als gegeben also. Darauf beruht letztlich die gegebene Angebots- und Nachfragefunktion eines Marktes. Im Schnittpunkt von Angebots- und Nachfragekurve herrscht Marktgleichgewicht.

Beispiel
Dies sei wiederum anhand eines einfachen Beispiels demonstriert. Die Angebotsfunktion des Marktes (A) sei beschrieben mit:

(1) $p_A = 0{,}5 + 0{,}5\,x$

Dies impliziert, dass erst bei einem Preis von mehr als 0,5 Geldeinheiten, dem **Minimalpreis**, ein positives Mengenangebot existiert. Die **Nachfragefunktion des Marktes** (N) laute:

(2) $p_n = 10 - 0{,}5\,x$

Hieraus errechnen sich die **Angebots- und Nachfragemengen** bei alternativen Preisen sowie das zugehörige **Marktgleichgewicht.** Letzteres bestimmt sich durch Gleichsetzen der beiden Gleichungen (1) und (2), wodurch man die Gleichgewichtsmenge von $x = 9{,}5$ errechnet. Durch Einsetzen dieses Wertes in eine der beiden Gleichungen erhält man den Wert des Gleichgewichtspreises von $p = 5{,}25$ Geldeinheiten.
Die tabellarisch bestimmten Werte der Angebots- und der Nachfragefunktion (Abbildung 3.11) sowie die Gleichgewichtssituation lassen sich dann wiederum grafisch darstellen (Abbildung 3.12).

Im Gleichgewicht existiert ein einheitlicher Preis sowohl für das Angebot als auch die Nachfrage; zu diesem Preis wird der Markt **geräumt** (keine Überschussnachfrage; kein Überschussangebot); der Gleichgewichtspreis repräsentiert den **mengenmäßig größten Umsatzwert.** Jeder Nachfrager, der bereit ist, zum Gleichgewichtspreis zu erwerben, kann dies. Jeder Anbieter, der bereit ist, zum Gleichgewichtspreis zu verkaufen, kann dies ebenso.
    Jener Preis (p), bei dem keine Nachfrage (x) mehr existiert, heißt **Prohibitivpreis** (Abbildung 3.12: $p = 10$). Jene Menge (x), die beim Preis (p) von Null nachgefragt würde, **Sättigungsmenge** (Abbildung 3.12: $x = 20$). Die Fläche des Dreiecks zwischen dem Gleichgewichts- und dem Prohibitivpreis mit Bezug auf die Nachfragefunktion bezeichnet den Wert der **Konsumentenrente** (Kr), weil die Nachfrager bereit und in der Lage gewesen wären, auch zu einem höheren als dem Gleichgewichtspreis zu kaufen. Die Fläche des Dreiecks, die die Angebotskurve vom Minimalpreis bis zum Gleichgewichtspreis bildet, stellt den Wert der **Produzentenrente** (Pr) dar, weil Anbieter bereit und in der Lage gewesen wären, auch zu einem niedrigeren als dem Gleichgewichtspreis anzubieten.
    Veränderungen der gleichgewichtigen Marktsituation resultieren aus Verschiebungen der jeweiligen Angebots- bzw. Nachfragefunktion, was letztlich auf Veränderungen in deren Bestimmungsgründen zurückgeführt werden kann (Änderung der Präferenzen, der verfügbaren Einkommen, der Zahl der Nachfrager oder der Preise anderer Güter auf der Nachfrageseite; Änderungen der Produktionstechnik, von Faktorpreisen oder der Zahl der Anbieter auf der Angebotsseite).

Preis (p)	Gesamtangebot (X_a)	Gesamtnachfrage (X_n)
10	19	0
9,5	18	1
9	17	2
8,5	16	3
8	15	4
7,5	14	5
7	13	6
6,5	12	7
6	11	8
5,25	9,5	9,5
5,5	10	9
5	9	10
4,5	8	11
4	7	12
3,5	6	13
3	5	14
2,5	4	15
2	3	16
1,5	2	17
1	1	18
0,5	0	19
0	0	20

Abb. 3.11: Angebot und Nachfrage (Wertetabelle)

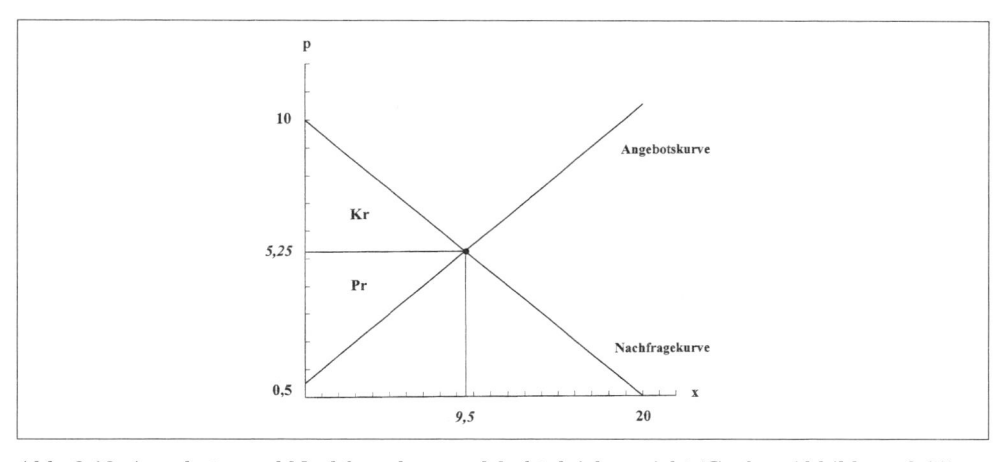

Abb. 3.12: Angebots- und Nachfragekurve – Marktgleichgewicht (Graf zu Abbildung 3.11)

Werden die Ergebnisse des wettbewerblichen Preisbildungsprozesses wirtschaftspolitisch als unbefriedigend erachtet, kommt es zu staatlicher Intervention auf den entsprechenden Märkten. Ein Gleichgewichtspreis (p*), der entsprechend wirtschaftspolitischem Urteil den Produzenten bei diesem Preis ein zu geringes Einkommen ermöglicht, führt zur Einführung eines **Mindestpreises** (P_M). Soll er seine wirtschaftspolitisch erwünschte Wirkung, eine Verbesserung der Einkommenssituation der Produzenten, erfüllen, muss der Mindestpreis oberhalb des Gleichgewichtspreises fixiert werden. Beim Mindestpreis, der also dem Schutz der Produzenten dienen soll, entsteht allerdings ein **Angebotsüberschuss**, wie aus Abbildung 3.13 ersichtlich.

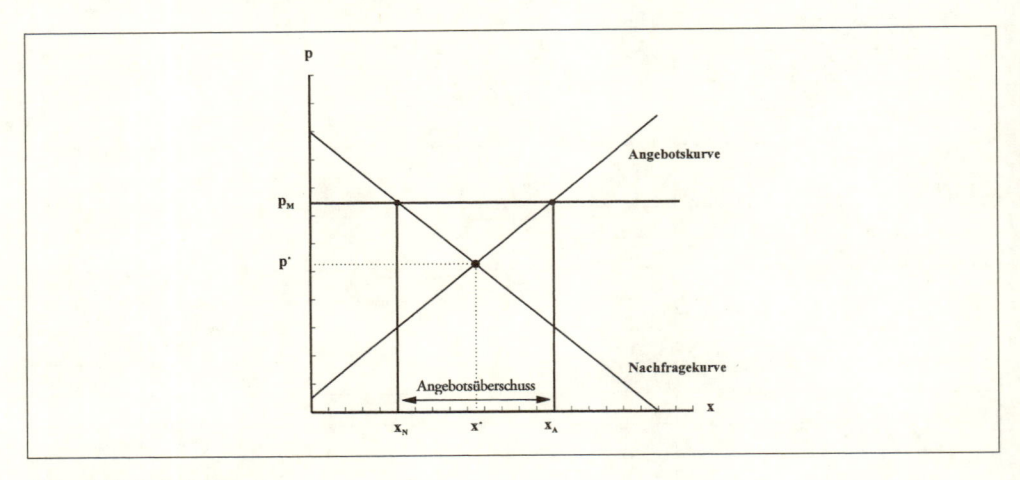

Abb. 3.13: Mindestpreis

Beim Mindestpreis ist die Nachfrage entsprechend der Nachfragekurve nur bereit, die Menge (x_N) abzunehmen. Dagegen werden die Anbieter beim Mindestpreis die Menge (x_A) entsprechend der Angebotskurve absetzen wollen. Wegen der weiterhin bestehenden Konkurrenzsituation auf diesem Markt muss die Überschussmenge im Wege staatlicher Aufkäufe aus dem Markt genommen werden, soll der Mindestpreis Bestand haben. Als praktisches Beispiel für die Setzung von Mindestpreisen sind die verschiedenen Agrarmarktordnungen entsprechender Ausprägungen der Europäischen Union zu nennen.

Die wirtschaftlichen Folgen dieser Preisintervention können wie folgt beschrieben werden.

– Die Nachfrager haben einen höheren Preis als den Wettbewerbspreis zu zahlen; die mengenmäßige Versorgung des Marktes sinkt dadurch.
– Es sind staatliche Finanzmittel (Steuern) für den Aufkauf des Angebotsüberschusses und dessen Verwertung aufzuwenden (Kaufsumme, Lagerkosten, Exportsubventionen), die beim Wettbewerbsgleichgewicht nicht entstanden wären.
– Infolge der ökonomischen Attraktivität der Mindestpreisregelung werden knappe Produktionsfaktoren mittel- und langfristig in Produktionen für die entsprechenden Märkte umgelenkt, die wiederum unter Wettbewerbsbedingungen nicht in diesem Maße in diese Verwendungsrichtung geflossen wären. Es kommt somit zu einer Störung der Lenkungsfunktion von Wettbewerbspreisen.

Wird ein Gleichgewichtspreis (p^*) wirtschaftspolitisch als für den Verbraucher (Nachfrager) zu hoch erachtet, kann es zur Setzung eines **Höchstpreises** (p_H) kommen. Der Höchstpreis muss, soll er dem Ziel des Schutzes der Nachfrager dienen, unterhalb des Wettbewerbspreises fixiert werden. Beim Höchstpreis kommt es allerdings zu einem **Nachfrageüberschuss**, wie aus Abbildung 3.14 zu ersehen ist.

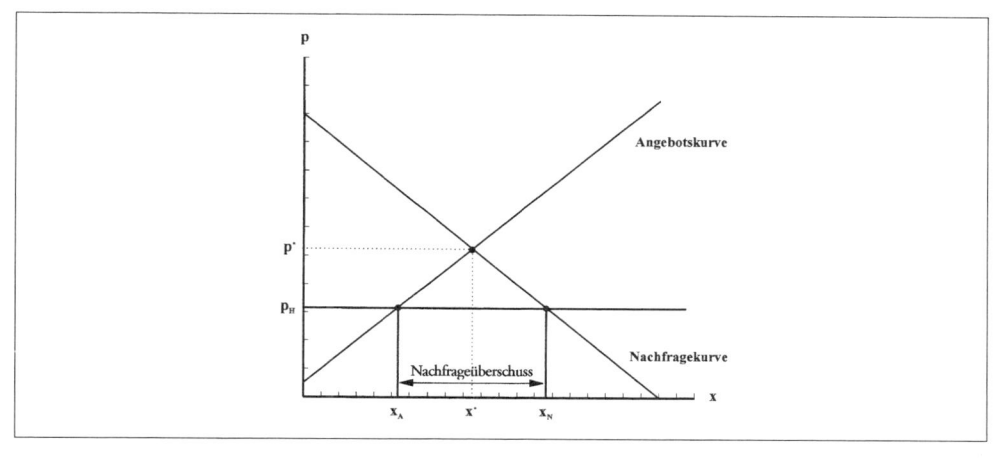

Abb. 3.14: Höchstpreis

Beim Höchstpreis reduziert sich das Angebot entsprechend der Angebotskurve auf die Menge (x_A) gegenüber der Gleichgewichtsmenge (x^*); die Nachfrage steigt entsprechend der Nachfragekurve auf (x_N). Um den Höchstpreis halten zu können, ist der Nachfrageüberschuss durch eine weitere wirtschaftspolitische Intervention zu eliminieren. Dies kann beispielsweise durch eine Rationierung der Nachfrage geschehen. Hierbei wird z. B. nach sozialen Gesichtspunkten der Zugang von Nachfragern zu einem solchen Markt reguliert. Als Beispiel hierfür können die Bedingungen für den Erhalt eines Wohnberechtigungsscheines dienen, womit die Rationierung der Nachfrage auf dem Markt für Sozialmietwohnungen bewirkt werden soll.

Die wirtschaftlichen Folgen dieser Preisintervention lassen sich wie folgt zusammenfassen:

– Die Anbieter können auf solchen Märkten nur geringere Preise erzielen als unter Wettbewerbsbedingungen.
– Entsprechend dem relativ niedrigen Höchstpreis unterbleiben Investitionen in die Produktion von Gütern dieser Märkte in dem Maße, wie sie beim Wettbewerbspreis ansonsten erfolgt wären.
– Es werden häufig auch staatliche Finanzmittel in Form von Subventionen gezahlt, um Investitionen in die Produktion von Gütern solcher Märkte zu ermöglichen, damit es zu einer Ausweitung des Angebots kommt. Somit wird, gemessen an der Wettbewerbssituation, wiederum eine Fehllenkung von knappen Produktionsfaktoren bewirkt.
– Die Nachfrage möchte zum Höchstpreis zwar eine größere Menge realisieren, infolge der notwendigen Rationierung wird der ansonsten freie Zugang aller Nachfrager zu einem Markt hierbei jedoch beschränkt, was eine Verletzung des Prinzips der Konsumentensouveränität bedeutet.

3.3.2 Preisbildung im Angebotsmonopol

Im **Einzelangebotsmonopol** sieht sich ein großer Anbieter einer Vielzahl kleiner Nachfrager gegenüber, deren Nachfrageverhalten durch die gegebene Nachfragefunktion des Marktes bestimmt ist. Die **Nachfragefunktion** des Marktes bezeichnet die absetzbaren Mengen eines Gutes bei alternativen Preisen und stellt somit für den Angebotsmonopolisten dessen gegebene **Preis-Absatz-Funktion** (PAF) dar. Aufgrund seiner Marktposition kann ein Monopolist entweder einen Preis setzen und muss die entsprechende absetzbare Nachfragemenge als gegeben hinnehmen oder im umgekehrten Fall bei Absatz einer bestimmten Produktmenge den zugehörigen Preis akzeptieren. Im Gegensatz zum Fall der vollständigen Konkurrenz entspricht der Grenzumsatz (U') des Monopolisten nicht dem als Datum angenommenen Preis, muss doch der Monopolist die Tatsache berücksichtigen, dass jede zusätzlich produzierte Mengeneinheit (x), entsprechend der Nachfragekurve des Marktes, nur zu einem niedrigeren Preis abgesetzt werden kann.

Das **Gewinnmaximum** realisiert auch ein Monopolist bei der größtmöglichen Differenz zwischen Umsatz (U) und Gesamtkosten (K):

(3) $G = U - K$

Eine Lösung dieses Problems findet sich aber auch im Wege der Marginalbetrachtung. Wiederum gilt die allgemeine Regel der Gewinnmaximierung:

(4) $K' = U'$

Der Verlauf einer **Umsatzfunktion** und der daraus abzuleitenden **Grenzumsatzfunktion** lässt sich auf der Basis einer zugehörigen **Nachfragefunktion (Preis-Absatz-Funktion)** erklären.

Beispiel
Es sei die Nachfragefunktion beschrieben als:

(5) $p = 300 - \frac{1}{3} x$

mit (p) dem Produktpreis und (x) der absetzbaren Menge. Daraus folgt für die Umsatzfunktion (U):

(6) $U = p \cdot x = 300 x - \frac{1}{3} x^2$

1	2	3	4	5
Förder- und Absatzmengen (x) in Tonnen	Gesamtkosten (K) in €	Preis (p) pro Tonne in €	Umsatz (U) in € (3 · 1)	Gewinn (G) in € (4 − 2)
0	10 000,00	300,00	0	−10 000,00
100	19 100,00	266,67	26 666,67	7 566,66
200	26 800,00	233,33	46 666,67	19 866,67
300	33 700,00	200,00	60 000,00	26 300,00
349,888	37 030,00	183,37	64 159,12	27 129,17
400	40 400,00	166,67	66 666,67	26 266,67
500	47 500,00	133,33	66 666,67	19 166,67
600	55 600,00	100,00	60 000,00	4 400,00
700	65 300,00	66,67	46 666,67	−18 633,33
800	77 200,00	33,33	26 666,67	−50 533,33
900	91 900,00	0	0	−91 900,00

Abb. 3.15: Umsatz, Gesamtkosten und Gewinn – Angebotsmonopol (Wertetabelle)

Ein Monopolanbieter, dessen Kostenstrukturen denen des obigen Beispiels (Gleichungen (9), (12) und (15), S. 51 f.) entspricht, sieht sich dann bei alternativen Preis-Mengen-Kombinationen entsprechend der gegebenen Preis-Absatz-Funktion der folgenden tabellarisch dargestellten Umsatz-, Kosten- und Gewinnsituation gegenüber.

Auf der Basis der Werte der Abbildung 3.15 lassen sich die Entwicklung von Umsatz, Gesamtkosten und Gewinn bei alternativen Preis-Mengen-Kombinationen entsprechend der gegebenen Preis-Absatz-Funktion auch grafisch darstellen (Abbildung 3.16).

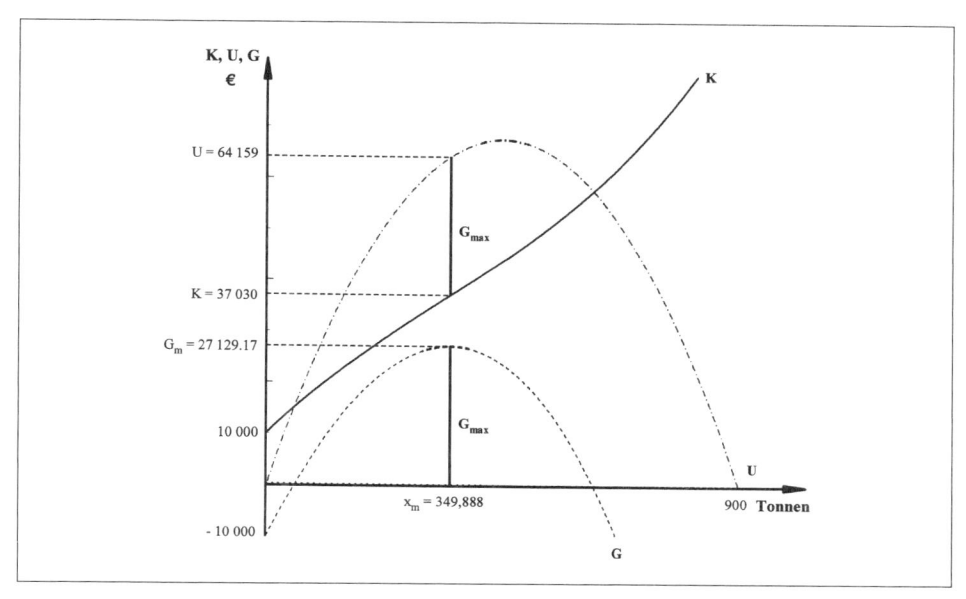

Abb. 3.16: Umsatz, Gesamtkosten und Gewinn – Angebotsmonopol
(Grafen zu Abbildung 3.15)

Der **Grenzumsatz** (U') ist definiert als

(7) $U' = \dfrac{dU}{dx}$

Daraus und aus (6) folgt

(8) $U' = 300 - \dfrac{2}{3} x$

Im Verhältnis zur (linearen) Nachfragefunktion weist die Grenzumsatzfunktion eine doppelt so große (negative) Steigung auf. Beim gleichen Ordinatenwert von (U) bzw. (U' = 300) bedeutet dies, dass der Abszissenabschnitt der Grenzumsatzfunktion (450) genau der Hälfte des entsprechenden Wertes der Nachfragefunktion (900) entsprechen muss. Die gewinnmaximale Situation ist entsprechend Gleichung (4) im Schnittpunkt von Grenzumsatz- und Grenzkostenfunktion gegeben. Der gewinnmaximalen Ausbringungsmenge (x = 349,888) entspricht ein auf der Nachfragefunktion zu bestimmender Preis (p = 183,37, Preis im **COURNOT'schen Punkt**). Diese Situation ist in Abbildung 3.18 dargestellt, wobei sich die zugehörige Kostenstruktur aus dem bereits behandelten Beispiel und ablesbar aus Abbildung 3.17 ergibt.

1	2	3	4	5
Fördermengen in Tonnen (x)	Preis (p) in €	Stückkosten (K_d) in €	Grenzkosten (K') in €	Grenzerlös (U') in €
0	300,00	–	100,00	300,00
100	266,67	191,00	83,00	233,33
200	233,33	134,00	72,00	166,67
300	200,00	112,33	67,00	100,00
349,888	183,37	105,83	66,75	66,75
400	166,67	101,00	68,00	33,33
500	133,33	95,00	75,00	–33,33
600	100,00	92,67	88,00	–100,00
700	66,67	93,29	107,00	–166,67
800	33,33	96,50	132,00	–233,33
900	0	102,11	163,00	–300,00

Abb. 3.17: Angebotsmonopol – Grenzkosten und Grenzerlöse (Wertetabelle)

Hieraus wird auch leicht der Unterschied der Preisbildung erkennbar im **Vergleich von vollständiger Konkurrenz** und **Angebotsmonopol**. Bei wettbewerblichem Verhalten würde der Schnittpunkt: Grenzkosten = Preis (Nachfragekurve) realisiert wer-

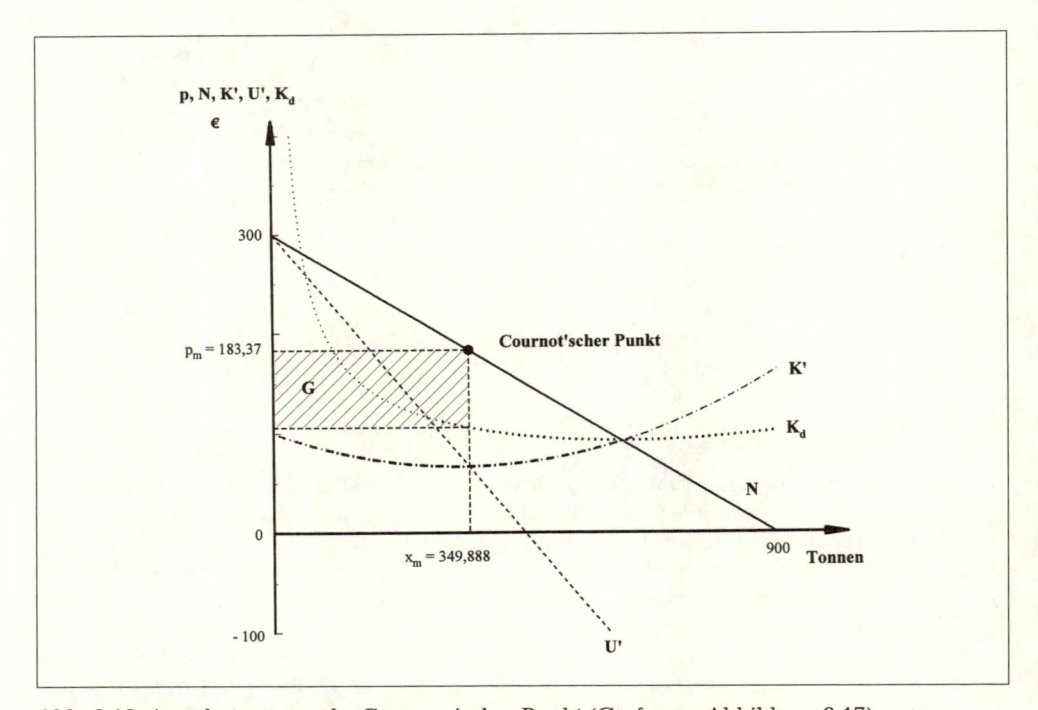

Abb. 3.18: Angebotsmonopol – Cournot'scher Punkt (Grafen zu Abbildung 3.17)

den, mit der Folge eines vergleichsweise niedrigeren Marktpreises und einer höheren Absatzmenge. Schon hieraus lassen sich die ökonomischen Nachteile von Monopolen erkennen.

Eine besondere Ausprägung von Angebotsmonopolen stellen **Kartelle** dar. Kartelle sind Kollektivangebotsmonopole, deren Ziel die gemeinsame Gewinnmaximierung ist. Diese zeitigen prinzipiell die gleichen Ergebnisse wie das Einzelangebotsmonopol. Allerdings bedarf es wegen des im Vergleich zur Wettbewerbssituation (vollständige Konkurrenz) höheren Monopolpreises einer Einschränkung der insgesamt angebotenen Menge. Kartelle dieser Art sind deshalb nur so lange stabil, wie über den Preis und die jeweilige Quote der Absatzmenge jedes einzelnen Kartellmitglieds Einigkeit besteht **(Preis-Quoten-Kartell)**.

3.3.3 Preisbildung im Angebotsoligopol

Das **Angebotsoligopol** sieht auf der Angebotsseite einige wenige, im Extremfall zwei Anbieter, und auf der Marktnachfrageseite viele kleine Nachfrager. Prinzipiell hat ein Oligopolist die Möglichkeit, den Preis oder die Menge bei gegebener Marktnachfrage zu setzen, muss aber mit entsprechenden Reaktionen des Konkurrenten bzw. der Konkurrenten rechnen. Im Falle zweier Anbieter teilen sich diese die gegebene Nachfrage des Marktes (Abbildung 3.19).

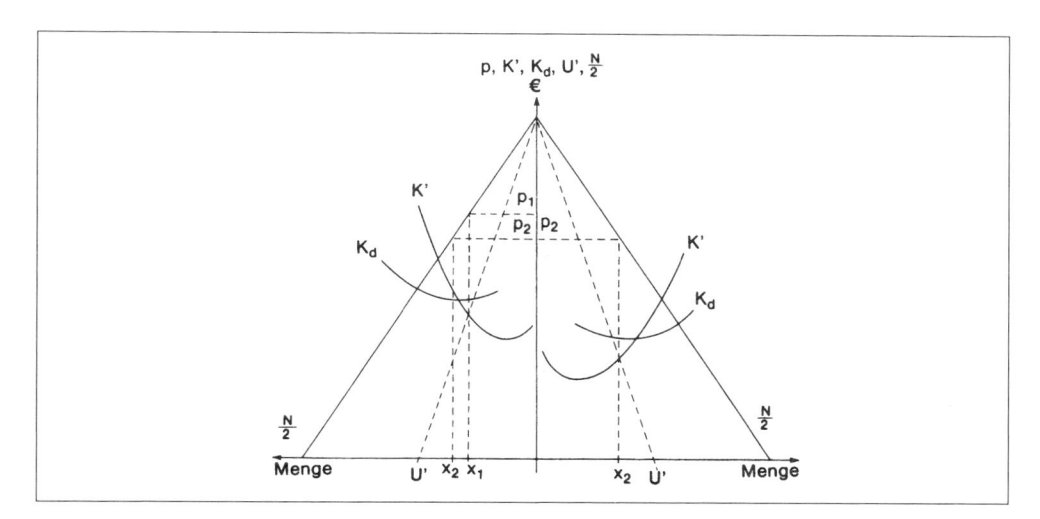

Abb. 3.19: Preisbildung im Angebotsoligopol

Würden sich beide wie Monopolisten verhalten, würden diese ihren jeweiligen COURNOT'schen Punkt realisieren wollen. Bei unterschiedlichen Kostenstrukturen würde dies aber zu unterschiedlich hohen Preisen für das gleiche Produkt führen; die Nachfrage würde dann aber zu jenem Anbieter wandern, der den niedrigeren Preis fordert. Der Produzent mit den ungünstigeren Kostenstrukturen wird gezwungen, ebenfalls jenen Preis und die zugehörige Menge zu realisieren, die dem (niedrigeren) dann einheitlichen Marktpreis entspricht, den der kostengünstigere Anbieter realisiert. Bei wettbewerblichem Verhalten (K' = p) würde, wie aus Abbildung 3.19 ablesbar, der Markt hinsichtlich Preis und Menge besser als im Falle des Oligopols versorgt.

3.4 Institutionen und Strategien der Wettbewerbspolitik

Für die Funktionsweise, Funktionsfähigkeit und Effizienz von Marktwirtschaften ist die Durchsetzung und Erhaltung von Wettbewerb auf den Märkten von zentraler Bedeutung. Instrumental gesehen bildet der Wettbewerb, als Rivalitätsbeziehung zwischen mehreren Wirtschaftssubjekten verstanden, den spezifischen Steuerungs- und Kontrollmechanismus im wirtschaftlichen Prozessablauf. Der so verstandene Wettbewerb spornt die wirtschaftlichen Akteure in einem **Parallel- und Austauschprozess** durch ökonomische Anreize (Gewinnaussichten) zu besonderen wirtschaftlichen Leistungen und Verhaltensweisen an. Typisches Merkmal des Wettbewerbs ist das unabhängige Streben der Wettbewerber untereinander, durch Kostensenkungen, Erfindungen und Einführung neuer Produkte und Produktionsverfahren (Produkt- und Verfahrensinnovationen) sowie durch organisatorische Verbesserungen sich gegenseitig im **Parallelprozess** zu überflügeln, um im **Austauschprozess** mit der Nachfrage vor der Konkurrenz zum Zuge zu kommen. Auf diese Weise bewirken die im Wettbewerb eingeschlossenen ökonomischen Anreize ein ständiges Rivalisieren um Geschäftsabschlüsse und Marktanteile, worin die **Anreizfunktion** von Wettbewerb zum Ausdruck kommt.

3.4.1 Wettbewerb und Wettbewerbspreise

In Marktwirtschaften werden die dezentralen Produktions- und Konsumtionspläne der selbstständigen und in Konkurrenz zueinander stehenden wirtschaftlichen Akteure durch den in Märkten wirksamen Preisbildungsmechanismus koordiniert. Nur der Wettbewerb als Ordnungsfaktor für die hiermit verbundenen **Lenkungs- (Allokations-) und Verteilungsprozesse** bewirkt gesamtwirtschaftlich optimale Ergebnisse. Nur Preise, die sich auf wettbewerblich geordneten Märkten bilden, können die folgenden Funktionen bestmöglich erfüllen:

- **Auslesefunktion:** Jenseits des wettbewerblich bedingten Gleichgewichtspreises liegende Anbieter und Nachfrager müssen aus dem Markt ausscheiden.
- **Koordinationsfunktion:** Die einzelwirtschaftlichen Pläne werden durch den Prozess der wettbewerblichen Preisbildung im gesamtwirtschaftlichen Sinne bestmöglich aufeinander abgestimmt.
- **Lenkungs- (Allokations-)funktion:** Nur wettbewerblich bestimmte Marktpreise lenken (mittel- und langfristig) über die damit verbundenen Anpassungen und im Koordinationsprozess die volkswirtschaftlichen Produktionsfaktoren an Orte optimaler Verwendung.
- **Verteilungsfunktion:** Nur wettbewerblich bestimmte Faktorpreise (Löhne, Zinsen, Grundrenten) bewirken eine leistungsbezogene (primäre) Einkommensverteilung.

Die **gesellschaftlichen Funktionen** von Wettbewerb werden in der Sicherung und Wahrnehmung individueller (ökonomischer) Freiheitsrechte sowie, damit verbunden, der Verhinderung ökonomischer Macht als Voraussetzung zur Erhaltung einer freiheitlichen Gesellschaftsordnung gesehen. Wettbewerb schließt hiernach die Realisierung der gesellschaftspolitisch gewollten Freiheitsmaximen ein. In diesem Sinne wird Wettbewerb als ein Verfahren zur Sicherung ökonomischer Freiheit, verbunden mit positiven wirtschaftlichen Ergebnissen, interpretierbar, ein Verfahren, das zur Entdeckung von Problemlösungen führt, die unter anderen Marktstrukturbedingungen nicht gefunden worden wären (F. A. v. HAYEK).

In marktdynamischer Sicht ist Wettbewerb ein **Prozess des Vorstoßes und der Verfolgung.** Initiative Pionierunternehmer kreieren neue Produkte und/oder Produktionsverfahren, die der Nachfrage besser zu dienen vermögen. In einem solchen **Prozess der schöpferischen Zerstörung** (J. A. SCHUMPETER) werden bisher bestehende Marktstrukturen abgelöst. Der durch den Innovator geschaffene monopolistische Vorsprung wird durch nachstoßende Wettbewerber im Wege von Produkt- und Verfahrensverbesserungen und damit verbundenen Kosten- und Preissenkungen eingeebnet. Die Versorgung des Marktes verbessert sich hinsichtlich der Angebotsmengen, der Produktqualitäten und der Produktpreise.

3.4.2 Wettbewerbspolitische Instrumente

Wegen der mit Wettbewerb verbundenen ökonomischen Zwänge versuchen sich Anbieter diesem Druck durch Oligopolisierungen und/oder Monopolisierungen, d. h. durch Gewinnung von Marktmacht, zu entziehen. Von daher gesehen bedarf es eines ausgebauten Systems von wettbewerbspolitischen Regelungen in Gestalt einer Wettbewerbsrechtsordnung und daraus abzuleitender staatlicher Wettbewerbspolitik, deren Ziele auf die Erhaltung und Förderung von Wettbewerb gerichtet ist. Bedeutsam für die Wettbewerbspolitik im Rahmen der sozialen Marktwirtschaft sind insbesondere die wettbewerbspolitisch relevanten Regelungen des »EG-Vertrages«, das »Gesetz gegen unlauteren Wettbewerb (UWG)« sowie das »Gesetz gegen Wettbewerbsbeschränkungen (GWB)«, auch Kartellgesetz genannt.

Rechtsregeln nach dem EG-Vertrag sind supranationales Recht und gelten deshalb auch unmittelbar in allen Mitgliedstaaten der Europäischen Union. So sind nach Artikel 81 EG-Vertrag alle **Vereinbarungen** und jede **Art der Verhaltensabstimmung zwischen Unternehmen** verboten, durch die der Handel zwischen den Mitgliedstaaten spürbar behindert, eingeschränkt oder verfälscht wird. Ausnahmen können aus wohlfahrtsökonomischen Gründen genehmigt werden (Förderung des Mittelstandes, Erhöhung der Versorgungssicherheit, Sicherung von Spezialisierungseffekten, Unterstützung des technischen Fortschritts).

Nach Artikel 82 EG-Vertrag ist die **missbräuchliche Ausnutzung einer marktbeherrschenden Stellung** in der EU oder eines wesentlichen Teils derselben durch ein oder mehrere Unternehmen verboten, soweit dadurch der Handel zwischen einzelnen Mitgliedstaaten beeinträchtigt wird. Ausnahmen von diesen generellen Regelungen bestehen allerdings, wie auch für das Kartellgesetz noch zu zeigen sein wird, in zweierlei Hinsicht. So sind von den obigen Grundsatzregelungen erstens bestimmte **Bereiche ausgenommen.** Hierzu zählen insbesondere die Sektoren Eisen und Stahl und die Landwirtschaft, die auch nach Vollendung des Europäischen Binnenmarktes zum 1. 1. 1993 weiterhin besonderen vertraglichen Regulierungen unterliegen (EGKS-Vertrag; Agrarmarktordnungen). Die zweite Ausnahme bezieht sich auf die Zulässigkeit direkter und indirekter **Subventionszahlungen** (Beihilfen) an Unternehmen, allerdings nur in so genannten gefährdeten Branchen (z. B. Bergbau, Stahl, Schiffsbau). Daneben bestehen aus historischen Gründen noch einige staatliche Handelsmonopole (Alkoholmonopol; Tabakmonopol in Italien und Frankreich).

Das im Jahre 1896 erstmals gefasste **UWG** will Wettbewerb im Hinblick auf die folgenden Zwecke schützen:

- Schutz der Mitkonkurrenten,
- Schutz des »lauteren« Wettbewerbs,
- Schutz der Konsumenten.

Die materiell-rechtlichen Vorschriften des UWG zur Erfüllung der genannten Schutzzwecke sind in der Generalklausel des § 1 des UWG erfasst, die sittenwidrigen Wettbewerb verbietet. Dieser kann sich auf folgende Bereiche erstrecken: Kundenfang, Behinderung von Mitbewerbern, Ausbeutung fremder Leistungen, Rechtsbrüche, Marktstörungen. Zwecks Durchsetzung lauteren Wettbewerbs werden unter anderem in den §§ 6–6e UWG Konkurswarenverkäufe, Hersteller- und Großhändlereigenschaft, Schneeballsysteme, in den §§ 7 und 8 UWG Sonderveranstaltungen (Sonderangebote, Sommer- und Winterschlussverkäufe etc.), in § 12 UWG die Bestechung von Angestellten von Konkurrenten und in den §§ 14 und 15 UWG Schädigungen der Geschäftsehre und in § 16 der Schutz vor Verwechselungen geregelt.

Die Verletzung dieser Vorschriften kann strafrechtlich verfolgt werden. Es kann auch im Verwaltungsverfahren auf Unterlassung von unlauteren Wettbewerbshandlungen geklagt werden, meist verbunden mit der Zahlung einer »Verwaltungsgebühr« an so genannte antragsberechtigte »Abmahnvereine« (§ 13 Abs. 2 Nr. 2 UWG). Geschädigte können auf Schadenersatz und/oder Unterlassung wegen unlauteren Wettbewerbs klagen.

Von zentraler Bedeutung für die Verfassung der Märkte in der Bundesrepublik ist aber das bereits erwähnte »**Gesetz gegen Wettbewerbsbeschränkungen (GWB)**«, das am 1.1.1958 in Kraft trat. Es wird deshalb auch als »Grundgesetz« oder »Magna Charta« der Marktwirtschaft bezeichnet. Inzwischen hat dieses Gesetz schon sechs Novellierungen in den Jahren 1965, 1973, 1976, 1980, 1989 und 1998 zum Zwecke der Verbesserung des wettbewerbspolitischen Instrumentariums erfahren.

Vorab sei bemerkt, dass durch das Kartellgesetz nicht schlechthin die Märkte aller Branchen erfasst werden. Wie beim europäischen Wettbewerbsrecht gibt es auch im deutschen Wettbewerbsrecht Ausnahmen. So werden nach den §§ 99–103a GWB eine Reihe von Wirtschaftsbereichen aufgrund tatsächlicher oder vorgeschützter Besonderheiten gänzlich oder teilweise von der Anwendung des Kartellgesetzes freigestellt:

- Unternehmen der Verkehrswirtschaft (§ 99 GWB): See-, Küsten- und Binnenschifffahrt; Fluggesellschaften; Sonderregelungen betreffend die Deutsche Bahn AG, die Deutsche Post AG und die Deutsche Telekom AG,
- die Landwirtschaft (§ 100 GWB),
- die Deutsche Bundesbank, Staatsmonopole sowie die Bergbaubetriebe (§ 101 GWB),
- Banken und Versicherungen (§ 102 GWB).

Für diese Branchen, Institutionen und Unternehmen gelten spezielle gesetzliche Vorschriften hinsichtlich ihrer wirtschaftlichen Tätigkeit, jedoch unterliegen sie teilweise auch der noch zu schildernden Missbrauchsaufsicht durch die Kartellbehörden.

Die Kernbestimmungen des Kartellgesetzes kann man entsprechend den Strategien zusammenfassen, die von den Unternehmen entwickelt werden, um sich dem Wettbewerb zu entziehen. Danach lassen sich drei Strategiebereiche wettbewerbsmindernder oder -verhindernder Art unterscheiden:

- Verhandlungsstrategien,
- Behinderungs- und Ausbeutungsstrategien und
- Konzentrationsstrategien.

Alle diese Strategien werden durch das Kartellgesetz erfasst.

3.4.3 Verhandlungsstrategien

Verhandlungsstrategien werden durch das Kartellgesetz in mehrfacher Weise behandelt. Betroffen davon sind Formen horizontaler und vertikaler (vertraglicher) Wettbewerbsbeschränkungen und auch Kooperationen kleiner und mittlerer Unternehmen.

Märkte und Preisbildung

\multicolumn{4}{c}{Zulässige Kartellarten gemäß GWB}
Arten	Merkmale	Form der Zulässigkeit	Begründung
Normen-, Typen- und Konditionenkartelle (§ 2)	– Einheitliche Anwendung von Normen und Typen zwecks Steigerung der wirtschaftlichen Leistungsfähigkeit – Einheitliche allgemeine Geschäfts-, Lieferungs- und Zahlungsbedingungen einschl. Skonti	Widerspruchskartell	– Positive wirtschaftliche Wirkungen einheitlicher Normen und Typen – Verbesserung der Markttransparenz
Spezialisierungskartelle (§ 3)	Rationalisierungseffekte durch Spezialisierung	Widerspruchskartell	Steigerung der Wirtschaftskraft der beteiligten Unternehmen durch Spezialisierung ohne wesentliche Beschränkung des Wettbewerbs
Mittelstandskartelle (§ 4 Abs.1); Einkaufskooperationen (§ 4 Abs. 2)	Rationalisierung wirtschaftlicher Vorgänge durch Zusammenarbeit zwischen kleinen und mittleren Unternehmen; Gemeinsamer Einkauf von Waren durch kleinere und mittlere Unternehmen	Widerspruchskartell (§ 4 Abs. 1) Anmeldekartell (§ 4 Abs. 2)	Verbesserung der Wettbewerbssituation kleiner und mittlerer Unternehmen
Rationalisierungskartelle (§ 5)	Rationalisierungsvereinbarungen zwecks Steigerung der wirtschaftlichen Leistungsfähigkeit (technisch, betriebswirtschaftlich, organisatorisch)	Erlaubniskartell	– Wesentliche Steigerung der Leistungsfähigkeit oder Wirtschaftlichkeit – Verbesserung der Bedarfsbefriedigung
Strukturkrisenkartelle (§ 6)	Planmäßige Anpassung der Produktionskapazitäten infolge eines nachhaltigen Nachfragerückgangs	Erlaubniskartell	– Freier Leistungswettbewerb führt nicht zu den notwendigen Anpassungen – Reiner wettbewerblicher Anpassungsprozess hat soziale Härten zur Folge
Sonstige Kartelle (§ 7)	Vereinbarungen zwecks Verbesserung der Entwicklung, Erzeugung, Verteilung, Beschaffung, Rücknahme oder Entsorgung von Gütern und Leistungen	Erlaubniskartell	Wirtschaftlich positive Effekte der Vereinbarungen ohne wesentliche Wettbewerbsbeschränkungen und bei angemessener Beteiligung der Verbraucher an den so entstehenden ökonomischen Vorteilen
Ministerkartelle; Notstandskartelle (§ 8)	– Genehmigung eines Kartells trotz Verstoßes gegen die §§ 1–7 aus Gründen des Gemeinwohls – Existenzbedrohung einer Branche, ohne dass dies, außer durch ein Kartell, abgewendet werden könnte	Erlaubniskartell	Wettbewerbsbeschränkungen durch ein Kartell werden aus Gründen des öffentlichen Interesses (Gemeinwohls) hingenommen

Zunächst zu den **Formen horizontaler und vertikaler Wettbewerbsbeschränkungen:** Das Gesetz gegen Wettbewerbsbeschränkungen ist charakterisiert durch ein grundsätzliches Verbot horizontaler Verträge und Beschlüsse zwischen Unternehmen sowie aufeinander abgestimmte Verhaltensweisen, »die eine Verhinderung, Einschränkung oder Verfälschung des Wettbewerbs bezwecken oder bewirken« (§ 1 GWB). Vertikale Verträge sind dagegen nur insoweit nichtig, als »sie einen Beteiligten in der Freiheit der Gestaltung von Preisen oder Geschäftsbedingungen bei solchen Vereinbarungen beschränken, die er mit Dritten ... schließt« (§ 14 GWB).

Dieses relativ strikte Verbotsprinzip ist von Anfang an in den §§ 2 bis 8 und 16 GWB für bestimmte Tatbestände gelockert bzw. aufgehoben worden; die wettbewerbspolitische Rechtfertigung dieses Ausnahmekatalogs war und ist zum Teil allerdings fragwürdig (politischer Kompromiss beim Zustandekommen des GWB).

Die Ausnahmen von dem **Verbot horizontaler Wettbewerbsbeschränkungen** betreffen die Zulässigkeit von Kartellbildungen zu bestimmten (zulässigen) Zwecken und aus übergeordneten volkswirtschaftlichen Gründen. Als **Kartell** bezeichnet man formale (vertragliche) oder informelle Vereinbarungen zwischen rechtlich selbstständigen Unternehmen, die geeignet sind, den Wettbewerb zwischen diesen auszuschalten. Alle Kartellbildungen sind nach dem GWB bei den Kartellbehörden anzumelden. Sie bedürfen für den Fall ihrer Zulässigkeit z. T. der Genehmigung durch die Kartellbehörden (Erlaubniskartelle), z. T. haben die Kartellbehörden lediglich ein Widerspruchsrecht innerhalb der ersten drei Monate nach der Anmeldung (Widerspruchskartelle). Zulässige Kartellarten: vgl. S. 69.

Die **Wettbewerbsbeschränkungen in vertikalen Verträgen** unterliegen unterschiedlichen Regelungen:

- **Preisbindungen der zweiten Hand** (einschließlich der Geschäftsbedingungen) sind grundsätzlich verboten (§ 15);
- **Preisbindungen für Verlagserzeugnisse** sind von dem generellen Verbot der Preisbindung der zweiten Hand unter bestimmten Voraussetzungen freigestellt;
- **Ausschließlichkeits- und Koppelungsverträge** im Sinne des § 16 GWB, d. h. Verträge, die Abnehmer oder Lieferanten verpflichten, ausschließlich Produkte eines Lieferanten zu führen bzw. zu beziehen, sind dann unwirksam, wenn sie den Wettbewerb auf dem Bezugs- bzw. Absatzmarkt einschränken. Desgleichen sind Koppelungsgeschäfte dann unwirksam, wenn sie einen Lieferanten oder einen Abnehmer verpflichten, neben den gewünschten Produkten auch andere des Vertragspartners zu beziehen bzw. abzunehmen.
- **Lizenzverträge** (§§ 17 und 18) sind dann unwirksam, wenn sie den Lizenznehmer in seinen Wettbewerbsspielräumen einschränken, die über das hinausgehen, was das eigentliche Schutzrecht betrifft.

3.4.4 Behinderungs- und Ausbeutungsstrategien

Zu den **Behinderungs- und Ausbeutungsstrategien** kann man die Formen der Behinderung von Wettbewerb durch **marktbeherrschende Unternehmen** im Sinne von § 19 GWB, den Aufruf zum **Boykott** (Liefer- bzw. Bezugssperren) sowie schließlich die Praxis der selektiven **Diskriminierung** zählen. Diese Formen der Behinderung von Wettbewerb sind nach dem GWB verboten und können ggf. durch die Kartellbehörden verfolgt werden.

Die **Missbrauchsaufsicht über marktbeherrschende Unternehmen** im Sinne des § 19 GWB erfasst nicht nur den so genannten Missbrauch wirtschaftlicher Macht gegenüber vor- und nachgelagerten Wirtschaftsstufen (vertikal), sondern auch den gegenüber anderen Unternehmen im gleichen Markt (horizontal). **Marktbeherrschung** im Sinne des § 19 Abs. 1 GWB liegt dann vor, wenn **ein Unternehmen** ohne Wettbewerber ist (Monopolfall) oder keinem wesentlichen Wettbewerb ausgesetzt ist (Teilmonopol) bzw. im Verhältnis zu seinen Wettbewerbern eine überragende Marktstellung hat (marktstarkes Unternehmen). **Unternehmensgruppen** werden als marktbeherrschend im Sinne des § 19 Abs. 2 GWB angesehen, soweit innerhalb der Gruppe kein wesentlicher Wettbewerb besteht (enges Oligopol) oder eine (kleine) Gruppe von Unternehmen (Oligopolgruppe) gegenüber anderen Unternehmen eine überragende Marktstellung hat (enges Teiloligopol).

Der **Begriff der »überragenden Marktstellung«** bestimmt sich u. a. nach der Höhe des Marktanteils, der Finanzkraft, den Zugangsmöglichkeiten zu Absatz- und Beschaffungsmärkten, Verflechtungen mit anderen Unternehmungen, der Fähigkeit zu schneller Umstellung von Angebot oder Nachfrage, den Möglichkeiten der Marktgegenseite, auf andere Anbieter bzw. Nachfrager auszuweichen.

Um den vagen **Rechtsbegriff** »**Marktbeherrschung**« im Sinne des § 19 rechtlich fassbarer zu machen, sind im Rahmen der zweiten GWB-Novelle im Jahre 1973 eine Reihe von **Vermutungstatbeständen** eingeführt worden (§ 19 Abs. 3 GWB), nach denen auf eine marktbeherrschende Stellung geschlossen werden kann. Danach ist ein einzelnes Unternehmen marktbeherrschend, wenn es mindestens ein Drittel des relevanten Marktes kontrolliert. Eine Unternehmensgruppe wird als marktbeherrschend angesehen, wenn drei oder weniger Unternehmen zusammen einen Marktanteil von 50 % oder mehr haben oder wenn fünf oder weniger Unternehmen zusammen einen Marktanteil von zwei Drittel oder mehr haben.

Der Tatbestand des Machtmissbrauchs durch marktbeherrschende Unternehmen bezieht sich im Wesentlichen auf folgende Tatbestände:

– **Behinderungs- und Ausbeutungsmissbrauch** (§ 19): Ein marktbeherrschendes Unternehmen bzw. eine Unternehmensgruppe behindert die Wettbewerbsmöglichkeiten anderer Unternehmen in sachlich nicht gerechtfertigter Weise.
– **Boykott** (§ 21): Ein marktbeherrschendes Unternehmen oder eine marktbeherrschende Unternehmensgruppe ruft zum Liefer- oder Bezugsboykott für Produkte bestimmter Konkurrenten auf. Liefersperre bedeutet die Weigerung eines marktbeherrschenden Unternehmens, bestimmte Abnehmer zu beliefern.
– **Diskriminierung** (§ 20): Das Verbot derselben kann sich sowohl auf den Schutz des Wettbewerbs auf der Verkäufer- als auch auf der Käuferebene beziehen.
– **Ausschließlichkeits- und Koppelungsbindungen** (§ 16): **Ausschließlichkeitsbindungen** bestehen in der Verpflichtung, keine Waren oder Leistungen von anderen Anbietern zu beziehen (Alleinbezugsbindung des Händlers) oder an andere abzugeben (Alleinabsatzbindung des Lieferanten). **Koppelungsbindungen** verpflichten einen Abnehmer, neben dem »Hauptprodukt« auch noch andere Erzeugnisse eines marktmächtigen Unternehmens abzunehmen.

3.4.5 Konzentrationsstrategien

Mit **Konzentrationsstrategien** sind im Allgemeinen jene unternehmerischen Aktivitäten gemeint, durch die ein Unternehmen im Vergleich zur Konkurrenz permanent steigende Marktanteile gewinnt. Dies kann letztlich zur Monopolisierung eines Marktes führen. Auslösendes Moment hierfür ist in aller Regel **internes**, insbesondere aber **externes Unternehmenswachstum**. Die einzelwirtschaftlichen Vorteile und damit die Ursachen für zunehmende Konzentration sind vielfältiger Art: Finanzierungsvorteile großer gegenüber kleinen und mittleren Unternehmen, Wahrnehmung von Kostenvorteilen aus Massenproduktion (economies of scale), Vorteile aus den Möglichkeiten diversifizierter Produktionspaletten (economies of scope), Vorteile aus den Rahmenbedingungen staatlicher Wirtschaftspolitik gegenüber Großunternehmen (Patente; Umweltauflagen; staatliche Förderung von Forschung und Entwicklung; Protektionismus). Diese einzelwirtschaftlichen Vorteile aus Konzentrationsprozessen sind unter Wettbewerbsgesichtspunkten und damit aus gesamtwirtschaftlicher Sicht dann nicht als vorteilhaft anzusehen, wenn mit ihnen gleichzeitig Tendenzen zur Monopolisierung von Märkten einhergehen.

Die gesamtwirtschaftlichen Nachteile, die von marktmächtigen Konzentrationen ausgehen, bestehen in einer Verminderung des Wettbewerbs und damit verbundenen weniger effizienten Verwendung der Produktionsfaktoren, in nachlassender Anpassungsflexibilität und Innovationstätigkeit. Darüber hinaus sinken infolge eines geringer gewordenen Dezentralisierungsgrades die Wahlmöglichkeiten für Produzenten oder Konsumenten. Es entstehen nicht leistungsgerechte Einkommen in Form von Monopolrenten. Die Zunahme von Marktstrukturen mit nur wenigen Marktbeteiligten (enge Oligopole) fördert die Möglichkeit zu Preisabsprachen inklusive eines Verhaltens, das Preiswettbewerb nicht mehr kennt. Nicht zuletzt erhöhen sich die Markteintrittsbarrieren für potenzielle Konkurrenten, sodass auch von hierher gesehen mit zunehmender Konzentration eine erhebliche Abnahme der Wettbewerbsintensität auf solchen Märkten verbunden ist.

Da Konzentration auf der Basis internen Unternehmenswachstums schwerer zu erreichen ist als durch externes Wachstum, durch Konzernbildung und Fusionen (Unternehmenszusammenschlüsse) also, sind es die letzteren Konzentrationsvorgänge, die in der Wirklichkeit des Marktgeschehens am häufigsten auftreten. Deshalb richten sich Wettbewerbspolitische Aktivitäten nach dem GWB vornehmlich auf diese Art der Konzentration von Marktmacht in Form der Kontrolle von Zusammenschlüssen von Unternehmen. Konzentrationen durch externes Unternehmenswachstum treten in Form von horizontalen, vertikalen oder diagonalen (konglomeraten) Zusammenschlüssen auf.

Das Entstehen oder der Ausbau marktmächtiger Positionen im Wege von externem Unternehmenswachstum unterliegt seit der zweiten GWB-Novelle im Jahre 1973 der Kontrolle durch die Kartellbehörden und sind in aller Regel verboten. Die hiermit verbundenen Prozeduren werden als **Fusionskontrolle** bezeichnet, deren Durchführung allerdings an bestimmte Voraussetzungen gebunden ist.

Fusionen von Unternehmen sind nach dem GWB nicht schlechthin verboten. Grundsätzlich können nur solche Unternehmenszusammenschlüsse untersagt werden, durch die eine marktbeherrschende Stellung gemäß den Tatbeständen des § 19 GWB begründet oder verstärkt wird. Wird allerdings der Nachweis erbracht, dass durch die Fusion eine Verbesserung der Wettbewerbsbedingungen eintritt und dass diese die nachteiligen Wirkungen der Marktbeherrschung aufwiegen, ist ein solcher Unternehmenszusammenschluss zulässig.

Hinsichtlich der Ingangsetzung eines Prüfverfahrens durch das Bundeskartellamt im Falle von Fusionen sind zu unterscheiden zum einen die **Anmeldepflicht** und zum anderen die **Anzeigepflicht**.

Eine **Anmeldepflicht,** die eine präventive Prüfung eines geplanten Zusammenschlusses ermöglicht, bevor dieser rechtlich zulässig vollzogen werden kann, ist an folgende Kriterien geknüpft:

– **ein** an der geplanten Fusion beteiligtes Unternehmen hatte im abgelaufenen Geschäftsjahr einen Umsatz von mindestens 1 Mrd. € realisiert **oder**
– **zwei** der beteiligten Unternehmen hatten einen Umsatz von jeweils mindestens 500 000 € erreicht.

Selbst wenn diese Kriterien nicht erfüllt werden, können sich Unternehmen, die eine Fusion beabsichtigen, per Anmeldung einer **freiwilligen Prüfung** dieses Vorhabens durch das Bundeskartellamt unterziehen.

Eine **Anzeigepflicht** und die damit verbundene nachträgliche Überprüfungsmöglichkeit durch das Bundeskartellamt besteht dann, wenn durch einen vollzogenen Zusammenschluss

- ein Marktanteil von mindestens 20 % erreicht wird **oder**
- durch die Fusion eine Beschäftigtenzahl von mindestens 10 000 Personen erreicht wird **oder**
- ein Gesamtumsatz von mindestens 250 Mio. € realisiert wird.

Das **Prüfverfahren** im Hinblick auf eine beabsichtigte oder vollzogene Fusion beim Bundeskartellamt umfasst zum einen die Verifikation jener Kriterien, die nach § 19 GWB eine marktbeherrschende Position bestimmen oder vermuten lassen. Weitere ergänzende Kriterien sind in den §§ 36 und 37 GWB formuliert. Diese beziehen sich u. a. auf die wirtschaftliche Position eines an der Fusion beteiligten Unternehmens oder einer entsprechenden Unternehmensgruppe.

Erreichung oder Ausbau einer marktbeherrschenden Stellung wird **vermutet,** wenn ein **Großunternehmen** (mindestens 1 Mrd. € Umsatz im abgelaufenen Geschäftsjahr)

1. sich mit einem anderen Unternehmen zusammenschließen will (Anschluss an Großunternehmen), welches
   a) auf einem Markt tätig ist, auf dem kleinere und mittlere Unternehmen einen Marktanteil von mindestens zwei Dritteln und die fusionierenden Unternehmen zusammen mindestens einen Marktanteil von 5 % halten würden (Mittelstandsklausel) **oder**
   b) auf einem oder mehreren Märkten marktbeherrschend ist, auf dem oder denen ein Umsatz von mindestens 75 Mio. € erzielt wurde (Anschluss eines Marktbeherrschers) **oder**
2. die fusionierenden Unternehmen insgesamt einen Umsatz von mindestens 6 Mrd. € **und** mindestens zwei der am Zusammenschluss beteiligten Unternehmen jeweils einen Umsatz von 500 Mio. € im abgelaufenen Geschäftsjahr realisiert hatten (Ressourcenvermutung).

Die Erlangung einer marktbeherrschenden Stellung oder der Ausbau einer solchen im Wege von Fusionen wird dann **nicht vermutet**, wenn die fusionierenden Unternehmen im abgelaufenen Geschäftsjahr

1. insgesamt weniger als 75 Mio. € Umsatz erreicht hatten **oder**
2. einen Marktanteil von insgesamt weniger als 15 % repräsentierten.

Wird durch einen Zusammenschluss eine marktbeherrschende Stellung erreicht oder ausgebaut, so **untersagt das Bundeskartellamt eine solche Fusion.**

Können die beteiligten Unternehmen – wie bereits erwähnt – allerdings nachweisen, dass durch einen Zusammenschluss die Wettbewerbsbedingungen auf dem betroffenen Markt verbessert werden und diese die Nachteile aus der dann bestehenden marktbeherrschenden Situation mindestens überkompensieren, ist eine solche Fusion zulässig.

Hat das Bundeskartellamt einen Unternehmenszusammenschluss untersagt, besteht noch die Möglichkeit, beim Bundesminister für Wirtschaft ein **Erlaubnisverfahren** zu beantragen. Kommt dieser seinerseits zu dem Ergebnis, dass ein Zusammenschluss im überwiegenden Interesse der Allgemeinheit liegt, kann eine an und für sich unzulässige Fusion, eventuell unter Auflagen für die Betroffenen, ausnahmsweise trotzdem genehmigt werden.

Schließlich ist nach § 36 GWB ein Zusammenschluss von Unternehmen trotz des Erreichens oder der Verstärkung einer marktbeherrschenden Stellung dann möglich,

1. wenn die Erlöse der betreffenden Unternehmen zusammen nicht mehr als 250 Mio. € im abgelaufenen Geschäftsjahr betrugen (Fusion kleiner und mittlerer Unternehmen) **oder**
2. wenn ein Unternehmen mit nicht mehr als 25 Mio. € Umsatz sich mit einem anderen zusammenschließt. Dies gilt allerdings nicht für den Fall, dass das eine (kleinere) Unternehmen zwar weniger als 25 Mio. €, aber mehr als 2 Mio. € Umsatz realisierte, das andere Unternehmen aber einen Erlös von mindestens 500 Mio. € aufwies (Anschluss eines Kleinunternehmens) **oder**
3. wenn eine Fusion in einem Markt stattfindet, der bereits mindestens fünf Jahre existiert und auf dem im abgelaufenen Kalenderjahr ein Gesamtumsatz von weniger als 5 Mio. € realisiert wurde (Bagatellmarkt).

Über die Einhaltung der Vorschriften des GWB wachen die Landeskartellämter (regionaler Aspekt) und das Bundeskartellamt (gesamtwirtschaftlicher Aspekt). Bei Verstößen gegen das GWB können diese, je nach Schwere des Falles, Bußgelder in beträchtlicher Höhe verhängen. Gegen Entscheidungen der Kartellbehörden steht der Rechtsweg offen.

Kontrollfragen
1. Wie sind Märkte definiert?
2. Welche Funktionen erfüllen Preise?
3. Wie lässt sich ein Haushaltsoptimum beschreiben?
4. Auf welche Weise lassen sich eine individuelle und eine Marktangebotsfunktion bestimmen?
5. Was sind Marktformen und wie werden sie gebildet?
6. Welche Eigenschaften weist das Gleichgewicht auf dem Markt der vollständigen Konkurrenz auf?
7. Wodurch unterscheidet sich der Preisbildungsprozess auf dem Markt der vollständigen Konkurrenz von dem des Angebotsmonopols?
8. Welches sind die Charakteristika eines Marktes in Form des Angebotsoligopols?
9. Worin bestehen die wesentlichen begrifflichen Inhalte von Wettbewerb?
10. Welches sind die gesetzlichen Grundlagen der Wettbewerbspolitik?

Aufgabe 12.04 *(Preisbildung bei vollständiger Konkurrenz) S. 509*

Aufgabe 12.05 *(Preisbildung im Angebotsmonopol) S. 509*

4 Volkswirtschaftliche Gesamtrechnung

Nach den Regeln der doppelten Buchführung wird für eine abgelaufene Periode (ex post) durch das Statistische Bundesamt eine zahlenmäßige Aufgliederung der gesamtwirtschaftlichen Produktionsprozesse und der damit verbundenen Veränderungen von

Bestandsgrößen (z. B. Kapitalbestand) und Stromgrößen (z. B. Volkseinkommen, Brutto- und Nettoinvestitionen) dargestellt. Die Basis für die Erfassung der entsprechenden wertmäßigen Vorgänge bildet die makroökonomische Kreislaufbetrachtung. In dieser werden (ex post) der Werteaustausch zwischen den realen (aggregierten) Sektoren der Volkswirtschaft,

- dem Unternehmenssektor,
- dem Sektor der privaten Haushalte,
- dem Sektor Staat und
- dem Sektor »übrige Welt« (Ausland) sowie
- dem fiktiven Sektor Vermögensänderungskonto dargestellt.

In der Zahlungsbilanz werden in Form verschiedener Teilbilanzen die durch außenwirtschaftliche Aktivitäten (Exporte und Importe von Waren und Diensten, Transferzahlungen und Kapitalbewegungen) verursachten Zahlungsströme und die damit einhergehenden Änderungen im Wert des Gold- und Devisenbestandes der Notenbank erfasst.

4.1 Makroökonomischer Wirtschaftskreislauf und Volkswirtschaftliche Gesamtrechnung

Im makroökonomischen Wirtschaftskreislauf wird der Wertefluss zwischen den bereits genannten gesamtwirtschaftlichen Sektoren (private Haushalte, Unternehmen, Staat, Vermögensänderungskonto, »übrige Welt«) dargestellt. Entsprechend dem volkswirtschaftlichen Kreislaufmodell in Abbildung 4.1 ergeben sich damit die folgenden Verknüpfungen zwischen den einzelnen Sektoren:

Der **Sektor private Haushalte erhält Zahlungen** in Form von:

- Faktoreinkommen vom Unternehmenssektor (Y_U^H)
- Faktoreinkommen vom Sektor Staat (Y_{St}^H)
- Transferzahlungen vom Sektor Staat (TR)

Der **Sektor private Haushalte leistet Zahlungen** in Form von:

- Ausgaben für Konsumgüterkäufe an den Sektor Unternehmen (C_H)
- Steuern und Abgaben an den Sektor Staat (T_H)
- Sparbeträgen an das Vermögensänderungskonto (S_H)

Der **Sektor Unternehmen erhält Zahlungen** in Form von:

- Entgelten für den Verkauf von Konsumgütern an den Sektor private Haushalte (C_H)
- Entgelten für den Kauf von Vorleistungsgütern durch den Sektor Staat (VK_{St})
- Subventionen vom Sektor Staat (Z)
- Exporterlösen aus dem Güterverkauf an den Sektor »übrige Welt« (Ex)
- Mitteln zur Finanzierung der Nettoinvestitionen vom Vermögensänderungskonto (I_U^n)

Der **Sektor Unternehmen leistet Zahlungen** in Form von:

- Faktorentgelten (Faktoreinkommen) an den Sektor private Haushalte (Y_U^H)
- Steuern und Abgaben an den Sektor Staat (T_U)
- Entgelten für den Kauf von Importgüter an den Sektor »übrige Welt« (Im)
- Ersparnissen an das Vermögensänderungskonto (S_U)

Der **Sektor Staat erhält Zahlungen** in Form von:
- Steuern und Abgaben vom Sektor private Haushalte (T_H)
- Steuern und Abgaben vom Sektor Unternehmen (T_U)
- Faktoreinkommen vom Sektor Unternehmen (Y_{stU})
- Mitteln zur Finanzierung der staatlichen Nettoinvestitionen vom Vermögensänderungskonto (I_{St}^n)

Der **Sektor Staat leistet Zahlungen** in Form von:
- Faktorentgelten (Faktoreinkommen) an den Sektor private Haushalte (Y_{St}^H)
- Transferzahlungen an den Sektor private Haushalte (TR)
- Subventionen an den Sektor Unternehmen (Z)
- Ersparnissen an das Vermögensänderungskonto (S_{st})

Der **Sektor »übrige Welt« erhält Zahlungen** in Form von:
- Entgelten für empfangene Importe durch den Sektor Unternehmen (Im)
- Mitteln zur Finanzierung eines Leistungsbilanzüberschusses (Ex > Im) vom Vermögensänderungskonto (Ex – Im)

Der **Sektor »übrige Welt« leistet Zahlungen** in Form von:
- Entgelten für empfangene Exporte durch den Sektor Unternehmen (Ex)
Das **Vermögensänderungskonto erhält Zahlungen** in Form von:
- Ersparnissen vom Sektor private Haushalte (S_H)
- Ersparnissen vom Sektor Unternehmen (S_U)
- Ersparnissen vom Sektor Staat (S_{st})

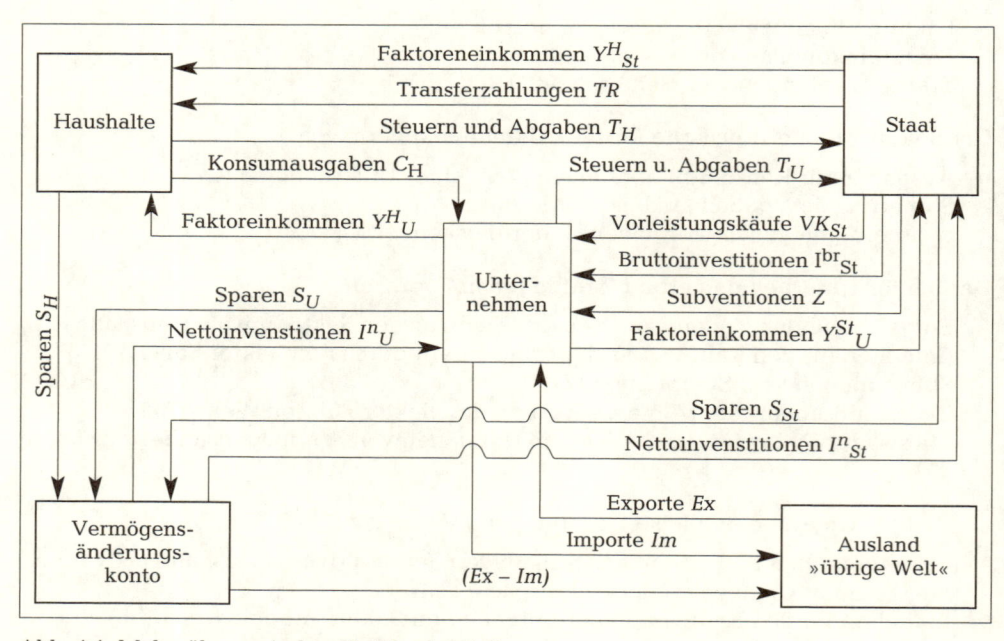

Abb. 4.1: Makroökonomisches Kreislaufmodell

Das **Vermögensänderungskonto leistet Zahlungen** in Form von:
- Mitteln zur Finanzierung der Nettoinvestitionen an den Sektor Unternehmen (I_U^n)
- Mitteln zur Finanzierung der Nettoinvestitionen an den Sektor Staat (I_{St}^n)

Überträgt man die aus der Kreislaufanalyse gewonnenen Zahlenwerte in Kontenform, ergibt sich daraus das Kontensystem der **Volkswirtschaftlichen Gesamtrechnung**, wobei die jeweiligen ökonomischen Aktivitäten mit den zugehörigen Sektoren verknüpft werden, wie aus Abbildung 4.2 ersichtlich.

Sektoren / Aktivitäten	Unternehmen	Staat	private Haushalte	Gesamtwirtschaft
Produktion		Produktionskonten		Nationales Produktionskonto
Einkommensverwendung		Einkommenskonten		Nationales Einkommenskonto
Vermögensbildung		Vermögensänderungskonten		Nationales Vermögensänderungskonto
Finanzierung		Finanzierungskonten		Nationales Finanzierungskonto
Beziehungen mit der übrigen Welt (Ausland)		Zusammengefasstes Außenkonto		Zusammengefasstes Außenkonto

Abb. 4.2: Kontensystem der Volkswirtschaftlichen Gesamtrechnung

Wie in Abbildung 4.2 angedeutet, werden die unterschiedlichen Aktivitäten jedes einzelnen Sektors zunächst getrennt und nach den Regeln der doppelten Buchführung erfasst. Verbucht werden lediglich periodenbezogene (vierteljährliche, halbjährliche und jährliche) Werteströme, wobei ein Wertezufluss auf der rechten, ein Werteabfluss auf der linken Seite des entsprechenden T-Kontos gebucht wird. Kontoführende Instanz für die Erfassung der Werte der Volkswirtschaftlichen Gesamtrechnung ist das Statistische Bundesamt. Eine jeweils unterschiedliche Zusammenfassung einzelner Wertekategorien führt zu den verschiedenen Betrachtungsmöglichkeiten von »Sozialproduktdaten« und den damit verbundenen Begriffen. Hierfür sind dann die Werte relevant, die sich aus den Positionen der jeweils relevanten Konten herleiten lassen.

Aus dem aus der Kontendarstellung gewonnenen Zahlenwerk lässt sich die Entstehung des Wertes aller erzeugten Güter und Dienste einer Volkswirtschaft einschließlich der hierbei entstehenden Einkommen **(Entstehungsrechnung)**, die Verteilung der entstandenen Einkommen **(Verteilungsrechnung)** sowie deren Verwendung im Wirtschaftsprozess **(Verwendungsrechnung)** ableiten.

Die Erfassung der Daten und die institutionelle Gliederung der Volkswirtschaft in die verschiedenen Gruppen von Wirtschaftssubjekten und -aktivitäten folgt den Regeln des für die Europäische Union einheitlich geltenden **Europäischen Systems Volks-**

wirtschaftlicher Gesamtrechnungen (ESVG) aus dem Jahre 1995. Danach werden zu einzelnen **Sektoren** zusammengefasst erstens die **nichtfinanziellen Kapitalgesellschaften**. Dies sind die AG, die GmbH, die Personengesellschaften, wie OHG und KG, die rechtlich unselbständigen Eigenbetriebe des Staates und die Organisationen ohne Erwerbszweck, wie Krankenhäuser, Pflegeheime sowie die Wirtschaftsverbände. Einen weiteren Sektor bilden zweitens die **finanziellen Kapitalgesellschaften**. Hierzu zählen im Wesentlichen die Banken, Versicherungen, Effektenbörsen, Warenterminbörsen, Versicherungsvertreter etc. Der Sektor **private Haushalte** wird drittens gebildet durch die entsprechenden Einzelpersonen oder Gruppen von Einzelpersonen, aber auch durch Produzenten, wie selbstständige Landwirte, Einzelunternehmer, Händler, Gastwirte, Freiberufler etc. Statistisch mit den privaten Haushalten zusammen erfasst werden viertens darüber hinaus die **privaten Organisationen ohne Erwerbszweck**. Hierzu gehören die politischen Parteien, die Gewerkschaften, die Kirchen, die Wohlfahrtsverbände, die Vereine etc. Den Sektor Staat bilden fünftens die Gebietskörperschaften (Bund, Länder und Gemeinden) sowie die Sozialversicherung. Alle Wirtschaftseinheiten mit wirtschaftlichen Beziehungen zum Inland und ständigem Sitz im Ausland werden sechstens im Sektor »**übrige Welt**« (Ausland) erfasst.

Die **Entstehungsrechnung** folgt dem Produktionsansatz insofern, als die volkswirtschaftliche Gesamtleistung einer Wirtschaftsperiode aus Sicht der Produzenten betrachtet wird. Hierbei werden die entsprechenden Daten in zusammengefasster Form und nach den verschiedenen Wirtschaftszweigen gegliedert dargestellt. Wirtschaftsbereiche der geschilderten Art bilden die Land- und Forstwirtschaft nebst Fischerei (primärer Sektor), das produzierende Gewerbe (sekundärer Sektor), sowie der Dienstleistungssektor (tertiärer Sektor). Ausgangspunkt der Berechnung ist die Summe der in der betrachteten Wirtschaftsperiode erstellten **Produktionswerte** (Abbildung 4.3). Diese stellen den Wert der Verkäufe von Waren und Dienstleistungen aus eigener Produktion sowie von Handelswaren an andere (in- oder ausländische) Wirtschaftseinheiten ohne die in Rechnung gestellte Umsatzsteuer (Mehrwertsteuer) dar, ergänzt um den Wert der Bestandsveränderungen an Halb- und Fertigwaren aus eigener Produktion, ergänzt um den Wert der Bestandsveränderungen an Halb- und Fertigwaren aus eigener Produktion und den Wert der selbst erstellten Anlagen. Nach Abzug der **Vorleistungen** vom Produktionswert ergibt sich die periodenbezogene **Bruttowertschöpfung (unbereinigt)**.

Vorleistungen stellen den Wert der Güter und Leistungen dar, die die inländischen Wirtschaftseinheiten von in- oder ausländischen Wirtschaftseinheiten bezogen und in der betrachteten Wirtschaftsperiode im Zuge der Produktion vollständig verbraucht haben. Zu den Vorleistungen zählen z. B. der Verbrauch an Roh-, Hilfs- und Betriebsstoffen, Materialien, Brenn- und Treibstoffen etc.

Nach Abzug der in dem Wert der Bruttowertschöpfung (unbereinigt) noch enthaltenen und bis hin zu dieser Stufe nicht in den Vorleistungen berücksichtigten Bankgebühr, erhält man die **Bruttowertschöpfung (bereinigt)**. Die Bewertung des Produktionswerts der Bruttowertschöpfung (unbereinigt) und der Bruttowertschöpfung (bereinigt) erfolgt zu Herstellungspreisen, d. h. ohne die Berücksichtigung von **Gütersteuern und Gütersubventionen**.

Zu den **Gütersteuern** zählen alle Steuern und Abgaben, mit denen der Handel mit Waren und Dienstleistungen belastet wird. Es sind dies der nicht abziehbare Teil der Umsatzsteuer (Mehrwertsteuer), die Importabgaben (Zölle etc.) und die sonstigen Gütersteuern (Verbrauchsteuern, Vergnügungssteuer, Versicherungssteuer etc.). **Gütersubventionen** sind solche staatlichen Subventionszahlungen, die bei produzierten oder importierten Waren oder Dienstleistungen anfallen. Subventionen sind laufende Zahlungen ohne Gegenleistungen, die der Staat an gebietsansässige Produzenten leistet. Dies soll die Produktion der betroffenen Wirtschaftseinheiten, deren Verkaufspreise oder die Entlohnung der Produktionsfaktoren über eine entsprechende Kostenentlastung (positiv) beeinflussen.

Um zu dem zu Marktpreisen bewerteten **Bruttoinlandsprodukt (BIP)** zu gelangen, müssen dem Wert der Bruttowertschöpfung (bereinigt) die Gütersteuern hinzuaddiert und die Gütersubventionen von diesem subtrahiert werden.

Die **Verwendungsrechnung** der volkswirtschaftlichen Gesamtrechnung folgt einem Ausgabenansatz (Abbildung 4.3). Im Vordergrund dieser Betrachtung steht die Frage, für welche Zwecke die Wirtschaftseinheiten Ausgaben getätigt haben. Nach der deutschen Volkswirtschaftlichen Gesamtrechnung sind dies die privaten Konsumausgaben, die Konsumausgaben der privaten Organisationen ohne Erwerbszweck, die Konsumausgaben des Staates, die Ausgaben hinsichtlich der Bruttoanlageinvestitionen (Ausrüstungs- und Bauinvestitionen, sonstige Anlagen), die »Ausgaben« im Zusammenhang mit den Vorratsveränderungen einschließlich des Nettozugangs an Wertsachen sowie der Außenbeitrag als Differenz zwischen dem Wert der Exporte von Waren und Dienstleistungen und dem Import derselben.

Als **Private Konsumausgaben** gelten die Konsumausgaben aller inländischen privaten Haushalte für Waren und Dienstleistungen zu Konsumzwecken. Hinzu kommen auch noch die Werte so genannter unterstellter Entgelte, wie der Eigenverbrauch der Unternehmer, der Wert der Nutzung von Eigentümerwohnungen oder die so genannten Naturalentgelte (Deputate). Die Konsumausgaben der Organisationen ohne Erwerbszweck werden als deren Eigenverbrauch ermittelt. Dies ist der Wert der von diesen selbst produzierten Gütern, abzüglich der selbst erstellten Anlagen und Verkäufe sowie der Ausgaben für Güter, die als Sozialtransfers den privaten Haushalten als für deren Konsum bestimmt zur Verfügung gestellt werden.

Als **Konsumausgaben des Staates** gilt der Wert der Güter, die vom Staat selbst hergestellt werden, ohne den Wert der selbst erstellten Anlagen und der Verkäufe. Abzusetzen sind auch die Ausgaben für Güter, die als soziale Sachtransfers den privaten Haushalten für deren Konsumzwecke zur Verfügung gestellt werden.

Die **Bruttoinvestitionen** bestehen im Wert aller Käufe von neuen Anlagen aus in- oder ausländischer Produktion einschließlich des Wertes der selbst erstellten Anlagen. Hinzuzurechnen ist der Saldo der Käufe und Verkäufe von gebrauchten Anlagen und Land. Als Anlagegüter gelten nur diejenigen Produktionsmittel, deren Nutzungsdauer mehr als ein Jahr beträgt. Die Bruttoinvestitionen werden unterteilt in Ausrüstungen (Maschinen, Gebäude, Fahrzeuge), Bauten (Wohnbauten, Nichtwohnbauten und sonstige Anlagen). Zu Letzteren gehören u. a. die Computersoftware, Urheberrechte, Nutztiere und Nutzpflanzen.

Die **Vorratsveränderungen** werden als Differenz zwischen den zu konstanten Preisen bewerteten Anfangs- und Endbeständen der betreffenden Erzeugnisse gerechnet. Der Nettozugang an Wertsachen wird in Deutschland als Differenz zwischen den Käufen und Verkäufen von Goldbarren und nicht umlauffähigen Goldmünzen durch private Haushalte ermittelt.

Der **Außenbeitrag** als Saldo zwischen den Werten der Exporte und der Importe von Waren und Dienstleistungen wird in Form der entsprechenden Umsatzwerte inländischer Wirtschaftseinheiten mit Bezug auf diejenigen Wirtschaftseinheiten berechnet, die ihren ständigen Wohnsitz im Ausland haben. – Aus Sicht der Verwendungsrechnung ergibt sich dann der Wert des Bruttoinlandsprodukts als Summe der in der Verwendungsrechnung aufgelisteten Ausgabenkategorien.

Die Berechnung des Bruttoinlandsprodukts aus Sicht der Entstehung und der Verwendung stellt auf die Messung der Wirtschaftsleistung im Inland ab. Ausgangspunkt für die **Verteilungsrechnung** ist die Darstellung der wirtschaftlichen Aktivitäten der

Inländer. Als Inländer gelten alle Gebietsansässigen, unabhängig von deren Staatsangehörigkeit bzw. der Rechtsform einer Unternehmung oder Organisation ohne Erwerbszweck. Ausgehend vom Wert des Bruttoinlandsprodukts gelangt man zum Wert des **Bruttonationaleinkommens**, indem dem Ersteren der Wert des **Saldos der Primäreinkommen** mit der übrigen Welt hinzuaddiert wird. Dieser Saldo selbst ist das Ergebnis der Salden aus Arbeitnehmerentgelten, der grenzüberschreitenden Aus- und Einpendler als Arbeitnehmer und des Saldos der Vermögenseinkommen mit der übrigen Welt. Hinzuzurechnen sind die aus der übrigen Welt erhaltenen Subventionen; abzuziehen ist die Summe der an die übrige Welt gezahlten Produktions- und Importabgaben.

Die Differenz zwischen Bruttonationaleinkommen und Abschreibungen führt zur Kerngröße der Verteilungsrechnung, dem **Nettonationaleinkommen (Primäreinkommen)**. Das Nettonationaleinkommen, vermindert um den Wert der an den Staat zu leistenden **Produktions- und Importabgaben** zuzüglich der vom Staat geleisteten **Subventionen**, führt zu der Größe des **Volkseinkommens**. Die Aufteilung des Volkseinkommens in die Summe der **Arbeitnehmerentgelte** und der **Unternehmens- und Vermögenseinkommen** erfolgt in Form einer Staffelrechnung. Dies deshalb, weil sich die Summe der Unternehmens- und Vermögenseinkommen aus statistischen Gründen nur als Residualgröße ermitteln lässt.

I. Entstehungsrechnung	II. Verwendungsrechnung
Produktionswert − Vorleistungen = Bruttowertschöpfung (unbereinigt) − unterstellte Bankgebühr = Bruttowertschöpfung (bereinigt) + Gütersteuern − Gütersubventionen	Private Konsumausgaben + Konsumausgaben des Staates + Ausrüstungsinvestitionen + Bauinvestitionen + Sonstige Anlagen + Vorratsveränderungen und Nettozugang an Wertsachen + Export von Waren und Dienstleistungen − Importe von Waren und Dienstleistungen
	= **Bruttoinlandsprodukt** + Saldo der Primäreinkommen mit der übrigen Welt = Bruttonationaleinkommen − Abschreibungen
III. Verteilungsrechnung	
	= **Nettonationaleinkommen** (Primäreinkommen) − Produktions- und Importabgaben an den Staat + Subventionen
	= **Volkseinkommen** − Arbeitnehmerentgelt = Unternehmens- und Vermögenseinkommen

Abb. 4.3: Berechnungsarten des Sozialprodukts (vereinfacht)

In tabellarischer Form sind in Abbildung 4.4 die aktuellen Werte der verschiedenen Kategorien des Sozialprodukts der letzten Jahre für die Bundesrepublik Deutschland dargestellt, wobei in der Entstehungsrechnung die Produktionsleistung des Unternehmenssektors nach Branchengesichtspunkten aufgesplittet wurde.

I. Entstehung des Inlandsprodukts (in Preisen von 1995)	in Mrd. € 2001	2002	2003
Produzierendes Gewerbe (ohne Baugewerbe)	444,3	443,8	445,9
Baugewerbe	95,8	90,1	85,9
Handel, Gastgewerbe und Verkehr[1]	367,6	371,3	373,7
Finanzierung, Vermietung und Unternehmensdienstleister[2]	589,7	595,9	598,0
Öffentliche und private Dienstleister[3]	389,6	394,8	395,0
Alle Wirtschaftsbereiche	1 911,5	1 919,9	1 922,3
Nachr.: Unternehmenssektor	1 684,3	1 693,4	1 696,9
Wirtschaftsbereiche bereinigt[4]	1 808,6	1 815,2	1 815,8
Bruttoinlandsprodukt	1 986,2	1 989,7	1 987,4
II. Verwendung des Inlandsprodukts (in Preisen von 1995)			
Private Konsumausgaben[5]	1 136,9	1 125,3	1 124,4
Konsumausgaben des Staates	382,0	388,4	391,1
Ausrüstungen	167,8	152,5	146,4
Bauten	230,5	217,1	209,7
Sonstige Anlagen[6]	27,0	27,4	27,9
Vorratsveränderungen[7]	−24,7	−22,0	−8,0
Inländische Verwendung	1 919,4	1 888,6	1 890,4
Außenbeitrag	66,5	101,1	97,0
Exporte	698,8	722,6	730,7
Importe	632,0	621,5	633,7
Bruttoinlandsprodukt	1 986,2	1 989,7	1 987,4
III. Verteilung des Volkseinkommens (in jeweiligen Werten)			
Arbeitnehmerentgelt	1 121,3	1 130,5	1 132,4
Unternehmens- und Vermögenseinkommen	420,9	441,1	437,9
Volkseinkommen	1 542,2	1 571,5	1 570,3
Nachr.: Bruttonationaleinkommen	2 065,6	2 108,8	2 115,5

Rechenstand Januar 2004. Erstes vorläufiges Ergebnis.
1 Einschließlich Nachrichtenübermittlung
2 Kredit- und Versicherungsgewerbe, Grundstückswesen, Vermietung und Unternehmensdienstleister
3 Einschl. Häusliche Dienste
4 Bruttowertschöpfung nach Abzug unterstellter Bankgebühr, jedoch ohne Gütersteuern (saldiert mit Gütersubventionen)
 Einschl. Private Organisationen ohne Erwerbszweck
6 Immaterielle Anlageinvestitionen (u. a. EDV-Software, Urheberrechte) sowie Nutztiere und -pflanzen
7 Einschl. Nettozugang an Wertsachen
Quelle: Monatsbericht der Deutschen Bundesbank Januar 2004, S. 60.

Abb. 4.4: Entstehung und Verwendung des Inlandsprodukts – Verteilung des Volkseinkommens

Die Grenzen und Defizite der Aussagen der Volkswirtschaftlichen Gesamtrechnung sind nachfolgend in ihren wesentlichen Aspekten zusammengefasst, um die Produktionsleistung einer Volkswirtschaft und die damit verbundene Entstehung, Verwendung und Verteilung des Sozialprodukts korrekt erfassen und somit als Mittel der Wohlstandsmessung dienen zu können:

– Durch die Volkswirtschaftliche Gesamtrechnung nicht erfasst, weil statistisch nicht dokumentierbar, sind alle jene ökonomischen Leistungen, die in der Schattenwirtschaft (Parallelökonomie) tatsächlich entstehen.
– Selbst erbrachte Leistungen im Sektor Private Haushalte in Form von Reinigungs- und Renovierungsleistungen (do-it-yourself) im häuslichen Bereich sowie die hier erbrachten Erziehungs- und Pflegeleistungen gehen nicht in die Berechnungen der volkswirtschaftlichen Produktionsergebnisse ein. Ebenso nicht diejenigen Werte, die durch so genannte »Nachbarschaftshilfe« entstehen.
– Ein gravierender Mangel der Volkswirtschaftlichen Gesamtrechnung besteht letztlich auch darin, dass Umweltschäden (negative externe Effekte), soweit sie nicht durch entsprechende Kostenbelastungen bei den Verursachern in deren betriebliche Erfolgsrechnung eingehen, dann von der Allgemeinheit insgesamt zu tragen sind, nicht jedoch als Kosten in der Volkswirtschaftlichen Gesamtrechnung erscheinen. Die meist durch den Sektor Staat zu finanzierende Beseitigung von Umweltschäden (Reparaturen an Straßen, Brücken und Wasserwegen, Aufforstungsprogramme infolge geschädigter Wälder usw.) erhöht dann paradoxerweise den Wert des Sozialprodukts, weil hierdurch der Posten Staatsverbrauch steigt. Das Gleiche gilt für diejenigen Kosten der Behandlung von Gesundheitsschäden, die infolge von Unfällen oder durch schädliche Umwelteinflüsse entstehen.

Diese Mängel in der statistischen Erfassung der relevanten Daten sind Anlass zu Versuchen, das Konzept der Volkswirtschaftlichen Gesamtrechnung entsprechend zu verbessern.

4.2 Einkommensverteilung

Die im marktwirtschaftlichen Produktionsprozess durch den Einsatz der volkswirtschaftlichen Produktionsfaktoren entstehenden Einkommen können einer weitergehenden ökonomischen Analyse unterzogen werden. Unter **funktioneller Einkommensverteilung** wird jener Tatbestand verstanden, dass sich die Preise für die Faktoren Arbeit, Boden und Kapital als Lohnsatz, Grundrente und Zinssatz durch die Preisbildungsprozesse auf den Faktormärkten ergeben. Die relative Höhe dieser Faktorpreise bestimmt sich nach der verfügbaren Menge und Qualität der Faktoren einerseits sowie nach deren produktivem Beitrag zum Entstehen des Sozialprodukts andererseits. Die Summe der jeweiligen Faktoreinkommen mit Bezug auf das »**Arbeitnehmerentgelt**« und das »**Unternehmens- und Vermögenseinkommen**« lassen sich grob mit Hilfe entsprechender Anteile am Volkseinkommen darstellen. Danach setzt sich das Volkseinkommen (VE) aus der Lohnsumme (L) und der Summe der Gewinne (G) zusammen.

(1) VE = L + G

Als **Lohnquote (L_Q)** wird jener Anteil am Volkseinkommen erfasst, der dem Faktor Arbeit zuzurechnen ist. Für die **Gewinnquote (G_Q)** gilt Analoges. Als jeweiliger Anteil am Volkseinkommen ergibt sich somit für die beiden Größen.

(2) $L_Q = \dfrac{L}{VE} \cdot 100$

(3) $G_Q = \dfrac{G}{VE} \cdot 100$

Für die **Berechnung der funktionellen Einkommensverteilung** vermittelt die Aufteilung in Lohnquote und Gewinnquote nur einen groben Eindruck, wenn auf die Ziffern »**Arbeitnehmerentgelt**« einerseits und »**Unternehmens- und Vermögenseinkommen**« andererseits abgestellt wird. Hierbei ist darauf hinzuweisen, dass in die Größe: »**Unternehmens- und Vermögenseinkommen**« Einkommensteile eingehen, die auch Arbeitnehmern zufließen (Zinsen, Dividenden, ggf. Mieteinnahmen, Pachten). Des Weiteren sind in dieser Größe der so genannte Unternehmerlohn der Selbstständigen sowie die Einkommen mithelfender Familienangehöriger enthalten. Entsprechend sind die Begriffe: Gewinn bzw. Gewinnquote in dieser Darstellung gegenüber der üblichen Interpretation zu relativieren. Neben der Lohn- und der Gewinnquote lässt sich dann auch die Arbeitseinkommensquote bestimmen, wie in Abbildung 4.10 dargestellt.

Jahr	Lohnquote[1]	Gewinnquote[2]	Arbeits- einkommensquote[3]
1994	73,8	26,2	82,1
1995	73,3	26,7	81,7
1996	72,8	27,2	81,1
1997	71,8	28,2	80,3
1998	71,5	28,5	79,9
1999	72,0	28,0	80,3
2000	72,8	27,2	81,2
2001	73,2	26,8	81,7
2002	72,3	27,7	80,9

1 Anteil des Arbeitnehmerentgelts am Volkseinkommen
2 Anteil des Unternehmens- und Vermögenseinkommens am Volkseinkommen
3 Anteil des Arbeitnehmerentgelts und des kalkulatorischen Unternehmerlohns am Volkseinkommen.

Quelle: Institut der deutschen Wirtschaft, Zahlen zur wirtschaftlichen Entwicklung der Bundesrepublik Deutschland 2003, Ziff. 6.1, Köln 2003.

Abb. 4.5: Lohn-, Gewinn- und Arbeitseinkommenquote 1995–2002

Eine unmittelbar auf das **Verhältnis von Lohn- zu Gewinnquote** und damit mittelbar auch auf die Primärverteilung zugunsten der Lohnquote gerichtete Verteilungspolitik stellt die »aktive« Lohnpolitik der Gewerkschaften dar. Die Löhne und Gehälter sind in der Bundesrepublik Deutschland in ihrer Höhe und Struktur weitestgehend das Ergebnis der in Tarifverträgen zwischen den Gewerkschaften und Arbeitgeberverbänden festgelegten Vereinbarungen, womit gleichzeitig auch mittelbar das Verhältnis von Lohn- zu Gewinnquote bestimmt wird. Mit der verfassungsrechtlich garantierten »Tarifautonomie« des Artikels 9 Abs. 3 Grundgesetz ist den Gewerkschaften und Arbeitgeberverbänden auch eine Mitverantwortung bei der Erreichung und Erhaltung des Stabilitätszieles Vollbeschäftigung und mittelbar auch hinsichtlich der anderen Stabilitätsziele (Wachstum, Preisniveaustabilität, außenwirtschaftliches Gleichgewicht) aufgegeben. Dies lässt sich wie folgt zeigen und beruht auf Überlegungen zu einer »produktivitäts-orientierten Lohnpolitik«.

(4) $L = A \cdot l$

wobei A die Zahl der Arbeitsstunden darstellt und mit l der durchschnittliche Lohnsatz angegeben sei.

(5) $VE = Y_r \cdot P$

mit Y_r dem realen Sozialprodukt und P dem Preisniveau. Somit lässt sich Gleichung (2) auch wie folgt schreiben:

(6) $L_Q = \dfrac{A \cdot l}{Y_r \cdot P} \cdot 100$

Da mit

(7) $A_{pr} = \dfrac{Y_r}{A}$

die Arbeitsproduktivität (A_{pr}) bestimmt wird, gilt auch nach (6) unter Berücksichtigung von (7)

(8) $L_Q = \dfrac{l}{A_{pr} \cdot P}$

oder

(9) $P = \dfrac{l}{A_{pr} \cdot L_Q}$

Ausgedrückt in Wachstumsraten, dargestellt durch einen Punkt über der entsprechenden Größe, kann man auch schreiben:

(10 a) $\dot{P} = \dot{l} - (\dot{A}_{pr} + \dot{L}_Q)$

(10 b) $\dot{P} = \dot{l} - \dot{A}_{pr} - \dot{L}_Q$

Hieraus lassen sich folgende Schlüsse ziehen:
- Bei unveränderter Lohnquote ($\dot{L}_Q = 0$) bleibt das Preisniveau nur dann konstant ($\dot{P} = 0$), d. h. es kommt nicht zu einer inflationären Entwicklung, wenn die Löhne nur im Ausmaß des Produktivitätsfortschritts steigen

$(\dot{l} - \dot{A}_{pr} = 0;\ \dot{l} = \dot{A}_{pr})$

- Rein rechnerisch kann sich die Lohnquote ohne gleichzeitige inflationäre Wirkungen erhöhen, wenn die Löhne stärker steigen als der Zuwachs der Arbeitsproduktivität

$(\dot{l} > \dot{A}_{pr} > 0;\ \dot{L}_Q > 0)$

Diese Argumentation liegt den Versuchen der »**aktiven**« **Lohnpolitik** zwecks Erhöhung der Lohnquote zugrunde. Zu bedenken sind dabei aber die Wirkungen, die hiervon auf die Kosten der Produktion ausgehen (Lohnstückkosten). Gelingt eine über das Maß des Produktivitätsfortschritts hinausgehende Erhöhung der Löhne, schmälert dies unter sonst gleichen Umständen die Gewinnsituation der Unternehmen. Versuche zur Überwälzung der erhöhten Kosten können dann Anlass für eine dadurch bewirkte Kostendruckinflation sein. Ist dies wegen geldpolitischer Gegenmaßnahmen nicht möglich, kommt es zu Verschiebungen in der Zusammensetzung der Beschäftigung der Produktionsfaktoren zu Lasten der Arbeit (steigende Arbeitslosigkeit). Die sich einstellenden Verknüpfungen der Preisbildungsprozesse auf den Faktor- und Gütermärkten lassen dann die Lohnquote wieder auf das marktbestimmte Niveau sinken. Die empirischen Erfahrungen zeigen, dass sich kurze Zeit nach Versuchen zur Erhöhung der Lohnquote durch »aktive« Lohnpolitik die ursprüngliche Relation von Lohn- und Gewinnquote zueinander wieder einstellt, das Verhältnis von Lohn- zu Gewinnquote sich also im Zeitablauf als relativ konstant darstellt.

Unter **personeller Einkommensverteilung** wird jener Tatbestand verstanden, dass die entstehenden Faktoreinkommen den jeweiligen personellen Trägern zuzurechnen sind. Dies sind institutionell gesehen die Haushalte. Die Verteilung der Einkommen unter personellem Aspekt kann statistisch zum Beispiel mit Hilfe einer LORENZ-Kurve dargestellt werden.

Unter verteilungspolitischem Aspekt ist zu unterscheiden zwischen **Primär- und Sekundärverteilung.** Beides lässt sich anhand der in der Marktwirtschaft sich ergebenden personellen Einkommensverteilung erläutern. Dabei ist mit Primärverteilung jene Einkommensverteilung personeller Art gemeint, die sich aufgrund der lediglich marktbestimmten Leistungsentgelte für den Einsatz der volkswirtschaftlichen Produktionsfaktoren ergibt. Unter diesem Aspekt wären Kranke, Invalide und Arbeitslose vom Einkommenserwerb ausgeschlossen, Behinderte und andere soziale Gruppen (z. B. kinderreiche Familien) hinsichtlich ihrer Einkommenssituation eher am Ende der Einkommensskala zu finden.

Aus sozialpolitischen Gründen bedarf es daher der Korrektur, bewirkt durch eine Umverteilung der im Marktprozess entstehenden Einkommen zugunsten der sozial bedürftigen Gruppen (durch eine diese Umverteilung bewirkende Ausgestaltung des Steuersystems und der Beiträge zu den sozialen Sicherungssystemen sowie der an die Betroffenen zu zahlenden Transferleistungen). Auf diese Weise kommt es zu einer die Primärverteilung im sozialpolitischen Sinne korrigierenden Sekundärverteilung.

Langfristig lässt sich die Einkommenssituation der Schicht der unteren Einkommensempfänger auch durch vermögens- und bildungspolitische Maßnahmen verbessern, indem dadurch gleichzeitig eine Änderung in der Struktur der Primärverteilung zugunsten dieser Gruppen eintreten kann.

Verteilungspolitische Effekte im Sinne der unmittelbaren Korrektur der Primärverteilung ergeben sich zum einen aus einer entsprechenden Gestaltung der **Einnahmen und Ausgaben des Staatshaushalts** und zum anderen durch die Regelungen der **Beiträge zu den sozialen Sicherungssystemen** im engeren Sinne und die von diesen gewährten Leistungen. Zu Letzteren zählen die Kranken-, Renten-, Unfall-, Pflege- und die Arbeitslosenversicherung. Die Finanzierung derselben sowie deren Leistungen an die Anspruchsberechtigten bewirken einen Teil der Umverteilung der Primäreinkommen.

Im Hinblick auf die Verteilungswirkungen der Gestaltung des Staatshaushalts ist festzustellen, dass eine progressive Tarifstruktur der Einkommensteuer schon quasi automatisch einkommensnivellierend wirkt. Dies wird dann noch verstärkt, wenn die durch entsprechende Staatsausgaben zu finanzierenden Transfers unmittelbar einkommenslosen oder einkommensschwachen Personen oder Personengruppen zugute kommen.

Hinsichtlich der staatlichen Transfers lassen sich zwei teilweise auch miteinander verflochtene Arten unterscheiden, die letztlich die sekundäre Einkommensverteilung bestimmen.

86 Volkswirtschaftliche Grundlagen

- Direkte Transfers: Hierzu zählen z. B. Arbeitslosengeld, Arbeitslosenhilfe, Kurzarbeitergeld, Arbeitsmarktförderungsmaßnahmen, Rentenzahlungen, Pensionszahlungen, Leistungen der Krankenkassen und der Unfallversicherung, Kindergeld, Sozialhilfe, Erziehungsgeld, Ausbildungsförderung, Wohngeld.
- Indirekte bzw. implizite Transfers, die im System der sozialen Sicherung im engeren Sinne (z. B. Beitragsbemessungsgrenzen), im Steuersystem (z. B. Kinderfreibeträge, steuerliche Begünstigungen wegen Förderung des Wohnungseigentums) und in entsprechenden Preisgestaltungen für Anspruchsberechtigte (z. B. Sozialmieten, ermäßigte Eintrittspreise, sonstige Sozialtarife) angelegt sind.

In ihrem Ergebnis stellt die Sekundärverteilung in ihrer Summe die Primärverteilung über Steuern und Beiträge zu den sozialen Sicherungssystemen und direkte und indirekte Transfers korrigierende endgültige Verteilung der verfügbaren Einkommen dar.

LORENZ-Kurven der Primär- und Sekundärverteilung für die Bundesrepublik Deutschland im Jahre 1988 zeigt die Abbildung 4.11.

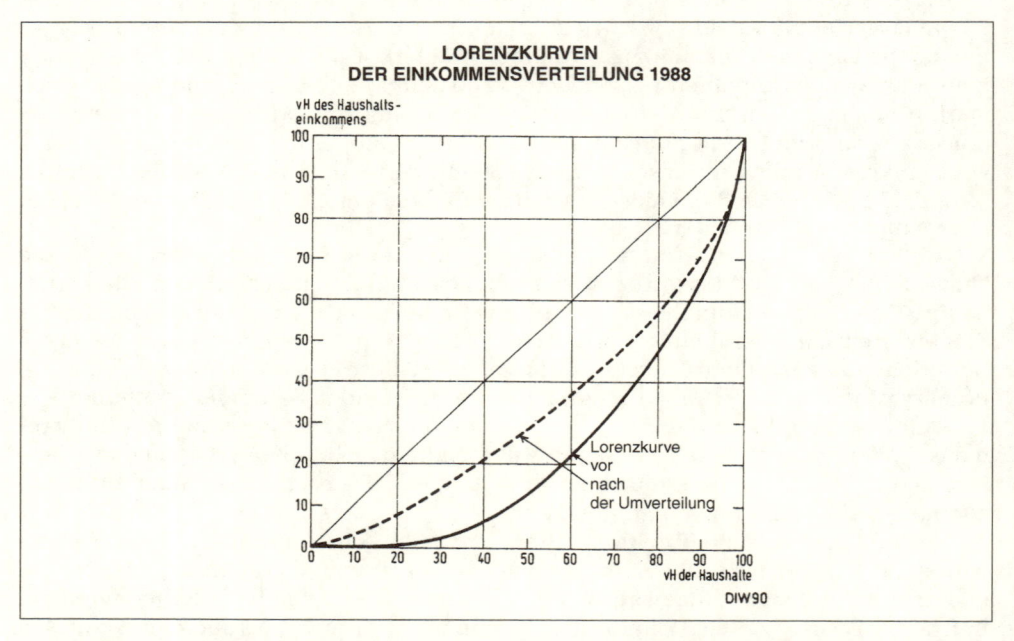

Abb. 4.6: LORENZ-Kurven der Primär- und Sekundärverteilung (Quelle: DIW-Wochenbericht 22, 1990, S. 313).

4.3 Die Zahlungsbilanz

Die Zahlungsbilanz stellt einen speziellen Teil der Volkswirtschaftlichen Gesamtrechnung dar, in der jene Werteflüsse und Werteveränderungen erfasst werden, die sich, bezogen auf eine Wirtschaftsperiode, aus der außenwirtschaftlichen Verknüpfung eines Landes mit der übrigen Welt ergeben. Der Begriff Zahlungsbilanz kann in dreierlei Hinsicht Anlass zu Missdeutungen geben.

- Entgegen dem Bilanzverständnis werden in der Zahlungsbilanz vorwiegend Stromgrößen und nicht Bestandsgrößen erfasst.

– Es werden auch Zahlungsvorgänge im Außenwirtschaftsverkehr dokumentiert, die keine »geschäftlichen« Vorgänge betreffen (z. B. Überweisungen von Gastarbeitern in ihre Heimatländer, staatliche Reparationszahlungen).
– Es werden auch fiktive Bestandsveränderungen erfasst (Nettoauslandsaktiva der Bundesbank).

Nach der Gliederung der Deutschen Bundesbank umfasst die Zahlungsbilanz fünf Unterpositionen mit weiteren Teilgliederungen (Abbildung 4.12).

I. Leistungsbilanz

Diese ist die Zusammenfassung der Bilanzen des **Warenhandels** (Warenexporte und -importe), der **Dienstleistungen** (Reiseverkehr, Transportleistungen, Transithandel), der **Erwerbs- und Vermögenseinkommen** (Kapitalerträge, Einkommen der Grenzgänger aus unselbstständiger Arbeit) und der **laufenden Übertragungen** (Nettoleistungen öffentlicher Haushalte wie z. B. Beiträge zum Haushalt der EU, Überweisungen durch Gastarbeiter in das bzw. vom Ausland). Der Saldo der Leistungsbilanz ist die Summe der Salden der genannten ihr zugehörigen Unterbilanzen.

II. Bilanz der Vermögensübertragungen

Es handelt sich um jene Werte, die im Wege der Übertragung von Vermögensteilen exportiert bzw. importiert werden (z. B. Schuldenerlasse, Erbschaften, Schenkungen, Vermögensmitnahmen bei Aus- bzw. Einwanderung).

III. Kapitalbilanz

In dieser werden die Änderungen im Wert der Bestände an Forderungen und Verbindlichkeiten gegenüber dem Ausland dargestellt. Die Kapitalbilanz gliedert sich in verschiedene Unterbilanzen. In der Bilanz der **Direktinvestitionen** werden die wechselseitigen Unternehmensbeteiligungen (mindestens 20prozentige Kapitalbeteiligung; Grundstückserwerb zu Gewerbezwecken) gegenüber dem Ausland erfasst. In der **Wertpapierbilanz** wird der grenzüberschreitende Wert des Handels mit Wertpapieren (Aktien, Anleihen, Investmentzertifikaten, Geldmarktpapieren etc.) dargestellt. In der Unterbilanz der **Finanzderivate** werden Zahlungen mit Bezug auf Optionen und Finanztermingeschäfte erfasst. In der Unterbilanz des **Kreditverkehrs** werden die Werte der kurz- und langfristigen grenzüberschreitenden Kreditgeschäfte, unterteilt nach Kreditinstituten, Unternehmen und Privatpersonen, Staat und Bundesbank verbucht. In der Position **sonstige Kapitalanlagen** werden die noch nicht erfassten Restpositionen des Kapitalverkehrs mit dem Ausland dargestellt.

IV. Veränderung der Währungsreserven zu Transaktionswerten

In dieser Position werden die durch den internationalen Zahlungsverkehr bewirkten Veränderungen des Wertes der Währungsreserven, d. h. des Devisen- und des Goldbestandes der Deutschen Bundesbank sowie der Reserven beim Internationalen Währungsfonds verbucht.

V. Saldo der statistisch nicht aufgliederbaren Transaktionen (Restposten)

Dieser beruht auf Schätzungen der empirisch-statistisch nicht erfassbaren grenzüberschreitenden Transaktionen, verursacht beispielsweise durch das zeitliche Auseinanderfallen einer Lieferung und der zugehörigen Zahlung oder durch Lücken und Erfassungsfehler bei den entsprechenden grenzüberschreitenden Transaktionen.

Festzuhalten bleibt, dass aufgrund der inneren Logik des Bilanzschemas die Zahlungsbilanz als Ganzes immer ausgeglichen ist. Formulierungen wie unausgeglichene oder ungleichgewichtige Zahlungsbilanz können sich jeweils nur auf Teilbilanzen derselben beziehen.

Von wirtschaftspolitisch wichtiger Bedeutung ist der Saldo der Leistungsbilanz, weil in ihm im Wesentlichen der Wert der exportierten und importierten Güter und Dienste zum Ausdruck kommt.

Hauptposten der Zahlungsbilanz				
Mrd €				
Position	1999	2000	2001	2002
I. Leistungsbilanz	− 22,2	− 28,5	+ 1,0	+ 48,9
1. Außenhandel 1)	+ 66,6	+ 62,8	+ 100,7	+ 130,5
Ausfuhr (fob) 1)	509,7	596,9	637,3	650,9
Einfuhr (fob) 1)	443,1	534,0	536,7	520,4
2. Dienstleistungen	− 55,3	− 60,6	− 61,8	− 48,4
darunter:				
Reiseverkehr	− 36,4	− 37,4	− 37,4	− 36,0
3. Erwerbs- und Vermögenseinkommen	− 8,4	− 2,4	− 10,4	− 6,7
darunter:				
Vermögenseinkommen	− 7,7	− 1,9	− 10,2	− 6,3
4. Laufende Übertragungen	− 25,0	− 28,4	− 27,4	− 26,6
darunter:				
Nettoleistung zum EU-Haushalt 2)	− 13,4	− 15,0	− 12,3	− 10,9
Sonstige laufende öffentliche Leistungen an das Ausland (netto)	− 4,0	− 4,2	− 4,7	− 4,9
II. Vermögensübertragungen 3)	− 0,2	+ 6,8	− 0,4	− 0,2
III. Kapitalbilanz (Netto-Kapitalexport: −)	− 24,1	+ 36,9	− 18,2	− 78,7
1. Direktinvestitionen	− 50,5	+ 158,7	− 9,1	− 14,3
Deutsche Anlagen im Ausland	− 102,9	− 61,7	− 47,0	− 26,1
Ausländische Anlagen im Inland	+ 52,4	+ 220,4	+ 37,9	− 40,4
2. Wertpapiere	− 9,3	− 155,8	+ 26,6	− 37,0
Deutsche Anlagen im Ausland	− 177,4	− 203,4	− 129,6	− 69,0
darunter:				
Aktien	− 68,0	− 102,3	− 15,6	− 5,3
Rentenwerte	− 94,6	− 70,3	− 95,1	− 50,8
Ausländische Anlagen im Inland	+ 168,1	+ 47,6	+ 156,2	+ 106,0
darunter:				
Aktien	+ 22,6	− 35,9	+ 88,6	+ 16,8
Rentenwerte	+ 97,6	+ 74,0	+ 81,2	+ 79,2
3. Finanzderivate	− 2,2	− 5,5	+ 6,3	− 0,5
4. Kreditverkehr	+ 40,3	+ 41,3	− 40,6	− 128,0
Kreditinstitute	+ 53,0	+ 13,8	− 76,3	− 102,2
darunter kurzfristig	60,4	+ 38,3	− 33,1	− 88,7
Unternehmen und Privatpersonen	+ 40,5	+ 4,6	− 7,8	+ 4,1
darunter kurzfristig	+ 38,7	+ 0,5	− 17,3	− 0,7

Hauptposten der Zahlungsbilanz (Fortsetzung)				
Mrd €				
Position	1999	2000	2001	2002
Staat	– 3,6	– 19,4	+ 16,8	+ 5,5
darunter kurzfristig	+ 5,1	– 17,9	+ 16,8	+ 5,4
Bundesbank	– 49,5	+ 42,4	+ 26,6	– 35,4
5. Sonstige Kapitalanlagen	– 2,4	– 1,9	– 1,3	– 1,5
IV. Veränderung der Währungsreserven zu Transaktionswerten (Zunahme: –) 4)	+ 12,5	+ 5,8	+ 6,0	+ 2,1
V. Saldo der statistisch nicht aufgliederbaren Transaktionen (Restposten)	34,0	– 21,0	+ 11,6	+ 28,0

1 Spezialhandel nach der amtlichen Außenhandelsstatistik einschl. Ergänzungen; Einfuhr ohne Fracht- und Seetransportversicherungskosten, die in den Dienstleistungen enthalten sind.
2 Ohne Erhebungskosten, EAGFL (Ausrichtungsfonds), Regionalfonds und sonstige Vermögensübertragungen, soweit erkennbar.
3 Einschl. Kauf/Verkauf von immateriellen nichtproduzierten Vermögensgütern.
4 Ohne SZR-Zuteilung und bewertungsbedingte Veränderungen.
Quelle: Geschäftsbericht der Deutschen Bundesbank 2002, S. 77.

Abb. 4.7: Hauptposten der Zahlungsbilanz

Kontrollfragen
1. *Welches sind die (aggregierten) Sektoren des makroökonomischen Kreislaufs?*
2. *Welche Zahlungsvorgänge werden im Sektor Vermögensbildung verbucht?*
3. *Welche Zahlungen erhält der Sektor Private Haushalte?*
4. *Nach welchen Gesichtspunkten wird der volkswirtschaftliche Wertschöpfungsprozess in der Volkswirtschaftlichen Gesamtrechnung erfasst?*
5. *Wie heißen die Unterbilanzen der Zahlungsbilanz?*
6. *Welche ökonomischen Vorgänge sind im Leistungsbilanzsaldo dokumentiert?*

Aufgabe 12.06 *(Kreislaufzusammenhänge) S. 510*

Aufgabe 12.07 *(Aktive Lohnpolitik) S. 510*

5 Konjunkturen

Die gesamtwirtschaftliche Entwicklung einer Volkswirtschaft ist in dynamischer Sicht geprägt durch das Konjunkturphänomen. Mit dem Begriff der Konjunktur werden Schwankungen der ökonomischen Aktivitäten in einer Volkswirtschaft erfasst. **Konjunkturen** sind demgemäß Schwankungen im Auslastungsgrad des gesamtwirtschaftlichen Produktionspotenzials.

Mit dem Begriff **Produktionspotenzial** wird jene (hypothetische) Erzeugung von Gütern und Dienstleistungen im Inland (Bruttoinlandsprodukt) verstanden, die zustande käme bei Vollauslastung aller Kapazitäten, also des Arbeitskräftepotenzials und des Kapitalstocks einer Volkswirtschaft. Die tatsächliche Produktionsentwicklung in der Zeit kommt dagegen in den aktuellen Größen des tatsächlich realisierten Bruttoinlandsprodukts und der diesem entsprechenden Auslastung des Produktionspotenzials im Sinne der Auslastung der Sachkapazitäten (Kapitalstock) zum Ausdruck (Abbildung 5.1).

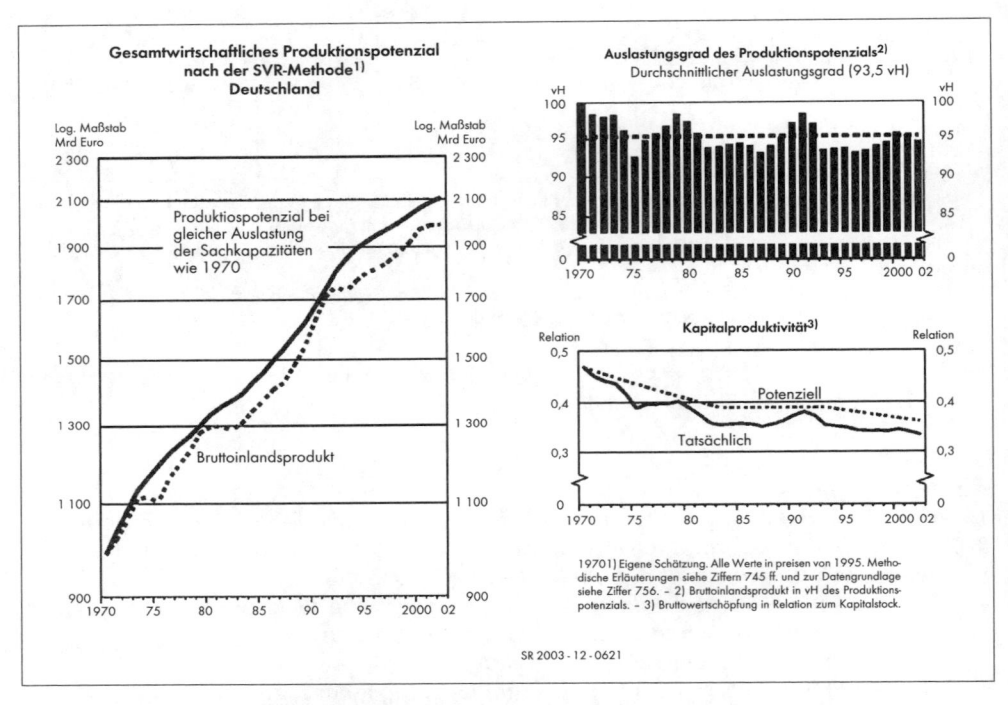

Abb. 5.1: Gesamtwirtschaftliches Produktionspotenzial (Quelle: Sachverständigenrat zur Begutachtung der gesamtwirtschaftlichen Entwicklung – Jahresgutachten 2003/04, S. 418

5.1 Das Grundmuster des Konjunkturverlaufs

Hinsichtlich des typischen Konjunkturverlaufs werden 4 Phasen unterschieden (Abbildung 5.2): Aufschwung, Hochkonjunktur (Boom), Abschwung (Rezession), Tiefstand (Depression).

Mit Blick auf die Zyklenlängen lassen sich unterscheiden: KONDRATIEFF-Zyklen (50- bis 70-Jahre), JUGLAR-Zyklen (7 bis 11 Jahre), KITCHIN-CRUM-Zyklen (20 bis 40 Monate).

Im Vordergrund der Betrachtung stehen die JUGLAR-Zyklen, auf die sich vornehmlich die wissenschaftlichen Analysen sowie die Versuche der wirtschaftspolitischen Beeinflussung von konjunkturellen Entwicklungen beziehen. Indikatoren, anhand derer sich der gegenwärtige Stand des Konjunkturverlaufs bestimmen bzw. der (vermeintliche) zukünftige Verlauf einer Konjunktur ablesen lässt, sind in Abbildung 5.3 wiedergegeben.

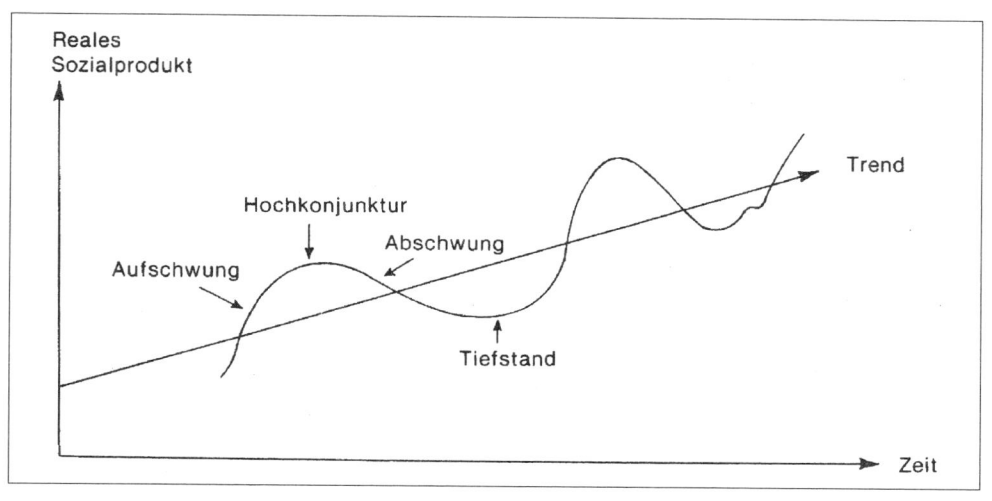

Abb. 5.2: Konjunkturphasen

Indikatoren \ Phasen	Tiefstand	Aufschwung	Hochkonjunktur	Abschwung
Auftrags-eingänge	gering	steigend	schnell steigend	schnell fallend
Produktion	gering	langsam steigend	schnell steigend	fallend
Beschäftigungs-lage	hohe Arbeits-losenquote	Rückgang der Arbeitslosenquote	Voll- bis Über-beschäftigung	Zunahme der Arbeitslosenquote
Löhne	tendenziell niedrig	verzögert ansteigend	hoch und steigend	verzögert fallend
Zinsen	niedrig	verzögert ansteigend	hoch und steigend	fallend
Warenpreise	niedrig	verzögert ansteigend	hoch und steigend	fallend
Investitions-neigung	gering	langsam steigend steigend	hoch und	schnell fallend
Wirtschaftliche Stimmung	nieder-gedrückt	optimistisch	skeptisch	pessimistisch

Abb. 5.3: Konjunkturindikatoren

Dementsprechend sind einzelne Indikatoren als **Spät-, Präsenz- oder Frühindikatoren** anzusehen.
- Frühindikatoren: Auftragseingänge, Investitionsneigung, wirtschaftliche Stimmung
- Präsenzindikatoren: Produktion, Kapazitätsauslastung, Produktivität
- Spätindikatoren: Löhne, Zinsen, Preise, Beschäftigungslage.

Zur Erklärung des Konjunkturphänomens wurden verschiedene theoretische Ansätze entwickelt. Da davon ausgegangen werden kann, dass eine Vielzahl möglicher Faktoren den Konjunkturverlauf beeinflussen, liegt den verschiedenen Modellen der Konjunkturtheorie meist die Betonung bestimmter ökonomischer Verursachungsfaktoren zugrunde.

Unterkonsumtionstheorien erklären im Prinzip nur, warum es am Ende einer im Boom endenden Aufschwungperiode zum Umschlagen der konjunkturellen Entwicklung, mündend in einer Rezession, kommen muss. Im Aufschwung und Boom erfolgt insbesondere im Konsumgütersektor eine erhebliche Ausweitung der Produktionskapazitäten, was zu einer drastischen Erhöhung des Konsumgüterangebots führt. Bei dem unterstellten Hinterherhinken der Löhne (Einkommen) hinter der Produktion ist ein solches Güterangebot nur noch zu sinkenden Preisen und Gewinnen absetzbar. Mangelnde Kaufkraft bewirkt in einer solchen Situation, dass im Vergleich zur Produktion ein Zustand der Unterkonsumtion herrscht. Der dadurch einsetzende Zwang zur Reduktion der Kapazitäten im Konsumgütersektor und damit auch des Rückgangs der Nachfrage nach Gütern des Investitionsgütersektors führen schließlich über eine Rezession in eine Depressionsphase. Diese kann erst dann überwunden werden, wenn sich wieder eine Besserung der Absatzmöglichkeiten für Konsumgüter andeutet.

Überinvestitionstheorien versuchen in zwei Varianten, die Verursachung und den Verlauf der konjunkturellen Entwicklung zu erklären. Diesen beiden Erklärungsversuchen liegt gemeinsam die empirische Beobachtung zugrunde, dass die Investitionsgüterindustrie im Konjunkturverlauf stärkeren Schwankungen unterworfen ist als die Konsumgüterindustrie. In der **monetären Variante** dieses Typs von Konjunkturtheorien ermöglicht ein im Vergleich zum »natürlichen Zins« (Gleichgewichtszins zwischen Kapitalnachfrage und Ersparnissen) relativ niedriger »Marktzins«, verursacht durch eine entsprechende Kreditexpansion des Bankensektors, eine im Verhältnis zum Konsumgütersektor stärkere Ausweitung des Investitionsgütersektors. Das dadurch entstehende Ungleichgewicht zwischen diesen beiden Bereichen der Volkswirtschaft endet schließlich damit, dass viele Investitionsprojekte unrentabel werden. Eine Bereinigung dieser Situation bringt erst der dadurch ausgelöste Abschwung mit der Folge, dass der Marktzins am Ende der Rezession unter den natürlichen Zins fällt. Damit ergeben sich nunmehr wiederum aus Rentabilitätsgesichtspunkten Möglichkeiten für erneute Investitionen, womit ein neuer Aufschwung eingeleitet wird.

In der **realwirtschaftlichen Variante** dieses Typs von Konjunkturtheorien werden Entdeckungen, Erfindungen und die Erschließung neuer Märkte zunächst als Verursachungsfaktoren für einen konjunkturellen Aufschwung erachtet. Treibende Kraft hierbei ist im Sinne der Interpretation von J. A. SCHUMPETER (1883–1950) der Typus des »dynamischen Unternehmers«. Dieser nutzt eigene oder erworbene Erfindungen zur Entwicklung neuer Produkte und Produktionsverfahren, um auf diese Weise neue Märkte zu erschließen und die damit verbundenen (erheblichen) Gewinnchancen zu realisieren. Durch diese Gewinne angelockt, sorgen die Produkte und Verfahren verbessernde (imitierende) Unternehmen im Wege des nachstoßenden Wettbewerbs für eine (schnelle) Diffusion dieser Neuerungen. Gleichzeitig gehen mit diesem Wettbewerbsprozess sinkende Preise und eine Erosion der Gewinne einher, sodass dann am Ende eines solchen zunächst boomartigen Verlaufs der Konjunktur wiederum eine Rezession folgen kann. Der geschilderte SCHUMPETER-Ansatz ist eher geeignet, die langfristigen Konjunkturbewegungen (KONDRATIEFF-Zyklen) als die relativ kurzfristigen JUGLAR-Zyklen zu erklären, betrifft doch die Argumentation von SCHUMPETER im Wesentlichen den Prozess der Durchsetzung technischer Basisinnovationen (Dampfmaschine, Eisenbahn, Motorisierung, Mikroelektronik). Dies schließt ein, dass KONDRATIEFF-Wellen von denen des Typus von JUGLAR überlagert werden.

5.2 Ziele, Instrumente und Träger der Konjunkturpolitik

Je nach konjunktureller Situation, insbesondere bezüglich der »Extremsituationen« eines Booms oder einer Depression, kommt es zur Verletzung wichtiger gesamtwirtschaftlicher Stabilitätsziele, die sich im Katalog des so genannten »Magischen Vierecks« finden (Abbildung 5.4).

```
                    Preisniveaustabilität
                                              Stetiges und
      Hohe Beschäftigung    Magisches         angemessenes
      (Vollbeschäftigung)    Viereck          Wirtschaftswachstum

                    Außenwirtschaftliches
                    Gleichgewicht
```

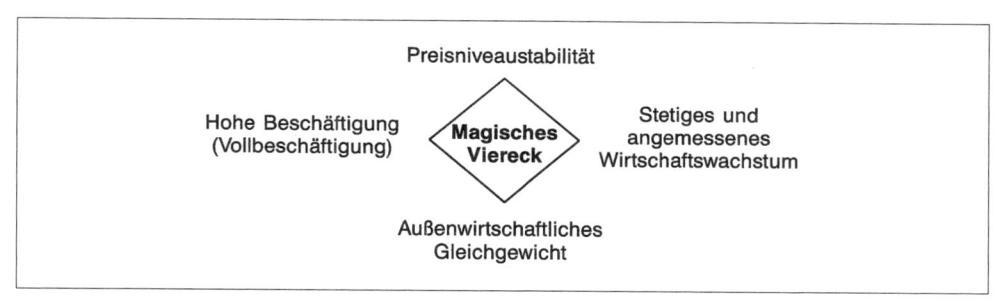

Abb. 5.4: Magisches Viereck

Das **Magische dieses Zielkatalogs** liegt in der Tatsache begründet, dass es kaum gelingt, die genannten Ziele alle gleichzeitig zu realisieren. Ein Zielkonflikt kann beispielsweise zwischen dem Ziel Vollbeschäftigung einerseits und Preisniveaustabilität andererseits bestehen, wohingegen Zielharmonie zwischen Wirtschaftswachstum und hoher Beschäftigung unterstellt wird. Über das Verhältnis des Zieles außenwirtschaftliches Gleichgewicht zu den anderen Zielen des »Magischen Vierecks« lassen sich kaum Aussagen gewinnen, da dessen tatsächlicher Wert (Außenbeitrag) weitestgehend durch exogene Faktoren (z. B. Exportnachfrage) bestimmt ist.

Konjunkturpolitik besteht in dem Versuch, den Konjunkturverlauf zu glätten und damit gleichzeitig die genannten Stabilitätsziele zu erreichen. Aufbauend auf der makroökonomischen Überlegung, dass Produktion und Beschäftigung und damit auch das Wirtschaftswachstum von der Höhe der gesamtwirtschaftlichen Nachfrage (Y) abhängen, gilt

(1) $Y = C_H + I^b + C_{St} + (Ex - Im)$

Es bedeuten (C_H) die private Konsumgüternachfrage, (I^b) die Investitionsgüternachfrage (brutto), C_{St} die Staatsnachfrage und (Ex – Im) der Außenbeitrag.

Entsprechend den theoretischen Interpretationen der Steuerbarkeit und Wichtigkeit einzelner Komponenten der gesamtwirtschaftlichen Nachfrage durch J. M. KEYNES (1883–1946) kommt der Staatsnachfrage und deren Finanzierung durch Steuern und Kredite die konjunkturell entscheidende Instrumentalfunktion zu. Die Wirtschaftspolitik dieser Art heißt deswegen **antizyklische Fiskalpolitik.** Diese ist, wie bereits erwähnt, auf die Glättung des Konjunkturverlaufs gerichtet, also auf die Erzeugung eines gesamtwirtschaftlich gleichgewichtigen Wachstums.

Entsprechend dem Inhalt antizyklischer Fiskalpolitik stehen **zwei Instrumentengruppen** zur Verfügung, die **Einnahmenpolitik** einerseits (Steuern, Gebühren, Beiträge) und die **Ausgabenpolitik** andererseits (Staatsausgaben einschließlich der Möglichkeit der kreditären Finanzierung von Budgetdefiziten). Die Geldpolitik soll nach diesem Konzept nur subsidiär eingesetzt werden (»money doesn't matter!«).

Antizyklische Fiskalpolitik im Aufschwung/im Boom:

- Erhöhung nachfragewirksamer Steuern (Lohn-, Einkommen- und Körperschaftsteuer),
- Senkung der Staatsausgaben,
- Thesaurierung eines Budgetüberschusses (Konjunkturausgleichsrücklage),
- Zeitliche Verzögerung staatlicher Investitionsprojekte.

Antizyklische Fiskalpolitik in der Rezession/Depression:

- Senkung nachfragewirksamer Steuern (siehe oben),
- Erhöhung der Staatsausgaben,
- Auflösung der Konjunkturausgleichsrücklage (evtl. Schuldenrückzahlung),
- falls erforderlich, zusätzliche Staatsausgaben (Finanzierung eines Budgetdefizits durch Kreditaufnahme),
- Vorziehen staatlicher Investitionsprojekte (Schubladenprojekte).

Ziele, Träger und Instrumente der vornehmlich fiskalpolitisch ausgerichteten Konjunkturpolitik als Stabilisierungspolitik sind in der Bundesrepublik in dem »Gesetz zur Förderung der Stabilität und des Wachstums der Wirtschaft« (Stabilitätsgesetz) vom 8. Juni 1967 niedergelegt. Der Zielkatalog ist in § 1 dieses Gesetzes in Form des »magischen Vierecks« formuliert. Gleichzeitig werden darin auch die Träger der Stabilisierungspolitik genannt, indem es dort heißt, dass Bund und Länder bei ihren wirtschafts- und finanzpolitischen Aktivitäten zur Beachtung des gesamtwirtschaftlichen Gleichgewichts verpflichtet sind. Bund und Länder haben ihre wirtschaftspolitischen Maßnahmen so zu treffen, dass sie im Rahmen der marktwirtschaftlichen Ordnung gleichzeitig

- zur **Stabilität des Preisniveaus**,
- zu einem **hohen Beschäftigungsstand** und
- **außenwirtschaftlichem Gleichgewicht**
- bei **stetigem und angemessenem Wirtschaftswachstum** beitragen.

Zur Beurteilung der aktuellen wirtschaftlichen Situation und der Effizienz der Wirtschaftspolitik ist es zunächst notwendig, den genannten Stabilitätszielen entsprechende Werte zuzuordnen. Diese **Operationalisierung von Zielen der Wirtschaftspolitik** bedarf der Entwicklung entsprechender Messkonzepte.

Die **Stabilität des Preisniveaus** wird anhand der Entwicklung verschiedener Preisindizes bestimmt. Als der für die Stabilitätspolitik wichtigste gilt der »Harmonisierte Verbraucherpreisindex«. Auf der Basis des Wertes eines »Warenkorbes«, in den in unterschiedlicher Gewichtung die Mengen eines Standards an Konsumgütern (Mieten, Nahrungs- und Genussmittel, Bekleidung, Urlaubsreisen usw.) mit Bezug auf ein Basisjahr (Indexwert = 100) eingehen, wird monatlich die Werteentwicklung dieses Indexes im Vergleich zum jeweiligen Vorjahreswert statistisch festgestellt. In Anpassung an geänderte Verbrauchsgewohnheiten und die Veränderung des Sortiments der Konsumgüter im Zeitablauf in Menge und Qualität ist es notwendig, die Basiswerte dieses Warenkorbs (Zusammensetzung und Gewichtung), meist in einem Fünfjahresrhythmus, neu zu bestimmen. Aus technischen und pragmatischen Gründen (Mängel der Erfassungsmöglichkeiten) wird ein Preisniveauanstieg, gemessen an diesem Index, von bis zu 2% pro Jahr als Erfüllung des Zieles Preisniveaustabilität erachtet.

Das Ziel **hoher Beschäftigungsstand** lässt sich vermittels der **Arbeitslosenquote** operationalisieren. Diese wird, in Prozentwerten ausgedrückt, entsprechend den folgenden Gleichungen bestimmt.

(1) $ALQ_{(vH)} = \dfrac{AL}{EP} \cdot 100$

Die Arbeitslosenquote (ALQ) ist also die (prozentual ausgedrückte) Relation zwischen der Zahl der Arbeitslosen (AL) zu der Zahl der abhängigen Erwerbspersonen (EP), so die Messvorschrift in Deutschland.

(2) $EP = ET + AL$

Die Zahl der abhängigen Erwerbspersonen (EP) setzt sich ihrerseits zusammen aus der Zahl der abhängig Beschäftigten (ET) plus der Zahl der Arbeitslosen (AL), sodass auch geschrieben werden kann

(1) $ALQ_{(vH)} = \dfrac{AL}{ET + AL} \cdot 100$

Welche Arbeitslosenquote mit dem Ziel hoher Beschäftigung (Vollbeschäftigung) korrespondiert, ist letztlich wiederum wirtschaftspolitisch-pragmatisch festzulegen. Eine Arbeitslosenquote von 3 % wird für hochentwickelte Volkswirtschaften als Vollbeschäftigungssituation erachtet.

Die **Ursachen** von Arbeitslosigkeit lassen sich in den folgenden Aspekten erkennen:
- Saisonale Arbeitslosigkeit wird dominant durch Witterungseinflüsse im Laufe eines Jahres verursacht (Bausektor, Tourismus usw.).
- Friktionelle Arbeitslosigkeit (Sucharbeitslosigkeit) ist meist kurzfristiger Natur und entsteht bei zeitverzögertem Wechsel eines Arbeitsplatzes.
- Konjunkturelle Arbeitslosigkeit wird verursacht durch den Produktionsrückgang in den Phasen konjunkturellen Niedergangs.
- Strukturelle Arbeitslosigkeit ergibt sich aus der mittel- und langfristigen Dynamik der gesamtwirtschaftlichen Branchenentwicklung. Entlassungen in Branchen mit rückläufiger Wirtschaftsentwicklung (Bergbau, Textilindustrie, Werftindustrie usw.) können aus verschiedenen Gründen (Ausbildungsprofile, Mobilitätshindernisse) nicht in entsprechendem Maße durch die sich in neu bildenden Branchen (Dienstleistungssektor, IT-Branche usw.) ergebenden Beschäftigungsmöglichkeiten kompensiert werden.

Arbeitslosigkeit bedeutet volkswirtschaftlich gesehen den Verzicht auf mögliche Produktion und damit Wohlfahrtsverluste. Daneben sind die negativen personenbezogenen und gesellschaftlichen Folgen zu bedenken, die mit Arbeitslosigkeit verbunden sind.

Außenwirtschaftliches Gleichgewicht gilt als erreicht, wenn der Außenbeitrag (positive Summe der Salden aus Handels- und Dienstleistungsbilanz) dem Wert von 2% des BIP entspricht. Hierdurch soll eine Finanzierung der Beiträge Deutschlands zu internationalen Organisationen (UNO, WTO usw.) und von unentgeltlichen internationalen Hilfeleistungen (unentgeltliche Entwicklungshilfe) ermöglicht werden.

Stetiges und angemessenes Wirtschaftswachstum wird an den (jährlichen) Wachstumsraten des realen, das heißt um inflationäre Einflüsse bereinigten Bruttoinlandsprodukts festgemacht. Stetiges Wachstum kann nicht bedeuten, dass jährlich immer eine gleich hohe positive Wachstumsrate anzustreben ist, weil sich dann im Zeitablauf der entsprechende Wachstumspfad in exponentieller Form entwickeln würde. Welche Wachstumsrate als angemessen zu interpretieren ist, lässt sich letztlich ebenfalls nur pragmatisch bestimmen. Im Kontext der Zielbeziehungen untereinander kann aber davon ausgegangen werden, dass ein reales Wachstum bei Preisniveaustabilität anzustreben ist, das damit gleichzeitig auch dem Ziel der hohen Beschäftigung dient.

Das Stabilitätsgesetz benennt insgesamt **vier Instrumentengruppen**, die zwecks Erreichung der genannten Ziele eingesetzt werden können. Als **Informationsinstrument** kann der im Januar eines jeden Jahres von der Bundesregierung vorzulegende **Jahreswirtschaftsbericht** angesehen werden. Er dient zwar vorrangig der Unterrichtung des Parlaments, hat jedoch wegen der Publikation als Bundestagsdrucksache auch den Charakter der Information der Öffentlichkeit über die zu erwartende wirtschaftliche Entwicklung. Zum Inhalt des Jahreswirtschaftsberichts hat der Sachverständigenrat zur Begutachtung der gesamtwirtschaftlichen Entwicklung eine Stellungnahme zu erarbeiten. In einer Jahresprojektion muss im Rahmen des Jahreswirtschaftsberichts über die angestrebten wirtschaftspolitischen Ziele berichtet werden. Die zur Erreichung dieser Ziele geplanten wirtschafts- und finanzpolitischen Maßnahmen sind aufzuzeigen. In einer mittelfristigen Wirtschaftsprognose werden die für die nächsten fünf Jahre zu erwartenden Entwicklungen hinsichtlich Preisniveau, Beschäftigung, Außenbeitrag und Wachstum dargestellt. Zu den Informationsinstrumenten sind darüber hinaus die **Jahresgutachten und evtl. Sondergutachten des Sachverständigenrates** sowie der **Subventionsbericht** der Bundesregierung zu zählen.

Als **Planungsinstrument** dient die nach dem Stabilitätsgesetz vorzunehmende **mittelfristige Finanzplanung** (§ 9 StabG) als Grundlage der Haushaltswirtschaft des Bundes, nach der für den jeweiligen kommenden Fünfjahreszeitraum die Ausgaben des Bundes und deren Deckungsmöglichkeiten durch Steuern und Kredite prognostisch anzuführen sind. Von besonderer stabilitätspolitischer Bedeutung sind die im Rahmen der mittelfristigen Finanzplanung vorgesehenen mehrjährigen Investitionsprogramme des Bundes.

Zur Gruppe der **Koordinationsinstrumente** gehören die Einrichtungen des **Konjunkturrates** (§ 18 StabG), des **Finanzplanungsrates** und die so genannte **Konzertierte Aktion** (§ 35 StabG). Eine Koordination wirtschaftspolitischer Aktivitäten der verschiedenen Träger von Wirtschaftspolitik (Bund, Länder, Gemeinden) ist im Hinblick auf die Erreichung der Stabilitätsziele vonnöten, damit nicht eine Trägerebene die Wirtschaftspolitik einer anderen konterkariert. **Der Konjunkturrat,** dem die Bundesminister für Wirtschaft und Finanzen, Vertreter der Länder und der Gemeinden angehören, fungiert lediglich als Beratungsgremium. Dem **Finanzplanungsrat** gehören die gleichen Vertreter an, wobei die Ländervertreter die jeweiligen Finanzminister sind. Es werden durch ihn Empfehlungen zur Koordination der Finanzplanung von Bund, Ländern und Gemeinden erarbeitet.

Durch die **Konzertierte Aktion** soll ein aufeinander abgestimmtes Verhalten von Gebietskörperschaften, Gewerkschaften und Unternehmerverbänden im Hinblick auf die stabilitätspolitischen Ziele erreicht werden. Die wirtschaftspolitische Bedeutung der Konzertierten Aktion ist aber eher unbedeutend geblieben, weil insbesondere kaum eine Einigung zwischen den Beteiligten über die Frage einer »stabilitätsgerechten« Entwicklung der Löhne zu erzielen war.

Das **fiskalpolitische Eingriffsinstrumentarium** bezieht sich auf die **Ausgaben-, Einnahmen-, Rücklagen- und Schuldenpolitik von Bund, Ländern und Gemeinden** und beruht auf dem oben dargestellten makroökonomischen Theorieansatz von J. M. KEYNES (1883–1946). Danach sind die genannten fiskalpolitischen Instrumente entsprechend der jeweiligen Konjunkturlage einzusetzen. So können gemäß §§ 26–28 StabG die Einkommen-, Körperschaft- und Gewerbesteuervorauszahlungen entsprechend den konjunkturellen Erfordernissen zeitlich gestreckt (expansive Wirkung auf die private Nachfrage) oder verkürzt werden (kontraktive Wirkung auf die private Nachfrage). Auch kann die Bundesregierung je nach Konjunkturlage durch Rechtsverordnung die Einkommensteuerschuld um 10 % erhöhen bzw. senken (§ 26 Nr. 3

StabG). Im Unternehmenssektor können expansive Anreize dadurch geschaffen werden, dass 7,5 % der Herstellungs- bzw. Anschaffungskosten von Investitionsgütern körperschaftsteuermindernd geltend gemacht werden dürfen. Ein Investitionsbonus von 7,5 % kann gegebenenfalls auch bei der Körperschaftsteuer angerechnet werden (§ 26 Nr. 3 StabG).

Parallel zu der 10-Prozent-Regel bei der Einkommensteuer kann die Bundesregierung durch Rechtsverordnung auch auf die von den Unternehmen zu zahlende Körperschaftsteuer konjunkturpolitisch einzuwirken versuchen (§ 28 Nr. 3 StabG). Auch können Abschreibungsmöglichkeiten entsprechend den konjunkturellen Erfordernissen verändert werden (degressive oder lineare Variante).

Die in einer Hochkonjunktur reichlich fließenden Staatseinnahmen sollen zwecks zusätzlicher Schuldentilgung in Anspruch genommen werden. Darüber hinaus ist bei der Bundesbank eine **Konjunkturausgleichsrücklage** zu bilden (§ 5 StabG), die in der Rezession zwecks Finanzierung zusätzlicher staatlicher Nachfrage zum Zwecke der Wachstumsstimulierung eingesetzt werden soll. Durch Kreditlimitierung können Bund, Länder und Gemeinden in ihrer Ausgabenpolitik bei stabilitätsgefährdender Hochkonjunktur begrenzt werden (§§ 19–25 StabG). Auch kann die Kreditaufnahme in einem solchen Falle eingeschränkt werden (»Schuldendeckel«). Der Bundesminister der Finanzen kann ermächtigt werden, vorgesehene Haushaltsausgaben zu strecken, um auch dadurch einen dämpfenden Konjunktureffekt zu erzielen. Frei werdende Mittel sind zur Schuldentilgung einzusetzen.

Zur Bekämpfung einer **Rezession** sind zunächst die Mittel der **Konjunkturausgleichsrücklage** in Anspruch zu nehmen. Wegen der in dieser Phase rückläufigen Budgeteinnahmen können darüber hinaus auch öffentliche Kredite zur Finanzierung Konjunktur adäquater Ausgaben aufgenommen werden.

Letztlich können auch **öffentliche Investitionen** konjunkturpolitisch eingesetzt werden. Zur Überwindung einer Rezession sollen geplante Investitionen beschleunigt durchgeführt oder so genannte Schubladenprojekte begonnen werden. In der Hochkonjunktur sollen öffentliche Investitionsausgaben gestreckt oder entsprechende Projekte erst später in Angriff genommen werden.

Probleme, die die Verwirklichung dieser Form von Konjunkturpolitik be- oder verhindern können, bestehen in

- der Existenz von zeitlich nicht vorhersehbaren Wirkungsketten (time-lags) fiskalpolitisch ausgelöster Impulse mit der Gefahr prozyklischer Effekte,
- diskretionären Eingriffen entsprechend der Indikatorenlage (Stop-and-go-Politik),
- einem steigenden Staatsanteil infolge undisziplinierten Politikverhaltens (fehlende Zurückhaltung der Ausgabenpolitik im Aufschwung und Boom).

Im Gegensatz zu der **nachfrageorientierten antizyklischen Fiskalpolitik** befürworten Vertreter einer **angebotsorientierten Wirtschaftspolitik** (M. FRIEDMAN geb. 1912) die **Verbesserung der Angebotsbedingungen** einer Volkswirtschaft. Es wird eine Stärkung der stabilisierenden Selbstheilungskräfte des Marktes empfohlen. Diese werden befördert durch

- eine Reduzierung des Staatsanteils und damit Zunahme des privaten Sektors in der Volkswirtschaft,
- den Abbau von Steuern,
- die Förderung des Wettbewerbs durch aktive Wettbewerbspolitik,
- eine stabilitätsorientierte Geldpolitik, d. h. Politik der Stabilisierung des Geldwertes auf mittlere Sicht.

Kontrollfragen

1. Wie lässt sich der Konjunkturbegriff definieren?
2. Was versteht man unter dem gesamtwirtschaftlichen Produktionspotenzial?
3: Welche Ursachen liegen den Konjunkturschwankungen zugrunde?
4. Welche Konjunkturzyklen lassen sich unterscheiden?
5. Benennen Sie die einzelnen Phasen des Konjunkturverlaufs.
6. Welche Instrumente stehen der antizyklischen Fiskalpolitik zur Verfügung, wie wird deren Wirkungsweise interpretiert?
7. Was versteht man unter nachfrage-, was unter angebotsorientierter Wirtschaftspolitik?

Aufgabe 12.08 *(Magisches Viereck) S. 510*

Aufgabe 12.09 *(Antizyklische Fiskalpolitik) S. 510*

6 Geld und Geldpolitik

In (modernen) Marktwirtschaften vollzieht sich der Austausch von in arbeitsteiliger Wirtschaftsweise erzeugten Gütern und Dienstleistungen gegen Hergabe bzw. Akzeptanz einer bestimmten Menge Geldes. Was als Geld gelten kann, bestimmt sich nach den Funktionen, die jenem Medium zugeordnet werden, das diese **Funktionen** auszufüllen vermag. Als Geld kann somit gelten, was als **Tauschmittel**, **Recheneinheit**, **Zahlungsmittel** und **Wertaufbewahrungsmittel** in einer Volkswirtschaft fungiert.

Einen Überblick über die **Erscheinungsformen des Geldes** bietet Abbildung 6.1, wobei Naturalgeld nur noch in archaischen Wirtschaftsgesellschaften (z. B. Geld in Form von Muscheln oder Nutztieren usw.) und in außergewöhnlichen Krisenzeiten (z. B. Geld in Form von Zigaretten, Zement usw.) eine Rolle spielt.

Moderne Währungsordnungen, die Rahmenbedingungen also, unter denen die Produktion von Geld erfolgt, sind dadurch gekennzeichnet, dass sie Währungssysteme hervorbringen, in denen keine Bindung des Geldwertes an den Materialwert des Geldes besteht. Als gesetzliches Zahlungsmittel gilt nur das durch die nationalen Notenbanken geschaffene Bargeld (Banknoten unbeschränkt, Scheidemünzen beschränkt).

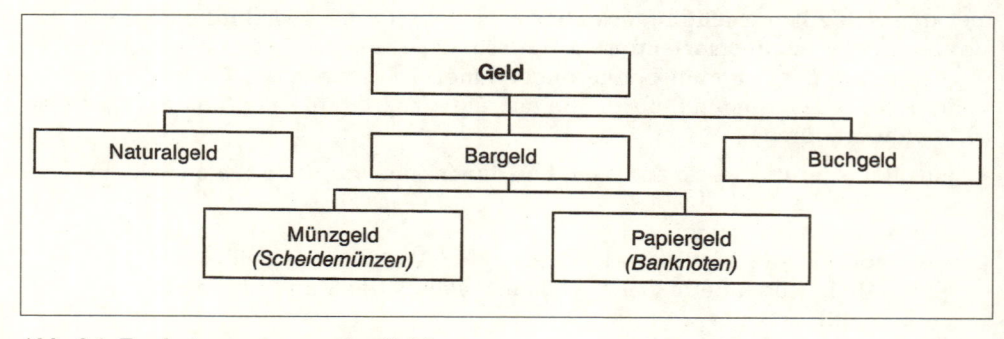

```
                         Geld
           ┌──────────────┼──────────────┐
      Naturalgeld       Bargeld        Buchgeld
                    ┌─────┴─────┐
                Münzgeld     Papiergeld
              (Scheidemünzen) (Banknoten)
```

Abb. 6.1: Erscheinungsformen des Geldes

6.1 Geld und Geldmengenaggregate

Als **Geld** fungieren neben dem **Bargeld** auch verschiedene **Formen des Buchgeldes** (Sicht-, Termin- und Spareinlagen), wobei Letztere durch abnehmende Grade an Liquidität gekennzeichnet sind. Buchgeld wird durch die Geschäftsbanken geschaffen. Insofern besteht das Bankensystem einer Volkswirtschaft aus der Zentralnotenbank und den Geschäftsbanken. Aufgrund dieser Überlegungen und zu Zwecken der Messung der in Umlauf befindlichen Geldmenge werden entsprechend den Abgrenzungen der Europäischen Zentralbank (EZB), je nach Analysezweck, **drei Geldmengenaggregate** unterschieden:

- M_1: Bargeldumlauf plus täglich fällige Einlagen (inkl. elektronisches Geld auf vorausbezahlten Konten).
- M_2: M_1 plus Einlagen mit einer vereinbarten Laufzeit bis zu zwei Jahren plus Einlagen, mit vereinbarter Kündigungsfrist bis zu drei Monaten.
- M_3: M_2 plus Repo-Geschäfte plus begebene Geldmarktfondsanteile und Geldmarktpapiere (netto) plus begebene Schuldverschreibungen mit einer vereinbarten Laufzeit von bis zu zwei Jahren (netto).

6.2 Ziele der Geldpolitik

In Marktwirtschaften existiert bei freier Preisbildung lediglich ein mittelbarer Zusammenhang zwischen der Geldmenge einerseits und den Preisen der erzeugten Güter und Dienstleistungen, dem Preisniveau, andererseits, das den Durchschnittsstand aller Preise repräsentiert. Es gilt

(1) $M \cdot U = Y_r \cdot P$

mit (M) der umlaufenden Geldmenge, (U) der Umlaufgeschwindigkeit des Geldes, (Y_r) dem realen Sozialprodukt (Handelsvolumen) und (P) dem Preisniveau. Gleichung (1) besagt, dass der Wert des in einer Wirtschaftsperiode (ein Jahr) verkauften Sozialprodukts (rechte Seite) dem Wert des vermittels des Geldes gekauften Sozialprodukts (linke Seite) logischerweise entsprechen muss. Es gilt weiter

(2) $k = \dfrac{1}{U}$

Der Umlaufgeschwindigkeit (U), d.h. der durchschnittlichen Häufigkeit, mit der ein Geldzeichen in einer Wirtschaftsperiode kaufend an einem Markt verwendet wird, entspricht als Reziprokwert die durchschnittliche Dauer, in der ein Geldzeichen als Kasse gehalten wird; (k) ist der Kassenhaltungskoeffizient. Somit gilt nach Umformung von (1) und unter Berücksichtigung von (2)

(3) $M = k \cdot Y_r \cdot P$

Gleichung (3) stellt nicht ab auf die Ursachen einer ungleichgewichtigen Entwicklung zwischen der Geldmenge einerseits und dem Kassenhaltungskoeffizienten, dem realen Sozialprodukt und dem Preisniveau andererseits, sondern lediglich auf deren logische Verknüpfung.

Da die Umlaufgeschwindigkeit des Geldes (U) und somit auch der Kassenhaltungskoeffizient (k) von den Zahlungsgewohnheiten der wirtschaftlichen Akteure abhängt und (in normalen Zeiten) relativ konstant ist, zeigt sich ein vergleichsweise zu großes Wachstum der Geldmenge (M) gegenüber dem Wachstum des realen Sozialprodukts (Y_r) notwendigerweise in einem Anstieg des Preisniveaus (P), d. h. in einer inflationären Entwicklung der Preise.

Inflation ist gleichbedeutend mit steigendem Preisniveau oder, was das gleiche bedeutet, Verschlechterung des Geldwertes. Geldwertverschlechterung heißt also eine Abnahme der Kaufkraft, des Binnenwertes eines Geldzeichens oder eines bestimmten Geldbetrages in der Zeit. Die umgekehrte Erscheinung bedeutet **Deflation**, eine heute faktisch nicht mehr vorkommende (positive) Entwicklung des Geldwertes.

Einen Überblick über die **Arten und Ursachen von Inflationen** zeigt Abbildung 6.2. Hierbei ist zu beachten, dass Inflationen entsprechend Gleichung (3) stets monetär alimentiert, d. h. durch entsprechende Geldpolitik ermöglicht sein muss.

Inflationsarten und Inflationsursachen

- Nachfrageinflation
  - Konsuminflation → Überschuss der Konsumnachfrage
  - Investitionsinflation → Überschuss der Investitionsgüternachfrage
  - Staatliche Inflation → Inflationäres Defizit des Staatshaushaltes
  - Importierte Inflation → Überschuss ausl. Nachfrage nach Exportgütern

  Nachfragesog-Inflation

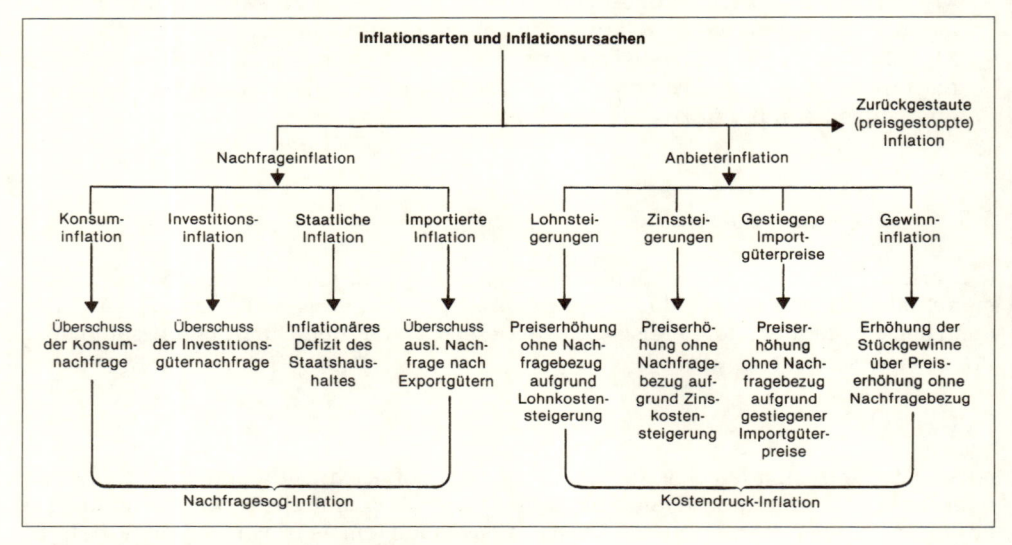

- Anbieterinflation
  - Lohnsteigerungen → Preiserhöhung ohne Nachfragebezug aufgrund Lohnkostensteigerung
  - Zinssteigerungen → Preiserhöhung ohne Nachfragebezug aufgrund Zinskostensteigerung
  - Gestiegene Importgüterpreise → Preiserhöhung ohne Nachfragebezug aufgrund gestiegener Importgüterpreise
  - Gewinninflation → Erhöhung der Stückgewinne über Preiserhöhung ohne Nachfragebezug

  Kostendruck-Inflation

- Zurückgestaute (preisgestoppte) Inflation

Abb. 6.2: Inflationsarten und Inflationsursachen

Inflationen zeitigen (gesamtwirtschaftlich) **negative Wirkungen:**

– Störungen des marktwirtschaftlichen Allokationsprozesses knapper Ressourcen durch inflationär verzerrte Preise;
– Entwertung von Geldvermögen, d. h. Verletzung der Wertaufbewahrungsfunktion des Geldes, verbunden mit evtl. abnehmender Sparneigung;
– steigender Nominalwert des Sachvermögens ohne entsprechende realwirtschaftliche Fundierung;
– Realeinkommensverluste bei Beziehern zeitlich relativ fixierter Nominaleinkommen (Arbeiter, Angestellte, Beamte, Rentner);
– Auslösung von Verteilungskämpfen (Preis-Lohn-Spiralen).

Aus diesen Darlegungen wird die Forderung nach **Stabilisierung des Geldwertes** als der möglichst inflationsfreien Versorgung der Volkswirtschaft mit Geld ersichtlich. Stabilität bzw. Instabilität des Geldwertes ist mess- und darstellbar vermittels der **Entwicklung verschiedener Preisindizes.** Von den verschiedenen Preisindizes, die durch das Statistische Bundesamt erfasst werden, gilt der **Harmonisierte Verbraucherpreis-**

index als der »sozial« empfindlichste. Danach steht dessen Entwicklung in der Europäischen Währungsunion im Vordergrund der geldpolitischen Aktivitäten der Europäischen Zentralbank (EZB).

Als besonders schwierig erweist sich eine auf **Geldwertsicherung gerichtete Geldpolitik** infolge der Tatsachen, dass

- sich Preise auf Märkten entsprechend den Angebots- und Nachfragebedingungen bilden, also dem unmittelbaren Einfluss der Notenbank entzogen sind,
- Geschäftsbanken Geld zu schöpfen vermögen (multiple Giralgeldschöpfung),
- die Stärke des Einsatzes geldpolitischer Instrumente in ihrer Wirkung auf die Geldmengenaggregate nicht genau zu dosieren ist und
- das Ziel der Sicherung des Geldwertes lediglich über eine Zwischenzielgröße, wie die Entwicklung der Geldmenge (z. B. M_3) und/oder bestimmte Leitzinssätze, zu erreichen versucht werden kann.

Zum Verständnis der Problematik einer auf Stabilisierung des Geldwertes gerichteten Geldpolitik ist der Tatbestand zu berücksichtigen, dass das in einer Volkswirtschaft wirksame Geld nicht nur durch die Notenbank (Bargeld und von der Notenbank geschaffenes Buchgeld), sondern in weit größerem Maße im Wege der Kreditgewährung, d. h. **Buchgeldschöpfung** (Giralgeldschöpfung) durch das Geschäftsbankensystem entsteht. Dies hängt damit zusammen, dass durch Bareinlagen bei den Geschäftsbanken (passive Buchgeldschöpfung) Buchgeldforderungen seitens der Nichtbanken (Haushalte, Unternehmen, öffentliche Hände) entstehen, z. B. in Form von Sichtguthaben (Girokonten), über die per Überweisung, Scheck oder auch Barauszahlung verfügt werden kann. Aufgrund der Erfahrung, dass im Durchschnitt der Geschäftsvorfälle dieser Art nur ein bestimmter Teil dieser Sichtguthaben bar in Anspruch genommen wird, bedarf es auch nur einer im Vergleich zur Summe der Sichtguthaben geringeren Barreserve (Bargeldquote). Die so entstehenden Überschussreserven können im Wege der Kreditgewährung (aktive Buchgeldschöpfung, d. h. der Eröffnung von Sichtguthaben für die entsprechenden Kreditnehmer und unter der Annahme eines darauf aufbauenden Prozesses der multiplen Giralgeldschöpfung) die ursprüngliche Bargeldeinlage um ein Vielfaches übertreffen.

Dies lässt sich vereinfacht wie folgt verdeutlichen. Es ist die sog. **Geldbasis** (B) definiert als die Summe aus dem **Bargeldumlauf** (C) in der Volkswirtschaft und den von den Geschäftsbanken bei der Notenbank gehaltenen **Einlagen** (R).

(1) $B = C + R$

Der Bestand an den bei den Geschäftsbanken gehaltenen **Sichteinlagen** (E) zusammen mit der im Umlauf befindlichen **Bargeldmenge** (C) wird als **Geldmenge** (M) definiert.

(2) $M = C + E$

Das Verhältnis der Geldmenge (M) zur Geldbasis (B) wird durch den **Geldschöpfungsmultiplikator** (m) beschrieben.

(3) $m = \dfrac{M}{B}$, oder

(4) $M = mB$

Aus Gleichung (4) lässt sich schließen, dass (in aller Regel, weil m > 1) die Geldmenge (M) ein Vielfaches der Geldbasis (B) betragen kann. – Die Größe des Geldschöpfungsmultiplikators (m) ist erstens abhängig von dem von den Wirtschaftssubjekten gewünschten Verhältnis von Bargeld (C) zu der Höhe der von diesen gehaltenen Sichteinlage (E) bei den Geschäftsbanken. Dieses Verhältnis beschreibt der **Bargeldhaltungskoeffizient** (b).

(5) $b = \dfrac{C}{E}$

Der Wert des Geldschöpfungsmultiplikators (m) ist zweitens abhängig vom **Reservesatz** (r). Dieser ist definiert als das Verhältnis des Teils (R) der Sichteinlagen (E), die die Geschäftsbanken (per Gesetz oder freiwillig) bei der Notenbank halten müssen oder wollen.

(6) $r = \dfrac{R}{E}$

Unter Berücksichtigung der Gleichungen (1) und (2) lässt sich Gleichung (3) auch schreiben:

(7) $m = \dfrac{M}{B} = \dfrac{C + E}{C + R}$

Multipliziert man sowohl den Zähler als auch den Nenner des Bruches der rechten Seite von Gleichung (7) mit 1/E erhält man:

(8) $m = \dfrac{C/E + E/E}{C/E + R/E} = \dfrac{C/E + 1}{C/E + R/E}$

Unter Berücksichtigung der Definition des Bargeldhaltungskoeffizienten (b) in Gleichung (5) und des Reservesatzes (r) in Gleichung (6) erhält man:

(9) $m = \dfrac{b + 1}{b + r}$, oder auch entsprechend Gleichung (4):

(10) $M = \dfrac{b + 1}{b + r} B$

Es betrage beispielsweise der Wert des Bargeldhaltungskoeffizienten b = 0,2 und der des Reservesatzes r = 0,1, so ergibt sich daraus entsprechend Gleichung (9) ein Geldschöpfungsmultiplikator von m = 4. Das **Geldschöpfungspotenzial**, das dann den Geschäftsbanken im Wege der Kreditvergabe durch aktive Giralgeldschöpfung zur Verfügung steht, beträgt gemäß Gleichung (10) das 4-fache des Wertes der Geldbasis (B). Aus dem letztlich in Gleichung (10) dokumentierten Zusammenhang erklärt sich, dass die Steuerung der Geldbasis (B) durch die Notenbank, weil von dieser unmittelbar beeinflussbar, eine zentrale Bedeutung für die Ausrichtung von deren Geldpolitik hat.

6.3 Das geldpolitische Instrumentarium des Europäischen Systems der Zentralbanken (ESZB)

6.3.1 Beitritt zur Währungsunion

Mit dem 1. Januar 1999 sind die geld- und währungspolitischen Kompetenzen der Deutschen Bundesbank entsprechend den Regelungen des Vertrags von Maastricht auf das ESZB übergegangen. Damit wurde die dritte und letzte Etappe der Verwirklichung der Europäischen Währungsunion eingeleitet, deren endgültige Etablierung am 1. Januar 2002 vollzogen wurde. Das ESZB wird durch die Notenbanken der Mitgliedsstaaten der Währungsunion und die Europäischen Zentralbank (EZB) gebildet. Mitglied der Währungsunion kann nur ein Land der Europäischen Union werden, das aufgrund eines Prüfverfahrens die so genannten Maastricht-Kriterien (Konvergenzkriterien) erfüllt:

- Die **Inflationsrate** darf nicht mehr als 1,5 Prozentpunkte über der Durchschnittsrate der Inflation der drei bestrangierenden Länder liegen.
- Das **Defizit** der öffentlichen Haushalte (Nettoverschuldung) darf 3 % des Wertes des BIP nicht überschreiten.
- Die **Gesamtverschuldung** des Staates (Staatsverschuldung) darf nicht mehr als 60 % des BIP betragen.
- Das **langfristige Zinsniveau** eines Landes darf innerhalb des Jahres vor dem Beitritt zur Währungsunion nicht mehr als 2 Prozentpunkte über dem entsprechenden Durchschnittswert der mit Blick auf die Inflationsrate drei bestrangierenden Länder liegen.
- Die **Bandbreiten** der Schwankungen des Wechselkurses der nationalen Währung gegenüber dem Euro (vorher ECU) müssen mindestens zwei Jahre innerhalb der Bandbreiten im Europäischen Währungssystem und ohne Abwertung eingehalten worden sein.

Als qualifiziert für den Beitritt zur Währungsunion galten entsprechend den Prüfungsergebnissen im Mai 1998 mit Ausnahme Griechenlands die übrigen der insgesamt 15 Mitgliedsländer der EU. Die letzte Stufe der Währungsunion wurde dann am 1. Januar 1999 von 11 Mitgliedsstaaten begonnen. Obwohl legitimiert, behalten sich **Schweden, Dänemark und Großbritannien** den Beitritt zur Währungsunion bisher noch vor. **Griechenland** hatte aufgrund entsprechender Beschlüsse das Recht, der Währungsunion zum 1. Januar 2001 beizutreten.

Im Rahmen des ESZB hat die EZB die ihr im Vertrag von Maastricht und auf der Grundlage ihres Statuts übertragenen geld- und währungspolitischen Aufgaben zu erfüllen. Mit der Errichtung der EZB haben die nationalen Zentralbanken der Mitgliedsländer der Währungsunion aber weiterhin bedeutsamen Einfluss auf die Geldpolitik der EZB, wie aus Abbildung 6.3 ersichtlich.

Europäisches System der Zentralbanken (ESZB)		
Europäische Zentralbank (EZB) – Nationale Zentralbanken		
Beschlussorgane der Europäischen Zentralbank		
EZB-Rat	Direktorium	Erweiterter Rat
Die Mitglieder des Direktoriums der EZB (6 Mitglieder)	Der Präsident und der Vizepräsident sowie 4 weitere Mitglieder	Der Präsident und der Vizepräsident der EZB
plus		plus
die 12 Präsidenten der nationalen Zentralbanken in der Währungsunion		die 25 Präsidenten der nationalen Zentralbanken in der EU

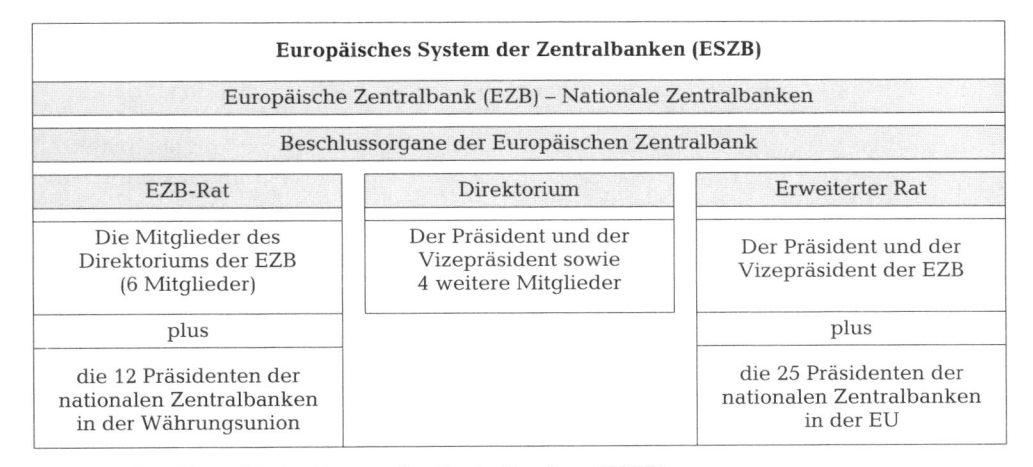

Abb. 6.3: Das Europäische System der Zentralbanken (ESZB)

6.3.2 Beschlussorgane der EZB und ihre Funktion

Das oberste Beschlussorgan des ESZB ist der **EZB-Rat**. Jedes Mitglied des EZB-Rates hat eine Stimme. Ausnahmen betreffen Abstimmungen über das Kapital der EZB, die Währungsreserven und die Gewinnverwendung der EZB. Hierbei wird nach Kapitalanteilen gewichtet. Der EZB-Rat legt die Grundlinien der Geldpolitik fest. Dies betrifft die Bestimmung des angestrebten Geldmengenzieles (M_3) sowie den Einsatz des geldpolitischen Instrumentariums.

Mitglieder des Direktoriums können nur Bürger eines Mitgliedsstaates der Währungsunion werden, und sie müssen fachlich ausgewiesen sein. Ihre Amtszeit beträgt einmalig acht Jahre. Der Rat der Wirtschafts- und Finanzminister der Teilnahmeländer (**ECONFIN-Rat**) schlägt nach Anhörung durch das Europäische Parlament und den EZB-Rat dem Europäischen Rat mögliche Kandidaten für die Ernennung als Direktionsmitglied der EZB vor. Der Europäische Rat der Staats- und Regierungschefs der Teilnehmerländer der Währungsunion ernennt sodann das neue Mitglied des Direktoriums.

Als wesentliche Voraussetzung für die auf stabilen Geldwert gerichtete Geldpolitik gilt die **Unabhängigkeit der EZB**. Dies wird in zweierlei Weise gewährleistet. In Erfüllung der entsprechenden Vertragsvereinbarungen sind inzwischen erstens alle nationalen Notenbanken der Mitgliedsstaaten der Währungsunion als unabhängige Institutionen etabliert. Die Unabhängigkeit der Mitglieder des Direktoriums der EZB ergibt sich aus den entsprechenden Artikeln des Europäischen Vertragswerks und dem Statut des ESZB:

– Weder die EZB als Institut noch eine nationale Zentralbank noch einzelne Mitglieder der Beschlussorgane der EZB dürfen Weisungen von Organen oder Einrichtungen der Europäischen Union, von Regierungen einzelner Mitgliedsländer oder anderen Regierungsstellen einholen oder entgegennehmen.
– Ein Mitglied des Direktoriums der EZB kann nur seines Amtes enthoben werden, und zwar nur durch den Europäischen Gerichtshof und auf Antrag des EZB-Rates oder des EZB-Direktoriums, wenn dieses sein Amt nicht mehr ausüben kann oder eine schwere Amtsverfehlung begangen hat. Ähnliches gilt auch für die Präsidenten der nationalen Zentralbanken.
– Die finanzielle Unabhängigkeit der Mitglieder des Direktoriums der EZB wird durch entsprechende Verträge mit der EZB gesichert.
– Die Amtsausübung der Mitglieder des Direktoriums der EZB ist eine hauptamtliche Tätigkeit. Anderweitige Tätigkeiten entgeltlicher oder unentgeltlicher Art sind nur ausnahmsweise und nur mit Genehmigung durch den EZB-Rat zulässig.
– Der Stärkung der Unabhängigkeit des ESZB bzw. der EZB dienen auch die vertraglichen Vereinbarungen, dass weder die nationalen Notenbanken noch die EZB Budgetdefizite der Europäischen Gemeinschaft oder von Mitgliedsländern und deren Gebietskörperschaften finanzieren dürfen.

Kapitaleigner der EZB sind die Notenbanken der Europäischen Union in unterschiedlicher Gewichtung (Bevölkerungsanteil und Anteil am BIP der Gemeinschaft). Das Grundkapital der EZB beträgt derzeit 5 Mrd. €. Die EZB wird zwecks Durchführung notwendiger Devisenmarktoperationen mit Währungsreserven der nationalen Zentralbanken in Höhe von maximal 50 Mrd. € ausgestattet, über die die EZB im Rahmen ihrer währungspolitischen Aufgaben uneingeschränkt verfügen kann. Die Verwendung von Devisenreserven im Besitz der nationalen Zentralbanken ist nur insoweit zulässig, als dadurch die Geldpolitik der EZB nicht konterkariert wird.

Gewinne innerhalb des ESZB fallen aufgrund von geld- und währungspolitischen Operationen sowohl bei den nationalen Zentralbanken als auch bei der EZB selbst an. Einnahmen erzielen die nationalen Zentralbanken sowohl aus der Durchführung geldpolitischer Maßnahmen der EZB («monetäre Einkünfte») als auch in Form von Erträgen bezüglich der eigenen Devisenreserven. Die »monetären Erträge« der Zentralbanken werden zusammengeführt und entsprechend den Kapitalanteilen an der EZB verteilt. Einnahmen aus den eigenen Devisenreserven verbleiben den nationalen Zentralbanken.

Die EZB erzielt Einkünfte aus den eingezahlten Kapitalanteilen der Mitgliedsstaaten und aus den ihr übertragenen Devisenreserven. Nach Abzug der Kosten für den Geschäftsbetrieb der EZB und der Bildung einer Rücklage (maximal 20% des Nettogewinns) wird der verbleibende Überschuss gemäß den Kapitalanteilen an die nationalen Zentralbanken ausgeschüttet.

Als drittes Beschlussorgan des ESZB fungiert der **Erweiterte Rat der EZB**, dessen Zusammensetzung aus der Abbildung 6.3 entnommen werden kann. Ein solches Gremium ist so lange notwendig, wie noch nicht alle Mitglieder der Gemeinschaft auch Mitglieder der Währungsunion sind oder sein wollen. Die währungspolitisch-institutionelle Verknüpfung dieser Länder mit dem Euro-Raum ist durch das Europäische Währungssystem II (EWS II) geregelt.

6.3.3 Euro-Fixkurse

Innerhalb der Währungsunion galt bis zur endgültigen Einführung des Euro als gesetzliches Zahlungsmittel zum 1. Januar 2002 ein System unwiderruflich fixierter Wechselkurse (vgl. Abbildung 6.4). Eine Stabilisierung der Wechselkurse der Währungen der übrigen EU-Länder dem Euro und damit den Währungen der Währungsunionsländer gegenüber wird durch die institutionellen Regelungen des EWS II durchzusetzen versucht. Im EWS II werden Euro-Leitkurse und maximale Bandbreiten

1 Euro =
40,3399 Belgische Franken (BEF)
1,95583 Deutsche Mark (DEM)
5,94573 Finnmark (FIM)
6,55957 Französische Franken (FRF)
0,787564 Irische Pfund (IEP)
1936,27 Italienische Lire (ITL)
40,3399 Luxemburgische Franken (LUF)
2,20371 Niederländische Gulden (NLG)
13,7603 Österreichische Schilling (ATS)
200,482 Portugiesische Escudos (PTE)
166,386 Spanische Peseten (ESP)

Abb. 6.4: Euro-Fixkurse

(Standardschwankungsbreiten) dieser Währungen gegenüber dem Leitkurs sowie Interventionsmechanismen vereinbart, die in Kraft treten, falls ein Wechselkurs die vereinbarte Bandbreite zu durchbrechen droht. Der erweiterte Rat der EZB überwacht die Funktionsweise des Wechselkursmechanismus, dient der Koordination der Geld- und Wechselkurspolitik innerhalb der Gemeinschaft und bewirkt die verwaltungstechnische Abwicklung des Interventions- und Finanzierungsmechanismus.

6.3.4 Sicherung der Geldwertstabilität

Unter geldpolitischem Aspekt fungiert die EZB ab 1. Januar 2002 als alleinige Emissionsbank für die in Umlauf gebrachten Euro-Noten. Das Recht, auf Euro und Cent laufende Münzen zu prägen **(Münzregal)**, verbleibt bei den Mitgliedsländern der Währungsunion. Über den Umfang der in Umlauf zu bringenden Münzen entscheidet allerdings die EZB. Als Bank der Banken gilt die EZB als letzte Quelle benötigter Liquidität.

Prioritäres Ziel der EZB ist die Sicherung der Geldwertstabilität, also von Preisniveaustabilität. Preisniveaustabilität wird von der EZB derzeit so definiert, dass der Anstieg der Verbraucherpreise, gemessen am **Harmonisierten Verbraucherpreisindex (HVPI),** im Euro-Währungsgebiet mittelfristig nicht mehr als 2 % gegenüber dem Vorjahreswert beträgt.

Als **geldpolitisch-strategische Variable**, auf die das geldpolitische Instrumentarium ausgerichtet wird, dient der EZB die Entwicklung des **Wachstums der Geldmenge M_3**. Die EZB gibt einen Referenzwert hierfür jährlich an, von dem anzunehmen ist, dass das entsprechende Geldmengenwachstum den stabilitätspolitischen Erfordernissen entspricht. Abweichungen vom vorgegebenen Referenzwert verpflichten die EZB allerdings nicht zu geldpolitisch-interventionistischen Maßnahmen.

Neben dem Geldmengenwachstum analysiert die EZB ein breites Spektrum weiterer wirtschaftlicher und finanzieller Indikatoren, die Einfluss auf die künftige Preisentwicklung haben können.

6.3.5 Ansatzpunkte der Geldpolitik

Ansatzpunkte der Geldpolitik ergeben sich in zweierlei Hinsicht.
- Zum einen kann eine Zentralnotenbank darüber entscheiden, welchen Umfang an Geld und zu welchem Preis (Zins) sie in den Wirtschaftskreislauf einspeisen möchte.
- Zum anderen kann die Notenbank versuchen, das Geldschöpfungspotenzial des Geschäftsbankensystems zu beeinflussen.

Im Hinblick auf diese beiden Aspekte verfügen die EZB und die nationalen Zentralbanken über verschiedene Instrumente geldpolitischer Operationen. Zwecks Erfüllung ihrer Aufgaben können die EZB und die nationalen Zentralbanken auf Euro oder eine Drittlandswährung lautende Forderungen, börsengängige Wertpapiere oder Edelmetalle kaufen und verkaufen, entweder endgültig per Kasse oder Termin (definitive Käufe bzw. Verkäufe) oder Rückkaufvereinbarungen (Pensionsgeschäfte) oder aber auch entsprechende Darlehensgeschäfte tätigen. Des Weiteren können die genannten Institutionen Kreditgeschäfte mit Kreditinstituten oder auch anderen Marktteilnehmern abschließen; bei Darlehen sind ausreichende Sicherheiten zu stellen. Nicht zuletzt kann die EZB zwecks Erfüllung ihrer geldpolitischen Ziele verlangen, dass die in den Mitgliedsländern des Euro-Währungsraums niedergelassenen Kreditinstitute Mindestreserven bei der EZB bzw. den nationalen Zentralbanken zu unterhalten haben. Der EZB-Rat kann mit zwei Drittel Mehrheit der abgegebenen Stimmen die Anwendung auch anderer geldpolitischer Instrumente beschließen. Entsprechend den geldpolitischen Strategiemöglichkeiten verfügt die EZB über drei Gruppen von geldpolitischen Instrumenten:

- Offenmarktoperationen,
- Dauerfazilitäten und
- Mindestreserven.

6.3.5.1 Offenmarktoperationen

Offenmarktoperationen zielen direkt auf die Erweiterung oder Einschränkung der wirksamen Geldmenge bzw. indirekt auf die damit verbundenen Zinseffekte. Offenmarktoperationen beziehen sich auf Geschäfte im Handel mit Geldmarktpapieren zwischen den Geschäftsbanken einerseits und den Zentralbanken der Länder des Euro-Währungsraumes andererseits, die mit der technischen Durchführung der EZB-Geldpolitik dieser Art betraut sind. Möchte die EZB auf dem geschilderten Weg aufgrund von stabilitätspolitischen Erfordernissen dem Bankensektor und damit dem Wirtschaftskreislauf Liquidität entziehen, wird sie die Abgabesätze von Geldmarktpapieren ihres eigenen Portfolios erhöhen, was zu einem Kursrückgang bei den entsprechenden Papieren führt. Die damit einhergehende höhere Effektivverzinsung veranlasst die Geschäftsbanken, Wertpapiere dieser Art von der EZB gegen Hergabe von Liquidität zu kaufen. Damit sinkt zugleich das Kreditschöpfungspotenzial der Geschäftsbanken, womit dann die entsprechend gewollte kontraktive Wirkung auf die Entwicklung des Geldvolumens verbunden ist.

Von zentraler Bedeutung für die offenmarktpolitischen Operationen der EZB ist der **Tagesgeldmarkt**. Dieser ist der Markt für Kredite und Einlagen zwischen den Banken mit einer Laufzeit von einem Tag (Übernachtkredite bzw. -einlagen). Der Zinssatz an diesem Markt richtet sich nach den Bedingungen für die den Banken durch die Zentralbank zur Verfügung gestellte Liquidität. Der Tagesgeldzinssatz hängt damit von dem Volumen der Zentralbankguthaben der Banken und deren Verzinsung ab. Die geldpolitisch gewollte Beeinflussung dieser Marktbedingungen durch die EZB geschieht im Wege von so genannten **Offenmarktgeschäften**. Dies sind Kredit- und Einlagegeschäfte, die die EZB »am offenen Markt« anbietet, und die sich an die Kreditinstitute in ihrer Gesamtheit richtet, die somit in der Wahrnehmung eines solchen Geschäftes frei bleiben.

Eine wesentliche Rolle bei den Offenmarktoperationen der EZB spielt das **Hauptfinanzierungsinstrument**. Hierbei handelt es sich um wöchentlich an Kreditinstitute zu vergebende kurzfristige Kredite der EZB mit einer Laufzeit von zwei Wochen in Form von Wertpapierpensionsgeschäften oder von Pfandleihen. Durch die Ausgestaltung der Kreditbedingungen (Kreditvolumen oder Zins) versucht die EZB eine Steuerung der Zentralbankgeldmenge entsprechend ihrer geldpolitischen Zielstellungen. Der dem Hauptrefinanzierungsinstrument zugehörige Zins ist der so genannte **Leitzins** der EZB.

Die technische Durchführung dieser Art offenmarktpolitischer Operationen erfolgt im Wege von so genannten Tenderverfahren als Form der Versteigerung von Notenbankguthaben.

- Beim **Mengentender** gibt die EZB den Zinssatz vor, die Banken nennen die Menge an Zentralbankgeld, das sie zu diesem Zinssatz erhalten möchten (Mindestgebot 1 Mio. €).
- Beim **Zinstender** melden die Banken jenen Betrag an Zentralbankgeld, den sie ersteigern möchten, aber auch den Zinssatz, zu dem sie diesen Betrag erhalten möchten.

In beiden Fällen entscheidet die EZB auf der Basis der eingegangenen Gebote über die Zuteilung (Quote) und gegebenenfalls den Zuteilungszins. Bei Wertpapierpensionsgeschäften dieser Art kauft die Notenbank Wertpapiere zu einem festen Kurs und vereinbart mit den entsprechenden Banken den Kurs beim Rückkauf nach Fristablauf (Repo-Geschäft). Die Differenz zwischen Kauf- und Verkaufskurs entspricht dem von der EZB festgesetzten Zins.

Der Grundversorgung des Bankensystems mit Zentralbankgeld dient die **Basisfinanzierung** in Form **langfristiger Refinanzierungsgeschäfte** der EZB. Hierbei handelt es sich wiederum dominant um Wertpapierpensionsgeschäfte, die monatlich und mit einer Laufzeit von drei Monaten angeboten werden. Zinsen und Volumen werden durch die EZB bestimmt, die technische Durchführung geschieht in Form eines Zinstenders durch die nationalen Zentralbanken.

Im Rahmen von Offenmarktoperationen verfügt die EZB auch über **Feinsteuerungsinstrumente**. Hierbei handelt es sich um **sehr kurzfristige Operationen** am Geld- und Devisenmarkt. Diese sind, im Gegensatz zu den bisher beschriebenen Verfahren, nicht mit einer standardisierten Laufzeit versehen und finden nicht regelmäßig statt. Ihre technische Abwicklung erfolgt im Wege von Tenderverfahren. Auch so genannte **Devisenswapgeschäfte** gehören zur Kategorie der Feinsteuerungsinstrumente. Hierbei kauft die EZB Euro gegen eine Drittwährung (US-Dollar, Yen etc.) per Kassakurs und verkauft die entsprechende Währung gleichzeitig per Termin zum Terminkurs. Der liquiditätssteuernde Swapsatz entspricht der Differenz zwischen Termin- und Kassakurs mit Bezug auf den Kassakurs. Der Swapsatz beeinflusst die Anlageentscheidungen der Banken hinsichtlich des Vergleichs eines zinstragenden Engagements im Inland oder Ausland. Ist der Swapsatz beispielsweise niedriger als der Marktzins, sind die Erlöse einer Anlage im Inland niedriger als die Erlöse, die man mit der gleichen Anlage im Ausland erzielen könnte. Daher wird in diesem Falle ein Kapitalexport ausgelöst mit der Folge, dass sich das Kreditangebot auf dem heimischen Geldmarkt im geldpolitisch erwünschten Ausmaß verknappt.

Zur Feinsteuerung dienen auch die so genannten **definitiven Käufe oder Verkäufe von zentralbankfähigen Aktiva des ESZB am Markt**. Definitive Käufe wirken liquiditätserhöhend, definitive Verkäufe liquiditätssenkend. Diese Operationen finden unregelmäßig statt und werden im Wege bilateraler Geschäfte zwischen den nationalen Zentralbanken und einzelnen Geldinstituten abgewickelt.

Als weitere offenmarktpolitische Instrumente stehen der EZB noch so genannte **strukturelle Operationen** zur Verfügung. Die EZB hat das Recht, eigene Schuldverschreibungen in abgezinster Form und mit einer Laufzeit von weniger als zwölf Monaten über die nationalen Zentralbanken zu emittieren. Die Verteilung dieser Schuldverschreibungen, die eine Abschöpfung von Liquidität bewirken soll, erfolgt im Tenderverfahren. Ebenfalls in den Bereich struktureller Operationen gehört die fallweise Hereinnahme verzinslicher Terminanlagen von Kreditinstituten durch die nationalen Zentralbanken als ausführende Organe der EZB mit dem Ziel der Liquiditätsabschöpfung. Termineinlagen dieser Art sind mit einem festen Zinssatz und einer festen Laufzeit ausgestattet. Es wird kein standardisiertes Verfahren verwendet, die Hereinnahme dieser Termineinlagen erfolgt zumeist im Schnelltenderverfahren (einstündige Bieterrunde).

6.3.5.2 Dauerfazilitäten

Dauerfazilitäten beschreiben die Kredit- bzw. Ertragsbedingungen im Geschäftsverkehr der Kreditinstitute mit der EZB bzw. den jeweils zuständigen nationalen Zentralbanken, und zwar bis zum Beginn des jeweils kommenden Geschäftstages (»Übernachtgeschäfte«). Banken können zum einen bis zu dem genannten Zeitpunkt bei der EZB jederzeit und in unbegrenzter Höhe Einlagen zu einem festgelegten (relativ niedrigen) Zinssatz vornehmen. Diese Möglichkeit heißt **Einlagenfazilität**.

Bis zum Beginn des nächsten Geschäftstages können Kreditinstitute bei der Notenbank Kredite in unbegrenzter Höhe aufnehmen. Diese Möglichkeit der Liquiditätsbeschaffung heißt **marginale Refinanzierungsfazilität**. Der zugehörige Kreditzins liegt mit 2 % über dem der Einlagenfazilität, dem »Leitzins« der EZB innerhalb der so definierten Zinsmargen. Mit den geschilderten Möglichkeiten der Kreditinstitute, Einlagen vorzunehmen oder Kredite »über Nacht« aufzunehmen, stellt die EZB sicher, dass sich der Tagesgeldsatz am Geldmarkt nur innerhalb des geldpolitisch erwünschten Zinskorridors bewegen kann. Auch der »Leitzins« der EZB liegt innerhalb dieser Spanne. Lediglich der Zins für die **längerfristige Refinanzierungfazilität** (3-monatige Laufzeit) kann sich außerhalb dieser Zinsmarge bewegen.

6.3.5.3 Mindestreserven

Mindestreserven sind Guthaben, die die Kreditinstitute bei der Notenbank unterhalten müssen. In Höhe der Mindestreserven, auf die die Kreditinstitute prinzipiell nicht zurückgreifen können, wird dem Bankensektor Liquidität entzogen und damit die Möglichkeit zur Kreditschöpfung eingeschränkt.

Innerhalb des ESZB sind praktisch alle im Euro-Währungsraum niedergelassenen Banken, also auch Niederlassungen von Banken außerhalb des Währungsgebiets, mindestreservepflichtig. Der Umfang der als Mindestreserveguthaben im ESZB zu haltenden Beträge errechnet sich als Prozentsatz der vom ESZB festgelegten reservepflichtigen Verbindlichkeiten (Mindestreservebasis). Hierzu zählen die täglich fälligen Einlagen, Einlagen mit einer vereinbarten Laufzeit oder Kündigungsfrist von bis zu zwei Jahren, Schuldverschreibungen mit einer Laufzeit von bis zu zwei Jahren und Geldmarktpapiere. Diese Verbindlichkeiten sind mit einem Mindestreservesatz von derzeit 2% belegt (mögliche Bandbreite: 0–10 Prozent). Ein Mindestreservesatz von 0 % gilt derzeit für Verbindlichkeiten in Form von Einlagen mit vereinbarter Laufzeit oder vereinbarter Kündigungsfrist von über zwei Jahren, Repo-Geschäfte und Schuldverschreibungen mit vereinbarter Laufzeit von ebenfalls über zwei Jahren.

Nicht in die Mindestreservebasis einbezogen sind Verbindlichkeiten gegenüber Instituten, die selbst den ESZB-Mindestreservevorschriften unterliegen sowie auch Verbindlichkeiten gegenüber der EZB und den nationalen Zentralbanken.

Die Mindestreserveguthaben werden nunmehr verzinst. Der von der Notenbank gezahlte Zins entspricht dem durchschnittlichen Zins für das Hauptrefinanzierungsinstrument während der Mindestreserveerfüllungsperiode. Die betroffenen Kreditinstitute müssen das Mindestreservesoll lediglich im Monatsdurchschnitt erfüllen. Bei erheblichem kurzfristigen Liquiditätsbedarf kann ein Kreditinstitut sogar auf seine Mindestreserveguthaben zurückgreifen, womit diese auch als vorübergehende Liquiditätspuffer dienen können.

Kontrollfragen
1. Welche Funktionen des Geldes kennen Sie?
2. In welchen Erscheinungsformen kann Geld auftreten?
3. Welche Geldmengenaggregate werden unterschieden?
4. Was ist mit Geldwertstabilität gemeint?
5. Welche Inflationsarten unterscheidet man?
6. Welche Beziehungen bestehen zwischen Geldbasis und Geldschöpfungspotenzial?
7. Welcher Sachverhalt verbirgt sich hinter dem Begriff multiple Giralgeldschöpfung?
8. Worin besteht das geldpolitische Instrumentarium der EZB?

Aufgabe 12.10 *(Offenmarktoperationen) S. 510*

7 Außenwirtschaft

Die **außenwirtschaftlichen Verflechtungen** einer Volkswirtschaft mit der übrigen Welt zeigen sich in **Exporten und Importen** von Gütern und Dienstleistungen, von Kapital und in Transfers von Geldleistungen.

In aller Regel sind in den verschiedenen Volkswirtschaften jeweils eigene Währungsordnungen etabliert, deren Kennzeichen es ist, dass u. a. jeweils nur die nationalen Geldeinheiten gesetzliche Zahlungsmittel sind. Hieraus ergibt sich, dass die außenwirtschaftlichen Verflechtungen einer Volkswirtschaft sowohl unter güterwirtschaftlichem (realwirtschaftlichem) als auch unter geldwirtschaftlichem (monetärem) Aspekt sowie deren Verknüpfung betrachtet werden können. Bei Unterstellung bestimmter wirtschaftspolitischer und mit den außenwirtschaftlichen Aktivitäten verbundenen Zielen folgt hieraus staatlicher Handlungsbedarf in Form der Außenwirtschaftspolitik. Somit ist Gegenstand der Außenwirtschaftslehre auch die Analyse der Ziele und Instrumente der Außenwirtschaftspolitik.

7.1 Bestimmungsgründe des internationalen Handels

Der **Außenhandel,** der Export und Import von Gütern, bildet nur einen Teil, wenn auch einen wesentlichen, der außenwirtschaftlichen Aktivitäten einer Volkswirtschaft. Die Ursachen für den internationalen Handel werden grundsätzlich in dessen wohlfahrtssteigernder Wirkung für die am Außenhandel beteiligten Länder gefunden (internationale Arbeitsteilung). Dies scheint unmittelbar einzuleuchten für den Fall, dass Länder jene Güter gegeneinander tauschen, die im jeweiligen Partnerland nicht produziert werden oder nicht produziert werden können. Insofern besitzen die beteiligten Volkswirtschaften einen **absoluten Kostenvorteil** bei den jeweils gemeinten Gütern.

Aber auch für den Fall, dass Länder alle tauschbaren Güter selbst produzieren können, ist die Aufnahme von Außenhandelsbeziehungen – bei entsprechender Spezialisierung – dann vorteilhaft, wenn Volkswirtschaften hinsichtlich ihrer Ausstattung mit Produktionsfaktoren nicht gleich gestellt sind und somit im Hinblick auf die (internen) Kostenrelationen der Produktion handelbarer Güter Unterschiede aufweisen. Insofern verfügen Volkswirtschaften dann über **vergleichsweise (komparative) Kos-**

tenvorteile gegenüber den potenziellen Handelspartnern bei der Produktion entsprechender Güter.

Komparative Kostenvorteile als Ursache der (wohlfahrtssteigernden) Wirkungen des Außenhandels lassen sich zurückführen auf die in aller Regel unterschiedliche Ausstattung verschiedener Volkswirtschaften mit Produktionsfaktoren unter quantitativem und qualitativem Aspekt einschließlich der Verfügbarkeit von (natürlichen) Rohstoffen. Aufgrund des auch auf den Faktormärkten unter marktwirtschaftlichen Bedingungen wirksamen Preismechanismus können sich die Unternehmen einzelner Branchen auf die Produktion jener Produkte spezialisieren, bei denen sie auf der Grundlage vergleichsweise geringerer Kosten der Konkurrenz in Partnerländern überlegen sind. Länder mit vergleichsweise reichlicher Ausstattung an Arbeitskraft werden dadurch aufgrund komparativ niedrigerer Lohnkosten arbeitsintensiv hergestellte Produkte exportieren können, Länder mit vergleichsweise reichlicher Kapitalausstattung und damit einhergehend relativ geringeren Kapitalkosten werden kapitalintensive Produkte exportieren. Diese Aussagen bilden den Inhalt des sog. HECKSCHER-OHLIN-Theorems.

Empirische Untersuchungen des Handels zwischen entwickelten Volkswirtschaften zeigen allerdings auch das im Sinne des HECKSCHER-OHLIN-Theorems paradoxe Ergebnis (LEONTIEF-Paradoxon), dass z.B. die USA zu bestimmten Zeiten arbeitsintensive Produkte exportierten, anstatt, wie aufgrund ihrer vergleichsweise reicheren Kapitalausstattung zu erwarten, kapitalintensive Produkte auszuführen. Die Erklärung ergibt sich daraus, dass bei der Begründung der Vorteilhaftigkeit des Exports von Gütern nicht nur die quantitative Ausstattung der Volkswirtschaften mit Produktionsfaktoren eine Rolle spielt, sondern auch deren jeweilige Qualität, d.h. im geschilderten Fall relativ niedriger Preise der entsprechenden Exportgüter.

Aber auch im internationalen Austausch von Produkten gleicher Branchen (intraindustrieller Handel) lassen sich die wirtschaftlichen Vorteile des Außenhandels nachweisen. Hierbei genügen schon (relativ geringe) komparative Kostenvorteile, um bedeutsame Außenhandelsströme auszulösen, die sich z.B. im Austausch von Autos gegen Autos, Fernsehapparaten gegen Fernsehapparate, Maschinen gegen Maschinen usw. manifestieren.

Die wirtschaftliche Vorteilhaftigkeit des Außenhandels lässt sich an einem Beispiel der Abbildung 7.1 erläutern.

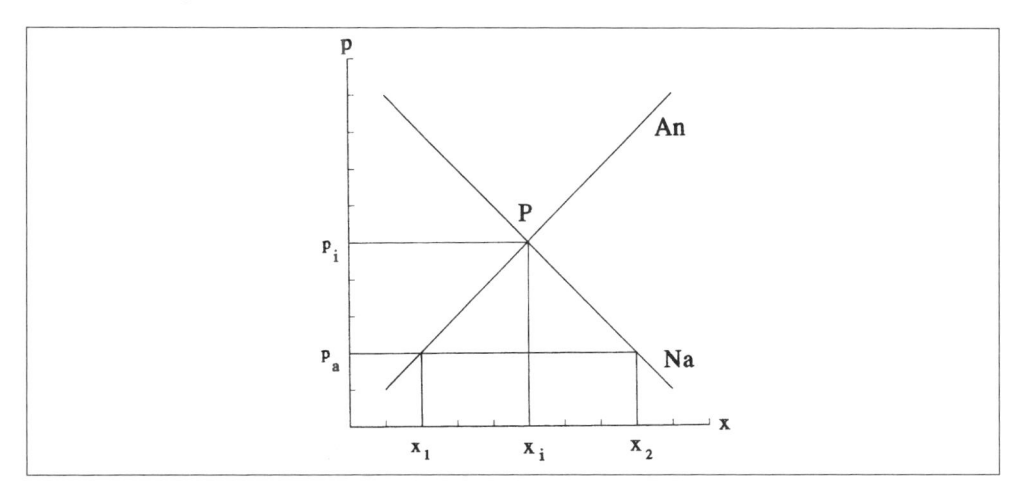

Abb. 7.1: Markt eines Importgutes

Der Markt eines Gutes (x) zeigt bei außenwirtschaftlicher Isolierung die Gleichgewichtssituation (P) mit (p_i) dem Gleichgewichtspreis und (x_i) der zugehörigen Gleichgewichtsmenge. Da das Gut (x) bei außenwirtschaftlicher Öffnung aufgrund komparativer ausländischer Kostenvorteile billiger angeboten werden kann, sinkt der Preis auf (p_a), der nunmehr dem Weltmarktpreis entspricht. Zu diesem Preis bieten die inländischen Anbieter die Menge (x_1) an, die Nachfrage beträgt (x_2) Einheiten, sodass die Differenz zwischen (x_2) und (x_1) die importierte Menge darstellt. Bei anderen Produkten mag die betrachtete Volkswirtschaft ihrerseits komparative Kostenvorteile im Angebot ihrer Produkte besitzen und im Wege der Produktionsspezialisierung auf diese Weise die entsprechende Importnachfrage des Auslandes befriedigen. In Summe lässt sich daraus erkennen, dass Außenhandel im Sinne von Freihandel für alle am internationalen Handel teilnehmenden Länder von Vorteil ist, weil die insgesamt zur Verfügung stehende Gütermenge größer ist als bei isolierter (autarker) Wirtschaftsweise.

7.2 Devisenmarkt und Wechselkurs

Der ökonomische Anreiz zu internationalem Handel ergibt sich letztlich für die Exporteure von Gütern und Dienstleistungen aus den zu erwartenden höheren Exporterlösen im Vergleich zum Absatz der entsprechenden Produkte lediglich im Inland und für die Importeure aus den relativ günstigeren Bezügen der entsprechenden Produkte und Leistungen aus dem Ausland im Vergleich zu den Bezugsbedingungen der eigenen Volkswirtschaft. Die gleichen Überlegungen gelten auch hinsichtlich des Exports oder Imports anlagesuchenden Kapitals.

Unmittelbare Vergleiche der genannten Art sind aber dann nicht möglich, wenn, wie in aller Regel, die Preise von Produkten und Dienstleistungen sowie die möglichen ausländischen Zinsaufwendungen oder -erträge und sonstige zu transferierende Beträge in jeweils nationalen Geldeinheiten ausgedrückt werden. So erlösen Exporteure in der Regel auf ausländische Währungseinheiten lautende Geldbeträge (USD, FRF, NFL, SFR etc.), während Importeure die empfangenen Güter und Leistungen in ausländischen Währungseinheiten zu begleichen haben. Kapitalexporteure benötigen eine entsprechende Menge ausländischer Währungseinheiten, während Kapitalimporteure über eine entsprechende Menge ausländischer Währungseinheiten verfügen.

Da in den nationalen Volkswirtschaften nur das heimische Geld in vollem Umfange Geldfunktionen ausübt, besteht die Notwendigkeit, ausländische Währungseinheiten in einheimische zu tauschen. Dies wird, bei Unterstellung von **Konvertibilität**, d. h. (prinzipiell) freier Umtauschbarkeit der Währungen untereinander, durch den Preisbildungsprozess auf den Devisenmärkten vollzogen.

Devisen sind also auf ausländische Währungseinheiten lautendes Geld, deren jeweiliger Wert sich in Form entsprechender Preise aus den Angebots- und Nachfragebedingungen auf den Devisenmärkten ergibt. Der Preis für eine Einheit einer Devise heißt **Wechselkurs** oder auch **Devisenkurs.** Wechselkurse/Devisenkurse können als **Preiswechselkurs** (Preisnotierung) **oder Mengenwechselkurs** (Mengennotierung) angegeben werden. Beim **Preiswechselkurs** (w_P) lautet die Notierung z. B. in Bezug auf den Euro im Verhältnis zum US-Dollar.

(1) $w_P = \dfrac{\text{€}}{\$}$

Die **Preisnotierung,** d. h. **Preiswechselkurs (w_P)**, gibt an, welcher **Preis** in heimischer Währung (Euro) gerechnet für den Kauf **einer Einheit einer ausländischen**

Währung (z. B. den US-Dollar), gezahlt werden muss bzw. welcher Gegenwert in heimischer Währung (Euro) gerechnet für die Hergabe eines Dollars erlöst werden kann.

Die **Mengennotierung,** der **Mengenwechselkurs (w_M)** also – die offizielle Form der Wechselkursnotierungen durch die EZB – gibt an, welche **Menge** an ausländischen Währungseinheiten (z. B. an US-Dollar), gegen **eine Einheit der heimischen Währung** (Euro) auf dem Devisenmarkt getauscht werden kann. Es entspricht daher der Mengenwechselkurs (w_M) dem reziproken Wert des Preiswechselkurses (w_P).

(2) $w_M = \dfrac{\$}{€} = \dfrac{1}{w_P}$

Lautet z. B. der Wechselkurs des Euro in der Mengennotierung 1,25 US-Dollar pro Euro, so ergibt sich daraus ein Wechselkurs des Euro in der Preisnotierung von 0,80 € pro US-Dollar.

Ausländische Bargeldbeträge heißen **Sorten**, die zum Sortenkurs gehandelt werden. Im Folgenden soll jeweils mit dem Wechsel- bzw. Devisenkurs die Preisnotierung (z. B. $w_P\left(\dfrac{\$}{€}\right)$) gemeint sein.

Der Devisenkurs bildet sich im Schnittpunkt von Devisenangebots- und Devisennachfragefunktion, wie in Abbildung 7.2 dargestellt.

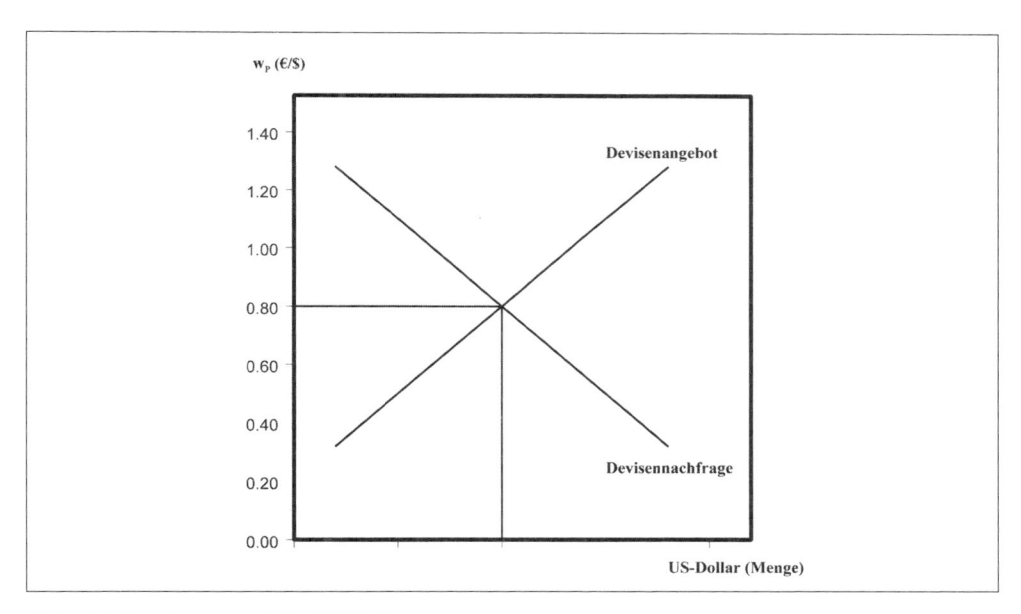

Abb. 7.2: Devisenmarkt für US-Dollar

Wie oben dargelegt, entstammt das Devisenangebot den Exporterlösen: dem Export heimischer Güter und Dienstleistungen sowie dem Kapitalexport des Auslandes (Kapitalimport). Die Devisennachfrage resultiert aus der zur Begleichung der importierten Güter und Dienstleistungen erforderlichen Devisenmenge sowie aus der Nachfrage nach Devisen zum Zwecke des Kapitalexports. Hinzu kommen eventuell noch Devisenangebote bzw. -nachfragen, die in der Zahlungsbilanz als unentgeltliche Übertragungen ausgewiesen werden (z. B. Überweisungen von Geldbeträgen durch Gastarbeiter an das Heimatland und umgekehrt). Änderungen im Devisenangebot und in der Devisennachfrage können sich aus Änderungen der jeweiligen Export- bzw. Importbedingungen für Güter und Dienstleistungen sowie der Zinsrelationen, d. h. der Preisverhältnisse von Inlands- zu Auslandspreisen, ergeben. Stellt man lediglich auf die Preise handelbarer Güter ab, so wird im Wechselkurs (w) (langfristig) die in der im Verhältnis des jeweiligen Preisniveau des Inlands (P_I) zu dem des Auslandes (P_A) zum Ausdruck kommende Kaufkraft der Währungen zueinander reflektiert. Es gilt dann

(5) $P_I = w \cdot P_A$

oder

(6) $w = \dfrac{P_I}{P_A}$

Gleichung (6) ist der mathematisch formulierte Ausdruck für die ökonomisch begründbare Tatsache, dass sich im Wechselkurs (tendenziell und langfristig) die **Kaufkraftparitäten** zweier Währungen widerspiegeln.

7.3 Wechselkurssysteme

Die Bildung von Wechselkursen wird bedingt durch das jeweils ordnungspolitisch institutionalisierte Wechselkursregime (Wechselkurssystem). Zu unterscheiden sind mit Bezug hierauf prinzipiell zwei Grundtypen: Wechselkursregime mit freier Devisenkursbildung (freie Wechselkurse) und solche, die Varianten staatlicher Kursfixierung (Fixkurse – Fixkurse mit Bandbreiten) darstellen.

7.3.1 Freie Wechselkurse

Freie Wechselkurse oder frei floatende Wechselkurse bilden sich auf der Grundlage der Angebots- und Nachfragebedingungen auf prinzipiell offenen und nach den Grundsätzen des Wettbewerbs gestalteten Devisenmärkten. Dies schließt die grundsätzlich freie Konvertibilität der betreffenden Währungen zwecks Finanzierung aller außenwirtschaftlich relevanter ökonomischer Transaktionen ein. Je nach Änderung der Angebots- und/oder Nachfragebedingungen gehen damit (täglich) schwankende Wechselkurse einher, wie beispielhaft aus den Abbildungen 7.3 und 7.4 zu entnehmen ist.

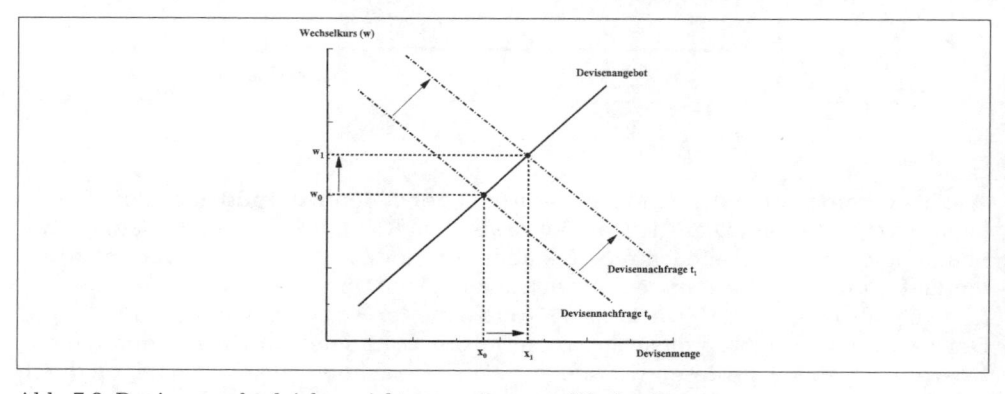

Abb. 7.3: Devisenmarktgleichgewichte – gestiegener Wechselkurs

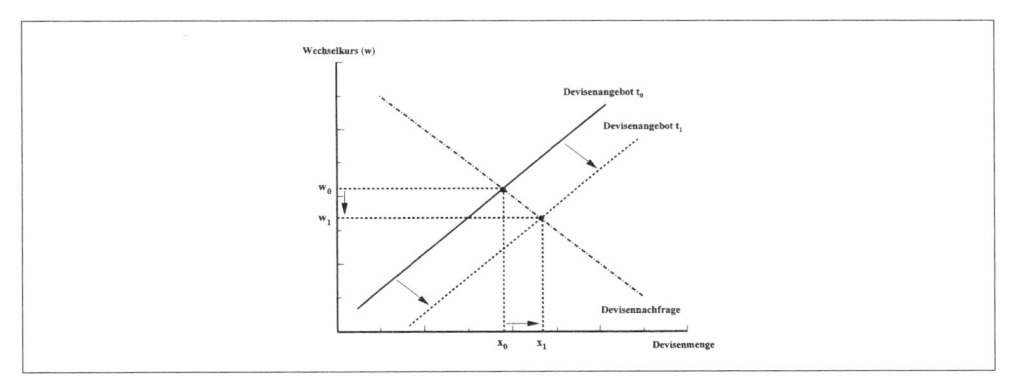

Abb. 7.4: Devisenmarktgleichgewichte – gesunkener Wechselkurs

Ein sinkender Wechselkurs in Form der **Preisnotierung** bedeutet eine Aufwertung, ein steigender Wechselkurs eine Abwertung der heimischen Währung; umgekehrt die entsprechende Wertung für die fragliche ausländische Währung. Bei einer **Mengennotierung** kehren sich die beschriebenen Wertungen wiederum entsprechend um. Ein Regime freier (frei floatender) Wechselkurse muss Devisenmarktinterventionen der betreffenden nationalen Notenbank oder der beteiligten Notenbanken nicht ausschließen. Devisenmarktinterventionen von Notenbanken geschehen zum Zwecke der Kurspflege, um extreme Schwankungen von Wechselkursen zu verhindern oder zu dämpfen.

7.3.2 Fixe Wechselkurse mit Bandbreiten

Kennzeichen eines solchen Wechselkursregimes ist die staatliche Fixierung von Bandbreiten, innerhalb derer sich der Wechselkurs einer Währung nur bilden kann. Basis der Wahl der Bandbreitenfixierung ist prinzipiell die Vermutung, dass sich unter normalen Umständen ein Wechselkurs innerhalb der Bandbreiten ergibt, der der jeweiligen Kaufkraftparität der betreffenden Währung entspricht. Dieser Kurs wird als **Leitkurs** (Fixkurs) definiert, auf dessen Grundlage die obere (+ (x) %) und die untere Bandbreite (– (x)%) als prozentuale Abweichung hiervon festgelegt wird.

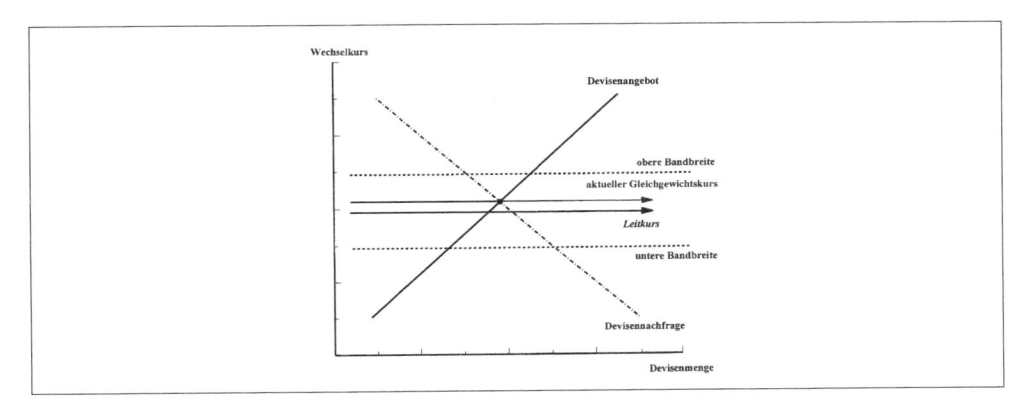

Abb. 7.5: Fixer Wechselkurs mit Bandbreiten

Ein Wechselkursregime des geschilderten Typs kann grundsätzlich von einem einzelnen Land isoliert etabliert werden. Bei der Ausrichtung der Wechselkurse verschiedener Währungen an einem **Leitkurs** gegenüber einer einzigen (dominanten) Währung, z. B. dem US-Dollar, wie historisch gesehen im System von Bretton Woods, handelt es sich dann um ein internationales Wechselkurssystem des geschilderten Typs mit mehreren beteiligten Ländern. Indem jedes des diesem System angehörende Land (beispielsweise Deutschland (DEM), Frankreich (FRF), Niederlande (NLG), USA (USD)) den Wechselkurs seiner Währung gegenüber der Leitwährung (USD) entsprechend den geschilderten ökonomischen Voraussetzungen fixiert (z. B. 2 DEM = 1 USD; 6 FRF = 1 USD; 2,50 NFL = 1 USD usw.) lässt sich damit ein **Paritätengitter** zur Festlegung von Leitkursen der Währungen untereinander und damit auch zur Bestimmung der jeweiligen Bandbreiten errechnen. Die Leitkurse, errechnet als Kreuzparitäten, würden sich aus deutscher Sicht entsprechend dem obigen Beispiel wie folgt ergeben: 2,0000 DEM = 1 USD, 0,3333 DEM = 1 FRF, 0,8000 DEM = 1 NFL. In gleicher Weise werden in jedem anderen Land die entsprechenden Kurse fixiert und gemäß den vereinbarten prozentualen Abweichungsmöglichkeiten die jeweiligen Bandbreiten festgelegt. Das vollständige Paritätengitter der Leitkurse des Beispiels und der oberen und unteren Bandbreiten (±2 vH Abweichung vom jeweiligen Leitkurs) zeigt die Abbildung 7.6.

	DEM	FRF	NFL	USD
obere Bandbreite DEM-Leitkurs untere Bandbreite	—	0,3400 0,3333 0,3266	0,8160 0,8000 0,7840	2,040 2,000 1,9600
obere Bandbreite FRF-Leitkurs untere Bandbreite	3,0600 3,0000 2,9400	—	2,4480 2,4000 2,3520	6,1200 6,0000 5,8800
obere Bandbreite NFL-Leitkurs untere Bandbreite	1,2750 1,2500 1,2250	0,4250 0,4167 0,4084	—	2,5500 2,5000 2,4500
obere Bandbreite USD-Leitkurs untere Bandbreite	0,5100 0,5000 0,4900	0,1700 0,1667 0,1634	0,4080 0,4000 0,3920	—

Abb. 7.6: Paritätengitter eines Systems fixer Wechselkurse mit Bandbreiten (± 2% des Leitkurses)

Ökonomisch begründet wird die Einführung eines solchen Wechselkursregimes damit, dass es den betroffenen Wirtschaftsakteuren (Exporteure, Importeure, Kapitalanleger im grenzüberschreitenden Kapitalverkehr) eine relativ sichere Kalkulationsbasis bietet. Das Wechselkursrisiko vermindert sich, und somit sinken dann auch die mit den internationalen Transaktionen verbundenen Kurssicherungskosten.

Die **obere Bandbreite** stellt die Obergrenze dar, die ein Wechselkurs nicht nach oben durchbrechen darf. Die **untere Bandbreite** bezeichnet entsprechend die Untergrenze, unter die der Wechselkurs aufgrund von Angebot und Nachfrage nicht fallen darf. Innerhalb der Bandbreiten kann sich der Wechselkurs nach den Regeln der freien Kursbestimmung bilden. Droht ein Wechselkurs die obere bzw. die untere Bandbreite zu durchbrechen, hat die betreffende Zentralnotenbank auf dem entsprechenden Devisenmarkt in stabilisierender Weise zu intervenieren, wie in den Abbildungen 7.7 und 7.8 beispielhaft gezeigt wird.

Im Falle der Abbildung 7.7 entsteht infolge einer relativ zu hohen Devisennachfrage ein Nachfrageüberschuss an Devisen, den die Zentralnotenbank durch Verkauf einer entsprechenden Menge der betreffenden Devisen, also durch Erhöhung des Devisenangebots, mindestens auszugleichen hat. Die in Abbildung 7.8 dargestellte Situation zeigt einen aufgrund der Marktbedingungen entstandenen Angebotsüberschuss. Dieser ist durch Intervention der Zentralnotenbank in der Weise zu eliminieren, dass sie die entsprechende Menge an Devisen aufkauft, das heißt die Nachfrage nach Devisen dadurch erhöht wird. In beiden Fällen soll die entsprechende Intervention den Wechselkurs in den Bereich der fixierten Bandbreiten zurückbringen. Je enger die Bandbreiten definiert sind, umso höher ist die Wahrscheinlichkeit notwendiger Wechselkursinterventionen.

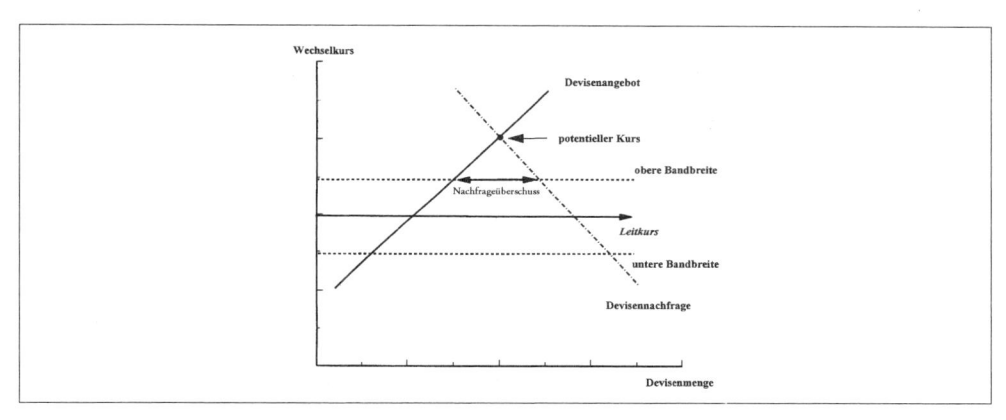

Abb. 7.7: Devisenmarktungleichgewicht an der oberen Bandbreite

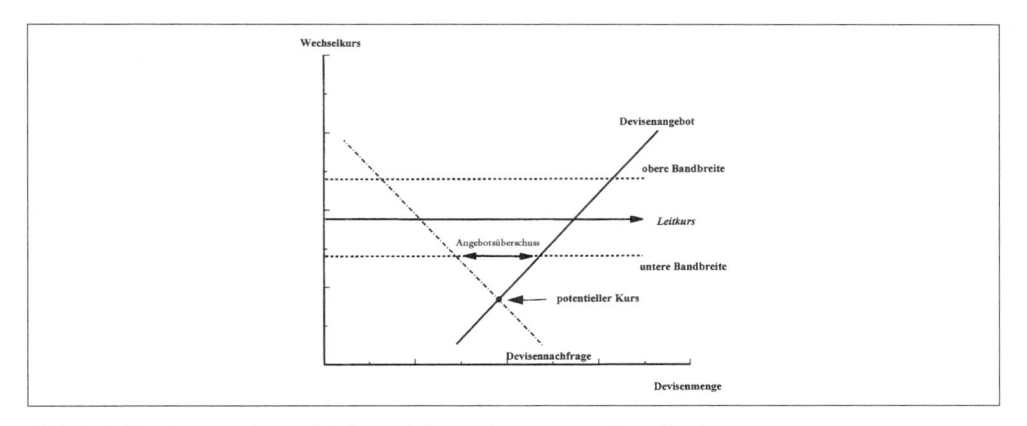

Abb. 7.8: Devisenmarktungleichgewicht an der unteren Bandbreite

Die Stabilität eines solchen Wechselkursregimes hängt davon ab, inwieweit bei der Fixierung der Leitkurse und Bandbreiten und im Verlauf der Zeit den ökonomischen Grunddaten, insbesondere den jeweiligen Kaufkraftparitäten, entsprochen wurde und wird. Eine dauerhafte Verletzung dieses Erfordernisses führt zu ständigen Interventionen. Permanente Interventionen an der oberen Bandbreite haben letztlich den Verlust aller Devisenreserven zur Folge. Permanente Interventionen an der unteren Bandbreite vermehren die heimische wirksame Geldmenge über das stabilitätspolitisch definierte Volumen hinaus mit dem Ergebnis hierdurch verursachter inflationärer Prozesse (importierte Inflation). Eine Stabilisierung des Wechselkurssystems dieser Art kann nur im Wege mehr oder minder häufiger Anpassungen der unterstellten Leitkurse und Bandbreiten an die geänderten Grunddaten (realignments) oder durch stabilitätspolitisch gleichgerichtete Entwicklungen der über den Wechselkurs miteinander verbundenen Volkswirtschaften erfolgen.

7.4 Ziele und Instrumente der Außenwirtschaftspolitik

Die **Außenwirtschaftspolitik** versucht, die Exporte und Importe von Gütern und Dienstleistungen sowie von Kapital entsprechend den nationalen wirtschaftspolitischen Zielstellungen zu lenken. Kapitalimport oder -export kann bei freier Konvertibilität der Währungen beeinflusst werden über die (geldpolitische) Gestaltung des heimischen Zinsniveaus und/oder durch entsprechende Swapsatzpolitik.

Durch **Außenhandelspolitik** sollen die Güter- und Leistungsströme zwischen den einzelnen Volkswirtschaften beeinflusst werden mit dem Ziel, die Mengenzusammensetzung und die Preisverhältnisse der gehandelten Güter (terms of trade) zugunsten des eigenen Landes zu verändern. Die terms of trade (tot) sind definiert als

$$(1) \ tot = \frac{P_E}{P_I}$$

wobei (P_E) die Entwicklung des Preisniveaus (des Preisindexes) der exportierten und (P_I) die Entwicklung des Preisniveaus (des Preisindexes) der importierten Güter meint. Eine vergleichsweise stärkere Steigerung der Exportgüterpreise gegenüber den Importgüterpreisen (beides in heimischer Währung gemessen) signalisiert bessere Exportchancen und damit Wachstums- und Beschäftigungsimpulse und umgekehrt.

Die **Außenhandelspolitik** im engeren Sinne verfügt über das folgende **Instrumentarium:** Zölle, Kontingente, nicht-tarifäre Handelsvorschriften, Zahlungsmodalitäten, Handelsverträge.

Zölle

Zölle sind Abgaben, die durch nationale Zollbehörden im grenzüberschreitenden Warenverkehr erhoben werden. Sie sind bis in die Gegenwart hinein ein wichtiges Instrument zur Beeinflussung der internationalen Warenströme geblieben. Je nach der Erhebungsgrundlage unterscheidet man: Mengen- und Gewichtszölle, Wertzölle, Mischzölle.

Der (formale) Anlass für die Erhebung eines Zolls kann der Import, Export oder die Durchfuhr von Waren sein. Hiernach gibt es: Einfuhrzölle (Importzölle), Ausfuhrzölle (Exportzölle), Durchfuhrzölle.

Je nach handels- und allgemein wirtschaftspolitischer Zielstellung lassen sich diese Zollarten als **Finanzzölle** und/oder **Schutzzölle** interpretieren. Finanzzölle sind Zölle, wenn deren (primärer) Zweck in der Erzielung von Budgeteinnahmen besteht. Schutzzölle werden, zumeist als Einfuhrzölle, zum Schutz von (noch) schwachen, international (noch) nicht wettbewerbsfähigen Branchen erhoben. Sie sollen eine erzieherische Wirkung haben **(Schutzzoll als Erziehungszoll).** Diese dürften jedoch nur dann eintreten, wenn der zunächst gesetzte Zollsatz in bestimmten (festgelegten) Abständen gesenkt wird. Als Schutzzölle fungieren auch so genannte **Antidumping-Zölle,** die die jeweils betroffene heimische Branche vor unfairen Handelspraktiken des Auslandes schützen sollen.

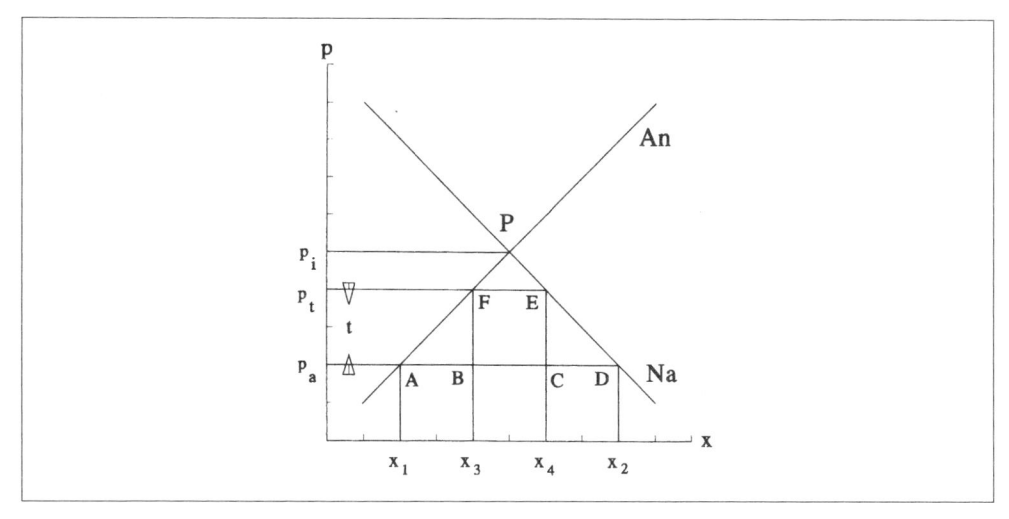

Abb. 7.9: Importzoll

Die **Wirkungen eines Zolls** (Importzolls) lassen sich am Beispiel der Einführung eines **Mengenzolls** (Zolltarif: €-Zollbetrag [t] pro importierter Mengeneinheit) entsprechend Abbildung 7.9 demonstrieren und darstellen.

Bei Freihandel stellt sich das Marktgleichgewicht beim dann geltenden Weltmarktpreis (p_a) ein. Das Inland produziert die Menge (x_1), es wird die Menge (x_2) nachgefragt, die Differenz von ($x_2 - x_1$) importiert. Infolge des Zolls in Höhe von (t) steigt der Inlandspreis nunmehr auf (p_t), was zwar eine Ausweitung der heimischen Produktion auf (x_3) zur Folge hat, aber auch einen Rückgang der Nachfrage auf (x_4) und der Importmenge auf die Differenz ($x_4 - x_3$). Die Fläche unterhalb der Nachfragekurve (N), vom Prohibitivpreis bis zum gültigen Marktpreis gerechnet, bezeichnet die sog. **Konsumentenrente**. Mit der **Produzentenrente** wird die Fläche oberhalb der Angebotskurve (A) in den Grenzen des Minimumpreises und des Marktpreises beschrieben. Mit der Einführung des Zolls steigt zwar die Produzentenrente um den wertmäßigen Inhalt der Fläche (p_a,A,F,p_t), die Zolleinnahmen des Staates entsprechen dem Wertinhalt des Rechtecks (B,C,E,F), die Konsumentenrente sinkt aber um den Betrag der Fläche (p_a,D,E,p_t). Während zunächst die Zunahme der Produzentenrente und die Zolleinnahmen des Staates volkswirtschaftlich gesehen lediglich als Umverteilung zu Lasten der Konsumentenrente interpretiert werden kann, insofern also keinen Wohlfahrtsverlust darstellt, sind die **Nettowohlstandsverluste** zu Lasten der Konsumentenrente gleichwohl eingetreten, nämlich in Summe der Dreiecke (A,B,F) und (C,D,E). Ein Zoll, der den Preis auf den Gleichgewichtspreis (p_i) bei isolierter Wirtschaftsweise erhöhen würde, führt zur Unterbrechung des internationalen Handels mit dem in Rede stehenden Produkt.

Kontingente

Außenhandelskontingente können als **Mengen- oder Wertkontingente** den Import oder auch (in selteneren Fällen) den Export von Gütern betreffen. Die Argumente für die Kontingentierung von Importen sind ähnlich denen zur Begründung von Importzöllen. Die Wirkungen eines Mengenkontingents sind der Abbildung 7.10 zu entnehmen.

Hierbei stellt (k) das Mengenkontingent dar, das die ursprünglich importierte Menge reduzieren muss, da sonst diese Maßnahme ihren Schutzzweck nicht erfüllen würde.

Die volkswirtschaftlichen Wirkungen gleichen denen des Beispiels eines Wertzolls, allerdings mit dem Unterschied, dass der Staat an den Umverteilungswirkungen zu Lasten der Konsumentenrente nicht partizipiert. Wiederum steigt der Preis infolge der Kontingentierung auf (p_k). Die Mengeneffekte mögen denen des obigen Beispiels entsprechen. Nunmehr entspricht der Bruttoverlust an Konsumentenrente der Fläche (p_a,D,E,p_k), wovon infolge Umverteilung eine Erhöhung der Produzentenrente zu Lasten der Konsumentenrente entsprechend der Fläche (p_a,A,F,p_k) zu subtrahieren ist, sodass der volkswirtschaftliche Wohlfahrtsverlust netto und zu Lasten der Konsumentenrente durch den Wertinhalt der Fläche (A,D,E,F) repräsentiert wird.

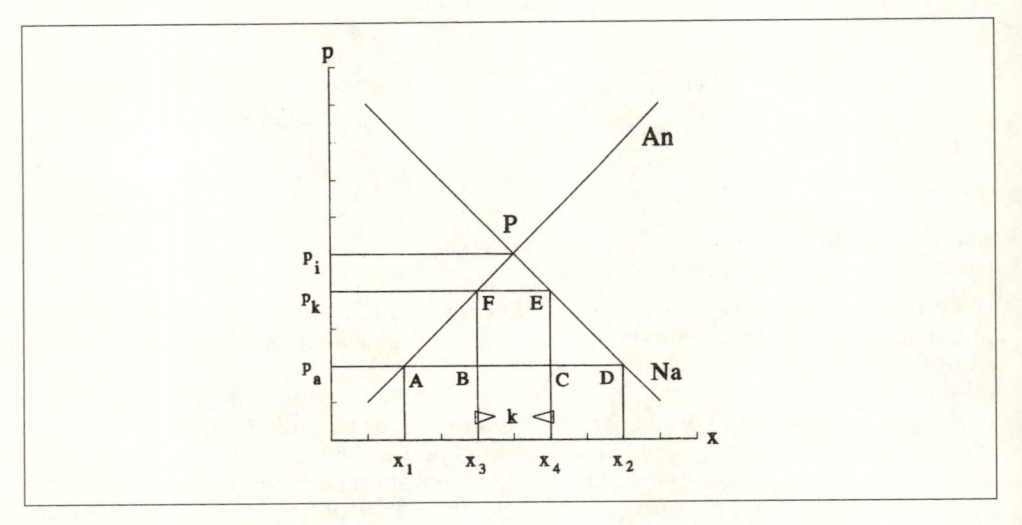

Abb. 7.10: Importkontingent

Nicht-tarifäre Handelsvorschriften
Nicht-tarifäre Handelsvorschriften stellen Handelshemmnisse dar. Ihre Begründung finden sie oft in allgemeinen gesundheitspolitischen Erfordernissen zwecks Einhaltung nationaler Hygiene- und Sicherheitsstandards bei der Einfuhr von Gütern oder verwaltungstechnischen Erfordernissen (Einfuhrformalitäten). Oftmals werden nicht-tarifäre Handelsvorschriften (versteckt) zu protektionistischen Zwecken eingeführt oder verschärft.

Zahlungsmodalitäten
Zahlungsmodalitäten im Außenwirtschaftsverkehr können ebenfalls als außenhandelspolitische Instrumente eingesetzt werden. Hierbei handelt es sich, je nach verfolgtem Zweck, um die Zahlung von Exportprämien und/oder die Gewährung von Steuer- und Zollvergünstigungen.

Handelsverträge
Handelsverträge dienen dann als Instrumente der Außenhandelspolitik, wenn in ihnen direkte (z.B. mengen- oder wertmäßige) Vereinbarungen über die Gestaltung von Warenströmen zwischen den vertragschließenden Staaten getroffen werden. Hierunter fallen z.B. vereinbarte Handelsbegünstigungen (Meistbegünstigungsklausel), Rohstoffabkommen (Kakao, Kaffee etc.), aber auch Selbstbeschränkungsabkommen (Automobile, Chips, HiFi-Anlagen, Videorecorder, Textilien etc.). Auch diese Form

der Handelspolitik zeigt ökonomisch nachteilige Wirkungen. **Meistbegünstigungsklauseln** bevorzugen einseitig die jeweils vertragschließenden Parteien (Handelsblockbildung); **Rohstoffabkommen** fördern Monokulturen, und **Selbstbeschränkungsabkommen** schädigen sowohl das exportierende als auch das importierende Land, weil die Preise der betroffenen Güter in aller Regel steigen und die Versorgung mit den entsprechenden Gütern der Menge nach sinkt.

Kontrollfragen
1. Auf welche Weise lässt sich die ökonomische Vorteilhaftigkeit internationalen Handels nach der Theorie der komparativen Kostenvorteile begründen?
2. Welche Wechselkurssysteme lassen sich unterscheiden, und durch welche Charakteristika sind diese geprägt?
3. Was sind Devisen, was Sorten?
4. Was besagt die Kaufkraftparitätentheorie?
5. Über welche Instrumente verfügt die Außenhandelspolitik?
6. Welche Zollarten kennen Sie?
7. Welche Wirkungen haben Importzölle, welche Importkontingente?

Aufgabe 12.11 *(Wechselkurs und Kaufkraftparität) S. 510*

Aufgabe 12.12 *(Selbstbeschränkungsabkommen) S. 510*

8 Ökonomie und Ökologie

Die **Umwelt** bildet jenen natürlichen Lebensraum, innerhalb dessen sich menschliches Leben und damit auch die wirtschaftlichen Aktivitäten vollziehen. Im weitesten Sinne lässt sich Umwelt mit dem physischen, biologischen und sozialen Umfeld einer Gesellschaft, von sozialen Gruppen oder Individuen fassen. Beschreiben kann man die Umweltsituation durch eine dementsprechende Erfassung des Zustandes und der Veränderung der **Umweltmedien** Wasser, Luft und Boden sowie der Tier- und Pflanzenwelt, aber auch von Landschaften und Bodenschätzen. Die Verknüpfung von Ökonomie, der Wissenschaft vom Wirtschaften, und Ökologie, der Wissenschaft von der Umwelt, lässt sich daraus erklären, dass Produktion und Konsumtion von Gütern im weitesten Sinne die so beschriebene Umwelt als Ressource nutzen und gleichzeitig mit Produktion und Konsumtion verbundene Belastungen an diese abgeben.

8.1 Umweltnutzung und Wirtschaften

Die **wirtschaftliche Nutzung der Umwelt** wurde dadurch zu einem Problem, dass diese nicht mehr als freies Gut zu betrachten ist. Mit wachsender Bevölkerung und zunehmender Produktion stieg die Nutzung der Umwelt über jenes Maß hinaus, das das Regenerationsvermögen der natürlichen Umwelt darstellt. Durch die Spezifika der Preisbildung in entsprechenden Märkten wurde eine ökonomische Übernutzung erneuerbarer und nicht erneuerbarer natürlicher Ressourcen bewirkt.

Betrachtet man die Darbietungen und Nutzungsmöglichkeiten der Umwelt als Umweltgüter, so lassen sich nach dem eben Gesagten sowohl Angebots- als auch Nachfrageaspekte derselben unterscheiden. Fasst man die Umweltgüter in ihrer Summe als einen Bestand an natürlichen Ressourcen auf, so bestimmt sich ihr Angebotscharakter dadurch, dass diese

- die Menschen mit lebensnotwendigen Konsumgütern (Luft, Wasser, Boden) versorgen und Möglichkeiten zur Erholung und Freizeitgestaltung in natürlicher Umgebung ermöglichen,
- in Form pflanzlicher und tierischer Rohstoffe oder Boden als Standort der Produktion (des Abbaus und des Anbaus) in die Produktionsprozesse eingehen und
- die an die Umwelt abgegebenen Rückstände von Produktion und Konsumtion (Emissionen) aufnehmen.

Hierbei ist allerdings zu bedenken, dass die mit der Nutzung von Umweltgütern verbundenen Belastungen durch Emissionen (Luft- und Wasserverschmutzungen, Abfälle, Lärm usw.), soweit sie nicht durch die natürliche Umwelt absorbiert werden können, als Immissionen wieder dem Wirtschaftskreislauf zugeführt werden. Die aufgezeigten Zusammenhänge sind in ihren Verknüpfungen in Abbildung 8.1 dargestellt.

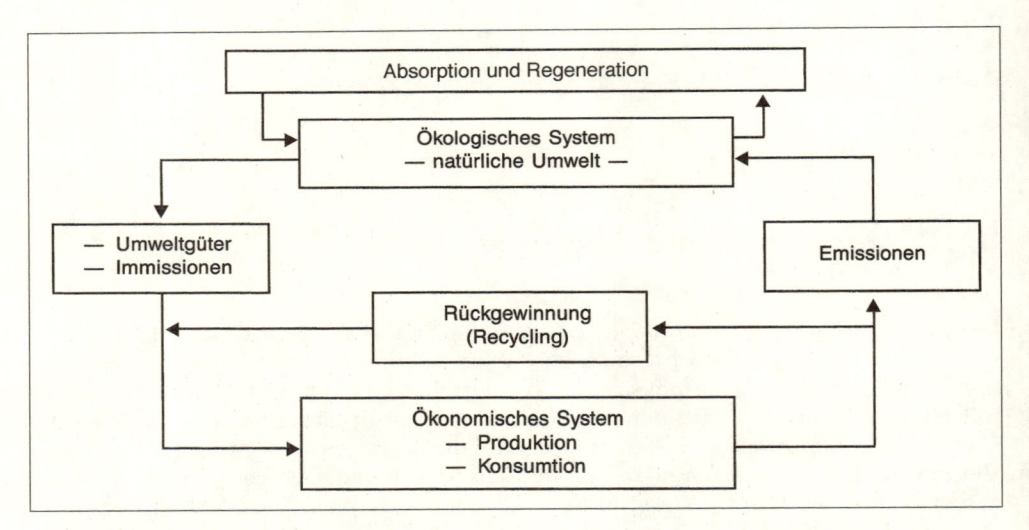

Abb. 8.1: Ökologisches und ökonomisches System

Umweltgüter sind dadurch gekennzeichnet, dass es für deren Nutzung keine marktvermittelte Allokation gibt und somit auch keinen durch Marktprozesse ermittelten Knappheitspreis. Insoweit haben Umweltgüter **wesentliche Eigenschaften von öffentlichen Gütern.** Die Wesensmerkmale rein öffentlicher Güter (z. B. innere und äußere Sicherheit, Ordnung von Wirtschaft und Gesellschaft) sind im Gegensatz zu rein privaten Gütern zum einen dadurch bestimmbar, dass von deren Nutzung niemand ausgeschlossen werden kann, das Marktausschließungsprinzip also nicht gilt, und zum anderen keine Rivalität beim »Konsum« solcher Kollektivgüter besteht, weil deren Nutzung allen möglich ist, ohne dass dadurch die »Konsummöglichkeiten« des Einzelnen beschränkt wird (Nicht-Rivalität im Konsum). Daraus begründet sich die Herstellung öffentlicher Güter als öffentliche Aufgabe.

Für Umweltgüter existiert zwar kein Markt und damit auch nicht das Marktausschließungsprinzip, hingegen evtl. Rivalität im Konsum. Die Nutzung »reiner« Umweltgüter (Luft, Wasser) durch einen oder eine Gruppe von Produzenten oder Konsumenten kann zu »Verschmutzungen« dieser Umweltmedien führen, die somit nicht mehr in gleicher Qualität und Quantität anderen Umweltnutzern zur Verfügung stehen, diesen letzteren also durch die ersteren zusätzliche Kosten bzw. Nutzenentgänge entstehen. Auf diese Weise lässt sich die Eigenschaft von Umweltgütern als »Mischgüter« (meritorische Güter) auffassen, über deren Inanspruchnahme und Verteilung staatliche Institutionen durch entsprechende Rahmensetzungen (Umweltschutzvorschriften) mitentscheiden.

Kosten und Nutzenentgänge, die durch den Einsatz von Umweltgütern entstehen und nicht unmittelbar in die Kosten-Nutzen-Rechnung der Verursacher eingehen, sondern der Gesellschaft als Ganzes entstehen, nennt man **(negative) externe Effekte.** Die hiermit verbundenen allokativen Wirkungen lassen sich mit Hilfe eines Marktmodells veranschaulichen, das die Preis-Mengen-Relationen darstellt, die sich ohne und mit Berücksichtigung externer Effekte ergeben.

Ausgehend von dem Markt eines Gutes, für dessen Produktion auch Umweltgüter eingesetzt werden und Kosten durch Umweltbelastungen auftreten, ergibt sich bei gegebener Nachfrage (N) ohne Berücksichtigung dieser negativen externen Effekte in der individuellen Kostenrechnung der Anbieter die Angebotsfunktion (A_i). Das Marktgleichgewicht stellt sich dann in der Preis-Mengen-Kombination (A: $p_1 - x_1$) ein. Würden die Kosten der externen Effekte unmittelbar in die Kostenrechnung der Produzenten eingehen (internalisiert), ergäbe sich eine Angebotsfunktion (A_s), in die alle tatsächlich entstehenden Kosten der Produktion eingerechnet sind. Es ergäbe sich dann ein Marktgleichgewicht in der Preismengenrelation (C: $p_2 - x_2$).

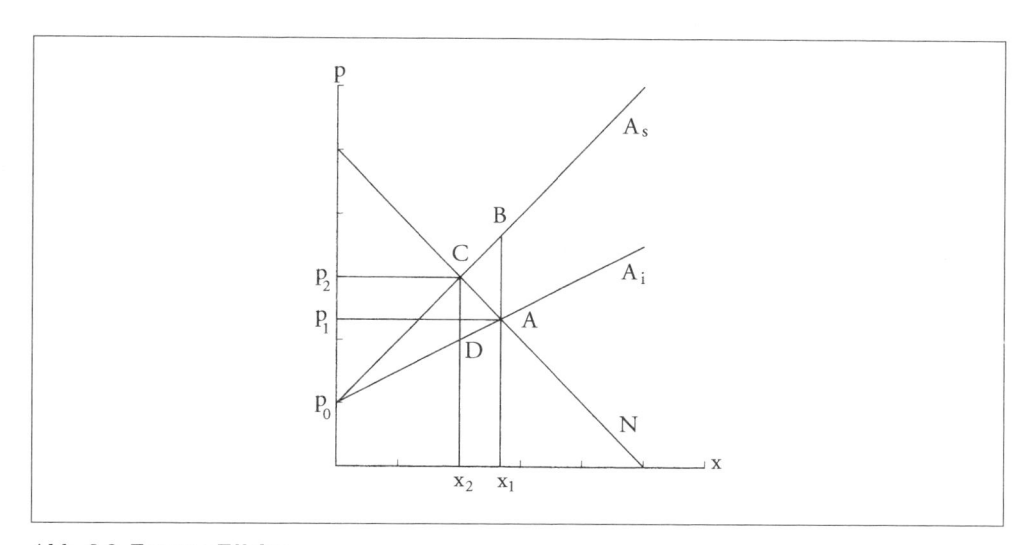

Abb. 8.2: Externe Effekte

Im Vergleich der beiden Situationen zeigt sich, dass in (A) eine »Übernutzung« der Umwelt vorliegt, wohingegen (C) die volkswirtschaftlich »optimale« Nutzung der Umwelt darstellt. Eine völlig kostenlose Nutzung der Umwelt, d. h. eine die Umwelt überhaupt nicht belastende Produktion und Konsumtion, ist nicht denkbar, es sei denn, es würde auf Produktion generell verzichtet. Es zeigt der Vergleich der Situationen (A) und (C), dass in (C) die Summe der externen Kosten (wesentlich) geringer ist als in (A). Diese Summe der externen Kosten in (A) kann beschrieben werden als der Flächeninhalt des Dreiecks (p_0,A,B), wohingegen in (C) externe Kosten »nur« in Höhe des Flächeninhalts des Dreiecks (p_0,D,C) entstehen würden.

8.2 Ziele und Instrumente der Umweltpolitik

Umweltpolitik ist aus volkswirtschaftlicher Sicht darauf gerichtet, eine die Wohlfahrt der Gesellschaft optimierende Nutzung der Umwelt zu erreichen. Es gilt also, hierbei ein Gleichgewicht zu finden zwischen der Nutzung der Umwelt als Produktionsfaktor und Konsumgut und den damit verbundenen Wohlfahrtswirkungen einerseits und den hiermit gleichzeitig verknüpften Wohlfahrtsverlusten aufgrund kostenverursachender externer Effekte andererseits. Dies lässt sich modellhaft mit Hilfe der Abbildung 8.3 zeigen.

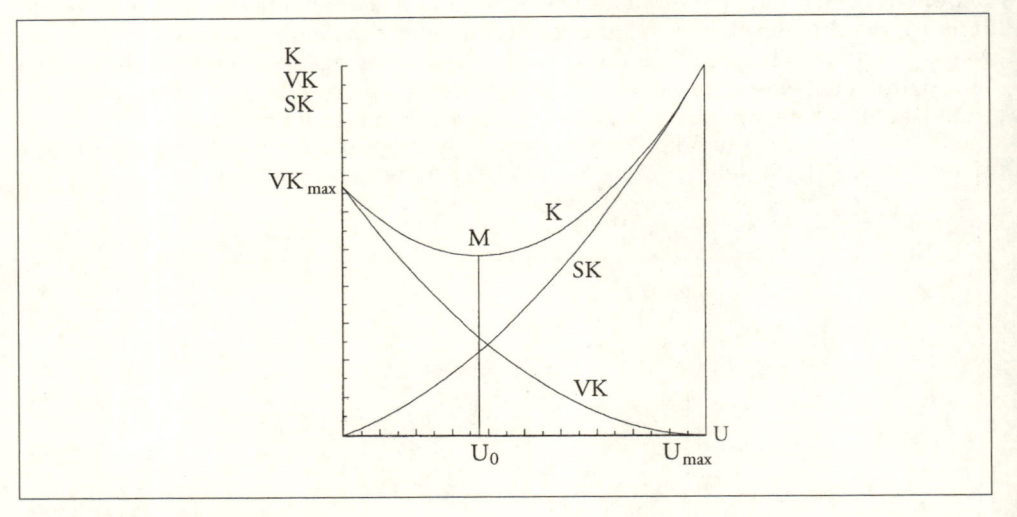

Abb. 8.3: Optimale Umweltnutzung

Eine die Umwelt nicht in Anspruch nehmende Produktion, sei es durch Produktionsverbote oder entsprechende Investitionen in Umweltschutzmaßnahmen bewirkt, ist mit einem Maximum an Kosten der Vermeidung von Umweltschädigungen (VK_{max}) verbunden. Mit der Zulassung von Umweltbelastungen sinken diese Vermeidungskosten (VK) und erreichen einen Wert von null, wenn die maximale Umweltbelastung erreicht wird (U_{max}). Mit den Vermeidungskosten korrespondieren die Schädigungskosten der Umwelt (SK), die mit der Beseitigung und den Folgekosten von Umweltschädigungen in der Weise verknüpft sind, dass diese um so höher ausfallen, je höher die Umweltbelastungen selbst sind. Beide Kostenkategorien addieren sich zu den Gesamtkosten der Umweltnutzung (K), die im Punkt (M) ihr Minimum erreichen. Damit ist auch jener Punkt (U_0) der volkswirtschaftlich optimalen Nutzung der Umwelt bestimmt.

Für die **praktische Umweltschutzpolitik** stellt sich das Problem, dass die genannten Kostenkategorien kaum quantifiziert und damit als operationalisierbare Größen erfasst werden können. Damit lassen sich auch die gesellschaftlichen Nutzenvorstellungen hinsichtlich des zu erreichenden Grades an Umweltqualität nur außerordentlich schwer in politische Handlungsmaximen umsetzen. Ebenso kann die rein ökonomische Kategorie der optimalen Umweltnutzung in Konflikt geraten mit einer damit evtl. verbundenen Störung des nach naturwissenschaftlichen Kategorien zu bestimmenden **ökologischen Gleichgewichts.** In diesem Sinne versucht die praktische Umweltpolitik die wirtschaftliche Nutzung der Umwelt so weit zu begrenzen, dass eine derartige Störung vermieden wird. Ein solcher ökologischer Rahmen, dessen Sicherung Ziel praktischer Umweltpolitik ist, wurde z. B. im Umweltprogramm der Bundesregierung des Jahres 1971 im Sinne des Schutzes der natürlichen Lebensgrundlagen bestimmt. Praktische Umweltschutzpolitik zur Sicherung des ökologischen Rahmens betrifft danach alle Maßnahmen, »die notwendig sind, um dem Menschen eine Umwelt zu sichern, wie er sie für seine Gesundheit und für ein menschenwürdiges Dasein braucht, um Boden, Luft, Wasser, Pflanzen- und Tierwelt vor nachteiligen Wirkungen menschlicher Eingriffe zu schützen und um Schäden und Nachteile aus menschlichen Eingriffen zu beseitigen«. Zwecks **Sicherung des ökologischen Rahmens** und der Erreichung oder Verbesserung einer bestehenden Umweltsituation in qualitativer Hinsicht sind ökologisch praktikable Standards zu formulieren, die den gewünschten Umweltzustand im obigen Sinne zu definieren vermögen. Diesem Zweck dient die inhaltliche **Bestimmung von Emissionsnormen,** d. h. von zumeist in physikalischen Einheiten festgelegten Höchstgrenzen von Schadstoffen, die in einem bestimmten Zeitpunkt und/oder Zeitraum, oft auch regional differenziert, auf die Umwelt einwirken dürfen. Probleme der Definition solcher Standards ergeben sich daraus, dass diese nicht einheitlich formuliert werden können. Je nach Nutzungsart und -intensität der Umweltmedien (Wasser, Luft, Boden, Tier- und Pflanzenwelt) werden auch unterschiedliche Normen zu bestimmen sein. So werden z. B. die Anforderungen an die Qualität eines Gewässers, das als Trinkwasserreservoir dient, in aller Regel höher ausfallen müssen als bei sonstiger Nutzung (Freizeitaktivitäten, Abwasseraufnahme). Auch können die Immissionsgrenzwerte regional differieren (Ballungsräume, weniger besiedelte Regionen).

Der in **Immissionsstandards** für verschiedene Schadstoffe formulierte Umweltzustand lässt sich nur durch eine entsprechende Einflussnahme auf die Verursacher von umweltbelastenden Aktivitäten, d. h. der von diesen ausgehenden Emissionen, erreichen. Da Emissionen in unterschiedlichem Maße, zu verschiedenen Zeitpunkten und/oder in unterschiedlichen Zeiträumen global oder regional auftreten können und direkt und indirekt auf die Umweltmedien einwirken, gilt es, auch die **Emissionsnormen** zwecks Erreichung der definierten Immissionsstandards entsprechend diesem Ursache-Wirkungs-Zusammenhang zu differenzieren.

Der Herstellung und Sicherung eines bestimmten Umweltzustandes (Umweltqualität) dienen verschiedene Instrumente, die teilweise auch in Kombination einsetzbar sind.

- **Umweltauflagen:** Diese werden zumeist in Form eines Gebots per Gesetz oder Verordnung als Höchstgrenzen umweltbelastender Emissionen der verschiedensten Arten festgelegt. Diese Höchstgrenzen können in absoluten (t, m^3) oder relativen Größen (mg/m^3, mg/m^2, ppm) angegeben werden. Als Beispiele hierfür seien die Grenzwertangaben der TA-Luft (Technische Anleitung zur Reinhaltung der Luft), der ASU (Abgassonderuntersuchung) von Kraftfahrzeugen, der »Großfeuerungsanlagen-Verordnung« oder der EG-Richtlinien zum Schwefelgehalt von Dieselkraftstoff und Heizöl genannt.

- **Umweltabgaben:** Diese belasten in Form von Gebühren, Beiträgen oder Steuern (Ökosteuern) die Verursacher umweltbelastender wirtschaftlicher Aktivitäten in Produktion und/oder Konsumtion. Umweltbelastende Aktivitäten erhöhen über die zu zahlenden Beträge die Kosten der Umweltnutzung. Auf diese Weise soll zumindest eine Reduzierung umweltbelastender wirtschaftlicher Tätigkeit eintreten. Umweltabgaben der genannten Art haben vordergründig nicht den Zweck, Budgeteinnahmen zu erzielen (fiskalischer Zweck), sondern sollen dazu dienen, die durch staatliche Umweltschutzmaßnahmen entstehenden Kosten (wenigstens teilweise) zu decken. Umweltabgaben werden zumeist in Kombination mit entsprechenden Umweltauflagen erhoben. So z. B. der »Wasserpfennig«, der nach dem Wasserabgabengesetz in Verbindung mit dem Wasserhaushaltsgesetz für die Einleitung von Abwasser, für das Emissionsobergrenzen existieren, pro m^3 durch den Einleiter zu bezahlen ist.
- **Umweltschutzzertifikate:** Dies sind Titel, die als solche handelbar sind und das Recht beinhalten, umweltbelastende wirtschaftliche Aktivitäten auszuüben. Auf diese Weise soll für die Inanspruchnahme von Umweltgütern ein effizienter Markt entstehen. Nach den Regeln der Preisbildung soll damit sowohl ein knappheitsbestimmter Preis für die Nutzung der Umwelt zustande kommen als auch durch die Auslesefunktion des Marktpreises die Zuteilung der entsprechenden Rechte zur Inanspruchnahme der Umweltgüter bewirkt werden. In ihrer Eigenschaft als spezifisch öffentliche Güter bedarf es aber bei Umweltgütern, deren Nutzung durch den Marktprozess geregelt werden soll, der umweltpolitischen Definition der »Gesamtmenge« umweltbelastender Aktivitäten in Form von (absoluten) Obergrenzen, die als maximal zulässige Belastung der Umwelt als Aufnahmemedium für Schadstoffe und meist auch in regionaler Abgrenzung bestimmt wird. Aufgrund dieser Besonderheit ist die Summe der Zertifikatsrechte in ihrer absoluten Größenordnung definiert, die Zuteilung nur von Teilmengen oder der Gesamtmenge derselben unterliegt dann dem Ausleseverfahren der hierauf bezogenen Preisbildungsprozesse.

Zertifikate können in einer ersten Tranche an alle Emittenten von Schadstoffen einer Region oder auch an andere Interessenten (Privatpersonen, Umweltschutzorganisationen) kostenlos verteilt oder im Wege einer Auktion verkauft werden. Auf letztere Weise entsteht unmittelbar ein Preis für belastende Nutzungen der Umwelt. Durch die Handelbarkeit von Zertifikaten kommt es zu einer Verteilung der individuellen umweltbelastenden Aktivitäten nach den jeweiligen einzelwirtschaftlichen Kosten-Ertrags-Rechnungen. Eine zusätzliche Belastung der Umwelt durch Produktionserweiterung bedarf dann einer größeren Menge an Zertifikaten, die von denjenigen erworben werden kann, die ihre Zertifikatsrechte aufgrund relativ geringerer Inanspruchnahme der Umwelt nicht voll ausnutzen. Mit steigender Nachfrage nach Zertifikaten, die zusätzliche Umweltbelastungen erlauben, steigen damit auch die individuellen Schädigungskosten, die mit den entsprechenden Vermeidungskosten verglichen werden können. Auf diese Weise besteht über den Preismechanismus ein Anreiz, einerseits zum vorteilhaften Verkauf von Zertifikaten durch »umweltbewusste« Inhaber derselben und zur Reduzierung »umweltbelastender« Aktivitäten durch die Erwerber solcher Zertifikate andererseits.

Die **Effektivität der genannten umweltpolitischen Instrumente** lässt sich nach den Kriterien ökologische, kostengerechte und umwelttechnologisch fortschrittliche Wirksamkeit beurteilen. Unter ökologischer Wirksamkeit (ökologische Effizienz) wird verstanden, dass mit den genannten Mitteln der Umweltpolitik die vorgegebenen Emissions- und Immissionswerte erreicht werden können. Für ökologische Krisensituationen erweist sich das Verbot umweltschädigender Aktivitäten als das wohl wirksamste Mittel (Fahrverbot bei Smog-Alarm; Verbot der Verwendung hochgiftiger und/oder gesundheitsschädigender Materialien, z. B. Asbest). **Auflagen** sind dann weniger wirksam, wenn diese in Form von Grenzwerten von Schadstoffen pro Einheit eines Umweltgutes (z. B. mg/m^3) definiert werden, weil dadurch die Gesamtsumme der umweltbelastenden Schadstoffabgaben nicht bestimmt wird. Hoher behördlicher Kontrollaufwand behindert zudem die Wirksamkeit der Auflagen als umweltpolitisches Instrumentarium.

Der ökologisch effiziente Einsatz von **Abgaben** hängt von der Festlegung der Höhe derselben und der Kenntnisse der Emissions-Immissions-Wirkungsketten zusammen. Umweltschutzbehörden müssten, um die »ökologisch richtige« Höhe der Abgabensätze bestimmen zu können, über die jeweiligen individuellen Kosten der Umweltschädigung einerseits und der Schadensvermeidung andererseits, und das mit Bezug auf jede einzelne umweltschädigende Aktivität, informiert sein. Da dies sich als praktisch nicht erreichbar darstellt, bleibt nur ein Verfahren des Versuchs und Irrtums zwecks Festlegung der ökologisch erwünschten Abgabesätze, was erfahrungsgemäß mehrere Jahre in Anspruch nehmen würde. Die Dynamik des wirtschaftlichen Geschehens machte dann aber eine permanente Anpassung der Abgabensätze an sich ändernde gesamtwirtschaftliche und umweltpolitische Situationen notwendig. Somit erweist sich unter ökologischen Effizienzgesichtspunkten das Instrumentarium von Umweltabgaben als wenig praktikabel.

Zertifikate definieren in ihrer Summe den ökologisch erwünschten Umweltzustand. Das Kostengefüge der Emittenten (Verursachungs- und Vermeidungskosten) müssen den Umweltbehörden nicht bekannt sein. Probleme stellen sich nur, wenn bei der Erstausgabe der Zertifikate von einem ökologisch gesehen zu hohen Belastungsniveau ausgegangen wird. Altemittenten können dann gewinnbringend Zertifikate an Neuemittenten verkaufen, ohne dass damit die Umweltqualität, wie erwünscht, verbessert würde. Bei Stilllegung von Altanlagen ergibt sich in diesem Falle auch kein Anreiz zur Inbetriebnahme umwelttechnologisch verbesserter Anlagen. Diese Probleme ließen sich aber durch Zertifikatsrückkäufe durch den Staat und/oder eine »Abwertung« der Zertifikate (Reduktion von deren »Schadstoffgehalt«) lösen.

Der kostengerechte, d. h. die volkswirtschaftlichen Kosten des Umweltschutzes minimierende Einsatz umweltpolitischer Instrumente hat der Tatsache Rechnung zu tragen, dass die Erreichung eines erwünschten Umweltzustandes (Umweltqualität) den Aufwand volkswirtschaftlich knapper Ressourcen erfordert. Auflagen erweisen sich in diesem Zusammenhang als wenig geeignetes Instrument, setzt doch deren Einsatz voraus, dass den Umweltbehörden die jeweils individuellen umweltrelevanten Kostensituationen (Schädigungs- und Vermeidungskosten) der einzelnen Emittenten einer Region bekannt sein müssten. Auf dieser Grundlage wären dann die Auflagen für die einzelnen Verursacher zu differenzieren und deren Einhaltung zu kontrollieren.

Diese Probleme stellen sich nicht bei der Abgaben- oder der Zertifikatlösung. Beide Instrumente veranlassen die Schadensverursacher, entsprechend ihrer individuellen umweltrelevanten Kostensituation, schadenstiftende Emissionen und indirekt damit auch Immissionen zu reduzieren. Problem bleibt die Definition des zu erreichenden Umweltzustandes als Ziel der Umweltpolitik und dessen Verknüpfung mit diesem Instrumentarium. Im Vergleich von Abgaben- und Zertifikatlösungen erweisen sich Letztere wiederum als unter volkswirtschaftlichen Gesichtspunkten kostengünstigere Instrumente. Erstere setzen wieder das bereits erwähnte ineffiziente Verfahren des Versuchs und Irrtums zwecks Festlegung von Abgabesätzen voraus, welches bei Letzteren entfällt.

Technischer Fortschritt zielt auf den volkswirtschaftlich sparsameren Einsatz von knappen Ressourcen. Dies gilt auch für die Verwendung von Umweltgütern. Deshalb gilt es, die Anreizwirkungen von umweltpolitischen Instrumenten hinsichtlich ihres Beitrags zum umwelttechnologischen Fortschritt zu bedenken.

Auflagen erfüllen diesen Zweck am wenigsten, weil sie keinen Anreiz bieten, über die behördlich verordneten Standards hinaus umweltschonende und damit auch zusätzliche individuell kostenverursachende wirtschaftliche Aktivitäten zu entfalten.

Dagegen haben Abgaben und Zertifikate den gewünschten Effekt zu umwelttechnisch-innovativem Verhalten. Die Inanspruchnahme von Umweltgütern verursacht bei den entsprechenden Emittenten Kosten in Höhe der Abgabensätze bzw. der für Zertifikate zu zahlenden Preise. Umwelttechnologischer Fortschritt senkt diese Kosten oder ermöglicht den Verkauf von dann nicht mehr benötigten Zertifikaten. In letzterem Fall kommt es unter Wettbewerbsbedingungen am Zertifikatmarkt kaum zum Preisverfall, weil der einzelne umweltaktive Zertifikatanbieter faktisch nicht ins Gewicht fällt. Darüber hinaus wirkt auch wirtschaftliches Wachstum mit der damit verknüpften stabilisierten Nachfrage nach Zertifikaten einem Preisverfall entgegen. Schließlich können Umweltbehörden durch Rückkauf von Zertifikaten deren Marktpreis stabilisieren oder erhöhen, um so die Anreizfunktion zu umwelttechnologischem Fortschritt zu erhalten und zu fördern. Zertifikate sind in dieser Hinsicht Auflagen absolut überlegen.

Gegenüber Abgaben erweisen sich Zertifikate dann als vorteilhaft, wenn deren Märkte wettbewerblich strukturiert sind. Bei gleichen Umweltkosten, die auch noch bei Abgaben und der Zertifikatlösung anfallen, ist Letztere wegen ihrer ökologisch höheren Effizienz überlegen, wogegen Abgaben einen vergleichsweise hohen Verwaltungsaufwand erfordern.

Kontrollfragen
1. Welche Medien der Umwelt dienen der volkswirtschaftlichen Nutzung?
2. Erläutern Sie die Verknüpfungen zwischen dem ökologischen und dem ökonomischen System.
3. Was versteht man unter negativen externen Effekten, und in welcher Weise sind diese mit den Produktionskosten unter volkswirtschaftlichem Aspekt verbunden?
4. Beschreiben Sie den Zustand optimaler Umweltnutzung aus volkswirtschaftlicher Sicht.
5. Erläutern Sie die Wirkungsweise alternativer Instrumente der Umweltpolitik.

Aufgabe 12.13 *(Umweltschutzpolitik) S. 511*

9 Die Europäische Union

Die **Europäische Gemeinschaft** (EG), seit den zum 1. November 1993 zum Abschluss gekommenen Ratifizierungsprozeduren der einzelnen Mitgliedsländer im Hinblick auf den Vertrag von Maastricht des Jahres 1991 nunmehr **Europäische Union** (EU) genannt, stellt unter ökonomischem Aspekt eine bestimmte Stufe wirtschaftlicher Integration dar. Der Kreis der ursprünglich sechs Gründerstaaten hat sich bis heute auf fünfzehn Mitgliedsländer mit rund 372 Mio. Einwohnern erweitert. Die die Europäische Union bildenden Staaten sind: Belgien, Bundesrepublik Deutschland, Dänemark, Frankreich, Finnland, Griechenland, Großbritannien, Irland, Italien, Luxemburg, Niederlande, Österreich, Portugal, Schweden und Spanien. Am 1. Mai 2004 hat sich die Europäische Union um weitere 10 Staaten erweitert: Estland, Lettland, Litauen, Polen, Tschechien, die Slowakei, Slowenien, Ungarn, Zypern und Malta.

9.1 Ziel der europäischen Integrationspolitik

Das Ziel der europäischen Integrationspolitik, die gleichzeitig der Sicherung des Friedens dienen soll, ist unter ökonomischem Aspekt in der Herstellung der »wirtschaftlichen Einigung« der Vertragsstaaten der EU zu sehen. Unter »wirtschaftlicher Einigung« ist jener Prozess zu verstehen, der durch Beseitigung national bedingter ordnungspolitischer Unterschiede und solcher prozesspolitischer Art (Zölle, nichttarifäre Handelshemmnisse, Kapitalverkehrsverbote oder -kontrollen, Verbot oder Einschränkung der Beschäftigung von Ausländern), die den Austausch von Gütern, Dienstleistungen und Kapital über die Staatsgrenzen hinweg be- oder verhindern, in Gang gesetzt wird. Das gleiche gilt auch hinsichtlich der Beschäftigungsmöglichkeiten für Arbeitnehmer oder der Niederlassung von Selbstständigen außerhalb des jeweiligen Heimatlandes. Unter Berücksichtigung dieser Umstände und entsprechend einem abnehmenden Grad an Integrationshemmnissen lassen sich die folgenden Integrationsstufen unterscheiden:

(1) **Autarkie:** Es handelt sich hierbei um eine völlig von der Außenwelt abgeschottete Volkswirtschaft ohne außenwirtschaftliche Beziehungen.
(2) **Protektionismus:** Es besteht eine gewisse außenwirtschaftliche Öffnung, eingeschränkt durch die Anwendung eines weit gefächerten Instrumentariums außenwirtschaftlicher Regulierungen in Form von Zöllen und nicht-tarifären Handelshemmnissen. Auch bestehen ergänzend hierzu Kapitalverkehrskontrollen bis hin zum Verbot von Kapitalexporten und/oder -importen.
(3) **Freihandelszone:** Diese wird dadurch begründet, dass die einen entsprechenden Vertrag schließenden Staaten die im Außenhandel untereinander bestehenden Zölle und meist auch die Handelsbarrieren nicht-tarifärer Art beseitigen. Die Wanderung von Arbeit und Kapital über die Grenzen hinweg bleibt den jeweiligen nationalen Regulierungsvorschriften unterworfen. Gegenüber Drittländern sind die Mitgliedsstaaten einer Freihandelszone in ihrer Außenwirtschaftspolitik weiterhin autonom. Als Beispiele für Freihandelszonen können genannt werden die **Europäische Freihandelszone** (EFTA: Island, Norwegen, Schweiz, Liechtenstein), die **Nordamerikanische Freihandelszone** (NAFTA: Mexiko, USA, Kanada), die **Freihandelszone der Zentral-Europäischen Länder** (CEFTA: Polen, Tschechische Republik, Slowakische Republik, Ungarn) sowie die **Südamerikanische Freihandelszone** (MERCOSUR: Argentinien, Brasilien, Paraguay, Uruguay).
(4) **Zollunion:** Diese ist im Innenverhältnis eine Freihandelszone mit der zusätzlichen Vereinbarung der vertragschließenden Staaten, gegenüber Drittländern eine gemeinsame Außenwirtschaftspolitik, insbesondere in Form einheitlicher Zölle, zu betreiben. Dies bedingt in der Praxis zumeist auch die Übertragung bisheriger nationaler Souveränitätsrechte auf die die Zollunion institutionell nach außen vertretenden Organe zwecks Begründung einer gemeinsamen Außenwirtschaftspolitik gegenüber Drittländern.
(5) **Gemeinsamer Markt:** Ein gemeinsamer Markt entsteht dadurch, dass neben den vertraglich vereinbarten Ordnungsbedingungen einer Zollunion auch der freie Verkehr von Kapital und Arbeitskräften über die nationalen Grenzen der Vertrags-

staaten hinweg ermöglicht wird. Diesem Integrationstyp entsprach die Europäische Wirtschaftsgemeinschaft.

(6) **Wirtschafts- und Währungsunion:** Diese erweitert die Integrationsmöglichkeiten eines gemeinsamen Marktes dadurch, dass die noch in nationaler Souveränität verbliebene Wirtschaftspolitik zumeist auf informelle Weise koordiniert wird (Konferenzen der jeweiligen Fachminister). Dies bezieht sich schwergewichtig auf die Finanzpolitik und mit Blick auf eine Währungsunion insbesondere auch auf die Geld- und Währungspolitik. Eine Währungsunion kommt in letzter Stufe dadurch zustande, dass nach einer Übergangszeit unwiderruflich fixierter Wechselkurse der Währungen der Mitgliedsländer untereinander eine einheitliche Währung die bisherigen Währungen der Mitgliedsstaaten ersetzt, die Geld- und Währungspolitik von den nationalen Währungsbehörden auf eine supranationale Währungsinstitution übergeht. In einer Wirtschafts- und Währungsunion existieren allenfalls noch Reste nationaler Kompetenzen der Wirtschaftspolitik. In ihrer Endstufe kann eine Wirtschafts- und Währungsunion in die Herausbildung eines umfassenden neuen Wirtschaftssystems auf der Grundlage einer einheitlichen (supranationalen) Wirtschaftsordnung münden.

9.2 Europäische Institutionen

Die Europäische Union steht heute vor Vollendung der Integrationsstufe »Gemeinsamer Markt« und mit Beginn der Verwirklichung des Maastrichter Vertrages am Anfang des Aufbaus einer Wirtschafts- und Währungsunion. Historisch gesehen begann die wirtschaftliche Einigung Europas mit der Unterzeichnung des Vertrages über die **Europäische Gemeinschaft für Kohle und Stahl** (EGKS-Montanunion) am 18. April 1951 durch Frankreich, Italien, die Bundesrepublik Deutschland und die Benelux-Staaten. Dieser Vertrag trat am 23. Juli 1952 in Kraft. Ziel war die Schaffung eines gemeinsamen (regulierten) Marktes für Kohle und Stahl, um auf diese Weise eine (funktionale) Integration der betroffenen Branchen zu erreichen. Mit dem Montanvertrag verbunden war auch die Schaffung von gemeinsamen Institutionen, denen teilweise schon supranationale Kompetenzen übertragen waren: hohe Behörde, gemeinsame Versammlung, besonderer Ministerrat, beratender Ausschuss, Europäischer Gerichtshof der Montanunion.

Aufgrund der Beschlüsse der Außenministerkonferenz der EGKS vom 1. und 2. Juni 1955 in Messina wurden Verhandlungen begonnen, weitere Bereiche der Volkswirtschaften der Mitgliedsstaaten wirtschaftlich zu integrieren. Die am 25. März 1957 geschlossenen Römischen Verträge führten am 1. Januar 1958 zur Gründung der **Europäischen Wirtschaftsgemeinschaft** (EWG) und der **Europäischen Atomgemeinschaft** (EAG; EURATOM) durch die sechs Länder der EGKS. Ziel des Vertragsteils über die EWG war die Herstellung einer Zollunion in einer Übergangszeit von zwölf Jahren und darauf aufbauend die Herausbildung eines Gemeinsamen Marktes mit freiem Personen-, Waren-, Dienstleistungs- und Kapitalverkehr.

Organisatorisch-institutionell war die EWG den entsprechenden Strukturen der EGKS nachgebildet. Die Organe der EWG bestanden aus der Gemeinsamen Kommission, dem Ministerrat, dem Europäischen Parlament und dem Europäischen Gerichtshof. EURATOM sollte die friedliche Nutzung der Kernenergie in den Ländern der Vertragspartner fördern und den Handel mit Kernbrennstoffen koordinieren und überwachen.

Mit der Zusammenlegung der Organe von EGKS, EWG und EURATOM am 1. Juli 1967 wurden die genannten drei Teilgemeinschaften organisatorisch zusammengefügt und bilden seitdem die **Europäische Gemeinschaft** (EG).

Im Laufe ihrer Entwicklung erfuhr die EG verschiedene Erweiterungen im Hinblick auf ihre Mitgliederzahl. Am 1. Januar 1973 traten Dänemark, Großbritannien und Irland der EG bei. Am 1. Januar 1981 folgte Griechenland, und am 1. Juni 1986 kamen Portugal und Spanien und am 1. Januar 1995 Finnland, Österreich und Schweden hinzu, womit die EG bzw. die EU derzeit von fünfzehn Mitgliedsstaaten gebildet wird.

Mit Drittländern hat die EG eine Reihe von Assoziierungsabkommen geschlossen, in denen diesen Ländern in abgestufter Form durch Gewährung entsprechender Präferenzen der Zutritt zum Markt der EG erleichtert wird. Dies betrifft einzelne Länder oder auch Ländergruppen.

- Lomé I–IV: Durch diese zwischen 1975 und 1990 geschlossenen Abkommen sind derzeit 69 Staaten Afrikas, der Karibik und des Pazifik (AKP-Staaten), zumeist ehemalige Kolonialgebiete Frankreichs und Großbritanniens, mit der EG handelspolitisch assoziiert.
- Europäischer Wirtschaftsraum (EWR): Durch einen Vertrag mit den EFTA-Staaten aus dem Jahre 1992 wird die Entwicklung hin zu einem Gemeinsamen Markt von EG- und EFTA-Ländern eröffnet.
- Europa-Abkommen: Hiermit sind die Assoziierungsabkommen der EG mit den CEFTA-Ländern gemeint mit dem Ziel, die Transformationsländer über einen erleichterten Zugang zum EG-Markt in ihren Bemühungen um die Etablierung marktwirtschaftlicher Verhältnisse in ihren Ländern zu unterstützen.
- Andere Assoziierungsabkommen: Mit der Türkei, Malta und Zypern bestehen besondere Abkommen der genannten Art. Assoziierungsverträge mit den Maghreb-Staaten (Tunesien, Algerien, Marokko) sollen in ihrer speziellen Ausgestaltung der wirtschaftlichen Entwicklung dieser Staaten dienlich sein.

Mit der Übertragung der generellen handelspolitischen Kompetenzen auf Organe der EG wurde diese anstelle der Mitgliedsstaaten zum Vertragspartner anderer Staaten im völkerrechtlichen Sinne. Dies betrifft insbesondere auch die Vereinbarungen über die internationalen Handelsbeziehungen im Rahmen der Verhandlungen des Allgemeinen Zoll- und Handelsabkommens (GATT-Runden) bzw. der Welthandelsorganisation (WHO).

9.3 Organe der EU

Die Politik zur Herstellung einer Zollunion bzw. des Gemeinsamen Marktes bedurfte der Errichtung verschiedener supranationaler Institutionen, die als Organe der EU zu bezeichnen sind. Hierzu zählen insbesondere der Europäische Rat, der Ministerrat, die Europäische Kommission, das Europäische Parlament, der Europäische Rechnungshof, der Europäische Gerichtshof (EuGH), der Wirtschafts- und Sozialausschuss, der Ausschuss der Regionen sowie die Europäische Investitionsbank. Deren Kompetenzen leiten sich aus dem derzeit gültigen Vertragswerk ab, dem Vertrag zur Gründung der Europäischen Gemeinschaft (EG-Vertrag) und dem Vertrag über die Europäische Union (EU-Vertrag in der Fassung vom 7. Februar 1992; Maastrichter Abkommen). Beide Verträge ergänzten bzw. veränderten die ursprünglichen Römischen Verträge von 1957 und die im Zuge der Vollendung des Europäischen Binnenmarktes im Jahre 1986 verabschiedete Einheitliche Europäische Akte (EEA).

Europäischer Rat
Der Europäische Rat setzt sich entsprechend Titel I Art. D des EU-Vertrages aus den fünfzehn Regierungs- bzw. Staatschefs der Mitgliedsländer und dem Präsidenten der Kommission zusammen, unterstützt durch die Außenminister und ein weiteres Mit-

glied der EG-Kommission. Der Vorsitz im Europäischen Rat wechselt alle halbe Jahre in einem vereinbarten Turnus. Ratstagungen dieser Art finden mindestens zweimal pro Jahr statt. Obwohl diese Institution nicht als eigenes Organ der EU etabliert und »oberhalb« der eigentlichen Organe angesiedelt ist, werden durch den Europäischen Rat grundsätzliche Vereinbarungen getroffen, die die weitere Ausgestaltung der EG bzw. der EU anbelangen.

Ministerrat der EU (Rat)

Der Ministerrat der EU setzt sich, je nach dem zu behandelnden Gegenstand, aus den fünfzehn Fachministern der Mitgliedsstaaten zusammen. In den Artikeln 145 bis 148 und 150 bis 154 EG-Vertrag sind dessen Kompetenzen, Zusammensetzung und Beziehungen zu den übrigen Organen der EU geregelt. Der Vorsitz im Rat wechselt jeweils in halbjährlichem Turnus.

Indem der Ministerrat eine Abstimmung der Wirtschaftspolitik in dem jeweils betroffenen Fachgebiet zwischen den Mitgliedsstaaten herbeiführt, nimmt er Funktionen einer Legislative innerhalb der EU wahr. Gleichzeitig besitzt der Rat auch in eingeschränktem Maße Exekutivrechte, indem er z. B. die Befugnisse zur Durchführung von durch ihn erlassene Rechtsakte auf die Kommission überträgt.

Entscheidungen des Rates werden, je nach betroffenem Gegenstand, einstimmig oder mit qualifizierter Mehrheit gefällt. Dabei richtet sich die Stimmenzahl in etwa nach der Bevölkerungszahl des Landes.

Kommission

Die Kommission der EU (Art. 155–163 EG-Vertrag) verfügt über zahlreiche Kompetenzen in der Durchführung der getroffenen Beschlüsse des Rates und in der direkten Anwendung der Vorschriften des EG- und des EU-Vertrages (Exekutivfunktion). Indem die Kommission das Recht und die Pflicht zur Ausarbeitung von Vorschlägen an den Rat hat, die der Fortentwicklung der Gemeinschaft dienen, hat sie ein für die EU bedeutsames Initiativrecht. Indem die Kommission die Durchführung und Einhaltung des EU-Regelwerks und der auf dieser Grundlage erlassenen Verordnungen und Richtlinien überwacht, verfügt sie über umfängliche Kontrollrechte.

Die Kommission besteht aus dem Präsidenten und 30 weiteren Mitgliedern, wovon je zwei durch Deutschland, Frankreich, Großbritannien, Italien und Spanien benannt und im gegenseitigen Einvernehmen bestellt werden. Ab 01. 11. 2004 reduziert sich die Mitgliederzahl der Kommission auf insgesamt 25, weil dann jedes Land jeweils nur einen Kommissar entsendet. Die übrigen Länder entsenden jeweils ein Kommissionsmitglied.

Die Ernennung der Kommissionsmitglieder und ihres Präsidenten bedarf der Zustimmung durch das Europäische Parlament. Die Amtszeit des Präsidenten und der übrigen Kommissionsmitglieder beträgt fünf Jahre, wobei Wiederernennung zugelassen ist.

Europäisches Parlament

Das Europäische Parlament (Art. 137–144, 158 und 189 c und b EG-Vertrag) ist aus der gemeinsamen Versammlung der EGKS hervorgegangen. Die Abgeordneten des Parlaments werden seit 1979 direkt gewählt. Davor wurden sie durch die jeweiligen Parlamente der Mitgliedsstaaten ernannt. Die Funktionen des Europäischen Parlaments sind kaum mit denen von Parlamenten auf nationaler Ebene als Legislativorgane zu vergleichen. Solche Kompetenzen besitzt dieses nur in Ansätzen. So werden durch das Europäische Parlament keine Gesetze mit EU-weiter Geltung erlassen. Allerdings sind die Mitglieder der Kommission durch dieses zu bestätigen. Gewichtigen Einfluss hat das Parlament auf die Gestaltung des EU-Haushalts. In anderen Bereichen haben Rat und Kommission entsprechend der hierfür im Vertrag vorgesehenen Fälle das Parlament in den Entscheidungsprozess einzubeziehen (obligatorische Konsultation). Darüber hinaus kann der Rat auch bei anderen Vorhaben das Europäische Parlament zur Stellungnahme auffordern (fakultative Konsultation).

Das Rechtsetzungsverfahren und das damit verbundene Zusammenwirken von Kommission, Rat und Parlament ist in den Artikeln 189 b und c geregelt (Mitentscheidungsverfahren). Grundsätzlich wirken sich entgegengesetzte Standpunkte des Parlaments gegenüber den Vorschlägen von Kommission und Rat auf die endgültige Rechtsetzung in der Weise aus, dass Parlamentsbeschlüsse durch den Rat entweder mit qualifizierter Mehrheit oder sogar nur einstimmig überstimmt werden können.

Europäischer Rechnungshof

Die Befugnisse des Europäischen Rechnungshofes sind in den Artikeln 4 und 189 a bis c EG-Vertrag geregelt. Entsprechend der Zahl der EU-Länder entsendet jedes Land einen Vertreter. Die Mitglieder des Rechnungshofes werden vom Ministerrat nach Anhörung des Europäischen Parlaments für eine Amtszeit von sechs Jahren ernannt. Die Amtszeit des Präsidenten beträgt drei Jahre. Die wesentliche Aufgabe des Europäischen Rechnungshofes besteht in der Prüfung der Einnahmen und Ausgaben des Haushalts der Gemeinschaft, dessen Ergebnis in einem entsprechenden Jahresbericht dokumentiert wird. Darüber hinaus prüft er auch das Finanzgebaren nachgeordneter Instanzen, wie z. B. des Statistischen Amtes der EG, der Kernforschungseinrichtungen von EURATOM und deren Versorgungsagenturen für Kernbrennstoffe.

Europäischer Gerichtshof (EuGH)

Die Zusammensetzung des Europäischen Gerichtshofes ist entsprechend den Artikeln 165 bis 184 EG-Vertrag geregelt. Der EuGH wird durch 15 Richter und neun Generalanwälte repräsentiert, die von den nationalen Regierungen für jeweils sechs Jahre im gegenseitigen Einvernehmen ernannt werden. Im Wege eines Rotationsverfahrens werden alle drei Jahre die Richterstellen und die der Generalanwälte neu besetzt. Ein aus der Mitte der Richter zu wählender Präsident des Gerichtshofes begleitet diese Funktion für eine dreijährige Amtszeit. Generell ist es Aufgabe des EuGH, über die Wahrung, Auslegung und Anwendung der europäischen Verträge zu wachen.

Wirtschafts- und Sozialausschuss und Ausschuss der Regionen

Von besonderer Bedeutung für die Meinungsbildung im Rat und in der Kommission sind der Wirtschafts- und Sozialausschuss (Art. 193–198 EG-Vertrag) und der Ausschuss der Regionen (Art. 189 a bis c EG-Vertrag). Beide Ausschüsse haben zwar lediglich beratende Funktionen, die im Wege von Anhörungen durch Rat und Kommission wahrgenommen werden. Auf diese Weise sind sie aber in den Meinungsbildungsprozess von Rat und Kommission eingebunden. In den Wirtschafts- und Sozialausschuss entsenden die Mitgliedsstaaten aufgrund eines einstimmigen Beschlusses des Rates Vertreter der Gruppe der Erzeuger, der Landwirte, des Kraftverkehrsgewerbes, der Arbeitnehmer, der Kaufleute, der Handwerker und der freien Berufe sowie der Verbraucher. Im Ausschuss der Regionen sind Repräsentanten der regionalen und lokalen Gebietskörperschaften aus den einzelnen Mitgliedsländern vertreten.

Europäische Investitionsbank

Die Europäische Investitionsbank (EIB: Art. 198 d und e EG-Vertrag) gewährt Darlehen und übernimmt Bürgschaften zur Finanzierung von Vorhaben, die der Erschließung der weniger entwickelten Gebiete der Gemeinschaft dienen. In gleicher Weise werden Unternehmen Hilfen zur Strukturanpassung bzw. zur Schaffung neuer Arbeitsmöglichkeiten im Zuge und im Gefolge der Errichtung des Gemeinsamen Marktes gewährt, soweit dies nicht aus Mitteln der einzelnen Mitgliedsstaaten geleistet werden kann. Auch finanziert die EIB Investitionsprogramme unterstützend, für die primär Mittel des so genannten Strukturfonds der Gemeinschaft verausgabt werden. Die EIB verfolgt keinen Erwerbszweck und finanziert sich aus den durch die von den Mitgliedsstaaten aufgebrachten Kapitalmitteln sowie über Anleihen, die sie an den Kapitalmärkten platziert.

9.4 Vollendung des Binnenmarktes

Trotz der mit der Schaffung der EWG 1958 verbundenen wesentlichen Fortschritte im Prozess der wirtschaftlichen Intregration der EU-Staaten waren und sind noch zahlreiche Hemmnisse der verschiedensten Art kennzeichnend dafür, dass die Errichtung des schon mit den Römischen Verträgen angestrebten Gemeinsamen Marktes noch in den achtziger Jahren nicht vollständig gelungen war. In dem von der Kommission im Jahre 1986 veröffentlichten »**Weißbuch zur Vollendung des Binnenmarktes**« wurden insgesamt 282 Rechtsakte aufgeführt, deren Angleichung innerhalb der EU-Mitgliedsstaaten entsprechend einem genauen Zeitplan das in diesem Weißbuch vorgesehene Ziel bis zum 31. Dezember 1992 erreichbar machen sollte. Was den Binnenmarkt inhaltlich bestimmt, wird heute durch die Artikel 2 und 3 c EG-Vertrag erfasst. Danach ist es u. a. Aufgabe der Gemeinschaft, durch Errichtung eines Gemeinsamen Marktes und einer Wirtschafts- und Währungsunion einen Binnenmarkt zu ermöglichen, der durch die Beseitigung aller Hindernisse im freien Waren-, Personen-, Dienstleistungs- und Kapitalverkehr zwischen den Mitgliedsstaaten gekennzeichnet ist.

Die im Weißbuch der Kommission unterbreiteten Vorschläge zum Abbau noch vorhandener Hemmnisse der Verwirklichung des Binnenmarktes im Sinne der oben genannten »**vier Freiheiten**« betreffen drei Bereiche, nämlich die Beseitigung

– materieller Schranken,
– technischer Schranken und
– Schranken steuerlicher Art.

Mit der Beseitigung **materieller Schranken** ist der Wegfall von Grenzkontrollen, insbesondere beim gewerblichen Warenverkehr, gemeint. Trotz der generellen Aufhebung von Zöllen und Kontingenten wurden wegen der bisher je nach Bestimmungsland noch recht unterschiedlichen Belastungen mit indirekten Steuern (Mehrwertsteuer, Verbrauchsteuern) beim Grenzübertritt durch die einzelnen Länder so genannte Ausgleichsabgaben erhoben. Dies alles war mit hohem Verwaltungsaufwand, Wartezeiten und sonstigen Aufwendungen zur Unterhaltung von Grenzkontrollstellen verbunden. Durch die Verlagerung der steuerlichen Erfassung des grenzüberschreitenden gewerblichen Warenverkehrs in die exportierenden bzw. importierenden Unternehmen sind nunmehr die entsprechenden Grenzkontrollen entfallen. Im privaten Reiseverkehr gelten nur bestimmte Richtmengen für verbrauchsteuerpflichtige Waren als abgabenfrei, sodass diesbezüglich Grenzkontrollen weiterhin möglich sind.

Die Beseitigung **technischer Schranken** ist auf die Abschaffung von Hemmnissen gerichtet, die den Warenverkehr, den Dienstleistungssektor, den Kapitalverkehr, das öffentliche Beschaffungswesen sowie die Freizügigkeit von Personen im Hinblick auf Niederlassungs- und Beschäftigungsmöglichkeiten in einem der Partnerländer betreffen. Technische Hemmnisse im Warenverkehr beziehen sich auf die national unterschiedlichen Produktanforderungen (technische Sicherheit, Gesundheits- und Umweltschutzvorschriften), Normungsvorschriften (z. B. DIN-Normen) und Prüf- und Zulassungsverfahren, die Produkte zu durchlaufen haben, bevor sie in den Verkehr gebracht werden dürfen. Hatten Waren aus EU-Partnerländern die jeweiligen nationalen Normen dieser Art nicht erfüllt, konnten diese entweder dem entsprechenden Markt nicht oder nur nach nochmaliger Prüfung zugeführt werden. Die Versuche zur vollständigen Harmonisierung von Vorschriften im Rahmen entsprechender Ratstagungen waren außerordentlich zeitaufwändig oder scheiterten gänzlich. Aufgrund von Urteilen des EuGH gilt nunmehr das so genannte **Äquivalenzprinzip,** nach welchem Produkte dann zum Gemeinsamen Markt zugelassen sind, wenn sie die entsprechenden Anforderungen in einem der Partnerländer erfüllen.

Die den Warenverkehr behindernde Vielfalt nationaler technischer Normen soll durch die Entwicklung eines Systems einheitlicher europäischer Normen überwunden werden. In Zusammenarbeit der nationalen Normeninstitute liegt die damit verknüpfte Arbeit in den Händen der europäischen Normenausschüsse CEN (Europäisches Komitee für Normung) und CENELEC (Europäisches Komitee für elektrotechnische Normung).

Im Bereich der **Dienstleistungen** geht es zwecks Vollendung des Binnenmarktes um den Abbau technischer Schranken mit Blick auf Finanzdienste durch Banken und Versicherungen. In gleicher Weise integrationshemmend wirken die noch unterschiedlichen Regulierungen der Rundfunk-, Fernseh- und Datenübertragungssysteme sowie nicht zuletzt jene mit Bezug auf den Straßengüterverkehr. Banken und Versicherungen unterliegen recht unterschiedlichen Regelungen hinsichtlich der Zulassungsvoraussetzungen und der Gebühren- und Prämiensysteme. Auch hier soll mittels der Anwendung des Äquivalenzprinzips auf der Grundlage harmonisierter europäischer Mindestnormen grenzüberschreitender Wettbewerb ermöglicht werden.

Hochreguliert war bisher auch der **Straßengüterverkehr**. Unterschiedliche Besteuerung der Fahrzeuge und der Treibstoffe waren Ursachen für eine gewisse Abschottung der entsprechenden nationalen Märkte. Das Kabotageverbot, d. h. das Verbot des Straßengütertransports durch einen ausländischen Spediteur in einem Partnerland, ist ein Beispiel der Praktiken zur Marktschließung. Durch Angleichung der die Wettbewerbsbedingungen bestimmenden Faktoren wird nunmehr auch dieser Markt zu einem europäischen Gesamtmarkt.

Bis zum Jahre 1990 waren in vielen Ländern der Gemeinschaft **Kapitaltransfers** über die Landesgrenzen hinweg durch zahlreiche Beschränkungen behindert. Zwar unterlagen alle notwendigen Kapitalbewegungen, die mit den übrigen Grundfreiheiten, dem freien Waren- und Dienstleistungsverkehr und der Freizügigkeit von Selbstständigen und Arbeitnehmern zusammenhängen, einer unbedingten Liberalisierungspflicht. Hiermit einhergehende Finanzaktivitäten in Form von Direktinvestitionen, Immobilienerwerb im EG-Ausland, kurz- und mittelfristige EG-bezogene Handelskredite sowie der Erwerb börsennotierter Wertpapiere durch EG-Ausländer waren, bis auf wenige Ausnahmefälle, ohne Diskriminierung möglich. Noch bestehende sonstige Beschränkungen wurden Mitte 1990 aufgehoben, womit es allen EG-Bürgern und -Unternehmen möglich ist, bei Banken bzw. Versicherungen in einem jeweiligen EG-Partnerland Kontokorrent- und Terminkonten zu unterhalten, Kredite aufzunehmen und Versicherungsverträge abzuschließen. Für Griechenland, Spanien und Portugal bestanden hinsichtlich des Abbaus verbliebener Kapitalverkehrskontrollen noch längere Übergangsfristen.

Stark segmentiert waren auch bisher die Märkte von Gütern, die durch die öffentliche Hand, meist im Wege von **Ausschreibungen**, zu beschaffen waren. Dies betraf insbesondere Erzeugnisse der Sektoren Energieerzeugung, Verkehr, Telekommunikation und Wasserversorgung, wie zum Beispiel Kraftwerksbauten, Heizkessel für Kraftwerke, Turbinen zur Energieerzeugung, Lokomotiven, Telefonvermittlungsanlagen usw. Die Öffnung entsprechender Märkte auch für ausländische EG-Anbieter soll die Leistung der betroffenen Branchen in positiver Weise anspornen und entsprechende Einsparungen öffentlicher Mittel ermöglichen.

Freizügigkeit von Arbeitnehmern war und ist ein weiteres Basiselement eines Gemeinsamen Marktes. Die Berufsausübung in einem EG-Partnerland unterliegt aber weiterhin einigen Behinderungen, die sich aus unterschiedlichen berufsqualifizierenden Abschlüssen ergeben. Eine gewisse Harmonisierung der entsprechenden Ausbildungsanforderungen und -gänge soll durch den Erwerb eines europäischen Berufsbildungsausweises, quasi eines EG-weit anerkannten Facharbeiter- bzw. Gesellenbriefes, ermöglicht werden.

Dem Äquivalenzprinzip folgend, werden inzwischen Hochschulabschlüsse gegenseitig anerkannt, die nach einem mindestens dreijährigen Studium erworben wurden. Wegen unterschiedlicher rechtlicher Regelungen können aber von EG-Ausländern in bestimmten Berufssparten Eignungsprüfungen oder das erfolgreiche Absolvieren von Anpassungslehrgängen verlangt werden.

EU-Staaten	Steuersätze in %		
	Normalsatz	ermäßigte Sätze[1]	Nullsatz[2]
Belgien	21	6; 12	ja[3]
Dänemark	25	–	ja[3]
Deutschland	16	7	–
Finnland	22	8; 17	ja
Frankreich	19,6	2,1; 5,5	–
Griechenland	18	4; 8	ja
Irland	21	4,3; 13,5	ja
Italien	20	4; 10	–
Luxemburg	15	3; 6; 12	–
Niederlande	19	6	–
Österreich	20	10; 12	–
Portugal	19	5; 12	–
Schweden	25	6; 21	ja
Spanien	16	4; 7	–
Vereinigtes Königreich	17,5	5	ja

1 Insbesondere für bestimmte Warengruppen des lebensnotwendigen Bedarfs und für bestimmte Dienstleistungen im Sozial- und Kulturbereich.
2 Nullsatz = Steuerbefreiung mit Vorsteuerabzug; wird hier nur erwähnt, sofern er außer für Ausfuhrumsätze auch für bestimmte Inlandsumsätze gilt.
3 Für Zeitungen.

Abb. 9.1: Mehrwertsteuersätze in der EU – Stand: 1. Juli 2003 –

Die Beseitigung **steuerlicher Schranken** durch Harmonisierung oder teilweise Angleichung stellt den dritten großen Komplex dar, der die Vollendung des Binnenmarktes ermöglichen soll. Betroffen sind hiervon die teilweise von Staat zu Staat erheblich differierenden indirekten Steuern, vornehmlich die **Mehrwertsteuer** und **einige spezifische Verbrauchsteuern**, wie jene auf reinen Alkohol, auf Wein, Bier, Zigaretten und Kraftstoffe. Wegen der noch recht unterschiedlichen Steuersysteme in den Staaten der Gemeinschaft ist es bis heute nicht gelungen, eine Harmonisierung der Steuersätze, insbesondere auch bei der Mehrwertsteuer, zu erreichen, wie aus der Abbildung 9.1 hervorgeht.

Bei der Mehrwertsteuerbelastung bleibt es im grenzüberschreitenden Warenverkehr beim Bestimmungslandprinzip, d. h. der Besteuerung im Lande des »Verbrauchs« einer Ware, wohingegen im Weißbuch der EG dem Ursprungslandprinzip als einer weniger aufwändigen Besteuerungsmethode der Vorzug gegeben wurde. Dies bedeutet, dass unter den jetzigen Bedingungen Produkte eines EG-Landes beim Grenzübertritt weiterhin von der Mehrwertsteuer entlastet und im Bestimmungsland durch die dort geltende Mehrwertsteuer belastet werden. Die Verlagerung des Besteuerungsverfahrens von den Grenzen in die Unternehmen stellt lediglich einen technischen Aspekt der Steuerverwaltung dar.

Von der Vollendung des Europäischen Binnenmarktes werden starke positive ökonomische Effekte erwartet. Neben zusätzlichen Wachstumsimpulsen für die Entwicklung des Bruttoinlandsproduktes der Gemeinschaft sollen eine Senkung der Konsumgüterpreise, eine bedeutende Ausweitung der Beschäftigung, ein Rückgang der öffentlichen Verschuldung und eine Verbesserung der Handelsbilanz eintreten. Durch den Abbau der Integrationshemmnisse und die sich daraus ergebenden Marktintegrationseffekte wird eine Wohlfahrtswirkung erwartet, die den Wert von 4,3 bis 6,3 % des gemeinschaftlichen Bruttoinlandsprodukts ausmachen soll.

9.5 Stabilitäts- und Wachstumspakt

Der **Stabilitäts- und Wachstumspakt** soll der flankierenden Sicherung der Geldpolitik der EZB dienen.

In der Währungsunion verbleibt die Finanzpolitik in den Händen der Träger der nationalen Wirtschaftspolitik. Zwecks Sicherung des Maastricht-Kriteriums: Nettoverschuldung (maximal 3 % des BIP) nach Einführung der Währungsunion hatte der Europäische Rat auf seiner Sitzung im Juni 1997 einen »Stabilitäts- und Wachstumspakt« (Stabilitätspakt) geschlossen. Auf der Grundlage dieses Abkommens soll gewährleistet werden, dass durch eine weiterhin in nationaler Souveränität verbleibende Finanzpolitik in einzelnen Mitgliedsstaaten keine »übermäßigen Defizite«, gemessen an dem 3 %-Kriterium, entstehen. Mit diesem Stabilitätspakt wurden Überwachungs-, Korrektur- und Sanktionsmechanismen vereinbart, die die Einhaltung des genannten Maastricht-Kriteriums durch die an der Währungsunion beteiligten Länder gewährleisten soll. Den Inhalt des Stabilitätspaktes bilden zwei EU-Verordnungen und eine Entschließung des Europäischen Rates vom Juni 1997. Die beiden Verordnungen wurden am 1. Juli 1998 bzw. 1. Januar 1999 geltendes Recht in der EU, Letztere nur in den Teilnehmerländern der Währungsunion. Inhaltlich handelt es sich hierbei erstens um den Ausbau der haushaltspolitischen Überwachung und die Koordinierung der Wirtschaftspolitiken sowie zweitens um die Klärung und Beschleunigung des Verfahrens bei einem »übermäßigen Defizit«. Die Entschließung des Europäischen Rates stellt eine Selbstverpflichtung aller Beteiligten (Staaten, Rat, Kommission) zwecks Ingangsetzung eines Korrektur- und Sanktionsverfahrens gegen ein Land dar, welches das Defizit-Kriterium verletzt hat.

Das »**Verfahren bei einem übermäßigen Defizit**« wird durch den Rat der Finanzminister auf der Grundlage entsprechender Analysen und Feststellungen der Kommission begonnen und umfasst mehrere Stufen. Bei der Beurteilung eines solchen Falles wird allerdings die gesamtwirtschaftliche Lage eines Landes anhand der Wachstumsraten des realen BIP berücksichtigt. Eine Überschreitung des Defizit-Kriteriums löst immer dann keine Sanktionen aus, wenn der Rat eine Ausnahmesituation in dem betroffenen Land feststellt. Eine Nettoverschuldung von mehr als 3 % gilt dann nicht als »übermäßiges Defizit«, wenn ein Wachstumsrückgang des realen BIP um mehr als 2% vorliegt. Bei einer Wachstumsschwäche im Rahmen von –0,75 % bis höchstens –2% kann bei Überschreiten des Defizit-Kriteriums auf Antrag des betroffenen Landes eine Ausnahmesituation als gegeben angesehen werden. Liegen die Wachstumsraten des BIP im Bereich von bis zu –0,75 % oder sind gar positive Wachstumsraten des BIP feststellbar, erfolgt bei Verletzung des Defizit-Kriteriums quasi automatisch die Feststellung, dass ein »übermäßiges Defizit« vorliegt. Der Rat hat bei Feststellung eines solchen Tatbestandes die Möglichkeit, außer den Wachstumsraten des BIP auch noch andere gesamtwirtschaftlich negative Fakten zu berücksichtigen (Produktionseinbrüche, Naturkatastrophen), die das Eintreten des Sanktionsmechanismus verhindern.

Sanktionen gegen ein Land werden nach der Feststellung eines »übermäßigen Defizits« und bei unterlassenen Gegenmaßnahmen des betreffenden Landes erst wirksam, wenn der Rat das entsprechende Land in Verzug gesetzt hat. Die Gesamtprozedur der Prüfungen und Beschlüsse dauert in einem solchen Falle vom 1. März bis 31. Dezember. Die als Sanktion bei der EZB zinslos zu hinterlegende Summe besteht aus

– einem Sockelbetrag in Höhe von 0,2% des BIP und
– einem variablen Betrag, der 10% des Wertes ausmacht, um den das Defizit den entsprechenden Reverenzwert des Defizits von 3 % überschreitet.

Die Obergrenze der gesamten Sanktionssumme beträgt 0,5 % des BIP des entsprechenden Jahres. Falls es einem betroffenen Land nicht gelingt, ein übermäßiges Defizit im Laufe von zwei Jahren zu beseitigen, werden die entsprechenden Einlagen in eine Geldbuße umgewandelt. Dieser Betrag wird dann unter den stabilitätsbewussten Ländern verteilt.

Kontrollfragen
1. Beschreiben Sie die Merkmale alternativer Stufen wirtschaftlicher Integration.
2. Schildern Sie Zusammensetzung und Kompetenzen einzelner Organe der EG.
3. Beschreiben Sie die Inhalte der Schranken, die der Vollendung des Europäischen Binnenmarktes bisher entgegenstanden.
4. Erläutern Sie Inhalt und Funktionsweise des Stabilitäts- und Wachstumspakts.

Aufgabe 12.14 *(Integrationsformen) S. 511*

13. HAUPTTEIL: BETRIEBSWIRTSCHAFTLICHE GRUNDLAGEN

Bearbeitet von: Prof. Dr. Michael Wobbermin

1 Inhaltliche Abgrenzung in der Reihe »Neue Schule des Bilanzbuchhalters«

Der Beitrag »Betriebswirtschaftliche Grundlagen« beschränkt sich auf die Darstellung derjenigen Grundprobleme der allgemeinen Betriebswirtschaft, die im Rahmen des Gesamtwerks »Die neue Schule des Bilanzbuchhalters« an anderer Stelle nicht behandelt werden.

Zu folgenden betriebswirtschaftlichen und wirtschaftsrechtlichen Themen findet der interessierte Leser in den Bänden der »Neuen Schule des Bilanzbuchhalters« ausführliche Abhandlungen:

– Grundlagen, Ordnungsmäßigkeit, Organisation der Buchführung, Abschlüsse nach Handels- und Steuerrecht (Band 1),
– Besondere Buchungsvorgänge, Konzernrechnungslegung, Bilanzanalyse, Kosten- und Leistungsrechnung, Finanzwirtschaft und Planungsrechnung (Band 2),
– Steuerrecht (Band 3),
– Fragen und Antworten zur mündlichen Bilanzbuchhalterprüfung (Band 5),
– Internationale(s) Rechnungslegung/Steuerrecht (Band 6),
– Sonderbilanzen (Band 7).

2 Grundbegriffe und Gegenstand der Betriebswirtschaftslehre

2.1 Betriebswirtschaftlehre als Teil der Sozialwissenschaften

In einem Betrieb oder einem Unternehmen werden Güter oder Dienstleistungen erstellt und an Kunden veräußert.

Die Begriffe Betrieb und Unternehmen werden oftmals synonym verwendet, teilweise aber auch unterschiedlich zugeordnet.

Der Begriff »Betrieb« betont stärker die produktionstechnische Seite der Erstellung und Veräußerung von Produkten oder Dienstleistungen, wohingegen der Begriff »Unternehmen« mehr den rechtlich-finanziellen Aspekt hervorhebt.

Gegenstand der Betriebswirtschaftslehre

Betrieb	Unternehmen
Produktionstechnische Sicht	Rechtliche/finanzielle Sicht

Abb. 2.1: Betrieb und Unternehmen als Gegenstand der Betriebswirtschaftslehre

Betrieb und Unternehmen sind Gegenstand der Betriebswirtschaftslehre.

Die Betriebswirtschaftslehre beschäftigt sich als Teil der Sozialwissenschaften mit den in Betrieben oder Unternehmen ablaufenden Prozessen einschließlich der Produktionsfaktoren, die dabei eingesetzt und miteinander kombiniert werden und dem betrieblichen Umfeld sowie die den Handlungen und Entscheidungen zugrunde liegenden betriebswirtschaftlichen Prinzipien.

Im Gegensatz zu den Naturwissenschaften (z. B. der Physik) befassen sich die Sozialwissenschaften mit dem wirtschaftlichen Verhalten von Menschen. Dies birgt den Nachteil, dass menschliches Verhalten im Gegensatz z. B. zum physikalischen Verhalten einer Kugel, die eine »Schiefe Ebene« hinunterrollt, nicht vollständig vorhergesagt werden kann. Somit sind Aussagen, die im Rahmen von Sozialwissenschaften, wie der Betriebswirtschaftslehre, erarbeitet werden, immer ungewiss. Sie können mit einer durchaus hohen Wahrscheinlichkeit eintreffen, müssen es aber nicht.

Eine Nachbardisziplin der Betriebswirtschaftslehre (BWL) ist die Volkswirtschaftslehre (VWL), die im Gegensatz zur BWL gesamtwirtschaftliche Zusammenhänge z. B. der Aktivitäten von Unternehmen, Haushalten, Organisationen und Staaten betrachtet. Die VWL untersucht aus der »Vogelperspektive«, z. B. eine Wirtschaftsregion oder ein Land und formuliert gesamtwirtschaftliche Aussagen, etwa hinsichtlich Konsum, Arbeitslosigkeit oder Konjunkturentwicklung.

Beide wirtschaftswissenschaftliche Fächer sind anwendungsorientiert und gehören deswegen zur Kategorie der Realwissenschaften, im Gegensatz zu den Idealwissenschaften, wie z. B. die Mathematik, bei der der praktische Nutzen nicht im Vordergrund der Betrachtungen steht.

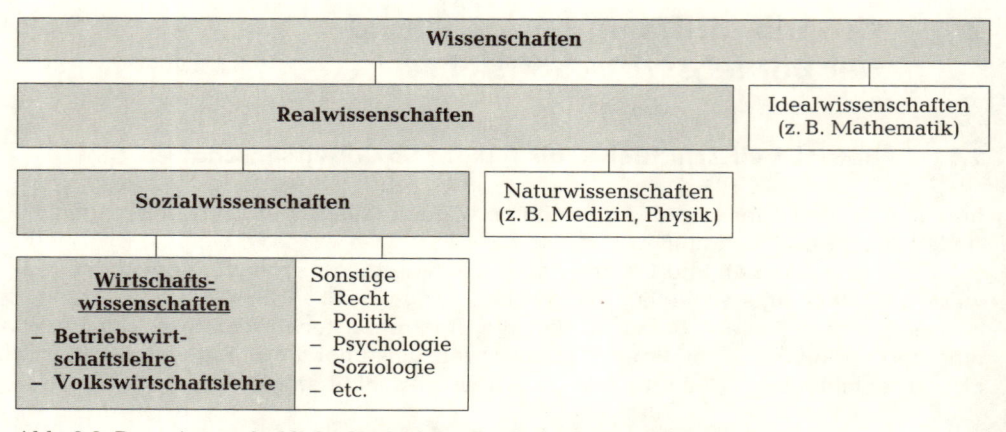

Abb. 2.2: Das wissenschaftliche Umfeld der Betriebswirtschaftslehre

Die Betriebswirtschaftslehre wurde lange Zeit in eine »Allgemeine BWL« und in eine »Spezielle BWL« unterschieden.

Die **Allgemeine BWL** beschreibt und erklärt betriebliche Vorgänge, die für alle Betriebe unabhängig von ihrer Zugehörigkeit zu einem speziellen Wirtschaftszweig von Bedeutung sind. Zur Allgemeinen BWL zählen vor allem die konstitutiven Entscheidungen (z. B. zu Rechtsform und Standort) sowie die grundsätzliche Gestaltung und Organisation der Betriebsabläufe und deren weiterer Entwicklung (z. B. anhand des Finanz- und Rechnungswesens).

Die **Spezielle BWL** behandelt Themen, die sich aus der Besonderheit einzelner Wirtschaftszweige ergeben. Hierzu gehören beispielsweise die Industrie-, Handels-, Bankbetriebs- oder die Versicherungslehre.

Betriebswirtschaftslehre	
Allgemeine Betriebswirtschaftslehre	**Spezielle Betriebswirtschaftslehre**
– Betriebsorganisation – Materialwirtschaft – Fertigungswirtschaft – Personalwirtschaft – Unternehmensführung – Absatz, Vertrieb und Marketing – Investition und Finanzierung – Rechnungswesen – Controlling	– Bankbetriebslehre – Betriebliche Steuerlehre – Handelsbetriebslehre – Industriebetriebslehre – Versicherungsbetriebslehre – Wirtschaftsprüfung und Treuhandwesen

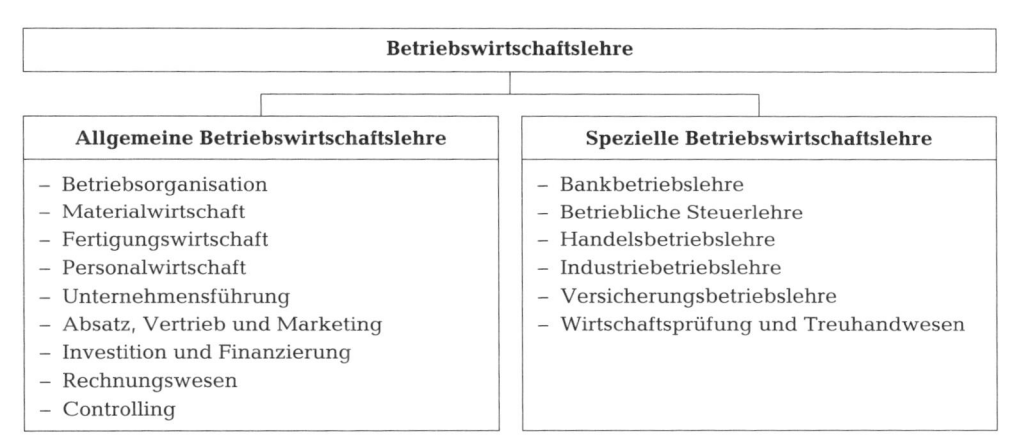

Abb. 2.3: Teilgebiete der Allgemeinen und Speziellen BWL

Die Unterscheidung in »Allgemeine« und »Spezielle BWL« findet zunehmend nicht mehr die ungeteilte Zustimmung, weil die Trennlinie unscharf ist, wo das Allgemeine endet und das Spezielle beginnt. Häufig wird daher von Einführung in die BWL oder wie im vorliegenden Fall von betriebswirtschaftlichen Grundlagen gesprochen und geschrieben.

Kontrollfragen
1. *Was unterscheidet den Betrieb vom Unternehmen?*
2. *Wie lassen sich die Wirtschaftswissenschaften einteilen?*
3. *Erläutern Sie die Unterschiede zwischen »Allgemeiner BWL« und »Spezieller BWL«.*

2.2 Betriebswirtschaftslehre im Rahmen der Marktwirtschaft

Damit in einem Betrieb oder einer Unternehmung Entscheidungen gefällt werden können, bedarf es eines bestimmten konstitutionellen rechtlich-wirtschaftlichen Umfelds. Die historische Erfahrung hat gezeigt, dass Betriebe und Unternehmen in einer Marktwirtschaft besonders gut gedeihen.

Im Gegensatz zu einer **Zentralverwaltungswirtschaft**, deren wesentliches Kennzeichen die zentrale staatliche Steuerung und »Bevormundung« aller wirtschaftlichen

Aktivitäten ist, beruht die **Marktwirtschaft** auf den Ideen des **Liberalismus**, der die nahezu völlige Entscheidungsfreiheit aller Wirtschaftssubjekte beinhaltet. Adam Smith, als Hauptvertreter des Liberalismus, ging davon aus, dass »das Denken an sich selbst« als Motor und Triebfeder wirtschaftlichen Handelns anzusehen ist und dieser Eigennutz besser und effizienter das Gemeinwohl steigern kann als jeder ausufernde staatliche Einfluss. Der Staat habe sich ganz im Gegenteil weitestgehend aus wirtschaftlichem Handeln herauszuhalten.

Wesentliche Merkmale der Marktwirtschaft sind folgende Prinzipien:

- **Autonomie**
  Die einzelnen Betriebe dürfen die Produktionsprogramme und die Preise selbstständig festlegen, generell ohne Einflussnahme des Staates.
- **Privateigentum**
  Die Betriebe und deren Einrichtungen liegen in privater Hand.
- **Streben nach Gewinn**
  Wesentliches Motivationselement eines Unternehmers ist die Erzielung von Gewinn.

In der Zentralverwaltungswirtschaft sind die Preise staatlich festgelegt. Die Preise sind kein Indikator der Knappheit der Güter. Die entscheidende Besonderheit der Marktwirtschaft sind frei schwankende Preise, in deren Zustandekommen sich der Staat (mit wenigen Ausnahmen) nicht einmischt (so genannter **Preismechanismus** der Marktwirtschaft).

Auf Güter-, Arbeits- und Kapitalmärkten entstehen Angebot und Nachfrage. Beispielsweise suchen Arbeitnehmer auf dem Arbeitsmarkt nach einer möglichst hoch bezahlten angenehmen Tätigkeit. Arbeitgeber hingegen suchen qualifizierte Arbeitnehmer zu möglichst moderaten Löhnen oder Gehältern. Der Preis bringt beide Interessen zueinander. Die Preise werden nicht staatlich fixiert, sie bilden sich vielmehr nach Angebot und Nachfrage (Steuerung durch Angebot und Nachfrage).

Neben der Steuerungsfunktion haben Preise auch die Funktion einer Sanktion. Wer z. B. nicht bereit ist, mindestens 30 € für einen echten »Champagner« auszugeben, kommt nicht in den Genuss dieser französischen Spezialität.

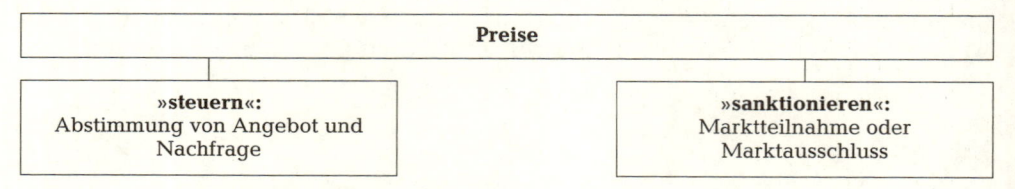

Preise	
»steuern«: Abstimmung von Angebot und Nachfrage	»sanktionieren«: Marktteilnahme oder Marktausschluss

Abb. 2.4: Aufgaben der Preise in der Marktwirtschaft

Die reine Marktwirtschaft führt bei einer Reihe von Vorgängen zu »Marktversagen«.

So kann es sein, dass durch den Zusammenschluss von Unternehmen so viel Marktmacht entsteht, dass der oben beschriebene Marktmechanismus außer Kraft gesetzt wird.

Menschen, die nicht genügend konkurrenzfähig sind, z. B. aufgrund von Krankheiten oder aber auch mangelhafter Ausbildung, können sehr schnell an den Rand einer Gesellschaft gelangen, indem sie arbeitslos werden.

Die Ausprägung der Marktwirtschaft in Deutschland wird als »**Soziale Marktwirtschaft**« bezeichnet. Begründet vor allem durch Walter Eucken und Alfred Müller-Armack sowie politisch realisiert durch Ludwig Erhard versucht die »Soziale Marktwirtschaft« die Nachteile einer freien Marktwirtschaft »abzufedern«, z. B. durch gesetzliche Vorschriften zu

- Wettbewerbsschutz,
- Subventionen,
- Tarifvertragsrecht oder
- Sozialrecht (Arbeitslosengeld, Sozialhilfe, etc.).

Kontrollfragen
1. *Erläutern Sie die wesentlichen Unterschiede zwischen einer Zentralverwaltungswirtschaft und einer Marktwirtschaft.*
2. *Erklären Sie den Preismechanismus einer Marktwirtschaft.*
3. *Wie kam es zur Entstehung der »Sozialen Marktwirtschaft«?*

2.3 Struktur betrieblicher Entscheidungen

Innerhalb eines Unternehmens laufen eine Vielzahl von Prozessen ab. Sie lassen sich in vier Teilbereiche kategorisieren.

Teilbereiche der Betriebswirtschaft			
Konstitutive Entscheidungen	Leistungserstellung/ Verwertung	Finanz-/ Rechnungswesen	Unternehmensführung

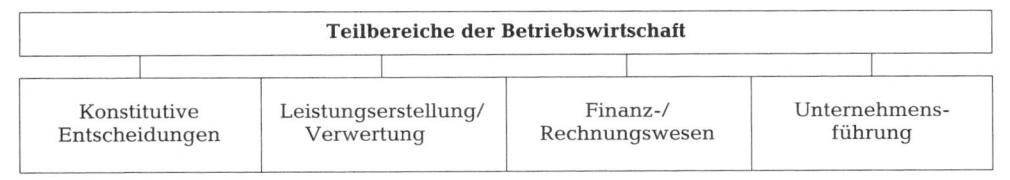

Abb. 2.5: Struktur der betrieblichen Entscheidungen

(1) Konstitutive betriebliche Entscheidungen
Hierzu zählen vor allem die Wahl

- der Rechtsform eines Unternehmens,
- des Standorts eines Unternehmens und
- der Unternehmensgröße (z. B. Klein- oder Großunternehmen).

(2) Betriebliche Leistungserstellung und Verwertung
In diesem Teilbereich der Betriebsentscheidungen wird festgelegt, welche Produkte oder Dienstleistungen in welcher Form produziert/erstellt werden und in welcher Form diese Produkte und Dienstleistungen an den Kunden veräußert werden sollen.
Zum Bereich Leistungserstellung und Verwertung zählen vor allem

- die Betriebsorganisation,
- die Materialwirtschaft,
- die Fertigungswirtschaft,
- die Personalwirtschaft und
- die Bereiche Absatz, Vertrieb und Marketing.

(3) Betriebliches Finanz- und Rechnungswesen
Im betrieblichen Rechnungswesen werden sämtliche Geschäftsfälle erfasst, die zu einer wertmäßigen Änderung von Vermögen und/oder Schulden eines Unternehmens führen. Im betrieblichen Finanzwesen werden die Daten des betrieblichen Rechnungswesens verwendet, um darüber zu entscheiden, welche Investitionen (z. B.

Anschaffung von Maschinen) in welcher Form zu finanzieren sind (z. B. durch Eigenmittel oder die Aufnahme eines Bankkredits).

(4) Betriebliche Unternehmensführung
Gegenstand der Unternehmensführung ist vor allem die effiziente Planung und Steuerung betrieblicher Abläufe, die strategische Ausrichtung des Unternehmens und die zielgerichtete Beeinflussung der handelnden Personen.

2.4 Zur Geschichte der Betriebswirtschaftslehre

Die Betriebswirtschaftslehre ist als selbstständige wirtschaftswissenschaftliche Disziplin erst am Übergang des 19. zum 20. Jahrhunderts entstanden. Üblicherweise wird das Jahr **1898**, in dem die ersten **Handelshochschulen** in Leipzig, St. Gallen, Aachen und Wien gegründet wurden als das Geburtsjahr der Betriebswirtschaftslehre bezeichnet.

Allerdings findet man schon bei den Babyloniern, Griechen und Römern erste Schriften mit betriebswirtschaftlichen Bezügen.

Die älteste gedruckte Veröffentlichung handelstechnischer Art enthält das 1494 erschienene Lehrbuch zur Mathematik des aus Venedig stammenden Franziskanermönches und Mathematikprofessors **Luca Pacioli** mit dem Titel »Summa de Aritmetica Geometria Proportioni et Proportionalita«, das neben der Mathematik und deren Anwendung auf die kaufmännische Praxis vor allem dadurch bekannt geworden ist, dass es die erste vollständige geschlossene und gedruckte Darstellung des Systems der doppelten Buchführung enthält.

Paul Jakob Marperger (1656 bis 1730) unternahm 1708 anhand seines in Hamburg erschienen Kaufmannsmagazins den ersten Versuch einer lexikalischen Zusammenstellung der handelswissenschaftlichen Materie.

Carl Günther Ludovici, Professor für Philosophie an der Universität Leipzig, veröffentlichte zwischen 1752 und 1756 ein fünfbändiges Kaufmannslexikon, das im Anhang die erste systematische wissenschaftliche Darstellung der Handelswissenschaft enthielt.

Allerdings entwickelten sich erst mit der Gründung der Handelshochschulen im 20. Jahrhundert die Handelswissenschaften zur Allgemeinen Betriebswirtschaft.

Die ersten bedeutenden betriebswirtschaftlichen Werke vor dem ersten Weltkrieg waren **Josef Hellauers** »System der Welthandelslehre« (1910), **Johann Friedrich Schärs** »Allgemeine Handelsbetriebslehre« (1911) und **Heinrich Nicklischs** »Allgemeine kaufmännische Betrieblehre als Privatwirtschaftslehre des Handels und der Industrie« (1912).

Stand bis zu Beginn des zweiten Weltkriegs vor allem die Kostenrechnung im Mittelpunkt der Erörterungen, so beschäftigten sich einige Autoren schon vor dem zweiten Weltkrieg mit Bilanz- und Finanzierungsfragen. Zu den wichtigsten bilanztheoretischen Veröffentlichungen zählten die Erörterungen zur dynamischen Bilanz von **Eugen Schmalenbach**, zur organischen Bilanz von **Fritz Schmidt** sowie zur statischen Bilanz von **Le Coutre** und zur pagatorischen Bilanz von **Erich Kosiol**.

Nach dem zweiten Weltkrieg war es vor allem **Erich Gutenberg**, der in seinen drei Bänden Produktion, Absatz und Finanzen zu den »Grundlagen der Betriebswirtschaftlehre« ein in sich geschlossenes Werk vorstellte, in dessen Mittelpunkt die Kombination der Produktionsfaktoren steht.

Weitere namhafte Gesamtdarstellungen zur Allgemeinen Betriebswirtschaftslehre veröffentlichten **Horst Albach**, **Erwin Grochla**, **Walter Wittmann** und **Günter Wöhe**.

Kontrollfragen

1. Benennen Sie die Teilbereiche der Betriebswirtschaftslehre.
2. Welche historischen Wurzeln der Betriebswirtschaftslehre kennen Sie?
3. Was sagen Ihnen die Namen Luca Pacioli, Carl Günther Ludovici und Erich Gutenberg?

2.5 Leistungserstellung durch Produktionsfaktoren

2.5.1 Überblick

Durch den Einsatz und die Kombination von Produktionsfaktoren wird in den Unternehmen das zu verkaufende Produkt oder die zu erbringende Dienstleistung hergestellt.

In der Betriebswirtschaftslehre hat sich die Einteilung der Produktionsfaktoren nach Gutenberg durchgesetzt. Er unterscheidet dabei die Elementarfaktoren vom dispositiven Faktor.

Die **Elementarfaktoren** gliedern sich in:

- Ausführende Arbeit,
- Betriebsmittel und
- Werkstoffe.

Der **dispositive Faktor** besteht aus den Teilen

- Leitung,
- Planung und
- Organisation.

Wöhe hat den dispositiven Faktor noch um die »**Überwachung**« ergänzt.

Betriebliche Produktionsfaktoren							
Elementarfaktoren			Dispositiver Faktor				
Ausführende Arbeit	Betriebsmittel	Werkstoffe	Leitung	Planung	Organisation	Überwachung	

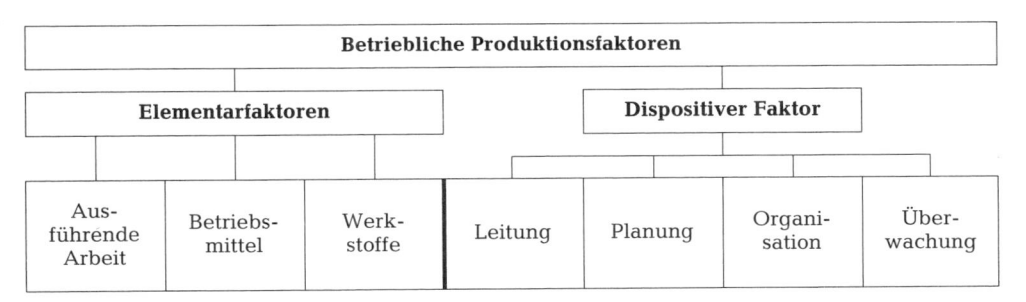

Abb. 2.6: System betrieblicher Produktionsfaktoren nach Gutenberg und Wöhe

2.5.2 Elementarfaktoren

Der Elementarfaktor »**Ausführende Arbeit**« beinhaltet reine objektbezogene Arbeiten.
Objektbezogene Arbeitsleistungen sind diejenigen Tätigkeiten, die unmittelbar mit der Erbringung der betrieblichen Leistung und deren Verwertung sowie mit Tätigkeiten zu tun haben, bei denen die Finanzströme des Unternehmens direkt betroffen sind.

Beispiele hierfür sind:

- das Lackieren in einer Autowerkstatt,
- die Programmierung von Software,
- die Bezahlung einer Rechnung durch den Buchhalter.

Bei den **Betriebsmitteln** handelt es sich um die gesamte technische Apparatur eines Betriebes. Dies sind in erster Linie Maschinen und maschinelle Anlagen sowie Werkzeuge. Aber auch Grundstücke und Gebäude, Verkehrsmittel, Transport- und Büroeinrichtungen zählt man dazu. Ebenso gehören die EDV-Ausstattungen des Rechnungswesens, der Produktionslogistik, der Personalabteilung und des Vertriebs hierzu.

Zu den **Werkstoffen** zählen neben den Roh-, Hilfs- und Betriebsstoffen alle Güter (Zulieferteile), die als fertige Bestandteile in ein Produkt eingebaut werden, z. B. Autoradios, Autobatterien, Reifen oder Festplatten in einem PC.

Rohstoffe gehen als Hauptbestandteile in die Fertigfabrikate ein. Dies sind z. B. Bleche oder Lacke für die Autokarosserie.

Hilfsstoffe sind solche Güter, die zwar auch Bestandteil der Fertigfabrikate werden, die aber wert- oder mengenmäßig eine untergeordnete Rolle spielen. Hierzu zählen z. B. Schrauben, Nägel, Anstrichmittel oder Leim für die Möbelproduktion.

Betriebsstoffe sind nötig, um die Betriebsmittel am Laufen zu halten. Sie werden bei der Produktion oder Dienstleistungserstellung verbraucht und gehen nicht in das Produkt ein. Hierunter fallen z. B. Dieselöl, Heizöl, Benzin, Strom oder Schmierstoffe.

2.5.3 Dispositiver Faktor

Damit ein Unternehmen erfolgreich arbeiten kann, bedarf es einer einheitlichen Führung des Betriebes, die die Kombination der menschlichen Arbeitskraft mit den Betriebsmitteln und Werkstoffen plant, organisiert und kontrolliert. Diese Tätigkeit der Führungsspitze eines Unternehmens wird als leitende Arbeit **(Leitung)** und die Gesamtheit aller Führungsorgane als dispositiver Faktor bezeichnet. Die Mitarbeiter, die gegenüber anderen Mitarbeitern weisungsbefugt sind, zählen zum »**Management**« oder den »**Führungskräften**« des Unternehmens.

Zur Realisierung betrieblicher Zielsetzungen bedarf es zunächst einer genauen **Planung** aller Einzelheiten der betrieblichen Prozesse (z. B. Planung, welche Produkte in welcher Form gefertigt und verkauft werden sollen).

Soll die Planung realisiert werden, so erfordert dies eine Verteilung der Aufgaben, eine **Organisation**, die dafür sorgt, dass die Abläufe im Betrieb geordnet stattfinden.

Eine Überprüfung der erreichten Ziele des Unternehmens durch das Management erfolgt anhand der **Überwachung** der betrieblichen Ablaufprozesse. Dies geschieht durch interne oder externe Kontrolleure (z. B. Prüfer, Revisoren, Controller).

Wichtiges Hilfsmittel der Überwachung ist das betriebliche Rechnungswesen (Buchhaltung und Bilanzierung sowie Kosten- und Leistungsrechnung).

Die **Aufgaben** des **dispositiven Faktors** beinhalten folgende Tätigkeiten:

- Unternehmensziele setzen,
- Planen,
- Entscheiden,
- Realisieren und
- Kontrollieren.

Die im Unternehmen geleistete Arbeit lässt sich einteilen in eine ausführende, objektbezogene Arbeit (z. B. Sachbearbeiter in der Kunden-Buchhaltung) und in eine anleitende, dispositive Tätigkeit oder Führungsaufgabe (z. B. Abteilungsleiter der gesamten Buchhaltung).

Betriebliche Arbeitsleistungen	
Ausführende Arbeit z. B. Sachbearbeiter für Kundenbuchungen	Dispositive Führungstätigkeit z. B. Abteilungsleiter der gesamten Buchhaltung

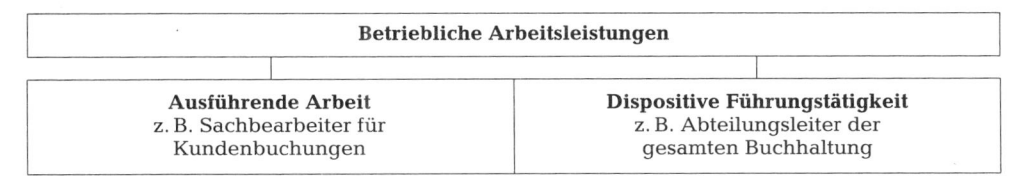

Abb. 2.7: Formen betrieblicher Arbeitsleistungen

Kontrollfragen
1. *Welche betrieblichen Produktionsfaktoren kennen Sie?*
2. *Nennen Sie Beispiele für »Betriebsmittel« und »Werkstoffe«.*
3. *Welche wesentlichen Aufgaben hat der »Dispositive Faktor«?*

2.6 Betriebswirtschaftliche Grundprinzipien

2.6.1 Wirtschaftlichkeit

Der **betriebliche Produktionsprozess** oder güterwirtschaftliche Prozess besteht darin, dass Unternehmen Güter durch die Kombination oder Umwandlung anderer Güter produzieren. Die von den Unternehmen erzeugten Güter bezeichnet man als Produkte, Output oder Ausbringung, die zur Produktion eingesetzten Güter als Produktionsfaktoren, Input oder Faktoreinsatz.

Ein Automobilhersteller produziert Pkw (Output) durch den Einsatz von Blechen, Lacken, Schrauben, Vorprodukten (Reifen, Radios, etc.), sowie die Verwendung von Werkzeugen und Maschinen (Betriebsmittel) und den Einsatz von Arbeit.

MENGEN Produktionsfaktoren (**Input**-Stück)	Produktion im Unternehmen	MENGEN Produkte (**Output**-Stück)
WERTE **Kosten** (in €)		WERTE **Leistung** (in €)

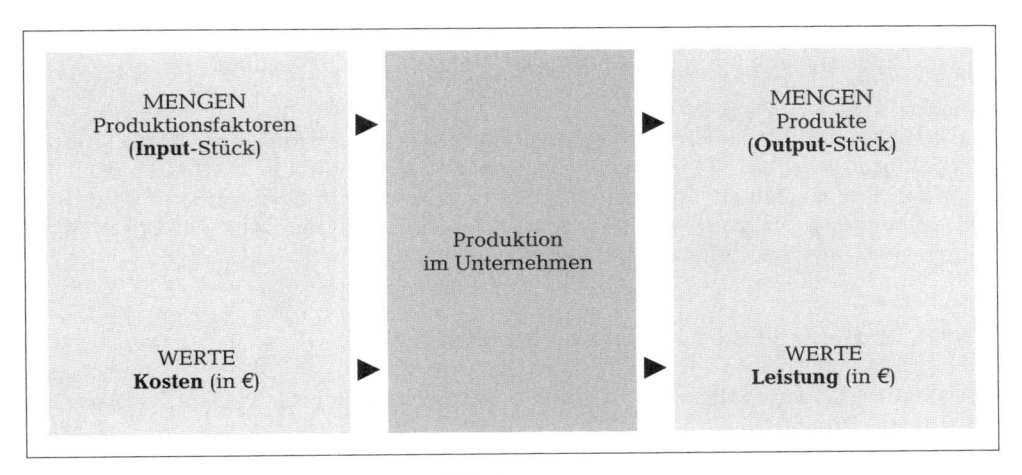

Abb. 2.8: Betrieblicher Produktions- und Werteprozess

Input und Output sind reine Mengengrößen (Stückzahlen). Werden die Mengen mit Preisen bewertet, z. B. Lohnsatz je Stunde geleisteter Arbeit, so ergeben sich die Kosten (z. B. Löhne der Mitarbeiter) oder die erzielten Leistungen (z. B. Anzahl verkaufter Pkw x Verkaufspreis je Pkw).

Dem güterwirtschaftlichen Produktionsprozess steht ein entgegengesetzter **finanzwirtschaftlicher Prozess** gegenüber. Mit dem Verkauf von Gütern und Dienstleistungen (Output) »verdient« das Unternehmen Geld und erhält Einzahlungen z. B. von Kunden. Die Beschaffung von Produktionsfaktoren »kostet« Geld und führt zu Auszahlungen.

Die Einzahlungen aus dem Absatzmarkt können zur Anschaffung von Produktionsmitteln verwendet werden (Investitionen).

Häufig sind Geldzu- und -abflüsse nicht deckungsgleich. Das Entleihen von fehlenden und das Anlegen überschüssiger finanzieller Mittel gehört zu den Finanzierungsaufgaben des Unternehmens. Im Rahmen des Finanzmanagements werden neue Beteiligungen an anderen Unternehmen erworben oder vorhandene Beteiligungen veräußert.

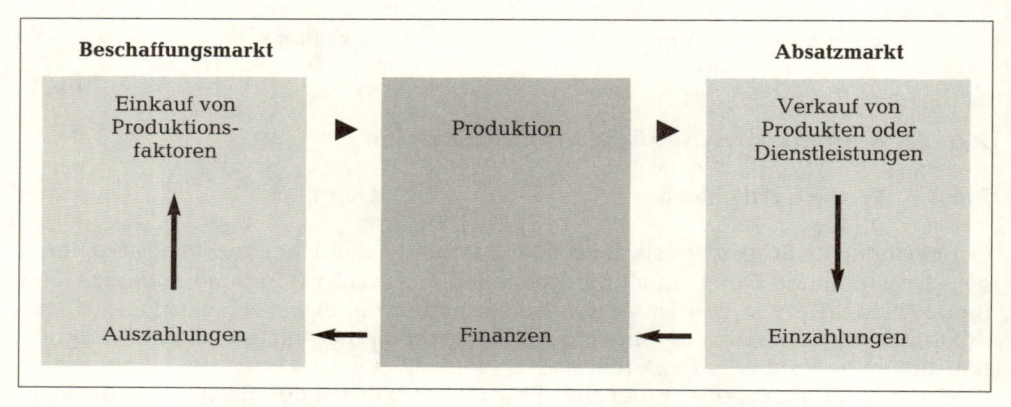

Abb. 2.9: Güterwirtschaftlicher und finanzwirtschaftlicher Wertekreislauf

Das **Wirtschaftlichkeitsprinzip** verlangt, dass entweder

– ein bestimmter Output mit geringstmöglichem Input (Minimalprinzip) oder
– mit einem gegebenen Input ein größtmöglicher Output (Maximalprinzip)

erzielt wird.

Das Wirtschaftlichkeitsprinzip beinhaltet somit die Forderung, dass keine Produktionsfaktoren zu verschwenden sind und dadurch wirtschaftlich zu arbeiten ist.

In der Praxis stellt sich oft das Problem, dass weder ein bestimmter Output noch ein gegebener Input vorliegt. Es ist dann die Alternative mit dem günstigsten Verhältnis von Output zu Input gesucht (Optimalprinzip).

2.6.2 Erzielung von Gewinn und Rendite

Das oberste Unternehmensziel ist die Erwirtschaftung von Gewinn (»Erwerbswirtschaftliches Prinzip«).

Der **Gewinn** in seiner **absoluten Definition** ist die Differenz aus Umsatz (Preis je verkaufter Produkteinheit x abgesetzter Menge) und Kosten:

> **Gewinn = Umsatz – Kosten**

Setzt man den Gewinn in Relation zu einer verursachenden Größe, so erhält man die relative Definition des Gewinns: die **Rentabilität**.

Häufig verwendete Rentabilitätsgrößen in Prozent sind die Eigen- und Gesamtkapitalrendite sowie die Umsatzrendite.

```
Eigenkapitalrendite    = (Gewinn : Eigenkapital) x 100 %
Gesamtkapitalrendite   = {(Gewinn + Fremdkapitalzinsen) :
                         (Eigen- + Fremdkapital)} x 100 %
Umsatzrendite          = (Gewinn : Umsatz) x 100 %
```

Die **Eigenkapitalrendite** sollte in einem erfolgreich arbeitenden Unternehmen größer sein als die durchschnittliche Umlaufrendite festverzinslicher Wertpapiere. Ist dies nicht der Fall, so sollte der Unternehmer lieber sein Geld in sichere festverzinsliche Anlagen investieren, die relativ risikofrei einen höheren Gewinn einbringen.

Die **Gesamtkapitalrendite** berücksichtigt im Zähler neben dem Gewinn noch die Zinsaufwendungen für aufgenommene Kredite. Diese Größe gibt an, wie viel Euro Kapitalentgelt jeder investierte Euro erbringt. Liegt der Fremdkapitalzins unterhalb der Gesamtkapitalrendite, so ist es sinnvoll, dass das Unternehmen durch die vermehrte Aufnahme von Krediten die Rendite des Eigenkapitals steigert **(Leverage-Effekt)**.

Die **Umsatzrendite** gibt den prozentualen Anteil des Gewinns vor oder nach Steuern am realisierten Umsatz wieder. Dieser liegt im Durchschnitt deutscher Industrieunternehmen nach Steuern derzeit bei rund zwei Prozent. Liegt ein Unternehmen oberhalb des Durchschnitts, so arbeitet es relativ erfolgreich.

2.6.3 Sicherung der Zahlungsfähigkeit

Ein Unternehmen ist im finanziellen Gleichgewicht, wenn es jederzeit seine Zahlungsverpflichtungen erfüllen kann.

Ist diese Zahlungsfähigkeit aktuell und nachhaltig nicht mehr gegeben, so führt dies zur Existenzbedrohung des Unternehmens.

Unternehmerische Entscheidungen haben sich somit nicht nur an der Wirtschaftlichkeit und dem Gewinn zu orientieren, sondern auch an den mit den Produktions- und Absatzprozessen verbundenen Ein- und Auszahlungen (Liquidität).

Das anhaltende Unvermögen, Zahlungsanforderungen zu erfüllen, wird als Zahlungsunfähigkeit bezeichnet und ist ein Grund zur Insolvenz. Insoweit kann die Notwendigkeit, das finanzielle Gleichgewicht aufrecht zu erhalten, mit dem Streben nach Wirtschaftlichkeit und Gewinn konkurrieren, z. B. wenn Erträge trotz langfristig erwarteter Gewinne erst später anfallen und so die Einzahlungen zunächst nicht ausreichen, Zahlungsverpflichtungen zu erfüllen.

§ 92 AktG (Aktiengesetz) enthält hierzu klare Handlungsanweisungen:

Abs. 2 Satz 1: »Wird die Gesellschaft zahlungsunfähig, so hat der Vorstand ohne schuldhaftes Zögern, spätestens aber drei Wochen nach Eintritt der Zahlungsunfähigkeit, die Eröffnung des Insolvenzverfahrens zu beantragen«. Abs. 3: »Nachdem die Zahlungsunfähigkeit der Gesellschaft eingetreten ist …, darf der Vorstand keine

Zahlungen leisten. Dies gilt nicht von Zahlungen, die auch nach diesem Zeitpunkt mit der Sorgfalt eines ordentlichen und gewissenhaften Geschäftsleiters vereinbar sind.«
Details zur Insolvenz enthält die Insolvenzordnung (InsO).

Kontrollfragen
1. Erläutern Sie den betrieblichen Produktions- und Werteprozess.
2. Was ist ein finanzwirtschaftlicher Prozess?
3. Welche Renditekennziffern kennen Sie?

Aufgabe 13.01 *Betriebliche Prozesse S. 512*

3 Standortentscheidung

3.1 Verschiedene Ebenen des Standortproblems

Der Standort eines Unternehmens bestimmt den geographischen Ort, an dem ein Unternehmen seine Produktionsfaktoren einsetzt.

Bei der Entscheidung für einen Standort des Unternehmens handelt es sich um eine Entscheidung der Geschäftsleitung, die konstitutiv für das Unternehmen ist.

Über die Standortentscheidung hat die Geschäftsleitung aus mehreren Anlässen zu entscheiden:

– bei Gründung des Unternehmens,
– bei Verlagerung des Standorts durch Standortspaltung oder Standortwechsel.

Bei Gründung des Unternehmens spielen oftmals persönliche Motive der Unternehmer die entscheidende Rolle für die Festlegung des Standorts (z. B. Heimatverbundenheit, Kontakte zu Kunden oder Lieferanten in der Nähe).

Später kann es durchaus sein, dass z. B. die Produktionskosten an anderen Standorten erheblich geringer sind und somit eine Verlagerung des Standorts durch Aufspaltung auf mehrere Produktionsstätten oder zu einem Wechsel des Standorts führen.

Die Standortwahl kann in mehreren Schritten erfolgen:

Standortwahl			
(1)	(2)	(3)	(4)
International	Regional	Lokal	Innerbetrieblich

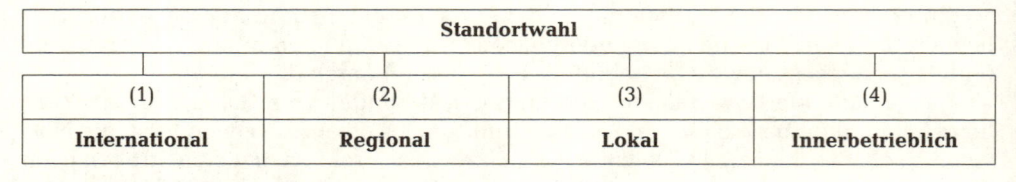

Abb. 3.1: Ebenen der Standortentscheidung

(1) Internationale Standortwahl:
   In welchem Staat soll sich das Unternehmen niederlassen?

(2) Regionale Standortentscheidung:
   In welcher Region eines Landes wird der Betrieb errichtet oder erworben oder in welche Region soll verlagert werden?

(3) Lokale Standortwahl:
   In welcher Stadt und Straße soll sich das Unternehmen ansiedeln?
(4) Innerbetriebliche Standortwahl:
   Wie sollen Waren im Verkaufsraum optimal für die Kunden platziert werden? Welche Anordnung von Maschinen ist für die betriebliche Logistik effizient?

3.2 Klassifizierung der Standortfaktoren

3.2.1 Überblick

Die für die Standortwahl entscheidenden Beeinflussungsgrößen werden als Standortfaktoren bezeichnet.

Sie lassen sich in Anlehnung an den Produktionsprozess wie in Abbildung 3.2 dargestellt einteilen.

Standortfaktoren		
Inputbezogene Faktoren	**Produktionsbezogene Faktoren**	**Outputbezogene Faktoren**
– Grundstücke – Personal – Material – Staatliche Anreize für die Ansiedlung – Staatliche Umweltvorschriften	– Klima und Geologie – Politische/soziale Rahmenbedingungen – Technologisches Umfeld – Staatliche Umweltvorschriften	– Marktbedingungen – Konkurrenzsituation – Staatliche Absatzförderung – Staatliche Umweltvorschriften

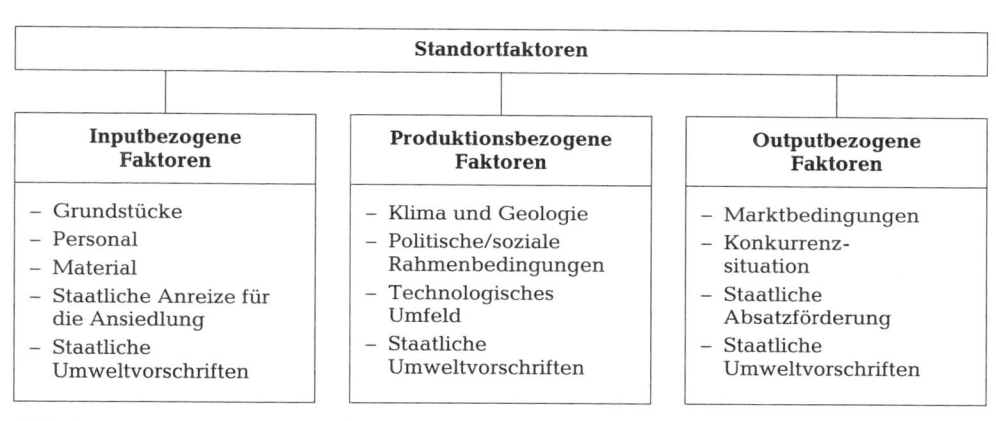

Abb. 3.2: Einflussgrößen für die Standortwahl

Staatliche **Umweltschutzanforderungen** findet man in allen drei Bereichen beim Input, der Produktion und dem Output. Dies sind zumeist gesetzliche Restriktionen, die die Standortwahl beeinflussen können. Man denke z. B. an Vorschriften für die Pkw-Lackierung oder an Vorschriften zur Entsorgung schadstoffhaltiger Abfälle und Abwässer.

3.2.2 Inputbezogene Standortfaktoren

Inputbezogene Standortfaktoren beziehen sich auf die Beschaffung der Produktionsfaktoren.

Geeignete Standorte zeichnen sich durch ausreichende Verfügbarkeit und Qualität von **Grundstücken** aus. Die Erschließungskosten und die Grundstückspreise sind hierfür wesentliche Entscheidungsparameter.

Bei den **Personalkosten** spielt das Lohnniveau und die Arbeitsproduktivität eine wichtige Rolle für die Standortwahl. Ein niedriges Lohnniveau reicht nicht aus. Das Personal muss qualifiziert ausgebildet und leistungsfähig sein.

Die Möglichkeiten zur Beschaffung von Roh-, Hilfs- und Betriebsstoffen sowie von Vorprodukten spielen eine zentrale Rolle im Produktionsprozess. Transportkosten,

Verfügbarkeit von Verkehrsmitteln sowie die notwendige Energie- und Wasserversorgung sind für den Einsatz von **Material** relevant.

Sehr wichtig sind **die staatlichen Anreize zur Ansiedlung von Unternehmen**. Subventionsleistungen z. B. in der Form niedriger Grundstückspreise und geringe Gewerbesteuersätze sind bei der Ansiedlung neuer Unternehmen hilfreich. Eine Ausbildungsplatzabgabe bei zu geringem Angebot an Lehrstellen dürfte gegenteilige Wirkungen erzielen.

3.2.3 Produktionsbezogene Standortfaktoren

Zu den produktionsbezogenen Standortfaktoren zählen **klimatische und geologische Besonderheiten** der jeweiligen Region.

Das **politische und soziale Umfeld** eines Landes sollte von politischer und sozialer Stabilität einschließlich einem qualifizierten Ausbildungsniveau der Bevölkerung gekennzeichnet sein. Genehmigungsverfahren für die Errichtung von Produktionsstätten müssen in einem überschaubaren zeitlichen Rahmen realisierbar sein.

Das **technologische Umfeld** wird bestimmt durch die räumliche Nähe von Unternehmen zu den vor- und nachgelagerten Produktionsstufen. Die Kommunikations- und Verkehrsinfrastruktur sowie die Existenz von Hochschulen und Zentren der Technologie sind weitere wichtige Parameter.

3.2.4 Outputbezogene Standortfaktoren

Outputorientierte Standortfaktoren werden vorwiegend von den jeweiligen **Marktbedingungen** bestimmt. Hierzu zählen das vor Ort vorhandene Marktvolumen und die Kaufkraft der Kunden sowie die Möglichkeiten, Kontakte zu Kunden herzustellen, z. B. über Messen, Börsen oder Werbeagenturen.

Die **Konkurrenzdichte** beschreibt die Anzahl und die Stärke der vorhandenen Wettbewerber. Je nach Branche und Produkt kann eine kleinere oder größere Distanz zum Konkurrenten wünschenswert sein. So siedeln sich etwa Autohäuser am liebsten in der Nähe der vergleichbaren Konkurrenz an.

Der Staat kann durch restriktive oder liberale **Wettbewerbsgesetze** den absatzpolitischen Handlungsspielraum eines Unternehmens erheblich beeinflussen.

3.3 Erläuterung besonders wichtiger Standortfaktoren

3.3.1 Arbeitskosten

Die Kosten der Arbeit sind ein bedeutender Standortfaktor, der insbesondere für die Bundesrepublik Deutschland seit Jahren belastend wirkt, wie folgende Pressemeldung unterstreicht: »Heute sagen 27 % (der von der IHK Stuttgart Anfang 2003 befragten Unternehmen), dass in den nächsten drei Jahren Teile der Fertigung aus dem Inland abgezogen werden sollen. Hauptgrund sind nach Angaben der von der Kammer befragten Unternehmen die hohen Arbeitskosten sowie die Steuern und Abgaben in Deutschland.« (Stuttgarter Zeitung vom 19. April 2003, S. 14).

Zu den Arbeitskosten zählen neben den Direktentgelten eine Reihe von Personalzusatzkosten:

- Entgelt für arbeitsfreie Tage (Feiertage, Urlaub, Krankheit),
- Sonderzahlungen (z. B. 13. Monatsgehalt, Erfolgsbeteiligungen, Urlaubsgeld),
- Arbeitgeberpflichtbeiträge zur Sozialversicherung (Renten-, Arbeitslosen-, Kranken-, Pflege- und Unfallversicherung),
- betriebliche Altersversorgung und
- sonstige Personalzusatzkosten (z. B. Aus- und Weiterbildung).

Daneben werden z. B. **Lohnzulagen** gezahlt, um möglichst besonders qualifizierte Arbeitskräfte zu beschäftigen. Vor Ort nicht verfügbare Arbeitskräfte werden beispielsweise von DaimlerChrysler im Werk Sindelfingen täglich mit Bussen über u. U. hunderte von Kilometern kostenlos oder zu geringen Gebühren zur Arbeitsstätte gefahren (**Personenbeförderung**).

Internationale Rangfolge der Arbeitskosten pro Stunde
(Verarbeitende Industrie, in €; Stand: 2001)

Land	Direktentgelt	Personalzusatzkosten	Summe Arbeitskosten je Stunde
Westdeutschland	14,44	11,72	26,16
Norwegen	17,12	8,21	25,33
Schweiz	16,37	8,59	24,96
Dänemark	19,58	4,92	24,50
Belgien	11,84	11,31	23,15
USA	16,57	6,42	22,99
Japan	13,13	9,09	22,22
Finnland	12,51	9,61	22,12
Niederlande	12,18	9,80	21,98
Luxemburg	13,99	7,13	21,12
Österreich	10,90	10,10	21,00
Schweden	12,35	8,56	20,91
Großbritannien	13,41	5,82	19,23
Frankreich	9,89	9,04	18,93
Kanada	13,06	4,97	18,03
Ostdeutschland	10,09	6,77	16,86
Irland	11,47	4,54	16,01
Italien	8,15	7,77	15,92
Spanien	8,01	6,67	14,68
Griechenland	5,27	3,59	8,86
Portugal	3,79	2,96	6,75

Quelle: Institut der deutschen Wirtschaft

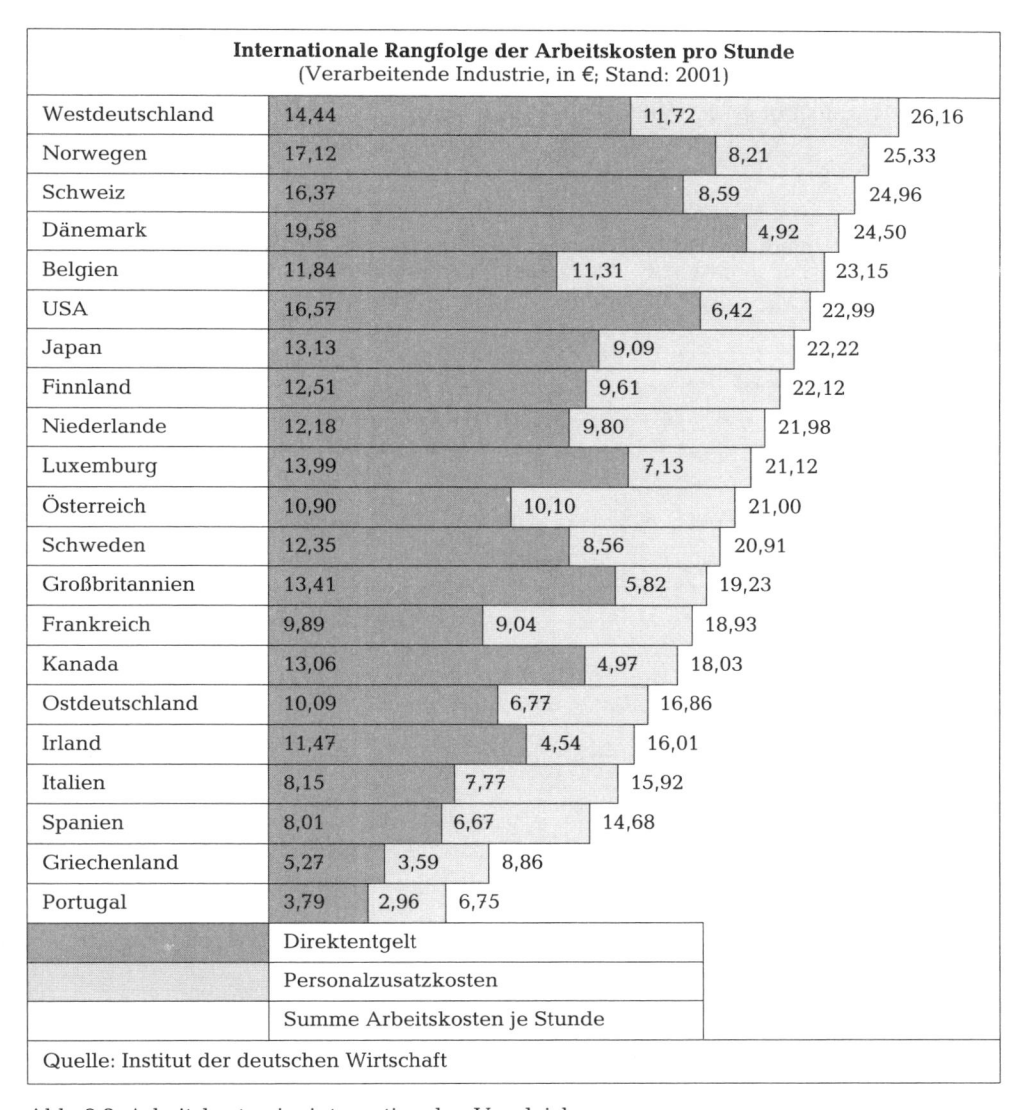

Abb. 3.3: Arbeitskosten im internationalen Vergleich

Abbildung 3.3 verdeutlicht, dass Westdeutschland bei wirtschaftlich vergleichbaren Ländern die höchsten Arbeitskosten pro Stunde aufweist. Dies liegt an einem hohen Arbeitsentgelt – in Dänemark, Norwegen, USA und der Schweiz werden allerdings höhere Stundenlöhne gezahlt als in Westdeutschland –, aber auch an den ausufernden Personalzusatzkosten, die im Jahr 2001 rund 45 % der gesamten Arbeitskosten pro Stunde ausmachten. In Westdeutschland fallen mit 11,72 € je Stunde die höchsten Personalzusatzkosten an. Kostentreiber sind vor allem die Sozialbeiträge, die 2001 rund die Hälfte des Direktentgelts erreichen.

> Kein vergleichbares Land hat höhere Personalzusatzkosten als Westdeutschland!

Gemessen am Direktentgelt stiegen die Personalzusatzkosten in Westdeutschland im Jahre 2001 auf über 81 % (1980: 75 %). Dies entspricht in etwa einem »doppelten Lohn«. Damit liegt Westdeutschland bei der Personalzusatzkostenquote zumindest im oberen Drittel wie folgende Tabelle erläutert.

Internationale Rangfolge bei der Personalzusatzkostenquote (Verarbeitende Industrie, Personalzusatzkosten in % des Direktentgelts; Stand: 2001)		
	2001	1980
Italien	96	85
Belgien	96	80
Österreich	93	82
Frankreich	91	80
Spanien	83	—
Westdeutschland	81	75
Niederlande	80	76
Portugal	78	—
Finnland	77	55
Japan	69	64
Schweden	69	64
Griechenland	68	56
Ostdeutschland	67	—
Schweiz	53	47
Luxemburg	51	41
Norwegen	48	48
Großbritannien	43	39
Irland	40	34
USA	39	37
Kanada	38	32
Dänemark	25	22

Abb. 3.4: Zusatzkostenquote in der Verarbeitenden Industrie (Quelle: Institut der deutschen Wirtschaft)

3.3.2 Produktivitäten und Wechselkurs

Das hohe Arbeitskostenniveau in Deutschland veranlasst viele Unternehmen, ihre Herstellung in Niedriglohnländer zu verlegen. Allerdings sind bei einer solchen Entscheidung vorab

- die Entwicklung der Arbeitsproduktivität,
- eventuell auftretende Wechselkurseffekte sowie
- die Kapitalproduktivität zu berücksichtigen.

Die **Arbeitsproduktivität** (produzierte Menge je Arbeitsstunde) ist in Deutschland sehr hoch, da die Fachkräfte hervorragend ausgebildet sind. Auch bemühen sich die Unternehmen intensiv um Rationalisierung.

Beispiel
In Deutschland werden in einem Unternehmen bei einem Stundenlohn von annahmegemäß 40 € insgesamt 1 000 Bleche je Arbeitsstunde bearbeitet. Im Land X wird für die gleiche Arbeit annahmegemäß ein Stundenlohn von umgerechnet 20 € gezahlt. Die Produktivität läge bei 100 Blechen je Arbeitsstunde.

	Deutschland	Land X
Stundenlohn (€/Std.)	40	20
Produktivität (Stück/Std.)	1 000	100
Lohnstückkosten (€/Stück)	0,04	0,2

Wie das Beispiel zeigt, sind die Lohnstückkosten in Deutschland trotz höherer absoluter Löhne erheblich geringer, da die Produktivität annahmegemäß deutlich höher ist als im konkurrierenden Land X.

Die Effekte von **Wechselkursänderungen** können obige Rangfolge wieder verändern. Wird der Euro aufgewertet, dann sinken die Stundenlöhne im Land X und damit die dortigen Lohnstückkosten in Euro, was die Exportchancen vom Land X nach Deutschland verbessert und umgekehrt die Exportchancen von Deutschland nach X verschlechtert.

Angesichts der Tatsache, dass der Einsatz von Maschinen immer häufiger und effizienter wird, was nichts anderes bedeutet, als dass der Ertrag des eingesetzten Kapitals steigt (zunehmende **Kapitalproduktivität**), nimmt die Bedeutung der direkten Lohnaufwendungen ab. Die Laufzeit der Maschinen ist für die Kalkulation eines Produkts zunehmend wichtiger als der Einzelkostenfaktor Lohn.

3.3.3 Transportkosten

Im Unternehmen entstehen Transportkosten

- bei der Beschaffung von Roh-, Hilfs- und Betriebsstoffen sowie beim Bezug von Halb- und Fertigfabrikaten,
- bei der Beförderung von Mitarbeitern,
- beim Absatz der erzeugten Güter an die Kunden.

Die Höhe der Transportkosten wird beeinflusst von

- der Transportzeit,
- der zu transportierenden Menge,

- der Qualität des Transports,
- der Entfernung und
- den zu benutzenden Verkehrsmitteln.

Die **Transportzeit** muss bei Frischprodukten niedrig sein. Frische Erdbeeren etc. müssen oftmals auf dem Luftweg und damit teuer transportiert werden.

Besonders **werthaltige Güter** werden von der Post oder von der Bahn mit höheren Tarifen belegt.

Manche Unternehmen bevorzugen als Standort eine Hafenstadt, um die gefertigten Güter ohne Zwischentransporte direkt auf den Seeweg bringen zu können. Andere Betriebe bevorzugen die Nähe zu Kanälen und Flüssen, da Massengüter billiger per Schiff als per Bahn oder Lkw transportiert werden können. Standorte an wichtigen Eisenbahnstationen empfehlen sich wegen der auf langen Strecken kostenmäßigen Überlegenheit der Bahn.

Die **Personenbeförderung** wird z. B. von Großunternehmen, wie BMW oder DaimlerChrysler, eingesetzt. Sie ermöglicht ihnen, die zentralen Standorte flexibel mit Arbeitskräften zu versorgen, die vor Ort auf dem Arbeitsmarkt nicht zur Verfügung stehen.

3.3.4 Nationale und internationale Besteuerung

Die Steuern spielen für die Unternehmen auf nationaler und internationaler Ebene eine wichtige Rolle.

Nationale Steuerunterschiede findet man in Deutschland vor allem überall dort, wo die Gemeinden steuerlichen Einfluss geltend machen können.

> Gemeinden können mit ihrer Steuerpolitik die regionale Standortwahl von Unternehmen beeinflussen.

Dies ist bei den relativ unbedeutenden **örtlichen Verbrauch- und Aufwandsteuern** der Fall, bei denen die Gemeinden sogar ein Steuererfindungsrecht haben.

Beispiele hierfür sind die Vergnügungs-, Zweitwohnungs- oder Hundesteuer.

Die Vergnügungsteuer ist vor allem für Kneipen, Gasthäuser oder »Spielhöllen« von Bedeutung, die Spielautomaten mit und ohne Gewinnberechtigung aufstellen.

Bedeutsame nationale Unterschiede hinsichtlich der Besteuerung findet man in Deutschland bei der Grundsteuer und vor allem bei der aufkommensstärkeren aber konjunkturabhängigen Gewerbesteuer.

Bei der **Grundsteuer** (Aufkommen 2002: 9,3 Mrd. €) haben die Gemeinden die Möglichkeit, individuell so genannte Hebesätze festzulegen, die derzeit land- und forstwirtschaftliches Grundvermögen (Grundsteuer A) sowie bebaute Grundstücke (Grundsteuer B) betreffen. Die Hebesätze für die Grundsteuer B schwankten 2003 in deutschen Großstädten zwischen 350 % (Ingolstadt) und 660 % (Berlin). Der Durchschnitt lag dort bei 446 %.

Bei der **Gewerbesteuer** (Aufkommen 2002: 23,5 Mrd. €) ist der steuerliche Einfluss der Gemeinden am gravierendsten.

Sie ist eine durch die Gemeinde erhobene und von den dort ansässigen Betrieben jährlich zu leistende Steuer auf den Gewerbeertrag.

Nur Einzelunternehmen und Personengesellschaften haben derzeit einen Freibetrag von 24 500 €, der die Bemessungsgrundlage entsprechend verringert.

Der maßgebende Gewerbeertrag wird bei Kapitalgesellschaften mit einer »Steuermesszahl« von 5 % (bei Einzelkaufleuten und Personengesellschaften erfolgt eine Staffelung von 1 bis 5 %) belegt. Dies ergibt einen »Steuermessbetrag«, auf den die Gemeinden ihren »Hebesatz« berechnen, der seit 2004 mindestens 200 % betragen muss.

Beispiel
Der Steuermessbetrag beträgt 10 000 €, der Hebesatz der Gemeinde 400 %. Die zu zahlende Gewerbesteuer erreicht dann 40 000 €.

Die Hebesätze der Gewerbesteuer schwankten 2003 in deutschen Großstädten zwischen 350 % (Brandenburg) und 490 % (Frankfurt a. M. und München). Im Durchschnitt lag er dort bei 431 %.

Beispiel
Bei einem Steuermessbetrag von 10 000 € waren 2003 in Brandenburg 35 000 € und in Frankfurt a. M./München immerhin 49 000 € Gewerbesteuer (+ 40 %) zu zahlen.

Internationale Steuerunterschiede führen zum Entstehen so genannter **Steueroasen**. Hierzu zählen z. B. die Schweiz, Liechtenstein, Luxemburg, Niederländische Antillen, Bahamas und die Bermudas.

Solche Länder bieten auch die Möglichkeit, Gewinne ins Ausland zu verlagern. Dies geschieht z. B. durch den teuren Konzerneinkauf von Vorprodukten in diesen Staaten bei gleichzeitigem Verkauf billiger Fertigprodukte an diese Länder. Das **Außensteuergesetz** versucht seit 1972 dies zu verhindern, indem es vorschreibt, Preise so festzulegen, als würden die Geschäfte zwischen unabhängigen Dritten stattfinden.

Das Internationale Steuerrecht kennt zwei Grundprinzipien der Besteuerung von Erträgen das Universal- und das Territorialprinzip (vgl. Abbildung 3.5).

Internationale Steuerpflicht	
Universalprinzip	Territorialprinzip
Welteinkommensprinzip	Nationale Besteuerung

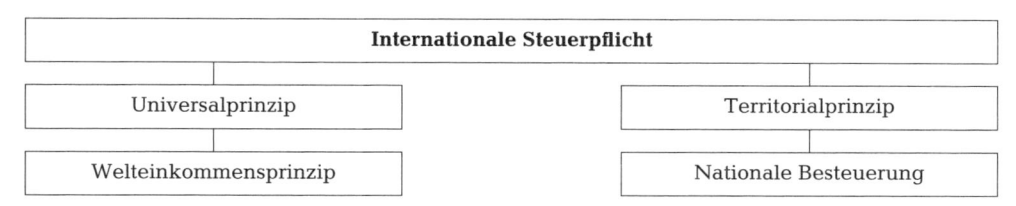

Abb. 3.5: Grundprinzipien internationaler Besteuerung

Nach dem Universalprinzip müssen die Gesellschaften, die ihren Sitz im Inland haben ihr gesamtes Welteinkommen in Deutschland versteuern (Welteinkommensprinzip). Dabei wird die im Ausland gezahlte Steuer auf die inländische Steuerschuld angerechnet.

Liegt mit dem betreffenden ausländischen Staat ein Doppelbesteuerungsabkommen vor, so sind die Einkünfte aus Gewerbebetrieb in dem Land zu besteuern in dem sie entstanden sind (Territorialprinzip), während im Inland eine Freistellung der ausländischen Einkünfte von der Besteuerung erfolgt. Bei Personengesellschaften gilt in diesem Zusammenhang ein Progressionsvorbehalt. Bei der Bemessung des Steuersatzes werden die ausländischen Einkünfte mit berücksichtigt.

Besonders niedrige Körperschaftsteuersätze bietet Irland (seit 2003: 12,5 % nach 16 %). Sicherlich ein wesentlicher Grund für den außergewöhnlichen Aufschwung der irischen Wirtschaft in den letzten Jahren.

3.3.5 Staatliche Leistungen – insbesondere Subventionen

Staatliche Leistungen können die Standortwahl stark beeinflussen. Hierunter fallen beispielsweise:

- Geldentwertungsrate,
- politische Stabilität,
- Stand der Ausbildung,
- Kommunikations- und Verkehrsinfrastruktur,
- Umweltschutzbedingungen,
- Abschreibungs- und Zinsbelastungen.

Daneben spielen **Subventionen** eine erhebliche Rolle. Subventionen können einerseits direkte Zahlungen (Zuschüsse oder Finanzhilfen) an ein Unternehmen darstellen, das sich ansiedeln möchte. Andererseits können dies in Aussicht gestellte Steuervergünstigungen sein oder z. B. von der Gemeinde preiswert erworbene Grundstücke.

> Subventionen = Finanzhilfen + Steuervergünstigungen

Den Umfang staatlicher Finanzhilfen und Steuervergünstigungen, die in Deutschland 1998 bis 2001 angefallen sind, verdeutlicht die folgende Abbildung 3.6.

Subventionen in Deutschland (1998–2001, in Mrd. €)				
	1998	1999	2000	2001
Insgesamt	**150,1**	**153,7**	**157,3**	**155,6**
Finanzhilfen	**112,3**	**115,4**	**115,9**	**115,8**
Bund	30,4	31,3	30,9	29,6
Länder und Gemeinden	68,8	68,7	69,9	70,6
Europäische Union	5,7	5,9	5,9	6,6
Bundesagentur für Arbeit	7,4	9,5	9,2	9,0
Steuervergünstigungen	**37,8**	**38,3**	**41,4**	**39,8**

Abb. 3.6: Struktur der Subventionen in Deutschland (Quelle: Institut für Weltwirtschaft)

Beispiele für Subventionen, die in der Öffentlichkeit breit diskutiert wurden, sind die Ansiedlung von Mercedes-Benz in Tuscaloosa (USA) oder von BMW und Porsche in Leipzig.

Für den Bau der M-Klasse in den USA erhielt **DaimlerChrysler** laut Presseberichten Zuschüsse und Steuererleichterungen von über 300 Mio. US-Dollar. Das Unternehmen erwarb das Land fast umsonst. Für zwei Jahrzehnte braucht das Unternehmen am Standort keine Steuern zahlen.

BMW floss für die Ansiedlung in Leipzig laut Presseberichten ein dreistelliger Millionenbetrag zu.

Porsche-Chef Wiedeking rühmte dagegen die Haltung seines Unternehmens, auf Subventionszahlungen für die Ansiedlung in Leipzig (Produktion der Modelle Cayenne und Carrera GT) bewusst verzichtet zu haben. Sowohl auf der Bilanzpressekonferenz am 4.12.02 als auch auf der anschließenden Hauptversammlung am 24.1.03 unterstrich er diese Haltung mit der markigen Bemerkung:

> »Stütze und Luxus vertragen sich nicht.«

Wiedeking und Porsche sind der Meinung, dass die Inanspruchnahme von Subventionen im Zusammenhang mit der Ansiedlung von Porsche und der Produktion eines Luxusgutes in Leipzig sowohl den Kunden als auch der breiten Öffentlichkeit nicht vermittelbar wäre.

Kontrollfragen
1. *Welche Anlässe gibt es für eine Standortentscheidung?*
2. *Erläutern Sie die wesentlichen Standortfaktoren.*
3. *Welche Probleme hat Westdeutschland mit den Arbeitskosten?*
4. *Wie können Subventionen die Standortwahl beeinflussen?*

Aufgabe 13.02 *Standortentscheidung S. 512*

4 Kooperation und Konzentration im Unternehmensbereich

4.1 Überblick

Für viele Unternehmen ist es wirtschaftlich vorteilhaft, wenn sie mit anderen Unternehmen zusammenarbeiten. Ein Zusammenschluss von Unternehmen ist eine Verbindung von bisher rechtlich und wirtschaftlich selbstständigen Unternehmen zu einer größeren Wirtschaftseinheit.

Bei **Kooperationen** bleiben die zusammengeschlossenen Unternehmen rechtlich selbstständig, müssen dagegen aber einen mehr oder weniger großen Teil ihrer wirtschaftlichen Selbstständigkeit aufgeben.

Beschränken Kooperationen den Wettbewerb zwischen den Unternehmen, so spricht man von **Kartellen**.

Wird der Wettbewerb durch die Kooperation nicht beschränkt, so liegen **Interessengemeinschaften**, wie z. B. Arbeitgeberverbände, Kammern oder Konsortien vor.

Von **Konzentrationen** spricht man vor allem, wenn ein **Konzern** vorliegt. Bei Konzernen handelt es sich um Zusammenfassungen rechtlich selbstständiger Unternehmen, die unter einheitlicher Leitung stehen und bei denen zumeist eine Mehrheitsbeteiligung vorliegt.

Eine Spezialform der Konzentration ist die **Fusion** (engl.: merger) von Unternehmen. Dabei verlieren die sich verschmelzenden Unternehmen sowohl ihre wirtschaftliche als auch ihre rechtliche Selbstständigkeit.

Die **Ziele** von Unternehmenszusammenschlüssen sind z. B.:

– Effizientere Ausnutzung von Beschaffungsmöglichkeiten,
– höhere Kapazitätsauslastung,

- verbesserte Absatzchancen,
- bessere Möglichkeiten der Kapitalbeschaffung,
- Ausbau der Vertriebsorganisation,
- erhöhtes Markenimage,
- Steigerung des Forschungs- und Entwicklungspotenzials.

Folgende **Vorteile** werden von Zusammenschlüssen z. B. erwartet:

- Kostensenkung durch Synergieeffekte,
- Stärkung der Wettbewerbsfähigkeit,
- Sicherung der Existenz von gefährdeten Unternehmen.

Unternehmenszusammenschlüsse						
Kooperation		Konzentration				
		Konzern			Fusion	
Kartell	Interessen-gemein-schaft	Unter-ordnungs-konzern	Gleich-ordnungs-konzern	durch Aufnahme		durch Neu-gründung

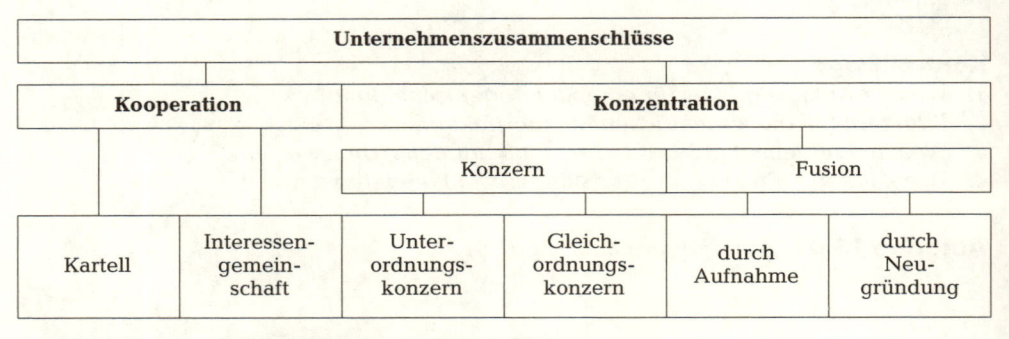

Abb. 4.1: Arten von Unternehmenszusammenschlüssen

Kontrollfragen
1. *Was ist ein Kartell?*
2. *Erläutern Sie die Unterschiede zwischen einem Kartell und einer Interessengemeinschaft.*
3. *Welche Eigenschaften hat ein Konzern?*
4. *Was versteht man unter fusionierten Unternehmen?*

4.2 Kooperationen

4.2.1 Wettbewerbsbeschränkende Kartelle

4.2.1.1 Verschiedene Arten von Kartellen

Richtet sich ein vertraglicher Zusammenschluss rechtlich selbstständiger Unternehmen der Zielsetzung oder der Wirkung nach auf eine wettbewerbsbeschränkende Marktbeherrschung, so spricht man von einem Kartell.

Durch einen Kartellvertrag entsteht zumeist eine nach außen nicht in Erscheinung tretende Vereinigung in der **Rechtsform** einer Gesellschaft bürgerlichen Rechts (GbR), ein so genanntes Kartell niedrigerer Ordnung. Wird die Geschäftsführung auf einen eigenen Rechtsträger, z. B. eine GmbH, ausgegliedert, so entsteht ein Kartell höherer Ordnung.

Es lassen sich folgende Kartellarten je nach Gegenstand der Absprache unterscheiden:
- **Konditionenkartelle**, diese dienen der Vereinheitlichung geschäftlicher Nebenbedingungen, sie zielen nicht auf Preisabsprachen.

```
            Kartelle
   ┌───────────┴───────────┐
Niedrigerer Ordnung   Höherer Ordnung
Gesellschaft bürgerlichen   Geschäftsführung mit eigenem
       Rechts (GbR)              Rechtsträger z. B. GmbH
```

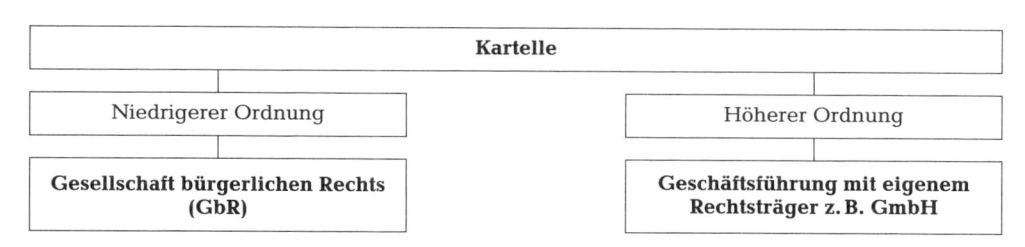

Abb. 4.2: Rechtsformen von Kartellen

- **Preiskartelle**, z. B. in der Form von Einheits-, Mindest- oder Höchstpreisvorschriften und/oder Festlegung der zugehörigen Produktions- oder Beschaffungsquoten. Sonderformen sind z. B. Submissionskartelle. Hier wird bei öffentlichen Ausschreibungen vor allem im Baugewerbe zwischen den Kartellmitgliedern von vornherein festgelegt, wer den Auftrag erhält. Dementsprechend gestalten sich die Preise der Kartellmitglieder.
- **Produktionskartelle**, z. B. in der Form von Normen-, Typen- oder Spezialisierungskartellen. Sie dienen einer Vereinheitlichung der Produktionsverfahren zur Kostensenkung.
- **Absatz- oder Beschaffungskartelle**, hierzu erfolgt eine räumliche Aufteilung des Absatz- oder Beschaffungsgebiets (Gebietskartell) und eine zentrale Einrichtung z. B. in der Form eines Einkaufs- oder Verkaufskontors (Syndikat).

4.2.1.2 Kartelle: Verbot und Ausnahmen

Nach § 1 Gesetz gegen Wettbewerbsbeschränkungen (GWB) gilt grundsätzlich ein Verbot von Kartellen.

Allerdings gewährt das GWB eine Reihe von Ausnahmen.

Zunächst sind einige Wirtschaftsbereiche (Landwirtschaft, Urheberrechtsverwertung und Sportrechtevermarktung) vom Kartellverbot befreit. Darüber hinaus gilt:

- Normen-, Typen-, Konditionen-, Spezialisierungs- und Mittelstandskartelle (z. B. Werbe- und Vertriebsgemeinschaften) sind zulässig, wenn sie bei den Kartellbehörden angemeldet werden oder wenn die Kartellbehörden nicht innerhalb von drei Monaten nach Bildung und Anmeldung widersprechen **(Anmelde- und Widerspruchskartelle)**.
- Rationalisierungs-, Strukturkrisen und bestimmte sonstige Kartelle können, um konjunkturell oder strukturell bedingte Anpassungsprozesse in der Wirtschaft zu unterstützen, unter engen Bedingungen durch die Kartellbehörden erlaubt werden **(Erlaubniskartelle)**.
- Der Bundeswirtschaftsminister kann eine Kartellbildung erlauben, wenn die Beschränkung des Wettbewerbs aus übergeordneten Gründen für die Volkswirtschaft und das Gemeinwohl notwendig ist **(Ministererlaubnis)**.

4.2.2 Wettbewerbsneutrale Interessengemeinschaften

Wettbewerbsneutrale Interessengemeinschaften sind entweder zeitlich befristet oder unbefristet.

4.2.2.1 Arbeitsgemeinschaften und Konsortien

Bei den **zeitlich befristeten Interessengemeinschaften** unterscheidet man

- die Arbeitsgemeinschaft (ARGE) vom
- Konsortium.

Arbeitsgemeinschaften sind Unternehmenszusammenschlüsse, mit deren Hilfe eine zeitlich befristete und zumeist inhaltlich abgegrenzte Aufgabe (z. B. der Bau eines Flughafens) gemeinsam gelöst werden soll.

Bei **echten Arbeitsgemeinschaften** stellt die Arbeitsgemeinschaft eine Gesellschaft mit Außenwirkung dar. Der Auftraggeber kontaktiert die ARGE und nicht die einzelnen Gesellschaften der ARGE.

Bei **unechten Arbeitsgemeinschaften** kontaktiert der Auftraggeber die Hauptgesellschaft oder den Generalunternehmer. Der Hauptunternehmer erteilt dann Unteraufträge an Neben- oder Subunternehmen.

Ein **Konsortium** ist eine besondere Form der Arbeitsgemeinschaft. Der Begriff taucht insbesondere bei Banken auf, die sich zur Durchführung einer bestimmten, genau definierten Aufgabe zeitlich befristet zusammenschließen. Insbesondere bei der Emission von Wertpapieren (Neuemissionen oder Kapitalerhöhungen) tun sich Banken zusammen, um die Risiken zu verteilen, die Finanzkraft der einzelnen Bankinstitute zu bündeln und die Platzierungsmöglichkeiten zu erhöhen. Die Förderung des Außenhandels erfolgt in der Form von Kreditkonsortien der Banken.

4.2.2.2 Verbände

Zeitlich unbefristete Interessengemeinschaften stellen die Verbände der Unternehmen dar. Durch diese Zusammenschlüsse sollen die gemeinsamen Belange der Öffentlichkeit gegenüber vertreten werden.

Es gibt:

- Fachverbände,
- Arbeitgeberverbände und
- Kammern.

Die Mitgliedschaft in **Fachverbänden** ist freiwillig. Die Fachverbände oder die Spitzenverbände werden zumeist in der Rechtsform des eingetragenen Vereins geführt.

Zu ihnen zählen z. B.:

- Der Bundesverband der Deutschen Industrie (BDI) mit 36 Branchenverbänden.
- Der Hauptverband des deutschen Einzelhandels (HdE),
- der Bundesverband des Deutschen Groß- und Außenhandels (BGA) sowie
- die Handwerksinnungen.

Im Gegensatz zu den Unternehmensfachverbänden sind die **Arbeitgeberverbände** als Gegenspieler zu den Gewerkschaften mehr sozialpolitisch orientiert.

Zu ihren Hauptaufgaben zählen z. B.:

- Lohnpolitik mit Tarifverhandlungen,
- arbeitsrechtliche Fragen,
- Probleme der Altersversorgung.

Den Spitzenverband der Arbeitgeberverbände bildet die Bundesvereinigung der Deutschen Arbeitgeberverbände (BDA). Die Arbeitgeberverbände sind darüber hinaus regional (Landesverbände) und branchenspezifisch (z. B. Metallindustrie) organisiert.

Die Interessen von Arbeitnehmern werden von den **Gewerkschaften** vertreten. Auf Bundesebene ist der Deutsche Gewerkschaftsbund (DGB) der größte Arbeitnehmerverband.

Die **Kammern** sind Zwangsverbände deren Mitglieder jeweils die Unternehmen des Kammerbezirks sind. Sie werden als Körperschaften des öffentlichen Rechts geführt. Sie treten als

- Industrie- und Handelskammern (IHK) sowie als
- Handwerkskammern auf.

Die insgesamt **82 Industrie- und Handelskammern** vertreten in Deutschland die Interessen der gewerblichen Wirtschaft. Ihre Mitglieder sind Personen- und Kapitalgesellschaften sowie Einzelunternehmen. Freiberufler sowie landwirtschaftliche Unternehmen werden bei Eintragung ins Handelsregister ebenfalls von ihnen betreut.

Zu den Hauptaufgaben zählen:

- Interessenvertretung der Gewerbetreibenden,
- Unterstützung der Behörden (Vorschläge, Gutachten, Berichte),
- Berufsausbildung,
- Abnahme von Prüfungen.

Die Industrie- und Handelskammern sind im Deutschen Industrie- und Handelskammertag (DIHK) als Spitzenverband organisiert.

Handwerkskammern zählen vor allem selbstständige Handwerker und die Inhaber handwerksähnlicher Gewerbebetriebe zu ihren Mitgliedern. Ihre Aufgaben ähneln denen der IHK.

Der Spitzenverband der Handwerkskammern auf Bundesebene ist der Zentralverband des deutschen Handwerks (ZDH).

4.3 Konzentration durch Konzerne

4.3.1 Verschiedene Arten von Konzernen

Für die Entstehung eines Konzerns ist zumindest der Erwerb einer Beteiligung (engl.: acquisition) an einem Tochterunternehmen durch ein Mutterunternehmen notwendig. Die beteiligten Unternehmen bleiben rechtlich selbstständig, sie bilanzieren getrennt (»Einzelabschlüsse«), um anschließend den entstandenen Konzern insgesamt in einem Konzernabschluss darzustellen. Die einzelnen Gesellschaften sind im Handelsregister eingetragen.

Das Aktiengesetz (AktG) verwendet für die Konzernbildung den Begriff des verbundenen Unternehmens (vgl. § 15 AktG). Die wichtigste Form der verbundenen Unternehmen ist der Konzern (vgl. § 18 AktG).

Ein Konzern besteht demzufolge aus mehreren Unternehmen, die unter der einheitlichen Leitung des herrschenden Unternehmens stehen und rechtlich selbstständig sind.

§ 18 AktG trennt den Unterordnungs- vom Gleichordnungskonzern.

Unterordnungskonzerne entstehen durch Abhängigkeiten von der Muttergesellschaft. Das untergeordnete Unternehmen wird vom übergeordneten Unternehmen dominiert.

Beispiel Porsche

| Dr. Ing. h. c. F. Porsche AG | ⇐ Muttergesellschaft |

⇓ (100 % Kapitalanteil)
⇓

| Porsche Cars Great Britain Ltd. | ⇐ Tochtergesellschaft |

Der Unterordnungskonzern lässt sich einteilen in den
- faktischen Konzern,
- den Vertragskonzern und den
- Eingliederungskonzern.

Der **faktische Konzern** ist im Gesetz nicht explizit aufgeführt. Er basiert auf dem Stimmrecht aus einer Mehrheitsbeteiligung. Die abhängigen Unternehmen werden der faktischen Leitungsmacht der Obergesellschaft unterstellt.

Der **Vertragskonzern** basiert auf dem Abschluss eines Beherrschungsvertrages (vgl. § 291 Abs. 1 AktG). Mit dem Abschluss des Beherrschungsvertrags unterstellt sich die Untergesellschaft der Leitung durch die Obergesellschaft. Eine andere Spielart von rechtlicher Konzerngestaltung ist der **Gewinnabführungsvertrag** (vgl. § 291 Abs. 1 AktG), wonach sich das Tochterunternehmen verpflichtet, den ganzen Gewinn an ein anderes Unternehmen abzuführen.

Der **Eingliederungskonzern** basiert auf einer Beteiligung von mindestens 95 % am Grundkapital (vgl. § 320 Abs. 1 AktG). Beschließt die Hauptversammlung die Eingliederung, scheiden die Minderheitsgesellschafter gegen angemessene Abfindung aus der Untergesellschaft aus.

Die Beherrschung der Konzerngesellschaften kann durch eine **Holdinggesellschaft** erfolgen, deren alleinige Aufgabe in der Verwaltung der untergeordneten Unternehmen besteht. Die Holdinggesellschaft betreibt kein eigenes operatives Geschäft, sondern vereinnahmt die Gewinne der operativen Tochtergesellschaften.

Beispiel Daimler-Benz
Die alte Daimler-Benz AG, vor der Fusion mit Chrysler, war eine Holdinggesellschaft bei der die Tochtergesellschaften Mercedes-Benz, AEG, DASA und debis operativ tätig waren.

Bei **Gleichordnungskonzernen** haben mehrere Unternehmen eine gemeinsame Leitung, weil ein Unternehmen die Gesellschaftsanteile mehrerer anderer Unternehmen besitzt. Das Hauptziel dieser Konzernform ist die Wahrnehmung von gemeinsamen Interessen. In der Praxis spielt diese Konzernform keine wesentliche Rolle.

In der Abbildung 4.3 sind die verschiedenen Konzernarten zusammengefasst.

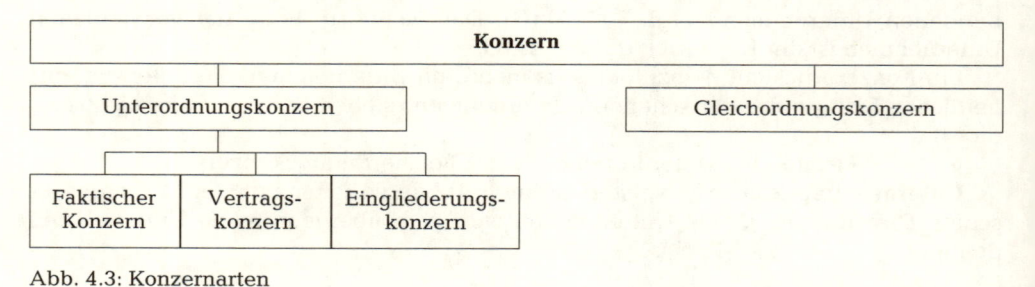

```
                            Konzern
                   ┌───────────┴───────────┐
        Unterordnungskonzern        Gleichordnungskonzern
    ┌──────────┼──────────┐
Faktischer  Vertrags-  Eingliederungs-
 Konzern     konzern      konzern
```

Abb. 4.3: Konzernarten

4.3.2 Einbeziehung in den Konzernabschluss

Nach der Art der Einbeziehung in den Konzernabschluss lassen sich die Konzerngesellschaften, wie in Abbildung 4.4 dargestellt, einteilen.

Konzernunternehmen	
Verbundene Unternehmen (§ 290 HGB)	⇒ Vollkonsolidierung
Gemeinschaftsunternehmen(§ 310 HGB)	⇒ Quotenkonsolidierung
Assoziierte Unternehmen(§ 311 HGB)	⇒ keine Voll- oder Quotenkonsolidierung
Sonstige Beteiligungen	⇒ keine Konsolidierung
▨ = Konzernkonsolidierungskreis	

Abb. 4.4: Konzerngesellschaften im Konzernabschluss

Verbundene Unternehmen werden demnach mit allen Aktiva und Passiva sowie Erträgen und Aufwendungen im Konzernabschluss berücksichtigt. Dies ist überwiegend der Fall bei Beteiligungsquoten von über 50 %.

Gemeinschaftsunternehmen werden von den beteiligten Unternehmen gemeinsam geführt und entsprechend quotal in den Konzernabschluss einbezogen. Dies ist oftmals bei so genannten Jointventures der Fall, an dem zwei Unternehmen z. B. mit jeweils 50 % beteiligt sind.

Auf **assoziierte Unternehmen** hat die Muttergesellschaft einen »maßgeblichen Einfluss« mit zumindest 20 % der Stimmrechte. Assoziierte Unternehmen werden »at equity« bewertet. Bei dieser Bewertungsmethode werden die Aktiva und Passiva von Mutter- und Tochtergesellschaft nicht voll konsolidiert, sondern durch den Ausweis im Finanzanlagevermögen der Konzernbilanz möglichst zeitnah bewertet und gesondert ausgewiesen.

Sonstige Beteiligungen von unter 20 % werden im Konzernabschluss nicht konsolidiert und »at cost« (Anschaffungskosten) ausgewiesen.

Der Grad der Einflussnahme der Muttergesellschaft auf das Tochterunternehmen unter Berücksichtigung des Kapitalanteils der Muttergesellschaft lässt sich wie in Abbildung 4.5 gezeigt darstellen.

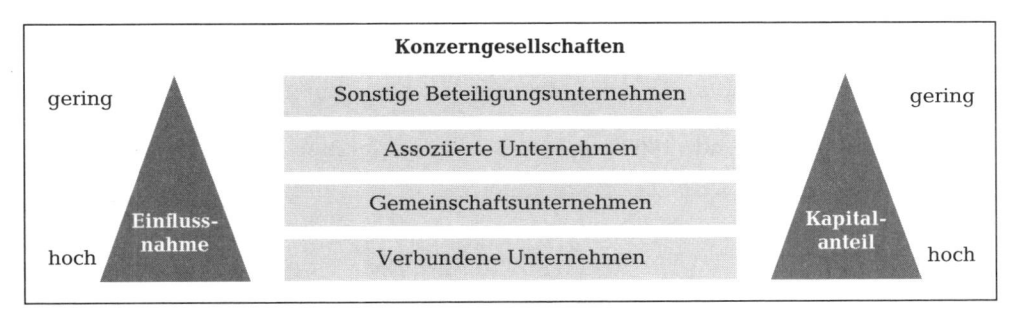

Abb. 4.5: Einflussnahme der Muttergesellschaft auf Konzerngesellschaften

Der Einfluss der Muttergesellschaft auf das verbundene Unternehmen ist am höchsten, der Einfluss auf sonstige Beteiligungen am geringsten.

4.4 Konzentration durch Fusionen

Unter verschmolzenen oder fusionierten Unternehmen werden Zusammenschlüsse vorher selbstständiger Unternehmen verstanden, die anschließend weder eine rechtliche noch eine wirtschaftliche Selbstständigkeit besitzen.

Nach § 2 Umwandlungsgesetz (UmwG) sind zwei Verschmelzungsvarianten zu unterscheiden:
- Verschmelzung durch Aufnahme und
- Verschmelzung durch Neugründung mittels Liquidation.

Bei der Fusion durch Aufnahme erfolgt die Verschmelzung im Wege der Gesamtrechtsnachfolge, d. h. durch Aufnahme des Vermögens als Gesamtheit auf die übernehmende Gesellschaft.

Beispiel
Die AG C übernimmt Vermögen und Schulden von der AG A und der AG B. Gleichzeitig tauschen die A- und B-Anteilseigner ihre ungültig gewordenen A- und B-Aktien in C-Aktien. Möglich ist auch der Erwerb von A- und B-Aktien über die Börse oder eine angemessene Barabfindung.

Bei der **Fusion durch Neugründung** (engl.: merger of equals) werden die Vermögensgegenstände z. B. der Gesellschaften A, B und C einzeln bewertet und im Wege der Einzelrechtsnachfolge auf das neue Unternehmen D übertragen. Die Gesellschaften A, B und C werden liquidiert. Bei Einzelunternehmen oder Personengesellschaften ist nur die Fusion mit vorhergehender Liquidation der alten Gesellschaften möglich (vgl. § 39 UmwG). Bei einer AG muss die Hauptversammlung mit drei Viertel Mehrheit der Auflösung der Altgesellschaft und der Verschmelzung zur neuen Gesellschaft zustimmen (vgl. §§ 60 ff. UmwG).

Beispiel
A, B und C bringen ihre Vermögens- und Schuldenpositionen in die neue Gesellschaft D ein. Gleichzeitig tauschen A-, B- und C-Aktionäre in einem bestimmten Verhältnis ihre ungültig gewordenen Papiere in neue D-Aktien.

Das **Hauptproblem bei Fusionen** durch Neugründung besteht in der Festlegung des Umtauschverhältnisses der Aktien, da nicht nur die aktuelle Werthaltigkeit der beteiligten Unternehmen zu prüfen und zu bewerten ist, sondern auch die zukünftigen Entwicklungschancen Eingang in die Bewertung finden müssen.

Ein bekanntes Beispiel für einen Zusammenschluss durch Neugründung ist die Verschmelzung der Daimler-Benz AG mit der Chrysler Corp. 1998. Bei Daimler-Benz und Chrysler bestand Ende 1997 folgende Ausgangssituation:

Daimler-Benz im Vergleich zu Chrysler:
- Umsätze: 124/110 Mrd. DM
- Ergebnis: 4,3/4,7 Mrd. DM
- Mitarbeiter: rd. 300 000/121 000

Ergebnis der Fusionsvereinbarung: An der neuen DaimlerChrysler AG hielten die Daimler-Benz-Altaktionäre 57 % und die Chrysler-Altaktionäre 43 % der Anteile.

Kontrollfragen
1. Welche Erlöse kann eine Holdinggesellschaft erzielen?
2. Was versteht man unter einem »assoziierten Unternehmen«?
3. Erläutern Sie den Begriff »Merger of Equals«.
4. Worin besteht das Hauptproblem bei einer Fusion?

Aufgabe 13.03 Unternehmenszusammenschlüsse S. 512

Aufgabe 13.04 Kartelle S. 512

Aufgabe 13.05 Fusionen S. 512

Aufgabe 13.06 Verbände S. 512

5 Betriebsorganisation

5.1 Formelle und informelle Organisation

Das Betriebsgeschehen läuft im Rahmen einer bestimmten Ordnung ab. Diese Ordnung wird zunächst geplant und anschließend durch konkrete Maßnahmen im Betrieb umgesetzt.

Unter Organisation wird einerseits der Prozess einer Entwicklung der Organisation (Strukturierung) und somit aller betrieblichen Tätigkeiten verstanden. Andererseits umfasst die Organisation die Gesamtheit aller Regelungen, die Betriebsleitung und Führungskräfte benutzen, um die geplanten Prozesse zu realisieren. Organisation ist somit eine Führungsaufgabe und ermöglicht die strukturierte Umsetzung der Kombination der Produktionsfaktoren.

Die Organisationsstrukturen sollten dabei langfristig planbar sein und im Sinne eines **Change Management** einen geplanten organisatorischen Wandel ermöglichen. Organisationsstrukturen sind nicht für alle Ewigkeit festgelegt, sondern müssen u. U. kurzfristig veränderbar sein, damit das Unternehmen z. B. auf eine Absatzkrise oder eine starke Erhöhung von Kosten schnell und flexibel reagieren kann.

Es lässt sich eine formelle und eine informelle Organisationsstruktur unterscheiden.

Die **formelle Informationsstruktur** eines Unternehmens unterteilt sich in Aufbau- und Ablauforganisation.

Die **Aufbauorganisation** legt das Kompetenz- und Kommunikationsgefüge in einem Betrieb fest. Die **Ablauf- oder Prozessorganisation** befasst sich mit der unmittelbaren Gestaltung des Arbeitsablaufes.

Neben der formellen Organisationsstruktur bildet sich in jedem Unternehmen im Tagesgeschäft eine **informelle Organisationsstruktur** heraus, die ganz wesentlich zur Gestaltung eines bestimmten »Betriebsklimas« führt.

Die Entstehung informeller Organisationsstrukturen beruht zumeist auf menschlichen Eigenheiten, die sich mit Sympathie, Antipathie oder »Chemie« umschreiben lassen. Es ist Aufgabe der Führungskräfte in einem Unternehmen diese informellen Organisationskanäle aufzuspüren und möglichst in die formelle Organisation zu integrieren. Ansonsten kann es passieren, dass eine Führungskraft (»Frühstücksdirektor«) oder ein Sachbearbeiter formell Aufgaben innehat, die in der Realität von anderen Personen gelöst werden.

```
                        Organisation
                   ┌────────┴────────┐
                Formell           Informell
             ┌─────┴─────┐
       Aufbauorganisation  Ablauforganisation
         ┌──────┴──────┐          │
    Kompetenzen   Kommunikation  Prozesse
```

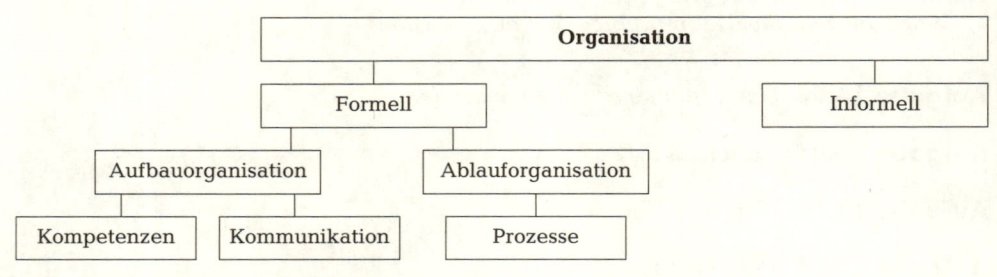

Abb. 5.1: Betriebliche Organisationsstrukturen

5.2 Aufbauorganisation

5.2.1 Strukturierung der Kompetenzen

Die Möglichkeiten zur Strukturierung der Kompetenzen im Unternehmen sind in Abbildung 5.2 zusammengefasst.

Kompetenzen im Unternehmen		
Stellenarten	**Leitungssysteme**	**Organisationsformen**
– Zentralisation – Dezentralisation	– Einlinien – Mehrlinien – Stablinien	– Funktional – Sparte – Matrix – Holding – Projekt

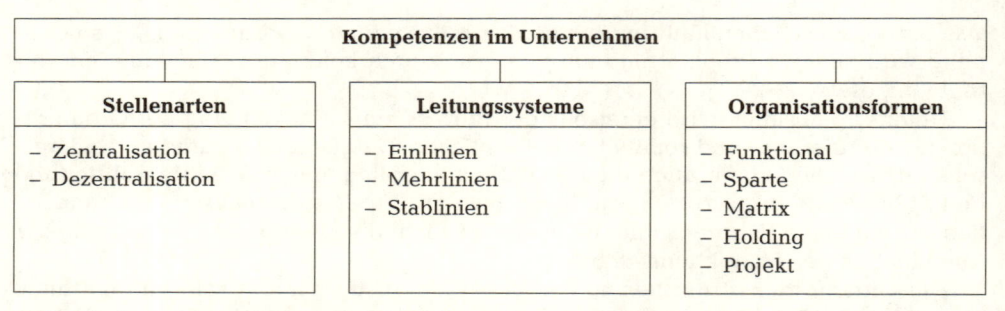

Abb. 5.2: Organisationsformen der betrieblichen Kompetenzen

5.2.1.1 Stellen

Nach einer Analyse der einzelnen im Unternehmen zu lösenden Elementaraufgaben werden zur Realisierung organisatorische Stellen geschaffen, die durch ihre gegenseitige Verknüpfung die organisatorische Struktur des Betriebes darstellen.

Bei der Aufgabenverteilung ist stets zwischen den Prinzipien der Dezentralisation und der Zentralisation zu unterscheiden.

Werden Entscheidungskompetenzen auf wenige Stellen des Spitzenmanagements oder gar auf eine Person konzentriert, dann wird von **Zentralisation** gesprochen.

Durch zentrale Stellen werden zwar Entscheidungen gefördert. Die Gefahr der Zentralisation liegt darin, dass untergeordnete Stellen reine Befehlsempfänger werden, die keine eigene Initiative mehr entwickeln können und wollen.

Bei der **Dezentralisation** werden Entscheidungskompetenzen auf mehrere Stellen übertragen. Dies erfordert eine größere Anzahl von Fachkräften, die den betrieblichen Anforderungen entsprechen. Verantwortungsgefühl und Arbeitsfreude der Mitarbeiter können dadurch zunehmen.

Bei zu weitgehender Dezentralisation besteht die Gefahr, dass die Betriebsleitung den Überblick verliert und durch mögliche Überschneidungen Unordnung im Betrieb entsteht. Um dies zu vermeiden, sollte das Management möglichst generelle Regelungen erlassen, die für jeden Mitarbeiter verbindlich sind, damit sein persönlicher Entscheidungsspielraum auch Grenzen findet. Dieses von Gutenberg als »**Substitutionsprinzip der Organisation**« beschriebene Gesetz, fallweise durch generelle Regelungen zu ersetzen, sollte in den Unternehmen überall angewendet werden, wo sich sehr stark standardisierte Vorgänge häufig wiederholen.

In diesem Zusammenhang stellt sich auch die Frage wie viele Mitarbeiter einer vorgesetzten Stelle unterstellt sein sollten. Man spricht hier von der so genannten **Leitungsspanne**. In der betrieblichen Praxis hat sich hierbei die Zahl fünf herauskristallisiert.

Erfolgreiche Unternehmen verfügen über **flache Organisationsstrukturen**. Möglichst wenig Hierarchieebenen sollten den Betriebsprozess bestimmen. Selbst Großunternehmen haben dies längst erkannt und Hierarchieebenen abgebaut.

Beispiel
Daimler-Benz hat Anfang der neunziger Jahre von sieben Hierarchieebenen auf fünf reduziert. Dies traf sowohl den tariflichen Bereich als auch die leitenden Angestellten. Aus Gruppen- und Hauptgruppenleiter wurde der Teamleiter gebildet. Der Hauptabteilungsleiter entfiel völlig.

Diese Ausdünnung der Hierarchien hat natürlich zur Folge, dass die Chance zum Aufstieg im Unternehmen sinkt. Es kommt u. U. zu einem Stau an Mitarbeitern, die die Karriereleiter nicht hinaufsteigen können. Dies kann zu Unzufriedenheit und eventuell zu Kündigungen der betroffenen Mitarbeiter führen.

5.2.1.2 Systeme der Leitung

Im **Einliniensystem** hat, wie das Organigramm in Abbildung 5.3 zeigt, jede Organisationseinheit nur eine einzige vorgesetzte Stelle.

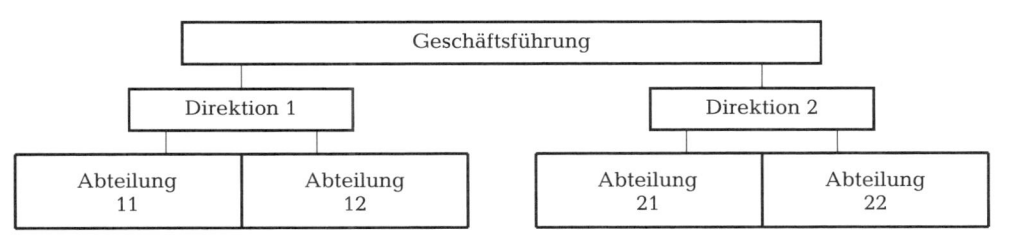

Abb. 5.3: Einliniensystem

Einliniensysteme sind übersichtlich und einfach strukturiert. Sie haben allerdings den Nachteil, dass die Dienstwege lang sein können und dass die oberen Stellen mit Führungsaufgaben überbeansprucht werden.

Bei **Mehrliniensystemen** (vgl. Abbildung 5.4) verkürzen sich die Dienstwege, da eine Organisationseinheit mindestens zwei vorgesetzte Einheiten hat. Somit wird die Fachkompetenz und die Spezialisierung durch Funktionsteilung gefördert. Allerdings besteht die Gefahr mangelnder Abgrenzung von Zuständigkeiten und Weisungsbefugnissen. Außerdem ist die Zuordnung für die Verantwortung von negativen Leistungen schwierig.

```
                    ┌─────────────────────┐
                    │   Geschäftsführung  │
                    └─────────────────────┘
                       │              │
              ┌────────────┐    ┌────────────┐
              │ Direktion 1│    │ Direktion 2│
              └────────────┘    └────────────┘
```

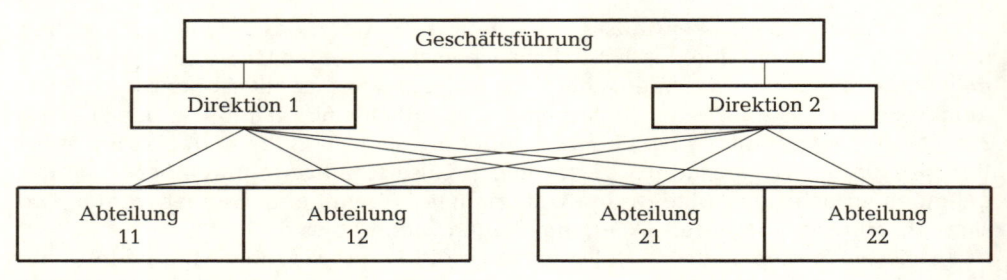

Abb. 5.4: Mehrliniensystem

Beim **Stabliniensystem** (vgl. Abbildung 5.5) werden Stellen der Linien mit zusätzlichen Stabsstellen versehen. Dies kann z. B. der Assistent der Geschäftsleitung oder die Assistentin des Rechnungswesendirektors sein.

Stabsstellen haben Entscheidungen für die Linienstelle vorzubereiten. So muss der Geschäftsleitungsassistent z. B. eine Rede seines Chefs zur Einweihung einer neuen Werkshalle verfassen. Die Stabsstellen haben keinerlei formelle Entscheidungsbefugnis. Durch ihr Spezialwissen und durch die Nähe zu wichtigen Entscheidungsträgern der Linie verfügen sie allerdings über informelle Macht, die sie geschickt für sich nutzen können. Stabsstellen bieten für deren Inhaber eine hervorragende Möglichkeit, das Unternehmen kennen zu lernen, ohne von Anfang an Leitungsverantwortung tragen zu müssen.

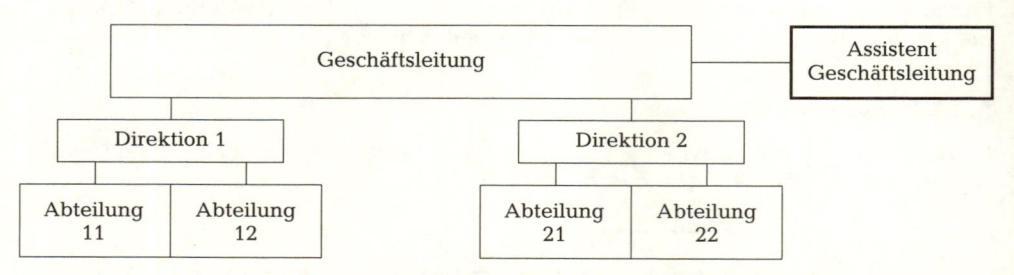

Abb. 5.5: Stabliniensystem in der Form eines Assistenten der Geschäftsleitung

5.2.1.3 Organisationsformen

Zur Umsetzung einer Organisationsstruktur im Unternehmen gibt es verschiedene Möglichkeiten.

Die **funktionale Organisationsstruktur** (vgl. Abbildung 5.6) ist unterhalb der Unternehmensleitung nach gleichartigen Funktionen wie z. B. Beschaffung, Fertigung, Absatz etc. für alle Produkte zentralisiert. Stabsstellen sind zusätzlich möglich. Diese Form der Organisationsstruktur findet man vorwiegend bei kleinen und mittelgroßen Unternehmen, deren Leistungsspektrum einheitlich ist und die einen festen überschaubaren Kundenkreis haben.

Funktionale Organisationsstrukturen sind Einliniensysteme. Da die Funktionsbereiche nur für einen Teil des Produktions-/Absatz- oder Verwaltungsprozesses Verantwortung tragen, besteht die Gefahr der Abschottung der einzelnen Bereiche. Nicht das Gesamtinteresse des Unternehmens, sondern nur das partikuläre Interesse der Bereiche bestimmt das Handeln.

```
                    ┌─────────────────────────┐        ┌──────────────┐
                    │                         │        │ Stäbe, z. B. │
                    │    Geschäftsleitung     │────────│ − Finanzen   │
                    │                         │        │ − Personal   │
                    └─────────────────────────┘        └──────────────┘
```

┌──────────────┐   ┌──────────────┐   ┌──────────────┐
│ Beschaffung │   │   Absatz   │   │ Fertigung   │
└──────────────┘   └──────────────┘   └──────────────┘

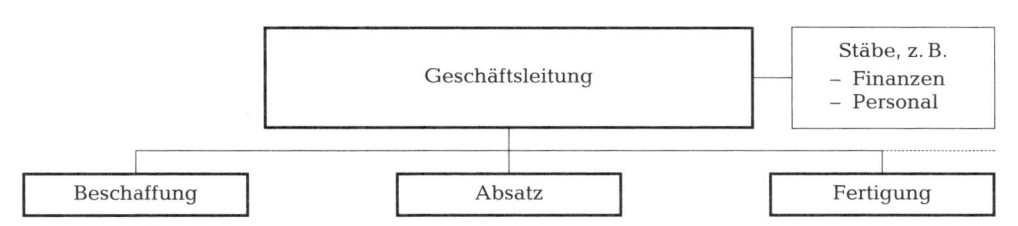

Abb. 5.6: Funktionale Linienorganisation

Bei der Organisation nach **Sparten** oder **Geschäftsbereichen** (vgl. Abbildung 5.7) entsteht im Unterschied zur funktionalen Organisationsstruktur eine ganzheitliche Produktverantwortung. Auf der Ebene unterhalb der Geschäftsführung wird die Verantwortung für Produkt, Kunde und Region zentralisiert. Die Spartenorganisation ist ein Einliniensystem, das durch zentrale Stabsstellen wie z. B. Finanzen, Controlling oder Personal unterstützt wird.

Erhalten die einzelnen Sparten auch die Verantwortung für die Gewinnentwicklung in ihren Bereichen, so spricht man von einem Profit-Center.

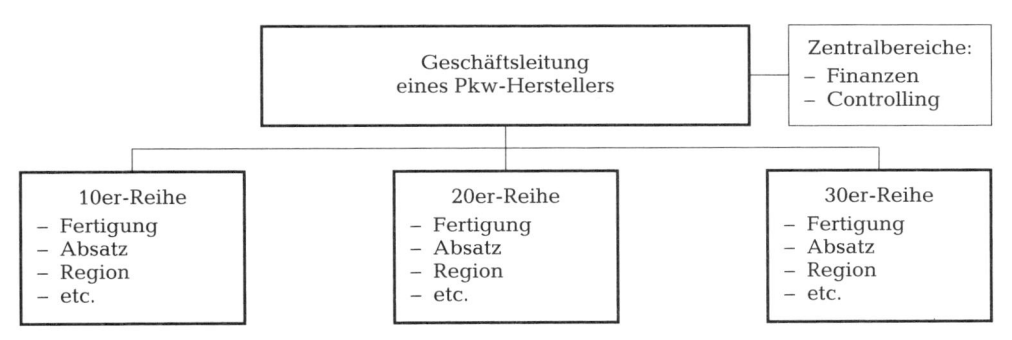

Abb. 5.7: Spartenorganisation

Die **Matrixorganisation** (vgl. Abbildung 5.8) gehört zu den Mehrlinien-Leitungssystemen. Die Sparten erhalten nur noch die Verantwortung für das Projektkonzept. Die Durchführung des Produktionsprozesses oder die Erstellung von Dienstleistungen erfolgt durch verschiedene Funktionsbereiche wie z. B. Fertigung oder Absatz.

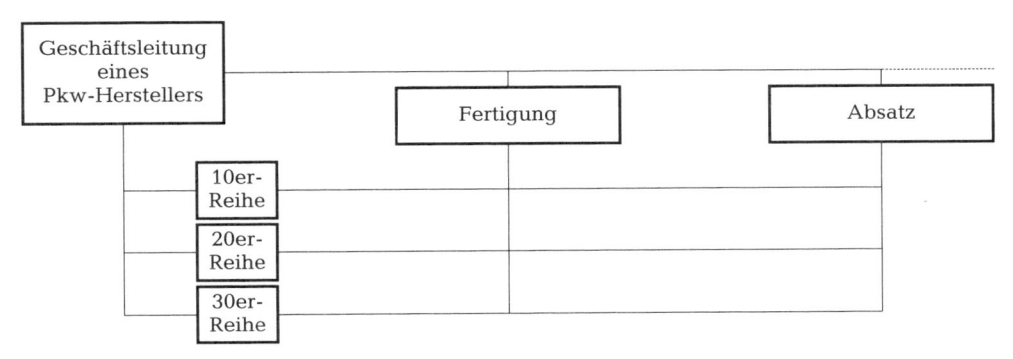

Abb. 5.8: Matrixorganisation

Die Matrixorganisation vermeidet, dass jede Sparte vollständig alle Funktionsbereiche, wie z. B. eine Buchhaltung, vorhalten muss. Konfliktpotenzial besteht an den Schnittstellen zwischen Sparteneinfluss und einzelnen Funktionsbereichen. Die Stellen dienen mehreren »Herren« zugleich. Die Festlegung der endgültigen Weisungsbefugnis ist bei der Matrixorganisation trotz des hohen Flexibilitätsgrades dieser Organisationsform immer der Grund für heftige Unruhe.

Die **Holding**-Konstruktion ist eine weiterentwickelte Form der Matrixorganisation. Die Sparten werden als eigenständige Tochtergesellschaften von der Muttergesellschaft in der Form einer Holding-Gesellschaft geführt.

Die Aufgaben der Holding bestehen vorwiegend in drei Funktionen:

– Konzentration der liquiden Mittel bei der Muttergesellschaft,
– Besetzung von Führungspositionen im Konzern und
– Festlegung der operativen Strategie der selbstständigen Tochtergesellschaften.

Beispiel
Die Daimler-Benz AG fungierte bis Mitte der neunziger Jahre als Holding. Neben der falschen produktstrategischen Ausrichtung (»Kühlschränke passten nicht zu Pkw«) scheiterte dieses Organisationskonzept an der Unflexibilität der Holding-Konstruktion. Da die einzelnen Sparten selbstständige Tochtergesellschaften waren, nahmen die Entscheidungsprozesse innerhalb des Konzerns zu viel Zeit in Anspruch. Wichtige Tochtergesellschaften mussten Entscheidungen durch Vorstand, Aufsichtsrat und Hauptversammlung abwarten, bis die Weichenstellungen umgesetzt werden konnten und am Markt ankamen.

Die **Projektorganisation** bietet die Möglichkeit, auch innerhalb von großen Organisationen, zumeist schwierige Vorhaben durch die Bildung eines Projektteams und die Benennung eines Projektleiters außerhalb der formellen Organisationsstruktur relativ zügig durchzuführen.

Beispiele für Projekte können sein:

– Errichtung eines Werkes,
– Bildung eines Formel 1-Teams innerhalb eines großen Automobilkonzerns,
– Umweltschutzvorhaben.

Der Erfolg eines Projekts hängt maßgeblich davon ab, dass die Geschäftsleitung voll hinter dem beschlossenen Projekt steht. Hierzu werden so genannte »Lenkungsausschüsse« eingerichtet, in denen, unter Anwesenheit von Mitgliedern der Geschäftsleitung, die Fortschritte bei der Durchführung des Projekts zu präsentieren sind.

5.2.2 Festlegung der Kommunikationswege

Das im Unternehmen vorhandene organisatorische Leitungssystem bestimmt zu einem Großteil auch die Kommunikationswege zwischen den Stellen und Mitarbeitern. Für Nachrichten und Informationen, die keinen Weisungscharakter haben, ist die Form der Kommunikation im Unternehmen festzulegen.

Durch die gewaltigen Fortschritte der elektronischen Datenverarbeitung vor allem durch die **Internet-Technologie** ist heutzutage ein schneller weltweiter Kommunikationsaustausch möglich.

Management-Informationssysteme (MIS) sind hierfür zunehmend ein hilfreiches Instrument. Aufsetzend auf einer Datenbank können bestimmte Auswertungen auf

Basis vergangener Ist-Daten zu einer Vielzahl von Themen durch die Mitarbeiter vorgenommen werden. Dies gilt auch für zukunftsorientierte Prognosen und Planungen. Anhand eines Zugangs- und Berechtigungskonzept können die informationsberechtigten Mitarbeiter selektiert werden.

5.3 Ablauforganisation

Unter Ablauforganisation versteht man die **Gestaltung von Arbeitsprozessen** hinsichtlich Arbeitsinhalt, -zeit, -raum und -zuordnung auf die Mitarbeiter.

Die Organisation von Arbeitsprozessen wird auch unter dem Begriff des **Business Reengineering** geführt. Darunter versteht man das fundamentale Überdenken und radikale »Redesign« aller Arbeitsabläufe im Unternehmen. Es wird ein vollständiger Neuanfang im Unternehmen simuliert. Nicht die Optimierung vorhandener Arbeitsabläufe steht im Mittelpunkt der Analyse, sondern die völlig neue Strukturierung der Arbeitsprozesse. Bestehende Organisationsstrukturen sind nicht zu beachten. Man spricht auch von »Zero-Base-Philosophie«.

Kontrollfragen
1. *Was ist eine informelle Organisationsstruktur?*
2. *Erläutern Sie die Varianten sowie die Vor- und Nachteile der Festlegung einer Leitungsstruktur durch Stellen.*
3. *Beschreiben Sie den Begriff »Sparte« anhand eines Beispiels aus der Praxis.*
4. *Zeigen Sie die Vor- und Nachteile von Stabsstellen auf.*
5. *Welche Aufgaben hat eine Holding-Gesellschaft? Worin bestehen mögliche Nachteile dieser Organisationsstruktur?*
6. *Was zeichnet eine erfolgreiche Projektorganisation aus?*

Aufgabe 13.07 *Projektorganisation S. 513*

Aufgabe 13.08 *Einrichtung einer Stabsstelle S. 513*

Aufgabe 13.09 *Funktionale Stablinienorganisation S. 513*

Aufgabe 13.10 *Matrixorganisation S. 513*

6 Materialwirtschaft

6.1 Grundlagen

Gegenstand der Materialwirtschaft ist die Bereitstellung von Material für den Produktionsprozess im Unternehmen.

Unter **Bereitstellung von Material** wird die

– Beschaffung,
– Lagerung,

- Verteilung und soweit erforderlich
- Entsorgung

der vom Unternehmen benötigten Materialien verstanden.

Beim Material werden entsprechend dem Bearbeitungsgrad und der Funktion für das Produkt folgende Arten unterschieden (vgl. Abbildung 6.1).

Materialarten		
Werkstoffe	**Eigene Unfertig-/ Fertigprodukte**	**Handelswaren**
– Rohstoffe (Bleche) – Hilfsstoffe (Schrauben) – Betriebsstoffe (Schmieröl) – Zulieferteile (Autoradio)	– Rohkarosserien – fertige Pkw (nicht verkauft)	– Krawatten – Regenschirme – Aschenbecher, jeweils mit Firmenlogo versehen

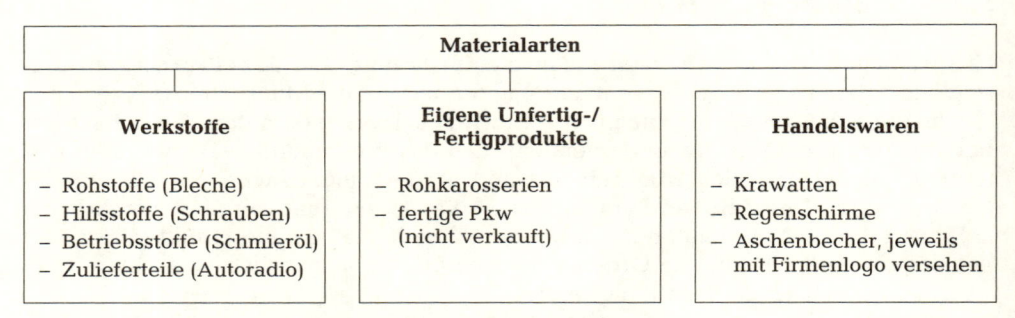

Abb. 6.1: Beispiele für Materialarten aus der Fahrzeugindustrie

Die **Werkstoffe** (Roh-, Hilfs- und Betriebsstoffe sowie Zulieferteile) wurden schon im Abschnitt 2.5.2 erläutert.

Unfertigprodukte enthalten wesentliche Bestandteile des Fertigprodukts noch nicht (z. B. lackierte Blechkarosserie eines Pkw ohne Motor und Getriebe).

Bei **Fertigprodukten** handelt es sich um Produkte, die nur noch vom Kunden abgeholt oder zum Kunden versandt werden müssen (z. B. versandfertige Pkw).

Eingekaufte **Handelswaren** ergänzen das eigene Produktionsprogramm und dienen der Sortimentserweiterung. Sie werden nur geringfügig oder gar nicht bearbeitet. Typisches Beispiel hierfür sind Regenschirme, die in Taiwan preiswert hergestellt werden und mit dem Logo der Automobilfirma versehen wesentlich teurer an Kunden in den Niederlassungen, Werkstätten, Kundenshops der Werke etc. verkauft werden.

In einem Automobilwerk machen die Materialkosten rund 40 % der Herstellungskosten aus. In Dienstleistungsunternehmen ist die Bedeutung wesentlich geringer und liegt bei rund 5 bis 10 %. Es liegt auf der Hand, dass der Materialbereich je nach Branchenzugehörigkeit von erheblicher Bedeutung für den Erfolg eines Unternehmens ist.

Es ist Aufgabe der Logistik die Materialien mengen-, qualitäts- und termingerecht den einzelnen Produktionsstätten im Unternehmen zur Verfügung zu stellen.

Die **Logistikbereiche** lassen sich in die Gebiete

- Beschaffung,
- Produktion,
- Distribution und
- Entsorgung aufteilen.

Das Zusammenspiel dieser Logistikbereiche im Unternehmen ist in Abbildung 13.30 dargestellt.

In der Praxis erweist sich eine **Standardisierung einzelner Materialien** wegen technischer und wirtschaftlicher Zwänge als sinnvoll und notwendig.

Materialien lassen sich zur Erzielung eines einheitlichen Qualitätsstandards normieren und typisieren.

Bei der **Normierung** werden die **Einzelteile** durch die Festlegung von Größe, Abmessungen, Formen, Farben und Qualitäten vereinheitlicht. Am bekanntesten sind

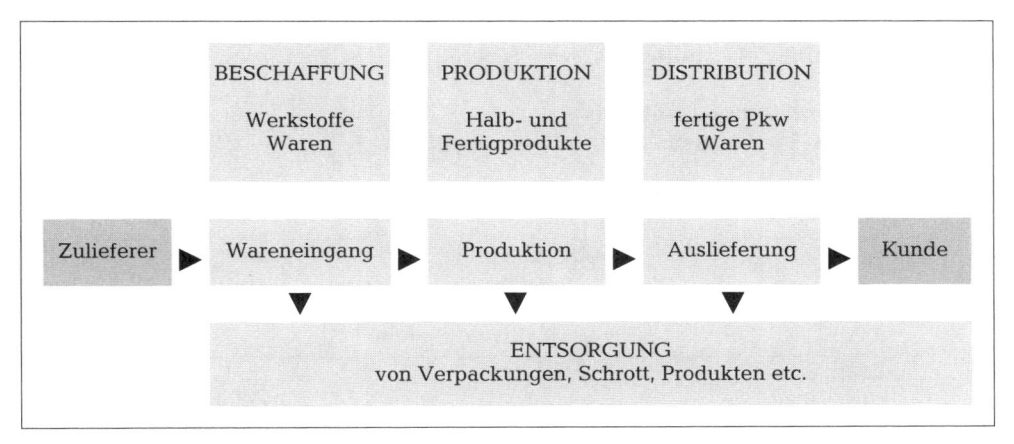

Abb. 6.2: Logistikbereiche im produzierenden Gewerbe und ihre Zusammenhänge

die ISO- und DIN-Normen sowie das VDE-Gütezeichen des Verbandes Deutscher Elektrotechniker.

Die **ISO-Normen** (International Standard for Organisation) sind internationale Anspruchssysteme vor allem bezüglich der Qualität (ISO 9000) und des Umweltmanagements (ISO 14000).

Bei **DIN-Vorschriften** (Deutsche Industrienorm) handelt es sich um nationale Normierungsvorschriften des Deutschen Instituts für Normung.

Bei der **Typisierung** werden **Endprodukte** hinsichtlich Arten, Größe und Ausführungsformen vereinheitlicht.

Normierung und Typisierung bewirken Rationalisierungseffekte und die Nutzung von Größenvorteilen im Unternehmen.

6.2 Planung im Materialbereich

6.2.1 Materialbedarfsplanung

Neben der Festlegung von Qualitätsstandards ist die Planung der Einsatzmenge der Materialarten besonders wichtig. Diese Planung des Materialbedarfs orientiert sich entweder zukunftsbezogen am Fertigungsprogramm oder vergangenheitsbezogen am realisierten Materialverbrauch.

6.2.1.1 Orientierung am Fertigungsprogramm

Ausgehend von konkreten **Kundenaufträgen** wird die zu fertigende Stückzahl von Endprodukten festgelegt (Beispiel: Fertigung von Pkw).

Bleibt der Kunde anonym, fertigt das Unternehmen anhand von **Lageraufträgen** auf der Basis von Markterhebungen, die eine bestimmte Stückzahl bei der Nachfrage erwarten lassen (Beispiel: Fertigung von Zigaretten).

Kundenaufträge und Lageraufträge bestimmen den **Primärbedarf** an Material.

Anhand von **Stücklisten** und **Verwendungsnachweisen** wird der konkrete Materialbedarf je Produktionseinheit bis ins Detail festgelegt. Hieraus folgt der **Sekundärbedarf** an Material.

Beispiel Stückliste
1 Pkw benötigt z. B. mindestens zwei Türen, vier Scheiben, zwei Türgriffe etc.

Beispiel Verwendungsnachweis
In einer Pkw-Tür werden 25 Schrauben verarbeitet.

```
    Kundenauftrag                         Lagerauftrag
          |                                    |
          +-------> Primärbedarf <-------------+
                    an Material
                         |
    Stücklisten ---------+--------- Verwendungsnachweise
          |              |                     |
          +-------> Sekundärbedarf <-----------+
                    an Material
```

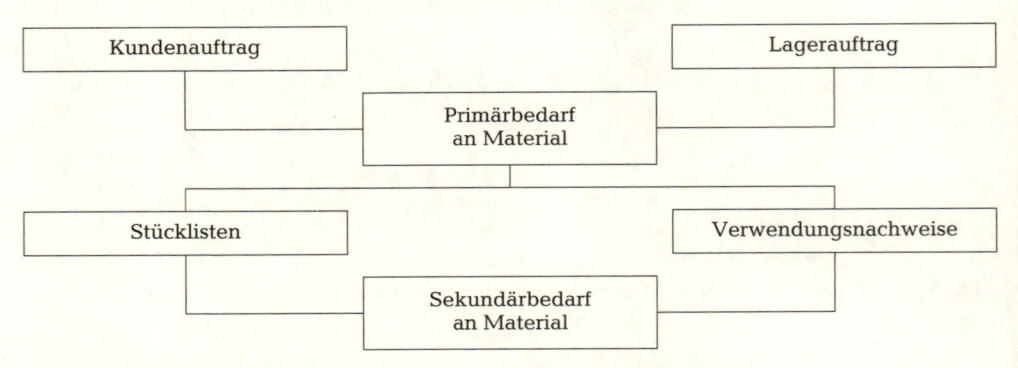

Abb. 6.3: Festlegung von primärem und sekundärem Materialbedarf

Zählt man zum Sekundärbedarf noch den Zusatzbedarf für

– Ausschuss,
– Schwund und
– Abmangel (Diebstahl)

hinzu, so erhält man den **Bruttomaterialbedarf**.

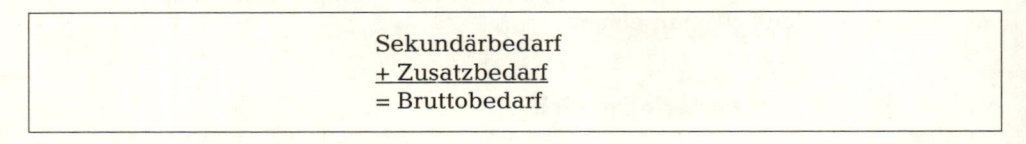

> Sekundärbedarf
> + Zusatzbedarf
> = Bruttobedarf

Der **Nettomaterialbedarf** berücksichtigt darüber hinaus die vorhandenen Lagerbestände, die bestellten Materialien sowie die vorgemerkten Bestände.

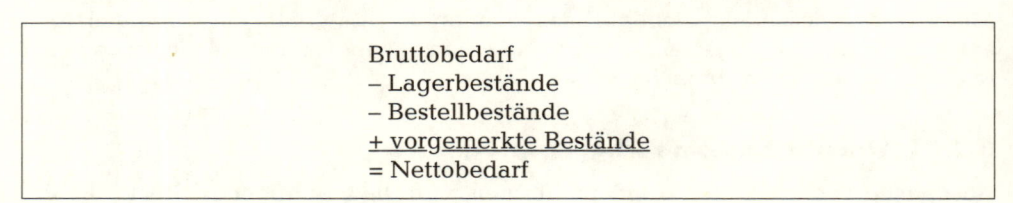

> Bruttobedarf
> – Lagerbestände
> – Bestellbestände
> + vorgemerkte Bestände
> = Nettobedarf

6.2.1.2 Orientierung am Verbrauch

Bei der verbrauchsorientierten Materialplanung wird der Materialverbrauch aufgrund von Vergangenheitswerten geschätzt. Im Vergleich zu den am Fertigungsverfahren orientierten Materialplanungen, die ein hohes Maß an Planungssicherheit gewähren, werden verbrauchsorientierte Verfahren vorwiegend für weniger wertvolle Materialien angewendet.

Beim **konstanten Bedarfsverlauf** entstehen geringe und zufällige Schwankungen der Materialverbrauchswerte, die um einen stabilen Durchschnittswert pendeln (z. B. Ersatzteilbedarf in der Fahrzeugproduktion).

Beim **trendförmigen Bedarfsverlauf** stellen sich steigende oder fallende Werte heraus, die um zufällige Sonderbewegungen bereinigt werden (z. B. »Die Deutschen trinken mehr Wein« oder: »Bierabsatz auf dem Rückmarsch«).

Der Materialbedarf schwankt **saisonal**, wenn er von Jahr zu Jahr in einer bestimmten jahreszeitlichen Periode steigt (z. B. Zunahme der Wachskerzenproduktion zu Weihnachten).

6.2.2 Materialbeschaffung

Nachdem die Qualität und die Menge des Materials bestimmt sind, ist es die Aufgabe der Materialbeschaffung festzulegen wann, wie und wo die Materialien beschafft und eingelagert werden.

Diese Aufgaben sind in Abhängigkeit von unterschiedlichen Beschaffungsarten mit verschiedenen Lagerhaltungsstrategien zu lösen.

6.2.2.1 Beschaffungsarten

Der Zeitpunkt der Beschaffung von Material ist abhängig von unterschiedlichen Beschaffungsarten:

(1) Vorratslagerung
Im Normalfall werden die Materialien im Unternehmen beschafft und eingelagert. Dies ist sinnvoll, wenn der Materialverbrauch überschaubar ist und die Kosten der Lagerung sich in einem wirtschaftlich vernünftigen Rahmen halten.

(2) Just-in-time-Lieferungen (Jit)
In diesem Fall werden die Materialien vom Lieferanten taktgenau für den Produktionsprozess angeliefert, damit ein sofortiger Einbau oder eine Verwendung des Materials möglich ist (Beispiel: Sitzefertigung in der Automobilindustrie). Der Vorteil von jit besteht im Abbau der Lagerkosten. Das Verfahren setzt allerdings eine hohe Stückzahl voraus. Auch sollte die Logistik zwischen der Materialanlieferung und der Weiterverarbeitung reibungslos funktionieren.

(3) Einzelbeschaffung
Die Einzelbeschaffung von Material tritt vorwiegend bei der auftragsorientierten Einzelfertigung auf. Sie setzt eine hohe Lieferbereitschaft der Lieferanten voraus. Diesem Nachteil stehen geringe Lagerkosten gegenüber.

Die **optimale Bestellmenge** an Material wird dort erreicht, wo die Summe der Bestellkosten (z. B. für Bestellabwicklung) und der Lagerkosten (z. B. Raumkosten) ihr Minimum erreicht. Für die Lösung dieses Problems wurden mathematische Lösungen entwickelt (z. B. die optimale Bestellmenge nach Andler), die in der Praxis aufgrund ihres hohen Abstraktionsgrades und unrealistischer Prämissen kaum Anwendung finden. So werden beispielsweise konstante Stückpreise und Bedarfe sowie stetige Lagerabgänge und keine Lieferzeiten unterstellt.

Die optimale Bestellmenge ist definiert als:

$$m_{opt} = \sqrt{\frac{200 \times B \times Kf}{q \times p}}$$

mit B = Bestellmenge
  Kf = Fixe Kosten
  q = Lagerkostensatz (absolut)
  p = Einstandspreis

6.2.2.2 Lagerhaltungsstrategien

In einem Produktionsunternehmen dienen Läger dazu, das Angebot und die Nachfrage nach Material von externen Angebots- oder internen Bedarfschwankungen unabhängig zu machen.

In der Praxis haben sich zur Optimierung der Lagerhaltung vor allem das Bestellrhythmus- und das Bestellpunktverfahren durchgesetzt.

(1) Bestellrhythmusverfahren (BRV)
Beim BRV wird das Lager in feste Zeitintervalle bis zu einem konstanten Sollniveau aufgefüllt. Dieses Verfahren lässt sich mit relativ geringem Verwaltungsaufwand realisieren. Da beim BRV die zu bestellende Menge schwankt, sind Lagerbestände und Bestellmengen nicht optimal.

> **Beispiel für das BRV**
> Lagerhaltung für Kleinteile (z. B. Schrauben), die wöchentlich durch Mitarbeiter des Lieferanten beim Automobilproduzenten auf ein bestimmtes Niveau aufgefüllt wird.

(2) Bestellpunktverfahren (BPV)
Beim BPV wird beim Erreichen oder Unterschreiten eines konkreten Meldebestands eine Bestellung zur Auffüllung des Lagers mit einer festen Bestellmenge ausgelöst. Bei diesem Verfahren können Bestellmenge und Lagerbestand optimiert werden, da die Bestellmenge fest vorgegeben ist. Das BPV erfordert eine intensive Beobachtung des Lagerbestands durch EDV und Personal und wird somit nur für höherwertige und größere Teilelieferungen verwendet.

> **Beispiel für das BPV**
> Beschaffung von Blechplatinen in der Automobilfertigung. Um einen Mindestproduktionsumfang zu gewährleisten, wird ein Mindestblechplatinenbestand sichergestellt, der kurzfristig durch die EDV (Lagerbuchhaltung) möglichen Nachfrageschwankungen angepasst werden kann.

Die Lagerhaltung kann zentral oder dezentral eingerichtet werden.

Ein **zentrales Lager** fasst das gesamte Material an einem Standort zusammen. Die Vorteile liegen in einer besseren Raumnutzung sowie einem geringeren Materialbestand. Die Bestände können effektiver kontrolliert werden. Die Einrichtungen der Läger sind optimal ausgelastet. Nachteilig wirken sich unter Umständen verlängerte innerbetriebliche Transportwege aus.

Dezentrale Läger haben vor allem den Vorteil kurzer innerbetrieblicher Transportwege.

In der Praxis findet man in der Regel Zwischenlösungen mit z. B. einem produktionsnahen zentralen Materiallager und mehreren dezentralen Lägern in anderen Ländern und Regionen.

6.2.3 Materialeinkauf

6.2.3.1 Operative und strategische Aufgaben

Neben der reinen operativen Funktion des Materialeinkaufs, das vor allem in der Bestimmung der Einkaufsmenge und des Einkaufszeitpunkts besteht, gibt es zunehmend eine Reihe strategischer Aufgaben und Fragestellungen.

Hierzu zählen insbesondere:

(1) Make-or-buy-Entscheidung
Soll das Unternehmen eine niedrige Wertschöpfung hervorbringen und somit viele Lieferantenteile einbauen (»Buy-Entscheidung«) oder soll umgekehrt möglichst viel selbst geschaffen werden, um somit die Abhängigkeit von den Lieferanten zu verringern (»Make-Entscheidung«)?

(2) Komponenten- oder System-Sourcing
Sollen nur einzelne Teile (Komponenten) vom Lieferanten bezogen werden oder ganze vormontierte Systemeinheiten?

(3) Umweltfreundliche Produktion
In welchem Umfang soll sich das Unternehmen für umweltfreundlichere Vorprodukte entscheiden, auch wenn diese teurer sind als herkömmliche Teile?

(4) Lieferantenpolitik
Soll das Unternehmen auf einen, wenige oder möglichst viele Lieferanten zurückgreifen um den Materialeinkauf zu gewährleisten? Sind Konzerngesellschaften vor externen Lieferanten zu bevorzugen?

(5) Global-Sourcing
In welchem Umfang sind als Folge der weltweiten Globalisierung neben nationalen Einkaufsmärkten auch verstärkt internationale Beschaffungsmärkte zu berücksichtigen?

6.2.3.2 Bewertung der Lieferanten

Der Materialeinkauf hat festzulegen, welche Lieferanten für einen bestimmten Lieferumfang verantwortlich sind.

Als Beschaffungswege bieten sich der Direktbezug beim Produzenten oder die Lieferung durch den Groß- und Einzelhandel an.

Der direkte Bezug vom Produzenten hat den Vorteil, dass Zwischentransport- und Lagerkosten sowie die Handelsspannen entfallen. Der Bezug vom Groß- oder Einzelhandel ist dann vorteilhaft, wenn kleinere oder unregelmäßige Lieferumfänge benötigt werden.

Der Kaufpreis ist ein wichtiges, vor allem kurzfristiges Kriterium für die Lieferantenentscheidung. Langfristig kann es für das Unternehmen strategisch sinnvoller sein, auch einmal höhere Preise zu akzeptieren, wenn dadurch der Lieferant in die

Lage versetzt wird, ganze Systemkomponenten in Eigenentwicklung gegebenenfalls bei Bedarf kurzfristig zur Verfügung stellen zu können.

Beispiel
Als die A-Klasse von DaimlerChrysler den »Elchtest« nicht bestanden hatte, konnte der Lieferant Bosch relativ schnell das Stabilitätsprogramm ESP anbieten.

Mithilfe einer **ABC-Analyse** lässt sich die Anzahl und Struktur der Lieferanten analysieren und festlegen. Hierzu werden die Lieferanten in die Kategorien A bis C eingeteilt. In die Kategorie A fallen die Lieferanten mit höherwertigen Vorprodukten. B und C entsprechen ihrer Reihenfolge nach niederwertigeren Produkten.

Um nicht von einem einzigen Lieferanten abhängig zu sein, sollte eine Aufteilung der Lieferanten gemäß der Wertigkeit ihrer Produkte vorgenommen werden. Hierfür hat sich in der Praxis die 60/30/10-Formel durchgesetzt.

Nach dieser Faustformel sollten 60 % des Gesamteinkaufswerts in wenige Lieferantenhände gelegt werden (Gruppe A). 30 % sollten auf die zweite Gruppe der Lieferanten (Gruppe B) verteilt sein, die anzahlmäßig deutlich größer als die A-Gruppe ist. Unter C-Lieferanten sollten möglichst viele Lieferanten wertmäßig insgesamt nur rund 10 % beisteuern.

Klassifikation	Anzahl Lieferanten absolut	in %	Anteil am Gesamteinkaufswert in %
A	15	2	59
B	112	12	32
C	813	86	9

Abb. 6.4: ABC-Analyse der Lieferanten

6.3 Durchführung und Kontrolle des Materialflusses

Der Materialfluss im Unternehmen ist durch die innerbetrieblichen Transportmöglichkeiten bestimmt. Dieser wird durch drei wesentliche Komponenten beeinflusst:

(1) Verrichtungen: Hierunter fallen z. B.
- Transport zwischen den einzelnen Lägern,
- Unterbrechungen,
- Einlagern,
- Entfernen aus dem Lager,
- Be- und Entladen,
- Bearbeiten und Prüfen.

(2) Fördergüter: Gegenstand der Verrichtungen sind z. B.
- unfertige und fertige Produkte,
- Abfälle,
- Ausschuss,
- Werkzeuge,

- Maschinen,
- Transportbehälter.

(3) Beförderungsmittel: Hierzu zählen z. B.

- Gabelstapler,
- Rollbahnen,
- Kräne.

Die Steuerung des Materialflusses kann zentral oder dezentral erfolgen.

Bei der **zentralen Steuerung** wird das Material durch eine übergeordnete Stelle verteilt, die die innerbetrieblichen Transporte zentral in Abhängigkeit vom Produktionsprozess vornimmt.

Bei der **dezentralen Steuerung** wird die Materialverteilung durch eine Vielzahl sich selbst regulierender Steuerkreise beeinflusst. Die Transporthilfsmittel sind mit einer Karte ausgestattet, die Informationen über den Zustand der jeweiligen Charge enthalten (jap.: Kanban). Die Informationen der einzelnen Kanbans bewirken ihrerseits eine weitere Initiierung der Produktion oder der Einlagerung von neuem Material. Jede Produktionsstelle besorgt sich die benötigten Teile bei der jeweils vorgelagerten Stelle und diese wiederum bei der ihr vorgelagerten Stelle (Holprinzip).

Die Kontrolle des Materialflusses erfolgt durch die Gegenüberstellung von Plan- und Istwerten sowie durch eine Kennzahlenanalyse, wie sie auch im Rahmen der Bilanzanalyse Verwendung findet.

$$\text{Lagerumschlagshäufigkeit} = \frac{\text{Jahresverbrauch an Material}}{\text{Durchschnittlicher Bestand an Vorräten}}$$

$$\text{Lagerdauer} = \frac{365 \text{ Tage}}{\text{Lagerumschlagshäufigkeit}}$$

Die Lagerumschlagshäufigkeit zeigt an, wie häufig pro Jahr das komplette Lager aufgebraucht wird. Die Lagerdauer gibt an, wie viele Tage die Vorräte im Lager gebunden sind.

Generell gilt: Je kürzer die Lagerdauer, umso geringer ist das Lagerrisiko, umso schneller werden aus den Vorräten Produkte, die verkauft werden können, und desto liquider wird ein Unternehmen sein.

Kontrollfragen

1. *Welche Materialarten sind Ihnen bekannt?*
2. *Worin liegen die Vorteile einer Normierung von Materialien?*
3. *Wozu dienen Stücklisten?*
4. *Was versteht man unter Just-in-time-Lieferungen?*
5. *Wie lassen sich Lieferanten bewerten?*

Aufgabe 13.11 *Optimale Bestellmenge S. 514*

Aufgabe 13.12 *Materialwirtschaftliche Kontrolle S. 514*

7 Fertigungswirtschaft

7.1 Programmplanung

Die Programmplanung befasst sich mit der Lösung der Frage, welche Produkte in welchen Mengen hergestellt werden sollen. Dabei liegen die aktuellen Kundenaufträge sowie zukünftige Kundenbedarfe unter Berücksichtigung der Lagerbestände zugrunde.

Die Planung der Produktion lässt sich in eine Planung des Produktionsprogramms und der Produktionsdurchführung einteilen.

Das Produktionsprogramm wird bestimmt durch die Gestaltung der Produkte, die Typenvielfalt (Varianten oder Sortimente) und die Produktionsmenge. Die Gestaltung des Produktionsprogramms erfordert auch eine Entscheidung über die optimale Fertigungstiefe im Unternehmen.

Bei der Durchführung der Produktion ist das Fertigungsverfahren (Werkstatt-, Fließ-, Gruppen- oder Baustellenfertigung) und der Fertigungstyp (Einzel-, Serien- oder Massenfertigung) festzulegen.

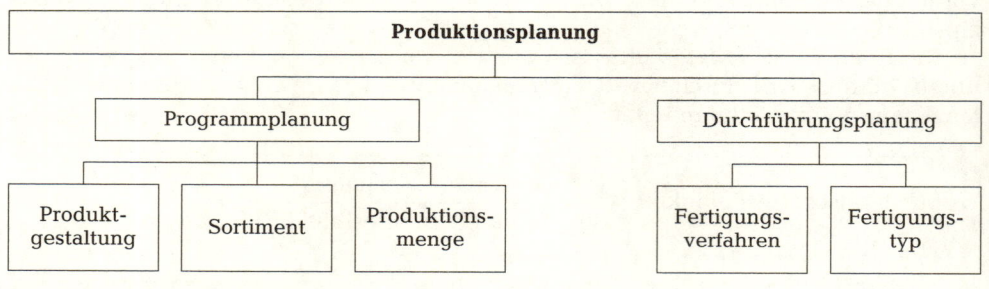

Abb. 7.1: Planung der Produktion

7.1.1 Produktgestaltung

Die Gestaltung der Produkte legt bis ins Detail fest, wie das Produkt auszusehen hat. Daraus folgt für das Unternehmen die Entscheidung darüber, ob die vorhandenen Produktionsmöglichkeiten ausreichen oder ob fehlende Produktionsfaktoren eingekauft werden müssen.

7.1.2 Sortimentsplanung

Die Planung des Produktionssortiments offenbart einen Interessengegensatz zwischen Vertriebsabteilung und den Verantwortlichen für die Fertigung.

Der Vertrieb bevorzugt eine Sortimentsplanung, die möglichst umfangreich ist, da dies die Absatzchancen erhöhen kann. Die Verantwortlichen in den Fertigungsbereichen setzen sich oftmals gegen eine Typenvielfalt in der Fertigung zur Wehr, da dies deutliche Kostensteigerungen durch eine Vielzahl spezieller Maschinen oder durch häufiges Umrüsten vorhandener Werkzeuge und Maschinen verursachen kann.

Die Gestaltung der Produkte und die Sortimentsvielfalt bestimmen somit über die Festlegung der optimalen Fertigungstiefe im Unternehmen. Zentraler Bestandteil dieser Festlegung ist die Entscheidung, in welchem Ausmaß das Unternehmen selbst die Fertigung übernimmt oder die Fertigung durch Lieferanten »nach draußen gibt« (Make-or-buy-Entscheidung).

Ein möglicher Kompromiss besteht darin, anhand einer Plattformstrategie, auch Baukastenprinzip genannt, zu fertigen. Die dadurch erreichte Vereinheitlichung interner Typenbestandteile ermöglicht ein gewisses Maß an Sortimentsvielfalt. Werden diese Plattformen von externen Lieferanten gefertigt, führt dies zu einer Verringerung der Fertigungstiefe (so genanntes Outsourcing).

7.1.3 Planung der Produktionsmenge

Die geplante Produktionsmenge hängt davon ab, ob das Unternehmen ein einziges oder mehrere Produkte fertigt.

Einproduktunternehmen findet man in der betrieblichen Praxis relativ selten, da dies zu erheblichen Schwankungen in der Produktion führen kann.

Wird nur ein Produkt gefertigt, hängt die Produktion völlig von den Absatzchancen ab. Rechnet das Unternehmen mit einem stetigen Absatz seines Produkts, so richtet sich die Produktion am Absatz aus.

Unterliegt die Nachfrage bei Einproduktunternehmen saisonalen Schwankungen (z. B. bei der Produktion von Feuerwerksartikeln, Rasenmähern und Schneeräumern), so kann das produzierende Unternehmen je nach Lage die Produktionskapazität erhöhen oder verringern. Dies führt u. U. zu erheblichen Schwankungen des Personalbestands. Eine andere Produktionstaktik ist die Orientierung an einem mittleren Beschäftigungsniveau. Dies hat den Vorteil, dass der Spitzenbedarf aus den produzierten Vorräten abgedeckt werden kann.

Bei Dienstleistungsbetrieben (z. B. S-Bahnverkehr) ist eine Orientierung an der mittleren Auslastung nicht möglich. Diese Unternehmen müssen den Spitzenbedarf, z. B. während der Rushhour, abdecken. Geringere Auslastungszeiten werden durch längere Taktzeiten und kürzere Züge bedient.

Stellt das Unternehmen **mehrere Produkte** her, so wird die Festlegung der Produktionsmenge schwieriger.

Orientiert sich das Unternehmen an der Erzielung eines möglichst hohen Gesamtgewinns, dann wird es vorrangig den Schwerpunkt der Produktion auf die Produkte legen, die

- möglichst wenige Fertigungsanlagen belegen,
- möglichst geringe Fertigungszeiten beanspruchen und
- einen hohen Stückgewinn erwarten lassen.

Die Kostenrechnung bietet für die Lösung des Problems die Deckungsbeitragsrechnung an (siehe hierzu im Band 2 dieser Buchreihe den Hauptteil Kosten- und Leistungsrechnung). Als Deckungsbeitrag wird die Differenz zwischen Umsatzerlösen und den variablen Kosten eines Produkts bezeichnet. Ist der Deckungsbeitrag positiv, so lohnt sich die Produktion eines Erzeugnisses. Werden mehrere Produkte hergestellt so wird das Produktionsprogramm in der Weise geplant, dass die Produkte mit hohem Deckungsbeitrag je Stück den Vorzug vor Produkten mit niedrigerem Deckungsbeitrag je Stück erhalten.

Die Deckungsbeitragsrechnung verdeutlicht folgendes Beispiel einer Brauerei (in €):

Betriebsergebnis-rechnung	Insgesamt	Weizen	Pils	Alt
Umsätze – variable Kosten	10 520 000 – 5 460 000	4 696 820 – 2 356 180	2 384 460 – 1 440 460	3 438 720 – 1 663 360
Deckungsbeitrag – fixe Kosten	5 060 000 – 4 000 000	2 340 640	944 000	1 775 360
Betriebsergebnis	1 060 000			

Die Produkte Weizen, Pils und Alt erzielen alle einen positiven Deckungsbeitrag. Den absolut höchsten Deckungsbeitrag erzielt das Produkt Weizen vor Alt und Pils.

Um den Erfolg der einzelnen Sparten errechnen zu können, muss die Produktionsmenge berücksichtigt werden. Diese entspricht in unserem Beispiel der verkauften Menge.

Weizen: 100 000 l, Pils: 20 000 l, Alt: 10 000 l

Die Deckungsbeiträge je Stück ergeben sich somit wie folgt:

Weizen: 23,41 €/l, Pils: 47,20 €/l, Alt: 177,54 €/l

Das Unternehmen sollte verstärkt Alt vor Pils und Weizen produzieren.

7.2 Durchführung der Produktion

7.2.1 Fertigungsverfahren

Nach Festlegung der Fertigungstiefe und der Produktionsmenge muss das Unternehmen den Einsatz der Technologien bestimmen, mit der die Produktion durchgeführt werden soll. Die Fertigungsverfahren lassen sich anhand räumlicher und zeitlicher Kriterien wie in Abbildung 7.2 gezeigt einteilen.

Fertigungsverfahren			
Werkstattfertigung	Fließfertigung	Gruppenfertigung	Baustellenfertigung

Abb. 7.2: Verschiedene Fertigungsverfahren

Bei der **Werkstattfertigung** werden alle Betriebsmittel und Arbeitsplätze gleichartiger Arbeitsverrichtungen räumlich zusammengefasst wie z. B. Dreherei und Lackiererei. Der Ablauf der Fertigung wird vom Standort der Maschinen und Arbeitsplätze bestimmt.

Die Werkstattfertigung ist flexibel und wenig störanfällig. Sie eignet sich deshalb vorwiegend für kleinere Stückzahlen. Die Transportzeiten und Transportkosten sind allerdings hoch und Zwischenläger lassen sich nicht vermeiden.

Bei der **Fließfertigung** werden Betriebsmittel und Arbeitsplätze räumlich nach dem Fertigungsablauf angeordnet, wie z. B. bei der Fließbandfertigung in der Pkw-Fertigung, bei der die einzelnen Werkstücke in einem bestimmten Zeittakt transportiert werden. Bei der Reihenfertigung, wie z. B. der Produktion von Fahrrädern, wird aufgrund der geringeren Stückzahlen kein Zeittakt vorgegeben.

Dieses Fertigungsverfahren beansprucht nur geringe Durchlauf- und Transportzeiten. Nachteilig sind die geringe Flexibilität, die erhebliche Störanfälligkeit, die einseitige körperliche und psychische Belastung der Mitarbeiter.

Die **Gruppenfertigung** ist eine Kombination aus Werkstatt- und Fließfertigung, bei der die Betriebsmittel und Arbeitsplätze für bestimmte Teile des Fertigungsablaufes zu Gruppen zusammengefasst, im Gesamtablauf aber nach dem Prinzip der Fließfertigung angeordnet sind.

Beispiel
Teile der Pkw-Fertigung wie der Einbau des Verdecks bei der Roadster-Produktion werden aus der Fließbandfertigung herausgenommen, da sie erhebliche Zeit und besondere Sorgfalt erfordern.

Die **Baustellenfertigung** bezieht sich auf unbewegliche Erzeugnisse. Bei diesem Produktionsverfahren werden die Betriebsmittel und Arbeitsplätze zu den zu erstellenden Erzeugnissen gebracht. Beispiele hierfür sind der Kraftwerks- und Schiffsbau sowie die Fertigung von Häusern, Großflugzeugen und der Hoch- und Tiefbau.

Bei den Fertigungsverfahren werden zunehmend Bearbeitungsvorgänge, die von Maschinen durchgeführt werden, von Computern gesteuert. Dieses Computer Aided Manufacturing (CAM) wird vorwiegend im Bereich der Werkstatt- und Fließfertigung eingesetzt. Ein Beispiel ist das Einsetzen der Frontscheiben im Rahmen der Pkw-Fertigung.

7.2.2 Fertigungstypen

Werden die Fertigungsverfahren nach den erzeugten Mengen eingeteilt, so lassen sich nach Abbildung 7.3 folgende Fertigungstypen unterscheiden.

Fertigungstypen		
Einzelfertigung	Serienfertigung	Massenfertigung

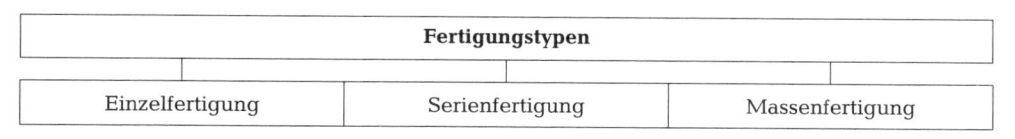

Abb. 7.3: Verschiedene Fertigungstypen

Bei der **Einzelfertigung** wird jedes Produkt nur einmal hergestellt (Beispiele: Schiffe, Großmaschinen, Spezial-Lkw-Aufbauten). Durch die Aneinanderreihung unterschiedlicher Einzelfertigungen entstehen hohe Vorbereitungskosten. Die Möglichkeiten zur Rationalisierung sind begrenzt. Die Einzelfertigung wird vorwiegend im Rahmen der Baustellen- und Werkstattfertigung ausgeführt.

Bei der **Serienfertigung** werden mehrere Erzeugnisse einer Erzeugnisart aufgrund eines Auftrages gefertigt. Je nach Anzahl der Erzeugnisse unterscheidet man die Kleinserien- von der Großserienfertigung (Beispiele: Elektrogeräte- oder Fahrzeugproduktion). Bei der Sortenfertigung liegt ein einheitliches Ausgangsmaterial zugrunde (Beispiele: Brauereiprodukte, Papierherstellung oder Bekleidungsartikel). Bei der Chargenfertigung, die man vorwiegend in der Stahl- und Chemieindustrie antrifft, werden größere Produktmengen (Chargen) in einem Produktionsvorgang hergestellt. Die Serien-, Sorten- und Chargenfertigung findet vorwiegend als Werkstatt- oder Gruppenfertigung statt.

Bei der **Massenfertigung** wird keine konkrete Fertigungsmenge festgelegt. Es wird ohne Begrenzung über eine lange Zeit produziert. Beispiele hierfür sind die Herstellung von Zigaretten, Schrauben, Zündkerzen oder Streichhölzern. Die Massenfertigung findet vorwiegend in der Form der Fließfertigung statt.

7.2.3 Fertigungskontrolle

Die Kontrolle der Fertigung erfolgt als:
- Kontrolle der Produktionsplanung, durch Abweichungsanalysen zwischen Plan- und Istwerten hinsichtlich Durchlaufzeiten, Mengen, Terminen und Rüstkosten.
- Kennzahlenanalyse, in Form der Überwachung der Kapazitätsauslastung der Betriebsmittel sowie der Analyse der Produktivität und der Qualität der gefertigten Produkte.

Kontrollfragen
1. Welche Bestimmungsgrößen der Produktionsplanung kennen Sie?
2. Erläutern Sie den Interessengegensatz zwischen Fertigung und Vertrieb bei der Sortimentsplanung.
3. Was versteht man unter Outsourcing im Fertigungsbereich?
4. Analysieren Sie die Unterschiede bei der Produktionsplanung im Einprodukt- im Vergleich zum Mehrproduktunternehmen.
5. Wie legt die Kostenrechnung die Rangfolge der Produktion von unterschiedlichen Produkten fest?
6. Stellen Sie die verschiedenen Fertigungsverfahren dar.

Aufgabe 13.13 *Planung der Produktionsmenge S. 514*

Aufgabe 13.14 *Deckungsbeitragsrechnung S. 514*

8 Personalwirtschaft

8.1 Stellenwert der Personalabteilung im Unternehmen

Aufgabe der Personalwirtschaft ist es, die Planung, die Beschaffung und den zielorientierten und effizienten Einsatz der Mitarbeiter im Unternehmen zu gewährleisten.
Organisatorisch geschieht dies durch die Personalabteilung.
Das Personal gilt in der betrieblichen Praxis als die bedeutendste Ressource, auf die die Unternehmen zurückgreifen, um sich den gewaltigen Anforderungen eines weltweiten Wettbewerbs erfolgreich zu stellen.
Gleichwohl muss man sich im Klaren darüber sein, dass die Personalabteilung in der gesamten Unternehmenshierarchie eine eher untergeordnete Rolle spielt. Dies zeigt sich ganz offensichtlich im Rahmen öffentlicher Veranstaltungen, z. B. auf Bilanzpressekonferenzen oder Hauptversammlungen. Die Vertreter der Personalabteilung, der Personalchef, sitzen – wenn überhaupt – dann am »Katzentisch« links oder rechts außen.

Unvergessen ist in diesem Zusammenhang auch die Stellungnahme von Herrn Schrempp (Vorstandsvorsitzender der DaimlerChrysler AG) auf der Bilanzpressekonferenz des Unternehmens für das Geschäftsjahr 1998, als er die Frage eines Journalisten an den Personalchef Tropitzsch zur Beantwortung mit der Bemerkung weiterleitete: »Herr Tropitzsch, beantworten Sie einmal die leichteren Fragen.«

Realität ist, dass in den Firmen üblicherweise die operativ Verantwortlichen (z. B. Ingenieure oder auch Vertriebsleute) die »erste Geige« spielen, gefolgt von den Vertretern des Finanzwesens. Erst danach positionieren sich die restlichen Verantwortungen.

Dies scheint in einem gewissen Widerspruch zur eingangs gemachten Bemerkung zu stehen, wie wichtig die Ressource Personal in den Unternehmen ist. Dieser Widerspruch löst sich auf, wenn man bedenkt, dass Personalentscheidungen zwar von der Personalabteilung angebahnt werden, die entgültige Entscheidung über Einstellung oder Kündigung trägt allerdings immer die betroffene Fachabteilung (z. B. der Chef der Buchhaltung bestimmt über die Zusammensetzung seines Personals und nicht die Personalabteilung).

Die Personalwirtschaft agiert im Umfeld diverser rechtlicher Rahmenbedingungen. Mit den Mitarbeitern werden **Arbeitsverträge** abgeschlossen, die dem geltenden Arbeitsrecht entsprechen müssen (Beispiele: Einhaltung des Kündigungsschutzgesetzes, Lohnfortzahlungsgesetz, Gesetz zur betrieblichen Altersversorgung).

Darüber hinaus gilt das **Mitbestimmungsgesetz**, wonach z. B. Kapitalgesellschaften (& Co) bei mehr als 2 000 Mitarbeitern einen Aufsichtsrat haben müssen, der paritätisch mit Arbeitnehmer- und Kapitalanteilseignern besetzt sein muss.

Das **Betriebsverfassungsgesetz** regelt die Einrichtung eines Betriebsrats im Unternehmen, der die Interessen der Arbeitnehmer gegenüber der Unternehmensleitung, und damit auch der Personalabteilung, vertreten soll.

8.2 Personalplanung

8.2.1 Quantitative Planung des Personalbedarfs

Die mengenmäßige Planung des Personalbedarfs für das Ende des Geschäftsjahres 05 soll anhand folgender Zusammenstellung verdeutlicht werden:

Geplanter Personalstand 31. 12. 05	+ 10 000
Ist-Personalstand 31. 12. 04	– 9000
Personalabgänge in 05	
– aus Pensionierung	+ 100
– aus Fluktuation, Tod etc.	+ 50
– aus sonstigen Gründen (z. B. Kündigungen)	+ 25
Personalzugänge in 05 (vorliegende Arbeitsverträge)	– 75
Personalbedarf in 05	**+ 1 100**

Die Personalabteilung geht vom Ist-Personalstand zum 31.12.04 aus. Dieser beträgt in obigem Beispiel: 9 000 Mitarbeiter. Für 05 rechnet die Personalabteilung mit Personalabgängen aus verschiedenen Gründen in Höhe von 175 Mitarbeiter und sicheren Personalzugängen in Höhe von 75 Mitarbeiter.

Um den Personalanforderungen aller Bereiche des Unternehmens gerecht zu werden (10 000 Mitarbeiter Ende 05), sind demzufolge in obigem Beispiel in 05 insgesamt 1 100 Mitarbeiter neu einzustellen.

Die vereinfachte Personalbedarfsplanung für 05 birgt einige Risiken, die in 05 fortlaufend zu Plananpassungen führen werden. Dies sind vor allem:

- Risiken aus der aktuellen Wirtschaftslage und deren Konsequenzen für die Beschäftigung,
- Auswirkungen des Betriebsklimas auf den Beschäftigtenstand,
- zu optimistische/pessimistische Schätzungen der einzelnen Bereiche hinsichtlich veränderter Fehl- und Ausfallzeiten aus Krankheit, Weiterbildung etc. mit Konsequenzen für den Personalbedarf.

Unvorhergesehene Schwankungen des Personalbedarfs z. B. als Folge von Zusatzaufträgen oder neu auftretenden Wettbewerbern kann das Unternehmen mit befristeten Arbeitsverträgen, flexiblen Arbeitszeiten oder kurzfristigen Personaleinstellungen oder -freisetzungen begegnen.

Da das geltende Arbeitsrecht in Deutschland hinsichtlich der Freisetzung von Arbeitskräften noch relativ restriktiv ist, können diese kurzfristigen Personalbedarfsinstrumente nur begrenzt eingesetzt werden.

8.2.2 Qualitative Planung des Personalbedarfs

Die qualitative Planung des Personalbedarfs geschieht durch die Festlegung fachlicher und persönlicher Anforderungen an die Mitarbeiter, die dann in Arbeitsplatz- und Stellenbeschreibungen eingehen.

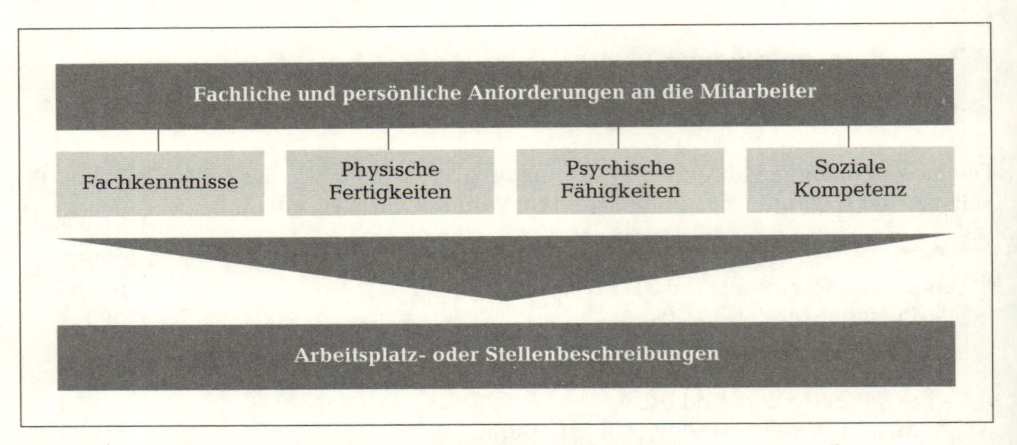

Abb. 8.1: Qualitative Anforderungen an die Mitarbeiter

Das wichtigste Kriterium stellen die **fachlichen Fähigkeiten** des Mitarbeiters dar. Hierzu zählen Schulausbildung, Studium, Meisterprüfung, Fremdsprachenkenntnisse, Berufserfahrung etc.

Physische Fähigkeiten verlangen z. B. nach körperlicher Belastbarkeit und Geschicklichkeit.

Psychische Kriterien sind in etwa Kreativität, seelische Belastbarkeit, Durchsetzungsfähigkeit etc.

In einer zunehmend komplexen Arbeitswelt ist es besonders wichtig, seine beruflichen Kenntnisse und Fertigkeiten gemeinsam mit anderen Menschen umzusetzen und zu realisieren. Was nützt dem Unternehmen der intelligenteste Mitarbeiter mit hohen fachlichen Kenntnissen, wenn er sich nicht positiv mit anderen Menschen auseinander setzen kann. Das moderne Mitarbeiterprofil verlangt nach »**sozialer Kompetenz**«.

Der qualitative Personalbedarf findet seinen Niederschlag in personenunabhängigen **Arbeitsplatz- und Stellenbeschreibungen**, in denen die Anforderungen an die Tätigkeit genau beschrieben sind.

8.3 Personalbereitstellung

Nach Ermittlung des Personalbedarfs ist es die Aufgabe der Personalabteilung das gesuchte Personal anzuwerben, einzustellen und einzusetzen. Dies geschieht durch
- die Personalsuche,
- die Personalauswahl und den
- Personaleinsatz.

8.3.1 Personalsuche

Das zur Aufgabenerfüllung des Unternehmens benötigte Personal wird zunächst intern gesucht. Dies kann vor allem durch **innerbetriebliche Stellenausschreibungen** geschehen. Für Mitarbeiter des Unternehmens bedeutet eine Bewerbung auf eine interne Stellenausschreibung immer eine Offenbarung der persönlichen Arbeitssituation. Der interne Bewerber ist mit seiner aktuellen Aufgabe in irgendeiner Form unzufrieden.

Findet die Personalabteilung aufgrund der internen Stellenausschreibung keine geeigneten Mitarbeiter oder erfordert das Stellenprofil von vornherein die Einstellung externer Mitarbeiter, so wird das Unternehmen auf dem externen Arbeitsmarkt eine Personalsuche starten.

Die externe Personalsuche kann z. B. über
- Medien (z. B. Tageszeitungen und Internet),
- Direktkontakte (z. B. Veranstaltungen, Praktika und Diplomarbeiten),
- Arbeitsämter,
- Personalberater durch »Headhunting« von hoch qualifizierten Führungskräften abgewickelt werden.

8.3.2 Personalauswahl

Zur Auswahl geeigneter Bewerber, ist es wichtig, die aus einer Vorauswahl verbliebenen Kandidaten kennen zu lernen. Hierfür bieten sich
- Vorstellungsgespräche,
- Eignungstests und
- Assessment-Center an.

Das **Vorstellungsgespräch** sollte die Persönlichkeit des Bewerbers erkennen lassen und durch die Präsentation des Unternehmens im Ergebnis zu einer Übereinstimmung der Anforderungen des Unternehmens mit dem Bewerberprofil des neuen Mitarbeiters führen.

Eignungstests in der Form von Persönlichkeits- und/oder Fähigkeitstests können Interessen, Neigungen, Einstellungen, Sozialverhalten und Charaktereigenschaften sowie die Leistungsfähigkeit, Intelligenz und Begabung feststellen.

Für höher qualifizierte Bewerber bieten sich zur Personalauswahl **Assessment-Center** an, in denen anhand von mehrtägigen Gruppenauswahlverfahren die Teilnehmer Aufgaben und Probleme lösen müssen, die an ihrem künftigen Arbeitsplatz zum Arbeitsalltag gehören.

Die positive Personalauswahl endet mit einer **Zusage** von Seiten des Unternehmens und somit der Entscheidung darüber, welcher Bewerber eingestellt werden soll. Hat das Unternehmen einen Betriebsrat, so muss dieser gemäß § 99 BetrVG abschließend zustimmen. In der Praxis ist die Zustimmung des Betriebsrats zumeist ein formeller Akt. Eine Verhinderung der Einstellung durch den Betriebsrat wäre nur möglich, wenn dieser aufgrund eigener Recherchen einen geeigneteren Kandidaten präsentieren könnte. Dieser Nachweis wird aufgrund fehlender Kapazitäten oder Fähigkeiten zumeist nicht gelingen.

8.3.3 Personaleinsatz

Mit dem Personaleinsatz werden die vorhandenen oder neu eingestellten Mitarbeiter den Arbeitsplätzen zugeordnet.

Der Personaleinsatz beginnt üblicherweise mit einer **Probezeit** und endet mit Vertragsablauf. In der Probezeit sollte geprüft werden, ob Mitarbeiter und Unternehmen zueinander passen. In der betrieblichen Praxis ist dies zumeist eine Einbahnstraße. Es wird die Fähigkeit des neuen Mitarbeiters getestet, sich produktiv in das neue Unternehmen zu integrieren. Ist dies nicht der Fall, so wird spätestens zur Beendigung der Probezeit dem Mitarbeiter gekündigt.

Die Fluktuationsrate neuer Mitarbeiter ist in den ersten Monaten relativ hoch und verursacht Kosten. Die Unternehmen versuchen der Demotivation mit Einarbeitungs-, Traineeprogrammen, Einführungsseminaren und Patenschaften für neue Mitarbeiter entgegenzuwirken.

Um einer möglichen Monotonie am Arbeitsplatz zu begegnen, sollte der Inhalt der Tätigkeit durch diverse Einsatzprinzipien angereichert werden. Dies sind vor allem:

- Job Rotation,
- Job Enlargement und
- Job Enrichment.

Gemäß dem Prinzip **Job Rotation** (Arbeitsplatzwechsel) sollte nach einem gewissen Zeitraum der Arbeitsplatz und die Arbeitsaufgabe planmäßig gewechselt werden.

> **Beispiel**
> Ein Automechaniker wechselt vom Arbeitsplatz Reifenmontage zum Arbeitsplatz Auspuffmontage.

Durch **Job Enlargement** (Arbeitserweiterung) sollte der neue Mitarbeiter dadurch stärker gefordert werden, dass seine Arbeitsaufgaben zunehmen.

> **Beispiel**
> Der Automechaniker übernimmt zusätzlich zur Auspuffmontage noch Elektronikarbeiten.

Durch **Job Enrichment** (Arbeitsbereicherung) erfolgt eine Erweiterung der Arbeitsaufgaben z. B. hinsichtlich zusätzlicher Führungsaufgaben, wodurch der betroffene Mitarbeiter in die Entscheidungs- und Kontrollmechanismen des Unternehmens einbezogen wird.

Beispiel
Der Automechaniker übernimmt zusätzlich die Teamleitung und führt fünf Mitarbeiter.

8.4 Personalbindung an das Unternehmen

Auf Dauer erfolgreiche Unternehmen produzieren gute Produkte oder Dienstleistungen, die sie mit qualifizierten Mitarbeitern erstellen. Dabei muss es der Unternehmensleitung gelingen, gute Mitarbeiter langfristig an das Unternehmen zu binden. Hierfür gilt es, Rahmenbedingungen zu schaffen, die eine hohe Fluktuation der Mitarbeiter verhindern.

Um die Motivation der Mitarbeiter zu steigern, sind eine
- aktive Personalverwaltung,
- Personalentwicklungsmaßnahmen,
- adäquate Arbeitsbedingungen und
- eine leistungsgerechte Vergütung sowie Belohnungen in der Form von »Incentives« notwendig.

8.4.1 Aktive Personalverwaltung

Die Personalabteilung eines Unternehmens hat neben den arbeitsrechtlichen Aufgaben (z. B. Gestaltung der Arbeitsverträge, Einstellungen und Kündigungen) vor allem die Aufgabe, Personalinformationen über die Mitarbeiter zu sammeln und weiterzuleiten. Hierzu dienen **Personalakten**, die persönliche Daten sowie die Verhaltens- und Leistungsdaten jedes Mitarbeiters dokumentieren. Diese Daten sind aktuell zu halten und organisiert zu verwahren. Dies geschieht zunehmend mit Personalinformationssystemen, die bei einer großen Mitarbeiterzahl die Effizienz der Personalabteilung erhöhen.

Ein weiteres wichtiges Verantwortungsgebiet der Personalverwaltung ist die Unterstützung durch korrekte Datenvorgaben bei der pünktlichen Auszahlung von Löhnen der gewerblichen Mitarbeiter und der Gehälter von Angestellten. Die Auszahlung erfolgt zwar durch Mitarbeiter der Buchhaltung und liegt damit in der unmittelbaren Verantwortung des Rechnungswesens, gleichwohl muss die Personalverwaltung für den Inhalt der Abrechnung gerade stehen.

8.4.2 Personalentwicklungsmaßnahmen

Die Aufgabe von Personalentwicklungsmaßnahmen besteht in der Weiterentwicklung der Mitarbeiter im Hinblick auf eine bessere Erreichung persönlicher Ziele und der Ziele des Unternehmens.

Diese Maßnahmen sollen über alle Hierarchieebenen hinweg die fachlichen und methodischen Kompetenzen der Mitarbeiter erhöhen. Darüber hinaus soll das personen- und gruppenbezogene Verhalten der Mitarbeiter verbessert werden. Sie sollen an sozialer Kompetenz gewinnen.

Durch Seminare, Assessment-Center und Coaching sollen die Mitarbeiter für höherwertige Aufgaben qualifiziert werden. Die Personalverwaltung und die Fachabteilungen sollten durch gezielte Sichtungen im Unternehmen und durch rege Kommunikation die leistungsschwachen und die leistungsstarken sowie karriereorientierten Mitarbeiter ausfindig machen. Insbesondere die Mitarbeiter mit hohem Entwicklungspotenzial sind entsprechend aktiv zu fördern.

8.4.3 Akzeptanz der Arbeitsbedingungen

Die Gestaltung der Arbeitsbedingungen ist ein wichtiger Parameter, um die Arbeitszufriedenheit und damit die Arbeitsleistung der Mitarbeiter zu stärken. Akzeptiert der Mitarbeiter den Inhalt der Arbeit, den Arbeitsplatz und das Arbeitsumfeld, so steht seiner Leistungsentfaltung nichts entgegen.

Die **Arbeitsinhalte** müssen abwechslungsreich und damit interessant gestaltet sein. Monotonie darf beim Arbeiten nicht entstehen, da dies die Unzufriedenheit der Mitarbeiter erhöht. Dabei gilt der Grundsatz: »Je höher qualifiziert die Mitarbeiter sind, desto stärker müssen sie auch gefordert werden.«

> »Gute Mitarbeiter müssen gefordert werden.«

Sinngemäßes Beispiel
Ein Weltrekordler im Hochsprung muss auch im Trainingsbetrieb gelegentlich die Latte auf 2,25 m gelegt bekommen. Ansonsten besteht die Gefahr, dass bei Trainingshöhen von z. B. nur 1,80 m, die Latte im Wettkampf schon bei geringen Höhen gerissen wird, da der Hochspringer im Training unterfordert wurde.

Der **Arbeitsplatz** muss der Aufgabe des Mitarbeiters angepasst sein. Handelt es sich um für das Unternehmen besonders wichtige Aufgaben, eventuell mit Führungsaufgaben versehene Tätigkeiten, so ist ein Einzelbüro mit adäquater Ausstattung sinnvoll. Steht die Teamarbeit mehr im Vordergrund, so kann ein Großraumbüro mit mehreren Arbeitsplätzen durchaus sinnvoll sein. Die notwendigen Arbeitselemente sind ablaufgerecht anzuordnen. Gutes Raumklima und die Vermeidung von Lärm am Arbeitsplatz sollten, wenn möglich, selbstverständlich sein. Bei harten körperlichen Arbeiten, wie z. B. der Tätigkeit in einer Gießerei oder einem Presswerk lässt sich Lärm und Schmutz notgedrungen nicht gänzlich vermeiden. Das Unternehmen muss für die gewerblichen Mitarbeiter darauf achten, die gesetzlichen Vorschriften zum Arbeitsplatz und Umweltschutz einzuhalten.

Die Gestaltung des **Arbeitsumfeldes** beeinflusst die Leistungsfähigkeit der Mitarbeiter besonders stark. Ein gutes »Betriebsklima« zeichnet sich dadurch aus, dass der Mitarbeiter für seine Leistung »belohnt« wird. Ein engagierter Mitarbeiter muss Anerkennung durch die Vorgesetzten erfahren z. B. in Form von

- Gehaltserhöhungen,
- Ausbildungs- und Weiterbildungsmöglichkeiten sowie
- Aufstiegsanreizen.

Das Zulassen von produktiver Kritik und Kreativität durch die Mitarbeiter fördert deren Motivation.

Besondere Bedeutung hat das Verhalten der Vorgesetzten für das Betriebsklima. Eine Führungskraft muss eine Vorbildfunktion ausstrahlen, an der sich die Mitarbeiter orientieren können. Firmen, deren Führungskräfte die Vorbildfunktion nicht wahrnehmen, sind langfristig, wegen des sich verschlechternden Betriebsklimas, zum Scheitern verurteilt.

8.4.4 Leistungsgerechte Vergütung und Incentives

Eine leistungsgerechte Vergütung ist für die Mitarbeiter nach wie vor das wichtigste Instrument, um sie dauerhaft an das Unternehmen zu binden.

Die Vergütung ist dem individuellen Arbeitsvertrag des Mitarbeiters zu entnehmen. Sie besteht aus der Direktvergütung und den Personalnebenkosten (siehe hierzu näher unter Kapitel 3.3.1). Die Personalnebenkosten setzen sich aus gesetzlichen, tariflichen und freiwilligen Bestandteilen zusammen.

Die Ausgestaltung der Vergütung sorgt in der betrieblichen Praxis immer wieder für Reibungen zwischen Unternehmensführung und Mitarbeiter, da das persönliche Empfinden eines der Arbeitsaufgabe angemessenen Entgeltes durch die Mitarbeiter von der Einschätzung durch die Führungskräfte abweichen kann.

Ein Lohn/Gehalt wird dann als leistungsgerecht empfunden, wenn die Qualität der Arbeitsaufgabe der Qualität des Mitarbeiters und der tatsächlichen Arbeitsleistung entspricht. Hierzu hat das Unternehmen transparente und wirksame Lohn- und Gehaltsdifferenzierungen vorzunehmen, die anhand von jährlichen Mitarbeiterbeurteilungen auf Werthaltigkeit zu überprüfen sind.

Man unterscheidet den Zeitlohn vom Akkordlohn.

Beim **Zeitlohn** wird ein bestimmter Lohnsatz je Zeiteinheit gezahlt (Monats-, Wochen-, Tages- oder Stundenlohn). Die erbrachte Leistung und ihre Qualität sind für die Bemessung der Vergütung ohne Bedeutung. Die Lohnkosten je Zeiteinheit bleiben konstant. Bei zunehmender Produktionsmenge sinken die Lohnkosten je Stück. Man spricht in diesem Fall von der Degression der Lohnstückkosten. Der Zeitlohn wird vor allem verwendet, um qualitativ höherwertige Arbeitsleistungen zu bezahlen. Durch Leistungszulagen kann die Arbeitsmotivation und somit die Arbeitsleistung erhöht werden.

Der **Akkordlohn**, oder auch Stücklohn genannt, sieht ein Entgelt je Leistungseinheit vor. Je mehr gearbeitet wird, desto höher ist der Lohn. Die Lohnstückkosten bleiben bei steigender Produktion konstant. Diese Lohnform findet man vorwiegend in Bereichen in denen die Arbeitsqualität eine untergeordnete Rolle spielt.

Durch **Prämienzahlungen** kann das Unternehmen zusätzlich zum Zeit- oder Akkordlohn bestimmte Leistungen gesondert honorieren. Dies können z. B. Prämien sein für

– mengenmäßig höhere Leistungen,
– besondere Termintreue,
– erreichte Qualitätsstandards,
– erzielte Umsätze.

Leistungszulagen, auch Zuschläge genannt, dienen als Ausgleichzahlungen für besondere Erschwernisse während der Erbringung der Arbeitsleistung. Dies sind z. B.

– Gefahren-, Lärm- oder Schmutzzulagen und
– Schicht-, Nachtarbeits- oder Feiertagszuschläge.

Zusätzlich zur reinen Vergütung gewähren die Unternehmen finanzielle und nicht finanzielle **Leistungsanreize** so genannte »**Incentives**«. Hierzu zählen z. B.:

- erfolgsabhängige Bezahlung der Mitarbeiter,
- Aktienoptionen für Führungskräfte,
- Dienstwagen, eigenes Sekretariat etc.

Direkte Erfolgsbeteiligungen der Mitarbeiter sollen deren Leistungsmotivation zusätzlich fördern. Dies können z. B. Umsatz- oder Gewinnbeteiligungen oder verbilligte Mitarbeiteraktien sein.

Insbesondere bei **Führungskräften** werden fixe und variable Gehaltsbestandteile mit den Mitarbeitern vereinbart.

Zusätzliche variable Gehälter werden dann ausbezahlt, wenn die persönlichen Ziele der Führungskraft und die Unternehmensziele erreicht wurden. Der Anteil der variablen Entlohnung steigt dabei mit zunehmender Hierarchieebene. Bei börsennotierten Großunternehmen findet man in Deutschland derzeit variable Vergütungen in Höhe von rund 10 % der Gesamteinkünfte auf Teamleiterebene (unterste Führungsebene) und bis zu 60 % auf Vorstandsebene.

Für Führungskräfte von börsennotierten Unternehmen sind – in Anlehnung an das US-amerikanische Vorbild – Anreizpläne in Form von **Aktienoptionen** sehr aktuell. Führungskräfte ab einer bestimmten Hierarchieebene erhalten das Angebot, innerhalb eines bestimmten Zeitraums Aktien des eigenen Unternehmens zu einem vorab festgelegten Kurs (Basispreis) aus dessen Bestand zu erwerben. Steigende Aktienkurse bedeuten dann einen zusätzlichen Bonus für die Führungskraft.

Weitere Leistungsanreize bietet das Unternehmen seinen Mitarbeitern durch die Stellung von Dienstwagen. Der Status einer Führungskraft erhöht sich durch ein eigenes Sekretariat usw.

8.5 Personalumschichtungen und Personalabbau

Bei Personalumschichtungen und Personalabbau werden interne von externen Maßnahmen unterschieden.

Innerhalb des Unternehmens können Personalüberhänge durch zeitliche und örtliche Anpassung des Personalbestandes abgebaut werden. Bei externen Maßnahmen, wie z. B. der Kündigung von Mitarbeitern, wird der Personalbestand reduziert und die Mitarbeiter müssen das Unternehmen verlassen.

8.5.1 Interne Maßnahmen zur Personalumschichtung

Durch interne Personalumsetzungsmaßnahmen versucht das Unternehmen den vorhandenen Bestand an Arbeitskräften zu erhalten. Durch Weiterbildungsmaßnahmen, geänderte Arbeitszeiten oder Versetzungen können Umschichtungen des Personalbestandes vorgenommen werden.

Weitere interne Maßnahmen wie z. B.

- die zeitliche Gestaltung des Urlaubs,
- der Abbau von Überstunden verbunden mit der Möglichkeit, negative Zeitkonten der Mitarbeiter einzurichten, die durch spätere Mehrarbeit wieder ausgeglichen werden können (so geschehen bei Porsche 2003),
- Einführung der Kurzarbeit,
- Verringerung der Arbeitszeit bei reduziertem Lohn (so geschehen bei Opel 2003)

erlauben dem Unternehmen vor allem durch zeitlich orientierte Maßnahmen eine flexible Umschichtung des Personals. Dadurch können Kündigungen vermieden werden.

8.5.2 Externe Maßnahmen zum Personalabbau

Der Personalbestand im Unternehmen kann vorwiegend durch folgende aktive und passive Maßnahmen reduziert werden:
- Ausnutzung der natürlichen Fluktuation,
- Kündigung durch Arbeitgeber und
- sonstige Maßnahmen.

Unter **natürlicher Fluktuation** versteht man dabei die Verringerung des Personalbestands z. B. durch Tod, Invalidität oder Pensionierung der Mitarbeiter sowie Kündigung durch die Mitarbeiter.
Bei der **Kündigung** durch den Arbeitgeber lässt sich die ordentliche von der außerordentlichen Kündigung unterscheiden.
Gründe für die **ordentliche Kündigung** durch das Unternehmen können in der Person des Mitarbeiters liegen. Dies sind vor allem mangelnde Eignung oder Fehlverhalten der Mitarbeiter. Das Unternehmen kann auch dann eine ordentliche Kündigung aussprechen, wenn betriebsbedingte Gründe vorliegen. Dies sind beispielsweise eine schlechte Auftragslage verbunden mit Umsatzeinbrüchen oder Rationalisierungsmaßnahmen zum Erhalt des Unternehmens.
Bei der **außerordentlichen Kündigung** erfolgt zumeist eine fristlose Entlassung des Mitarbeiters aus wichtigem Grund (vgl. § 626 BGB). Wichtige Gründe sind beispielsweise Diebstahl von Betriebseigentum und übermäßiger Alkohol- oder Drogengenuss.
Sonstige Maßnahmen zum Abbau des Personalbestands sind z. B.
- Vorruhestandsregelungen für ältere Mitarbeiter,
- Aufhebungsverträge im gegenseitigen Einvernehmen und die
- Nichtverlängerung befristeter Arbeitsverträge sowie die
- aktive Unterstützung des Unternehmens bei der Arbeitssuche insbesondere von Führungskräften (Outplacements).

Kontrollfragen
1. Welchen Stellenwert hat die Personalabteilung innerhalb der Unternehmenshierarchie?
2. Wie sollte ein Unternehmen geeignetes Personal suchen?
3. Was kann das Unternehmen tun, um die Arbeit für die Mitarbeiter attraktiv zu gestalten?
4. Durch welche Maßnahmen lassen sich Mitarbeiter dauerhaft an das Unternehmen binden?
5. Wann ist eine Entlohnung leistungsgerecht?

Aufgabe 13.15 *Effizienter Personaleinsatz S. 515*

Aufgabe 13.16 *Formen der Entlohnung S. 515*

Aufgabe 13.17 *Kleiner Leitfaden bei der Stellensuche S. 516*

9 Unternehmensführung

9.1 Kernbereiche der Unternehmensführung

Die Führung eines Unternehmens besteht im Wesentlichen aus der Personalführung ❶ sowie der Planung, Kontrolle und Steuerung von Unternehmensprozessen ❷. Das Controlling als betriebliches Führungsinstrument verbindet den Prozess der Planung, Kontrolle und Steuerung mit der Informationsversorgung ❸. Es geht somit über die reine Kontrollfunktion hinaus.

```
                    Unternehmensführung
        ┌──────────────────────┬──────────────────────────────┐
        │   ❶ Personalführung  │  ❷ Planung, Kontrolle und    │
        │                      │  Steuerung der               │
        │                      │  Unternehmensprozesse        │
        └──────────────────────┴──────────────────────────────┘
                          ❸ Controlling
```

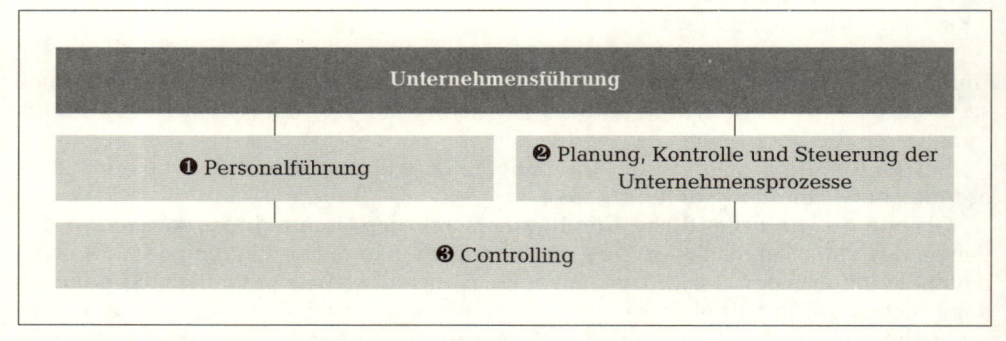

Abb. 9.1: Struktur der Unternehmensführung

9.2 Personalführung im Unternehmen

Die Personalführung verfolgt den Zweck, das Verhalten der Mitarbeiter und die Unternehmensziele in Übereinstimmung zu bringen.

Maslow'sche Bedürfnispyramide:

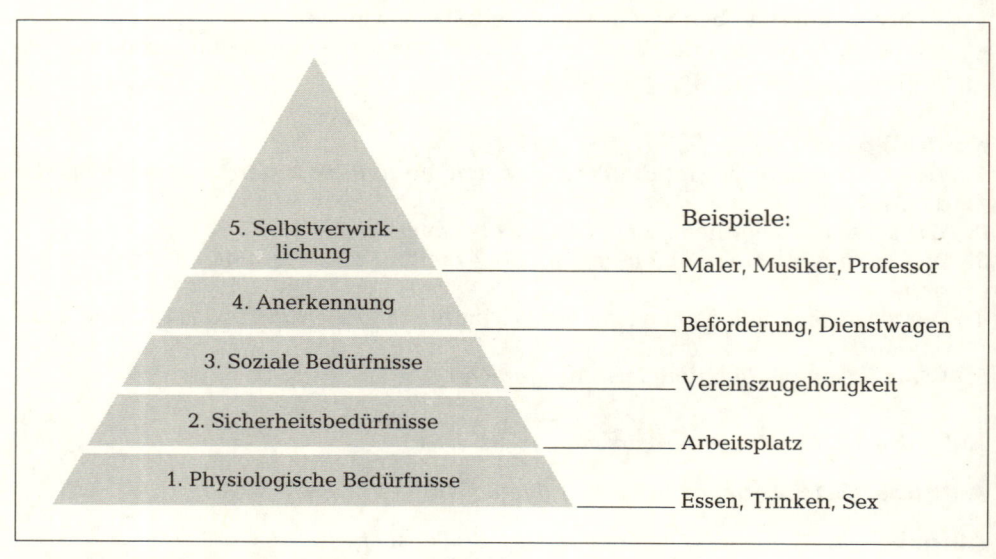

- 5. Selbstverwirklichung — Maler, Musiker, Professor
- 4. Anerkennung — Beförderung, Dienstwagen
- 3. Soziale Bedürfnisse — Vereinszugehörigkeit
- 2. Sicherheitsbedürfnisse — Arbeitsplatz
- 1. Physiologische Bedürfnisse — Essen, Trinken, Sex

Abb. 9.2: Maslow'sche Bedürfnispyramide

Die Effizienz der Personalführung basiert dabei wesentlich auf der Erkenntnis, dass die Menschen in ihrem Arbeiten von diversen Motiven geprägt sind, die Maslow anhand einer Pyramide hierarchisch strukturiert hat (vgl. Abbildung 9.2).

Seine zentrale Aussage lässt sich wie folgt interpretieren:

> Die höherwertigen Bedürfnisse, wie z. B. der Wunsch nach einem Dienstwagen, können für die Menschen erst an Bedeutung gewinnen, wenn niederwertigere Bedürfnisse, wie z. B. das Besitzen eines Arbeitsplatzes, erfüllt sind.

Somit ergeben sich unmittelbare Auswirkungen für die Festlegung von Leistungsanreizen durch die Personalführung. In Abhängigkeit von der Ausgangssituation des einzelnen Mitarbeiters sind unterschiedliche Leistungsanreize wirksam.

9.2.1 Führungsstile

Der **Führungsstil** ist die Art und Weise, in der ein Vorgesetzter ihm unterstellte Mitarbeiter persönlich führt. Es lassen sich zwei extreme Führungsstile unterscheiden: der autoritäre und der partizipative Führungsstil.

Der autoritäre Führungsstil zeichnet sich dadurch aus, dass die Führungskraft die ihm zugesprochene formale Autorität »autoritär« durchsetzt.

Dies bedeutet, dass er sich sachlichen Argumenten verschließen kann, wenn sie seinen Zielen widersprechen. Der Mitarbeiter ist reiner Befehlsempfänger. Die Entscheidungs- und Weisungskompetenz liegt allein beim Vorgesetzten. Der Vorgesetzte kontrolliert seine Mitarbeiter oft und überraschend. Im Mittelpunkt der Kontrollen stehen dabei reine Tätigkeitsüberprüfungen.

Beim **partizipativen Führungsstil** führt der Vorgesetzte verstärkt inhaltlich auf der Basis seines vorhandenen Wissens, ohne dass er »Fachmann für Alles« sein kann. Er hört den Mitarbeitern zu und berücksichtigt deren Sachargumente bei seinen Entscheidungen.

Die Führungskraft delegiert in hohem Maße Verantwortung auf untere Ebenen, auf denen Fachkompetenz vorhanden ist und lässt somit die Mitarbeiter am Erfolg und Misserfolg teilhaben. Eine Kontrolle, die planmäßig durchgeführt wird, bezieht sich dabei vorwiegend auf die erzielten Arbeitsergebnisse und selten auf die Erfüllung von Tätigkeiten. Kritik wird nicht nur am Mitarbeiter geübt, auch die Führungskraft erhält ein Leistungs-Feedback von seinen Mitarbeitern.

In der betrieblichen Praxis findet man zwischen den beiden extremen Führungsstilen eine Vielzahl von Zwischenformen.

Erfahrungsgemäß agieren langfristig die Führungskräfte am erfolgreichsten, die durch vorbildhaftes Verhalten hinsichtlich Arbeitseinsatz, Kommunikation und klares sowie widerspruchsfreies Führungsverhalten die Mitarbeiter zu harten Arbeitsleistungen anspornen.

9.2.2 Führungstechniken und Führungsmittel

Führungstechniken oder Managementprinzipien beinhalten Gestaltungs- und Verhaltensvorschriften zur Vereinheitlichung der Personalführung.

Im Gegensatz zum Führungsstil eines Vorgesetzten legen die Führungstechniken das Führungssystem eines Unternehmens für jeden Vorgesetzten und Mitarbeiter im Unternehmen verbindlich fest.

Es lassen sich folgende Führungstechniken unterscheiden.

Beim Prinzip **Management by Exception** kann der Mitarbeiter innerhalb eines vorgegebenen Rahmens selbstständig entscheiden. Nur wenn gewisse Toleranzwerte überschritten werden, greift der Vorgesetzte ein und übernimmt die zu treffenden Entscheidungen.

Das Führungssystem **Management by Delegation** ist ebenfalls partizipativ strukturiert. Die Entscheidungskompetenzen werden vollständig auf die nachgelagerten Ebenen übertragen. Problematisch kann dabei die fehlende Kontrolle sein, da ein unmittelbares Feedback über den Erfolg der Tätigkeiten nicht vorgesehen ist.

Beim System **Management by Objectives** legen Vorgesetzte und Mitarbeiter gemeinsam Ziele fest, die es gilt zu erreichen. Der Erfolg dieser Führungstechnik hängt in hohem Maße von der Vereinbarung eines realistischen Ziels ab.

Bei der Technik **Management by Results** erfolgt eine ergebnisorientierte Führung, die von der Führungsebene »top-down«, von oben herab, festgelegt wird. Die Führungskraft übernimmt dabei im Sinne des autoritären Führungsstils die Überprüfung der Zielerreichung.

Die **Führungsmittel** zur Umsetzung der Führungsprinzipien sind vielfältig. Es bieten sich insbesondere an:

– Mitarbeiterinformationen,
– Kommunikation anhand von Gesprächen, Besprechungen, Konferenzen und Verhandlungen,
– Personalbeurteilungen und
– Motivation in der Form von Lob und Tadel.

9.3 Führungssysteme der Planung und Kontrolle

Die betriebliche Planung und Kontrolle lässt sich in verschiedene Phasen einteilen.

Operative Planung: (1 Jahr)
»Die Dinge richtig tun«

Taktische Umsetzung der Strategien: (1–5 Jahre)

Strategische Planung: (5–10 Jahre)
»Die richtigen Dinge tun«

Normative Verfassung des Unternehmens:
»Visionen und Leitbilder«

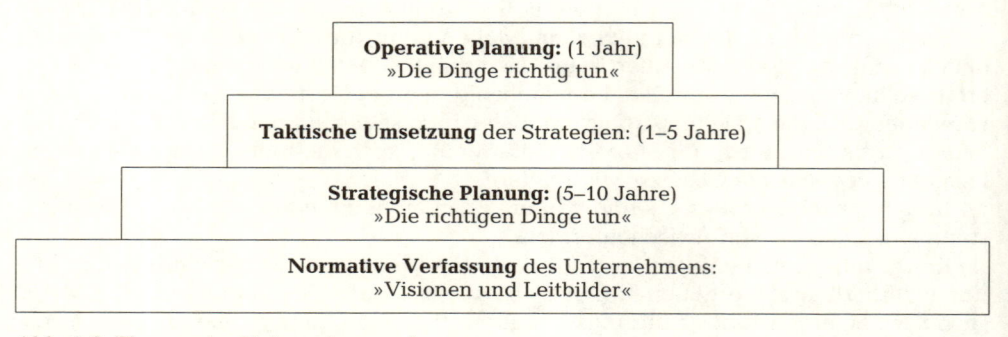

Abb. 9.3: Ebenen der Unternehmensplanung

Normative Managementgrundsätze, die langfristig orientiert sind, bilden dabei die »Verfassung« und planerische Grundlage des Unternehmens. Diese Verfassung besteht aus Visionen, Leitbildern und Unternehmenszielen z. B. hinsichtlich

– des Unternehmensgegenstandes,
– der Mitarbeiterführung,
– dem Umgang mit Kunden und Lieferanten sowie
– einer eventuellen gesellschaftspolitischen und ökologischen Verantwortung.

Bei der **strategischen Planung**, die einen Zeithorizont zwischen fünf und zehn Jahren umfasst, gilt es vor allem zukünftige Erfolgspotenziale zu erkennen, aufzubauen und zu sichern, durch die langfristig Existenz, Erträge und Entwicklung des Unternehmens gesichert werden.

Im Mittelpunkt der Strategieentscheidungen, die durch das Top-Management festgelegt werden, stehen die Auswahl der geeigneten Geschäftsfelder und die Analyse strategischer Wettbewerbsvorteile des Unternehmens. Dies geschieht durch die Analyse der Marktattraktivität und der Wettbewerbsposition der vorhandenen Produkte in verschiedenen Märkten.

Im Sinne der wirtschaftlichen Effektivität geht es bei der strategischen Unternehmensplanung um die Leitmaxime:

> »Die richtigen Dinge tun.«

Aufgabe der **taktischen Planung** ist es, die Vorgaben der strategischen Planung durch einen groben Maßnahmenkatalog umzusetzen. Sie ist mittelfristig orientiert (1 bis 5 Jahre) und erfolgt durch das mittlere Management im Unternehmen.

Beispiele für taktische Planungen sind mittelfristige Investitions- und Produktprogrammentscheidungen.

Die kurzfristigen **operativen Pläne** mit einem Zeithorizont von bis zu einem Jahr setzen die strategischen und taktischen Vorhaben auf der untersten Planungsebene um. Die detaillierten Pläne beinhalten konkrete Ziele und Maßnahmen, z. B. für Kapazität, Überstunden und Kurzarbeit. Es geht um die Beantwortung der Fragen: Wer tut was, womit und wann?

Somit steht die operative Planung unter der Leitmaxime:

> »Die Dinge richtig tun.«

Das **Budget** dient dabei als besonders weitgehende Fixierung der operativen Planung hinsichtlich des finanziellen Mitteleinsatzes zur Umsetzung der Strategien. Durch das Budget werden z. B. einer Abteilung für die Erledigung und Durchführung der ihr übertragenen Aufgaben finanzielle Mittel für einen festen Zeitraum zur Verfügung gestellt.

Hinsichtlich der hierarchischen Strukturierung der Pläne lassen sich im Wesentlichen Top-down- von Bottum-up-Planungen unterscheiden.

Bei **Top-down-Planungen** erfolgt die Richtung der Planung von oben nach unten und somit von der Unternehmensleitung zur ausführenden Arbeitsebene. Bei **Bottom-up-Plänen** wird in umgekehrter Richtung geplant.

9.4 Controlling als Führungsinstrument des Unternehmens

Das Controlling hat als betriebliches Führungsinstrument in Zeiten enger finanzieller Spielräume in den Unternehmen an Bedeutung gewonnen. Im Sinne von Lenken, Steuern und Regeln lässt sich das Controlling als allumfassendes Informations-, Planungs-, Kontroll- und Koordinationsinstrument zur zielgerichteten Steuerung eines Unternehmens definieren.

9.4.1 Organisation und Prozesse des Controlling

Das Controlling lässt sich nach den folgenden Kriterien ordnen.

(1) Nach der Aufgabe
Beispielsweise befasst sich das Unternehmenscontrolling mit der Planung, Kontrolle und Steuerung des Gesamtunternehmens. Das Bereichscontrolling beinhaltet Teilprozesse, z. B. in der Fertigung sowie im Finanz- und Personalbereich.

(2) Nach der Ebene
Diese Version des Controlling beinhaltet die Ebenen Strategie und Taktik sowie das operative Geschehen.

(3) Nach der Verrichtung
Beispiele hiefür sind das Material-, Marketing- oder Finanzcontrolling.

(4) Nach dem Aufbau
Ein zentrales Controlling versucht, das gesamte betriebliche Geschehen an zentraler Stelle zu beeinflussen. Ein dezentrales Controlling erfolgt in getrennten Organisationseinheiten vor Ort, z. B. als Bereichscontrolling in der Lackiererei eines Fahrzeugproduzenten.

(5) Nach der organisatorischen Einordnung
Ein Stabscontroller arbeitet dabei ohne Weisungsbefugnis und unterbreitet der Unternehmensleitung lediglich Vorschläge. Ein Linlencontroller ist mit Weisungsbefugnis versehen und muss seine Vorschläge selbst durchsetzen.

Die **Durchführung des Controlling** lässt sich in verschiedene Phasen einteilen.

(1) Zielsetzungsphase
In dieser Phase werden konkrete Ziele in messbarer Form vorgegeben, so z. B. Rentabilitätsziele in Form einer Eigenkapitalverzinsung.

(2) Planungsphase
Hierbei wird ermittelt, wie die Ziele top-down oder bottom-up erreicht werden können. Die Planungsphase mündet in einem konkreten Sollwert, den es zu erreichen gilt. Beim Soll-Ist-Kostenvergleich werden beispielsweise Sollkosten vorgegeben, die auf Basis der tatsächlichen Produktion und der geplanten Preise erstellt werden.

(3) Budgetierungsphase
Budgets setzen die Pläne in konkrete finanzielle Vorgaben der einzelnen Bereiche um, wie z. B. das Reisebudget des Vertriebsbereichs.

(4) Überwachungsphase
In dieser Phase werden die realisierten Ist-Werte, z. B. die Istkosten (tatsächlichen Kosten), möglichst frühzeitig ermittelt und mit den Vorgaben, den Sollkosten, verglichen.

(5) Untersuchungsphase
Die Untersuchungsphase besteht in der Abweichungsanalyse. So werden beim Soll-Ist-Kostenvergleich die Abweichungen über alle Kostenarten festgestellt und mögliche Ursachen für die Abweichungen aufgezeigt.

(6) Steuerungsphase
In der Phase der Steuerung macht der Controller konkrete Vorschläge, um die festgestellten Abweichungen in den Griff zu bekommen. Dies sind beispielsweise Entlassungen von Mitarbeitern, Preiserhöhungen oder -senkungen, Verringerung der Fertigungstiefe durch Verlagerung der Produktion nach außen.

9.4.2 Aufgaben des Controlling

Das Controlling als betriebliches Führungsinstrument hat verschiedene Aufgaben, die in Abbildung 9.4 zusammengefasst sind.

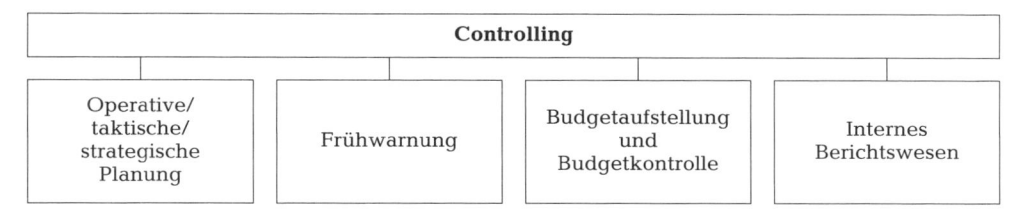

```
                          Controlling
   ┌──────────────┬──────────────┬──────────────────┬──────────────┐
   Operative/                     Budgetaufstellung
   taktische/      Frühwarnung    und                Internes
   strategische                   Budgetkontrolle    Berichtswesen
   Planung
```

Abb. 9.4: Aufgabenfelder des Controlling

Durch die **operative, taktische und strategische Planung** trägt das Controlling dazu bei, die Erfolgspotenziale des Unternehmens auszuloten und zu erhalten. Maßgeblich hierfür sind Erfolgsfaktoren, die es quantitativ zu erfassen gilt.

Solche quantitativ messbaren Erfolgsfaktoren sind z. B.

- das Marktwachstum einzelner Produkte,
- der relative Marktanteil der Produkte des Unternehmens,
- die Auslastung der vorhandenen Kapazitäten und
- vernünftige Kostenrelationen (z. B. Anteil der allgemeinen Verwaltungskosten am gesamten Kostenvolumen).

Das Controlling muss in der Lage sein, möglichst frühzeitig auf Entwicklungen im Unternehmen hinzuweisen, die für die Existenz des Unternehmens gefährdend sein können. Hierfür sind eine Reihe von **Frühindikatoren** notwendig. Beispiele sind:

- Rentabilitätskennziffern,
- Informationen aus der Kapitalflussrechnung,
- Lagerbestände,
- Auftragseingänge,
- Fluktuationsraten und Fehlzeiten des Personals,
- Kostenstrukturen,
- Zahlungsmoral der Kunden.

Durch **Budgetvorgaben** und entsprechende Kontrollen der Einhaltung dieser Vorgaben sollte es dem Controlling gelingen, die Planungen so im Unternehmen zu realisieren, dass die Mitarbeiter sich mit dem Unternehmen identifizieren. Hierzu bedarf es einer gewissen Flexibilität des Controllers, der nicht nur stur seine Zahlen analysiert, sondern situationsbezogen dafür sorgt, dass insbesondere in der Kontrollphase die Mitarbeiter nicht demotiviert werden.

Durch das **interne Berichtswesen** informiert das Controlling die Geschäftsleitung über die relevanten Unternehmenskenngrößen.

Dies sind zumeist monatliche Ergebnisberichte, Quartalsberichte oder jährliche Standardberichte.

Vor allem in Großunternehmen wird seit geraumer Zeit als zusätzliches Controllinginstrument eine Kennzahlenanalyse vorgenommen, die als **Balanced Scorecard (BSC)** bezeichnet wird.

Die BSC beschränkt sich dabei nicht nur auf die Bewertung rein finanzieller Aspekte der Unternehmenssteuerung, sondern bewertet das gesamte Unternehmen zusätzlich durch Kennziffern, die Kundensicht, interne Geschäftsprozesse und das Entwicklungspotenzial der Mitarbeiter einbeziehen.

Kontrollfragen
1. Welche Erkenntnisse kann die Unternehmensführung aus der Maslow'schen Bedürfnispyramide gewinnen?
2. Was versteht man unter Führungstechniken?
3. Benennen Sie die Führungssysteme der Planung und Kontrolle.
4. Wozu braucht ein Unternehmen das Controlling?

Aufgabe 13.18 Zielvorgaben S. 516

Aufgabe 13.19 Personalcontrolling S. 516

10 Absatz

Unter Absatz oder Absatzwirtschaft versteht man die Planung, die Durchführung und die Kontrolle aller betrieblichen Aktivitäten, die sich auf die Absatzmärkte und die Vermarktung der erstellten Produkte und Dienstleistungen beziehen.

Der Begriff »Marketing« kann als Synonym zu Absatz verwendet werden. Gleichwohl beinhaltet »Marketing« mehr die Behandlung der Märkte aus Käufer- denn aus Verkäufersicht.

10.1 Bestimmungsgrößen der Erlöse

Betriebliche Erlöse lassen sich durch direkte Maßnahmen beeinflussen, die als Marketing-Mix bezeichnet werden. Daneben spielen die am Markt vorherrschenden Marktformen und die notwendige Marketingstrategie zur Durchdringung der Märkte eine wichtige Rolle.

Abbildung 10.1 stellt die **Marketing-Mix-Maßnahmen** dar.
Der Einsatz dieser absatzpolitischen Instrumente ist abhängig von der **Konkurrenzsituation**, in der sich das Unternehmen befindet. Die Konkurrenzsituation beeinflusst vor allem die Möglichkeit eines Unternehmens, seine Preise autonom zu gestalten.

Als alleiniger Anbieter (Monopolist – Beispiel: örtliche Ski-Schule an einem Wintersportort) kann das Unternehmen die Preisgestaltung unabhängig von anderen Anbietern vornehmen.

Sind nur wenige Anbieter am Markt und treffen diese auf viele Nachfrager (Angebotsoligopol – Beispiel: Markt für Benzin) dann beeinflusst die Preisfestsetzung eines Anbieters die Preisgestaltung aller anderen Anbieter am Markt. Die Spielräume für Preisveränderungen sind vorhanden, führen u. U. zu Reaktionen der Mitbewerber, die einer Spielsituation gleicht, in der die Marktteilnehmer permanent die aktuelle Preissituation im Blick haben müssen, um Erlöseinbußen zu vermeiden.

Absatz

Absatzpolitische Instrumente			
Produktpolitik	Preis- und Konditionenpolitik	Kommunikationspolitik	Vertriebslogistik
– Produktgestaltung – Namensgebung – Sortiment – Kundendienst	– Preise – Garantie – Rabatte – Boni – Umtausch/Rückgabe – Liefer-/Zahlungskonditionen	– Werbung – Verkaufsförderung – Product-Placement – Öffentlichkeitsarbeit – Sponsoring, Events, etc.	– Direkte Absatzwege – Indirekte Absatzwege

Abb. 10.1: Handlungsfelder und Instrumente des Marketing-Mix

Treffen viele Unternehmen auf viele Nachfrager (Polypol – Beispiel: Börsenhandel mit Devisen oder Wertpapieren), so ist der Gestaltungsspielraum für die Preise sehr eng. Höhere Preise als die Konkurrenz bedeuten unmittelbare Markteinbußen. Niedrigere Preise als die Konkurrenz ziehen derart viel Nachfrage auf einen Anbieter, die dieser wegen fehlender Kapazitäten nicht befriedigen kann.

Welche Produkte in welchen Märkten abgesetzt werden können, hängt von der Positionierung der Produkte des Unternehmens hinsichtlich Marktwachstum und zugehörigen Marktanteilen ab, die im Rahmen einer **strategischen Geschäftsfeldanalyse** zu untersuchen ist (vgl. Abbildung 10.2).

	niedrig	Marktanteile	hoch
hoch		Nachwuchs (Cinderellas)	Stars
Marktwachstum			
niedrig		Schrott (Scrap)	Melkkühe (Cash Cows)
	niedrig	Marktanteile	hoch

Abb. 10.2: Strategische Geschäftsfeldanalyse der erzeugten Produkte

Die Produktpalette des Unternehmens sollte vorwiegend in den Bereichen »Nachwuchs«, »Stars« und »Melkkühe« angesiedelt sein. Ansonsten wären durch begleitende Marketingstrategien neue Produkte auf die Märkte zu bringen.

> **Beispiel für eine Marketingmaßnahme in der Phase »Nachwuchs«**
> Die Nachfrage nach dem neuen VW Golf V ist Anfang 2004 unbefriedigend. Preispolitische Marketing-Maßnahme: Klimaautomatik ist ab sofort im Grundpreis enthalten.

Es ist die Aufgabe der **Marktforschung**, die erforderlichen Marktdaten für den Einsatz des Marketing-Mix zu erheben.

10.2 Absatzpolitische Instrumente

10.2.1 Produktpolitik zur Beeinflussung des Lebenszyklus

Durch die Produktpolitik versucht das Unternehmen, die angebotenen Produkte marktgerecht zu gestalten.

Dabei orientiert sich das Unternehmen am Lebenszyklus eines Produkts. Dieser ist in Abbildung 10.3 dargestellt.

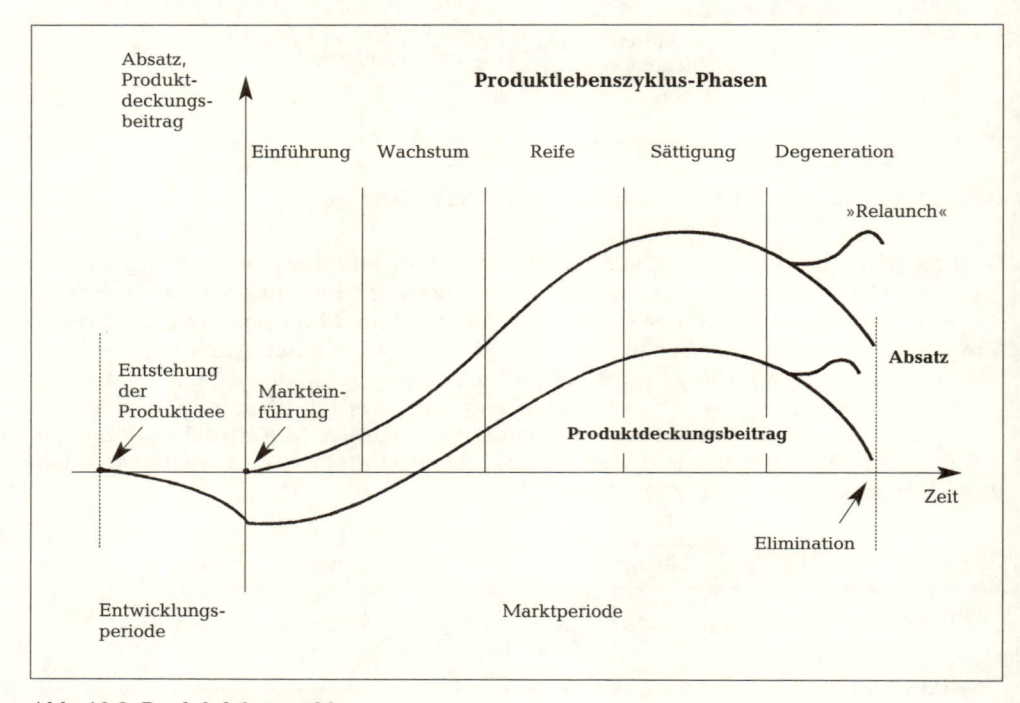

Abb. 10.3: Produktlebenszyklus

Vor dem Beginn des Lebenszyklus eines Produkts steht die Produktidee, die zur Entwicklung eines marktreifen Produkts führt.

Der Lebenszyklus beginnt mit einer **Einführungs- und Wachstumsphase**, in der der Absatz progressiv steigt und die Deckungsbeiträge allmählich positiv werden. In dieser Phase ist es wichtig, die Kundenwünsche durch Verbesserungsinnovationen zu berücksichtigen. Dadurch kann der Marktanteil gesteigert werden.

In der **Reifephase** sollten durch Prozessoptimierungen die Beschaffungs- und Absatzprozesse verbessert werden, um den jetzt nur noch degressiv wachsenden Absatz kostenseitig zu stützen.

In der **Sättigungs- und Degenerationsphase** wird das Unternehmen versuchen, durch Produktdifferenzierungen und -variationen (engl.: relaunch) den Absatz und die Deckungsbeträge zumindest zu stabilisieren (z. B. durch »Facelifting« von Pkw-Reihen) bevor das Produkt endgültig vom Markt genommen und durch ein vollkommen neues Produkt ersetzt wird.

Die Produktpolitik umfasst drei Handlungsfelder:

(1) Produktinnovation durch Differenzierung und Diversifizierung der Produkte,
(2) Produktvariation und
(3) Produktelimination.

(1) Produktinnovation
Bei der Produktinnovation werden neue Produkte entwickelt und eingeführt, die zu den bisherigen Produkten des Unternehmens in unterschiedlicher Beziehung stehen.
  Durch Produktdifferenzierung werden neue zusätzliche Produkte als Abwandlungen bestehender Produkte geschaffen.

> **Beispiel**
> Ein Rasenmäher-Hersteller bringt ein leistungsstärkeres Aggregat auf den Markt, das die bestehende Produktpalette ergänzt.

Durch Produktdiversifikation werden die vorhandenen Produkte durch ein völlig anderes Produkt ergänzt.

> **Beispiel**
> BMW-Motorräder ergänzen die BMW-Pkw-Produktpalette.

(2) Produktvariation
Durch die Produktvariation werden bestimmte Eigenschaften eines am Markt präsenten Produkts geändert.

> **Beispiele**
> – Facelifting in der Pkw-Industrie,
> – zusätzliche Allradversion eines Pkw,
> – neue Produktfarben.

(3) Produktelimination
Die Produktelimination beschließt den Lebenszyklus eines Produktes. Ausschlusskriterium sind dabei in erster Linie negative Deckungsbeiträge (siehe unter 7.1.3).

10.2.2 Preis- und Konditionenpolitik

10.2.2.1 Festlegung und Differenzierung von Preisen

Die **Preisbildung** unterliegt in der betrieblichen Praxis mehreren **Einflussgrößen**.
  Die Marktform des Unternehmens gestattet einem Polypolisten keinen, einem Monopolisten hingegen einen großen Spielraum bei der Preisgestaltung. Oligopolisten bekämpfen sich entweder ruinös oder ziehen gemeinsam Nutzen aus der Preisbildung (siehe hierzu Kapitel 10.1).
  Im Verlauf des Produktlebenszyklus können Preisveränderungen Käufe stimulieren, je nachdem in welcher Phase das Produkt sich befindet. In der Sättigungs- und Degenerationsphase kann z. B. durch Preissenkungen zusätzliche Nachfrage geschaffen werden (Beispiel: Preissenkungen für Auslaufmodelle von Pkw vor der Einführung neuer Modelle).
  Gesetzliche Vorschriften können zu festgeschriebenen Unter- und Obergrenzen von Preisen führen (Beispiel: Verdingungsordnung für Bauleistungen = VOB).

Die Kostenrechnung formuliert im Rahmen der Deckungsbeitragsrechnung zwei wesentliche Preisuntergrenzen: Die kurzfristige Preisuntergrenze deckt nur die variablen Kosten. Die langfristige Preisuntergrenze verlangt eine Deckung aller Kosten einschließlich der Fixkosten (siehe hierzu Kapitel 7.1.3 sowie im Band 2 dieser Buchreihe den Hauptteil Kosten- und Leistungsrechnung).

Die Käufer von Produkten orientieren sich beim von ihnen zu leistenden Kaufpreis zunehmend am Preis-Leistungsverhältnis der Produkte, das vor allem durch den Nutzen der Produkte, die eigenen Preisvorstellungen, die Produktqualität, das Image des Produktes und die eigene Kaufkraft bestimmt wird.

Oben erwähnte Einflussfaktoren auf die Preisbildung führen im Unternehmen zu unterschiedlichen **preispolitischen Strategien**.

Premiumpreise sind hohe Preise, die vor allem einen besonderen Qualitäts- und Leistungsvorsprung signalisieren sollen. So wird z. B. ein Ferrari niemals billig angeboten werden.

Niedrigpreisstrategien (Promotionspreise) betonen gegenüber dem Kunden die besondere Preiswürdigkeit der Produkte als herausragenden Kaufanreiz (Beispiel: Saturn wirbt mit dem Slogan »Geiz ist geil«). Hierzu zählen auch die Preisstrategien von ALDI oder IKEA.

Abschöpfungspreise sind bei Markteinführung hoch und werden anschließend sukzessive gesenkt (Beispiel: DVD-Player).

Bei Penetrationspreisen wird umgekehrt verfahren. Während der Markteinführung wird preiswert angeboten, um das unbekannte Produkt am Markt bekannter zu machen. Anschließend erfolgt nach Marktakzeptanz des neuen Produkts eine Preiserhöhung (Beispiel: Einführung neuer TV- oder Automobilzeitschriften).

Unterschiedliche Preise für die gleiche Leistung lassen sich nach verschiedenen Kriterien rechtfertigen.

Räumlich	z. B. Nord-Süd, Inland-Ausland, Stadt, Dorf, Steh-/Sitzplatz;
Zeitlich	z. B. Tag, Nacht, Wochenende, Vor-/ Hauptsaison, Last-minute, Werk-/Sonn-/Feiertag;
Personell	z. B. Schüler, Studenten, Senioren, Soldaten;
Mengenmäßig	z. B. Groß- oder Kleinabnehmer;
Produktbezogen	z. B. Normal- oder Metalliclackierung;

10.2.2.2 Gestaltung der Kaufkonditionen

Neben der Preispolitik spielt die Konditionenpolitik eine wichtige Rolle im Rahmen der absatzpolitischen Instrumente.

Sie umfasst im Wesentlichen folgende Vereinbarungen zwischen Verkäufer und Käufer:

- Garantieverpflichtungen,
- Umtausch- und Rückgabemodalitäten,
- Rabatte,
- Skonti,
- Boni sowie
- Liefer- und Zahlungsbedingungen.

Garantievereinbarungen betreffen den rechtlichen Rahmen innerhalb dessen sich das Unternehmen zu Garantieleistungen verpflichtet.

Bei den **Umtausch- und Rückgabemodalitäten** spielen zunehmend die Probenutzungen mit und ohne Rückgaberecht eine bedeutende Rolle. Hierdurch soll die Schwelle zur Kaufbereitschaft herabgesetzt werden. Dies ist vor allem bei Neuprodukten wichtig (Beispiel: Verkauf von Loseblattsammlungen zur Ansicht mit Rückgaberecht bei Nichtgefallen).

Rabatte treten in folgenden Varianten am Markt auf:

- Funktionsrabatte im Groß- und Einzelhandel für die übernommenen Funktionen zur Deckung der Handelskosten,
- Mengenrabatte bei Abnahme bestimmter Mengen je Produkt,
- Zeitrabatte in der Form von Einführungs-, Treue-, Saison- und Auslaufangeboten.

Die Inanspruchnahme von **Skonto** ermöglicht liquiden Kunden durch vorzeitiges Bezahlen einer Rechnung Preisnachlässe zu erzielen (Beispiel: Bezahlung einer Rechnung mit dem Hinweis »Zahlbar rein netto innerhalb von 30 Tagen oder unter Abzug von 3 % Skonto innerhalb von zehn Tagen«).

Nachträglich gewährte Preisnachlässe werden auch als **Boni** bezeichnet, z. B. erhält ein Kunde für einen Jahresbezug von Rohstoffen in besonderer Höhe zusätzlich einen nachträglichen Preisnachlass.

Im Rahmen der **Liefer- und Zahlungsbedingungen** können neben dem üblichen Zahlungsziel von vier Wochen auch Lieferantenkredite vereinbart werden, die deutlich über diese Frist hinausgehen.

10.2.3   Kommunikationspolitik

Durch die Kommunikationspolitik versucht das Marketing, die Kunden des Unternehmens über seine Produkte und Dienstleistungen zu informieren.

10.2.3.1 Werbung

Werbemaßnahmen sind der wichtigste Bestandteil der Kommunikationspolitik eines Unternehmens.

Die Durchführung von Werbemaßnahmen lässt sich in mehrere Phasen einteilen.

(1) Ist-Analyse
Zunächst muss die Marketingabteilung die aktuelle Konkurrenzsituation, Modetrends und die betriebsinterne Situation analysieren, um die Basis für die Notwendigkeit von Werbemaßnahmen zu erhalten.

(2) Festlegung der Werbeobjekte
Im nächsten Schritt ist festzulegen, welche Produkte und Dienstleistungen beworben werden sollen.

(3) Ziele der Werbung
Durch Festlegung von finanziellen Zielen (z. B. Absatz-, Umsatz- oder Gewinnsteigerung) werden quantitative Vorgaben definiert. Daneben spielen auch psychologische Werbeziele eine Rolle. Hierzu dient die so genannte AIDA-Regel, wonach die Werbemaßnahmen

> A = Attention = Aufmerksamkeit auf das Produkt ziehen,
> I = Interest = Kaufinteresse beim Kunden wecken,
> D = Desire = Kaufverlangen auslösen und
> A = Action = den Kaufwunsch realisieren sollen.

(4) Zielgruppenanalyse
Im vierten Schritt ist die Zielgruppe (z. B. jung oder alt) zu bestimmen.

(5) Werbebudget
In dieser Phase werden die Kosten für die Werbemaßnahmen ermittelt. Diese bilden die Grundlage für ein Werbebudget.

(6) Auswahl des Werbeträgers
Mit diesem Schritt wird der Werbeträger (Medium) ausgewählt (Beispiel: Tageszeitung, Rundfunk oder Fernsehen).

(7) Gestaltung der Werbebotschaft
In dieser Phase wird die zündende Idee, der richtige Werbeslogan ermittelt (Beispiel: »Bauknecht weiß, was Frauen wünschen« oder »DaimlerChrysler – Answers for questions to come«).

(8) Messung des Werbeerfolgs
Das Feedback der Kunden über den Erfolg der Werbeaktion beschließt eine Werbekampagne.

10.2.3.2 Weitere Maßnahmen der Kommunikationspolitik

Neben der direkten Werbung kann das Unternehmen weitere Maßnahmen einleiten, um den Absatz seiner Produkte zu fördern.

Durch direkte Maßnahmen der **Verkaufsförderung (Sales-Promotion)** von Produkten und Dienstleistungen werden die Kunden unmittelbar »vor Ort« angesprochen. Dies können z. B. Kostproben, Zugaben, Gewinnspiele, Preisausschreiben oder Auslagen von Displaymaterial (Warenproben) sein.

Durch Maßnahmen der **Produkt-Platzierung (Product-Placement)** können neue Produkte z. B. in den Medien Film, Fernsehen oder Internet bekannt gemacht werden. Hierfür eignen sich insbesondere höherwertige Konsumprodukte wie Pkw (Beispiel: Neue Mercedes-Pkw erscheinen regelmäßig in den Rosamunde Pilcher-Fernsehfilmen zur besten Sendezeit am Sonntag 20.15 Uhr).

Mittels der Abteilung **Öffentlichkeitsarbeit (Public-Relations)** versucht das Unternehmen, Verständnis und Vertrauen für seine Produkte und Dienstleistungen in der Öffentlichkeit zu wecken. Die Öffentlichkeitsarbeit geht somit über die reine Produktbezogenheit der Werbung hinaus. Durch Mitteilungen, Pressekonferenzen, Firmenzeitschriften und Besichtigungen des Unternehmens wird aktiv für das Gesamtunternehmen geworben.

Beim **Event-Marketing** verbindet die Kommunikationspolitik den Firmennamen mit einer Veranstaltung, um ein Produkt noch bekannter zu machen (Beispiel: Golfturnier »SAP Open«).

Durch das **Sponsoring** unterstützen Firmen mit ihrem Namen z. B. Veranstaltungen in den Bereichen Sport, Kultur, Ökologie und Soziales und verknüpfen ihren Firmennamen damit.

Darüber hinaus versuchen Unternehmen durch **Ausstellungen** und **Messen**, die sie beschicken, auf ihre Produkte aufmerksam zu machen.

Der neueste Trend beim Telefonmarketing sind so genannte **Call-Center**, mit denen das Unternehmen den direkten Kundenkontakt sucht, um z. B. hinsichtlich Beschwerden die Hand noch stärker am Puls der Kunden zu haben.

10.2.4 Vertriebslogistik

Die Vertriebslogistik (Distributionspolitik) beschäftigt sich mit der Gestaltung des Weges von Produkten und Dienstleistungen des Herstellers zum Verbraucher.

Man unterscheidet hierbei direkte und indirekte Absatzwege.

Direkte Absatzwege beinhalten alle Absatzwege ohne Einschaltung des Handels.

Hierzu rechnet man unternehmenszugehörige Mitarbeiter/Einrichtungen in der Form von Reisenden, Geschäftsführern und Verkaufsniederlassungen.

Reisende sind Angestellte des Unternehmens, die auf Gehalts- und Provisions-/Prämienebene für das Unternehmen tätig werden.

Unternehmensfremde direkte Absatzkanäle sind Handelsvertreter, Kommissionäre und Makler.

Handelsvertreter sind selbstständige Gewerbetreibende, die für andere Firmen Geschäfte vermitteln oder in deren Namen abschließen.

Kommissionäre handeln im eigenen Namen für Rechnung ihrer Auftraggeber. Sie übernehmen für ihre Auftraggeber den Einkauf und Verkauf von Produkten, ohne dass diese in ihr Eigentum übergehen. Sie werden in der Regel durch eine umsatzabhängige Kommissionsgebühr bezahlt.

Makler sind ebenfalls selbstständige Gewerbetreibende, die Verträge über Produkte und Dienstleistungen vermitteln. Ihre Tätigkeit wird als Courtage zumeist hälftig von den Vertragsparteien bezahlt.

Die indirekten Absatzwege durch Groß- und Einzelhandel überbrücken als Absatzmittler die räumliche und zeitliche Distanz zwischen Produzent und Endverbraucher.

Der Großhandel veräußert dabei vorwiegend an Großabnehmer und taucht z. B. in der Betriebsform des Zustellgroßhandels als Getränkespezialhändler auf.

Der Einzelhandel vermittelt den direkten Kontakt zum Kunden z. B. in der Betriebsform des Supermarkts oder des Kaufhauses.

Kontrollfragen
1. *Was sind Marketing-Mix-Maßnahmen?*
2. *Erläutern Sie die Konkurrenzsituation eines Oligopols.*
3. *Beschreiben Sie einen Produktlebenszyklus.*
4. *Kommentieren Sie das Kürzel AIDA.*

Aufgabe 13.20 *Marketingplanung S. 516*

14. HAUPTTEIL: RECHT

Bearbeitet von: Prof. Eberhard Rick

1 Einführung in das Recht

1.1 Grundlagen und Aufbau der Rechtsordnung

1.1.1 Stellung des Begriffs Recht im Gefüge menschlicher Verhaltensweisen

Die Beziehungen des Menschen zu seiner Umwelt und zu seinen Mitmenschen wickeln sich nicht regellos ab. Sie sind von vielen und sehr verschiedenartigen Ordnungssystemen abhängig. Als oberstes dieser Systeme sind die Naturgesetze zu nennen. Sie beherrschen alle anderen Systeme und müssen allgemein beachtet werden. Regelungen, die den Naturgesetzen widersprechen, sind sinnlos, weil sie keine Beachtung finden können. Unterhalb dieser naturgesetzlichen Zwänge hat der Mensch einen Freiraum für selbstgewählte Verhaltensweisen. Er kann sich zum Beispiel »gut« oder »böse« verhalten. In Ausübung dieser Freiheit haben die Menschen Ordnungssysteme für den Umgang miteinander geschaffen. Eines dieser Systeme ist das Recht. Aber auch auf ein paar andere soll kurz verwiesen werden.

- **Brauchtum:** Wenn etwas Brauch ist, ist die Verletzung dieser Bräuche weitgehend sanktionslos.
- **Sitte:** Sitten oder Konventionen haben eine etwas stärkere Ordnungswirkung. Wer gegen die »guten Sitten« verstößt, muss mit der Missachtung derer rechnen, die darauf Wert legen. Aber mit Machtmitteln durchsetzbar sind auch die Sitten nicht.
- **Moral:** Die Moral oder Ethik betrifft die innere Einstellung des Menschen. Wie stark ihre ordnende Kraft ist, hängt davon ab, wie ausgeprägt diese innere Haltung ist. Das Recht ist zwar von der Moral beeinflusst und stark geprägt, es fordert aber nicht so viel wie eine hoch ausgeprägte Moral. Man spricht vom Recht als dem »ethischen Minimum«, d. h., das Recht gibt sich mit dem Mindestmaß dessen zufrieden, was moralisch zu fordern ist.

Beispiele
1. Die rechtlichen Regelungen des BGB verlangen, dass der Vater seinem nichtehelichen Kind Unterhalt zahlt. Ob dieser nur den gesetzlich verlangten Mindestsatz zahlt oder sich »moralisch« verpflichtet fühlt, darüber hinaus mehr zu tun, hängt von seiner inneren Einstellung ab.
2. Nach Eintritt der Verjährung ist der Schuldner nach den Regeln des BGB berechtigt, die »Einrede der Verjährung« zu erheben. Er muss dann seine Schuld nicht mehr begleichen. Ob er von dieser Einrede Gebrauch macht oder ob er sich trotz seines günstigen Rechtsstandpunktes verpflichtet fühlt, seine Verpflichtungen zu erfüllen, hängt wiederum von seiner inneren Einstellung ab.

Bereits diese kurzen Ausführungen haben ein ganz wesentliches Merkmal des Rechts anklingen lassen, das dieses von den anderen Ordnungssystemen unterscheidet. Das ist der Zwang, mit dem es durchgesetzt werden kann. Dieser Zwang muss in den meisten Fällen gar nicht tatsächlich angewandt werden, weil jedermann weiß, dass dieser Zwang besteht. Das Bestehen des Zwangs verhütet also Rechtsverletzungen und beugt rechtswidrigen Handlungen vor.

Infolgedessen gilt: Wer Rechtssätze macht, muss auch in der Lage sein, sie zwangsweise durchzusetzen. Nach unserem Rechtsverständnis liegt dieses sog. Gewaltmonopol beim Staat. Er gestaltet das Recht und schafft die Einrichtungen, um es gegebenenfalls zwangsweise durchzusetzen. Das Recht selbst in die Hand zu nehmen, die Selbsthilfe, ist verboten.

Das Recht ist also eine Erscheinung menschlichen Zusammenlebens und untrennbar damit verbunden. Es ist keine menschliche Gemeinschaft ohne eine solche Ordnung denkbar, die man als Recht bezeichnet. Ein wie Robinson allein auf einer einsamen Insel Lebender braucht sie nicht, aber bereits in der kleinen persönlichen Welt, der Familie, muss eine entsprechende Ordnung vorhanden sein. Wird der Verband der Menschen größer, wird die notwendige Ordnung umfangreicher – bereits wenn man an einen Verein denkt, der als freiwilliger Zusammenschluss von Menschen Regeln braucht, bis hin zu den Gemeinden, Ländern, Staaten, die ihre Beziehungen durch immer umfangreichere Rechtsregeln ordnen.

Das Recht hat demnach in erster Linie den Zweck des Ordnens. In seine Gestaltung und Ausprägung fließen aber auch die Ideen ein, die unsere modernen Kulturstaaten in jahrhundertelanger Übung entwickelt haben. Als oberstes Ziel soll hier das Streben nach Gerechtigkeit genannt werden. Recht und Gerechtigkeit sind nicht dasselbe. Das Recht sucht die Gerechtigkeit zu verwirklichen. Wie oft hört man trotzdem den Satz: »Das ist aber nicht gerecht!«; obwohl die Entscheidung auf geltendem Recht beruht.

Dann hat das Recht das angestrebte Ziel noch nicht erreicht.

Es gibt aber auch viele Regeln, die nur von der reinen Zweckmäßigkeit bestimmt werden. Ob man auf den Straßen links oder rechts fährt, ist eine von diesem Ziel bestimmte Regel, mit Gerechtigkeit hat das nichts zu tun.

1.1.2 Begriff des Rechts

Das Wort Recht als Gegensatz zum Unrecht, als Ausdruck für das, was (richtig) sein soll, hat einen Doppelsinn. Es kann objektiv und subjektiv verstanden werden. Unter **Recht im objektiven Sinne** wird die Rechtsordnung, d. h. die Gesamtheit aller Rechtsregeln innerhalb der Gemeinschaft, z. B. eines Staates, verstanden. Das Recht ist hier der Gegenstand, das Objekt der Betrachtung. Das **subjektive Recht** wird aus dem objektiven Recht abgeleitet. Man versteht darunter die Möglichkeit eines Einzelnen, Befugnisse, Berechtigungen und Ansprüche, als Sammelbezeichnung »ein Recht« zu haben. Subjektive Rechte gibt es in den folgenden verschiedenen Ausprägungen.

Herrschafts- oder Beherrschungsrechte: Sie werden auch als absolute Rechte bezeichnet, weil sie gegenüber jedermann wirken. Sie verleihen dem Inhaber die Befugnis, mit einem Gegenstand grundsätzlich, d. h. im Rahmen der geltenden Gesetze und soweit nicht Rechte anderer verletzt werden, nach Belieben zu verfahren. Zu den Herrschaftsrechten zählt man das Pfandrecht, die Hypothek, die Grundschuld, die Persönlichkeitsrechte wie das Namensrecht, das Urheberrecht und das Erfinderrecht (Patent), sowie als wichtigstes und umfassendstes absolutes Recht das Eigentum (vgl. hierzu die Definition in § 903 BGB).

Anspruchsrechte oder Ansprüche: Bei ihnen spricht man auch von relativen Rechten, weil sie sich – im Unterschied zu den obigen Herrschaftsrechten – nur gegen bestimmte Personen richten. Nach der Definition in § 194 Abs. 1 BGB ist ein Anspruch das Recht, von einem anderen ein Tun oder Unterlassen zu verlangen. Diese Ansprüche können den verschiedensten Inhalt haben, z. B. kann der Verkäufer einer Sache Zahlung des Kaufpreises, der Käufer Lieferung des gekauften Gegenstandes, der Vermieter Miete, ein Geschädigter Schadensersatz und ein Kind Unterhalt verlangen. Diese Ansprüche, auch als Forderungsrechte bezeichnet, sind in unserem Rechtssystem von größter Bedeutung. Sie sind der Ausgangspunkt und der Einstieg in die Lösung eines Falles. Bei fast allen Streitigkeiten geht es darum, wer von wem was verlangen kann.

Gestaltungsrechte: Auch sie sind relative Rechte. Durch sie können Rechtsverhältnisse durch den einseitigen Akt einer Person begründet, verändert oder aufgehoben werden. Als Beispiele hierzu mögen die Kündigung, die Anfechtung und der Rücktritt dienen, bei denen Verträge umgestaltet werden, oder das Aneignungsrecht (§ 958 BGB), bei dem ein Rechtsverhältnis neu begründet wird.

1.1.3 Einteilung des (objektiven) Rechts

1.1.3.1 Einteilung nach der Entstehung bzw. den Quellen des Rechts

Gesetztes/geschriebenes Recht: Gesetz, Rechtsverordnung und Satzung

Gesetze sind die von den Gesetzgebungsorganen in der von der Verfassung vorgeschriebenen Form erlassenen Rechtssätze. Man unterscheidet hierbei Verfassungsgesetze und einfache Gesetze. Die Ersteren enthalten die für den Aufbau des Staates und das staatliche Leben maßgebenden Grundregeln. Sie sind für die einfachen Gesetze bindend und richtungsweisend; für ihre Änderung ist regelmäßig eine qualifizierte Mehrheit notwendig.

Rechtsverordnungen sind Rechtsnormen, die nicht in dem verfassungsmäßig vorgeschriebenen Gesetzgebungsverfahren zu Stande gekommen sind, sondern von einem Regierungs- oder Verwaltungsorgan (Exekutive) auf Grund einer gesetzlichen Ermächtigung erlassen werden. Sie sind in ihrer Wirkung Gesetzen gleichgestellt, obwohl sie nicht von einem Gesetzgebungsorgan stammen. Der Rahmen, den ein Gesetz zum Erlass von Verordnungen gibt, muss Inhalt, Zweck und Ausmaß der Ermächtigung angeben. Die Gerichte können nachprüfen, ob eine Verordnung durch die Ermächtigungsnorm auch wirklich abgedeckt ist.

Die Verordnungen dienen insbesondere als Ausführungs- oder Durchführungsverordnungen zu förmlichen Gesetzen dazu, Einzelheiten mehr formaler oder technischer Art zu regeln, um das Gesetz zu entlasten und die Ausführungsbestimmungen leichter änderbar zu machen.

Beispiel
die Durchführungsverordnungen zu den Steuergesetzen.

Satzungen sind Rechtssätze, die unter staatlicher Anerkennung oder Ermächtigung von juristischen Personen des öffentlichen Rechts zur Regelung ihres Aufgabenbereichs in allgemeiner und verbindlicher Form erlassen werden.

Beispiele
die Satzungen der Ortskrankenkassen, der Kammern (Industrie- und Handelskammer, Berufskammern), der Kirchen und der Universitäten.

Gewohnheitsrecht

Gewohnheitsrecht ist ungeschriebenes Recht. Eine Regel wird dann zu Gewohnheitsrecht, wenn sie tatsächlich über eine gewisse Zeit und mit dem Willen angewandt wird, sie solle als Rechtsregel dienen. Notwendig sind die beiden Elemente Gewohnheit (gleichmäßige, fortdauernde Übung) und Recht (der Rechtsgeltungswille).

> **Beispiel**
> das gewohnheitsrechtlich entwickelte und heute allgemein anerkannte Rechtsinstitut der Sicherungsübereignung.

Richterrecht

Die Urteile der Gerichte, auch die der obersten Bundesgerichte, sind keine Quellen allgemeinverbindlichen Rechts. Untere Gerichte sind an die Auffassung der Obergerichte in einem neuen Fall nicht gebunden. (Im Gegensatz etwa zum anglo-amerikanischen Recht, bei dem es kaum geschriebenes Recht gibt. Ein einmal entschiedener Fall wird dort in vergleichbaren Fällen wieder herangezogen und als verbindlich angesehen.)

Faktisch werden jedoch aus Gründen der Praktikabilität Auffassungen der obersten Gerichte von den unteren Instanzen übernommen, weil bei einem neuen Instanzenzug letztendlich die Auffassung der Obergerichte in vielen Fällen doch zum Tragen kommen würde. Weil auch die Auffassung der Obergerichte sich selten ändert, spricht man dann von der »ständigen Rechtsprechung«.

Eine Ausnahme von dem Grundsatz, dass Richterrecht kein allgemein verbindliches Recht ist, stellen nach § 31 Bundesverfassungsgerichtsgesetz die Entscheidungen des Bundesverfassungsgerichts dar. Sie binden die Verfassungsorgane des Bundes und der Länder und haben in bestimmten Fällen sogar Gesetzeskraft.

1.1.3.2 Privates und öffentliches Recht

Die Zuordnung von Gesetzen zu den beiden Rechtsgebieten kann nicht immer zweifelsfrei getroffen werden. Grundsätzlich gilt: Das **öffentliche Recht** regelt die Beziehungen des Staates zum Bürger und das Verhältnis der öffentlichen Körperschaften untereinander. Es ist im Verhältnis Bürger-Staat vom Grundsatz der Über-/Unterordnung geprägt.

> **Beispiele**
> Völkerrecht, Kirchenrecht, Verfassungsrecht, Verwaltungsrecht, Strafrecht, Wehrrecht, Prozessrecht, Steuerrecht.

Das **Privatrecht** regelt das Verhältnis der Bürger untereinander auf der Grundlage der Gleichordnung der Beteiligten.

> **Beispiele**
> Bürgerliches Gesetzbuch (BGB), Handelsrecht (HGB), Aktiengesetz, GmbH-Gesetz, Genossenschaftsrecht, Wechselgesetz, Scheckgesetz u. a.

Daneben gibt es aber Gebiete, die **nicht eindeutig zuordenbar** sind, weil sich öffentlichrechtliche und privatrechtliche Elemente bei ihren Regelungen mischen.

> **Beispiele**
> Arbeitsrecht, Sozialrecht, Miet- und Wohnungsrecht, Wirtschaftsrecht, Wettbewerbsrecht.

1.1.3.3 Zwingendes und nachgiebiges (dispositives) Recht

Angesprochen wird hier die Frage nach der Möglichkeit, das Recht durch Vereinbarungen zu gestalten. Wo eine Bestimmung öffentlichen, allgemeinen Interessen dient, wo die Ausnutzung von Machtstellungen verhindert oder der Schutz des Schwächeren gewährleistet werden soll, muss eine Rechtsnorm unabdingbar sein.

> **Beispiele**
> Die Normen des öffentlichen Rechts sind in der Regel zwingend. Im Privatrecht sind dies die Formvorschriften, die Regelungen im Sachenrecht, die personenrechtlichen Bestimmungen des Familienrechts, das Pflichtteilsrecht im Erbrecht, die Schutzvorschriften im Dienst- und Arbeitsvertragsrecht u. a.

Wo nichts dagegen spricht, es den Beteiligten selbst zu überlassen, ihre Rechtsbeziehungen zu gestalten, kann sich das Gesetz begnügen, Regelungen nur für den Fall aufzustellen, dass die Beteiligten keine oder keine vollständige Vereinbarung getroffen haben.

> **Beispiele**
> Im Schuldrecht des BGB können die Vertragsparteien die vorgeschlagenen gesetzlichen Vorschriften i. d. R. durch eigene Vereinbarungen ausschalten, ersetzen, abwandeln oder ergänzen.

1.1.3.4 Materielles und formelles Recht

Das **materielle Recht** trifft Regelungen über die Rechtslage, d. h. es regelt, wann und ob ein Anspruch besteht.

> **Beispiele**
> Das BGB, das HGB, das Strafgesetzbuch, die Steuergesetze u. a.

Das **formelle Recht** regelt, wie ein Anspruch geltend gemacht oder durchgesetzt wird. Es wird daher auch als Verfahrensrecht oder Prozessrecht bezeichnet.

> **Beispiele**
> Die Zivilprozessordnung, die Strafprozessordnung, das Arbeitsgerichtsgesetz, die Insolvenzordnung, die Abgabenordnung oder die Finanzgerichtsordnung.

1.1.3.5 Strenges und billiges Recht

Diese Unterscheidung beruht auf der Frage, ob bei einer Entscheidung auf die Besonderheiten des Einzelfalles Rücksicht genommen werden kann.
Das **strikte oder strenge Recht** zwingt den Richter, sich allein an den Gesetzestatbestand zu halten, mag das auch im Einzelfall zu unbilligen Ergebnissen führen. Solches Recht ist aber in seinen Folgen berechenbarer. Man sagt: »Striktes Recht ist sicheres Recht«:

> **Beispiele**
> Bei Anwendung von striktem Recht wäre die Strafe für einen Diebstahl in jedem Fall ohne Rücksicht auf die Motive und die persönlichen Umstände dieselbe.

Zum strengen Recht gehören z. B. verfahrensrechtliche Fristen, Formvorschriften verschiedenster Art wie die notarielle Beurkundung bestimmter Vorgänge und Vorschriften des Wertpapierrechts, insbesondere bei Scheck und Wechsel.

Das **billige Recht** gestattet es, die Besonderheiten des Einzelfalles einzubeziehen. Damit kann im zu entscheidenden Fall ein hohes Maß an Gerechtigkeit erzielt werden (Einzelfallgerechtigkeit), aber niemand ist dann in der Lage, vorauszusehen, wie ein Gericht einen Fall entscheiden wird. »Billiges Recht ist unsicheres Recht«:

> **Beispiele**
> Im Strafrecht sind Billigkeitserwägungen bei der Bemessung des Strafmaßes vorzunehmen. Im Verwaltungsrecht ist in vielen Fällen die Rechtsfolge in »das Ermessen« der Behörde gestellt, und auch im BGB werden Formulierungen verwandt, auf Grund derer die Einzelfallumstände zu berücksichtigen sind (Angemessenheit in § 343 BGB, billiges Ermessen in §§ 315, 660, 745, 971 u. a. BGB, Treu und Glauben in §§ 157, 242 BGB).

An den Beispielen wird deutlich, dass das Recht für strenges und billiges Recht kein Entweder-Oder kennt, sondern die Idee der Gerechtigkeit einen Kompromiss aus beiden fordert. Es kann daher bei der Rechtsanwendung nicht heißen: »Jedem das Gleiche«, sondern: »Jedem das Seine«.

1.2 Technik der Rechtsanwendung

Nach Art. 20 Abs. 3 GG sind die vollziehende Gewalt und die Rechtsprechung »an Gesetz und Recht« gebunden. Das bedeutet, dass die Verwaltung und die Rechtsprechung sich bei allen ihren Entscheidungen an die Gesetze zu halten haben. Aber auch jeder Bürger hat sich wegen der bereits erwähnten Zwangsgeltung des Rechts an dieses zu halten, wenn er in Kontakt zu seinen Mitbürgern tritt.

Bei der Anwendung des Rechts darf man nun nicht intuitiv oder nach gesundem Menschenverstand, »vernünftig« entscheiden, sondern es hat sich eine bestimmte Vorgehensweise herausgebildet, wie nicht nur ein Jurist, sondern jeder Rechtsanwender in Zweifelsfällen die Gesetze anzuwenden hat. Man spricht von **Subsumtion.** Sie erfolgt in drei Stufen.

Erste Stufe: Zuerst erfolgt die Rechtsfindung. Das bedeutet, dass eine Rechtsvorschrift gesucht werden muss, die sich auf den zu beurteilenden Sachverhalt anwenden lässt. Zunächst ist das Hauptgebiet festzustellen, dem der zu beurteilende Sachverhalt wohl angehört, also ob der Fall dem öffentlichen oder dem privaten Recht zuzurechnen ist. Ist die Sache privatrechtlicher Art, wird man fragen, ob sie wohl im BGB behandelt ist oder ob eines der privatrechtlichen Sondergesetze (HGB etc.) zur Lösung herangezogen werden muss. Bei der Anwendung des BGB muss man überlegen, welches der fünf Bücher maßgebend ist und schließlich, welche Paragraphen in Betracht kommen. Auf diese Weise schreitet man vom Allgemeinen zum Speziellen und wird dann meist einen engeren Kreis von Vorschriften finden, die sich leicht überschauen lassen.

Zweite Stufe: In der zweiten Stufe der Arbeit, wenn man also eine oder einige vermeintlich passende Vorschriften gefunden hat, muss man untersuchen, ob die Voraussetzungen der Vorschrift auf den zu beurteilenden Sachverhalt zutreffen. Dies ist deshalb schwierig, weil die Gesetzesnormen i. d. R. abstrakt formuliert sind.

> **Beispiel**
> Im Strafrecht ist, wie wohl jedermann bekannt ist, der Diebstahl mit Strafe bedroht. Die Vorschrift lautet aber nicht etwa: »Wer stiehlt, wird bestraft«, sondern § 242 StGB

lautet: »Wer eine fremde bewegliche Sache einem anderen in der Absicht wegnimmt, dieselbe sich rechtswidrig zuzueignen, wird mit ... bestraft«: Im konkreten Fall kann jedes dieser abstrakten Merkmale zweifelhaft sein, wie die Frage der Fremdheit, die Wegnahme, die Zueignungsabsicht usw. Zur Verdeutlichung des letzten Merkmals nur folgendes: Ist es Diebstahl, wenn jemand unbemerkt die Wagenschlüssel eines anderen an sich nimmt, um mit dessen Pkw eine Spritztour zu machen, anschließend den Wagen am gleichen Platz abstellt und die Schlüssel genauso unbemerkt wieder zurückbringt?

Dritte Stufe: Stellt man fest, dass die abstrakte Norm, die man gefunden hat, auf den Sachverhalt passt, so gibt die gefundene Norm die Rechtsfolge wieder. Wie z. B., dass jemand zu bestrafen ist, Schadensersatz zu leisten oder eine bestimmte Steuer zu entrichten hat.

Immer aber gilt: Subsumtion bedeutet:
(1) Suchen der Rechtsvorschrift, (2) Prüfen, ob sie auf den Sachverhalt passt, (3) Rechtsfolge ziehen.

Auf diese Weise ist jeder Fall, der mit Rechtsanwendung zu tun hat, zu lösen, wobei natürlich die Probleme bei jedem Fall an anderer Stelle auftreten und unterschiedlich stark ausgeprägt sind.

1.3 Verfassungsrechtliche Grundsätze

1.3.1 Begriff der Verfassung

Unter Verfassung versteht man die rechtliche Grundordnung eines Gemeinwesens, d. h. die grundsätzliche Regelung der Rechtsverhältnisse in einem Staat. Sie regelt: die Bildung und die Aufgaben der obersten Staatsorgane, die Stellung des Bürgers im und zum Staat, die Leitung des Staates sowie das Verhältnis der Staatsorgane zueinander.

Die Verfassung steht an der Spitze der Rechtsnormen in einem Staat, ihre Regelungen haben daher Vorrang gegenüber allen anderen Rechtsvorschriften. Alle nachrangigen Rechtsvorschriften haben sich an der Verfassung auszurichten, und keine Rechtsvorschrift darf gegen sie verstoßen. Über die Einhaltung dieser Grundsätze wachen die Verfassungsgerichte.

In der Bundesrepublik nennt man die Verfassung vom 23. Mai 1949 das »Grundgesetz für die Bundesrepublik Deutschland«, daneben gibt es aber auch noch die Verfassungen der einzelnen Bundesländer.

1.3.2 Grundrechte

1.3.2.1 Begriff der Grundrechte

Die Grundrechte sind verfassungsmäßig verbriefte Rechte. Sie bilden das Fundament aller Beziehungen zwischen dem Einzelnen und dem Staat. Im Grundgesetz sind sie im ersten Abschnitt den anderen Verfassungsregelungen vorangestellt, was ihre überragende Bedeutung bereits rein äußerlich erkennbar macht.

Unter den Grundrechten werden die Menschen- und die Bürgerrechte unterschieden. **Menschenrechte** stehen allen Menschen zu, **Bürgerrechte** nur einem bestimmten Personenkreis, den »Deutschen« im Sinne des Art. 116 GG.

Weiter können sie nach ihrer Funktion eingeteilt werden.

So gibt es Grundrechte
- als Abwehrrechte, die eine Schranke vor Übergriffen der Staatsgewalt gewährleisten sollen,
- als Teilhaberechte, die dem Bürger das Recht gewähren, an der staatlichen Willensbildung mitzuwirken, und
- als Forderungsrechte, die einen Anspruch auf staatliche Leistungen beinhalten.

1.3.2.2 Rangordnung der Grundrechte

Art. 1 GG besagt: »Die Würde des Menschen ist unantastbar.« Damit ist die höchstrangige Norm unseres objektiven Rechts formuliert. In den ab Art. 2 GG folgenden Artikeln wird dieser oberste Anspruch in einzelne formale Rechte aufgelöst und präzisiert. Dabei sind sämtliche Grundrechte gleichwertig, da sie alle einen eigenen Anwendungsbereich haben. Etwas allgemeiner, und damit etwas höherrangiger erscheint Art. 2 GG, der die freie Entfaltung der Persönlichkeit garantiert. Aber auch hier gilt, wie bereits erwähnt, dass die speziellere Norm der allgemeineren vorgeht. So gesehen gehen die speziellen Grundrechte, z. B. das Recht der freien Meinungsäußerung (Art. 5 GG), dem allgemeinen Grundsatz des Art. 2 GG vor. Dieser Artikel hat dann die wichtige Funktion eines Auffanggrundrechts, das die nicht gesondert geregelten Fälle erfasst.

1.3.2.3 Einschränkungen der Grundrechte

Wenn jeder Mensch sein Grundrecht auf freie Entfaltung der Persönlichkeit uneingeschränkt verwirklichen wollte, wären Konflikte nicht zu vermeiden. Die Grundrechte sind deshalb in zweierlei Hinsicht eingeschränkt.

Einmal durch verfassungsunmittelbare Schranken, das sind Einschränkungen, die in den Grundrechten selbst enthalten sind. Hierzu zählt, um im obigen Beispiel zu bleiben, der Nebensatz im Art. 2 GG: »soweit er nicht Rechte anderer verletzt und nicht gegen die verfassungsmäßige Ordnung oder das Sittengesetz verstößt.«

Zum zweiten durch Schranken, die den Grundrechten durch einfache Gesetze gezogen werden können. Dies ist nur zulässig, wenn das Grundrecht selbst einen solchen Gesetzesvorbehalt enthält.

> **Beispiel**
> Nach Art. 2 Abs. 2 Satz 3 GG darf in das Recht auf Freiheit einer Person durch gesetzliche Regelungen eingegriffen werden. Dies geschieht beim Strafvollzug, bei der Wehrpflicht und durch ähnliche Gesetze. Aber auch durch diese erlaubten Einschränkungen darf ein Grundrecht nach Art. 19 Abs. 2 GG nicht in seinem Wesensgehalt angetastet werden. Daher wird z. B. bei einer »lebenslangen« Freiheitsstrafe in regelmäßigen Abständen überprüft, ob nicht eine vorzeitige Entlassung in Frage kommt, so dass i. d. R. eine Abkürzung der Strafe auf etwa 15 Jahre erfolgt.

1.3.2.4 Überblick über die einzelnen Grundrechte

Art. 2 Abs. 1 GG: Freie Entfaltung der Persönlichkeit. Dieses Hauptfreiheitsrecht wurde bereits erwähnt, es gilt nach Maßgabe des Art. 19 Abs. 3 GG auch für juristische Personen.

Art. 2 Abs. 2 GG: Das **Recht auf Leben** verpflichtet den Staat, das Leben als höchstes Gut vor staatlichen Eingriffen und vor rechtswidrigen Eingriffen von anderer Seite zu bewahren. Das **Recht auf körperliche Unversehrtheit** schützt das körperliche und seelische Wohlbefinden des Menschen. Das **Recht auf Freiheit der Person** schützt die Bewegungsfreiheit im technisch-räumlichen Sinne. Es soll vor allem vor willkürlichen

Verhaftungen schützen. Durch die spezielle Regelung des Art. 104 GG, der besondere Erfordernisse für diese Einschränkungen enthält, ist die praktische Bedeutung dieser Vorschrift nicht sehr groß.

Art. 3 GG: Der Gleichheitssatz. Der Gleichheitssatz verbietet, Sachverhalte, die im Wesentlichen gleich sind, ohne sachlichen Grund (= willkürlich) ungleich zu behandeln und solche, die im Wesentlichen ungleich sind, willkürlich gleich zu behandeln. Diese Forderung wird in Art. 3 Abs. 2 (Gleichberechtigung von Mann und Frau) und Abs. 3 (Differenzierungsverbot nach Hautfarbe, Herkunft, Religion etc.) noch präzisiert.

Art. 4 GG: Freiheit des Glaubens, Gewissens und Bekenntnisses. Dieser Artikel schützt die geistige Freiheit des Einzelnen, der unbeeinflusst von staatlicher Einflussnahme seine religiösen oder weltanschaulichen Grundüberzeugungen verwirklichen können soll.

Art. 5 GG: Recht der freien Meinungsäußerung. Dies ist das Kernstück geistiger und politischer Betätigung und schließt das Ziel ein, andere von seiner eigenen Meinung überzeugen zu können. Es umfasst die Meinungsfreiheit, die Informationsfreiheit, die Pressefreiheit und die Freiheit der Berichterstattung durch Rundfunk und Film.

Art. 5 Abs. 3 GG: Freiheit von Kunst, Wissenschaft, Forschung und Lehre. Dieses Recht soll staatliche Einwirkungen auf die künstlerische und wissenschaftliche Betätigung ausschließen und gebietet es dem Staat, ein freiheitliches Kunstleben und einen freien Wissenschaftsbetrieb zu erhalten und zu fördern.

Art. 6 GG: Schutz von Familie und Ehe. Ehe und Familie werden als Keimzellen menschlicher Gemeinschaft unter besonderen Schutz gestellt. Das Recht auf Eingehung einer Ehe wird garantiert, allerdings nach der Rechtsprechung des Bundesverfassungsgerichts nur für verschiedengeschlechtliche Partner.

Art. 7 GG: Schulwesen. Art. 7 GG regelt nur Teilbereiche, da das Schulwesen Ländersache ist. Er enthält Grundsätze für die Gestaltung des Schulwesens und gewährleistet das Recht, neben den staatlichen Schulen private Schulen zu betreiben.

Art. 8 GG: Versammlungsfreiheit. Sie ist als Unterfall des Art. 5 GG (Meinungsfreiheit) zu sehen, da sie die kollektive Meinungsäußerung schützt. Gewährleistet wird sowohl das Recht, eine Versammlung zu veranstalten, als auch das Recht, an einer Versammlung teilzunehmen.

Art. 9 GG: Vereinigungsfreiheit. Danach haben alle Deutschen das Recht, Vereine und Gesellschaften zu bilden. Durch Art. 9 Abs. 3 GG werden auch die Mittel des Arbeitskampfs verfassungsmäßig geschützt (Koalitionsfreiheit).

Art. 10 GG: Brief-, Post-, und Fernmeldegeheimnis. Es gewährleistet die Freiheit der Bürger, schriftlich und fernmündlich miteinander zu kommunizieren.

Art. 11 GG: Freizügigkeit. Danach genießen alle Deutschen das Recht, sich an jedem Ort der Bundesrepublik ungehindert auf Dauer oder vorübergehend niederzulassen. Dies schließt das Recht ein, zu diesem Zweck jederzeit aus dem Ausland in die Bundesrepublik einzureisen.

Art. 12 GG: Berufsfreiheit. Der Artikel gewährleistet allen Deutschen das Recht, den Beruf, den Arbeitsplatz und die Ausbildungsstätte frei zu wählen. Dieses Recht kann aufgrund eines Gesetzes eingeschränkt werden, das sich aber nach dem Grundsatz der Verhältnismäßigkeit am Gemeinwohl orientieren muss. Das Bundesverfassungsgericht hat hierzu eine **Dreistufentheorie** entwickelt, die Folgendes besagt.

Regelungen der Stufe 1 beschränken die Berufsausübung (z. B. das Ladenschlussgesetz), die der Stufe 2 die subjektiven Voraussetzungen für die Berufswahl, d. h., sie stellen Anforderungen, auf deren Erfüllung der Bürger Einfluss nehmen kann (z. B. der Abschluss einer bestimmten Ausbildung). Und auf Stufe 3 stehen objektive Zulassungsbeschränkungen, auf die der Bürger keinen Einfluss hat (z. B. Höchstgrenzen für die mögliche Anzahl der Ausübenden bei bestimmten Berufen).

Die Anforderungen an die Einschränkbarkeit werden nun von Stufe zu Stufe höher. Einschränkungen der ersten Stufe sind möglich, wenn sie vernünftig und sachgerecht sind. Für die zweite Stufe muss der Schutz eines wichtigen Gemeinschaftsguts vorliegen, und Einschränkungen auf der dritten Stufe sind nur zulässig, wenn die Beschränkung zur Abwehr schwerer Gefahren für das Gemeinwohl zwingend notwendig ist. Ob diese Voraussetzungen erfüllt sind, prüft das Bundesverfassungsgericht bei jeder die Berufsfreiheit einschränkenden gesetzlichen Regelung im Einzelnen nach.

Art. 13: Unverletzlichkeit der Wohnung. Dieses Grundrecht dient dem Schutz der persönlichen Intimsphäre. Durchsuchungen der Wohnung dürfen daher grundsätzlich nur durch einen Richter angeordnet werden.

Art. 14: Eigentumsgarantie. Geschützt wird das Privateigentum und das Erbrecht. Dieser Schutz gibt allerdings kein uneingeschränktes Herrschaftsrecht, das Eigentum unterliegt vielmehr der sog. Sozialbindung (Abs. 2). Auch dieses Grundrecht darf daher eingeschränkt, nicht jedoch ausgehöhlt werden. Dies wird auch daran deutlich, dass Gesetze über Enteignungen, wenn sie unabänderlich notwendig sind, immer auch die Frage der Entschädigung regeln müssen.

Art. 17: Petitionsrecht. Jedermann hat das Recht, sich schriftlich mit Bitten oder Beschwerden an die Behörden oder an die Volksvertretungen zu wenden. Letztere haben hierzu Petitionsausschüsse eingerichtet. Dieses Grundrecht fordert weiter, dass der Empfänger die Eingabe sachlich prüft und der Petent eine Antwort erhält.

Weitere Grundfreiheiten. Als Rechte, die im Grundgesetz außerhalb des Grundrechtskatalogs in Art. 1–19 GG genannt werden, sollen beispielhaft noch erwähnt werden:

– Das Widerstandsrecht (Art. 20 Abs. 4 GG), wenn andere Mittel nicht mehr greifen,
– das Recht auf den gesetzlichen Richter (Art. 101 GG), das besagt, dass der für einen Fall zuständige Richter von vornherein feststehen muss,
– das Recht auf rechtliches Gehör (Art. 103 GG), wonach vor einer Entscheidung der Betroffene gehört werden muss (z. B. hat der Angeklagte »das letzte Wort«).

1.3.3 Allgemeine Verfassungsprinzipien

Die grundsätzliche Struktur der Bundesrepublik ist in den Art. 20 und 28 GG festgelegt. Danach ist die Bundesrepublik eine Demokratie, ein Sozialstaat, ein Rechtsstaat und ein Bundesstaat. Diese vier Prinzipien sollen kurz erläutert werden.

Demokratie
Demokratie bedeutet Volksherrschaft als Gegensatz zur Diktatur (Alleinherrschaft) oder Oligarchie (Herrschaft weniger). Die Volksherrschaft ist in der Bundesrepublik in der Weise ausgestaltet, dass zwar alle Staatsgewalt vom Volke ausgeht. Das Grundgesetz hat sich aber für eine repräsentative Demokratie entschieden, bei dem das Volk in freier, gleicher und geheimer Wahl Vertreter wählt, die dann die politischen Entscheidungen treffen. Unmittelbare Entscheidungen des Volkes in Volksbegehren und Volksabstimmungen sind nur bei Neugliederungen des Bundesgebiets in Art. 29 und 118 GG vorgesehen.

Sozialstaatsklausel
Sie stellt eine Verpflichtung vor allem an den Gesetzgeber dar, beim Erlass von Gesetzen soziale Belange der Bürger zu beachten. Durch die Gewährung sozialer Leistungen, aber auch durch Berücksichtigung und eventuelle Umgestaltung sozialer Unter-

schiede soll dem einzelnen Bürger eine menschenwürdige Existenz ermöglicht werden. Des Weiteren ist die Sozialstaatsklausel eine Auslegungsregel für die Tätigkeit der verwaltenden Behörden und für die Entscheidungen der Rechtsprechung. Die Mittel zur Durchsetzung dieser Ziele sind:

- Sozialpolitik (soziale Sicherung) durch Sozialversicherungen, Sozialhilfe, Wohngeld etc.,
- Gesellschaftspolitik (sozialer Ausgleich) durch Mitbestimmung, Vermögensbildung, Verbraucherschutz u. a.
- Wirtschaftspolitik durch »soziale Marktwirtschaft«, wie z. B. die Verhinderung der Zusammenballung wirtschaftlicher Macht zu Lasten kleinerer oder mittlerer Unternehmen (Kartellrecht), und Wirtschaftsförderung durch Subventionen zur Sicherung oder Schaffung von Arbeitsplätzen, Schutzzölle auf Importe etc.

Rechtsstaat

Dieser Begriff ist mehrschichtig. Man kann ihn sowohl formell als auch materiell definieren. Formell bedeutet Rechtsstaat, dass jedes Gesetz an die Verfassung und jedes staatliche Handeln an ein in einem förmlichen Verfahren zu Stande gekommenes Gesetz gebunden ist (Legalitätsprinzip). Seine Ausprägung erfährt dies durch

- den Vorrang der Verfassung (Art. 20 Abs. 3 GG),
- den Vorbehalt des Gesetzes (Art. 20 Abs. 3 GG) und
- die Gewaltenteilung in Legislative, Exekutive, Judikative (Art. 20 Abs. 2 Satz 2 GG).

Materiell setzt ein Rechtsstaat die formellen Elemente voraus und ist darüber hinaus gekennzeichnet durch das Streben nach größtmöglicher Gerechtigkeit. Dies soll erreicht werden durch:

- Bindung der Gesetzgebung an die verfassungsmäßige Ordnung auch inhaltlich durch Beachtung der Menschenrechte, des Bestimmtheitsgrundsatzes, des Übermaßverbots, des Rückwirkungsverbots und durch die abstrakt-generelle Geltung von Gesetzen,
- Bindung der vollziehenden Gewalt an Gesetz und Recht durch Beachtung der Grundrechte, eingeschränkte Möglichkeit zur Normsetzung (Art. 80 GG), Ermessensentscheidung als Ausnahme und das Gebot der Rechtssicherheit,
- Bindung der Gerichtsbarkeit an Gesetz und Recht durch lückenlosen Rechtsschutz (Art. 19 Abs. 4 GG), Prinzip des gesetzlichen Richters (Art. 101 GG), Garantie unabhängiger Richter (Art. 97 GG) und die Rechtsweggarantie zur Durchsetzung von Grundrechten (Art. 93 Abs. 1 Nr. 4 a GG).

Bundesstaat

Ein Bundesstaat ist eine staatsrechtliche Staatenverbindung, in der mehrere nicht souveräne Staaten zu einem Gesamtstaat zusammengeschlossen sind (Gegensatz: ein Staatenbund ist eine völkerrechtliche Verbindung souveräner Staaten). Dabei erfüllen sowohl der Gesamtstaat als auch die Gliedstaaten (Länder) den Staatsbegriff, da sie die drei Elemente Staatsvolk, Staatsgebiet und Staatsgewalt haben.

Die föderative Ordnung ist im Grundgesetz ausgestaltet bezüglich der Gesetzgebung in Art. 70–75 GG (mit Kollisionsnorm in Art. 31 GG), bezüglich der Verwaltung in Art. 83–91 GG, bezüglich der Rechtsprechung in Art. 92–104 GG und für das Finanzwesen in Art. 104 a–115 GG.

Nach dem Grundgesetz ist die Gliederung des Bundes in Länder und die grundsätzliche Mitwirkung der Länder bei der Gesetzgebung unabänderlich (Art. 79 Abs. 3 GG, sog. Ewigkeitsklausel). Bund und Länder trifft eine Pflicht zu gegenseitigem bundesfreundlichem Verhalten. Die Länder können nur mit Zustimmung der Bundesorgane aus dem Bundesstaat ausscheiden und durch Bundeszwang (Art. 37 GG) zur Erfüllung ihrer Bundespflichten angehalten werden.

1.3.4 Grundzüge des Gesetzgebungsverfahrens

1.3.4.1 Allgemeines

Der Weg der Gesetzgebung wird durch das Grundgesetz in den Art. 76 ff. GG bestimmt. Beim Zustandekommen eines Bundesgesetzes sind drei Hauptstufen zu unterscheiden: das Einleitungsverfahren oder die Gesetzesinitiative, das Hauptverfahren oder der Gesetzesbeschluss sowie das Abschlussverfahren mit der Ausfertigung und der Verkündigung des Gesetzes.

1.3.4.2 Einleitungsverfahren

Zunächst wird in Art. 76 GG geklärt, wer das Recht hat, einen Entwurf als Gesetzesvorlage beim Bundestag einzubringen. Dies sind:
- die Bundesregierung (mit Stimmenmehrheit),
- der Bundesrat (durch Mehrheitsbeschluss) und
- eine Gruppe von Mitgliedern des Bundestags, die mindestens Fraktionsstärke haben muss (d. h. mindestens 5 % der Mitglieder des Bundestags).

Ein Initiativrecht des Volkes ist im Grundgesetz nicht vorgesehen.

Je nachdem, wer die Gesetzesvorlage eingeleitet hat, sieht Art. 76 Abs. 2 GG in verschiedener Weise den weiteren Weg vor, den die Vorlage nehmen muss, um nach den Stellungnahmen der anderen vorgesehenen Verfassungsorgane dem Bundestag zugeleitet zu werden.

1.3.4.3 Hauptverfahren

Im Hauptverfahren wird über die Gesetzesvorlage beraten und das Gesetz beschlossen. Der Bundestag behandelt die Entwürfe grundsätzlich in drei Beratungen (Lesungen). Wird das Gesetz dabei mit der erforderlichen Mehrheit angenommen, beginnt die Mitwirkung der Länder bei der Gesetzgebung. Das Gesetz ist dem Bundesrat zuzuleiten (Art. 77 Abs. 1 Satz 2 GG). Das weitere Schicksal des Gesetzes hängt davon ab, ob es nur mit Zustimmung des Bundesrats (zustimmungsbedürftige Gesetze) oder auch gegen den Willen des Bundesrats (nicht zustimmungsbedürftige oder Einspruchsgesetze, bei denen der Einspruch des Bundesrats mit Mehrheit des Bundestags zurückgewiesen werden kann) zu Stande kommen kann. Bei Meinungsverschiedenheiten wird versucht, diese im Vermittlungsausschuss (Art. 77 Abs. 2 GG) auszuräumen oder einen Kompromiss zu finden.

1.3.4.4 Abschlussverfahren

Das vom Bundestag beschlossene und unter Wahrung der Rechte des Bundesrats zu Stande gekommene Gesetz muss nach Art. 82 GG nach Gegenzeichnung durch den Bundeskanzler und den oder die zuständigen Fachminister vom Bundespräsidenten ausgefertigt (= unterschrieben) und im Bundesgesetzblatt verkündet (abgedruckt) werden. Der Tag, an dem das Gesetz dann in Kraft tritt, wird regelmäßig im Gesetz selbst bestimmt, andernfalls tritt es nach Art. 82 Abs. 2 GG automatisch 14 Tage nach seiner Verkündung in Kraft.

Kontrollfragen

1. Welche Ordnungssysteme gibt es, die das Zusammenleben der Menschen regeln?
2. Welches Merkmal kennzeichnet dabei das Recht vor allem?
3. Welchen Zweck und welches Ziel hat das Recht?
4. Was versteht man unter objektivem und subjektivem Recht?
5. Welche Arten von subjektiven Rechten kann man unterscheiden?
6. Auf welche Weise kann objektives Recht entstehen?
7. Nach welchen Merkmalen kann man ein Rechtsgebiet dem öffentlichen oder dem privaten Recht zuordnen?
8. Versuchen Sie, den Inhalt der Begriffspaare zwingendes und nachgiebiges Recht, materielles und formelles Recht und strenges und billiges Recht kurz zu erläutern.
9. Was versteht man unter Subsumtion? Versuchen Sie, das Vorgehen zu beschreiben.
10. Was ist eine Verfassung und welche Inhalte hat sie?
11. Was sind Grundrechte, wem stehen sie zu, und wie kann man sie einteilen?
12. Welche Grundrechte kennen Sie, und welche Wirkungen entfalten diese?
13. Was bedeutet Demokratie in repräsentativer Form?
14. Was heißt, die Bundesrepublik sei ein Sozialstaat?
15. Wie wirkt es sich aus, wenn ein Staat als Rechtsstaat bezeichnet werden kann?
16. Was bedeutet in der Bundesrepublik das föderative Prinzip?
17. In welchen Schritten kommt ein förmliches Gesetz zu Stande?
18. Welche Verfassungsorgane wirken bei der Gesetzgebung mit?

2 Bürgerliches Gesetzbuch (BGB)

Das BGB ist das bedeutendste zivilrechtliche Gesetz. Es bildet die Grundlage für das gesamte Zivilrecht. Daneben gibt es für aus dem BGB herausgenommene oder ergänzend geschaffene Gebiete die sog. Nebengesetze zum BGB (z. B. Verbraucherkreditgesetz, Wohnungseigentumsgesetz, Gesetz zur Regelung der Allgemeinen Geschäftsbedingungen u. a.).

Das BGB wurde im Jahr 1896 beschlossen und trat am 1. 1. 1900 in Kraft. Das bringt es mit sich, dass die Formulierungen oft sehr altmodisch klingen und Begriffe verwendet werden, mit denen man ohne Erläuterung wenig anzufangen weiß. Außerdem bedient sich das BGB einer Sprache, die sehr abstrakt und verallgemeinernd ist und in der Begriffe des täglichen Lebens eine besondere Bedeutung erlangen (Beispiel: Begriff des Zubehörs in § 97 BGB). Diese abstrakte Fachsprache hat den Vorteil, dass sehr viele unterschiedliche Lebensvorgänge unter einen gesetzlichen Tatbestand eingeordnet werden können, dagegen aber den Nachteil, dass sie für den Laien weitgehend unverständlich ist (Beispiel: Definition der ungerechtfertigten Bereicherung in § 812 BGB). Für den Anfänger lästig sind auch die vielen Verweisungen, die dem Gesetzgeber aber die ständige Wiederholung derselben Vorschriften an verschiedenen Stellen ersparen.

Das BGB mit insgesamt 2 385 Paragraphen ist in fünf Bücher aufgeteilt.

Als erstes Buch (§§ 1–240 BGB) vorangestellt ist ein sog. allgemeiner Teil, der Definitionen und Bestimmungen enthält, die für das Verständnis der weiteren vier Bücher, die spezielle Sachgebiete regeln, unerlässlich sind.

Das zweite Buch behandelt das Schuldrecht (§§ 241–853 BGB), welches die Rechtsverhältnisse (Schuldverhältnisse) zwischen Personen untereinander als Teilnehmer am Rechtsleben regelt.

Das Sachenrecht (3. Buch, §§ 854–1296 BGB) regelt die Beziehungen zwischen Personen und Sachen.

Im vierten Buch (§§ 1297–1921 BGB, Familienrecht) wird die Stellung des Menschen innerhalb der Familie geregelt.

Das Erbrecht (5. Buch, §§ 1922–2385 BGB) regelt die vermögensrechtlichen Folgen im Falle des Todes eines Menschen.

2.1 Allgemeiner Teil des BGB

Es gibt gewisse rechtliche Grundsätze, die in den verschiedensten Bereichen des rechtlichen Lebens Anwendung finden können. So verjähren etwa Ansprüche der unterschiedlichsten Art, z. B. auf Zahlung, auf Herausgabe, auf Unterlassung usw. Es wäre nun sehr umständlich und würde das BGB noch mehr erweitern, wenn man die Regelungen über die Verjährung bei jedem der Ansprüche in etwa derselben Weise wiederholen wollte. Gleiches gilt für die Berechnung von Fristen, Formvorschriften und andere Regelungen, die für den gesamten Geltungsbereich des BGB Bedeutung gewinnen können. Der Gesetzgeber hat deshalb alle diese Vorschriften in einem allgemeinen Teil den anderen Büchern vorangestellt, alles Grundsätzliche geregelt und nur Abweichungen, Ausnahmen und Sonderregelungen dort hingestellt, wo sie hingehören. Diese Vorwegnahme aus Vereinfachungsgründen macht die Behandlung eines Falles aber nicht einfacher, denn der Benutzer muss sich die entsprechenden Paragraphen aus den einzelnen Büchern zusammensuchen. Die Lösung eines Falles ist daher erst dann möglich, wenn man sich mit den Hauptgebieten des BGB zumindest in Grundzügen vertraut gemacht hat.

> **Hinweis:** Bei der Behandlung des allgemeinen Teils entnehmen wir die Beispiele, soweit erforderlich, immer dem Recht des Kaufvertrags (§§ 433 ff. BGB), da damit jeder am ehesten zu tun hat und diese Regelungen in Grundzügen kennt.

2.1.1 Die Rechtssubjekte (natürliche und juristische Personen)

Rechtssubjekte sind die am Rechtsleben beteiligten Personen. Nur ihnen können Rechte und Pflichten zustehen. Rechte stehen den Rechtssubjekten zu an anderen Dingen, den Objekten des Rechts oder Rechtsobjekten. Die Fähigkeit, Rechtssubjekt sein zu können, Rechte und Pflichten haben zu können, bezeichnet man als **Rechtsfähigkeit.** Von dieser muss die Fähigkeit unterschieden werden, selbstständig im rechtlichen Leben erhebliche Erklärungen abgeben zu können, die so genannte **Geschäftsfähigkeit,** und die Fähigkeit, für einen Schaden einstehen zu müssen, den man einem anderen zugefügt hat, die so genannte **Deliktsfähigkeit.**

2.1.1.1 Natürliche Personen

Rechtsfähigkeit

Rechtssubjekte, d. h. rechtsfähig, sind in erster Linie alle natürlichen Personen, das sind alle Menschen ohne Rücksicht auf Alter, Geschlecht, Religion und Nationalität. Eine Definition der Rechtsfähigkeit enthält das BGB nicht; § 1 BGB regelt nur, dass die Rechtsfähigkeit des Menschen mit Vollendung der Geburt beginnt.

Beispiel
Ein kleines Kind ist ab der Abnabelung bereits selbst Eigentümer einer Sache, die ihm zur Geburt geschenkt wird.

Die Rechtsfähigkeit des Menschen endet erst mit seinem Tod, nicht etwa durch Entmündigung oder gar durch das Erreichen einer bestimmten Altersgrenze.

Geschäftsfähigkeit
Die Fähigkeit der Menschen, selbstständig rechtlich erhebliche Handlungen vornehmen zu können, entwickelt sich nach dem BGB entsprechend dem Heranreifen des Menschen in bestimmten Altersstufen.

0–7 Jahre: Mit Vollendung der Geburt wird der Mensch, wie erwähnt, rechtsfähig. Bis zur Vollendung des siebenten Lebensjahres ist der Mensch geschäftsunfähig (§ 104 Nr. 1 BGB), d. h. unfähig, wirksame Willenserklärungen mit rechtlich erheblichem Inhalt abgeben zu können. Genau wie die Willenserkärung eines Geisteskranken (§ 104 Nr. 2 BGB) ist seine Willenserklärung nichtig, d. h. rechtlich überhaupt nicht vorhanden und nicht zu beachten.

7–18 Jahre: Von der Vollendung des siebenten Lebensjahres bis zur Vollendung des 18. Lebensjahres ist eine natürliche Person beschränkt geschäftsfähig. Beschränkt Geschäftsfähige können rechtlich wirksam handeln, wenn bestimmte Voraussetzungen erfüllt sind:

(1) Erlangung lediglich eines rechtlichen Vorteils,
(2) Zustimmung des gesetzlichen Vertreters.

Zu (1): Die Willenserklärung darf dem Minderjährigen lediglich einen rechtlichen Vorteil bringen (§ 107 BGB). Die Betonung liegt hierbei auf »lediglich rechtlicher Vorteil«: Dieser liegt nicht vor, wenn der Minderjährige ein wirtschaftlich vorteilhaftes Geschäft abschließt, sondern nur dann, wenn er ein Rechtsgeschäft abschließt, durch das er weder ein Recht aufgibt noch eine rechtliche Verpflichtung eingeht.

Beispiele
– Ein 17-Jähriger kauft einen Pkw mit einem Wert von 40 000 € für 20 000 €. Er hat dann zwar ein wirtschaftlich vorteilhaftes Geschäft abgeschlossen, der Vertrag bringt ihm aber den rechtlichen Nachteil, dass er zur Zahlung des – auch noch so günstigen – Kaufpreises verpflichtet ist.
– Ein Minderjähriger nimmt die Schenkung eines Gegenstandes an oder er erhält schenkweise eine Gesellschafterstellung eingeräumt. Die Annahme des (unbelasteten) Eigentums oder der Gesellschafterstellung hat für den Minderjährigen keine rechtlichen Nachteile, sodass seine Annahmeerklärung nach § 107 BGB voll wirksam ist.

Zu (2): Bringt die Willenserklärung nicht lediglich einen rechtlichen Vorteil, so hängt die Wirksamkeit der Erklärung von der Zustimmung des gesetzlichen Vertreters ab. Bei der Zustimmung unterscheidet man die vorherige Zustimmung, die man als Einwilligung bezeichnet, und die nachträgliche Zustimmung, die Genehmigung genannt wird.

Die Einwilligung muss sich auf das konkrete Rechtsgeschäft beziehen, das dann voll wirksam ist. Liegt die Einwilligung nicht vor, so ist ein einseitiges Rechtsgeschäft, z. B. eine Kündigung, unwirksam (§ 111 BGB), ein Vertrag ist schwebend unwirksam (§ 108 BGB). Dieser Schwebezustand endet, wenn der gesetzliche Vertreter sich entscheidet; genehmigt er das Geschäft, so gilt der Vertrag als von Anfang an wirksam, verweigert er die Genehmigung, ist der Vertrag von Anfang an als nichtig zu betrachten.

Vom Gesetz sind einige besondere Einwilligungstatbestände vorgesehen:

- »Taschengeldparagraph« (§ 110 BGB): Bewirkt der Minderjährige die vertragsgemäße Leistung mit Mitteln, die ihm zu diesem Zweck oder zur freien Verfügung (üblicherweise Taschengeld genannt) vom gesetzlichen Vertreter oder mit dessen Zustimmung von einem Dritten (z. B. Verwandten) überlassen worden sind, so ist der Vertrag ebenfalls wirksam. Nach der Rechtsprechung deckt der Taschengeldparagraph keine Kreditgeschäfte ab, unwirksam sind somit Geschäfte, bei denen der Minderjährige nicht vollständig bezahlt hat, sondern voll oder zum Teil Ratenzahlungen von seinem Taschengeld entrichten will.
- Generalkonsens: Der gesetzliche Vertreter gibt generell die Einwilligung für alle üblichen Geschäfte in einem bestimmten Rahmen, z. B. bei einem Internatsschüler.
- Ermächtigung zum Betrieb eines Erwerbsgeschäfts (§ 112 BGB): Hierzu ist außer der Einwilligung des gesetzlichen Vertreters noch die Genehmigung des Vormundschaftsgerichts nötig. Die Ermächtigung hat zur Folge, dass der Minderjährige für alle Rechtsgeschäfte unbeschränkt geschäftsfähig ist, die der Geschäftsbetrieb mit sich bringt. Ausgenommen sind Rechtsgeschäfte, zu denen auch der gesetzliche Vertreter die Zustimmung des Vormundschaftsgerichts braucht, wie z. B. die Ausstellung von Wechseln u. a. (vgl. § 1643 i. V. m. §§ 1821 und 1822 BGB). Praktische Bedeutung hat der § 112 BGB, seit sich in der Computerbranche bereits Jugendliche selbstständig machen.
- Ermächtigung zur Eingehung eines Arbeitsverhältnisses (§ 113 BGB): Ermächtigt der gesetzliche Vertreter den Minderjährigen, ein Beschäftigungs- oder ein Ausbildungsverhältnis einzugehen, so kann der Minderjährige alle damit verbundenen Geschäfte ohne nochmalige Zustimmung durchführen (z. B. Einrichtung und Führen eines Gehaltskontos, Eintritt in die Gewerkschaft, arbeitsrechtliche Erklärungen bis hin zur Kündigung des Arbeitsverhältnisses).

Ab 18 Jahren: Mit Vollendung des 18. Lebensjahres ist die natürliche Person voll geschäftsfähig, also fähig, selbstständig im Rechtsleben gültige Willenserklärungen abzugeben. Ist ein Minderjähriger 18 Jahre alt geworden, so kann er auch seine noch schwebend unwirksamen Rechtsgeschäfte selbst genehmigen (§ 108 Abs. 3 BGB).

Deliktsfähigkeit

Bis zur Vollendung des siebenten Lebensjahres ist der Minderjährige deliktsunfähig (§ 828 Abs. 1 BGB), d. h. nicht verantwortlich für einen Schaden, den er durch eine unerlaubte Handlung anrichtet.

> **Beispiel**
> Ein zweijähriges Kind sitzt im Einkaufswagen der Mutter im Supermarkt und wirft ein Glas aus dem Regal zu Boden, das dort zerbricht. Das Kind kann für den Schaden nicht verantwortlich gemacht werden, ein eventueller Schadensersatzanspruch ist für den Geschäftsinhaber nur gegen die Mutter durchsetzbar, wenn diese ihre Aufsichtspflicht (§ 832 BGB) verletzt haben sollte (dies wiederum ist eine Frage der konkreten Umstände).

Vom siebenten bis zum 18. Lebensjahr ist ein Minderjähriger (ebenso wie ein Taubstummer) beschränkt deliktsfähig, d. h., er ist für einen Schaden verantwortlich, wenn er die zur Erkenntnis der Verantwortlichkeit erforderliche Einsicht hat (§ 828 Abs. 2 BGB). Ab Vollendung des 18. Lebensjahres ist der Mensch voll deliktsfähig, d. h. ihn trifft die volle Verantwortlichkeit für schädigende Handlungen.

Strafmündigkeit

Von der Deliktsfähigkeit ist die Strafmündigkeit zu unterscheiden. Diese behandelt die Frage, ob jemand für seine Handlungen strafrechtlich zur Verantwortung gezogen werden kann. Bis zur Vollendung des 14. Lebensjahrs wird man als Kind bezeichnet und ist strafunmündig, d. h. schuldunfähig (§ 19 StGB).

Vom 14. bis zur Vollendung des 18. Lebensjahres wird man als Jugendlicher in einem besonderen Verfahren strafrechtlich zur Verantwortung gezogen, wenn man zur Zeit der Tat nach seiner sittlichen und geistigen Entwicklung reif genug ist, das Unrecht der Tat einzusehen und nach dieser Einsicht zu handeln (§ 3 Jugendgerichtsgesetz, JGG). Die bekannteste Auswirkung der Anwendung des Jugendstrafrechts ist die Beschränkung der Jugendstrafe auf zehn Jahre (bei Erwachsenen ist die Verurteilung zu lebenslänglicher Freiheitsstrafe möglich).

Als Heranwachsender (§ 1 Abs. 2 JGG) wird man zwischen dem 18. und dem 21. Lebensjahr behandelt. In dieser Zeitspanne entscheidet der Richter im Einzelfall, ob Jugend- oder Erwachsenenstrafrecht angewendet wird (§ 105 JGG).

2.1.1.2 Juristische Personen

Neben den natürlichen Personen kennt unsere Rechtsordnung noch juristische Personen, das sind Personenvereinigungen und Vermögensmassen, die von dieser Rechtsordnung mit eigener Rechtspersönlichkeit ausgestattet werden und daher wie natürliche Personen eigene Rechte und Pflichten haben können **(Rechtsfähigkeit).** Es gibt öffentlich-rechtliche und privatrechtliche juristische Personen. Im öffentlichen Recht werden sie als Körperschaften bezeichnet, im hier zu behandelnden Privatrecht als Vereine oder Stiftungen.

Kennzeichnend ist für eine juristische Person:

- die Anlage auf eine gewisse Dauer, d. h. nicht nur für einen vorübergehenden Zweck.
- die Unabhängigkeit vom Mitgliederbestand, d. h., dass sie nicht von bestimmten einzelnen Mitgliedern abhängig sind. Der Ein- und Austritt einzelner Mitglieder berührt die Existenz der juristischen Person nicht.
- die körperschaftliche Verfassung, d. h. das Handeln durch Organe (Vorstand, Mitgliederversammlung) und die Möglichkeit, eigenes Vermögen, getrennt vom Vermögen der Mitglieder, zu haben. Hierzu gehört auch, dass die Rechtsbeziehungen der juristischen Person durch eine Satzung geregelt sein müssen.
- keine Mitgliederhaftung, d. h., die Schulden der juristischen Person sind zunächst keine Schulden der Mitglieder.

Verein (§§ 21 ff. BGB)

Ein Verein ist eine auf eine gewisse Dauer angelegte, vom Wechsel der Mitglieder unabhängige Personenvereinigung mit körperschaftlicher Verfassung und einheitlichem Namen. Der Verein ist der Grundtyp der juristischen Person des Privatrechts. Soweit in den einschlägigen Gesetzen für die anderen juristischen Personen des Privatrechts (Aktiengesetz für die AG, GmbH-Gesetz für die GmbH, Genossenschaftsgesetz für die Genossenschaft) eine Regelung fehlt, ist auf die für den Verein geltenden Regelungen zurückzugreifen.

Man unterscheidet Idealvereine und wirtschaftliche Vereine.

Ein **wirtschaftlicher Verein**, d. h. ein Verein, dessen Zweck auf einen wirtschaftlichen Geschäftsbetrieb ausgelegt ist, erlangt Rechtsfähigkeit durch staatliche Verleihung (§ 22 BGB), es sei denn, dass in den oben erwähnten Spezialgesetzen Sonderregelungen zum Zuge kommen. Ein **Idealverein**, dessen Hauptzweck nicht auf die

Verschaffung wirtschaftlicher Vorteile für seine Mitglieder abzielt, erlangt die Rechtsfähigkeit durch Eintragung in das Vereinsregister, das beim zuständigen Amtsgericht (§ 55 BGB) geführt wird. Das Vereinsregister ist öffentlich und jederzeit einsehbar. Mit der Eintragung erhält der Verein den Zusatz e. V. (= eingetragener Verein, § 65 BGB). Voraussetzungen für die Eintragung sind:
- Mindestmitgliederzahl von sieben Personen (§ 56 BGB),
- eine ordungsgemäße Satzung und Anmeldung durch den Vorstand (§§ 57 ff. BGB).

Die Satzung ist die Grundlage für die Verfassung des Vereins. Sie muss als Mindesterfordernisse enthalten: Zweck, Namen und Sitz des Vereins (§ 57 BGB). Sie soll (§ 58 BGB) weitere Bestimmungen enthalten über Ein- und Austritt der Mitglieder, eventuelle Mitgliedsbeiträge, die Bildung des Vorstands und über die Einberufung der Mitgliederversammlung.

Da der Verein als juristische Person nicht selbst handeln kann, wird er durch seinen Vorstand gerichtlich und außergerichtlich vertreten (§ 26 BGB). Der Umfang der Vertretungsmacht kann durch die Satzung mit Wirkung gegenüber Dritten beschränkt werden (§ 26 Abs. 2 BGB).

Oberstes Vereinsorgan ist aber die Mitgliederversammlung (§ 32 BGB) als Beschlussorgan, die den Vorstand bestellt (§ 27 BGB) und alle Angelegenheiten des Vereins, für die nicht der Vorstand zuständig ist, regelt.

Die Mitgliedschaftsrechte in einem Verein sind nach § 38 BGB nicht übertragbar und nicht vererblich; die Mitgliedschaft ist ein sog. höchstpersönliches Recht.

Der Verein ist nicht nur rechtsfähig, sondern auch **deliktsfähig.** Er muss nach § 31 BGB für den Schaden aufkommen, den der Vorstand, ein Mitglied des Vorstands oder ein anderer durch die Satzung berufener Vertreter in Ausführung seiner Verrichtungen einem Dritten zufügt. Diese Vorschrift über die Vereinshaftung ist im Grundsatz auch auf die anderen juristischen Personen des privaten Rechts anwendbar.

> **Beispiel**
> Der Sportverein wird auf Schadensersatz wegen eines Unfalls auf dem Vereinsgelände in Anspruch genommen. Dieser Unfall beruhte auf ungenügender Absicherung oder ungenügender Organisation, die man dem Vorstand anlasten kann. Dann haftet neben dem Vorstand persönlich auch der Verein als Ganzes (Anmerkung: derartige Risiken werden normalerweise durch den Abschluss einer Vereinshaftpflichtversicherung abgedeckt).

Nicht rechtsfähiger Verein (§ 54 BGB)

Dieser Personenzusammenschluss hat keine eigene Rechtspersönlichkeit. Nach § 54 BGB sollen auf den nicht rechtsfähigen Verein die Vorschriften über die Gesellschaft bürgerlichen Rechts (§§ 705 ff. BGB) Anwendung finden, namentlich soll jedes Mitglied die gesamtschuldnerische volle Haftung aus jedem Rechtsgeschäft treffen. Die Rechtsprechung schränkt die persönliche Haftung der Mitglieder für Rechtsgeschäfte jedoch auf den anteiligen Betrag am Vereinsvermögen ein.

Somit bestehen wegen der fehlenden Rechtsfähigkeit folgende Unterschiede gegenüber dem rechtsfähigen Verein:
- Der nicht rechtsfähige Verein kann zwar als solcher verklagt werden, aber nicht selbst klagen (§ 50 ZPO).
- Grundstücksrechte kann der nicht rechtsfähige Verein nicht auf seinen Namen, sondern nur auf den Namen der Mitglieder erwerben.
- Erbschaften und Vermächtnisse können dem Verein nicht als solchem zugewendet werden.

Stiftung (§§ 80 ff. BGB)
Die Stiftung ist eine Vermögensmasse oder auch Sacheinrichtung mit eigener Rechtspersönlichkeit, die nach dem Willen des Stifters zu einem bestimmten Zweck, der in der Stiftungsurkunde niedergelegt ist – in der Regel gemeinnützige oder mildtätige Zwecke –, verwaltet wird.

> **Beispiel**
> Ein Industrieller bestimmt in seinem Testament, dass sein gesamtes Vermögen in eine Stiftung einzubringen ist, aus deren Erträgen ein Altersheim oder Kindergärten errichtet und betrieben oder Stipendien vergeben werden. Die Errichtung einer Stiftung muss staatlich genehmigt werden (§ 80 BGB).

Kontrollfragen
1. Wie nennt man die fünf Bücher des BGB?
2. Welchen Zweck verfolgt die Voranstellung eines »Allgemeinen Teils« beim BGB?
3. Was ist ein Rechtssubjekt?
4. Wer ist rechtsfähig?
5. Was bedeutet geschäftsfähig?
6. Wer ist geschäftsunfähig?
7. Welche Wirkung haben Willenserklärungen eines beschränkt Geschäftsfähigen?
8. Zu welchen Willenserklärungen braucht ein beschränkt Geschäftsfähiger nicht die Zustimmung seines gesetzlichen Vertreters?
9. Was bedeutet Deliktsfähigkeit und in welchen Zyklen entwickelt sich diese beim Menschen?
10. Ab welchem Alter kann ein Mensch strafrechtlich zur Verantwortung gezogen werden?
11. Welche Merkmale machen einen Personenzusammenschluss zu einer juristischen Person?
12. Welche Arten von juristischen Personen gibt es?
13. Was benötigt man, um einen Verein zu gründen? Wie wird er rechtsfähig?
14. Wie heißen die Organe eines Vereins?
15. Welche Vorschrift des Vereinsrechts hat über das BGB hinaus Bedeutung?
16. Was ist ein Stiftung, und wie wird sie rechtsfähig?

Aufgabe 14.01 *(Minderjährigkeit) S. 518*

2.1.2 Die Rechtsobjekte

Den Rechtssubjekten sind Rechtsobjekte zuzuordnen, sodass Rechtsbeziehungen zwischen beiden entstehen können. Der Oberbegriff für die Rechtsobjekte nach dem BGB ist der »**Gegenstand**«. Unterteilt werden diese in körperliche Gegenstände, das sind Sachen i. S. des BGB (§ 90 BGB), und unkörperliche Gegenstände, das sind Forderungen und Rechte. Im allgemeinen Teil sind in § 90 ff. BGB nur die Begriffe und die verschiedenen Einteilungen geregelt, die Vorschriften über die Beziehungen der Rechtssubjekte zu diesen Objekten (z. B. Eigentum, Besitz) finden sich im Sachenrecht und werden dort behandelt.

Sachen im Sinne des § 90 BGB sind räumlich begrenzte, körperliche Gegenstände. Nichtkörperliche Gegenstände wie elektrischer Strom, Wärme sind keine Sachen, dagegen aber der menschliche Leichnam und abgetrennte Körperteile. Seit Einfügung des § 90 a BGB im Jahr 1990 sind Tiere keine Sachen im Sinne des BGB mehr, werden aber in der Regel wie Sachen im Rechtsverkehr behandelt (z. B. verkauft).

2.1.2.1 Einteilung der Sachen

Bewegliche und unbewegliche Sachen
Nur Grundstücke sind unbewegliche Sachen, alle anderen Sachen sind beweglich. Diese Unterscheidung ist wichtig, weil die Eigentumsübertragung für bewegliche und unbewegliche Sachen unterschiedlich geregelt ist.

Vertretbare und nicht vertretbare Sachen
Vertretbare Sachen sind nach § 91 BGB solche, die im Rechtsverkehr nach Maß, Zahl oder Gewicht bestimmt zu werden pflegen, z. B. Kartoffeln, Mehl, Zucker, Benzin etc. Diese Sachen sind leicht umsetzbar und leicht ersetzbar. Nicht vertretbare Sachen sind dagegen solche, die im Rechtsverkehr nach ihrer Individualität beurteilt werden, z. B. ein Originalgemälde, ein Pferd, ein Gebrauchtwagen. Diese Unterscheidung ist dort von Bedeutung, wo es sich um die Frage handelt, ob anstelle einer untergegangenen Sache eine andere – gleichartige – beschafft werden kann oder nicht.

Verbrauchbare und nicht verbrauchbare Sachen
Verbrauchbare Sachen sind nach § 92 BGB solche, deren bestimmungsgemäßer Gebrauch in ihrem Verbrauch oder ihrer Veräußerung liegt, z. B. Lebensmittel. Die Frage der Verbrauchbarkeit hat aber nichts mit der Abnutzbarkeit der Sachen zu tun. Ein Pkw nutzt sich zwar ab, ist aber nicht zum Verbrauch im Sinne des § 92 BGB bestimmt. Die Unterscheidung in verbrauchbare und nicht verbrauchbare Sachen erlangt Bedeutung für die Einordnung der Vertragsarten Leihe und Darlehen. Bei der Leihe (§§ 598 ff. BGB) ist die entliehene Sache selbst wieder zurückzugeben, beim Darlehen (§§ 607 ff. BGB) wird die Sache verbraucht und eine andere Sache gleicher Art, Güte und Menge zurückgegeben.

> **Beispiel**
> Eine Hausfrau »leiht« sich von ihrer Nachbarin fünf Eier. Da sie sie verbrauchen und fünf andere Eier zurückgeben will, ist der Ausdruck »Leihe« hier falsch. Rechtlich handelt es sich um ein Darlehen.

2.1.2.2 Weitere Grundbegriffe

Bestandteile und Zubehör
Das BGB definiert den Begriff des **Bestandteils** nicht. In § 93 BGB wird aber erklärt, dass wesentliche Bestandteile einer Sache, bei denen also die Beziehung besonders eng ist, nicht Gegenstand besonderer Rechte sein können. Das bedeutet, dass ein wesentlicher Bestandteil rechtlich nicht anders behandelt werden kann als die Gesamtsache. Eine einheitliche Sache soll nicht aus Rechtsgründen auseinandergerissen werden. Wesentlich ist ein Bestandteil dann, wenn er nicht getrennt werden kann, ohne dass der Bestandteil oder die Restsache zerstört oder in seinem Wesen verändert wird. Besonders deutlich wird dies in § 94 BGB bei wesentlichen Bestandteilen eines Grundstücks. Ein Gebäude ist wesentlicher Bestandteil eines Grundstücks; ein Grundstück kann daher zivilrechtlich nur einheitlich behandelt werden. Die bilanzielle Unterscheidung von Grund und Boden und Gebäude geschieht abweichend von der zivilrechtlichen Lage aufgrund der so genannten wirtschaftlichen Betrachtungsweise.

Keine wesentlichen Bestandteile eines Grundstücks sind Sachen, die nur zu einem vorübergehenden Zweck mit dem Grund und Boden verbunden worden sind (§ 95 BGB Scheinbestandteile). Dies gilt z. B. für eine Holzbaracke, die ein Mieter eines Grundstücks für die Zeit des Mietvertrags aufgestellt hat und die vereinbarungsgemäß wieder entfernt werden muss, oder für Ladeneinbauten, die ein Mieter oder Pächter vornehmen ließ.

Zubehör (§ 97 BGB) sind bewegliche Sachen, die nicht Bestandteile der Hauptsache sind, aber den Zwecken der Hauptsache wirtschaftlich dienen sollen und daher zu ihr in einem dieser Bestimmung entsprechenden räumlichen Verhältnis stehen. Als Beispiele im Gesetz (§ 98 BGB) sind das gewerbliche und das landwirtschaftliche Inventar genannt, anschauliche Lehrbeispiele sind der Hausschlüssel und die Mülltonne als Zubehör eines Grundstücks.

Das Zubehör ist eigentlich rechtlich selbstständig, soll aber nach dem Gesetzeswortlaut oft dasselbe rechtliche Schicksal wie die Hauptsache haben (vgl. §§ 314, 1120 BGB).

Früchte und Nutzungen
Früchte sind nach § 99 BGB die Erträge einer Sache (z. B. Früchte eines Gartengrundstücks) oder eines Rechts (z. B. Honorar eines Schriftstellers, Tantiemen eines Komponisten). **Nutzungen** (§ 100 BGB) ist der Oberbegriff über Sach- und Rechtsfrüchte. Er umfasst darüber hinaus noch die Gebrauchsvorteile (z. B. das Bewohnen eines gemieteten Hauses, das Fahren mit dem gemieteten Auto).

2.1.3 Die Rechtsgeschäfte

Nach dem BGB können rechtliche Folgen auf zweierlei Arten ausgelöst werden, durch Gesetz oder aufgrund eines gewillkürten Rechtsgeschäfts. Der Schadensersatzanspruch in § 823 BGB entsteht aufgrund der gesetzlichen Regelung und ist vom Willen des Schädigers unabhängig. Die Rechtsfolgen einer Kündigung dagegen entstehen aufgrund des willentlichen Handelns einer Person, des Kündigenden. Derartige Rechtsfolgen nennt man gewillkürte Rechtsfolgen. Unter einem Rechtsgeschäft versteht man einen Tatbestand, in dem der Wille, der auf diese Rechtsfolge hinzielt, zum Ausdruck kommt. Ein Rechtsgeschäft besteht daher aus mindestens einer Willenserklärung.

2.1.3.1 Willenserklärung (§§ 116 ff. BGB)

Der Begriff der Willenserklärung ist im BGB nicht definiert; er ist in zwei Bestandteile zu zerlegen, als inneres (subjektives) Merkmal in den Willen und als äußeres (objektives) in die Erklärung. Betrachten wir zuerst den äußeren Vorgang, die Erklärung des Willens und anschließend die innere Seite, die Willensbildung.

Die Erklärung eines Willens kann sich auf verschiedene Weise zeigen. Man kann sie aussprechen, schreiben oder zeigen (winken, nicken); sie kann sogar stillschweigend abgegeben werden, indem man ein Verhalten an den Tag legt, aus dem andere auf eine bestimmte Willensäußerung schließen können (sog. konkludente Handlung).

Beispiel
A verlangt am Kiosk eine Schachtel Zigaretten einer bestimmten Marke und legt die entsprechende Kaufsumme bereit. Er hat dann seinen Kaufwillen ausdrücklich erklärt. Der Verkäufer legt wortlos die Schachtel Zigaretten auf die Theke. Seine

Verkaufserklärung liegt in seinem Verhalten, aus dem sowohl der Käufer wie auch jeder andere Beobachter der Szene den Verkaufswillen erkennen kann.

Daraus darf aber nicht geschlossen werden, dass eine Willenserklärung auch stillschweigend abgegeben werden kann. Schweigen ist grundsätzlich keine Willenserklärung.

Beispiel
Jemandem wird unbestellt ein Buch zugesandt. Im beiliegenden Schreiben heißt es, dass der Absender davon ausgeht, dass nach 14-tägiger Probezeit entweder Zahlung erfolgt oder das Buch zurückgeschickt wird. Wenn der Empfänger gar nichts tut, kommt kein Vertrag zu Stande, der zur Zahlung verpflichten könnte. Die Rechtsprechung verlangt nur im Rahmen des Zumutbaren eine Aufbewahrung des zugesandten Buches für eine gewisse Zeit. Liest aber der Empfänger das Buch, so ist in der Ingebrauchnahme eine konkludente Willenserklärung zu sehen und er muss das Buch auch bezahlen.

Ausnahmen vom Prinzip, dass Schweigen keine Willenserklärung ist, gibt es nur bei entsprechender ausdrücklicher gesetzlicher Regelung, z. B. wird im Handelsrecht das Schweigen eines Kaufmanns nach § 362 HGB als Annahme des Antrags behandelt.

2.1.3.2 Wille

Die subjektive Komponente der Willenserklärung kann in drei Bestandteile zerlegt werden.

(1) Der **Handlungswille** ist der Wille, überhaupt handeln zu wollen. Er fehlt, wenn unter Hypnose, unmittelbarem Zwang oder durch einen Reflex eine Handlung erfolgt. Es liegt dann überhaupt keine Willenserklärung vor.

(2) Das **Erklärungsbewusstsein** ist das Bewusstsein, mit einer Handlung eine rechtlich erhebliche Erklärung abgeben zu wollen.

Beispiel
Auf einer Versteigerung winkt A einem Bekannten zu. Der Auktionator deutet dies als Gebot und A erhält den Zuschlag. In diesem Falle wollte A handeln, er hatte also Handlungswillen. Ihm war aber nicht klar, dass er eine rechtlich erhebliche Handlung vornahm, er wollte nur eine höfliche Geste machen. Beim Fehlen des Erklärungsbewusstseins liegt eine wirksame Willenserklärung vor, diese ist lediglich fehlerhaft und daher anfechtbar (vgl. S. 239).

(3) Der **Geschäftswille** ist die Absicht, ein bestimmtes konkretes Rechtsgeschäft vorzunehmen.

Beispiel
Bei einer Betriebsversammlung laufen zwei Listen um, in die sich die Anwesenden eintragen können. Wer sich in Liste 1 einträgt, bestellt einen Taschenkalender, der Eintrag in Liste 2 ist die verbindliche Bestellung eines mehrbändigen Lexikons. Beim Eintrag in die falsche Liste ist das Erklärungsbewusstsein vorhanden, etwas rechtlich Erhebliches zu wollen. Nur auf das konkrete (falsche) Rechtsgeschäft hat sich der Wille nicht gerichtet.

Beim Fehlen des Geschäftswillens ist die Willenserklärung ebenfalls nicht unwirksam, sondern nur anfechtbar.

2.1.3.3 Zugang (§§ 130 ff. BGB)

Bei **nicht empfangsbedürftigen Willenserklärungen** (darunter fallen das **Testament** und die **Auslobung**, § 657 BGB) wird die Willenserklärung sofort mit der Abgabe wirksam, sofern der Erklärende damit nach außen erkennbar zum Ausdruck bringt, dass die Erklärung wirksam sein soll.

Für die allermeisten Willenserklärungen (die sog. **empfangsbedürftigen Willenserklärungen**) ist zu ihrer Wirksamkeit außer ihrer Abgabe noch ein Merkmal erforderlich, ihr Zugang beim Erklärungsempfänger.

Ist der Empfänger anwesend, so geht die Erklärung zu, wenn der Empfänger nach der Abgabe die Erklärung vernommen oder, bei schriftlichen Erklärungen, das Schriftstück erhalten hat.

Ist der Empfänger abwesend, so gilt eine telefonische Erklärung wie bei einer Erklärung unter Anwesenden sofort als zugegangen (vgl. § 147 Abs. 1 Satz 2 BGB). Eine schriftliche Erklärung wird nach § 130 Abs. 1 BGB mit Zugang wirksam. Nicht notwendig ist die Kenntnisnahme des Adressaten. Nach der Rechtsprechung gilt die sog. **Machtbereichstheorie**. Danach gilt eine Willenserklärung als zugegangen, wenn sie dergestalt in den Machtbereich des Empfängers gelangt ist, dass nach den normalen Umständen mit einer Kenntnisnahme durch den Empfänger gerechnet werden kann.

Dies ist z. B. der Fall bei Einwurf in einen Briefkasten oder bei der Abgabe an der Eingangspforte einer Firma. Der Postweg gehört somit noch zu der Risikosphäre des Absenders.

Von dieser Regelung der Frage, ob die Willenserklärung zugeht, muss die Frage unterschieden werden, wann sie zugeht. Dies ist erst in dem Zeitpunkt der Fall, in dem unter normalen Umständen die Kenntnisnahme erfolgt.

Beispiel
Wird ein Brief spätabends in einen privaten Briefkasten eingeworfen, erfolgt der Zugang erst am nächsten Morgen. Bei Einwurf eines Briefs in einen Geschäftsbriefkasten am Wochenende erfolgt der Zugang erst am Montag Morgen.

Diese genaue zeitliche Festlegung ist wichtig bei fristgebundenen Erklärungen oder wenn, wie es § 130 Abs. 1 Satz 2 BGB regelt, dem Empfänger gleichzeitig oder vorher ein Widerruf zugeht.

2.1.3.4 Einseitige und zwei- oder mehrseitige Rechtsgeschäfte

Einseitige Rechtsgeschäfte erfordern nur die Willenserklärung einer Person, um die gewünschte Rechtsfolge herbeizuführen. Sie können noch weiter unterteilt werden in streng einseitige, bei denen die Abgabe der Erklärung bereits ausreicht (z. B. Stiftung: § 81 BGB, Auslobung: § 657 BGB, Eigentumsaufgabe: § 959 BGB, Testament: § 1937 BGB) und einseitige empfangsbedürftige Rechtsgeschäfte, bei denen die Willenserklärung zur Wirksamkeit der Willenserklärung noch zugehen muss (z. B. Anfechtung: §§ 119 ff. BGB, Rücktritt: §§ 346 ff. BGB, Anweisung: § 783 BGB).

Bei **zwei- oder mehrseitigen** Rechtsgeschäften sind übereinstimmende Willenserklärungen zweier oder mehrerer Personen notwendig. Sie werden als Verträge bezeichnet.

Diese werden eingeteilt in

– einseitige Verträge, d. h., nur für eine Vertragspartei entstehen Pflichten aus dem Vertrag, die andere Partei muss lediglich einverstanden sein (z. B. Schenkung:

§ 516 BGB, Bürgschaft: § 765 BGB, Leibrente: § 759 BGB, Schuldversprechen: § 780 BGB, Schuldverschreibung: § 793 BGB), und
- zweiseitige Verträge, bei denen für beide Seiten Verpflichtungen entstehen. Diese kann man weiter unterscheiden in unvollkommen zweiseitige Verträge, bei denen kein Austausch gleichwertiger Leistungen erfolgt (z. B. Leihe: § 598 BGB, zinsloses Darlehen: § 488 BGB, Auftrag: § 662 BGB, unentgeltliche Verwahrung: § 688 BGB) und vollkommen zweiseitige = gegenseitige Verträge, bei denen man rechtlich von gleichwertigen Leistungen der Parteien ausgeht (z. B. Kauf: § 433 BGB, Tausch: § 480 BGB, Miete: § 535 BGB, Pacht: § 581 BGB, verzinsliches Darlehen: § 488 BGB, Dienstvertrag: § 611 BGB, Werkvertrag: § 631 BGB, entgeltliche Verwahrung: § 689 BGB).

2.1.3.5 Verpflichtungs- und Erfüllungsgeschäfte

Bei einem Verpflichtungsgeschäft wird eine Verpflichtung zur Leistung begründet (die Verpflichtungsverträge wurden vorstehend beschrieben). Durch ein **Erfüllungsgeschäft** (Verfügungsgeschäft) wird die Rechtslage eines bestehenden Rechts oder einer Sache geändert (z. B. Erlass einer Forderung: § 397 BGB, Übertragung einer Forderung: § 398 BGB, Eigentumsübertragung an beweglichen Sachen: § 929 BGB und an Grundstücken: § 873 BGB).

Die Trennung zwischen Verpflichtungs- und Erfüllungsgeschäften, die das BGB vornimmt, hat sehr große Bedeutung; man bezeichnet sie als **Abstraktionsprinzip.** Sie soll anhand des Kaufs dargestellt werden.

> **Beispiel**
> Ein gutes Beispiel für einen Verpflichtungsvertrag ist der Kaufvertrag. Aus dem Wortlaut des § 433 Abs. 1 BGB ergibt sich, dass nach Zustandekommen des Vertrags der Verkäufer die Pflicht hat, dem Käufer die Sache zu übergeben und das Eigentum an der Sache zu verschaffen. Nach Absatz 2 ist der Käufer verpflichtet, dem Verkäufer den vereinbarten Kaufpreis zu bezahlen und die gekaufte Sache abzunehmen.

Damit entstehen aus dem Kaufvertrag nur Verpflichtungen und – diesen auf der anderen Seite entsprechend – Rechte der Vertragsparteien. Diese Verpflichtungen werden durch Erfüllungsgeschäfte erfüllt. Am besten kann man sich dies vorstellen, wenn man Verpflichtungs- und Erfüllungsgeschäft zeitlich auseinander zieht.

> **Beispiel**
> Im Januar eines Jahres wird vom Kunden beim Kfz-Händler ein Pkw bestellt (Abschluss des Verpflichtungsvertrags). Die Lieferung soll im April erfolgen (Erfüllung des Vertrags). Nach Abschluss des verbindlichen Vertrags im Januar bestehen dann rechtlich wirksame Verpflichtungen der beiden Vertragsparteien. Im April werden die Verpflichtungen durch den Abschluss der Erfüllungsgeschäfte erfüllt. Das Eigentum und der Besitz am Pkw werden nach § 929 BGB übertragen, der Käufer erfüllt seine Verpflichtung durch Abnahme und Zahlung des Kaufpreises.

Auch bei den meisten Kaufgeschäften, den Bargeschäften des täglichen Lebens, besteht juristisch diese Trennung, obwohl sie zeitlich zusammenfallen.

Von Bedeutung ist diese Trennung, wenn ein Erfüllungsgeschäft vorgenommen wird, das mit dem Verpflichtungsgeschäft nicht übereinstimmt. Dann bedarf es des Rechtsinstituts der ungerechtfertigten Bereicherung (§ 812 ff. BGB), um ungerechte Ergebnisse, die aus der Abstraktion entstehen können, auszugleichen.

2.1.3.6 Formlose und formbedürftige Rechtsgeschäfte

Im Zivilrecht gilt der Grundsatz der Formfreiheit, d. h., Rechtsgeschäfte können formlos erfolgen, wenn nicht besondere Formvorschriften durch das Gesetz oder durch einen früheren Vertrag der Parteien bestehen. Hinter den Formvorschriften stehen bestimmte Gesichtspunkte:

- die Warnfunktion: es soll ein Schutz vor unbedachten Erklärungen geschaffen werden, man soll nochmals über das Geschäft nachdenken können und nicht übereilt handeln (z. B. bei einer Bürgschaft).
- die Beweisfunktion: sie ist dort vorgeschrieben, wo man sich im Rechtsverkehr nicht mit mündlichen Erklärungen begnügen kann.
- die Aufklärungsfunktion: sie steht eigentlich nur bei den Formvorschriften im Hintergrund, bei denen ein Notar mitwirkt. In diesen Fällen soll er die Parteien über die Tragweite ihrer rechtlichen Erklärungen aufklären und beraten (z. B. bei Eheverträgen, bei Grundstücksgeschäften).

Als Rechtsfolge für die Nichteinhaltung eines gesetzlich vorgesehenen Formzwangs sieht § 125 BGB die Nichtigkeit der Erklärung vor, für rechtsgeschäftlich vereinbarte Formvorschriften gilt im Zweifel nach § 125 Satz 2 BGB dasselbe.

Da Kaufleute als im Rechtsverkehr erfahrener angesehen werden, sind sie, wenn die Voraussetzungen des § 350 GB vorliegen, bei Schuldanerkenntnis, Schuldversprechen und Bürgschaft von den sonst üblichen Formvorschriften (Schriftform) befreit.

Schriftform (§§ 126 und 127 BGB)

Ist durch Gesetz Schriftform vorgeschrieben, so muss die Willenserklärung vom Erklärenden eigenhändig durch Namensunterschrift oder mittels notariell beglaubigten Handzeichens unterzeichnet werden (Unterschriftsform)

Als Unterschrift gilt nur der Familienname, der Vorname allein reicht nicht aus. Auch die Unterschrift mit einem Pseudonym oder mit einem Faksimilestempel genügt nicht. Bei einem Vertrag muss die Unterschrift der Parteien auf derselben Urkunde erfolgen; beim Austausch gleichlautender Urkunden reicht allerdings die Unterzeichnung der für die andere Partei bestimmten Ausfertigung aus.

Wichtige Anwendungsfälle sind ein Mietvertrag über ein Grundstück, der für längere Zeit als ein Jahr geschlossen wird (§ 550 BGB), das Schuldversprechen (§ 780 BGB), das Schuldanerkenntnis (§ 781 BGB) und die Bürgschaftserklärung (§ 766 BGB).

Die Schriftform wird durch die **notarielle Beurkundung** ersetzt (§ 126 Abs. 4 BGB).

Ein **Sonderfall der Schriftform** gilt für das privatschriftliche Testament (§ 2247 BGB). Das gesamte Testament – nicht nur die Unterschrift – muss handschriftlich vom Erblasser geschrieben sein. Das Testament soll Zeit und Ort der Niederschrift sowie den Vor- und Familiennamen des Erblassers enthalten. Die Angaben über Zeit und Ort können fehlen, wenn sich keine Streitfragen über die Gültigkeit des Testaments ergeben (wenn z. B. nur eines vorliegt). Wenn der Erblasser kein privatschriftliches Testament mehr errichten kann (z. B. weil er nicht mehr schreiben kann), kann ein Testament nur beim Notar errichtet werden (§ 2231 BGB).

Öffentliche Beglaubigung (§ 129 BGB)

Die öffentliche Beglaubigung ist eine notarielle Identitätsgarantie bezüglich der Unterschrift. Die Erklärung muss schriftlich abgefasst und die Unterschrift des Erklärenden bei einem Notar vor seinen Augen abgegeben und von ihm bestätigt werden (Gegensatz: amtliche Beglaubigung von Abschriften, die auch von Behörden möglich ist).

Wichtige Anwendungsfälle sind: Anmeldungen zu Eintragungen ins Handelsregister (§ 12 HGB), Grundbucheintragungsbewilligung (§ 29 Grundbuchordnung), Ausschlagung einer Erbschaft (§ 1945 BGB). Die öffentliche Beglaubigung wird durch die notarielle Beurkundung der Erklärung ersetzt (§ 129 Abs. 2 BGB).

Notarielle Beurkundung (§ 128 BGB)
Sie ersetzt alle anderen Formvorschriften. Bei der notariellen Beurkundung wird (im Unterschied zur öffentlichen Beglaubigung) die gesamte Erklärung von einem Notar beurkundet. Dies geschieht in der Weise, dass nach der Beratung durch den Notar die Parteien ihre Vertragserklärungen abgeben und über diese Verhandlung eine Niederschrift angefertigt wird. Diese muss die Bezeichnung des Notars und der Beteiligten und die Erklärungen der Beteiligten enthalten; darüber hinaus soll sie Ort und Tag der Verhandlung enthalten (§§ 8, 9 BeurkG). Danach wird sie vorgelesen, genehmigt und vom Notar und den Beteiligten unterschrieben (§§ 10 ff. BeurkG). Bei Verträgen ist eine getrennte Beurkundung des Antrags auf Abschluss eines Vertrags und von dessen Annahme möglich (§ 128 BGB).

Wichtige Anwendungsfälle dieser Formvorschrift sind der Erwerb von Grundstücken (§ 311b BGB), das Schenkungsversprechen (§ 518 BGB) und der Gesellschaftsvertrag einer GmbH (§ 2 GmbHG).

2.1.3.7 Rechtsgeschäfte, die aufgrund mangelhafter Willenserklärung fehlerhaft sind

Wie bereits ausgeführt, besteht die Willenserklärung aus den beiden Bestandteilen Wille und Erklärung. Beide sollten übereinstimmen, dies muss aber nicht so sein. Die Regelungen des BGB müssen einen Ausgleich herbeiführen zwischen den Interessen des Erklärenden, der seinen Willen durchgesetzt haben will, und denen des Erklärungsempfängers, der nur das gelten lassen will, was erklärt worden ist.

Erste Fallgruppe: Bewusste Willensmängel, d. h., der Erklärende ist sich des Fehlens seines Rechtsfolgewillens bewusst.
Geheimer Vorbehalt (§ 116 BGB): Der Erklärende erklärt zwar etwas, will das aber in seinem Innern nicht gelten lassen. Dann ist der Erklärende nicht schutzwürdig, der geheime Vorbehalt ist unbeachtlich, die Willenserklärung ist gültig und der Erklärende daran gebunden. Eine Ausnahme besteht nach Absatz 2, wenn bei einer empfangsbedürftigen Willenserklärung der Empfänger den Vorbehalt kennt, da dann die Schutzwürdigkeit fehlt.

Scheingeschäft (§ 116 BGB): Eine im Einverständnis mit dem Erklärungsempfänger nur zum Schein abgegebene Willenserklärung ist nichtig.

> **Beispiel**
> zwei Parteien eines Grundstückskaufvertrags geben, um Steuern und Gebühren zu sparen, beim Abschluss des notariellen Kaufvertrags einen niedrigeren Kaufpreis an, als sie tatsächlich vorher vereinbart haben. Dieser Kaufvertrag ist nichtig.

Sofern die diesbezüglichen Vorschriften gewahrt sind, ist nach § 117 Abs. 2 BGB das durch ein Scheingeschäft verdeckte Geschäft gültig.

> **Beispiel**
> Durch das Scheingeschäft im vorigen Beispiel wird der Vertrag mit dem niedrigeren Kaufpreis verdeckt. Man könnte also diesen als gültig betrachten, wenn die entsprechenden Vorschriften eingehalten sind. Nach § 311b Absatz 1 Satz 1 BGB

ist für Grundstückskaufverträge die notarielle Beurkundung vorgeschrieben, die aber für den verdeckten Vertrag nicht vorliegt. Dieser verdeckte Vertrag ist daher wegen Formmangels nichtig. (Allerdings sieht § 311b Absatz 1 Satz 2 BGB eine Heilungsmöglichkeit für diesen Formmangel vor. Erfolgt die Auflassung und Eintragung ins Grundbuch, wird der verdeckte Vertrag gültig.)

Scherzerklärung (§ 118 BGB): Gibt jemand eine Erklärung im Scherz ab in der Erwartung, der andere werde dies erkennen, ist die Erklärung ebenfalls nichtig.

Beispiel
Beim Betriebsausflug erklärt ein Arbeitnehmer leicht angetrunken, er werde nie wieder in diesem »Laden« arbeiten. Diese im Spaß abgegebene Erklärung ist nichtig, auch wenn der Vorgesetzte, der die Erklärung vernahm, diese als ernsthafte Kündigung auffasste.

Zweite Fallgruppe: Unbewusste Willensmängel, d. h., der Erklärende weiß nicht, dass die geäußerte Erklärung von seinem Willen abweicht.

Den unbewussten Bruch zwischen Willen und Erklärung nennt man Irrtum. Nach dem BGB werden drei Fälle unterschieden.

Inhaltsirrtum (§ 119 Abs. 1 1. Alt. BGB): Ein Inhaltsirrtum liegt vor, wenn der Erklärende nach Auslegung seiner Willenserklärung (§ 133 BGB) objektiv etwas anderes erklärt hat, als er erklären wollte. Dies kommt z. B. dann vor, wenn der Erklärende einen Begriff benutzt, dessen Bedeutung er nicht kennt oder falsch einschätzt.

Beispiele
Wer in Köln einen »halven Hahn« bestellt und meint, er bekomme ein halbes Hähnchen oder wer aufgrund eines Angebots »zwanzig Gros« Leitzordner bestellt und meint, er bekomme zwanzig große Leitzordner, der erklärt objektiv etwas anderes, als der Erklärungsempfänger verstehen durfte. Ein »halver Hahn« ist ein Käsebrot, ein »Gros« ist eine altmodische Bezeichnung für 12 x 12 gleich 144 Stück.

Erklärungsirrtum (§ 119 Abs. 1 2. Alt. BGB): Er liegt vor, wenn jemand meint, die gewollte Erklärung abzugeben, aber ungewollt etwas anderes erklärt. Gemeint sind die Fälle des **Versprechens und Verschreibens,** z. B. Zahlendreher beim Tippen einer Bestellung.

Eigenschaftsirrtum (§ 119 Abs. 2 BGB): Irren kann man sich auch über eine Eigenschaft einer Person oder einer Sache, die für den Abschluss eines Geschäfts wesentlich ist, d. h., man hätte in Kenntnis dieser Eigenschaft die betreffende Erklärung nicht abgegeben.

Beispiele
Irrtum über die Kreditwürdigkeit einer Person bei der Vergabe eines Darlehens, Irrtum über die Echtheit eines Bildes bei dessen Kauf oder Verkauf.

Rechtsfolge: In allen drei Fällen des Irrtums ist die Willenserklärung anfechtbar.

Motivirrtum: Von diesen drei Fällen ist der Motivirrtum zu unterscheiden. Bei diesem irrt sich jemand über den Grund für seinen Willensentschluss, d. h., der Irrtum tritt auf, bevor der Wille gebildet wird. Der Motivirrtum ist rechtlich unbeachtlich.

Beispiel
A ist auf eine Hochzeit eingeladen. Er kauft ein Geschenk. Die Hochzeit wird kurzfristig abgesagt. Die bevorstehende Hochzeit war das Motiv für den Kauf. Dieses

Motiv kann dem Verkäufer nicht entgegengehalten, der Kaufvertrag kann nicht angefochten werden.

Der in der Praxis bedeutendste Fall des Motivirrtums ist der **Kalkulationsirrtum.** Er liegt vor, wenn sich jemand beim Erstellen eines Angebots verrechnet oder wenn seine Berechnung auf fehlerhaften Ausgangsdaten aufbaut.

> **Beispiel**
> Ein Gerüstbauer bietet die Erstellung eines Gerüstes an. Er hat sich bei der Berechnung der Fassadenfläche vermessen und daher einen zu geringen Preis ausgerechnet. Oder er hat bei der Berechnung einen falschen Quadratmeterpreis zugrunde gelegt, weil er sich in der Spalte geirrt hat.

Zu unterscheiden ist dabei der verdeckte und der offene Kalkulationsirrtum. Beim **verdeckten** teilt der Erklärende nur das Ergebnis seiner Berechnungen mit, der andere kann also den Fehler gar nicht erkennen. Beim **offenen Kalkulationsirrtum** werden die Berechnungsgrundlagen mitgeteilt, der Empfänger kann somit den Fehler erkennen, wenn er das Angebot nachrechnet.

Als unbeachtlicher Motivirrtum wird nur der verdeckte Kalkulationsirrtum angesehen, beim offenen wird über verschiedene Lösungsansätze die Anfechtbarkeit zugelassen.

Dritte Fallguppe: Fehlerhafte Willenserklärungen, die auf einer Einwirkung von außen beruhen.

Täuschung (§ 123 BGB): Arglistige Täuschung liegt vor, wenn jemand wissentlich falsche Tatsachen vorspiegelt, um den anderen zur Abgabe einer Erklärung zu veranlassen, die dieser sonst nicht abgegeben hätte.

> **Beispiele**
> Vor dem Verkauf eines gebrauchten Pkw hat der Verkäufer den Kilometerstand von 150 000 km auf 50 000 km zurückgedreht. Verkauf eines Betriebes mit gefälschter Bilanz.

Arglistige Täuschung liegt weiter vor, wenn Tatsachen verschwiegen werden, für die man nach der Rechtsprechung eine Aufklärungspflicht gegenüber dem anderen Teil hat.

> **Beispiele**
> Unfallschaden eines Kfz, Verschweigen von Krankheiten beim Abschluss von Lebensversicherungsverträgen, ein laufendes Enteignungsverfahren beim Verkauf eines Grundstücks.

Drohung (§ 123 BGB): Die Drohung, das ist das Inaussichtstellen eines empfindlichen Übels, die einen anderen zur Abgabe der Willenserklärung zwingt, muss rechtswidrig sein, d. h., das angedrohte Mittel darf zur Erreichung des angestrebten Zwecks nicht gerechtfertigt sein.

> **Beispiele**
> Unterschreibt jemand einen Vertrag, weil die Mündung einer Pistole auf ihn gerichtet ist, ist die Drohung rechtswidrig.

Droht ein Geschäftsinhaber seinem Buchhalter, der Unterschlagungen begangen hat, mit einer Anzeige, wenn er das unterschlagene Geld nicht umgehend zurückzahlt, so ist dies keine rechtswidrige Drohung, weil eine Anzeige nicht verboten ist.

2.1.3.8 Rechtsgeschäfte, die durch Verstoß gegen ein Gesetz fehlerhaft sind

Willenserklärungen sind fehlerhaft, wenn sie eine vom Gesetz nicht gewollte Wirkung haben. Sie sind dann in der Regel nichtig und brauchen nicht angefochten zu werden. Anwendungsfälle sind: Die Willenserklärung

- verstößt gegen ein gesetzliches Verbot (§ 134 BGB),
- verstößt gegen ein Veräußerungsverbot (§§ 135, 136 BGB),
- verstößt gegen gesetzliche Formvorschriften (§ 125 BGB),
- kann wegen Sittenwidrigkeit (§ 138 BGB) fehlerhaft sein.

Der Begriff der **Sittenwidrigkeit** ist wegen des unbestimmten Rechtsbegriffs schwer zu fassen; es kommt auf den Einzelfall an. Lediglich der Begriff des **Wuchers** als einer der Anwendungsfälle ist in § 138 Abs. 2 BGB gesetzlich definiert. Bei ihm müssen zwei Dinge zusammentreffen, einmal das objektive Missverhältnis zwischen Leistung und Gegenleistung, zum anderen als subjektives Element das Ausnutzen der Lage oder der – mangelnden – Fähigkeiten des anderen.

2.1.3.9 Rechtsfolgen der Fehlerhaftigkeit

Nichtigkeit

Bei Nichtigkeit ist ein Rechtsgeschäft von Anfang an nichtig. Es braucht nicht angefochten zu werden. Es zieht überhaupt keine Rechtswirkungen nach sich, vor allem auch keinerlei Ansprüche eines anderen, der für die Nichtigkeit keine Ursachen gesetzt hat und dem vielleicht Aufwendungen entstanden sind.

Anfechtbarkeit

Anfechtbare Rechtsgeschäfte sind so lange gültig, bis sie angefochten werden. Sie müssen aber nicht angefochten werden. Der Anfechtungsberechtigte kann die Rechtsfolgen des Geschäfts auch bestehen lassen. Für die Anfechtung ist zum Teil eine Frist vorgesehen (nach § 124 BGB ein Jahr), in anderen Fällen ist die Anfechtung unverzüglich nach Kenntniserlangung (§ 121 BGB) zu erklären. Nach der Erklärung der Anfechtung wird das zunächst wirksame Rechtsgeschäft unwirksam, und zwar rückwirkend von Anfang an (§ 142 BGB).

Hat der Anfechtungsgegner keine Ursache für die Anfechtung gesetzt (wie dies aber z. B. bei den Fällen des § 123 BGB der Fall ist), so hat er einen Schadensersatzanspruch (§ 122 BGB).

In § 122 BGB werden zwei Arten von Schadensersatz angesprochen, zum einen der Schaden, den ein anderer dadurch erleidet, dass er auf die Gültigkeit der Erklärung vertraut **(Vertrauensschaden oder negatives Interesse)** und zum anderen der Schaden, den der andere hat, wenn er seine Stellung mit der vergleicht, die er bei ordnungsgemäßer Erfüllung des Geschäfts gehabt hätte **(Erfüllungsinteresse oder positives Interesse)**. In den Fällen der Anfechtung nach § 122 BGB kann nur das negative Interesse verlangt werden.

Beispiel
Fabrikant F verkauft an den Großhändler G 1 000 Stück einer Ware für 10 €/Stück. Der Großhändler verkauft die Ware weiter für 15 €/Stück an den Einzelhändler E. Danach stellt F fest, dass er sich bei der Abgabe seines Angebots verschrieben hat und ficht den Vertrag nach § 119 BGB (Erklärungsirrtum) erfolgreich an. G verlangt Schadensersatz nach § 122 BGB. G kann dann verlangen, so gestellt zu werden, als hätte er auf den Vertragsabschluss mit F nicht vertraut. Er erhält die aufgewandten Kosten, z. B. Transport-, Lager- und Versicherungskosten, ersetzt. Der Vertrauensschaden umfasst aber nicht den entgangenen Gewinn. Diesen hätte G nur bei ordnungsgemäß erfülltem Geschäft gemacht, er ist daher dem regelmäßig über das Vertrauensinteresse hinausgehenden Erfüllungsinteresse zuzurechnen.

Kontrollfragen
1. Was bedeutet der Begriff »Gegenstand« im Sinne des BGB?
2. Wie werden Tiere im Zivilrecht behandelt?
3. Was sind unbewegliche Sachen?
4. Erläutern Sie die Unterscheidung von vertretbaren und nicht vertretbaren, verbrauchbaren und nicht verbrauchbaren Sachen?
5. Was sind wesentliche Bestandteile einer Sache bzw. eines Grundstücks?
6. Was rechnet nach dem BGB zum Zubehör?
7. Welche Bestandteile hat eine Willenserklärung?
8. Welche Formen der Erklärung eines Willens gibt es?
9. In welche Elemente kann man die Willensbildung zerlegen?
10. Wie wird eine empfangsbedürftige Willenserklärung wirksam?
11. Nennen Sie Beispiele für einseitige Rechtsgeschäfte.
12. Was ist ein einseitig verpflichtender Vertrag?
13. Was versteht man unter dem Abstraktionsprinzip?
14. Welche Funktion haben Formvorschriften bei Rechtsgeschäften?
15. Was bedeutet Schriftform im Sinne des BGB?
16. In welcher Form kann ein Testament errichtet werden?
17. Was unterscheidet die öffentliche Beglaubigung von der notariellen Beurkundung?
18. Welche Mängel kann eine abgegebene Willenserklärung aufweisen?
19. Was ist ein Scheingeschäft?
20. Welche Formen des Irrtums bei der Abgabe einer Willenserklärung kennt das BGB?
21. Was sind die Rechtsfolgen einer Anfechtung wegen Irrtums?
22. Wie wird ein Kalkulationsfehler vom BGB eingeordnet und behandelt?
23. Wann liegt eine arglistige Täuschung vor?
24. Was versteht man unter einer rechtswidrigen Drohung?
25. Was versteht man unter Wucher?
26. Erklären Sie den Unterschied zwischen Nichtigkeit und Anfechtbarkeit?
27. Welche Formen der Schadensersatzleistung gibt es?

Aufgabe 14.02 *(Irrtum bei Vertragsschluss) S. 518*

Aufgabe 14.03 *(Fehlerhafte Willenserklärung) S. 518*

2.1.4 Stellvertretung (§§ 164 ff. BGB)

2.1.4.1 Funktion

Nicht immer ist eine Person in der Lage, ihre Willenserklärungen selbst abzugeben. Juristische Personen können gar nicht selbst handeln, bei natürlichen Personen ist es im Falle der Geschäftsunfähigkeit oder beschränkten Geschäftsfähigkeit genauso. Darüber hinaus erfordert es unser Wirtschaftsleben, dass auch natürliche Personen, die selbst voll geschäfts- und handlungsfähig sind, Geschäfte durch Hilfspersonen abschließen können. Durch Delegation ist eine Vervielfachung des eigenen Wirkungskreises möglich.

Man unterscheidet drei Hilfspersonen beim Abschluss von Geschäften: den Boten, den direkten (unmittelbaren) Stellvertreter und den indirekten (mittelbaren) Stellvertreter.

Der **Bote** wird im Gesetz nicht ausdrücklich erwähnt, z. B. geht § 120 BGB aber davon aus, dass eine dritte Person eine Willenserklärung überbringen kann. Die Unterscheidung zwischen Stellvertreter und Bote ist nicht immer einfach, aber wichtig, da auf den Boten die Bestimmungen über die Vertretung keine Anwendung finden.

> **Merksatz:** Der Bote überbringt eine fremde, fertige Willenserklärung (Erklärungsbote) oder nimmt eine fremde Willenserklärung entgegen (Empfangsbote), er ist gewissermaßen ein lebender Brief. Der Bote braucht daher auch nicht geschäftsfähig zu sein, es genügt, wenn er tatsächlich in der Lage ist, eine Nachricht zu überbringen oder in Empfang zu nehmen.
>
> **Beispiel**
> Eine Mutter schickt ihr kleines Kind zum Einkaufen, wobei genau festgelegt ist, was es kaufen soll.

Ein **Stellvertreter** dagegen gibt eine eigene Willenserklärung ab. Tritt er dabei in eigenem Namen für fremde Rechnung auf, so spricht man von der indirekten Stellvertretung. Eine Ausprägung dieser Form ist der Kommissionär (§§ 383 ff. HGB). Er wird beim Handelsrecht behandelt (vgl. S. 328).

Der Stellvertreter, der in fremdem Namen auf fremde Rechnung auftritt, ist der direkte Stellvertreter, den die §§ 164 ff. BGB behandeln. Wird jemand in dieser Weise für einen anderen tätig, so wirken die Erklärungen des Vertreters unmittelbar für und gegen den Vertretenen, als ob dieser persönlich gehandelt hätte.

Grundsätzlich ist es im Schuld- und Sachenrecht des BGB stets zulässig, sich vertreten zu lassen. Ausnahmen finden sich in den sog. »höchstpersönlichen« Erklärungen des Familien- und Erbrechts, z. B. Eheschließung, Testamentserrichtung, Erbvertrag, Einwilligung in die Adoption etc.

2.1.4.2 Voraussetzungen der offenen Stellvertretung im Einzelnen

Handeln in fremdem Namen (Offenkundigkeitsprinzip)

Nach § 164 Abs. 1 BGB muss die Tatsache, dass für einen Dritten gehandelt werden soll, entweder ausdrücklich gesagt werden oder sich eindeutig aus den Gesamtumständen ergeben. Dies dient dem Schutz des Dritten. Jeder Geschäftspartner hat schließlich ein berechtigtes Interesse daran, zu wissen, mit wem er Geschäfte abschließt und wer für die sich daraus ergebenden Verpflichtungen geradesteht.

Bei Zweifeln regelt § 164 Abs. 2 BGB daher, dass der Vertrag mit dem Vertreter zu Stande kommt (und nicht wie beabsichtigt, mit dem Vertretenen), wenn das Handeln in fremdem Namen nicht eindeutig zutage tritt. (Beachte: § 164 Abs. 2 BGB ist ein Beispiel für ein Meisterwerk »verständlicher« juristischer Formulierungskunst.)

Vertretungsmacht
Das Tätigwerden eines Dritten im Namen des Vertretenen kann diesen nur berechtigen und verpflichten (im Außenverhältnis), wenn der Vertreter auch berechtigt ist, den Vertretenen zu binden. Diese Vertretungsmacht (im Innenverhältnis) kann der Vertreter aus verschiedenen Gründen erlangen.

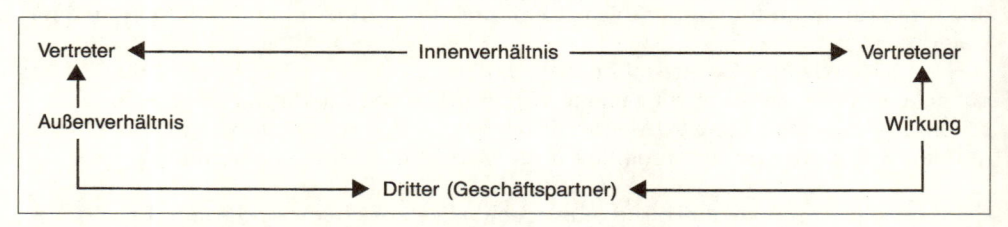

Abb. 2.1: Innen- und Außenverhältnis bei der Stellvertretung

Die Vertretungsmacht erlangt der Vertreter entweder aufgrund gesetzlicher Regelungen oder aufgrund vertraglicher Vereinbarungen. Grundsätzlich kann niemand mit mehr Vertretungsmacht nach außen auftreten, als er im Innenverhältnis empfangen hat (das rechtliche Können im Außenverhältnis ist abhängig vom rechtlichen Dürfen im Innenverhältnis).
    Gesetzliche Vertretungsmacht: Im Gesetz wird z. B. Vertretungsmacht verliehen:

a) bei einer natürlichen Person:
 – den Eltern eines Kindes (§§ 1629 ff. BGB),
 – dem Vormund eines Mündels (§§ 1793, 1897 BGB),
b) bei einer juristischen Person den Organen:
 – dem Vorstand eines Vereins (§§ 26 BGB),
 – dem Geschäftsführer einer GmbH (§ 35 GmbHG),
 – dem Vorstand einer Aktiengesellschaft (§ 78 AktG).

Rechtsgeschäftlich erteilte Vertretungsmacht (Vollmacht): Die durch ein Rechtsgeschäft erteilte Vertretungsmacht nennt man Vollmacht (§§ 167 ff. BGB). Durch die Vollmacht darf der Bevollmächtigte im Namen des Vollmachtgebers auf Grund und im Rahmen der ihm erteilten Vollmacht Verträge mit Dritten abschließen, Forderungen anerkennen, Verbindlichkeiten erfüllen und Handlungen vornehmen, und zwar soweit die Vollmacht reicht.
    Die Erteilung der Vollmacht ist kein Vertrag, sondern erfolgt nach § 167 BGB durch einseitige Erklärung entweder gegenüber dem zu Bevollmächtigenden **(Innenvollmacht)** oder gegenüber dem Dritten, mit dem der Vertreter Geschäfte abschließen soll **(Außenvollmacht)**, oder durch öffentliche Bekanntmachung (§ 171 BGB).

    Beispiel
    Die Firma A teilt ihren Geschäftspartnern mit, dass Herr X für sie jetzt bevollmächtigter Abschlussvertreter mit Inkassovollmacht ist. Damit wurde Außenvollmacht erteilt.

Grundsätzlich ist eine Vollmacht formlos gültig (§ 167 Abs. 2 BGB). Ausnahmen sind z. B.: unwiderrufliche Vollmacht, Prozessvollmacht, Erbausschlagung, Eintragungen ins Grundbuch.

Vollmacht		
Umfang der Vollmacht	Besondere gesetzlich geregelte Formen	Weitere Formen
1. Unterscheidung nach der Zahl der Rechtsgeschäfte – Generalvollmacht: Vertretung in allen Geschäften – Artvollmacht: Vertretung in einem bestimmten Kreis von Geschäften, z.B. Einkauf, Verkauf – Spezialvollmacht: Vertretung nur bei einem einzelnen Rechtsgeschäft, z.B. die Prozessvollmacht für einen einzelnen Prozess 2. Unterscheidung nach der Zahl der Vertreter – Gesamtvollmacht/Kollektivvollmacht: Vertretung durch mehrere Vertreter gemeinschaftlich – Einzelvollmacht: Vertretung durch die Vertreter einzeln	– Prokura (§§ 48 ff. HGB) – Handlungsvollmacht (§ 54 HGB) Vgl. hierzu S. 325 f.	– Duldungsvollmacht: Sie liegt vor, wenn der Geschäftsinhaber weiß und duldet, dass ein Anderer wie ein Vertreter für ihn auftritt, ohne dass er ihm ausdrücklich Vollmacht erteilt hat und ohne dass er dagegen einschreitet. – Anscheinsvollmacht: Sie unterscheidet sich von der Duldungsvollmacht dadurch, als der Vertretene vom Handeln seines angeblichen Vertreters nichts weiß, er es aber bei pflichtgemäßer Sorgfalt hätte wissen und verhindern können. Der Geschäftsherr muss sich im Rahmen der Duldungs- oder Anscheinsvollmacht in der Regel die Erklärungen entgegenhalten lassen, die in seinem Namen an Dritte gerichtet werden.

Erlöschen der Vollmacht (§§ 168 ff. BGB): Die Vollmacht erlischt dadurch, dass das zugrunde liegende Rechtsverhältnis erloschen ist (z. B. der erteilte Auftrag ausgeführt ist) oder dass sie gekündigt oder widerrufen wird.

2.1.4.3 Vertreter ohne Vertretungsmacht (§§ 177 ff. BGB)

Tritt jemand ohne Vollmacht als angeblicher Vertreter auf (vollmachtloser Vertreter) oder hat er zwar eine Vollmacht, überschreitet aber den Rahmen der ihm erteilten Vollmacht, so hat dies Folgen sowohl für die Gültigkeit des Rechtsgeschäfts als auch persönlich für denjenigen, der ohne Vertretungsmacht handelt. Das Rechtsgeschäft zwischen dem Dritten und dem angeblich Vertretenen kommt nicht zu Stande, weil eine der beiden Voraussetzungen des § 164 BGB fehlt. Aber auch ein Geschäft zwischen dem Dritten und dem Vertreter kommt nicht zu Stande, weil ja der Vertreter nicht in eigenem, sondern in fremdem Namen gehandelt hat. Misslich ist dies vor allem für den Dritten, der auf einen Abschluss vertraute.

In der Praxis lässt sich dieses Problem nur dadurch lösen, dass der Dritte die behauptete Vollmacht nachprüft. Ist dies aus irgendeinem Grund nicht möglich (was vor allem bei einer Vollmachtsüberschreitung schwierig ist) oder aus Versehen unterblieben, trägt zunächst der Dritte das Risiko, dass er ohne Vertragspartner dasteht.

Das Gesetz hat aber diese Folgen etwas abgemildert. Nach § 177 Abs. 1 BGB ist das von einem Vertreter ohne Vertretungsmacht geschlossene Rechtsgeschäft nicht völlig unwirksam (nichtig), sondern schwebend unwirksam bis zu einer eventuellen Genehmigung des angeblich Vertretenen. Derjenige, dessen Name gebraucht wurde, soll die Möglichkeit haben, das Rechtsgeschäft »an sich zu ziehen« wenn er sich daraus Vorteile verspricht. Fordert also der Dritte den angeblich Vertretenen auf, das Rechtsgeschäft zu genehmigen, wird bei einer Genehmigung das bis dahin schwebend unwirksame Rechtsgeschäft rückwirkend wirksam (§ 184 BGB).

Verweigert der angeblich Vertretene die Genehmigung, so kann der Vertreter ohne Vertretungsmacht vom Dritten persönlich in Anspruch genommen werden. Der Dritte kann – nach seiner Wahl – entweder verlangen, dass der Vertreter ohne Vertretungsmacht den Vertrag selbst erfüllt, oder dass er Schadensersatz leistet (§ 179 Abs. 1 BGB). Welche Möglichkeit der Dritte wählt, wird davon abhängen, ob er den »Vertreter« wirtschaftlich für in der Lage hält, den Vertrag selbst zu erfüllen.

Beispiel
Arbeitnehmer A hat beim Autohändler H ohne wirksame Vollmacht im Namen seiner Firma F einen gebrauchten Pkw zum Preis von 40 000 € gekauft. Ist der Kaufvertrag für F günstig und besteht Bedarf an einem entsprechenden Fahrzeug, so wird die Firma F den Vertrag nach einer entsprechenden Aufforderung genehmigen und das Fahrzeug abnehmen und bezahlen. Verweigert F die Genehmigung, muss H feststellen, ob A in der Lage ist, den Pkw selbst abzunehmen und zu bezahlen. Andernfalls wird er Schadensersatz verlangen. Dieser berechnet sich nach den zusätzlichen Aufwendungen, die dem H für einen anderweitigen Verkauf entstehen und aus dem entgangenen Gewinn aus dem geplatzten Geschäft (Erfüllungsinteresse).

Bei einem einseitigen Rechtsgeschäft ist eine Vertretung ohne Vertretungsmacht unzulässig (§ 180 BGB).

2.1.4.4 Verbot des Selbstkontrahierens (§ 181 BGB)

§ 181 BGB verbietet es grundsätzlich, als Vertreter mit sich selbst als Vertragspartner Rechtsgeschäfte abzuschließen.

Beispiele
- A ist Angestellter beim Autohändler H mit Vollmacht für den Ankauf gebrauchter Pkw. Da A auch sein privates gebrauchtes Fahrzeug verkaufen will, könnte er nach den Regeln der §§ 164 ff. BGB einen Vertrag schließen, bei dem er selbst auf der einen Seite Verkäufer ist und als Vertreter des H Käufer auf der anderen Seite.
- V ist der Vater und damit gesetzlicher Vertreter des Kindes K. Er verwaltet das Vermögen des Kindes, das dieses von seinem Großvater geerbt hat. V selbst möchte ein Grundstück ankaufen, das sich im Kindsvermögen befindet. Nach §§ 164 ff. BGB wäre ein solcher Vertrag möglich.

Um Interessenkonflikte, die aus solchen Gestaltungsmöglichkeiten entstehen könnten, von vornherein zu vermeiden, ist das »In-Sich-Geschäft« mit sich selbst auf beiden Seiten eines Vertrags durch § 181 BGB verboten.

Nur wenn Interessenkonflikte ausgeschlossen sind, ist ein In-Sich-Geschäft möglich. Dies ist der Fall, wenn

- das Gesetz oder der Vertretene (wirksam) dem Vertreter das Selbstkontrahieren gestatten (z. B. sind die Geschäftsführer einer GmbH i. d. R. im Gesellschaftsvertrag vom Verbot des Selbstkontrahierens befreit),
- das Rechtsgeschäft der Erfüllung einer Verbindlichkeit dient,
- das Rechtsgeschäft dem Vertretenen lediglich einen rechtlichen Vorteil bringt.

Aufgabe 14.04 *(Stellvertretung) S. 518*

2.1.5 Bedingung und Befristung (§§ 158 ff. BGB)

Bedingung und Befristung sind Klauseln in Rechtsgeschäften, die deren Wirksamkeit beeinflussen.

2.1.5.1 Bedingung

Eine Bedingung ist ein zukünftiges ungewisses Ereignis, dessen Eintritt oder Nichteintritt die Wirksamkeit des Rechtsgeschäfts beeinflusst.
   Aufschiebende Bedingung (§ 158 Abs. 1 BGB): Die Wirksamkeit des Rechtsgeschäfts tritt erst ein, wenn die Bedingung erfüllt ist.

> **Beispiel**
> Eigentumsvorbehalt, d. h., der Verkäufer behält sich mit dieser Klausel das Eigentum vor (zurück), bis der Kaufpreis bezahlt ist.

Auflösende Bedingung (§ 158 Abs. 2 BGB): Das Rechtsgeschäft wird sofort wirksam; tritt aber die Bedingung ein, so fällt die Wirksamkeit künftig wieder weg und der alte Rechtszustand wird wieder hergestellt.

> **Beispiel**
> Sicherungsübereignung, d. h. ein Gegenstand wird als Sicherheit für ein gewährtes Darlehen übereignet. Der Vertrag kann so gestaltet werden, dass das Eigentum bei Bedingungseintritt (Rückzahlung des Darlehens) »automatisch« wieder zurückfällt.

2.1.5.2 Befristung

Die Befristung unterscheidet sich von der Bedingung dadurch, dass der Eintritt des zukünftigen Ereignisses gewiss ist. Nach § 163 BGB werden die Bestimmungen über die Bedingung entsprechend angewandt, d. h., enthält ein Rechtsgeschäft eine Klausel, die für die Wirksamkeit einen Anfangstermin enthält, wird das Rechtsgeschäft erst ab diesem Termin wirksam; bei einem Endtermin endet die Wirksamkeit des Rechtsgeschäfts beim Eintritt des Termins.

2.1.5.3 Berechnung von Fristen und Terminen (§§ 186 ff. BGB)

Bei der Berechnung von Fristen ist in erster Linie entscheidend, ob es sich um sog. Ereignis- oder Beginnfristen handelt.

Ereignisfristen (§ 187 Abs. 1 BGB)

Ereignisfristen sind solche Fristen, bei denen der Anlauf der Frist vom Eintritt eines in den Lauf eines Tages fallenden Ereignisses abhängt.

> **Beispiel**
> Viele Fristen hängen davon ab, dass eine Willenserklärung dem Empfänger zugeht. Der Zugang ist ein in den Lauf eines Tages fallendes Ereignis.

Der **Fristbeginn** wird bei Ereignisfristen in der Weise berechnet, dass der Ereignistag nicht mitgezählt wird.

> **Beispiel**
> Zugang einer Erklärung am 10.3.04. Der 10.3.04 wird nicht mitgezählt, die Frist beginnt also mit Ablauf des 10.3.04 oder mit Beginn des 11.3.04.

Die **Dauer** der Frist richtet sich nach gesetzlichen Vorschriften oder vertraglichen Vereinbarungen. Für das Fristende enthält § 188 BGB wichtige Regelungen.

– Eine nach Tagen bestimmte Frist wird einfach abgezählt, sie endet mit Ablauf des letzten Tages der Frist § 188 Abs. 1 BGB.

> **Beispiel**
> Die Dauer der Frist im Ausgangsbeispiel soll zehn Tage betragen. Die Berechnung erfolgt, indem man vom 11.3.04 beginnend zehn Tage abzählt und man den 20.3.04 erhält. Die Frist läuft bis zum Ablauf des 20.3.04, d.h. bis 20.3.04, 24 Uhr.

– Eine nach Wochen bestimmte Frist endet mit Ablauf des Tages, der die gleiche Bezeichnung trägt wie der Ereignistag (§ 188 Abs. 2 BGB).

> **Beispiel**
> Ereignistag ist Dienstag. Nach der gesetzlichen Regelung ist die Frist somit auch an einem Dienstag wieder um. Für eine Woche kann man das auch präzise darstellen. Der Dienstag wird nicht mitgerechnet, die Frist beginnt also mit Ablauf des Dienstag. Sie läuft sieben Tage und endet mit Ablauf des siebten Tages, wieder des Dienstags.

– Eine nach Monaten (oder einem noch längeren Zeitraum, z.B. mehrere Monate, Vierteljahr, Halbjahr, Jahr) bestimmte Frist endet an dem Tag, der die gleiche Zahl trägt wie der Ereignistag (§ 188 Abs. 2 BGB).

> **Beispiel**
> Ereignistag ist der 10.3.04. Eine Frist von einem Monat endet dann am 10.4.04.

Diese Art der Berechnung (ohne z.B. für einen Monat 30 Tage anzusetzen) führt zu Schwierigkeiten, wenn der betreffende Tag in dem Monat, in dem die Frist endet, fehlt. § 188 Abs. 3 BGB verkürzt in diesem Fall die Frist auf den Ablauf des letzten Tages des betreffenden Monats.

> **Beispiel**
> Ereignistag ist der 30.1.04. Da es keinen 30.2.04 gibt, endet die Monatsfrist bereits mit Ablauf des letzten Tages des Februar.

Beginnfristen (§ 187 Abs. 2 BGB)

Ist der Beginn eines Tages für den Ablauf einer Frist maßgeblich, spricht man von einer Beginnfrist. Bei der Fristberechnung wird dann dieser Tag mitgezählt. Nach § 187 Abs. 2 Satz 2 BGB wird auf diese Weise das Lebensalter berechnet. Dies ist eigentlich inkonsequent, denn die Geburt ist ein in den Lauf eines Tages fallendes Ereignis; das Lebensalter wäre damit nach Ereignisfristgrundsätzen zu berechnen.

Für das Fristende bei Beginnfristen enthält § 188 Abs. 2 BGB wieder einige kompliziert ausgedrückte Regelungen.

- Bei Wochenfristen endet die Frist mit Ablauf des Tages, der dem Tag vorhergeht, der durch seine Bezeichnung dem Tag des Beginns der Frist entspricht.

   Beispiel
   Eine Frist von einer Woche beginnt mit Beginn des Dienstags. Sie endet dann mit Ablauf des folgenden Montags. Genau abgezählt ergibt sich unter Mitzählen des Dienstags ebenfalls der Montag.

- Bei Monats- oder längeren Fristen gilt Entsprechendes. Vom »Beginndatum« wird im Endmonat ein Tag abgezogen.
- Bei der Lebensaltersberechnung ist besonders das Geburtsdatum 1. 1. eines Jahres interessant. Oftmals wird das Erreichen eines bestimmten Alters zu Beginn eines Kalenderjahres als Anknüpfungspunkt für bestimmte Rechtsfolgen genommen, die bereits in diesem Jahr eintreten sollen. Die Frage ist dann, ob jemand, der am 1. 1. eines Jahres Geburtstag hat, für dieses Jahr dann schon das entsprechende Alter hat. Nach den Grundsätzen der Beginnfristberechnung ist dies der Fall. Das Lebensjahr wird schon mit Ablauf des Tages vor dem Geburtstag vollendet, bei einem Geburtstag am 1. 1. eines Jahres also schon mit Ablauf des 31. 12. des Vorjahres. Zu Beginn des neuen Jahres ist dann das entsprechende Lebensalter schon erreicht.

Gemeinsame Regelungen für Ereignis- und Beginnfristen (§§ 189 ff. BGB)

Besonders hinzuweisen ist hier auf die Regelung des § 193 BGB. Fällt das Fristende auf einen Sonntag, einen am Erklärungsort oder Leistungsort staatlich anerkannten Feiertag oder einen Samstag, so verlängert sich die Frist bis zum Ablauf des nächsten Werktages. Entsprechendes gilt, wenn ein bestimmter Termin auf einen solchen Tag fällt.

2.1.6 Verjährung (§§ 194 ff. BGB)

Ansprüche können nicht unbeschränkt lange geltend gemacht werden. Die Rechtssicherheit und der Rechtsfrieden verlangen es, dass nach Ablauf bestimmter Fristen »Ruhe« sein muss. Nach langer Zeit rechnet man nicht mehr mit alten Ansprüchen, auch gehen im Laufe der Zeit wichtige Beweismittel für die Durchsetzung des Anspruchs oder für dessen Abwehr verloren. Daher bestimmt § 194 BGB (und gibt damit gleich eine Legaldefinition = gesetzliche Definition des Begriffs Anspruch): »Das Recht, von einem anderen ein Tun oder Unterlassen zu verlangen, unterliegt der Verjährung.«

2.1.6.1 Wirkung der Verjährung (§ 214 BGB)

Der Eintritt der Verjährung berechtigt den Verpflichteten zur Verweigerung der Leistung wegen Zeitablaufs. Der Anspruch erlischt nicht (im Gegensatz etwa zum Steuerrecht, vgl. § 232 AO), die Leistungsverweigerung muss vielmehr ausdrücklich geltend gemacht werden (sog. Einrede der Verjährung). Hat der Verpflichtete in Unkenntnis des Eintritts der Verjährung oder aus irgendeinem sonstigen Grund nach Eintritt der Verjährung geleistet, so kann er das Geleistete nicht mehr wieder herausverlangen (§ 214 Abs. 2 BGB).

2.1.6.2 Beginn der Verjährung (§§ 199 ff. BGB)

Regelmäßig beginnt die Verjährung mit Ablauf des Kalenderjahres, in welchem der Anspruch entsteht und der Gläubiger von den Umständen, die den Anspruch begründen und der Person des Schuldners Kenntnis erlangt hat oder haben müsste (§ 199 Abs. 1 BGB). Diese Vorschrift ermöglicht eine bessere Überwachung der Verjährung. Bei Ansprüchen, die der regelmäßigen Verjährung unterliegen, muss rechtzeitig vor dem 31. 12. eines Kalenderjahres geprüft werden, ob aus den Kalenderjahren, für die Verjährung droht, noch Ansprüche offen sind. Die Verjährung von Ansprüchen, die nicht der regelmäßigen Verjährung unterliegen, beginnt mit der Entstehung des Anspruchs bzw. bei einer Unterlassung mit der Zuwiderhandlung (§§ 200, 199 Abs. 5 BGB).

2.1.6.3 Verjährungsfristen

Über die geläufigen Verjährungsfristen (3 und 30 Jahre) hinaus gibt es im Zivilrecht noch eine Reihe von Fristen, die in der Tabelle S. 249 zusammengestellt sind.

2.1.6.4 Rechte, die nicht der Verjährung unterliegen

Bestimmte Rechte unterliegen nicht der Verjährung. Hierzu zählen:
- Ansprüche aus einem familienrechtlichen Verhältnis für die Zukunft (§ 194 Abs. 2 BGB), z. B. Unterhaltsansprüche unter Verwandten,
- Ansprüche auf Aufhebung einer Bruchteilsgemeinschaft (§ 758 BGB),
- Ansprüche zur Berichtigung des Grundbuchs (§ 898 BGB),
- Ansprüche aus im Grundbuch eingetragenen Rechten aus Hypotheken und Grundschulden mit Ausnahme rückständiger Zinsen (§ 902 BGB),
- Ansprüche aus Auseinandersetzung einer Erbengemeinschaft (§ 2042 BGB),
- Gestaltungsrechte, wie z. B. das Anfechtungsrecht wegen Irrtums; bei diesen müssen aber Ausschlussfristen beachtet werden, nach deren Ablauf das Recht nicht mehr ausgeübt werden kann.

2.1.6.5 Neubeginn der Verjährung (§ 212 BGB)

In bestimmten Fällen beginnt die Verjährung von Neuem. Dies ist der Fall bei:
- Anerkennung des Anspruchs durch Abschlagszahlung, Zinszahlung, Sicherheitsleistung oder in anderer Weise (§ 212 Abs. 1 Nr. 1 BGB),
- Vornahme einer gerichtlichen oder behördlichen Vollstreckungshandlung wegen des Anspruchs (§ 212 Abs.1 Nr. 2 BGB); wird die Vollstreckungshandlung rückgängig gemacht, gilt der erneute Beginn der Verjährung als nicht eingetreten (§ 212 Abs. 2 und 3 BGB).

2.1.6.6 Hemmung der Verjährung (§§ 203 ff. BGB)

Ist die Verjährung gehemmt, so ruht die Verjährung während dieses Zeitraums. Nach Wegfall des Hemmungsgrundes läuft die Verjährung wieder weiter. Im Ergebnis wird die Zeit der Hemmung an die Verjährungsfrist angehängt (§ 209 BGB). Hemmungsgründe sind z. B.:
- Verhandlungen (§ 203 BGB),
- Rechtsverfolgung (§ 204 BGB) (z. B. Mahnbescheid),

Wichtige Verjährungsfristen	
Dauer	Ansprüche
3 Monate	– Ansprüche aus Verletzungen des Wettbewerbsverbots durch Mitgesellschafter und Handlungsgehilfen (§§ 113, 61 HGB) von dem Zeitpunkt an, an welchem die übrigen Gesellschafter bzw. der Prinzipal Kenntnis erlangen
6 Monate	– Ersatzansprüche des Vermieters gegen Mieter (§ 548 BGB) – Ansprüche auf Unterlassung oder Schadensersatz nach dem Gesetz gegen den unlauteren Wettbewerb (§ 21 UWG) – Ansprüche des Wechselindossanten gegen Aussteller und Vormänner (Artikel 70 Wechselgesetz)
1 Jahr	– Ansprüche des Inhabers gegen die Indossanten und den Aussteller bei Wechselprotest (Artikel 70 Wechselgesetz) – Ansprüche gegen Spediteure, Lagerhalter und Frachtführer wegen Verlustes, Minderung, Beschädigung oder verspäteter Ablieferung eines Gutes (§§ 439 HGB)
2 Jahre	– Mängelansprüche beim Kauf (§ 438 Abs. 1 Nr. 3 BGB) und beim Werkvertrag (§ 634a BGB)
3 Jahre	– Die regelmäßige Verjährungsfrist beträgt 3 Jahre (§ 195 BGB) – Schadenersatzansprüche (§ 199 Abs. 1 BGB) – Wechselansprüche gegen Akzeptanten (Artikel 70 Wechselgesetz)
4 Jahre	– Ansprüche aus dem Vertragsverhältnis der Handelsvertreter (§ 88 HGB)
5 Jahre	– Ansprüche aus Mängeln bei Bauwerken (§ 438 Abs. 1 Nr. 2 BGB) – Ansprüche gegen den früheren Inhaber eines Handelsgeschäfts, wenn der Erwerber für die früheren Geschäftsverbindlichkeiten haftbar ist (§ 26 HGB) – Ansprüche gegen Mitgesellschafter wegen Verletzung des Wettbewerbsverbots (§ 113 HGB) – Ansprüche gegen die Gesellschafter einer aufgelösten OHG oder wegen des Ausscheidens eines Gesellschafters (§ 159 HGB)
10 Jahre	– Ansprüche auf Grundstücke und Grundstücksrechte (§ 196 BGB) – Ansprüche auf Schadenersatz wegen Sach- und Vermögensschäden (§ 199 Abs. 3 Nr. 1 BGB)
30 Jahre	– Rechtskräftig festgestellte Ansprüche, auch wenn der Anspruch selbst an sich einer kürzeren Verjährung unterliegt (§ 197 Abs. 1 Nr. 3 BGB) – Herausgabeansprüche aus Eigentum und anderen dinglichen Rechten (§ 197 Abs. 1 Nr. 1 BGB) – Familien- und erbrechtliche Ansprüche (§ 197 Abs. 1 Nr. 2 BGB) – Ansprüche, die in vollstreckbaren Vergleichen, vollstreckbaren Urkunden und im Insolvenzverfahren vollstreckbar festgestellt wurden (§ 197 Abs. 1 Nr. 4 und 5 BGB) – Ansprüche bei Rechtsmängeln von Sachen (§ 438 Abs. 1 Nr. 1 BGB)

– Stundung (§ 205 BGB),
– Leistungsverweigerungsrecht des Verpflichteten aus einem anderen Grund (§ 205 BGB),
– höhere Gewalt (§ 206 BGB),
– familiäre Gründe bei bestimmten Ansprüchen (§ 207 BGB).

Merksatz: Eine außergerichtliche Mahnung oder private Zahlungsaufforderungen (auch über ein Inkassobüro) haben keine Auswirkung auf die Verjährung!

Kontrollfragen

1. Welche rechtliche Stellung hat ein Bote?
2. Was ist ein indirekter Stellvertreter?
3. Wie tritt ein offener Stellvertreter auf?
4. Zwischen wem wirkt ein in offener Stellvertretung zu Stande gekommenes Rechtsgeschäft?
5. Wie erlangt man Vertretungsmacht?
6. Wie kann eine Vollmacht erteilt werden?
7. Welche Formen der Vollmacht kennen Sie?
8. Welche Rechtsfolgen entstehen für jemanden, der ohne Vertretungsmacht ein Rechtsgeschäft in fremdem Namen abschließt?
9. Wie wird das Überschreiten einer wirksam erteilten Vollmacht behandelt?
10. Was ist ein In-Sich-Geschäft? Ist es zulässig?
11. Wie unterscheiden sich auflösende und ausschiebende Bedingung?
12. Was versteht das BGB unter Befristung?
13. Wie wird die Frist von einer Woche bei einer Ereignisfrist und wie bei einer Beginnfrist berechnet?
14. Welche Wirkung hat der Eintritt der Verjährung nach dem BGB?
15. Wann beginnt die Verjährung?
16. Welches sind die wichtigsten Verjährungsfristen?
17. In welchen Fällen beginnt eine neue Verjährungsfrist?
18. Was bedeutet Hemmung der Verjährung? Wodurch wird eine Hemmung beispielsweise hervorgerufen?
19. Welche Auswirkung hat die Hemmung auf die Verjährungsfrist?

Aufgabe 14.05 *(Verjährung)* S. 519

2.2 Allgemeines Schuldrecht

2.2.1 Entstehung der Schuldverhältnisse

Von einem Schuldverhältnis spricht man nach § 241 BGB dann, wenn ein Gläubiger von einem Schuldner eine Leistung verlangen kann. Dieses »Verlangenkönnen« nennt man mit einem anderen Begriff **Anspruch** (§ 194 BGB). Ansprüche können als Folgen gesetzlicher Regelungen oder als Folge gewillkürter Entscheidungen von Personen entstehen.

Laut Gesetz entstehen zwei wichtige Ansprüche, der Schadensersatzanspruch aus unerlaubter Handlung nach §§ 823 ff. BGB und der Bereicherungsanspruch nach §§ 812 ff. BGB (vgl. S. 283).

Weiter können Ansprüche entstehen aus einseitigen Rechtsgeschäften (vgl. S. 233). Die allermeisten Ansprüche entstehen aber als Folge zweiseitiger Rechtsgeschäfte, die man im Allgemeinen **Verträge** nennt. Die Regelungen über das Zustandekommen von Verträgen stehen zwar im Allgemeinen Teil (§§ 145 ff. BGB), passen aber m. E. von der Systematik besser hierher (vgl. auch § 311 BGB).

Ein Vertrag kommt zu Stande durch zwei (oder mehrere) empfangsbedürftige, wechselseitige und übereinstimmende Willenserklärungen, die man Angebot (Antrag) und Annahme nennt.

Das **Angebot** ist die Willenserklärung, durch die jemand einem anderen den Abschluss eines Vertrages in der Weise anträgt, dass das Zustandekommen des Vertrages nur noch von der Zustimmung des anderen Teils abhängt.

Das Angebot muss annahmefähig, d. h. inhaltlich hinreichend bestimmt sein und den Inhalt des Vertrages so vollständig wiedergeben, dass der andere Teil nur noch mit »Ja« zu antworten braucht.

Beispiel
A bietet B seinen gebrauchten Pkw für 7 500 € an. In diesem Angebot sind alle wesentlichen Faktoren enthalten, B kann es mit einem schlichten »Ja« annehmen und der Vertrag ist geschlossen.
Anders, wenn A den B fragt: »Willst du meinen Wagen kaufen?« Hier wird erst nach dem Interesse am Kauf gefragt, als wesentliches Merkmal für das Vorliegen eines Angebots fehlt der Preis.

Wer ein Angebot abgibt, ist grundsätzlich daran gebunden (§ 145 BGB). Eine Ausnahme besteht dann, wenn der Erklärende die Bindung ausschließt (z. B. »Angebot freibleibend«) oder einschränkt (z. B. »solange Vorrat reicht«).
Das Angebot erlischt, wenn es abgelehnt wird (§ 146 BGB) oder nach Ablauf der Annahmefrist (§§ 146 i. V. m. 147–149 BGB).
Ein Angebot unter Anwesenden (gleichbehandelt wird ein telefonisches Angebot) kann nur sofort angenommen werden (§ 147 Abs. 1 BGB). Diese Bestimmung ist jedoch nach § 148 BGB abdingbar. Wird keine Frist für die Annahme bestimmt, so erlischt ein unter Abwesenden gemachtes Angebot, wenn unter regelmäßigen Umständen keine Antwort mehr erwartet werden darf (§ 147 Abs. 2 BGB). Eine verspätete Annahme oder eine Annahme unter Abänderungen gilt als neuer Antrag (§ 150 BGB).

Beispiel
A bietet B seinen gebrauchten Pkw für 7 500 € an. B sagt: »Für 7 000 € nehme ich ihn.« Die Antwort des B gilt als Ablehnung des Angebots (Verkaufsangebot) von A über 7 500 €, verbunden mit einem neuen Angebot (Kaufangebot) über 7 000 € an A.

Vertragsangebot und Vertragsannahme durch schlüssiges Verhalten werden wie ausdrückliche Willenserklärungen behandelt.
Eine Vertragsannahme braucht dem Empfänger der Erklärung nicht zuzugehen, wenn eine solche Erklärung nach der Verkehrssitte nicht zu erwarten ist oder der Antragende auf sie verzichtet hat (§ 151 BGB).
Vom bindenden Vertragsangebot ist die bloße **Aufforderung zur Abgabe von Angeboten** zu unterscheiden. Dies ist sehr häufig der Fall, wenn sich das »Angebot« an eine unbestimmte Vielzahl von Personen richtet. Hierher gehören alle Arten von Werbung, am besten lässt sich diese Variante darstellen anhand der Schaufensterwerbung. Die ausgestellte Ware soll die Kunden in den Laden locken, ihn auffordern zu kaufen. Nach der Rechtsprechung gibt in diesen Fällen der Kunde das Angebot ab, wenn er sagt, er möchte ein bestimmtes Stück kaufen, das er im Schaufenster gesehen hat. Der Kaufmann nimmt dann dieses Angebot an oder nicht. Dies hat Auswirkungen auf den Fall, in dem eine **Ware im Schaufenster falsch ausgezeichnet** ist. Der Kunde möchte sie dann zum falschen Preis kaufen, der Kaufmann lehnt dies ab. Der Kaufmann hat durch das Ausstellen kein Angebot gemacht, das der Kunde nur annehmen müsste; das Angebot des Kunden muss der Kaufmann nicht annehmen. Der Kunde hat somit keinen rechtlichen Anspruch auf Erwerb der Ware zum falschen Preis; verkauft der Kaufmann zu diesem Preis, ist dies eine reine Kulanzsache.
Im vorigen Fall angesprochen wurde die Frage, ob jemand verpflichtet ist, Verträge abzuschließen. Dies ist grundsätzlich nicht der Fall. Es herrscht nach dem BGB **Vertragsfreiheit.** Diese Vertragsfreiheit hat zwei Seiten, zum einen die Abschlussfreiheit

und zum anderen die Inhalts- oder Gestaltungsfreiheit. Die hier angesprochene Abschlussfreiheit bedeutet, dass jedermann grundsätzlich frei entscheiden kann, ob und mit wem er Verträge abschließen möchte.

Eine Ausnahme gilt für sog. Monopolunternehmen, wie z. B. Post, Bahn, Versorgungsunternehmen für Strom, Wasser, Gas etc. Diese müssen Verträge abschließen **(Abschlusszwang oder Kontrahierungaszwang).**

2.2.2 Inhalt der Schuldverhältnisse

Im Rahmen eines Schuldverhältnisses werden Verpflichtungen der unterschiedlichsten Art begründet. Zunächst gibt es Haupt- und Nebenpflichten.

Hauptpflichten sind die Pflichten, die die Vertragschließenden im Wesentlichen regeln wollten, wegen denen also das Schuldverhältnis eingegangen wurde. **Nebenpflichten** haben nur dienende Funktion im Verhältnis zu den Hauptpflichten; sie können weitere Leistungspflichten, aber je nach Vertragsart auch Schutzpflichten, Unterlassungspflichten, Sorgepflichten oder Aufklärungspflichten sein. Man kann zusammenfassend sagen, dass Nebenpflicht eines Vertrages alles sein kann, was Schaden vom Vertragspartner abwendet.

> **Beispiel**
> Beim Kaufvertrag besteht die Hauptpflicht des Verkäufers in der Lieferung, die des Käufers in der Bezahlung. Eine Nebenpflicht des Käufers ist die Abnahme, eine Nebenpflicht des Verkäufers könnte z. B. die Einweisung des Käufers in den Gebrauch sein (Gebrauchsanleitung).

2.2.2.1 Leistungsgegenstand

Gegenstand eines Schuldverhältnisses ist entweder ein ganz bestimmter Einzelgegenstand **(Stückschuld),** oder es genügt dem Gläubiger, dass die Sache zu dem vorgesehenen Zweck geeignet ist, ohne dass es darauf ankommt, dass es ein ganz bestimmter Gegenstand ist. In diesen Fällen spricht man von einer **Gattungsschuld**. Es ist nicht ganz gleichgültig, welches Stück aus der Gattung der Schuldner liefert; die Interessen des Gläubigers erfordern, dass eine Sache mittlerer Art und Güte geleistet wird (§ 243 BGB). Die Gattungsschuld ist deshalb problematisch, weil sie eine **Beschaffungsschuld** darstellt. Der Schuldner hat solange zu liefern, wie eine Leistung aus der Gattung möglich ist, auch wenn ein Teil der Gattung vor Ausführung der Lieferung untergeht.

> **Beispiel**
> Ein Heizölhändler H hat dem Kunden K 10 000 l Heizöl verkauft. Bevor es ausgeliefert wird, brennt das Lager des H, und dessen gesamtes Heizöl wird vernichtet. Solange es überhaupt noch Heizöl gibt, muss H liefern.

Um diese strengen Anforderungen zu mildern, bestimmt § 243 Abs. 2 BGB, dass die Gattungsschuld zur Stückschuld wird, wenn der Schuldner das seinerseits zur Leistung Erforderliche getan hat (sog. Konkretisierung). Das ist der Fall, wenn der Schuldner die Leistung zur rechten Zeit, in der rechten Art und am rechten Ort anbietet (vgl. Ausführungen unten). Ist dies der Fall, so geht die Gefahr des zufälligen Untergangs der konkretisierten Sache auf den Gläubiger über (Übergang der Leistungs- oder Sachgefahr), und der Schuldner muss nicht noch einmal leisten.

2.2.2.2 Leistungszeit (§ 271 BGB)

Anstelle des Begriffs Leistungszeit kann auch für die Leistung der Sache der Begriff **Fälligkeit** verwendet werden. Die Zeit der Leistung kann besonders vereinbart sein oder sich aus den Umständen ergeben. Ist dies nicht der Fall, so kann der Gläubiger die Leistung sofort verlangen, der Schuldner sie sofort bewirken (Erfüllbarkeit).

Ist eine **feste Leistungszeit** vereinbart, so kann der Gläubiger die Leistung nicht vorher verlangen; wenn nichts anderes vereinbart ist, darf sie aber der Schuldner vorher erbringen (§ 271 Abs. 2 BGB).

> **Beispiel**
> A hat B ein Darlehen, befristet bis zum 1. 3. 02, gegeben. Dann darf A erst am 2. 3. 02 Zahlung verlangen, da dann erst seine Rückzahlungsforderung fällig ist. Ist eine vorzeitige Rückzahlung nicht ausgeschlossen, so darf B das Darlehen aber schon vorher zurückzahlen.

Eine besondere Rolle spielt die Leistungszeit beim sog. **absoluten Fixgeschäft**. Bei diesem ist die Zeit so entscheidend, dass das Geschäft seinen Sinn verliert, wenn nicht rechtzeitig geleistet wird.

> **Beispiel**
> A bestellt ein Taxi auf 8 Uhr, weil er pünktlich zum Flughafen gebracht werden will. Erscheint der Fahrer mit solcher Verspätung, dass das Flugzeug nicht mehr zu erreichen ist, hat der Taxifahrer keinen Anspruch auf Bezahlung für die vergebliche Anfahrt.

2.2.2.3 Leistungsort (§ 269 BGB)

Die Leistung hat auch am richtigen Ort zu erfolgen. Wo dies ist, richtet sich auch wieder in erster Linie nach den Vereinbarungen. Die Regelungen des § 269 BGB gelten nur hilfsweise, wenn weder Vereinbarungen getroffen wurden noch aus den Umständen durch Auslegung der richtige Leistungsort zu entnehmen ist. Man unterscheidet Holschuld, Bringschuld und Schickschuld.

Holschuld

Das Gesetz geht in § 269 Abs. 1 BGB davon aus, dass die Leistung am Wohnsitz des Schuldners oder – bei gewerblichen Schulden – am Ort seiner gewerblichen Niederlassung (§ 269 Abs. 2 BGB) zu erbringen ist. In diesem Fall hat der Gläubiger die Sache dort abzuholen. Der Schuldner hat sie lediglich bereitzustellen und dies dem Gläubiger mitzuteilen. Der Grundfall für den Leistungsort ist also die Holschuld.

> **Beispiel**
> Hausfrau H bestellt beim Bäcker telefonisch Brötchen. Dann hat der Bäcker sie abzupacken und zur Abholung bereitzuhalten. Die Hausfrau H hat sie abzuholen. Das Risiko während des Transports auf dem Nachhauseweg trägt die Hausfrau.

Bringschuld

Das Gegenteil einer Holschuld ist die Bringschuld. In diesen Fällen ergibt sich aus den Umständen oder aus den Vereinbarungen, dass die geschuldete Sache vom Schuldner auf eigenes Risiko zum Gläubiger zu bringen ist.

> **Beispiel**
> A kauft ein Klavier. Entweder wird die Frage des Transports ausdrücklich geregelt (wobei nach § 269 Abs. 3 BGB die Frage der Kosten des Transports allein keinen Rückschluss auf den Leistungsort zulässt) oder, wenn nichts vereinbart ist, ergibt sich aus den Umständen, dass Güter, die üblicherweise vom Kunden nicht transportiert werden können, zu ihm zu bringen sind. Gleiches gilt etwa auch für die Lieferung von Kohlen und Heizöl sowie für alle Dinge, die beim Kunden erst noch angeschlossen werden müssen.

Schickschuld

Die Schickschuld ist von der Risikoverteilung her ein Zwischending zwischen Holschuld und Bringschuld. In diesen Fällen übernimmt es der Schuldner noch, den geschuldeten Gegenstand zu verpacken und abzuschicken, das Risiko während des Transports will er aber nicht übernehmen. Der Leistungsort liegt somit wie bei der Holschuld beim Schuldner.

> **Beispiel**
> Gesetzlicher Hauptfall ist der Versendungskauf (§ 447 BGB); in der Praxis sind daher die häufigsten Fälle der Schickschuld die Käufe bei einem Versandhaus.

2.2.3 Folgen der Verletzung der Vertragspflichten

Wenn jede Vertragspartei ihre Verpflichtungen ordnungsgemäß erfüllt, erlischt das Schuldverhältnis i. d. R. durch Erfüllung. Die Abwicklung des Vertragsverhältnisses kann aber vorher durch sog. Leistungsstörungen beeinträchtigt werden. Man unterscheidet

- die Unmöglichkeit der Leistung (Nichterfüllung),
- den Verzug (verspätete Erfüllung),
- die Schlechterfüllung einer Vertragspflicht.

Diese drei Arten der Leistungsstörungen werden im Schuldrecht für alle Verträge allgemein vorweg behandelt. Für die Schlechterfüllung einer Vertragspflicht gibt es für die einzelnen Vertragsarten Spezialregelungen, z. B. die Gewährleistungsrechte beim Kaufvertrag (§§ 437 ff. BGB) oder die Mängelrechte beim Mietvertrag (§§ 536 ff. BGB).

2.2.3.1 Unmöglichkeit

Stellung des Schuldners

Rein begrifflich unterscheidet man danach, ob die geschuldete Leistung von niemandem erbracht werden kann (**objektive Unmöglichkeit**) oder ob die Leistungserbringung an sich möglich, aber gerade dem Schuldner unmöglich ist (**subjektive Unmöglichkeit** oder **Unvermögen**). Das Ergebnis ist in beiden Fällen dasselbe: Der Gläubiger hat nach § 275 Abs. 1 BGB keinen Anspruch auf die Leistung, d. h. der Schuldner braucht nicht zu leisten.

Der Zeitpunkt des Eintritts der Unmöglichkeit ist unbeachtlich. Ob die Unmöglichkeit bereits vor Vertragsschluss eingetreten ist oder die Leistungserbringung erst danach unmöglich wurde, spielt gem. § 311 a Abs. 1 BGB keine Rolle.

Neben dem Fall, dass die Leistung dem Schuldner unmöglich ist, gibt ihm das Gesetz in zwei weiteren Fällen ein Leistungsverweigerungsrecht:

- nach § 275 Abs. 2 BGB kann der Schuldner die Leistung verweigern, wenn die – an sich mögliche – Leistungserbringung einen unverhältnismäßigen Aufwand erfordert, und
- nach § 275 Abs. 3 BGB braucht der Schuldner nicht zu leisten, wenn er eine Leistung persönlich zu erbringen hat und ihm dies nicht zuzumuten ist.

Ob der Schuldner für die Unmöglichkeit der Leistung im Sinne der §§ 276 bis 278 BGB verantwortlich ist, spielt für das bisher besprochene Leistungsverweigerungsrecht des Schuldners keine Rolle.

Rechte des Gläubigers

Nachdem § 275 Abs. 1–3 BGB geregelt haben, dass der Schuldner seine Leistungsverpflichtung losgeworden ist, bestimmen sich die Rechte des Gläubigers nach den §§ 280, 283–285, 311a und 326 BGB (vgl. Verweis in §§ 275 Abs. 4 BGB).

Der Schuldner ist jedoch nur schadensersatzpflichtig, wenn er die Pflichtverletzung nach den Vorschriften der §§ 276–278 BGB auch zu vertreten hat. Für das Vertretenmüssen genügt als Verantwortlichkeit bereits leichte Fahrlässigkeit, im Gesetz in § 276 Abs. 2 BGB definiert als »Außerachtlassung der im Verkehr erforderlichen Sorgfalt«.

Grundlegende Vorschrift ist § 280 BGB. Wenn der Schuldner eine Pflicht aus dem Schuldverhältnis verletzt, kann der Gläubiger anstatt der Leistung oder neben der Leistung (zusätzlich) Schadensersatz verlangen. Bei der Unmöglichkeit ist dabei nur die Variante »anstatt der Leistung« denkbar, bei Verzug und Schlechtleistung sind beide Möglichkeiten gegeben.

Will der Gläubiger Schadensersatz statt der Leistung fordern, weil die geschuldete Leistung nicht mehr erbracht werden kann, so enthalten §§ 281 ff. besondere Voraussetzungen.

Schadensersatz wegen nicht oder nicht wie geschuldet erbrachter Leistung (§ 281 BGB)

§ 281 BGB umfasst trotz seines Wortlauts »nicht ... erbracht« nicht die Fälle der Unmöglichkeit; hierfür geht der weiter unten behandelte § 283 BGB dem § 280 BGB vor.

Folgende Tatbestandsmerkmale müssen vorliegen:

(1) Pflichtverletzung im Sinne des § 280 Abs. 1 Satz 1 BGB.
(2) Vertretenmüssen gem. § 280 Abs. 1 Satz 2 i. V. m. §§ 276–278 BGB.
(3) Angemessene Frist zur Leistung oder angemessene Frist zur Nacherfüllung. Die Frist muss derart bestimmt sein, dass der Schuldner die Leistung auch tatsächlich erbringen kann. Eine zu kurze Frist setzt eine angemessene Frist in Lauf. Nach § 281 Abs. 2 BGB kann die Fristsetzung entfallen, wenn der Schuldner die Leistung ernsthaft und endgültig verweigert oder bestimmte Umstände die sofortige Geltendmachung des Schadensersatzes rechtfertigen.
(4) Keine Leistung/Nacherfüllung innerhalb der Frist, d. h. die Frist ist erfolglos abgelaufen.
(5) Bei Schlechtleistung zusätzlich das Erfordernis, dass die Pflichtverletzung von einiger Erheblichkeit ist (§ 281 Abs. 1 Satz 3 BGB).

Sind alle Voraussetzungen erfüllt, kann der Gläubiger durch ausdrückliche Erklärung seinen Schadensersatzanspruch geltend machen; sein Anspruch auf die ursprünglich geschuldete Leistung ist dann ausgeschlossen (§ 281 Abs. 4 BGB).

Schadensersatz statt der Leistung wegen der Verletzung einer sonstigen Pflicht (§ 282 BGB)

Verletzt der Schuldner bei der Leistungserbringung Schutzrechte i.S. des § 241 Abs. 2 BGB, kann der Gläubiger, obwohl der Schuldner die eigentliche Leistung ordnungsgemäß erbringt, die – weitere – Erfüllung ablehnen und Schadensersatz fordern, wenn ihm die Leistung durch den Schuldner nicht mehr zuzumuten ist (§ 282 i.V.m. § 280 Abs. 1 BGB). Die Vorschrift des § 241 Abs. 2 BGB soll bewirken, dass die Vertragspartner für jede Schädigung des anderen, für die sie verantwortlich gemacht werden können, einstehen müssen. In der Regel geht es um die Verletzung von Nebenpflichten wie Schutz-, Aufklärungs- oder Auskunftspflichten.

> **Beispiel**
> Mangelhafte Bedienungsanleitung eines Geräts, falsche Belehrung durch eine Bank, Verhalten bei der Ausführung einer Leistung.

Schadensersatz statt der Leistung bei Ausschluss der Leistungspflicht (§ 283 BGB)

In den Fällen des § 275 Abs. 1–3 BGB wird der Schuldner von der Leistung frei, der Gläubiger erhält statt des Leistungsanspruchs einen Schadensersatzanspruch nach § 283 i.V.m. § 280 Abs. 1 u. 3 BGB, wenn der Schuldner die **Unmöglichkeit** verschuldet hat (§ 280 Abs. 1 Satz 2 BGB). Bei Teilleistungen, Teilunmöglichkeit und Schlechtleistung verweist § 283 Satz 2 BGB auf § 281 Abs. 1 Satz 2 und 3 sowie Abs. 5 BGB.

Ersatz vergeblicher Aufwendungen (§ 284 BGB)

§ 284 BGB gibt dem Gläubiger die Möglichkeit, sich Aufwendungen ersetzen zu lassen, die er im Vertrauen auf den Erhalt der Leistung gemacht hat und diese dann nicht erfolgte. Dieser Anspruch steht in der Regel neben dem Anspruch gem. § 283 BGB zur Wahl.

Herausgabe des Ersatzes (§ 285 BGB)

Wird der Schuldner von der Leistung frei und erlangt er auf Grund des Umstandes, der hierzu führte, einen Ersatzanspruch, so kann der Gläubiger auch die Herausgabe des Ersatzes oder die Abtretung des Herausgabeanspruchs verlangen. Das Erlangte wird auf einen eventuell bestehenden Schadensersatzanspruch angerechnet (§ 285 Abs. 2 BGB).

> **Beispiel**
> Das zu liefernde Haus brennt ab. Der Verkäufer hat einen Anspruch auf die Versicherungssumme, die der Käufer dann herausverlangen kann.

Kontrollfragen

1. Was ist ein Anspruch?
2. Wie entsteht ein Schuldverhältnis?
3. Wie entsteht ein Vertrag?
4. Wie muss ein Angebot beschaffen sein?
5. Wie lange gilt ein Angebot?
6. Was ist eine Aufforderung zur Abgabe von Angeboten?
7. Was versteht man unter Vertragsfreiheit?
8. Was bedeutet der Begriff Kontrahierungszwang?
9. Was sind Haupt- und was sind Nebenpflichten eines Vertrages?

10. Welcher Unterschied besteht zwischen Stück- und Gattungsschuld?
11. Was versteht man unter Konkretisierung? Welche Folgen hat sie?
12. Was versteht man unter Fälligkeit, und was ist Erfüllbarkeit?
13. Wo ist der Leistungsort bei der Hol-, Bring- und Schickschuld?
14. Welche Arten von Leistungsstörungen gibt es?
15. Wie unterteilt man die einzelnen Varianten der Unmöglichkeit?
16. Versuchen Sie, die Folgen der Unmöglichkeit der Leistung im Einzelnen darzustellen.
17. Welche Arten von Schadensersatzleistungen gibt es?

2.2.3.2 Verzug

Der Verzug kann entstehen durch verspätete Leistung des Schuldners **(Schuldnerverzug)** oder des Gläubigers **(Gläubigerverzug)**, vorausgesetzt natürlich, die Leistung kann überhaupt noch erbracht werden, da ja ansonsten die Regelungen über die Unmöglichkeit der Leistung eingreifen. In einem Falle, beim bereits erwähnten absoluten Fixgeschäft, gehen Verzug und Unmöglichkeit so ineinander über, dass die verspätete Leistung wie eine unmögliche behandelt wird.

Voraussetzungen des Schuldnerverzugs
Fälliger Anspruch und Mahnung des Gläubigers (§ 286 Abs. 1 BGB). Die Mahnung ist eine dringende Leistungsaufforderung, aus der sich ergibt, dass der Gläubiger das weitere Unterbleiben der Leistung als Pflichtwidrigkeit ansieht. Die schärfsten Formen der Mahnung sind die Erhebung der Klage und die Einleitung eines Mahnverfahrens durch Zustellung eines Mahnbescheids (§ 286 Abs. 1 Satz 2 BGB). Eine Mahnung ist entbehrlich, wenn für die Leistung eine Zeit nach dem Kalender bestimmt ist. Die Leistungszeit muss aber ausschließlich nach dem Kalender berechenbar sein.

> **Beispiel**
> Bestimmungen wie: am 1. 5., einen Monat nach Ostern etc.

Müssen noch andere Ereignisse berücksichtigt werden, bedarf es grundsätzlich einer Mahnung.

> **Beispiel**
> Zahlung sofort nach Lieferung. Hier ist die Lieferung ein zukünftiges zeitlich unbestimmtes Ereignis, von dem der Zahlungstermin abhängig ist. Die Lieferung führt daher noch keinen Verzug herbei. Der Gläubiger müsste noch mahnen.

Verzug ohne Mahnung. Der Schuldner einer Geldforderung kommt gem. § 286 Abs. 3 BGB auch ohne vorherige Mahnung 30 Tage nach Fälligkeit und Zugang einer Rechnung oder einer gleichwertigen Zahlungsaufforderung in Verzug.
Verschulden des Schuldners (§ 286 Abs. 4 BGB). Ein Verschulden des Schuldners liegt vor, wenn er die Verzögerung entweder vorsätzlich oder fahrlässig herbeigeführt hat (§ 276 BGB). Im Prozess muss der Schuldner beweisen, dass ihn kein Verschulden trifft.

> **Beispiel**
> Vor einer persönlich auszuführenden Leistung erkrankt der Schuldner. Die Erkrankung hat er i. d. R. nicht zu vertreten, sodass er auch nicht in Verzug kommt.

Rechtsfolgen des Schuldnerverzugs
Schadensersatzpflicht des Schuldners nach § 288 Abs. 4 BGB (z. B. Mahngebühren, Anwaltskosten, Inkassogebühren). Dazu gehört auch der Anspruch auf Verzugszinsen nach § 288 Abs. 1 BGB in Höhe von mindestens 5 % über dem jeweils maßgeblichen Basiszinssatz. Der Anspruch auf Erfüllung bleibt selbstverständlich neben dem Anspruch auf Verzögerungsschaden bestehen.

Haftungserweiterung gemäß § 287 Satz 2 BGB. Der Schuldner haftet auch für die während des Verzugs durch Zufall eintretende nachträgliche Unmöglichkeit. Unter Zufall ist dabei ein Ereignis zu verstehen, das weder der Gläubiger noch der Schuldner zu vertreten haben.

Gläubigerverzug (§ 293 ff. BGB)
Nimmt der Gläubiger eine ihm ordnungsgemäß (zur rechten Zeit, am rechten Ort, in ordnungsgemäßem Zustand, § 294 BGB) angebotene Leistung nicht an, so liegt Annahmeverzug vor. Es muss also allein am Gläubiger liegen, dass der leistungsbereite Schuldner seine Leistung nicht erbringen kann. Ein Verschulden des Gläubigers ist dabei nicht notwendig.

> **Beispiel**
> Möbel wurden auf 16 Uhr bestellt. Ist der Käufer um diese Zeit nicht zu Hause, liegt Annahmeverzug vor, auch wenn die Abwesenheit auf einem dringenden Arztbesuch, Unfall etc. beruhte.

Rechtsfolge des Gläubigerverzugs ist es,
– dass der Schuldner Ersatz für die Mehraufwendungen verlangen kann, die er für das erfolglose Angebot sowie für die Aufbewahrung und Erhaltung des geschuldeten Gegenstandes machen musste (§ 304 BGB),
– dass der Schuldner als Haftungserleichterung nur noch Vorsatz und grobe Fahrlässigkeit zu vertreten hat (§ 300 Abs. 1 BGB),
– dass der Schuldner keine Zinsen mehr bezahlen muss (§ 301 BGB),
– dass der Schuldner bei einer Gattungsschuld von seiner Verpflichtung zur Leistung frei wird, denn die Leistungs-(Sach-)gefahr geht im Zeitpunkt des Annahmeverzugs auf den Gläubiger über (§ 300 Abs. 2 BGB).

2.2.3.3 Leistungsstörungen bei gegenseitigen Verträgen

Bisher wurde erörtert, ob der Schuldner eines Anspruchs seine Leistung auch bei einer Leistungsstörung erbringen muss (§ 275 BGB) und welche Rechte der Gläubiger dieser Leistung hat, wenn Pflichtverletzungen des Schuldners vorliegen (§§ 280–291 BGB).

Bei gegenseitigen Verträgen tritt aber noch das Problem auf, ob die bisher als Gläubiger benannte Vertragspartei ihrerseits ihre Leistung erbringen muss, obwohl sie keine, eine verspätete oder eine schlechte Leistung erhalten hat. Die Antworten auf diese Frage enthalten die §§ 323–326 BGB.

Rechte des Gläubigers bei anfänglicher Unmöglichkeit
Nach § 311a BGB ist ein Vertrag auch wirksam, wenn das Leistungshindernis bereits bei Vertragsschluss bestand und der Schuldner deshalb nach § 275 Abs. 1–3 BGB nicht zu leisten braucht. Der Gläubiger kann in diesen Fällen nach § 311a Abs. 2 BGB (nicht nach § 275 BGB) wählen zwischen

– Schadensersatzanspruch statt der Leistung oder
– Ersatz seiner Aufwendungen, wie in § 284 BGB bestimmt (Rechtsfolgeverweisung).

Beide Ansprüche sind ausgeschlossen, wenn der Schuldner das Leistungshindernis nicht kannte oder kennen musste (§ 311a Abs. 2 Satz 2 BGB).

Rechte des Gläubigers bei Verzögerung/Schlechterfüllung (§ 323 BGB)
§ 323 BGB gehört systematisch zu § 281 BGB. Erbringt der Schuldner seine fällige Leistung nicht oder nicht fristgemäß, so **kann** der Gläubiger, wenn er erfolglos eine Nachfrist gesetzt hat oder eine solche Fristsetzung nach § 323 Abs. 2 BGB entbehrlich ist, vom Vertrag zurücktreten. Im Falle des Rücktritts ist grundsätzlich die Rechtslage wiederherzustellen, die vor Vertragsschluss bestanden hat (vgl. §§ 346 ff. BGB).

Der Gläubiger muss aber nicht zurücktreten, er kann auch weiterhin auf die Erfüllung/Nacherfüllung bestehen.

Rechte des Gläubigers bei Verletzung einer Pflicht nach § 241 Abs. 2 BGB (§ 324 BGB)
§ 324 entspricht der Norm des § 282 BGB – auch inhaltlich –, nur dass als Rechtsfolge der Rücktritt des Gläubigers möglich ist (bei § 282 BGB ist die Rechtsfolge Schadensersatz).

Rechte des Gläubigers bei Pflichtverletzung in den Fällen des § 275 Abs. 1–3 BGB
Nach § 275 Abs. 1–3 BGB braucht der Schuldner nicht mehr zu leisten. Konsequenzen für den Gläubiger sind dann:
(1) Grundsatz (§ 326 Abs. 1 BGB):
   Auch der Anspruch auf die Gegenleistung, die der Gläubiger zu erbringen hat, entfällt, d.h., der Gläubiger muss nicht mehr leisten.
(2) Ausnahmen:
   – Liegt der Grund für die Unmöglichkeit im Verantwortungsbereich des Gläubigers, muss vom Gläubiger trotzdem geleistet werden (§ 326 Abs. 2 BGB),
   – Ebenso muss der Gläubiger leisten, wenn er vom Schuldner nach § 285 BGB die Ersatzgegenstände herausverlangt (§ 326 Abs. 3 BGB).

Der Gläubiger kann auch ohne Fristsetzung vom Vertrag zurücktreten (§ 326 Abs. 5 BGB); seine Rechte bestimmen sich dann nach § 323 BGB.

2.2.4 Erlöschen des Schuldverhältnisses

Ein Schuldverhältnis kann auf verschiedene Art beendet werden:
Erfüllung (§§ 362 ff. BGB): Das Schuldverhältnis erlischt im Regelfall dadurch, dass die richtige (geschuldete) Leistung zur richtigen Zeit am richtigen Ort an den richtigen Gläubiger erbracht wird. Von Interesse sind von den Vorschriften über die Erfüllung die Regelungen über die Anrechnung einer erbrachten Leistung auf mehrere gleichartige Forderungen (z. B. bei Geldforderungen) in §§ 366 und 367 BGB. Wurde keine Bestimmung vom Schuldner getroffen, so gelten zuerst die Kosten, dann die Zinsen und zuletzt die Hauptleistung als getilgt. Bei mehreren Hauptschulden wird eine Tilgungsleistung zunächst auf die fällige, bei mehreren fälligen zuerst auf die am wenigsten sichere, bei gleich sicheren auf die dem Schuldner lästigere, bei mehreren gleich lästigen zuerst auf die ältere und bei mehreren gleich alten auf jede Schuld gleichmäßig angerechnet. Der Verkäufer hat bei der Erfüllung die Pflicht zur Erstellung einer Quittung als Beweissicherung (§§ 368 ff. BGB) und zur Rückgabe eines eventuell ausgestellten Schuldscheins (§ 371 BGB).

Leistung an Erfüllungs Statt (§ 364 BGB): Nimmt der Gläubiger eine andere als die geschuldete Leistung als Erfüllung an, so ist das Schuldverhältnis gleichfalls erloschen (§ 364 Abs.1 BGB). Von der Annahme an Erfüllungs Statt ist die Annahme einer Leistung erfüllungshalber zu unterscheiden (§ 364 Abs. 2 BGB). Bei dieser wird ein neues Schuldverhältnis begründet, das neben das alte Schuldverhältnis tritt, da dieses durch die Annahme erfüllungshalber nicht erlischt.

> **Beispiel**
> Die Zahlung einer Kaufpreisschuld mit einem Scheck wird als Leistung an Erfüllungs Statt angesehen, denn geschuldet wird Bargeld. Die Hereinnahme eines Wechsels dagegen erfolgt stets nur erfüllungshalber. Die Ansprüche aus dem Wechselverhältnis treten neben den ursprünglichen Anspruch.

Hinterlegung (§§ 372 ff. BGB): Ist der Gläubiger ungewiss oder im Annahmeverzug (§ 372 BGB), so kann der Schuldner das Schuldverhältnis durch Hinterlegung zum Erlöschen bringen. Die Hinterlegung erfolgt durch die Deponierung bestimmter hinterlegungsfähiger Gegenstände bei einer dazu bestimmten Stelle (i. d. R. beim Amtsgericht). Wenn möglich, wird der Gläubiger von der Hinterlegung benachrichtigt (§ 374 Abs. 2 BGB). Bei nicht hinterlegungsfähigen Sachen darf der Schuldner die Sache durch Selbsthilfeverkauf (§ 383 BGB) verwerten und den Erlös hinterlegen.

Aufrechnung (§§ 387 ff. BGB): Bestehen zwischen Schuldner und Gläubiger gegenseitige Ansprüche, so können sie durch Verrechnung erfüllt werden. Voraussetzung für das Bestehen einer Aufrechnungslage sind:

a) Gegenseitigkeit der Forderungen, d. h. der Schuldner der einen muss der Gläubiger der anderen Leistung sein und umgekehrt.
b) Gleichartigkeit der Leistungen, d. h. beide Leistungen müssen auf denselben Leistungsgegenstand gerichtet sein; i. d. R. ist das Geld.
c) Fälligkeit der Forderung des Schuldners, der aufrechnen will. Diese Aufrechnungsforderung (Aktivforderung) muss er fordern können, d. h., sie muss außer fällig auch klagbar und frei von Einreden (§ 390 BGB) sein.
d) Erfüllbarkeit der Forderung des Gläubigers. Diese sog. Gegenforderung muss wenigstens erfüllbar sein, d. h. der Schuldner muss sie bewirken können.

Durch die Erklärung der Aufrechnung (§ 388 BGB) bei bestehender Aufrechnungslage erlöschen die gegenseitigen Forderungen, soweit sie sich decken (§ 389 BGB).

> **Beispiel**
> Ein Bauunternehmer B hat für ein Autohaus A eine Bauleistung im Wert von 150 000 € erbracht und abgerechnet. Bevor der Betrag bezahlt ist, sucht B dieses Autohaus auf und kauft einen gebrauchten Lkw zum Preis von 60 000 €, der ihm sofort geliefert wird. Den Kaufpreis bezahlt B nicht, sondern erklärt in Höhe von 60 000 € die Aufrechnung mit seiner Forderung, die er aus der Bauleistung hat. Mit der Aufrechnungserklärung sind die Forderung des Autohauses in voller Höhe von 60 000 € sowie die Forderung des B in Höhe von 60 000 € erloschen. Die Restforderung des B in Höhe von 90 000 € besteht weiter.

Erlass (§ 397 BGB): Das Schuldverhältnis erlischt auch durch Erlass. Dieser besteht in einer vertraglichen Einigung des Schuldners mit dem Gläubiger über dessen Verzicht auf die Leistung.

Aufhebung des Schuldverhältnisses: Ein Schuldverhältnis kann auch enden, bevor es erfüllt ist. Dies kann mit rückwirkender Kraft oder nur für die Zukunft eintreten. Für diese Art der Beendigung muss entweder eine einvernehmliche Regelung getroffen werden oder ein Partner muss ein einseitiges Recht, entweder aus Gesetz oder aus Vertrag, haben. **Zweiseitig** möglich ist ein Aufhebungsvertrag im Rahmen der Vertragsfreiheit (§ 305 BGB) oder ein Vergleich (§ 779 BGB), bei dem im Wege gegenseitigen Nachgebens das Vertragsverhältnis beendet wird. **Einseitige** Aufhebungsrechte sind die Kündigung, die Anfechtung, der Widerruf und der Rücktritt als Gestaltungsrechte, die ein Schuldverhältnis beenden.

2.2.5 Allgemeine Geschäftsbedingungen (AGB)

Der Grundsatz der Vertragsfreiheit wurde in den bisherigen Ausführungen bereits behandelt in seiner Ausprägung als Abschlussfreiheit. Zur Erinnerung: Der Grundsatz der Vertragsfreiheit bedeutet einmal, dass jedermann grundsätzlich frei ist, ob er mit anderen Verträge abschließt oder nicht **(Abschlussfreiheit)**, zum anderen, dass der Inhalt der Verträge grundsätzlich frei vereinbart werden kann **(Inhalts- oder Gestaltungsfreiheit)**. Letzteres gilt mit der Einschränkung, dass der Inhalt nicht gegen gesetzliche Verbote verstößt (z. B. § 138 BGB: Sittenwidrigkeit, § 226 BGB: Schikaneverbot, öffentlichrechtliche Genehmigungserfordernisse etc.). Das BGB geht dabei grundsätzlich davon aus, dass der Inhalt der Verträge jedesmal frei ausgehandelt wird oder sich ergänzend aus den vertraglichen typisierenden Regelungen des besonderen Schuldrechts (vgl. S. 264) ergibt.

Mit der Entwicklung des modernen Massenverkehrs haben die Einzelvereinbarungen immer mehr an Bedeutung verloren, und an ihre Stelle sind die sog. Allgemeinen Geschäftsbedingungen getreten, die in weiten Bereichen des Wirtschaftsverkehrs Verwendung finden. Nachdem zunächst nur die Rechtsprechung im Einzelfall eine Kontrolle der Allgemeinen Geschäftsbedingungen daraufhin unternahm, allzu einseitige Bedingungen zum Schutz der anderen Vertragspartei zu verhindern, war von 1977 bis 2000 hierfür ein eigenes Gesetz in Kraft, das Gesetz zur Regelung der Allgemeinen Geschäftsbedingungen (AGBG). Dies wurde zum 1.1.2001 aufgehoben und, seine Regelungen ins BGB integriert (§§ 305–310 BGB).

2.2.5.1 Begriff der AGB

AGB sind alle für eine Vielzahl von Verträgen vorformulierten Vertragsbedingungen, die die eine Vertragspartei (Verwender) der anderen Vertragspartei bei Abschluss eines Rechtsgeschäfts stellt (§ 305 Abs. 1 BGB). Dabei ist es gleichgültig, ob die Bestimmungen einen äußerlich gesonderten Bestandteil des Vertrages bilden oder in die Vertragsurkunde selbst aufgenommen werden, welchen Umfang sie haben, in welcher Schriftart sie verfasst sind und welche Form der Vertrag hat.

AGB liegen nicht vor, soweit die Vertragsbedingungen zwischen den Vertragsparteien im Einzelnen ausgehandelt worden sind (§ 305 Abs. 1 Satz 2 BGB). Individuelle Vertragsabreden haben Vorrang (§ 305b BGB).

AGB sind nicht für den Einzelfall, sondern für eine Vielzahl von Geschäften bestimmt, sie haben eine Typisierung bzw. Standardisierung des Vertragsinhaltes zur Folge. Zu den bekanntesten AGB zählen die AGB der Banken, die Allgemeinen Versicherungsbedingungen und die Allgemeinen Deutschen Spediteur-Bedingungen.

2.2.5.2 Geltungsbereich

Das AGBG findet keine Anwendung bei Verträgen auf dem Gebiet des Erb-, Familien- und Gesellschaftsrechts und nur eingeschränkt bei Arbeitsverträgen (§ 310 Abs. 4 BGB). Uneingeschränkt gilt das Gesetz nur für AGB, die gegenüber Nichtkaufleuten verwendet werden, nicht jedoch gegenüber Kaufleuten. Dies hat seinen Grund darin, dass das AGBG in erster Linie Schutzrechte für im Rechtsverkehr nicht so Kundige enthält (Verbraucherschutz) und man das Schutzbedürfnis für den Kreis der Kaufleute als nicht so ausgeprägt ansieht. Nach § 310 Abs. 1 BGB finden daher die Vorschriften

– über die Einbeziehung der AGB in den Vertrag (§ 305 Abs. 2 BGB) und
– über die Klauselverbote (§§ 308, 309 BGB)

auf diese Gruppe keine Anwendung. Diese Abweichung ist jedoch in der Praxis nicht so groß, wie dies zunächst scheinen mag, denn § 305 Abs. 1 BGB verweist in Satz 2 darauf, dass die in den §§ 308, 309 BGB genannten Vertragsbestimmungen unter Beachtung der im Handelsrecht geltenden Gewohnheiten und Gebräuche über die Generalklausel des § 307 BGB zur Unwirksamkeit führen können.

Um missbräuchliche Klauseln in Verbraucherverträgen zu verhindern, regelt § 310 Abs. 3 Folgendes: Ist auf der einen Seite eines Vertrages ein Unternehmer und auf der anderen Seite ein Endverbraucher beteiligt, kommen zugunsten des Verbrauchers und zu Lasten des verwendenden Unternehmers die AGB-Vorschriften wie folgt zur Anwendung:

(1) Eine Vermutung spricht dafür, dass die AGB durch den Unternehmer eingeführt wurde.
(2) Die Schutzvorschriften der § 305 ff. BGB werden auch angewandt, wenn die Vertragsbedingungen nur einmal verwendet werden.
(3) Für die Beurteilung, ob eine Klausel unangemessen benachteiligt, sind auch die den Vertragsabschluss begleitenden Umstände zu berücksichtigen.

2.2.5.3 Einbeziehung der AGB in den Vertrag

AGB werden nur dann Bestandteil eines Vertrages, wenn sie auch vereinbart worden sind (§ 305 Abs. 2 BGB). Dies ist der Fall, wenn der Verwender bei Vertragsschluss die andere Vertragspartei ausdrücklich oder durch deutlich sichtbaren Aushang am Ort des Vertragsabschlusses auf sie hinweist **und** der anderen Vertragspartei die Möglichkeit verschafft, in zumutbarer Weise von ihrem Inhalt Kenntnis zu nehmen (der Abdruck der AGB erst im Lieferschein oder auf der Rechnung genügt somit grundsätzlich nicht!) **und** die andere Vertragspartei mit ihrer Geltung einverstanden ist (dies ist z. B. bereits dann der Fall, wenn der Käufer einen Kaufvertrag unterschreibt, in dem deutlich auf AGB auf der Rückseite hingewiesen wurde; ob er sie gelesen hat, spielt keine Rolle).

Für eine bestimmte Art von Rechtsgeschäften können die Vertragsparteien die Geltung bestimmter AGB im Voraus vereinbaren (§ 305 Abs. 3 BGB). Dies ist z. B. der Fall bei den Banken, die ihre AGB bei der Kontoeröffnung übergeben und sich ihre Geltung durch Unterschrift bestätigen lassen.

2.2.5.4 Unwirksame Klauseln

Auch wenn die AGB durch wirksame Vereinbarung nach § 305 Abs. 2 BGB Vertragsbestandteil geworden sind, sind noch lange nicht alle Regelungen der AGB wirksam. Wenn sie von gesetzlichen Vorschriften abweichen oder diese ergänzen, können einzelne Klauseln wegen Verstoßes gegen die Vorschriften der §§ 307–309 BGB unwirksam sein.

Generalklausel (§ 307 BGB): Bestimmungen in AGB sind unwirksam, wenn sie den Vertragspartner des Verwenders entgegen den Geboten von Treu und Glauben unangemessen benachteiligen. Diese Bestimmung fordert im Einzelfall eine Wertung der Klausel durch ein Gericht; sie gilt auch für die Verwendung von AGB bei Kaufleuten. Nach Abs. 2 des § 307 BGB ist eine unangemessene Benachteiligung z. B. anzunehmen, wenn eine Bestimmung mit wesentlichen Grundgedanken der gesetzlichen Regelung, von der sie abweicht, nicht zu vereinbaren ist, oder wesentliche Rechte oder Pflichten, die sich aus der Natur des Vertrages ergeben, so einschränkt, dass die Erreichung des Vertragszwecks gefährdet ist.

Klauselverbote mit Wertungsmöglichkeit (§ 308 BGB): Diese Bestimmung erklärt bestimmte einzelne Klauseln für unwirksam, die noch unbestimmte Begriffe enthalten, welche im Streitfall erst noch einer gerichtlichen Wertung unterzogen werden müssen, z. B. § 308 Nr. 1 BGB **(Annahmefrist)** mit den Begriffen »unangemessen lange« und »nicht hinreichend bestimmt« oder § 308 Nr. 7 BGB **(Abwicklung von Verträgen)** mit den Begriffen »unangemessen hohe Vergütung« und »unangemessen hoher Ersatz«:

Klauselverbote ohne Wertungsmöglichkeit (§ 309 BGB): § 309 BGB enthält eine abschließende Aufzählung der Klauseln, die ohne Einschränkung und ohne nochmalige Wertung bei einer gerichtlichen Nachprüfung unwirksam sind.

2.2.5.5 Rechtsfolgen der Unwirksamkeit (§ 306 BGB)

Sind die gesamten AGB nicht Vertragsbestandteil geworden oder sind sie unwirksam, so bleibt der Vertrag im Übrigen wirksam. Verstoßen einzelne Klauseln gegen die §§ 307–309 BGB, so ist nicht der ganze Vertrag unwirksam, sondern nur die einzelne Klausel. Anstelle der insoweit fehlenden Regelungen treten die gesetzlichen Vorschriften, es sei denn, bei Berücksichtigung der gesetzlichen Regelung würde ein Festhalten am Vertrag eine unzumutbare Härte für eine Vertragspartei bedeuten.

2.2.5.6 AGB zwischen Kaufleuten

Kaufleute haben unter Beachtung der §§ 305 ff. BGB die Möglichkeit, ihre AGB selbst zu formulieren, wobei sich diese im Wesentlichen auf die folgenden Vereinbarungen erstrecken:

- Angebot,
- Bestellung einschließlich genauer Definition der bestellten Ware,
- Bestätigung der Bestellung,
- Lieferzeit, Lieferort,
- Zahlungsbedingungen, Zahlungsort,
- Eigentumsvorbehalt,
- Lieferung und Abnahme, Versand,
- Gewährleistung,
- Rechte Dritter,
- Fortgeltung bei Teilnichtigkeit,
- Gerichtsstand.

Die Problematik liegt in der einseitigen Erklärung der Partner, dass die eigenen Geschäftsbedingungen Bestandteil des Vertrages werden sollen, ohne dass ihr Inhalt zwischen den Vertragspartnern abgesprochen ist.

Da sich im Geschäftsleben die Einkaufsbedingungen der Besteller und die Verkaufsbedingungen der Lieferer vielfach widersprechen, kommt es häufig zum Streit darüber, welche Bedingungen gelten sollen. Die Beantwortung dieser Frage hängt davon ab, welche Bedingungen Vertragsinhalt geworden sind. Vertragsinhalt können sie nur werden, wenn sie entweder Bestandteil des Angebots waren und vom Partner ausdrücklich oder stillschweigend angenommen wurden oder wenn seit langem Geschäftsbeziehungen bestehen und bei früheren Verträgen Einigung über die Anwendung der Bedingungen bestand. In Anwendung dieser Grundsätze wird man sagen können, dass in den Fällen, in denen beide Parteien kommentarlos zu ihren Bedingungen abschließen wollen und auf die AGB der anderen Seite gar nicht eingehen, bei widersprechenden Bedingungen entsprechend § 307 BGB keine der beiden AGB, sondern die gesetzliche Regelung gilt.

Kontrollfragen
1. Welche Voraussetzungen sind notwendig, damit der Schuldner in Verzug kommt?
2. Welche Rechtsfolgen entstehen dem Schuldner, wenn er sich im Verzug befindet? Welche dem Gläubiger?
3. Was versteht man unter Gläubigerverzug? Welche Rechtsfolgen hat er? Ist Verschulden des Gläubigers notwendig?
4. Welche Möglichkeiten gibt es, ein Schuldverhältnis zu beenden?
5. Welche Folgen hat die Hereinnahme eines Wechsels für die zugrunde liegende Forderung?
6. Wie sieht die sog. Aufrechnungslage aus?
7. Was versteht man unter Allgemeinen Geschäftsbedingungen?
8. Wie werden sie Vertragsbestandteil?
9. Für wen gelten die AGB?
10. Welche Klauseln in den AGB sind nach §§ 305 ff. BGB unwirksam? Nennen Sie einige Beispiele.
11. Welche Folgen entstehen, wenn einzelne Klauseln der AGB unwirksam sind?
12. Welche Besonderheiten gibt es, wenn AGB unter Kaufleuten verwendet werden?

Aufgabe 14.06 *(Allgemeine Geschäftsbedingungen) S. 519*

2.3 Besonderes Schuldrecht

Nach den allgemeinen Bestimmungen über Schuldverhältnisse im sog. allgemeinen Schuldrecht (§§ 241–432 BGB) sind im sog. besonderen Schuldrecht (§§ 433–853 BGB) die wichtigsten Vertragstypen geregelt. In diesem Bereich gilt in besonderem Maße der bereits angesprochene **Grundsatz der Vertragsfreiheit**. Das bedeutet, dass die Vertragsparteien von den im BGB angebotenen Regelungen keinen Gebrauch machen müssen, sondern eigene Vereinbarungen treffen können. Die gesetzlichen Regelungen werden aber in den Fällen benötigt, in denen solche Parteivereinbarungen fehlen, unwirksam oder ergänzungsbedürftig sind.

2.3.1 Kaufvertrag (§§ 433 ff. BGB)

2.3.1.1 Begriff/Wesen

Der Kauf ist das häufigste und wichtigste Rechtsgeschäft des wirtschaftlichen Lebens. Er ist ein gegenseitiger Vertrag, der auf den Austausch von Sachen oder Rechten gerichtet ist.

Wie ein Kaufvertrag abgeschlossen wird, geht aus den Regelungen des §§ 433 ff. BGB nicht hervor. Es gelten vielmehr die Vorschriften des allgemeinen Teils über das Zustandekommen von Verträgen (§§ 145 ff. BGB). Eine bestimmte Form ist i. d. R. nicht vorgeschrieben, eine Ausnahme gilt bei besonders wichtigen wie dem Grundstückskaufvertrag (§ 311b BGB: notarielle Beurkundung) und dem Erbschaftskauf (§ 2371 BGB: notarielle Beurkundung).

Der Kaufvertrag ist ein reines Verpflichtungsgeschäft. Ist er durch übereinstimmende Willenserklärungen nach obigen Grundsätzen zu Stande gekommen, entstehen zunächst nur Verpflichtungen für beide Vertragsparteien. Der Verkäufer ist verpflichtet, dem Käufer die Sache zu übergeben und ihm das Eigentum an der Sache oder das Recht zu verschaffen (§ 433 Abs. 1 BGB). Der Käufer ist verpflichtet, den vereinbarten Kaufpreis zu zahlen und die gekaufte Ware abzunehmen (§ 433 Abs. 2 BGB). Außer diesen Hauptpflichten entstehen noch eine Reihe von Nebenpflichten (vgl. die Ausführungen zu den Pflichtverletzungen S. 254).

Nach dem BGB sind von diesem schuldrechtlichen **Verpflichtungsgeschäft** die Erfüllungsgeschäfte streng zu trennen (Abstraktionsprinzip). Die Erfüllung geschieht durch ein **dingliches Verfügungsgeschäft,** das dann erst die beabsichtigte Eigentumsänderung herbeiführt. Die Verpflichtung zur Eigentumsübertragung wird erfüllt bei **beweglichen Sachen** nach §§ 929 ff. BGB durch Einigung und Übergabe, bei **unbeweglichen Sachen** nach §§ 873 und 925 BGB durch Auflassung und Eintragung im Grundbuch, bei **Forderungen und Rechten** durch Abtretung (§§ 398 ff. BGB).

2.3.1.2 Rechte aus dem Kaufvertrag

Der Verpflichtung der einen Partei steht jeweils ein Recht der anderen gegenüber. Der **Käufer** hat also einen Anspruch darauf, dass ihm der Verkäufer den Kaufgegenstand übergibt und ihm das Eigentum daran verschafft. Nach dem BGB versteht man darunter das uneingeschränkte Eigentum, d. h., dass der übertragene Gegenstand frei von Rechten Dritter an dem Gegenstand ist (§§ 435 BGB). Beim Kauf eines Rechts oder einer Forderung haftet der Verkäufer auch für das Bestehen der Forderung (§ 453 i. V. m. §§ 433 ff. BGB). Werden diese Verpflichtungen vom Verkäufer nicht erfüllt, so bestimmen sich die Rechte des Käufers nach dem allgemeinen Schuldrecht den Vorschriften über die Leistungsstörungen (§§ 320–327 BGB: Unmöglichkeit, Verzug, vgl. Ausführungen S. 254).

Der **Verkäufer** hat einen Anspruch auf Bezahlung des Kaufpreises und auf Annahme des Kaufgegenstandes. Die Bezahlung des Kaufpreises hat, sofern nichts anderes vereinbart ist, Zug um Zug gegen Übergabe der Ware zu erfolgen, d. h.: erst die Ware, dann das Geld. Erfolgt die Zahlung nicht bei Fälligkeit, gerät der Käufer in Verzug (§ 326 BGB).

Nimmt der Käufer den Gegenstand nicht an, so befindet er sich sowohl im Gläubigerverzug (§§ 293 ff. BGB) als auch im Schuldnerverzug, weil er die Abnahme als Nebenpflicht schuldet (§ 286 BGB). Der Verkäufer hat in diesem Fall die oben (S. 255) ausgeführten Rechte.

2.3.1.3 Gefahrtragung

Auch die Frage der Gefahrtragung wurde bereits angeschnitten. Darunter versteht man das Problem, welche Leistungen beim zufälligen Untergang der Sache zu erbringen sind. Zu unterscheiden ist die Leistungs- oder Sachgefahr und die Preis- oder Gegenleistungsgefahr. **Bei der Leistungsgefahr** geht es um die Frage, ob der Schuldner beim zufälligen Untergang der Sache nochmals liefern muss, bei der **Preisgefahr** um das Problem, ob der Gläubiger (hier der Käufer) zahlen muss, ohne die Leistung erhalten zu haben. Nach den Grundsätzen des allgemeinen Schuldrechts wird bei zufälligem

Untergang der Sache der Schuldner von seiner Verpflichtung zur Leistung frei (§ 275 BGB), die Leistungsgefahr trägt also der Käufer, und der Verkäufer verliert im Gegenzug den Anspruch auf den Kaufpreis (§ 323 BGB), er trägt also die Preisgefahr.

Im Recht des Kaufvertrages gelten nach §§ 446 und 447 BGB in zwei Fällen Sonderregelungen.

Übergabe vor Eigentumsübertragung: Wird dem Käufer die Kaufsache übergeben, ohne dass bereits das Eigentum übergegangen ist, so geht auch die Gefahr des zufälligen Untergangs (Preisgefahr) auf den Käufer über. Er muss also den Kaufpreis bezahlen, ohne den Kaufgegenstand zu erhalten oder zu behalten.

Beispiel
K kauft bei dem Antiquitätenhändler A eine alte Vase. Die Vase darf er gleich mit nach Hause nehmen. Im Kaufvertrag hat sich A das Eigentum an der Vase bis zur Bezahlung des Kaufpreises vorbehalten. Beim Transport durch K wird die Vase ohne dessen Verschulden zerstört. Da A dem K das Eigentum an der Vase nach deren Untergang nicht mehr verschaffen kann, wird er gemäß § 275 BGB von seiner Leistungspflicht frei. Da K am Untergang der Vase ebenfalls unschuldig ist, würde er nach § 323 BGB von seiner Verpflichtung frei, den Kaufpreis zahlen zu müssen. Hier liegt aber ein Fall des § 446 BGB vor. K muss den Kaufpreis für die Vase bezahlen. Wirtschaftlich gesehen, befindet sich der K ab der Übergabe in der Lage eines Eigentümers, daher rechnet ihm das BGB die in seinen Bereich fallenden Zufälle zu.

Versendungskauf: Wird der Kaufgegenstand auf Wunsch des Käufers an einen anderen Ort als den Erfüllungsort versandt, so geht ebenfalls die Preisgefahr auf den Käufer über, sobald der Verkäufer die Sache der zur Versendung bestimmten Person ausgeliefert hat.

Beispiel
Wie zuvor, nur hat der Käufer K die Vase bei einem auswärtigen Händler gesehen und kann sie nicht selbst transportieren. K hat seinen Wohnsitz in Stuttgart, der Händler A seine Geschäftsräume in Hamburg. K bittet daher A, ihm die Vase per Spedition zuzusenden. Als die Vase ankommt, sind in der Kiste nur Scherben. Hat der Verkäufer die Vase dem Spediteur gut verpackt übergeben, so hat er das seinerseits Erforderliche getan. Er wird nach § 275 BGB von seiner Leistung frei. Auch K ist nicht schuld daran, dass er nicht Eigentümer der Vase werden kann. Nach den Regeln des § 447 Abs. 1 BGB ist aber die Preisgefahr auf ihn übergegangen, d. h., er muss den Kaufpreis bezahlen. (Ob er sich an die Spedition halten kann, ist eine Frage, die im Verhältnis A – K nicht zu untersuchen ist.)

2.3.1.4 Gewährleistung für Sachmängel

Es gibt im Gegensatz zu den anderen Störungen, die im Schuldverhältnis auftauchen können, für das Gewährleistungsrecht keine Regeln im allgemeinen Teil des Schuldrechts. Die Gewährleistung ist für jedes Schuldverhältnis gesondert geregelt.

Beim Kauf gilt: Leistet der Schuldner zwar, aber leistet er eine mangelhafte Sache, so hat er für die Sachmängel nach den Regeln der §§ 437 ff. BGB einzustehen. Ein **Sachmangel** liegt dann vor, wenn der Verkäufer eine Sache liefert, die nicht die vereinbarte Beschaffenheit hat (§ 434 Abs. 1 Satz 1 BGB) oder wenn sich die Sache nicht für die nach dem Vertrag vereinbarte Verwendung eignet (§ 434 Abs. 1 Satz 2, Nr. 1 BGB). Das BGB geht also grundsätzlich von den vertraglichen Vereinbarungen aus (sog. subjektiver Fehlerbegriff) und zieht den objektiven Fehlerbegriff nur heran, wenn

eine Vereinbarung über die Beschaffenheit fehlt und eine nicht unerhebliche Abweichung von der Normalbeschaffenheit vorliegt (§ 434 Abs. 1 Satz 2 Nr. 2 BGB).
Ein **Sachmangel** liegt außerdem vor, wenn:

- die vereinbarte Montage durch den Verkäufer oder seinen Erfüllungsgehilfen unsachgemäß durchgeführt worden ist (§ 434 Abs. 2 Satz 1 BGB),
- bei Montage durch den Käufer, wenn die Montageanleitung fehlerhaft ist, es sei denn, die Sache ist fehlerfrei montiert worden (sog. Ikea-Klausel, § 434 Abs. 2 Satz 2 BGB),
- der Verkäufer eine andere Sache liefert (Falschlieferung, § 434 Abs. 3, 1. Alt. BGB) oder
- der Verkäufer eine zu geringe Menge liefert (Mengenfehler, § 434 Abs. 3, 2. Alt. BGB).

Übernimmt der Verkäufer oder ein Dritter, insbesondere der Hersteller, eine **Garantie** für die Beschaffenheit der Sache (Beschaffenheitsgarantie) oder dafür, dass die Sache für eine bestimmte Zeit eine bestimmte Beschaffenheit behält (Haltbarkeitsgarantie), so haftet dieser unabhängig von einem Verschulden (§ 443 BGB); diese Haftung ist gem. § 444 BGB nicht einschränkbar.

Der Fehler muss zu dem **Zeitpunkt vorliegen,** zu dem die Gefahr auf den Käufer übergeht. Gemeint ist damit die **Preisgefahr,** sodass der nach § 446 BGB maßgebende Zeitpunkt unabhängig vom Eigentumsübergang der Zeitpunkt der Übergabe der Kaufsache an den Käufer ist. Das zu beweisen, wird dem Käufer oft nicht leichtfallen, z. B. bei einer Beschädigung wie einem Kratzer oder einem Sprung. Andererseits genügt es, wenn im Zeitpunkt der Übergabe der Fehler bereits verursacht war, auch wenn er sich erst später zeigt.

Beispiel
Infolge eines Fehlers beim Zusammenbau geht die gekaufte Sache nach zwei Wochen kaputt.

Beim **Verbrauchsgüterkauf** wird aber in den ersten sechs Monaten vermutet, dass der aufgetretene Mangel bereits bei Ablieferung vorhanden war (§476 BGB).
Der Verkäufer haftet nicht, wenn der Käufer einen Mangel bei der Übergabe kannte oder kennen musste (§ 442 BGB).

Beispiel
Im Kaufhaus ist ein Wühltisch aufgebaut, über dem auf einem Schild steht: »Reduzierte Ware, z. T. mit kleinen Fehlern« oder »Zweite Wahl«: Käufer K sucht sich ein Stück aus, von dem er glaubt, dass es keinen Fehler hat. Zu Hause stellt er bei genauem Nachschauen fest, dass doch ein Mangel vorhanden ist (Farbabweichung, Knopf fehlt, Naht offen etc.). Da der Käufer in solchen Fällen mit Mängeln rechnen muss, stehen ihm wegen § 442 BGB die Gewährleistungsrechte nicht zu.

2.3.1.5 Umfang der Haftung

Werden Sachmängel festgestellt, hat der Käufer gem. § 437 BGB folgende Rechte:

(1) Nacherfüllung,
(2) Rücktritt,
(3) Minderung,
(4) Schadensersatz.

Nacherfüllung (§ 437 Nr. 1 i. V. m. § 439 BGB)

Als Nacherfüllung kann der Käufer nach seiner Wahl entweder kostenlose Beseitigung des Mangels (**Nachbesserung**) oder die Lieferung einer mangelfreien Sache (**Nachlieferung**) verlangen. Beim Verbrauchsgüterkauf ist dieses Wahlrecht nicht durch abweichende Vereinbarungen einschränkbar (§ 475 BGB).

Der Anspruch auf Nacherfüllung ist ausgeschlossen oder beschränkt, wenn dem Verkäufer dadurch unverhältnismäßige Kosten entstehen (§ 439 Abs. 3 BGB).

Für die Nachbesserung stehen dem Verkäufer i. d. R. zwei Versuche zu (§ 440 BGB).

Rücktritt (§ 437 Nr. 2 i. V. m. §§ 323 und 326 Abs. 5 BGB)

Den Rücktritt vom Vertrag kann der Käufer grundsätzlich nur dann erklären, wenn er dem Verkäufer eine angemessene Frist zur Nacherfüllung gesetzt hat und diese erfolglos verstrichen ist (§ 323 Abs. 1 BGB); unter den besonderen Umständen des § 323 Abs. 2 BGB ist diese Fristsetzung entbehrlich. Rücktritt bedeutet »Rückgängigmachung des Kaufs«, d.h., die von beiden Seiten empfangene Leistung ist, jeweils zurückzugeben und daneben sind die gezogenen Nutzungen herauszugeben.

> **Beispiel**
> Der Käufer eines Pkw tritt nach mehreren erfolglosen Nachbesserungsversuchen des Verkäufers vom Vertrag zurück. Er hat dann den Pkw zurückzugeben und bekommt den Kaufpreis zurück. Für die mit dem Fahrzeug gefahrenen Kilometer (»Nutzungen«) hat er aber dem Verkäufer ein Nutzungsentgelt zu bezahlen, das sich nach der zurückgelegten Strecke richtet.

Minderung (§ 437 Nr. 2 i. V. m. § 442 BGB)

Der Käufer kann außerdem wahlweise zu seinen anderen Rechten Minderung des Kaufpreises verlangen. Minderung bedeutet, dass der Kaufpreis verhältnismäßig – entsprechend dem geminderten Wert der mangelhaften Sache – herabgesetzt wird (§ 441 Abs. 3 BGB).

Schadensersatz (§ 437 Nr. 3 i. V. m. §§ 440, 280, 281 und 311a BGB)

Nach erfolgloser Fristsetzung zur Nacherfüllung (i. d. R. vgl. § 440 BGB) kann der Käufer auch Schadensersatz statt der Leistung oder Schadensersatz neben der Leistung verlangen.

Durch den Schadensersatz muss der Käufer so gestellt werden, wie er stünde, wenn der Kaufvertrag erfolgreich erfüllt worden wäre (sog. positives Interesse oder Erfüllungsinteresse). Durch den grundsätzlich in Geld zu leistenden Schadensersatz (§ 250 BGB) sind sowohl die Nachteile auszugleichen, die dem Käufer aus der Mangelhaftigkeit der Sache selbst erwachsen (sog. Mangelschaden) als auch die Schäden zu ersetzen, die dem Käufer an anderen Rechtsgütern (Gesundheit, Eigentum, Vermögen, z. B. Produktionsausfall), nicht an der Kaufsache selbst entstehen (sog. Mangelfolgeschäden).

> **Beispiel**
> V erkauft an K einen mangelhaften Pkw; den Mangel hat V fahrlässig übersehen. Bei einem durch den Mangel verursachten Unfall verletzt sich K. K kann den durch die Mangelhaftigkeit des Pkw entstandenen Schaden ersetzt verlangen und zwar nicht nur den Schaden am Pkw, sondern auch den erlittenen Körperschaden.

Anstelle des Schadensersatzes statt der Leistung kann der Käufer auch Ersatz seiner vergeblichen Aufwendungen verlangen (§ 284 BGB).

2.3.1.6 Verjährung

Für die Ansprüche aus der Sachmängelhaftung gelten besondere Verjährungsfristen (§ 438 BGB). Die Verjährungsfrist beträgt:

- 30 Jahre, wenn der Mangel in einem dinglichen Recht eines Dritten, aufgrund dessen die Herausgabe der Sache verlangt werden kann, oder in einem sonstigen im Grundbuch eingetragenen Recht besteht,
- 5 Jahre bei einem Bauwerk bei in diesem eingefügten Sachen,
- 2 Jahre in allen übrigen Fällen sowie
- 3 Jahre, wenn der Verkäufer einen Mangel arglistig verschwiegen hat (Verweis auf die regelmäßige Verjährungsfrist in § 438 Abs. 3 BGB).

Beim Verbrauchsgüterkauf kann die Verjährung bei gebrauchten Sachen bis auf ein Jahr abgekürzt werden (§ 475 Abs. 2 BGB), auch in AGB ist eine Erleichterung der Verjährung möglich (§ 309 Nr. 8 b BGB), aber nicht auf weniger als ein Jahr.

Kontrollfragen
1. Sind die schuldrechtlichen Regelungen des BGB verbindlich?
2. In welchen Fällen greifen die gesetzlichen Regelungen?
3. Wo sind die Vorschriften über das Zustandekommen des Kaufvertrages geregelt?
4. Welche Rechtswirkungen erzeugt ein zu Stande gekommener Kaufvertrag?
5. Was bedeutet der Begriff Abstraktionsprinzip?
6. Wie werden die Pflichten aus dem Kaufvertrag erfüllt?
7. Welche Rechte hat der Käufer, welche der Verkäufer aus dem Kaufvertrag?
8. Welche Folgen hat es, wenn diese Rechte verletzt werden?
9. Welche Sonderregelungen gibt es für die Gefahrtragung beim Kauf?
10. Wie unterscheiden sich Schickschuld und Versendungskauf?
11. Was versteht man unter einem Sachmangel?
12. In welchen Fällen bestehen keine Gewährleistungsansprüche?
13. Welche Rechte hat ein Käufer, wenn ein Kaufgegenstand mangelhaft ist?
14. Wie werden diese Rechte geltend gemacht?
15. Welche rechtliche Bedeutung hat der Umtausch einer Ware?
16. In welcher Zeit verjähren die Gewährleistungsrechte?

Aufgabe 14.07 *(Kaufvertrag) S. 519*

Aufgabe 14.08 *(Mängel beim Kauf) S. 519*

2.3.1.7 Besondere Arten des Kaufs

Beim **Platzkauf** fallen Wohnsitz des Verkäufers (Erfüllungsort) und Ort der Übergabe der Kaufsache zusammen. Beim **Versendungskauf** hat der Verkäufer die Ware auf Verlangen und Gefahr des Käufers an einen anderen Ort als den Erfüllungsort zu senden.

Der **Kauf zur Probe** ist ein fester Kauf, bei dem der Käufer zunächst nur eine kleine Menge bezieht, um die Ware auszuprobieren, und für den Fall, dass sie ihm zusagt, eine Nachbestellung in Aussicht stellt.

Der **Kauf auf Probe** ist ein Kauf, der unter der aufschiebenden Bedingung abgeschlossen wird, dass die Kaufsache vom Käufer gebilligt wird (§ 454 BGB). Die Billigung der Kaufsache kann jedoch nur innerhalb einer bestimmten Frist erklärt werden (§ 455 BGB).

Der **Kauf mit Umtauschklausel** ist ein Kauf, bei dem auf Verlangen des Käufers anstelle der gelieferten Sache eine andere Sache, die mindestens den gleichen Preis hat, geliefert werden soll.

Der **Wiederkauf** (§§ 456 ff. BGB) beruht darauf, dass sich der Verkäufer im Kaufvertrag das Recht vorbehält, die Sache zurückzukaufen. Der Wiederkauf kommt mit der Erklärung des Verkäufers zu Stande, dass er das Wiederkaufsrecht ausübt. Der Wiederkäufer muss im Zweifel den Preis bezahlen, zu dem er den Gegenstand verkauft hat, und muss außerdem Ersatz für etwaige Werterhöhungen leisten (§ 459 BGB).

Der **Vorkauf** (§§ 463 ff. BGB) ist ein Vertrag mit dem späteren Verkäufer, durch den der Vorkaufsberechtigte das Recht erhält, in einen Kaufvertrag einzutreten, den der Verpflichtete zukünftig mit einem Dritten abschließt. Schließt der Verpflichtete mit einem Dritten einen Kaufvertrag über den Gegenstand, so muss er das dem Vorkaufsberechtigten unverzüglich mitteilen. Der Vorkaufsberechtigte kann dann in den abgeschlossenen Kaufvertrag zu denselben Bedingungen eintreten, die der Verpflichtete mit dem Dritten vereinbart hat.

Beispiel
A interessiert sich für den Pkw des B. Daraufhin vereinbart B mit A ein Vorkaufsrecht, wofür ihm A 100 € als Entgelt aushändigt (nur für das Recht!). Als B zwei Jahre später seinen Pkw verkaufen will, sucht er sich über eine Anzeige einen Käufer D, mit dem er einen Kaufvertrag schließt. Anschließend benachrichtigt B den A über den erfolgten Kaufvertragsabschluss und fragt an, ob A sein Vorkaufsrecht ausüben wolle. Will er dies, tritt er in den zwischen B und D geschlossenen Kaufvertrag zu denselben Bedingungen ein. Der Dritte D hat dann keine Rechte und Pflichten mehr aus dem Vertrag. Um Schadensersatzansprüche des D zu vermeiden, ist es notwendig, dass B den D auf das Bestehen des Vorkaufsrechts hinweist und den Kaufvertrag mit D unter der Bedingung schließt, dass A sein Recht nicht ausübt.

2.3.1.8 Haustürgeschäfte

Zum Schutze des Kunden vor Übervorteilung gibt es im BGB eine besondere Vorschrift über den Widerruf von Haustürgeschäften und ähnlichen Geschäften (§ 312 BGB).

Danach wird die Willenserklärung eines Kunden nur wirksam, wenn er sie nicht innerhalb der Frist von zwei Wochen schriftlich widerruft. Auf dieses Recht muss der Kunde deutlich hingewiesen werden; er hat diese Belehrung gesondert zu unterschreiben. Abweichende Vereinbarungen zu Lasten des Kunden sind unwirksam.

Diese Schutzvorschriften gelten für alle Verträge, die zu Stande kommen durch

- mündliche Verhandlungen am Arbeitsplatz oder im Bereich einer Privatwohnung des Kunden, es sei denn, dass diese Verhandlungen auf vorhergehende Bestellung des Kunden geführt wurden,
- anläßlich einer Freizeitveranstaltung (z. B. sog. Kaffeefahrten), oder
- im Anschluss an ein überraschendes Ansprechen in Verkehrsmitteln oder im Bereich öffentlich zugänglicher Verkehrswege.

Sie gelten nicht,

- beim Abschluss von Versicherungsverträgen oder
- wenn der Vertrag beiderseits sofort erfüllt wird und das Entgelt nicht mehr als 40 € beträgt.

2.3.1.9 Fernabsatzverträge

Fernabsatzverträge sind Verträge über die Lieferung von Waren oder über die Erbringung von Dienstleistungen, die zwischen einem Unternehmer und einem Verbraucher unter ausschließlicher Verwendung von Fernkommunikationsmitteln abgeschlossen werden (§ 312b Abs. 1 BGB). Fernkommunikationsmittel in diesem Sinne sind insbesondere Briefe, Kataloge, Telefonanrufe, Telekopien, E-Mails sowie Rundfunk-, Tele- und Mediendienste (§ 312b Abs. 2 BGB).

Bei solchermaßen geschlossenen Verträgen hat der Unternehmer gegenüber dem Verbraucher bestimmte vorvertragliche Informationspflichten (§ 312c Abs. 1 BGB) und nach Vertragsschluss bestimmte Auskunftspflichten (§ 312c Abs. 2 BGB).

Der Verbraucher hat unter den im Gesetz genannten Umständen ein Widerrufsrecht (§ 312d i.V.m. § 355 BGB) oder ein Rückgaberecht (§ 312d i.V.m. 356 BGB).

2.3.2 Werk- und Werklieferungsvertrag (§§ 631 ff. BGB)

2.3.2.1 Begriff/Wesen des Werkvertrages

Der Werkvertrag ist ein gegenseitiger Vertrag, durch den sich der Unternehmer zur Herstellung eines Werkes und der Besteller zur Entrichtung der vereinbarten Vergütung verpflichtet. Gegenstand des Werkvertrages kann sowohl (§ 631 Abs. 2 BGB)

– die Herstellung oder Veränderung einer Sache, z. B. Erstellung oder Sanierung eines Gebäudes, als auch
– ein anderer durch Arbeit oder Dienstleistung herbeizuführender Erfolg sein, z. B. Güterbeförderung eines Transportunternehmens, Reparatur eines Kraftfahrzeuges, Erstellung eines Gutachtens.

Aus dieser Formulierung wird ersichtlich, wie schwierig die Abgrenzung zwischen Werk- und Dienstvertrag sein kann. Während der Dienstvertrag lediglich eine Verpflichtung zum Tätigwerden, die Dienstleistung als solche, beinhaltet, ist der Werkvertrag auf die Herstellung eines Werkes oder, allgemeiner ausgedrückt, auf die Herbeiführung eines Erfolges gerichtet.

> **Beispiel aus der Rechtsprechung**
> Wartungsverträge über Datenverarbeitungsgeräte sind, wenn einzelne beschädigte Geräte zur Reparatur gegeben werden, Werkverträge und nicht Dienstverträge, weil der Erfolg der Reparatur, nicht das bloße Tätigwerden des Reparierenden, der wesentliche Punkt ist.

Es sollte daher beim Vertragsschluss klar zum Ausdruck gebracht werden, ob die Vertragsparteien einen Werk- oder einen Dienstvertrag abschließen wollen.

2.3.2.2 Wichtige Pflichten des Unternehmers

(1) Die **Hauptpflicht** besteht darin, das versprochene Werk mangelfrei zu erstellen (§ 633 BGB). Das Gewährleistungsrecht beim Werkvertrag ist demjenigen beim Kaufvertrag und an das allgemeine Leistungsstörungsrecht angepasst. Dies bedeutet:

Die Definition des Mangels entspricht derjenigen beim Kaufvertrag (vgl. oben 2.3.1.4).

Anders als beim Kauf ist der für die Mangelfreiheit maßgebliche Zeitpunkt nicht gesetzlich festgelegt; abzustellen ist auch hier somit auf den Zeitpunkt des Gefahrübergangs, i.d.R die Abnahme des Werks (§ 644 BGB).

Bei der Systematik der Gewährleistungsansprüche hat – ebenso wie beim Kaufrecht – die Nachbesserung (§ 635 BGB) Vorrang mit der Folge, dass die anderen Rechte erst nach erfolglosem Ablauf einer hierzu gesetzten angemessenen Frist gegeben sind.

Der Besteller kann gem. § 634 BGB:

- nach § 635 BGB Nacherfüllung verlangen,
- nach § 637 BGB den Mangel selbst beseitigen und Ersatz der erforderlichen Aufwendungen verlangen,
- nach § 636 BGB vom Vertrag zurücktreten oder die Vergütung mindern oder
- nach § 636 BGB Schadensersatz verlangen.

Als Besonderheiten sind zu nennen:

- Beim Anspruch auf Mängelbeseitigung oder Erstellung eines neuen Werks hat der **Unternehmer** das Wahlrecht (§ 635 Abs.1 BGB).
- Bei unverhältnismäßig hohem Aufwand ist der Nacherfüllungsanspruch gem. § 635 Abs. 3 BGB ausgeschlossen.
- Das Recht auf Selbstvornahme und Aufwendungsersatz (§§ 634 Abs. 1 Nr. 2, 637 BGB) setzt kein Verschulden des Unternehmers voraus.

(2) Der Unternehmer braucht das Werk nicht selbst herzustellen, er kann Hilfspersonen beschäftigen, für deren eventuelles Verschulden er wie für eigenes einzustehen hat (vgl. § 278 BGB).

(3) Bei einer zu erwartenden wesentlichen Überschreitung eines erstellten Kostenvoranschlages hat der Unternehmer den Besteller zu unterrichten (§ 650 BGB).

2.3.2.3 Wichtige Pflichten des Bestellers

(1) Die **Hauptpflicht** des Bestellers besteht in der Zahlung der vereinbarten Vergütung. Eine solche gilt als stillschweigend vereinbart, wenn die Herstellung nur gegen Entgelt üblich ist (§ 632 Abs. 1 BGB). Gleiches gilt für die Höhe der Vergütung (§ 632 Abs. 2 BGB). Die Vergütung ist bei der Abnahme des Werks fällig (§ 641 BGB).

(2) Der Besteller hat das Werk abzunehmen (§ 640 BGB). Die Abnahme geschieht durch Entgegennahme des Werkes und/oder durch Billigung des Werkes als im Wesentlichen vertragsgemäß hergestellt. Ansprüche wegen Mängeln müssen bei der Abnahme vorbehalten werden (§ 640 Abs. 2 BGB). Bei Abnahme beginnt die Verjährungsfrist für Mängelansprüche (§ 638 BGB: bei beweglichen Sachen sechs Monate, bei Arbeiten an einem Grundstück ein Jahr, bei Bauwerken fünf Jahre; Letztere ist von der Verjährungsfrist nach VOB – Verdingungsordnung für Bauleistungen – von zwei Jahren zu unterscheiden).

(3) Ist dies notwendig, hat der Besteller bei der Herstellung des Werkes mitzuwirken (§ 642 BGB).

2.3.2.4 Gefahrtragung

Die Preisgefahr trägt grundsätzlich bis zur Abnahme der Unternehmer, anschließend der Besteller (§ 644 BGB).

Beispiel
Der reparierte Pkw wird auf dem Hof des Unternehmers gestohlen. Der Besteller braucht dann die Reparatur nicht zu bezahlen und kann Wertersatz für seinen Pkw verlangen.

Ist allerdings das Werk vor der Abnahme infolge eines Mangels des vom Besteller gelieferten Stoffes oder infolge einer von dem Besteller für die Ausführung erteilten Anweisung untergegangen, verschlechtert oder unausführbar geworden, ohne dass der Unternehmer einen entsprechenden Umstand zu vertreten hat, so kann der Unternehmer einen entsprechenden Teil der Vergütung und Ersatz seiner Auslagen verlangen (§ 645 BGB).

2.3.2.5 Unternehmerpfandrecht

Die Forderungen des Unternehmers aus dem Vertrag sind gesetzlich besonders gesichert. An **beweglichen Sachen** des Bestellers, die er hergestellt oder ausgebessert hat, steht dem Unternehmer ein gesetzliches Pfandrecht zu (§ 647 BGB). Bei **Bauwerken** können die Unternehmer, die an seiner Erstellung mitgewirkt haben, die Eintragung einer Sicherungshypothek verlangen (§ 648 BGB). Da diese nach den allgemeinen Grundsätzen (zeitliche Reihenfolge) den Grundpfandrechten der finanzierenden Kreditinstitute i. d. R. nachgeht, ist ihre wirtschaftliche Werthaltigkeit oft zweifelhaft.

2.3.2.6 Werklieferungsvertrag (§ 651 BGB)

Auf alle Verträge, die auf die Lieferung herzustellender oder zu erzeugender **beweglicher** Sachen gerichtet sind, ist gem. § 651 Satz 1 BGB **Kaufrecht** anwendbar.
Es kommt nicht darauf an,
– ob der Verkäufer die Sache neu herstellt oder ob er dem Besteller eine bereits von ihm hergestellte Sache liefert,
– ob sich die Lieferpflicht auf eine vertretbare oder nicht vertretbare Sache bezieht oder
– ob es sich um eine Stückschuld oder Gattungsschuld handelt.

Bei der Lieferung herzustellender oder zu erzeugender **unbeweglicher** Sachen ist reines **Werkvertragsrecht** anwendbar. § 651 betrifft nicht die Herstellung von Bauwerken oder unkörperlichen Werken und auch nicht Reparaturen an Vermögensgegenständen des Bestellers.
Die Grundregel des § 651 Satz 1 BGB wird in zweifacher Hinsicht ergänzt:
a) der Ausschlussgrund des § 442 Abs.1 Satz 1 BGB (Kenntnis des Mangels bei Vertragsschluss) ist auch anwendbar, wenn der Mangel auf den vom Besteller gelieferten Stoff zurückzuführen ist (§ 651 Satz 2 BGB).
b) Soweit es sich bei den herzustellenden oder zu erzeugenden beweglichen Sachen um nicht vertretbare Sachen handelt, kommt gem. § 651 Satz 3 BGB ergänzend Werkvertragsrecht zur Anwendung (§§ 642, 643, 645, 649, 650 BGB). In diesem Fall tritt allerdings an die Stelle der Abnahme der Zeitpunkt des Gefahrübergangs nach §§ 446, 447 BGB.

Kontrollfragen
1. Welche besonderen Formen des Kaufs kennen Sie?
2. Zu welchem Preis kann ein Vorkaufsberechtigter den Kaufgegenstand erwerben?
3. Was ist der wesentliche Inhalt der Vorschrift über den Widerruf von Haustürgeschäften, § 312 BGB?

4. Welche Verpflichtungen erzeugt ein Werkvertrag?
5. Welche Gewährleistungsrechte gibt es im Werkvertragsrecht?
6. Was versteht man unter Abnahme und welche Folgen löst sie aus?
7. Wie ist die Gefahrtragung beim Werkvertrag geregelt?
8. Was bedeutet der Begriff Unternehmerpfandrecht?
9. Unter welchen Voraussetzungen ist bei der Lieferung herzustellender Sachen Kaufrecht, wann Werkvertragsrecht anwendbar?

2.3.3 Wichtige andere vertragliche Schuldverhältnisse

2.3.3.1 Tausch (§ 480 BGB)

Der Tausch ist ein gegenseitiger Vertrag, bei dem jede Partei verpflichtet ist, eine Sache oder ein Recht gegen eine andere Sache oder ein anderes Recht einzutauschen. Der Unterschied zum Kaufvertrag liegt darin, dass die Gegenleistung nicht in Geld, sondern in anderen Werten besteht. Auf den Tausch finden die Vorschriften des Kaufvertrages entsprechende Anwendung.

2.3.3.2 Schenkung (§§ 516 ff. BGB)

Die Schenkung ist eine Zuwendung, durch die jemand einen anderen bereichert, wobei beide Teile sich über die Unentgeltlichkeit der Zuwendung einig sind. Da sich beide Teile über die Unentgeltlichkeit einig sein müssen, ist auch die Schenkung ein Vertrag.

Wird der zugewendete Gegenstand ohne vorherige Zusage sofort überreicht (sog. **Handschenkung**), bedarf die Schenkung keiner besonderen Form. Ein Vertrag über die **Verpflichtung zu einer Schenkung** dagegen bedarf der notariellen Beurkundung (§ 518 BGB). Eine nur mündlich oder schriftlich zugesagte Schenkung kann daher nicht verlangt oder eingeklagt werden.

Der Schenker hat nur Vorsatz oder Fahrlässigkeit zu vertreten (§ 521 BGB). Er haftet für Rechts- oder Sachmängel nur, wenn er sie arglistig verschwiegen hat, und muss dann den daraus entstehenden Schaden ersetzen (§§ 523, 524 BGB).

Ein Schenkungsversprechen kann beim Vorliegen bestimmter Umstände rückgängig gemacht (§ 519 BGB), ein bereits gewährtes Geschenk zurückgefordert werden (§ 528 BGB), und zwar dann, wenn der Schenker bei Erfüllung bzw. nach Vollzug der Schenkung seinen standesgemäßen Lebensstandard nicht sicherstellen oder seinen gesetzlichen Unterhaltsverpflichtungen nicht nachkommen kann.

Macht sich der Beschenkte durch eine schwere Verfehlung gegen den Schenker oder einen nahen Angehörigen des Schenkers des groben Undanks schuldig, so kann eine Schenkung widerrufen werden (§ 530 BGB).

Eine **Schenkung unter Auflage** (§§ 525 ff. BGB) ist eine Zweckschenkung. Wird die Auflage nicht erfüllt, so ist die Schenkung rechtsgrundlos erfolgt und der Schenker kann das Geschenk nach den Vorschriften über die ungerechtfertigte Bereicherung zurückverlangen (§§ 527 i.V. m. 812 ff. BGB).

2.3.3.3 Miete (§§ 535 ff. BGB), Leasing

Der Mietvertrag ist ein gegenseitiger Vertrag, der den Vermieter verpflichtet, dem Mieter die gemietete Sache während der Mietzeit zum Gebrauch zu überlassen, und den Mieter verpflichtet, den vereinbarten Mietzins zu bezahlen. Die Sache ist dem Vermieter nach Ablauf der Mietzeit wieder zurückzugeben (§ 556 BGB). Vermietet werden können bewegliche Sachen und Grundstücke oder Grundstücksteile (z. B. Wohnraum).

Ein Mietvertrag ist **grundsätzlich formlos** gültig; wird er bei Grundstücken oder Wohnungen über eine längere Dauer als ein Jahr abgeschlossen, so ist Schriftform anzuraten (vgl. § 550 BGB).

Während der Vermieter einer Sache verpflichtet ist, die Sache dem Mieter in einem zu dem vertragsgemäßen Gebrauch geeigneten Zustand zu überlassen und für die Dauer der Mietzeit zu erhalten (§ 535 BGB; wird im individuellen Mietvertrag meist zu Lasten des Mieters abgeändert), ist der Mieter neben der Bezahlung des vereinbarten Mietzinses verpflichtet, die Mietsache pfleglich zu behandeln, sie nicht vertragswidrig zu gebrauchen und alle Mängel, die er im Laufe der Mietzeit feststellt, unverzüglich anzuzeigen. Unterlässt er diese Anzeige, ist er zu Schadensersatz verpflichtet (§ 536c BGB).

Das Mietverhältnis endet durch Zeitablauf (§ 542 BGB), durch ordentliche Kündigung (§§ 542 BGB) oder durch fristlose Kündigung (§§ 543 BGB). Für die Vermietung von Wohnraum gelten Sondervorschriften (§§ 549–578 BGB).

Leasingverträge sind ebenfalls Mietverträge; die aus dem Englischen to lease = mieten kommende Bezeichnung hat sich aber mehr und mehr durchgesetzt. Als besonderes Kennzeichen der Leasingverträge ist eine feste Grundmietzeit zu nennen, während dieser die Veträge unkündbar sind. Nach dem Grundsatz der Vertragsfreiheit sind darüber hinaus die vielfältigsten Vereinbarungen und Modelle möglich.

2.3.3.4 Pacht (§§ 581 ff. BGB)

Durch einen Pachtvertrag verpflichtet sich der Verpächter, dem Pächter den Gebrauch des verpachteten Gegenstandes und den Genuss der Früchte für die Pachtzeit gegen Bezahlung des vereinbarten Pachtzinses zu gewähren. Der wesentliche Unterschied zur Miete liegt darin, dass der Pächter auch das Recht zum Fruchtgenuss (zur Nutzung) hat.

> **Beispiel**
> Werden leere Räume zum Gebrauch überlassen, in denen der Mieter eine Gaststätte einrichtet, so handelt es sich um einen Mietvertrag. Wird dagegen eine eingerichtete Gaststätte überlassen, so kann der Pächter diese nicht nur gebrauchen (das hieße, sie selbst zu benutzen), sondern als Gaststätte nutzen.

Auf die Pacht finden die Vorschriften über die Miete entsprechende Anwendung, soweit sich nicht aus einigen Sonderbestimmungen in §§ 582–584 b BGB etwas anderes ergibt. Von diesen ist eine besonders herauszuheben. **Verpachtete Inventarstücke** bleiben im Eigentum des Verpächters, der Pächter hat sie jedoch zu erhalten und notwendige Ersatzstücke anzuschaffen (§ 582 BGB). Gleiches gilt, wenn der Pächter das Inventar zum Schätzwert übernimmt und der Verpächter es bei Pachtende ebenfalls zum Schätzwert zurücknimmt (§ 582 a BGB). Unterschiede der beiden Schätzwerte sind auszugleichen.

Eine Kündigung ist, wenn nichts anderes vereinbart ist, nur auf das Ende des Pachtjahres mit einem halben Jahr Kündigungsfrist zulässig (§ 584 BGB).

2.3.3.5 Leihe (§§ 598 ff. BGB)

Die Leihe ist ein gegenseitiger Vertrag, durch den der Verleiher dem Entleiher den Gebrauch der Sache unentgeltlich gestattet. Die Unentgeltlichkeit unterscheidet Miete und Leihe. Wird ein Entgelt vereinbart, so liegt ein Mietvertrag vor. Nach Ablauf der Leihzeit hat der Entleiher die geliehene Sache zurückzugeben.

2.3.3.6 Gelddarlehen (§§ 488 ff. BGB) und Sachdarlehen (§§ 607 ff. BGB)

Das Wesen des Darlehens ist es, Geld oder andere vertretbare Sachen, die man als Darlehen empfangen hat, dem Darlehensgeber in Sachen von gleicher Art, Güte und Menge zurückzuerstatten. Als Gegenstand eines Darlehens eignen sich nur **vertretbare Sachen**, denn bestimmungsgemäß verbraucht der Entleiher das Darlehen und gibt dann am Ende der Darlehenszeit genau so viel Sachen von gleichwertiger Qualität zurück (das gleiche, nicht dasselbe). Im Wirtschaftsleben spielt das Darlehen in Form von Geld die größte Rolle. Ob das Darlehen dabei verzinslich oder unverzinslich ist, muss vereinbart werden; das Gesetz geht im Grundsatz von der Unverzinslichkeit aus (§ 488 Abs. 2 und §§ 607, 609 BGB). Sind über die Höhe der Zinsen keine Vereinbarungen getroffen, ist der gesetzliche Basiszinssatz (§ 247 BGB), bei beiderseitigen Handelsgeschäften ein Satz von 5 % (§ 352 HGB) anzuwenden. Für die Rückzahlung eines Darlehens kann vertraglich ein bestimmter Zeitablauf vereinbart werden. Ist keine Zeit für die Rückerstattung festgelegt, so hängt die Fälligkeit davon ab, dass eine der Parteien das Darlehen kündigt (§ 488 Abs. 3 und §§ 608 BGB). Für Darlehen, für die ein Festzinssatz vereinbart ist, gibt § 489 a BGB dem Schuldner unter bestimmten Voraussetzungen ein besonderes Kündigungsrecht.

2.3.3.7 Verbraucherdarlehensvertrag

Persönlicher Anwendungsbereich: Die Vorschriften in §§ 491 ff. schützen Verbraucher, das sind natürliche Personen, wenn das Darlehen nach dem Inhalt des Vertrags nicht für ihre bereits ausgeübte gewerbliche oder berufliche Tätigkeit bestimmt ist (§ 13 BGB). Unter dieselben Schutzvorschriften fallen gem. § 507 BGB auch Existenzgründer.

Der Darlehensgeber dagegen muss als Unternehmer handeln (§ 14 BGB); Darlehen von Privatpersonen werden nicht erfasst. Der Darlehensgeber muss aber keine Bank oder Sparkasse sein, auch die Darlehensgewährung durch Kaufleute (Händler) fällt bei Vorliegen der sachlichen Voraussetzungen unter die bezeichneten Vorschriften.

Sachlicher Anwendungsbereich: Es muss sich um ein entgeltliches (verzinsliches) Darlehen handeln und die Ausnahmeregelungen des § 491 Abs. 2 und 3 BGB dürfen nicht eingreifen. In diesen Ausnahmeregelungen werden die Vorschriften der §§ 492 ff. entweder ganz (z. B. bei Kleindarlehen bis 200 € und bei zinsgünstigen Arbeitgeberdarlehen) oder teilweise (z. B. bei gerichtlich protokollierten oder notariell beurkundeten Darlehen) für nicht anwendbar erklärt.

Vorschriften über den Inhalt: Der Vertrag muss schriftlich geschlossen werden (§ 492 BGB); der Verbraucher muss eine Abschrift erhalten. In § 492 Abs. 1 BGB sind bestimmte Mindestangaben zwingend vorgeschrieben, bei deren Fehlen der Vertrag nichtig ist. Es sind dies die Angaben über

– den Nettodarlehensbetrag,
– den Gesamtbetrag aller Raten einschließlich Zinsen und Kosten,
– die Art und Weise der Rückzahlung des Darlehens,
– den effektiven Jahreszins,
– die Kosten einer Versicherung im Zusammenhang mit dem Darlehen und
– die Vereinbarung eines Eigentumsvorbehalts oder einer anderen Sicherheit.

Diese Angaben sollen den Verbraucher über die Modalitäten des Darlehens informieren und ihn in die Lage versetzen, die Bedingungen mit anderen Angeboten zu vergleichen und eventuell einen ungünstigen Vertrag zu widerrufen.

Der Verbraucher hat nach § 495 Abs. 1 BGB in jedem Fall ein **Widerrufsrecht** von zwei Wochen (Verweisung auf § 355 BGB). Zur Wahrung der Frist genügt die rechtzeitige Absendung der Widerrufserklärung. Der Verbraucher ist über dieses Widerrufsrecht in deutlich gestalteter Weise zu belehren; ist dies nicht der Fall, so erlischt sein Widerrufsrecht nicht (§ 355 Abs. 3 Satz 3 BGB).

Für **Überziehungskredite** sind gem. § 493 BGB nur eingeschränkte Anforderungen an die Informationspflicht des Kreditinstituts gegenüber dem Darlehensnehmer zu stellen.

Vorschriften über Verzug und Kündigung: § 497 BGB regelt in Verbindung mit § 288 BGB die Höhe der Verzugszinsen und enthält Vorschriften, wie im Falle des Verzugs eingehende Zahlungen zu verrechnen sind.

Der Darlehensgeber kann das Darlehen nur kündigen, wenn der Verbraucher mit mindestens zwei aufeinander folgenden Teilzahlungen im Verzug ist und der Darlehensgeber erfolglos eine zweiwöchige Frist zur Zahlung gesetzt hat. Außerdem soll dem Verbraucher ein Gespräch über die Möglichkeiten einer einvernehmlichen Regelung angeboten werden.

Bei **Ratenlieferungsgeschäften** steht dem Verbraucher nach § 505 Abs. 1 BGB ebenfalls ein Widerrufsrecht nach § 355 BGB zu. Bei Bestellung eines mehrbändigen Lexikons bei sukzessivem Erscheinen, bei Zeitungs- und Zeitschriftenabonnements oder beim Beitritt zu Buchgemeinschaften ist der Verbraucher ähnlich wie ein Darlehensnehmer belastet und wird deshalb sowohl durch die Widerrufsmöglichkeit als auch durch die Schriftform geschützt (§ 505 Abs. 2 BGB). Eingeschränkt wird das Widerrufsrecht vor allem durch den Verweis auf § 491 Abs. 2 Nr. 1 BGB; danach muss der Gesamtumfang der Zahlungen 200 € überschreiten. Ist der Vertrag allerdings an der Haustüre zustande gekommen, gilt für das Widerrufsrecht die Entgeltgrenze von 40 € gem. § 312 Abs. 3 Nr. 2 BGB.

Darlehensvermittlungsverträge

Die Regelungen über den Darlehensvermittlungsvertrag (§§ 655a–655e BGB, jetzt angesiedelt unter dem Oberbegriff des Mäklervertrags) gelten für einen Darlehensvermittlungsvertrag, der vom Darlehensvertrag unabhängig zu beurteilen ist. Beide Verträge dürfen nicht in einer Urkunde verbunden werden (zur Behandlung verbundener Verträge vgl. §§ 358 ff. BGB). Sie sollen es dem Verbraucher ermöglichen zu beurteilen, inwieweit sich sein Darlehen durch die Inanspruchnahme einer Vermittlungsleistung erhöht.

2.3.3.8 Dienstvertrag (§§ 611 ff. BGB)

Ein Dienstvertrag ist ein gegenseitiger Vertrag, durch den sich der eine Vertragspartner zur Leistung von Diensten und der andere zur Gewährung der vereinbarten Vergütung verpflichtet.

Gegenstand des Dienstvertrages können Dienstleistungen jeder Art sein. Zu unterscheiden sind:

- Dienste, die ein selbstständig Handelnder erbringt, z. B. ein freiberuflicher Arzt, Rechtsanwalt, Spediteur usw. und
- Dienste, die in unselbstständiger, sozial abhängiger Stellung erbracht werden, z. B. Arbeitnehmer (Arbeiter, Angestellte).

Das Dienstvertragsrecht des BGB betrifft hauptsächlich die erste Gruppe, für die zweite Gruppe gelten als Spezialvorschriften die Regelungen des Arbeitsrechts (vgl.

S. 381 ff.), die Vorschriften des BGB gelten nur ergänzend oder bei lückenhaften Regelungen.

Das Entgelt für die Dienstleistung besteht regelmäßig in Geld, es kann aber auch jede andere Art der Vergütung vereinbart werden. Eine **Vergütung** gilt als stillschweigend vereinbart, wenn die Dienstleistung den Umständen nach nur gegen eine Vergütung zu erwarten ist (§ 612 BGB). Die Höhe der Vergütung richtet sich, falls sie nicht vereinbart ist, in erster Linie nach der Taxe, in zweiter Linie danach, was üblich ist (§ 612 Abs. 2 BGB). Die Vergütung ist beim Fehlen einer besonderen Abrede erst nach der Leistung der Dienste zu entrichten (§ 614 BGB). Der Dienstpflichtige hat also vorzuleisten.

Die Dienstleistung muss im Zweifel persönlich erbracht werden (§ 613 BGB). Ist für das Dienstverhältnis keine feste Zeit vereinbart, kann jeder Teil es mit den Fristen des § 621 BGB kündigen.

2.3.3.9 Reisevertrag (§§ 651 a ff. BGB)

Der Reisevertrag ist ein gegenseitiger Vertrag, durch den sich der Reiseveranstalter zur Erbringung einer Gesamtheit von Reiseleistungen (Reise), der Reisende zur Zahlung der vereinbarten Vergütung verpflichtet. Der Reiseveranstalter ist verpflichtet, die Reise so zu erbringen, dass sie die zugesicherten Eigenschaften hat und nicht mit Fehlern behaftet ist, die den Wert oder die Tauglichkeit aufheben oder mindern. Ist die Reise nicht von dieser Beschaffenheit, so kann der Reisende Abhilfe verlangen. Schafft der Reiseveranstalter nicht innerhalb einer angemessenen Frist Abhilfe, so kann der Reisende selbst Abhilfe schaffen und Ersatz der Aufwendungen verlangen (§ 651 c BGB).

Ist die Reise **mangelhaft** und zeigt der Reisende den Mangel an, so mindert sich der Reisepreis (§ 651 d BGB). Bei erheblichen Mängeln kann der Reisende den Vertrag kündigen, wenn die Frist zur Abhilfe verstrichen ist. Der Frist bedarf es nicht, wenn die Abhilfe unmöglich ist, verweigert wird oder die sofortige Kündigung durch ein besonderes Interesse des Reisenden gerechtfertigt ist. Durch die Kündigung verliert der Reiseveranstalter den Anspruch auf den vereinbarten Reisepreis. Für erbrachte oder noch zu erbringende Leistungen steht ihm aber noch eine Entschädigung zu, es sei denn, dass diese Leistungen für den Reisenden kein Interesse haben (§ 651e BGB). Hat der Reiseveranstalter den Mangel der Reise zu vertreten, so kann der Reisende außer der Minderung oder Kündigung Schadensersatz wegen Nichterfüllung verlangen. Wird die Reise vereitelt oder erheblich beeinträchtigt, so kann auch wegen nutzlos aufgewendeter Urlaubszeit als Schadensersatz eine Geldsumme verlangt werden (§ 651 f. BGB). Der Reisende muss seine Ansprüche innerhalb eines Monats nach der vertraglich vorgesehenen Beendigung der Reise geltend machen; sie verjähren in zwei Jahren (§ 651g BGB).

Von den Vorschriften über den Reisevertrag kann nicht zum Nachteil des Reisenden abgewichen werden (§ 651m BGB)! Diese Ausnahme vom Grundsatz der Vertragsfreiheit wurde zum Schutz des Verbrauchers getroffen.

2.3.3.10 Maklervertrag (§§ 652 ff. BGB)

Beim Maklervertrag verspricht der Auftraggeber dem Makler einen Lohn für den Nachweis einer Gelegenheit zum Abschluss eines Vertrages oder für die Vermittlung eines Vertrages. Der Maklervertrag unterscheidet sich vom Dienst- oder Werkvertrag dadurch, dass der Makler seine Vergütung nicht für seine Tätigkeit als solche, sondern nur beim Zustandekommen des vermittelten Vertrages erhält, und dass der Makler überhaupt nicht verpflichtet ist, auf Grund des Vertrages tätig zu werden. Der Maklervertrag ist insofern kein gegenseitiger, sondern ein einseitig verpflichtender Vertrag.

Nur der Auftraggeber geht eine Verpflichtung ein. Ist jedoch im Maklervertrag durch eine Klausel, wie häufig üblich, ein sog. **Alleinauftrag** vereinbart, auf Grund dessen der Auftraggeber auf die Inanspruchnahme anderer Makler verzichtet, so wird dadurch eine Tätigkeitspflicht des Maklers begründet. In diesem Fall liegt ein gegenseitiger Vertrag vor.

Der Abschluss des Maklervertrages ist an keine Form gebunden. Gegenstand des Maklervertrages kann die Vermittlung von Verträgen jeder Art sein, z. B. von Grundstücken, Wohnungen, Dienstverträgen, Versicherungen.

Der Makler verwirkt seinen Lohnanspruch, wenn er für beide Teile eines Vertrages tätig geworden ist (§ 654 BGB).

Besonderheiten gelten noch für die **Heiratsvermittler** (ihr Lohnanspruch ist nicht einklagbar, da nach dem Wortlaut des § 656 BGB keine Verbindlichkeit begründet wurde; bereits gezahlter Lohn kann aber nicht zurückgefordert werden, daher sind in der Regel Vorauszahlungen üblich), und die **Wohnungsvermittler** (für sie gilt das Gesetz zur Regelung der Wohnungsvermittlung vom 4. 11. 1971), und den Darlehensvermittlungsvertrag (siehe unter 2.3.3.7).

2.3.3.11 Auftrag (§§ 662 ff. BGB)

Der Auftrag ist ein Vertrag zwischen dem Auftraggeber und dem Beauftragten. Durch die Annahme des Auftrages verpflichtet sich der Beauftragte, ein ihm vom Auftraggeber übertragenes Geschäft für diesen unentgeltlich zu besorgen. Vom Dienstvertrag unterscheidet sich der Auftrag dadurch, dass er unentgeltlich ist.

Der **Beauftragte** muss den Auftrag vertragsgemäß und im Zweifel persönlich besorgen (§ 664 BGB). Er hat nach den Weisungen des Auftraggebers zu handeln (§ 665 BGB) und er hat dem Auftraggeber alles, was er zur Ausführung des Auftrages erhalten hat und was er aus der Geschäftsführung erlangt hat, herauszugeben (§ 667 BGB). Der **Auftraggeber** ist verpflichtet, Aufwendungen des Beauftragten, die dieser den Umständen nach für erforderlich halten durfte (§ 670 BGB), zu ersetzen und muss außerdem auf Verlangen einen Vorschuss für die Aufwendungen leisten (§ 669 BGB).

Vom Auftrag als vertragliches Schuldverhältnis ist die **Geschäftsführung ohne Auftrag** (§§ 677 ff. BGB) streng zu trennen. Sie ist ein auf gesetzlichen Vorschriften beruhendes, kein durch Vertrag zu Stande gekommenes Schuldverhältnis. Danach gilt: Wer ein Rechtsgeschäft für einen anderen besorgt, ohne von ihm beauftragt worden zu sein, hat das Rechtsgeschäft so zu führen, wie es das Interesse des Geschäftsherrn erfordert.

Beispiel
Ein Autofahrer A kommt mit seinem Pkw von der Straße ab und bleibt bewusstlos liegen. Ein Passant P kommt hinzu, legt ihn auf eine Decke und holt Hilfe. In diesem Fall hat P ein Geschäft für den anderen besorgt, ohne von diesem dazu beauftragt worden zu sein.

Der Geschäftsherr muss dem Geschäftsführer ohne Auftrag alle **Aufwendungen ersetzen** (§ 683 BGB), wenn das Geschäft seinem wirklichen oder mutmaßlichen Willen und seinem Interesse entspricht (also auch dann, wenn Autofahrer A in selbstmörderischer Absicht gehandelt hat) oder der Geschäftsführer eine Pflicht des Geschäftsherrn, deren Erfüllung im öffentlichen Interesse liegt, oder eine gesetzliche Unterhaltspflicht erfüllt. Der Geschäftsherr muss jedoch **keinen Ersatz** leisten, sondern hat vielmehr einen Schadensersatzanspruch gegen den Geschäftsführer, wenn dieser entgegen seinem bekannten oder erkennbaren Willen ein Geschäft für ihn besorgt hat (§ 678 BGB, sog. aufgedrängte Geschäftsführung).

2.3.3.12 Geschäftsbesorgungsvertrag (§§ 675 ff. BGB)

Ein Geschäftsbesorgungsvertrag ist ein entgeltlicher Dienst- oder Werkvertrag, durch den sich jemand zur Besorgung eines Geschäfts für einen anderen gegen Vergütung verpflichtet. Auf den Geschäftsbesorgungsvertrag finden die meisten Vorschriften des Auftragsrechts Anwendung. Geschäftsbesorgung bedeutet hierbei jede selbstständige Tätigkeit wirtschaftlicher Art, die für einen anderen und in dessen Interesse vorgenommen wird (Führung von Bankgeschäften, Depotverwaltung, Baubetreuung usw.).

2.3.3.13 Verwahrung (§§ 688 ff. BGB)

Ein Verwahrungsvertrag liegt vor, wenn sich ein Vertragspartner (Verwahrer) verpflichtet, eine ihm vom Hinterleger übergebene bewegliche Sache aufzubewahren. Ist die Verwahrung **unentgeltlich,** so handelt es sich um einen unvollkommen zweiseitigen Vertrag, ist sie **entgeltlich,** so liegt ein gegenseitiger Vertrag vor.

> **Beispiel**
> Jemand hat sich bereit erklärt, für die Dauer des Urlaubs der Nachbarn deren Katze in Verwahrung zu nehmen.

Der Verwahrer ist zur Aufbewahrung der Sache verpflichtet. Er haftet bei der entgeltlichen Verwahrung für Vorsatz und Fahrlässigkeit; bei der unentgeltlichen Verwahrung hat der Verwahrer nur für die Sorgfalt einzustehen, welche er in eigenen Angelegenheiten anzuwenden pflegt (§ 690 BGB). Auf Verlangen des Hinterlegers hat der Verwahrer die Sache jederzeit herauszugeben (§ 695 BGB).
Der Hinterleger hat die Pflicht,

- eine vereinbarte Vergütung zu zahlen (§ 699 BGB),
- die zum Zweck der Aufbewahrung gemachten Aufwendungen zu ersetzen, sofern sie der Verwahrer den Umständen nach für erforderlich halten durfte (§ 693 BGB),
- den Schaden zu ersetzen, der dem Verwahrer durch die Beschaffenheit der Sache entsteht (§ 694 BGB; man denke noch an die Katze!) sowie
- die Sache jederzeit zurückzunehmen, wenn eine Zeit für die Aufbewahrung nicht bestimmt ist (§ 696 BGB).

2.3.3.14 Einbringung von Sachen bei Gastwirten (§§ 701 ff. BGB)

Einen Gastwirt trifft im Hinblick auf die eingebrachten Sachen seiner Gäste eine besondere Haftung. Die Aufnahme eines Gastes beruht auf einem **Beherbergungsvertrag** (Vertrag eigener Art; nicht im BGB geregelt). Für die Haftung aus diesem Vertrag gelten §§ 701 ff. BGB. Danach haftet der Gastwirt für alle Schäden, die der Gast an seinen Sachen erleidet, auch wenn den Gastwirt kein Verschulden trifft. Gastwirt im Sinne des § 701 BGB ist, wer gewerbsmäßig Fremde zur Beherbergung aufnimmt, nicht jedoch der Inhaber eines Speiselokals. Als eingebracht gelten Sachen, die dem Wirt oder seinen Leuten übergeben oder in das Zimmer gebracht werden (§ 701 Abs. 2 BGB). Für das abgestellte Auto des Gastes gilt die Verwahrungspflicht nicht (§ 701 Abs. 4 BGB). Für Geld, Schmuck und Kostbarkeiten, die dem Wirt nicht zur gesonderten Aufbewahrung übergeben wurden (Hotelsafe), gelten Sonderregelungen (§ 702 BGB).
Eine Haftung entfällt bei höherer Gewalt, wenn der Schaden vom Gast oder einem seiner Begleiter verursacht worden ist (§ 701 Abs. 3 BGB) oder wenn die Haftung vertraglich ausgeschlossen worden ist (§ 702 a BGB). Der Ersatzanspruch erlischt, wenn der Gast den Schaden nicht unverzüglich nach Kenntnis anzeigt (§ 703 BGB).

2.3.3.15 Bürgschaft (§§ 765 ff. BGB)

Die Bürgschaft ist ein einseitig verpflichtender Vertrag, durch den sich der Bürge dem Gläubiger eines Dritten gegenüber verpflichtet, für die Erfüllung der Verbindlichkeit des Dritten einzustehen. Die Bürgschaft dient der Sicherung einer fremden Verbindlichkeit, ist somit unter den Oberbegriff **Kreditsicherheiten** einzuordnen, von denen bei der Behandlung der sachenrechtlichen Regelungen noch andere besprochen werden.

> **Beispiel**
> S möchte ein Darlehen bei seiner Bank B aufnehmen. Diese verlangt, dass S für die Rückzahlung der Darlehensschuld irgendeine Sicherheit stelle. S bittet seinen Freund F, der sehr vermögend ist, für ihn bei der Bank zu bürgen. F ist hierzu bereit, und auch die Bank B ist bereit, den F als tauglichen Bürgen zu akzeptieren (bzw. die Bürgschaft des F als Sicherheit genügen zu lassen).

Am Zustandekommen einer Bürgschaft sind somit insgesamt drei Personen beteiligt, die in vertragliche Beziehungen treten:
- zwischen dem Bürgen und dem Gläubiger wird der Bürgschaftsvertrag geschlossen,
- zwischen Schuldner und Gläubiger wird ein Darlehensvertrag geschlossen, dessen Absicherung der Zweck des Bürgschaftsvertrages ist,
- zwischen Schuldner und Bürgen besteht ein Rechtsverhältnis, auf Grund dessen sich der Bürge zur Übernahme der Bürgschaft bereit erklärt (ist dies unentgeltlich durch Freunde oder Verwandte der Fall, kann man von einem Auftrag i. S. der §§ 662 ff. BGB sprechen, im Fall der Entgeltlichkeit, z. B. durch eine Bank im Falle der Bankbürgschaft, liegt regelmäßig ein Geschäftsbesorgungsvertrag i. S. des § 675 BGB zugrunde).

Das Bürgschaftsversprechen des BGB bedarf der Schriftform (§ 766 BGB). Die Bürgschaft setzt das Bestehen einer Hauptschuld voraus und ist von dieser abhängig (§ 767 BGB, sog. **Akzessorietät**). Wird der Bürge in Anspruch genommen, kann er dieselben Einreden, die auch dem Hauptschuldner zustehen, geltend machen (§§ 768, 770 BGB). Vor allem aber kann der Bürge im Normalfall der Bürgschaft einwenden, dass der Gläubiger zuerst den Schuldner in Anspruch nehmen müsse, und zwar soweit, dass dieser bereits die Zwangsvollstreckung in das Vermögen des Schuldners erfolglos versucht haben müsse, bevor er als Bürge in Anspruch genommen werden könne (§ 771, sog. **Einrede der Vorausklage**). Diese Einrede macht die Bürgschaft als Sicherungsmittel nicht besonders interessant, da der Bürge als Haftender ja erst sehr umständlich und spät in Anspruch genommen werden kann. Die Einrede der Vorausklage kann aber im Bürgschaftsvertrag ausgeschlossen werden (§ 773 Abs. Nr. 1 BGB), wovon in der Praxis regelmäßig Gebrauch gemacht wird. Man spricht dann von der **selbstschuldnerischen Bürgschaft**.

Wird der Bürge vom Gläubiger in Anspruch genommen, so geht die Forderung des Gläubigers gegen den Schuldner auf ihn über (§ 774 BGB). Außerdem hat er einen Aufwendungsersatzanspruch aus dem der Übernahme der Bürgschaft zugrunde liegenden Rechtsverhältnis. Er kann dann versuchen, selbst am Schuldner Regress zu nehmen. In der Regel wird dies (außer bei der selbstschuldnerischen Bürgschaft) zunächst ziemlich aussichtslos sein, denn die erfolglose Vollstreckung des Gläubigers beim Schuldner war ja gerade Voraussetzung für die Inanspruchnahme des Bürgen. Der Bürge hat aber bis zum Eintritt der Verjährung Zeit, um abzuwarten, ob sich die Vermögensverhältnisse des Schuldners bessern.

In der Praxis werden noch folgende Bezeichnungen für bestimmte Arten von Bürgschaften verwendet:

Ausfallbürgschaft: Sie gilt nur für den Teilbetrag, der bei der Betreibung der Zwangsvollstreckung in das Vermögen des Hauptschuldners nicht befriedigt werden konnte.

Mitbürgschaft: Hierbei haften mehrere für dieselbe Verbindlichkeit als Gesamtschuldner (§ 769 BGB; häufig bei Eheleuten, die sich beide verbürgt haben). Der Gläubiger kann jeden Bürgen nach seiner Wahl bis zum vollen Betrag der Bürgschaft in Anspruch nehmen (§ 421 BGB), unter den Gesamtschuldnern besteht das Recht der Ausgleichung (§§ 774 Abs. 2, 426 BGB).

Nachbürgschaft: Es verbürgt sich jemand dafür, dass der Bürge seinen Verpflichtungen nachkommt.

Rückbürgschaft: Es verpflichtet sich jemand (Rückbürge) gegenüber dem Bürgen, dass der Hauptschuldner bei Inanspruchnahme des ersten Bürgen diesem gegenüber seine Verpflichtungen erfüllt. Der Erstbürge hat einen Rückgriffsanspruch gegen den Rückbürgen.

Zeitbürgschaft: Der Bürge kann nur innerhalb einer bestimmten Frist aus der Bürgschaft in Anspruch genommen werden (§ 777 BGB).

Wechselbürgschaft (Art. 31 Wechselgesetz): Wechselbürge ist, wer die Bürgschaft für eine Wechselverbindlichkeit übernommen hat. Die Wechselbürgschaft kann von einer im Wechsel genannten Person oder von einem Dritten übernommen werden und muss ausdrücklich im Text erwähnt sein. Mit der Inanspruchnahme des Bürgen erwirbt dieser alle wechselmäßigen Ansprüche gegen den, für den er sich verbürgt hat.

2.3.3.16 Schuldbeitritt und Garantievertrag

Diese Vertragstypen sind im BGB nicht geregelt, sie basieren auf dem Prinzip der Vertragsfreiheit. Der **Schuldbeitritt** bedeutet, dass sich jemand bereit erklärt, für die Schuld eines anderen neben diesem als Gesamtschuldner einzustehen (auch als **kumulative Schuldübernahme** bezeichnet). Ein **Garantievertrag** ist ein einseitig verpflichtender Vertrag, durch den sich jemand verpflichtet, für einen erwarteten Erfolg einzustehen oder ein Risiko zu übernehmen. Der Garant geht eine unabhängige Verpflichtung ein (Hauptanwendungsfall ist die Scheckkarte). Auf beide Vertragsarten finden die Vorschriften der Bürgschaft keine – auch keine entsprechende – Anwendung.

Kontrollfragen

1. Ist eine Schenkung ein Vertrag? Bedarf sie einer besonderen Form?
2. Welche mietrechtlichen Regelungen sind Ihnen bekannt?
3. Wie unterscheiden sich Miet- und Pachtvertrag?
4. Wer hat nach den gesetzlichen Regelungen die Pachtsache zu erhalten?
5. Welchen Unterschied gibt es zwischen Miete und Leihe?
6. Was kann der Entleiher, was ein Darlehensnehmer mit dem Vertragsgegenstand tun?
7. Welche Verpflichtungen erzeugt ein Dienstvertrag?
8. Wer wird üblicherweise auf Grund eines Dienstvertrages tätig?
9. Wie unterscheiden sich Dienst- und Werkvertrag?
10. Welche Regelungen des Reisevertragsrechts kennen Sie?
11. Welchen Rang nehmen die gesetzlichen Vorschriften des Reisevertragsrechts gegenüber AGB und Einzelvereinbarungen ein?
12. Welche Verpflichtungen geht ein Makler ein?
13. Welches besondere Risiko trifft nach dem Gesetz einen Heiratsvermittler?

14. Wer wird wohl einen Auftrag i. S. des BGB annehmen?
15. Was bedeutet Geschäftsführung ohne Auftrag? Welche Folgen hat sie?
16. Welche Vertragspflichten entstehen bei einem Verwahrungsvertrag?
17. Welche Regelungen trifft das BGB über die Haftung von Gastwirten?
18. Aus welchem Grund übernimmt jemand eine Bürgschaft?
19. Warum ist bei einer Bürgschaft Schriftform vorgeschrieben?
20. Welche Vertragsbeziehungen liegen bei einer Bürgschaft vor?
21. Was bedeutet Einrede der Vorausklage?
22. Was ist eine selbstschuldnerische Bürgschaft?
23. Geht der Bürge bei der Übernahme der Bürgschaft ein Risiko ein, da er doch den Rückgriffanspruch nach § 774 BGB hat?
24. Wonach richtet es sich, ob jemand als Bürge tauglich ist? Wer entscheidet dies?

2.3.4 Schuldverhältnisse aus Gesetz

Schuldverhältnisse ergeben sich nicht nur aus vertraglichen Vereinbarungen. In manchen Fällen ergeben sich Ansprüche auch auf Grund gesetzlicher Vorschriften. Ein solcher Fall wurde mit der **Geschäftsführung ohne Auftrag** (§§ 677 ff. BGB) bereits angesprochen (vgl. S. 279). Zwei weitere sollen folgen, die Ansprüche aus unerlaubter Handlung und aus ungerechtfertigter Bereicherung.

2.3.4.1 Unerlaubte Handlung (§§ 823 ff. BGB)

Begeht jemand eine unerlaubte Handlung, so tut er dies in den seltensten Fällen gegenüber jemand, mit dem er vertragliche Beziehungen hat.

Beispiel
A verursacht mit seinem Pkw einen Verkehrsunfall und beschädigt den Pkw des ihm völlig fremden B.

Die Schadensersatzansprüche der §§ 823 ff. BGB ergeben sich daher aus den gesetzlichen Vorschriften. Die Voraussetzungen der wichtigsten Tatbestände sind:
– § 823 BGB: Jemand schädigt vorsätzlich oder fahrlässig das Leben, den Körper, die Gesundheit, die Freiheit, das Eigentum oder ein sonstiges Recht eines anderen, ohne dass er einen Rechtfertigungsgrund dafür hat (z. B. Notwehr).
– § 824 BGB: Jemand gefährdet die Kreditwürdigkeit eines anderen.
– § 831 BGB: Jemand haftet für einen Verrichtungsgehilfen, der eine schädigende Handlung verübt.
– § 832 BGB: Jemand verletzt seine Aufsichtspflicht über eine zu beaufsichtigende Person.
– § 833 BGB: Jemand hält ein Tier, das einen Schaden verursacht.
– §§ 836, 837 BGB: Jemand ist Gebäudebesitzer und der Einsturz oder abgelöste Teile des Gebäudes verursachen einen Schaden.
– § 839 BGB: Ein Beamter begeht eine Amtspflichtverletzung und verursacht einen Schaden.

Rechtsfolge Schadensersatz: Der Verantwortliche ist zum Ersatz des Schadens verpflichtet. Mehrere Schädiger haften als Gesamtschuldner (§ 840 BGB), d. h. jeder auf das Ganze, aber insgesamt nur einmal (§§ 421 ff. BGB). Was unter Schadensersatz zu verstehen ist, ergibt sich aus den Regelungen der §§ 249 ff. BGB, die für alle Arten von

Schadensersatz (also auch aus Vertrag) gelten, und einiger Sondervorschriften in den §§ 842–851 BGB, die nur für den Schadensersatz aus unerlaubten Handlungen gelten. Die **Voraussetzungen** des Schadensersatzes sind:

(1) Es muss ein Schaden entstanden sein: Schaden ist jeder Nachteil, den jemand an seinen Rechtsgütern erleidet. Der Nachteil ergibt sich aus dem Vergleich zwischen der Lage des Geschädigten infolge des schädigenden Ereignisses mit der Lage, wie sie ohne dieses aussehen würde.
(2) Der Schädigende muss den Schaden verursacht haben: Man spricht vom Kausalzusammenhang. Die Handlung des Schädigers muss kausal sein für den Schaden, d. h., dass das schädigende Ereignis generell geeignet war, den Schaden herbeizuführen. In diesem Zusammenhang ist die Regelung des § 254 BGB wichtig. War ein Verhalten des Geschädigten mitursächlich für den Eintritt des Schadens, so mindert sich der Schadensersatzanspruch entsprechend.
(3) Der Schädiger muss schuldhaft gehandelt haben. Verschulden bedeutet nach § 276 BGB, dass der Täter vorsätzlich (absichtlich) oder fahrlässig gehandelt haben muss. Fahrlässig bedeutet die im Verkehr erforderliche Sorgfalt außer Acht lassen, d. h., dass man zwar nicht bewusst gehandelt haben muss, den Schaden aber hätte vermeiden können, wenn man sorgfältiger vorgegangen wäre.

Haftung für fremdes Verschulden: dass man für eigenes Verschulden einzustehen hat, mag noch jedermann einleuchten. In zwei Fällen muss man aber auch für fremdes Verschulden einstehen, nach § 278 BGB und nach § 831 BGB.

Nach **§ 278 BGB** haftet der Schuldner einer Leistung auch für ein Verschulden seiner gesetzlichen Vertreter sowie desjenigen, dessen er sich zur Erfüllung seiner Verbindlichkeit bedient.

Beispiel
Malermeister M ist zum Renovieren der Wohnung des K verpflichtet. Dies macht er nicht selbst, sondern schickt seinen Gesellen G. Beruht ein beim K entstehender Schaden auf einer schuldhaften Handlung des G, so hat auch M dafür einzustehen wie für eigenes Verschulden.

In **§ 831 BGB** ist eine entsprechende Regelung getroffen für die Fälle, in denen keine vertraglichen Beziehungen bestehen.

Beispiel
Derselbe Geselle G beschädigt beim Abladen vor dem Haus des K infolge Unachtsamkeit das Auto des Nachbarn N. Auch in diesem Fall muss M grundsätzlich für das Verschulden des G einstehen wie für eigenes.

Der Geschäftsherr hat hierbei aber (in den meisten Fällen) eine sog. **Exkulpationsmöglichkeit** (Entschuldigungsmöglichkeit). Die Ersatzpflicht tritt nämlich nicht ein (§ 831 Abs. 1 Satz 2 BGB), wenn der Geschäftsherr bei der Auswahl und der Überwachung des Verrichtungsgehilfen sorgfältig gehandelt hat oder wenn der Schaden auch bei Anwendung dieser Sorgfalt entstanden wäre.
Umfang des Schadensersatzes: Grundsätzlich ist bei der Schadensersatzleistung der Zustand wiederherzustellen, der bestünde, wenn das schädigende Ereignis nicht eingetreten wäre (sog. **Naturalherstellung**, § 249 Abs. 1 BGB). Stattdessen kann der Gläubiger **Geldersatz** verlangen (§ 249 Abs. 2 BGB). Dasselbe gilt, wenn die Naturalherstellung nicht möglich ist (§ 251 Abs. 1 BGB). Der Schadensersatzanspruch umfasst nach

§ 252 BGB auch den entgangenen Gewinn, die Umsatzsteuer aber nur, wenn sie auch tatsächlich gezahlt wurde (§ 249 Abs. 2 Satz 2 BGB).

Dagegen kann ein so genannter **immaterieller Schaden,** das ist ein Schaden, der nicht das Vermögen betrifft, nach § 253 BGB grundsätzlich nicht verlangt werden. Diesen Anspruch gibt es nur in besonderen, gesetzlich geregelten Fällen; der wichtigste Fall ist der **Schmerzensgeldanspruch** nach § 253 Abs. 2 BGB.

2.3.4.2 Ungerechtfertigte Bereicherung (§§ 812 ff. BGB)

Das Rechtsinstitut ist notwendig, um grundlose Vermögensverschiebungen wieder auszugleichen. Auf ein Verschulden kommt es dabei nicht an. Nach dem Gesetzeswortlaut ist jemand ungerechtfertigt bereichert, wenn er auf Kosten eines anderen etwas **ohne rechtlichen Grund** erlangt hat. Die ungerechtfertigte Bereicherung ist ein persönlicher Anspruch auf Rückgängigmachung eines Rechts- oder Vermögenserwerbs, der nach den maßgeblichen Vorschriften zwar gültig vollzogen ist, aber im Verhältnis zu dem Benachteiligten des rechtlichen Grundes entbehrt (Hauptfall ist das Auseinanderfallen zwischen Verpflichtungs- und Erfüllungsgeschäft). Ohne einen rechtlichen Grund kann etwas erlangt sein (§ 812 Abs. 1 BGB),

- wenn der rechtfertigende Grund von Anfang an nicht vorhanden war (z. B. keine Leistungspflicht bestand, weil ein Vertrag unwirksam war),
- wenn ein vorhandener Grund später wegfällt (z. B. durch Anfechtung eines zugrunde liegenden Vertrages),
- wenn der bezweckte Erfolg nicht eintritt,
- wenn ein Nichtberechtigter eine wirksame Verfügung über einen Gegenstand getroffen hat (§ 816 BGB).

Der **Bereicherungsanspruch** ist auf Herausgabe des Erlangten sowie auf möglicherweise in der Zwischenzeit gezogene Nutzungen gerichtet (§ 818 Abs. 1 BGB). Ist die Herausgabe nicht mehr möglich, ist der Wert zu ersetzen (§ 818 Abs. 2 BGB). Für die Bereicherungsansprüche gilt die regelmäßige Verjährungsfrist von 3 Jahren (§ 195 BGB).

Kontrollfragen
1. *Welche Haftungsvorschriften über unerlaubte Handlungen kennen Sie? Welche Rechtsfolgen haben diese?*
2. *Was bedeutet Kausalität?*
3. *Muss man auch für fremdes Verschulden auf Schadensersatz haften? In welchen Fällen?*
4. *Wie wird ein Schaden berechnet? Was kann als Schadensersatz gefordert werden?*
5. *Kann man bei jeder Schädigung auch Schmerzensgeld verlangen?*
6. *Wann ist jemand ungerechtfertigt bereichert?*
7. *Was kann ein Berechtigter vom ungerechtfertigt Bereicherten verlangen?*

2.4 Sachenrecht

Während das Schuldrecht rechtliche Beziehungen zwischen verschiedenen Personen zum Gegenstand hat, befasst sich das Sachenrecht mit Rechten an Sachen, den dinglichen Rechten, sowie mit den Formalien, die bei der Begründung, Übertragung und Aufhebung von dinglichen Rechten notwendig sind. Ein **dingliches Recht** ist ein Herrschaftsrecht an einer Sache, das sich nicht nur gegen bestimmte Personen (relative Rechte oder Ansprüche), sondern gegen jedermann richtet; man nennt die dinglichen Rechte daher auch **absolute Rechte**. Die Vorschriften des Sachenrechts sind, anders als das Schuldrecht, das vom Grundsatz der Vertragsfreiheit gekennzeichnet ist, nicht durch Vertrag abdingbar. Man spricht vom Typenzwang des Sachenrechts.

2.4.1 Rechte an beweglichen Sachen

2.4.1.1 Eigentum (§§ 903 ff. BGB)

Das Eigentum ist das umfassendste dingliche Recht an einer beweglichen oder unbeweglichen Sache, das wir kennen. Es berechtigt den Eigentümer, mit der Sache nach Belieben zu verfahren und andere von jeder Einwirkung auszuschließen (§ 903 BGB). Er kann

- vom Besitzer die Herausgabe der Sache verlangen (§ 985 BGB), soweit der Besitzer nicht zum Besitz berechtigt ist (§ 986 BGB), und
- wenn das Eigentum in anderer Weise als durch Entziehung oder Vorenthaltung des Besitzes beeinträchtigt ist, von dem Störer die Beseitigung der Beeinträchtigung verlangen und, wenn weitere Beeinträchtigungen zu erwarten sind, auf Unterlassung klagen (§ 1004 BGB).

Das Eigentum ist jedoch kein schrankenloses Recht. Wie die Einschränkung im Wortlaut des § 903 BGB zeigt, ist die umfassende Herrschaftsmacht des Eigentümers durch gesetzliche Vorschriften und Rechte dritter Personen eingeschränkt. Neben der bereits im Grundgesetz verankerten **Sozialbindung** des Eigentums (Art. 14 Abs. 2 GG) gibt es zahlreiche andere Beschränkungen, z. B. im Falle eines sog. Notstandes (§§ 228, 904 BGB), durch das Schikaneverbot (§ 226 BGB), wonach die Ausübung eines Rechts unzulässig ist, wenn sie nur den Zweck haben kann, einem anderen Schaden zuzufügen, durch die Vorschriften des Nachbarrechts und des Naturschutzes und durch dingliche Rechte, die das Eigentum belasten, z. B. Hypothek oder Pfandrecht.

Erwerb des Eigentums

Beim Erwerb von Eigentum ist zwischen dem schuldrechtlichen Verpflichtungsvertrag, z. B. Kaufvertrag, und dem dinglichen Erfüllungsgeschäft scharf zu trennen (**Abstraktionsprinzip**, vgl. S. 265). Die im Verpflichtungsgeschäft eingegangene Verpflichtung zur Übertragung des Eigentums wird durch das dingliche Erfüllungsgeschäft eingelöst oder, anders ausgedrückt – der im Verpflichtungsgeschäft beabsichtigte Erfolg wird durch die dingliche Übertragung herbeigeführt. Das Eigentum an beweglichen Sachen und an Grundstücken wird auf verschiedene Weise übertragen.

Rechtsgeschäftlicher Erwerb: Der rechtsgeschäftliche Erwerb an einer beweglichen Sache erfolgt durch Einigung und Übergabe (§ 929 BGB). Der einfacher zu verstehende Teil dabei ist die **Übergabe**; sie bedeutet, dass der Eigentümer dem Erwerber die Sache übergibt, ihm also den Besitz verschafft. Die Einigung als zweites notwendiges Element besteht aus zwei übereinstimmenden Willenserklärungen, ist also ein dinglicher Vertrag. Die Willenserklärungen besagen, dass das Eigentum übergehen soll. Genau betrachtet, besteht somit ein vollständig abgewickelter Kaufvertrag juristisch aus drei Verträgen und zwei realen Handlungen:

- Der erste Vertrag ist der Verpflichtungsvertrag (§ 433 BGB).
- Der zweite Vertrag ist die Einigung über den Eigentumsübergang am Kaufgegenstand.

- Der dritte Vertrag ist die Einigung über den Eigentumsübergang am Geld.
- Die zwei realen Handlungen sind die Übergabe (Besitzverschaffung) von Kaufgegenstand und Geld.

Auf die Einigungen beim Eigentumsübergang kann nicht verzichtet werden, wohl aber auf die Übergabe. Bei bestimmten Fallkonstellationen ist es möglich, die Übergabe zu ersetzen.

- Ist der Erwerber bereits im Besitz der Sache, so genügt die Einigung über den Übergang des Eigentums alleine (§ 929 Satz 2 BGB, **Übergabe kurzer Hand**).

    Beispiel
    Ein Mieter kauft die bisherige Mietsache. Dann braucht er sie nicht erst zurückzugeben, damit sie ihm der Eigentümer übergeben kann.

- Will der bisherige Eigentümer weiterhin im Besitz der Sache bleiben, so kann die Übergabe durch die Vereinbarung eines Rechtsverhältnisses ersetzt werden, vermöge dessen der Erwerber den sog. **mittelbaren Besitz** erlangt (Vereinbarung eines sog. **Besitzkonstituts,** § 930 BGB). Ein solches Rechtsverhältnis kann z. B. ein Miet- oder ein Leihvertrag sein.

    Beispiel
    Der Verkäufer eines Pkw möchte mit seinem Auto noch in den Urlaub fahren. Der Käufer möchte aber sofort bei Kaufvertragsabschluss Eigentümer werden, da er auch den Kaufpreis sofort bezahlt. Die Übergabe wird dann, je nach Entgeltlichkeit oder Unentgeltlichkeit der Gebrauchsüberlassung, durch die Vereinbarung eines Miet- oder Leihvertrages ersetzt.

- Ist ein Dritter im Besitz der Sache, so kann die Übergabe dadurch ersetzt werden, dass der Eigentümer dem Erwerber den Anspruch auf Herausgabe der Sache abtritt (§ 931 BGB, **Abtretung des Herausgabeanspruchs**).

    Beispiel
    Verkäufer V verkauft an Käufer K eine an den Mieter M vermietete Sache. Da der Mietvertrag durch den Verkauf nicht beendet wird (Kauf bricht nicht Miete!), und V somit nicht im Besitz der Sache ist, kann der Eigentumsübergang auf K nur dadurch erfolgen, dass der Herausgabeanspruch, den V gegenüber M bei Beendigung des Mietvertrages hat, an K abgetreten wird.

Sonderfall: Erwerb vom Nichtberechtigten: Die bisherigen Tatbestände gingen davon aus, dass der Übertragende als Eigentümer Berechtigter war oder vom Eigentümer berechtigt wurde (z. B. ein Angestellter). Nach der Sonderregelung des § 932 BGB ist aber auch ein Erwerb vom Nichtberechtigten möglich, wenn der Erwerber in gutem Glauben ist. Der gute Glaube wird vermutet, da für den Erwerber der Besitz des Nichtberechtigten ein Zeichen für dessen Eigentümerstellung ist. Ist dem Erwerber jedoch infolge grober Fahrlässigkeit unbekannt, dass die Sache nicht dem Veräußerer gehört, so gilt diese Vermutung nicht. Deshalb ist ein gutgläubiger Erwerb eines Pkw nicht möglich, wenn sich der Erwerber den Kfz-Brief nicht zeigen lässt. Des Weiteren ist ein gutgläubiger Erwerb an gestohlenen Sachen auch bei Gutgläubigkeit nicht möglich (§ 935 BGB).

> **Beispiel**
> V verkauft an K eine Stereoanlage aufgrund einer Kleinanzeige.
> a) V hat die Stereoanlage von einem Freund F ausgeliehen. Dann wird K durch die Übereignung des Nichtberechtigten V Eigentümer, auch wenn V gar nicht Eigentümer war. F bleiben nur Schadensersatzansprüche an V.

b) V hat die Stereoanlage bei E gestohlen. Dann ist auch bei Gutgläubigkeit des K kein Eigentumserwerb möglich. K muss die Stereoanlage dem E herausgeben. Ansprüche hat er nur an seinen Vertragspartner V.

Andere Arten des Eigentumserwerbs: Neben den rechtsgeschäftlichen Formen des Eigentumserwerbs gibt es noch gesetzliche Tatbestände, z. B.

- durch Ersitzung (§ 937 ff. BGB),
- durch Verbindung, Vermischung und Verarbeitung (§§ 946 ff. BGB, besonders bei Bauwerken durch Einbau der Materialien),
- durch Aneignung einer herrenlosen Sache (§§ 958 ff. BGB),
- durch Fund (§§ 965 ff. BGB) nach Ablauf einer sechsmonatigen Frist (§ 973 BGB),
- durch Erbschaft (§ 1922 BGB).

2.4.1.2 Besitz (§§ 853 ff. BGB)

Im täglichen Sprachgebrauch wird zwischen Besitz und Eigentum nicht immer sauber unterschieden. **Besitz** ist die tatsächliche Herrschaftsgewalt über eine Sache, **Eigentum** darüber hinaus die umfassende rechtliche Herrschaftsmacht.

Beispiel
Auch ein Dieb ist Besitzer.

Beim Besitz muss man zwischen unmittelbarem und mittelbarem Besitz unterscheiden. Der **mittelbare Besitzer** hat nach der Regelung des § 868 BGB keine tatsächliche Sachherrschaft, diese wird vielmehr durch das rechtliche Band, das ihn mit dem unmittelbaren Besitzer verbindet, ersetzt. Trotzdem nennt man auch ihn Besitzer. Das BGB benötigt die Figur des mittelbaren Besitzers für bestimmte rechtliche Konstruktionen und bezieht sich dann auf diese Regelung (z. B. § 930 BGB).

Beispiel
Mieter M hat vom Vermieter V einen Pkw gemietet. Unmittelbarer Besitzer ist dann M. Durch den Mietvertrag als rechtliches Band ist aber auch der V Besitzer, eben mittelbarer Besitzer.

Kontrollfragen
1. *Was versteht man unter einem dinglichen Recht? Wie unterscheidet es sich von einem Anspruch?*
2. *Was bedeutet der Begriff Typenzwang im Sachenrecht?*
3. *Welchen Inhalt hat das Eigentumsrecht? Wodurch wird es eingeschränkt?*
4. *Was versteht man unter dem Abstraktionsprinzip?*
5. *Werden bei der Eigentumsübertragung auch Rechtsgeschäfte abgeschlossen?*
6. *Wodurch kann die Übergabe bei der Eigentumsverschaffung ersetzt werden?*
7. *Was ist ein Besitzmittlungsverhältnis? Nennen Sie Beispiele.*
8. *Kann man auch Eigentum erwerben, wenn der Veräußerer nicht selbst Eigentümer ist?*
9. *Kann man außer durch Rechtsgeschäft auch auf andere Weise Eigentümer einer Sache werden?*
10. *Grenzen Sie die Begriffe Besitz, unmittelbarer Besitz und mittelbarer Besitz gegeneinander ab.*

2.4.2 Rechte an Grundstücken

Neben Eigentum und Besitz sollen hier noch die Vormerkung, die Dienstbarkeiten und das Vorkaufsrecht behandelt werden.

Die Grundpfandrechte werden wie das Pfandrecht an beweglichen Sachen bei den Kreditsicherheiten besprochen.

2.4.2.1 Grundbuch

Inhalt und Funktion des Grundbuches: Das Grundbuch in seinem heutigen Entwicklungsstand geht auf das Jahr 1935 zurück. Historisch gesehen stellt aber das Grundbuch bzw. seine Vorläufer eine schon im Mittelalter bekannte Einrichtung dar. Wegen der großen Bedeutung und wegen des Wertes von Grundstücken im Wirtschaftsleben bzw. für den Einzelnen hat der Staat die Aufgabe übernommen, dieses Grundbuch zu führen.

Die Hauptaufgabe des Grundbuches ist die Registrierung der Grundstücke und aller sie betreffenden Rechtsvorgänge.

Merksatz: Das Grundbuch ist ein Registerbuch.

Das heutige Grundbuchsystem geht von folgendem, absolut und ohne Einschränkungen gültigen Grundsatz aus: Jede rechtsgeschäftliche Rechtsänderung an Grundstücksrechten bedarf zu ihrer Wirksamkeit der Eintragung ins Grundbuch. Dieser Grundsatz bedeutet dann in der Praxis, dass jede Eigentumsübertragung an Grundstücken sowie jede rechtsgeschäftliche Beschränkung des Eigentums erst dann wirksam ist, wenn sie im Grundbuch eingetragen ist. Dieses Prinzip nennt man **Publizitätsgrundsatz.**

> **Beispiele**
> Verkauf eines Grundstückes, Belastung mit einer Hypothek, Einräumung eines dinglichen Kaufrechts, Bildung von Wohnungseigentum.
> Alle diese Rechte werden erst mit Eintragung ins Grundbuch wirksam.

Über die Einrichtung, Form und Führung des Grundbuches finden sich keine Bestimmungen im BGB, sondern in der Grundbuchordnung (GBO).

Grundbuchamt: Nach § 1 GBO ist für die Führung der Grundbücher das Amtsgericht, und hier die Abteilung Grundbücher, zuständig. In Baden-Württemberg gilt eine Sonderregelung. Dort sind für die Führung der Grundbücher besondere Grundbuchämter eingerichtet; Grundbuchbeamte sind dort die Notare.

Eintragungsfähige Rechte: Weder das BGB noch die GBO enthalten eine gesetzliche Bestimmung, aus der sich ergibt, welche Rechte und Rechtsverhältnisse ins Grundbuch eintragbar sind. Bei der Bestimmung des Kreises der eintragungsfähigen Rechte wird man vom Zweck des Grundbuches, die Rechtsverhältnisse an Grundstücken darzustellen, ausgehen müssen.

Aufbau des Grundbuches: Jedes Grundstück bekommt ein besonderes Blatt, das Grundbuchblatt (§ 3 GBO). Dabei unterscheidet man zwei Systeme: Beim **Realfoliensystem** wird für jedes Grundstück ein Blatt angelegt, beim **Personalfoliensystem** (wie in Baden-Württemberg) richtet man sich nach dem Eigentümer, sodass dieses Blatt alle ihm gehörenden Grundstücke enthält (und unter Umständen ein richtiges Buch wird). Die GBO hat sich grundsätzlich für das Realfoliensystem entschieden. Danach besteht jedes Grundbuchblatt in Wahrheit aus mehreren Blättern, die wie folgt gegliedert sind:

| Rechte und Rechtsverhältnisse im Grundbuch ||
Eintragungsfähig	Nicht eintragungsfähig
(1) Alle dinglichen Rechte an Grundstücken und alle grundstücksgleichen Rechte, z. B.: – Eigentum (Alleineigentum, Miteigentum, Gesamthandseigentum) – Wohnungseigentum nach dem Wohnungseigentumsgesetz (WEG) – Erbbaurecht nach der Erbbaurechtsverordnung (ErbbauVO) – Hypotheken und Grundpfandrechte – dingliches Vorkaufsrecht – Dienstbarkeiten: – Grunddienstbarkeiten (z. B. Überfahrtsrechte) – beschränkt persönlich Dienstbarkeiten (z. B. dingliches Wohnrecht) – Nießbrauch (2) Dingliche Rechte an Grundstücksrechten, z. B.: – Nießbrauch an einer Hypothek – Pfandrecht an einer Hypothek (3) Relative Verfügungsbeschränkungen, z. B.: – Veräußerungsverbot im Insolvenzverfahren (§ 32 InsO) (4) Vormerkung (§ 883 BGB)	(1) Alle schuldrechtlichen Rechte, z. B. Miete, Pacht (2) Persönliche Verhältnisse, wie z. B. Geschäftsunfähigkeit, Entmündigung, Verehelichung (eintragungsfähig sind aber z. B. Name, Wohnort, Straße und güterrechtliche Verhältnisse, z. B. Gütergemeinschaft) (3) Absolute Verfügungsbeschränkungen, z. B. § 1365 BGB (4) Öffentlich-rechtliche Rechtsverhältnisse und Belastungen, z. B. Vorkaufsrecht nach § 24 Bundesbaugesetz

(1) die Aufschrift, die das Grundbuchamt, den Grundbuchbezirk, den Band und das Blatt des Grundbuches bezeichnet;
(2) das Bestandsverzeichnis, das Auskunft gibt über die Größe, die Wirtschaftsart und die Lage des Grundstücks;
(3) die drei Abteilungen:
   – Abteilung I kennzeichnet den Eigentümer und den Erwerbsgrund des Eigentums;
   – Abteilung II enthält ein Verzeichnis der Lasten und Verfügungsbeschränkungen, z. B. Nießbrauch, Grunddienstbarkeiten, Beschlagnahme durch Eröffnung des Insolvenzverfahrens, Einleitung der Zwangsvollstreckung usw.;
   – Abteilung III enthält ein Verzeichnis der Belastungen mit Hypotheken, Grund- und Rentenschulden.

Rangfolge der Grundstücksrechte

Auf einem Grundstück können verschiedene Nutzungs- und Verwertungsrechte in Gestalt beschränkt dinglicher Rechte lasten. Dies ist so lange problemlos, wie nur ein einziges Recht bestellt ist. Wenn aber an einem Grundstück mehrere beschränkt dingliche Rechte begründet sind, besteht zwischen ihnen eine Konkurrenz. Solange alle Verpflichtungen regelmäßig erfüllt werden, wird diese Konkurrenz nicht problematisch, sondern erst, wenn das Grundstück verwertet wird und der Erlös nicht für alle Beteiligten ausreicht. Gesetz und Verkehr gehen daher davon aus, dass zwischen verschiedenen beschränkt dinglichen Rechten eine **Rangordnung** besteht. Diese kann vertraglich geregelt werden; ist dies nicht der Fall, gilt folgende gesetzliche Regelung (§ 879 BGB):

Vorrang des zeitlich früher entstandenen Rechts. Die Rangordnung von Rechten, die in derselben Abteilung des Grundbuchs eingetragen sind, bestimmt sich nach der Reihenfolge der Eintragungen. Wenn die Rechte in verschiedenen Abteilungen eingetragen sind, entscheidet das angegebene Eintragungsdatum; bei gleichem Datum haben die Rechte den gleichen Rang.

Beispiel
Eingetragen ist:

Abteilung II	Abteilung III
2. 7. 1987: Nießbrauch für bisherigen Eigentümer E	12. 5. 1987: Hypothek für H
	2. 7. 1987: Hypothek für Bank B
	2. 9. 1987: Sicherungshypothek für Bauunternehmer U

Dann geht die Hypothek für H allen anderen Rechten vor, Nießbrauch für E und Hypothek für B haben den gleichen Rang und zuletzt kommt die Sicherungshypothek für U.

Prinzip der beweglichen Rangordnung: Die einmal gegebene Rangordnung ist nicht starr und fest, sondern beweglich.

Beispiel
Fällt im obigen Beispiel ein vorrangig eingetragenes Recht weg (z. B. weil die Hypothek nach Bezahlung der gesicherten Forderung gelöscht wurde), so rücken die nachrangigen Rechte auf (»verbessern« ihren Rang).

Wirtschaftliche Konsequenzen der Rangfolge: Da bei einer Verwertung des Grundstückes die Gläubiger entsprechend dem Rang ihrer Rechte befriedigt werden, d. h. der Gläubiger mit dem Recht auf dem zweiten Rang erst zum Zuge kommt, wenn die Schuld gegenüber dem Vorrangigen voll erfüllt ist, ergeben sich folgende Konsequenzen für die Beleihung von Grundstücken:

– Darlehensbedingungen werden mit abnehmendem Rang für den Schuldner härter, d. h., der Zinssatz steigt von der ersten Hypothek an, denn das Risiko des Ausfalls bei einer Zwangsversteigerung wird immer größer; der höhere Zinssatz ist eine Risikoprämie.
– Bestimmte Geldinstitute werden vom Staat dazu angehalten, Darlehen nur gegen eine erstrangige Sicherheit zu gewähren (vgl. »mündelsichere Anlagen«, § 1807 BGB).

2.4.2.2 Eigentum

Rechtsgeschäftlicher Erwerb: Zur Übertragung des Eigentums an einem Grundstück sind die Einigung des Veräußeres und des Erwerbers (sog. **Auflassung**, § 925 BGB) und die **Eintragung** der Rechtsänderung ins Grundbuch (§ 873 BGB) erforderlich. Die Auflassung muss bei gleichzeitiger Anwesenheit beider Vertragsparteien vor einer zuständigen Stelle (z. B. Notar) erklärt werden (§ 925 BGB). Jede Vertragspartei kann dabei aber auch durch einen Stellvertreter handeln. Die Auflassung darf im Gegensatz zu sonstigen Rechtsgeschäften weder bedingt noch befristet erklärt werden; sie ist bedingungsfeindlich (§ 929 Satz 2 BGB). Die Notwendigkeit der Eintragung ergibt sich schon aus dem geltenden Grundbuchsystem.

Erst Einigung und Eintragung zusammen bewirken die Rechtsänderung. Damit erreicht der Gesetzgeber im Regelfall, dass wirkliche Rechtslage und Eintragung im Grundbuch übereinstimmen. Daher hat der Gesetzgeber auch in § 313 Satz 2 BGB die Regelung getroffen, dass die fehlende notarielle Beurkundung des Kaufvertrages dann geheilt wird, wenn Auflassung und Eintragung ins Grundbuch erfolgt sind.

Eigentumserwerb bei Ehegatten: Im Rahmen des gesetzlichen Güterstandes, der **Zugewinngemeinschaft** (vgl. S. 309), erwirbt grundsätzlich jeder Ehegatte für sich **Alleineigentum**, kein Miteigentum (§ 1362 Abs. 2 BGB). Das bedeutet, dass beim Grundstückserwerb durch einen Ehegatten der andere nicht Miteigentümer wird. Aus diesem

Grundsatz der getrennten Vermögensmassen folgt, dass jeder Ehegatte mit dem anderen Rechtsgeschäfte abschließen kann.

Beispiel
Ein Ehegatte erwirbt ein Grundstück und bebaut es mit einer Fabrikhalle. Anschließend vermietet er es an den anderen, gewerbetreibenden Ehegatten. Dies ist zivilrechtlich möglich und wird grundsätzlich auch steuerlich anerkannt.

Vormerkung	
Voraussetzungen (§ 885 BGB)	Wirkungen
(1) Das Bestehen eines gültigen Anspruchs, der gesichert werden soll	(1) Die **Sicherungswirkung** (§§ 883 Abs. 2, 888 BGB) bedeutet, dass der Berechtigte zwar zur Verfügung über sein Recht befugt bleibt, die Verfügung aber demjenigen gegenüber, zu dessen Gunsten die Vormerkung besteht, unwirksam ist (relative Unwirksamkeit).
(2) Die Bewilligung des Betroffenen oder eine einstweilige Verfügung (richterliche Anordnung §§ 935 ff. ZPO)	(2) Die **Vollwirkung** im Insolvenzfall. Der durch die Vormerkung geschützte Gläubiger kann trotz Eröffnung des Insolvenzverfahrens vom Insolvenzverwalter die Erfüllung seines Anspruchs verlangen, also – bei einer Auflassungsvormerkung: Auflassung und Eintragung (Folge: Aussonderung nach § 47 InsO), – bei einer Vormerkung auf Eintragung einer Grundschuld: Einigung über Bestellung und Eintragung (Folge: abgesonderte Befriedigung nach § 49 InsO).
(3) Die Eintragung der Vormerkung ins Grundbuch Mit der Eintragung ins Grundbuch entsteht die Vormerkung.	(3) Die **Rangwirkung** nach § 883 Abs. 3 BGB. Danach bestimmt sich der Rang des Rechts, auf dessen Einräumung der Anspruch gerichtet ist, nach der Eintragung der Vormerkung. Bei Eintragung des Rechts erhält es also die Rangstelle, die es eingenomen hätte, wenn es anstelle der Vormerkung sofort eingetragen worden wäre.

2.4.2.3 Vormerkung (§§ 883–888 BGB)

Die dem BGB eigene Trennung von schuldrechtlichem und dinglichem Geschäft bei der Begründung von Grundstücksrechten führt zu einem Sicherungsbedürfnis des einstweilen nur schuldrechtlich Berechtigten. Dieser kann seines Rechtes erst sicher sein, wenn er im Grundbuch eingetragen ist. Bis dahin kann der Verkäufer den Anspruch auf die Rechtsänderung vereiteln.

Beispiel
Ein Kaufhaus K möchte verhindern, dass das benachbarte unbebaute Grundstück des V an einen Konkurrenten des K veräußert wird. V und K schließen daher einen Kaufvertrag, der aber erst nach dem Tode des V durch Auflassung vollzogen werden soll. D, ein Konkurrent des K, wendet sich nun ebenfalls an V, um das Grundstück zu kaufen. Die Bedenken des V, das Grundstück sei doch bereits verkauft, zerstreut D dadurch, dass er sich bereit erklärt, alle eventuellen Schadensersatzforderungen zu übernehmen. Er erreicht damit und durch einen weit höheren Kaufpreis, dass V an ihn verkauft und die Auflassung erklärt. D wird eingetragen. Nach den §§ 873 und 925 BGB ist D Eigentümer geworden, die dingliche Rechtslage ist eindeutig und irreparabel.
Dieses Ergebnis hätte K verhindern können, wenn er sich eine Vormerkung hätte eintragen lassen, deren Zweck es ist, den Anspruch gegen seine Vereitelung durch zwischenzeitliche Verfügungen des Eigentümers zu schützen.

2.4.2.4 Dienstbarkeiten

Grunddienstbarkeit (§§ 1018–1029 BGB): Von einer Grunddienstbarkeit spricht man, wenn ein Grundstück (sog. dienendes Grundstück) zugunsten des jeweiligen Eigentümers eines anderen Grundstückes (sog. herrschendes Grundstück) belastet wird. Die Belastung kann nach § 1018 BGB in der Weise erfolgen,

- dass der Berechtigte das dienende Grundstück in einzelnen Beziehungen nutzen darf (z. B. Überfahrtsrecht über ein Grundstück) oder
- dass auf dem dienenden Grundstück gewisse Handlungen nicht vorgenommen werden dürfen (z. B. Beschränkung der Bebauung) oder
- dass die Ausübung eines Rechts ausgeschlossen ist, das sich aus dem Eigentum an dem dienenden Grundstück ergibt (z. B. der Anspruch auf Unterlassung bestimmter Immisionen, § 1004 BGB).

Die Grunddienstbarkeit muss nach § 1019 BGB für die Benutzung des herrschenden Grundstückes einen Vorteil bieten, nicht nur irgendeinen anderen Vorteil für den Eigentümer.

Eine Grunddienstbarkeit wird wie jedes Recht an einem Grundstück dadurch begründet, dass sich die Parteien über die Bestellung einig sind und die Eintragung ins Grundbuch erfolgt (§ 883 BGB). Die an das Grundstück geknüpfte Grunddienstbarkeit gilt für jeden Eigentümer, bei einem Eigentümerwechsel kommt sie auch dem neuen Eigentümer zugute.

Beschränkt persönliche Dienstbarkeit (§§ 1090 ff. BGB): Dieses dingliche Recht entspricht seinem Inhalt nach der Grunddienstbarkeit, nur dass die Berechtigung nicht dem jeweiligen Eigentümer eines herrschenden Grundstücks zusteht, sondern einer bestimmten berechtigten Person. Sie ist daher auch nicht übertragbar (§ 1092 BGB). Der in der Praxis bedeutsamste Sonderfall einer beschränkt persönlichen Dienstbarkeit ist das **Wohnungsrecht** (§ 1093 BGB). Dies ist das dingliche, also im Grundbuch eingetragene (§ 873 BGB) Recht, ein ganzes Gebäude oder einen Teil eines Gebäudes (Wohnung) zu Wohnzwecken zu nutzen. Es wird vor allem in den Fällen bestellt, in der das Eigentum an einem Grundstück bereits übertragen wird, der bisherige Eigentümer sich aber das Wohnrecht noch auf Lebzeiten zurückbehalten will.

2.4.2.5 Nießbrauch (§§ 1030–1089 BGB)

Begriff: Der Nießbrauch ist das unveräußerliche und unvererbliche Recht, die gesamten Nutzungen einer Sache zu ziehen (§§ 1030, 1059, 1061 BGB). Der so im BGB definierte Nießbrauch beschränkt die Befugnisse des Eigentümers in nahezu umfassender Weise. Der Nießbraucher kann nicht nur die gesamten Nutzungen (§ 100 BGB) ziehen, sondern ist darüber hinaus auch berechtigt, die Sache in Besitz zu nehmen (§ 1036 BGB). Der Nießbrauch ist ein dingliches und absolutes Recht, das von jedermann zu beachten ist. Diese starke Rechtsstellung wird dem Nießbraucher nur deswegen zugestanden und ist auch nur deswegen gerechtfertigt, weil der Nießbrauch allein an die Person des Nießbrauchers gebunden ist. Der Nießbrauch darf also nicht veräußert oder vererbt, ja nicht einmal gepfändet werden (vgl. § 1059 b BGB).

Nießbrauchberechtigte sind:

- natürliche Personen; ihnen wird in der Mehrzahl der Fälle das Nießbrauchsrecht bestellt,
- auch juristische Personen können Nießbrauchsberechtigte sein, hinsichtlich der Übertragbarkeit besteht bei diesen eine Sonderregelung (§ 1059 a BGB),

- bei OHG und KG ist nach § 124 HGB, bei anderen Gesamthandsgemeinschaften ist nach der Rechtsprechung ebenfalls ein Nießbrauch bestellbar.

Gegenstand des Nießbrauchs: In aller Regel wird der Nießbrauch an Grundstücken bestellt, er kann aber auch an anderen Gegenständen begründet werden, insbesondere:
- Nießbrauch an beweglichen Sachen.
- Nießbrauch an Rechten (§§ 1068 ff. BGB). Belastungsgegenstand können (Vermögens-)Rechte jeder Art sein (Grundschulden, Forderungen, Mitgliedschaftsrechte, Verlags-, Urheber-, Patentrechte usw.). Auch an Aktien und GmbH-Anteilen kann ein Nießbrauch bestellt werden.
- Nießbrauch an einem Vermögen (§§ 1085 ff. BGB) und Nießbrauch an einem Unternehmen (§ 22 Abs. 2 HGB).
- Nießbrauch an einer Erbschaft.

Bestellung des Nießbrauchs: Der Nießbrauch kann **entgeltlich** oder **unentgeltlich** bestellt werden. Unentgeltlich bestellter Nießbrauch kommt häufig bei Nießbrauchsbestellung zur Versorgung zwischen nahen Angehörigen vor. Er kann auf Zeit oder auf Lebenszeit eingeräumt werden. Die Bestellung erfolgt nach denselben Regeln, die für die Übertragung des Vollrechts gelten. Der Nießbrauch **entsteht**

- an Grundstücken durch Einigung und Eintragung im Grundbuch (§ 873 BGB). Er erstreckt sich auch auf das Zubehör (§ 1031 BGB).
- an beweglichen Sachen durch Einigung und Übergabe (§ 1032 i. V. m. §§ 929 ff. BGB).
- an Rechten nach der für die Übertragung des Rechts vorgeschriebenen Form (§ 1069 i. V. m. §§ 398 und 413 BGB).

Wichtig ist bei jeder Bestellung an Sachgesamtheiten (Vermögen, Unternehmen, Nachlass), dass der Nießbrauch einzeln an jedem zur Sachgesamtheit gehörenden Gegenstand bestellt werden muss (**Spezialitätsgrundsatz,** vgl. auch § 1035 BGB: Verzeichnis).

Nutzungsmöglichkeiten: Die Nutzungen, die der Nießbrauch dem Berechtigten gewährt, umfassen gem. § 100 BGB die Gebrauchsvorteile und die Früchte einer Sache oder eines Rechts.

- Sachnutzungen. Die wichtigste Form der Sachnutzungen sind die Gebrauchsvorteile, die vor allem durch das Recht zum Besitz vermittelt werden (§ 1036 BGB). Daneben besteht das Fruchtziehungsrecht (§§ 1037 Abs. 2, 99 Abs. 1 BGB), das dazu berechtigt, gem. § 954 BGB das Eigentum an den Früchten zu erwerben. Schließlich stehen dem Nießbraucher auch die Erträge zu, die eine Sache vermöge eines Rechtsverhältnisses gewährt (§ 99 Abs. 3 BGB); hierzu zählen insbesondere die Miet- oder Pachtzinsen, die der Versorgung des Nießbrauchers bzw. beim Sicherungsnießbrauch zur Tilgung und Verzinsung der gesicherten Forderung dienen.
- Nutzungen eines Rechts. Auch ein Recht kann Gebrauchsvorteile gewähren, so etwa berechtigt das Patent zur Nutzung des patentierten Verfahrens. Zu den Nutzungen gehören sicherlich die Erträge, die das Recht bestimmungsgemäß gewährt, nämlich die Zinsen und die Dividenden (§ 99 Abs. 2 BGB). Schließlich gehören auch die Früchte zu den Nutzungen, die vermöge eines Rechts entstehen, z. B. die Gebühren aus einer Patentlizenz.

Rechtsverhältnis zwischen Eigentümer und Nießbraucher: Der Nießbraucher darf die bisherige wirtschaftliche Zweckbestimmung der Sache nicht verändern; er hat für den Bestand der Sache zu sorgen (§§ 1037, 1041 BGB). Der Nießbraucher hat den Gegenstand des Nießbrauchs zu versichern (§ 1045 BGB) und die auf dem Gegenstand ruhenden Lasten zu tragen (§ 1047 BGB).

Beendigung des Nießbrauchs: Der Nießbrauch erlischt
- mit dem Tod des Nießbrauchers (§ 1061 BGB),
- mit dem Erlöschen der juristischen Person (vgl. aber §§ 1059 a ff. BGB),
- mit dem Erwerb des Eigentums am Gegenstand des Nießbrauchs (§ 1063 BGB),
- mit Bedingungseintritt oder Fristablauf,
- durch Untergang der Sache,
- durch Aufhebung.

Hierzu genügt beim Nießbrauch an beweglichen Sachen und an Rechten die Aufgabeerklärung des Nießbrauchers gegenüber dem Eigentümer oder dem Besteller (§§ 1064, 1072 BGB); bei Grundstücken ist darüber hinaus die Eintragung der Rechtsänderung im Grundbuch erforderlich.

Sonderformen des Nießbrauchs an einem Grundstück

- Vorbehaltsnießbrauch. Bei Übertragung des Grundstücks wird für den bisherigen Eigentümer ein Nießbrauchsrecht an dem übertragenen Grundstück bestellt (i. d. R. als Versorgungsnießbrauch).
- Bruttonießbrauch. Es wird vereinbart, dass der Nießbrauchsbesteller alle Kosten und Lasten trägt; dem Nießbraucher verbleiben die vollen Bruttoerträge (diese Form wird oft zwischen Eltern und minderjährigen Kindern vereinbart; die steuerliche Anerkennung ist nicht mehr möglich).
- Quotennießbrauch. Dem Nießbraucher steht ein bestimmter Anteil (eine Quote) an den Einkünften des Grundstückes zu.
- Bruchteilsnießbrauch. Der Nießbrauch wird an einem Bruchteil des Grundstückes bestellt.

2.4.2.6 Dingliches Vorkaufsrecht (§§ 1094–1104 BGB)

Begriff: Wenn der Eigentümer eines Grundstücks dieses an einen Dritten verkauft (Vorkaufsfall), so kann der Vorkaufsberechtigte von dem Grundstückseigentümer die Übereignung an sich zu den Bedingungen verlangen, die im Kaufvertrag mit dem Dritten vereinbart wurden. Gegenüber Dritten ist der Vorkaufsberechtigte wie durch eine Vormerkung geschützt (§ 1098 Abs. 2 BGB). Im Unterschied zum schuldrechtlichen Vorkaufsrecht (vgl. S. 270 und §§ 504 ff. BGB) kann aber das dingliche Vorkaufsrecht nur an Grundstücken bestellt werden, und es wirkt nicht nur gegenüber dem Verpflichteten, sondern gegenüber jedermann.

Entstehung: Das dingliche Vorkaufsrecht entsteht
- durch Einigung zwischen dem Grundstückseigentümer und dem Vorkaufsberechtigten darüber, dass der Eigentümer für den Fall des Verkaufes verpflichtet sein soll, das Grundstück an den Vorkaufsberechtigten zu übertragen, falls dieser es verlangt, und
- Eintragung im Grundbuch (§ 873 BGB).

Übertragung: Wenn das Vorkaufsrecht zugunsten einer bestimmten Person bestellt ist, so kann es nicht übertragen werden (§§ 1098 Abs. 1 i. V. m. 514 BGB). Ist das Vorkaufsrecht für ein herrschendes Grundstück bestellt, ist es gem. § 96 BGB Bestandteil dieses Grundstückes und kann mit diesem übertragen werden.

Erlöschen: Das Vorkaufsrecht erlischt z. B. durch
- Aufgabeerklärung und Löschung im Grundbuch (§§ 873, 875 BGB),
- Tod des Berechtigten,
- Übertragung des Grundstückes aufgrund eines Verpflichtungsgeschäftes, das kein Kauf ist (z. B. eine Schenkung).

2.4.2.7 Reallast (§§ 1105-1112 BGB)

Eine Reallast ist die Belastung eines Grundstückes mit dem Recht auf wiederkehrende Leistungen aus dem Grundstück. Inhalt einer Reallast kann jede regelmäßig wiederkehrende Leistung sein, die in irgendeiner Beziehung zu dem belasteten Grundstück steht, also neben Geld- und Naturalleistungen auch Dienstleistungen des Grundstückseigentümers.

Eine Reallast entsteht durch Einigung und Eintragung im Grundbuch (§ 873 BGB) und erlischt durch Aufgabeerklärung und Löschung im Grundbuch (§ 875 BGB).

Kontrollfragen
1. *Welche Aufgabe hat das Grundbuch? Wer führt es?*
2. *Was bedeutet der Publizitätsgrundsatz?*
3. *Was kann im Grundbuch alles eingetragen werden?*
4. *Wie ist das Grundbuch aufgebaut? Was enthalten die einzelnen Teile?*
5. *Wie ist die Rangfolge der Grundstücksrechte geregelt? Welche Bedeutung hat der Rang eines Rechts im Grundbuch?*
6. *Was versteht man unter einer Auflassung?*
7. *Wozu benötigt man eine Vormerkung? Welche Wirkungen entfaltet Sie?*
8. *Welchen Inhalt hat eine Grunddienstbarkeit? Wie wird Sie bestellt?*
9. *Wodurch unterscheidet sich die beschränkt persönliche Dienstbarkeit von der Grunddienstbarkeit? In welchen Typus ist das Wohnrecht einzuordnen?*
10. *Welche Befugnisse oder Nutzungsmöglichkeiten hat ein Nießbraucher?*
11. *Woran kann ein Nießbrauch bestellt werden?*
12. *Was versteht man unter dem Spezialitätsgrundsatz bei der Nießbrauchsbestellung?*
13. *Wodurch endet der Nießbrauch?*
14. *Was versteht man unter Vorbehalts-, Brutto-, Quoten- und Bruchteilsnießbrauch?*
15. *Wodurch unterscheidet sich das dingliche vom schuldrechtlichen Vorkaufsrecht? Welche Gemeinsamkeiten weisen beide auf?*

2.4.3 Kreditsicherheiten

Das Sicherungsbedürfnis des Gläubigers einer Forderung kann auf verschiedene Art erfüllt werden: durch **persönliche Sicherheiten** wie die bereits behandelte Bürgschaft und durch **dingliche Sicherheiten,** d.h. durch Sicherheiten, die aus der Verwertungsmöglichkeit von Gegenständen resultieren. Hierher gehören die Grundpfandrechte, das Pfandrecht an beweglichen Sachen, der Eigentumsvorbehalt, die Sicherungsübereignung und die Sicherungsabtretung von Forderungen.

2.4.3.1 Grundpfandrechte

Zu den besten Möglichkeiten, schuldrechtliche Ansprüche zu sichern, gehört die Bestellung eines Grundpfandrechts. Der durch ein Grundpfandrecht gesicherte Gläubiger genießt eine Vorzugsstellung im Vergleich zu anderen Gläubigern. Er hat das Recht, im Falle der Zahlungsunfähigkeit oder Zahlungsunwilligkeit des Schuldners das Grundstück zu verwerten, das mit dem Grundpfandrecht belastet ist. Der Grundstückseigentümer muss die Zwangsvollstreckung dulden. Der Erlös der Verwertung, also der Wert der Sache, dient mithin der Sicherung der Forderung.

Wert der Grundpfandrechte

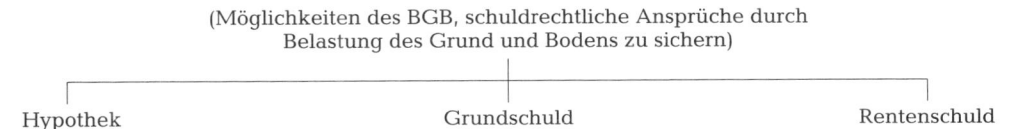

Beleihungsgrenze: Der Wert einer dinglichen Sicherheit hängt entscheidend vom Wert des der Sicherung dienenden Objekts ab. Die zutreffende Ermittlung dieses Wertes ist im Wirtschaftsleben ungleich bedeutsamer als etwa die juristischen Unterschiede zwischen Grundschuld und Hypothek.

Rang des Grundpfandrechts: Die gewährte grundpfandrechtliche Sicherheit ist umso wertvoller, je weniger sie den Wert des Grundstückes ausnutzt und je günstiger sie rangmäßig liegt (zur Bedeutung des Rangs vgl. S. 291).

> **Beispiel**
> Ein erstrangiges Grundpfandrecht in Höhe von 100 000 € bei einem geschätzten Verkehrswert von 250 000 € ist relativ wertvoll, da es bei einer Verwertung als erstes berücksichtigt wird. Aus diesem Grund sind die Konditionen für die Erlangung des Kredits verhältnismäßig günstig (z. B. niedrigere Zinssätze, keine Risikoprämien, geringes Disagio usw.).

Formen der Verwertung

Als Formen der Verwertung eines Grundstückes wegen eines Grundpfandrechts kennt das Gesetz die Zwangsversteigerung und die Zwangsverwaltung.

Zwangsversteigerung (§§ 15 ff. ZVG): Das Grundstück wird in einem öffentlichen Termin versteigert. Der Meistbietende erhält dabei den Zuschlag (§ 81 ZVG). Durch den Zuschlag erwirbt der Meistbietende das Eigentum am Grundstück. Der Erlös aus der Versteigerung wird nach Abzug der Kosten des Versteigerungsverfahrens an den Gläubiger, der die Zwangsversteigerung betrieben hat, ausbezahlt. Sind mehrere Gläubiger vorhanden, so richtet sich deren Befriedigung aus dem Vorsteigerungserlös nach dem Rang ihrer jeweiligen Rechte.

Zwangsverwaltung (§§ 150 ff. ZVG): Vom Vollstreckungsgericht wird bei der Zwangsverwaltung ein Zwangsverwalter eingesetzt. Der Erlös aus der Verwaltung dient dann, ebenfalls nach Abzug der Verfahrenskosten, der allmählichen Befriedigung des Gläubigers bzw. der Gläubiger in der gleichen Reihenfolge wie bei der Zwangsversteigerung.

Grundsätzlich hat der Gläubiger das Recht, zwischen den beiden Arten der Zwangsvollstreckung frei zu wählen.

Arten der Grundpfandrechte
(Möglichkeiten des BGB, schuldrechtliche Ansprüche durch Belastung des Grund und Bodens zu sichern)

Hypothek	Grundschuld	Rentenschuld

Hypothek (§§ 1113–1190 BGB)

Begriff: Die Hypothek ist nach § 1113 BGB die Belastung eines Grundstückes in der Weise, dass derjenige, für den die Hypothek bestellt ist (sog. Hypothekar), das Recht hat, das mit der Hypothek belastete Grundstück wegen seiner Geldforderung zu verwerten, wenn freiwillige Zahlungen auf die Geldforderung nicht geleistet werden.

Voraussetzungen für die Bestellung einer Hypothek:

- Es muss eine Geldforderung eines Gläubigers gegen den Schuldner vorhanden sein. Ohne eine solche Geldforderung ist eine Hypothek nicht denkbar. Die Hypothek ist akzessorisch, d. h. vom Bestand der Forderung abhängig (**Akzessorietät** der Hypothek).

- Es muss ein Grundstück oder ein grundstücksgleiches Recht (z. B. Erbbaurecht) vorhanden sein, das als Haftungsgrundlage dienen soll. Dabei muss der Grundstückseigentümer nicht identisch mit dem Schuldner der Geldforderung sein. Eine Hypothek kann an einem Grundstück auch wegen der Schulden eines Dritten bestellt werden.

Beispiel
Der Vater V bestellt an seinem Grundstück eine Hypothek, um eine Schuld seines Sohnes S gegenüber der Bank B abzusichern.

Dagegen sind Gläubiger der Geldforderung und Hypothekar immer identisch.
Bestellung der Hypothek: Die Bestellung der Hypothek erfolgt gem. § 873 BGB durch Einigung zwischen Gläubiger und Grundstückseigentümer über die Bestellung der Hypothek sowie deren Eintrag im Grundbuch. Bei der Eintragung der Hypothek müssen

- der Gläubiger,
- der Geldbetrag der Forderung,
- wenn die Forderung verzinslich ist, der Zinssatz sowie
- wenn andere Nebenleistungen zu entrichten sind, ihr Geldbetrag,

im Grundbuch angegeben werden (§ 1115 BGB). Bei der sog. **Briefhypothek** ist weitere Voraussetzung, dass ein Hypothekenbrief erteilt (§ 1116 BGB; wird vom Grundbuchamt erteilt) und der Brief vom Grundstückseigentümer an den Gläubiger übergeben wird (§§ 1117 i.V.m. 929ff. BGB). Bei einer sog. **Buchhypothek** genügen Einigung und Grundbucheintrag der Hypothek. In diesem Fall muss im Grundbuch eingetragen werden, dass es keinen Hypothekenbrief gibt (§ 1116 Abs. 2 BGB).
Umfang der Hypothek: Für die Geldforderung haftet nicht nur der Wert des Grundstückes, sondern die Hypothek umfasst auch

- die Erzeugnisse, Bestandteile und das Zubehör des Grundstückes (§ 1120 BGB),
- die Miet- und Pachtzinsforderungen, wenn das Grundstück vermietet oder verpachtet ist (§ 1123 BGB), sowie
- die Versicherungsforderungen (§ 1127 BGB) und wiederkehrende Leistungen (§ 1126 BGB).

Übertragung der Hypothek: Die Übertragung erfolgt grundsätzlich durch die Abtretung der hypothekarisch gesicherten Forderung (§ 1153 BGB). Die Hypothek geht als »Anhang« der Forderung mit dieser über (Grund: der akzessorische Charakter der Hypothek). Bei der **Briefhypothek** erfolgt die Abtretung der Forderung in schriftlicher Form (§ 1154 Abs. 1 BGB; die Schriftform kann durch Eintragung der Abtretung ins Grundbuch ersetzt werden, § 1154 Abs. 2 BGB). Außerdem ist erforderlich, dass der Hypothekenbrief übergeben wird (§ 1154 Abs. 1 BGB). Die Übergabe erfolgt nach den Vorschriften der §§ 929ff. und § 1117 BGB. Bei der **Buchhypothek** ist eine Einigung bezüglich der Forderungsabtretung und die Eintragung der Abtretung im Grundbuch erforderlich (§ 1154 Abs. 3 BGB).
Gesetzlicher Übergang der Hypothek: In manchen Fällen geht die Hypothek kraft Gesetzes über, bzw. verwandelt sich in eine sog. Eigentümergrundschuld. Solche Fälle sind:

(1) § 1142 BGB. Ist der Grundstückseigentümer nicht identisch mit dem Schuldner der gesicherten Forderung, kann er den Hypothekar befriedigen, um die Zwangsvollstreckung von seinem Grundstück abzuwenden. Tut er dies, so ist zu unterscheiden:
  - Ist der Eigentümer dem Schuldner gegenüber nicht zur Zahlung verpflichtet, geht die hypothekarisch gesicherte Forderung auf den Eigentümer über

(§ 1143 BGB) und mit ihr die Hypothek (§ 1153 BGB). Diese verwandelt sich dann in eine Eigentümergrundschuld (§ 1177 Abs. 2 BGB).
- Ist der Eigentümer dem Schuldner gegenüber zur Zahlung verpflichtet, erlischt die Forderung. Der Eigentümer erwirbt die Hypothek (§ 1163 Abs. 1 Satz 2 BGB), die sich in eine Eigentümergrundschuld verwandelt (§ 1177 Abs. 1 BGB).

(2) § 1164 BGB. Zahlt nicht der Grundstückseigentümer, sondern der personenverschiedene Schuldner der hypothekarisch gesicherten Forderung, ist ebenfalls zu unterscheiden:
- Ist der Schuldner gegenüber dem Eigentümer ersatzberechtigt, geht die Hypothek auf ihn über, d. h., der Schuldner wird zum Hypothekar.
- Ist der Schuldner nicht ersatzberechtigt, gilt § 1163 Abs. 1 Satz 2 i.V.m. § 1177 Abs. 1 BGB: Die Forderung erlischt; die Hypothek geht auf den Eigentümer über und verwandelt sich in eine Eigentümergrundschuld.

(3) Sind Eigentümer und Schuldner personengleich, so erlischt die Geldforderung bei Zahlung. Die Hypothek geht auf den Eigentümer über (§ 1163 BGB) und verwandelt sich in eine Eigentümergrundschuld (§ 1177 BGB).

Bedeutung der Eigentümergrundschuld: Eine Eigentümerhypothek ist eine Hypothek, die dem Eigentümer an seinem eigenen Grundstück zusteht. Da dem Eigentümer aber keine Forderung gegen sich selbst zustehen kann und die Hypothek immer eine Forderung voraussetzt, ist die Eigentümerhypothek im selben Moment eigentlich schon eine Eigentümergrundschuld. Ihr Hauptzweck besteht darin, die Rangstelle zu erhalten, den die Hypothek hatte. Der Eigentümer kann zwar nicht in sein eigenes Grundstück vollstrecken (§ 1197 BGB), er ist aber bei einer Zwangsvollstreckung durch andere aufgrund anderer Rechte an seiner Rangstelle gesichert. Außerdem kann er die Grundschuld durch Übertragung auf Dritte zu Geld machen, und er hat eine Sicherheit, die er verpfänden und die gepfändet werden kann.

Besondere Formen der Hypothek: Außer den bereits erwähnten Formen Brief- und Buchhypothek sowie der Eigentümerhypothek sind noch erwähnenswert:
- **Gesamthypothek.** Bestehen für eine Forderung Hypotheken an mehreren Grundstücken, so haftet jedes Grundstück für die ganze Forderung. Der Gläubiger kann nach seinem Belieben die Zwangsvollstreckung in jedes der Grundstücke ganz oder zum Teil betreiben (§ 1132 BGB).
- **Sicherungshypothek.** Die Sicherungshypothek ist eine Hypothek, bei der sich das Recht des Gläubigers nur nach der Forderung bestimmt (strenge Akzessorietät). Der Gläubiger muss den Nachweis des Bestehens einer Forderung erbringen und kann sich nicht auf die Eintragung im Grundbuch berufen. Diese Hypothek muss im Grundbuch als Sicherungshypothek bezeichnet sein (§ 1184 Abs. 2 BGB). Die Sicherungshypothek ist, da sie nur als Buchhypothek bestellt werden kann (§ 1185 BGB), für den Kreditverkehr nicht so geeignet wie die normale Hypothek, die in diesem Begriffspaar als Verkehrshypothek bezeichnet wird. Hypotheken für die Forderung aus einer Schuldverschreibung auf den Inhaber und aus Orderpapieren (Wechsel oder andere Papiere, die durch Indossament übertragen werden können) können nur als Sicherungshypothek bestellt werden (§ 1187 BGB).

Eine besondere Art der Sicherungshypothek ist die **Höchstbetragshypothek,** bei deren Bestellung nur der Höchstbetrag bestimmt wird, bis zu dem das Grundstück haften soll (§ 1190 BGB). Sie wird vor allem zur Sicherung von Forderungen aus laufenden Rechnungen (Kontokorrentverkehr) verwendet.

Grundschuld (§§ 1191-1198 BGB)

Begriff: Die Grundschuld ist eine Grundstücksbelastung, die dem Gläubiger wie bei der Hypothek das Recht gibt, das mit der Grundschuld belastete Grundstück zu verwerten, wenn nicht eine bestimmte Summe aus dem Grundstück gezahlt wird. Die Grundschuld unterscheidet sich aber von der Hypothek dadurch, dass sie keine Forderung voraussetzt; sie ist nicht akzessorisch (§ 1192 Abs. 1 BGB).

Arten: Man unterscheidet zwei Arten der Grundschuld:

- **Isolierte Grundschuld**. Die Grundschuld kann unabhängig von einer Forderung bestellt werden. Dies ist aber selten und hat allenfalls im familiären Bereich eine gewisse Bedeutung.
- **Sicherungsgrundschuld**. Meist sichert die Grundschuld eine Forderung, aber auch in diesem Fall ist keine Akzessorietät gegeben. Daher kann auch in diesem Fall das Entstehen bzw. das Fortbestehen einer Grundschuld nicht mit dinglicher Wirkung vom Entstehen bzw. vom Fortbestehen einer Forderung abhängig gemacht werden.

Jedoch ist eine schuldrechtliche Verknüpfung zwischen Grundschuld und Forderung möglich. Diese Verknüpfung geschieht durch den sog. **Sicherungsvertrag** (= Sicherungsabrede). In diesem Sicherungsvertrag verpflichtet sich der Grundstückseigentümer gegenüber dem Gläubiger einer Forderung, für diese Forderung eine Grundschuld zu bestellen. Meist ist der Grundstückseigentümer identisch mit dem Schuldner der Forderung; dies ist aber ebenso wie bei der Bestellung einer Hypothek zur Sicherung der Schuld eines anderen nicht zwingend. Diese Verpflichtung wird dann durch die Bestellung der Grundschuld erfüllt. Die Sicherungsabrede und die Grundschuldbestellung sind also zwei verschiedene Vorgänge. In der Regel verpflichtet sich der Gläubiger im Sicherungsvertrag dazu, die Grundschuld nur dann zu beanspruchen, wenn die Forderung bei Fälligkeit nicht beglichen wird. Ferner verpflichtet sich der Gläubiger dazu, die Grundschuld zurückzugeben, wenn die Forderung nicht entsteht oder wenn sie erfüllt ist. Diese Vereinbarungen haben zwar nur schuldrechtliche Wirkung, können aber dem Gläubiger entgegengehalten werden, wenn er die Grundschuld entgegen der Vereinbarung in Anspruch nehmen will.

Entstehung der Grundschuld: Erforderlich ist in jedem Fall die Einigung zwischen dem Grundstückseigentümer und dem Gläubiger und der Eintrag der Grundschuld im Grundbuch. Weiter ist wie bei der Hypothek zu unterscheiden, ob eine Brief- oder eine Buchgrundschuld bestellt werden soll. Bei der **Briefgrundschuld** ist zusätzlich erforderlich, dass ein Grundschuldbrief erteilt wird (§§ 1192, 1116 Abs. 1 BGB) und dass dieser Brief vom Grundstückseigentümer an den Gläubiger übergeben wird (§§ 1192, 929, 1117 BGB). Bei einer **Buchgrundschuld** ist eine Einigung über den Ausschluss des Briefes und die Eintragung dieser Tatsache ins Grundbuch erforderlich (§§ 1192, 1116 Abs. 2 BGB).

Übertragung der Grundschuld: Zwar verweist § 1192 BGB grundsätzlich auf die Hypothek. Dieser Verweis gilt aber nicht bezüglich der Hypothekenvorschriften, die auf dem akzessorischen Charakter der Hypothek beruhen. Deshalb ist § 1153 BGB nicht anwendbar. Die Übertragung geschieht vielmehr wie folgt:

- bei der Briefgrundschuld durch Abtretungsvertrag bezüglich der Grundschuld (§§ 1192, 1154, 413, 398 BGB) mit schriftlicher Abtretungserklärung (§§ 1192, 1154 Abs. 1 oder Abs. 2 BGB) und Briefübergabe (§§ 1192, 1154 Abs. 1 BGB),
- bei der Buchgrundschuld durch Einigung über die Abtretung und deren Grundbucheintrag (§§ 1192, 1154 Abs. 3, 873 BGB).

Rechtslage bei Zahlungen an den Gläubiger der Sicherungsgrundschuld: Bei Zahlungen an den Grundschuldgläubiger durch den Grundstückseigentümer ist zu unterscheiden:
- Zahlt der Eigentümer auf die Forderung, hat er einen Rückübertragungsanspruch hinsichtlich der Grundschuld.
- Zahlt er auf die Grundschuld (was im Zweifel anzunehmen ist), geht die Grundschuld auf ihn über und wird zur Eigentümergrundschuld (entsprechend § 1143 BGB). Die Forderung erlischt grundsätzlich, weil der Gläubiger die Zahlung nur einmal erhalten soll. Ist der Eigentümer aber nicht mit dem Schuldner der gesicherten Forderung identisch, so hat er aus dem Sicherungsvertrag einen Anspruch gegen den Gläubiger auf Übertragung der Forderung, soweit er vom Schuldner Ersatz verlangen kann.

Wirtschaftliche Bedeutung der Grundschuld: Die Bestellung der Grundschuld als Briefgrundschuld (ebenso wie in ähnlicher Weise die Briefhypothek) macht die Grundschuld zirkulationsfähig. Ohne Eintragung ins Grundbuch und damit ohne größere Formalitäten kann die Grundschuld gem. §§ 1154, 1192 BGB durch bloße schriftliche Abtretung und durch Übergabe des Briefes übertragen werden. Wegen des in §§ 1192, 1155 BGB besonders geregelten Gutglaubensschutzes werden freilich die **Abtretungserklärungen** in öffentlich beglaubigter Form abgegeben; insoweit ist ein gewisser Formalismus notwendig und auch zumutbar.

Die Briefgrundschuld eignet sich vorzüglich für die Sicherung der Zwischenkreditgeber, die für Bauzwecke Kredite in der Zwischenzeit zwischen Grundschuldbestellung und Fertigstellung des Baus gewähren. Die Zwischenfinanzierung wird erforderlich, wenn der Hauptkreditgeber mangels eines günstigen Beleihungswertes seinen Kredit nicht auszahlt und der Bauherr sich einen Zwischenkreditgeber suchen muss. Der Bauherr tritt im Rahmen der Gewährung der Zwischenkredite dem Zwischenkreditgeber die bestellte Eigentümergrundschuld ab, die nunmehr zur Fremdgrundschuld wird. Bei entsprechendem Baufortschritt zahlt der Hauptkreditgeber die Darlehensvaluta an den Zwischenkreditgeber aus, der wiederum die Grundschuld unter Übergabe des Grundschuldbriefes an den Hauptkreditgeber überträgt.

Rentenschuld (§§ 1199–1203 BGB)
Die Rentenschuld ist eine Grundschuld mit der Maßgabe, dass in regelmäßig wiederkehrenden Terminen eine bestimmte Geldsumme aus dem Grundstück zu zahlen ist. Bei der Bestellung der Rentenschuld muss ein Betrag bestimmt und im Grundbuch eingetragen werden, durch dessen Zahlung die Rentenschuld abgelöst werden kann.

Kontrollfragen
1. *Welches Recht geben Grundpfandrechte dem Gläubiger?*
2. *Wie bestimmt sich der Wert eines Grundpfandrechts?*
3. *Wie werden Grundpfandrechte verwertet?*
4. *Welche Voraussetzungen sind für die Bestellung einer Hypothek notwendig?*
5. *Was bedeutet Akzessorietät der Hypothek?*
6. *Wie wird eine Hypothek bestellt? Worin unterscheiden sich dabei Brief- und Buchhypothek?*
7. *Warum ist eine Briefhypothek verkehrsfähiger als eine Buchhypothek?*
8. *Kann die Hypothek durch Einigung zwischen Gläubiger und Schuldner der zu sichernden Forderung zu Stande kommen?*
9. *Welche Vermögensgegenstände umfasst die Hypothek?*
10. *Wie wird eine Hypothek übertragen?*

11. Kann der Hypothekar vom Grundstückseigentümer die Zahlung der Geldforderung verlangen?
12. Wie wird eine Sicherungshypothek bestellt?
13. Was geschieht mit der Hypothek, wenn der Grundstückseigentümer die zugrunde liegende Forderung bezahlt?
14. Ist die Bezeichnung Eigentümerhypothek eigentlich richtig?
15. Welche Bedeutung hat eine Eigentümergrundschuld?
16. Was versteht man unter den Bezeichnungen Gesamthypothek und Höchstbetragshypothek?
17. Welche Vereinbarungen müssen bei der Sicherungsgrundschuld getroffen werden?
18. Wie entsteht eine Grundschuld? Wie wird sie übertragen?
19. Was geschieht, wenn der Eigentümer eines Grundstückes die gesicherte Forderung bezahlt?
20. Welche wirtschaftliche Bedeutung hat die Grundschuld; was ist der Grund dafür?
21. Was versteht man unter einer Rentenschuld?

2.4.3.2 Pfandrecht an beweglichen Sachen und an Rechten (§§ 1204-1296 BGB)

Begriff: Das Pfandrecht ist ein dingliches Recht an einer fremden beweglichen Sache zur Sicherung einer Forderung, kraft dessen der Pfandgläubiger berechtigt ist, Befriedigung aus der Sache zu suchen. Gegenstand des Pfandrechts können bewegliche Sachen jeder Art sein; je wertvoller sie sind, desto mehr eignen sie sich als Sicherheit.

Bestellung: Zur Bestellung eines vertraglichen Pfandrechts sind die Einigung über die Bestellung des Pfandrechts und die Übergabe der Pfandsache erforderlich (die Übergabe kann nicht ersetzt werden, daher auch die Bezeichnung »**Faustpfand**«). Ein Pfandrecht kann nur an einzelnen selbstständigen Sachen, nicht an Sachgesamtheiten begründet werden.

In bestimmten Fällen besteht ein **gesetzliches Pfandrecht**, z. B. das des Vermieters, Verpächters, Werkunternehmers, Kommissionärs, Spediteurs, Lagerhalters und Frachtführers. Auf das durch Gesetz entstandene Pfandrecht sind die Vorschriften über das vertragliche Pfandrecht entsprechend anzuwenden (§ 1257 BGB).

Rechte und Pflichten des Pfandgläubigers: Das Pfandrecht gewährt dem Pfandgläubiger das Recht auf den Besitz der Pfandsache und das Recht zur Befriedigung aus der Sache durch privaten Pfandverkauf, sobald die Pfandreife eingetreten ist (§ 1228 BGB). Dies ist der Fall, wenn die gesicherte Forderung bei ihrer Fälligkeit nicht erfüllt wird. Darüber hinaus kann der Pfandgläubiger

– einen Sicherungsverkauf vornehmen, wenn durch drohenden Verderb seine Sicherheit gefährdet ist (§ 1219 BGB),
– Ersatz für Aufwendungen verlangen nach den Grundsätzen der Geschäftsführung ohne Auftrag (§ 1216 BGB),
– Schadensersatz verlangen, falls den Verpfänder ein Verschulden trifft (§ 276 BGB).

Der Pfandgläubiger hat vor allem folgende Pflichten: Er muss die Pfandsache ordnungsgemäß verwahren (§ 1215 BGB), den drohenden Verderb des Pfandes unverzüglich dem Verpfänder anzeigen (§ 1218 Abs. 2 BGB) und nach dem Erlöschen des Pfandrechts die Sache an den Verpfänder zurückgeben (§ 1223 Abs. 1 BGB).

Verwertung: Die Verwertung des Pfandes durch Pfandverkauf muss im Wege der öffentlichen Versteigerung durch eine zu solchen Versteigerungen ermächtigte Person (Gerichtsvollzieher, Auktionator) erfolgen (§ 1235 BGB). Der Pfandverkauf muss vorher angedroht (§ 1234 BGB) werden, und nach Ablauf einer Wartefrist von einem Monat

(§ 1234 Abs. 2 BGB) kann er nach vorheriger öffentlicher Bekanntmachung (§ 1237) erfolgen. Ausnahmen bestehen nur für Waren mit einem Börsen- oder Marktpreis, die von einem Handelsmakler verkauft werden können (§§ 1235, 1221 BGB). Der Erwerber des Pfandes erhält das lastenfreie Eigentum an der Pfandsache (§ 1242 BGB).

Sondervorschriften für das Pfandrecht an Rechten: Die Vorschriften über das Pfandrecht an beweglichen Sachen sind im Grundsatz auch auf das Pfandrecht an Rechten anwendbar (§ 1273 Abs. 2 BGB). Die Aufhebung oder Änderung des verpfändeten Rechts kann nur mit Zustimmung des Pfandgläubigers erfolgen (§ 1276 BGB).

Auch an einer **Forderung** lässt sich ein Pfandrecht bestellen (§ 1279 BGB). Zur Verpfändung einer Forderung, die formlos erfolgen kann, ist außer der Einigung über das Zustandekommen des Pfandrechts die Anzeige der Verpfändung durch den Gläubiger der verpfändeten Forderung an den Schuldner erforderlich (§ 1280 BGB). Der Schuldner darf nach Eintritt der Pfandreife nur noch an den Pfandgläubiger leisten (§ 1282 BGB).

2.4.3.3 Eigentumsvorbehalt

Problemstellung: Werden Warenlieferungen nicht sofort bar bezahlt, entsteht ein zeitlicher Zwischenraum zwischen der Lieferung der Ware und der Erfüllung der Kaufpreisschuld. Dies ist nicht nur der Fall, wenn die Waren auf Ziel oder auf Raten verkauft werden, sondern bereits dann, wenn der Käufer durch Übersenden eines Schecks oder durch Überweisung bezahlt. In allen diesen Fällen leistet der Verkäufer vor, er gibt insofern einen (Waren-)Kredit. Um diesen abzusichern, vereinbaren die Warenkreditgeber als das hierfür geeignetste Sicherungsmittel einen Eigentumsvorbehalt.

Bestellung: Der Eigentumsvorbehalt muss eindeutig vor oder bei Übergabe der Waren vereinbart werden. Aus der vorbehaltlosen Übergabe der Ware schließt man konkludent, dass sofort übereignet werden soll.

Die Möglichkeit der Vereinbarung eines Eigentumsvorbehalts ergibt sich aus § 455 BGB. Juristisch geschieht die Vereinbarung eines Eigentumsvorbehalts folgendermaßen: Das Verpflichtungsgeschäft Kaufvertrag wird ohne Besonderheiten abgeschlossen. Der Verkäufer erfüllt seine Verpflichtung, das Eigentum zu übertragen, zum einen dadurch, dass er die Waren übergibt, zum anderen durch die Einigung über den Eigentumsübergang. Diese Einigung erklärt er unter der nach § 158 BGB möglichen aufschiebenden Bedingung, dass der Kaufpreis vollständig bezahlt ist. Die Übereignung wird somit bis zum Eintritt der Bedingung hinausgeschoben. Zahlt der Käufer den vollständigen Kaufpreis, tritt die Bedingung ein und der Käufer wird ohne weiteres Zutun des Verkäufers Eigentümer.

Arten des Eigentumsvorbehalts

Einfacher Eigentumsvorbehalt: Die bisher geschilderte Rechtskonstruktion wird als einfacher Eigentumsvorbehalt bezeichnet.

Erweiterter oder Kontokorrenteigentumsvorbehalt: Wenn Verkäufer und Käufer in laufender Geschäftsbeziehung stehen, kann der Eigentumsvorbehalt in der Weise vereinbart werden, dass das Eigentum an der oder den Waren erst dann übergehen soll, wenn alle noch offen stehenden Forderungen des Verkäufers aus der Geschäftsbeziehung beglichen sind.

Verlängerter Eigentumsvorbehalt: Ist der Käufer der gelieferten Ware nicht Endverbraucher, sondern Zwischenhändler oder Produzent anderer Waren, so muss der Eigentumsvorbehalt modifiziert vereinbart werden, um dem Sicherungsbedürfnis des Verkäufers Rechnung zu tragen.

– **Weiterverkaufsklausel:** Ist der Käufer Zwischenhändler, muss er die auf Ziel gelieferte Ware oft zuerst an Endabnehmer weiterverkaufen, bevor er seinerseits

seine Schuld begleichen kann. Daher ermächtigt der Eigentumsvorbehaltsverkäufer den Zwischenhändler, die Ware trotz bestehenden Eigentumsvorbehalts weiterzuveräußern. Zur Sicherung tritt der Vorbehaltskäufer die ihm gegen den Endabnehmer zustehenden Forderungen bereits im Voraus nach § 398 BGB ab.
- **Verarbeitungsklausel:** Ist der Vorbehaltskäufer Produzent, der aus den gelieferten Waren (z. B. Rohstoffen) andere Waren herstellt, so ist der einfache Eigentumsvorbehalt wegen der Möglichkeit des gesetzlichen Eigentumserwerbs durch den Käufer nach § 950 BGB keine ausreichende Sicherheit. Nach § 950 BGB erwirbt nämlich derjenige, der durch Verarbeitung eines Stoffes eine neue bewegliche Sache herstellt, das Eigentum an dieser Sache unabhängig davon, ob ein rechtsgeschäftlicher Eigentumsvorbehalt vereinbart war. Vorbehaltsverkäufer und -käufer können daher in diesen Fällen vereinbaren, dass unabhängig vom tatsächlichen Geschehensablauf der Vorbehaltsverkäufer Hersteller im Sinne des § 950 BGB sein soll. Damit verlängert sich der Eigentumsvorbehalt auf die hergestellten Produkte.

Rechte des Eigentumsvorbehaltskäufers: Vor allem bei Ratenkäufen unter Vereinbarung eines Eigentumsvorbehalts ergibt sich die Situation, dass das Eigentum erst mit Zahlung der letzten Rate übergeht, der Vorbehaltskäufer aber wirtschaftlich von Rate zu Rate mehr Eigentümer wird. Die Rechtsprechung hat daher dem Käufer in dieser Rechtsposition ein sog. **Anwartschaftsrecht** zuerkannt. Dies wird als dingliches Recht (ähnlich dem Eigentum) behandelt, das dem Vorbehaltskäufer, wenn er seine Ratenverpflichtungen erfüllt, folgende Rechte gibt:
- Er hat ein Recht zum Besitz gegenüber dem Eigentümer im Sinne von § 986 BGB.
- Er kann ohne Einwilligung des Eigentümers über sein Anwartschaftsrecht verfügen, es z. B. wie Eigentum übertragen.
- Das Anwartschaftsrecht wird von § 823 BGB als absolutes Recht vor Beeinträchtigung durch Dritte geschützt.
- Im Falle der Zwangsvollstreckung in das Vermögen des Eigentümers hat der Anwartschaftsberechtigte bei der Einzelzwangsvollstreckung die Möglichkeit zur Widerspruchsklage (§ 771 ZPO), bei Insolvenz des Eigentümers ein Recht auf Aussonderung (§ 47 InsO).

2.4.3.4 Sicherungseigentum

Problemstellung: Im Gegensatz zum Eigentumsvorbehalt als dem Sicherungsmittel der Warenkreditgeber ist das Sicherungseigentum das Sicherungsmittel der Geldkreditgeber. Der Warenkreditgeber kann sich eine Sicherheit zurückbehalten, dagegen ist der Geldkreditgeber darauf angewiesen, dass ihm eine Sicherheit übertragen wird. Die im BGB vorgesehenen Möglichkeiten der Bestellung einer Sicherheit werden oft den wirtschaftlichen Gegebenheiten nicht gerecht.
- In vielen Fällen scheitert die Bestellung eines Grundpfandrechts daran, dass der Kreditnehmer kein Grundstück besitzt oder dies bereits belastet ist. Für kleinere oder kurzfristige Kredite ist das Verfahren des Grundbucheintrages oft auch zu aufwendig.
- Ein tauglicher Bürge ist nur schwer zu finden.
- Die Vereinbarung eines Pfandrechts an beweglichen Sachen ist nur möglich, wenn diese nicht benötigt werden.

Beispiel
Bauunternehmer U benötigt einen neuen Kran, den er auf Kredit finanzieren will. Angenommen, außer dem zu erwerbenden Kran hat er keine wertvollen unbelas-

teten Güter, so kommt als Sicherheit eigentlich nur der Kran in Frage. Ein Pfandrecht kann aber nur bestellt werden, wenn dem Pfandgläubiger der Besitz an der Sache übergeben wird (§ 1205 Abs. 1 BGB). Diese Voraussetzung ist nicht abdingbar, d. h. der Eigentümer verliert zwangsläufig den Besitz an der Sache.

Für die Verpfändung eignen sich somit nur Gegenstände, auf die der Schuldner verzichten kann. Diese weisen aber in der Regel nur einen geringen Wert auf, oder umgekehrt: die wertvollen Sachen eines Betriebes, die zur Sicherheit dienen könnten, können nicht verpfändet werden, da sie zur Produktion und damit auch zur Rückzahlung des Darlehens benötigt werden. Um diesem Problem abzuhelfen, haben Rechtsprechung und Lehre ein inzwischen gewohnheitsrechtlich anerkanntes neues Sicherungsmittel geschaffen, die **Sicherungsübereignung.** Anstelle einer Verpfändung übereignet der Schuldner dem Gläubiger eine ihm gehörende bewegliche Sache zur Sicherung einer gegen ihn gerichteten Forderung des Gläubigers.

Bestellung: Bei der Übereignung ist es im Gegensatz zur Verpfändung möglich, die erforderliche Übergabe durch die Vereinbarung eines **Besitzmittlungsverhältnisses** zu ersetzen (§ 930 BGB). Diesen Umstand macht sich die Sicherungsübereignung zunutze; die Übereignung erfolgt somit nach § 930 BGB durch Einigung über den Eigentumsübergang und Vereinbarung eines Besitzmittlungsverhältnisses. Diese Lösung hat für beide Seiten Vorteile:

– der Schuldner verbleibt im Besitz seiner Produktionsmittel, kann somit weiterarbeiten und die Schulden abzahlen,
– der Gläubiger ist Eigentümer mit allen Rechten eines Eigentümers nach § 903 BGB, hat aber keine mit dem unmittelbaren Besitz notwendigerweise zusammenhängenden Probleme (man überlege, was sich bei einer Bank alles stapeln würde!).

Andererseits wirft die Übertragung des Vollrechts Eigentum auch Probleme auf. Zum einen soll die Übereignung im Gegensatz zu den Übereignungen im normalen Geschäftsverkehr nur vorläufig sein, zum anderen kann der Gläubiger als Sicherungseigentümer über sein Eigentum auch zum Nachteil des Sicherungsgebers verfügen und an Dritte übereignen.

Diese Probleme sind nur durch schuldrechtliche Vereinbarungen zu lösen, die in einem Sicherungsvertrag festgelegt werden, in dem auch die übrigen Rechte und Pflichten der Parteien geregelt werden (z. B. Nutzungsbegrenzungen, Erhaltungspflicht, Folgen beim Untergang der Sache usw.). Im Einzelnen wird somit Folgendes vereinbart

(1) Einigung und Übereignung nach § 930 BGB, bezogen auf einzelne bewegliche Sachen (Spezialitätsgrundsatz).
(2) Vereinbarung eines konkreten Besitzmittlungsverhältnisses (§ 868 BGB), im Regelfall einer Leihe, bei der der Sicherungsgeber (= Darlehensnehmer) der Entleiher und der Sicherungsnehmer (= Darlehensgeber) der Verleiher ist.
(3) Einigung darüber, dass der Sicherungsgeber nach Erfüllung aller Verpflichtungen wieder Eigentümer werden soll. Diese Vereinbarung kann auf zwei Weisen getroffen werden
– Sicherungsgeber und Sicherungsnehmer einigen sich darüber, dass der Eigentumsübergang nur auflösend bedingt ist (§ 158 Abs. 2 BGB). Auflösende Bedingung ist die vollständige Erfüllung der Forderung. Wurde dies vereinbart, so fällt das Eigentum am Sicherungsgut mit Bedingungseintritt »automatisch« an den Sicherungsgeber zurück.
– Sicherungsgeber und Sicherungsnehmer vereinbaren, dass bei voller Erfüllung der Verpflichtungen durch den Sicherungsgeber dieser einen (allerdings nur schuldrechtlichen) Anspruch auf Rückübereignung hat. Dieser muss dann durch

Einigung und Übergabeersatz nach § 929 Satz 2 BGB erfüllt werden. Diese Lösung wird von den Sicherungsnehmern bevorzugt vereinbart, da sie dann die Möglichkeit haben, vor Rückübereignung zu prüfen, ob wirklich alle Verpflichtungen erfüllt sind.

Unberechtigte Verfügung: Das oben angesprochene Problem der unberechtigten Verfügung durch den Sicherungsnehmer als Sicherungseigentümer kann nicht mit absoluter Sicherheit ausgeschlossen werden (§ 137 BGB). Verfügt der Sicherungsnehmer gegen den Willen des Sicherungsgebers über das Sicherungsgut, so handelt er als Berechtigter, d. h., ein Dritter wird Eigentümer. Der Sicherungsnehmer ist aber aus dem Sicherungsvertrag zum Schadensersatz verpflichtet.

Sicherungseigentum bei Einzelzwangsvollstreckung gegen den Sicherungsgeber: Das Sicherungseigentum ist ein die Veräußerung hinderndes Recht i. S. das § 771 ZPO, das dem Sicherungsnehmer die Möglichkeit zur Drittwiderspruchsklage gegen den vollstreckenden Dritten gibt.

Beispiel
D pfändet bei U den an die Bank B sicherungsübereigneten Kran. B kann sich gegen die Pfändung mit Erfolg wehren.

Behandlung der Sicherungsübereignung im Insolvenzfall: Bei Insolvenz des **Sicherungsgebers** hat der Sicherungsnehmer, obwohl er Eigentümer ist, nach § 51 Nr. 1 InsO kein Aussonderungsrecht nach § 47 InsO, sondern nur ein Recht auf abgesonderte Befriedigung nach §§ 50, 165 ff. InsO. In diesem Fall kommt der pfandrechtsähnliche Charakter der Sicherungsübereignung zum Tragen.

Bei Insolvenz des **Sicherungsnehmers** und bei Einzelzwangsvollstreckung gegen den Sicherungsnehmer hat der Sicherungsgeber nach allgemeiner Meinung die Möglichkeit der Drittwiderspruchsklage (§ 771 ZPO) und ein Aussonderungsrecht (§ 47 InsO) unter der Voraussetzung, dass er das Sicherungsgut auslöst und seine restliche noch offene Schuld an die Masse erfüllt.

Verwertung des Sicherungsguts: Liegen die Voraussetzungen für eine Verwertung nach dem Sicherungsvertrag vor, ist also die dem Sicherungsgeschäft zugrunde liegende Forderung nicht erfüllt worden, so kann der Sicherungsnehmer das Sicherungsgut verwerten. Wie dies geschieht, hängt von den vertraglichen Vereinbarungen ab. Entweder kann vereinbart werden, dass der Sicherungsnehmer das Sicherungsgut an Erfüllungs Statt annimmt und vom Besitzer herausverlangt oder das Sicherungsgut wird durch Verkauf verwertet. Dies geschieht für Rechnung des Sicherungsgebers, d. h., der Sicherungsnehmer darf sich aus dem Erlös vorab befriedigen und muss einen eventuellen Rest an den Sicherungsgeber auszahlen.

2.4.3.5 Sicherungsabtretung

Begriff/Konstruktion: Das Eigentum an beweglichen Sachen wird durch Übereignung nach §§ 929 ff. BGB übertragen. Dem entspricht bei Forderungen der Abtretungsvertrag (§§ 398 ff. BGB). Es liegt nahe, dass als Ergänzung für die Sicherungsübereignung eine Parallelregelung für die Abtretung von Forderungen geschaffen wurde, die Sicherungsabtretung.

Die rechtliche Konstruktion entspricht derjenigen bei der Sicherungsübereignung. Der Gläubiger einer Forderung als Sicherungsgeber tritt diese an seinen Gläubiger, den Sicherungsnehmer ab (§ 398 BGB). Damit ist dieser, soweit die Bonität der Forderung gegeben ist, abgesichert. Damit aber auch hier wieder klargestellt ist, dass der

Sicherungsnehmer nur im Sicherungsfall von der abgetretenen Forderung Gebrauch macht, schließen beide Beteiligte wiederum einen Sicherungsvertrag, der diese Abrede enthält. Der Sicherungsnehmer ist damit Gläubiger zweier Forderungen, kann aber auf die Sicherungsforderung nur Leistung verlangen, wenn die gesicherte Forderung nicht erfüllt wird.

Stille Zession: Die Sicherungsabtretung unterscheidet sich von der Sicherungsübereignung noch dadurch, dass außer den beiden Parteien noch ein Kunde als Dritter beteiligt ist. Teilt man diesem die Abtretung mit, so wissen die Kunden des Sicherungsgebers, dass dieser gezwungen ist, seine Forderungen zu beleihen. Dies wird oft nicht erwünscht sein. Teilt man dem Dritten die Abtretung nicht mit (rechtlich ist dies nicht notwendig), so nimmt der Sicherungsnehmer als Risiko in Kauf, dass der Dritte mit befreiender Wirkung an den Sicherungsgeber leistet (§ 407 BGB).

In der Regel wird daher noch eine weitere Vereinbarung getroffen. Der Sicherungsnehmer soll zwar Gläubiger der abgetretenen Forderung sein, im Außenverhältnis zu Dritten soll aber der Sicherungsgeber weiterhin so auftreten können, als ob er noch Gläubiger sei. Diese Variante bezeichnet man als stille Zession (= **stille Abtretung**). Nach der Vereinbarung soll der Sicherungsnehmer die Abtretung erst dann dem Dritten anzeigen, wenn die gesicherte Forderung nicht erfüllt wird (Offenlegung der Abtretung).

Möglich ist weiter noch eine Erlaubnis des Gläubigers, die Leistung des Dritten mit befreiender Wirkung für den Schuldner annehmen zu können, also die Erteilung einer **Einzugsermächtigung**. Diese Erlaubnis berechtigt den Sicherungsgeber sogar, die Forderung, die er abgetreten hat, gegenüber dem Dritten geltend zu machen (§ 185 BGB).

Globalzession: Auch künftige, befristete oder bedingte Forderungen können abgetreten werden. Erforderlich ist nur, dass die abgetretene Forderung bestimmbar, also so konkret bezeichnet ist, dass spätestens beim Entstehen der Forderung für alle Beteiligten klar ersichtlich ist, welche Forderung abgetreten worden ist.

Die Abtretung kann auch eine Mehrheit von Forderungen umfassen, im Extremfall alle gegenwärtigen und zukünftigen Forderungen. In diesem Fall spricht man von einer Globalzession. Diese wird grundsätzlich für zulässig erachtet, jedoch kollidieren unter Umständen die Rechte aus der Sicherungsabtretung mit denen des Vorbehaltseigentümers bei der Vereinbarung eines verlängerten Eigentumsvorbehalts (siehe S. 303). Die Rechtsprechung löst die Kollision wie folgt: Die Globalzession ist insoweit gem § 138 BGB nichtig, als sie sich auf Forderungen erstreckt, die vom verlängerten Eigentumsvorbehalt erfasst werden. Die Geldkreditgeber haben auf diese Rechtsprechung mit der Einführung des **Factoring** reagiert, das die Globalzession in der Praxis verdrängt. Da die Forderungen in diesem Fall verkauft werden und der Kaufpreis dem Schuldner zufließt, stehen die Warenkreditgeber mit verlängertem Eigentumsvorbehalt genauso da, als hätte der Schuldner die Forderungen selbst eingezogen.

Kontrollfragen
1. Wie wird ein Pfandrecht an einer beweglichen Sache bestellt?
2. Wie erklären Sie sich die Bezeichnung Faustpfand?
3. Wem steht ein gesetzliches Pfandrecht zu?
4. Welche Rechte und Pflichten hat ein Pfandgläubiger?
5. Wie wird ein Pfand verwertet?
6. Welche Besonderheiten gelten für ein Pfandrecht an einem Recht?
7. Für welchen wirtschaftlichen Sachverhalt ist der Eigentumsvorbehalt die geeignete Sicherungsform?

8. Welches rechtliche Mittel ist zur Vereinbarung eines Eigentumsvorbehalts nötig?
9. Was versteht man unter einem erweiterten Eigentumsvorbehalt?
10. Welches Risiko geht der Vorbehaltsverkäufer bei einem Weiterverkauf oder einer Weiterverarbeitung seiner gelieferten Sache ein?
11. Wie wird dieses Risiko minimiert?
12. Was versteht man unter einem Anwartschaftsrecht? Welche Befugnisse gibt es dem Anwartschaftsberechtigten?
13. Aus welchen wirtschaftlichen Überlegungen heraus wurde die Sicherungsübereignung entwickelt?
14. Erklären Sie, warum man die Sicherungsübereignung auch als »besitzloses Pfandrecht« bezeichnet?
15. Welche Vereinbarungen sind für eine Sicherungsübereignung notwendig?
16. Wie erhält der Sicherungsgeber das Eigentum nach Erfüllung seiner gesicherten Verpflichtungen wieder zurück?
17. Kann ein Dritter vom Sicherungseigentümer Eigentum erwerben?
18. Welche Rechte hat der Sicherungsgeber und welche der Sicherungsnehmer bei Zwangsvollstreckungsmaßnahmen Dritter und welche im Fall der Insolvenz des anderen Vertragspartners?
19. Inwiefern kann man Sicherungsübereignung und Sicherungsabtretung vergleichen?
20. Was versteht man unter einer stillen Zession?
21. Ist die Abtretung künftiger Forderungen zulässig?
22. Welche Bedenken bestehen gegenüber einer Globalzession?

Aufgabe 14.09 *(Eigentumsvorbehalt) S. 520*

Aufgabe 14.10 *(Einfacher Eigentumsvorbehalt) S. 520*

2.5 Grundlegende Bestimmungen des Familien- und Erbrechts

2.5.1 Familienrecht

Das BGB befasst sich im Vierten Buch – Familienrecht – in drei Hauptabschnitten mit folgenden Themen: bürgerliche Ehe (§§ 1297–1588 BGB), Verwandtschaft (§§ 1589 bis 1772 BGB) und Vormundschaft (§§ 1773–1921 BGB).

2.5.1.1 Bürgerliche Ehe

Begriff: Die Ehe ist die staatlich anerkannte und sanktionierte Lebensgemeinschaft zweier Personen verschiedenen Geschlechts. Es gilt das Prinzip der obligatorischen **Zivilehe**, d. h. nur die vor dem staatlichen Standesbeamten geschlossene Ehe wird von der Rechtsordnung anerkannt. Die kirchliche Eheschließung hat keine zivilrechtlichen Wirkungen (§ 1588 BGB). Keine Ehe in diesem Sinne ist die eingetragene Lebenspartnerschaft nach dem Lebenspartnerschaftsgesetz vom 16. 6. 2001 (BGBl I 266).

Voraussetzungen für eine ordnungsmäßige Eheschließung sind nach §§ 1303 ff. BGB

– Ehemündigkeit (§ 1303 BGB). Grundsätzlich ist Volljährigkeit erforderlich, aber ein Partner kann von dieser Voraussetzung befreit werden, wenn er über 16 Jahre alt und der andere volljährig ist.

- Fehlen von sog. Eheverboten (§§ 1306–1308 BGB). Die wichtigsten Hinderungsgründe sind Verwandtschaft, Doppelehe (Bigamie) und Annahme als Kind (Adoption).

Die **Eheschließung** (§§ 1310–1312) BGB erfolgt vor dem Standesbeamten. In den §§ 1313–1318 sind Gründe für die **Aufhebbarkeit** der Ehe wegen schwerer inhaltlicher oder formeller Fehler enthalten.

Wirkungen der Ehe: Eine wirksam eingegangene Ehe entfaltet personenrechtliche und vermögensrechtliche Wirkungen. Die im § 1353 BGB enthaltene Pflicht zur ehelichen Lebensgemeinschaft bedeutet etwas konkreter, dass die Eheleute dauernd und endgültig zusammenleben sollen. Sie führen einen gemeinsamen Haushalt (§ 1356 BGB) in gegenseitigem Einvernehmen und sind nach § 1357 BGB beide berechtigt, Geschäfte zur angemessenen Deckung des Lebensbedarfs der Familie auch mit Wirkung für den anderen Ehegatten zu besorgen (früher als sog. **Schlüsselgewalt** bezeichnet; heute überholter Begriff).

Die Regelung, welcher Name als **Familienname** zu führen ist, unterlag im Lauf der Zeit einer Entwicklung hin zur völligen Gleichberechtigung der Namen der Ehegatten. Früher war Familienname der Name des Mannes; dann konnte gewählt werden, und nach der derzeitigen Rechtslage ist es sogar möglich, dass jeder Ehegatte seinen Namen beibehält.

Die Eheleute sind sich zum **gegenseitigen Unterhalt** verpflichtet (§§ 1360, 1360a und b BGB), eine Pflicht, die auch bei Getrenntleben der Ehegatten nicht ohne weiteres endet (§ 1361 BGB) und nach der Scheidung oft weiterbesteht (§§ 1569 ff. BGB). Weitere Wirkungen der Ehe sind Eigentumsvermutungen zugunsten der Gläubiger eines Ehegatten (§ 1362 BGB) und das **Erb- und Pflichtteilsrecht** des Ehegatten (§§ 1931, 2303 BGB).

Güterstände

Als Güterstand bezeichnet man die gesetzliche Regelung der vermögensrechtlichen Beziehungen der Ehegatten. Das BGB kennt drei Formen: die Zugewinngemeinschaft, die Gütertrennung und die Gütergemeinschaft.

Zugewinngemeinschaft: Die Zugewinngemeinschaft ist der **gesetzliche Güterstand**, d. h., die Eheleute leben kraft Gesetzes in diesem Güterstand, wenn sie nicht durch Ehevertrag einen anderen vereinbaren (§ 1363 BGB). Die Zugewinngemeinschaft kennzeichnen drei Prinzipien:

- Grundsätzliche Gütertrennung! Kraft Gesetzes entsteht kein gemeinsames Vermögen, beide Vermögen bleiben getrennt (§ 1363 Abs. 2 BGB).
- Verfügungsbeschränkungen. Grundsätzlich verwaltet jeder Ehegatte sein Vermögen selbstständig (§ 1364 BGB), er unterliegt jedoch vor allem den in § 1365 und § 1369 BGB genannten Verfügungsbeschränkungen.
- Zugewinnausgleich. Bei Beendigung der Ehe wird der Zugewinn, den die Ehegatten während der Zeit der Ehe erzielt haben, ausgeglichen. Für die beiden Hauptfälle der Beendigung der Zugewinngemeinschaft wurden zwei völlig unterschiedliche Lösungen geschaffen. Im Rahmen der **erbrechtlichen Lösung** bei Beendigung der Gütergemeinschaft durch Tod eines Ehegatten (§ 1371 BGB) wird der Zugewinn dadurch ausgeglichen, dass der Erbteil des überlebenden Ehegatten pauschal um ein Viertel erhöht wird. Die **güterrechtliche Lösung** gilt dagegen, wenn die Ehe durch Scheidung, Aufhebung oder Nichtigkeitserklärung beendet oder wenn durch Ehevertrag ein anderer Güterstand vereinbart wird. In diesen Fällen wird nach den §§ 1373 ff. BGB der Zugewinn, den jeder Ehegatte erzielt hat, ausgerechnet. Der Ehegatte, der nach dieser Berechnung den geringeren Zugewinn erzielt hat, hat

gegenüber dem anderen Ehegatten eine Ausgleichsforderung (§ 1378 BGB). Diese beträgt die Hälfte der Summe, um die der Zugewinn des einen Ehegatten den des anderen Ehegatten übersteigt.

Beispiel

	Mann	Frau
Endvermögen (§ 1375 BGB):	130 000 €	50 000 €
·/· Anfangsvermögen (§ 1374 BGB):	30 000 €	10 000 €
= Zugewinn (§ 1373 BGB):	100 000 €	40 000 €

Der Zugewinn des M übersteigt den Zugewinn der F um 60 000 €. Der Ausgleichsanspruch von F an M beträgt somit 30 000 €.

Gütertrennung: Die Vermögen der Ehegatten bleiben getrennt und jeder Ehegatte ist hinsichtlich seines Vermögens unbeschränkt verwaltungs- und verfügungsbefugt (§ 1414 BGB). Die Vereinbarung der Gütertrennung muss durch einen in notarieller Form geschlossenen Vertrag herbeigeführt werden (§ 1410 BGB).

Gütergemeinschaft: Auch die Gütergemeinschaft muss nach §§ 1415, 1410 BGB durch notariellen Vertrag vereinbart werden. Diese Vorschrift dient dazu, sicherzustellen, dass die Parteien vor Vertragsschluss über die Konsequenzen beraten und belehrt werden. Die Gütergemeinschaft ist der Güterstand, bei dem mit erheblichen Ausnahmen das Vermögen beider Ehegatten gemeinschaftliches Vermögen **(Gesamthandsvermögen)** wird. Es kann hierbei bis zu fünf Vermögensmassen geben:

- Das Gesamtgut (§ 1416 BGB) ist das Gesamthandsvermögen der beiden Ehegatten.
- Das Sondergut (§ 1417 BGB) sind die Gegenstände, die nicht durch Rechtsgeschäft übertragen werden können (z. B. unpfändbare Lohn- und Gehaltsansprüche). Sie verbleiben im (Allein-)Eigentum jedes Ehegatten, der sein Sondergut auch selbstständig verwaltet.
- Das Vorbehaltsgut (§ 1418 BGB) sind die Gegenstände, die jedem Ehepartner persönlich gehören. Auch das Vorbehaltsgut wird selbstständig und auf eigene Rechnung verwaltet.

Beispiel
Die Ehegatten vereinbaren Gütergemeinschaft, der Ehemann erklärt jedoch seinen Gewerbebetrieb zum Vorbehaltsgut. Dies ist nach § 1418 Abs. 2 Nr. 1 BGB möglich.

Ehescheidung: Die Regelungen über die Voraussetzungen der Scheidung, zu den Scheidungsfolgen und zum Versorgungsausgleich finden sich in den §§ 1564 ff. BGB. Sie sollen an dieser Stelle nicht weiter ausgeführt werden.

2.5.1.2 Verwandtschaft und Schwägerschaft

Begriff der Verwandtschaft (§ 1589 BGB): Verwandt sind solche Personen, die durch Abstammung miteinander verbunden sind (Blutsverwandtschaft). In **gerader Linie** sind Personen verwandt, die voneinander abstammen.

Beispiel
Großvater – Vater – Kind.

In der **Seitenlinie** sind Personen verwandt, die von derselben dritten Person abstammen.

Beispiele
Geschwister, Neffe und Onkel.

Der Grad der Verwandtschaft bestimmt sich nach der Zahl der die Verwandtschaft vermittelnden Geburten.

Beispiele
Geschwister sind im zweiten Grad verwandt, Enkel sind im zweiten Grad mit den Großeltern verwandt, Neffe und Onkel sind im dritten Grad miteinander verwandt.

Bedeutung: Die Verwandtschaft hat vor allem Auswirkung auf die Unterhaltspflicht (§§ 1601 ff. BGB), die Rechtsverhältnisse zwischen Eltern und Kindern (§§ 1616 ff., 1626 BGB), das Erbrecht (§ 1924 BGB) sowie Auskunftsverweigerungsrechte in Gerichtsverfahren, Eheverbote (§ 1307 BGB) usw.

Schwägerschaft: Nach § 1590 BGB besteht Schwägerschaft zwischen einem Ehegatten und den Verwandten des anderen Ehegatten. Die Linie und der Grad der Schwägerschaft sind derselbe wie die Linie und der Grad der Verwandtschaft beim anderen Ehegatten.

Beispiel
Ein Ehegatte ist mit dem Onkel seines Ehegatten im dritten Grad verschwägert, da der Ehegatte im dritten Grad verwandt ist.

Die Schwägerschaft besteht nach § 1590 Abs. 2 BGB fort, auch wenn die Ehe, durch die sie begründet wurde, aufgelöst ist. Bedeutung hat die Schwägerschaft z. B. bei Zeugnisverweigerungsrechten.

2.5.1.3 Vormundschaft und Pflegschaft

Vormundschaft ist ein allgemeiner, Pflegschaft ein spezieller Ersatz der elterlichen Gewalt durch einen Dritten. Ein **Vormund** hat das Recht und die Pflicht, für die Person und das Vermögen eines Minderjährigen (Mündel) zu sorgen, insbesondere ihn zu vertreten (§ 1793 BGB), wenn der gesetzliche Vertreter fehlt oder ausfällt. Ein **Pfleger** ist nur berechtigt und verpflichtet, einzelne Angelegenheiten eines Minderjährigen zu besorgen, wenn Eltern oder Vormund insoweit verhindert sind (§ 1909 BGB).

Regelungen bei der Vormundschaft

– Die Anordnung der Vormundschaft erfolgt durch das Vormundschaftsgericht (§ 1774). Dieses bestellt den Vormund. Die Eltern haben das Recht, einen Vormund zu benennen (§§ 1776 ff. BGB).
– Die Aufgaben des Vormunds bestehen in der Vertretung des Mündels (§ 1793 BGB) mit Einschränkungen bei gewissen Geschäften (§ 1795 BGB), in der Personensorge (§ 1800 BGB), und in der Vermögensverwaltung (§ 1807 BGB: »mündelsicher«).
– Für bestimmte Geschäfte braucht der Vormund die Genehmigung des Vormundschaftsgerichts (§§ 1821 ff. BGB).
– Das Vormundschaftsgericht hat über die gesamte Tätigkeit des Vormunds die Aufsicht (§ 1837 BGB).
– Die Vormundschaft endigt mit dem Wegfall der Voraussetzungen (§§ 1882 ff. BGB). Anschließend hat der Vormund Rechenschaft abzulegen (§ 1890 BGB).

Sonderregelung für Volljährige: Ein Volljähriger, der seine Angelegenheiten nicht selbst besorgen kann, erhält keinen Vormund, sondern einen **Betreuer.** Diese neue

Bezeichnung wurde durch das Betreuungsgesetz im Jahr 1990 eingeführt; die Regelungen über die Aufgaben des Betreuers wurden dabei neu gefasst (vgl. §§ 1896 ff. BGB).

Regelungen bei der Pflegschaft: Auf die Pflegschaft finden grundsätzlich die Regelungen über die Vormundschaft Anwendung (§ 1915 BGB). Nach dem Grund, weswegen eine Pflegschaft angeordnet wird oder werden kann, unterscheidet man: Ergänzungspflegschaft (§ 1909 BGB), Nachlasspflegschaft (§§ 1909, 1960 BGB), Abwesenheitspflegschaft (§ 1911 BGB), Pflegschaft für ein ungeborenes Kind (§ 1912 BGB), Pflegschaft für unbekannte Beteiligte (§ 1913 BGB) sowie Pflegschaft für Sammelvermögen (§ 1914 BGB).

2.5.2 Erbrecht

Kraft gesetzlicher Bestimmung geht mit dem Tod eines Menschen sein Vermögen als Ganzes auf eine oder mehrere Personen über (§ 1922 BGB). Diesen Vorgang bezeichnet man als Erbfall, das Vermögen als Erbschaft oder Nachlass. Den Übergang des gesamten Vermögens nennt man **Gesamtrechtsnachfolge.** Die Erbfolge ist entweder rechtsgeschäftlich oder durch Gesetz geregelt.

2.5.2.1 Gewillkürte Erbfolge

Wer Erbe werden soll, kann der Erblasser bestimmen. Als letztwillige Verfügungen gibt es das Testament und den Erbvertrag.

Testament
Das Testament ist ein einseitiges, nicht empfangsbedürftiges Rechtsgeschäft. Um ein Testament zu errichten, muss man testierfähig sein (§ 2229 BGB). Ein Minderjähriger ist erst mit 16 Jahren in der Lage, ein Testament zu errichten, ein Entmündigter gar nicht. Im Interesse der Rechtsklarheit gelten besondere Formvorschriften für die verschiedenen Formen der Testamentserrichtung.

- Das **eigenhändige Testament** (§ 2247 BGB) muss durch eigenhändig handgeschriebene und unterschriebene Erklärung errichtet werden. Wird diese Form nicht eingehalten, ist das Testament nichtig (§ 125 BGB).
- Das **öffentliche Testament** (§ 2232 BGB) wird mit Hilfe eines Notars errichtet. Dieser schreibt entweder den letzten Willen auf und beurkundet ihn (dabei wird er beratend tätig), oder er nimmt ein bereits geschriebenes Testament (egal von wem und egal, in welcher Form) entgegen, wenn der Erblasser erklärt, dass die Schrift seinen letzten Willen enthalte.
- In besonderen Ausnahmefällen ist eine Testamentserrichtung **(Nottestamente)** vor dem Bürgermeister (§ 2249 BGB), vor drei Zeugen (§ 2250 BGB) und als Seetestament (§ 2251 BGB) möglich, die aber nach drei Monaten unwirksam werden.

Widerruf: Ein Testament kann jederzeit ganz oder zum Teil widerrufen werden (§ 2253 BGB). Der Widerruf erfolgt durch Testament (§ 2254 BGB). Das bedeutet, dass bei mehreren vorhandenen Testamenten immer das neuere gilt.

Gemeinschaftliches Testament: Das gemeinschaftliche Testament kann nur von Ehegatten errichtet werden (§ 2265 BGB). Beim eigenhändigen gemeinschaftlichen Testament schreibt und unterschreibt der eine Ehegatte, der andere Ehegatte bringt durch seine Unterschrift sein Einverständnis zum Ausdruck (§ 2267 BGB). Der Sinn dieser Form der Testamentserrichtung ist, dass der andere Ehegatte nach dem Tode des Erstversterbenden gebunden ist (§ 2271 Abs. 2 BGB). Zuvor kann das Testament dem anderen gegenüber noch widerrufen werden (§§ 2271 Abs. 1 i.V. m. 2296 BGB). Bei einem solchen Widerruf ist im Zweifel aber dann auch die Verfügung des anderen aufgehoben (§ 2270 BGB). Ein gemeinsames Testament ist mit Auflösung der Ehe sofort unwirksam (§§ 2268 i.V. m. 2077 BGB).

Erbvertrag

Ein Erbvertrag ist zwischen Erblasser und Bedachtem oder zwischen zwei Erblassern gegenseitig möglich (§§ 2274, 2275 BGB). Der Sinn liegt in der gegenseitigen Bindung der Vertragsparteien (§§ 2289, 2290 BGB). Inhaltlich kann jede Verfügung getroffen werden, die auch bei einem Testament möglich wäre (§ 2299 BGB). Der Abschluss eines Erbvertrags ist nur beim Notar möglich (§ 2276 BGB), privatschriftlich geschlossene Erbverträge sind unwirksam (§ 125 BGB).

Wichtige andere Begriffe bei der gewillkürten Erbfolge

Vermächtnis (§§ 1939, 2147 ff. BGB): Ein Vermächtnis ist die Zuwendung eines Vermögensvorteils an eine andere Person als den Erben. Diese Zuwendung kann sowohl in einem Testament als auch in einem Erbvertrag verfügt sein. Durch das Vermächtnis erlangt der Vermächtnisnehmer einen schuldrechtlichen Anspruch gegenüber dem oder den Erben.

> **Beispiel**
> In einem Testament verfügt der Erblasser, dass sein langjähriger Hausangestellter H seine Münzsammlung als Vermächtnis erhalten soll. H hat dann einen Anspruch gegen die Erben auf Herausgabe und Übereignung der Münzsammlung.

Auflage (§§ 1940, 2192 ff. BGB): Eine Auflage ist die Verpflichtung zu einer Leistung des Erben oder des Vermächtnisnehmers durch den Erblasser, ohne dass der andere einen Anspruch auf die Leistung hat. Gewisse andere Personen oder Behörden können die Vollziehung der Auflage aber verlangen.

Nacherbschaft (§ 2100 BGB): Hier wird ein Erbe (Nacherbe) in der Weise eingesetzt, dass dieser erst Erbe wird, wenn ein anderer Erbe geworden ist (Vorerbe). Der **Vorerbe** hat die Erbschaft an den Nacherben beim Eintritt eines vorher bestimmten Ereignisses oder nach einer bestimmten Zeit herauszugeben (§ 2103 BGB). Ist kein Zeitpunkt oder kein Ereignis bestimmt, so erhält der Nacherbe die Erbschaft erst mit dem Tode des Vorerben (§ 2106 BGB). Der **Nacherbe** ist nicht Rechtsnachfolger des Vorerben, sondern des Erblassers. Der Vorerbe ist daher in gewisser Hinsicht in der Verfügung über den Nachlass beschränkt (§§ 2113 ff. BGB).

Testamentsvollstreckung (§ 2197 BGB): Der Erblasser kann einen Testamentsvollstrecker bestimmen oder bestimmen lassen (§ 2198 BGB), der als sein Treuhänder die Aufgabe hat, die letztwilligen Verfügungen auszuführen (§ 2203 BGB). Er hat z. B. den Nachlass zu verwalten (§ 2205 BGB). Bei Testamentsvollstreckung verliert der Erbe seine Verfügungsbefugnis (§ 2211 BGB).

2.5.2.2 Gesetzliche Erbfolge

Die gesetzliche Erbfolge tritt ein, wenn der Erblasser die Erbfolge nicht bestimmt hat. Dann erben die Verwandten. Das BGB fasst die Verwandten in sog. **Ordnungen** zusammen, wobei Erben der früheren Ordnung solche der späteren Ordnung von der Erbfolge ausschließen.

- Erben der ersten Ordnung (§ 1924 BGB): Abkömmlinge des Erblassers (Kinder, Enkelkinder, Urenkel usw.). Ein Abkömmling schließt die erst durch ihn mit dem

Erblasser verwandten Abkömmlinge aus (Sohn schließt seine Kinder, die Enkel, aus). Anstelle eines zur Zeit des Erbfalles verstorbenen Abkömmlings treten dessen Kinder (Erbfolge nach Stämmen). Kinder erben zu gleichen Teilen.

Beispiel
Erblasser E hinterlässt einen Sohn S, der zwei Kinder K1 und K2 hat, sowie drei Enkel K3, K4 und K5, die von seiner bereits verstorbenen Tochter T stammen.
Dann erhält S die Hälfte des Nachlasses, dessen Kinder K1 und K2 gehen leer aus. Die andere Hälfte (die der Tochter T) teilen sich die Enkel K3, K4 und K5 zu gleichen Teilen.

- Erben der zweiten Ordnung (§ 1925 BGB): Die Eltern des Erblassers und deren Abkömmlinge (also die Geschwister des Erblassers). Leben beide Eltern noch, so erben sie zu gleichen Teilen. Ist ein Elternteil verstorben, so wird er von seinen Abkömmlingen nach den Grundsätzen der ersten Ordnung beerbt.
- Erben der dritten Ordnung (§ 1926 BGB): Großeltern des Erblassers und deren Abkömmlinge. Die erbenden Großeltern schließen also ihre Abkömmlinge, d. h. Onkel, Tanten, Vettern und Basen des Erblassers aus.
- Erben der vierten Ordnung (§ 1928 BGB). Urgroßeltern des Erblassers und deren Abkömmlinge, d. h. Großonkel, Großtanten usw.
- Fernere Ordnungen (§ 1929 BGB): Diese umfassen noch entferntere Verwandte.

Erbrecht des Ehegatten (§§ 1931 ff. BGB): Dem überlebenden Ehegatten steht ein besonderes Erbrecht zu. Er erhält, unabhängig vom Güterstand zur Zeit des Erbfalls, neben Erben der ersten Ordnung 1/4 der Erbschaft, neben Erben der zweiten Ordnung und neben Großeltern 1/2 der Erbschaft. Sind nur weiter entfernte Verwandte vorhanden, so erhält der Ehegattte die ganze Erbschaft (§ 1931 Abs. 2 BGB).

Beim Güterstand der **Zugewinngemeinschaft** (gesetzlicher Regelfall nach § 1363 BGB) erhöht sich der Erbanteil des Ehegatten zum Ausgleich des Zugewinns um jeweils 1/4 (§§ 1931 Abs. 3 i.V.m. § 1371 BGB), d. h. neben Kindern erbt der Ehegatte 1/4 + 1/4 = 1/2, die Kinder die andere Hälfte zu gleichen Teilen.

Erbrecht des Fiskus (§ 1936 BGB): Wenn weder ein Verwandter noch der Ehegatte lebt, auch kein gewillkürter Erbe vorhanden ist oder alle das Erbe ausgeschlagen haben (§§ 1942 ff. BGB), fällt das Erbe an den Fiskus.

Pflichtteilsanspruch (§§ 2303 ff. BGB): Wurde ein Abkömmling, die Eltern oder der Ehegatte durch letztwillige Verfügung des Erblassers von der Erbfolge ausgeschlossen (= enterbt), so steht ihnen das Recht auf den sog. Pflichtteil zu. Die Höhe des Pflichtteils beträgt die Hälfte des gesetzlichen Erbteils. Das Pflichtteilsrecht gibt dem Pflichtteilsberechtigten aber nur einen schuldrechtlichen Anspruch, der gegenüber den Erben geltend gemacht werden muss.

Dasselbe gilt, wenn einem Pflichtteilsberechtigten ein Erbteil hinterlassen wurde, der kleiner ist als der Pflichtteil. Dann kann er von den Erben die Differenz nachfordern (Zusatzpflichtteil oder Pflichtteilsrestanspruch § 2305 BGB).

In ganz extremen Ausnahmefällen kann auch der Pflichtteil entzogen werden (§§ 2333 ff. BGB).

Kontrollfragen

1. *Können zwei Männer zivilrechtlich wirksam die Ehe miteinander eingehen?*
2. *Ab welchem Alter kann man heiraten?*
3. *Mit welchen Personen ist die Eheschließung verboten?*
4. *Welche sonstigen Ehehindernisse gibt es?*
5. *Welche Wirkungen hat eine Ehe?*

6. Wie viele Güterstände gibt es? Wie nennt man sie?
7. Gibt es beim Güterstand des Zugewinnausgleichs gemeinschaftliches Vermögen?
8. Wie wird der Zugewinnausgleich berechnet?
9. Gibt es eine andere Möglichkeit des Zugewinnausgleichs?
10. Wie viele Vermögensmassen sind bei der Gütergemeinschaft möglich und wie nennt man sie?
11. Wonach bestimmt sich der Grad der Verwandtschaft?
12. Sind die Ehegatten eines Geschwisterpaares miteinander verschwägert?
13. In welchen Fällen benötigt man einen Vormund? Welche Aufgaben hat er? Durch wen wird er bestellt und überwacht?
14. Wofür benötigt man einen Pfleger? Wer bestellt diesen?
15. Wie kann man seinen »letzten Willen« regeln? Sind hierbei Formvorschriften zu beachten?
16. Kann man sich eine Erbeinsetzung auch anders überlegen und wieder ändern?
17. Welche Funktion hat ein Notar bei der Testamentserrichtung?
18. Welche Besonderheiten gibt es beim Ehegattentestament?
19. Worin unterscheiden sich Vermächtnis und Auflage?
20. Was bedeutet Nacherbschaft?
21. Wer ordnet an, ob ein Testamentsvollstrecker bestellt wird?
22. Nach welchen Grundsätzen ist die gesetzliche Erbfolge geregelt?
23. Wie viel erbt ein überlebender Ehegatte?
24. Erhält der Sohn eines Erblassers auf jedenfall einen Teil des Erbes oder kann er enterbt werden? Bekommt er dann gar nichts?

3 Handelsrecht

Einführung

Das Handelsrecht ist als Teil des Privatrechts ein Sonderrecht, das die Rechtsverhältnisse des Handels und der Kaufleute regelt. Die allgemeine Bedeutung des Handelsrechts ist darin zu sehen, dass jemand, der dem Handelsstand angehört oder sonst die Voraussetzungen des Handelsrechts erfüllt, bestimmten rechtlichen Folgen unterworfen ist, denen übrige Rechtssubjekte, selbst wenn sie auf gleiche Weise tätig werden, nicht unterliegen, weil für sie nicht diese Sonderbestimmungen, sondern die Vorschriften des bürgerlichen Rechts Anwendung finden. Ist an einem Rechtsgeschäft ein **Kaufmann** beteiligt, so gelten nach § 345 HGB die Vorschriften über die Handelsgeschäfte grundsätzlich für beide Vertragspartner. Die Vorschriften des Handelsrechts gelten aber nur für die Geschäfte, die er in seiner Eigenschaft als Kaufmann tätigt, nicht für seine privaten Rechtsgeschäfte, z. B. den Kauf eines neuen Anzugs.

3.1 Rechtsgrundlagen

Das Handelsrecht umfasst sowohl geschriebenes Recht als auch Gewohnheitsrecht. Das wichtigste Gesetz ist das **Handelsgesetzbuch (HGB)** vom 10. 5. 1897. Es umfasst fünf Bücher mit zusammen 905 Paragraphen. Das fünfte Buch über den Seehandel ist nur in Küstengebieten und für Spezialisten von Bedeutung; in den meisten Textausgaben des HGB ist es gar nicht mit abgedruckt. Außer dem bereits angesprochenen Aktiengesetz sind als **Neben- und Ergänzungsgesetze** des Handelsrechts noch zu nennen: das GmbH-Gesetz, Genossenschaftsgesetz, Wechselgesetz, Scheckgesetz, Börsengesetz, Warenzeichen-Gesetz, Gesetz gegen den unlauteren Wettbewerb, Gesetz gegen Wettbewerbsbeschränkungen u. v. a.

Handelsbräuche sind nach § 346 HGB das Verhalten, das unter Kaufleuten üblich ist. Sie sind bei der rechtlichen Würdigung des Verhaltens eines Kaufmanns zu berücksichtigen. Man kann einen Handelsbrauch nicht im eigentlichen Sinn als Gewohnheitsrecht ansehen, er dient vielmehr der Auslegung und Ergänzung bei der Beurteilung von Handelsgeschäften. Was als Handelsbrauch gilt, wird im Zweifel durch ein Gutachten der Industrie- und Handelskammer geklärt.

Allgemeine Geschäftsbedingungen sind das Kleingedruckte bei den meisten Verträgen. Ihre Zulässigkeit ist durch das AGB-Gesetz geregelt. Der durch dieses Gesetz angestrebte Schutz gilt jedoch großenteils nicht für Kaufleute (§ 24 AGBG, vgl. Ausführungen S. 263).

3.2 Kaufmann, Handelsregister und Firma

3.2.1 Kaufmann

Da Handelsrecht nur gilt, wenn wenigstens einer der Beteiligten Kaufmann ist, hat der Begriff des Kaufmanns zentrale Bedeutung für das Handelsrecht. Kaufmann im Sinne des Handelsrechts ist, wer ein Handelsgewerbe betreibt (§ 1 Abs. 1 HGB). Ein Handelsgewerbe ist eine selbstständige, planmäßige, nach außen erkennbare, auf Dauer und Gewinnerzielung ausgerichtete Tätigkeit. Diese Definition entspricht nicht völlig, aber in groben Zügen der Definition des Gewerbebetriebs im Sinne des Steuerrechts (vgl. § 15 Abs. 2 EStG).

Die Fähigkeit, ein Handelsgewerbe zu betreiben, entspricht der Rechtsfähigkeit. Unerheblich ist, ob jemand eine bestimmte Berufsausbildung (Kaufmannsgehilfenprüfung) hat oder ob jemand geschäftsfähig ist. Kaufmann ist, wer das Handelsgewerbe selbst betreibt; dabei ist entscheidend, in wessen Namen es betrieben wird.

> **Beispiel**
> Vorstandsmitglieder einer AG, Aktionäre, Geschäftsführer einer GmbH oder Gesellschafter einer GmbH sind keine Kaufleute; Kaufmann ist jeweils die Gesellschaft selbst.

Unterscheidung der Kaufleute nach Entstehungsgrund

- Istkaufmann (Kaufmann kraft Gesetzes),
- Kannkaufmann (Kaufmann kraft Eintragung eines Kleingewerbetreibenden),
- Kannkaufmann (Kaufmann kraft Eintragung eines Land- und Forstwirts),
- Formkaufmann (Kaufmann kraft Rechtsform).

3.2.1.1 Istkaufmann

Dies ist ein Gewerbetreibender, der ein Handelsgewerbe betreibt. Seine Ausübung macht ihn zwingend zum Kaufmann. Obwohl er verpflichtet ist, sich im Handelsregister eintragen zu lassen, kommt es für die Kaufmannseigenschaft nicht darauf an, ob er wirklich eingetragen ist.

3.2.1.2 Kannkaufmann (Kleingewerbetreibender, § 2 HGB)

Für diejenigen Unternehmen, die nach Art oder Umfang keinen kaufmännischen Geschäftsbetrieb erfordern (Kleingewerbetreibende), besteht die Möglichkeit zum freiwilligen Erwerb der Kaufmannseigenschaft, indem sie sich in das Handelsregister eintragen lassen. Die Kaufmannseigenschaft beginnt dann mit der Eintragung (sog. **konstitutive oder rechtsbegründende Wirkung der Eintragung**).

Ob ein in kaufmännischer Weise eingerichteter Gewerbebetrieb erforderlich ist, richtet sich nach der Art und dem Umfang des Gewerbebetriebs. Zu einem kaufmännischen Geschäftsbetrieb gehören der Art nach: doppelte Buchführung, Inventarerrichtung, Bilanzerstellung, umfangreiche oder verwickelte Geschäfte, Kontokorrentverkehr. Entscheidend ist wieder der Gesamteindruck; es kommt nicht darauf an, ob die Einrichtungen tatsächlich vorhanden sind. Für den Umfang ist der Umsatz maßgebend; eine feste Grenze ist nicht festgelegt.

3.2.1.3 Kannkaufmann (Land- und Forstwirte, § 3 HGB)

Ein Land- und Forstwirt ist als solcher niemals Kaufmann, da ein Betrieb der Land- und Forstwirtschaft kein Handelsgewerbe im Sinne der Gewerbeordnung ist, sondern so genannte Urproduktion darstellt. **Urproduktion** ist die Gewinnung von Naturerzeugnissen. Dem Land- und Forstwirt steht es nach § 3 Abs. 2 HGB aber frei, sich eintragen zu lassen, wenn sein Unternehmen einen in kaufmännischer Weise eingerichteten Geschäftsbetrieb erfordert. Daher die Bezeichnung Kannkaufmann.

Außerdem kann ein Land- und Forstwirt nach § 3 Abs. 3 HGB, wenn dieselben Merkmale erfüllt sind, die Firma eines **Nebenbetriebs** in das Handelsregister eintragen lassen. Ein Nebenbetrieb liegt vor, wenn mit dem Betrieb der Land- und Forstwirtschaft z. B. eine Brennerei, Ziegelei, Molkerei, Brauerei, Kies- oder Sandgrube, Mühle, Sägewerk oder ein Obstverarbeitungsbetrieb verbunden ist. Mit der Eintragung wird der Land- und Forstwirt aber nur hinsichtlich des Nebenbetriebs Kaufmann.

3.2.1.4 Formkaufmann (§ 6 HGB)

Ausschlaggebend für die Kaufmannseigenschaft ist hier die Rechtsform. Die Formkaufleute werden mit ihrer Entstehung Kaufleute ohne Rücksicht darauf, ob sie auch tatsächlich ein Handelsgewerbe betreiben oder nicht. Ihnen wird die Kaufmannseigenschaft beigelegt wegen ihrer auf wirtschaftliche Zwecke zugeschnittenen Organisationsform.

Formkaufleute sind die Kapitalgesellschaften: Aktiengesellschaft (AG), Kommanditgesellschaft auf Aktien (KGaA), Gesellschaft mit beschränkter Haftung (GmbH), Genossenschaft, Versicherungsvereine auf Gegenseitigkeit (VVaG). Die Kapitalgesellschaften sind immer Kaufleute; auf den Umfang und die Art ihrer Tätigkeit kommt es nicht an. Formkaufmann ist auch eine GmbH, die nur Vermögen verwaltet, oder eine »Missionsgesellschaft m. b. H.«

3.2.1.5 Kaufmannseigenschaft der stillen Gesellschaft

Die **stille Gesellschaft** (§§ 230 ff. HGB) ist **keine** Handelsgesellschaft, sie ist nur eine Innengesellschaft; Kaufmann ist nur der Geschäftsinhaber. Die Unterscheidung zwischen typischer und atypischer stiller Gesellschaft wird nur im Ertragsteuerrecht vorgenommen; im HGB ist sie nicht vorgesehen.

3.2.1.6 Kaufleute und Kleingewerbetreibende

Auf Kaufleute, egal nach welchem Grund sie als Kaufleute behandelt werden, sind die Vorschriften des HGB in vollem Umfang anzuwenden. Der Begriff des sog. Minderkaufmanns ist mit dem Handelsrechtsreformgesetz vom 22. 6. 1998 ab 1. 7. 1998 ersatzlos entfallen. Es gibt nur noch das »Alles-oder-Nichts-Prinzip«, das auch nur auf die Kannkaufleute Anwendung findet:

- Lässt sich ein Kannkaufmann (z. B. Kleingewerbetreibender) in Nichtausübung der Eintragungsoption des § 2 HGB nicht eintragen, so ist er »Nichtkaufmann«.
  Er muss dann sein Gewerbe unter seinem bürgerlichen Namen betreiben.
- Lässt er sich eintragen, ist er Kaufmann mit allen sich daraus ergebenden Rechten und Pflichten.

Um das Risiko dieser Entscheidung für den Kannkaufmann zu mildern, ist in § 2 Satz 3 HGB sowie in § 3 Abs. 2 HGB die Möglichkeit vorgesehen, dass sich ein Kannkaufmann, wenn er es sich anders überlegt, auch wieder aus dem Handelsregister löschen lassen kann.

3.2.1.7 Kaufmann kraft Eintragung (§ 5 HGB)

Das Handelsregister braucht im Interesse der Allgemeinheit einen öffentlichen Glauben, das heißt, dass man darauf vertrauen können muss, dass die Eintragungen richtig sind. Daher gilt nach § 5 HGB eine **Kaufmannsvermutung.** Ist ein Gewerbetreibender mit seiner Firma im Handelsregister eingetragen, so gilt er im Geschäftsverkehr auch dann als Kaufmann, wenn er kein Gewerbe betreibt oder dies keinen nach Art und Umfang in kaufmännischer Weise eingerichteten Geschäftsbetrieb erfordert. Dagegen wird ein Freiberufler auch durch Eintragung nicht zum Kaufmann, da er überhaupt kein Gewerbe betreibt.

Ein guter Glauber eines Dritten an die Kaufmannseigenschaft ist nicht erforderlich, § 5 HGB gilt auch, wenn der Dritte die wahren Verhältnisse kennt.

3.2.1.8 Scheinkaufmann

Dieselben Folgen wie beim Kaufmann kraft Eintragung ergeben sich nach der Rechtsprechung für denjenigen, der im Rechtsverkehr selbst den Anschein hervorgerufen hat, dass er Kaufmann sei. Gegenüber gutgläubigen Dritten wird er als Kaufmann behandelt.

> **Beispiel**
> Ein Bäcker V, dessen Unternehmen keinen nach Art und Umfang in kaufmännischer Weise eingerichteten Geschäftsbetrieb erfordert, verwendet Briefpapier mit dem Kopf »Brotfabrik« anstatt richtig unter seinem bürgerlichen Namen aufzutreten: Als er aus einer mündlich abgegebenen Bürgschaft in Anspruch genommen werden soll, beruft er sich darauf, dass er nicht im Handelsregister eingetragen sei. Er muss sich aufgrund des gesetzten Rechtsscheins als Kaufmann behandeln lassen.

Der Rechtsschein gilt nur zugunsten Dritter, nicht zugunsten des Scheinkaufmanns. Der Scheinkaufmann ist auch nach dieser Rechtsprechung ebensowenig Kaufmann wie der Kaufmann nach § 5 HGB; er ist also nicht eintragungsfähig oder sogar eintragungspflichtig.

Kontrollfragen

1. In welchen Fällen findet das Handelsrecht Anwendung?
2. Was versteht man unter dem Begriff Handelsbrauch?
3. Was ist ein Handelsgewerbe?
4. Welche persönlichen Voraussetzungen benötigt man, um Kaufmann sein zu können?
5. Wer ist Istkaufmann? Wie wird man es?
6. Wer kann sich als Kannkaufmann ins Handelsregister eintragen lassen und unter welchen Voraussetzungen?
7. Wer ist Formkaufmann?
8. Wer ist Kleingewerbetreibender? Kann er sich auch ins Handelsregister eintragen lassen?
9. Welche Rechte hat ein Kleingewerbetreibender nicht?
10. Wer ist Kaufmann kraft Rechtsschein? Welche rechtlichen Folgen hat dies?

Aufgabe 14.11 *(Kaufmann)* S. 520

3.2.2 Handelsregister

Das Handelsregister ist ein beim Amtsgericht geführtes öffentliches Verzeichnis gewisser Tatsachen, die für den Handelsverkehr wichtig sind. Es soll die Rechtsverhältnisse der Kaufleute offenkundig machen. Die Einsicht ins Handelsregister ist daher jedem gestattet (§ 9 HGB). Das Handelsregister besteht aus zwei Abteilungen:

– Abteilung A für Einzelkaufleute und Personengesellschaften,
– Abteilung B für Kapitalgesellschaften.

Für Genossenschaften gibt es daneben das Genossenschaftsregister (§ 10 GenG) und für eingetragene Idealvereine das Vereinsregister (§§ 21 i.V.m. 55 BGB).

3.2.2.1 Eintragungen

Man unterscheidet

– eintragungspflichtige Tatsachen (z. B. § 29 HGB: Anmeldung der Firma, § 31 HGB: Änderung und Erlöschen der Firma, § 32 HGB: Eröffnung des Insolvenzverfahrens, § 53 HGB: Prokura und andere wichtige Tatsachen),
– eintragungsfähige Tatsachen (z. B. § 25 Abs. 2 HGB: Haftungsbeschränkung),
– nicht eintragungsfähige Tatsachen (z. B. Handlungsvollmacht).

Die Eintragungen erfolgen in der Regel auf Antrag (Ausnahme z. B. § 32 HGB: Eintragung des Insolvenzverfahrens). Erfährt das Registergericht, dass eine eintragungspflichtige Tatsache nicht angemeldet wird, so trägt es nicht von Amts wegen ein, sondern versucht die Anmeldung durch die Festsetzung eines Zwangsgeldes zu erzwingen (§ 14 HGB).

Die Eintragungen werden im Bundesanzeiger und in mindestens einem weiteren Bekanntmachungsblatt – meist einer lokale Zeitung – veröffentlicht (§§ 10, 11 HGB).

Die Eintragung einer Tatsache in das Handelsregister hat entweder deklaratorische oder konstitutive Wirkung. **Deklaratorisch** bedeutet rechtserläuternd und meint, dass die Rechtslage durch die Eintragung nicht beeinflusst, sondern nur die bereits bestehende Rechtslage klargestellt wird. **Konstitutiv** bedeutet rechtsbegründend und meint, dass erst die Eintragung eine Rechtsänderung herbeiführt, z. B. bei §§ 2, 3 HGB den Eingetragenen zum Kaufmann macht.

3.2.2.2 Publizitätswirkung (§ 15 HGB)

Man unterscheidet die negative und die positive Publizität. Die **negative Publizität** (§ 15 Abs. 1 HGB) bezieht sich auf eintragungspflichtige Tatsachen, die aber nicht in das Handelsregister eingetragen sind. Der Kaufmann, der eine eintragungspflichtige Tatsache in seinen Angelegenheiten hätte eintragen lassen müssen, kann diese Tatsache einem Dritten nicht entgegensetzen, wenn sie nicht eingetragen und bekanntgemacht ist. Der Dritte kann sich aber auf die fehlende Eintragung nicht berufen, wenn er die Tatsache kennt. Es wird also lediglich die Unkenntnis Dritter von eintragungspflichtigen, aber nicht eingetragenen Tatsachen geschützt.

> **Beispiel**
> Der Kaufmann K hat die seinem Prokuristen P erteilte Prokura widerrufen. Der Widerruf ist aber nicht im Handelsregister eingetragen und bekanntgemacht. Die Rechtsgeschäfte, die P jetzt im Namen des K abschließt, sind gegenüber K wirksam und verbindlich, es sei denn, die Vertragspartner wissen, dass P nicht mehr Prokurist ist.

Die **positive Publizität** bezieht sich auf die richtig eingetragenen Tatsachen (§ 15 Abs. 2 HGB). Ein Dritter muss eine eingetragene und bekanntgemachte Tatsache gegen sich gelten lassen, auch wenn er sie nicht kennt, wenn seine Unkenntnis über die eingetragene Tatsache auf Fahrlässigkeit beruht. Diese Wirkung setzt aber erst 15 Tage nach der Bekanntmachung der Eintragung ein.

> **Beispiel**
> Wie oben: Der Widerruf der Prokura ist eingetragen und bekannt gemacht, der Dritte weiß aber nichts davon. Sind seit der Bekanntmachung 15 Tage vergangen, so handelt der Dritte fahrlässig, wenn er sich nicht durch Einblick ins Handelsregister überzeugt, ob P noch Prokura hat. K haftet also nicht.

Es gibt aber, anders als beim Grundbuch (vgl. § 892 BGB), keinen unbedingten öffentlichen Glauben an die Richtigkeit einer Eintragung ins Handelsregister. Auf das Grundbuch kann man sich stets verlassen, auch wenn die eingetragene Tatsache unrichtig ist, außer wenn ein Widerspruch gegen die Richtigkeit eingetragen ist oder der Erwerber die Unrichtigkeit kennt. Beim Handelsregister ist nur Verlass darauf, dass eine richtig eingetragene Tatsache noch fortbesteht.

> **Beispiel**
> Prokurist P hat seine Eintragung durch gefälschte Unterlagen erwirkt. In diesem Fall ist die Eintragung unrichtig, aber Dritte sind, auch wenn sie gutgläubig sind, nicht geschützt. Schließt der eingetragene P Geschäfte im Namen des K ab, wird dieser nicht berechtigt und verpflichtet.

Positive Publizität der Bekanntmachung bedeutet, dass sich ein Dritter auf die Richtigkeit einer unrichtigen Bekanntmachung verlassen kann, gleichgültig, ob die Eintragung richtig oder falsch ist (§ 15 Abs. 3 HGB). Hierfür ist wieder guter Glaube des Dritten erforderlich; kennt er die Unrichtigkeit der Bekanntmachung, ist er nicht geschützt.

3.2.3 Firma

Die Firma ist der Handelsname des Kaufmanns (§ 17 HGB), unter dem er im Geschäftsleben und vor Gericht auftritt, also nicht der Name des Unternehmens. Die Firma dient u. a. der Trennung der kaufmännischen von der privaten Sphäre.

3.2.3.1 Firmenbildung

Das frühere Handelsrecht kannte je nach Rechtsform des Unternehmens verschiedene Vorschriften, wie eine Firma zu bilden war. Nach dem Handelsrechtsreformgesetz tritt an deren Stelle eine zentrale einheitliche Vorschrift, die für alle Unternehmensformen gilt.

Nach § 18 Abs. 1 HGB muss die Firma zur Kennzeichnung des Kaufmanns geeignet sein und Unterscheidungskraft besitzen.

Alle Kaufleute, unabhängig von ihrer Rechtsform, können künftig Personen-, Sach- oder Phantasienamen oder Kombinationen daraus als Firmenbezeichnung wählen. Damit wird dem Interesse der Wirtschaft an aussage- und werbewirksamen Firmierungen Genüge getan.

Grundsätzlich ist somit jede Firma eintragungsfähig, die folgende drei Kriterien erfüllt:
1. Es muss ihr Unterscheidungskraft und damit eindeutige Kennzeichnungswirkung zukommen,
2. Die Rechtsform bzw. die Gesellschaftsverhältnisse müssen ersichtlich sein,
3. Die Haftungsverhältnisse müssen offen gelegt werden.

Um diese Kriterien weiter auszufüllen, verlangt § 19 HGB eindeutige Firmenzusätze. Danach gilt:

- bei der Firmenbildung von Einzelkaufleuten muss die Firma die Zusatzbezeichnung »eingetragener Kaufmann«, »eingetragene Kauffrau« oder eine allgemein verständliche Abkürzung wie »e. K.«, »e. Kfm.« oder »e. Kfr.« enthalten. Durch den zwingenden Hinweis auf die Kaufmannseigenschaft wird der Kaufmann vom nicht kaufmännischen Gewerbetreibenden i. S. des § 1 Abs. 1 HGB abgegrenzt; dieser muss sein Gewerbe unter seinem bürgerlichen Namen betreiben.
- Bei der Firmenbildung von OHG und KG sieht § 19 Abs. 1 HGB vor, dass die OHG die Bezeichnung »offene Handelsgesellschaft« und die KG die Bezeichnung »Kommanditgesellschaft« oder jeweils eine allgemein verständliche Abkürzung dieser Bezeichnung zu führen ist. Bei einer KG, deren einziger persönlich haftender Gesellschafter eine GmbH ist, ist nach § 19 Abs. 2 HGB unbedingt der Zusatz »GmbH & Co, Kommanditgesellschaft« oder »GmbH & Co, KG« erforderlich, auch wenn es sich z. B. um eine Firmenfortführung handelt.
- Bei der Firmenbildung vom GmbH und AG enthalten § 4 GmbHG und § 4 AktG ebenfalls die Vorschrift, dass in der Firma die Bezeichnung »Gesellschaft mit beschränkter Haftung« beziehungsweise »Aktiengesellschaft« oder eine entsprechende allgemein verständliche Abkürzung enthalten ist.

3.2.3.2 Firmenwahrheit

Der Grundsatz der Firmenwahrheit ergibt sich aus § 18 Abs. 2 Satz 1 HGB. Er gilt für die Firmen sämtlicher Kaufleute. Der Geschäftsverkehr darf weder über die Art oder den Umfang des Geschäfts noch über die Verhältnisse des Geschäftsinhabers getäuscht werden.

Beispiele
- Schulz ist Gebrauchtwagenhändler und meldet als Firma »Pkw-Großmarkt Walter Schulz« zur Eintragung an. Hat das Unternehmen nur gewöhnlichen Umfang, ist der Zusatz Großmarkt täuschend.
- A und B betreiben ein Mietwagengeschäft in Köln mit zehn Fahrzeugen. Sie melden zur Eintragung an: A & B Euro-Car International OHG. Die Firmierung ist unzulässig, da ein Unternehmen mit Tätigkeit im europäischen Ausland vorgetäuscht wird.

3.2.3.3 Firmenbeständigkeit (§§ 21ff. HGB)

Der Grundsatz der Firmenwahrheit ist durch den Grundsatz der Firmenbeständigkeit für sog. **abgeleitete Firmen** durchbrochen.

- Bei einer Namensänderung kann die bisherige Firma fortgeführt werden (§ 21 HGB; z. B. wenn der Firmeninhaber heiratet oder bei Adoption),
- Wer ein bestehendes Handelsgeschäft kauft oder erbt, darf für das Geschäft die bisherige Firma mit oder ohne Beifügung eines das Nachfolgeverhältnis andeutenden Zusatzes fortführen, wenn der bisherige Geschäftsinhaber oder dessen Erben in die Fortführung der Firma ausdrücklich einwilligen (§ 22 HGB). Diese Einwilligung ist i. d. R. unproblematisch, da die Firma ohne das Handelsgeschäft nicht veräußert werden kann (§ 23 HGB).

Der Grund für diese Regelung liegt darin, dass die Firma für die Leistungsfähigkeit und Qualität des Unternehmens steht und damit einen wirtschaftlichen Wert darstellt, der beim Übergang des Unternehmens nicht verloren gehen soll.

Beispiel
Max Müller firmiert als Max Müller; er veräußert sein Geschäft an Karl Käse. Dieser kann firmieren: Max Müller; Max Müller Nachf.; Max Müller, Inh. Karl Käse; Karl Käse vorm. Max Müller. In allen vier Fällen wird die alte Firma fortgeführt. Natürlich kann Käse auch eine neue Firma unter dem Namen Karl Käse bilden.

Eine Einschränkung besteht darin, dass bei der Firmenfortführung Gesellschaftszusätze nicht täuschend sein dürfen.

Beispiel
Ein Einzelkaufmann erwirbt das Geschäft einer GmbH. Der Zusatz GmbH muss wegfallen. Im umgekehrten Fall muss der Zusatz GmbH hinzu.

Entsprechend wie § 22 HGB regelt § 24 HGB die Firmenfortführung bei teilweisem Inhaber- oder Gesellschafterwechsel.
Zu beachten ist die besondere Haftung des Erwerbers bei Firmenfortführung nach § 25 HGB.

3.2.3.4 Firmenausschließlichkeit (§ 30 HGB)

Bei Firmen soll die Möglichkeit einer Verwechslung ausgeschlossen werden. Daher muss sich jede neue Firma von allen an demselben Ort oder in derselben Gemeinde bereits bestehenden und in das Handelsregister eingetragenen Firmen unterscheiden.

Beispiel
Eingetragen ist bereits: Schmidt & Söhne. Eingetragen werden soll: Schmidt & Sohn KG. Der Neueintrag ist wegen Verwechslungsgefahr nicht möglich.

Haben zwei Kaufleute den gleichen Namen, müssen sie sich nach § 30 Abs. 2 HGB durch einen Zusatz deutlich unterscheiden. Diese Regelung gilt auch im Verhältnis zwischen GmbH und GmbH & Co KG. Andererseits muss die KG den Namen der GmbH als persönlich haftender Gesellschafterin enthalten (§ 19 Abs. 2 HGB). Zur Unterscheidung ist daher ein Zusatz erforderlich. In der Praxis wird die Firma der GmbH mit einem Zusatz versehen, der im Namen der KG wegfallen darf, da § 30 HGB höherrangig angesehen wird als § 19 Abs. 2 HGB.

Beispiel
Die GmbH firmiert als: Porzellanherstellung Verwaltungs-GmbH. Die Firma der KG müsste nach § 19 Abs. 2 HGB lauten: Porzellanherstellung Verwaltungs-GmbH & Co KG. Wegen der Unterscheidbarkeit fällt der Zusatz »Verwaltungs« bei der KG weg und sie firmiert: Porzellanherstellungs-GmbH & Co KG.

3.2.3.5 Schutz der Firma

Die zu Recht geführte Firma wird geschützt durch:
- § 37 Abs. 1 HGB. Das Registergericht muss auf Anregung von jedermann, insbesondere von Konkurrenten, Industrie- und Handelskammer oder Handwerkskammer, gegen unbefugte Firmenbenutzung vorgehen.
- § 37 Abs. 2 HGB. Jeder, der durch den unbefugten Gebrauch einer Firma in seinen Rechten verletzt wird, hat einen Unterlassungsanspruch und eventuell nach anderen Vorschriften einen Schadensersatzanspruch (z. B.: § 12 BGB, § 823 BGB, § 16 UWG).

3.2.3.6 Geschäftsbezeichnung

Bei Hotels, Gaststätten, Kinos, Apotheken, Drogerien und Theatern sind seit langem Bezeichnungen üblich wie: Parkhotel, Gasthof Grüner Baum, Odeon-Lichtspiele, Hirschapotheke usw. Dies sind so genannte Geschäftsbezeichnungen und keine Firma. Es soll nicht der Träger, sondern das Unternehmen gekennzeichnet werden. Gegen die Zulässigkeit bestehen keine Bedenken. Die Unterscheidung zur Firma des eingetragenen Kaufmanns erfolgt dadurch, dass dieser den Zusatz e. K. oder e. Kfr. führen muss.

Kontrollfragen

1. Welche Aufgaben hat das Handelsregister?
2. Kann jedermann Einblick ins Handelsregister nehmen?
3. Wie ist das Handelsregister gegliedert?
4. Welche Register gibt es noch?
5. Was wird im Einzelnen ins Handelsregister eingetragen?
6. Welche Wirkung hat die Eintragung?
7. Wie erfährt die Öffentlichkeit vom Inhalt der Eintragungen?
8. Was versteht man unter der Publizität des Handelsregisters?

9. Gilt alles als richtig, was im Handelsregister eingetragen ist?
10. Welche Möglichkeiten haben Kaufleute, eine Firma zu bilden?
11. Hat die Rechtsform Einfluss auf die Bildung der Firma?
12. Was bedeutet der Grundsatz der Firmenwahrheit?
13. Welcher Zusammenhang besteht zwischen dem Grundsatz der Firmenwahrheit und dem der Firmenbeständigkeit?
14. Durch welchen Firmierungsgrundsatz soll die Möglichkeit der Verwechslung von Firmen ausgeschlossen werden?
15. Wie wird eine eingetragene Firma geschützt?
16. Was sind Geschäftsbezeichnungen?

Aufgabe 14.12 *(Handelsregister)* S. 520

Aufgabe 14.13 *(Firma)* S. 520

Aufgabe 14.14 *(Firmenfortführung)* S. 520

Aufgabe 14.15 *(Haftung bei Firmenfortführung)* S. 520

Aufgabe 14.16 *(Firmenfortführung ohne Übernahme von Verbindlichkeiten)* S. 521

Aufgabe 14.17 *(Bürgschaft)* S. 521

3.3 Hilfspersonen des Kaufmanns

Ein Kaufmann, der ein größeres Handelsgewerbe betreibt, kann nicht alle Vorgänge, die dieser Betrieb mit sich bringt, insbesondere nicht alle Vorgänge mit Außenwirkung, selbst bearbeiten. Er wird sich der Mithilfe anderer Personen bedienen. Diese können unselbstständig oder selbstständig tätig sein. Die Bezeichnungen für die **unselbstständig Auftretenden** sind: Generalbevollmächtigter, Prokurist, Handlungsbevollmächtigter und Handlungsgehilfe. Als **selbstständig tätige Hilfspersonen** kommen in Betracht: Handelsvertreter, Handelsmakler, Kommissionär, Spediteur, Frachtführer und Lagerhalter.

3.3.1 Generalbevollmächtigter

Diese Bezeichnung ist im HGB nicht vorgesehen. Die Generalvollmacht beruht auf §§ 164 ff. BGB und umfasst die Vertretung in allen Geschäften; ihr Inhalt ist weiter und ihr Ansehen höher als das der Prokura.

> **Beispiel für die Formulierung einer Generalvollmacht**
> Generalvollmacht für …
>
> Diese Vollmacht ermächtigt zur Vertretung des Vollmachtgebers, soweit eine solche überhaupt gesetzlich zulässig ist. Der Bevollmächtigte darf allgemein, im Einzelfall und unbeschränkt Untervollmacht erteilen und ist von den Beschränkungen des § 181 BGB befreit.
> Diese Generalvollmacht erlischt – nicht – mit dem Tode des Vollmachtgebers.
>
> Ort, Datum, Unterschrift

3.3.2 Prokurist (§§ 48–53 HGB)

Der Prokurist ist eine Person, der Prokura erteilt wurde. Die Prokura ist eine besondere Form der Vollmacht, die im Verkehrsinteresse nach Dauer und Umfang von dem zwischen dem Kaufmann und dem Prokuristen bestehenden Dienstverhältnis weitgehend losgelöst ist. Wer mit dem Prokuristen verhandelt, wird so gestellt, als ob er mit dem Kaufmann selbst verhandelt, gleichgültig, welche internen Abmachungen zwischen Kaufmann und Prokuristen bestehen. Was der Prokurist im Namen des Kaufmanns erklärt, muss dieser gegen sich gelten lassen.

Erteilung der Prokura: Die Prokura kann nur vom Inhaber eines Handelsgeschäfts oder dessen gesetzlichem Vertreter erteilt werden (§ 48 HGB). Die Prokura kann nur mittels ausdrücklicher Erklärung erteilt werden (§ 48 Abs. 1 HGB, stillschweigende Erklärung, Anscheins- oder Duldungsvollmacht genügen nicht). Die Erklärung kann gegenüber dem zukünftigen Prokuristen oder an die Öffentlichkeit, z. B. durch Rundschreiben an die Geschäftspartner des Kaufmanns erfolgen (§§ 167, 171 BGB). Die Erteilung der Prokura muss dann zur Eintragung ins Handelsregister angemeldet werden.

Umfang: Die Prokura ermächtigt zu allen Arten von gerichtlichen und außergerichtlichen Handlungen, die der Betrieb eines Handelsgeschäfts mit sich bringt (§ 49 HGB). Dabei sind auch branchenunübliche und außergewöhnliche Geschäfte erlaubt (bis hin zur Änderung der Branche, Erwerb anderer Unternehmen, Wechselzeichnung, Darlehensgewährung und -aufnahme, Erteilung von Handlungsvollmachten). Sie müssen aber stets dem Betrieb eines Handelsgewerbes dienen; d. h. Einstellung und Veräußerung des Betriebs sind von der Prokura nicht gedeckt. Weiter umfasst die Prokura nicht

– die Vertretung in privaten Angelegenheiten des Kaufmanns,
– dem Kaufmann gesetzlich persönlich vorbehaltene Geschäfte (z. B. §§ 29, 48 und 245 HGB),
– ohne besondere Ermächtigung die Veräußerung und Belastung von Grundstücken (§ 49 Abs. 2 HGB).

Eine Beschränkung der Prokura wirkt nur im Innenverhältnis, aber nicht nach außen (§ 50 Abs. 1 HGB).

Beispiel
Kaufmann A hat sich gegenüber seinem Prokuristen P die abschließende Zeichnung bei Bankgeschäften vorbehalten. Nimmt P ein Bankdarlehen auf, ohne den A zu beteiligen oder zu unterrichten, ist der Vertrag nach außen voll gültig. P macht sich gegebenenfalls im Innenverhältnis zu A schadensersatzpflichtig.

Eine Einschränkung der Prokura ist in der Weise möglich, dass der Prokurist nur zusammen mit anderen Personen unterzeichnen darf, z. B. mit einem anderen Prokuristen oder einem Geschäftsführer (sog. **Gesamtprokura**, § 48 Abs. 2 HBG).

Zeichnung: Der Prokurist unterzeichnet in der Weise, dass er der Firmenbezeichnung seinen Namen mit einem die Prokura andeutenden Zusatz (z. B. »pp.« oder »ppa.«) hinzufügt (§ 51 HGB).

Beispiel
Firma Maier GmbH ppa. Müller

Übertragbarkeit und Erlöschen: Die Prokura ist nicht übertragbar (§ 52 Abs. 2 HGB). Sie erlischt durch Widerruf, der jederzeit möglich ist (§ 52 Abs. 1 HGB), beim Tod des

Prokuristen, beim Erlöschen des zugrunde liegenden Rechtsverhältnisses (Arbeitsverhältnisses) gem. § 168 BGB, bei Eröffnung des Insolvenzverfahrens und bei Aufgabe des Handelsgeschäfts.

Beim Tod des Geschäftsinhabers erlischt die Prokura nicht.

Aufgabe 14.18 *(Prokura) S. 521*

3.3.3 Handlungsbevollmächtigter (§§ 54–58 HGB)

Der Handlungsbevollmächtigte ist eine Person, der Handlungsvollmacht erteilt wurde. Die Handlungsvollmacht ist wie die Prokura eine besondere Art der Vollmacht mit dem Unterschied, dass die Befugnisse des Handlungsbevollmächtigten zur Vornahme rechtsgeschäftlicher Handlungen nicht so weitreichend sind.

Erteilung der Handlungsvollmacht: Im Gegensatz zur Prokura

– ist eine Erteilung durch den Kaufmann persönlich nicht erforderlich, auch der Prokurist kann Handlungsvollmacht erteilen,
– ist keine Form vorgeschrieben; die Handlungsvollmacht kann schriftlich, mündlich, konkludent oder stillschweigend erteilt werden,
– ist ein Eintrag ins Handelsregister nicht bloß nicht nötig, sondern nicht möglich.

Umfang: Die Handlungsvollmacht kann verschiedenen Umfang haben. Handlungsbevollmächtigter ist, wer ohne Erteilung der Prokura zum Betrieb des Handelsgewerbes **(Generalhandlungsvollmacht)** oder zur Vornahme einer bestimmten Art von Geschäften (**Artvollmacht**, z. B. für Einkauf, Verkauf, für eine bestimmte Abteilung wie die Buchhaltung usw.) oder zur Vornahme einzelner Geschäfte (**Spezialvollmacht**, z. B. bei Vertragsverhandlungen zum Abschluss nur eines Projekts) ermächtigt ist.

Im Gegensatz zum Prokuristen ist der Handlungsbevollmächtigte auf Geschäfte beschränkt, die der Betrieb in seinem Bereich gewöhnlich mit sich bringt (branchenübliche Geschäfte). Bestimmte, für den Kaufmann gefährliche Geschäfte kann er nur abschließen, wenn er besonders dazu ermächtigt ist (§ 54 Abs. 2 HGB). Dazu gehören die Veräußerung und Belastung von Grundstücken, die Eingehung von Wechselverbindlichkeiten, die Aufnahme von Darlehen und die Führung von Prozessen. Eine weitere Beschränkung der Handlungsvollmacht ist möglich (§ 54 Abs. 3 HGB). Ein Dritter braucht diese sonstigen Beschränkungen aber nur gegen sich gelten zu lassen, wenn er nicht gutgläubig war, d. h. wenn er sie kannte oder kennen musste.

Zeichnung: Der Handlungsbevollmächtigte zeichnet, indem er einen sein Vollmachtsverhältnis ausdrückenden Zusatz gebraucht (§ 57 HGB). Dieser darf nicht auf eine Prokura hinweisen; gebräuchlich sind »i. V.« »für«; »per«.

Übertragung und Erlöschen: Eine Übertragung ist nur mit Zustimmung des Kaufmanns möglich (§ 58 HGB). Für das Erlöschen gelten mangels Regelungen im HGB die allgemeinen Regeln des BGB über das Erlöschen einer Vollmacht.

Sonderformen der Handlungsvollmacht

Handlungsreisende (§ 55 HGB): § 54 HGB findet auch Anwendung auf Handelsvertreter mit Abschlussvollmacht (Abschlussvertreter) und angestellte Handlungsbevollmächtigte im Außendienst, die außerhalb des Betriebs Geschäfte im Namen des Kaufmanns abschließen. Ihre Vollmacht unterliegt Beschränkungen in der Weise, dass sie geschlossene Verträge nicht ändern, keine Zahlungsfristen gewähren und ohne besondere Ermächtigung keine Zahlungen entgegennehmen dürfen (§ 55 Abs. 2 und 3 HGB). Mängelrügen dürfen sie entgegennehmen (§ 55 Abs. 4 HGB).

Ladenangestellte (§ 56 HGB): Aus der Tätigkeit als Angestellte in einem Laden ergibt sich eine gesetzliche Vertretungsmacht zu allen im Laden gewöhnlich anfallenden Geschäften. Es genügt, wenn der Angestellte mit Wissen und Wollen des Kaufmanns im Laden tätig ist (Arbeitsvertrag nicht erforderlich). Die Vertretungsmacht kann nur durch Erklärung des Geschäftsinhabers ausgeschlossen werden.

Beispiel
In einem Kaufhaus hängen Schilder mit der Aufschrift: Zahlung nur an der Kasse. Der Kunde kann dann nicht mit befreiender Wirkung an den Verkäufer bezahlen, der ihn beraten hat.

3.3.4 Handlungsgehilfe (§§ 59–75 HGB)

Handlungsgehilfe ist, wer in einem Handelsgewerbe (auch beim Minderkaufmann) zur Leistung kaufmännischer Dienste gegen Entgelt angestellt ist (z. B. Buchhalter). Nicht alle Gehilfen des Kaufmanns sind Handlungsgehilfen. Technische Angestellte (Arbeiter, Kfz-Führer, Köche u. a.) sind keine Handlungsgehilfen und unterstehen meist der Gewerbeordnung. Andere Angestellte (z. B. Syndikus, Dienstmädchen u. a.) unterstehen dem BGB. Für alle diese Dienstverhältnisse sind außerdem die besonderen arbeitsrechtlichen Bestimmungen zu beachten.

Handlungsgehilfen sind also Arbeitnehmer, für deren Dienstvertrag neben den Sonderregeln des HGB die Regeln des BGB und des Arbeitsrechts gelten.

Der Handlungsgehilfe darf während seiner Anstellung dem Kaufmann keine Konkurrenz machen (§ 60 HGB). Ansonsten macht er sich schadensersatzpflichtig oder muss die Vergütung herausgeben (§ 61 HGB). Von diesem **Wettbewerbsverbot** ist die sog. **Wettbewerbsklausel** (Konkurrenzklausel) zu unterscheiden, die in den Dienstvertrag aufgenommen sein kann und den Handlungsgehilfen nach Beendigung seines Dienstverhältnisses in seiner gewerblichen Tätigkeit beschränkt (§§ 74 ff. HGB). Eine solche Klausel bedarf der Schriftform und der Aushändigung einer vom Arbeitgeber unterzeichneten, die Klausel enthaltenden Urkunde an den Gehilfen. Die Wettbewerbsklausel ist außerdem nur verbindlich, wenn sich der Arbeitgeber verpflichtet, für die Dauer des Verbots eine Entschädigung in Höhe von mindestens der Hälfte des zuletzt bezogenen Lohns des Handlungsgehilfen zu bezahlen (§§ 74 a–c HGB).

Die Regelungen des HGB über die **Handlungslehrlinge** (§§ 76–82 HGB) sind im Jahre 1969 durch das Berufsbildungsgesetz aufgehoben worden.

3.3.5 Handelsvertreter (§§ 84–92c HGB)

Der Handelsvertreter ist selbstständiger Kaufmann (§ 1 Abs. 2 Nr. 7 HGB). Er vermittelt für andere Unternehmer ständig Geschäfte **(Vermittlungsvertreter)** oder schließt sie in deren Namen ab **(Abschlussvertreter)**. Er erbringt also abschlussreife oder abgeschlossene Geschäfte. Selbstständig ist ein Handelsvertreter dann, wenn er seine Tätigkeit frei gestalten und seine Arbeitszeit frei bestimmen kann (§ 84 Abs. 1 Satz 2 HGB). Ist dies nicht der Fall, bestimmt also der Vertretene Art und Umfang der Tätigkeit (Branchen, Orte, Firmen) und die Arbeitszeit, dann ist der Vertreter als Angestellter einzustufen (§ 84 Abs. 2 HGB).

Begründung des Vertretungsverhältnisses: Das Vertretungsverhältnis wird durch Abschluss eines Dienstvertrages mit dem jeweiligen Unternehmer begründet (subsidiär gelten deshalb die Vorschriften der §§ 611 ff. BGB). Jeder Partner kann die schriftliche

Abfassung des Vertrages verlangen. Die Rechte und Pflichten des Handelsvertreters und des Unternehmers sind in § 86 HGB aufgezählt.

Provisionsanspruch: Der Handelsvertreter hat Anspruch auf Provision aus allen Geschäften, die während des Vertretungsverhältnisses abgeschlossen werden und die auf seine Tätigkeit zurückzuführen sind oder mit Kunden abgeschlossen werden, die der Handelsvertreter geworben hat (§ 87 HGB). Der Anspruch auf die Provision entsteht, sobald und soweit der Unternehmer das Geschäft ausgeführt hat. Eine abweichende vertragliche Vereinbarung ist möglich. Die Höhe der Provision richtet sich nach den vertraglichen Bestimmungen oder nach dem üblichen Satz (§§ 87 b und c HGB).

Kündigung und Ausgleichsanspruch: Nach der Kündigung des Vertrages (§§ 89, 89a HGB) oder nach einer sonstigen Beendigung des Vertragsverhältnisses kann der Handelsvertreter vom Unternehmer einen angemessenen Ausgleich dafür verlangen, dass er dem Unternehmer einen Kundenstamm geschaffen hat und er selbst keine Provision mehr erhält (§ 89 b HGB). Voraussetzung ist, dass dem Unternehmer nach Beendigung des Vertragsverhältnisses noch Vorteile aus den Geschäftsverbindungen zufließen. Der Ausgleich beträgt höchstens eine Jahresprovision oder Jahresvergütung, die nach dem Durchschnitt der letzten fünf Jahre errechnet wird (§ 89 b Abs. 2 HGB).

3.3.6 Handelsmakler (§§ 93–104 HGB)

Ein Handelsmakler übernimmt gewerbsmäßig die Vermittlung von Verträgen über die Anschaffung oder Veräußerung von Waren, Wertpapieren (Börsenmakler), Versicherungen, Güterbeförderungen, Schiffsmieten oder sonstigen Gegenständen des Handelsverkehrs für andere Personen, ohne damit – im Gegensatz zum Handelsvertreter – ständig damit betraut zu sein. Auf Grundstücksvermittlungen finden die §§ 93 ff. HGB keine Anwendung (§ 93 Abs. 2 HGB). Hierfür gelten die §§ 652 ff. BGB. Der Handelsmakler ist selbstständiger Kaufmann.

Pflichten: Der Handelsmakler steht zu beiden Parteien des vermittelten Vertrags in rechtlichen Beziehungen; ihn treffen gegenüber beiden Parteien Sorgfaltspflichten (z. B. Pflicht zur Neutralität). Zu den wesentlichen Pflichten des Handelsmaklers gehört die Zustellung einer Schlussnote an die Geschäftspartner unverzüglich nach Zustandekommen des Geschäfts (§ 94 HGB). Dabei handelt es sich um eine Beweisurkunde über den Abschluss des Geschäfts. Ist in der Schlussnote nur eine Partei bezeichnet – die andere Partei kann später eingesetzt werden –, so ist die zuerst angegebene Partei grundsätzlich gebunden (§ 95 HGB). Der Handelsmakler hat ein Tagebuch zu führen, in das alle abgeschlossenen Geschäfte einzutragen sind (§ 100 HGB). Mit ihm können die ausgefertigten Schlussnoten verglichen werden, wenn eine der Parteien Zweifel hat.

Provision: Mangels anderer Vereinbarungen kann der Handelsmakler von beiden Parteien je zur Hälfte Provision verlangen, wenn der Vertrag mit dem gewünschten Inhalt zu Stande gekommen ist.

3.3.7 Kommissionär (§§ 383–406 HGB)

Der Kommissionär ist Kaufmann, der gewerbsmäßig den Kauf oder Verkauf von Waren oder Wertpapieren durchführt. Er handelt dabei in eigenem Namen, aber für Rechnung des Auftraggebers (des Kommittenten). Für den Vertragspartner des Kommissionärs ist nicht ersichtlich, dass der Kommissionär wirtschaftlich nicht sein eigentlicher Geschäftspartner ist. Dies ist gerade auch ein Grund, sich eines Kommissionärs zu bedienen. Kommissionsgeschäfte sind in der Praxis verbreiteter, als man denkt, sie

treten aber aus dem genannten Grund dem Endverbraucher nicht offen zutage (z. B. Zeitschriften, Möbel, Kunsthandel, Effektenhandel, gebrauchte Waren u. a. m.).
Durchführung: Es sind drei Stadien für die Abwicklung zu unterscheiden:

- Kommissionsauftrag zwischen Kommittent und Kommissionär. Hierbei handelt es sich grundsätzlich um einen Geschäftsbesorgungsvertrag (§ 675 BGB).
- Ausführungsgeschäft zwischen Kommissionär und Drittem. Aus diesem Rechtsgeschäft wird nur der Kommissionär berechtigt und verpflichtet. Da er in eigenem Namen handelt, ist er nur mittelbarer Stellvertreter des Kommittenten (§ 164 Abs. 2 BGB). Der Kommissionär hat das Kommissionsgeschäft mit der Sorgfalt eines ordentlichen Kaufmanns auszuführen und dabei die Interessen des Kommittenten wahrzunehmen und seine Weisungen zu befolgen (§ 384 Abs. 1 HGB). Ein Sonderfall ist die Ausführung des Geschäfts durch Selbsteintritt des Kommissionärs (§ 400 HGB), d. h. wenn der Kommissionär das Kommissionsgut selbst kauft oder liefert. Auch in diesem Fall besteht sein Provisionsanspruch.
- Abwicklungsgeschäft zwischen dem Kommissionär und dem Kommittenten. Der Kommittent hat ein Interesse daran, dass die Rechte des Kommissionärs aus dem Ausführungsgeschäft alsbald auf ihn übergehen. Der Kommissionär hat den Kommittenten über das Geschäft unverzüglich zu informieren, Rechenschaft abzulegen und das Erlangte herauszugeben; insbesondere hat er auch Preisvorteile weiterzugeben (§ 387 HGB).

Provision: Ist das Geschäft ausgeführt, hat der Kommissionär einen Anspruch auf die vereinbarte Provision und auf den Ersatz seiner Auslagen (§ 396 HGB).

Arten der Kommission
Verkaufskommission: Das Eigentum am Kommissionsgut verbleibt zunächst beim Kommittenten. Dieser ermächtigt aber den Kommissionär – damit dieser in eigenem Namen handeln kann – nach § 185 BGB, das Eigentum am Kommissionsgut auf den Abnehmer zu übertragen (Fall der wirksamen Verfügung eines Nichtberechtigten/Nichteigentümers). Der Kommissionär wird also zu keinem Zeitpunkt Eigentümer der Ware, was von Bedeutung werden kann, wenn über das Vermögen des Kommissionärs das Insolvenzverfahren eröffnet wird.

Einkaufskommission: Im Regelfall wird der Kommissionär zuerst Eigentümer der Ware und überträgt dann das Eigentum gem. § 929 BGB auf den Kommittenten. Ist ein Durchgangserwerb nicht gewünscht, ergeben sich etwas kompliziertere rechtliche Möglichkeiten durch eine Übereignung nach § 930 BGB (gegebenenfalls als antizipiertes Besitzkonstitut oder i. V. m. § 181 BGB).

3.3.8 Spediteur (§§ 453–466 HGB und Allgemeine Deutsche Spediteurbedingungen)

Der Spediteur ist Kaufmann. Er übernimmt es gewerbsmäßig, Güterversendungen im eigenen Namen, aber für Rechnung eines anderen (des Versenders) durch einen dritten Beförderungsunternehmer (Frachtführer oder Verfrachter) besorgen zu lassen. Er befördert nicht, sondern besorgt die Beförderungen (§ 454 HGB).

> **Beispiel**
> Spediteur S in Karlsruhe erhält von einer Raffinerie den Auftrag, Benzin und Heizöl zu den Abnehmern nach Stuttgart zu befördern. S beauftragt hierzu den Frachtführer F, der Lastzüge und Lastkähne besitzt (§ 407 HGB).

Auch der Spediteur ist zum Selbsteintritt berechtigt (§ 458 HGB), d. h., er kann das Gut auch selbst befördern, wenn er die erforderlichen Transportmittel besitzt. Dann ist er zugleich Frachtführer.

Da der Spediteur wie der Kommissionär in eigenem Namen auf fremde Rechnung handelt, ist seine Rechtsstellung ähnlich der des Kommissionärs ausgestaltet (§ 454 Abs. 3 HGB). Dem Spediteur steht eine Provision zu (§ 453 Abs. 2 i.V. m. § 456 HGB). Wegen dieser Provision besteht ein gesetzliches Pfandrecht am Beförderungsgut (§ 464 HGB).

3.3.9 Frachtführer (§§ 407–452d HGB)

Der Frachtführer übernimmt gewerbsmäßig im eigenen Namen und auf eigene Gefahr die Beförderung von Gütern zu Lande oder auf Binnengewässern (§ 407 HGB). Die darüber abzuschließenden Vereinbarungen sind Werkverträge nach §§ 631 ff. BGB; diese Regeln gelten, soweit das HGB nichts anderes bestimmt. Der Absender hat auf Verlangen des Frachtführers einen Frachtbrief auszustellen (Inhalt § 408 HGB) und die vereinbarte Fracht zu entrichten (§ 407 Abs. 2 HGB). Vom Frachtführer kann ein Ladeschein ausgestellt werden (§ 444 HGB). Er ist ein Wertpapier im engeren Sinne (§ 446 HGB). Sondervorschriften bestehen für die Beförderung von Umzugsgut (§§ 451–451h HGB).

3.3.10 Lagerhalter (§§ 467–475h HGB)

Der Lagerhalter übernimmt gewerbsmäßig die Lagerung und Aufbewahrung von Gütern. Wer dem Lagerhalter Güter zur Verwahrung gibt, wird als Einlagerer bezeichnet. Der Lagerhalter ist Kaufmann. Zur Begründung des Lagergeschäfts ist der Abschluss eines Verwahrungsvertrages notwendig (subsidiäre Geltung der §§ 688 ff. BGB). Bei der Verwahrung der eingelagerten Güter hat der Lagerhalter die in §§ 468–472 HGB beschriebenen Rechte und Pflichten. Er hat die Pflicht zur Ausstellung eines Lagerscheines. Die eingelagerte Ware kann durch Einigung und Übergabe des Lagerscheines übereignet werden (echtes Wertpapier § 475 g HGB). Nach Ablauf der Lagerzeit hat der Lagerhalter das eingelagerte Gut zurückzugeben; ihm steht jedoch wegen seiner Ansprüche ein gesetzliches Pfandrecht zu (§ 475 b HGB). Gegen den Einlagerer hat er Ansprüche auf das vereinbarte oder übliche Lagergeld sowie auf Erstattung seiner Auslagen (§ 474 HGB).

3.4 Handelsgeschäfte, Handelskauf, Handelsklauseln

3.4.1 Handelsgeschäfte

Handelsgeschäfte sind alle Geschäfte eines Kaufmanns, die zum Betrieb eines Handelsgewerbes gehören (§ 343 HGB). Nach § 344 HGB spricht eine widerlegbare Vermutung dafür, dass alle Rechtsgeschäfte eines Kaufmanns zum Betrieb seines Handelsgeschäfts gehören und somit Handelsgeschäfte sind. Bei Rechtsgeschäften, die nur für einen der beiden Teile ein Handelsgeschäft sind, kommen die Vorschriften in der Regel auch für den anderen Vertragspartner zur Anwendung (§ 345 HGB). Das HGB kennt z. B. folgende Sonderbestimmungen:

- Das Bürgschaftsversprechen des Vollkaufmanns ist formfrei (§ 350 HGB gegen § 766 BGB); er hat auch nicht die Einrede der Vorausklage.
- Das Schweigen auf einen Antrag über die Besorgung von Geschäften bedeutet (gilt als) bei einem sog. Geschäftsbesorgungskaufmann Annahme des Vertrages (§ 362 HGB gegen § 151 BGB).

Beispiel
Eine Bank wird schriftlich beauftragt, bestimmte Wertpapiere für den Kunden zu kaufen. Wenn sie nicht unverzüglich diesen Antrag ablehnt, gilt er als angenommen.

- Veräußert oder verpfändet ein Kaufmann eine ihm nicht gehörende bewegliche Sache, so kann der Erwerber gutgläubig die entsprechenden Rechte auch dann erwerben, wenn sich sein guter Glaube nicht auf das Eigentum, sondern nur auf die Verfügungsbefugnis bezieht (§ 366 HGB gegen § 932 BGB).

Beispiel
Ein Kunde nimmt beim Kauf gutgläubig an, dass der veräußernde Kaufmann zwar nicht Eigentümer, aber z. B. als Kommissionär befugt ist, die Sache im eigenen Namen zu veräußern. Der Kunde wird Eigentümer, auch wenn die Verfügungsbefugnis tatsächlich nicht vorlag.

- Die Vertragsstrafe eines Kaufmanns kann nicht, wie im BGB, durch Urteil auf einen angemessenen Betrag herabgesetzt werden (§ 348 HGB gegen § 343 BGB).
- Der gesetzliche Zinssatz beträgt 5 % (§ 352 HGB gegen Basiszinssatz in § 247 BGB).

3.4.2 Handelskauf (§§ 373–382 HGB)

Der Handelskauf ist ein Kaufvertrag, der mindestens für einen Vertragspartner ein Handelsgeschäft ist. Neben den Vorschriften des BGB über den Kaufvertrag gelten die Sonderbestimmungen des HGB.

Beim Annahmeverzug kann der Verkäufer die Ware hinterlegen (§ 373 HGB). Der Selbsthilfeverkauf ist unter einfacheren Voraussetzungen durchzuführen (§ 373 Abs. 2–5 HGB). Die Rechtsfolgen beim Verzug sind beim Fixhandelskauf schärfer (§ 376 HGB).

Die bedeutsamste Vorschrift ist: Ist der Vertrag für beide Vertragspartner ein Handelsgeschäft, so hat der Kaufmann eine unverzügliche Untersuchungs- und Rügepflicht (§§ 377, 378 HGB). Der Käufer hat die Ware unverzüglich nach Ablieferung zu untersuchen und, wenn sich ein Mangel zeigt, dem Verkäufer Anzeige zu machen. Unterlässt der Käufer diese Anzeige, so gilt die Ware als genehmigt, es sei denn, der Mangel wäre nicht erkennbar gewesen. Dies gilt selbst dann, wenn eine andere als die bedungene Ware oder eine andere als die bedungene Menge geliefert worden ist, sofern nicht die gelieferte Ware oder Menge offensichtlich von der Bestellung erheblich abweicht.

3.4.3 Handelsklauseln

Handelsklauseln sind im Handelsverkehr gebräuchliche Abkürzungen, die sich aus den Handelsbräuchen entwickelt haben. Die nationalen Klauseln einzelner Länder nennt man **Trade Terms**, die internationalen Handelsklauseln **Incoterms** (Abkürzung für: **In**ternational **Co**mmercial **Terms**).

Einige wichtige Beispiele
- exw: ex works = der Verkäufer hat erfüllt, wenn er die Ware bei sich zur Verfügung stellt (Abholklausel).
- fas: free along shipside = frei längsseits Schiff.
- fob: free on bord = frei an Bord.
- cfr: cost and freight = Kosten und Fracht hat der Verkäufer zu tragen.
- cif: costs, insurance, freight = der Verkäufer trägt zusätzlich noch die Kosten der Versicherung der Ware.
- cip: carriage and insurance paid = frachtfrei und versichert.
- cpt: carriage paid to = frachtfrei.
- daf: delivered at frontier = geliefert bis zur Grenze.
- ddp: delivered duty paid = geliefert und verzollt,
- ddu: delivered duty unpaid = geliefert, Zoll und Steuern trägt der Käufer.
- deq: delivered ex quai duty paid = geliefert ab Kai, verzollt.
- des: delivered ex ship = geliefert ab Schiff.

Beispiel für eine **nationale Klausel**
netto Kasse = kein Skontoabzug auch bei sofortiger Zahlung.

3.5 Besonderheiten des kaufmännischen Zahlungsverkehrs

3.5.1 Kontokorrent (§§ 355–357 HGB)

Beim Kontokorrent (laufenden Konto) werden die beiderseitigen Forderungen nicht erfüllt, sondern in Rechnung gestellt und periodisch durch Saldierung ausgeglichen. Die Anerkennung des Saldos bildet ein abstraktes Schuldanerkenntnis. Der Saldo ist als solcher verzinslich und selbstständig einklagbar. Andererseits gehen durch die Feststellung des Saldos die Einzelforderungen unter, d. h., sie können nicht mehr selbstständig geltend gemacht, verpfändet oder abgetreten werden.

Sicherheiten, die für die Einzelforderungen bestellt worden sind, gehen durch die Saldierung nicht unter, sondern bestehen weiter. Sie dienen dann zur Absicherung des Saldos. Das bekannteste Kontokorrentverhältnis ist das Girokonto.

3.5.2 Akkreditiv

Das Akkreditiv ist ein Mittel des Zahlungsverkehrs, in der Regel im Import-Export-Geschäft. Beim Akkreditivverkehr erteilt der Kunde seiner Bank den Auftrag, aus seinem Guthaben einen bestimmten Geldbetrag an jemanden zu bezahlen, wenn derjenige bestimmte Bedingungen erfüllt. Man unterscheidet das Barakkreditiv und das Waren- oder Dokumentenakkreditiv.

Barakkreditiv: Bei den Barakkreditiven erfolgt die Auszahlung des vereinbarten Geldbetrags in der Regel ohne besondere Gegenleistung des Begünstigten; lediglich die Legitimation und die Unterschrift werden geprüft. Rechtlich gesehen handelt es sich beim Barakkreditiv entweder um eine Anweisung im Sinne des § 783 BGB, wenn dem Begünstigten eine Urkunde über den akkreditierten Betrag ausgehändigt wird, oder um einen normalen Zahlungsauftrag an eine Bank in der Form des Geschäftsbesorgungsvertrages nach § 675 BGB.

Waren- oder Dokumentenakkreditiv: Bei dieser Form erhält der Begünstigte den festgesetzten Geldbetrag nur dann ausgezahlt, wenn er der das Akkreditiv eröffnenden

Bank oder der von ihr beauftragten Korrespondenzbank bestimmte Dokumente über die versandte Ware als Gegenleistung übergibt. Im Einzelnen nimmt ein mittels Akkreditiv finanziertes Geschäft folgenden Gang:

(1) Grundlage ist ein Warengeschäft zwischen Exporteur und Importeur.
(2) Der Importeur beauftragt seine Bank mit der Eröffnung eines Akkreditivs. Dabei muss er der Bank den Akkreditivbetrag zur Verfügung stellen oder ein entsprechendes Guthaben unterhalten.
(3) Die Bank des Importeurs fertigt ein Akkreditivschreiben und sendet dies an die Bank des Exporteurs.
(4) Die Bank des Exporteurs teilt die Akkreditiveröffnung dem Exporteur mit.
(5) Der Exporteur sendet dann die Ware an den Importeur ab.
(6) Die Versanddokumente reicht der Exporteur seiner Bank ein und erhält, wenn sie die im Akkreditiv genannten Bedingungen erfüllen, was sehr genau geprüft wird, den Akkreditivbetrag ausbezahlt.
(7) Die Bank des Exporteurs sendet die Dokumente an die Bank des Importeurs und berechnet den Akkreditivbetrag weiter.
(8) Der Importeur erhält von seiner Bank die Dokumente und kann damit die Ware in Empfang nehmen.

Das Akkreditiv dient hier der beiderseitigen Sicherheit; für den Exporteur ist es ein Vorteil, dass er die Transportdauer nicht finanzieren muss, sondern sein Geld sofort nach Versendung erhält, der Importeur kann sicher sein, dass er nach seiner Vorleistung die Ware auch tatsächlich erhält.

Kontrollfragen

1. Was versteht man unter einer Generalvollmacht?
2. Wie wird Prokura erteilt?
3. Welche Rechtsstellung hat der Prokurist im Außenverhältnis?
4. Welche Rechtsgeschäfte darf der Prokurist nicht vornehmen?
5. Was versteht man unter Einzel- und Gesamtprokura?
6. Was unterscheidet die Prokura von der Handlungsvollmacht?
7. Welche Arten von Handlungsvollmacht gibt es?
8. Welche Rechtsstellung hat der Handlungsbevollmächtigte im Außenverhältnis?
9. Welche besonderen Vorschriften gibt es im HGB über den Handlungsgehilfen?
10. Nach welchen Kriterien entscheidet sich, ob ein Handelsvertreter selbstständig tätig ist?
11. Wann entsteht nach HGB der Provisionsanspruch des Handelsvertreters?
12. Wofür erhält der Handelsvertreter eine Ausgleichszahlung?
13. Was unterscheidet den Handelsvertreter vom Handelsmakler?
14. Wer bezahlt den Handelsmakler?
15. Wie tritt ein Kommissionär auf?
16. Was versteht man unter Selbsteintritt?
17. Wie verlaufen die Übereignungen bei der Einkaufs- und wie bei der Verkaufskommission?
18. Welche Geschäfte führt ein Spediteur aus? Was unterscheidet ihn vom Frachtführer?
19. Was ist ein Frachtbrief und wer stellt ihn aus?
20. Was ist ein Ladeschein und von wem wird er ausgestellt?
21. Welche Geschäfte betreibt ein Lagerhalter?
22. Welche besondere rechtliche Qualität hat ein Lagerschein?

23. Welche besonderen Regelungen des HGB über Handelsgeschäfte kennen Sie?
24. Welche Besonderheiten gibt es beim Handelskauf?
25. Welche Abkürzungen für internationale Handelsklauseln kennen Sie, und was bedeuten sie?
26. Was bedeutet ein Kontokorrentverhältnis? Welche rechtlichen Folgen hat die Feststellung des Saldos bei einem Kontokorrentverhältnis?
27. Was bedeutet die Bezeichnung Akkreditiv?
28. Wie geht die Bezahlung einer Lieferung mittels eines Warenakkreditivs vor sich?

4 Gesellschaftsrecht/Rechtsformen der Unternehmung

Die Frage der Rechtsform eines selbstständig betriebenen Unternehmens stellt sich sowohl vor Beginn der Tätigkeit als auch in der Folge, wenn überprüft werden muss, ob die einmal gewählte Rechtsform noch passend und zeitgerecht ist.

4.1 Einzelunternehmen oder Personenzusammenschlüsse

Beim **Einzelunternehmen** gibt es einen Geschäftsinhaber, der das Geschäft betreibt und voll verantwortlich ist. Er haftet den Gläubigern des Geschäfts mit seinem gesamten betrieblichen und privaten Vermögen. Je nach Umfang und Art des Geschäfts ist der Einzelunternehmer Kaufmann oder er wird es durch Eintragung ins Handelsregister. Zur Kaufmannseigenschaft vgl. detailliert S. 316 ff.

Reichen die Kräfte des Einzelnen nicht aus, einen bestimmten Zweck zu verwirklichen oder bestimmte Aufgaben zu lösen, wird er sich mit anderen zu einer Gesellschaft zusammenschließen. Eine **Gesellschaft** ist somit jeder bewusste **Zusammenschluss von Personen** zur Erreichung eines gemeinsamen Zweckes. Um die verschiedenen Zwecke zu verwirklichen, bietet unsere Rechtsordnung verschiedene Organisationsformen an. In diesem Buch sollen nur diejenigen besprochen werden, die als Unternehmensform in Betracht kommen (also z. B. nicht der Verein, der für Zwecke ideeller oder kultureller Art die geeignete Form darstellt).

Das Gesellschaftsrecht ist nicht in einem einzigen Gesetz, sondern in verschiedenen Gesetzen und nach verschiedenen Grundsätzen geregelt. Die Gesellschaften können nach verschiedenen Gesichtspunkten eingeteilt und unterschieden werden. In der Folge wird nur die Einteilung in Personen- und Kapitalgesellschaften vorgenommen.

4.2 Personengesellschaften

Die Personengesellschaft beruht auf der persönlichen Verbundenheit ihrer Mitglieder. Die Mitgliedschaft ist im Grundsatz nicht übertragbar. Es besteht eine volle persönliche Haftung für die Geschäftsschulden auch mit dem Privatvermögen, und die Mitglieder sind zur persönlichen Mitarbeit verpflichtet. Diese Grundsätze sind bei den einzelnen Personengesellschaften unterschiedlich stark verwirklicht, wobei besonders zu beachten ist, dass die gesetzlichen Regelungen durch einzelvertragliche Abmachungen im Gesellschaftsvertrag sehr häufig abgeändert oder ergänzt werden können.

4.2.1 Gesellschaft bürgerlichen Rechts (GbR)

Die GbR ist in den §§ 705 ff. BGB ausführlich geregelt. Sie ist die Grundform für alle Personengesellschaften; aus diesem Grund finden die Vorschriften der §§ 705 ff. BGB auch auf die übrigen Personengesellschaften, die OHG und die KG, Anwendung, soweit das HGB für diese Gesellschaftsformen keine Spezialregelungen enthält (vgl. § 105 Abs. 3, § 161 Abs. 2 HGB).

Die GbR ist nach der gesetzlichen Regelung eine nichtrechtsfähige Personenvereinigung zur Erreichung eines bestimmten gemeinsamen Zwecks durch gemeinsame Leistungen, insbesondere durch Beiträge. Diese Leistungen können Geldleistungen, Dienstleistungen, Gebrauchsüberlassungen usw. sein.

Beispiel
A, B und C bilden eine Gesellschaft. A verpflichtet sich zur Zahlung eines Geldbetrages, B zur Überlassung eines Grundstücks, und C verpflichtet sich, die Geschäfte zu führen.

Der BGH vertritt in seinem grundlegend neuen Urteil vom 29. 1. 2001 (NJW 2001, S. 1056 ff.) nunmehr die Auffassung, dass die GbR eine rechtliche Selbstständigkeit – vergleichbar der OHG – hat und somit teilrechtsfähig ist.

Die Rechtsform der GbR ist sehr flexibel, da die gesetzlichen Vorschriften wegen des im Schuldrecht des BGB geltenden Grundsatzes der Vertragsfreiheit weitgehend abdingbar sind.

Beispiele für die Bildung einer GbR
- Zusammenschlüsse von kleinen Handwerkern und Kleingewerbetreibenden,
- Zusammenschlüsse von Freiberuflern, auch wenn der Betrieb sehr groß ist, z. B. Architektengemeinschaften, Anwaltssozietäten, Praxisgemeinschaften von Heilberuflern usw.,
- Arbeitsgemeinschaften (z. B. bei Bauausführungen),
- Emissionskonsortien (bei der Ausgabe von Wertpapieren),
- Kartelle (soweit nach dem Gesetz über Wettbewerbsbeschränkungen überhaupt zulässig),
- Vor- und Gründungsgesellschaften zu Kapitalgesellschaften.

4.2.1.1 Gründung

Wenn sich die Personen, die eine GbR errichten wollen, auf einen gemeinsamen Zweck geeinigt haben, dann ist, um eine GbR zur Entstehung zu bringen, der Abschluss eines **Gesellschaftsvertrages** notwendig. Dieser kommt durch die übereinstimmenden Willenserklärungen der beteiligten Gesellschafter zu Stande. Insoweit gelten die allgemeinen Bestimmungen des BGB über die Wirksamkeit von Willenserklärungen und das Zustandekommen von Verträgen.

Der Vertrag muss als gesetzlichen Mindestinhalt nach § 705 BGB folgende Punkte regeln:

(1) Bezeichnung und Art der Gesellschafter,
(2) Festlegung des gemeinsamen Zwecks,
(3) Festlegung, wie die Gesellschafter den gemeinsamen Zweck zu fördern haben.

Darüber hinaus wird ein Gesellschaftsvertrag in der Praxis wesentlich detaillierter ausformuliert. Auch wenn dies rechtlich nicht gefordert wird, treffen die Gesellschafter über den Mindestinhalt hinaus beispielsweise noch Regelungen über folgende Fragen: Geschäftsführung und Vertretung, Geschäftsräume, Lastentragung, Gewinn- und Verlustverteilung, Entnahmerecht und Rücklagenbildung, Urlaub der Gesellschafter, Erkrankung der Gesellschafter, Kündigung, Ausschließung und Abfindung.

Grundsätzlich bedarf der Gesellschaftsvertrag keiner Form. Er kann also sowohl schriftlich als auch mündlich abgeschlossen werden. Nur in dem Falle, dass ein Gesellschafter ein formbedürftiges Leistungsversprechen abgibt, etwa sich zur Übereignung eines Grundstücks an die Gesellschaft verpflichtet (§ 313 BGB), bedarf der Gesellschaftsvertrag insgesamt der notariellen Beurkundung.

4.2.1.2 Rechtsbeziehungen der Gesellschafter untereinander

Mit dem Abschluss des Gesellschaftsvertrages ist der jeweiligen GbR nur ein rechtlicher Handlungsrahmen zur Verfügung gestellt, der durch Erfüllung der gegenseitigen Rechte und Pflichten und durch die Aktivität der Gesellschafter ausgefüllt werden muss.

Förderungspflichten und Beitragspflichten: Die wichtigste Pflicht, die durch den Gesellschaftsvertrag begründet wird, ist die Pflicht, den Gesellschaftszweck zu fördern, die vornehmlich dadurch erfüllt wird, dass die Gesellschafter ihre Beiträge erbringen (§§ 705, 706 BGB). Beiträge können sein: Geldzahlungen, Übereignung oder Überlassung von beweglichen Sachen und Grundstücken, Einbringung von Wertpapieren, Überlassen von Patenten und Leistung von Diensten.

Nachschusspflicht: Haben die Gesellschafter die vereinbarten Beiträge erbracht und reichen diese nicht aus, die Erreichung des gemeinsamen Zweckes zu garantieren, dann besteht nach § 707 BGB im Innenverhältnis, also im Verhältnis der Gesellschafter zueinander, keine Pflicht zur nachträglichen Erhöhung der vereinbarten Beiträge sowie zur Ergänzung einer durch Verlust verminderten Einlage. Diese gesetzliche Regelung ist freilich abdingbar, d. h., im Gesellschaftsvertrag kann eine Nachschusspflicht festgelegt werden.

Treuepflicht: Infolge des gemeinschaftsbegründenden Charakters des Gesellschaftsvertrages besteht zwischen den Gesellschaftern eine allgemeine Treuepflicht. Diese Pflicht, die letztlich ihre Grundlage in § 242 BGB findet, bedeutet, dass jeder Gesellschafter sein Verhalten am Gesellschaftszweck ausrichten muss. Er hat die Interessen der Gesellschaft wahrzunehmen und alles zu unterlassen, was diesen Interessen zuwiderlaufen könnte. Die konkreten Rechtsfolgen der Verletzung der gesellschaftsrechtlichen Treuepflicht lassen sich nicht einheitlich beschreiben; sie ergeben sich aus den Umständen eines jeden einzelnen Falles.

> **Beispiel**
> A, B und C betreiben eine Rechtsanwalts-Sozietät. C erstellt für ein Industrieunternehmen ein Rechtsgutachten und vereinnahmt das Honorar selbst in voller Höhe. Aus der beschriebenen Treuepflicht ergibt sich auch ohne ausdrückliche Regelung im Gesellschaftsvertrag die Pflicht des C, das Honorar der Sozietät zukommen zu lassen.

Anteil am Gewinn und Verlust sowie am Liquidationserlös: Die wichtigsten Vermögensrechte der Gesellschafter sind die Ansprüche auf den Gewinn und das Auseinandersetzungsguthaben bei Auflösung der Gesellschaft. Hinsichtlich der **Gewinnverteilung** ist zu unterscheiden, ob die GbR auf kürzere Zeit oder auf Dauer angelegt ist (§ 721 BGB). Im ersteren Falle wird der Gewinn erst nach Auflösung der Gesellschaft verteilt (z. B. bei Durchführung einer Baumaßnahme durch zwei Unternehmen in

Arbeitsgemeinschaft), im letzteren Falle am Schluss eines jeden Geschäftsjahres. Wenn im Gesellschaftsvertrag nicht anderes abgesprochen ist, sind die Gesellschafter zu gleichen Anteilen am Gewinn und am Verlust sowie am Liquidationserlös beteiligt (§§ 722, 734, 738 BGB).

4.2.1.3 Geschäftsführung und Vertretung

Zu den Rechten und Pflichten, die die Gesellschafter gegenseitig haben, gehört auch die Geschäftsführung. Unter Geschäftsführung ist die auf die Verfolgung des Gesellschaftszweckes gerichtete Tätigkeit der Gesellschafter zu verstehen. Sie kann sowohl in rein tatsächlichen Handlungen (Arbeitsleistung) als auch in rechtsgeschäftlichen Handlungen bestehen. Die Geschäftsführung ist die Betätigung der Gesellschafter für die Gesellschaft, im Innenverhältnis (dem Verhältnis der Gesellschafter zueinander) gesehen.

Von den Geschäftsführungstätigkeiten sind die Vertretungsmaßnahmen zu unterscheiden, wie die nach außen gerichtete rechtsgeschäftliche Tätigkeit für die Gesellschaft bezeichnet wird. Das BGB trennt scharf zwischen Geschäftsführung und Vertretung. Während die Geschäftsführungsvorschriften Aufschluss darüber geben, ob ein Gesellschafter im Innenverhältnis eine Maßnahme vornehmen darf oder muss, bestimmen die Vertretungsvorschriften, ob eine Handlung im Außenverhältnis rechtsgültig ist bzw. ob ein Gesellschafter die Gesellschaft nach außen wirksam vertreten kann. Zu beachten ist dabei allerdings, dass ein und dieselbe Handlung sowohl eine Geschäftsführungs- als auch eine Vertretungsmaßnahme darstellen kann.

Beispiel
Wenn eine Gesellschaft eine Sekretärin einstellt, ist der Abschluss des Arbeitsvertrages sowohl eine Maßnahme der Geschäftsführung als auch eine Vertretungshandlung, die die Gesellschaft nach außen, hier der Sekretärin gegenüber, bindet.

Geschäftsführung (§ 709 BGB): Nach der Regelung des § 709 BGB sind alle Gesellschafter gemeinschaftlich zur Geschäftsführung berechtigt und verpflichtet **(Gesamtgeschäftsführung).** Dies bedeutet, dass alle Entscheidungen gemeinsam und einstimmig getroffen werden müssen. Diese sehr schwerfällige Regelung kann allerdings abbedungen werden, sodass in der Regel im Gesellschaftsvertrag eine andere Form der Geschäftsführung vereinbart wird. Als Beispiele für abweichende Regelungen sieht das Gesetz vor: Mehrheitsentscheidungen statt Einstimmigkeit (§ 709 Abs. 2 BGB), Übertragung der Geschäftsführung auf einen der Gesellschafter (Einzelgeschäftsführung, § 710 BGB) oder auf mehrere Gesellschafter gemeinsam (Gesamtgeschäftsführung, § 710 BGB). Bei der Übertragung der Geschäftsführung auf einen oder mehrere alleingeschäftsführungsbefugte Gesellschafter steht den anderen nach § 711 BGB ein Widerspruchsrecht zu.

Vertretung (§§ 714, 715 BGB): Die Vertretung der Gesellschaft nach außen unterliegt den allgemeinen Regeln über die Vertretung (§§ 164 ff. BGB). Nach der wiederum abdingbaren Regelung des § 714 BGB ist der Gesellschafter in demselben Umfang vertretungsberechtigt, in dem er geschäftsführungsbefugt ist. Haben somit nach dem Gesellschaftsvertrag mehrere Gesellschafter Einzel- oder Gesamtgeschäftsführungsbefugnis gem. § 710 BGB, so ist im Zweifel anzunehmen, dass sie entsprechend Einzel- oder Gesamtvertretungsmacht haben. Handelt der Gesellschafter im Rahmen seiner Vertretungsmacht, so werden sowohl die GbR als auch alle Gesellschafter berechtigt und verpflichtet, und zwar gesamtschuldnerisch nach §§ 421 ff., insbesondere § 427 BGB. Die Haftung umfasst das Gesellschaftsvermögen und das gesamte Privatvermögen aller

Gesellschafter. Die Haftung mit dem Privatvermögen kann allerdings vertraglich (im Vertrag mit dem Dritten!) ausgeschlossen werden.

Überschreitet dagegen ein Gesellschafter seine Vertretungsmacht, so ist dies der GbR und den anderen Gesellschaftern gegenüber grundsätzlich ohne Wirkung. Es gelten die allgemeinen Vertretungsregeln, sodass es einem außenstehenden Dritten nicht erspart bleibt, die Vertretungsmacht eines BGB-Gesellschafters zu prüfen.

Beispiel
Ohne dass die notwendige Zustimmung der anderen Gesellschafter vorliegt (gesetzlicher Regelfall), kauft Gesellschafter B im Namen der Gesellschaft einen Lastkraftwagen. Er handelt ohne Vertretungsmacht und kann die anderen nicht verpflichten (§§ 177, 179 BGB).

4.2.1.4 Gesellschaftsvermögen

Durch den Abschluss des Gesellschaftsvertrages entsteht zwar trotz der neuen BGH-Rechtsprechung kein neues Rechtssubjekt, d. h. die GbR ist keine juristische Person. Die Gesellschaft kann deshalb nicht unter einem besonderen Namen auftreten, sie kann aber Rechte erwerben oder Prozesse führen. Sie kann aber nicht – da auch kein Name vorhanden ist – ins Grundbuch eingetragen werden. Diese neue Rechtsprechung hat auch erhebliche Bedeutung für die Frage, wem etwaige Rechte, insbesondere Vermögensrechte, die im Namen der Gesellschaft erworben werden, zustehen sollen.

Beispiel
Die »A, B, C GbR« kauft ein Grundstück. Der notarielle Kaufvertrag lautet dann:
Es verkauft
(... Name des Verkäufers ...)
an A, B und C als Gesellschafter einer GbR

Das Vermögen der Gesellschaft bildet zwar eine vom übrigen Vermögen der Gesellschafter getrennte rechtliche Einheit, d. h. es gehört einem besonderen Rechtsträger. Vermögensträger ist die Gesamthand. Zum **Gesamthandsvermögen** der GbR gehören nach § 718 BGB alle Gegenstände, die durch die Geschäftsführung für die Gesellschaft erworben werden, insbesondere Sachen und Rechte aller Art, z. B. Forderungen, gewerbliche Schutzrechte, Nutzungsrechte, Kundenbeziehungen, Know-How usw. Darüber hinaus gehören zum Gesellschaftsvermögen die geleisteten Beiträge sowie die noch zu leistenden Beiträge als Forderungen. Daneben gehören nach § 718 Abs. 2 BGB zum Gesellschaftsvermögen noch die sog. Surrogate des Gesellschaftsvermögens.

Die gesamthänderische Bindung des Gesellschaftsvermögens ist nach § 719 BGB wie folgt ausgestaltet:

– Ein Gesellschafter kann nicht über seinen Anteil am Gesellschaftsvermögen verfügen.
– Ein Gesellschafter kann auch nicht über seinen Anteil an den einzelnen, zum Gesellschaftsvermögen gehörenden Gegenständen verfügen.
– Ein Gesellschafter ist nicht berechtigt, Teilung zu verlangen.

Logische Konsequenz dieser Regelung ist das in § 719 Abs. 2 BGB enthaltene Verbot der Aufrechnung in den Fällen mangelnder Gegenseitigkeit.

Diese dargestellte gesetzliche Regelung ist zwingend, kann also durch gesellschaftsvertragliche Abmachung nicht abgeändert werden; das Gesellschaftsvermögen ist notwendigerweise Gesamthandsvermögen.

4.2.1.5 Wechsel der Gesellschafter

Wie bereits erwähnt, beruht die Gesellschaft bürgerlichen Rechts entscheidend auf dem Vertrauen, das sich die Gesellschafter durch den Abschluss des Gesellschaftsvertrages entgegengebracht haben und sich während des Bestands der Gesellschaft entgegenbringen. Aus diesem Grund bestimmt das Gesetz, dass im Zweifel die Gesellschaft mit dem Tode eines Gesellschafters endet (§ 727 BGB) und dass der Eintritt eines neuen Gesellschafters und die Übertragung eines Anteils auf einen anderen Gesellschafter die Zustimmung aller Gesellschafter voraussetzt.

Der Gesellschaftsvertrag kann abweichende Regelungen treffen in der Weise, dass nach dem Tod eines Gesellschafters die Gesellschaft mit den verbleibenden Gesellschaftern oder mit den Erben des verstorbenen Gesellschafters fortgesetzt wird und neue Gesellschafter kraft Mehrheitsbeschluss aufgenommen werden können.

Ändert sich der Mitgliederbestand, bleibt dennoch die Identität der Gesellschaft erhalten. Es ist keine Übertragung des Gesellschaftsvermögens auf den neuen Gesellschafter bzw. auf die verbleibenden Gesellschafter erforderlich, vielmehr wächst diesen Gesellschaftern der entsprechende Vermögensanteil zu (vgl. § 738 BGB: sog. **Anwachsung**).

4.2.1.6 Beendigung, Auflösung und Liquidation

Die Beendigung der Gesellschaft vollzieht sich in zwei Schritten: der Auflösung und der Auseinandersetzung (Liquidation) der Gesellschaft.

Das BGB sieht in §§ 723 ff. BGB eine Reihe von **Auflösungsgründen** vor, zu denen nach den Vereinbarungen des Gesellschaftsvertrages noch weitere kommen können. Die wichtigsten sind: Kündigung (§§ 723, 724 BGB), Zweckerreichung (§ 726 BGB), Tod eines Gesellschafters (§ 727 BGB), Eröffnung des Insolvenzverfahrens über das Vermögen eines Gesellschafters (§ 728 BGB), Unmöglichwerden des Gesellschaftszwecks (§ 726 BGB), Auflösungsbeschluss der Gesellschaft, Anteilsvereinigung, Kündigung durch Privatgläubiger eines Gesellschafters (§ 725 BGB).

Die Auflösung der Gesellschaft führt noch nicht zu ihrer Beendigung, sondern zum Eintritt in das Abwicklungsstadium (Liquidation). Ziel der **Auseinandersetzung** ist es, zunächst die Gläubiger der Gesellschaft aus dem Gesellschaftsvermögen wegen ihrer noch ausstehenden Forderungen zu befriedigen, anschließend das etwa noch übriggebliebene Vermögen der Gesellschaft unter die Gesellschafter zu verteilen. Nach Abschluss der Auseinandersetzung spricht man von der Vollbeendigung der aufgelösten GbR.

Kontrollfragen

1. *Welchen Zweck verfolgen Personen, die sich zu Personengesellschaften zusammenschließen?*
2. *Welche generellen Unterschiede gibt es zwischen Personen- und Kapitalgesellschaften?*
3. *Welche Personenzusammenschlüsse werden in der Rechtsform der GbR betrieben, ohne dass dies in ihrer Bezeichnung zum Ausdruck kommt?*
4. *Wie wird eine GbR gegründet? Welche Formvorschriften sind dabei einzuhalten?*
5. *Welche Regelungen sind im Gesellschaftsvertrag der GbR notwendig, welche wünschenswert?*
6. *Welche Regelungen des BGB über die GbR sind zwingend, welche können im Gesellschaftsvertrag abgeändert werden?*
7. *Welche Beiträge können Gesellschafter einer GbR erbringen?*

8. Was versteht man unter einer gesellschaftsrechtlichen Treuepflicht, und wie äußert sie sich?
9. Wie ist die Gewinnverteilung bei der GbR gesetzlich geregelt?
10. Was versteht man unter Geschäftsführung im Sinne des BGB?
11. Wer hat bei der GbR die Geschäftsführungsbefugnis?
12. Wer ist bei der GbR vertretungsbefugt, und was bedeutet die Vertretung im Unterschied zur Geschäftsführung?
13. Welche Folgen hat es, wenn ein Gesellschafter seine Vertretungsmacht überschreitet?
14. Wer haftet für die Schulden einer GbR? Wie weit reicht diese Haftung? Kann sie beschränkt werden?
15. Was versteht man unter Gesamthandsvermögen?
16. Was geschieht, wenn ein Gesellschafter einer GbR stirbt?
17. Was versteht man unter Anwachsung?
18. Wodurch wird eine GbR aufgelöst? Ist die GbR durch die Auflösung schon beendet?

4.2.2 Offene Handelsgesellschaft (OHG)

Die OHG ist eine Gesellschaft, deren Zweck auf den Betrieb eines Handelsgewerbes unter gemeinschaftlicher Firma gerichtet ist und bei der jeder Gesellschafter gegenüber den Gesellschaftsgläubigern unbeschränkt mit seinem ganzen Vermögen haftet (§ 105 Abs. 1 HGB).

Die OHG vereinigt die Arbeitskraft, die Kapitalkraft und den Kredit jedes ihrer einzelnen Gesellschafter. Dies führt dazu, dass die OHG im Rechtsverkehr und im Wirtschaftsleben hohes Ansehen genießt, da die unbeschränkte Haftung sie besonders kreditwürdig macht. Sie ist aber nur möglich, wenn alle Gesellschafter die volle Haftung mit ihrem Privatvermögen übernehmen wollen.

Die OHG ist eine Weiterentwicklung der GbR; auf sie finden die Vorschriften der GbR Anwendung, soweit keine speziellen Regelungen in den §§ 105 ff. HGB gelten. Wesentliche Unterschiede sind:

- Es muss ein Betrieb eines Handelsgewerbes vorliegen; sie kann daher von Nichtkaufleuten nicht gewählt werden.
- Jeder Gesellschafter haftet unbeschränkbar mit seinem ganzen Vermögen.
- Die OHG hat eine gemeinsame Firma, unter der sie nach außen auftritt; unter dieser Firma hat sie Rechte und Pflichten. In Wirklichkeit sind aber auch (wie bei der GbR) die Gesellschafter zur gesamten Hand berechtigt und verpflichtet. Die OHG ist somit in gewissem Maße verselbstständigt, aber noch keine juristische Person; man bezeichnet sie als **teilrechtsfähig** mit der Rechtsstellung nach § 124 HGB.

Gründung: Die Gründung erfolgt wie bei der GbR durch den Abschluss eines grundsätzlich formfreien Gesellschaftsvertrages (Formbedürftigkeit wie bei der GbR nur, wenn ein Grundstück eingebracht werden soll).

Der Mindestinhalt des Vertrages ergibt sich aus § 105 HGB:

- Bezeichnung und Anzahl der Gesellschafter,
- Angabe des Betriebs eines Handelsgewerbes unter gemeinschaftlicher Firma (Firmierung vgl. §§ 17 ff. HGB),
- Festlegung, wie die Gesellschafter den gemeinsamen Zweck zu fördern haben.

Für den Zeitpunkt des Entstehens der OHG ist zwischen dem Außen- und dem Innenverhältnis zu unterscheiden. Im **Innenverhältnis** entsteht die Gesellschaft immer mit

Abschluss des Gesellschaftsvertrages. Im **Außenverhältnis** entsteht sie nach § 123 HGB mit der Eintragung ins Handelsregister, oder, wenn sie bereits zu einem früheren Zeitpunkt ihre Geschäfte begonnen hat, mit dem Zeitpunkt des Geschäftsbeginns. Der frühere Zeitpunkt ist entscheidend.

Anmeldung: Jede OHG ist nach § 106 Abs. 1 HGB zur Eintragung ins Handelsregister anzumelden. § 106 Abs. 2 HGB bestimmt, was die Anmeldung enthalten muss. Zur Anmeldung sind sämtliche Gesellschafter verpflichtet, gleichgültig, ob sie Vertretungsbefugnis haben oder nicht (§ 108 HGB).

Beziehungen der Gesellschafter untereinander: Sie ergeben sich zunächst wieder aus dem Gesellschaftsvertrag, im Übrigen gelten die §§ 109–122 HGB sowie ergänzend die Regelungen der §§ 705 ff. BGB. Normiert sind eine Verzinsungspflicht für rückständige Einlagen (§ 111 HGB), ein Wettbewerbsverbot als Ausprägung der allgemeinen gesellschaftlichen Treuepflicht (§ 112 HGB), ein Aufwendungsersatzanspruch (§ 110 HGB) sowie Kontroll- und Informationsrechte für die von der Geschäftsführung ausgeschlossenen Gesellschafter (§ 118 HGB) und deren Mitwirkungsrechte bei außergewöhnlichen Geschäften (§§ 116 Abs. 2 und § 117 HGB).

Die **Verteilung des Gewinns** und des Verlustes sowie das Entnahmerecht ist in den §§ 120–122 HGB nur knapp geregelt. Der Gesetzgeber konnte indes davon ausgehen, dass die Gesellschafter gerade diese Fragen im Gesellschaftsvertrag ausführlich regeln werden.

Nach dem Gesetz erhält jeder Gesellschafter vom Jahresgewinn zunächst eine Kapitalverzinsung in Höhe von 4 % seines Kapitalanteils (§ 121 Abs. 1 HGB). Reicht der Gewinn hierzu nicht aus, erhält jeder Gesellschafter entsprechend weniger. Der Rest des Gewinnes wird nach Köpfen verteilt. Dies ist der eigentliche Unternehmergewinn, der durch das Zusammenwirken aller Gesellschafter verdient ist und an dem deshalb alle gleichmäßig teilhaben sollen. Entsprechend wird ein Verlust nach Köpfen verteilt.

Von der Frage, welchen Gewinnanteil der Gesellschafter erhält, ist zu unterscheiden, ob und inwieweit ein Gesellschafter im Laufe des Geschäftsjahrs **Geldmittel entnehmen** darf. Nach § 122 HGB ist jeder Gesellschafter berechtigt, aus der Gesellschaftskasse Geld bis zum Betrag von 4 % seines für das letzte Geschäftsjahr festgestellten Kapitalanteils zu entnehmen und, soweit es nicht zum offenbaren Schaden der Gesellschaft gereicht, auch die Auszahlung des diesen Betrag übersteigenden Anteils am Gewinn des letzten Jahres zu verlangen. Im Übrigen darf ein Gesellschafter ohne Einwilligung der anderen Gesellschafter seinen Kapitalanteil nicht vermindern.

Geschäftsführung und Vertretung: Für die Geschäftsführung gehen §§ 114 ff. HGB von der **Einzelgeschäftsführung** aller Gesellschafter aus. Die anderen Gesellschafter haben jeweils ein Widerspruchsrecht. Diese Regelung ermöglicht die für den Betrieb eines Handelsgewerbes notwendigen schnellen Entscheidungen und erstreckt sich daher nur auf die Geschäfte, die der gewöhnliche Betrieb des Geschäfts mit sich bringt. Für außergewöhnliche Geschäfte, z. B. die Errichtung von Zweigniederlassungen, den Bau von Fabrikgebäuden, die Aufnahme hoher Kredite oder den Abschluss ungewöhnlich langfristiger Verträge, gilt der Grundsatz der **Gesamtgeschäftsführung** aller Gesellschafter (§ 116 Abs. 2 HGB).

Entsprechend haben nach § 125 HGB grundsätzlich alle Gesellschafter **Einzelvertretungsbefugnis**. Im Vertrag kann auch vereinbart sein, dass alle oder mehrere zusammen (Gesamtvertretung) oder zusammen mit einem Prokuristen vertreten.

Von Bedeutung ist die nicht abdingbare Regelung des § 126 Abs. 2 HGB, nach der eine Beschränkung der Vertretungsmacht nur im Innenverhältnis, nicht aber nach außen gegenüber Dritten wirksam ist. Überschreitet somit ein alleinvertretungsberechtigter Gesellschafter seine im Innenverhältnis erteilte Vertretungsmacht, so wird die OHG trotzdem verpflichtet.

Beispiel
Die alleinvertretungsberechtigten Gesellschafter einer OHG haben vereinbart, dass zu Geschäften mit einer Verpflichtungssumme im Einzelfall von über 30 000 € ein vorheriger einstimmiger Beschluss erforderlich sein soll. Einer der Gesellschafter bestellt im Namen der OHG ohne vorherige Absprache einen Pkw für 40 000 €. Die OHG muss den Wagen abnehmen und bezahlen. Die übrigen Gesellschafter haben eventuell Schadensersatzansprüche wegen Verletzung des Gesellschaftsvertrages.

Haftung: Für die Schulden der Gesellschaft haften sowohl das Gesellschaftsvermögen als auch zwingend (anders als bei der GbR) jeder Gesellschafter persönlich als Gesamtschuldner (§ 128 HGB). Ausscheidende Gesellschafter haften weiter persönlich für die Verbindlichkeiten, die bis zu ihrem Aussscheiden entstanden sind, jedoch nur fünf Jahre lang (§ 159 HGB). Neueintretende Gesellschafter haften auch für die bisherigen Schulden (§ 130 HGB).

Wechsel der Gesellschafter

(1) Tod eines Gesellschafters. Ist im Gesellschaftsvertrag die Fortsetzung der Gesellschaft vorgesehen, so kann der Erbe verlangen, dass er nur Kommanditist wird; wenn dies die übrigen Gesellschafter ablehnen, z. B. wegen der damit verbundenen Umwandlung zur KG, müssen sie ihm sein Abfindungsguthaben auszahlen (§ 139 Abs. 1 und 2 HGB)
(2) Ausschluss eines Gesellschafters. Fehlt eine Regelung im Gesellschaftsvertrag, ist der Ausschluss eines Gesellschafters nur möglich, wenn ein wichtiger Grund vorliegt (§ 140 HGB). Der Ausschluss ist nur durch Klage möglich, wodurch das Vorliegen eines wichtigen Grundes gerichtlich nachgeprüft wird. Der Ausscheidende erhält grundsätzlich sein Auseinandersetzungsguthaben einschließlich etwaiger stiller Reserven (§ 140 Abs. 2 HGB).

Auflösung der Gesellschaft: Die Gründe für die Auflösung einer OHG sind in § 131 HGB aufgezählt, sie sind jedoch wegen möglicher anderer vertraglicher Vereinbarungen nicht abschließend. An die Auflösung schließt sich wie bei der GbR die Auseinandersetzung (Liquidation, vgl. §§ 145 ff. HGB) der OHG an, nach deren Abschluss die Vollbeendigung der Gesellschaft eintritt.

4.2.3 Kommanditgesellschaft (KG)

Die KG ist wie die OHG eine Gesellschaft, deren Zweck auf den Betrieb eines Handelsgewerbes unter gemeinschaftlicher Firma gerichtet ist (§ 161 HGB). Im Unterschied zur OHG, bei der alle Gesellschafter persönlich haften, kennt die KG zwei Gruppen von Gesellschaftern, die Komplementäre und die Kommanditisten.

Als **Komplementäre** werden die persönlich haftenden Gesellschafter bezeichnet. Eine KG muss mindestens einen Komplementär haben; es ist von der Rechtsprechung anerkannt, dass auch eine juristische Person die Stellung eines Komplementärs einnehmen kann (sog. GmbH & Co. KG). In diesem Falle haftet dann überhaupt keine natürliche Person unbeschränkt (auch mit ihrem Privatvermögen).
Kommanditisten sind diejenigen Gesellschafter, bei denen die Haftung gegenüber den Gesellschaftsgläubigern auf den Betrag einer bestimmten Vermögenseinlage beschränkt ist. Eine KG muss mindestens einen Kommanditisten haben; die Stellung eines Kommanditisten können sowohl natürliche als auch juristische Personen einnehmen.

Die Rechtsform der KG wird in zwei Fallkonstellationen besonders gerne verwendet: zum ersten bei **Familienunternehmen**, bei denen den Familienmitgliedern, die zur Mitarbeit im Unternehmen nicht willens oder nicht geeignet sind, die Stellung eines Kommanditisten eingeräumt wird. Zum zweiten bei sog. **Publikums- und Abschreibungsgesellschaften**, die auf dem Kapitalmarkt Kommanditisten werben, die wirtschaftlich gesehen die eigentlichen Kapitalgeber der Gesellschaft sind. Die Attraktivität solcher Gesellschaften ergibt sich aus der Tatsache, dass es möglich ist, den Gesellschaftern einer derartigen KG mit steuerlicher Wirkung Verluste zuzuweisen, die diese Gesellschafter mit anderen ihnen zufließenden positiven Einkünften verrechnen können.

Gründung: Der Vorgang entspricht dem bei der OHG, im Gesellschaftsvertrag müssen jedoch die Namen und die Einlagebeträge der Kommanditisten enthalten sein. Diese sind auch beim Handelsregister anzumelden, bekanntgemacht wird aber nur die Zahl der Kommanditisten, nicht ihre Namen und Einlagebeträge (§ 162 HGB).

Die KG wird oft nicht als solche gegründet, sondern entsteht durch Umwandlung aus einer OHG aus Anlass eines Erbfalles (vgl. § 139 HGB) oder durch Eintritt eines weiteren Gesellschafters, der nur beschränkt haften will.

Stellung der Gesellschafter

Die **Komplementäre** nehmen innerhalb der Gesellschaft und auch im Außenverhältnis die gleiche Stellung ein wie die Gesellschafter einer OHG. Sie führen die Geschäfte (Geschäftsführungsbefugnis entsprechend §§ 161 Abs. 2 i.V.m. 114–117 HGB) und vertreten die Gesellschaft nach außen (Vertretungsmacht entsprechend §§ 161 Abs. 2 i.V.m. 125–127 HGB). Die Komplementäre haften für die Verbindlichkeiten der Gesellschaft in vollem Umfang auch mit ihrem Privatvermögen entspr. §§ 161 Abs. 2 i.V.m. 128 HGB.

Die Regelungen über die Stellung der **Kommanditisten** in den §§ 164–169 HGB sind durch Gesellschaftsvertrag abänderbar (§ 163 HGB). Nach der gesetzlichen Regelung ist der Kommanditist von der Geschäftsführung ausgeschlossen (§ 164 HGB). Die verminderte Rechtsstellung des Komanditisten zeigt sich weiter darin, dass er nur bei ungewöhnlichen Geschäften einer Geschäftsführungsmaßnahme eines Komplementärs widersprechen kann (§ 164 HGB). Zur Kontrolle der Geschäftsführung ist den Kommanditisten nur das Recht eingeräumt, die Vorlage des Jahresabschlusses zu verlangen und diesen zu prüfen; weitere Mitspracherechte haben sie nicht.

Von der Vertretung der Gesellschaft ist der Kommanditist nach der nicht abdingbaren Regelung des § 170 HGB ausgeschlossen, ihm kann also nur u. U. Prokura erteilt werden.

Die Haftung des Kommanditisten unterscheidet sich von der des Komplementärs dadurch, dass sie summenmäßig begrenzt ist. Soweit der Kommanditist die Einlage geleistet hat, also wenn der KG ein Vermögenswert in Höhe der Einlage zugewachsen ist, ist die Haftung ausgeschlossen (§ 171 HGB). Dieser Ausschluss der Haftung besteht aber nur so lange, wie der Kommanditist den seiner Haftungssumme entsprechenden Vermögenswert im Gesellschaftsvermögen belässt. Die Haftung lebt wieder auf, wenn die Einlage zurückbezahlt wird oder wenn Gewinne ausbezahlt werden, obwohl der Kapitalanteil des Kommanditisten unter den Betrag der bedungenen Einlage gesunken ist (§ 172 Abs. 4 HGB). Ist allerdings die Einlage des Kommanditisten durch Verluste aufgezehrt, braucht er nichts nachzuschießen und haftet auch nach den dargestellten Regeln nicht mehr, da er ja seine Einlage einmal geleistet hat. Ein neu eintretender Kommanditist haftet gem. § 173 HGB auch für die Verbindlichkeiten, die vor seinem Eintritt begründet worden sind; er hat schließlich die Möglichkeit, sich vor seinem Eintritt über die wirtschaftliche Lage der Gesellschaft, in die er eintreten will, zu informieren.

Verteilung von Gewinn und Verlust/Entnahmerecht: Vom Gewinn erhält nach der gesetzlichen Regelung jeder Gesellschafter, auch der Kommanditist, vorweg 4 % seines Kapitalanteils als Kapitalverzinsung (§ 168 HGB i.V.m. § 121 HGB). Ein darüber hinausgehender Gewinn ist nicht nach Köpfen, sondern nach einem angemessenen Verhältnis, das meist im Gesellschaftsvertrag näher festgelegt ist, zu verteilen (§ 168 Abs. 2 HGB). Dadurch kann die Arbeitsleistung der Komplementäre und deren höheres Haftungsrisiko entsprechend berücksichtigt werden.

Der einem Kommanditist zukommende Gewinn wird seinem Kapitalanteil nur so lange zugeschrieben, bis der Betrag der bedungenen Einlage erreicht ist. Dieser Betrag ist die oberste Grenze des Kapitalanteils. Ein etwaiger Mehrgewinn stellt lediglich ein Guthaben bzw. eine gewöhnliche Gläubigerforderung dar.

Ein Verlust wird nach der gesetzlichen Regelung ebenfalls angemessen verteilt. Er wird vom Kapitalanteil abgeschrieben. Der Kommanditist nimmt aber am Verlust nur bis zum Betrag seines Kapitalanteils und seiner noch rückständigen Einlage teil (§ 167 Abs. 3 HGB). Wird das Kapitalkonto durch Verluste negativ, ist der Kommanditist nicht deckungspflichtig, auch nicht bei einer etwaigen Auflösung der Gesellschaft.

Der Kommanditist hat kein Entnahmerecht (§ 169 HGB). Stattdessen kann der Kommanditist die Auszahlung seines Gewinnanteils fordern; dieses Recht besteht aber nicht, solange der Kapitalanteil durch Verluste unter den auf die bedungene Einlage geleisteten Betrag herabgemindert ist oder durch die Auszahlung unter diesen Betrag herabgemindert würde (§ 169 HGB). Ein negatives Kapitalkonto ist also in späteren Jahren wieder aufzufüllen, bevor wieder ein Gewinn ausgezahlt werden kann.

Wechsel der Gesellschafter: Es gelten die Grundsätze wie bei der OHG. Ein Ausschluss eines Kommanditisten ist möglich, kommt aber in der Praxis selten vor, da die Kommanditisten i.d.R. an der Geschäftsführung und Vertretung nicht beteiligt sind.

Beendigung der KG: Es gelten dieselben Regelungen wie bei der OHG mit der Ausnahme, dass der Tod eines Kommanditisten keinen Auflösungsgrund darstellt (§ 177 HGB); an seine Stelle treten die Erben.

4.2.4 Stille Gesellschaft (§§ 230 ff. HGB)

Die stille Gesellschaft ist eine Gesellschaft, bei der sich jemand mit einer Vermögenseinlage an dem Handelsgewerbe eines anderen beteiligt. Die stille Gesellschaft selbst betreibt kein Handelsgewerbe, sie ist Gesellschaft lediglich in dem Sinn, dass ein gemeinsamer Zweck verfolgt wird. Dieser besteht in der Förderung des Gewerbes, das vom Tätigen betrieben wird. Für die stille Gesellschaft als reine Innengesellschaft werden deshalb ergänzend die Vorschriften über die GbR (§§ 705 ff. BGB) herangezogen.

Die Einlage ist regelmäßig eine Geldeinlage (auch durch Umwandlung einer Darlehensforderung). Sie kann aber auch in anderen Sachen oder Leistungen bestehen. Die Einlage muss in das Eigentum des Tätigen übergehen; Gesellschaftsvermögen gibt es keines.

Der Inhaber des Geschäfts tritt allein nach außen hin in Erscheinung und haftet den Gesellschaftsgläubigern. Er muss Kaufmann sein. Er kann Einzelkaufmann oder Handelsgesellschaft (Personen- oder Kapitalgesellschaft) sein. Auch an Gesellschaftsanteilen kann eine stille Gesellschaft bestehen (sog. **Unterbeteiligung**).

Bei mehreren stillen Gesellschaftern bestehen mehrere stille Gesellschaften, da die einzelnen stillen Gesellschafter jeweils nur mit dem Inhaber des Geschäfts in Verbindung treten.

Geschäftsführung und Vertretung: Sie stehen allein dem Tätigen zu; der Stille ist wirtschaftlich betrachtet lediglich Kapitalgeber. Er ist berechtigt, eine Abschrift der Jahresbilanzen zu verlangen und zur Überprüfung der Bilanzen Einsicht in die Bücher und Papiere zu nehmen (§ 233 HGB). Bei schlechter Geschäftsführung sind die Rechte des Stillen auf Schadensersatzansprüche beschränkt.

Beteiligung am Gewinn und Verlust: Der Stille ist am laufenden Gewinn, nicht aber am Vermögen (also nicht an den stillen Reserven) beteiligt. Im Zweifel ist der Stille auch am Verlust beteiligt; in diesem Falle kann sich die Einlage des Stillen bis Null mindern, sie wird dann durch spätere Gewinne wieder aufgefüllt (§ 232 Abs. 2 HGB). Zu Nachschüssen ist der Stille nicht verpflichtet; er kann also höchstens seine Einlage verlieren.

Die Gewinne des Stillen vermehren grundsätzlich seine Einlage nicht (feste Einlage, § 232 Abs. 3 HGB). Sie werden einem Privatkonto gutgeschrieben und dann ausbezahlt.

Haftung: Nur der Tätige haftet, da auch nur er nach außen auftritt. Da die Einlage des Stillen Vermögen des Tätigen geworden ist, haftet natürlich das eingelegte Vermögen mit. Es kann auch nur gegen den Tätigen vollstreckt werden. Dabei kann ein Anspruch auf noch nicht bezahlte oder zurückbezahlte Einlage gepfändet werden.

Wechsel des Gesellschafters: Ein Wechsel der Gesellschafter ist nicht möglich, in diesem Fall endet das Gesellschaftsverhältnis.

Beendigung: Die Gesellschaft endet grundsätzlich mit dem Tod des Tätigen, der Tod des Stillen beendet die Gesellschaft nicht (§ 234 Abs. 2 HGB). Sie wird mit den Erben fortgesetzt. Bei der **Abwicklung** wird der Stille wie ein Gläubiger behandelt. Er hat Anspruch auf seine Einlage und die noch nicht ausbezahlten Gewinnanteile (in der Regel ohne Anteil an den stillen Reserven, also ohne Veräußerungsgewinne). Im **Insolvenzverfahren** über das Vermögen des Tätigen kann der Stille das Auseinandersetzungsguthaben (Einlage minus Verlustanteil) als gewöhnliche Forderung geltend machen (§ 236 HGB). Demgegenüber hat der Kommanditist keine derartige Forderung, sondern büßt seine ganze Einlage ein.

Kontrollfragen

1. Wodurch unterscheidet sich die OHG von der GbR?
2. Hat die OHG eine eigene Rechtspersönlichkeit?
3. Wann entsteht eine OHG?
4. Welche gesetzlichen Regelungen enthält das HGB über die Beziehungen der Gesellschafter einer OHG zueinander?
5. Wie ist die gesetzliche Gewinnverteilung bei der OHG geregelt?
6. Wie viel Geld darf ein Gesellschafter einer OHG entnehmen?
7. Wer ist bei der OHG geschäftsführungs- und wer vertretungsberechtigt?
8. Wie lange haftet ein Gesellschafter einer OHG nach seinem Ausscheiden noch für Gesellschaftsschulden?
9. Was geschieht, wenn ein OHG-Gesellschafter stirbt?
10. Für welche Zwecke ist die Rechtsform der KG besonders geeignet?
11. Was unterscheidet einen Komplementär von einem Kommanditisten?
12. Welche Rechte hat ein Kommanditist?
13. Wie ist die Haftung eines Kommanditisten gesetzlich geregelt?
14. In welcher Höhe kann ein Kommanditist Entnahmen tätigen?
15. Wem gehört das Gesellschaftsvermögen einer stillen Gesellschaft?
16. Welche Mitspracherechte hat der stille Gesellschafter?
17. Wie haftet der stille Gesellschafter gegenüber den Gläubigern?
18. Welche Ansprüche hat der stille Gesellschafter bei Beendigung der Gesellschaft?

Aufgabe 14.19 *(Personenzusammenschluss) S. 521*

Aufgabe 14.20 *(Zusammenschluss von Freiberuflern) S. 522*

4.3 Kapitalgesellschaften

Bei einer Kapitalgesellschaft kommt es im Grundsatz auf die individuelle Persönlichkeit des einzelnen Mitglieds nicht an. Die Mitgliedschaft ist grundsätzlich frei übertragbar. Es besteht keine persönliche Haftung, und die Geschäftsführung wird oft durch Dritte erledigt. Diese Grundsätze und der namensbildende Charakter als Kapitalsammelstelle sind bei der Aktiengesellschaft i. d. R. verwirklicht, während die GmbH bereits eine Zwischenstellung zur Personengesellschaft hat.

4.3.1 Gesellschaft mit beschränkter Haftung (GmbH)

Die GmbH schließt eine Lücke zwischen der AG und den Personengesellschaften. Die AG kommt ihrer Natur nach nur für größere Unternehmen in Frage. Die Personengesellschaften fordern i. d. R. die unbeschränkte Haftung aller oder eines Teils der Gesellschafter. Für Unternehmen geringeren Umfangs, die auf die persönliche Verbundenheit der einzelnen Gesellschafter Wert legen und die eine Haftung ihrer Mitglieder von vornherein auf bestimmte Einlagen beschränken wollen, ist die Rechtsform der GmbH günstig. Die GmbH vereinigt die Vorteile der AG und der Personengesellschaften in sich. Haftungsmäßig lässt sich das gleiche Ergebnis wie bei der GmbH auch mit der GmbH & Co. KG erzielen; diese aber doch etwas kompliziertere Konstruktion, die unter dem alten Körperschaftsteuerrecht entwickelt worden war, hat seit der Körperschaftsteuerreform im Jahre 1977 an Bedeutung verloren.

Die GmbH ist eine Kapitalgesellschaft, die zu jedem zulässigen Zweck errichtet werden kann (§ 1 GmbHG). Sie braucht nicht Erwerbszwecken zu dienen, sondern kann auch zur Verfolgung von geselligen, sportlichen, gemeinnützigen oder sonstigen Zwecken gegründet werden. Mit der AG hat die GmbH gemeinsam, dass die Haftung ihrer Mitglieder beschränkt ist. Die engere Verbundenheit der Mitglieder innerhalb der GmbH führt im Wesentlichen zu folgenden Unterschieden zur AG:

(1) Eine Übertragung der Mitgliedsrechte ist erschwert. Die Abtretung von Geschäftsanteilen bedarf der notariellen Beurkundung (§ 15 Abs. 3 GmbHG).
(2) Im Gegensatz zur AG stellt die GmbH keine Urkunden aus, die, wie die Aktien, als Wertpapiere im Börsenhandel erscheinen.
(3) Die Gesellschafter müssen Nachschüsse leisten, wenn der Gesellschaftsvertrag dies vorsieht.
(4) Den Gesellschaftern können durch die Satzung Nebenleistungen jeder Art auferlegt werden.
(5) Der Gründungsvorgang unterliegt einer einfacheren Kontrolle.
(6) Die Beschlüsse der Gesellschafterversammlung bedürfen, außer in den Fällen der Satzungsänderung, keiner notariellen Beurkundung.
(7) Ein Aufsichtsrat muss nur bei einer AG gebildet werden, bei der GmbH ist aufgrund des Gesellschaftsvertrages ein freiwilliges Aufsichtsorgan als Beirat möglich. Nur bei einer GmbH mit mehr als 500 Arbeitnehmern ist aufgrund § 77 BetrVG 1952 ein Aufsichtsrat zu bilden.

4.3.1.1 Rechtsnatur

– Die GmbH ist eine juristische Person (§ 13 GmbHG), die Eigentum und andere dingliche Rechte an Grundstücken erwerben und unter ihrer Firma vor Gericht klagen und verklagt werden kann.

- Die GmbH gilt ohne Rücksicht auf den Gegenstand ihres Unternehmens als Handelsgesellschaft. Die von ihr vorgenommenen Geschäfte sind stets Handelsgeschäfte (§ 13 Abs. 3 GmbHG).
- Die Gesellschafter haften den Gläubigern nicht persönlich. Diesen haftet vielmehr nur das Gesellschaftsvermögen (§ 13 Abs. 2 GmbHG). Die Gesellschafter sind am Gesellschaftsvermögen mit ihrer Stammeinlage beteiligt (§ 14 GmbHG).

4.3.1.2 Gründung der GmbH

Die Gründung einer GmbH ist ein zivilrechtlicher Vorgang, der sich in drei Abschnitten vollzieht: Der erste Abschnitt ist der grundsätzlich formlose Zusammenschluss der künftigen GmbH-Gesellschafter zum Zwecke der GmbH-Gründung (sog. **Vorgründungsgesellschaft**, vgl. Abschn. 2 Abs. 4 KStR). Der zweite Abschnitt beginnt mit der notariellen Beurkundung des Gesellschaftsvertrages (sog. **Gründergesellschaft** bzw. **Vorgesellschaft**, vgl. Abschn. 2 Abs. 3 KStR), der dritte mit der Eintragung der GmbH in das Handelsregister **(Gesellschaft mit beschränkter Haftung).**

Zwischen diesen drei Abschnitten liegen zwangsläufig gewisse zeitliche Abstände, in denen sich rechtlich (auch steuerlich) erhebliche Vorgänge abspielen können. Vorgründungsgesellschaft, Gründergesellschaft und GmbH stellen aber auch verschiedene Gesellschaftsformen, genauer: verschiedene Organisationsformen dar, woraus unterschiedliche rechtliche und steuerliche Folgen resultieren können. Zur Errichtung einer GmbH sind notwendig:

1. Der Abschluss eines Gesellschaftsvertrages. Er bedarf der notariellen Form (§ 2 GmbHG). Trotz der Bezeichnung Gesellschaft ist nach § 1 GmbHG nur ein Gesellschafter notwendig. Nach oben ist die Zahl der Gesellschafter nicht beschränkt.

Der Gesellschaftsvertrag muss enthalten: Firma und Sitz der Gesellschaft, Gegenstand des Unternehmens, Betrag des Stammkapitals und der Stammeinlagen (§ 3 Abs. 1 Nr. 1–4 GmbHG).

Das **Stammkapital** der GmbH entspricht dem Grundkapital der AG. Es setzt sich aus der Summe der Stammeinlagen der einzelnen Gesellschafter zusammen und muss mindestens 25 000 € betragen (§ 5 GmbHG). Das Stammkapital dient dem Schutz der Gläubiger der Gesellschaft. Daraus erklären sich die Bestimmungen des Gesetzes, die dazu dienen sollen, das Stammkapital zu erhalten (§§ 30 Abs. 1, 31, 33 Abs. 1, 24, 55 und 58 GmbHG).

Die **Stammeinlage** ist der Betrag, mit dem sich der einzelne Gesellschafter am Stammkapital beteiligt (§ 3 Abs. 1 Nr. 4 GmbHG). Jeder Gesellschafter kann bei der Errichtung der Gesellschaft nur eine Stammeinlage übernehmen (§ 5 Abs. 2 GmbHG). Der Betrag der Stammeinlage kann aber verschieden hoch sein. Er muss durch 50 teilbar sein und mindestens 100 € betragen (§ 5 Abs. 1 und Abs. 3 GmbHG). Die Stammeinlagen müssen entweder in bar einbezahlt werden oder können aus Sacheinlagen bestehen.

Bei einer **Bargründung** müssen vor der Anmeldung zum Handelsregister ein Viertel jeder Einlage, insgesamt aber mindestens die Hälfte des Mindeststammkapitals einbezahlt sein (§ 7 Abs. 2 Satz 1 und 2 GmbHG). Ist nur ein Gesellschafter vorhanden, muss in Höhe der nicht einbezahlten Stammeinlage außerdem noch eine Sicherheit geleistet werden.

Die **Sacheinlagen** auf die Stammeinlagen sind in voller Höhe zu erbringen. Der Wert der Sacheinlagen ist dem Registergericht nachzuweisen (§ 8 Abs. 1 Nr. 5 GmbHG). Gegenstand der Sacheinlagen können alle Sachen und Rechte sein, soweit sie übertragbar und bewertungsfähig sind. In Betracht kommen z. B.: Grundstücke und grundstücksgleiche Rechte, immaterielle Werte wie Patente, Urheberrechte, Gebrauchs- und

Geschmacksmusterrechte, Erfindungen und Fabrikationsverfahren, ebenso Sachgesamtheiten wie ein ganzes Handelsgeschäft mit Firma und allen Aktiven und Passiven, oder ein Nachlassvermögen. Alle diese Sachen müssen endgültig, d. h. eigentumsmäßig auf die GmbH übertragen werden (§ 7 Abs. 3 GmbHG).

2. Anmeldung und Eintragung der Gesellschaft in das Handelsregister. Für die Gesellschaft werden einer oder mehrere Geschäftsführer bestellt (§ 6 GmbHG). Die Bestellung kann bereits im Gesellschaftsvertrag oder in einem späteren, mit Stimmenmehrheit der Gesellschafter zu fassenden Beschluss erfolgen. Sie muss jedoch vor der Anmeldung vorliegen, da die Gesellschaft von sämtlichen Geschäftsführern zur Eintragung in das Handelsregister anzumelden ist (§§ 7, 78 GmbHG). Zu Geschäftsführern können Gesellschafter oder andere Personen bestellt werden (§ 6 Abs. 3 GmbHG). Welche Unterlagen der Anmeldung beizufügen sind, ergibt sich aus der Aufzählung in § 8 Abs. 1 Nr. 1–6 GmbHG.

Die GmbH entsteht mit der Eintragung. Diese hat also konstitutive Wirkung (§ 11 Abs. 1 GmbHG). Werden schon vorher im Namen der Gesellschaft Rechtsgeschäfte abgeschlossen, so haften die Handelnden persönlich und gesamtschuldnerisch (§ 11 Abs. 2 GmbHG). Anschließend wird die Eintragung veröffentlicht (§ 10 Abs. 3 GmbHG).

4.3.1.3 Änderung des Gesellschaftsvertrages

Die Abänderung des Gesellschaftsvertrages bedarf der notariellen Beurkundung und einer Dreiviertelmehrheit der abgegebenen Stimmen (§ 53 GmbHG). Sie ist im Handelsregister einzutragen. Erst die Eintragung verleiht ihr Rechtswirksamkeit (§ 54 GmbHG). Einzutragen sind insbesondere Änderungen, welche die Firma, den Sitz oder Gegenstand des Unternehmens, die Höhe des Stammkapitals, die Zeitdauer der Gesellschaft sowie die Vertretungsbefugnis der Geschäftsführer betreffen. Zur Änderung des Gesellschaftsvertrages gehört auch die Kapitalerhöhung und Kapitalherabsetzung.

Zur **Kapitalerhöhung** ist die Bildung neuer Geschäftsanteile notwendig. Unter Geschäftsanteil ist dabei das Mitgliedschaftsrecht zu verstehen, das sich nach dem Betrag der Stammeinlage bestimmt (§ 14 GmbHG). Diese Neubildung erfolgt durch die Übernahme neuer Stammeinlagen in notarieller Form (§ 55 GmbHG). Die Erhöhung kann durch Bareinlagen, Sacheinlagen oder Sachübernahmen durchgeführt werden. Für die Erhöhung mit Sacheinlagen oder Sachübernahmen gelten die gleichen Grundsätze wie bei der Sachgründung. Zu beachten ist, dass eine beschlossene Kapitalerhöhung auch eine Änderung der Bestimmungen des Gesellschaftsvertrages über die Höhe und die Einteilung des Stammkapitals bedingt.

Bei der **Kapitalherabsetzung** muss die gesetzliche Mindesthöhe des Stammkapitals und der Stammeinlagen gewahrt werden (§ 58 Abs. 2 GmbHG). Nähere Einzelheiten über die Durchführung der Herabsetzung und die bei der Anmeldung zum Handelsregister beizufügenden Unterlagen sind in § 58 GmbHG enthalten.

4.3.1.4 Firma der GmbH

Nach § 4 GmbHG muss die Firma der Gesellschaft, auch wenn sie nach § 22 HGB oder anderen gesetzlichen Vorschriften fortgeführt wird, die Bezeichnung »Gesellschaft mit Beschränkter Haftung« oder eine allgemein verständliche Abkürzung dieser Bezeichnung enthalten.

Ansonsten gibt es für die Firmierung keine Vorschriften, die speziell auf die GmbH ausgerichtet sind; es gelten die allgemeinen Grundsätze über die Firmenbildung (vgl. S. 321). Für die GmbH hat sich durch die Neuregelungen des Handelsrechtsreformgesetzes im Jahr 1998 nicht so viel geändert wie bei Einzelkaufleuten und Personengesellschaften, da bei ihr schon vorher Personen-, Sach- oder gemischte Firmen zulässig waren; neu ist aber auch hier die Zulässigkeit einer reinen Fantasiefirma.

4.3.1.5 Organe der GmbH

Geschäftsführer: Die Bestellung der Geschäftsführer erfolgt entweder im Gesellschaftsvertrag oder durch besonderen Gesellschafterbeschluss. Sie ist jederzeit widerruflich (§ 38 GmbHG). Jede Änderung in der Person der Geschäftsführer sowie die Beendigung ihrer Vertretungsbefugnis ist zur Eintragung in das Handelsregister anzumelden (§ 39 Abs. 1 GmbHG).

Die Geschäftsführer vertreten die Gesellschaft gerichtlich und außergerichtlich (§ 35 GmbHG). Sind mehrere Geschäftsführer vorhanden, so vertreten sie die Gesellschaft gemeinsam, sofern nicht der Gesellschaftsvertrag etwas anderes vorschreibt (§ 35 Abs. 2 GmbHG). Möglich ist also auch die Vereinbarung eines Alleinvertretungsrechts sowie die Befreiung der Geschäftsführer von der Beschränkung des § 181 BGB, sodass sie Rechtsgeschäfte zwischen sich selbst und der GmbH abschließen können.

Die Geschäftsführer zeichnen für die Gesellschaft mit der Firma und ihrer Namensunterschrift (§ 35 Abs. 3 GmbHG).

Die Vertretungsbefugnis der Geschäftsführer kann dritten Personen gegenüber nicht beschränkt werden (§ 37 Abs. 2 GmbHG). Rechtsgeschäfte mit Dritten sind somit für die GmbH immer verbindlich. Im Innenverhältnis sind die Geschäftsführer jedoch verpflichtet, die ihnen durch Gesellschaftsvertrag, Gesellschafterbeschluss, Dienstvertrag u. ä. auferlegten Beschränkungen zu beachten (§ 37 Abs. 1 GmbHG).

Die Geschäftsführer führen auch im Innenverhältnis die Geschäfte der Gesellschaft. Sie sind verpflichtet, für eine ordnungsgemäße Buchführung der Gesellschaft zu sorgen und haben die Jahresbilanz aufzustellen. Regelungen hierzu finden sich in §§ 41 ff. GmbHG i. V. m. § 264 HGB.

Gesellschafterversammlung: Die Rechte der Gesellschafter entsprechen weitgehend denen der Aktionäre. Sie bestehen im Wesentlichen in der Mitverwaltung (§ 45 GmbHG), dem Anspruch auf Auszahlung einer Ausschüttung und im Falle der Auflösung auf einen entsprechenden Liquidationsgewinn.

Die Hauptpflicht der Gesellschafter besteht in der Einbezahlung der Stammeinlage (§ 19 GmbHG). Kommt ein Gesellschafter dieser Pflicht nicht rechtzeitig nach, so hat er Verzugszinsen zu entrichten (§ 20 GmbHG). Außerdem kann das Ausschlussverfahren **(Kaduzierungsverfahren)** gegen ihn betrieben werden. Dieses Verfahren ist in § 21 GmbHG geregelt.

Weitere Aufgaben ergeben sich aus der Aufzählung in § 46 GmbHG. Zwingend vorgeschrieben ist die Mitwirkung der Gesellschafter bei Änderungen des Gesellschaftvertrages (§ 53 GmbHG), bei der Auflösung der Gesellschaft (§ 60 Abs. 1 Nr. 2 GmbHG) und bei der Bestellung der Liquidatoren, falls nicht die Geschäftsführer selbst die Liquidation der Gesellschaft durchführen (§ 61 GmbHG).

Die Beschlüsse der Gesellschafter werden von der Gesamtheit der Gesellschafter gefasst. Diese kommen hierzu in der sog. Gesellschafterversammlung zusammen (§ 48 GmbHG). Die Gesellschafterversammlung hat eine ähnliche Stellung wie die Hauptversammlung bei der AG. Sie wird durch die Geschäftsführer einberufen (§§ 49 ff. GmbHG).

Sofern der Gesellschaftsvertrag nichts anderes bestimmt, erfolgt die Abstimmung in der Gesellschafterversammlung nach Geschäftsanteilen. Je 50 € eines Geschäftsanteils ergeben eine Stimme (§ 47 Abs. 2 GmbHG). Es entscheidet die Mehrheit der abgegebenen Stimmen (§ 47 Abs. 1 GmbHG). Eine qualifizierte Dreiviertelmehrheit ist bei der Abänderung des Gesellschaftsvertrages erforderlich (§ 53 Abs. 2 GmbHG). In diesem Falle ist auch eine notarielle Beurkundung des Beschlusses nötig. Im Übrigen ist für die Beschlüsse der Gesellschafterversammlung im Gegensatz zu den Beschlüssen der Hauptversammlung der AG notarielle Form nicht vorgeschrieben. Auf der Gesellschafterversammlung werden die erwähnten Rechte der Gesellschafter (vgl. § 46 GmbHG) ausgeübt. Einer der wichtigsten Beschlüsse ist dabei die Feststellung des Jahresabschlusses und die Verteilung des sich daraus ergebenden Jahresgewinns (§ 46 Abs. 1 Nr. 1 GmbHG).

Aufsichtsrat: Ein Aufsichtsrat ist nur notwendig bei einer GmbH, die mehr als 500 Arbeitnehmer beschäftigt (§ 77 BetrVerfG 1952). Im Übrigen schreibt das GmbHG selbst eine Einsetzung eines Aufsichtsrats nicht vor, sondern überlässt es der Bestimmung durch den Gesellschaftsvertrag, ob die GmbH ein Aufsichtsorgan haben soll. Hat die GmbH einen Aufsichtsrat, gleich aus welchem Grund, gelten gem. § 52 GmbHG die Bestimmungen des Aktiengesetzes über den Aufsichtsrat für die GmbH entsprechend.

Der Aufsichtsrat bei der GmbH wird auch nicht immer als solcher benannt. Gleichgültig, wie diese Institution bezeichnet wird – weitgehend eingebürgert hat sich die Bezeichnung Beirat, die zugleich deutlich macht, dass es sich hier um einen Aufsichtsrat handelt, der seine Legitimation lediglich aus dem Gesellschaftsvertrag ableitet –, immer ist dieser Aufsichtsrat ein Organ der GmbH und die Vorschriften des § 52 GmbHG finden Anwendung.

4.3.1.6 Gesellschafterwechsel

Der Wechsel der Gesellschafter geschieht durch die Übertragung von Geschäftsanteilen, die gem. § 15 Abs. 1 GmbHG veräußerlich und vererblich sind. Dadurch unterscheidet sich die GmbH besonders von einer Personengesellschaft, bei der die Beteiligung grundsätzlich nicht übertragbar ist. Dies folgt aus der besonderen persönlichen Bindung, die zwischen den Gesellschaftern einer Personengesellschaft besteht. Aber auch bei der GmbH kann eine solche Verbundenheit bestehen. Deshalb ist § 15 Abs. 1 GmbHG nicht zwingend, und die Gesellschafter haben das Recht, in ihrem Gesellschaftsvertrag je nach dem Grad ihrer persönlichen Bindung die Übertragbarkeit des Geschäftsanteils zu erschweren oder ganz auszuschließen. Die Veräußerung von Geschäftsanteilen ist außerdem an die strenge Form der notariellen Beurkundung gebunden (§ 15 Abs. 3 GmbHG). Diese Vorschrift hat den Zweck, den Handel mit GmbH-Anteilen zu verhindern.

4.3.1.7 Haftung

Haftung für die Einzahlung von Stammeinlagen (§ 24 GmbHG): Wenn bei der Errichtung der GmbH die Stammeinlagen nicht voll einbezahlt wurden und im späteren Verlauf eine Stammeinlage weder vom Einzahlungspflichtigen eingezogen noch durch den Verkauf des Geschäftsanteils gedeckt werden kann, haben die übrigen Gesellschafter den Fehlbetrag nach dem Verhältnis ihrer Geschäftsanteile aufzubringen; wurde der Geschäftsanteil, auf den die Stammeinlage nicht voll eingezahlt wurde, inzwischen abgetreten, so können auch Rechtsvorgänger haften. Auf die Bedeutung des § 24 GmbHG für die Praxis soll hier ausdrücklich hingewiesen werden, weil die Gesellschafter oft meinen, es bräuchte ja nur ein Viertel des Stammkapitals aufgebracht zu werden. Es ist daher für die Mitgesellschafter ratsam und dient nachhaltig der Absicherung vor künftigen zusätzlichen Verlusten, wenn die Gesellschafter dafür Sorge tragen, dass die Stammeinlagen möglichst schon bei der Gründung, auf jeden Fall alsbald danach voll einbezahlt werden.

Haftung vor Eintragung: Die GmbH entsteht rechtlich erst mit der Eintragung ins Handelsregister. Bis dahin liegt eine **Vorgründungsgesellschaft** und eine **Vorgesellschaft** vor. Hierzu bestimmt § 11 Abs. 2 GmbHG: Ist vor der Eintragung im Namen der Gesellschaft gehandelt worden, so haften die Handelnden persönlich und solidarisch (= gesamtschuldnerisch). Der Wortlaut zeigt, dass es erforderlich ist, dass der Handelnde erkennbar im Namen der Gesellschaft handelt. Dies setzt weiter eine entsprechende Vollmacht voraus; wird ohne Vertretungsmacht gehandelt, ergibt sich die persönliche Haftung des Handelnden aus §§ 177 ff. BGB. Die GmbH selbst haftet nicht aus Geschäften, die vor ihrer Eintragung abgeschlossen wurden.

4.3.1.8 Beendigung der Gesellschaft

Auflösung: Die Auflösungsgründe für die GmbH finden sich (nicht abschließend, da nach dem Gesellschaftsvertrag weitere möglich sind) in § 60 Abs. 1 Nr. 1–5 GmbHG. Die beiden bedeutsamsten sind:

- Die Eröffnung des Insolvenzverfahrens gem. § 60 Abs. 1 Nr. 4 GmbHG. Hierbei ist zu beachten, dass für die GmbH außer der Zahlungsunfähigkeit auch die Überschuldung ein Grund für die Verfahrenseröffnung darstellt (§ 63 GmbHG).
- Die freiwillige Auflösung der Gesellschaft durch Beschluss der Gesellschafter (§ 60 Abs. 1 Nr. 2 GmbHG).

Die Geschäftsführer haben die Auflösung der Gesellschaft zum Handelsregister anzumelden (§ 65 GmbHG). Falls kein anderer Gesellschafterbeschluss vorliegt, sind in einem solchen Fall die letzten Geschäftsführer der Gesellschaft als Liquidatoren im Handelsregister einzutragen.

Auseinandersetzung: An die Auflösung schließt sich das Liquidationsverfahren an (§§ 66 ff. GmbHG), nach dessen Abschluss spricht man von der Vollbeendigung der Gesellschaft. Die Gesellschaft wird dann im Handelsregister gelöscht (§ 74 Abs. 1 Satz 2 GmbHG).

Kontrollfragen

1. In welchen Schritten vollzieht sich der Vorgang der Gründung einer GmbH?
2. Welche Vorschriften gibt es über das Stammkapital einer GmbH?
3. Wie hoch muss eine Stammeinlage sein?
4. Welcher Betrag muss auf das Stammkapital einer GmbH einbezahlt werden?
5. Wann entsteht eine GmbH? Welche Rechtsform liegt vorher vor?
6. Wer muss die GmbH beim Handelsregister anmelden?
7. Welche Firmierung kann eine GmbH wählen?
8. Welche Organe hat eine GmbH?
9. Welchen Umfang hat die Vertretungsbefugnis der Geschäftsführer einer GmbH?
10. Welche Pflichten hat ein Gesellschafter einer GmbH?
11. Welche Beschlüsse werden auf der Gesellschafterversammlung einer GmbH getroffen?
12. Benötigt die GmbH einen Aufsichtsrat?
13. Sind die Anteile an einer GmbH übertragbar?
14. Ist ein Gesellschafter einer GmbH nach Bezahlung seiner Einlage von jeglicher Haftung frei?

15. Welche rechtlichen Gründe führen zur Eröffnung des Insolvenzverfahrens über das Vermögen einer GmbH?
16. Zu welchem Zeitpunkt kann eine GmbH im Handelsregister gelöscht werden?

Aufgabe 14.21 (GmbH) S. 522

4.3.2 Aktiengesellschaft (AG)

Die Aktiengesellschaft in ihrer jetzigen Form geht zurück auf die Handelskompanien, die im 17. Jahrhundert entstanden sind. Das Wort **Aktie** bedeutet den Anspruch auf den Gewinnanteil (Aktio). In den folgenden Jahrhunderten, vor allem im 19. Jahrhundert, entwickelte sich die AG zu der Gesellschaftsform für Großunternehmen. Sie ermöglichte es, große Beträge von Privatleuten für Handel und Industrie aufzubringen. Gleichzeitig machte sie es möglich, dass sich eine große Zahl von Personen an einem Unternehmen beteiligen konnte, ohne dass sie Gefahr liefen, einen höheren als den geleisteten Einsatz zu verlieren. Heute hat die AG ihre Rechtsgrundlage im Aktiengesetz von 1965. Nach § 1 AktG ist die AG eine Gesellschaft mit eigener Rechtspersönlichkeit, bei der den Gläubigern für die Verbindlichkeiten der Gesellschaft nur das Gesellschaftsvermögen haftet. Sie ist eine **juristische Person**. Dadurch unterscheidet sie sich von den Personengesellschaften, die nur teilrechtsfähig sind. Als juristische Person kann die AG Eigentum erwerben, sie kann im Grundbuch eingetragen werden, kann Trägerin von Rechten und Pflichten sein, sich an einer Personenhandelsgesellschaft, einer stillen Gesellschaft, GmbH oder an einer anderen AG beteiligen.

Trotz ihres Namens ist die AG keine Gesellschaft i. S. des BGB, sondern ein rechtsfähiger Verein. Ergänzend zum Aktiengesetz kommen daher nicht die Vorschriften des *BGB* über die Gesellschaft, sondern über den rechtsfähigen Verein (§§ 21 ff. *BGB*) zur Anwendung.

4.3.2.1 Aktie

Das Grundkapital der AG wird in Aktien zerlegt (§ 1 Abs. 2 AktG). Jede Aktie verkörpert einen bestimmten Anteil am Grundkapital. Daher lautet eine Aktie entweder auf einen bestimmten Bruchteil des Grundkapitals (Stückaktie), oder auf einen bestimmten Nennbetrag. Der Mindestnennbetrag beträgt ein Euro (§ 8 Abs. 2 AktG). Der Nennbetrag ist mit dem wahren Wert der Aktie nicht identisch. Der Nennbetrag entspricht (außer bei Ausgabebeträgen über dem Nennbetrag lt. § 9 Abs. 1 AktG) dem Einlagebetrag des Aktionärs. Da aber der Nennwert wirtschaftlich einen bestimmten Anteil am Gesellschaftsvermögen darstellt, wird der Wert der Aktie umso größer, je größer das Gesellschaftsvermögen wird. Er vermindert sich, wenn das Gesellschaftsvermögen im Wert sinkt. Diese Wechselwirkungen werden deutlich im Börsenkurs, d. h., die Aktie steht umso höher im Kurs, je größer das in ihr verkörperte Gesellschaftsvermögen ist.

Die Aktie als Anteilsrecht umfasst den gesamten Rechte- und Pflichtenbereich, den der Aktionär mit dem Erwerb der Aktie gegenüber der AG erwirbt. Die Mitgliedsrechte des Aktionärs umfassen im Wesentlichen den Anspruch auf Auszahlung der Dividende, den Anteil am Abwicklungsvermögen sowie das Stimmrecht auf der Hauptversammlung.

Über die Mitgliedschaft werden Urkunden ausgestellt. Die Aktien sind entweder Namensaktien oder Inhaberaktien (§ 10 AktG). Die **Namensaktien** lauten auf den Namen des Aktionärs; bei ihnen kann die Satzung die Übertragung an die Zustimmung der Gesellschaft binden (§ 68 Abs. 2 AktG). Die **Inhaberaktien** lauten auf den Inhaber. Sie sind der Regelfall, da sie leichter veräußerlich und zum Börsenhandel zugelassen sind. Daneben **unterscheidet man Stammaktien und Vorzugsaktien ohne Stimmrecht** (§ 139 AktG).

Als Mitgliedsrecht kann die Aktie veräußert und vererbt werden. Dies geschieht bei der Aktie als echtem Wertpapier durch Einigung und Übergabe.

4.3.2.2 Gründung

Die Entstehung der AG unterliegt strengen Vorschriften, die besonders bei Sachgründungen noch verstärkt sind.

1. Feststellung der Satzung: Als erstes erfolgt die Feststellung der Satzung (so wird bei der AG der Gesellschaftsvertrag genannt) durch die Gründer der AG (§§ 23, 28 AktG). Oft geht der Feststellung der Satzung noch ein sog. Vorgründungsvertrag voraus, durch den sich die Beteiligten zur Errichtung einer AG verpflichten. Die Feststellung der Satzung kann durch eine oder mehrere Personen (Gründer) erfolgen (§ 2 AktG) und muss notariell beurkundet werden. Die Gründer können beliebige natürliche oder juristische Personen sein. Die Satzung muss als Mindestinhalt bestimmen (§ 23 Abs. 3 und 4 AktG):

- Firma und Sitz der Gesellschaft,
- den Gegenstand des Unternehmens (bei Industrie- und Handelsunternehmen ist die Art der Erzeugnisse und Waren, die hergestellt oder gehandelt werden sollen, näher anzugeben),
- die Höhe des Grundkapitals (der Mindestbetrag beträgt gemäß § 7 AktG 50 000 €),
- die Nennbeträge der Aktien und die Zahl der Aktien jeden Nennbetrags, bei Stückaktien die Zahl und der Ausgabebetrag,
- ob die Aktien auf den Inhaber oder auf den Namen ausgestellt werden,
- die Zahl der Mitglieder des Vorstands oder die Regeln, nach denen diese Zahl festgelegt wird,
- die Form der Bekanntmachungen der Gesellschaft.

2. Übernahme der Aktien: Nach der Feststellung der Satzung übernehmen die Gründer sämtliche Aktien der Gesellschaft (§ 29 AktG). Mit der Übernahme der Aktien durch die Gründer ist die Gesellschaft errichtet. Das bedeutet aber nicht, dass mit diesem Akt die AG als selbstständige Rechtspersönlichkeit bereits besteht, denn die AG entsteht erst mit Eintragung ins Handelsregister (§ 41 AktG). Die Gründergesellschaft ist von ihrer rechtlichen Organisationsform ein nichtrechtsfähiger Verein. Mit der Übernahme der Aktien ist die Verpflichtung verbunden, das Grundkapital einzubezahlen.

3. Bestellung der Organe: Die Gründer bestellen dann den ersten Aufsichtsrat (§ 30 AktG). Die Bestellung bedarf der notariellen Beurkundung. Der von den Gründern bestellte Aufsichtsrat bestellt dann den ersten Vorstand (§ 30 Abs. 4 AktG).

4. Gründungsprüfung: Die Gründer haben über den Hergang der Gründung einen Gründungsbericht zu erstellen (§ 32 AktG). Dabei ist insbesondere auf die Bewertung von Sacheinlagen einzugehen. Dieser Gründungsbericht wird durch Vorstand und Aufsichtsrat, durch Gründungsprüfer und durch das Registergericht geprüft (§§ 33–35 AktG). Die Gründer haften der AG bei schädigenden Handlungen.

5. Leistung der Einlagen: Nach der Bestellung des Vorstands werden die Einlagen an den Vorstand einbezahlt (§ 36 Abs. 2 AktG). Einzubezahlen ist der Betrag, dessen Einforderung bei der Übernahme der Aktien bestimmt war. Die Einzahlung muss mindestens ein Viertel des Nennbetrags erreichen und auch den Mehrbetrag bei einem Ausgabepreis über dem Nennbetrag umfassen. Sacheinlagen sind vollständig zu leisten (§ 36 a AktG).

6. Anmeldung und Eintragung: Die Anmeldung der AG ist beim Amtsgericht des Gesellschaftssitzes vorzunehmen. Sie erfolgt durch sämtliche Mitglieder des Vorstands und des Aufsichtsrats. Vorstand und Aufsichtsrat müssen daher voll besetzt sein. Die Anmeldung muss die Erklärung enthalten, dass die erforderlichen Einlagen auf die Aktien ordnungsgemäß geleistet worden sind. Um dem Gericht die Nachprüfung zu ermöglichen, ist eine Reihe von Urkunden einzureichen (§ 37 AktG). Nach der Eintragung wird die Eintragung als solche bekanntgemacht (§ 40 AktG).

4.3.2.3 Organe der AG

Die AG hat drei Organe, den Vorstand, den Aufsichtsrat und die Hauptversammlung. Der Vorstand leitet die Gesellschaft, der Aufsichtsrat überwacht den Vorstand und die Hauptversammlung entscheidet über den rechtlichen und wirtschaftlichen Aufbau der Gesellschaft.

Vorstand: Der Vorstand leitet die Gesellschaft unter eigener Verantwortung (§ 76 AktG). Er ist gesetzlicher Vertreter der AG (§ 78 AktG). Der Vorstand kann aus einer oder mehreren Personen bestehen (§ 76 Abs. 2 AktG). Vorstand oder Vorstandsmitglied kann jede natürliche voll geschäftsfähige Person sein (§ 76 Abs. 3 AktG).

Die Bestellung des Vorstands erfolgt durch den Aufsichtsrat auf höchstens fünf Jahre (§ 84 AktG). Eine wiederholte Bestellung ist zulässig. Werden mehrere Personen zum Vorstand bestellt, so kann der Aufsichtsrat ein Mitglied zum Vorsitzenden des Vorstandes bestimmen (§ 84 Abs. 2 AktG).

Bei einem mehrköpfigen Vorstand gilt grundsätzlich, dass seine Mitglieder nur gemeinschaftlich zur Geschäftsführung befugt sind, d. h., Geschäftsführungsmaßnahmen dürfen nur vorgenommen werden, wenn alle Vorstandsmitglieder zustimmen (§ 77 Abs. 1 AktG). Wenn demgegenüber ein anderes, z. B. das Mehrheitsprinzip gelten soll, so muss dies in der Satzung bestimmt werden.

Der Vorstand vertritt die Gesellschaft gerichtlich und außergerichtlich (§ 78 Abs. 1 AktG). Wenn der Vorstand aus mehreren Personen besteht, so vertreten sie die Gesellschaft gemeinsam (Gesamtvertretung, § 78 Abs. 2 AktG). Die Satzung kann abweichende Regelungen treffen. Sie kann bestimmen, dass einzelne Vorstandsmitglieder allein, zu zweit oder zusammen mit einem Prokuristen (sog. unechte Gesamtvertretung) zur Vertretung befugt sind (§ 78 Abs. 3 AktG).

§ 82 AktG unterscheidet scharf zwischen der Vertretungs- und der Geschäftsführungsbefugnis. Die **Vertretungsmacht** des Vorstands ist grundsätzlich unbeschränkbar. Weder durch die Satzung, noch durch einen Beschluss der Hauptversammlung noch durch Vorschriften einer vom Aufsichtsrat oder vom Vorstand aufgestellten Geschäftsordnung kann ihr sachlicher Umfang eingeschränkt werden. Wesentlich weiter gehen die Beschränkungen der **Geschäftsführungsbefugnis**. Sie können sich insbesondere aus der Satzung sowie aus Beschlüssen der Hauptversammlung oder des Aufsichtsrats ergeben, Sie betreffen aber nur das Innenverhältnis, dritte Personen brauchen sie nicht zu beachten.

Die **Haftung** des Vorstands richtet sich nach § 93 Abs. 1 AktG. Die Vorstandsmitglieder haben bei ihrer Geschäftsführung die Sorgfalt eines ordentlichen und gewissenhaften Geschäftsleiters anzuwenden. Über vertrauliche Angelegenheiten haben sie Stillschweigen zu bewahren. Für Pflichtverletzungen sind sie als Gesamtschuldner schadensersatzpflichtig. Dabei haben die Vorstandsmitglieder die Beweislast dafür, dass sie kein Verschulden trifft. Bei groben Pflichtverletzungen können sie vom Aufsichtsrat abberufen werden (§ 84 Abs. 3 AktG).

Aufsichtsrat: Der Aufsichtsrat besteht aus drei Mitgliedern (§ 95 AktG). Die Satzung kann eine höhere Zahl festsetzen, die durch drei teilbar sein muss. Die Höchstzahl der Aufsichtsratsmitglieder ist durch die Höhe des Grundkapitals begrenzt. Sie beträgt im Höchstfall bei Gesellschaften mit einem Grundkapital von mehr als 10 Mio. € 21 Mitglieder. Unter Beachtung des Mitbestimmungsgesetzes und des Betriebsverfassungsgesetzes besteht der Aufsichtsrat i. d. R. aus zwei Gruppen von Mitgliedern:
- den Aktionärsvertretern; sie werden von der Hauptversammlung gewählt (§ 101 AktG),
- den Arbeitnehmervertretern; sie werden von den Arbeitnehmern der Gesellschaft gewählt und in den Aufsichtsrat delegiert.

Die **Hauptaufgabe** des Aufsichtsrats liegt in der Überwachung der Geschäftsführung (§ 111 AktG). Zu diesem Zweck kann er vom Vorstand jederzeit Bericht über die Angelegenheiten der Gesellschaft verlangen, Bücher und Kasse prüfen, und die Hauptversammlung einberufen, wenn es das Wohl der Gesellschaft erfordert (§ 111 Abs. 2–4 AktG). Der Aufsichtsrat prüft außerdem den Jahresabschluss und den Vorschlag über die Gewinnverteilung, den Geschäftsbericht und berichtet hierüber der Hauptversammlung (§ 171 AktG). Dagegen ist dem Aufsichtsrat eine Mitwirkung bei der Geschäftsführung untersagt; diese liegt ausschließlich in der Hand des Vorstands. Eine weitere wichtige Aufgabe des Aufsichtsrats liegt in der Bestellung und Abberufung des Vorstands.

Für die Sorgfaltspflichten und die Haftung der Aufsichtsratsmitglieder kommen die gleichen Bestimmungen zur Anwendung wie für die Vorstandsmitglieder (§ 116 AktG).

Für die Tätigkeit können die Aufsichtsratsmitglieder eine mit ihrer Aufgabe in einem angemessenen Verhältnis stehende **Vergütung** erhalten. Diese Vergütung ist in der Regel gewinnabhängig, z. B. pro Prozentpunkt Dividende eine bestimmte Summe (§ 113 AktG).

Hauptversammlung

Die Hauptversammlung ist die Versammlung der Aktionäre. Sie hat über die Angelegenheiten zu befinden, die ihr durch Satzung oder Gesetz zugewiesen sind (aufgeführt in § 119 AktG). Die Mehrheit in der Hauptversammlung hat eine entscheidende Bedeutung, denn die Hauptversammlung als oberstes Organ der AG entscheidet über gewisse Grundfragen, die den wirtschaftlichen und rechtlichen Aufbau der AG betreffen. Hinzu kommt die Beschlussfassung über die laufenden Angelegenheiten, die Beschlussfassung über die Verwendung des Gewinns (§ 58 Abs. 3 AktG) und die Zustimmung zu den Unternehmensverträgen. Die Hauptversammlung beschließt regelmäßig über die Entlastung des Aufsichtsrats und des Vorstands (§ 120 AktG). Die Entlastung bedeutet aber nicht den Verzicht auf die Haftung für mangelhafte Geschäftsführung. Sie stellt vielmehr eine Art Vertrauensvotum dar, das bestätigt, dass der Hauptversammlung Rechenschaft abgelegt worden ist und gegen die Fortsetzung der Verwaltungstätigkeit und der Geschäftsführung keine Bedenken bestehen.

Weiter entscheidet die Hauptversammlung über die Gewinnverteilung (§ 120 Abs. 3, § 174, § 175, § 170 AktG) und wählt die Aufsichtsratsmitglieder (§ 101 AktG). Die Hauptversammlung kann zur Prüfung der Gründungsvorgänge oder der Geschäftsführung mit einfacher Mehrheit auch Sonderprüfer bestellen (§ 142 AktG).

Einberufung der Hauptversammlung: Der Vorstand beruft die Hauptversammlung ein (§ 121 Abs. 2 AktG). Ausnahmsweise kann auch der Aufsichtsrat eine Hauptversammlung einberufen, wenn es das Wohl der Gesellschaft erfordert (§ 111 Abs. 3 AktG). Die Einberufung erfolgt mindestens einen Monat vor dem Tag der Versammlung in den Gesellschaftsblättern, d. h. in den Zeitungen, die in der Satzung als Gesellschaftsblätter bestimmt sind.

Man unterscheidet ordentliche und außerordentliche Hauptversammlungen. Die **ordentliche Hauptversammlung,** die alljährlich in den ersten acht Monaten des Geschäftsjahres stattzufinden hat, beschließt mindestens über die Gewinnverteilung und die Entlastung des Vorstands und des Aufsichtsrats (§ 120, § 174, § 175 Abs. 3 AktG). **Außerordentliche Hauptversammlungen** finden nach Bedarf statt.

Gang der Hauptversammlung: Teilnahmeberechtigt sind alle Aktionäre. Jeder Aktionär hat das Recht, in der Hauptversammlung vom Vorstand Auskunft über die Angelegenheiten der Gesellschaft zu fordern, die mit dem Gegenstand der Verhandlung im Zusammenhang stehen (§ 131 AktG), also über Angelegenheiten, die in die Tagesordnung aufgenommen sind. Damit können auch Angelegenheiten der Geschäftsführung zur Sprache gebracht werden, i. d. R. beim Punkt Entlastung des Vorstands. Die Beschlüsse der Hauptversammlung werden im Allgemeinen mit einfacher Stimmenmehrheit gefasst, soweit nicht Gesetz oder Satzung eine größere Mehrheit vorschreiben, so z. B. für Satzungsänderungen eine Dreiviertelmehrheit des bei der Beschlussfassung vertretenen Grundkapitals (§ 179 Abs. 2 AktG).

4.3.2.4 Satzungsänderung

Satzungsänderungen können grundsätzlich nur durch die Hauptversammlung mit einer Dreiviertelmehrheit des vertretenen Grundkapitals erfolgen (§ 179 AktG). Die Satzung kann für bestimmte Fälle eine andere Kapitalmehrheit vorschreiben. Zwingend vorgeschrieben ist die Dreiviertelmehrheit, aber bei bestimmten Satzungsänderungen wie z. B. bei der Beschlussfassung über die Änderung des Gegenstandes des Unternehmens (§ 179 Abs. 2 AktG), Herabsetzung des Grundkapitals (§ 222 AktG), bei bedingter Kapitalerhöhung (§ 193 AktG) u. a. Der Vorstand hat die Satzungsänderung zur Eintragung in das Handelsregister anzumelden (§ 181 AktG). Erst mit der Eintragung ist diese Änderung wirksam.

4.3.2.5 Kapitalbeschaffung

Wenn die AG neuer Geldmittel bedarf, so kann sie hierzu verschiedene Wege wählen. Sie kann Kredite aufnehmen, Aktionäre durch Zusicherung von Vorrechten zu freiwilligen Zuzahlungen veranlassen oder – hier speziell zu besprechen – das Grundkapital erhöhen.

Ordentliche Kapitalerhöhung und genehmigtes Kapital: Die ordentliche Kapitalerhöhung erfolgt durch die Ausgabe neuer Aktien. Sie setzt einen Beschluss der Hauptversammlung mit Dreiviertelmehrheit voraus. Die bisherigen Aktionäre haben ein Bezugsrecht auf Zuteilung eines ihrem Anteil am bisherigen Grundkapital entsprechenden Teils der Aktien aus der Kapitalerhöhung (§ 186 AktG). Man nennt diese Aktien **junge** oder **neue** Aktien. Der Wert des **Bezugsrechts** beruht auf der Möglichkeit, junge Aktien billiger als alte zu erwerben. Macht jemand von seinem Bezugsrecht keinen Gebrauch, so kann er es verkaufen. Bezugsrechte werden an der Börse gehandelt. Die ordentliche Kapitalerhöhung ist infolge der Einschaltung der Hauptversammlung verhältnismäßig schwerfällig. Deshalb sieht das Gesetz die Möglichkeit vor, dass der Vorstand auch ohne nochmalige Befragung der Hauptversammlung Aktien ausgeben kann. Der Vorstand erhält dadurch die Möglichkeit, das Grundkapital unter Ausnutzung einer günstigen Marktlage und eines entsprechend hohen Aktienkurses zu erhöhen. Man spricht in diesem Fall von sog. **genehmigtem Kapital**. Die Kapitalbeschaffung im Wege des genehmigten Kapitals ist an folgende Voraussetzungen geknüpft:

- Der Vorstand muss durch die Satzung zur Ausgabe neuer Aktien ermächtigt sein (§ 202 AktG).
- Die Ermächtigung zur Ausgabe neuer Aktien ist auf die Dauer von fünf Jahren nach Eintragung der Gesellschaft beschränkt.
- Der Nennbetrag des genehmigten Kapitals darf nicht höher sein als die Hälfte des zur Zeit der Errichtung vorhandenen Grundkapitals (§ 202 Abs. 3 AktG).

In gleicher Weise ist die Schaffung genehmigten Kapitals in späterer Zeit durch satzungsändernden Beschluss der Hauptversammlung möglich (§ 202 Abs. 2 AktG).

Für die Ausgabe der neuen Aktien gelten die Vorschriften über die ordentliche Kapitalerhöhung sinngemäß, d. h., die Aktien müssen gezeichnet werden, bisherige Aktionäre haben im Regelfall ein gesetzliches Bezugsrecht, die Durchführung der Kapitalerhöhung wird im Handelsregister eingetragen (§§ 203, 204 AktG).

Bedingte Kapitalerhöhung: Eine weitere Möglichkeit der Kapitalbeschaffung ergibt sich durch die sog. bedingte Kapitalerhöhung. Diese unterscheidet sich von der ordentlichen Kapitalerhöhung dadurch, dass zwar der Beschluss über die Kapitalerhöhung unbedingt gefasst wird, die Durchführung der Kapitalerhöhung aber davon abhängt, ob dritte Personen von einem Umtausch- oder Bezugsrecht Gebrauch machen (§ 192 AktG). Die bedingte Kapitalerhöhung kommt in drei Fällen in Betracht:

- für die Ausgabe von Wandelschuldverschreibungen (§ 221 AktG; unter Wandelschuldverschreibungen versteht man Schuldverschreibungen, die den Gläubigern ein Umtausch- oder Bezugsrecht auf Aktien einräumen),
- zur Vorbereitung von Fusionen (§ 192 Abs. 2 Nr. 2 AktG),
- zur Ausgabe von Arbeitnehmeraktien **(Belegschaftsaktien)**. Eine AG kann ihren Arbeitnehmern eine Gewinnbeteiligung dadurch einräumen, dass der Anspruch auf den Gewinn ganz oder teilweise nicht in barem Geld ausbezahlt, sondern in Aktien erfüllt wird.

Nominelle Kapitalerhöhung: Dies ist eine andere Bezeichnung für die **Kapitalerhöhung aus Gesellschaftsmitteln** (§§ 207–220 AktG). Hierbei wird das Grundkapital der AG dadurch erhöht, dass Rücklagen in Aktienkapital umgewandelt werden, ohne dass es einer Einzahlung bedarf. Durch die stärkere Bindung der bis dahin als Rücklagen ausgewiesenen Eigenmittel im Grundkapital erfolgt eine wirtschaftliche Stärkung des Unternehmens, insbesondere eine Anhebung der Kreditfähigkeit und der Sicherung der Gläubiger. Einen Mittelzufluss für die AG hat diese Form der Kapitalerhöhung allerdings nicht zur Folge.

4.3.2.6 Auflösung der AG

Auch bei der AG ist, wie bei den übrigen Gesellschaften, zwischen der Auflösung und der Beendigung der Gesellschaft zu unterscheiden. Auflösungsgründe finden sich in § 262 AktG. Dazu gehört der Ablauf der in der Satzung vorgesehenen Zeit, die Eröffnung des Insolvenzverfahrens über das Vermögen der Gesellschaft und die Ablehnung eines Insolvenzverfahrens mangels Masse (§ 26 InsO). Dazu kommt die Möglichkeit, die AG durch Beschluss der Hauptversammlung mit Dreiviertelmehrheit des vertretenen Grundkapitals aufzulösen.

Sofern nicht das Insolvenzverfahren über das Vermögen der AG eröffnet ist, schließt sich an die Auflösung der Gesellschaft die Abwicklung (Liquidation) an (§ 262 AktG). Die AG wird zur **AG i. L.** Liquidatoren sind dabei, sofern die Satzung oder die Hauptversammlung keine andere Regelung vorsehen, sämtliche Vorstandsmitglieder (§ 265 AktG). Erst nach Durchführung der Liquidation ist die Gesellschaft beendet und wird im Handelsregister gelöscht.

4.4 Konzernrecht

Im dritten Buch des Aktiengesetzes (§§ 291–338 AktG) befinden sich unter dem Titel »verbundene Unternehmen« maßgebliche Vorschriften zur Regelung der Rechtsverhältnisse im Konzern und bei Unternehmensverflechtungen. Unter den Begriff **verbundene Unternehmen** fallen nach § 15 AktG Unternehmen, die zwar rechtlich selbstständig sind, aber durch Beteiligungen oder Verträge zu einem Konzern verflochten sind. Durch diese Vorschriften soll der Aktionär und der Gläubiger abhängiger Gesellschaften in besonderem Maß Schutz vor Benachteiligungen erhalten. Die weitgehenden Publikationspflichten dienen dem Ziel, die Marktverhältnisse überschaubarer werden zu lassen.

Der Titel »verbundene Unternehmen« bringt bereits zum Ausdruck, dass diese Vorschriften auch für Unternehmen anderer Rechtsformen gelten, wenn wenigstens eine AG dem Konzern angehört. Das Konzernrecht will die wirtschaftliche Konzentration weder einschränken noch unterscheidet es zwischen erwünschter und unerwünschter Konzentration. Ein Konzern kann wirtschafts- und gesellschaftspolitisch erwünscht sein, etwa weil erst durch die Zusammenfassung mehrerer Unternehmen unter einheitlicher Leitung Produktion und Absatz rationell geordnet werden können. Er kann aber auch mit Gefahren, z. B. für den Wettbewerb, verbunden sein oder in gesellschaftspolitisch bedenklicher Weise dem herrschenden Unternehmen eine in keinem Verhältnis zu seinem Kapitaleinsatz stehende wirtschaftliche Machtstellung verschaffen. Dies zu regeln, ist Sache des Kartellrechts. Es geht im Konzernrecht des Aktiengesetzes nur darum, die rechtliche Stellung der Minderheitsaktionäre von Tochter- und Beteiligungsunternehmen zu stärken.

Kontrollfragen
1. Charakterisieren Sie eine AG.
2. Was bedeutet der Begriff Aktie? Welche Arten von Aktien gibt es?
3. In welchen Schritten vollzieht sich die Gründung einer AG?
4. Wie hoch ist das Mindestgrundkapital? Wie viel ist darauf einzubezahlen?
5. Welche Organe hat die AG, und welche Aufgaben haben sie?
6. Was versteht man unter unechter Gesamtvertretung?
7. Welche Wirkung hat die Entlastung des Vorstands oder des Aufsichtsrats?
8. Welche Aufgaben hat der Aufsichtsrat einer AG?
9. Wie wird eine ordentliche Kapitalerhöhung einer AG durchgeführt?
10. Was versteht man unter genehmigtem Kapital?
11. Aus welchem Grund erfolgt eine bedingte Kapitalerhöhung?
12. Was versteht man unter einer Wandelschuldverschreibung?
13. Was ist eine nominelle Kapitalerhöhung?
14. Welchen Zweck haben die Vorschriften des Konzernrechts des Aktiengesetzes?

5 Wechsel und Scheckrecht

5.1 Wechsel

Rechtsgrundlage ist das Wechselgesetz (WG). Der Wechsel ist ein Wertpapier, das in einer bestimmten Form (Art. 1 WG) ausgestellt wird und – ohne Bedingung – auf Zahlung einer bestimmten Geldsumme lauten muss. Ein Wertpapier ist eine Urkunde, in der ein privates Recht so verbrieft ist, dass das Recht nicht ohne das Papier geltend gemacht werden kann.

5.1.1 Arten des Wechsels

Gezogener Wechsel: Der gezogene Wechsel (Tratte) ist die normale Form des Wechsels. Er ist eine Sonderform der bürgerlich-rechtlichen Anweisung. Der Aussteller weist einen anderen (den »Bezogenen«) an, an den Papierinhaber (Wechselnehmer, Remittent) eine bestimmte Geldsumme zu zahlen, oder: der Aussteller »zieht einen Wechsel auf den Bezogenen«.

> **Beispiel**
> Gegen diesen Wechsel zahlen Sie an Herrn X oder dessen Order 1 000 €.

Der Bezogene haftet dem Papierinhaber aber nur, wenn er durch seine Unterschrift auf dem Wechsel angenommen (akzeptiert) hat. Für den Fall, dass der Bezogene nicht zahlt, haftet der Aussteller und außerdem jeder Indossant.
Eigener Wechsel: Der eigene Wechsel ist eine Urkunde in Form eines Wechsels, in welcher der Aussteller dem Wechselnehmer die Zahlung einer bestimmten Geldsumme verspricht.

> **Beispiel**
> Gegen diesen Wechsel zahle ich an Herrn X oder dessen Order 1 000 €.

Beim eigenen Wechsel gibt es also keinen Bezogenen (Angewiesenen), weshalb von der Struktur her keine Anweisung, sondern ein Zahlungsversprechen (ähnlich dem abstrakten Schuldversprechen in § 780 BGB) gegeben ist. Hauptschuldner ist der Aussteller. Ein Akzept ist mangels Angewiesenem nicht möglich; daher ist auch ein Protest mangels Annahme nicht möglich (Art. 44 WG).

5.1.2 Formerfordernisse des Wechsels

Wechselrechtsfähigkeit: Aus einem Wechsel kann Rechte und Pflichten haben, wer rechtsfähig im Sinne des § 1 BGB ist, also jede natürliche und juristische Person sowie zusätzlich OHG und KG (wegen §§ 124, 161 Abs. 2 HGB).
    Wechselgeschäftsfähigkeit: Sie entspricht der üblichen zivilrechtlichen Geschäftsfähigkeit. Der beschränkt Geschäftsfähige kann Wechselverbindlichkeiten nur mit Zustimmung der gesetzlichen Vertreter und des Vormundschaftsgerichts eingehen (§§ 1822 Nr. 9, 1643 Abs. 1 BGB).
    Formerfordernisse (Art. 1 WG): Der Wechsel bedarf immer der Schriftform und muss zwingend folgenden Inhalt haben:

a) Bezeichnung als Wechsel im Text der Urkunde (Art. 1 Nr. 1 WG). Die Bezeichnung als Tratte, Urkunde o. ä. genügt nicht (Warnfunktion). Die Bezeichnung muss im Text der Wechselerklärung stehen, nicht nur in der Überschrift.
b) Unbedingte Anweisung auf Zahlung einer Geldsumme (Art. 1 Nr. 2 WG). Der Wechsel ist bedingungsfeindlich und kann nur auf Geld ausgestellt werden; die Währung ist gleichgültig (vg. Art. 41 WG). Der Wechsel muss auf einen bestimmten Geldbetrag lauten (Bestimmbarkeit genügt nicht). Die Summe muss in Zahlen oder Buchstaben angegeben sein (vgl. Art. 6 WG).
c) Namentliche Angabe des Bezogenen (Art. 1 Nr. 3 WG). Es muss lediglich ein möglicher, nicht unbedingt der richtige Name des Bezogenen genannt sein. Existiert die bezogene Person nicht (»Kellerwechsel«), so haften nur der Aussteller und eventuelle Indossanten (vgl. Art. 7 WG).
d) Angabe der Zahlungszeit (sog. Verfallszeit; Art. 1 Nr. 4 WG). Auch ohne diese Angabe ist der Wechsel gültig (Art. 2 Abs. 2 WG). Es sind mehrere Verfallsbestimmungen denkbar, wie sich aus Art. 33 Abs. 1 WG ergibt:
   – **Sichtwechsel (Art. 34 WG):** Der Wechsel wird fällig, wenn er dem Bezogenen zur Zahlung vorgelegt wird, was grundsätzlich binnen eines Jahres nach der Ausstellung zu geschehen hat (Text z. B. »bei Sicht«, »bei Vorlage«, »a vista« oder keine Angabe, vgl. Art. 2 Abs. 2 WG).
   – **Nachsichtwechsel (Art. 35 WG):** Der Wechsel wird eine bestimmte Zeit nach der Vorlage fällig (z. B. »14 Tage nach Sicht«).
   – **Datowechsel (Art. 36 Abs. 1 WG):** Der Wechsel wird eine bestimmte Zeit nach der Ausstellung fällig (z. B. »dato zwei Wochen«). Häufige Form des Datowechsels ist der Wechsel mit einer Laufzeit von drei Monaten nach der Ausstellung (sog. Drei-Monats-Akzept), der vor allem wirtschaftlichen Gegebenheiten entspricht. Der Schuldner hat für drei Monate ein »Darlehen« (Kreditfunktion des Wechsels), und für den Gläubiger ist dies noch eine akzeptable Zeitspanne; daneben hat er die Diskontierungsmöglichkeit (Verkaufsmöglichkeit) an Banken etc. Die Bundesbank kauft nur Wechsel an, die vom Diskontierungstag an nicht länger als drei Monate laufen.
   – **Tagwechsel (Art. 37 WG).** Bei diesem Wechsel wird ein bestimmter Fälligkeitstag angegeben. Dies kann durch eine Zahlenbezeichnung oder eine sonstige eindeutige Bezeichnung erfolgen (z. B. 1. 7. 2004 oder Gründonnerstag 2004). Wechsel mit einer anderen Verfallsregelung sind nichtig (Art. 33 Abs. 2 WG).
e) Angabe des Zahlungsorts (Art. 1 Nr. 5 WG). Die Angabe des Zahlungsorts ist eine notwendige, aber ersetzbare (vgl. Art. 2 Abs. 3 WG) Angabe über den Leistungsort. Der Wechsel kann bei einem Dritten, am Wohnort des Bezogenen oder einem anderen Ort zahlbar gestellt werden (Art. 4 WG).

   Hauptfälle:
   – Wohnort des Bezogenen (Wechsel = Holschuld),
   – Domizilwechsel (Art. 27 Abs. 1 WG; Zahlungsort, der vom Wohnort des Bezogenen verschieden ist),
   – Zahlstellenwechsel (Art. 27 Abs. 2 WG; dem Bezogenen wird eine Bank genannt, wo der Wechsel vorgelegt und bezahlt werden muss).

f) Angabe des Namens dessen, an den gezahlt werden soll (Remittent; Art. 1 Nr. 6 WG). Der Wechsel darf grundsätzlich nicht als Inhaberwechsel ausgestellt werden (dieses Erfordernis kann aber dadurch umgangen werden, dass ein möglicher Remittent genannt wird und dieser ein Blankoindossament ausstellt).

g) Ausstellungstag (Art. 1 Nr. 7 WG). Fehlt der Ausstellungstag, ist der Wechsel nichtig. Ein fiktives, aber mögliches Ausstellungsdatum genügt.
h) Ausstellungsort (Art. 1 Nr. 7 WG). Dieses Merkmal ist ersetzbar (vgl. Art. 2 Abs. 4 WG).
i) Unterschrift des Ausstellers (Art. 1 Nr. 8 WG). Die Unterschrift muss handschriftlich erfolgen; zulässig ist die Unterschrift durch einen Vertreter, nicht jedoch nur durch Stempel, Faksimile etc. Bei gefälschter Unterschrift haftet der Fälscher.

5.1.3 Akzept/Annahme

Beim gezogenen Wechsel soll der Bezogene zahlen und nicht der Aussteller. Da der Aussteller aber nicht von sich aus den Bezogenen zur Zahlung verpflichten kann, entsteht die Zahlungspflicht des Bezogenen erst dann, wenn er den Wechsel annimmt (akzeptiert). Die Annahme (das Akzept) geschieht durch schriftliche Erklärung auf dem Wechsel (Art. 25 WG). Üblich ist die Unterschrift auf der Vorderseite des Wechsels quer auf dem linken Rand; der Vermerk »angenommen« o. ä. ist entbehrlich. Durch die Annahme wird der Bezogene zum Hauptschuldner des Wechsels (Art. 28 Abs. 1 WG). Der Aussteller und die Indossanten haften nur subsidiär.

5.1.4 Übertragung des Wechsels

Der Wechsel wird durch Übereignung der Urkunde nach den Regeln des §§ 929 BGB und durch die Indossierung übertragen (Art. 11 WG). Das Indossament auf der Rückseite der Wechselurkunde ist ein schriftlicher Vermerk, dass der Wechsel nicht an den Indossanten, sondern an den Indossatar bezahlt werden soll. Dieser Vermerk wird unterschrieben (Art. 13 Abs. 1 WG).

> **Beispiel**
> Bei einer Übertragung des Wechsels vom Wechselnehmer Müller auf Maier setzt Müller auf die Rückseite den Vermerk (das Indossament) »An Maier« oder »für mich an Maier« und unterschreibt.

Das Indossament braucht den neuen Gläubiger nicht zu bezeichnen. Man spricht in diesem Fall von einem **Blankoindossament** (Art. 13 Abs. 2 WG).

> **Beispiel**
> Müller schreibt nur »für Müller an ...«, oder er unterschreibt nur.

Bei einem Blankoindossament wird der Erwerber voll legitimierter Berechtigter aus dem Wechsel, auch wenn er seinen Namen nicht einsetzt. Die Gründe für ein Blankoindossament können darin liegen, dass eine beliebige Weitergabe möglich ist und der anonyme Weitergebende von der Wechselhaftung verschont bleibt.

Das Indossament hat drei Wirkungen:

Legitimationsfunktion. Das Indossament hat die Funktion, den Erwerber als Berechtigten auszuweisen. Dies ist wichtig für den Inhaber (Geltendmachungsbefugnis), für den Schuldner (Erfüllungswirkung) und für den Erwerber (für dessen Legitimation und Rückgriff). Legitimiert ist beim Wechsel nicht der bloße Inhaber, sondern nur der, der zusätzlich durch eine lückenlose Indossamentenkette ausgewiesen ist (Art. 16 WG).

Transportfunktion. Ist ein Indossament vorhanden, so ist ein gutgläubiger Erwerb des Wechsels möglich (Art. 16 WG), wenn der nichtberechtigte Veräußerer durch eine äußerlich ordnungsmäßige Indossamentenkette legitimiert ist. Der Erwerber wird entsprechend auch Inhaber der Forderung. Transportfunktion bedeutet auch, dass Einwendungen ausgeschlossen sind, die der Wechselverpflichtete gegen Aussteller oder frühere Inhaber hat (Art. 17 WG).

Garantiefunktion. Dies bedeutet, dass jeder Indossant grundsätzlich jedem nachfolgenden Wechselinhaber für die Annahme und die Zahlung des Wechsels haftet (Art. 15 Abs. 1 WG), wenn der Bezogene nicht annimmt oder bei Verfall nicht zahlt. Diese Haftung kann aber ausgeschlossen werden (Art. 15 Abs. 1 WG) – sog. »Angstklausel«, z. B. durch den Vermerk »ohne Obligo« oder »ohne Gewähr«.

5.1.5 Vorlage zur Zahlung, Zahlungs- und Annahmeverweigerung

Der Inhaber des Wechsels muss den Wechsel zur Zahlung vorlegen (Art. 38 WG). Dies muss nach den zeitlichen Bestimmungen geschehen, die der Aussteller getroffen hat.

> **Beispiele**
> Sichtwechsel grundsätzlich binnen Jahresfrist ab Ausstellung (Art. 34 Abs. 1 Satz 2 WG), Nachsicht-, Dato- und Tagwechsel am Verfallstag oder an einem der beiden folgenden Werktage (Art. 38 Abs. 1 WG).

Werden die Vorlegungsfristen versäumt, verliert der Inhaber dadurch sämtliche Regressansprüche (er behält aber den Anspruch gegen den Akzeptanten).

Hat der Bezogene akzeptiert, muss er zahlen. Hat er nicht akzeptiert, kann er zahlen (honorieren). Zahlungen vor Verfall allerdings gehen auf eigenes Risiko (Art. 40 Abs. 2 WG). Zahlt der Bezogene bei Verfall, ist ihm die Wechselurkunde auszuhändigen (Art. 39 WG). Mit der Zahlung erlöschen alle Verbindlichkeiten aus dem Wechsel, der damit seine Wertpapiereigenschaften verliert.

Zahlt der Bezogene nicht oder verweigert er die Annahme des Wechsels, so muss der Wechselinhaber versuchen, von weiteren Schuldnern Zahlung zu erlangen. Dies ist vor allem durch Rückgriff beim Aussteller und, soweit vorhanden, bei den Indossanten möglich.

5.1.6 Rückgriff/Regress

Unter bestimmten Voraussetzungen kann der Wechselinhaber auf den Aussteller und die Indossanten zurückgreifen (soweit diese nicht wirksam ihre Haftung ausgeschlossen haben). Man unterscheidet:
- Regress mangels Zahlung (Art. 43 Abs. 1 WG) liegt vor, wenn der Bezogene nicht zahlt,
- Regress mangels Annahme (Art. 43 Abs. 2 Nr. 1 WG) liegt vor, wenn der Bezogene die Annahme verweigert.

Die Verweigerung der Zahlung oder der Annahme muss durch eine öffentliche Urkunde (den sog. **Protest**) innerhalb bestimmter Fristen festgestellt werden (Art. 44 WG). Der Protest wird von Notaren und Gerichtsvollziehern aufgenommen (Art. 79 WG). In dieser Urkunde wird beurkundet, wann und wo der Protestat (d. h. die Person, welcher der Wechsel präsentiert wurde oder werden sollte) aufgesucht wurde und warum es nicht zur Zahlung oder zur Annahme gekommen ist.

Beispiele
Weigerungsprotest, wenn der Protestat die Zahlung oder die Annahme verweigerte, **Platzprotest**, wenn der Protestat nicht anzutreffen ist, **Windprotest**, wenn der Protestat nicht zu ermitteln ist.

Der Protest ist auf dem Wechsel selbst oder auf einem mit dem Wechsel verbundenen Blatt zu beurkunden (Art. 81 WG).

Der Protestat hat auch noch eine letzte Möglichkeit, zur Vermeidung des Protests an den Protestbeamten zu zahlen (Art. 84 WG).

Ist der Protest aufgenommen, so hat der Wechselinhaber seinen unmittelbaren Vormann und den Aussteller binnen vier Werktagen nach Protest zu informieren (Art. 45 WG). Sodann kann er von allen Vormännern (Aussteller, Indossanten, unter Umständen Wechselbürgen) als Gesamtschuldner Leistung aus dem Wechsel verlangen = Regress nehmen (Art. 47 WG). Eine bestimmte Regressreihenfolge ist nicht einzuhalten; man spricht entweder vom Reihen- oder vom Sprungregress (Art. 47 Abs. 2 WG). Jeder, der den Wechsel im Wege des Regresses eingelöst hat, kann seinerseits bei seinen Vormännern Rückgriff nehmen (sog. Remboursregress, Art. 47 Abs. 3 WG).

Beim Regress werden nicht nur die Wechselsumme verlangt, sondern zusätzlich noch Zinsen, Kosten und Provision (Art. 48 WG).

5.1.7 Diskont und Lombard

Diskont ist der Zinsabzug beim Ankauf einer Forderung vor deren Fälligkeit, insbesondere beim Ankauf von Wechseln (seit 01. 01. 1999 ersetzt durch Basis-Zinssatz gem. Diskont-Überleitungsgesetz). Das Diskontgeschäft der Banken besteht im Ankauf von Wechseln, die sie bis zum Verfall selbst behalten (im eigenen »Portefeuille«). Die Höhe des Diskontsatzes ist abhängig von der Laufzeit des Wechsels und der Bonität der Wechselbeteiligten.

Lombard (Beleihung) ist ein Geschäftszweig der Banken, bei dem die Gewährung von kurzfristigen Krediten an die Verpfändung von Sicherheiten (Wechsel) geknüpft ist. Der Zinssatz dafür (Lombardsatz) liegt höher als der Diskontsatz.

5.2 Scheck

Ebenso wie der Wechsel ist der Scheck ein aus der Anweisung entwickeltes Wertpapier, d. h., nur wer den Scheck besitzt, kann die in ihm verbriefte Forderung geltend machen. Im Gegensatz zum Wechsel ist der Scheck aber kein Kreditmittel, sondern ein Zahlungsmittel zur bargeldlosen Zahlung. Bei der Aushändigung des Schecks an denjenigen, der den Scheck als Zahlung erhalten soll (Schecknehmer), verspricht der Aussteller stillschweigend, dass die in dem Scheck bezeichnete Bank (Bezogene) Zahlung leisten wird. Mit dem Scheck erteilt der Aussteller gleichzeitig seiner Bank die Weisung, zu Lasten seines Kontos an den Inhaber des Schecks einen bestimmten Geldbetrag zu zahlen. Als Rechtsgrundlage gibt es das Scheckgesetz (ScheckG).

Form und Inhalt: Beim Scheck müssen, ebenso wie beim Wechsel, bestimmte zwingend vorgeschriebene Formerfordernisse beachtet werden. Der Scheck ist schriftlich abzufassen und muss folgenden Inhalt haben (Art. 1 ScheckG):

- die Bezeichnung als Scheck im Text der Urkunde,
- die unbedingte (bedingungsfeindliche) Anweisung, eine bestimmte Geldsumme zu zahlen,

- den Namen des Bezogenen (nach Art. 3 ScheckG darf der Scheck nur auf eine Bank bzw. einen Bankier gezogen werden, nicht auf ein Unternehmen oder eine Privatperson; nur die Banken besitzen die sog. passive Scheckfähigkeit),
- die Angabe des Zahlungsorts (Ausnahme Art. 2 Abs. 2 ScheckG),
- Ort und Datum der Scheckausstellung (Ausnahme Art. 2 Abs. 4 ScheckG),
- Unterschrift des Scheckausstellers.

Besonderheiten gegenüber dem Wechsel

- Akzeptverbot (Art. 4 ScheckG): Ein auf den Scheck gesetzter Annahmevermerk des Bezogenen (Akzept) gilt als nicht geschrieben. Damit ist die Sicherung durch Akzept und ein Anspruch gegen den Bezogenen nicht möglich und der Scheck beinhaltet ein Risiko. Als Folge wurden die garantierten Schecks entwickelt (z. B. Scheckkarte und Euroscheck, bestätigter LZB-Scheck).
- Sofortige Zahlbarkeit (Art. 28 ScheckG): Der Scheck kann nur auf Sicht lauten. Jede gegenteilige Angabe gilt als nicht geschrieben, selbst wenn die Vorlage vor dem Ausstellungstag erfolgt. Der Scheck muss binnen acht Tagen (Inland) zur Zahlung vorgelegt werden (Art. 29 ScheckG). Diese Frist ist durch entsprechende Angabe des Ausstellungsdatums manipulierbar. Ist die Frist abgelaufen, ist die Bank nicht mehr zur Einlösung verpflichtet; außerdem kann der Aussteller den Scheck sperren lassen (Art. 32 ScheckG).

Übertragung

Der Scheck kann Inhaber-, Order- oder Rektapapier sein. Entsprechend gestalten sich die Übertragungsmöglichkeiten.

Inhaberscheck: Im Gegensatz zum Wechsel kann der Scheck auch auf den Inhaber ausgestellt werden. Inhaberpapier ist der Scheck immer dann, wenn ein Name nicht genannt (Art. 5 Abs. 3 ScheckG) oder ausdrücklich eine Inhaberklausel (oder Überbringer) geschrieben wird. Der Inhaberscheck ist im Inlandsverkehr die Regel, da die Banken nur Schecks hereinnehmen, die bereits vordruckmäßig auf den Inhaber lauten. Wird die Inhaberklausel durchgestrichen, pflegen die Banken die Zahlung abzulehnen.

Die Übertragung des Inhaberschecks erfolgt durch Übereignung der Urkunde nach §§ 929 ff. BGB; mit dem Übergang des Eigentums am Papier geht die verkörperte Forderung ebenfalls über.

Orderscheck: Ein Orderscheck liegt vor, wenn der Scheck auf den Namen lautet. Eine besondere Orderklausel ist unnötig, da der Scheck geborenes Orderpapier ist (Art. 14 und 5 Abs. 1 ScheckG). Die Übertragung des Orderschecks erfolgt wie beim Wechsel durch Übereignung der Urkunde und Indossament. Orderschecks finden nur im internationalen Zahlungsverkehr Anwendung.

Rektascheck: Wird auf dem Scheck vermerkt, dass die Übertragung verboten ist (negative Orderklausel: »nicht an Order«), so erfolgt die Übertragung nach §§ 398 ff. BGB durch Übertragung der Forderung. Rektaschecks kommen in der Praxis nicht vor.

Scheckhaftung

Aus dem Scheck ist i. d. R. nur der Aussteller verpflichtet (Art. 12 ScheckG), außerdem eventuell vorhandene Indossanten. Der Bezogene haftet dagegen nicht, da ein Akzept ausgeschlossen ist. Ein Protest ist möglich, aber nicht erforderlich; die Vorlegungsbescheinigung der bezogenen Bank (Art. 40 ScheckG) genügt.

Sonderfälle

Verrechnungsscheck: Die Klausel »Nur zur Verrechnung« bedeutet das Verbot des Ausstellers zur Barauszahlung. Leistungen aus dem Scheck können nur per Gutschrift, Verrechnung oder Überweisung erfolgen (Art. 39 ScheckG).

Reisescheck: Bei einem Reisescheck zieht eine Inlands- oder Auslandsbank den Scheck mit bestimmten festen Beträgen auf eine Bank an eigene Order des Kunden (sehr umstritten, ob überhaupt ein Scheck im engeren Sinne vorliegt).

Minderjährige: Minderjährige bedürfen zur Eingehung von Scheckverbindlichkeiten der vormundschaftsgerichtlichen Genehmigung (§§ 1822 Nr. 9, 1643 Abs. 1 BGB). Die Ausgabe von Schecks und Scheckkarten an Minderjährige ist daher rechtlich bedenklich.

5.3 Wechsel- und Scheckprozess (§§ 592–605a ZPO)

Ansprüche des Inhabers aus Wechseln und Schecks können im sog. **Urkundsprozess** besonders schnell und einfach geltend gemacht werden. Die prozessrechtlichen Fristen sind verkürzt, sodass der Kläger sehr schnell ein vollstreckbares Urteil erhält. Außerdem sind im Wechsel- und Scheckprozess als Beweismittel nur die Urkunde selbst und die Parteivernehmung zugelassen (§ 605 ZPO). Damit können dem Kläger i. d. R. nur die Einwendungen entgegengehalten werden, die sich aus der Urkunde ergeben.

Kontrollfragen
1. Wie viele Personen sind am gezogenen Wechsel beteiligt, und wie nennt man sie?
2. Wie viele Personen sind am eigenen Wechsel beteiligt?
3. Wer kann einen Wechsel ausstellen?
4. Ist ein Wechsel mit einer Währungsgleitklausel zulässig?
5. Genügt auf dem Wechsel die Angabe: fällig Weihnachten 2001?
6. Wie beurteilen Sie die Aussage: Das Akzept erhöht den Wert des Wechsels?
7. Was versteht man unter der Kreditfunktion des Wechsels?
8. Was versteht man unter einem Indossament, und wozu wird es benötigt?
9. Was ist eine Angstklausel?
10. Wann muss ein Wechsel zur Zahlung vorgelegt werden?
11. Was versteht man unter Wechselprotest?
12. Was unterscheidet Reihen- und Sprungregress?
13. Was bedeutet es, einen Wechsel zu diskontieren?
14. Welche Funktion hat der Scheck?
15. Welche wesentlichen Unterschiede gibt es zwischen Scheck und Wechsel?
16. Wie wird ein Scheck übertragen?
17. Haftet die bezogene Bank für die Einlösung des Schecks?
18. Welche Vorteile hat eine Klage im Wechsel- und Scheckprozess?

6 Grundsätze des Gewerberechts

6.1 Gesetzliche Grundlagen

Die wichtigste gesetzliche Grundlage des Gewerberechts ist die Gewerbeordnung (GewO). Sie gehört zum Wirtschaftsverwaltungsrecht, einem Teil des öffentlichen Rechts, mit dem das Recht der gewerblichen Wirtschaft geordnet, gefördert und überwacht werden soll.

Zur Gewerbeordnung sind zahlreiche ergänzende Verordnungen ergangen und für manche Gewerbezweige gelten spezielle Gesetze (z. B. Handwerksordnung, Gaststättengesetz, Personenbeförderungsgesetz, Lebensmittelgesetz, Arzneimittelgesetz, Luftverkehrsgesetz). Die Zersplitterung der gesetzlichen Regelungen macht das Gewerberecht sehr unübersichtlich.

6.2 Bestimmungen des Gewerberechts

6.2.1 Gewerbefreiheit (§ 1 GewO)

Der Grundsatz der Gewerbefreiheit bedeutet, dass sich jedermann entschließen kann, ein Gewerbe zu betreiben, soweit nicht die Gewerbeordnung oder Spezialgesetze Ausnahmen oder Beschränkungen enthalten. Ein ausgeübtes Gewerbe ist als Beruf verfassungsrechtlich geschützt (Art. 12 GG).

Ein Gewerbe ist jede erlaubte, selbstständige, auf Gewinn gerichtete und auf eine gewisse Dauer angelegte Tätigkeit, ausgenommen die Urproduktion und die freien Berufe.

An den Begriff Gewerbe knüpfen zahlreiche Vorschriften nicht nur des Gewerberechts an, sondern auch z. B. des Steuerrechts. Vgl. § 15 EStG: Einkünfte aus Gewerbebetrieb.

6.2.2 Gewerbeanmeldung

Die gewerblichen Betätigungen werden in drei Arten eingeteilt, wobei bei jeder Art andere Voraussetzungen für die Zulassung gelten.
- Stehendes Gewerbe (§§ 14–53 a GewO) ist jedes ortsfeste Gewerbe; die Bezeichnung dient der Abgrenzung zum Reisegewerbe. Für den Betrieb eines stehenden Gewerbes ist in der Regel nur eine Anzeige an die zuständige Behörde erforderlich (§ 14 GewO). Trotz grundsätzlicher Gewerbefreiheit ist aber in bestimmten Fällen eine Erlaubnis erforderlich, die den Nachweis bestimmter Kenntnisse und Fähigkeiten voraussetzt oder von der charakterlichen Zuverlässigkeit des Gewerbetreibenden abhängig gemacht wird.
- Reisegewerbe (§§ 55 ff. GewO). Zur Ausübung eines Reisegewerbes bedarf es einer behördlichen Erlaubnis in Form einer Reisegewerbekarte (§ 60 GewO).
- Messen, Ausstellungen und Märkte (§§ 64 ff. GewO). Nach dem Grundsatz der Marktfreiheit bedarf der Marktverkehr in der Regel keiner Genehmigung. Insbesondere für Wochenmärkte bestehen aber vielfach Marktordnungen (vgl. § 67 Abs. 2 GewO).

6.2.3 Gewerbeaufsicht

Alle, auch die nicht genehmigungspflichtigen Gewerbebetriebe unterliegen einer staatlichen Aufsicht, die durch die Gewerbeaufsichtsämter durchgeführt wird. Nach § 139 b GewO überwachen die Gewerbeaufsichtsbeamten die Einhaltung der Arbeitsschutzbestimmungen; eine weitere Aufgabe ist die Überwachung gefährlicher Anlagen nach dem Bundes-Immissionsschutzgesetz (§§ 4–25 BImSchG).

6.2.4 Gewerbeuntersagung (§ 35 GewO)

Die Ausübung eines Gewerbes kann entschädigungslos untersagt werden. Gründe dafür sind

- das Fehlen einer erforderlichen Genehmigung,
- sachbezogene Untersagungen, z. B. wegen überwiegender Nachteile und Gefahren für das Gemeinwohl (§ 51 GewO), Nichterfüllung einer Auflage (§ 20 BImSchG),
- personenbezogene Untersagungen, z. B. wegen der Unzuverlässigkeit des Gewerbetreibenden, wenn die Untersagung zum Schutz der Allgemeinheit oder der im Betrieb Beschäftigten erforderlich ist.

Vor der Untersagung soll die zuständige IHK oder Handwerkskammer gehört werden (§ 35 Abs. 4 GewO).

Kontrollfragen
1. Welche Aufgabe hat das Gewerberecht?
2. Was bedeutet der Grundsatz der Gewerbefreiheit?
3. Was ist ein Gewerbe?
4. Bedarf man zur Ausübung eines Gewerbes einer Erlaubnis?
5. Welche Aufgaben hat das Gewerbeaufsichtsamt?
6. In welchen Fällen kann die Ausübung eines Gewerbes untersagt werden?

7 Gerichtsbarkeit, Klage- und Mahnverfahren

Wenn jemand gegen einen anderen einen Anspruch oder eine Forderung hat, so ist damit noch lange nicht gesagt, dass der Schuldner diesen Anspruch auch erfüllt. Ist dies nicht der Fall, so muss sich der Gläubiger zur Durchsetzung seines Rechts staatlicher Hilfe bedienen. Er muss den Rechtsweg beschreiten. Hierzu kann er sich an die Gerichte wenden und entweder Klage erheben oder in gewissen Fällen einen Mahnbescheid (früher Zahlungsbefehl genannt) beantragen. Immer muss der Anstoß zu einem gerichtlichen Verfahren von einem Antragsteller ausgehen. Die Zivilgerichte schreiten nicht von Amts wegen ein.

Wenn diese gerichtlichen Verfahren zum Erfolg führen, kann der Gläubiger mit Hilfe der staatlichen Vollstreckungsorgane seinen Anspruch zwangsweise eintreiben.

7.1 Gerichtsbarkeit

Bei der Frage, welches Gericht für ein Verfahren zuständig ist, unterscheidet man die örtliche und die sachliche Zuständigkeit.

Die gesetzlichen Regelungen hierzu findet man in der Zivilprozessordnung (ZPO) und im Gerichtsverfassungsgesetz (GVG).

7.1.1 Örtliche Zuständigkeit

Die örtliche Zuständigkeit richtet sich nach dem Gerichtsstand. Am Gerichtsstand einer Person sind alle gegen sie gerichteten Klagen zu erheben (§ 12 ZPO). Der **allgemeine Gerichtsstand** einer Person bestimmt sich nach dem Ort, an dem sie ihren Wohnsitz hat (§ 13 ZPO), bei juristischen Personen nach deren Sitz (§ 17 ZPO). Das bedeutet, dass die Klage in der Regel am Wohnsitz oder Sitz des Beklagten zu erheben ist. Daneben gibt es aber noch einige **besondere Gerichtsstände** in den §§ 15 ff. ZPO, die abweichende Regelungen treffen. Unter mehreren zuständigen Gerichten hat der Kläger die Wahl (§ 35 ZPO).

7.1.2 Sachliche Zuständigkeit

Die sachliche Zuständigkeit regelt die Frage, vor welches örtlich zuständige Gericht ein Verfahren in erster Instanz kommt. Danach richtet sich auch der weitere Rechtsweg **(Instanzenzug)**. Grundsätzlich richtet sich die Zuständigkeit der Gerichte in Zivilsachen nach dem **Streitwert**.

Amtsgericht (§§ 22 ff. GVG): Beim Amtsgericht entscheidet ein Einzelrichter (§ 22 GVG). Das Amtsgericht ist zuständig für Streitigkeiten über Ansprüche bis zu einem Wert von 5 000 € (**§ 23** Nr. 1 GVG). Daneben werden beim Amtsgericht verhandelt:

- ohne Rücksicht auf den Wert des Streitgegenstandes die Mietstreitigkeiten und die sonstigen Sonderzuweisungen in § 23 Nr. 2 GVG.
- Kindschafts-, Unterhalts-, Ehesachen (§ 23 a GVG), die gem. 23 b GVG als Familiensachen bezeichnet werden. Damit sind die Amtsgerichte mit der Spezialabteilung Familiengerichte auch zuständig für die Scheidung der Ehe und die gesamte Regelung der Scheidungsfolgen.

Landgericht (§§ 59 ff. GVG): Beim Landgericht entscheiden Zivilkammern, die mit drei Berufsrichtern (einem Vorsitzenden und zwei Beisitzern) besetzt sind (§ 75 GVG). Das Landgericht ist zuständig:

- in erster Instanz für die bürgerlichen Streitigkeiten, die nicht den Amtsgerichten zugewiesen sind (§ 71 Abs. 1 GVG); dies sind vor allem die Streitigkeiten über Ansprüche von mehr als 5 000 €. Weiter für Ansprüche gegen den Fiskus aufgrund der Beamtengesetze und Ansprüche gegen Beamte und Richter wegen Überschreiten ihrer Befugnisse (§ 71 Abs. 2 GVG).
- in zweiter Instanz als Berufungs- und Beschwerdeinstanz gegen Entscheidungen der Amtsgerichte mit Ausnahme der Kindschafts- und der Familiensachen (§ 72 GVG).

Einen Sonderfall stellt die **Kammer für Handelssachen (KfH)** dar (§§ 93 ff. GVG). Sie ist mit einem Berufsrichter als Vorsitzenden und zwei ehrenamtlichen Handelsrichtern besetzt. Wer ehrenamtlicher Richter werden kann, regelt § 109 GVG (vor allem: besondere Sachkunde als Kaufmann). Die KfH entscheidet die Handelssachen im Sinne des § 95 GVG.

Oberlandesgericht (§§ 115 ff. GVG): Auch die Oberlandesgerichte entscheiden in der Besetzung mit einem Vorsitzenden und zwei weiteren Berufsrichtern (§ 122 GVG). Die Oberlandesgerichte haben in Zivilsachen keine erstinstanzliche Zuständigkeit, d. h. vor ihnen kann kein Zivilprozess seinen Anfang nehmen. Sie entscheiden in zweiter Instanz über die Rechtsmittel:

- Berufung gegen Endurteile der Amtsgerichte in Kindschafts- und Familiensachen (§ 119 Abs. 1 Nr. 1 GVG),
- Beschwerde gegen Entscheidungen der Amtsgerichte in Kindschafts- und Familiensachen (§ 119 Abs. 1 Nr. 2 GVG),
- Berufung gegen Endurteile der Landgerichte (§ 119 Abs. 1 Nr. 3 GVG),
- Beschwerde gegen Entscheidungen der Landgerichte (§ 119 Abs. 1 Nr. 4 GVG).

Bundesgerichtshof (§§ 123 ff. GVG): Der Bundesgerichtshof mit dem Sitz in Karlsruhe ist das oberste Zivilgericht. Er entscheidet in der Besetzung mit fünf Berufsrichtern (§ 139 GVG). Er ist zuständig für die Entscheidung über die Rechtsmittel:
- Revision gegen Endurteile der Oberlandesgerichte (§ 133 Nr. 1 GVG),
- Beschwerde gegen Entscheidungen der Oberlandesgerichte (§ 133 Nr. 2 GVG).

Anwaltszwang: Vor dem Landgericht und allen höheren Gerichten sowie in Familiensachen müssen sich die Parteien eines Prozesses von einem Anwalt vertreten lassen (§ 78 ZPO). Vor dem Amtsgericht kann man auch selbst auftreten oder sich eines prozessfähigen Bevollmächtigten bedienen (§ 79 ZPO).

7.2 Klageverfahren

Einreichung der Klage: Das Klageverfahren beginnt mit der Einreichung der Klage beim örtlich und sachlich zuständigen Gericht (§ 253 Abs. 5 ZPO; das Verfahren im ersten Rechtszug ist im Gesetz für das Verfahren vor dem Landgericht geregelt; für das Verfahren vor dem Amtsgericht werden diese Vorschriften entsprechend angewendet (§ 495 ZPO). Die Klageschrift muss enthalten (notwendiger Inhalt, § 253 Abs. 2 ZPO):
- die Bezeichnung der Parteien (Kläger und Beklagter) und des Gerichts, an das sich der Kläger wendet,
- die bestimmte Angabe des Gegenstandes und des Grundes des erhobenen Anspruchs sowie einen bestimmten Antrag.

Zustellung der Klage: Die Klageschrift bzw. eine Abschrift davon, wird dem Prozessgegner unverzüglich zugestellt (§ 271 ZPO). Erst mit der Zustellung der Klage ist die Klage erhoben und die Streitsache rechtshängig (§ 261 ZPO). Mit der Zustellung der Klage wird der Beklagte aufgefordert, sich dazu zu äußern (§ 275 ZPO), um eine mündliche Verhandlung durchführen zu können. Das Gericht kann zur Vorbereitung dieses Termins zur mündlichen Verhandlung weitere Maßnahmen anordnen (§§ 272 ff. ZPO), z. B.:
- die Parteien auffordern, ihr Vorbringen zu erläutern oder zu ergänzen,
- das persönliche Erscheinen der Parteien anordnen (die sich im Anwaltsprozess ja durch die Anwälte vertreten lassen),
- Auskünfte einholen und Zeugen zum Termin laden.

Mündliche Verhandlung: Vor der mündlichen Verhandlung findet eine **Güteverhandlung** (GV) statt, es sei denn, eine außergerichtliche Einigung vor einer Gütestelle ist bereits erfolglos gewesen oder eine Güteverhandlung erscheint erkennbar aussichtslos (§ 278 Abs. 2 ZPO). Für diese Güteverhandlung soll das persönliche Erscheinen von Kläger und Beklagtem angeordnet werden (§ 278 Abs. 3 ZPO).

Erscheint eine Partei in der Güteverhandlung nicht oder bleibt die Güteverhandlung erfolglos, wird die mündliche Verhandlung durchgeführt (§ 279 ZPO).

Dabei kann jede Partei ihre Angriffs- und Verteidigungsmittel vorbringen (§ 282 ZPO). Das Gericht wird versuchen, auf die Parteien einzuwirken, um die Sache gütlich beizulegen und vielleicht einen Vergleich zu schließen.

Eventuelle Beweisaufnahme: Das weitere Verfahren hängt davon ab, ob eine Beweisaufnahme notwendig wird. Beweisbedürftig sind alle Tatsachen, die die andere Partei bestreitet und die nicht offenkundig sind (§§ 288, 291 ZPO). Als Beweisregel gilt: Jede Partei hat die ihr günstigen Tatsachen zu beweisen.

Beispiel
Ein auf Rückzahlung eines Darlehens verklagter Beklagter kann erstens behaupten, er habe das Darlehen nicht erhalten, und zweitens, er habe es schon zurückbezahlt. Dann muss im ersten Fall der Kläger beweisen, dass er das Darlehen ausbezahlt hat, und im zweiten Fall der Beklagte, dass er das Darlehen zurückbezahlt hat.

Als Beweismittel kommen nach der ZPO in Frage:
– Einnahme des Augenscheins (§§ 371–372 a ZPO), d. h., das Gericht schaut sich etwas an, z. B. die Unfallstelle,
– Vernehmung von Zeugen (§§ 373–401 ZPO),
– Einholung eines Sachverständigengutachtens (§§ 402–414 ZPO),
– Vorlage von Urkunden (§§ 415–444 ZPO),
– Parteivernehmung (§§ 445–484 ZPO).

Beispiel
Im obigen Beispiel könnte der Beweis für die Behauptungen angetreten werden durch Zeugen, die bei der Geldübergabe oder Rückzahlung dabei waren, und Urkunden, hier Quittungen über Auszahlung oder Rückzahlung.

Ob und wie eine Aussage durch einen Eid bekräftigt wird, regelt sich nach §§ 478–484 ZPO.

Freie Beweiswürdigung: Über die vorgebrachten Beweise entscheidet das Gericht in sog. freier Beweiswürdigung (§ 286 ZPO).

Beispiel
Ein Kläger benennt für seine Behauptung, der Beklagte sei bei »rot« über die Kreuzung gefahren, einen Zeugen, der diese Behauptung bestätigt. Der Beklagte dagegen bietet zwei Zeugen auf, die bestätigen, der Beklagte habe »grün« gehabt. Dann wird nicht etwa danach entschieden, wer mehr Zeugen hat, sondern das Gericht muss sich seine Überzeugung frei bilden.

Urteil: Nach Abschluss einer gegebenenfalls durchgeführten Beweisaufnahme wird vom Gericht über die Klage entschieden. Diese Entscheidung erfolgt durch Urteil (§ 300 ZPO). Das Urteil wird im Namen des Volkes verkündet (§ 311 ZPO). Der Inhalt besteht außer den Formalien aus der Urteilsformel, dem Tatbestand und den Entscheidungsgründen (§ 313 ZPO).

Dieses Urteil wird rechtskräftig (§ 325 ZPO), wenn es nicht innerhalb einer bestimmten Frist (1 Monat, § 517 ZPO) zulässigerweise (Berufungssumme 600 €, § 511 Abs. 2 ZPO) mit der Berufung angegriffen wird. Das Urteil gibt dem obsiegenden Kläger, falls der Beklagte auch jetzt noch nicht zahlt, obwohl er im Urteil seine Zahlungsverpflichtung bestätigt bekommen hat, die Möglichkeit zur **Zwangsvollstreckung**.

Berufung (§§ 511–541 ZPO): Die Berufung ist keine volle Tatsacheninstanz mehr, sondern eine Instanz, die unter **grundsätzlicher Bindung an die in erster Instanz** getroffenen Tatsachenfeststellungen eine Fehlerprüfung gewährleisten soll. Daher kann nach § 513 ZPO die Berufung nur darauf gestützt werden, dass

- eine Rechtsnorm nicht oder nicht richtig angewendet worden ist oder
- die zugrunde zu legenden Tatsachen eine andere Entscheidung rechtfertigen.

Neue Angriffs- und Verteidigungsmittel sind nur noch in Ausnahmefällen zulässig:

- bei Vorliegen eines in erster Instanz übersehenen oder für unerheblich gehaltenen Gesichtspunktes oder
- bei zulässigen neuen Tatsachen (§ 529 ZPO).

Das Berufungsverfahren kann damit enden, dass die Berufung zurückgewiesen oder das erstinstanzliche Urteil bestätigt wird. Auch Teilerfolge sind möglich. Ist keine weitere Instanz mehr vorgesehen, ist das Urteil des Berufungsgerichts rechtskräftig, andernfalls kann innerhalb der Revisionsfrist von ebenfalls einem Monat (§ 548 ZPO) eventuell Revision eingelegt werden.

Revision (§§ 542–566 ZPO): Das Rechtsmittel der Revision ist an ganz besondere erschwerte Voraussetzungen geknüpft und muss daher zugelassen werden (Revisionsgründe in § 545, absolute Revisionsgründe nach § 547 ZPO). Im Revisionsverfahren findet **keine neue Beweisaufnahme** statt. Das Revisionsgericht prüft nur die rechtliche Beurteilung des Falles durch die Vorinstanz (§ 559 ZPO). Ist auch das Rechtsmittel der Revision ausgeschöpft, ist der Instanzenzug zu Ende. Die Revisionsentscheidung ist unanfechtbar.

7.3 Mahnverfahren (§§ 688–703d ZPO)

Hat jemand einen Anspruch auf eine bestimmte Geldsumme, die der Schuldner nicht bezahlt, so kann er diesen Anspruch in der beschriebenen Weise einklagen. Er kann aber auch den Weg des Mahnverfahrens beschreiten, der ihm wahlweise neben dem Klageweg zur Verfügung steht. Diese Möglichkeit führt in vielen Fällen einfacher und schneller zum angestrebten Erfolg.

Antrag

Das Verfahren beginnt mit einem Antrag des Antragstellers (der Gläubiger wird zunächst nicht Kläger genannt), einen Mahnbescheid zu erlassen (§ 688 ZPO). Der Antrag ist nur zulässig bei einem Geldanspruch in Euro. Die Höhe des Anspruchs ist nicht beschränkt. Er ist an das Amtsgericht zu richten.

Zuständig ist nach § 689 Abs. 2 ZPO das Amtsgericht, bei dem der Antragsteller seinen allgemeinen Gerichtsstand hat. Diese Regelung begünstigt den Antragsteller gegenüber der allgemeinen Regelung über die Zuständigkeit im Klageverfahren, wonach das Gericht zuständig ist, bei dem der Beklagte seinen allgemeinen Gerichtsstand hat.

Seit 1976 ist jedoch für das Mahnverfahren die maschinelle Bearbeitung vorgesehen, durch die erreicht werden soll, dass eingehende Anträge spätestens am nächsten Arbeitstag nach Eingang erledigt sein sollen (§ 689 Abs. 1 Satz 2 und 3 ZPO). Zu diesem Zweck haben einige Bundesländer von der Ermächtigung des § 689 Abs. 3 ZPO Gebrauch gemacht und die Bearbeitung der Mahnverfahren zur schnelleren und rationelleren Erledigung bei einem Amtsgericht für die Bezirke mehrerer Amtsgerichte zentralisiert.

Für den Mahnantrag sind außerdem bestimmte Erfordernisse für Form und Inhalt zu beachten, die der Antragsteller kennen muss. Bereits wenn eines dieser Erfordernisse nicht vorliegt, wird der Antrag zurückgewiesen (§ 691 ZPO).

Form (§ 703c ZPO): Der Antragsteller muss sich des richtigen Antragsvordrucks bedienen, er kann also den Antrag nicht einfach in Briefform stellen. Die Vordrucke können als Vordrucksätze im Bürobedarfshandel erworben werden.

Inhalt (§ 690 ZPO): Die Inhaltserfordernisse ergeben sich aus § 690 ZPO; eigentlich kann aber in der Praxis kein Erfordernis vergessen werden, wenn der Vordruck sorgfältig und vollständig ausgefüllt worden ist. Enthalten sein muss:

- die Bezeichnung der Parteien (Antragsteller und Antragsgegner), gegebenenfalls ihrer gesetzlichen Vertreter und der Prozessbevollmächtigten,
- die Bezeichnung des Gerichts, bei dem der Antrag gestellt wird (zur Zuständigkeit vgl. oben),
- die Bezeichnung des Anspruchs unter bestimmter Angabe, wie viel Geld verlangt wird; dabei sind Haupt- und Nebenforderung getrennt und einzeln aufzuführen,
- die Erklärung, dass der Anspruch fällig ist, dass er nämlich nicht von einer Gegenleistung abhängt oder diese bereits erbracht ist,
- die Bezeichnung des Gerichts, das für ein streitiges Verfahren (Klageverfahren) in dieser Sache zuständig ist,
- handschriftliche Unterzeichnung.

Erlass des Mahnbescheids

Nachdem die beschriebenen Punkte geprüft wurden, wird der Mahnbescheid erlassen. Zuständig ist hierfür nicht der Richter, sondern der Rechtspfleger (§ 20 Nr. 1 Rechtspflegergesetz). Der Mahnbescheid enthält (§ 692 ZPO):

- die in § 690 Abs. 1 Nr. 1–6 ZPO bezeichneten und oben aufgeführten Erfordernisse des Antrags,
- den Hinweis, dass das Gericht nicht geprüft hat, ob dem Antragsteller der geltend gemachte Anspruch zusteht (die Rechtslage wird überhaupt nicht geprüft; daher rührt auch die schnelle Bearbeitung und die eingangs angesprochene Verfahrensvereinfachung),
- die Aufforderung, innerhalb einer Frist von zwei Wochen nach Zustellung des Mahnbescheids entweder den Anspruch nebst Zinsen und Kosten zu begleichen oder Widerspruch auf einem speziellen Vordruck einzulegen,
- den Hinweis an den Antragsgegner über den weiteren Verfahrensfortgang, dass ein Vollstreckungsbescheid ergehen kann, aus dem der Antragsteller die Zwangsvollstreckung betreiben kann, falls der Antragsgegner nicht fristgerecht Widerspruch einlegt.

Der Mahnbescheid wird dem Antragsgegner vom Amtsgericht zugestellt (§ 693 ZPO).

Weiteres Verfahren

Das weitere Verfahren hängt vom Verhalten des Antragsgegners ab:

- Zahlt er die geforderten Beträge, ist das Verfahren beendet.
- Legt er **Widerspruch** ein, so kann der Antragsteller das sog. streitige Verfahren beantragen (§§ 696, 697 ZPO). Das Verfahren wird dann an das zuständige Gericht abgegeben, das gem. § 690 Abs. 1 Nr. 6 ZPO im Antrag bezeichnet wurde, und es geht weiter wie im normalen Klageverfahren.
- Wird **kein Widerspruch** erhoben, so kann der Antragsteller nach Ablauf der Widerspruchsfrist von zwei Wochen einen Antrag auf Erlass eines **Vollstreckungsbescheides** stellen (§ 699 ZPO). Dieser wird ebenfalls ohne Prüfung, ob der Anspruch begründet ist, erlassen und wirkt wie ein Urteil (§ 700 ZPO).

Der Vollstreckungsbescheid wird dem Antragsgegner ebenfalls vom Amtsgericht zugestellt (§ 699 Abs. 4 ZPO). Der Antragsgegner hat dann ebenfalls zwei Wochen Zeit, entweder zu zahlen oder Einspruch gegen den Vollstreckungsbescheid einzulegen (§§ 700 Abs. 1 i.V. m. 339 ZPO).

- Wird **Einspruch** eingelegt, so wird das Mahnverfahren wieder wie beim Widerspruch gegen den Mahnbescheid in das normale Klageverfahren übergeleitet (§ 700 Abs. 3 ZPO).
- Wird **nicht rechtzeitig Einspruch** eingelegt, so wird der Vollstreckungsbescheid rechtskräftig. Mit ihm als sog. vollstreckbarem Titel kann die **Zwangsvollstreckung** betrieben werden.

Die Besonderheit des Mahnverfahrens liegt darin, dass bei Nichttätigwerden des Antragsgegners innerhalb kurzer Zeit ohne materielle Prüfung des Anspruchs die Zwangsvollstreckung durchgeführt werden kann. Durch die zweimalige Überleitungsmöglichkeit ins normale Klageverfahren (Widerspruch und Einspruch) eignet sich das Mahnverfahren aber nicht so sehr, wenn abzusehen ist, dass der Anspruch vom Gegner bestritten werden wird.

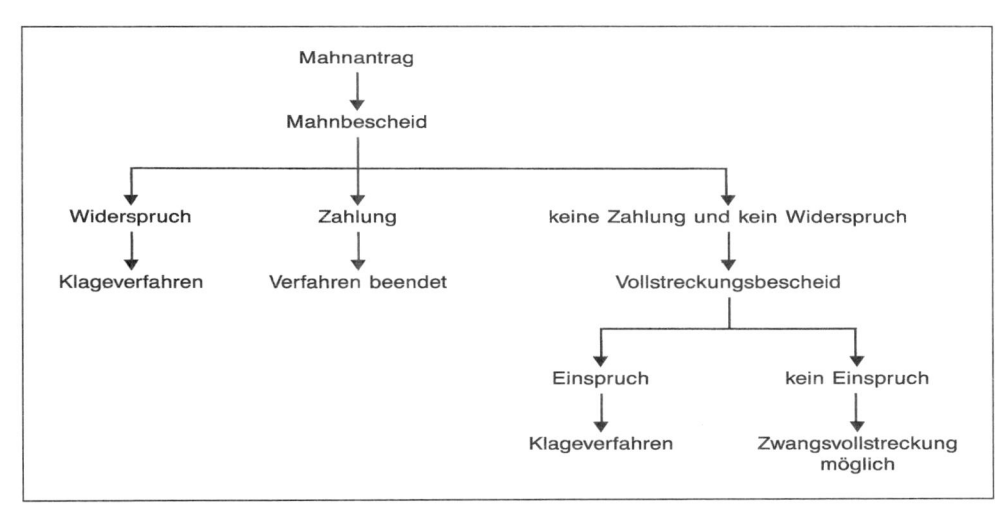

Abb. 7.1: »Systematische Übersicht zum Mahnverfahren«

7.4 Grundzüge der Zwangsvollstreckung

Hat der Gläubiger ein Zivilverfahren gewonnen, müssen, um mit der Zwangsvollstreckung beginnen zu können, folgende Voraussetzungen vorliegen:

a) **Titel (§ 704 ZPO).** Das ist ein rechtskräftiges oder für vorläufig vollstreckbar erklärtes (§ 724 ZPO) Urteil oder ein anderer vollstreckbarer Titel wie z. B. ein Vollstreckungsbescheid.

b) **Klausel (§ 725 ZPO).** Mit der Klausel: »Vorstehende Ausfertigung wird dem ... (Bezeichnung der Partei) zum Zwecke der Zwangsvollstreckung erteilt«; wird aus dem Titel eine vollstreckbare Ausfertigung. Diese Klausel wird auf den Titel gesetzt, vom ausfertigenden Urkundsbeamten der Geschäftsstelle des Gerichts unterschrieben und mit dem Gerichtssiegel versehen.

c) **Zustellung (§ 750 ZPO).** Die Zwangsvollstreckung darf nur beginnen, wenn das Urteil in vollstreckbarer Ausfertigung dem Vollstreckungsschuldner zugestellt wurde oder gleichzeitig zugestellt wird.

Um all diese Dinge muss sich der Gläubiger selbst kümmern; er muss die Zwangsvollstreckung »betreiben«; es wird nicht etwa das Gericht, das das Urteil gesprochen hat, von sich aus tätig. Es bleibt daher dem Gläubiger unbenommen, von seinem obsiegenden Urteil überhaupt keinen Gebrauch zu machen. Zu einer solchen Überlegung bedarf es einer Information aus dem Kostenrecht (Gerichtskostengesetz, GKG): Der Gläubiger ist zusammen mit dem Vollstreckungsschuldner Gesamtschuldner der Vollstreckungskosten.

Diese Kosten werden normalerweise zusammen mit dem Hauptanspruch beigetrieben (§ 788 ZPO). Bleibt die Zwangsvollstreckung aber erfolglos, muss der Gläubiger als Antragsteller die Kosten tragen (§§ 49 i. V. m. 58 GKG). Bei völliger Aussichtslosigkeit der Vollstreckungsversuche wird also der Gläubiger die Zwangsvollstreckung nicht oder zunächst nicht betreiben; die Titel verjähren erst nach 30 Jahren (§ 197 Abs. 1 Nr. 3–5 BGB).

Wenn sich der Gläubiger entscheidet, die Zwangsvollstreckung durchführen zu lassen, wird er, wenn er die erforderlichen Unterlagen beschafft hat, im Allgemeinen zunächst einen Gerichtsvollzieher beauftragen (§ 753 ZPO).

Vollstreckung in körperliche Gegenstände (§§ 808–827 ZPO): Der Gerichtsvollzieher führt die Zwangsvollstreckung wegen Geldforderungen in körperliche Gegenstände durch (§ 808 ZPO). Er vollstreckt durch Pfändung (§ 803 ZPO), durch die ein sog. Pfändungspfandrecht erworben wird (§ 804 ZPO). In § 811 ZPO sind die Gegenstände aufgeführt, die unpfändbar sind, weil der Schuldner sie unbedingt braucht.

Gerät der Gerichtsvollzieher bei seiner Pfändung an einen Gegenstand, der einem Dritten gehört, so muss dieser nach § 771 ZPO Widerspruchsklage gegen die Pfändung seiner Sachen erheben; der Gerichtsvollzieher kann ja die Eigentumslage bei der Pfändung nicht prüfen, er pfändet, was der Schuldner im Besitz hat.

Die Verwertung der vom Gerichtsvollzieher gepfändeten Sachen erfolgt in der Weise, dass er gepfändetes Geld beim Gläubiger abliefert (§ 815 ZPO), die anderen Sachen werden öffentlich versteigert (§ 814 ZPO, Verfahren §§ 816 ff. ZPO). Aus dem Erlös wird nach Abzug der Verfahrenskosten die Forderung des Gläubigers erfüllt.

Vollstreckung in Forderungen und andere Vermögensrechte (§§ 828–863 ZPO): Soll in Forderungen und andere Vermögensrechte vollstreckt werden, führt nicht der Gerichtsvollzieher, sondern das **Amtsgericht** als Vollstreckungsgericht die Zwangsvollstreckung durch (§ 828 ZPO). In diesem Fall wird eine dem Schuldner zustehende Forderung vom Amtsgericht gepfändet.

Beispiel
Es könnte die Forderung des Schuldners auf sein Arbeitseinkommen gepfändet werden. Hierzu ist aber notwendig, dass der Gläubiger den Arbeitgeber des Schuldners kennt. In der Praxis ist es oft das einzige Ergebnis der Vollstreckungsversuche des Gerichtsvollziehers, dass dieser den Arbeitgeber des Schuldners erfährt und dessen Name und Anschrift dem Gläubiger mitteilt.

Bei der Pfändung von Arbeitseinkommen sind die unpfändbaren Beträge in den §§ 850 ff. ZPO (Pfändungsschutz) zu beachten.

Mit der Pfändung wird dem sog. Drittschuldner der Forderung (z. B. Arbeitgeber) verboten, an den Vollstreckungsschuldner zu leisten und er wird aufgefordert, den gepfändeten Betrag an den Gläubiger zu überweisen (§§ 829, 835 ZPO).

Vollstreckung in das unbewegliche Vermögen (§§ 864–871 ZPO): Der Gläubiger kann auch die Vollstreckung in das unbewegliche Vermögen des Schuldners betreiben, falls dieser welches hat.

Die Zwangsvollstreckung in ein Grundstück erfolgt durch das Vollstreckungsgericht durch Eintragung einer Sicherungshypothek (§ 867 ZPO), durch Zwangsversteigerung (§ 869 ZPO i. V. m. ZVG) oder Zwangsverwaltung (§ 869 ZPO i. V. m. ZVG).

Kontrollfragen
1. Wonach entscheidet es sich, welches Gericht für ein Klageverfahren örtlich zuständig ist?
2. Wie ist die sachliche Zuständigkeit geregelt?
3. Für welche Verfahren sind die Amts-, für welche die Landgerichte zuständig?
4. Wodurch wird ein Klageverfahren eingeleitet?
5. Wie läuft ein Zivilprozess ab?
6. Wie sind die Beweisregeln? Welche Beweismittel gibt es?
7. Wie unterscheiden sich Berufung und Revision?
8. Welche Vorteile hat ein Vorgehen im Mahnverfahren gegenüber dem Klageverfahren?
9. Wie wird ein Mahnbescheid beantragt?
10. Wer prüft vor dem Erlass eines Mahnbescheides, ob der Anspruch begründet ist?
11. Welche Möglichkeiten hat der Antragsgegner, wenn ihm ein Mahnbescheid zugestellt wird?
12. Wie kann sich der Antragsgegner gegen einen Vollstreckungsbescheid zur Wehr setzen?
13. Welche Voraussetzungen sind für den Beginn der Zwangsvollstreckung notwendig?
14. Wer betreibt die Zwangsvollstreckung? Wer führt sie durch?
15. Wie wird die Zwangsvollstreckung in bewegliche Sachen, in unbewegliche Sachen und in Forderungen durchgeführt?

8 Insolvenzverfahren

8.1 Einführung

Die Insolvenzordnung (InsO) trat am 1. 1. 1999 in Kraft; sie ersetzt das bisherige Konkurs-, Vergleichs- und das im Beitrittsgebiet geltende Gesamtvollstreckungsrecht. Dadurch wird die innerdeutsche Rechtseinheit in diesem Bereich hergestellt. Auf sog. »Altverfahren« (Konkurs- oder Vergleichsantrag vor dem 1. 1. 1999) sind die Vorschriften der Konkurs- und Vergleichsordnung auch nach diesem Stichtag noch anzuwenden.

Durch die Neuregelung soll in erster Linie eine Stärkung der Gläubigerautonomie erreicht werden. Diese können künftig frei darüber entscheiden (§ 1 InsO), ob das Insolvenzverfahren nach den gesetzlichen Regelvorgaben abläuft, das vom Grundsatz her dem bisherigen Konkursverfahren entspricht oder ob man im Einvernehmen mit dem Schuldner einen einvernehmlichen Insolvenzplan beschließt; dieses Vorgehen entspräche dem früheren Vergleichsverfahren nach der VerglO, aber ohne irgendwelche gesetzlichen Mindestanforderungen oder Mindestergebnisse.

Das Insolvenzverfahren ist ein zivilprozessuales Verfahren. Soweit die InsO keine Regelungen vorsieht, gelten die Vorschriften der ZPO entsprechend (§ 4 InsO).

8.2 Zweck des Insolvenzverfahrens

Genereller Zweck des Insolvenzverfahrens ist die gemeinschaftliche und bestmögliche Befriedigung aller Gläubiger, die zur Zeit der Eröffnung des Verfahrens einen begründeten Vermögensanspruch gegen den Insolvenzschuldner haben. Die Befriedigung der Gläubiger erfolgt durch Verteilung des Erlöses aus der Verwertung der vorhandenen Vermögensmasse und/oder durch eine abweichende Regelung, die in einem Insolvenzplan (§§ 217–269 InsO) getroffen wird. Dem redlichen Insolvenzschuldner wird anschließend Gelegenheit gegeben, sich von seinen restlichen Verbindlichkeiten zu befreien (Restschuldbefreiung §§ 286–303 InsO).

8.3 Voraussetzungen des Insolvenzverfahrens

Insolvenzfähigkeit des Schuldners
Ein Insolvenzverfahren ist gem. § 11 InsO zulässig über das Vermögen jeder natürlichen und juristischen Person, eines nicht rechtsfähigen Vereins, einer Gesellschaft ohne Rechtspersönlichkeit (OHG, KG, GbR, Partenreederei, EWiV), Sondervermögen des Nachlasses sowie über das Gesamtgut einer Gütergemeinschaft.

Insolvenzgrund
Die Eröffnung des Insolvenzverfahrens setzt voraus, dass ein Eröffnungsgrund gegeben ist:

– allgemeiner Eröffnungsgrund ist gem. § 17 InsO die Zahlungsunfähigkeit. Diese ist gegeben, wenn der Schuldner nicht mehr in der Lage ist, die fälligen Zahlungspflichten zu erfüllen; sie ist in der Regel anzunehmen, wenn der Schuldner seine Zahlungen eingestellt hat.
– Als Grund genügt auch die drohende Zahlungsunfähigkeit (§ 18 InsO). Ein Schuldner droht zahlungsunfähig zu werden, wenn er voraussichtlich nicht in der Lage sein wird, die bestehenden Zahlungspflichten im Zeitpunkt ihrer Fälligkeit zu erfüllen. Damit soll es ermöglicht werden, frühzeitig auf Unternehmenskrisen reagieren und die Sanierungschancen erhöhen zu können.
– Bei einer juristischen Person ist darüber hinaus auch die Überschuldung Eröffnungsgrund (§ 19 InsO). Gleiches gilt, wenn bei einer Gesellschaft ohne Rechtspersönlichkeit kein persönlich haftender Gesellschafter eine natürliche Person ist (z. B. bei einer typischen GmbH & Co, KG). Überschuldung liegt vor, wenn das

Vermögen des Schuldners die bestehenden Verbindlichkeiten nicht mehr deckt. Bei der Bewertung des Vermögens des Schuldners ist dabei die Fortführung des Unternehmens zugrunde zu legen, wenn diese nach den Umständen überwiegend wahrscheinlich ist.

Insolvenzantrag

Das Insolvenzverfahren wird nur auf Antrag eröffnet (§§ 13–15 InsO). Antragsberechtigt sind die Gläubiger und der Schuldner, bei einer juristischen Person jedes Mitglied eines Vertretungsorgans, bei einer Gesellschaft ohne Rechtspersönlichkeit jeder persönlich haftende Gesellschafter.

Der Antrag eines Gläubigers ist zulässig, wenn er ein rechtliches Interesse an der Eröffnung des Insolvenzverfahrens hat und einen Eröffnungsgrund glaubhaft macht.

Ausreichende Masse

Der Schuldner muss mindestens so viel Vermögen (Masse) haben, dass die Kosten des Insolvenzverfahrens gedeckt sind. Ist dies nicht der Fall, wird der Antrag auf Eröffnung des Insolvenzverfahrens mangels Masse abgewiesen (§ 26 InsO). Bis zu einer derartigen Entscheidung kann das Insolvenzgericht eine Reihe von Maßnahmen treffen, um das Vermögen des Schuldners zu sichern (Bestellung eines vorläufigen Insolvenzverwalters, allgemeines Veräußerungsverbot, Einstellung von Einzelzwangsvollstreckungsmaßnahmen etc. §§ 21 ff. InsO).

8.4 Eröffnung des Insolvenzverfahrens

Die Eröffnung des Insolvenzverfahrens erfolgt durch das Insolvenzgericht, in dessen Bezirk der Schuldner seinen allgemeinen Gerichtsstand hat. Als Insolvenzgericht ist das Amtsgericht, in dessen Bezirk auch das Landgericht seinen Sitz hat, für den ganzen Landgerichtsbezirk zuständig.

Das Gericht prüft von Amts wegen, ob die oben genannten Voraussetzungen für die Eröffnung des Insolvenzverfahrens vorliegen und erlässt dann einen förmlichen Eröffnungsbeschluss (§ 27 InsO).

In diesem ernennt das Gericht einen Insolvenzverwalter, fordert die Gläubiger auf, ihre Forderungen innerhalb einer bestimmten Frist direkt beim Insolvenzverwalter anzumelden und bestimmt einen Termin zur Gläubigerversammlung (§§ 28, 29 InsO).

Der Eröffnungsbeschluss wird im Handelsregister eingetragen, soweit der Schuldner dort eingetragen ist und im Grundbuch vermerkt, soweit der Schuldner Eigentümer von Grundstücken ist (§§ 31, 32 InsO).

Die Folgen der Eröffnung sind:

- Weitere Zwangsvollstreckungsmaßnahmen der Insolvenzgläubiger in das Vermögen des Schuldners sind unzulässig (§ 89 InsO). Die Insolvenzgläubiger können ihre Forderungen nur noch nach den Vorschriften der Insolvenzordnung verfolgen.
- Hat ein Insolvenzgläubiger innerhalb eines Monats vor Eröffnung des Verfahrens durch eine Vollstreckungsmaßnahme eine Sicherheit erlangt, wird diese unwirksam (§ 88 InsO).
- Der Schuldner verliert die Befugnis, sein zur Insolvenzmasse gehörendes Vermögen zu verwalten und darüber zu verfügen. Das Verwaltungs- und Verfügungsrecht geht auf den Insolvenzverwalter über.

8.5 Verfahrensgang

8.5.1 Stellung und Aufgabe des Insolvenzverwalters

Der Insolvenzverwalter sammelt und ordnet das Vermögen des Schuldners. Sind zur ordnungsmäßigen Verwaltung der Masse Rechtsgeschäfte nötig, so hat der Insolvenzverwalter diese abzuschließen. Die daraus zu Lasten der Insolvenzmasse entstehenden Verbindlichkeiten sind in vollem Umfang zu erfüllen (sog. Masseschulden, § 53 InsO).

> **Beispiel**
> Zur Insolvenzmasse gehört ein Haus, an dem der Insolvenzverwalter eine dringend notwendige Dachreparatur durchführen lässt. Der Dachdecker hat Anspruch auf volle Bezahlung.

Der Insolvenzverwalter erstellt eine Vermögensübersicht (§ 153 InsO), in der er die Gegenstände der Masse und die Verbindlichkeiten des Schuldners gegenüberstellt sowie ein Gläubigerverzeichnis, in der er alle ihm bekanntgewordenen Gläubiger einträgt.

Der Insolvenzverwalter hat auch die öffentlich-rechtlichen Pflichten des Schuldners zu erfüllen, insbesondere die handels- und steuerrechtlichen Rechnungslegungspflichten zu erfüllen (§ 155 InsO) und die erforderlichen Steueranmeldungen und Steuererklärungen abzugeben und fällige Steuern zu entrichten.

Bei der ersten Gläubigerversammlung (Berichtstermin § 156 InsO) erstattet der Insolvenzverwalter Bericht über die wirtschaftliche Lage des Schuldners und die Insolvenzursachen; er hat darzulegen, ob Aussichten bestehen, das Unternehmen im Ganzen oder in Teilen zu erhalten, welche Möglichkeiten für einen Insolvenzplan bestehen und welche Auswirkungen jeweils für die Befriedigung der Gläubiger eintreten würden.

Die Gläubigerversammlung beschließt dann im Berichtstermin, wie das Verfahren weitergehen soll, ob das Unternehmen stillgelegt oder vorläufig fortgeführt werden soll. Diese Entscheidung kann in späteren Gläubigerversammlungen wieder geändert werden.

Wird das Unternehmen nicht fortgeführt, hat der Insolvenzverwalter das zur Insolvenzmasse gehörende Vermögen zu verwerten. Er verkauft die bewegliche Sachen und Grundstücke im freihändigen Verkauf oder lässt sie versteigern.

8.5.2 Insolvenzanfechtung (§§ 129–147 InsO)

Der Zweck der Insolvenzanfechtung ist es, der Masse Vermögensgegenstände wieder zuzuführen, die vor Eröffnung des Insolvenzverfahrens in einer die Masse beeinträchtigenden Weise aus dem Vermögen des Schuldners weggegeben worden sind. Die Anfechtung wird vom Insolvenzverwalter ausgeübt.

Voraussetzungen sind:

Es muss eine Rechtshandlung vorliegen, durch die ein Dritter einen Vermögensvorteil aus dem Schuldnervermögen erlangt hat. Diese Rechtshandlung muss zu einer Benachteiligung der Insolvenzgläubiger geführt haben, d. h. dass sich die Befriedigung der Gläubiger ohne die angefochtene Rechtshandlung günstiger darstellt.

Anfechtbar sind insbesondere:

- Rechtshandlungen, die einem Insolvenzgläubiger während der Krise eine Sicherung oder Befriedigung gewähren, die dieser beanspruchen konnte (sog. kongruente Deckung, § 130 InsO),
- Rechtshandlungen, die einem Insolvenzgläubiger innerhalb bestimmter Fristen Sicherung oder Befriedigung gewährten, die dieser nicht zu beanspruchen hatte (sog. inkongruente Deckung, § 131 InsO),
- Unmittelbare Gläubigerbenachteiligung durch Rechtsgeschäfte mit Dritten innerhalb bestimmter Fristen (§ 132 InsO),
- Vorsätzliche Benachteiligung der Gläubiger, insbesondere durch Verträge mit nahestehenden Personen (§ 133 InsO),
- Unentgeltliche Leistungen innerhalb bestimmter Fristen (§ 134 InsO)
- Kapitalersetzende Darlehen (§ 135 InsO), Rückgewähr stiller Einlagen (§ 136 InsO) etc.

Rechtsfolge der Insolvenzanfechtung ist, dass der Empfänger das in anfechtbarer Weise Erlangte wieder zur Masse zurückgeben muss (§ 143 InsO).

8.5.3 Aussonderung und Absonderung

Aussonderung (§ 47 InsO)
Gehört ein Gegenstand nicht dem Schuldner, so ist der Gegenstand nicht Bestandteil der Insolvenzmasse. Der Dritte hat einen sog. Aussonderungsanspruch (§ 47 InsO). Er ist kein Insolvenzgläubiger. Aussonderung bedeutet demnach, dass ein Dritter einen Gegenstand als ihm gehörend aus der Insolvenzmasse heraus verlangen kann.

Ein Aussonderungsrecht gewähren z. B. das Eigentum, insbesondere die verschiedenen Formen des Eigentumsvorbehalts sowie Herausgabeansprüche (z. B. des Vermieters, Leasinggebers).

Kein Aussonderungsrecht gewährt das Sicherungseigentum, weil es wirtschaftlich einem Pfandrecht gleichsteht.

Absonderung (§§ 49–52 InsO)
Haben Gläubiger für ihre Forderung ein Pfandrecht oder eine dem Pfandrecht haftungsrechtlich gleichgestellte Berechtigung (insbes. Sicherungseigentum und Sicherungszession, vgl. § 51 InsO) an einem Gegenstand der Insolvenzmasse, so können sie wegen ihrer Forderung abgesonderte Befriedigung verlangen. Das Absonderungsrecht führt zu einem entsprechenden Vorwegbefriedigungsrecht des Gläubigers am Verwertungserlös dieses Gegenstandes.

Die abgesonderte Befriedigung erfolgt durch die Verwertung des Gegenstandes durch den Insolvenzverwalter (§§ 165 ff. InsO) und anschließende Zuteilung des Erlöses an den Berechtigten, soweit dessen Forderung reicht. Für die Verwertung einer beweglichen Sache oder einer Forderung hat der Gläubiger an die Insolvenzmasse einen Kostenbeitrag von insgesamt 9 % des Verwertungserlöses zzgl. Umsatzsteuer zu entrichten (§ 171 InsO).

Ist der Verwertungserlös höher als der Betrag der Forderung des absonderungsberechtigten Gläubigers, ist der übersteigende Betrag der Insolvenzmasse zuzuführen.

Reicht der Verwertungserlös nicht aus, um den Gläubiger nach Abzug des Kostenbeitrags voll zu befriedigen, ist dieser Gläubiger bzgl. des Restes einem normalen Insolvenzgläubiger gleichzustellen.

8.5.4 Verteilung der Masse

Wenn die Verwertung der Masse beendet ist, erfolgt die endgültige Befriedigung der Gläubiger. Nach der Befriedigung der Massegläubiger, die grundsätzlich voll befriedigt werden (§ 53 InsO), und der Bezahlung der Verfahrenskosten werden alle Insolvenzgläubiger grundsätzlich zu gleichen Teilen befriedigt. Hierzu wird in einem Verteilungstermin ein Verteilungsplan erstellt, nach Zustimmung durch das Insolvenzgericht wird eine Schlussverteilung vorgenommen (§§ 196 ff. InsO).

8.5.5 Rechtslage nach Beendigung des Insolvenzverfahrens

Nach Beendigung des Insolvenzverfahrens können Gläubiger, deren Forderungen nicht oder nicht voll erfüllt worden sind, ihre restlichen Ansprüche gegen den Schuldner unbeschränkt geltend machen (§ 201 Abs. 1 InsO).

Als vollstreckbarer Titel, der erst nach 30 Jahren verjährt, gilt dabei ein Auszug aus der Insolvenztabelle (§ 201 Abs. 2 InsO).

Ist der Schuldner eine natürliche Person, so kann ihm aber auf seinen Antrag hin unter bestimmten Voraussetzungen sog. Restschuldbefreiung gewährt werden (§ 201 Abs. 3 i. V. m. §§ 286 ff. InsO).

8.6 Verbraucherinsolvenzverfahren

Als grundlegende Neuerung wurde ab 1. 1. 1999 neben dem eigentlichen Insolvenzverfahren zusätzlich ein Verbraucherinsolvenzverfahren eingeführt für natürliche Personen, die keine oder nur eine geringfügige gewerbliche Tätigkeit ausüben (§§ 304 ff. InsO).

Dieses Verfahren gliedert sich in drei Stufen, wobei die jeweils folgende Stufe nur beschritten werden kann, wenn die vorangegangene gescheitert ist:

– außergerichtlicher Einigungsversuch,
– gerichtliches Schuldenbereinigungsverfahren und
– vereinfachtes Insolvenzverfahren.

Mit dem Verbraucherinsolvenzverfahren soll die Schuldenbereinigung einer bestimmten Personengruppe in einem einfachen, flexiblen und die Gerichte wenig belastenden Verfahren erreicht werden.

Zur Reduzierung der Belastung der Gerichte ist der Schuldner verpflichtet, zunächst außergerichtlich mit seinen Gläubigern auf eine Schuldenbereinigung hinzuwirken. Erst nach dem Scheitern des außergerichtlichen Einigungsversuchs kann der Schuldner das gerichtliche Schuldenbereinigungsverfahren beantragen. Hierzu hat er die Bescheinigung einer geeigneten Person oder Stelle (Rechtsanwalt, Steuerberater, Schuldnerberatungsstelle usw.) vorzulegen, in der bestätigt wird, dass eine außergerichtliche Einigung innerhalb der letzten sechs Monate vor Eröffnungsantrag erfolglos versucht worden ist.

Kontrollfragen

1. Wozu dient das Insolvenzverfahren?
2. Aus welchem Grund wird ein Insolvenzverfahren durchgeführt?
3. Wer kann einen Antrag auf Eröffnung eines Insolvenzverfahrens stellen?

4. *Was bedeutet es, wenn ein Insolvenzverfahren mangels Masse abgewiesen wird?*
5. *Welche Wirkungen hat die Eröffnung des Insolvenzverfahrens?*
6. *Welche Rechtsstellung und welche Aufgaben hat der Insolvenzverwalter?*
7. *Wozu dient die Insolvenzanfechtung? Welche Gründe gibt es dafür?*
8. *Was versteht man unter kongruenter und inkongruenter Deckung?*
9. *Was bedeutet Aussonderungsrecht und wie wird es erlangt?*
10. *Was bedeutet abgesonderte Befriedigung und wer hat ein Recht dazu?*
11. *Wer sind die Massegläubiger?*
12. *Was hat ein Insolvenzgläubiger nach Eröffnung des Insolvenzverfahrens zu tun?*
13. *In welcher Reihenfolge werden die Gläubiger des Insolvenzverfahrens befriedigt?*
14. *Kann ein Gläubiger, der beim Insolvenzverfahren leer ausging, seine Forderung später weiter verfolgen?*

Aufgabe 14.22 *(Insolvenzverfahren) S. 522*

9 Arbeitsrecht

Grundbegriffe: Das Arbeitsrecht ist das Sonderrecht der Arbeitnehmer. **Arbeitnehmer** ist eine Person, die gegenüber einem anderen auf Grund eines privatrechtlichen Vertrags für eine gewisse Dauer zur Arbeitsleistung verpflichtet ist. Entscheidend ist dabei die Abhängigkeit und Weisungsgebundenheit des Arbeitnehmers. **Keine Arbeitnehmer** im arbeitsrechtlichen Sinne sind Vorstandsmitglieder einer AG, Geschäftsführer einer GmbH und andere, in § 5 Abs. 2 BetrVerfG aufgezählte Personen. Eine Sonderstellung nehmen die leitenden Angestellten ein, die zwar ebenfalls Arbeitnehmer sind, für die aber auf Grund ihrer Funktionen und ihrer Sonderinteressen einige Besonderheiten gelten. **Arbeitgeber** ist jede Person, die einen Arbeitnehmer beschäftigt. Diese kann eine natürliche oder juristische Person ebenso wie eine Körperschaft des öffentlichen Rechts sein. In einer Person können Arbeitnehmer- und Arbeitgebereigenschaft zusammenfallen, wenn z. B. ein Arbeitnehmer eine Putzfrau beschäftigt.

9.1 Quellen

Das Arbeitsrecht ist nicht in einem einheitlichen Arbeitsrechtsgesetz zusammengefasst. Grundlage ist eine Vielzahl der unterschiedlichsten Rechtsquellen. Beispielhaft sollen aufgezählt werden:
  Staatliches Recht:
- Regelungen in BGB, HGB, Gewerbeordnung, Handwerksordnung, Lohnfortzahlungsgesetz, Arbeitsplatzschutzgesetz, Gesetz zur Verbesserung der betrieblichen Altersversorgung (Betriebsrentengesetz), Arbeitnehmerüberlassungsgesetz u. a.
- Regelungen der Berufsausbildung in Berufsbildungsgesetz, Handwerksordnung, Arbeitsförderungsgesetz,
- Regelungen über den Arbeitsschutz und den Schutz besonderer Personengruppen in Gewerbeordnung, Arbeitszeitordnung, Arbeitsstättenverordnung, Arbeitssicherheitsgesetz, Schwerbehindertengesetz, Mutterschutzgesetz, Jugendarbeitsschutzgesetz, Bundeserziehungsgeldgesetz,

- das Tarifrecht mit dem Tarifvertragsgesetz,
- Betriebsverfassungs- und Mitbestimmungsrecht in: Betriebsverfassungsgesetz, Mitbestimmungsgesetz, Montan-Mitbestimmungsgesetz,
- die Regelung der Arbeitsgerichtsbarkeit im Arbeitsgerichtsgesetz.

Tarifrecht: Tarifverträge sind schriftliche Vereinbarungen zwischen Arbeitgebern oder Arbeitgeber-Verbänden und Gewerkschaften. Grundsätzlich gelten diese Vereinbarungen nur für die Mitglieder der vertragsschließenden Organisationen, sie können aber für allgemein verbindlich erklärt werden.

Betriebliches Recht: Betriebsvereinbarungen kommen durch Vereinbarung zwischen Geschäftsleitung und Betriebsrat zu Stande. **Betriebliche Übung** ist letztlich eine Rechtsquelle, die auf Richterrecht beruht.

> **Beispiel**
> Die wiederholte vorbehaltlose Zahlung einer Weihnachtsgratifikation führt nach der Rechtsprechung zu einem Anspruch der Arbeitnehmer darauf, dass auch in Zukunft eine solche bezahlt wird.

Individualarbeitsrecht: Regelungen im einzelnen Arbeitsvertrag gehen anderen Regelungen vor, wenn sie nicht gegen zwingende gesetzliche Bestimmungen verstoßen.

Rechtsprechung: Wegen der Zersplitterung der Rechtsquellen und der vielen politischen Streitpunkte ist in wesentlichen Teilen des Arbeitsrechts eine gesetzliche Regelung unterblieben, sodass es in vielen Fällen der Rechtsprechung überlassen blieb, Grundsätze zu entwickeln. Diese sind später teilweise vom Gesetzgeber übernommen worden oder finden als tragende Grundsätze allgemeine Anerkennung.

> **Beispiel**
> Das gesamte Arbeitskampfrecht ist gesetzlich nicht geregelt. Die arbeitsrechtliche Rechtsprechung zur Zulässigkeit von Streiks, Aussperrung und den dabei zu beachtenden Regeln ist daher sehr umfangreich.

9.2 Arbeitsvertragsrecht

Ein Arbeitsvertrag ist ein privatrechtlicher, personenrechtlicher, gegenseitiger Austauschvertrag, durch den sich der Arbeitnehmer zur Leistung von Arbeit und der Arbeitgeber zur Zahlung der vereinbarten Vergütung verpflichtet. Er ist eine Unterform des **Dienstvertrags** i. S. des BGB. Grundsätzlich gelten daher die Regelungen der §§ 611 ff. BGB neben den speziellen arbeitsrechtlichen Bestimmungen.

9.2.1 Begründung des Arbeitsverhältnisses

Ein Arbeitsvertrag bedarf grundsätzlich keiner Schriftform oder sonstigen Form, er kann rechtsgültig auch mündlich abgeschlossen werden. Für das Zustandekommen gelten die Regeln des BGB über den Vertragsschluss durch Angebot und Annahme.

Bereits bei den Einstellungsverhandlungen gelten für beide Seiten auf Grund des Grundsatzes von Treu und Glauben (§ 242 BGB) gewisse Pflichten, insbesondere Aufklärungspflichten. Der **Arbeitgeber** z. B.

- hat die Bewerbungsunterlagen sorgfältig aufzubewahren und wieder zurückzugeben, sobald feststeht, dass kein Arbeitsvertrag zu Stande kommt;

- muss den Arbeitnehmer über die Anforderungen unterrichten, die der in Aussicht genommene Arbeitsplatz an den Arbeitnehmer stellt, wenn besondere gesundheitliche Belastungen zu erwarten sind oder überdurchschnittliche Anforderungen gestellt werden;
- muss dem Arbeitnehmer die Vorstellungskosten ersetzen, wenn er den Arbeitnehmer zur Vorstellung auffordert;
- darf bei den Einstellungsverhandlungen keine falschen Erwartungen erwecken.

Beispiel
Erweckt der Arbeitgeber den Eindruck, es wird bestimmt zum Abschluss eines Arbeitsvertrags kommen, und kündigt daraufhin der Arbeitnehmer sein bisheriges Arbeitsverhältnis, macht sich der Arbeitgeber schadensersatzpflichtig, wenn in der Folge der Abschluss eines Arbeitsvertrags unterbleibt (BArbG in BB 1974, S. 1397).

Der **Arbeitnehmer** hat vor allem Offenbarungspflichten. Der Arbeitgeber kann zur Auswahl der Bewerber Erkundigungen einholen, graphologische Gutachten erstellen lassen und Fragen – meist in den sog. Personalfragebögen – stellen. Psychologischen Tests und ärztlichen Untersuchungen braucht sich der Arbeitnehmer nicht zu unterziehen, wenn sie nicht gesetzlich vorgeschrieben sind. Bei einer Weigerung riskiert er allerdings, dass er nicht eingestellt wird.

Für die **Zulässigkeit der Fragen** gibt es eine umfangreiche Rechtsprechung, die auch besagt, dass der Arbeitnehmer bei nicht zulässigen Fragen die Antwort verweigern oder lügen darf. Wer aber bei einer zulässigen Frage lügt, macht sich der arglistigen Täuschung im Sinne des § 123 BGB schuldig. Bei der Beurteilung der Zulässigkeit der Fragen widerstreiten das Interesse des Arbeitgebers an einer umfassenden Auskunft und der Schutz der Persönlichkeitsrechte und der Individualsphäre des Arbeitnehmers. Im Einzelnen gilt z. B. folgendes:

- Fragen nach beruflichen und fachlichen Fähigkeiten, Kenntnissen und dem bisherigen beruflichen Werdegang, nach Prüfungs- und Zeugnisnoten dürfen uneingeschränkt gestellt werden.
- Bei Fragen nach dem Gesundheitszustand und nach früheren Erkrankungen kommt es auf die Lage des Einzelfalls und auf den Zusammenhang mit dem einzugehenden Arbeitsverhältnis an. Das Fragerecht des Arbeitgebers beschränkt sich auf Fragen, ob eine Krankheit oder Beeinträchtigung des Gesundheitszustands des Arbeitnehmers vorliegt, die die Eignung für die vorgesehene Tätigkeit auf Dauer oder in periodisch wiederkehrenden Abständen beeinträchtigt, in absehbarer Zeit zu einer Dienstunfähigkeit führt oder eventuell die Gesundheit der künftigen Kollegen oder Kunden gefährdet.
- Die Frage nach dem Vorliegen einer Schwangerschaft ist grundsätzlich nicht erlaubt (Ausnahme: Sportlehrerin oder Mannequin, da die in Rede stehende Arbeit nicht geleistet werden kann).
- Nicht zulässig ist die Frage nach der Höhe der bisherigen Vergütung, wenn sie nicht der Bewerber von sich aus ins Spiel gebracht hat.
- Zulässig ist die Frage, ob Lohnpfändungen vorliegen.
- Nach den Vermögensverhältnissen darf i. d. R nicht gefragt werden, es sei denn, der Arbeitnehmer soll in einem besonderen Vertrauensverhältnis beschäftigt werden.
- Unzulässig ist die Frage nach der Religions- oder Parteizugehörigkeit, es sei denn bei Tendenzbetrieben, z. B. kirchlichen Einrichtungen oder Parteizeitungen.
- Die Frage nach einer Gewerkschaftszugehörigkeit ist unzulässig.
- Der Arbeitgeber darf fragen, ob ein Bewerber seinen Wehrdienst abgeleistet hat.

– Nach Vorstrafen darf nur gefragt werden, wenn diese in einem Zusammenhang mit der künftigen Tätigkeit stehen, z. B. nach Eigentumsdelikten bei einem Buchhalter oder nach Verkehrsstrafen bei einem Kraftfahrer.

9.2.2 Inhalt des Arbeitsverhältnisses

Das abgeschlossene Arbeitsverhältnis erzeugt auf beiden Seiten Rechte und Pflichten.

Hauptpflicht des Arbeitnehmers
Arbeitspflicht: Die Leistung von Arbeit ist in Person und an den Arbeitgeber (Ausnahme: Leiharbeitsverhältnisse) zu erbringen (§ 611 BGB),
   Art der Arbeitsleistung: Sie wird ebenso durch den Arbeitsvertrag bestimmt wie der Umfang der zu erbringenden Arbeitsleistung und der Umfang von Nebenbeschäftigungen. Für die Arbeitszeit gelten daneben gesetzliche Schutzbestimmungen.
   Ort der Arbeit: Er ergibt sich aus dem Arbeitsvertrag. Normalerweise ist die Arbeit im Betrieb des Arbeitgebers zu erbringen. Etwas anderes gilt beispielsweise bei Bauarbeitern, aber auch dort hat der Arbeitgeber auf die Interessen des Arbeitnehmers Rücksicht zu nehmen. Eine Versetzung in eine andere Stadt ist nur zulässig, wenn dies vereinbart ist.

Nebenpflichten des Arbeitnehmers
Treuepflichten: Unter diesem Begriff kann man zusammenfassen: die Verschwiegenheitspflicht (keine Weitergabe von Geschäfts- und Betriebsgeheimnissen), das Verbot kredit- und rufschädigender Äußerungen, der Annahme von Schmiergeld und der Abwerbung bei Gründung eines eigenen Gewerbes sowie die Wahrung des Betriebsfriedens (z. B. durch Verbot der politischen Betätigung).
   Handlungspflichten: Der Arbeitnehmer hat vorhersehbare Arbeitsverhinderungen rechtzeitig mitzuteilen, insbesondere sich zu entschuldigen und ggf. eine Arbeitsunfähigkeitsbescheinigung einzureichen. Er hat drohende Schäden anzuzeigen und bei Notfällen mitzuhelfen. Generell ist er zur Über- oder Mehrarbeit nicht verpflichtet.
   Gehorsamspflichten: Hierunter fällt die Einhaltung eines Rauchverbots, das Dulden von Torkontrollen und das Verbot des Führens privater Telefongespräche.
   Verpflichtung zur Unterlassung von Wettbewerb: Der Arbeitnehmer hat während des Arbeitsverhältnisses jeden Wettbewerb zu unterlassen, auch wenn dies nicht schriftlich fixiert ist. Nach Beendigung gilt dies nur, wenn die Verpflichtung zur Unterlassung von Wettbewerb gesondert vereinbart ist.

Hauptpflicht des Arbeitgebers
Hauptpflicht ist die Zahlung der vereinbarten Vergütung (§§ 611, 612 BGB). Für die Zahlung der Vergütung gibt es verschiedene Formen und Bezeichnungen: Lohn und Gehalt, Geldlohn und Naturallohn, Zeitlohn und Akkordlohn, Provisionen, Prämien und Gratifikationen sowie Gewinnbeteiligungen. Außerdem sind bestimmte Zuschlagsformen üblich oder vorgeschrieben, beispielsweise Zuschläge für Mehrarbeit oder Sonn- und Feiertagsarbeit.
   Lohnfortzahlung: Da der Arbeitslohn in vielen Fällen die einzige Einnahmequelle des Arbeitnehmers ist, ist der Grundsatz des gegenseitigen Vertrags »ohne Arbeit kein Lohn« eingeschränkt. Bei unverschuldeter Arbeitsunfähigkeit hat der Arbeitnehmer einen gesetzlichen Anspruch auf Lohn- oder Gehaltsfortzahlung für die Dauer von

6 Wochen. Dies ist für alle Arbeitnehmer im Entgeltfortzahlungsgesetz vom 26. Mai 1994 geregelt. In dessen § 4 wird die Höhe des fortzuzahlenden Entgelts auf 80 % des regelmäßigen Arbeitsentgelts beschränkt.

Nebenpflichten des Arbeitgebers

- Beschäftigungspflicht.
- Fürsorgepflichten. Hierunter fällt die Pflicht zu Schutzmaßnahmen gem. § 618 BGB, die Einhaltung von Schutzvorschriften (Arbeitsschutz, Unfallverhütung etc.) und die Sorge um die mitgebrachten Sachen des Arbeitnehmers.
- Urlaubsgewährung und Urlaubsentgelt (Regelungen im Bundesurlaubsgesetz, z. B. Mindesturlaub für Erwachsene 18 Tage, Wartezeit 6 Monate, Urlaubsabgeltung, Verbot der Urlaubsarbeit etc.).
- Lohnfortzahlung im Krankheitsfall.
- Pflichten nach §§ 81 ff. BetrVerfG wie die Unterrichtungspflicht (§ 81 BetrVerfG), Anhörungs- und Erörterungsrecht (§ 82 BetrVerfG), Anspruch auf Einsicht in die Personalakten (§ 83 BetrVerfG) und die Pflicht zur Anhörung von Beschwerden (§ 84 BetrVerfG).
- Pflicht zur Zeugniserteilung (§ 630 BGB).
- Auskunftserteilung gegenüber künftigen Arbeitgebern.
- Freizeitgewährung zur Stellensuche bei Fortbestehen des Lohnanspruchs (§ 629 BGB).
- Aushändigung der Arbeitspapiere.

9.2.3 Kündigung des Arbeitsverhältnisses

Das Arbeitsverhältnis kann außer durch Kündigung enden durch Tod des Arbeitnehmers, durch Abschluss eines Aufhebungsvertrags und bei bedingten und befristeten Arbeitsverhältnissen durch Zeitablauf (§ 620 BGB) oder durch den Eintritt der Bedingung (Letzteres ist sehr umstritten).

Begriff der Kündigung: Die Kündigung ist eine einseitige empfangsbedürftige Erklärung einer der beiden Vetragsparteien, durch die das Arbeitsverhältnis für die Zukunft aufgelöst werden soll. Man unterscheidet ordentliche und außerordentliche Kündigung.

Ordentliche Kündigung: Eine ordentliche Kündigung bedarf grundsätzlich keiner besonderen Form und auch keines sachlichen Grundes. Dies gilt allerdings heute nur noch für die Kündigung durch den Arbeitnehmer.

Kündigungsschutz: Bei einer Kündigung durch den Arbeitgeber sind Kündigungsschutzbestimmungen einzuhalten. Nach dem Kündigungsschutzgesetz (KSchG) ist eine Kündigung unwirksam, wenn sie sozial ungerechtfertigt ist. Dadurch soll der Tatsache Rechnung getragen werden, dass der Arbeitsplatz für den überwiegenden Teil der Arbeitnehmer die einzige Existenzgrundlage ist. **Sozial gerechtfertigt** ist eine Kündigung nur (§ 1 KSchG), wenn sie durch Gründe bedingt ist, die in der Person des Arbeitnehmers (z. B. Krankheit, Alkohol, Schlechtleistung) oder im Verhalten des Arbeitnehmers liegen (z. B. Zuspätkommen, unentschuldigtes Fehlen) oder sich durch dringende betriebliche Erfordernisse ergeben, die einer Weiterbeschäftigung dieses Arbeitnehmers in diesem Betrieb entgegenstehen (z. B. Rationalisierung, Auftragsmangel, Produktionsverlagerung).

Bei einer Kündigung aus dringenden betrieblichen Erfordernissen hat der Arbeitgeber des Weiteren soziale Gesichtspunkte zu berücksichtigen (§ 1 Abs. 3 KSchG). Dies können zu etwa 40 % die Dauer der Betriebszugehörigkeit, zu gleichfalls 40 % das Lebensalter und zu etwa 20 % der Familienstand unter Berücksichtigung der Unterhaltspflichten sein. **Sozial nicht gerechtfertigt** ist die Kündigung weiter, wenn ihr der Betriebsrat zu Recht aus den im § 102 Abs. 3 BetrVerfG angegebenen Gründen widersprochen hat.

Im **Kündigungsschutzprozess** vor dem Arbeitsgericht muss der Arbeitgeber seine Kündigung rechtfertigen und die dafür angegebenen Gründe beweisen, sonst wird der Kündigungsschutzklage stattgegeben.

Kündigungsfrist: Bei einer ordentlichen Kündigung sind von beiden Seiten bestimmte Kündigungsfristen einzuhalten. Kündigungsfrist ist die Zeit, die zwischen Zugang der Kündigung und ihrem Wirksamwerden liegt. In § 622 BGB sind für Arbeiter und Angestellte einheitliche Kündigungsfristen vorgesehen. Sie betragen:

- während der Probezeit (bis zu 6 Monate): 2 Wochen zu einem beliebigen Termin (§ 622 Abs. 3 BGB),
- anschließend: 4 Wochen zum 15. oder zum Ende eines Kalendermonats (§ 622 Abs. 1 BGB).
- Bestand das Arbeitsverhältnis länger, so gelten für den **Arbeitgeber** verlängerte Fristen. Diese betragen bei einer Beschäftigungsdauer

    ab 2 Jahre: 1 Monat   zum Monatsende
    ab 5 Jahre: 2 Monate   zum Monatsende
    ab 8 Jahre: 3 Monate   zum Monatsende
    ab 10 Jahre: 4 Monate   zum Monatsende
    ab 12 Jahre: 5 Monate   zum Monatsende
    ab 15 Jahre: 6 Monate   zum Monatsende
    ab 20 Jahre: 7 Monate   zum Monatsende

Hierbei rechnet die Beschäftigungsdauer erst ab der Zeit, die nach der Vollendung des 25. Lebensjahres des Arbeitnehmers liegt (§ 622 Abs. 2 BGB).

Von dieser gesetzlichen Regelung können nach § 622 Abs. 4 BGB tarifvertragliche Ausnahmen getroffen und nach § 622 Abs. 5 BGB in beschränkten Ausnahmefällen kürzere Fristen einzelvertraglich vereinbart werden.

Besonderer Kündigungsschutz: Für besondere Personengruppen hat der Gesetzgeber einen über den allgemeinen Kündigungsschutz hinausgehenden Kündigungsschutz vorgesehen, weil sie besonders schutzbedürftig sind. Dies sind:

- Betriebsratsmitglieder und andere betriebsverfassungsrechtliche Funktionsträger (unkündbar während ihrer Amtszeit und 1 Jahr danach),
- Wehrdienstleistende (unkündbar von der Zustellung des Einberufungsbescheides bis zur Beendigung des Wehrdienstes, § 2 Abs. 1 Arbeitsplatzschutzgesetz).
- Schwerbehinderte (die ordentliche Kündigung eines Schwerbehinderten bedarf der vorherigen Zustimmung der Hauptfürsorgestelle, § 15 Schwerbehindertengesetz),
- schwangere Frauen, Mütter und Erziehungsurlauber (§ 9 Mutterschutzgesetz, § 18 Bundeserziehungsgeldgesetz),
- Auszubildende (§ 15 Berufsbildungsgesetz).

Außerordentliche Kündigung: Dies ist eine Kündigung, die das Arbeitsverhältnis vorzeitig und ohne Einhaltung der sonst geltenden Fristen beendet. Für eine fristlose Kündigung muss nach § 626 BGB ein wichtiger Grund vorliegen. Ein wichtiger Grund ist jeder Grund, der dem Kündigenden die Fortsetzung des Arbeitsverhältnisses bis zum nächsten ordentlichen Kündigungstermin unzumutbar macht. Nach der Rechtsprechung des Bundesarbeitsgerichts darf die fristlose Kündigung nur das letzte unausweichliche Mittel des Kündigungsberechtigten sein, wenn andere Mittel wie Abmahnung, Versetzung, Abänderung des Vertrags oder Änderungskündigung erschöpft sind. Die fristlose Kündigung kann nur innerhalb von 2 Wochen nach Bekanntwerden der maßgeblichen Tatsachen erfolgen (§ 626 Abs. 2 BGB).

Kontrollfragen
1. Wer ist Arbeitnehmer, wer Arbeitgeber im Sinne des Arbeitsrechts?
2. Welche Rechtsquellen gibt es für das Arbeitsrecht?
3. Wie kommt ein Arbeitsvertrag zu Stande?
4. Welche vorvertraglichen Pflichten haben Arbeitgeber und Arbeitnehmer bereits vor Abschluss eines Arbeitsvertrags?
5. Welche Fragen sind bei der Einstellung eines Arbeitnehmers zulässig, welche nicht?
6. Welche Pflichten hat ein Arbeitnehmer aus einem Arbeitsvertrag?
7. Welche Pflichten ergeben sich aus dem Arbeitsvertrag für den Arbeitgeber?
8. Wodurch endet ein Arbeitsverhältnis?
9. Was versteht man unter einer sozial gerechtfertigten Kündigung?
10. Welche Kündigungsfristen sind bei einer Kündigung vom Arbeitgeber, welche vom Arbeitnehmer einzuhalten?
11. Welche Gruppen von Arbeitnehmern genießen einen besonderen Kündigungsschutz?
12. Wodurch ist eine außerordentliche Kündigung gerechtfertigt?

Aufgabe 14.23 *(Kündigung) S. 522*

Aufgabe 14.24 *(Kündigung bei mangelnder Auftragslage) S. 523*

Aufgabe 14.25 *(Nicht gerechtfertigte Kündigung) S. 523*

9.3 Arbeitsrechtliche Schutzbestimmungen

Das Arbeitsrecht ist in weiten Bereichen ein Schutzrecht zugunsten des Arbeitnehmers. Dies kommt zum einen zum Ausdruck in den Vorschriften des Arbeitsrechts, das dem Arbeitnehmer besondere Rechte einräumt, die er gegenüber dem Arbeitgeber geltend machen muss (wie im oben angesprochenen Kündigungsschutz), zum anderen in Regeln, die dem Arbeitgeber öffentlich-rechtliche Pflichten auferlegen, die er im Interesse der Arbeitnehmer zu erfüllen hat. Diese entspringen teils sozialen Erwägungen, die alle oder besonders schwache Arbeitnehmer schützen sollen, teils versuchen sie, die Gefahren der Arbeitswelt für den Arbeitnehmer zu minimieren. Sie sind in der Regel durch Arbeitsvertrag nicht abdingbar.

9.3.1 Sozialer Arbeitsschutz

9.3.1.1 Arbeitszeitschutz

Der allgemeine Arbeitsschutz ist geregelt im Arbeitszeitgesetz (ArbZG). Er wird durch Regelungen zum Schutz der Frauen und Jugendlichen ergänzt. Für bestimmte Gruppen von Arbeitnehmern beeinflussen das Ladenschlussgesetz, das Gesetz über die

Arbeitszeit in Bäckereien und Konditoreien und die Sonderregelungen für Kraftfahrer die zulässige Arbeitszeit.

Die Arbeitszeitordnung gilt nur für Arbeitnehmer, die über 18 Jahre alt sind (§ 18 Abs. 2 ArbZG). Für sie darf die regelmäßige tägliche Arbeitszeit 8 Stunden nicht überschreiten (§ 3 ArbZG). In bestimmten Fällen darf sie verlängert werden (§§ 7 ff. ArbZG), jedoch nicht über 10 Stunden täglich hinaus. Sollte eine noch längere Arbeitszeit notwendig werden, muss diese vom Gewerbeaufsichtamt genehmigt werden (§ 7 Abs. 5, 14 und 15 ArbZG). Nach der täglichen Arbeit ist grundsätzlich eine Mindestruhezeit von 11 Stunden einzuhalten (§ 5 Abs. 1 ArbZG); während der Arbeitszeit sind Ruhepausen vorzusehen (§ 4 ArbZG).

Die Einhaltung der Vorschriften wird vom Gewerbeaufsichtsamt überwacht (§ 17 ArbZG), das auch die Möglichkeit zur Verhängung von Zwangsmaßnahmen hat. Daneben sind Verstöße mit Bußgeld oder Strafe bedroht (§ 22 ArbZG).

9.3.1.2 Jugendarbeitsschutz

Jugendliche bedürfen aufgrund ihrer körperlichen und geistigen Entwicklung eines besonderen Schutzes vor Überbeanspruchung und vor den Gefahren am Arbeitsplatz. Diesem Zweck dient das Jugendarbeitschutzgesetz (JArbSchG). Es verbietet grundsätzlich die Beschäftigung von Kindern unter 14 Jahren (§ 5 Abs. 1 mit bestimmten Ausnahmen in Abs. 2–5 und § 6 JArbSchG).

Für die Beschäftigung Jugendlicher über 15 Jahren gelten besondere Regelungen über Arbeitszeit und Freizeit (§§ 8 ff. JArbSchG) sowie über die Gewährung von Mindesturlaub (§ 19 JArbSchG). Der Jugendliche ist zur Teilnahme am Berufsschulunterricht freizustellen (§ 9 JArbSchG). Des Weiteren gelten Beschäftigungsverbote und -beschränkungen (§§ 22 ff. JArbSchG).

9.3.1.3 Mutterschutz

Neben den Schutzvorschriften für alle Frauen in der Arbeitszeitordnung und anderen Gesetzen erfahren Mütter durch das Mutterschutzgesetz besonderen Schutz. Neben allgemeiner Rücksichtnahme durch die Gestaltung des Arbeitsplatzes (§ 2 MuSchG) besteht ein generelles Beschäftigungsverbot in der Zeit von 6 Wochen vor und 8 Wochen nach der Entbindung (§ 3 Abs. 2 und § 6 Abs. 1 MuSchG). Weitere Beschäftigungsverbote in § 4 MuSchG sowie Regelungen über die Gewährung von Stillzeiten (§ 7 MuSchG) und Sonderregelungen über die zulässige Arbeitszeit (§ 8 MuSchG) vervollständigen diesen Schutz.

Damit dieser Schutz gewährt werden kann, hat die werdende Mutter eine Mitteilungspflicht gegenüber dem Arbeitgeber (§ 5 MuSchG), und, damit sie ihre Rechtstellung kennt, ist in allen Betrieben, die regelmäßig mehr als 3 Frauen beschäftigen, ein Abdruck des Mutterschutzgesetzes auszulegen oder auszuhängen (§ 18 MuSchG).

9.3.1.4 Schwerbehindertenschutz

Durch das Schwerbehindertengesetz werden alle Personen geschützt, die in ihrer Erwerbsfähigkeit gemindert sind, ohne Rücksicht auf die Ursache ihrer Behinderung. Neben den auch bei den anderen besonders geschützten Personengruppen in ähnlicher Weise gegebenen Vorschriften über erhöhten Kündigungsschutz (§§ 15 ff. SchwbG), über die berufliche Förderung und die Rücksichtnahme bei der Ausgestaltung der Arbeitsplätze (§ 14 Abs. 3 SchwbG) gibt es im Schwerbehindertengesetz keine Beschäftigungsverbote, sondern im Gegenteil eine **Beschäftigungspflicht** für die Arbeitgeber. Der Arbeitgeber hat zu prüfen, ob freie Arbeitsplätze mit Schwerbehinderten besetzt werden können (§ 14 Abs. 1 SchwbG). Wenn er über mehr als 15 Arbeitsplätze verfügt, hat er einen bestimmten Prozentsatz an Schwerbehinderten zu beschäftigen (§§ 5 ff. SchwbG). Kommt er dieser Beschäftigungspflicht nicht nach, so muss er für jeden nicht besetzten Arbeitsplatz eine **Ausgleichsabgabe** bezahlen (§ 11 SchwbG). Dadurch hat der einzelne Schwerbehinderte keinen Anspruch auf Beschäftigung, nur die Bereitstellung von Arbeitsplätzen soll durch die Ausgleichsabgabe indirekt gefördert werden.

9.3.2 Technischer und medizinischer Arbeitsschutz

9.3.2.1 Arbeitssicherheit

Das Gesetz über Betriebsärzte, Sicherheitsingenieure und andere Fachkräfte für Arbeitssicherheit (ArbSichG) soll erreichen, dass

- die dem Arbeitsschutz und der Unfallverhütung dienenden Vorschriften den betrieblichen Verhältnissen entsprechend angewandt werden,
- gesicherte arbeitsmedizinische und sicherheitstechnische Erkenntnisse zur Verbesserung des Arbeitsschutzes und der Unfallverhütung verwirklicht werden können und
- die dem Arbeitsschutz und der Unfallverhütung dienenden Maßnahmen einen möglichst hohen Wirkungsgrad erreichen (vgl. § 1 ArbSichG).

Zu diesem Zweck sind entsprechend den Vorschriften des §§ 2 ff. ArbSichG Betriebsärzte zu bestellen, die den Arbeitgeber beim Arbeitsschutz und bei der Unfallverhütung in allen Fragen des Gesundheitsschutzes unterstützen sollen. Des Weiteren hat der Arbeitgeber schriftlich Fachkräfte für Arbeitssicherheit zu bestellen (§ 5 ArbSichG), die die hierfür erforderliche Sachkunde besitzen (§ 7 ArbSichG). Bestellt der Arbeitgeber keine eigenen Betriebsärzte und Sicherheitsfachkräfte, können die diesen obliegenden Aufgaben auch durch überbetriebliche Dienste erfüllt werden (§ 19 ArbSichG).

9.3.2.2 Arbeitsstättenverordnung

Der technische Arbeitsschutz beginnt bei der baulichen Beschaffenheit der Arbeitsstätte und der Arbeitsplätze. Die allgemeinen und keinem schnellen Wandel unterworfenen Anforderungen sind in der Arbeitsstättenverordnung detailliert enthalten, für die sich schnell ändernden Anforderungen werden die Vorschriften in der Arbeitsstättenverordnung allgemeiner formuliert und die Details in sog. Arbeitsstättenrichtlinien näher geregelt.

Es werden in den genannten Vorschriften z. B. Regelungen getroffen über: die Größe der Arbeitsräume, die Beleuchtung und Belüftung, die Raumtemperaturen und den Lärm am Arbeitsplatz, die Verkehrs-, Flucht- und Rettungswege, Schutz gegen Gase, Dämpfe, Nebel und Stäube, Sozial- und Sanitätsräume. Auch für Arbeitsplätze im Freien sind teilweise besondere Anforderungen festgelegt.

9.3.2.3 Arbeitsstoffverordnung

Ein Teil der bei der Produktion verwendeten Chemikalien und anderer Stoffe ist sehr gefährlich. Zum Schutz der Arbeitnehmer wurden daher zahlreiche Gesetze und Verordnungen erlassen. Hierzu zählen: das Gesetz über technische Arbeitsmittel (Gerätesicherheitsgesetz), das Gesetz zum Schutz vor gefährlichen Stoffen (Chemikaliengesetz), die Verordnung über gefährliche Stoffe (Gefahrstoffverordnung) sowie die Störfallverordnung. In diesen Bereich gehören auch die Vorschriften, die die Berufsgenossenschaften als autonome Satzungen zur Unfallverhütung aufgestellt haben.

9.4 Berufsbildungsgesetz

Das Berufsausbildungsverhältnis dient vorwiegend der individuellen Ausbildung des eingestellten Auszubildenden. Eine einheitliche Regelung der verschiedenen Ausbildungsformen enthält das Berufsbildungsgesetz (BBiG).

Im Berufsbildungsgesetz wird das Berufsausbildungsverhältnis vom Abschluss des Ausbildungsvertrags (§§ 3–5 BBiG) über Pflichten des Ausbildenden und des Auszubildenden (§§ 6–12 BBiG) bis zur Prüfung (§§ 34–43 BBiG) ausführlich geregelt. Weitere Vorschriften gibt es über die Ausbildungsberechtigung (§§ 20–24 BBiG) und die Anerkennung von Ausbildungsberufen (§§ 25 ff. BBiG). Daneben ist auch die berufliche Fortbildung in § 46 BBiG und die berufliche Umschulung in § 47 BBiG angesprochen.

9.5 Kollektives Arbeitsrecht

Das Arbeitsvertragsrecht und die Vorschriften des Arbeitsschutzes stellen den Arbeitnehmer als Einzelnen in den Mittelpunkt ihrer Regelungen. Das kollektive Arbeitsrecht regelt auf betrieblicher und vor allem auf überbetrieblicher Ebene das Recht der Verbände von Arbeitgebern und Arbeitnehmern, den Arbeitgeberverbänden und den Gewerkschaften.

9.5.1 Koalition, Streik, Aussperrung

Koalition: Koalition bedeutet Zusammenschluss. Das Grundgesetz garantiert in Art. 9 Abs. 3 GG jedem Einzelnen das Recht, eine Koalition (Gewerkschaft oder Arbeitgeberverband) zu gründen, einer Koalition beizutreten oder aus ihr auszutreten **(positive Koalitionsfreiheit)**. Ebenso ist nach der Rechtsprechung des Bundesverfassungsgerichts das Recht des einzelnen verfassungsrechtlich geschützt, einer Koalition fernzubleiben **(negative Koalitionsfreiheit)**. Die wichtigste Aufgabe der Koalitionen ist der Abschluss von Tarifverträgen.

Arbeitskampfrecht: Das Recht des Arbeitskampfes ist im Einzelnen nicht gesetzlich geregelt, sondern beruht fast ausschließlich auf Richterrecht. Vor allem das Bundesarbeitsgericht hat eine Reihe von Grundsätzen und Kampfregeln entwickelt, die zwar in der wissenschaftlichen und öffentlichen Diskussion umstritten sind, sich aber in der Praxis bewährt haben.

Schlichtung: Wenn die Verhandlungen der Tarifvertragsparteien um den Abschluss eines neuen Tarifvertrags ohne Ergebnis geblieben sind, so setzt vielfach ein Schlichtungsverfahren ein, das die Interessengegensätze ausgleichen und den Ausbruch eines Arbeitskampfes vermeiden soll. Die Tarifvertragsparteien haben i. d. R. in besonderen Schlichtungsabkommen vereinbart, vor Beginn eines Arbeitskampfes Schlichtungsverhandlungen unter Einschaltung eines neutralen Schlichters durchzuführen.

Streik: Ein Streik ist die gemeinsame und planmäßig durchgeführte Einstellung der Arbeit durch mehrere Arbeitnehmer, die in der Absicht erfolgt, nach erfolgreicher Durchsetzung der gestellten Forderungen in Form des Abschlusses eines Tarifvertrags die Arbeit wieder aufzunehmen. Ein Streik läuft in folgenden Phasen ab:

- Beschluss der Gewerkschaft zur Einleitung eines Streiks und zur Durchführung der Urabstimmung der Gewerkschaftsmitglieder,
- Urabstimmung,
- Genehmigung des eigentlichen Streikbeschlusses und Streikbefehl an die Mitglieder der Gewerkschaft durch das jeweils zuständige Organ der Gewerkschaft,
- tatsächliche Arbeitsniederlegung.

Vor den Toren bestreikter Betriebe stehen i. d. R. sog. Streikposten, die einmal nach außen zum Ausdruck bringen sollen, dass ein Betrieb bestreikt wird, zum anderen auch arbeitswillige Arbeitnehmer von der Arbeit abhalten sollen. Dabei darf keine Gewalt angewendet werden, sondern nur durch Überredung und Appelle an die Solidarität der Arbeitnehmer Einfluss genommen werden.

Für die Zulässigkeit von Streiks hat die Rechtsprechung allgemeine Regeln entwickelt. Aus dem Gebot der Verhältnismäßigkeit hat das Bundesarbeitsgericht einige wesentliche Folgerungen entwickelt:

- Träger eines Streiks können nur die Gewerkschaften als Tarifvertragsparteien sein, wilde Streiks sind verboten.
- Streiks gegen noch geltende Tarifverträge sind wegen Verstoßes gegen die Friedenspflicht unzulässig.
- Streiks müssen den Abschluss von Tarifverträgen zum Ziel haben. Sie sind nicht zulässig, wenn sie Ziele verfolgen, die in einem Tarifvertrag nicht geregelt werden können.
- Der Streik darf nur das letzte Mittel nach Ausschöpfung aller Verständigungsmöglichkeiten sein. Deshalb ist grundsätzlich ein Schlichtungsverfahren durchzuführen.
- Der Streik muss nach den Regeln eines fairen Kampfes geführt werden und darf nicht auf die Vernichtung des Gegners abzielen.
- Nach Beendigung des Streiks müssen die Tarifvertragsparteien zu einer möglichst schnellen und umfassenden Wiederherstellung des Arbeitsfriedens beitragen.

Die Teilnahme an einem rechtmäßigen Streik stellt **keine Verletzung des Arbeitsvertrags** dar. Der Arbeitgeber darf daher nicht kündigen. Während des Streiks ruhen die gegenseitigen Rechte und Pflichten aus dem Arbeitsverhältnis. Der Arbeitnehmer braucht somit keine Arbeitsleistung zu erbringen, erhält aber auch kein Arbeitsentgelt. Gewerkschaftsmitglieder erhalten eine Streikunterstützung von ca. 2/3 ihres Bruttoverdienstes.

Aussperrung: Aussperrung ist die von einem Arbeitgeber oder mehreren Arbeitgebern planmäßig vorgenommene Nichtzulassung von Arbeitnehmern zur Arbeit unter **Verweigerung der Lohnzahlung**. Sie kann gegen alle Arbeitnehmer oder bestimmte Arbeitnehmergruppen gerichtet sein. Sie darf aber nicht gezielt nur Mitglieder der streikenden Gewerkschaft erfassen (Verstoß gegen die Koalitionsfreiheit). Die Zulässigkeit der Aussperrung ist umstritten, wird aber vom Bundesarbeitsgericht jedenfalls in der Form der Abwehraussperrung anerkannt. Sie hat wie der Streik unter dem Gebot der Verhältnismäßigkeit zu erfolgen. Die Aussperrung hat wie der Streik das Ruhen des Arbeitsverhältnisses zur Folge **(suspendierende Wirkung)**.

9.5.2 Tarifrecht

Rechtsgrundlage für den Tarifvertrag ist das Tarifvertragsgesetz (TVG). In einem Tarifvertrag werden die Rechte und Pflichten der Tarifvertragsparteien geregelt (z. B. Schlichtungsvereinbarungen und die Friedenspflicht); weiter enthält er Rechtsnormen, die den Inhalt, den Abschluss und die Beendigung von Arbeitsverhältnissen (z. B. Art und Höhe der Entlohnung, Sonderzuwendungen, Urlaub einschließlich Bildungsurlaub, Dauer der Arbeitszeit, Kündigungsvoraussetzungen und Kündigungsfristen) sowie betriebliche und betriebsverfassungrechtliche Fragen ordnen können (§ 1 TVG). Aus Zweckmäßigkeitsgründen werden daher in der Praxis **Lohntarifverträge** mit kurzen Laufzeiten (ca. ein Jahr) und längerfristige **Manteltarifverträge** über die allgemeinen Arbeitsbedingungen geschlossen.

Nach § 2 TVG können auf Arbeitnehmerseite nur Gewerkschaften Tarifverträge abschließen, auf Arbeitgeberseite können dies neben den Arbeitgeberverbänden **(Verbandstarifvertrag)** auch einzelne Arbeitgeber **(Firmentarifvertrag, Werktarifvertrag, Haustarifvertrag)**.

Die tarifvertraglichen Regelungen über den Inhalt, Abschluss oder die Beendigung der Arbeitsverhältnisse gelten wie bei allen Verträgen zwischen den beiderseits tarifgebundenen Mitgliedern (§ 4 TVG). Regelungen über betriebliche und betriebsverfassungsrechtliche Fragen gelten für alle Betriebe, deren Arbeitgeber tarifgebunden ist (§ 3 Abs. 2 TVG). Daneben kann ein Tarifvertrag unter bestimmten Voraussetzungen für **allgemeinverbindlich** erklärt werden (§ 5 TVG), wenn eine Regelung erst dann zweckmäßig erscheint, wenn sie für alle Arbeitsverhältnisse eines Wirtschaftszweiges gilt.

9.5.3 Betriebsverfassungsgesetz

Das Betriebsverfassungsrecht regelt die Zusammenarbeit zwischen dem Arbeitgeber und der Belegschaft im Betrieb. Die Belegschaft wird dabei durch den von ihr zu wählenden Betriebsrat repräsentiert. Das Grundanliegen ist es dabei, den Betriebsrat (und damit die Belegschaft) an den betrieblichen Entscheidungen zu beteiligen. So sollen vor allem die Organisation des Betriebs und der Arbeitsabläufe, der Arbeitseinsatz und Einstellungen und Kündigungen nicht der ausschließlichen Bestimmung des Arbeitgebers unterliegen. Das Betriebsverfassungsgesetz zielt demgegenüber nicht darauf ab, die wirtschaftlichen und unternehmerischen Entscheidungskompetenzen des Unternehmers zu beeinflussen. Diese Ausgabe hat die Unternehmensmitbestimmung (vgl. unten).

Betriebsrat: Das wichtigste betriebsverfassungsrechtliche Organ auf Arbeitnehmerseite ist der Betriebsrat. Die Zusammensetzung und Wahl des Betriebsrats ist in §§ 7–59 BetrVG geregelt. Daneben ist für Jugendliche unter 18 Jahren und in Ausbildung befindliche Personen in den §§ 60–73 BetrVG die Einrichtung einer Jugend- und Auszubildendenvertretung vorgesehen.

Beteiligungsrechte des Betriebsrats: Nach den allgemeinen Grundsätzen für eine vertrauensvolle Zusammenarbeit (§§ 74 ff. BetrVG) und den Mitwirkungs- und Beschwerderechten des einzelnen Arbeitnehmers in den (§§ 81 ff. BetrVG) folgen in den §§ 87 ff. BetrVG die Mitwirkungs-Mitbestimmungsrechte des Betriebsrats in sozialen Angelegenheiten. Es folgen Unterrichtungs- und Beratungs- sowie Mitbestimmungsrechte im Bereich Gestaltung des Arbeitsplatzes, Arbeitsablauf und Arbeitsumgebung (§§ 90, 91 BetrVG). Danach folgt ein Abschnitt mit Regelungen über allgemeine personelle Angelegenheiten und die Mitbestimmung bei personellen Einzelmaßnahmen sowie über die Berufsbildung (§§ 92–105 BetrVG).

Den Abschluss bilden Regelungen, wonach in Unternehmen ab einer bestimmten Größe die Arbeitnehmer über die wirtschaftlichen Angelegenheiten des Betriebs und über Betriebsänderungen zu unterrichten sind (§§ 106–111 BetrVG). In den letzteren Fällen sind Regelungen über die Erstellung von Sozialplänen im Gesetz vorgesehen (§§ 112–113 BetrVG).

9.5.4 Mitbestimmungsrecht

Die gesetzlichen Regelungen der Unternehmensmitbestimmung durch Beteiligung von Vertretern der Arbeitnehmer und ihrer Gewerkschaften in den Organen von Unternehmen und Konzernen sollen den Arbeitnehmern eine Teilhabe an wichtigen unternehmerischen Planungen und Entscheidungen sichern. Unter dem Begriff Unternehmensmitbestimmung werden vier verschiedene gesetzliche Systeme zusammengefasst:

(1) das Gesetz über die Mitbestimmung der Arbeitnehmer vom 4. Mai 1976 (MitbestG 1976),
(2) die §§ 76 ff. des Betriebsverfassungsgesetzes vom 11. Oktober 1952 (BetrVG 1952),
(3) das Gesetz über die Mitbestimmung der Arbeitnehmer in den Aufsichtsräten und Vorständen der Unternehmen des Bergbaus und der Eisen und Stahl erzeugenden Industrie vom 21. Mai 1951 (Montan-MitbestG),
(4) das Gesetz zur Ergänzung des Gesetzes über die Mitbestimmung der Arbeitnehmer in den Aufsichtsräten und Vorständen der Unternehmen des Bergbaus und der Eisen und Stahl erzeugenden Industrie vom 7. August 1956 (Montan-MitbestErgG).

Diese vier gesetzlichen Systeme sind jeweils Teilregelungen. Ihre unterschiedlichen Geltungsbereiche erfassen jeweils nur Unternehmen in bestimmten Rechtsformen (u. a. Aktiengesellschaften, Gesellschaften mit beschränkter Haftung) und grundsätzlich nur Unternehmen mit einer größeren Mitarbeiterzahl. Die Montan-Mitbestimmung ist zudem noch auf zwei bestimmte Wirtschaftsbereiche begrenzt.

Der Grad des Arbeitnehmereinflusses und die weitere Ausgestaltung sind bei diesen vier Teilregelungen sehr verschieden. So sieht das Mitbestimmungsgesetz 1976 zwar die Besetzung der Aufsichtsräte mit gleicher Zahl von Vertretern der Anteilseigner und der Arbeitnehmer vor, doch behält die Anteilseignerseite im Konfliktfall ein Übergewicht, und zudem gehört der Arbeitnehmerseite im Aufsichtsrat zwingend ein leitender Angestellter an. Das Betriebsverfassungsgesetz 1952 sieht lediglich eine Ein-Drittel-Beteiligung von Vertretern der Arbeitnehmer im Aufsichtsrat vor. Die Besetzung der Aufsichtsräte nach den beiden Montan-Mitbestimmungsgesetzen ist demgegenüber paritätisch, wobei im Bereich des Montan-Mitbestimmungsgesetzes außerdem noch die Bestellung des Arbeitsdirektors von der Zustimmung der Mehrheit der Arbeitnehmervertreter im Aufsichtsrat abhängt.

Die Reichweite der Unternehmensmitbestimmung ist in ihrer Wirkung dadurch begrenzt, dass sie im Bereich des Aufsichtsrats angesiedelt ist. Damit bleiben auch in mitbestimmten Unternehmen die Befugnisse der Anteilseigner, besonders in Grundfragen des Unternehmens, unberührt. Der Einfluss auf die Geschäftsführung ist davon abhängig, welchen Einfluss der Aufsichtsrat in der jeweiligen Unternehmensform hat. Dieser geht grundsätzlich bei der Aktiengesellschaft weiter als bei der GmbH, hängt aber im Einzelnen von der Satzung der Gesellschaft ab (vgl. zu den Aufgaben der Unternehmensorgane S. 306, 310).

9.6 Grundzüge des arbeitsrechtlichen Verfahrens

Zuständigkeit: Die Arbeitsgerichtsbarkeit ist einer der fünf selbstständigen Zweige der Rechtsprechung; sie hat ihre Regelungen im Arbeitsgerichtsgesetz (ArbGG).

Organisation: Die Arbeitsgerichtsbarkeit ist dreistufig aufgebaut. In **erster Instanz** entscheiden die Arbeitsgerichte in der Besetzung mit einem Berufsrichter als Vorsitzendem und zwei ehrenamtlichen Richtern aus dem Kreis der Arbeitgeber und der Arbeitnehmer. Im erstinstanzlichen Verfahren vor den Arbeitsgerichten kann jeder selbst auftreten oder sich auch vertreten lassen. Die Vertretung ist möglich sowohl durch einen Rechtsanwalt als auch durch einen Vertreter der Gewerkschaft oder einen Vertreter eines Arbeitgeberverbandes.

Zuständigkeit der Arbeitsgerichtsbarkeit	
im Urteilsverfahren (§ 2 ArbGG)	im Beschlussverfahren (§ 2 a ArbGG)
– für Streitigkeiten zwischen den Tarifvertragsparteien aus Tarifverträgen – für Streitigkeiten zwischen den tariffähigen Parteien über Fragen im Zusammenhang mit Arbeitskämpfen – für Rechtsstreitigkeiten zwischen Arbeitnehmern und Arbeitgebern aus dem Arbeitsverhältnis und aus Fragen, die mit dem Arbeitsverhältnis zusammenhängen – für Rechtsstreitigkeiten zwischen Arbeitnehmern und anderen Institutionen, soweit nicht die Zuständigkeit anderer Gerichte gegeben ist	– für Angelegenheiten aus dem Betriebsverfassungsgesetz – für die meisten Streitigkeiten aus dem Mitbestimmungsgesetz – für Entscheidungen über die Tariffähigkeit und Tarifzuständigkeit einer Vereinigung

In **zweiter Instanz** entscheiden die Landesarbeitsgerichte (§§ 33 ff. ArbGG) über die Berufung. Vor dem Landesarbeitsgericht müssen sich die Parteien durch eine Person aus dem oben genannten Personenkreis vertreten lassen (§ 11 Abs. 2 ArbGG).

Die **dritte Instanz** ist als Revisionsinstanz das Bundesarbeitsgericht in Erfurt (§§ 40 ff. ArbGG). Die Senate des Bundesarbeitsgerichts entscheiden in der Besetzung aus drei Berufsrichtern und zwei ehrenamtlichen Richtern. Vor dem Bundesarbeitsgericht muss sich jede Partei von einem Rechtsanwalt vertreten lassen.

Kosten des Verfahrens: Das arbeitsgerichtliche Verfahren kennt im Gegensatz zur Zivilprozessordnung andere Kostengrundsätze, die verhindern sollen, dass der i. d. R. weniger finanzkräftige Arbeitnehmer aus Furcht vor hohen Kostenrisiken seine Ansprüche nicht verfolgt.

Hierzu gelten im Wesentlichen folgende Grundsätze:

– Es werden keine Kostenvorschüsse erhoben, und die Gerichtsgebühren sind niedriger als in der ordentlichen Gerichtsbarkeit.
– Im Urteilsverfahren des ersten Rechtszugs hat die obsiegende Partei keinen Anspruch auf Erstattung ihrer Kosten für Zeitversäumnis und ihren Prozessbevollmächtigten.

Beispiel
Im ersten Rechtszug vertritt sich der Arbeitnehmer selbst oder lässt sich durch einen Vertreter seiner Gewerkschaft vertreten. Der Arbeitgeber ist durch einen Anwalt vertreten worden. Verliert der Arbeitnehmer die Instanz, kann der Arbeitgeber seine Kosten vom Arbeitnehmer nicht ersetzt verlangen.

In der zweiten und dritten Instanz gelten diese Einschränkungen nicht. Eine Partei kann aber sog. **Prozesskostenhilfe** beantragen, die durch das Gericht zu bewilligen ist. Dadurch wird eine bedürftige Partei von den Gerichtskosten befreit und erlangt das Recht, dass ihr gegebenenfalls ein von ihr selbst ausgesuchter Rechtsanwalt beigeordnet wird.

Verfahren: Das Verfahren läuft ähnlich ab wie im Zivilprozess (§ 46 Abs. 2 ArbGG). Nach Einreichung der Klage wird eine mündliche Verhandlung einberaumt, die mit einem **Gütetermin** beginnt (§ 54 ArbGG). Ist eine gütliche Einigung vor dem Vorsitzenden des Arbeitsgerichts nicht möglich, kommt es zur **streitigen Verhandlung** vor der mit Vorsitzendem und ehrenamtlichen Richtern besetzten Kammer des Arbeitsgerichts. Im Anschluss entscheidet die Kammer durch **Urteil**, und zwar grundsätzlich innerhalb drei Wochen (§ 60 ArbGG).

Gegen das Urteil des Arbeitsgerichts kann **Berufung** eingelegt werden, wenn der Wert des Beschwerdegegenstandes 600 € übersteigt oder das Arbeitsgericht die Berufung zulässt (§ 64 ArbGG). Die **Revision** gegen ein Berufungsurteil ist nicht an eine Revisionssumme gebunden, sondern nur dann zulässig, wenn sie das Landesarbeitsgericht wegen der grundsätzlichen Bedeutung der Sache oder wegen abweichender Entscheidungen des Bundesarbeitsgerichts zugelassen hat (§ 72 ArbGG).

Kontrollfragen
1. *Welche arbeitsrechtlichen Schutzbestimmungen außer dem Kündigungsschutz kennen Sie?*
2. *Wofür fällt eine Ausgleichsabgabe nach dem Schwerbeschädigtengesetz an?*
3. *Wer gewährleistet den technischen Arbeitschutz?*
4. *Was versteht man unter kollektivem Arbeitsrecht?*
5. *Unter welchen Voraussetzungen ist ein Streik rechtmäßig?*
6. *Welche Folgen treffen den Arbeitnehmer bei Teilnahme an einem Streik?*
7. *Was bedeutet Aussperrung? Wann ist sie zulässig und welche Folgen hat sie für die betroffenen Arbeitnehmer?*
8. *Was kann in einem Tarifvertrag geregelt werden?*
9. *Für wen gilt ein Tarifvertrag?*
10. *Welche Rechte hat der Betriebsrat?*
11. *Welcher Unterschied besteht zwischen dem Betriebsverfassungsrecht und dem Mitbestimmungsrecht?*
12. *Welchen Einfluss sehen die Mitbestimmungsgesetze auf die unternehmerischen Entscheidungen vor?*
13. *Für welche Verfahren sind die Arbeitsgerichte zuständig?*
14. *Wer kann vor den Arbeitsgerichten auftreten?*
15. *Welche Besonderheiten gelten für die Kosten eines arbeitsgerichtlichen Verfahrens?*
16. *Unter welchen Voraussetzungen können Berufung und Revision im arbeitsgerichtlichen Verfahren eingelegt werden?*

Aufgabe 14.26 *(Arbeitsvertrag und Mutterschutz) S. 523*

Aufgabe 14.27 *(Befristeter Arbeitsvertrag) S. 523*

15. HAUPTTEIL: EDV, INFORMATIONS- UND KOMMUNIKATIONSTECHNIKEN

Bearbeitet von: Diethard Erbslöh,
Prof. Dr. Bettina Schwarzer

Vorbemerkung
Der Hauptteil EDV befasst sich mit der elektronischen Datenverarbeitung; es geht um Verfahren und Techniken zur Automatisierung von Informationsaustausch und Kommunikation.

Der Lehrstoff wird eingeleitet mit einer Darstellung des Grundprinzips der Datenverarbeitung. Für automatisierte Verfahren werden die Funktionen der zum Einsatz kommenden Geräte (Hardware), ihre Verbindungen untereinander (Vernetzung) und die für ihren Einsatz notwendigen Anweisungen und Befehle (Software) erläutert. Übergreifend wird dargestellt, welche organisatorischen Voraussetzungen erfüllt sein müssen, um die einzelnen Komponenten eines EDV-Systems sinnvoll, wirkungsvoll und zuverlässig einzusetzen. Dabei werden Maßnahmen zu Datenschutz und Datensicherung besonders hervorgehoben. Abschließend wird erläutert, wie die beschriebenen Komponenten unter dem Aspekt der Gegenüberstellung von Kosten und Nutzen einzustufen sind. Damit wird ein Bezug zur praktischen Umsetzung bzw. Anwendbarkeit des Lehrstoffes hergestellt.

Ziel des Kapitels EDV ist es, die Komponenten der EDV zu erklären und ihre jeweilige Stellung im Gesamtsystem zu erläutern. Durch eine Einschätzung ihrer Bedeutung soll ein Verständnis für Verhaltensregeln im richtigen Umgang mit den eingesetzten Mitteln und Verfahren geschaffen werden. Die im Lehrstoff verwendeten Maßeinheiten werden in der Tabelle S. 398 dargestellt.

Schon vorab soll darauf hingewiesen werden, dass der Begriff EDV zunehmend dem Begriff IT (Abkürzung für englisch: information technology) nachgeordnet wird. Das entspricht dem seit langem anhaltenden Trend, nach dem die Bereiche Nachrichtentechnik, Mess- und Regeltechnik, sowie Bürotechnik mit der traditionellen EDV-Technik zusammenwachsen. Unter dem international gebräuchlichen Kürzel IT ist die universelle und zunehmend integrierende Informationstechnologie zu verstehen, in dem die EDV die Basistechnologie bildet.

1 Grundsätzliches

1.1 Begriffsbestimmungen

Der Begriff EDV steht für elektronische Datenverarbeitung; er umfasst die Verarbeitung von Daten in automatisierten Verfahren mit Hilfe elektronisch gesteuerter Geräte. Dabei geht es letztlich um die Verarbeitung von Informationen. Daten sind eine Darstellungsform von Informationen; sie sind der verarbeitbare Teil von Informationen.

Merksatz: Daten sind Gebilde aus Zeichen zur Darstellung von Informationen (DIN 44 300, Teil 1). (Die Einzahl von Daten wird als Datum bezeichnet.)

Isoliert dargestellte Daten, also z. B. Angaben wie die Zahl 14 oder die Buchstabenfolge PDA, haben keine Aussagekraft. Sie werden erst aussagefähig, wenn die damit verbundene Bedeutung bekannt ist, also dass es sich z. B. um die Anzahl bestimmter Gegenstände (14 Stühle) bzw. um die Charakterisierung eines bestimmten Produkts (Taschen-PC) handelt. Daten werden erst durch die Zuordnung ihrer Bedeutung zu Informationen.

Merksatz: Informationen sind Kenntnisse über Sachverhalte oder Vorgänge.

Solange die Bedeutung von Daten nicht bekannt ist, sind sie als Information wertlos; nur durch die korrekte Zuordnung ihrer Bedeutung erfahren Daten ihren Sinn. Dieser

Maßeinheiten		
Abkürzung	Bedeutung	Erläuterung
a) Maßeinheiten für die Speicherkapazität		
KB	Kilobyte	1 KB umfasst 2^{10} Bytes, das sind etwa eintausend Zeichen
MB	Megabyte	1 MB umfasst 2^{20} Bytes, das sind etwa eine Million Zeichen
GB	Gigabyte	1 GB umfasst 2^{30} Bytes, das sind etwa eine Milliarde Zeichen
TB	Terrabyte	1 TB umfasst 2^{40} Bytes, das sind etwa eine Billion Zeichen
b) Maßeinheiten für die Messung von Zeit und Leistung:		
s	Sekunde	
ms	Millisekunde	1 ms entspricht 10^{-3} s, das sind 0,001 s
µs	Mikrosekunde	1 µs entspricht 10^{-6} s, das sind 0,000 001 s
ns	Nanosekunde	1 ns entspricht 10^{-9} s, das sind 0,000 000 001 s
bps	bits per second	Anzahl kleinster Informationseinheiten pro Sekunde; Maßeinheit für die Übertragungsgeschwindigkeit
Kbps	Kilobits per second	wie oben
Mbps	Megabits per second	wie oben
mips	millions instructions per second	Anzahl ausführbarer Befehle in der Sekunde
c) Maßeinheiten für die Speicherdichte		
bpi	bits per inch	Anzahl von Binärziffern pro Zoll; Maßeinheit für die Speicherdichte auf Datenträgern
dpi	dots per inch	Anzahl von Punkten pro Zoll; Maßeinheit für die Auflösung z. B. bei Scannern oder Laserdruckern
lpi	lines per inch	Anzahl von Zeilen pro Zoll; Maßeinheit für die Positionsgenauigkeit von Druckern
inch	Zoll	ein Zoll entspricht 2,54 cm
foot	Fuß	ein Fuß hat 12 Zoll, das sind 30,48 cm; Maßeinheit für die Länge von Magnetbändern
d) Maßeinheiten für die Frequenz (Schwingungsanzahl)		
Hz	Hertz	Maßeinheit für die Frequenz (Anzahl von elektronischen Schwingungen pro Sekunde), z. B. für die Bildfolge
MHz	Megahertz	eine Million Hertz, Maßeinheit für die Taktgeschwindigkeit eines Mikroprozessors
GHz	Gigaherz	eine Milliarde Zyklen pro Sekunde
e) Maßeinheit für die Lautstärke		
db	dezibel	Maßeinheit für die Lautstärke, z. B. bei Druckern

Tatbestand ist für die Aussagekraft und Zuverlässigkeit der automatisierten Datenverarbeitung von grundsätzlicher Bedeutung. Erst durch die Art ihrer bewussten Handhabung erhält die automatisierte Datenverarbeitung ihr besonderes Gewicht.

Der wissenschaftliche Ausdruck für die Darstellung und Behandlung von Informationen heißt Informatik (englisch: computer science).

Merksatz: Informatik umfasst einerseits das abstrakte und modellhafte Entwickeln von Lösungsverfahren, andererseits deren effiziente Umsetzung durch technische Systeme. Informatik hat also einen anwendungsbezogenen und einen technischen Aspekt. Der Begriff setzt sich aus den Wörtern Information und Automatik zusammen.

1.2 Anwendungsbereiche

Da Verfahren der automatisierten Datenverarbeitung heute fast ausschließlich mit Hilfe elektronischer Hilfsmittel, d. h. von Computern, ausgeführt werden, spricht man in diesem Zusammenhang von Verfahren der EDV. EDV-Verfahren werden typischerweise dann eingesetzt, wenn bestimmte gleichartige Vorgänge wiederholt nach einem geregelten Schema ablaufen sollen und wenn dies schnell und sicher erfolgen muss. Demzufolge haben Computer dort ihre traditionellen Einsatzschwerpunkte, wo es um die Automatisierung von Rechenvorgängen geht. Das ist im betrieblichen Rechnungswesen bei der Buchhaltung, Kostenrechnung, Betriebsstatistik und Betriebsplanung sowie im Controlling der Fall.

Dabei steht nicht unbedingt im Vordergrund, dass große Datenmengen verarbeitet werden; diese Aufgaben übernehmen nach wie vor Großrechenanlagen in Banken, Versicherungen und Verwaltungen. Computer von mittlerer Ausführung übernehmen außer den Arbeiten, die sich auf rechnende Arbeiten erstrecken, zunehmend auch steuernde Prozesse, wie z. B. bei der Verkehrsüberwachung, bei der Wettervorhersage oder bei der Steuerung von Fertigungsprozessen in Betrieben. In kleiner und kleinster Ausführung haben Computer Eingang am Arbeitsplatz gefunden und übernehmen dort persönliche und individuelle Arbeiten. In diesem Zusammenhang hat sich der Begriff PC (englisch: personal computer) gebildet.

Computer werden inzwischen in derart kompakter Bauweise hergestellt, dass sie als winzige Steuergeräte, für den Normalanwender in der Regel kaum wahrnehmbar, alltägliche Steuerungsprozesse bei Auto, Telefon oder Küchenmaschine übernehmen. Aus diesem Anwendungsspektrum werden die wichtigsten Grundeigenschaften des Computers erkennbar.

Merksatz: Der Einsatz eines Computers ist besonders dann geeignet,
– wenn gleichartige Daten verarbeitet werden sollen,
– wenn die Verarbeitung nach der gleichen Art und Weise erfolgen soll,
– wenn sich der Ablauf beliebig oft wiederholen soll,
– wenn der Ablauf mit hoher Geschwindigkeit erfolgen soll und
– wenn der Ablauf mit gleichbleibender Zuverlässigkeit erfolgen soll.

Der Computer unterstützt also Funktionen wie Aufnehmen, Sammeln und Festhalten von Daten, sowie anschließend das Verknüpfen, Umsetzen, Berechnen und Wiedergeben. Diese Vorgänge lassen sich vereinfacht auf die drei Grundfunktionen eines Computers zusammenfassen, nämlich Eingabe, Verarbeiten und Ausgabe. Dieses **EVA**-Prinzip bildet die Grundlage jedes Ablaufs unter Verwendung der EDV.

1.3 Umgang mit dem Computer

Mit dem Einsatz eines Computers wird ein sehr sensibler Bereich geschaffen. Es entsteht ein selbstverständliches Vertrauen darauf, dass alle Arbeiten ohne Störungen ablaufen. Das setzt eine besondere Sorgfalt im Umgang mit dem Computer voraus. Um einen unterbrechungsfreien Arbeitsablauf sicherzustellen, muss die Funktionalität der EDV abgesichert werden. Es müssen vorbeugende Maßnahmen gegen Unterbrechungen, Störungen und Zerstörungen getroffen werden. Im besonderen Maße müssen auch die verwendeten Daten geschützt werden. So muss verhindert werden, dass ein Missbrauch der Daten möglich ist.

> **Merksatz:** Um die **Zuverlässigkeit** des Einsatzes eines Computers zu gewährleisten, müssen Maßnahmen zur Sicherung der eingesetzten Technik und zum Schutz der verwendeten Daten getroffen werden.

All das setzt voraus, dass diejenigen Personen, die bei der EDV eingesetzt werden, so geschult und eingearbeitet sind, dass sie die Zusammenhänge und Hintergründe der angewendeten Verfahren und eingesetzten Techniken kennen. Es muss ein Bewusstsein dafür vorhanden sein, welche Bedeutung ein ordnungsgemäßer Ablauf für das jeweilige Einsatzgebiet hat. Der Umgang mit dem Computer verlangt Kompetenz, Gewissenhaftigkeit und Verantwortungsbewusstsein.

Kontrollfragen
1. *Wie unterscheiden sich die Begriffe Daten und Information?*
2. *Unter welchen Bedingungen werden typischerweise EDV-Verfahren eingesetzt?*
3. *Auf welche Bestandteile der EDV erstrecken sich Schutz und Sicherheit?*

Aufgabe 15.01 *(Begriff Informatik) S. 524*

2 Grundlagen

Die Ursprünge der Datenverarbeitung reichen weit zurück. Sie beginnen mit der Entwicklung und Behandlung von Zahlen, also mit dem Zählen und dem Rechnen. Im Laufe der Zeit haben sich Rechentechniken entwickelt, die unterschiedliche technische Hilfsmittel einbezogen haben. Aus der Übersichtstafel (Abbildung 2.1) ist zu erkennen, dass Rechensysteme (als Basis der automatisierten Datenverarbeitung) stets eine Vereinigung aus zwei Komponenten waren:

 a) aus geistig-logischen Grundlagen und
 b) aus technischen Grundlagen.

Nachfolgend wird ein kurzer Abriss der zeitlichen Einordnung ihrer Entwicklung gegeben.

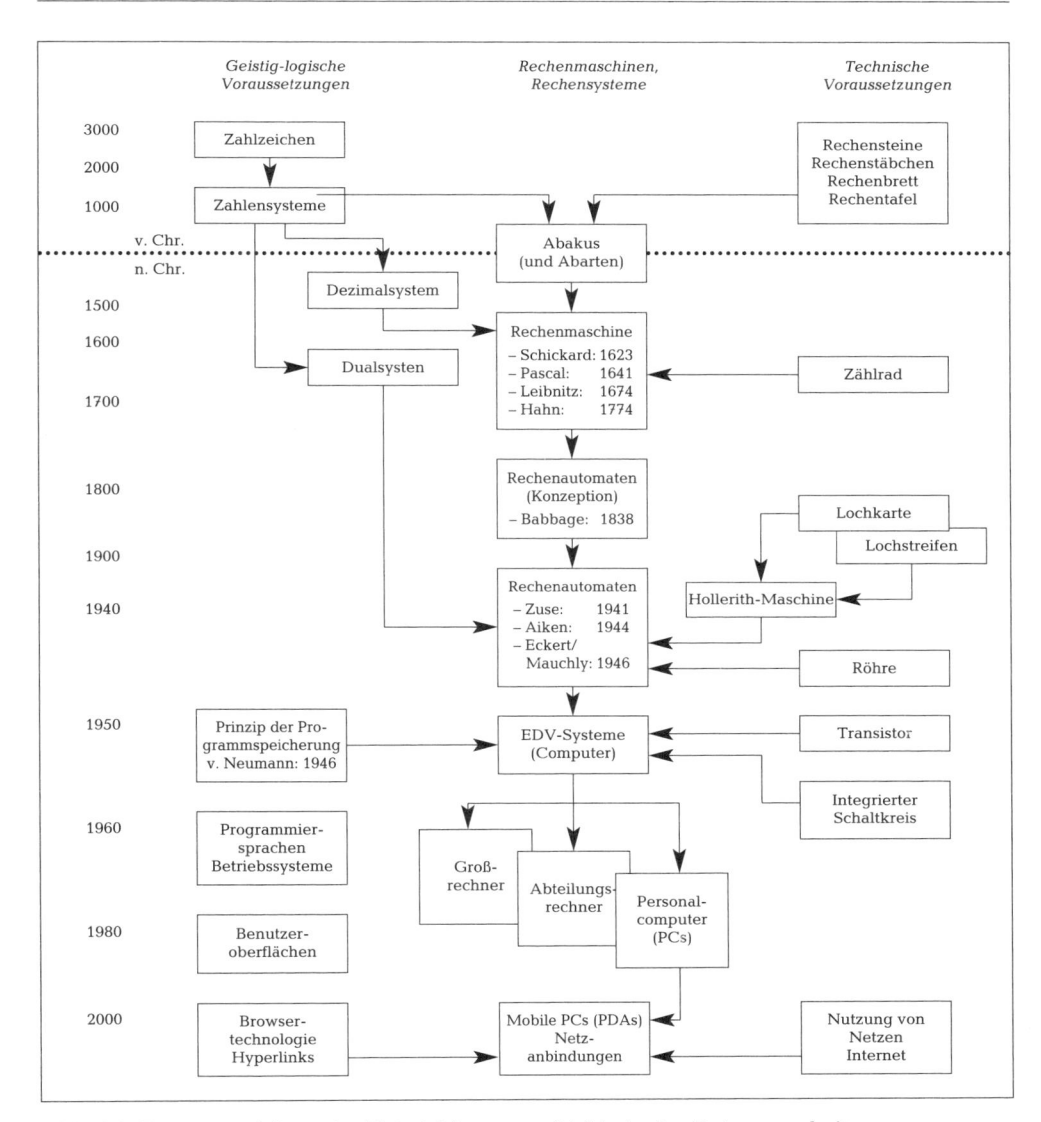

Abb. 2.1: Zusammenhänge der Entwicklungsgeschichte in der Datenverarbeitung

2.1 Historische Wurzeln

Die Besonderheit der frühen Zahlensysteme war die Entdeckung, dass Zahlgrößen abstrakt darstellbar sind, also losgelöst von der Abbildung einer entsprechenden Anzahl von Menschen, Tieren oder Gegenständen. Eine Zahl sprach für sich; die Größe einer Zahl konnte durch eine entsprechende Anzahl von Steinchen oder Kügelchen dargestellt werden.

Einfache Rechenvorgänge beschränkten sich auf Addieren und Subtrahieren. Sie wurden umgesetzt durch entsprechendes Hinundherschieben von Steinchen in Rillen oder von Kügelchen auf Stäben, die auf Rechenbrettern angeordnet waren. Unter Einbeziehung des kleinen Einmaleins ließen sich auch Multiplikationen und Divisionen durchführen. Aus dieser Rechentechnik hat sich der **Abakus** entwickelt, der in vielen Abarten noch heute in weiten Teilen Asiens verbreitet ist.

Das heute übliche Dezimalsystem (Zehnersystem) entwickelte sich erst in unserer Zeitrechnung. Es gelangte über Indien und Arabien nach Europa, wo es ab dem Mittelalter seine Verbreitung fand. Das sog. »schriftliche« Rechnen unter Verwendung von Zahlsymbolen wurde vor allem durch die Rechenregeln von ADAM RIESE (1492–1559) populär. Eine mechanische Umsetzung des Rechenvorgangs erfolgte durch die Einbeziehung des Zählrades. Durch die Zuordnung der zehn Zahlwerte auf zehn verschiedene Positionen eines Rades konnte die jeweilige Zahlenwertigkeit nach der Stellung des Rades abgelesen werden. Rechenvorgänge wie Addieren und Subtrahieren wurden durch Drehen des Rades umgesetzt, wobei in dem Moment, an dem der Zahlenvorrat erschöpft war, ein »Übertrag« in die nächsthöhere Zählstelle erfolgte. Die Zählräder waren so nebeneinander angebracht, dass eine Zahl eingestellt und durch Drehung der Zählräder eine Addition vorgenommen werden konnte; das Ergebnis konnte wiederum an der Stellung von Zählrädern abgelesen werden.

Erste Rechenmaschinen wurden von WILHELM SCHICKARD (1592–1635), BLAISE PASCAL (1623–1662) und GOTTFRIED WILHELM LEIBNIZ (1646–1716) entwickelt. In dieser Zeit entstand eine Vielzahl unterschiedlicher Abarten, die allerdings alle mit dem Problem zu kämpfen hatten, dass die mechanische Präzision der damaligen Zeit meist nicht ausreichte, um exakte technische Abläufe zu erzielen. Die für eine Rechenoperation ausgelöste Umdrehung einer Vielzahl von Zahnrädern führte häufig dazu, dass der Mechanismus klemmte. Erst im folgenden Jahrhundert konnten verlässlich arbeitende Rechenmaschinen in kleiner Serie gefertigt werden. Berühmt wurden die Rechenmaschinen von PHILIPP MATTHÄUS HAHN (1739–1790). Der Grundtyp der bis in die Mitte unseres Jahrhunderts verwendeten Handkurbelrechenmaschine war damit gelegt.

Ein wesentlicher Schritt zur Entwicklung eines Rechenautomaten wurde im Jahre 1838 von CHARLES BABBAGE (1792–1871) beschritten. Ein Rechenvorgang wurde nicht mehr in einem einzigen mechanischen Vorgang umgesetzt, sondern er wurde in mehrere Einzelschritte zerlegt. Zur Abwicklung dieses »Programms« wurden unterschiedliche Funktionseinheiten eines Rechensystems eingesetzt. Diese Grundidee bildet bis heute den Kern eines jeden Rechenautomaten:

- Ein **Zahlspeicher** nimmt die während des Rechenprozesses verwendeten Zahlen auf.
- Eine **Recheneinheit** übernimmt die Rechenvorgänge.
- Eine **Steuereinheit** übernimmt den Steuerungsprozess.
- Für die **Ein- und Ausgabe** von Zahlen bestehen Verbindungen zu entsprechenden Geräten.

Obwohl sich dieses Grundkonzept einer programmgesteuerten Maschine logisch einwandfrei nachvollziehen ließ, war es doch in der damaligen Zeit technisch nicht zu verwirklichen. Auch bei dieser Maschine war die Mechanik zu unvollkommen, um die komplizierten mechanischen Vorgänge exakt umzusetzen.

Erst die Einbeziehung von elektro-mechanischen und später elektronischen Schalt- und Speicherelementen schaffte die technischen Voraussetzungen, um Rechenvorgänge zuverlässig und schnell auszuführen. Dazu bedurfte es allerdings noch einer weiteren Grundvoraussetzung, nämlich der Einbeziehung des Dualsystems (Zweiersystems). Ebenso wie sich ein voll funktionsfähiges Zahlensystem durch die Verwendung von nur zwei Ziffern aufbauen lässt, können Rechenvorgänge durch die Darstellung und Verknüpfung von zwei verschiedenen physikalischen Zuständen technisch umgesetzt werden. Man bezeichnet das System mit nur zwei Unterscheidungsmerkmalen als **Binärsystem**.

> **Merksatz: Binär** heißt die Eigenschaft, einen von zwei Werten oder Zuständen annehmen zu können (DIN 44 300, Teil 2).

Wenn Daten durch einzelne physikalische Größen dargestellt werden, spricht man von einer **digitalen** Darstellungsart, z. B. bei den einzeln angezeigten Ziffern einer Digitaluhr. Den Gegensatz hierzu bildet die **analoge** Darstellungsart, bei der Daten durch entsprechende kontinuierliche Größen (Funktionen) dargestellt werden, wie z. B. den kontinuierlichen Verlauf des Zeigers eines Geschwindigkeitsmessers (Tachometer).

> **Merksatz: Digitale** Daten sind bestimmte voneinander abgrenzbare Zeichen eines bestimmten Zeichenvorrats (DIN 44 300, Teil 2).

Das Binärprinzip wie auch die digitale Darstellungsweise haben fundamentale Bedeutung für die EDV. Es werden Schalt- und Speicherelemente eingesetzt, die nur zwei physikalische Zustände einnehmen können:
– Schalter ein oder aus,
– Strom fließt oder fließt nicht,
– Magnetisierung ist positiv oder negativ.

Dieses Prinzip hatte sich schon in der vorausgegangenen Lochkartentechnik erfolgreich durchgesetzt. Zählvorgänge wurden dadurch realisiert, dass Lochkarten aus einem nicht stromleitenden Material zwischen zwei stromleitende Platten gelegt wurden, damit an den Stellen, an denen sich Löcher befanden, Strom fließen konnte. Dadurch wurde ein Zählimpuls ausgelöst. Zählmaschinen, die auf der Lochkartentechnik aufbauten, wurden von HERMANN HOLLERITH (1860–1929) entwickelt und noch bis weit in die Mitte unseres Jahrhunderts gebaut und erfolgreich eingesetzt.

Im Lochkartenverfahren wurden Zählvorgänge noch in Einzelschritten ausgeführt. Bei den später entwickelten elektronisch arbeitenden Rechenanlagen wurden Rechenvorgänge in ihrer gesamten Abfolge durchgeführt. Die Abfolge der einzelnen Rechen- und Steuerbefehle wurde durch ein Programm gesteuert. Mit dieser Entwicklung war die Brücke von der automatischen Datenverarbeitung zur elektronischen Datenverarbeitung geschlagen.

> **Merksatz:** Ein **Programm** bildet eine Gesamtheit aus Anweisungen und Vereinbarungen, welche die zur Lösung einer Aufgabe notwendigen Elemente umfasst (DIN 44300, Teil 4).

Die ersten elektromechanischen und später elektronischen Rechenanlagen wurden Anfang der 40er-Jahre unabhängig voneinander von Konrad ZUSE (1941: »Z3«) in Deutschland und von HOWARD AIKEN (1944: »MARK I«) und ECKERT/MAUCHLY (1946: »ENIAC«) in den USA gebaut. AIKEN nannte seine Maschine »ASCC«; englisch: automatic sequence controlled computer; sie wurde unter der Bezeichnung »MARK I« bekannt. »ENIAC« ist die Kurzbezeichnung für englisch: electrical engineering numerical integrator and computer. Diese Rechenanlagen waren noch auf technisch-wissenschaftliche Zwecke ausgerichtet, wie z. B. zur Berechnung von Flugbahnen. Der Schritt zur Verwirklichung eines Universalrechners zur Anwendung in unterschiedlichen Aufgabenbereichen musste noch getan werden. Er erfolgte im Jahr 1946 durch das Konzept des John v. NEUMANN (1903–1957) nach einem speicherbaren Programm, das ebenso wie Zahlenwerte bearbeitet und damit individuell beeinflusst werden konnte. Der Computer als speicherprogrammierte elektronische Rechenanlage mit universeller Einsatzfähigkeit war geboren!

Die Leistungsfähigkeit von elektronischen Rechenanlagen (wir sprechen künftig von Computern) wurde durch die Einbeziehung neuer Speicher- und Schalttechniken laufend verbessert. Im Folgenden werden wir bei der Behandlung von geistig-logischen Konzepten von »Software« sprechen und bei technischen Konzepten von »Hardware«.

2.2 Grundlagen über Zahlensysteme

Ausgangspunkt der Datenverarbeitung war der rechnerische Umgang mit Zahlen. Zum besseren Verständnis werden wir uns näher mit ihrer Systematik beschäftigen.

Mit einem Zahlensystem wird festgelegt, wie Zahlen dargestellt werden. Die gebräuchlichen Zahlensysteme sind **Stellenwertsysteme**. Sie werden durch eine Grundzahl und eine entsprechende Anzahl von Ziffern definiert. Der Wert einer Ziffer hängt davon ab, an welcher Stelle einer Zahl sie eingeordnet ist.

Das Zählen erfolgt in der Weise, dass auf eine Zahl die jeweils höherwertige Zahl eines Zahlensystems folgt, bis der Ziffernvorrat erschöpft ist. Dann wird wieder bei der niedrigsten Ziffer (der Null) begonnen und als »Übertrag« ein Zähler auf die Ziffer in der nächsthöheren Stelle hinzugezählt.

2.2.1 Das Dezimalsystem (Zehnersystem)

Die Basis des Dezimalsystems bildet die Grundzahl 10; entsprechend gibt es **zehn** verfügbare Ziffern, nämlich 0, 1, 2, 3, 4, 5, 6, 7, 8 und 9. Damit ergibt sich für die Darstellung von Zahlen folgende Systematik:

Stellenwertigkeit	ausgeschrieben
10^0	1
10^1	10
10^2	100
10^3	1 000
10^4	10 000
10^5	100 000
usw.	usw.

Entsprechend gilt für die Stellen nach dem Komma:

10^{-1}	0,1
10^{-2}	0,01
10^{-3}	0,001
10^{-4}	0,000 1
10^{-5}	0,000 01

Die Zahl 148 entspricht im Dezimalsystem dem Wert (1 x 100) + (4 x 10) + (8 x 1).

Das Dezimalsystem ist das gebräuchlichste Zahlensystem. Zahlen aus anderen Zahlensystemen müssen häufig in Dezimalzahlen umgerechnet werden, um ihren Wert richtig einordnen zu können.

2.2.2 Das Dualsystem (Zweiersystem)

Die Basis des Dualsystems bildet die Grundzahl 2; entsprechend gibt es nur zwei verfügbare Ziffern, nämlich 0 und 1 (manchmal auch als O und L dargestellt). Damit ergibt sich für die Darstellung von Zahlen folgende Systematik:

Stellenwertigkeit	ausgeschrieben	Wert im Dezimalsystem
2^0	1	1
2^1	10	2
2^2	100	4
2^3	1 000	8
2^4	10 000	16
2^5	100 000	32
usw.	usw.	usw.

Die Zahl 10111 im Dualsystem hat den Wert 23 im Dezimalsystem, nämlich (1 x 16) + (0 x 8) + (1 x 4) + (1 x 2) + (1 x 1).

Das Dualsystem ist ein rein binäres Zahlensystem. Wegen seiner Darstellungsart von nur zwei unterschiedlichen Elementen bildet es die Grundlage der Arbeitsweise von digitalen Datenverarbeitungsanlagen.

2.2.3 Das Hexadezimalsystem (Sechzehnersystem)

Die Basis des Hexadezimalsystems bildet die Grundzahl 16; entsprechend gibt es 16 verfügbare Ziffern, nämlich 0 bis 9 und daran anschließend die Buchstaben A bis F. Die Buchstaben stehen für die Werte 10 bis 15. Damit ergibt sich für die Darstellung von Zahlen folgende Systematik:

Stellenwertigkeit	ausgeschrieben	Wert im Dezimalsystem
16^0	1	1
16^1	10	16
16^2	100	256
16^3	1 000	4 096
16^4	10 000	65 336
16^5	100 000	1 048 576
usw.	usw.	usw.

Die Zahl 2B3 im Hexadezimalsystem hat den Wert 691 im Dezimalsystem, nämlich (2 x 256) + (B x 16) + (3 x 1) bzw. aufgelöst (2 x 256) + (11 x 16) + (3 x 1).

Das Hexadezimalsystem hat wie das Oktalsystem seine besondere Bedeutung in der Darstellung binärer Codierungen. Dabei lassen sich 16 verschiedene binäre Kombinationen in einer Gruppe von 4 unterscheidbaren Informationselementen darstellen. Die Oktalzahl 1001 1011 ist im Hexadezimalsystem viel kürzer als 9 B darstellbar.

Die Kenntnis über die Struktur von Zahlensystemen ist nicht so sehr von Bedeutung, um Rechenvorgänge in Computern nachvollziehen zu können (das geschieht maschinenintern), sondern um bei Bedarf einen Speicherauszug (das ist der Ausdruck des Speicherinhalts eines Computers oder Datenträgers) lesen und interpretieren zu können; das ist insbesondere bei der Programmierung für Tests oder bei der Fehlersuche erforderlich.

2.3 Grundlagen über Codes

Zur Darstellung von Ziffern, Buchstaben und anderen Zeichen sind für die Datenverarbeitung verschiedene Codes entwickelt worden.

> **Merksatz:** Ein **Code** ist eine Vorschrift zur eindeutigen Zuordnung von Zeichen eines Zeichenvorrats zu demjenigen eines anderen Zeichenvorrats (DIN 44 300, Teil 2). Die Zuordnung braucht nicht umkehrbar eindeutig zu sein.

In der EDV werden Codes verwendet, um Daten binär verarbeiten zu können. Es gibt Codes, die eine Verschlüsselung ausschließlich von Zahlen oder auch von Buchstaben und anderen Zeichen, z. B. Grafikzeichen, zulassen. Demzufolge unterscheidet man numerische und alphanumerische Codes.

Den Grundbaustein eines Codes in der EDV bildet das Bit (Abkürzung für englisch: binary digit), d. h. binäre Ziffer. Es ist die kleinste Einheit zur Darstellung binärer Daten; sein Wert kann entweder 0 oder 1 sein. Mehrere zu einer Gruppe zusammengefasste Bits bilden ein Byte. Durch ein Byte wird ein Zeichen dargestellt; damit bildet ein **Byte** in der EDV die kleinste verarbeitbare Informationseinheit.

> **Merksatz:** Ein **Bit** ist ein Zeichen aus einem Zeichenvorrat von zwei Zeichen (DIN 44 300, Teil 2). Ein Byte ist eine Kombination aus mehreren Bits, wobei ihre Anzahl fest vorgegeben ist (DIN 44 300, Teil 2). Durch die Anzahl der Bits und durch ihre Kombinationsmöglichkeit wird der Umfang eines Zeichenvorrats festgelegt.

2.3.1 Numerische Codes

Weil die vollständig binäre Darstellung einer Zahl (als Dualzahl) unübersichtlich wäre, werden bei numerischen Codes die Ziffern einer Zahl einzeln binär verschlüsselt. Es gibt mehrere Binärcodes für Dezimalziffern. Der verbreitetste ist der BCD-Code (englisch: binary coded decimal).

Im BCD-Code werden 4 Bits als Darstellungseinheit verwendet.

Die Kombination von 4 Bits nennt man Tetrade. Durch die Kombinationsfähigkeit von $2^4 = 16$ verschiedenen Darstellungen könnten an sich 16 verschiedene Zeichen codiert werden. Da die sechs höchsten Bitkombinationen im BCD-Code für numerische Darstellungen nicht zugeordnet werden können, bezeichnet man sie als Pseudotetraden. Sie werden von anderen Codes genutzt.

Dezimalzahl	Code (Wertigkeit von links nach rechts: 8-4-2-1)	Dezimalzahl	Code (Wertigkeit von links nach rechts: 8-4-2-1)
0	0000	5	0101
1	0001	6	0110
2	0010	7	0111
3	0011	8	1000
4	0100	9	1001

Beispiel: Der Codebegriff $\boxed{0111}\boxed{0011}\boxed{0101}$ entspricht der Darstellung der Dezimalzahl $\boxed{7}\boxed{3}\boxed{5}$.

2.3.2 Alphanumerische Codes

Zur Festlegung alphanumerischer Codes ist ein Darstellungselement erforderlich, das eine Unterscheidung von einem rein numerischen zu einem alphanumerischen Code ermöglicht. Dieses zusätzliche Element wird als **Zonenteil** codiert und dem codierten **Zifferteil** vorangestellt.

Zonenteil	Zifferteil	Bedeutung
1111	0001	Ziffer 1
1100	0001	Buchstabe A

Mit alphanumerischen Codes lassen sich Schriftzeichen (Zahlen, Buchstaben, Sonderzeichen) und Steuerzeichen (Kennzeichen zur Steuerung einer besonderen Verarbeitungsart) darstellen. Die in der EDV gebräuchlichsten Codes werden in den nachfolgenden Abschnitten erläutert. Der EBCDI-Code wird ausschließlich in Großrechnern verwendet, der ASCII-Code bevorzugt in PCs.

ASCII-Code

Der ASCII-Code (Abkürzung für englisch: american standard code of information interchange) verwendet 7 Bits zur Zeichendarstellung. Demzufolge können $2^7 = 128$ Zeichen codiert werden. Der Zonenteil besteht aus 3 Bits, der Zifferteil aus 4 Bits. Damit ergibt sich folgender Aufbau:

	Zonenteil			Zifferteil			
	3 Bits			4 Bits			
Darstellung der Ziffer 7 im ASCD-Code, hexadezimal dargestellt: 37 →	0	1	1	0	1	1	1
	1 Byte = 7 Bits						

Auszug aus dem ASCII-Code:
Buchstaben

Zeichen	Binärcode	Hexadezimal	Zeichen	Binärcode	Hexadezimal	Zeichen	Binärcode	Hexadezimal
A	100 0001	41	J	100 1010	4A	S	101 0011	53
B	100 0010	42	K	100 1011	4B	T	101 0100	54
C	100 0011	43	L	100 1100	4C	U	101 0101	55
D	100 0100	44	M	100 1101	4D	V	101 0110	56
E	100 0101	45	N	100 1110	4E	W	101 0111	57
F	100 0110	46	O	100 1111	4F	X	101 1000	58
G	100 0111	47	P	101 0000	50	Y	101 1001	59
H	100 1000	48	Q	101 0001	51	Z	101 1010	5A
I	100 1001	49	R	101 0010	52			

Zahlen und Sonderzeichen

Zeichen	Binärcode	Hexa-dezimal	Zeichen	Binärcode	Hexa-dezimal	Zeichen	Binärcode	Hexa-dezimal
0	011 0000	30	!	010 0001	21	*	010 1010	2A
1	011 0001	31	"	010 0010	22	+	010 1011	2B
2	011 0010	32	#	010 0011	23	'	010 1100	2C
3	011 0011	33	$	010 0100	24	-	010 1101	2D
4	011 0100	34	%	010 0101	25	.	010 1110	2E
5	011 0101	35	&	010 0110	26	/	010 1111	2F
6	011 0110	36	'	010 0111	27	:	011 1010	3A
7	011 0111	37	(	010 1000	28	;	011 1011	3B
8	011 1000	38	)	010 1001	29	<	011 1101	3D
9	011 1001	39						

Die Besonderheit des ASCII-Codes liegt darin, dass der Code auch in Hexadezimalschreibweise (3. Spalte) dargestellt werden kann.

Auch für die Kenntnis über die Zusammensetzung von Codes gilt, dass sie für solche Personen wichtig ist, die einen Speicherauszug interpretieren müssen.

2.4 Besonderheiten bei Mikrocomputern

Die technische Entwicklung des Computers (als »elektronische Rechenanlage«) verlief in rasanten Schritten; alle Entwicklungen waren auf das Ziel gerichtet, die einsetzbaren technischen Bausteine schneller, kleiner und sicherer zu machen, Dazu wurde das **binäre Prinzip** technisch auf unterschiedliche Art und Weise umgesetzt. Die verwendete Schalttechnik (siehe Abbildung 2.2) prägt in bestimmten Zeiträumen die charakteristische Eigenart von »Rechnergenerationen«.

Das **Relais** arbeitete als »bi-stabiles Kippelement«; abhängig von einem (elektrischen) Stromimpuls blieb der (mechanische) Schalter entweder offen oder geschlossen. Schneller arbeitete die **Röhre**; durch entsprechende Steuerung wurde der Elektronenfluss geöffnet oder unterbrochen. Eine wesentliche Leistungssteigerung brachten schließlich Halbleiterbausteine; sie bestehen aus Material mit geringer Leitfähigkeit, das durch Stromimpulse beeinflusst werden kann, Strom zu leiten oder nicht, also wechselseitig einen Schalter zu öffnen oder zu schließen. Typischer Vertreter dieses kontaktlosen Schalters ist der **Transistor;** er brachte in den 50er Jahren einen wesentlichen Leistungsschub und höhere Sicherheit in die Schalttechnik von elektronischen Rechenanlagen.

Ab Mitte der 60er-Jahre stellte das Zusammenführen verschiedener elektronischer Elemente (Transistoren, Dioden, Widerstände u. ä.) auf einem einzigen **integrierten Schaltkreis** eine wesentliche Weiterentwicklung dar. Das »Herz« eines Computers, die Zentraleinheit, schrumpfte von Schuhkartongröße zu einem Winzling in der Größe eines Daumennagels. Auf solch einem »Chip« ließen sich alle erforderlichen Schalteinheiten zu einer voll funktionsfähigen Schaltung zusammenführen. Integrierte Schaltkreise bildeten den neuen Grundbaustein von Computern. Sie werden häufig auch kurz als IC (englisch: integrated circuit) bezeichnet. Ihre Entwicklung verlief von »geringer« Integrationsdichte (englisch: SSI = small scale integration) über mittlere Integrationsdichte (englisch: MSI = medium scale integration) bis hin zu hoher Integrationsdichte (englisch: LSI = large scale integration, bzw. VLSI = very large scale integration). Die Dichte der Integration wird an der Anzahl der nicht mehr unterteilbaren Funktionseinheiten gemessen. Ein VLSI-Chip in der Größe weniger Quadratmillimeter kann mehrere tausend solcher Verknüpfungsglieder aufnehmen.

Technik	Eingesetzt seit	Schaltgeschwindigkeit	Bemerkung
1. Konventionelle eletromagnetische und elektronische Bauelemente			
Relais	1941	0,1 s	langsam
Röhre	1946	0,001 s (1 Millisekunde)	störanfällig, hohe Verlustleistung
2. Halbleitertechnik Transistor	1955	0,000 001 s (1 Mikrosekunde)	kleines Volumen, geringe Verlustleistung
3. Integrationstechnik Integrierter Schaltkreis (IC)	1964	0,000 000 200 s (200 Nanosekunden)	relativ kleine Integrationsdichte
4. Hochintegrierte Schaltkreise	1971	0,000 000 001 s (1 Nanosekunde)	hohe Integrationsdichte
5. Höchstintegrierte Schaltkreise	Anfang der 80er-Jahre	nahezu unverändert	höchste Integrationsdichte

Abb. 2.2: Generationen der technischen Entwicklung von Schaltungen

Als in den 60er-Jahren Gordon MOORE in den USA prophezeite, dass sich die Anzahl der Transistoren auf einem Chip alle 18 Monate verdoppeln würde (wobei der Preis gleich bliebe), wurde er belächelt. Heute gilt das »MOOREsche Gesetz« als bestätigt. Prozessoren der jüngsten Bauart enthalten inzwischen auf einem Chip mehrere Millionen Transistoren.

Die Technik der integrierten Schaltungen wird auch als Monolith-Bauweise bezeichnet; sie bildet die Grundlage der Mikroelektronik.

Computer, die auf der Basis der Mikroelektronik aufgebaut sind, nennt man **Mikrocomputer.** Sie setzen sich aus Funktionseinheiten zusammen, die ausnahmslos aus integrierten Schaltungen bestehen (Abbildung 2.3). Die funktionale Basis des Mikrocomputers bildet der **Mikroprozessor**, kurz: **Prozessor** (englisch: CPU = central processing unit). Er führt die Grundfunktionen aus: Rechnen und Steuern. Unmittelbar angeschlossen ist der **Speicher** (englisch: memory), auch Hauptspeicher oder Arbeitsspeicher genannt. Über eine **Ein- und Ausgabe-Schnittstelle** (englisch: interface) wird eine Verbindung zu Peripheriegeräten (das sind Geräte für die direkte oder indirekte Ein- und Ausgabe von Daten) hergestellt. Alle genannten Grundgeräte bestehen aus integrierten Schaltungen.

Die jeweiligen Schalt- und Speicherelemente für eine Funktionseinheit sind auf einer Leiterplatte (Platine) zusammengefasst. Funktionsfähig ausgestattete Steckkarten werden auf bestimmte Steckplätze in einem Rahmen des Computergehäuses (englisch: motherboard) gesteckt. Steckkarten sind ergänzbar und austauschbar; sie müssen natürlich mit der funktionalen Basis verträglich (kompatibel) sein.

```
┌─────────────────────────────────────────────────────────────┐
│                   Computer (Zentraleinheit)                  │
│  ┌───────────────┐                      ┌───────────────┐    │
│  │ Mikroprozessor│ ◄──────────────────► │ Hauptspeicher │    │
│  │ (CPU = central│                      │   (memory)    │    │
│  │processing unit)│                     │               │    │
│  └───────┬───────┘                      └───────┬───────┘    │
│          │                                       │           │
│  ┌───────▼──────────────────────────────────────▼───────┐    │
│  │          Ein- und Ausgabe-Schnittstellen             │    │
│  │                    (interfaces)                       │    │
│  └───────▲───────────────────────────────────────┬──────┘    │
│          │                                        │          │
│      Eingabe                                   Ausgabe       │
│       (input)                                  (output)      │
└──────────┼────────────────────────────────────────┼──────────┘
           │                                        │
┌──────────▼────────────────────────────────────────▼──────────┐
│                       Peripheriegeräte                        │
└──────────────────────────────────────────────────────────────┘
```

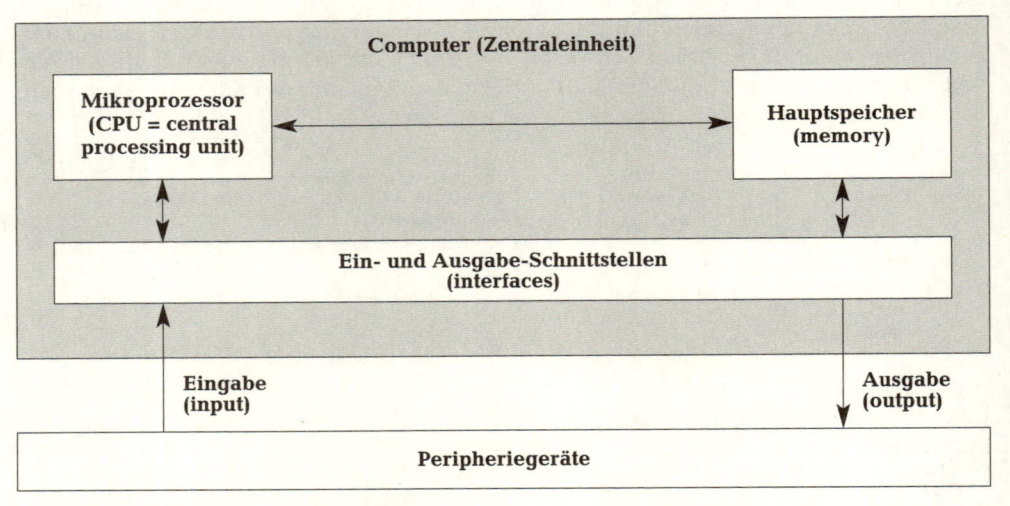

Abb. 2.3: Aufbau einer EDV-Anlage

Die permanente technische Weiterentwicklung führte zu steigenden Produktionszahlen und damit zu Preisreduzierungen; durch das günstiger werdende »Preis-Leistungs-Verhältnis« wurde die Bandbreite der Einsatzmöglichkeiten vielfältiger. Es bildeten sich Schwerpunkte des Anwendungsbereichs:

- Im **oberen Bereich** sind die größten, schnellsten und teuersten Computer anzusiedeln. Sie sind mit umfangreichen Peripheriegeräten ausgestattet und haben in der Regel Verbindungen zu einer Vielzahl von EDV-mäßig ausgestatteten Arbeitsplätzen. Sie sind auf die Verarbeitung großer Datenmengen ausgerichtet; es kann eine Vielzahl unterschiedlicher Programme gleichzeitig ablaufen. Es werden eigene Räume, Klimatisierung, eigene Stromversorgung und speziell ausgebildetes Bedienungspersonal benötigt. Großrechenanlagen (auch englisch: mainframe oder host) bilden den Kern der traditionellen zentralen Datenverarbeitung. Sie werden in Banken, Versicherungen, der Verwaltung und großen Industrieunternehmen eingesetzt. Die ganz großen werden Supracomputer genannt; sie werden vor allem von Forschungsinstituten im technisch-wissenschaftlichen Bereich eingesetzt.
- Im **mittleren Bereich** werden typischerweise Abteilungsrechner (im kommerziellen Anwendungsbereich) bzw. Prozessrechner (in Industrie und Forschung) eingesetzt. Sie haben in der Regel einen festen Anwendungsbereich und sind mit Anschlussmöglichkeiten für mehrere Arbeitsplätze ausgestattet.
- Eine enorme Verbreitung hat im **unteren Bereich** der Personal Computer (PC) gefunden. Der Begriff »Personal« ist nicht im Sinne seiner deutschen Bedeutung zu sehen; er wird englisch ausgesprochen und ist als »persönliches« Werkzeug für die tägliche Büroarbeit anzusehen. PCs sind am Arbeitsplatz des Anwenders anzutreffen. Sie können als Einzelplatz installiert sein oder in einem Netzwerk mit anderen PCs oder einem Host verbunden sein.

Die technische Entwicklung der Computer verlief seit dem Aufkommen der Mikroprozessortechnik in zwei verschiedenen Richtungen. Während die Weiterentwicklung von

Großrechenanlagen in konventionellen Bahnen verlief, setzte sich die auf Mikroprozessoren aufsetzende Entwicklung unmittelbar bei Mini- und Mikrocomputern durch. Sie bilden den Schwerpunkt der Ausführungen im Hauptteil EDV.

Abschließend sollen für diesen Bereich folgende Begriffsabgrenzungen definiert werden:

- Ein **Prozessor** stellt die funktionale Basis eines Computers dar; er besteht aus einer Vielzahl integrierter Schaltungen.
- Als **Computer** wird die Zusammenschaltung eines Prozessors mit anderen integrierten Schaltungen, insbesondere mit Speicher und Ein-/Ausgabe-Schnittstellen, bezeichnet. (Mitunter wird ein Computer, wenn seine Rechenfähigkeit angesprochen wird, auch einfach als **Rechner** bezeichnet).
- Eine **EDV-Anlage** ist die Verbindung eines Computers mit peripheren Einrichtungen. Mitunter wird als Schreibweise »elektronische Datenverarbeitungsanlage« gewählt.
- Ein **EDV-System** ist die Verbindung von Hardware mit zugehöriger Software.

Ein Computer enthält also wenig Geheimnisvolles. Der Respekt, mit dem man ihm mitunter begegnet, ist an sich nicht gerechtfertigt. Das Gerät kann zwar außerordentlich schnell rechnen, schalten und kombinieren. Ob aber dabei etwas Hilfreiches herauskommt, liegt allein an den zugewiesenen Aufgaben bzw. an den Anweisungen, die dabei gestellt werden. Eine leistungsfähige Technik kann sich ohne gleichwertiges Arbeitsprogramm nicht entfalten. Gleiches gilt natürlich auch umgekehrt.

Kontrollfragen
1. *Welche beiden Grundvoraussetzungen werden in einem Rechensystem vereint?*
2. *Was ist der Unterschied zwischen einer Rechenmaschine und einem Rechenautomat?*
3. *Aus welchen Grundelementen setzt sich ein Rechenautomat zusammen?*
4. *Was versteht man unter einem Programm?*
5. *Weshalb ist das Binärprinzip in der EDV von grundsätzlicher Bedeutung?*

Aufgabe 15.02 *(Argumente für die Verbreitung von PCs) S. 524*

3   Hardware

In einem EDV-System hat die verwendete Hardware grundlegende Bedeutung; sie bestimmt ganz wesentlich seine Leistungsfähigkeit. Hardware umfasst alle für den technischen Ablauf notwendigen Bauteile, wie Schalt- und Speicherelemente, Bedienungselemente, Verdrahtungen und auch das Gestell und die Verkleidung eines Computers.

Merksatz: Die Hardware umfasst die Gesamtheit aller technischen Bauteile, die zum Betreiben eines Computers erforderlich sind.

Bei der Hardware wird unterschieden nach

- **internen** Einheiten einer Anlage, das ist die Zentraleinheit mit ihren Komponenten, und
- **externen** Einheiten, das sind die Geräte der Peripherie für die Ein- und Ausgabe, für die Speicherung und für die Übertragung von Daten.

Die typische Ausstattung eines PCs (seine »Konfiguration«) enthält die in Abbildung 3.1 dargestellten Komponenten.

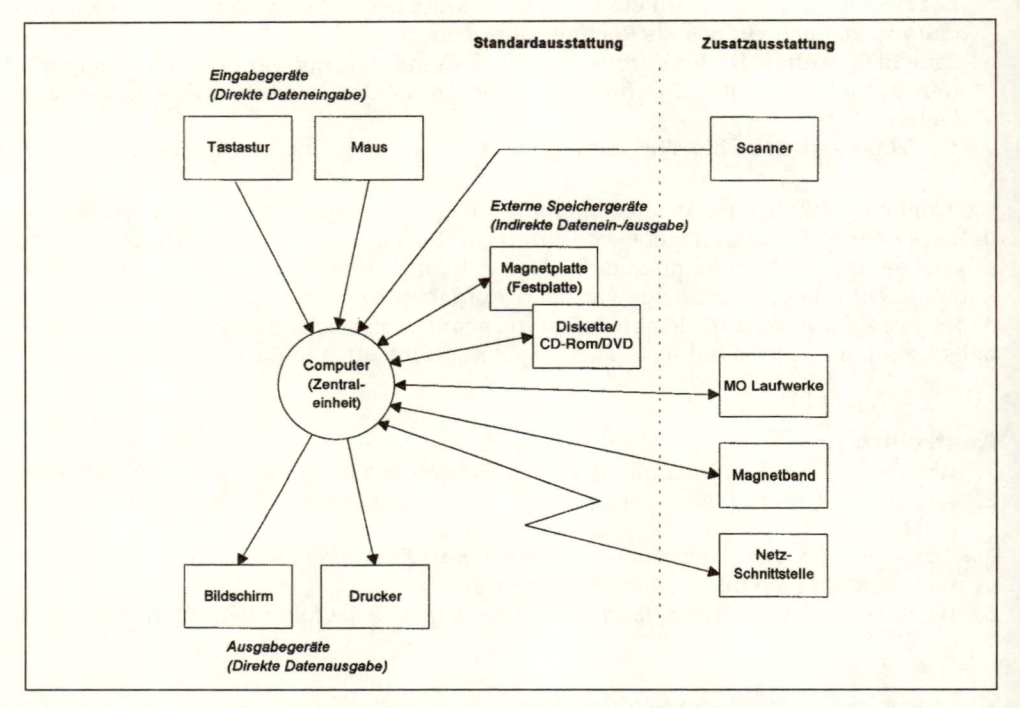

Abb. 3.1: Typische Ausstattung eines PCs

3.1 Zentraleinheit

Die Zentraleinheit ist das funktionale Zentrum einer EDV-Anlage; sie steuert und überwacht den gesamten Arbeitsprozess. Die Zentraleinheit bildet den eigentlichen Computer (Abbildung 2.3).

> **Merksatz:** Ein **Computer** ist eine aus Prozessor und Speicher gebildete zentrale Einheit, die Daten aufnehmen und nach bestimmten Anweisungen verarbeiten kann. Die Ein- und Ausgabe von Daten erfolgt über periphere Einheiten.

Die Zentraleinheit besteht aus den nachfolgend beschriebenen Grundeinheiten.

3.1.1 Prozessor

Der Mikroprozessor fasst Steuerwerk und Rechenwerk zusammen:

- Das **Steuerwerk** (auch: Leitwerk) steuert und überwacht den Datenfluss innerhalb und außerhalb der Zentraleinheit; es koordiniert alle auf der Anlage auszuführenden Arbeitsschritte gemäß den programmierten Angaben.
- Das **Rechenwerk** führt die rechnerische Behandlung und logische Verknüpfung von Daten aus: Rechnen, Vergleichen, Verknüpfen und entsprechendes Umgestalten.

Die Leistungsfähigkeit eines Prozessors hängt maßgeblich von seiner Architektur, der Taktfrequenz und dem verwendeten Befehlssatz ab. Hierbei handelt es sich um sehr technische Internas.

- Die **Architektur** wird bestimmt durch die interne »Bit-Breite«; d. h. die Anzahl der Bit-Pfade, die innerhalb eines Prozessors parallel benutzt werden können. Die Bit-Breite von Prozessoren der frühen 70er-Jahre betrug lediglich 4 später 8 Bit. Inzwischen wurde sie über 16, 32 und bei allerneuesten Prozessoren auf 64 Bit erhöht.
- Die **Taktfrequenz** stellt sozusagen den »Pulsschlag« des Prozessors dar. Dahinter steckt ein periodisches Signal zur Synchronisierung aller laufenden Befehle. Die Taktfrequenz wird von einem Taktgeber erzeugt. Sie wird in MegaHertz (kurz MHz) gemessen. Je höher die Taktfrequenz, desto höher die effektive Leistung des Prozessors.
- Der verwendete **Befehlssatz** hat Auswirkungen darauf, wie effektiv die einzelnen Taktfrequenzen genutzt werden; ein magerer Befehlssatz erfordert zur Abarbeitung einer Aufgabe mehr Arbeitstakte als ein ausgeklügelter Befehlssatz.

Zur Zeit werden die leistungsfähigsten Prozessoren für den Einsatz in PCs von Intel und AMD hergestellt. Sie überschreiten bei der Taktfrequenz bereits die Marke von 3 GHz und haben eine Busbreite von bis zu 64 Bit.

3.1.2 Interner Speicher

Der interne Speicher (auch: Hauptspeicher oder Arbeitsspeicher) nimmt Daten auf, hält sie bereit und stellt sie auf Anforderung zur Verfügung. Interne Speicher werden unterschieden nach der Veränderbarkeit ihrer Speicherinhalte.

- Schreib-/Lese-Speicher (englisch **RAM** = random access memory) sind Speicher mit wahlfreiem Zugriff, d. h., der Speicherplatz von Daten kann unabhängig von der Reihenfolge anderer gespeicherter Daten angesteuert werden. Ihr »Speicherraum« ist für den Anwender frei verwendbar. RAMs nehmen Programme und Daten auf, die für die laufende Verarbeitung benötigt werden. Nach ihrer Verarbeitung können sie wieder gelöscht bzw. von neu benötigten Programmen oder Daten überschrieben werden.
- Nur-Lese-Speicher (englisch **ROM** = read only memory) sind Festwertspeicher, d. h., eine Veränderung ihres Inhalts ist nicht möglich; über ihren Speicherraum kann ein Anwender nicht verfügen. ROMs werden benötigt, um bestimmte gleichbleibende Programmfunktionen aufzurufen; dabei wird auch auf ROMs wahlfrei zugegriffen. ROMs enthalten Mikroprogramme, die beim Einschalten des Computers selbsttätig ablaufen; sie bringen Befehlsketten in den Hauptspeicher, durch die ein Computer

erst arbeitsfähig wird; bei diesem Vorgang wird das Betriebssystem, das sich auf einem externen Speicherbereich befindet, geladen. Dieser Urlader (englisch: bootstrap) ist bildlich betrachtet die »Schlaufe, an denen ein Stiefel hochgezogen wird«.

Die Kapazität eines Haupt- bzw. Arbeitsspeichers setzt sich aus frei verwendbarem Speicher (RAM) und nicht beeinflussbarem Speicher (ROM) zusammen. Der Speicher ist aus mehreren Speicherbausteinen zusammengesetzt und kann in der Regel erweitert werden. Die Speicherkapazität von Hauptspeichern üblicher PCs liegt bei 256 bis 512 MB.

Bei der Einschätzung der Nutzbarkeit des frei verfügbaren Speicherraums ist zu bedenken, dass außer den Programmen und Daten für eine (oder möglicherweise parallel für mehrere Programme) ausgeführte Verarbeitung auch Kapazität für das Betriebssystem eingerechnet werden muss.

Da alle für die Verarbeitung benötigten Daten oder Programmteile mitunter nicht in den internen Speicher passen und bei Bedarf von externen (nicht so schnell arbeitenden) Speichern abgerufen werden müssen, können sich die entstehenden zeitlichen Verzögerungen hemmend auf die Verarbeitungsgeschwindigkeit auswirken. Deshalb wird der Arbeitsspeicher häufig um einen Cachespeicher (cache ist der französische Ausdruck für Versteck) ergänzt.

In diesen Cachespeicher werden Daten von externen Speichern aus dem unmittelbaren Bereich der tatsächlich abgerufenen Daten aufgenommen und »auf Verdacht« für einen weiteren internen und damit sehr schnellen Zugriff bereitgehalten. Da logisch zusammenhängende Daten in der Tat auch meist physisch zusammenliegen, wird dadurch die Verarbeitungsgeschwindigkeit nachhaltig verbessert. In modernen PCs sollte die Kapazität eines Cachespeichers bis zu 2 MB reichen.

3.1.3 Schnittstellen

Die Übertragung der Daten zwischen dem Rechner und den Peripheriegeräten (vgl. Kap. 3.2) erfolgt über Schnittstellen (engl. interface). Es wird zwischen parallelen und seriellen Schnittstellen unterschieden. Bei der seriellen Übertragung werden die Daten bitweise übertragen, bei der parallelen Übertragung werden jeweils mehrere Bits gleichzeitig über mehrere Leitungen übertragen, wodurch höhere Datentransferraten erreicht werden.

3.1.3.1 Parallele Schnittstellen

Parallele Schnittstellen übertragen Bits gleichzeitig über mehrere Leitungen. So kann beispielsweise bei acht Leitungen ein Byte in derselben Zeit übertragen werden, die eine serielle Schnittstelle für ein Bit benötigt.

3.1.3.2 USB

Der Universal Serial Bus (USB) wurde von IBM, Compaq, DEC, Intel, NEC, Microsoft und Northern Telecom entwickelt und konnte sich innerhalb kurzer Zeit am Markt durchsetzen. Eine USB-Schnittstelle bietet eine schnelle, serielle Verbindung, die mittels plug and play genutzt werden kann. D. h. Geräte können ohne Installation eines Adapters im laufenden Betrieb angeschlossen und abgekoppelt werden. Die USB-Schnittstelle ist universell in dem Sinne, das sie für viele verschiedene Peripheriegeräte verwendet werden kann. Heute verfügen PCs und Notebooks in der Regel über ein oder zwei USB-Anschlüsse.

3.1.3.3 Infrarotschnittstelle

Infrarotschnittstellen übertragen Daten drahtlos mit Hilfe von infrarotem Licht. Dabei wird ein gebündelter Lichtstrahl im für Menschen unsichtbaren infraroten Frequenzspektrum moduliert und in serielle Form von einem Sender an einen Empfänger übermittelt. Nutzungsmöglichkeiten ergeben sich z. B. bei Notebooks, Druckern, Mobiltelefonen und Mäusen. So kann z. B. ein Dokument direkt von einem Notebook zu einem anderen übertragen werden, ohne eine Verkabelung vorzunehmen.

3.1.3.4 Bluetooth

Unter dem Namen Bluetooth wird ein Übertragungsverfahren angeboten, mit dem Daten mit Hilfe von Radiowellen übertragen werden. Dabei wird das weltweit verfügbare Funknetz im Frequenzbereich von 2,45 GHz verwendet. Die Übertragungsrate beträgt ein Mbit/s bei einer Reichweite von zwölf Metern. Im Gegensatz zu Infrarot funktioniert die Übertragung auch durch Wände.

3.1.4 Bussystem

Auch der Austausch von Informationen zwischen Prozessor, Speicher und Schnittstellen für die Peripherie erfolgt über einen Bus.

Merksatz: Ein **Bus** ist ein Leitungssystem zwischen den einzelnen Komponenten eines Rechners, über das Daten und Steuersignale übertragen werden.

Entscheidend für die Leistungsfähigkeit eines Computers ist die »Busbreite«, d. h. wie viele Bits in einem bestimmten Zeittakt verarbeitet werden können. Bei niedriger Busbreite müssen Befehlsfolgen in einem Zeittakt entsprechend häufig durchlaufen werden.

Bei der Beurteilung der Leistungsfähigkeit von PCs muss folgender Zusammenhang bedacht werden: Zwar haben alle genannten Leistungskriterien ihren eigenen Stellenwert, sie kommen aber erst zum Tragen, wenn alle Komponenten aufeinander abgestimmt und sinnvoll zusammengefügt sind; d. h., die Leistungsfähigkeit eines Prozessors mit hoher Bitbreite wird nicht genutzt, wenn der Bus nicht entsprechend breit ausgelegt ist.

Tatsächlich kommt es in der Praxis vor, dass einem 32-Bit-Prozessor nur ein 16-Bit-Bus gegenübersteht. Das bedeutet, dass die Leistung eines Prozessors nur mit halber Kraft beim Datenaustausch umgesetzt werden kann.

Es gibt verschiedene Bauarten von Bussystemen. Am bekanntesten sind XT-Bus und AT-Bus, deren Weiterentwicklung zum ISA-Bus (Abk. für englisch: Industry Standard Architecture) einen gewissen Standard erreicht haben.

Kontrollfragen
1. *Was ist ein Computer?*
2. *Welche Funktion hat ein Bus?*
3. *Wie unterscheiden sich RAM und ROM?*
4. *Von welchen Merkmalen hängt die Leistungsfähigkeit eines Prozessors ab?*

Aufgabe 15.03 *(Komponenten eines Computers und ihre Funktionen) S. 524*

Aufgabe 15.04 *(Begriff Hardware) S. 524*

3.2 Peripheriegeräte

Einheiten, die an eine Zentraleinheit angeschlossen werden können, zählen zur »Peripherie« eines Computers. Dabei müssen sich die dazu zählenden Geräte nicht unbedingt physisch getrennt von der Zentralheit befinden; sie können in das Gehäuse eines Computers integriert sein, wie das z. B. bei der Tastatur oder dem Bildschirm eines PCs mitunter der Fall ist. Dennoch handelt es sich um funktional eigenständige Geräte.

> **Merksatz:** Zur **Peripherie** zählen alle an die Zentraleinheit einer Datenverarbeitungsanlage angeschlossenen Geräte, die nicht zur Zentraleinheit gehören (DIN 44 300, Teil 5). Nur über Geräte der Peripherie kann eine Zentraleinheit mit ihrer »Außenwelt« kommunizieren.

Peripheriegeräte können nach verschiedenen Gesichtspunkten unterteilt werden. Wir wählen die Unterscheidung nach direkter bzw. indirekter Datenein- und -ausgabe.

- Bei der **direkten** Datenein- und -ausgabe wird zwischen Computer und Mensch uncodiert und ohne Zwischenspeicherung kommuniziert; entweder können Daten für eine Verarbeitung direkt zugeführt werden (Eingabe), oder sie werden nach einer Verarbeitung direkt abgegeben (Ausgabe). Zu den Eingabegeräten zählen vor allem Tastatur und Maus; zu den Ausgabegeräten werden vor allem Bildschirm und Drucker gerechnet.
- Bei der **indirekten** Datenein- und -ausgabe werden Datenträger bzw. Speicher eingesetzt. Datenträger bestehen aus maschinell lesbaren Materialien zur Aufbewahrung von Daten in codierter Form. Die Aufnahme auf einem Datenträger ist entweder nur einmal möglich (z. B. bei optischen Speichermedien) oder mehrmals (z. B. bei Magnetschichtspeichern), – dann werden etwa vorhandene »alte« Daten überschrieben. Die Datenabgabe (das Lesen) von einem Datenträger kann beliebig oft erfolgen. Datenträger sind meist leicht auswechselbar, manchmal aber auch in der Speicherstation fest installiert.
Zum Lesen und Schreiben von Daten unter Verwendung eines Datenträgers werden (externe) Speichergeräte eingesetzt; sie werden auf S. 428 beschrieben.

Die technischen Besonderheiten der Dateneingabe und -ausgabe werden unter Berücksichtigung der jeweiligen Leistungskriterien und der organisatorischen Aspekte nachfolgend dargestellt. Dabei ist zu beachten, dass die Funktionsfähigkeit der Geräte nicht nur auf deren technischen Gegebenheiten beruht, sondern dass das Betreiben der Geräte häufig softwaremäßig an die Zentraleinheit angepasst werden muss. Dies erfolgt über eine spezifische Software, die »Treiber« genannt wird. Diese Software kann in der Hardware integriert oder ein Teil der Systemsoftware sein.

3.2.1 Direkte Dateneingabe und -ausgabe

Die für die direkte Datenein- und -ausgabe einsetzbaren Geräte unterscheiden sich in technischen Leistungskriterien und in organisatorischen Aspekten.

3.2.1.1 Tastatur

Die Eingabe der Daten über eine Tastatur (englisch: keyboard) erfolgt **direkt,** d. h., die Daten gelangen unmittelbar zur Zentraleinheit. Die Eingabe erfolgt zeichenweise. Der Umfang und die Zuordnung des Zeichenvorrats sind durch die technische Ausstattung der Tastatur vorgegeben; bei modernen Tastaturen kann für einzelne Tasten oder als Ganzes auf einen anderen Zeichenvorrat umgeschaltet werden, z. B. auf kyrillische Schrift.

Merksatz: Die **Tastatur** ist ein Gerät für die zeichenweise Eingabe von Daten.

Die Eingabetastatur besteht in der Regel aus folgenden Komponenten:
- aus einer alphanumerischen Tastatur (Vorrat von Ziffern und Zeichen, so genannter Volltext),
- aus einer Zehnertastatur (entsprechend der Tastatur einer Rechenmaschine, zur schnelleren Eingabe von Zahlenwerten mit nur einer Hand),
- aus frei programmierbaren Funktionstasten (z. B. zur Wiederholung der letzten Eingaben oder zum Abruf von Hilfefunktionen),
- einem Tastenfeld für die Steuerung des Positionsanzeigers (englisch: cursor) auf dem Bildschirm und
- einem kleinen Kontrollfeld mit Signallämpchen für die optische Überwachung des Bedienungsablaufs.

Eingabetastaturen für Computer enthalten eine besondere Technik, nach der bei einer dicht hintereinander liegenden Tastenfolge einzelne Anschläge nicht »verschluckt« werden; sie werden so gepuffert, dass die Zeichenfolge korrekt aufeinanderfolgend umgesetzt wird.

Die Arbeitsgeschwindigkeit von Tastaturen orientiert sich an der Tastgeschwindigkeit; sie ist bedeutend langsamer als die interne Arbeitsgeschwindigkeit eines Computers.

Bei Tastaturen ist darauf zu achten, dass sie der deutschen Norm DIN 2137 entsprechen. Das betrifft die Anordnung der Tasten (QWERTZ-Anordnung der ersten sechs Buchstaben) und die Zuordnung deutscher Umlaute. Funktionstasten können mit völlig unterschiedlichen Bedeutungen vorbelegt sein. Es muss deshalb sorgfältig überprüft werden, ob eine Tastatur den Erfordernissen einer bestimmten Anwendung entspricht.

An eine Tastatur werden auch eine Reihe von ergonomischen Anforderungen gestellt:
- freie Beweglichkeit der Tastatur,
- möglichst flache Tastatur mit verstellbarem Neigungswinkel,
- spiegelfreie Tasten,
- hörbarer Anschlag der Tasten.

Unter ergonomischen Gesichtspunkten werden in jüngster Zeit völlig neu gestaltete Tastaturen angeboten. Dabei sind z. B. die Tastenblöcke für beide Hände voneinander getrennt abgewinkelt angeordnet. Auch sind Tasten auf einer Kugel angeordnet, die auf einem beweglichen Stab angebracht ist und bei der Bedienung zwischen beide Hände genommen werden kann.

3.2.1.2 Maus

Die Maus (englisch: mouse) ist ein in den Handteller passendes Eingabegerät, an dessen Unterseite eine Rollkugel angebracht ist; sie ist in der Regel mit zwei bis drei Tasten ausgestattet. Entsprechend der Bewegungsrichtung, mit der die Maus auf einer glatten Fläche geführt wird, kann der Positionsanzeiger (englisch: cursor) auf dem unmittelbar in Verbindung stehenden Bildschirm in eine bestimmte Position gebracht werden. An dieser Stelle wird dann entweder eine bestimmte Eingabefunktion durch Anklicken der Maustasten ausgelöst oder es es kann über die Tastatur ein Text eingegeben werden.

> **Merksatz:** Die **Maus** ist ein Gerät zum einfachen und schnellen Ansteuern von Bildschirmpositionen, um an diesen Stellen eine Dateneingabe vorzunehmen oder auszulösen.

Das Besondere an diesem Eingabegerät ist, dass auf dem Bildschirm Eingabemöglichkeiten vorgegeben werden können; sie werden ausgelöst, ohne dass unbedingt eine Eingabe über die Tastatur erfolgen muss. Damit wird die Arbeit am Computer wesentlich vereinfacht. Dem Bediener können auf dem Bildschirm leicht verständliche Hinweise gegeben werden (in grafischer, farbiger und bildhafter Form), die er für die weitere Programmsteuerung in ständigem Dialog auswählen kann. Für diese Arbeitstechnik wird der Begriff »Bedienerführung« verwendet; sie muss durch entsprechende Software unterstützt werden. Eine gute Bedienerführung trägt ganz wesentlich dazu bei, dass ein Bediener unkompliziert und unvoreingenommen, also ohne »Berührungsängste«, mit dem Computer kommunizieren kann. Es werden (formale) Eingabefehler vermieden und eine richtige (d.h. vorgegebene) Reihenfolge gesteuert.

3.2.1.3 Eingabehilfen bei Notebooks

Bei Notebooks finden sich (neben der klassischen Maus) in der Regel weitere Eingabehilfen, die in das Gerät integriert sind und so die Zahl der Geräte zur Bedienung minimieren, was insbesondere in mobilen Arbeitssituationen (Flugzeug, Zug) Vorteile mit sich bringt.

Trackball
Ein Trackball (deutsch: Steuerball) ist eine in die Tastatur integrierte Kugel, die auf Sensorwalzen aufgesetzt ist. Sie setzt die Bewegungen der Hand in Steuersignale um und ermöglicht so die Steuerung des Cursors.

Trackpoint
Ein Trackpoint (deutsch: Steuerstift, auch touchpoint) ist ein kleiner zwischen den Tasten der Tastatur herausragender Stift, der durch leichten Druck mit dem Finger zur Steuerung des Cursors verwendet werden kann. Zwei zusätzliche Tasten übernehmen die Funktionen der Maus.

Touchpad
Ein Touchpad (deutsch: Steuerfeld) ist eine berührungsempfindliche Oberfläche, die sich meist direkt vor der Tastatur des Notebooks befindet. Sie wird mit den Fingern bedient, wobei zwei zusätzliche seitliche Tasten die Funktionen der Maustasten übernehmen.

3.2.1.4 Scanner

Zu den neueren Eingabetechniken zählen Eingabegeräte, die ein ganzes Bild abtasten (englisch: scan) und zur Speicherung und weiteren Bearbeitung dem Computer zuführen. Dabei werden zwei Gerätetypen unterschieden:

– Entweder befindet sich die Abtastvorrichtung ähnlich einem Kopierapparat in einem **Standgerät** (Flachbettscanner); dann wird das zu scannende Bild auf eine Glasplatte gelegt und von unten optisch abgetastet,
– oder die Abtastvorrichtung befindet sich in einem frei beweglichen **Handgerät** (Handscanner); dann muss das Gerät von Hand über das zu scannende Bild geführt werden, wobei darauf zu achten ist, dass dies mit möglichst gleicher Geschwindigkeit und in gleichbleibender Richtung erfolgt.

In beiden Fällen wird, gesteuert durch ein Scan-Programm, die Vorlage (das können Zeichnungen, Fotos oder auch Gegenstände sein) durch optische Verfahren abgetastet und in einzelne Bildpunkte zerlegt, also digital aufgelöst. Im Einzelnen läuft der Vorgang so ab, dass eine Vorlage zeilenweise beleuchtet und das reflektierte Licht über ein optisches System (mit Linsen und Reflektoren) auf lichtempfindliche Sensoren gelenkt wird. Diese registrieren die Helligkeitsunterschiede, ordnen sie einer Skala von Grauwerten zu und geben den Messwert für jeden abgetasteten Punkt als digitales Signal an den Computer.

Die Funktionsweise von Farbscannern entspricht grundsätzlich der von Schwarzweißgeräten; die Bildvorlage wird allerdings durch drei verschiedenfarbige Lichtstrahlen abgetastet. Licht mit den Primärfarben (Rot, Grün und Blau) absorbiert jeweils seinen Eigenanteil aus der Vorlage; zusammengesetzt ergeben die Teilergebnisse wieder die richtige Farbmischung des Bildes.

Merksatz: Mit einem **Scanner** können Bilder als Ganzes erfasst und in einen Computer zur weiteren Verarbeitung eingegeben werden.

Durch bestimmte Voreinstellungen lassen sich für den Lesevorgang verschiedene Bildtypen auswählen, bei denen solche Eigenschaften beeinflusst werden können wie Helligkeit, Kontrast und Farbintensität. Der gewählte Bildtyp sollte davon abhängen, wie das Bild weiterverarbeitet, insbesondere gedruckt werden soll. So gibt es Einstellungen

– für Schwarzweißbilder im reinen Schwarzweißmodus (für Zeichnungen) oder in Graustufen (für Bilder und Fotos), meist umschaltbar für 16, 64 oder 256 Grautöne,
– für Farbbilder in 256 Farbstufen und
– für das Erkennen von Strichcode (englisch: barcode), z. B. an Kassen oder im Lager zum Erfassen der Artikelnummer von Waren.

Die jeweilige Einstellung hat erheblichen Einfluss auf die Speicherkapazität und auf die Dauer des Scan- bzw. späteren Druckvorgangs. Die Lesegeschwindigkeit des Scanvorgangs liegt bei einer Seite in DIN-A4-Größe im Sekundenbereich, abhängig von der eingestellten Auflösung.

Eine besondere Bedeutung kommt der Bildauflösung zu, d. h. der **Rasterung** des erzeugten Abbildes. Sie wird nach der Anzahl der unterscheidbaren Bildpunkte auf einer bestimmten Fläche bemessen und liegt normalerweise zwischen 300 und 1 200 dpi. Je heller ein Bildpunkt der Vorlage ist, desto kleiner ist ein Bildpunkt des Abbilds, bzw. umgekehrt, je dunkler ein Bildpunkt der Vorlage ist, desto größer ist ein Bildpunkt des Abbilds. Eine andere Methode der Bildauflösung ist das **Dithern.** Dabei wird nicht die Größe der abgebildeten Bildpunkte beeinflusst, sondern deren Anzahl, d. h., helle Flächen enthalten weniger Bildpunkte als dunkle Flächen.

Das Rastern bzw. Dithern hat unmittelbaren Einfluss auf die Druckqualität. Da die auf Druckern mögliche Auflösung jedoch nicht unbedingt mit der des Scanners übereinstimmt, erfordert der Umgang mit Scanverfahren einige Übung. Als Anhaltspunkt kann gelten, dass das Auflösungsvermögen des Scanners leicht über dem des Druckers liegen sollte. Wenn verschiedene Rasterungen nicht zueinander passen, kann es zu Verschiebungen des Bildaufbaus kommen, dem so genannten »Moiré-Effekt«.

Häufig kann der Scanvorgang auf dem Bildschirm verfolgt werden. In einer besonderen Einstellung kann die Farbe der Vorlage an die meist unterschiedliche Farbwiedergabe des Bildschirms angepasst werden; man nennt diesen Vorgang »kalibrieren« (wörtlich: auf das richtige Kaliber bringen).

Nach dem Scannen können die erhaltenen Bildinformationen, bevor sie vom Computer endgültig gespeichert werden, in einer Nachbearbeitung softwaretechnisch geändert werden.

- Das Abbild kann vergrößert, verkleinert oder verzerrt werden.
- Von dem Abbild können verschiedene Ausschnitte ausgewählt werden, sie können an andere Stellen kopiert werden.
- Das Abbild kann in verschiedene Richtungen gedreht oder gespiegelt werden.
- Es lassen sich verschiedene Bilder miteinander kombinieren.
- Bei einem Farbbild lassen sich die Farbwerte ändern.
- Es kann Text hinzugefügt werden.
- Durch Retuschiermöglichkeiten können unerwünschte Punkte oder Linien entfernt werden (Radiergummieffekt).

Die Anwendungsvielfalt des Scannens kennt praktisch keine Grenzen; sie unterstützt ganz wesentlich die Herstellung von Druckvorlagen (englisch: desktop publishing). Das Endprodukt dient zur Illustrierung von Dokumenten, wie Rundschreiben, Broschüren oder Katalogen. Natürlich muss die Qualität der Druckvorlage vom verwendeten Drucker weitergegeben werden. Für Schwarzweißdrucke sollten daher Laserdrucker oder (bei Profianwendungen) Fotosatzgeräte verwendet werden, für Farbdrucke sollten Tintenstrahl- oder Thermo-Farbdrucker verwendet werden.

3.2.1.5 Bildschirm

Ein wichtiges Ausgabemedium ist der Bildschirm (englisch: display oder screen). Er gehört zur Standardausrüstung eines PCs, um direkt und schnell einen Einblick auf Informationen zu nehmen. Der Bildschirm dient

- als Instrument für Informationen zu Anwendungen, die in Arbeit sind,
- als Instrument zur Bedienungsführung. In diesem Zusammenhang wird er auch als Monitor bezeichnet.

Merksatz: Der **Bildschirm** ist ein Sichtgerät zur optischen und vorübergehenden Darstellung von Informationen.

Selbstverständlich wird vorrangig erwartet, auf dem Bildschirm bestimmte Informationen angezeigt zu bekommen, und zwar in entsprechend aufbereiteter, gut lesbarer Form. Der Bildschirm unterstützt aber auch ganz wesentlich die Bedienerführung, d. h. die Beeinflussung des Programmablaufs. Abhängig von bestimmten Informationen, die auf dem Bildschirm angezeigt werden, kann aufgrund von Wahlmöglichkeiten durch entsprechende Eingaben der weitere Ablauf gesteuert werden.

Bildschirme gibt es in verschiedenen technischen Ausführungen. Man unterscheidet drei Grundtypen: Bildschirme mit Kathodenstrahlröhre, Plasmabildschirme und Flüssigkristallbildschirme.

Kathodenstrahlröhre

Bildschirme, die aus einer Kathodenstrahlröhre (englisch: cathode ray tube, kurz: CRT) bestehen, bilden einen gewissen technischen Standard. Man unterscheidet folgende Leistungsmerkmale:

- Größe 12, 14, 17 Zoll (Bildschirmdiagonale),
- mehrfarbige oder einfarbige Darstellung. Selbstverständlich müssen Helligkeit und Kontrast stufenlos regulierbar sein.
- Kapazität: Standard = 25 x 80 Zeichen; die 25. Zeile wird als Statuszeile verwendet (gibt Bedienungshinweise).

Die Bildschirmfläche besteht aus einer Vielzahl von Punkten (Pixel). Jeder Punkt wird in rascher Aufeinanderfolge von einem Lichtstrahl angesteuert; so wird das vollständige Bild erzeugt. Jedes abgebildete Zeichen oder grafische Symbol wird durch ein Punktmuster generiert. Während bei Bildschirmen älterer Bauweise nur Hell-/Dunkel-Effekte erzeugt werden konnten (monochrom), ist heute die Darstellung von Farben durch das Mischen von drei Grundfarben üblich (multichrom).

Von der Bildfrequenz hängt die Flimmerfreiheit des Bildschirms ab; sie wird in Hertz (Hz) gemessen. Für ein gutes »stehendes« Bild sollte die Bildfrequenz bei etwa 75 Hz liegen.

Von der Anzahl der verwendeten Punkte hängt die **Auflösung,** d. h. die Abbildungsgenauigkeit der Darstellung ab. Je mehr Punkte darstellbar sind, also je höher die Auflösung, desto deutlicher ist die Darstellung erkennbar. Für die Auflösung haben sich bestimmte Normen gebildet.

- EGA (Abkürzung für englisch: enhanced graphic adapter) ist, wörtlich betrachtet, ein Grafikadapter mit gesteigerter Leistungsfähigkeit. Bildschirme, die mit dieser Norm ausgestattet sind, bieten eine Auflösung von 640 x 350 Pixel. Das ergibt bei einer Bildschirmdiagonale von 14 Zoll etwa 3 200 mögliche Bildpunkte pro Quadratzoll. Dabei können gleichzeitig 16 Farben dargestellt werden.
- VGA (Abkürzung für englisch: video graphics array) ist eine Weiterentwicklung, die eine Auflösung von 640 x 480 Pixel ermöglicht. Das entspricht einer Darstellung von 4 400 Bildpunkten pro Quadratzoll. Es können gleichzeitig bis zu 256 Farben dargestellt werden; dann wird allerdings die maximale Auflösung bis zu 50 % reduziert.
- Schließlich bietet Super VGA eine Auflösung von 800 x 600 Pixel bzw. eine Darstellung von 6 900 Bildpunkten auf einem Quadratzoll. Die empfohlene Anzahl von Lichtpunkten liegt bei 1 024 x 768; neue Geräte kommen auf etwa 1 600 x 1 200 Bildpunkte.

Wenn sich das auf einem Bildschirm angezeigte Bild über einen längeren Zeitraum nicht verändert, besteht die Gefahr, dass es sich in die empfindliche Beschichtung der Bildschirmoberfläche »einbrennt«; es kommt zur Ermüdung der Darstellungskomponenten, und das Bild bleibt als Schatten erhalten. Um dies zu verhindern, gibt es Software, die die Bilddarstellung unterbricht und vorwählbare, bewegte Bilder erzeugt (so genannte Bildschirmschoner), solange bis das Ursprungsbild wieder angefordert wird. Auch bei der Beurteilung von Bildschirmen sind ergonomische Gesichtspunkte heranzuziehen. Zu den wichtigsten sichtbaren Kriterien zählen stufenlos einstellbare Helligkeit, Kontrast, Brillanz sowie Verzerrungsfreiheit und die schon erwähnte Flimmerfreiheit. Die nicht sichtbaren Kriterien fasst man unter dem Begriff der Strahlungsarmut zusammen. Selbstverständlich muss der Bildschirm neigbar und schwenkbar sein. Oberstes Ziel der Ausstattung ist, eine ermüdungsfreie Bedienung zu ermöglichen.

Plasmabildschirm
Eine Neuentwicklung gegenüber dem herkömmlichen Kathodenstrahlbildschirm ist der Plasmabildschirm. Er hat nicht die Tiefe eines Kathodenstrahlbildschirms, sondern ist flach und damit raumsparender. Zwischen zwei dicht hintereinander liegenden Glasplatten lagert ionisierbares Gas. Der gesamte Bildschirm ist von einem Netz nicht sichtbarer Leiterbahnen überzogen. Wird auf eine waagerechte und eine senkrechte Leitung ein Strom geführt, so entsteht an dem Kreuzungspunkt ein Magnetfeld, wodurch das Gas an dieser Stelle zum Leuchten kommt. So lässt sich der allgemein übliche grafikfähige Zeichenvorrat darstellen. Bisher gibt es hauptsächlich monochrome Plasmabildschirme, die ersten multichromen Plasmabildschirme werden aber bereits produziert. Der besondere Vorteil des Plasmabildschirms liegt in seiner geringen Wärmeentwicklung.

Flüssigkristallbildschirm
Beim Flüssigkristallbildschirm (englisch: liquid cristal display, kurz: LCD) sind zwischen zwei Glasflächen Kristalle eingeschlossen. Diese sind beweglich und verändern ihre Lage, sobald sie unter eine elektrische Spannung kommen. Wenn keine Spannung besteht, sind die Kristalle lichtdurchlässig, sodass einfallendes Licht vom Bildschirmhintergrund reflektiert wird. Unter Spannung werden die Kristalle lichtundurchlässig. So können sich bestimmte Zeichen deutlich vor dem (häufig beleuchteten) Hintergrund abheben.

Flüssigkeitsbildschirme verbrauchen wenig Strom und werden deshalb bei Computern mit Batteriebetrieb bevorzugt eingesetzt. Sie sind besonders strahlungsarm. Ein Flüssigkristallbildschirm ist in hohem Maße verzerrungs- und flimmerfrei. Das hervorstechende Merkmal von Flüssigkristallbildschirmen, das durch die neue TFT-Technik (Abk. für englisch: thin film transistor) weiter ausgebaut wurde, liegt darin, dass sie extrem flach sind und deshalb gegenüber Röhrenbildschirmen wenig Platzbedarf haben. Der zu Beginn ihrer Entwicklung sehr hohe Preis für Flachbildschirme (englisch: flatscreens) geht beständig zurück.

Touchscreen
Eine Besonderheit stellt der Berührungsbildschirm (englisch: touchscreen) dar. Er reagiert auf Berührungen und kann daher für die direkte Dateneingabe verwendet werden. Dazu werden auf dem Bildschirm bestimmte Felder vorgegeben, die eine Auswahl von Eingabemöglichkeiten darstellen. Sobald eines der Felder mit dem Finger oder mit einem Stift (englisch: pen) angetippt wird, wird die Eingabe des entsprechenden Feldinhalts ausgelöst. Damit wird ähnlich der Maussteuerung eine besondere Art der Bedienerführung unterstützt. Die Dateneingabe wird technisch so umgesetzt, dass in einem Gitter von Lichtstrahlen unmittelbar vor dem Bildschirm jede Unterbrechung lokalisiert und direkt umgesetzt werden kann.

3.2.1.6 Drucker

Für die direkte Ausgabe von Daten werden (neben der flüchtigen Darstellung auf Bildschirm) Drucker (englisch: printer) eingesetzt.

Merksatz: Drucker sind Geräte zur Wiedergabe von Daten in vielfältiger schriftlicher Form.

Obwohl die EDV darauf ausgerichtet ist, die ausgewerteten Ergebnisse schnell und direkt zu übermitteln, also auf elektronischem Weg an diejenigen Stellen zu übertragen, für die die Kenntnis der Informationen wichtig ist, stellt das Drucken von Daten nach wie vor eine grundsätzliche Forderung dar. Der Ausdruck auf Papier wird benötigt, um Ergebnisse in schriftlicher Form zu dokumentieren, zu verteilen und zu archivieren. Demzufolge bestehen verschiedenartigste Anforderungen an den Druck; entsprechend vielfältig ist das Angebot an Druckern.

Die Datenausgabe auf Papier wird in der EDV generell als »Drucken« bezeichnet, obwohl an sich zwei unterschiedliche technische Vorgänge zu unterscheiden sind.

– Wenn die Ausgabe von Daten auf Papier seriell (d. h. zeichenweise) erfolgt, geht es um den Vorgang des Schreibens; entsprechend sind Geräte, die wie eine Schreibmaschine schreiben, als »Schreiber« einzuordnen.
– Nur wenn die Ausgabe von Daten auf Papier parallel (und zwar zeilen- oder seitenweise) erfolgt, geht es tatsächlich um einen Druckvorgang; entsprechend können nur solche Geräte, die diese Eigenschaften erfüllen, als Drucker im ursprünglichen Sinn des Wortes bezeichnet werden.

Da in der EDV üblicherweise die Begriffe Schreiben und Schreiber mit den Begriffen Drucken und Drucker gleichgesetzt sind, werden nachfolgend die letztgenannten Begriffe verwendet, soweit es nicht auf eine besondere Unterscheidung ankommt.

Beim Drucken hat das verwendete Material, das Papier, eine besondere Bedeutung. Papier, auf das in der EDV gedruckt wird, hängt in der Regel »endlos« aneinander. Nur selten wird eine Papierrolle verwendet; meist sind die Papierbahnen im »Zickzack« gefaltet und zusammengelegt – man spricht dann von Leporello.

Während des Druckvorgangs wird das Endlospapier von einem Papierstapel fortlaufend in das Druckwerk geführt, bedruckt und anschließend wieder in einem Stapel abgelegt (Abbildung 3.2). Um eine sichere Formularführung insbesondere bei schnellen Druckern zu erhalten, sind die Formularbahnen seitlich meist mit einem Lochrand versehen. Er ist meist perforiert und kann nach dem Druckvorgang abgetrennt werden.

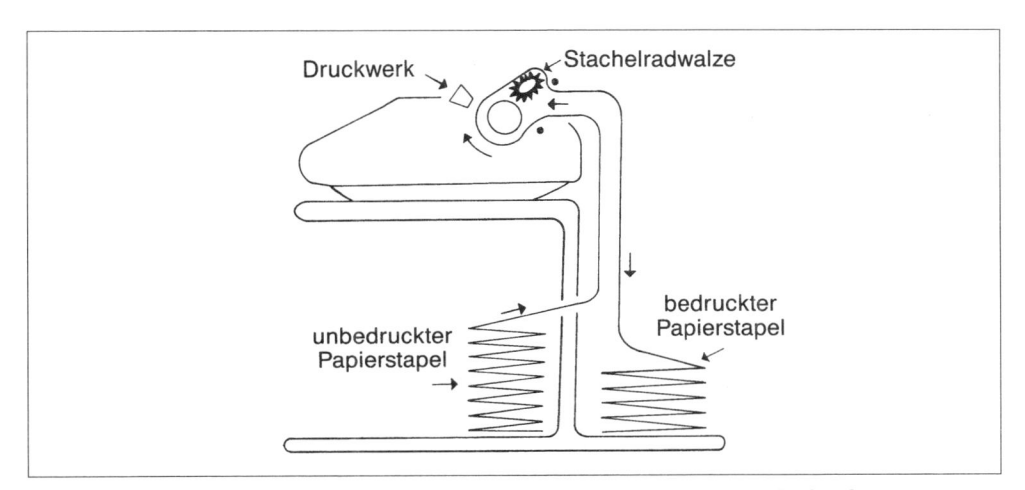

Abb. 3.2: Typischer Durchlauf eines Papierstaplers (Endlospapier) beim Bedrucken

Bei PCs werden immer häufiger Drucker eingesetzt, bei denen das Formular als Einzelblatt aus einem Papierstapel zugeführt und bedruckt wird. In diesen Fällen ist es mitunter möglich, in einem Arbeitsgang auch die Rückseite zu bedrucken.

Schließlich können viele Drucker Formulare in verschiedenen Größen und in verschiedenen Ausführungsarten (z. B. Klebeetiketten) verwenden.

Abhängig von dem jeweiligen Einsatzgebiet werden an das Druckverfahren unterschiedliche Anforderungen gestellt; entsprechend ist ein vielfältiges Leistungsspektrum zu unterscheiden.

- Ein wichtiges Unterscheidungskriterium ist, wie schon erwähnt, der **Druckvorgang**. Der Andruck kann für jedes Zeichen einzeln erfolgen (seriell) oder als Ganzes für eine Zeile oder ganze Seite (parallel).
- Bei seriellem Andruck wird nach dem **Druckmechanismus** unterschieden. Entweder werden die anzudruckenden Zeichen bzw. Zeilen durch einen Anschlagmechanismus erzeugt (englisch: impact) oder auf andere Art (englisch: non-impact).
- Außerdem wird bei seriellem Druck nach der Art der **Zeichenbildung** unterschieden. Die zu druckenden Zeichen können als Abbild (Zeichensatz) vorliegen oder erst durch den Druckvorgang erzeugt werden.

Nachfolgend werden die verbreitetsten Druckerarten besprochen und den genannten Merkmalen zugeordnet (Tabelle auf Seite 425).

Das Prinzip des jeweiligen Druckverfahrens ist aus Abbildung 3.3 zu erkennen.

Einzelzeichendrucker

Am unteren Ende des Leistungsspektrums liegen **Zeichendrucker**; sie arbeiten mit serieller Druckausgabe, Anschlagmechanik und vorgegebenen Drucktype. Dazu zählen Drucker mit Typenhebel, Typenrad- oder Kugelkopfschreibwerk. Die beiden letztgenannten Druckerarten bieten die Besonderheit, dass der vorgegebene Zeichensatz bei Bedarf ausgetauscht werden kann.

Um einiges leistungsfähiger sind **Matrixdrucker**. Sie arbeiten ebenfalls seriell und mit Anschlagmechanik, haben aber keine fest vorgegebenen Drucktypen. Jedes anzudruckende Zeichen wird aus einem Punktraster (Matrix) gebildet. Dabei werden unterschiedliche Techniken angewendet.

Bei **Nadeldruckern** werden die Punkte von mehreren feinen übereinander liegenden Nadeln abgebildet; sie erzeugen beim Druck durch Aneinanderreihung nebeneinanderliegender Punkte bestimmte Zeichen. Von der Anzahl der Punkte, die spalten- und zeichenweise ein Zeichen bilden, hängt die Auflösung, also die Abbildungsgenauigkeit ab. Je mehr Punkte ein Raster hat, desto schärfer wird das Schriftbild. Bei kleiner Auflösung wird ein Zeichen aus einer 5 x 7-Punkt-Matrix gebildet; bei hoher Auflösung wird eine 24 x 24-Punkt-Matrix erreicht.

Die Darstellung einzelner Zeichen kann dadurch variiert werden, dass die Matrixpunkte enger, weiter oder versetzt nebeneinander angeschlagen werden. Dadurch lassen sich verschiedene Schriftschnitte (das ist die Darstellungsart z. B. in **fetter** oder *kursiver* Schrift) bilden. Matrixdrucker verfügen in der Regel standardmäßig über Groß- und Kleinschreibung.

Die Geschwindigkeit von Nadeldruckern lässt sich dadurch erhöhen, dass am Ende einer Zeile kein Rücklauf zum Zeilenanfang erfolgt, sondern die folgende Zeile von rechts nach links, also rückwärts, gedruckt wird. Man spricht dann von bi-direktionalem Druck.

Nach dem Matrixdruckerprinzip arbeiten auch **Thermodrucker.** Die einzelnen Punkte der Matrix werden durch Nadeln, die von kleinen Heizspiralen umgeben sind,

Druckerart	Leistungsmerkmale			
	Druckvorgang	Druck-mechanismus	Zeichenbildung	Leistungsspektrum
Zeichendrucker: Typenhebel-, Typenrad-, Kugelkopf-drucker	seriell	Anschlag-mechanik	Drucktypen	bis zu 50 Zeichen in der Sekunde
Matrixdrucker: aus Punkten Nadeldrucker Thermodrucker	seriell	Anschlag-mechanik	Zeichenbildung	bis zu 200 Zeichen in der Sekunde
Matrixdrucker: Tintenstrahl-drucker	seriell	kein Anschlag, Düse	Zeichenbildung aus Punkten	bis zu 680 Zeichen in der Sekunde
Zeilendrucker: Walzendrucker, Kettendrucker, Banddrucker	parallele Zeilen	Anschlag-mechanik	Typenträger	bis zu 120 000 Zeilen in der Stunde
Seitendrucker: Laserdrucker	parallele Seiten	kein Anschlag, elektrostatische Verfahren	softwaremäßig gebildeter Zeichenvorrat	über 1 000 Seiten in der Stunde (bei Hochleistungs-druckern bis zu 10 000 Seiten in der Stunde)
Sonderform: Kurvenschreiber (Plotter)	kontinuierliche Linienführung innerhalb eines Koordinaten-systems	Steuerung eines Zeichenstifts	Linien (auch Schreibschrift)	relativ langsam

in das Papier gebrannt; dazu muss häufig ein spezielles thermoempfindliches Papier verwendet werden.

Schneller und wesentlich geräuscharmer als Nadeldrucker arbeiten **Tintenstrahl-drucker** (englisch: ink jet printer). Hierbei handelt es sich um serielle Drucker, die ohne Anschlagmechanismus arbeiten. Aus einer Düse, die zeilenweise über die Breite der Papierbahn geführt wird, werden feinste Tintenpartikel (englisch: bubbles) versprüht und so gelenkt, dass aus sich überlagernden Punkten Zeichen gebildet werden. Dabei können auch verschiedene Farben eingesetzt werden, sodass bestimmte Farbmischun-gen erzeugt werden. Tintenstrahldrucker können einen beliebig komplizierten Zei-chenumfang bewältigen, z. B. chinesische Schrift.

Zeilendrucker

Bei Zeilendruckern handelt es sich um Drucker mit einem fest vorgegebenen Zeichen-vorrat, die parallel und demzufolge sehr schnell arbeiten. Über die gesamte Zeilenbreite hinweg werden die erforderlichen Drucktypen in die entsprechende Druckposition gebracht und (nahezu) parallel angedruckt. Als Typenträger werden Walzen, Ketten oder Bänder verwendet, auf denen der gesamte Zeichensatz aufgebracht ist (standard-mäßig 10 Ziffern, 26 Großbuchstaben und 28 Sonderzeichen). Die Typenträger drehen

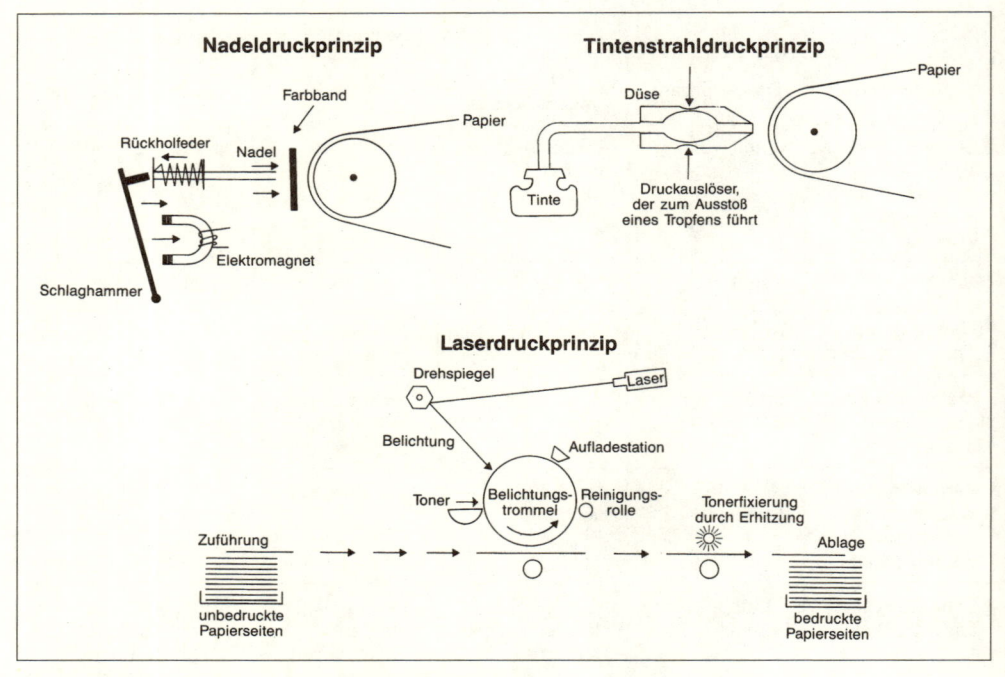

Abb. 3.3: Prinzip verschiedener Druckverfahren

sich mit hoher Geschwindigkeit vor einem Farbtuch oder Farbband, hinter dem das Papier vorbeigeführt wird. Druckketten und -bänder drehen sich waagerecht zur Lage einer Zeile, Druckwalzen laufen senkrecht. Sobald eine Type ihre Druckposition erreicht hat, schlägt ein Anschlaghammer das Papier gegen das abzubildende Zeichen, sodass es über die dazwischenliegende Farbe abgedruckt wird.

Die Besonderheit des Druckverfahrens liegt darin, dass für jede Druckposition ein Anschlaghammer vorhanden ist und deshalb auf einer Zeile parallel ausgelöst werden kann. Da während des Druckvorgangs ohne Anhalten des Papiers mit »fliegendem« Andruck gearbeitet wird, lassen sich sehr hohe Druckgeschwindigkeiten erreichen. Zeilendrucker werden deshalb als »Schnelldrucker« eingestuft.

Seitendrucker
Eine sprunghafte Erhöhung der Leistungsfähigkeit bringen Seitendrucker. Sie arbeiten nach dem elektrostatischen Prinzip; es ähnelt dem Kopierverfahren. Während allerdings ein Kopierer mit Hilfe der Xerographie ein Original analog ablichtet (fotografiert), wird vom **Laserdrucker** ein Bild digital erzeugt. Dabei werden von einem stark gebündelten Lichtstrahl (englisch: laser) einzelne elekronische Impulse übertragen.

Der anschließende Bearbeitungsprozess entspricht dem des Kopierverfahrens. Das Abbild wird auf eine lichtempfindliche Trommel projiziert und mit Tonerpulver (entsprechend der Druckerschwärze) aufgenommen. Anschließend wird das Papier, das elektrostatisch geladen wird, über die Walze geführt, sodass das vorliegende »Tonerbild« übertragen wird. Durch starke Erhitzung wird es dauerhaft auf das Papier eingebrannt. Bei diesem nicht mechanischen »Druckverfahren« wird also an sich nicht mit Druck gearbeitet.

Das Druckverfahren mittels Laserdruck garantiert ein gleichbleibend exaktes Druckbild. Die Auflösung reicht von 300 dpi bis 1 200 dpi (Punkte pro Zoll). Abhängig von der eingesetzten Software können verschiedene Schriftarten, Schriftgrößen, Schriftschnitte und grafische Darstellungen erzeugt werden. Ein besonderer Vorteil liegt darin, dass auch das Formular selbst (als Vordruck) eingeblendet und zusammen mit den Daten gedruckt werden kann. Laserdrucker können auch farbig drucken.

Das Bedrucken von mehrfachliegenden Formularen (Durchschlägen) ist bei Laserdruckern nicht möglich. Kopien müssen durch entsprechend mehrmaligen Druck erstellt werden. Außer den gängigen Papiersorten können auch Folien, Aufkleber oder andere Sonderausführungen bedruckt werden.

Das Spektrum von Laserdruckern reicht von Tischgeräten bis zu Hochleistungsdruckern, die an Großrechner angeschlossen werden. Eine technische Variante am unteren Leistungsspektrum bilden LED- und LCS-Drucker, bei denen die Laserdiode durch nebeneinander liegende Leuchtdioden ersetzt wird.

Eine Sonderstellung der Druckausgabe auf Papier stellen Kurvenschreiber (englisch: **plotter**) dar. Das sind Zeichengeräte, die Daten nicht in Einzelelementen, sondern zusammenhängend, also stufenlos, darstellen. Im Wesentlichen geht es um die Darstellung von Linienführungen (Kurven, Diagrammen, Grafiken, auch in dreidimensionaler Darstellung), die sich meist auf den technischen Anwendungsbereich beziehen. Ein Zeichenstift wird innerhalb eines frei definierbaren und steuerbaren Koordinatensystems über ein Papier (bis zum Format DIN A0) geführt, sodass diffizile Darstellungen figürlich und damit anschaulich umgesetzt werden. Der Zeichenstift ist automatisch auswechselbar, sodass auch das Zeichnen mit verschiedenen Farben möglich ist. Plotter arbeiten relativ langsam.

Plotter werden in zwei Grundtypen unterteilt: Bei Flachbettplottern wird das Papier über eine ebene Fläche gespannt. Darüber wird der Zeichenstift bewegt. Bei Walzen- oder Trommelplottern wird das Papier auf eine Walze gespannt, die sich vor- und zurückdreht, während der Zeichenstift quer zur rotierenden Walze hin und her bewegt wird.

Zusammenfassung

Wenn es darum geht, einen Drucker einzusetzen, sollten folgende Leistungsmerkmale beachtet werden:

- Druckqualität,
- Druckgeschwindigkeit,
- Zeichenvorrat (standardmäßig verfügbar bzw. erweiterbar),
- Verträglichkeit zwischen Zeichensatz des Druckers und des Rechners (Tastatur, Bildschirm),
- Spezialpapier (nötig oder möglich),
- Wahl verschiedener Formate (A3, A4, A5, A6 ...)
- Durchschläge (Anzahl),
- Farbdruck
- Belastungsfähigkeit (im Dauerbetrieb),
- Störanfälligkeit (Mechanik, bewegliche Teile),
- Zubehör (Farbtuch, Toner).

Dazu kommen noch ergonomische Gesichtspunkte, die es lohnt zu beachten:

- Bedienbarkeit (Wechsel von Papier, Druckwerk, Farbband, Toner),
- Bedienungshilfen (Anzeige über Störungen, z. B. bei Papierende),
- Betriebssicherheit (Stromunterbrechung, wenn Gehäuse geöffnet wird),

- Druckgeräusch (bei mehr als 55 db sollte eine Schallschluckhaube vorgesehen werden),
- Umweltfreundlichkeit (Wiederverwendbarkeit und Schadstofffreiheit der Materialien, geringer Energieverbrauch).

Wenn an einem PC ein bestimmter Drucker nicht zur Verfügung steht, besteht die Möglichkeit, die Datenausgabe so auf einen Datenträger auszugeben, dass die Daten »wie gedruckt« zwischengespeichert werden. Die Daten können dann von einem anderen PC auf einem anderen Drucker ausgegeben werden, ohne dass die Aufbereitung zum Druck softwaremäßig nochmals erfolgen muss. Bei der Verwendung von Seitendruckern (z. B. Laserdruckern) ist ein Verfahren unter der Bezeichnung »Postscript« weit verbreitet. Hierbei handelt es sich um eine spezielle Seitenbeschreibungssprache, die auch grafische Darstellungen bildgleich umsetzt. Sie ist in gängigen Laserdruckern fest installiert.

3.2.2 Externe Speichergeräte

Externe Speichergeräte werden eingesetzt, um dem internen Hauptspeicher eines Computers bei Bedarf größere Datenmengen zur Verarbeitung bereitzustellen bzw. nach ihrer Verarbeitung abzunehmen. Externe Speicher dienen der dauerhaften Aufbewahrung von Programmen und Daten. Sie unterscheiden sich zum Teil erheblich in ihrer Speicherkapazität. Allgemeine Maßeinheit für Speicherkapazitäten sind Byte (B), Kilobyte (KB), Megabyte (MB), Gigabyte (GB), Terrabyte (TB) und Petabyte (PB). Die Speicherkapazität in Byte gibt an, wie viele Zeichen (Buchstaben, Ziffern, Sonderzeichen usw.) ein Speicher aufnehmen kann.

Das Leistungsvermögen von Speichermedien wird durch folgende Merkmale gekennzeichnet:
- die Speicherkapazität, d. h. die Menge der Daten, die auf einem Datenträger gespeichert werden kann;
- die Zugriffszeit, d. h. die Zeit, die benötigt wird, um auf eine definierte Position des Speichermediums zum Zwecke des Lesens oder Schreibens zuzugreifen;
- die Übertragungsgeschwindigkeit, d. h. das Datenvolumen, das pro Zeiteinheit von einem Speichermedium zum anderen übertragen wird.

Nach der Aufzeichnungsform der Daten werden folgende Gruppen externer Speicher unterschieden:
- Magnetische Speicher (Magnetplatten, Disketten, Magnetbänder)
- Optische Speicher (Mikrofilme, Optische Speicherplatten (CD-ROM, etc.), Optische Speicherkarten)
- Elektronische Speicher (Chipkarten mit Mikroprozessor, Flash Speicherkarten, Halbleiterplatten).

3.2.2.1 Magnetische Speicher

Magnetische Datenträger verwenden zur Informationsspeicherung eine dünne magnetische Schicht, die auf flexiblen oder harten Materialien unterschiedlichster Art aufgebracht sein kann. Die Aufnahme von Daten erfolgt durch die Magnetisierung bestimmter Spuren. Dazu wird der Datenträger an einem Schreibkopf, der eine Magnetspule enthält, vorbeigeführt und die Daten werden als magnetisierte Zustände auf den Datenträger gebracht. Die Abgabe von Daten (das Lesen) erfolgt umgekehrt: Der Datenträger wird an einem Lesekopf vorbeigeführt, der die magnetisierten Zustände aufnimmt und in verarbeitbare Daten umsetzt.

Die wichtigsten magnetischen Datenträger sind:
- Magnetplatte
- Diskette
- Magnetband.

Magnetplatten

Magnetplatten sind die gebräuchlichsten Massenspeicher für Rechner aller Art.

Eine Magnetplatte besteht aus einer runden Scheibe (englisch: disk), auf deren einer Seite eine Magnetschicht aufgetragen ist. In der Regel sind mehrere Magnetplatten, die dann jeweils auf beiden Seiten beschichtet sind, übereinander montiert und zu einem Magnetplattenstapel zusammengefasst.

Jede Plattenfläche ist in konzentrische, d. h. kreisrunde, in sich geschlossene Spuren unterteilt. In jeder Spur werden die zu einem Byte gehörenden Bits nacheinander (bitseriell) aufgezeichnet. Die Kapazität ist bei allen Spuren gleich. Am weitesten verbreitet sind Magnetplatten mit 200 Spuren, auf denen jeweils annähernd 4 KB gespeichert werden können. Ein Magnetplattenstapel, der aus 6 Magnetplatten gebildet wird, umfasst 10 magnetisierbare Plattenflächen und erreicht damit eine Kapazität von 8 MB. Die oberste und unterste Plattenfläche sind Abdeckplatten und für die Speicherung nicht nutzbar. Inzwischen gibt es Magnetplattenstapel, deren Kapazität im Bereich über 100 GB liegt.

Merksatz: Die **Magnetplatte** ist ein Magnetschichtspeicher mit hoher Speicherkapazität und wahlfreiem Zugriff. Daten können gelesen oder geschrieben werden, ohne dass dies von der Reihenfolge anderer gespeicherter Daten beeinflusst wird. Magnetplatten können zu Plattenstapeln zusammengefasst werden; mehrere Plattenstapel können durch Aneinanderreihung von Laufwerken für den Zugriff bereitgehalten werden.

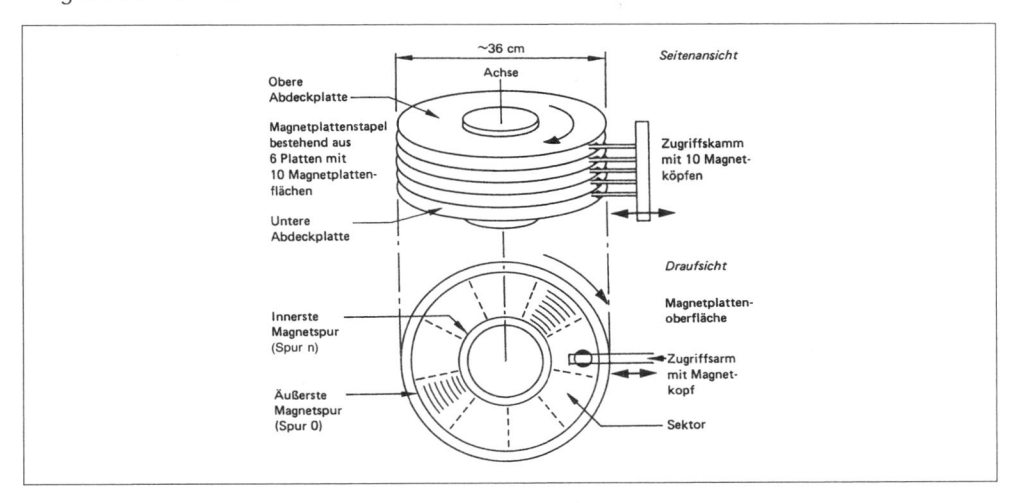

Abb. 3.4: Magnetplattenstapel

Zugriffsmechanismus: Zum Schreiben und Lesen von Daten werden für jede Plattenfläche Magnetköpfe, die auf einem beweglichen Zugriffsarm montiert sind, in die Plattenzwischenräume geführt (Abbildung 3.4). Der Plattenstapel dreht sich mit hoher Geschwindigkeit um seine Achse und führt dadurch die Plattenflächen an den Magnetköpfen vorbei. Damit liegen alle Daten eines Magnetstapels im direkten und frei anwählbaren Zugriff:

– Die verschiedenen **Plattenflächen** eines Stapels sind durch die jeweils zugeordneten Magnetköpfe erreichbar.
– Die verschiedene **Spuren** einer Plattenfläche sind für einen Magnetkopf durch Bewegung des Zugriffsarms erreichbar.
– Die verschiedenen Blöcke **(Sektoren)** der Magnetspuren sind durch Drehung der Magnetplatte erreichbar.

Magnetplattenstapel können auswechselbar oder fest in einer Magnetplatteneinheit montiert verwendet werden. Beim Auswechseln wird über den Magnetplattenstapel eine stabile Haube gestülpt und mit ihm fest verschraubt. Damit werden der Transport und die Lagerung sicherer. Besonders sichere Magnetplattenstapel sind einschließlich des Zugriffskamms und der Magnetköpfe fest in einer Schutzhaube eingeschlossen und nur als Ganzes austauschbar. Wenn eine Magnetplatte fest und nicht austauschbar in einem Laufwerk montiert ist, spricht man von einer **Festplatte**. Bei PCs ist ein Festplattenlaufwerk meist im Computergehäuse integriert.

Die Spur 0 der Magnetplatte hat eine besondere Funktion; auf ihr sind von allen auf der Magnetplatte enthaltenen Dateien charakteristische Merkmale enthalten (Name der Datei, Speicherplatz, Speicherumfang, Datum der Speicherung). Wenn dieses Verzeichnis (englisch: file allocation table = FAT) nicht mehr lesbar ist, kann die ganze Platte nicht mehr gelesen werden. Sie muss neu formatiert werden, d. h. eine neue Grundstellung aller Spuren erhalten.

Laufwerke für Magnetplatten: Zum Schreiben und Lesen von Daten auf Magnetplatten sind entsprechende Laufwerke erforderlich. Ein Laufwerk besteht aus

– Magnetplattenantrieb und
– Zugriffsmechanismus (Zugriffsarm) mit Magnetköpfen.

Für den direkten wahlfreien Zugriff müssen zwei Bewegungen ausgeführt werden:

– Der Magnetkopf muss so weit vor- oder zurückgeschoben werden, bis er die Position der angewählten Spur erreicht.
– Die Magnetplatte muss so weit gedreht werden, bis der angewählte Sektor die Position des Magnetkopfes erreicht.

Erst nach diesem Vorgang, der zur Auffindung eines Speicherplatzes nötig ist, können Daten gelesen bzw. geschrieben werden. Die für die Positionierung eines Speicherplatzes benötigte Zeit ist

– sehr kurz, falls sich der Magnetkopf und der zu erreichende Sektor bereits in gewünschter Position befinden,
– relativ lang, falls der Magnetkopf von der angewählten Spur maximal entfernt und der angewählte Sektor eine volle Plattenumdrehung entfernt liegen.

Deshalb wird zur Beurteilung der Lese- bzw. Schreibgeschwindigkeit von Magnetplatten von **mittlerer Zugriffszeit** gesprochen. Sie liegt abhängig vom Gerätetyp zwischen 5 und 10 ms. Die Schreib-/Lesegeschwindigkeit reicht von 150 KB bis zu 6 MB pro Sekunde.

Organisatorisches: Um den Schreib- oder Lesevorgang auf Magnetplatte möglichst kurz zu halten, bedient man sich einer organisatorischen Hilfe. Zusammenhängende Daten werden nicht auf hintereinander liegenden, sondern auf übereinander liegenden Spuren gespeichert, d. h. auf verschiedenen Magnetplattenflächen, aber auf Spuren mit jeweils gleicher Nummer. Die Gesamtheit aller (übereinander liegenden) Spuren mit jeweils gleicher Position nennt man Zylinder. Die Spuren eines Zylinders können ohne zusätzliche Bewegung des Zugriffskamms und damit in kürzester Zugriffszeit erreicht werden.

Alle Speicherplätze von Magnetplattenspeichern können direkt angesprochen werden. Man unterscheidet damit verschiedene Adressierverfahren:

– Bei der **direkten** Adressierung wird ein Ordnungsbegriff verwendet, der alle notwendigen Angaben zum Auffinden eines Speicherplatzes enthält (Zylinder, Plattenfläche, Sektor). Der Zugriff auf Speicherplätze erfolgt wahlfrei (englisch: random). Wenn der Ordnungsbegriff bestimmten Anwendungsbereichen zugeordnet wird (z. B. Artikelnummer), kann sich nachteilig auswirken, dass evtl. einzelne Elemente nicht belegt werden und dadurch Speicherplatz ungenutzt bleibt.
– Bei der **indirekten** Adressierung wird nach einem frei wählbaren Umrechnungsverfahren (Algorithmus) für einen Ordnungsbegriff eine Speicheradresse ermittelt. Dadurch wird der Speicher besser genutzt, die Zugriffsgeschwindigkeit dauert aber geringfügig länger. Die Speicherung erfolgt nicht sortiert. Falls Ordnungsbegriffe mehrfach vorkommen (können), muss dies organisatorisch abgefangen werden.
– Bei der **index-sequentiellen** Methode wird ein mehrfach gestaffelter Index (das ist eine Tabelle mit Unterbegriffen und dazugehörenden Speicheradressen) dazu verwendet, um durch wiederholte Eingrenzung vom Ordnungsbegriff zur endgültigen Speicheradresse zu gelangen. Dadurch wird der Speicherplatz optimal genutzt. Die Abfrage des gestaffelten Index führt allerdings zu geringfügig zusätzlichem Zeitaufwand.

Selbstverständlich können auf einer Magnetplatte Daten auch sequenziell gespeichert werden; dann entspricht die Organisationsform der des Magnetbandes.

Die Magnetplatte ist wegen ihrer Hauptmerkmale der direkten Zugriffsmöglichkeit bei gleichzeitig hoher Kapazität, hoher Übertragungsgeschwindigkeit und kurzer Zugriffszeit ein beliebtes Speichermedium. Es wird bevorzugt eingesetzt, wenn bei großem Datenvolumen einzelne Daten kurzfristig herausgegriffen und verarbeitet werden sollen. Das ist vor allem beim Einsatz von Datenbanksystemen der Fall.

Disketten

Disketten (engl. floppy disk) sind Wechseldatenträger und stellen eine Sonderform der Magnetplatte dar. Sie bestehen aus flexiblen, runden Kunststoffscheiben, die auf beiden Seiten mit einer magnetisierbaren Schicht bedeckt sind. Zum Schutz ist der eigentliche Datenträger in eine feste Hülle eingeschlossen. Die Information wird beidseitig durch Magnetisierung in konzentrischen Kreisen mit Hilfe eines Schreib-/Lesekopfes, der fest über einem Spalt in der Schutzhülle steht, aufgezeichnet.

Der Durchmesser einer Diskette hat sich von 8, über 5 1/4 zu 3 1/2 Zoll entwickelt; Letztere in der Regel mit einer Kapazität von 1,44 MB und maximal 2,88 MB, wobei die Entwicklung weiter auf kleinere Ausführungen mit höherer Kapazität zielt. Dass auf kleinerer Fläche immer mehr Daten gespeichert werden können, liegt an der Verbesserung der magnetischen Eigenschaften. Der Abstand der einzelnen Bits und damit auch der Spuren wird verringert und damit die Dichte (englisch: density) erhöht. Da auch der Abstand des Schreib-/Lesekopfs zum Datenträger (die »Flughöhe«) verringert wird (auf etwa einen Zehntelmillimeter), können Signale schneller ausgetauscht werden. Die Schreib-/Lesegeschwindigkeit erreicht dadurch etwa 200 KByte in der Sekunde. Die mittlere Zugriffszeit liegt zwischen 100 und 250 ms.

Die Diskette ist bei PCs ein äußerst beliebtes, weil preiswertes und flexibel einsetzbares Speichermedium. Die Archivierung von Programm- und Datenbeständen auf Disketten kann leicht organisiert und überwacht werden. Allerdings darf die Sicherheit einer Diskettenarchivierung nicht allzu hoch eingeschätzt werden. Disketten sind als Datenträger anfällig und die »Lebensdauer« ihrer Magnetisierung ist begrenzt.

Magnetband
Ein Magnetband besteht aus einem dünnen Polyesterband, bei dem auf einer Seite eine magnetisierbare Schicht aufgetragen ist, auf der die Daten durch Magnetisierung aufgetragen werden. Die Kapazität des Magnetbandes hängt von der Länge des Bandes ab, der Spuranzahl und der Aufzeichnungsdichte ab.

Das Magnetband ist auf eine Spule gewickelt, die zum Schutz vor Verschmutzung in einer verriegelbaren Kassette aufbewahrt wird. Moderne Schutzkassetten sind so konstruiert, das sie vor dem Schreib-/Lesevorgang automatisch entriegelt werden und das Magnetband in die Startposition gebracht wird.

Bei der Benutzung wird das Band von einer Spule abgewickelt, an der Schreib-/Leseeinrichtung des Magnetbandgeräts vorbeigeführt und auf einer zweiten Spule aufgewickelt. Die Schreib-/Leseeinrichtung verfügt über einen oder mehrere Magnetköpfe, die auf die Spuren des Bandes positioniert sind. Nach der Aufzeichnungstechnik können die Magnetbandgeräte in zwei Gruppen eingeteilt werden: Schrägspuraufzeichnung und Längsspuraufzeichnung.

Beim Schrägspurverfahren läuft das Band in einer leichten Neigung am Schreib-/Lesekopf vorbei, wobei der Schreib-/Lesekopf rotiert, während er die Daten auf das Band schreibt. Geräte die mit diesem Aufzeichnungsverfahren arbeiten sind 4 mm DAT/DDS (DDS digital data storage, Standard für digitale Datenaufzeichnung, der von HP und Sony entwickelt wurde) sowie 8 mm AIT und Mammoth.

DAT (digital audio tape) Laufwerke werden über die SCSI-Schnittstelle an den Rechner angeschlossen und haben eine maximale Datenübertragungsrate von 2,4 MB. Die Kassetten haben eine Bandbreite von 4 mm. Die Speicherkapazität beträgt zwischen 1,3 GB und 20 GB.

Bei Mammoth und AIT (Advanced Intelligent Tape) handelt es sich um zwei Marktstandards für 8 mm-Bandkassetten, die unterschiedliche Kompressionsverfahren und Laufwerktechniken verwenden. Die Speicherkapazität reicht unkomprimiert derzeit von 3,5 GB bis 100 GB.

Bei Längsspuraufzeichnung (auch lineare Aufzeichnung genannt) werden die Daten in Längsrichtung auf das Band in eine oder mehrere horizontale Spuren geschrieben. Das Band wird an der Oberfläche des Schreib-/Lesekopfes vorbeigeführt und das Schreiben und Lesen erfolgt serpentinenartig in mehreren Vor-/Rückläufen. Es gibt heute Bänder mit 18 bis 448 Spuren, von denen eine oder mehrere gleichzeitig gelesen werden können.

3.2.2.2 Optische Speicher

In jüngerer Zeit werden verstärkt auch optische Speicher als externe Speicher eingesetzt.

> **Merksatz:** Bei **optischen Speichern** werden die Informationen über optische Verfahren (Lasertechnik) auf einer Trägerschicht aufgezeichnet und zum späteren Abruf bereitgehalten.

Man unterscheidet nach der Art ihrer Verwendbarkeit mehrere Arten von optischen Speichern. Sie können entweder nur gelesen oder auch (einmalig oder mehrmals) beschrieben werden. Ausgangspunkt der Entwicklung war die Lasertechnologie: Unter Verwendung eines stark gebündelten Lichtstrahls (englisch: laser) werden Daten in digitalisierter Form in die lichtempfindliche Schicht einer Speicherplatte eingebrannt (geschrieben) und durch Reflexion wiedererkannt (gelesen). Weitergehende Entwicklungen beziehen auch magnetische Verfahren ein; man spricht dann von magnet-optischen Verfahren.

Während bei Magnetschichtspeichern die Schreib-/Leseköpfe nur mit einer Genauigkeit von 0,1 mm auf einer Magnetspur positioniert werden können, ist dies bei Laserlicht mit einer Genauigkeit von 0,001 mm steuerbar. Deshalb können die einzelnen Spuren enger bzw. dichter platziert werden; dadurch wird wiederum eine höhere Aufzeichnungsdichte und damit Gesamtkapazität erreicht.

Optische bzw. magnet-optische Speicher werden unterschieden nach Nur-Lese-Speichern und einmalig oder mehrmalig beschreibbaren Speichern.

Mikrofilm

Ein Mikrofilm ist ein Datenträger aus Filmmaterial, auf dem mittels fotografischer Verfahren schriftliche und bildliche Information stark verkleinert aufgezeichnet wird.

Die Verkleinerung beträgt bis zu einem Fünfzigstel der Originalgröße. Sie wird auf einzelnen Filmblättern (französisch: fiche) oder auf Filmrollen aufgezeichnet. Ein Mikrofiche von der Größe einer Postkarte (DIN A6) kann etwa 250 DIN A4-Seiten aufnehmen. Durch nochmalige Verkleinerung lässt sich die Kapazität auf einem Ultrafiche bis zu 5 000 DIN A4-Seiten steigern. Die Ablage von Mikrofiches erfolgt in Plastiktaschen, so genannten Jackets. Filmrollen werden in der Regel zu Mikrofiches zerschnitten.

Die Datenausgabe auf Mikrofilm erfolgt durch COM-Geräte (Abkürzung für englisch: computer output on microfilm). Dabei werden die darzustellenden Zeichen von einem stark gebündelten Lichtstrahl (Kathodenstrahl) auf Mikrofilm belichtet. Das geschieht 10- bis 20-mal schneller als die Datenausgabe bei Schnelldruckern. Weitere Leistungen wie Feldansteuerung, Text- oder Formulareinblendung, Kennzeichnung durch Ordnungsbegriffe, können angewendet werden.

Aufgrund der rapiden technischen Fortschritte bei konkurrierenden Medien sowie der Nachteile des Mikrofilmverfahrens (umständliche Handhabung, lange Zugriffszeiten, nur einmal beschreibbarer Nur-Lesespeicher, hohe Erstinvestition für Geräte) werden Mikrofilme nur noch zur Ablage verwendet, wenn selten auf einzelne Dokumente zugegriffen werden muss, z. B. in Bankzentralen.

Optische Speicherplatten

Optische Speicherplatten sind feste, runde Kunststoffscheiben, bei denen mittels Laser erzeugte Wärmeenergie zum Schreiben und Lesen von Informationen auf optisch reaktivem Material verwendet wird. Nach dem Kriterium der Wiederbeschreibbarkeit werden drei Typen unterschieden:

- bespielte optische Platten mit unveränderbarem Inhalt, die nur gelesen werden können, z. B. CD-ROM, DVD-ROM,
- einmal beschreibbare optische Platten (WORM), die beliebig oft gelesen werden können, z. B. CD-R, DVD-R,
- wiederbeschreibbare optische Platten, die beliebig oft beschrieben und gelesen werden können, z. B. CD-RW, DVD-RW, magneto-optische Platten.

CD-ROM, DVD, WORM, ROD

Die verbreitetste Art von optischen Speicherplatten sind Nur-Lese-Speicher (englisch: CD-ROM, d. h. compact disk read only memory). Sie nehmen Informationen auf und halten sie zum Abruf bereit. Ihr technisches Vorbild ist die CD der Unterhaltungselektronik. CD-Player kamen 1983 auf den Markt; schon ein Jahr später folgten die ersten CD-ROM- Laufwerke. Zur gegenseitigen Unterscheidung werden CDs der Unterhaltungselektronik als CD-A (audiovisuell) bezeichnet und die der Informationsverarbeitung als CD-I (interactive). Daneben gibt es eine Reihe anderer Bezeichnungen; die Namensgebung ist noch nicht standardisiert.

Allerdings hat man sich schon zu einem frühen Zeitpunkt bemüht, technische Standards zu vereinbaren. Dabei standen im Vordergrund

– die Art und Weise, in der Daten codiert werden,
– die Art der Informationen, die das Laufwerk benötigt, um den Laserstrahl zu positionieren, und
– die Fehlerkorrekturcodes.

Merksatz: Die **CD-ROM** ist ein Medium, das ein großes Datenvolumen aufnehmen und (preisgünstig) an viele Abnehmer verteilen kann.

Die Aufzeichnungstechnik und das Leseverfahren wurden weltweit in ISO 9660 genormt.

– Die Ausmaße einer CD-ROM sind gering; die Scheibe hat standardmäßig einen Durchmesser von 5 $^1/_4$ Zoll bei einer Dicke von 0,12 cm.
– Die CD-ROM ist äußerst widerstandsfähig; sie ist durch eine Schutzschicht vor Staub, Feuchtigkeit und kleinen Beschädigungen (Kratzern) geschützt.
– Vor allem ist die Speicherkapazität enorm hoch; sie beträgt standardmäßig 640 MB und kann durch Datenkompressionsverfahren nochmals gesteigert werden. Wenn man bedenkt, dass mehrere CD-ROM-Laufwerke parallel geschaltet werden können und damit in direktem Zugriff stehen, bedeutet die CD-ROM die Verfügbarkeit einer im PC-Bereich kaum vorstellbaren Informationsmenge.
– Die mittlere Zugriffsgeschwindigkeit liegt bei 35 ms. Die Übertragungsgeschwindigkeit liegt mit etwa 300 KB pro Sekunde relativ niedrig.

Wenn auch die CD-ROM manche Gemeinsamkeit mit der Diskette aufweist, ist doch die Art der Datenanordnung eine grundlegend andere. Die Sektoren sind auf einer einzigen spiralförmigen Spur angeordnet; Daten werden in gleichmäßig dichter Folge gespeichert. Am äußeren Rand können also wesentlich mehr Daten gespeichert werden als am inneren Rand, anders als bei magnetischen Speicherplatten, auf denen in einem Sektor immer gleichmäßig viele Daten gespeichert werden (Abbildung 3.5). Der Speicherplatz einer CD-ROM kann also optimal genutzt werden. Außerdem ist die Spurdichte enger, da bei optischen Verfahren die Bits wesentlich präziser positioniert werden. Auch können sie enger zueinander stehen, weil sie sich nicht gegenseitig magnetisch beeinflussen.

Hieraus ergibt sich allerdings die Notwendigkeit, beim Lesen der CD-ROM mit unterschiedlichen Drehzahlen zu arbeiten. Wenn im äußeren Bereich gelesen wird, muss die Drehzahl niedriger als im inneren Bereich liegen. Da die Scheibe dazu abgebremst bzw. umgekehrt beschleunigt werden muss, ist die Zugriffszeit ungünstiger als bei magnetischen Speicherplatten; sie dauert im ungünstigen Fall bis zu 1 Sekunde.

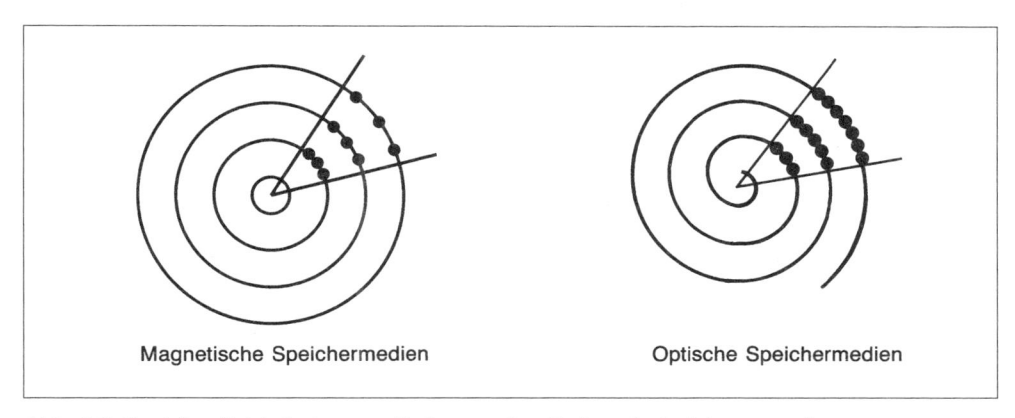

| Magnetische Speichermedien | Optische Speichermedien |

Abb. 3.5: Speicherdichte bei magnetischen und optischen Aufzeichnungsarten

Durch eine Steigerung der Drehzahl der Scheibe lassen sich höhere Übertragungsgeschwindigkeiten erreichen. So gibt es Laufwerke mit 2-, 4-, 8-, 12- und 16-facher Drehgeschwindigkeit. Parallel dazu verläuft eine Entwicklung, durch die auch die Speicherkapazität erhöht werden kann. Sie wird als DVD-Technik bezeichnet. **DVD** steht für englisch »Digital Versatile Disk« und bedeutet »digitale vielseitig verwendbare Scheibe«. Dadurch wird eine Speicherkapazität von 4,7 GB erreicht. DVD-Disketten können doppellagig und beidseitig genutzt werden, wodurch ein vierfaches Speichervolumen erreicht wird. Höhere Übertragungsgeschwindigkeit und höhere Speicherkapazität führen dazu, dass bei diesen CD-ROMs die Qualität zum Abspielen von Spielfilmen erreicht wird.

Erstellen von CD-ROMs

Das geschäftsmäßige Beschreiben von CD-ROMs erfolgt derart, dass in die (noch ungeschützte) Kunststoffschicht entlang der spiralförmigen Spur eine Reihe von Vertiefungen eingebrannt werden. Die Abfolge der Vertiefungen bzw. verbliebenen Erhöhungen stellt die Reihenfolge der gespeicherten Daten dar. Nach dem Schreibvorgang wird die Oberfläche der Kunststoffschicht mit einer reflektierenden Kunststoffschicht und schließlich mit einer Schutzschicht überzogen. Der Speicherplatz ist somit versiegelt und nicht mehr veränderbar. Auf einer CD-ROM können also nur auf einer Seite Daten gespeichert werden.

Beim Lesevorgang wird auf die Spur der CD-ROM ein Lesestrahl gelenkt, der schwächer ist als der für den Schreibvorgang und somit die Oberfläche der Speicherplatte nicht mehr verändert. Durch Reflexion wird erkannt, ob der Strahl auf eine glatte Fläche trifft (das entspricht dem Wert 0) oder auf einen Wechsel von Vertiefung zu Erhöhung bzw. Erhöhung zu Vertiefung (das entspricht dem Wert 1). Tatsächlich ist die Codierung etwas komplizierter; sie bildet eine Kombination aus Bitzuständen und Taktinformationen, d. h., es kommt bei der Codierung darauf an, wie oft in einer bestimmten Zeit von einem Zustand in einen anderen umgeschaltet wird.

Die Erstellung von CD-ROMs läuft in drei Arbeitsphasen ab:
- Als erstes müssen die zu speichernden Daten in maschinenlesbarer Form erfasst werden.
- Dann werden die Daten in der Vorbereitungsphase so aufbereitet (formatiert), dass sie auf eine CD-ROM umgesetzt werden können.

– In der abschließenden Produktionsphase wird zunächst eine »Master-CD« erstellt, und von dieser werden die endgültigen CDs abgenommen, d. h. gepresst. Sie werden, mit einem Etikett versehen, in eine Schutzhülle gelegt und sind dann fertig zum Vertrieb.

CD-ROMs werden vor allem dann eingesetzt, wenn gleichartige Informationen
– an viele Empfänger verteilt werden sollen,
– nicht häufig geändert werden und
– vor Manipulation geschützt werden sollen.

Typische Einsatzgebiete für die Informationsverteilung auf CD-ROMs sind Nachschlagewerke (Rechtsprechung, Literatur, Versandhandel, Lernprogramme u. ä.) und Software-Distribution. Ein neuer Anwendungsbereich entwickelt sich durch die Verknüpfung von Text und Bild mit Ton und Bewegung. So können in einem Dialogsystem bestimmte Begriffe gesucht und dazu Zusatzinformationen abgerufen werden, z. B. als sprechendes und musizierendes Lexikon.

Verwendung beschreibbarer magnet-optischer Speicher (WORM)

Eine Weiterentwicklung der optischen Speicherplatte sind WORMs (Abk. für englisch: write once, read multiple), sie können vom Anwender selbst beschrieben werden. Das kann aber nur einmal geschehen, denn eine WORM kann nicht mehr verändert, sondern nur noch gelesen werden. Dabei wird eine besondere Technik angewendet, das so genannte magnet-optische Verfahren: Ein Laserstrahl erhitzt eine Magnetschicht punktgenau derart, dass sich Magnetfelder in positive oder negative Zustände versetzen lassen.

WORMs werden hauptsächlich unternehmensintern eingesetzt, und zwar wenn
– ein Informationsbestand laufend erweitert werden soll und
– wenn der Empfängerkreis nicht sehr hoch ist,

wie z. B. bei der Archivierung von Verträgen, Konstruktionszeichnungen oder Patenten.

Wiederbeschreibbare optische Platten

Bei den wiederbeschreibbaren optischen Platten lassen sich nach der Aufzeichnungstechnik zwei Typen unterscheiden:

– CDs und DVDs, die mit Phasenwechseltechnik arbeiten und eher bei individuellen Anwendungen genutzt werden
– Magnet-optische Speicherplatten, die in Laufwerken und optischen Jukeboxen eingesetzt werden.

Bei den CD-RW (engl. CD-Rewritable) ist auf der Kunststoffscheibe auf einer Seite eine Metalllegierung aufgebracht, auf die die Daten mittels Laser in dualer Phasenwechseltechnik in einer kontinuierlichen Spirale von innen nach außen aufgezeichnet werden. Phasenwechselmedien verdanken ihren Namen der Tatsache, dass sich das Material der Speicherschicht durch unterschiedliche Laserleistungen und die dadurch bedingten Erhitzungen zwischen den beiden Festkörperphasen kristallin und amorph »umschalten« lässt. Ein Nachteil dieser Technologie ist die begrenzte Schreibgeschwindigkeit. Physikalisch bedingt läuft das Umschalten zwischen den Phasen nämlich in einer vom Material vorgegebenen Geschwindigkeit ab. Außerdem verlangt der Phasenwechsel ein langsames Abkühlen. Darüber hinaus lassen sich Phasenwechselmedien nur bedingt oft beschreiben, da das Erhitzen zu einer Entmischung des Materials führt, was die Speicherung unsicher macht. Derzeit setzen die Hersteller der CD-RW (rewriteable CD) rund 1 000 Überschreibungsvorgänge als möglich an.

Magnetoptische Wechselplatten (MO, Magnet Optical Discs) können beliebig oft beschrieben und gelesen werden. Sie speichern die Informationen in Form unterschiedlicher Magnetisierungsrichtungen des Materials, die sich prinzipiell beliebig oft umkehren lassen. MO werden derzeit in Formaten 2,5; 3,5 und 5,25 Zoll mit Kapazitäten von 140 MB bis 9,1 GB pro Platte angeboten. Sie können über eine Million Mal wiederbeschrieben werden.

3.2.2.3 Elektronische Speicher

Elektronische Speicher verwenden Halbleiterbauelemente zur Datenspeicherung. Die bekanntesten elektronischen Datenträger sind die im breiten Einsatz befindlichen Chipkarten. Die beiden wichtigsten Kartentypen sind die Mikroprozessorkarten sowie die Flash-Speicherkarten. Auf die Darstellung von Kartentypen, die mit anderen Speicherchips (z. B. SRAM) ausgestattet sind, sowie auf die Erläuterung von Halbleiterplatten wird hier verzichtet.

Chipkarten mit Mikroprozessor

Eine Chipkarte mit Mikroprozessor (smart card) ist eine Plastikkarte mit einem Chip, der einen Mikroprozessor und einen Speicher enthält. Verwendet werden zum einen Karten in EC-Kartengröße z. B. für Ausweise, Kunden- und Kreditkarten, zum anderen Karten in einem kleineren Format (SIM-Karten), die in GSM-Mobiltelefonsystemen zum Einsatz kommen.

Bei Verwendung der Karte kommuniziert der in die Karte integrierte Chip mit dem Kartenleser in der Regel durch direkten physischen Kontakt (Kontaktkarten, engl. contact smart card), teilweise aber auch schon drahtlos (so genannte Fernkarten, engl. remote coupling card). Über die so genannte Systemschnittstelle des Chips erfolgt die Energieversorgung und die Kommunikation mit dem Gerät, das entweder zu speichernde Daten liefert oder gespeicherte Daten liest. Der Mikroprozessor steuert mit Hilfe des Betriebssystems die Kommunikation über die Systemschnittstelle, führt das Anwendungsprogramm aus, codiert und decodiert die Daten und wickelt die Speicherzugriffe ab. Darüber hinaus überprüft er die Rechtmäßigkeit der Transaktionen, indem er aufgrund definierter Zugriffsrechte wie z. B. einer abgespeicherten PIN (Persönliche Identifikationsnummer) die Befugnis des Karteninhabers zur Benutzung der Karte kontrolliert.

Der Speicher einer Chipkarte besteht aus dem Betriebssystemspeicher (derzeit typischerweise bis zu 64 KB ROM), einem sehr kleinen Arbeitsspeicher (bis zu 2 KB RAM) und einem Benutzerspeicher (EEPROM), dessen Kapazität anwendungsabhängig ist. So reichen für Ausweise, Kundenkarten und Bankkarten in der Regel einige KB, für größere Anwendungen werden Kapazitäten bis 32 KB geboten.

Flash-Speicherkarten

Flash-Speicherkarten (engl. flash memory card) in PC-Karten-Abmessungen werden als externe Massenspeicher für tragbare Rechner eingesetzt, noch kleinere Größen (CompactFlash, MultimediaCard, Memory Stick) finden in digitalen Kameras und Mobilkommunikationsgeräten Verwendung. In den auswechselbaren Flash-Speicherkarten sind ein oder mehrere nicht-flüchtige Flash-Chips (d. h. die Chips bewahren ihren Inhalt auch ohne Energiezufuhr) integriert, die derzeit eine Speicherkapazität von 4 MB bis zu 2 GB bei durchschnittlichen Zugriffszeiten von zwei Millisekunden besitzen.

Ein Problem bei Flash-Speicherkarten ist das Fehlen eines einheitlichen Standards. Die Karten haben unterschiedliche Größen und unterschiedliche Schnittstellen, die nicht kompatibel sind. Eine Normung ist derzeit nicht in Sicht, auch ist noch unklar ob sich ein Hersteller oder eine Herstellergruppe mit seiner proprietären Spezifikation am Markt durchsetzen kann.

Kontrollfragen
1. *Worin liegt der wesentliche Unterschied zwischen der Ein-/Ausgabe von Daten auf direktem Weg und über Datenträger (indirekter Weg)?*
2. *Zählen Sie mindestens einen Vertreter von langsamen, schnellen und sehr schnellen Druckern auf.*
3. *Zählen Sie mindestens drei Vorteile auf, die bei der Dateneingabe über die Maus gegenüber der Tastatur bestehen.*
4. *Welche ergonomischen Anforderungen müssen beim Einsatz eines Bildschirms beachtet werden?*
5. *Welche Vor- und Nachteile hat eine Festplatte gegenüber anderen Datenträgern?*
6. *Zählen Sie mindestens drei Unterschiede auf, die zwischen Magnetschichtspeichern und optischen Speichern bestehen.*

Aufgabe 15.05 *(Anforderungen an die Aufbereitung von Ergebnissen) S. 524*

3.2.3 Spezielle Techniken und Verfahren

In diesem Kapitel werden Techniken und Verfahren beschrieben, durch die es zu ganz speziellen Anwendungsbereichen gekommen ist. Sie stützen sich auf eine besondere Maschinenausstattung, die meist einen so komplexen Verarbeitungsaufwand erfordert, dass normale PCs damit überfordert wären. So werden zur Bewältigung dieser besonderen Aufgaben entweder besonders leistungsstarke Rechner eingesetzt oder mehrere PCs mit entsprechender Aufgabenteilung miteinander verbunden.

3.2.3.1 Maschinelle Beleglesung

Sobald Daten ausgedruckt sind, können diese nicht mehr automatisiert verarbeitet werden. Mitunter besteht aber der Bedarf, sie nicht nur visuell, sondern auch maschinell zu lesen und wieder zu verarbeiten. Das wird ermöglicht durch die Verwendung besonderer Codierungen, die maschinell mit optischen oder magnetischen Verfahren erkannt werden können. Die so erstellten Belege dienen als Datenträger und können (ggf. um manuelle oder maschinelle Angaben ergänzt) schnell und unkompliziert wieder der Verarbeitung zugeführt werden. Maschinell lesbare Belege können Schriften oder auch Strichmarkierungen aufnehmen.

> **Merksatz:** Maschinell lesbare Belege sind Datenträger, deren Daten (ohne Zwischenspeicherung) mit Hilfe maschineller Erkennungsverfahren aufgenommen werden können. Die verschiedenen Lesetechniken werden unter dem Begriff **Beleglesung** zusammengefasst.

Damit steht ein wirtschaftlicher Datenträger zur Verfügung, der eine außerordentlich hohe Gestaltungsvielfalt (in Format, Aufteilung und Farbe) zulässt.

Zum Lesen von Belegen werden unterschiedliche Lesetechniken angewandt (Abbildung 3.6).

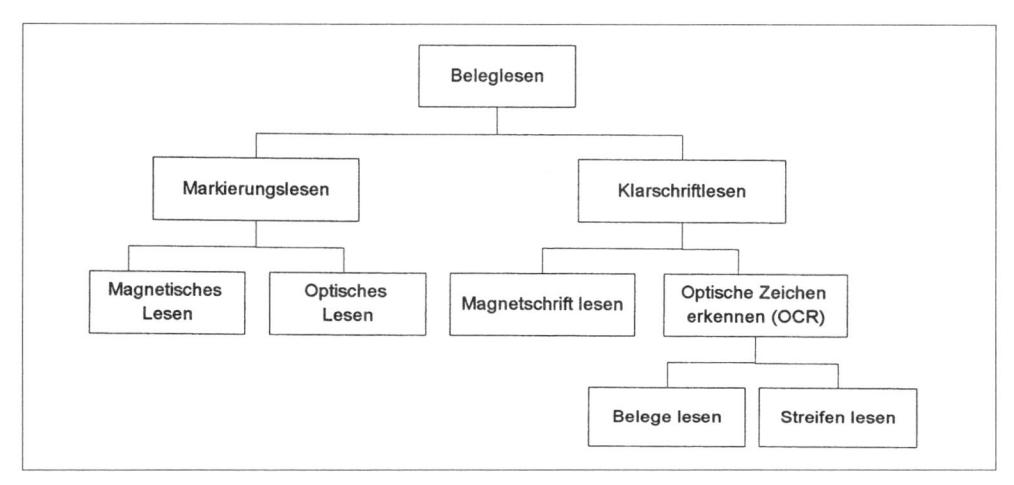

```
                        ┌─────────────┐
                        │ Beleglesen  │
                        └──────┬──────┘
                ┌──────────────┴──────────────┐
        ┌───────────────┐              ┌───────────────┐
        │ Markierungslesen│            │ Klarschriftlesen│
        └───────┬────────┘             └────────┬──────┘
         ┌─────┴─────┐              ┌───────────┴──────────┐
    ┌─────────┐ ┌─────────┐   ┌──────────────────┐ ┌──────────────────┐
    │Magnetisch│ │Optisches│   │Magnetschrift lesen│ │Optische Zeichen │
    │ Lesen   │ │ Lesen   │   │                  │ │ erkennen (OCR)  │
    └─────────┘ └─────────┘   └──────────────────┘ └─────────┬────────┘
                                                    ┌────────┴────────┐
                                              ┌─────────────┐ ┌─────────────┐
                                              │Belege lesen │ │Streifen lesen│
                                              └─────────────┘ └─────────────┘
```

Abb. 3.6: Lesetechniken bei der maschinellen Beleglesung

Die einfachste Form des Beleglesens ist das **Markierungsverfahren**. Es werden Belege eingesetzt, die bestimmte Markierungspositionen enthalten. Informationen werden durch kurze Strichmarkierungen manuell oder maschinell kenntlich gemacht. Diesen Markierungen können jeweils Bedeutungen wie Menge, Preis u. ä. zugeordnet werden.

Strichmarkierungen können **elektromagnetisch** erkannt werden, falls es sich um elektrisch leitende Markierungen (z. B. Striche von einem speziellen Graphitstift) handelt. Markierungen mit Bleistift, Tinte, Kugelschreiber u. ä. werden als Hell-Dunkel-Kontrast durch **optische** Leseverfahren erkannt.

Leichter als Markierungen werden vom Menschen die ihm vertrauten Schriftzeichen erkannt. Deshalb ist das Klarschriftverfahren trotz größeren maschinellen Aufwands beliebter. Maschinell erkennbare Schriftzeichen werden durch markante und damit gut unterscheidbare Konturen dargestellt. Es gibt verschiedene genormte Schriftarten (Abbildung 3.7). **Magnetschriften** werden elektromagnetisch gelesen. Bei der optischen Zeichenerkennung (englisch OCR: optical character recognition) werden Schriftzeichen durch Messen und Auswerten von Helligkeitsunterschieden erkannt. Diese **optisch erkennbaren Schriften** wurden so weit entwickelt, dass sie von normalen Maschinenschriften kaum unterscheidbar sind.

Auch **Handschriften** können maschinell gelesen werden, soweit sie sich auf die Einzeldarstellung von Ziffern, Großbuchstaben und einigen Sonderzeichen beschränken. Dabei müssen hohe Anforderungen an die Schreibdisziplin gestellt werden. Nachlässig geschriebene Schriftzeichen führen zu Undeutbarkeiten und damit leicht zu Fehlern.

Eine große Verbreitung hat der **Barcode** genommen. Unter dieser englischen Bezeichnung wird eine Strichmarkierung verstanden, die sich aus unterschiedlich breiten

Strichen zusammensetzt und gut erkennbar auf Waren aller Art angebracht werden kann (Abbildung 3.8). Das bringt vielseitige organisatorische Erleichterungen für den Warenhandel. So können die entsprechenden Kennzeichnungen von Artikeln sowohl stationär (an Kassen mit Scannern) wie auch ortsunabhängig (mit Lesepistolen) blitzschnell abgelesen und einem angeschlossenen Rechner übertragen werden. Dadurch lassen sich unmittelbar Lieferscheine und Rechnungen erstellen, aber auch die Lagerhaltung überwachen, sodass rechtzeitig Nachbestellungen ausgelöst werden können.

Magnetschriften	CMC-7: 0123456789	E 13-B: 0123456789
Optische Schriften (OCR)	OCR-A: (DIN 66 008) 0123456789 ♪⌐⌐⎮ ABCDEFGHIJKLM NOPQRSTUVWXYZ .,=+-/*	OCR-B: (DIN 66 009) 1234567890 ABCDEFGHIJKLM NOPQRSTUVWXYZ abcdefghijklm nopqrstuvwxyz *+-=/.,:;"'?!

Abb. 3.7: Maschinell lesbare Schriften

Abb. 3.8: Barcode auf einer Ware (Buch)

Technische Voraussetzungen
Die maschinelle Beleglesung setzt belegerstellende und beleglesende Geräte voraus. Soweit Belege nicht manuell beschriftet werden, sind für die **Belegbeschriftung** entweder Spezialmaschinen (z. B. Codierer zum Auftragen der Magnetschrift) oder gängige Büromaschinen (wie z. B. Buchungsmaschinen, Registrierkassen oder mit einem bestimmten Zeichenvorrat ausgestattete Schreibmaschinen) notwendig. Der verwendete Typensatz muss genormte, maschinell lesbare Schriftzeichen enthalten. Belege können einzeln oder »endlos« als Streifen beschriftet werden. Das Schriftbild muss im Interesse einer korrekten Zeichenerkennung deutlich und sauber sein. Damit ergeben sich erhöhte Anforderungen an den Typensatz, das Farbband und auch an das Papier.

Beim **Beleglesen** unterscheidet man Markierungsleser und Klarschriftleser. Sie arbeiten entweder nach dem elektromagnetischen oder nach dem optischen Erkennungsprinzip. Beim optischen Leseverfahren wird der Beleg von einem stark gebündelten Lichtstrahl (Kathodenstrahl) abgetastet. Durch den Reflexionsunterschied eines dunklen Zeichens vor einem hellen Hintergrund wird das Zeichenprofil erkannt. Es wird mit Merkmalen eines gespeicherten Zeichenvorrats verglichen und identifiziert bzw. als nicht erkennbar abgewiesen.

Die Leseleistung von Beleglesern ist sehr unterschiedlich, da sie von der Größe eines Belegs, der Anzahl der zu lesenden Felder und der Schriftart abhängt. Die maximale Leseleistung wird bei optischer Zeichenerkennung mit Maschinenschrift erreicht und beträgt 2 500 Zeichen in der Sekunde. Das entspricht etwa 20 bis 75 Belegen pro Sekunde.

Belege werden einzeln oder »endlos« als Klarschriftstreifen gelesen. Einzelbelegleser sind meist mit Sortiereinrichtungen ausgestattet, sodass in Abhängigkeit von gelesenen Zeichen eine physische Selektion der Belege gesteuert werden kann.

Organisationskriterien

Belegleseverfahren lassen sich leicht in den Belegfluss eines Unternehmens einordnen. Belege als Datenträger sind durchschaubar und haben eine hohe Akzeptanz. Der Beleglesung kommt insbesondere bei Banken zur schnellen Verarbeitung von Schecks und Überweisungen eine große Bedeutung zu. Belegleseverfahren werden zunehmend durch magnetische Speicherverfahren verdrängt, z. B. durch Geräte der mobilen Datenerfassung. Auch erfolgt eine Verdrängung durch beleglosen Datenträgeraustausch (durch Datenübertragung).

3.2.3.2 Mikroverfilmung

Die Verfilmung von schriftlichen Unterlagen und damit ihre Verkleinerung zur besseren Archivierung ist ein bewährtes und verbreitetes Verfahren. Noch effektiver lassen sich Daten mit Hilfe der EDV schnell, direkt und **ohne** dass sie in schriftlicher Form vorliegen auf Mikrofilm ausgeben oder auch umgekehrt von einem Mikrofilm in eine Datenverarbeitungsanlage lesen. Die Verwendung von Mikrofilm als Ein- oder Ausgabemedium nennt man **Mikrofilmverfahren**.

> **Merksatz:** Beim Mikrofilmverfahren wird der **Mikrofilm** als Datenträger verwendet, sodass Daten mit fototechnischen Verfahren originalgetreu, stark verkleinert abgebildet werden können.

Mikrofilmgeräte

Nach der Verfilmung und Entwicklung des Datenmaterials sind zum Lesbarmachen eine Reihe von Hilfsmitteln notwendig:

- Mikrofilm-Lesegeräte (zum Vergrößern, Auswählen und Betrachten des Filmausschnitts),
- Mikrofilm-Rückvergrößerungsgeräte (zum Anfertigen von Originalkopien),
- Mikrofilm-Suchgeräte (zum Auffinden bestimmter Filmauszüge) und
- Dupliziergeräte (zum Anfertigen von Duplikaten).

Eine praktische Erweiterung des Mikrofilmverfahrens wird dadurch erreicht, dass Suchbegriffe aus Stichwortverzeichnissen abgerufen werden, die auf Computern automatisch geführt werden. Dadurch entfällt der manuelle Suchvorgang auf Mikrofilm. Mit einem Suchbegriff oder kombiniert mit mehreren Suchbegriffen können archivierte Mikrofilme sehr schnell aufgefunden und damit mikroverfilmte Informationen sehr schnell eingesehen werden.

Nachteilig kann sich im Mikrofilmverfahren auswirken, dass mikroverfilmte Daten nicht ohne Weiteres aktualisiert werden können. Da ein Datenträger in der Regel mehrere Vorlagen enthält, müssen entweder alle Unterlagen neu verfilmt oder es muss eine organisatorische Lösung zur Aufbewahrung verschiedener Datengenerationen gefunden werden.

Eine Umkehrung des Mikrofilm-Ausgabeverfahrens wird durch CIM-Geräte (Abkürzung für englisch: computer input of microfilm) ermöglicht. Als Eingabegeräte werden optische Leser verwendet, die mikroverfilmte Zeichen über Kathodenstrahlröhren erkennen und umsetzen.

Organisationskriterien
Die Mikroverfilmung entspricht in hervorragender Weise dem immer stärker werdenden Sicherheitsbedürfnis bei gespeicherten Daten, weil der Zugang zu mikroverfilmten Daten für einen Unbefugten ungleich schwieriger als zu Originalunterlagen ist. Außerdem können Mikrofilme außerhalb des Datenverarbeitungsbereichs eigenverantwortlich von der zuständigen Fachabteilung aufbewahrt werden. Der Gesetzgeber hat die originallose Behandlung von Daten seit mehreren Jahren zugelassen. Dennoch bleibt das Mikrofilmverfahren bislang vor allem auf den dokumentarischen Bereich begrenzt. Neue Organisationsformen im Verbund mit einer Datenverarbeitungsanlage, z. B. für das automatische Verfolgen der Erledigung gespeicherter Geschäftsvorgänge (Terminüberwachung), lassen allerdings eine größere Anwendungsbreite des Mikrofilmverfahrens bei der Büroarbeit erwarten. Das Mikrofilmverfahren wird zunehmend durch neue Technologien (Scanner in Verbindung mit CD-ROM) verdrängt.

3.2.3.3 Sprachverarbeitung

Obwohl in der EDV die Kommunikationsmittel Text, Bild und Grafik nachhaltig unterstützt werden, bleibt das beliebteste Kommunikationsmittel, nämlich die Sprache, eher vernachlässigt. Sie wird größtenteils über die größte Kommunikationsmaschine der Welt, das Telefon, geleitet.

Aber das Telefonieren hat auch Schwächen:

– Der Angerufene ist zum Zeitpunkt des Anrufs mitunter nicht erreichbar.
– Über den Informationsaustausch gibt es in der Regel keine Dokumentation.
– Falls der »falsche« Ansprechpartner angerufen wurde, müssen die abgegebenen Informationen an eine andere Stelle gerichtet und nochmals wiederholt werden.

Um diese Nachteile zu vermeiden, werden Anrufaufzeichner oder -beantworter eingesetzt. Eine größere Anwendungsvielfalt bietet demgegenüber der Einsatz von Sprachspeicher- und -informationssystemen. Dabei wird bewusst auf den direkten Dialog verzichtet. Es ergeben sich folgende Vorteile:

– Die gesprochene Nachricht wird gespeichert.
– Die gespeicherte Nachricht kann jederzeit und von überall durch den berechtigten Teilnehmer abgerufen werden.
– Die gespeicherte Nachricht kann einem oder mehreren Teilnehmern weitergegeben werden, gegebenenfalls ergänzt um weitere Informationen.

Sprachverarbeitungssysteme
Eine besondere Bedeutung für die EDV erhalten Sprachspeicher- und -informationssysteme durch ihre Erweiterung zu Sprachverarbeitungssystemen. Dabei wird das gesprochene Wort zur Steuerung von Verarbeitungsprozessen verwendet. Hierbei

kommt es nicht darauf an, zusammenhängende Texte abzusetzen, sondern einzelne Wörter (z. B. Ziffern oder einfache Ausdrücke wie »ja« oder »nein«) zu verwenden, um mit dem Computer in Dialog zu treten. Diese Technik kommt dem Umgang mit dem Computer sehr entgegen, da keine manuell zu bedienenden Hilfsmittel benötigt werden. Die Hände bleiben frei für andere Aktivitäten; die Dateneingabe kann auch in Räumen mit schlechten Lichtverhältnissen vorgenommen werden. Die Eingabe von Sprache ist natürlicher als das Eintippen über eine Tastatur.

> **Merksatz: Sprachverarbeitung** beruht auf den Komponenten Spracherkennung (von menschlicher Sprache) und Spracherzeugung (von künstlicher Sprache).

Die Technologie unterscheidet sich grundsätzlich von dem bisherigen Prinzip, nach dem sich der Mensch an den Computer anpassen muss; jetzt muss sich der Computer an den Menschen anpassen. Allerdings ist die benötigte Technik sehr aufwendig und kommt daher bisher hauptsächlich bei Großrechenanlagen zum Einsatz. Technische Voraussetzung ist die Umsetzung von menschlicher Sprache (Stimme) in elektronische Impulse (Sprachanalyse) bzw. umgekehrt die Umwandlung von elektronischen Impulsen in verständliche künstliche Sprache (Sprachsynthese). Sie wird durch die Zerlegung von Sprachsignalen in digitale Form erreicht.

Das Prinzip der Spracherkennung beruht auf der Analyse von Lauten aufgrund ihrer Schallwellen. Für unsere Sprache gibt es mehrere Dutzend elementarer Lautbausteine, die identifiziert und richtig kombiniert werden müssen. Die Sicherheit des Erkennens gesprochener Wörter hängt davon ab, wie eng sich die jeweiligen Wörter in ein vorgegebenes Lautschema (das sind Bitmuster verschiedener Sprachsignale) einordnen lassen. Je deutlicher eine Stimme schwingt, desto leichter ist eine Zuordnung möglich, d. h., flüsternde Stimmen können kaum interpretiert werden.

Die auf diese Weise erkennbaren und speicherbaren Wortmuster umfassen zur Zeit einen Vorrat von mehreren hundert Wörtern. Dabei können auch Einflussgrößen wie Stimmlage, Lautstärke, Sprechgeschwindigkeit u. ä. individuell berücksichtigt werden. Die Erkennungsgenauigkeit bei Spracheingabe kann erhöht werden, wenn durch Sprachtraining das Eingabegerät auf einen bestimmten Sprecher ausgerichtet wird.

Anwendungsmöglichkeiten ergeben sich an Arbeitsplätzen, an denen wenig unterschiedliche Daten zur Verarbeitung in eine Datenverarbeitungsanlage einzugeben sind und an denen gleichzeitig manuelle Tätigkeiten ausgeführt werden müssen. Das ist z. B. bei Banken (Umrechnung von Wechselkursen), bei Fertigungsbetrieben (Qualitätskontrolle) und bei der Lagerhaltung (Artikelnummer und -menge) der Fall. Eine interessante Erweiterung der Eingabemöglichkeit erfahren Sprachverarbeitungssysteme dadurch, dass die Dateneingabe auch durch ein Telefon, das an den Computer gekoppelt ist, erfolgen kann. Das eröffnet neue Anwendungsmöglichkeiten bei Buchungs-, Reservierungs- und Bestellsystemen, z. B. bei Versandhäusern, die so Aufträge telefonisch annehmen und vollautomatisch ausführen können.

Die wichtigsten Leistungskriterien für ein Spracherkennungssystem sind

– Größe des Vokabulars,
– Trefferquote der Erkennung und
– Sprecherabhängigkeit.

Als weiteres Kriterium kommt die

– Fähigkeit, Wortgrenzen zu erkennen,

hinzu, falls es gilt, zusammenhängende Sprache zu erkennen. (Wie schwierig das ist, kann man sich leicht bewusst machen, wenn man bei einem beliebigen Text alle

Leerzeichen und Satzzeichen entfernt und nur Kleinbuchstaben verwendet). Die Entwicklung von Spracherkennungssystemen für Anwendungen zum letztgenannten Punkt, z. B. für automatische Diktiergeräte, steckt noch in den Anfängen.

Kontrollfragen
1. *Welche zwei grundsätzlich unterschiedlichen Techniken sind bei der maschinellen Beleglesung zu beachten?*
2. *Welche Unterschiede ergeben sich bei der Datenausgabe über computergestützte Mikrofilmausgabe (COM) gegenüber Druckern?*
3. *Aufgrund welcher Besonderheit unterscheiden sich Spracherkennungssysteme grundsätzlich von anderen Arten der Dateneingabe?*

Aufgabe 15.06 *(Konfiguration eines PCs) S. 524*

4 Netze und Netzdienste

Anfangs dienten PCs nur dazu, Arbeitsabläufe **einzelner** Anwender zu erleichtern und vor allem zu beschleunigen. Aber bald wurde der Ruf nach Verbindungen zwischen PCs laut. Die Gründe hierfür lagen in dem Bestreben,

– einzelne Hardware-Komponenten (z. B. Drucker oder CD-ROM-Stationen) besser auszulasten,
– spezielle Hardware- und Software-Komponenten (z. B. Scanner) einem größeren Anwenderkreis zugänglich zu machen und
– Daten unkompliziert zwischen mehreren Benutzern auszutauschen.

Es entwickelten sich relativ schnell Lösungen, die sowohl auf Hardware- wie auf Software-Komponenten aufbauten. Die zunächst zur geteilten Nutzung (englisch: sharing) von kostspieliger Peripherie gedachten Netze haben sich bald auch zur Verknüpfung von Anwendungen entwickelt. Heute arbeiten PCs aufgrund leistungsfähiger Netz-Technologie immer häufiger vernetzt, d.h., sie sind untereinander hardware- und softwaremäßig verbunden. Bei vernetzten PCs kann mit gleichberechtigten Stationen (englisch: workstations) gearbeitet und es können gleiche Anwendungsprogramme verwendet werden; dabei werden häufig Datenbanksysteme gemeinsam genutzt. Die Organisation in Benutzergruppen bildet die neue Kommunikationsform in Unternehmen.

Dies führt zu einer bemerkenswerten organisatorischen Chance in der EDV: Die bisher mehr oder weniger »chaotisch« arbeitenden (PC-)Insellösungen können im Zuge der Vernetzung zu einer Vereinheitlichung mit überschaubaren Einrichtungen und Anwendungen geführt werden.

Merksatz: Ein **Netzwerk** (englisch: network) stellt die Verbindung zwischen EDV-Systemen aller Art her mit dem Ziel, einem bestimmten Anwenderkreis einheitlich Informationen bereitzustellen und Hardware- und Software-Komponenten zur gemeinsamen Nutzung zu überlassen.

Netze können sich über kürzere oder weitere Entfernung erstrecken; sie können die Grenzen des Unternehmensbereichs überschreiten, und sie können Großrechner einbeziehen. Schießlich können Netze auch öffentliche Dienste nutzen, die von der Deutschen Telekom oder anderen Anbietern angeboten werden. Die jeweiligen Ansprüche setzen jeweils unterschiedliche Anforderungen an die einzusetzenden Netzwerk-Bestandteile voraus.

4.1   LAN

Netzwerke, die sich auf den lokalen Bereich erstrecken, d. h. auf die örtliche Ausdehnung eines Unternehmens beschränkt sind, werden LAN (englisch: local area network) genannt. Sie verbinden Computer derart miteinander, dass jeder an jeden Daten senden bzw. jeder von jedem Daten empfangen kann. Angeschlossene periphere Geräte können gemeinsam genutzt werden

> **Merksatz:** Ein **LAN** ist ein »hausinternes«, Netzwerk mit integrierten Arbeitsstationen für die unternehmensinterne Kommunikation. Dabei wird nicht unbedingt eine zentrale Steuerung vorausgesetzt. Praktisch handelt es sich um eine überdimensionale Datenverarbeitungsanlage, bei der anstelle von unmittelbar gesteuerten »unintelligenten« Peripheriegeräten weitgehend »intelligente« Stationen angeschlossen sind.

Über spezielle Übergangsstellen (englisch: gateways) können LANs sowohl an Großrechner angeschlossen werden, wie auch an Weitbereichsnetze, sog. WANs (englisch: Wide Area Networks).

Für das Vernetzen von PCs (im Rahmen der Einrichtung eines LAN) sind Hardware-, Software- und verkabelungstechnische Voraussetzungen zu schaffen.

Hardware-Voraussetzungen

PCs, die an ein LAN angeschlossen werden, müssen mit einer Schnittstelle für das Netz ausgestattet sein. Es gibt seriell und parallel arbeitende Netzschnittstellen, also für die nacheinander bzw. nebeneinander erfolgende Übertragung von Daten. Sie werden in Form einer Steckkarte (auch: Adapterkarte) in den PC eingesetzt. Zur Steuerung des LAN kann ein bestimmter PC die Funktion des »Dieners« (englisch: server) übernehmen. Er sorgt dann dafür, dass alle Ressourcen (Geräte, Programme und Dateien) im Netz zur Verfügung stehen und (abhängig von den vereinbarten Verfügungsberechtigungen) genutzt werden können. Der Server kann zusätzlich auch als eigenständiger Rechner (Arbeitsplatzrechner) eingesetzt werden.

Software-Voraussetzungen

In einem Netzwerk muss eine spezielle Netzwerksoftware installiert werden. Das ist die Treiber-Software für die Netzkarten. Es sind mehrere Varianten zu unterscheiden, die sich nach der Art der eingesetzten PCs, nach dem verwendeten Betriebssystem und nach dem gewählten Übertragungsverfahren richten.

Verkabelung

Bei der Verkabelung sind die unterschiedlichen Qualitätsmerkmale von Leitungsarten zu unterscheiden:

- Verdrillte **Zweidrahtleitungen** sind am preiswertesten. Sie können durch eine entsprechende Ummantelung vor magnetischen Störfeldern abgeschirmt werden. Für längere Übertragungswege werden Zwischenverstärker benötigt.

- **Koaxialkabel** bieten wegen der Ummantelung eines hochwertigen Innenleiters eine hohe Übertragungsgeschwindigkeit und wirkungsvolle Abschirmung gegen elektrische Störungen. Da sie relativ dick und deshalb schlecht zu verlegen sind, werden sie kaum noch eingesetzt.
- **Lichtwellenleiter** (LWL) sind Kabel aus Glasfaser (englisch: fiber) und bieten eine außerordentlich hohe Übertragungsrate; sie können nicht angezapft werden und sind daher abhörsicher.

Netzstruktur (Topologie)

Für die Installation eines Netzes ist nicht zuletzt darüber eine Entscheidung zu treffen, welche Netzstruktur (Topologie) eingerichtet werden soll. In der Praxis haben sich drei Arten von Netzstrukturen herausgebildet (Abbildung 4.1).

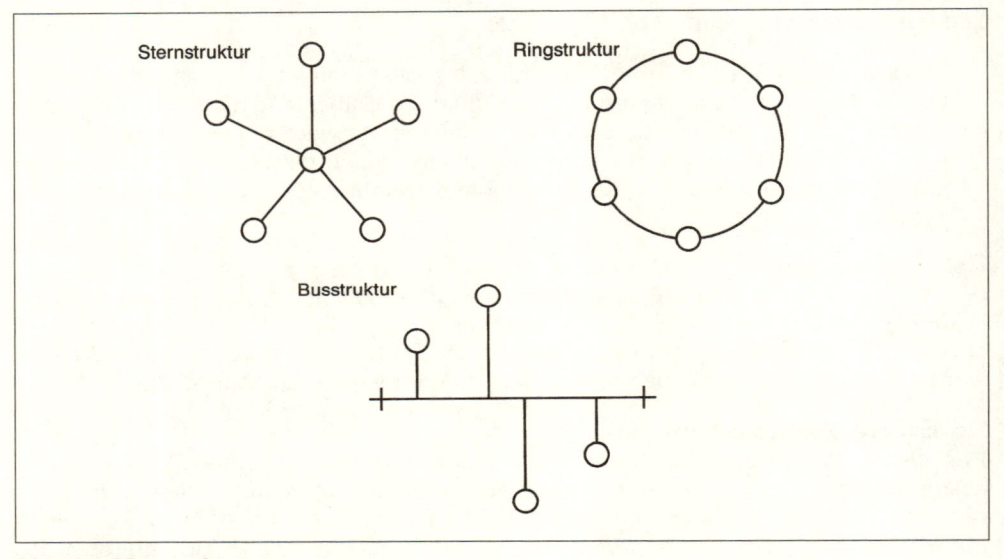

Abb. 4.1: Netzstrukturen

Bei der **Sternstruktur** besitzt jede angeschlossene Station eine eigene Verbindung zum Server. Die Leistungsfähigkeit dieses Netzes hängt damit ganz erheblich vom Server ab; als Mittelpunkt des Systems hat er alle Koordinierungsaufgaben zu übernehmen. Die angeschlossenen Stationen sind ohne Umweg erreichbar.

Sternstruktur	
Vorteile	Nachteile
– Das Netz ist leicht erweiterbar. – Der Ausfall einer Station beeinflusst den Informationsfluss der anderen Stationen nicht. – Es gibt wenig Störstellen; Fehler sind leicht zu lokalisieren.	– Das zentrale Server ist stark belastet. – Der Ausfall des Servers bedeutet den Totalausfall des gesamten Netzes. – Die Leistungsfähigkeit des Servers bestimmt die Leistung des Gesamtsystems. – Externe Kommunikation läuft nur über den Server. – Hohe Verkabelungskosten.

Die **Busstruktur** verbindet alle angeschlossenen Stationen über eine gemeinsame Leitung. Die angeschlossenen Stationen sind ohne Umweg erreichbar.

Busstruktur	
Vorteile	Nachteile
– Das Netz ist flexibel in der Handhabung; es kann leicht erweitert werden. – Bei Ausfall einer Station bleibt das Netz stabil. – Für Ankopplung, Übertragung und Wartung entsteht nur ein geringer Aufwand.	– Das Netz unterliegt wegen der Signallaufzeit einer Längenbegrenzung. – Bei hoher Belastung kann die Leistung des Systems sinken. – Es kann nur **eine** Station senden. – Bei Ausfall des Übertragungskanals fällt das Gesamtsystem aus (Ausnahme: es kann auf einen Reservekanal zugegriffen werden).

Bei der **Ringstruktur** erfolgt die Datenübertragung in festgelegter Richtung innerhalb eines geschlossenen Rings von Station zu Station. Eine dezentrale Netzsteuerung und Ressourcenverwaltung kann sehr gut verwirklicht werden; auch der Server ist in den Ring eingebunden.

Ringstruktur	
Vorteile	Nachteile
– Das Netz ist leicht erweiterbar. – Das Netz kann relativ einfach erweitert werden. – Jede Station kann die Steuerfunktion übernehmen. – Stabiles Verhalten auch im Hochlastbetrieb. – Die maximale Wartezeit kann kalkuliert werden.	– Der zentrale Server ist stark belastet. – Der Ausfall des Übertragungskanals führt zum Totalausfall des Systems (Ausnahme: es kann auf einen Reservekanal zugegriffen werden). – Die Erstinstallation ist relativ aufwendig.

Die aufgeführten Eigenschaften von Netzstrukturen lassen sich auch entsprechend vorteilhaft miteinander kombinieren. So können von einem Ring gegebenenfalls auch Sterne ausgehen.

Organisationskriterien

Ein Netzwerk ist technisch wie organisatorisch eine hochkomplizierte Angelegenheit. Aus unterschiedlicher Sicht werden dabei eine Reihe von Anforderungen an die Funktionstüchtigkeit eines Netzwerks gestellt. Es ist nützlich, diese Anforderungen vor der Entscheidung für eine bestimmte Installation sorgfältig zu prüfen.

Immer häufiger werden Arbeitsplätze abteilungsübergreifend vernetzt. Das geschieht in einem gesonderten Netz, das die Netze der Abteilungen miteinander verbindet; man spricht von einem **Backbone-Netz** (wörtlich: Rückgrat-Netz). In Unternehmen geht die Entwicklung von getrennten betrieblichen Netzen hin zu integrierten Netzen, wobei die Einbindung von Multimedia-Techniken eine immer stärkere Bedeutung bekommt.

Sicherheitsaspekte

Bei Netzwerken muss in besonderem Maß auf die Sicherung von Daten geachtet werden. Bei der Vielzahl der Anwender und bei dem meist hohen Datenvolumen kann eine Störung oder gar ein Ausfall des Netzes zu erheblichen Problemen führen. Das gilt

Anforderungen an die Funktionstüchtigkeit eines Netzwerkes			
Anforderungen aus Anwendersicht	Anforderungen der Technik	Anforderungen aus Sicht der Verwaltung	Anforderungen aus Sicht der Unternehmensleitung
– hohe Zugriffs- und Übertragungs-geschwindigkeit – Übersichtlichkeit der Bedienungsfunktion	– gute Installierbarkeit – einfache Kontrollmöglichkeit – leichtes Erkennen und Durchschauen von Fehlervorkommen – Diagnosefähigkeit	– Transparenz der Auslastung – hohe Sicherheit bei der Datenhaltung – hoher Schutz vor unberechtigtem Zugriff auf Daten	– Kompatibilität und freie Auswahl der Komponenten – keine Beschränkung der Ausbaufähigkeit – keine Bindung an bestimmte Hersteller – Offenheit bezüglich der Anbindung an andere Netze

insbesondere dann, wenn nicht mehr nachvollziehbar ist, welche Daten korrekt verarbeitet wurden und welche nicht.

Zur Sicherung der Datenverarbeitung im Netz sind vor allem zwei Verfahren zu empfehlen:

– Bei wichtigen Anwendungen sollte das Netz technisch so abgesichert sein, dass ein Ersatzsystem mehr oder weniger automatisch einspringen kann, wenn das Hauptsystem gestört ist bzw. ausfällt. Dies kann dadurch realisiert werden, dass einem Server ein zusätzlicher parallel arbeitender Rechner beigestellt wird (Tandem), sodass dieser im Notfall die Arbeiten weiterführen kann. Auch können Dateien doppelt geführt werden (Spiegeln), sodass im Notfall auf eine intakte Datei zugegriffen werden kann.
– Wichtige Datenbestände sollten in bestimmten, möglichst regelmäßigen zeitlichen Abständen abgezogen werden (englisch: backup), sodass auf diesen gesicherten Datenbestand zugegriffen werden kann (englisch: restore), wenn in der Zwischenzeit der Datenbestand beeinträchtigt wurde.

Auf weitere Aspekte einer zuverlässigen Datensicherung wird in Kapitel 7.2 (S. 500 ff.) eingegangen.

4.2 Übertragungsdienste

Bei den Übertragungsdiensten wird zwischen kabelgebundenen Netzen und Funknetzen unterschieden, die im Folgenden kurz dargestellt werden.

4.2.1 Kabelgebundene Netze

Zu den öffentlichen kabelgebundenen Netzen gehören die TV-Kabelnetze, die Stromnetze sowie die Fernsprechnetze, die hier im Mittelpunkt der Betrachtung stehen. Die Fernsprechnetze dienten ursprünglich ausschließlich der Sprachkommunikation zwischen räumlich getrennten Gesprächspartnern. Inzwischen ermöglichen diese Netze jedoch auch die digitale Datenübertragung. In Deutschland arbeitet das gesamte Telefonnetz mit digitaler Vermittlungstechnik. Da viele Haushalte in Deutschland noch mit analogen Telefonen arbeiten, findet in den Ortsvermittlungsstellen eine Umwandlung von analogen in digitale Signale statt und die Daten werden dann digital über das Telefonnetz versendet. Digitale Daten werden unverändert übertragen.

ISDN

ISDN (integrated services digital network) ist ein digitales Telekommunikationsnetz bei dem der Teilnehmer die Möglichkeit hat, auf einer Anschlussleitung mehrere Kanäle gleichzeitig und unabhängig voneinander zu nutzen. Ein ISDN-Basisanschluss bietet die Möglichkeit zwei Kanäle (B_1 und B_2) mit einer Übertragungskapazität von 64 kbit/s zu nutzen. Ein dritter Kanal (D_0) mit einer Kapazität von 16 oder 64 kbit/s dient als Steuerkanal zum Austausch von dienstspezifischen Informationen für die von den beiden anderen Kanälen genutzten Dienste.

Die beiden B-Kanäle können dazu verwendet werden, gleichzeitig Verbindungen zu zwei unterschiedlichen Gegenstellen aufzubauen. So kann z. B. auf einer Leitung telefoniert werden, während auf dem anderen Kanal im Internet gesurft wird.

ISDN bietet neben einer guten Übertragungsqualität und einem schnellen Verbindungsaufbau zusätzliche Funktionen, die insbesondere beim Telefonieren vorteilhaft sind:

– Automatischer Rückruf im Besetztfall
– »Anklopfen« mit Anzeige der Telefonnummer des Anrufenden
– Anrufliste, d. h. Aufzeichnen von Nummern angekommener Gespräche
– Konferenzverbindungen
– Entgeltanzeige über Verbindungskosten
– Wahlwiederholung.

xDSL

Unter dem Sammelbegriff xDSL werden digitale breitbandige Übertragungsverfahren zusammengefasst. Der Begriff DSL (digital subscriber line) bezeichnet nicht eine physische sondern eine logische Verbindung, bei der sich an jedem Ende ein spezielles DSL Modem befindet. DSL wurde entwickelt, um die Übertragungskapazität der Telefonleitungen auf der Strecke von den Ortvermittlungsstellen zu den Haushalten effizienter auszunutzen.

Die derzeit gängigste DSL-Variante ist ADSL. Das »A« steht für asymmetrisch, was bedeutet, dass die verfügbare Übertragungskapazität in beide Richtungen unterschiedlich ist. Während in Richtung des Kunden (»downstream«) Kapazitäten bis zu 8 Mbit/s erreicht werden können, stehen in umgekehrter Richtung nur Kapazitäten von bis zu 768 kbit/s zur Verfügung. Die Telekom bietet derzeit ihre ADSL-Dienste unter dem Namen »T-DSL« an. Neben A-DSL gibt es als asymmetrische Verfahren noch

– RADSL (rate adaptive DSL): RADSL-Modems können die Übertragungsleistung der Leitung vorab prüfen. Anschließend passt das RADSL-Modem die Übertragungsgeschwindigkeit automatisch an die jeweils bestehende Leitungsqualität sowie an die zu überbrückende Entfernung an. Down- und Upstream-Geschwindigkeit sind also zum einen asymmetrisch, zum anderen dynamisch und nicht als feste Größe definiert.
– UDSL (universal DSL): UDSL ist eine Variante von ADSL jedoch mit geringerer Übertragungskapazität und wurde daher auch »ADSL-Light« genannt. Gilt in der Zwischenzeit jedoch als veraltet.
– CDSL (consumer DSL): proprietäre ADSL-Variante der Firma Rockwell International.

- VDSL (very high bitrate DSL): Weiterentwicklung von ADSL, mit der derzeit downstream bis zu 52 Mbit/s übertragen werden können.

Neben den asymmetrischen DSL-Varianten gibt es auch noch eine Reihe symmetrischer DSL-Verfahren, bei denen gleiche Bitraten in beiden Richtungen übertragen werden. Die folgende Abbildung zeigt die DSL-Verfahren für Netze, die auf Telefonkabeln basieren, in der Übersicht.

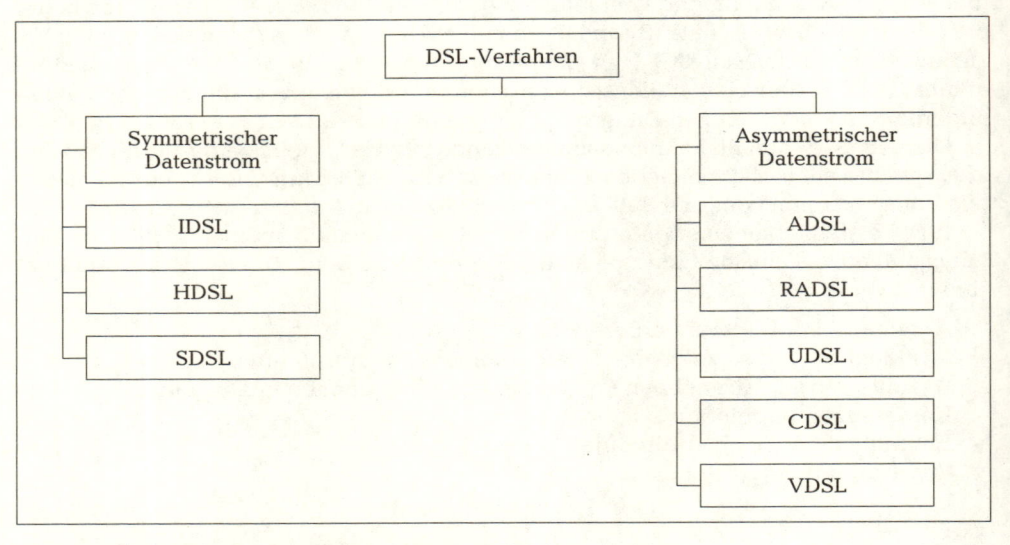

```
                        DSL-Verfahren
              ┌──────────────┴──────────────┐
    Symmetrischer                    Asymmetrischer
     Datenstrom                        Datenstrom
       │                                   │
       ├── IDSL                            ├── ADSL
       │                                   │
       ├── HDSL                            ├── RADSL
       │                                   │
       └── SDSL                            ├── UDSL
                                           │
                                           ├── CDSL
                                           │
                                           └── VDSL
```

Abb. 4.2: Übertragungsdienste der Deutschen Telekom

Bei den symmetrischen Verfahren werden folgende Ansätze unterschieden:

- IDSL (ISDN based DSL): Mittels dieser DSL-Variante lassen sich Geschwindigkeiten von bis zu 144 kBit/s in beide Richtungen erreichen. IDSL lässt sich von jedem ISDN-fähigen Telefonanschluss nutzen, unabhängig von der Entfernung zu Knotenpunkten, wobei beide B-Kanäle der ISDN-Leitung genutzt werden.
- HDSL (high bitrate DSL): HDSL ist die älteste DSL-Variante. Mit HDSL lassen sich Übertragungsgeschwindigkeiten von 1,544 Mbit/s beziehungsweise bis zu 2,048 Mbits realisieren. Die Datenübertragung erfolgt über Kupferkabel auf einer Leitungslänge von vier bis fünf Kilometern. Sie gilt als leistungsstark und kosteneffektiv, – wenngleich sie natürlich nur für größere Unternehmen interessant ist.
- SDSL (Symmetric DSL): Die Geschwindigkeit der Leitung ist symmetrisch, also gleich groß in beiden Richtungen. Down- und Upstream betragen bei SDSL jeweils mindestens 144 kBit/s sowie maximal 2,3 Mbit/s – Geschäftskunden können hier aus einem umfangreichen Angebot wählen.

4.2.2 Funknetze

Bei den Funknetzen wird im Wesentlichen zwischen lokalen Funknetzen und Mobilfunknetzen unterschieden. Bei den lokalen Funknetzen kann sich der Benutzer nur innerhalb eines bestimmten Radius um eine Basisstation bewegen. So kommt ein lokales Funknetz z. B. in Privathaushalten beim schnurlosen Telefonieren zum Einsatz oder in Unternehmen in Form eines Wireless LAN, d. h. eines drahtlosen lokalen Netzwerkes.

Das erste Mobilfunknetz in Deutschland war das 1958 eingeführte und inzwischen eingestellte A-Netz. Es wurde in den 70er Jahren durch das B-Netz abgelöst, dem in den 80er-Jahren das C-Netz folgte. Auch dieses, Ende 2000 eingestellte analoge Netz der Deutschen Telekom zählt noch zur ersten Generation des Mobilfunks. Die zweite Generation sind die derzeitigen, auf dem GSM-Standard basierenden, digitalen D- und E-Netze, die auch nach Einführung des UMTS-Standards (dritte Generation) zunächst bis 2009 in Betrieb bleiben. T-Mobile und Vodafone haben allerdings schon jetzt angekündigt, dass sie eine Verlängerung ihrer derzeitigen GSM-Lizenzen anstreben.

GSM

GSM (global system for mobile communication) ist ein europaweit kompatibler Mobilfunkdienst. Damit ist heute in fast ganz Europa und weiten Teilen der restlichen Welt eine grenzüberschreitende Mobilkommunikation möglich. Neben dem Sprach- und Faxdienst bietet GSM dem Benutzer weitere Dienste an, zu denen z. B. auch das Versenden von Kurznachrichten so genannten SMS (short message service) gehört. GSM basiert auf einer personenbezogenen Nummernzuordnung. D. h. der Teilnehmer weist seine Identität durch eine Chipkarte, die so genannte SIM-Karte (Subscriber identiy module) nach, in der auch seine eindeutige Rufnummer gespeichert ist. Diese Karte kann er in ein beliebiges Endgerät einlegen und es damit innerhalb des GSM-Netzes verwenden.

In Deutschland gibt es derzeit vier Betreiber von Mobilfunknetzen:

- die Telekom-Tochter T-Mobile betreibt das D1-Netz,
- Vodafone betreibt das D2-Netz,
- E-Plus mit dem E-Plus-Netz und
- Viag Interkom mit O_2.

Mit den derzeit verbreiteten Handys im GSM-Standard sind Datenübertragungen nur mit einer Bandbreite von maximal 14,4 kBit/s möglich. Das reicht zum Telefonieren, um E-Mails zu übertragen und einfache Internetseiten anzusehen.

UMTS

Unter UMTS (Universal Mobile Telecommunications System) versteht man den Mobilfunk-Standard der dritten Generation (3G). Der hauptsächliche Unterschied von UMTS zu seinen Vorgängern ist die deutlich höhere Datenübertragungsrate. UMTS ermöglicht Übertragungsraten von – theoretisch- bis zu 2 MBit/s. Das ist die 31-fache Geschwindigkeit von ISDN-Geräten im Festnetz. Schneller Internet-Zugang, mobile multimediale Video- und Daten-Anwendungen, mobile Bildtelefonie, Börsengeschäfte oder Online-Reisebuchung jederzeit und überall – all das soll der Mobilfunkstandard der dritten Generation ermöglichen.

4.2.3 Mehrwertdienste

Wie schon angedeutet, werden für die genannten Übertragungsdienste auch Mehrwertdienste angeboten, die eine Kommunikation in besonderer Form ermöglichen. Sie werden nachfolgend aufgeführt.

4.2.3.1 Telefax

Ein rege genutzter Mehrwertdienst ist der **Telefaxdienst** (das Fernkopieren). Durch die Normierung eines Verfahrens zur Faksimileübertragung (kurz: Fax) können schriftliche Mitteilungen mit beliebigen Darstellungen (Zeichnungen, Grafiken oder handschriftlichen Vermerken) über das Festnetz oder Mobilfunknetz ausgetauscht werden. Dazu müssen als Endgeräte jeweils Telefaxgeräte (Fernkopierer) eingesetzt werden. – Die zunehmende Multifunktionalität bei Bürogeräten zeigt sich in diesem Beispiel darin, dass Telefaxgeräte immer häufiger auch als Kopiergeräte und Drucker verwendet werden können.

Auch PCs können als Telefaxgeräte genutzt werden. Dazu müssen sie mit einer Telefaxkarte und entsprechender Software ausgestattet werden. So können Textvorlagen inkl. Grafik auf einem PC gestaltet und als Telefax gesendet werden. Umgekehrt können auch Telefaxe empfangen werden; sie lassen sich durch geeignete Software sehr komfortabel bearbeiten und weitersenden. Obwohl der Sinn eines PC-Telefaxes darin besteht, Telefaxe papierlos zu behandeln und abzulegen, können Telefaxe bei Bedarf auch gedruckt werden.

4.2.3.2 Telebox

Ein weiterer beliebter Mehrwertdienst ist der Teleboxdienst. Hierbei werden elektronische Postfächer (englisch: mailboxes) zur Verfügung gestellt, die mit Hilfe der Datenübertragung gefüllt, eingesehen und geleert werden können. Diese Einrichtung hat gegenüber der Briefsendung den Vorteil, dass eine Nachricht in wenigen Sekunden in ein Postfach übertragen werden kann. Gegenüber dem Telefonat besteht der Vorteil, dass die Nachricht schriftlich vorliegt und dass der Anschluss immer erreichbar ist; es gibt kein Besetztzeichen. Zwangsläufig erfolgt die Kommunikation zeitversetzt.

Der Teilnehmer an diesem Dienst kann jederzeit und an jedem Ort (weltweit) Nachrichten absetzen oder hinterlegte Nachrichten abrufen. Dazu wird nicht unbedingt ein bestimmter, vorher angemeldeter Anschluss vorausgesetzt. Man kann auch einen Akustikkoppler an jeden beliebigen Telefonapparat klemmen und Nachrichten senden oder empfangen. Selbstverständlich können auch mobile Telefone (Handys) an dem Dienst teilnehmen. Natürlich ist die Telebox durch ein Passwortsystem (mit einem allgemeinen und einem individuellen Passwort) geschützt.

Der Teleboxdienst im T-Net nennt sich **T-Net-Box** und derjenige im Mobilfunknetz **Mobil-Box**. Der Teleboxdienst kann auch mit anderen Mehrwertdiensten gekoppelt werden (z. B. Telefax oder T-Online).

4.2.3.3 T-Online

T-Online ist ein elektronischer Informationsdienst, der unkompliziert und zudem preiswert für vielfältige Kommunikationsarten benutzt werden kann. Er basiert auf der Bereithaltung und Bereitstellung von Bildschirmseiten in einem zentralen Rechner, der vom T-Online-Dienst unterhalten wird. In beliebig anzulegende Bildschirmseiten können Informationen eingestellt und von diesen abgerufen werden, wobei der Zugang zu dem System für jedermann möglich ist.

T-Online umfasst im Wesentlichen drei Dienstarten:

– Im **Informationsdienst** können Informationen abgerufen werden, die von verschiedenen Anbietern aus den verschiedensten Interessensbereichen zur Verfügung gestellt werden. Der Informationssuchende wählt mit Hilfe eines »Suchbaums« schrittweise vom Haupt- bis zum Unterbegriff genau die Informationen aus, die er auf dem Bildschirm sehen möchte.
– Im **Mitteilungsdienst** kann ein Teilnehmer einem anderen Teilnehmer (oder mehreren) gezielt Mitteilungen zusenden (elektronische Post, englisch: E-Mail).

– Im **Rechnerdienst** können Computer von Unternehmen oder Privatpersonen angeschlossen werden. Damit wird ein Computerdialog möglich, in dem Daten ausgetauscht und zu vielfältigsten Anwendungen verwendet werden. Dazu zählen Fernunterricht, Fernbestellung und Fernbuchung z. B. mit die weit verbreitete Kontoführung auf elektronischem Weg rund um die Uhr (englisch: homebanking).

T-Online zeichnet sich durch einen hohen Sicherheitsstandard aus. Ohne die Eingabe persönlicher Identifikationsnummern (kurz: PINs) ist eine Nutzung nicht möglich. Außerdem wird bei der Abwicklung von Bankgeschäften jeder vom Benutzer ausgelöste Vorgang einzeln auf eine gültige, vorher vereinbarte Transaktionsnummer (kurz: TAN) geprüft.

Die Bedienung von T-Online ist denkbar einfach und bedarf keiner besonderen Schulung oder Einarbeitung. Es werden Seiten aufgerufen, deren Nummern entweder dem Teilnehmer bekannt sind oder die er in einem Verzeichnis sucht. Die Informationsseiten sind teilweise kostenlos, teilweise werden sie berechnet. Die Gebühren werden automatisch mit der Telefonrechnung belastet und dem Informationsanbieter gutgeschrieben.

Bei T-Online ist auch eine Verbindung mit anderen Mehrwertdiensten möglich, wie z. B. Telefax oder Telebox. Ein besonderer Vorteil ist der Anschluss an das Internet mit Möglichkeiten weltweiter Kommunikation. Der Zugang zu T-Online kann entweder über das T-Net erfolgen (dann ist die Übertragung relativ langsam) oder über T-Net-ISDN (dann werden Bildschirmseiten, insbesondere mit aufwendigen Darstellungen, wesentlicher rascher angezeigt).

4.2.4 Internet

Eine bedeutende Erweiterung ihres Anwendungsbereichs erhalten Computer durch einen Anschluss an internationale Netzwerke. Das bekannteste und auch größte internationale Netzwerk ist das **Internet**. Es besteht aus mehreren zigtausend Netzwerken, die so miteinander verknüpft sind, dass jeder angeschlossene Computer mit einem anderen kommunizieren kann. Damit wird ein »unbegrenzter« Zugriff auf Informationsmengen ermöglicht, die in der Regel kostenlos zur Verfügung stehen.

Das Internet ist kein Netzwerk, das zentral verwaltet, gesteuert oder in irgend einer Form gemanagt wird. Es ist ein »offenes« Netzwerk, an das jeder Computer angeschlossen werden kann, wenn er nur eine Grundbedingung erfüllt: Er muss die gleiche Kommunikationssprache beherrschen.

Jeder Computer, der an das Internet angeschlossen ist, hat eine elektronische Adresse, mit der er eindeutig identifiziert werden kann. Sie setzt sich zusammen aus einer Adresse für das Netz, an das der Computer angeschlossen ist, und einer für das Endgerät selbst. Die Benutzer von Internet sind mit ihrem Computer meist über das Netzwerk eines Unternehmens, einer Behörde oder häufig auch einer besonderen Institution, z. B. eines Forschungsinstituts, angeschlossen.

Privatpersonen benötigen, um das Leistungsspektrum des Internet nutzen zu können, die Vermittlung eines unabhängigen Diensteanbieters (eines »Providers«). Er stellt bei Bedarf die Verbindung zwischen dem Computer des Anwenders und seinem Netzanschluss zum Internet her. Auch Online-Dienste wie AOL, Microsoft Network und T-Online mit einem eigenen exklusiven Angebot neuester Informationen und Nachrichten vermitteln den Zugang zum Internet.

Ein häufig genutzter Dienst ist E-Mail (Elektronische Post). Zwischen jedem Benutzer können Nachrichten in Form von Texten, Bildern und auch Ton ausgetauscht werden. Aber auch in einem öffentlichen Forum kann man sich an der Diskussion verschiedenartigster Themen beteiligen. Dabei können entweder nur einige oder alle Teilnehmer angesprochen werden. Für den Gedankenaustausch in einem Internet-Forum wurde der englische Ausdruck »Chat« (wörtlich: Plauderei/Schwätzchen) geprägt.

Natürlich besteht im Internet auch die Möglichkeit des Datentransfers, um beispielsweise Software abzurufen.

Ein spezieller Dienst im Internet ist das **World Wide Web (WWW)**, das ist ein Informationsdienst, der den weltweiten Zugriff auf Text, Bild und Ton ermöglicht. Dabei muss man nicht unbedingt die Adresse eines Anbieters von Informationen kennen. Man kann mit Hilfe eines Navigationssystems, dem sog. Browser (englisch für »Durchsucher«) leicht nach Begriffen suchen, über die man Näheres erfahren möchte. Diese können durch Quer- und Rückverweise (englisch: hyperlinks) auf weitere Begriffe von anderen Anbietern hinweisen, die wiederum ausgewählt werden können. Auf diese Weise können in kürzester Zeit gezielt Informationen wie z. B. Grafiken, Fotos, Ton- oder Videosequenzen verfügbar gemacht werden, die man auf andere Weise nur mühsam (oder gar nicht) erhalten würde.

Die Faszination von WWW liegt vor allem darin, wie schnell und einfach auf Informationen zugegriffen werden kann, die sich auf an sich nicht bekannten Rechnern befinden. Daher entstand schon rasch die Forderung nach einem derartigen Informationsdienst, der auch für das unternehmensinterne Informationswesen eingerichtet werden kann. Die Lösung heißt **Intranet**. Mit diesem Dienst werden die verschiedenen Rechner eines Unternehmens so miteinander verknüpft, dass ebenfalls Informationen schnell und unkompliziert verfügbar gemacht werden, d. h. insbesondere ohne nachforschen zu müssen, wo und von wem diese Informationen im Unternehmen gespeichert werden.

Wegen der Verfügbarkeit des Internets zu jeder gewünschten Zeit an jedem gewünschten Ort erzielt es eine außerordentlich hohe Akzeptanz. Es durchdringt alle Bereiche des täglichen Lebens und bietet insbesondere dem Handel völlig neue Aspekte des Kundenkontakts und der Kundenpflege (Schlagwort »e-commerce«). Damit ist das Internet zu einem bedeutenden Wirtschaftsfaktor geworden, bei dem ständig neue Ideen der Bedarfsweckung und -erfüllung entwickelt werden.

Das Internet verleitet aber auch dazu, sich in der verlockenden und schier unerschöpflichen Angebotsfülle auf der Jagd nach neuen Kicks derart auszutoben, dass die Orientierung verloren geht. Das äußert sich insbesondere in immensen Telefonkosten. Um dem gegenzusteuern, werden verbilligte Pauschalangebote für eine begrenzte Stundenanzahl beim »Surfen« angeboten, sogenannte »Flatrates«. Auch gibt es Online-Wächter, die beim Überschreiten einer bestimmten Nutzungsdauer des Netzes den Computer schlicht und einfach ausschalten.

4.2.5 Anwendungsstandards und Normen

Abschließend soll nochmals hervorgehoben werden, dass Datenübertragung und Kommunikation zwischen entfernt arbeitenden Teilnehmern (englisch: remote) ein enormes Potenzial darstellen, um Datenverarbeitungsprozesse zu erweitern, zu beschleunigen und wirtschaftlicher zu gestalten. Sie wirken sich ganz wesentlich auf die organisatorische Struktur eines Unternehmens aus. Daten können dezentral erfasst und Auswertungsergebnisse an dezentrale Stellen verteilt werden. Die Vorteile gelten besonders dann, wenn auch andere Unternehmen in den Informationsaustausch einbezogen werden. Das hat zu einer Reihe von nationalen und internationalen Normungen geführt.

Für die intensive Nutzung im betrieblichen Bereich sollen beispielhaft die beiden nachfolgenden Normen erwähnt werden:
- DEVO und DÜVO; die Abkürzungen stehen für Datenerfassungsverordnung bzw. Datenübertragungsverordnung für staatliche Versicherungsträger. Sie setzen einen Standard für das Datenformat zur Überweisung von Sozialversicherungsabgaben in der Lohn- und Gehaltsabrechnung.
- EDI und EDIFACT; die Abkürzungen stehen für (englisch) electronic data interchange, im letzten Beispiel speziell: for administration, commerce und transport. Es handelt sich um ein Modell des kompatiblen Datenaustauschs im internationalen Warenverkehr. Datensätze haben den gleichen Aufbau und können deshalb von Datenverarbeitungssystemen einheitlich und übereinstimmend interpretiert werden. Das erleichtert nicht nur die Kommunikation zwischen den Geschäftspartnern, sondern aller am Geschäftsvorgang beteiligten Partnern wie z. B. Transportunternehmen, Banken, Versicherungen, Steuer- und Zollbehörden.

Die Kommunikation über weite Entfernung, also Telekommunikation, wird durch Öffnung internationaler Märkte eine im Geschäftsverkehr nicht mehr wegzudenkende Stellung einnehmen.

Kontrollfragen
1. Nennen Sie mindestens drei Vorteile von vernetzt arbeitenden gegenüber isoliert arbeitenden PCs.
2. Durch welche Maßnahmen kann die Sicherheit bei der Datenverarbeitung in einem Netz erhöht werden?
3. Was sind die unterschiedlichen Aufgaben von Übertragungs- und Vermittlungstechnik im Fernsprechdienst?
4. Wie unterscheiden sich analoge von digitalen Übertragungsverfahren?
5. Was sind die wichtigsten Merkmale von T-Online?
6. Wie unterscheiden sich Internet und Intranet?
7. Was versteht man unter Mehrwertdiensten?
8. Welche Leistungsmerkmale bieten Online-Dienste?
9. Weshalb ist die Anwendung von Standards und Normen so wichtig?

Aufgabe 15.07 *(Klärungsbedarf bei der Einführung eines LAN) S. 524*

5 Software

Die Software hat für die Einsatzfähigkeit eines Computers eine grundlegende Bedeutung. Um die technischen Bauteile (also die Hardware) wirksam werden zu lassen, werden entsprechende Arbeitsvorschriften benötigt. Diese Anweisungen werden in Form einzelner (in der Regel verschlüsselter) Befehle in einer bestimmten logischen Reihenfolge vorgegeben. Die Voraussetzungen und Bedingungen, unter denen eine bestimmte Anwendung erfolgen soll, werden in einem **Programm** zusammengefügt. Die Gesamtheit von Programmen einschließlich aller zugrunde liegenden Unterlagen bildet die Software.

Im Gegensatz zur Hardware, die alle materiellen (technischen) Teile umfasst, beinhaltet also die Software alle immateriellen (logisch-geistigen) Teile eines Datenverarbeitungssystems.

> **Merksatz:** Die **Software** umfasst alle logischen Bestandteile für das Betreiben eines Computers. Dazu zählen Anweisungen, Vorschriften und Regeln einschließlich ihrer Dokumentation.

Hardware und Software müssen sich sinnvoll zu einem Gesamtsystem ergänzen; sie müssen zueinander passen. Dabei wird es zunehmend schwieriger zu beurteilen, wie effektiv einzelne Komponenten eingesetzt werden können. Während in den frühen Jahren der EDV die Hardware zusammen mit entsprechender, d. h. aufeinander abgestimmter Software angeboten und geliefert wurde, sind Hardware- und Software-Komponenten heute weitgehend voneinander losgelöst, d. h. »entbündelt« (englisch: unbundling).

Die Entwicklung der PCs, also die Einsetzbarkeit von Computern nach individuellen und persönlichen Anforderungen am Arbeitsplatz, hat sicher wesentlich zu der veränderten Situation beigetragen. Höhere Leistungsfähigkeit der Hardware und breitere Komplexität der Anwendungen haben zu einer größeren Vielfalt der Software geführt. Dazu kommen spezielle Ansprüche der Bedienungsfreundlichkeit, die sich vor allem auf Software für PCs auswirken.

Software ist ein Sammelbegriff für verschiedenartigste Programme. Sie wird in entsprechende Kategorien unterteilt (Abbildung 5.1).

– Unter **Systemsoftware** versteht man Programme, die zur Steuerung der Hardware-Komponenten einschließlich der Überwachung ihrer Funktionen dienen. Sie wird nochmals unterteilt in Betriebssysteme, Compiler und Programmiersprachen sowie in Dienst- und Hilfsprogramme.
– Als **Anwendungssoftware** werden Programme zur Lösung anwenderspezifischer Aufgaben bezeichnet. Sie lassen sich klassifizieren in kommerzielle, d. h. kaufmännische Anwendungssoftware, Branchensoftware und Bürosoftware.
– Als **Spiel-, Unterhaltungs- und Lernsoftware** werden Programme zusammengefasst, die das »normale« Programmangebot ergänzen, die aber zur Lösung betrieblicher Problemstellungen nicht unbedingt beitragen.

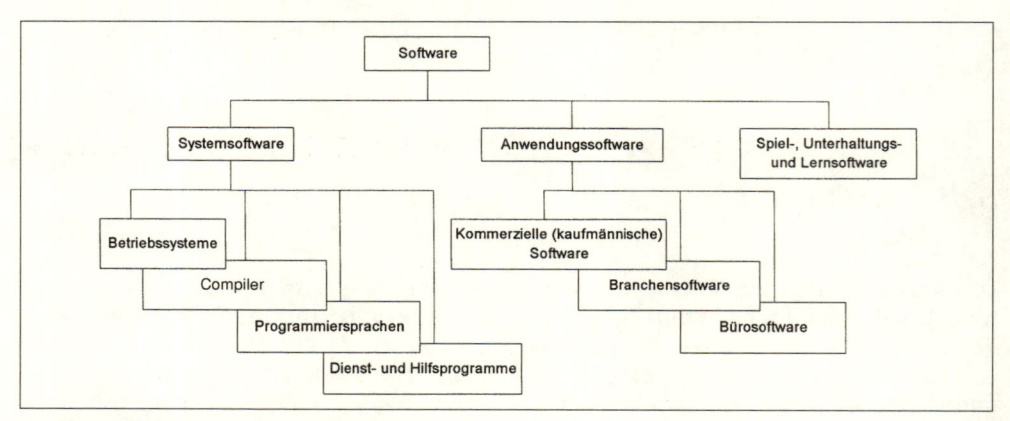

Abb. 5.1: Gliederung der Software

Die besonderen Eigenschaften der verschiedenen Software-Kategorien werden nachfolgend beschrieben. Anschließend werden die für die Erstellung von Software zu durchlaufenden Phasen und Programmiertechniken behandelt.

5.1 Systemsoftware

Das reibungslose und wirtschaftliche Funktionieren der Hardware-Komponenten eines Computers wird durch entsprechende grundlegende Programmfunktionen sichergestellt. Diese Systemsoftware ist weitgehend auf die Architektur eines Computers, also dessen strukturelle Funktionalität und Leistungsfähigkeit, abgestimmt. Sie wird häufig zusammen mit der Anlage angeboten und geliefert.

> **Merksatz:** Die **Systemsoftware** umfasst alle Programme zur Unterstützung von anlagenspezifischen Aufgaben. Dabei dient sie zugleich der Vereinfachung und Erleichterung der Bedienung und Programmierung.

Systemsoftware ist nicht auf die Lösung betrieblicher Aufgaben ausgerichtet; das ist die Aufgabe der Anwendungssoftware.

5.1.1 Betriebssystem

Das Betriebssystem (englisch: operating system) bildet die wesentliche Grundlage zum Betreiben eines Computers. Es steuert und überwacht den Ablauf von Anwendungsprogrammen; dabei koordiniert es die jeweiligen Anforderungen an die Funktionsfähigkeit der verfügbaren anlagentechnischen Komponenten. Das Betriebssystem enthält Programme zur Interpretation von Befehlen **(Kommandointerpreter)**, zur **Steuerung der Ein-/Ausgabebefehle**, z. B. für Tastatur, Bildschirm, Drucker oder für die Datenübertragung, zur Organisation von Datenbeständen **(Dateiverwaltung)**, zur Steuerung des **simultanen Ablaufs** mehrerer »gleichzeitig« ablaufender Programme und zur Steuerung der Berechtigung bei der Ausführung bestimmter Befehle **(Zugriffsschutz)** u. a.

> **Merksatz:** Das **Betriebssystem** sorgt dafür, dass technische Funktionen entsprechend den an sie gerichteten Anforderungen sicher, schnell und wirtschaftlich ausgeführt werden.

Die Leistungsfähigkeit des Betriebssystems bestimmt erheblich die effektive Leistung eines Computers. Das Betriebssystem muss für den Ablauf von Anwendungsprogrammen immer aktiv sein. Es wird beim Einschalten eines Computers automatisch gestartet (»gebootet«).

Während Betriebssysteme ursprünglich nur auf Computer eines bestimmten Herstellers ausgerichtet waren, sind sie heute weitgehend standardisiert. Sie sind meist portierbar, d. h. auf Computern unterschiedlicher Hersteller einsetzbar. Damit wird eine breitere Einsatzmöglichkeit von Anwendungsprogrammen, die ja auf bestimmte Betriebssysteme ausgerichtet sind, geboten. Für PCs haben sich drei Betriebssysteme durchgesetzt.

5.1.1.1 MS-DOS, Windows

MS-DOS (Disk-Operating-System der Firma Microsoft) kann, wie der Ausdruck sagt, von Festplatten und Diskettenlaufwerken abgerufen werden. Es unterstützt sowohl den Betrieb der Zentraleinheit wie auch von Peripheriegeräten. MS-DOS hat sich bei PCs zu einem Standard entwickelt; es hat weltweit einen enormen Verbreitungsgrad. Entsprechend groß ist das Angebot an Anwendungsprogrammen, die auf der Basis von MS-DOS laufen. Insofern ist MS-DOS zu einem Qualitätsbegriff geworden: Im PC-Bereich werden Hardware und Software häufig unter dem Gesichtspunkt ausgewählt, ob sie MS-DOS-fähig sind oder nicht.

MS-DOS besteht aus Programmen zur Steuerung des Ablaufs von Programmen (Steuerprogramme) und zur direkten Ausführung von bestimmten Arbeiten (Arbeitsprogramme). **Steuerprogramme** werden gestartet und ausgeführt, indem der Dateiname des Programms eingegeben wird. Ausführbare Programme müssen als Dateiergänzung (englisch: extension) ein bestimmtes Kürzel haben, das durch einen Punkt getrennt, an den Dateinamen angefügt wird. Bei Systemprogrammen ist das z. B. »sys« oder »ini«; bei Anwendungsprogrammen z. B. das Kürzel »exe«: Zu den **Arbeitsprogrammen** zählen Befehle für das Duplizieren (copy), Anzeigen (type), Drucken (print), Löschen (delete) oder Umbenennen (rename) von Dateien. Eine Datei (englisch: file) ist eine Zusammenfassung gleichartiger Daten, die unter einem bestimmten Namen gespeichert sind. Es können Verzeichnisse (englisch: directories), in denen mehrere Dateien eingeordnet sind, angelegt und verwaltet werden. Verzeichnisse lassen sich wiederum stufenweise in Unterverzeichnisse unterteilen. Das verhilft zu einer übersichtlichen und leicht kontrollierbaren Archivierung von Dateien. Die in einem Verzeichnis enthaltenen Dateien können mit dem Befehl (»dir«) angezeigt werden; die gesamte Struktur von ineinander verschachtelten Verzeichnissen lässt sich mit dem Befehl (»tree«) anzeigen. Es ist zu beachten, dass bestimmte Dateien mit diesen Befehlen nicht angezeigt werden können, nämlich wenn es sich um versteckte Dateien (englisch: hidden files) handelt. Das sind Dateien, auf die bewusst nicht zugegriffen werden soll, weil sie beispielsweise zum Betriebssystem gehören.

Ein Nachteil von MS-DOS liegt darin, dass es über die Eingabe von Kommandos, die der englischen Ausdrucksweise angelehnt sind, gesteuert wird. Um eine dem PC angemessene Bedienerfreundlichkeit zu bieten, muss eine dem Betriebssystem ähnliche Software mit dem Namen »Windows« aufgesetzt werden. Durch diese Erweiterung von MS-DOS wird die **Fenstertechnik** unterstützt. In einem grafisch aufbereiteten farbigen Fenster (englisch: window) werden alle wichtigen Informationen zur Steuerung des PCs in bildhaften Darstellungen (englisch: icons) dargestellt: Anwendungen, Dateien, Bearbeitungsbefehle und viele Arten von Sonderfunktionen. Damit wird die Übersichtlichkeit erhöht und die Bedienbarkeit wesentlich vereinfacht. Durch einfaches Anklicken (mit einer Maus) der entsprechenden Bilder kann der Bediener »spielend« mit seinem PC umgehen.

Inzwischen hat sich Windows zu einem eigenständigen Betriebssystem entwickelt. Die Windows-Betriebssystemfamilie umfasst sowohl Produkte für den Einzelanwender als auch für Gruppen und Großbetriebe.

Für den Einzelanwender werden Windows CE für PDAs sowie Windows XP für den PC angeboten. In Unternehmen wird häufig die Windows 2000 Familie eingesetzt, die von Windows 2000 Professional für PCs und Notebooks über Mehrplatzsysteme für Arbeitsgruppen oder Kleingruppen für Rechner mit bis zu vier Prozessoren (Windows 2002 Server) bis zum Windows 2000 Datacenter Server für Rechner in Rechenzentren von Großbetrieben mit bis zu 32 Prozessoren und 64 GB physischen Arbeitsspeicher reicht.

5.1.1.2 UNIX

Das Betriebssystem UNIX wurde Ende der 60er-Jahre von den Bell Laboratories für die Digital Equipment Company (DEC) entwickelt. Inzwischen hat es mehrere Weiterentwicklungen erfahren. Es ist ein Betriebssystem, das nicht nur den gleichzeitigen Ablauf mehrerer Programme, sondern auch die gleichzeitige Benutzung durch mehrere Benutzer unterstützt. Damit lässt sich UNIX kurz charakterisieren als Multitasking-Betriebssystem und Multi-User-Betriebssystem. Insbesondere die letztgenannte Eigenschaft hebt UNIX von den Betriebssystemen MS-DOS und OS/2 ab. Allerdings muss darauf hingewiesen werden, dass die Multi-User-Fähigkeit in anderen Betriebssystemen vorgetäuscht werden kann, wenn mehrere Benutzer in einem Netz arbeiten. Durch die spezifische Eigenschaft der benutzerunabhängigen Arbeitsweise im LAN können die Arbeiten verschiedener Benutzer simultan abgewickelt werden.

UNIX hat eine höhere Funktionalität als MS-DOS; man spricht von einem Betriebssystem mit hoher Mächtigkeit. Es wird auf Computern im oberen Leistungsbereich eingesetzt. Als besondere Eigenschaften sind hervorzuheben:

– **Portabilität**, d. h., dass das Betriebssystem von Prozessortypen eines Herstellers auf die von anderen übertragen werden kann.
– **Anpassungsfähigkeit**, d. h., dass Ergänzungen nach den Wünschen des Benutzers relativ einfach vorgenommen werden können.

Diese so genannte »Offenheit« kann aber nur bedingt genutzt werden, weil UNIX inzwischen von verschiedenen Herstellern angeboten wird, z. T. unter anderem Namen wie z. B. SINIX von Siemens, XENIX von Microsoft oder AIX von IBM.

5.1.1.3 Linux

Dies schon seit etlichen Jahren bestehende Betriebssystem hat erst in den letzten Jahren die ihm gebührende Anerkennung gefunden und verzeichnet weltweit rasante Zuwachsraten. Die erste Version von Linux wurde 1991 von dem finnischen Studenten Linus Torwalds veröffentlicht. Die Software wurde im Internet bereitgestellt mit der ausdrücklichen Erlaubnis, sie kostenlos zu nutzen und auch weiter zu entwickeln. Das führte dazu, dass Linux als Unix-Variante zu einem leistungsstarken, zuverlässigen und weltweit nutzbaren Betriebssystem wurde.

Das anfangs sehr reservierte Verhalten der großen Hersteller ist inzwischen einer großen Bereitschaft gewichen, Anwendungsprogramme auch auf dieses Betriebssystem auszurichten. Damit ist Linux zu einem ernsthaften Konkurrenten gegenüber Microsoft-Betriebssystemen geworden.

5.1.2 Compiler

Compiler (englisch) sind Wandlungsprogramme, mit denen Anweisungen, die in einer für den Menschen verständlichen Sprache formuliert sind, so übersetzt werden, dass sie von einem Computer verstanden werden können. Den Ausgangspunkt von Programmen bilden Anweisungen, die in symbolischer Programmiersprache verfasst sind. Die Zusammenfassung aller Anweisungen zur Lösung eines Problems nennt man **Quellprogramm**. Es liegt im Quellcode vor.

Demgegenüber setzt sich ein Programm in einer für den Computer verständlichen Maschinensprache aus einer Folge von Befehlen in äußerst abstrakter Form zusammen. Sie beziehen sich allein auf die Steuerung der Ausführung. Ein in Maschinensprache übersetztes Programm wird **Objektprogramm** genannt. Es liegt im Objektcode vor.

> **Merksatz: Compiler** übertragen Anwendungsprogramme von einer für den Menschen verständlichen Sprache (Programmiersprache) in eine für den Computer verständliche Sprache (Maschinensprache).

Die Übersetzung eines in symbolischer Sprache vorliegenden Programms muss immer erfolgen, bevor das in Maschinensprache übersetzte Programm zum Einsatz kommen kann. Die Arbeitsweise eines Compilers erfolgt in drei Grundschritten:

(1) Die Anweisungen werden aus einer für den Menschen verständlichen Sprache in die für den jeweiligen Computertyp verständliche Maschinensprache übersetzt. Dabei werden die Arbeitsvorschriften (englisch: statements) in einzelne Befehle aufgelöst. Bei der Übersetzung wird eine Prüfung auf formale Richtigkeit vorgenommen. Schreibfehler und Syntaxfehler werden protokolliert, und eine entsprechende Korrektur wird angefordert. (Natürlich kann nicht geprüft werden, ob die Anweisungen logisch richtig sind!)
(2) Die aus der Übersetzung hervorgegangenen einzelnen Befehle werden in entsprechender Reihenfolge in eine Tabelle gefügt. Dabei wird zu jedem Befehl angegeben, welchen Speicherplatz dieser Befehl einnehmen soll, also seine künftige Adresse. Ebenso wird angegeben, welchen Speicherplatz die von den Befehlen jeweils verwendeten Daten haben.
(3) Im letzten Arbeitsschritt wird den Befehlen, die sich auf andere Befehle beziehen, z. B. für einen Sprung zu einer anderen Stelle des Programms, die jeweilige Adresse des entsprechenden Befehls angegeben. Damit ist die Befehlsliste (auch: Programmliste) vollständig zusammengestellt. Sie wird unter einem vorher zu bestimmenden Namen als Programmdatei gespeichert.

Nach Ablauf dieser Schritte liegt ein zur Ausführung bereites Programm vor. Ein so erstellter Objektcode ist gegenüber seinem zugrunde liegenden Quellcode stark komprimiert. An ihm lassen sich keine Änderungen mehr ausführen. Quellcodes verbleiben in der Regel beim Entwickler; nur der Objektcode wird dem Anwender ausgeliefert.

Mitunter ist ein Objektprogramm nicht sofort lauffähig. Es muss um weitere Programmteile (Objektmodule) ergänzt werden, die bestimmte Standardaufgaben ausführen, wie z.B. die Steuerung von Druckern und Bildschirmen oder die Zugriffe auf externe Speicher. Die Zusammenführung einzelner Programmteile ist sinnvoll, damit wiederkehrende Programmfunktionen nur einmal übersetzt werden müssen. Objektmodule werden in getrennten Programmbibliotheken (englisch: libraries) bereit gehalten und bei Bedarf durch ein Bindeprogramm (englisch: linker) mit dem Objektprogramm verbunden.

Compiler- und Bindeprogramme für Programme, die auf PCs laufen sollen, sind heute in der Regel so ausgelegt, dass die Objektcodes auf PCs unterschiedlicher Hersteller eingesetzt werden können, d. h., sie sind übertragbar und untereinander kompatibel. Compiler werden in folgende Kategorien eingeteilt:

– **Assemblierer** (englisch: assembler) übersetzen Programme aus maschinenorientierter Sprache in Maschinensprache.
– **Kompilierer** (englisch: compiler) übersetzen Programme aus symbolischer, problemorientierter Sprache in Maschinensprache.
– **Interpreter** übersetzen die Anweisungen eines Programms einzeln und bringen sie direkt zur Ausführung. Das ist zwar mitunter bequemer, da es eine besondere »Umwandlung« erspart, aber dadurch dauert die Verarbeitung etwas länger und bei jeder Verarbeitung muss nochmals interpretiert werden.
– **Generatoren** erzeugen aufgrund weniger Angaben relativ umfassende vorstrukturierte Programme für gleichartige und wiederkehrende Programmfunktionen, z. B. zum Sortieren, Mischen, Drucken oder Testen von Daten.

Da es verschiedene Programmiersprachen gibt, werden auch verschiedene Compiler benötigt. Über die Entstehung und die Arten bestimmter Programmiersprachen berichtet der folgende Abschnitt.

5.1.3 Programmiersprachen

Programme können in unterschiedlichen Programmiersprachen abgefasst sein. Die Auswahl einer Programmiersprache richtet sich danach, für welche Zwecke das Programm eingesetzt werden soll. Es gibt für alle möglichen Anwendungen speziell ausgerichtete Programmiersprachen.

> **Merksatz:** Eine **Programmiersprache** besteht aus einem Vorrat an Anweisungen und Befehlen zur Formulierung eines Programms in einer bestimmten für den Menschen und den Computer verständlichen Sprache.

Programmiersprachen waren ursprünglich maschinenorientiert, d. h. auf die Technik einer bestimmten Anlage ausgerichtet. Im Laufe der Entwicklung wurden Programmiersprachen zunehmend problemorientiert, d. h., sie wurden unabhängig von einem bestimmten Maschinentyp auf Problembereiche in bestimmten Anwendungsgebieten ausgerichtet. Sie werden zur Kennzeichnung der einzelnen Entwicklungsphasen (ähnlich der Hardwareentwicklung) in verschiedene Generationen unterteilt. Sprachen der vierten und fünften Generation stellen allerdings eine besondere Kategorie dar; sie resultieren nicht aus historischen Entwicklungen.

5.1.3.1 Erste Generation: Maschinensprache

Programmiersprachen der ersten Generation sind in ihrer Darstellungsweise sehr einfach. Sie sind auf die Funktionsweise der Maschine ausgerichtet und für den Menschen nicht leicht zu verstehen.

> **Beispiel**
> Folgender Ausdruck bewirkt, dass zwei Zahlen addiert werden: | 14 | 7312 | 2917 |
> – 14 ist das Befehlswort für »Addieren«:
> – 7312 ist der Speicherplatz für ein Feld, auf dessen Inhalt (also ein bestimmter Zahlenwert) der Inhalt eines anderen Feldes (also ein anderer Zahlenwert) addiert werden soll.
> – 2917 ist der Speicherplatz für das Feld, dessen Inhalt addiert werden soll.

Ein in Maschinensprache geschriebenes Programm befindet sich in einem direkt ausführbaren Zustand. Eine Sprachübersetzung ist nicht nötig. Allerdings gibt es folgende Nachteile:

– Die Befehle sind rein technisch codiert. Ohne Kenntnis der zugrunde liegenden Bedeutung bzw. ohne ihre Symbolik ist nicht erkennbar, um welche Art von Befehlen und um welche Art von Daten es geht, also dass z. B. Einnahmen summiert werden sollen.
– Schreib- bzw. Tippfehler sind kaum zu erkennen.
– Änderungen können nachträglich nur äußerst schwierig durchgeführt werden. Bei Einfügungen oder Löschungen würde sich der geänderte Speicherbereich

unmittelbar auf andere Bereiche von Befehlen und Daten auswirken und dadurch die gesamte Struktur der Speicherbelegung verschieben.
- Die Befehle gelten nur für den Befehlsvorrat einer bestimmten Maschine; sie sind also nicht ohne weiteres auf andere Maschinen übertragbar.

5.1.3.2 Zweite Generation: maschinenorientierte Sprachen

Ab Mitte der 60er-Jahre wurden Programmiersprachen eingesetzt, die eine symbolische Ausdrucksweise erlaubten, aber immer noch stark an technischen Funktionen ausgerichtet waren. Die Übersetzungsprogramme wurden Assemblierer (englisch: assembler) genannt.

Beispiel
Ein Befehl hat beispielsweise folgendes Aussehen: | SUB | BRUTTO | NETTO |
- SUB ist das Befehlswort für »Subtrahieren«:
- BRUTTO ist der Name eines Feldes, von dessen Inhalt der Inhalt eines anderen Feldes subtrahiert werden soll.
- NETTO ist der Name eines Feldes, dessen Wert abgezogen werden soll; in unserem Fall vom Feld mit dem Namen »BRUTTO«.

Damit ist ein Programm wesentlich übersichtlicher und lesefreundlicher geworden. Die Vorteile liegen auf der Hand:

- Programmbefehle sind leicht einprägsam; sie sind mnemotechnisch ausgelegt.
- Speicherplätze werden nicht mehr mit einer absoluten Platzangabe, sondern mit einem Namen angegeben. Sie werden vom Übersetzungsprogramm variabel zugeordnet. Dadurch muss der Speicherplatz vom Programmierer nicht errechnet werden, was insbesondere bei Programmänderungen sehr mühsam wäre. Die Zuordnung des passenden Speicherplatzes wird vom Übersetzungsprogramm automatisch vorgenommen.
- Auch Befehle können mit einem Namen gekennzeichnet werden. So muss nicht mehr der Speicherplatz eines Befehls angegeben werden, sondern es genügt die Angabe seines Namens, wenn er aufgerufen werden soll.
- Bei sich häufig wiederholenden, also an verschiedenen Stellen wiederkehrenden Programmteilen kann eine Kette von Befehlen unter einem Namen zusammengefasst werden; dieser Name wird als »**Makro**« aufgerufen und bewirkt den Ablauf aller Befehle.

Durch den Aufruf von Befehlen und Daten mit symbolischen Namen war ein wichtiger Schritt in der Entwicklung der Programmiersprachen getan. Dennoch waren sie bis dahin stark auf die jeweilige Maschine bzw. ihren Hersteller ausgerichtet. Ab der dritten Generation sind so genannte »höhere Programmiersprachen« auf die Ausdrucksweise in unterschiedlichen Anwendungsgebieten ausgerichtet. Befehle werden dann so ausgedrückt, wie sie bei der Beschreibung von Problemen formuliert werden, z. B. im kommerziellen, d. h. kaufmännischen, oder im mathematisch-wissenschaftlichen Bereich. Man spricht deshalb von problemorientierten Sprachen.

5.1.3.3 Dritte Generation: Prozedurale Sprachen

Die Programmiersprachen der dritten Generation umfassen diejenigen Sprachen, die man in »klassischer« Hinsicht als Programmiersprachen bezeichnet. Sie werden deshalb speziell auch als prozedurale Sprachen bezeichnet, weil die Abfolge (englisch: procedure) ihrer Befehle weitgehend dem maschinellen Ablauf angepasst ist.

Beispiel
Als Beispiel ist nachfolgend ein einfaches Programm in der Programmiersprache BASIC dargestellt:

ANFANG	INPUT KUNDE, UMSATZ
	IF KUNDE = 999 THEN GOTO ENDE
	IF UMSATZ < 10 000 THEN PRAEMIE = 0 : GOTO DRUCK
	PRAEMIE = UMSATZ * 2 / 100
	SUMME = SUMME + PRAEMIE
DRUCK	PRINT KUNDE, UMSATZ, PRAEMIE
	GOTO ANFANG
ENDE	PRINT »Summe:« SUMME
	END

Mit dem Programm werden Kundennummern und Umsätze eingegeben und bei solchen Kunden, die einen Umsatz von 10 000 € erreicht haben, eine Prämie von 2 % des Umsatzes errechnet und angedruckt. Sobald die Kundennummer 999 eingegeben wird, werden die Summen der errechneten Prämien ausgedruckt und das Programm beendet.

Das Resultat des Programms kann folgendes Aussehen haben:

Kundennummer	Umsatz	Prämie
137	15.857,24	317,14
148	1.256,57	
173	27.749,18	554,98
189	908,41	
194	18.433,20	368,66
		Summe: 1.240,78

Leser, die bereits Kenntnisse in BASIC haben, werden erkennen, dass für die Aufbereitung der Daten (Kommastelle und Tausenderpunkt) ein entsprechendes Datenformat vorgegeben wurde.

Die Befehle von prozeduralen Sprachen sind leicht verständlich, da sie sich weitgehend auf ein Grundvokabular von Anweisungen, die sich an die englische Ausdrucksweise anlehnen, beschränken.

Programmiersprachen sind in der Regel genormt, d. h., es liegen Vorschriften zugrunde, die international vereinbart sind. Mitunter entwickeln sich Sprachen aber auch als »Selbstläufer« und erfahren ihre Anerkennung durch allgemein eingehaltene (aber nicht normierte) Standards.

Nachfolgend werden einige prozedurale Programmiersprachen in alphabetischer Reihenfolge vorgestellt, wobei COBOL, FORTRAN und C die größte Bedeutung haben.

ADA: Die Sprache ist nach der ersten bekannten Programmiererin Augusta Ada BYRON (1815–1852) benannt worden; sie war eine Mitarbeiterin von Charles BABBAGE, der erstmalig ein Konzept für programmgesteuerte Rechenmaschinen entwickelt hat. ADA deckt ein breites Anwendungsspektrum ab. Die Sprache unterstützt ereignisgesteuerte Anwendungen und wird deshalb für Aufgaben eingesetzt, die sofort umgesetzt und wirksam werden müssen, z. B. bei der Prozesssteuerung.

ALGOL: Der Name ist eine Kurzform von **algo**rithmic **l**anguage, d. h. eine Sprache für die Formulierung von Rechenanweisungen (Algorithmen). Es handelt sich um eine Sprache, die in den 50er-Jahren entwickelt und als »ALGOL 60« Ende der 60er-Jahre grundlegend überarbeitet wurde. ALGOL 60 wird hauptsächlich an Hochschulen eingesetzt und ist besonders für die Formulierung von mathematischen Problemen im technisch-wissenschaftlichen Bereich geeignet. Eine moderne (allerdings bisher nicht normierte) Abart ist ALGOL 68.

APL: Der Name ist eine Kurzform von **A p**rogramming **l**anguage. Die Sprache wurde Mitte der 60er-Jahre in den USA entwickelt. Sie ist auf der Ausdrucksweise mathematischer Formeln aufgebaut und eignet sich besonders für die Lösung mathematischer Probleme. Sie wird in der Regel durch Interpreter übersetzt, sodass ihre Befehle sofort zur Ausführung kommen.

BASIC: Der Name ist eine Abkürzung der englischen Bezeichnung **b**eginners **a**ll-purpose **s**ymbolic **i**nstruction **c**ode und bedeutet in etwa »Allzweck-Befehlssprache für Anfänger«. Die Sprache wurde in der mathematischen Fakultät der Universität Dartmouth in den USA entwickelt. Es handelt sich um eine Programmiersprache, deren Befehle meist durch Interpreter direkt übersetzt und ausgeführt werden. So lassen sich Störungen im Ablauf eines Programms genau verfolgen. Die Sprache ist leicht erlernbar und bietet einen guten Einstieg in die Programmierung eines PCs. Sie lässt einen großen Spielraum bei der Formulierung von Anweisungen, unterliegt aber kaum strukturellen Regelungen, sodass umfangreichere Programme leicht unübersichtlich werden. Die Sprache ist deshalb nicht zur Lösung komplexer Problemstellungen geeignet. BASIC ist in Deutschland mit DIN 66 284 genormt. – Schon an dieser Stelle soll auf VisualBasic hingewiesen werden, eine Programmiersprache, die zwar einen weitgehend mit Basic übereinstimmenden Befehlsvorrat umfasst, aber auf einer anderen Programmierphilosophie aufbaut (siehe 5.1.3.4 Sprachen der vierten Generation, S. 465).

C: Die Sprache C ist eine Weiterentwicklung der Sprache B. Sie wurde Mitte der 70er-Jahre zur Weiterentwicklung des Betriebssystems UNIX entwickelt. C verwendet eine einfache Ausdrucksweise; sie umfasst nur einen geringen Befehlsvorrat. Ihr besonderer Vorteil liegt darin, dass sie auch maschinenorientierte Befehle zulässt, sodass nicht nur Felder und Zeichen (Bytes), sondern auch kleinere Informationseinheiten (Bits) angesprochen werden können. In C lassen sich bestimmte Befehle (z. B. für die Ein- und Ausgabe) an bestimmte Maschinentypen anpassen. Deshalb ist C auf verschiedensten Prozessoren und Betriebssystemen einsetzbar. Insgesamt zeichnet sich C durch eine hohe Flexibilität aus.

Aus einer Weiterentwicklung um objektorientierte Funktionen ist die Programmiersprache C++ entstanden. Durch ihren hohen Funktionsumfang (für prozedurale und objektorientierte Programmierung) ist sie relativ schwer erlernbar.

COBOL: Der Name steht für **c**ommon **b**usiness **o**riented **l**anguage, also für eine Programmiersprache, die auf den administrativen und kommerziellen Bereich ausgerichtet ist. Sie ist gekennzeichnet durch einen leicht verständlichen und nicht zu umfangreichen Befehlsvorrat. Die Sprache ist dennoch komfortabel, was etwas zu Lasten des

Speicherbedarfs und des Laufzeitverhaltens geht. Ihr Vorteil liegt in einer klaren und übersichtlichen Programmgliederung. Es überrascht daher nicht, dass COBOL heute die am weitesten verbreitete Programmiersprache ist.

COBOL wurde Ende der 50er-Jahre entwickelt und hat sich vor allem in den 60er und 70er-Jahren (insbesondere bei der Programmierung von Großrechnern) stark durchgesetzt. Auch diese Sprache hat mehrere Überarbeitungen erfahren, die aktuelle Version ist COBOL 85.

FORTRAN: Der Name dieser Sprache steht für **for**mula **tran**slator. Die Sprache wurde Mitte der 50er Jahre für den technisch-wissenschaftlichen Bereich entwickelt. Sie erlaubt eine breite Verwendbarkeit in diesem Bereich. FORTRAN erfordert wenig Schreibaufwand, da sie stark an die mathematische Formelsprache angelehnt ist. In ihrem Anwendungsbereich ist diese Sprache am weitesten verbreitet. Die letzte Überarbeitung trägt die Bezeichnung FORTRAN 77.

PASCAL: Diese Sprache ist nach dem Mathematiker Blaise PASCAL (1623–1662) benannt. Sie wurde Ende der 60er-Jahre an der Eidgenössischen Technischen Hochschule in Zürich entwickelt und war zunächst nur für Unterrichtszwecke vorgesehen. Die Sprache ist sehr übersichtlich, hat nur einen geringen Befehlsvorrat und unterstützt einen strukturierten Programmaufbau. Die Rechenvorschriften werden funktional und logisch voneinander getrennt, d. h., Befehle und Befehlsgruppen (Unterprogramme) werden in entsprechender Reihenfolge namentlich aufgerufen, die dahinter liegenden Einzelschritte sind aber an anderer Stelle hinterlegt. Dadurch wird der Programmaufbau sehr übersichtlich und z. B. nicht durch »wilde« Sprünge im Programm gestört. Obwohl PASCAL universell einsetzbar ist, liegt sein Schwerpunkt im Schul- und Hochschulbereich. Die Sprache ist anspruchsvoller als BASIC, hat es aber trotz beachtlicher Zuwachsraten noch nicht geschafft, BASIC zu verdrängen. PASCAL ist nach DIN 66256 genormt.

PL/1: Der Name ist eine Abkürzung aus **p**rogramming **l**anguage number one (**1**). Es handelt sich um eine Sprache, die sowohl im kaufmännischen wie auch im mathematisch-wissenschaftlichen Bereich verwendet wird. Tatsächlich stellt diese Sprache eine Mischform aus COBOL und FORTRAN dar. Sie hat einen außerordentlich großen Sprachumfang; mit ihr kann man »fast alles« programmieren. Das führt allerdings zu Kapazitätsproblemen. PL/1 wurde Mitte der 60er-Jahre als universelle Programmiersprache entwickelt, hat aber keine besondere Bedeutung erlangt.

5.1.3.4 Sprachen der vierten Generation

Sprachen der vierten Generation (englisch: 4GL = fourth generation language) sind nicht mehr Programmiersprachen im echten Sinn des Wortes. Es handelt sich eigentlich um Generatoren, mit denen sich Programmcodes der dritten Generation erzeugen lassen. Dadurch wird eine Systematisierung des Entwicklungs- und Wartungsprozesses erreicht. Sprachen der vierten Generation unterstützen gezielt eine konzeptionelle Trennung von Daten- und Funktionsstrukturen. Das bedeutet, dass ein Programmablauf nicht mehr im Detail vorgegeben und Daten im Einzelnen behandelt werden. Vielmehr wird durch die Formulierung von Zusammenhängen angewiesen, welche Ergebnisse (als Ganzes) ermittelt werden sollen.

In diesem Zusammenhang spricht man von **Objektorientierung**. Alle für eine zu lösende Aufgabe relevanten Informationen (Daten und Bearbeitungsvorschriften) werden in einem Objekt zusammengefasst. Das können z. B. alle notwendigen Informationen zur Erstellung einer Rechnung sein. Das Objekt wird als Ganzes entwickelt und ausgeführt; es wird in jeder Beziehung »abgekapselt«. Eine Programmfolge wird durch die Aneinanderreihung oder Kombination verschiedener Objekte erreicht.

Der Vorteil der objektorientierten Programmierung liegt darin, dass sich der Programmierer weitgehend von der Betrachtung einzelner Detailschritte loslösen kann und sich auf die Beschreibung der Eigenschaften des Objekts konzentriert. Dadurch kann er sich besser mit dem Anwender verständigen. Neue Anforderungen lassen sich leicht durch das Prinzip der »Vererbung« umsetzen. Dabei werden neue Objekte aus erprobten Objekten mit ähnlichen Eigenschaften abgeleitet, wobei z. B. technische Eigenschaften unverändert bleiben und neue anwendungsbezogene Anforderungen ergänzt werden. Zu den Sprachen der objektorientierten Programmierung zählen C++, Smalltalk und VisualBasic als leicht handhabbare Sprache insbesondere für Windows-Programme.

C++ ist eine Weiterentwicklung der Programmiersprache C, wobei spezielle objektorientierte Funktionen hinzugefügt wurden. So wird sowohl objektorientierte wie traditionelle prozedurale Programmierung unterstützt. Insofern hat C++ eine bedeutende Marktstellung erreicht.

Smalltalk ist eine »reinrassig« objektorientierte Programmiersprache, d. h., sie unterstützt ausschließlich objektorientierte Software-Entwicklungsarbeit.

5.1.3.5 Sprachen der fünften Generation

Als Sprachen der fünften Generation werden solche Programmiersprachen bezeichnet, die Anwendungen der so genannten »Künstlichen Intelligenz« unterstützen. Hierbei geht es darum, die natürliche Intelligenz des Menschen durch entsprechende Leistungsfähigkeit von Computern nachzuahmen. Einen besonderen Schwerpunkt dieser Entwicklung bilden Expertensysteme, in denen spezielles Fachwissen verknüpft und abrufbar gemacht werden kann. Zur Unterstützung dieses Anwendungsbereichs haben sich die nachfolgend beschriebenen Sprachen einen Namen gemacht.

PROLOG: Diese Sprache arbeitet objektorientiert, d. h., sie bezieht sich auf Daten, denen bestimmte Eigenschaften zugeordnet sind, wobei Beziehungen zu anderen Objekten unterstützt werden. Damit können insbesondere Wenn-Dann-Abfragen behandelt werden.

LISP: Der Name ist eine Abkürzung aus **list p**rocessing language. Die Sprache unterstützt insbesondere die Dialogverarbeitung mit einem Informationssystem.

LOGO: Diese Sprache hat sich aus LISP entwickelt. Es handelt sich um eine Sprache, die wegen ihrer Formfreiheit besonders für Schüler geeignet ist.

Programmiersprachen der fünften Generation sind keine Sprachen im Sinne einer Weiterentwicklung anderer Sprachen bzw. Generationen. Sie wurden unabhängig von anderen Sprachen meist schon in den 50er-Jahren entwickelt.

5.1.4 Dienst- und Hilfsprogramme

Dienst- und Hilfsprogramme (englisch: utilities) sind eine Ergänzung des Betriebssystems und stellen einen Teil der Systemsoftware dar. Sie sind auf die Durchführung anwendungsneutraler Arbeiten ausgerichtet und unterstützen Arbeiten, die mit der Pflege von Daten- oder Programmbeständen zusammenhängen. Werkzeuge, die sich speziell auf die Software-Entwicklung beziehen (englisch: tool), werden auf S. 477 ff. behandelt.

> **Merksatz: Dienst- und Hilfsprogramme** sind softwaregestützte Werkzeuge, die dem Benutzer außerhalb der Anwendungssoftware einen Zugriff auf Daten und Dateien ermöglichen.

Es gibt eine unüberschaubare Vielfalt an Dienst- und Hilfsprogrammen. Zu den gängigsten zählen:
- Programme für die **Dateiverwaltung**, d. h. für das Anlegen, Löschen oder Ändern von Dateien, ebenso für die Übertragung von Dateien in einen anderen Speicherbereich oder auf einen anderen Datenträger. Dabei kann der Dateiname auch geändert werden.
- Für eine umfangreiche **Datenhaltung** von grundlegender Bedeutung sind die Systemprogramme eines Datenbanksystems (siehe Kapitel 6.3, S. 490).
- Programme für die **Datenaufbereitung**, d. h. für die Neuaufnahme, Löschung oder Änderung von Datenfeldern, Datensätzen oder ganzen Teilen einer Datei. Diese Hilfsprogramme werden auch Editoren genannt.
- Programme zum **Sortieren** von Datensätzen oder **Zusammenmischen** mit Datensätzen aus anderen Dateien.
- **Druckprogramme** zum Ausdruck des Inhalts von Arbeitsspeichern (englisch: dump) oder von externen Speichern.
- Programme zur **Ablaufverfolgung**; das kann ein Andruck aller bei der Ausführung eines Programms durchlaufenen Arbeitsschritte sein (englisch: trace). Das Verfolgen des Programmablaufs zur Fehlersuche oder -analyse wird auch mit dem englischen Begriff »Debugging« bezeichnet. Als »bug« (wörtlich: Wanze, Ungeziefer) wird ein Fehler bezeichnet, der sich in ein Programm eingeschlichen hat.
- Programme zur **Komprimierung** (englisch: compress) von Daten.
- Programme zur **Virensuche** und -bekämpfung. Computerviren sind Befehlsfolgen, die sich heimtückisch in Programme einschleichen, d. h. ohne dass dies auf Anhieb erkennbar ist. Sie können sich in andere Programmbereiche (z. B. in den Bootbereich) übertragen und sich so ungestört vermehren. Bei Eintritt bestimmter vorprogrammierter Ereignisse werden sie wirksam und lösen dann den Ablauf störender oder schädigender Aktivitäten aus. Antivirenprogramme können Computerviren (soweit deren Eigenschaften bekannt sind) aufspüren und eliminieren.

Dienst- und Hilfsprogramme dienen auf vielfältige Art und Weise dem direkteren Zugang zu Datenbeständen. So wie sie auf der einen Seite eine wertvolle Unterstützung der Arbeit am PC sein können, kann ihr Einsatz verhängnisvolle Konsequenzen haben, wenn man mit diesen Werkzeugen nicht richtig umgehen kann. Da nämlich mit Dienst- und Hilfsprogrammen ohne organisatorische Absicherung, d. h. ohne logische Prüfung und Protokollierung, direkt auf Daten und Dateien zugegriffen wird, können diese verhältnismäßig leicht manipuliert werden. Dabei kann aber auch der Zusammenhang eines Rechenwerks zerstört werden. Ein Eingriff, der außerhalb eines organisierten Arbeitsablaufs erfolgt, kann kaum überwacht und nachvollzogen werden.

Ob Dienst- und Hilfsprogramme sinnvoll eingesetzt werden können, kommt deshalb sehr auf die Art des Arbeitsplatzes bzw. die Kenntnis des Benutzers an. Derartige Werkzeuge sollten von einem Anwender weitgehend ferngehalten werden. Für ihn ist es sicherer, wenn die Datenverwaltung und -pflege in eine zuverlässige softwaretechnische, d. h. automatisierte Anwendung eingebunden ist. Sie kann auf vorher vereinbarte Situationen begrenzt werden.

Dagegen ist der Einsatz der vorgenannten Werkzeuge an einem Arbeitsplatz, an dem Software entwickelt wird, überaus hilfreich. Hier wird geradezu danach verlangt, dass insbesondere in der Software-Entwicklungsphase Datenbestände unmittelbar beeinflusst werden können. So können leicht bestimmte auszutestende Konstellationen erzeugt und überprüft werden.

Bei der Auswahl von Systemsoftware sollte man sich also nicht von der Vielfalt der angebotenen Dienst- und Hilfsprogramme blenden lassen. Häufig ist nicht genau erkennbar, für welche Zwecke diese Werkzeuge eingesetzt werden können oder sollen. Prinzipiell zeugt es nicht unbedingt von der Qualität eines Datenverarbeitungssystems, wenn unter Umgehung von anwendungsspezifischen Kontrollmechanismen auf Daten oder Dateien direkt zugegriffen werden kann.

Kontrollfragen
1. *Durch welche Eigenschaften unterscheiden sich Systemsoftware und Anwendungssoftware?*
2. *Was ist die Aufgabe des Betriebssystems?*
3. *Welcher Unterschied besteht zwischen Quellcode und Objektcode?*
4. *Auf welcher technischen Basis beruht das Prinzip des Multitasking?*
5. *Was kann ein Compiler leisten und was nicht?*
6. *Zählen Sie einige Merkmale auf, durch die eine Programmiersprache charakterisiert wird.*
7. *Bei welcher Art von Dienst- und Hilfsprogrammen muss der Einsatz besonders sorgfältig geprüft werden?*
8. *Durch welche Merkmale werden die Generationen von Programmiersprachen charakterisiert?*

Aufgabe 15.08 *(Vom Quellprogramm bis zum ausführbaren Programm) S. 524*

Aufgabe 15.09 *(Begriff Software) S. 524*

5.2 Anwendungssoftware

Im Gegensatz zu der Systemsoftware, die auf die technische Unterstützung und den wirtschaftlichen Einsatz der jeweiligen Hardware-Komponenten eines PCs ausgerichtet ist, stellt die Anwendungssoftware die auf den Anwender abgestimmte Software zur Lösung von Aufgaben und Problemen dar. Sie enthält den wirklichen »Schlüssel« zur Problemlösung, also das, wozu ein Anwender den PC eigentlich einsetzen will.

> **Merksatz: Anwendungssoftware** ist problemorientiert; sie ist auf die Lösung von betrieblichen Aufgaben ausgerichtet.

Anwendungssoftware umfasst ein breites Anwendungsfeld; sie wird unterteilt nach folgenden Einsatzschwerpunkten:

– Zur so genannten kommerziellen, d. h. kaufmännischen Software zählen vor allem Anwendungen der Finanzbuchhaltung, der Lohn-/Gehaltsabrechnung und der Auftragsbearbeitung. Diese Anwendungen werden in Unternehmen weitgehend gleich eingesetzt; sie werden deshalb als **Horizontalsoftware** bezeichnet.
– Für fachspezifische Anwendungsgebiete wird **Branchensoftware** angeboten; sie wirkt vertikal, d. h. in die Tiefe der jeweiligen Branchenbesonderheiten. Branchensoftware setzt sich in der Regel aus einem ganzen »Paket« von Programmen zusammen, die möglichst viele Anwendungsbereiche einer Branche abdecken. Das können beispielsweise Programme für spezielle Aufgaben von Handwerks-, Handels- oder Dienstleistungsbetrieben sein.

– Zur automatisierten Lösung von Routinetätigkeiten bei der Büroarbeit gibt es ein breites Angebot von **Bürosoftware**. Sie unterstützt die anwenderneutrale Verwendung, z. B. von Text- und Kalkulationsprogrammen oder von einfachen Datenbanken.

Beim geplanten Einsatz von Anwendungssoftware ist generell zu prüfen, ob Standard- oder Individualsoftware ausgewählt werden soll.

Die **Standardsoftware** umfasst Programme, die von mehreren Anwendern einheitlich für die Bearbeitung gleichartiger Aufgaben verwendet werden. Das hat den Vorteil, dass diese Software praxisnah, ausgereift und bewährt ist. Sie wird in der Regel preisgünstig angeboten und erspart Zeit- wie auch Personalkapazität.

Dem steht als Nachteil gegenüber, dass Standardsoftware nur den Normalfall betreffende Funktionen umfasst; unternehmensspezifische Eigenarten werden häufig nicht abgedeckt. Dann muss darüber entschieden werden, ob auf sie verzichtet werden soll, was mitunter durch eine Umorganisation betrieblicher Abläufe möglich ist. Falls das nicht geht, muss geprüft werden, ob eine annähernd passende Software um entsprechende individuelle Komponenten ergänzt werden kann oder ob eine grundlegend neue Individualsoftware entwickelt werden soll.

An **Individualsoftware** wird der Anspruch gestellt, dass diese Software in vollem Ausmaß auf die Belange einer bestimmten Anwendung ausgerichtet ist. Sie beinhaltet häufig äußerst unternehmenssensible Anwendungen, d. h. die Behandlung bestimmter Alleinstellungsmerkmale von Unternehmen, die dem Wettbewerb nicht zugänglich sein dürfen.

Die Entwicklung von Individualsoftware ist relativ teuer. Sie ist aufwendig und kann nicht auf mehrere Benutzer umgelegt werden. Später kommt hinzu, dass diese Software individuell gepflegt, d. h. entsprechend weiteren Ansprüchen angepasst werden muss.

Wirtschaftliche Überlegungen sprechen in der Regel für den Einsatz von Standardsoftware. Hier sind konkurrierende Anbieter laufend bestrebt, die Software auf einem aktuellen und hohen Niveau zu halten. Das ist insbesondere bei Software für den kommerziellen Anwendungsbereich wichtig, besonders wenn es um die »automatische« Anpassung an die neuesten steuerlichen Vorschriften geht, wie z. B. bei der Finanzbuchhaltung oder der Lohn-/Gehaltsabrechnung.

5.2.1 Software für kommerzielle Anwendungen

In der Vergangenheit wurde in den Unternehmen eine strenge funktionale Trennung entlang der organisatorischen Grenzen gelebt, die zum Aufbau isolierter Anwendungssysteme führte, die zwar die einzelnen Bereiche gut unterstützen, aber unzulänglich im Hinblick auf eine Unterstützung übergreifender Abläufe sind.

Um Brüche im Ablauf zu vermeiden, die die Durchlaufzeiten und Fehlerquoten erhöhen, wird seit den 1990er-Jahren gezielt eine Integration der Systeme angestrebt, d. h. eine Verknüpfung der einzelnen Systeme zu einem logisch zusammenhängenden System. Von zentraler Bedeutung ist dabei die Datenintegration, worunter die gemeinsame Nutzung derselben Daten verstanden wird. Technisch wird diese Form der Integration durch den Einsatz von Datenbanksystemen realisiert.

Unter dem Namen Enterprise-Resource-Planning-Systeme (ERP-Systeme) sind in den letzten fünfzehn Jahren integrierte betriebswirtschaftliche Standardsoftware-Pakete auf den Markt gekommen, die nahezu alle Aufgabenbereiche und Prozesse im

Unternehmen unterstützen, wie z. B. Beschaffung, Produktion, Vertrieb, Rechnungswesen und Personalwirtschaft.

Die Daten der verschiedenen betriebswirtschaftlichen Bereiche werden bei ERP-Systemen zentral in einer Datenbank gespeichert. Hierdurch ist eine bereichsübergreifende Nutzung der Daten möglich, ohne das die Daten mehrfach eingegeben und gepflegt werden müssen. So wird beispielsweise bei der Buchung eines Wareneingangs in der Materialwirtschaft ohne Zusatzaufwand dieser Vorgang auch in den Konten der Finanzbuchhaltung wertmäßig erfasst.

Weltmarktführer auf dem Markt für betriebswirtschaftliche Standardsoftware ist die SAP AG aus Walldorf mit einem Anteil von mehr als 50 %. Die bekanntesten Produkte der SAP R/2 und R/3 unterscheiden sich in den Technologieplattformen, auf denen sie laufen. Das Mainframe System R/2, das 1980 auf den Markt kam, zeichnet sich durch eine besonders große Zahl von möglichen Usern aus. R/3, das seit 1992 angeboten wird, unterstützt das Client-Server-Prinzip und ermöglicht so die Skalierung des gesamten Systems für unterschiedliche Größenordnungen. Das »R« der SAP-Produkte steht für Realtime und bedeutet, dass die Eingaben sofort umgesetzt und die Daten sofort aktualisiert werden.

Das neueste Release von R/3, SAP R/3 Enterprise, besteht aus einem technischen Fundament zur Steuerung (Web Application Server) und aus betriebswirtschaftlichen Anwendungsprogrammen. Es erlaubt die Verknüpfung horizontaler Abläufe über Funktionsgrenzen hinweg sowie vertikale Verknüpfungen von der operativen Ebene bis zu den Planungs- und Steuerungsaufgaben. Die betriebswirtschaftlichen Anwendungen des SAP R/3 Enterprise Systems gliedern sich in die drei Funktionsgruppen Rechnungswesen, Logistik und Personal und unterstützen somit umfassend die innerbetrieblichen Prozesse.

5.2.2 Branchensoftware

Branchensoftware entspricht dem Wunsch vieler Branchen nach speziellen, für ihren Bereich ausgerichteten Computerlösungen. Dabei muss folgender Umstand berücksichtigt werden. Einerseits werden Branchen durch bestimmte einheitliche Vorgehensweisen charakterisiert, andererseits gibt es für jeden Betrieb individuelle Besonderheiten. So ergibt sich das Problem, dass Branchensoftware die Aufgaben und Anforderungen eines Betriebes sowohl standardmäßig wie individuell erfüllen muss. Es gilt zwei extreme Anforderungen auszugleichen: **universell einsetzbare** Software, aber nicht zu umfangreich und aufwendig, **speziell einsetzbare** Software, aber keine Teil- oder Einzellösung.

> **Merksatz: Branchensoftware** besteht im Grundsatz aus einer Standardanwendung für eine bestimmte Branche. Sie erfüllt in einem gewissen Ausmaß auch Einzellösungen für spezielle Anforderungen eines Betriebes.

Bei der Auswahl von Branchensoftware empfiehlt es sich, genau zu prüfen, wie stark der Leistungsumfang universell oder individuell ausgeprägt ist. Es wird eine unüberschaubare Vielfalt an Branchenlösungen angeboten. Es gibt kaum eine Branche, die nicht durch entsprechende Softwareangebote umworben wird.

Nachfolgend erfolgt eine (sicherlich nicht vollständige) Aufzählung von Branchen, für die Branchensoftware angeboten wird. Sie ist nach Branchengruppen unterteilt.

- Handwerk: Architekten, Baugewerbe (z. B. Elektriker, Maler, Installateure), Gärtnereien, Kfz-Werkstätten.

- Handel: Getränkehandel, Großhandel, Kfz-Handel, Möbelhäuser, Textilhandel.
- Dienstleistung: Apotheken, Ärzte Heime, Hotels und Gaststätten, Krankenhäuser, landwirtschaftliche Betriebe, Rechtsanwälte, Reisebüros, Steuerberater, Transportunternehmen, Schulen, Versicherungsagenturen, Wohnbaugesellschaften.
- Mittelständische Industrie: Brauereien, Druckereien, Fertigungsbetriebe, Laborbetriebe, Verlage.

Bei der Auswahl von Branchenlösungen muss beachtet werden, dass mitunter die Anforderungen an Software und Hardware eng miteinander verknüpft sind.

Beispiel
So ist z. B. im **Einzelhandel** die Einbeziehung der Registrierkasse und mitunter einer Barcode-Lesepistole eine selbstverständliche Anforderung, bei der entsprechende softwaretechnische Voraussetzungen zu erfüllen sind. Oder ein anderes Beispiel aus dem technischen Anwendungsbereich: In **Architektur- und Konstruktionsbüros**, die mit Computerhilfe entwickeln, d. h. insbesondere zeichnen (englisch: CAD = computer aided design), bilden Farbbildschirme mit hoher Auflösung sowie Scanner und Plotter die notwendige zusammengehörige Ausstattung.

Die in sich geschlossene Kombination aus Software und Hardware, ohne dass es zusätzlicher Komponenten für ihren Einsatz bedarf, wird als »schlüsselfertiges« System (englisch: turnkey) bezeichnet.

5.2.3 Bürosoftware

Für die Arbeit im Büro (engl.: office) wird einfach zu handhabende Standardsoftware angeboten. Typische Anwendungen sind Text- und Tabellenkalkulationsprogramme sowie einfache Datenbankprogramme. Diese Bürosoftware bekommt eine erweiterte Dimension durch Kopplung an die Bürokommunikation, also wenn die installierte Software in einem Netzwerk gemeinsam genutzt und in gemeinsame Anwendungen gebunden wird. Dabei kann innerhalb einer Gruppe auf Dateien mit Schriftstücken (Fachausdruck: Dokumente) oder mit Formularen gemeinsam zugegriffen werden.

Eine Software, die in einem Netzwerk eingesetzt wird und mehrere Benutzer in einer »geschlossenen«, d. h. von anderen nicht zugänglichen Gruppe zusammenfasst, wird **Groupware** genannt. In einer solchen Gruppe können Terminkalender, Einsatzplanungen oder ein »Schwarzes Brett« gemeinsam, also für alle zugänglich und bearbeitbar geführt werden.

Programme der Bürosoftware sind hochgradig standardisiert und in eine Bedienungsoberfläche eingebunden, die kaum besondere Vorkenntnisse oder Einarbeitung erfordert. Sie kann deshalb leicht erlernt und auf individuelle Aufgaben ausgerichtet werden. Der Ablauf wird durch Anklicken leicht verständlicher und einprägsamer »Ikonen« (engl.: icons) gesteuert, in der Regel in Fenstertechnik und mit Maussteuerung.

5.2.3.1 Textverarbeitungsprogramme

Textverarbeitungsprogramme zählen zum klassischen Anwendungsbereich der Bürosoftware. Sie stellen weit mehr als eine elektronische Schreibmaschine dar. Sie unterstützen nicht nur die automatisierte Erstellung, Überarbeitung und Speicherung von Texten, sondern sie verfügen über Funktionen, um den Text auf vielfältige Art und

Weise in eine optisch ansprechende Form zu bringen und auszudrucken. Diese Gestaltungsmöglichkeit wird mit dem Schlagwort **Desktop-Publishing** bezeichnet; es bedeutet Publizieren am Schreibtisch und umfasst Techniken zur Erstellung von Druckvorlagen.

> **Merksatz: Textprogramme** bieten die Möglichkeit, Texte elektronisch zu erstellen und zu bearbeiten, also ohne dass bei Korrekturen ein neues Stück Papier erstellt werden muss. Sie bieten darüber hinaus vielfältige Funktionen zur Aufbereitung des Textes.

Das Leistungsspektrum von Textprogrammen umfasst das Erfassen und Anlegen von Schriftstücken mit der Möglichkeit des anschließenden Ausdrucks. Die Möglichkeiten der Bearbeitung von Texten lassen sich in zwei Gruppen unterteilen.

Die Funktionen für die **inhaltliche** Bearbeitung eines Textes umfassen:

- Verbessern von Tippfehlern,
- Einfügen oder Löschen von Wörtern, Sätzen oder ganzen Textteilen,
- Umgruppieren von Wörtern, Sätzen oder Textteilen, d. h. entsprechendes Ausschneiden und Einfügen an anderer Stelle.

Diese Funktionen werden mitunter durch automatisierte Abläufe unterstützt. So kann z. B. durch eine **Rechtschreibprüfung** festgestellt werden, ob Wörter richtig geschrieben sind. Wenn das Prüfprogramm auf Wörter stößt, die es nicht kennt, erfolgt eine Meldung. Der Verfasser des Textes kann dann entscheiden, ob das gemeldete Wort zu korrigieren ist, wobei das Programm in der Regel eine Auswahl richtiger Wörter anbietet. Falls ein Wort richtig geschrieben ist, aber vom Prüfprogramm beanstandet wird, weil es diesem nicht bekannt ist, kann der Verfasser des Textes veranlassen, dass es neu in den Wortschatz des Textprogrammes aufgenommen wird. Auch können **Silbentrennungsprogramme** eine automatische Silbentrennung durchführen. Hierbei kann der Verfasser des Textes ebenfalls entscheiden, ob er den Vorschlag zu einer Silbentrennung annimmt oder nicht.

Zu den Funktionen zur **gestalterischen** Veränderung von Textvorlagen gehören:

- Verwenden verschiedener Schriftarten und -größen,
- Hervorheben von Textteilen durch Fettdruck, Kursivdruck oder Unterstreichungen (Schriftschnitt),
- Umstrukturieren von Absätzen durch Einrückungen, Aussparungen, Links- oder Rechtsbündigkeit, Blocksatz u. a. m.,
- Berücksichtigen eines Bundstegs, d. h. eines zusätzlichen inneren Randes bei gegenüberliegenden Seiten, der bei beidseitigem Seitendruck zum Binden der Blätter benötigt wird,
- Anlegen von Kopf- und Fußzeilen, z. B. mit Angabe des Datums oder der Seitenzahl,
- automatische Übernahme von Gliederungspunkten in ein Inhaltsverzeichnis,
- automatische Übernahme von Stichworten in ein Stichwortverzeichnis,
- Anlegen von Fußnoten mit Kopplung an bestimmte Textstellen,
- Zeichnen von Linien, Rahmen und Tabellen,
- Ausführen von Rechenfunktionen.

Ein Teil der vorgenannten Funktionen wird mit den Fachbegriffen Typografie und Layout umschrieben. Unter **Typografie** versteht man die Umwandlung eines geschriebenen in einen für den Druck aufbereiteten Text mit der Zielsetzung, eine optimale Lesbarkeit der Schrift zu erreichen. Das **Layout** ist eine Vorgabe zur Gestaltung von auszudruckenden Seiten; es beinhaltet das Umgestalten von textlichen und grafischen Bestandteilen einer Seite.

Eine weitere wichtige Komponente der Textverarbeitung besteht darin, **Verknüpfungen** mit anderen Dateien herzustellen. Das sind z. B.

- Übernahme von Textbausteinen,
- Übernahme von Tabellen oder Grafiken aus anderen Programmen,
- Übernahme von Adressen einer anderen Datei und Erstellen von Serienbriefen,
- Einfügen von individuellen Angaben bei der Erstellung von Serienbriefen.

Es gibt ein umfangreiches Angebot an Textprogrammen; es liegt leistungsmäßig wie preislich weit auseinander. Es ist daher genau zu prüfen, welche Anforderungen vom Anwender gestellt werden und welches Leistungsangebot dem gegenübersteht. Wenn nicht allzu hohe Anforderungen gestellt werden, können schon für wenig Geld passable Textprogramme eingesetzt werden.

Auf ein Leistungsmerkmal, das mit dem Kürzel WYSIWYG charakterisiert wird, soll noch besonders hingewiesen werden. Diese Buchstabenfolge steht für »what you see is what you get« und bedeutet wörtlich: »Sie sehen (auf dem Bildschirm), was sie (im Druck) bekommen«. Damit wird ausgedrückt, dass die Bildschirmdarstellung nicht zwangsläufig mit der Druckdarstellung übereinstimmen muss, es sei denn, sie wird eben durch die genannte Funktion exakt nachgebildet. In diesem Zusammenhang soll auch darauf hingewiesen werden, dass die in einem Textprogramm enthaltenen Leistungsmerkmale durch eine entsprechende Druckerqualität umgesetzt werden sollten. Wenn ein Drucker die technischen Möglichkeiten nicht hat, bestimmte Layout-Merkmale darzustellen, gehen manche Fähigkeiten eines Textprogrammes verloren.

Für professionelle Anwendungen des Desktop-Publishing reicht mitunter der Leistungsumfang selbst hochwertiger Textprogramme nicht aus; häufig wird eine Erweiterung bzw. Ergänzung durch Design-Programme gesucht.

5.2.3.2 Tabellenkalkulationsprogramme

Tabellenkalkulationsprogramme sind vorstrukturierte Programme, die eine freie und universelle Einsatzvielfalt zulassen. Sie bestehen aus Arbeitsblättern (englisch: spread sheets), die zu ihrer direkten Bearbeitung auf dem Bildschirm angezeigt werden. Es handelt sich um Tabellen, die in Spalten und Zeilen aufgeteilt sind. In den Feldern, die auch Zellen genannt werden, können Eintragungen gemacht werden. Diese Eintragungen können aus Zahlenwerten oder erklärenden Texten bestehen.

Das Besondere an Tabellenkalkulationsprogrammen liegt darin, dass Felder gestaltet werden können, d. h., man kann durch die Angabe eines Formats festlegen, wie es für die Bildschirmansicht und den Ausdruck aussehen soll. Und es können Felder zueinander in Beziehung gebracht werden. So kann ein Feld eine Rechenvorschrift dafür enthalten, dass es die Addition, Subtraktion, Multiplikation oder Division zweier anderer Felder aufnehmen soll. Eine derartige Vorschrift wird Formel genannt. Sie beschreibt die Rechenoperation durch Verwendung der mathematischen Rechensymbole +, −, * oder ./. In einer Formel können aber auch wesentlich kompliziertere Rechenvorgänge ausgedrückt werden.

> **Merksatz: Tabellenkalkulationsprogramme** stellen Tabellen mit leeren Tabellenplätzen (Zellen) zur Verfügung, die völlig frei belegt werden können. Zahlreiche Funktionen werden so genutzt, dass individuelle, aussagefähige und gestalterisch vielseitige Zusammenhänge darstellbar sind.

Bei einer Tabelle sind zwei Zustände zu unterscheiden: eingegebene Feldinhalte und Formeln sowie umgesetze Ergebnisse und Darstellungen.

Beispiel
Errechnen eines Verdienstes durch Multiplikation von Stundenanzahl und Stundensatz.
Tabellenfelder mit Inhalten

	A	B	C
1	15,0	12,0	= A1*B1
2	7,5	7,3	= A2*B2
3	9,7	12,8	= A3*B3
4	= SUM(A1:A3)		= SUM(C1:C3)

Tabellenfelder mit Ergebnissen

	A	B	C
1	15,0	12,0	= 180,00
2	7,5	7,3	= 54,75
3	9,7	12,8	= 124,16
4	32,2		= 358,91

Die besondere Raffinesse eines Tabellenkalkulationsprogrammes liegt in seiner dynamischen Arbeitsweise. Das bedeutet, dass in dem Moment, in dem ein Feld mit einem anderen Zahlenwert versehen wird, alle dazu in Beziehung stehenden Felder sofort ihren Wert ändern. Wenn sich also in unserem Beispiel das Feld A2 ändert, ändern sich auch die Werte der Felder C2 (Produkt aus A2 mal B2), A4 (Spaltensumme) und C4 (Gesamtsumme). Diese dynamische Arbeitsweise führt zu einer enormen Anwendungsbreite von Tabellenkalkulationsprogrammen. Es können komplizierte rechnerische Zusammenhänge dargestellt werden, die zudem durch Verändern einiger Basiszahlen (Parameter) leicht »hochgerechnet« werden können. Man spricht in diesem Zusammenhang von »Wenn-Dann«-(englisch: if-then-)Analysen. Bevorzugte Anwendungen sind Budgetpläne, bei denen unter der Annahme bestimmter finanzieller Voraussetzungen bestimmte Ergebnisse kalkuliert werden können.

Es können nicht nur Felder zueinander in Beziehung gesetzt, sondern auch mehrere Tabellen miteinander verknüpft werden. So können z. B. die Ergebnisse mehrerer Abteilungen in einer weiteren Tabelle zu einem Unternehmensergebnis zusammengefasst werden.

Das Bearbeiten von einzelnen Zellen, zusammenhängenden Bereichen oder vollständigen Tabellen wird durch eine Reihe komfortabler Funktionen wie Einfügen, Löschen, Kopieren u. a. m. unterstützt. Darüber hinaus bieten Tabellenkalkulationsprogramme eine enorme gestalterische Vielfalt. So können Spalten, Zeilen und Felder vergrößert oder verkleinert werden; sie können mit verschiedenen Rahmen, Rasterungen oder auch farbig gestaltet werden. Schriftarten und -typen können wie in einem Textprogramm variiert werden.

Ein besonderer Vorzug von Tabellenkalkulationsprogrammen liegt darin, dass die in einer Tabelle vorliegenden Daten unmittelbar als Diagramm aufbereitet werden können. Die dargestellten Diagramme lassen sich auf vielfältige Art und Weise umgestalten, bis hin zur 3-D-Grafik (siehe Abbildung 5.2). So lassen sich die zugrunde liegenden Werte einer Tabelle leicht in Säulen-, Balken-, Linien-, Netz- oder Kreisdiagramme (»Kuchen«) u. a. umsetzen.

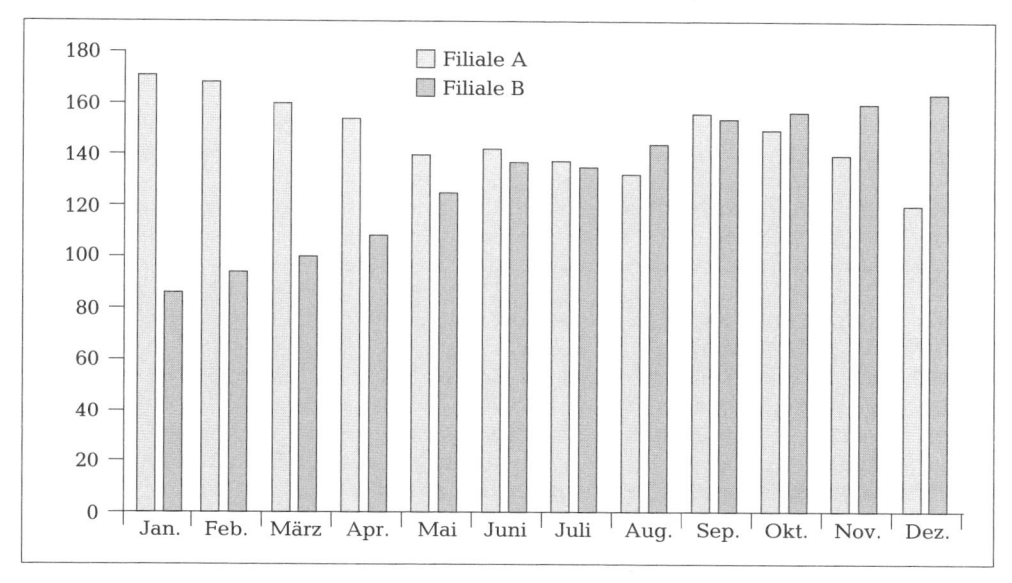

Abb. 5.2: Diagramm für den Vergleich der Umsatzentwicklung zweier Filialbetriebe

Kalkulationsblätter sind ein ausgezeichnetes Hilfsmittel, um für völlig unterschiedliche Bereiche Zusammenhänge klar und übersichtlich darzustellen. Die Arbeitsweise mit ihnen erzieht zu strukturiertem Denken. Über die einfach zu handhabenden Standardfunktionen hinaus werden in Tabellenkalkulationsprogrammen auch Programmfunktionen (so genannte Makros) angeboten. Mit ihnen können bestimmte wiederkehrende Abläufe, wie z. B. das automatische Einfügen von aktuellen Monatswerten, festgelegt und im Bedarfsfall abgerufen werden.

5.2.3.3 Datenbanksysteme

Eine ganz wichtige und selbstverständliche Aufgabe der Büroarbeit ist die Pflege von Daten. An fast jedem Arbeitsplatz werden Daten über Mitarbeiter und Geschäftspartner, Termine, Bestellnummern, Literaturhinweise u. v. a. m. gehalten. Häufig werden dazu eigene Dateien (früher waren es Karteien) angelegt. Dabei entsteht häufig das Problem,
- dass bestimmte Daten nur schwierig herausgesucht werden können,
- dass die Art der Anzeige auf dem Bildschirm oder des Ausdrucks nicht sehr lesefreundlich ist und
- dass die ausgewählten Daten nicht mit anderen verknüpfbar sind.

Wenn also alle Lieferanten ausgewählt werden sollen, die einen bestimmten Artikel liefern können und in einem bestimmten Postleitbezirk liegen, dann erfordert das einen größeren Aufwand. Auf die Lösung derartiger Anforderungen sind Datenbanksysteme spezialisiert. Sie beinhalten eine zentrale Verwaltung aller gespeicherten Daten und können aufgrund frei wählbarer Selektionsmerkmale genau die Daten herausfiltern, die gesucht werden. Diese werden überdies in einer ebenfalls frei wählbaren zweckmäßigen und ansprechenden Form angezeigt bzw. ausgedruckt. Und sie können durch die Auswahl zusätzlicher Funktionen, wie z. B. das Bilden von Gruppen oder das Errechnen von Zwischen- und Endsummen, aufgewertet werden.

Eine besondere Eigenschaft von Datenbanksystemen liegt darin, dass die Verwaltung von Daten von ihrer weiteren Verwendung durch organisatorische Vorkehrungen getrennt wird. Das bedeutet, dass der Transport von und zu anderen Programmen vermittelt wird. Das Datenbanksystem lässt aber von anderen Programmen einen direkten Zugriff auf die Datenbasis nicht zu.

Merksatz: Ein **Datenbanksystem** ist ein Programmsystem, das die geordnete Speicherung, Verwaltung und Wiedergewinnung von Datenbeständen unterstützt und bei Bedarf in entsprechende Anwendungen einbindet.

Daraus ergibt sich der besondere Vorteil, dass mehrere Benutzer über unterschiedliche Anwendungen auf Daten zugreifen können. Das erfordert besondere Schutzmechanismen. Es muss genau unterschieden werden, welche Benutzer berechtigt sind, bestimmte Informationen abzurufen.

In diesem Abschnitt sind hauptsächlich anwendungsbezogene Aspekte der Datenbanksysteme angesprochen worden. Sie werden an späterer Stelle unter organisatorisch-technischen Gesichtspunkten nochmals behandelt (vgl. S. 490 ff.).

5.3 Spiel-, Unterhaltungs- und Lernsoftware

Spiel- und Unterhaltungssoftware stellt einen Programmtypus dar, der nicht einem der beschriebenen Softwarebereiche zugeordnet werden kann. Ihre Einsetzbarkeit und Anwendung sollte allein auf den privaten Bereich begrenzt sein. Es gibt viele Argumente gegen den Einsatz von Spiel- und Unterhaltunsgprogrammen am Arbeitsplatz:

- Die Verfügbarkeit von Spiel- und Unterhaltungsprogrammen verführt dazu, dass sie auch eingesetzt werden. Das stiehlt aber wertvolle Arbeitszeit und führt zu einer Reduzierung produktiver Leistungen.
- Spielprogramme schmälern die Speicherkapazität aufgrund grafischer und dynamischer Darstellungsarten ganz erheblich. Sie blähen das Datenregister auf und führen zu weniger Übersicht der normal nutzbaren Programme.
- Spiel- und Unterhaltungprogramme stammen häufig aus dubiosen Quellen, d. h., die Kanäle, über die sie zum Anwender gelangen, sind meist nicht nachvollziebar. Da ihr Wert oft nicht anerkannt und deshalb auch nicht bezahlt wird, werden sie »unter dem Ladentisch« gehandelt. Dadurch können unsaubere Softwarestände auf den betrieblich genutzten PC gelangen. Wenn sich Computerviren einschleichen, kann das dazu führen, dass Programm- und Datenbestände verfälscht oder gelöscht werden und das gesamte Computersystem lahmgelegt wird.

Als einziges Argument könnte für den Einsatz von Spiel- und Unterhaltungsprogrammen sprechen, dass der Umgang mit dem Computer auch durch Spiele gefördert werden kann. Manche Programme werben speziell mit dem Hinweis, dass der Umgang mit dem PC, z. B. der Maus, hervorragend erlernt und geübt werden könne.

Diese **Lernsoftware** (englisch: teachware) kann mitunter auf die Vermittlung eines spezifischen Lehrstoffs ausgerichtet sein, z. B. eine Einführung in technisches Zeichnen oder in computergestützte Designtechniken. In dieser Hinsicht ist fachspezifische

Lernsoftware am Arbeitsplatz hilfreich. Sie ist dann eher als Bürosoftware einzustufen. So werden für die dort erläuterten Textverarbeitungs- und Tabellenkalkulationsprogramme auch Lernprogramme angeboten, die sich auf diese Anwendungen beziehen und integriert sind. Auf Datenbanksystemen sind häufig Informationssysteme aufgebaut, z. B. Lexika oder Fachwörterbücher.

Spiel und Unterhaltungsprogramme erfüllen dagegen meist nicht den Anspruch seriöser Lernprogramme. Risiken und mögliche Gefährdungen sind höher einzustufen. Deshalb ist der Einsatz von Computerspielen am Arbeitsplatz in der Regel verboten. Manche Unternehmen, die ihr Sicherheitsempfinden konsequent vertreten, drohen Mitarbeitern, die sich über entsprechende restriktive Regelungen hinwegsetzen, mit einer fristlosen Kündigung.

Kontrollfragen
1. *Welche Vor- und Nachteile stehen sich bei einer Standardsoftware und einer Individualsoftware gegenüber?*
2. *Welche Argumente sprechen dafür und welche dagegen, eine Software selbst zu entwickeln?*
3. *Welche Vorteile hat die Echtzeitverarbeitung gegenüber der Stapelverarbeitung?*
4. *Anwendungssoftware unterteilt sich in drei verschiedene Arten von Software; geben sie Beispiele dafür an, dass Programme von allen drei Arten in einem Betrieb zum Einsatz kommen können.*
5. *Was versteht man unter einem Datenbanksystem?*
6. *Welche Vorteile bieten Datenbanksysteme gegenüber einer getrennten Datenhaltung?*
7. *Warum sollen keine Spiel- und Unterhaltungsprogramme auf einem betrieblich genutzten PC eingesetzt werden?*

Aufgabe 15.10 *(Softwareanwendungen auf einem PC) S. 524*

Aufgabe 15.11 *(Anforderungen beim Kauf von Software) S. 525*

Aufgabe 15.12 *(Einsatz von Software in Anwendergruppen) S. 525*

5.4 Software-Entwicklung

Wenn die passende Software auf dem Markt nicht zu finden ist, muss sie neu entwickelt werden. In der Regel entwickelt aber derjenige, der zur Lösung eines Problems eine Software benötigt, diese Software nicht selbst. Er beauftragt damit einen Software-Entwickler, d. h. vereinfacht gesagt: einen Programmierer. Das führt zu verschiedenen Betrachtungsweisen des anzugehenden Problems:
– Der künftige Anwender hat die **Anwendung** vor Augen; er hat gewisse Vorstellungen darüber, wie die geplante Software arbeiten und eingesetzt werden soll.
– Der Programmierer hat die **Konstruktion** des Programms vor Augen; er überlegt, wie das Programm am besten aufgebaut werden soll, um mit der vorgegebenen Systemumgebung arbeiten zu können.

In diesen verschiedenen Blickrichtungen liegt ein Grundproblem der Software-Entwicklung. Anwender und Entwickler verstehen sich häufig nicht; sie denken in verschiedenen Kategorien. Daraus können sich Missverständnisse ergeben, die spätestens dann zu Enttäuschungen führen, wenn das fertige Produkt mit den jeweiligen Vorstellungen nicht übereinstimmt. Deshalb muss bei der Entwicklung von Software eine systematische und abgestimmte Vorgehensweise eingeschlagen werden. Man muss sich darauf einstellen, dass Software-Entwicklung mehr bedeutet, als nur das Schreiben des Programms! Zwischen der auftraggebenden und der ausführenden Stelle muss ständig kommuniziert werden. Dazu sollte der gesamte Entwicklungsprozess in überschaubare Entwicklungsstufen (Phasen) unterteilt werden. So kann laufend überprüft werden, ob die jeweiligen Arbeiten im Sinne aller Beteiligten ablaufen oder ob gegebenenfalls korrigierend eingegriffen werden muss.

Die methodische Vorgehensweise nach dem **Phasenkonzept** erhält eine zusätzliche Aufwertung dadurch, dass für die Bearbeitung der einzelnen Phasen speziell darauf ausgerichtete Techniken und möglichst automatisierte, d. h. computergestützte **Werkzeuge** (englisch: tools) eingesetzt werden. Sie unterstützen nicht nur die jeweiligen Phasen, sondern verbinden idealerweise auch die Phasen untereinander. Durch entsprechende Schnittstellen (die eigentlich als »Verbindungsstellen« bezeichnet werden sollten) wird sichergestellt, dass Ergebnisse, die in vorausgegangenen Phasen erarbeitet wurden, durchgängig auch in nachfolgende Phasen überführt werden. Das erspart die erneute Aufnahme der Anfangsbedingungen und stellt sicher, dass alle bereits erzielten Ergebnisse auch berücksichtigt werden.

Wenn also eine hochwertige Software schnell und effizient entwickelt werden soll, müssen anstelle einzelner intuitiver und »handwerklicher« Tätigkeiten, die früher üblich waren, übergreifende und arbeitsteilige, planvolle und systematische, d. h. ingenieurmäßige Vorgehensweisen eingesetzt werden. Man spricht dann von Software-Engineering.

Merksatz: Software-Engineering ist ein Konzept, das methodische Vorgehensweisen unter Einbeziehung bestimmter Techniken und automatisierter Werkzeuge bei der Entwicklung von Software umfasst. Es schematisiert den Planungs- und Durchführungsprozess aller Entwicklungsphasen. Das fördert die Übersichtlichkeit und Einheitlichkeit von Programmstrukturen und führt zu höherer Produktivität.

Die Grundprinzipien einer ingenieurmäßigen Vorgehensweise bei der Software-Entwicklung sind also methodische Vorgehensweise sowohl auf fachlicher wie softwaretechnischer Seite, d. h. **Strukturierung und Modularisierung**, durchgängiger Einsatz von computergestützten Werkzeugen, d. h. **Automatisierung**, und übergreifende Projektsteuerung und -überwachung, d. h. Berücksichtigung organisatorischer und ablauftechnischer Aspekte **(Projektmanagement)**. Das konsequente Einhalten dieser Grundprinzipien fördert nicht nur ganz wesentlich den Entwicklungsprozess selbst, sondern auch im Nachhinein die Wartung und Pflege der so entwickelten Software.

5.4.1 Phasenmodell

Das Entwickeln von Software nach dem Phasenmodell ist eine bewährte Methode, um eine größere Aufgabe (man spricht dann auch von »Projekt«) in überschaubare Stufen einzuteilen, zu bearbeiten, zu prüfen und zu steuern. Es unterteilt mehrere logisch und zeitlich aufeinander abgestimmte Phasen, die sich von der Formulierung einer Idee über die Konzeption und Realisierung bis hin zu ihrer Einführung ziehen.

Merksatz: Ein **Phasenmodell** ist ein organisatorisches Hilfsmittel zur sachlogischen Gliederung eines Entwicklungsvorhabens (Projekt). Für jede Phase werden Vereinbarungen getroffen, deren Einhaltung zum Abschluss abgeprüft wird. Damit wird sichergestellt, dass der zielkonforme Verlauf des Projekts an wichtigen Übergangsstellen (man spricht auch von »Meilensteinen«) gemessen werden kann.

Das Phasenmodell (Abbildung 5.3) ist eine ideale Grundlage für eine systematische Vorgehensweise. Es weist in der mittleren Diagonalen die zu durchlaufenden Entwicklungsschritte (Phasen) aus. Am rechten Rand werden die erwarteten Ergebnisse und am unteren Bereich die einzusetzenden Entwicklungswerkzeuge ausgewiesen.

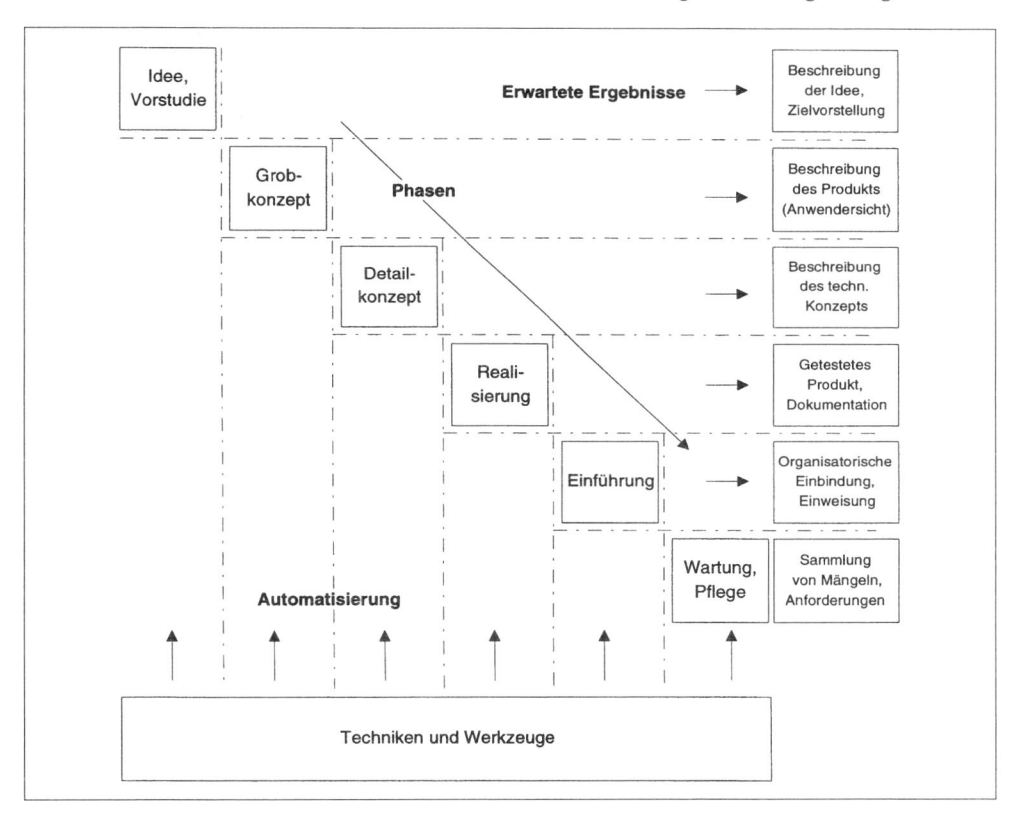

Abb. 5.3: Phasenmodell

Welche Aufgaben in den einzelnen Phasen enthalten sein können, zeigt die Übersicht von S. 480.

Das klassische Phasenmodell (man spricht auch von »Wasserfall-Modell«) kann am zuverlässigsten eingehalten werden, wenn die einzelnen Phasen klar definiert und eindeutig voneinander abgegrenzt sind. Für jede Phase sollten diejenigen Punkte (möglichst schriftlich) festgehalten werden, über die die auftraggebende und die auszuführende Stelle Vereinbarungen getroffen haben, z. B.: Inhalt (Beschreibung) der Aufgabe, Kriterien, an denen die Erfüllung des Auftrags gemessen wird, Voraussetzungen, die bei Beginn des Auftrags erfüllt sein müssen, Personal und Arbeitsmittel, das zur Abwicklung des Auftrags zur Verfügung gestellt wird, geplanter zeitlicher und finanzieller Aufwand, geplanter Starttermin und geplanter Endtermin, zuständiger bzw. verantwortlicher Leiter, Zusammensetzung der Abstimmpartner.

So kann im Verlauf der Entwicklung jeder Phase nachvollzogen werden, ob die geplanten Aktivitäten zielgerichtet verfolgt werden. Nach Abschluss jeder Phase muss darüber entschieden werden, ob sie als erledigt angesehen werden kann oder ob etwa nicht erfüllte Vorgaben nachgebessert werden müssen. Für neue Anforderungen müssen neue Aufträge zwischen allen beteiligten Stellen vereinbart werden. Erst wenn eine Phase abgenommen wurde (und damit gleichzeitig entschieden wurde, dass das Projekt in den geplanten Stufen weiterläuft), darf eine neue Phase gestartet werden.

Die Problematik des Phasenmodells liegt darin, dass beim Start des Entwicklungsvorhabens häufig nicht alle Einflussfaktoren bekannt sind. Bei länger laufenden Projekten können Ergebnisse, die in früheren Phasen entwickelt wurden, durch neue Erkenntnisse in späteren Phasen bereits überholt sein. Deshalb wird das reine Wasserfall-Modell zunehmend durch Verfahren verdrängt, die ein Ineinandergreifen einzelner Phasen unterstützen. Das bringt Zeitersparnis und führt zusätzlich dazu, dass die Beteiligten nicht nur innerhalb »ihrer« Phase tätig sind, sondern einen Blick für übergreifende Zusammenhänge entwickeln und stärker miteinander kommunizieren. Sie

Phase	Aufgaben
1. Idee/ Vorstudie	– Beschreibung einer Idee (was soll erreicht werden?) – Beurteilung der Erfolgschancen bzw. -risiken (was spricht dafür, was spricht dagegen?) – Beschreibung der Ausgangssituation (was ist der Ist-Zustand?) – Beschreibung möglicher Auswirkungen auf andere Bereiche – Beschreibung des erwarteten Nutzens und der Wirtschaftlichkeit – Gegenüberstellung verschiedener Lösungsalternativen
2. Grobkonzept	– Erstellen eines Pflichtenhefts (was wird von der Anwendung erwartet?) – Beschreibung des Funktionsumfangs (was muss die Anwendung leisten?) – Zusammenstellen der Voraussetzungen (welche Bedingungen sind im Umfeld der neuen Anwendung zu schaffen?) – Aufwandsschätzung (welcher Aufwand ist zu erwarten – einmalig und wiederkehrend?)
3. Detailkonzept	– Ausarbeiten der Datenstruktur (welche Daten werden benötigt, wie müssen sie bereitgestellt werden?) – Beschreibung der Benutzungsoberfläche (wie steuert der Benutzer die Anwendung, wie sehen die Eingabemasken aus, wie sieht die Datenausgabe aus?) – Schema des Softwareaufbaus (welche Module sollen angelegt werden?)
4. Realisierung	– Umsetzung der vorgegebenen Konzepte (Erstellen der Software und Schaffung der organisatorischen Voraussetzungen für ihren Einsatz) – Austesten der Software unter verschiedenen Bedingungen – Ausarbeiten einer Dokumentation
5. Einführung	– Erprobung (Pilotphase) – Sicherstellung eines reibungslosen Übergangs von einer ggf. alten zur neuen Anwendung – Schulung und Einweisung – Übergabe der Software-Entwicklung an den Benutzer
6. Wartung und Pflege	– Sicherstellung der dauerhaften Funktionsbereitschaft – Verfolgen von etwa auftretenden Mängeln oder Unzulänglichkeiten – Führen eines Anforderungskatalogs für Nachbesserungen – Einplanen eines neuen Software-Standes (englisch: release)

können sich intensiver einer bestimmten Teilaufgabe annehmen und verfolgen diese z. T. durchgängig von der Konzeption bis zur Einführung.

Abhängig vom Umfang eines bestimmten Entwicklungsvorhabens kann eine allgemeine Entwicklungsmethode nicht immer buchstabengetreu eingehalten werden. Sie muss aber als Richtschnur gelten. Wenn sie laufend praktiziert wird, stellt sich rasch ein Übungsnutzen ein, der sich vorteilhaft auf das gesamte Umfeld von Computer-Anwendungen auswirkt. Dadurch bildet sich ein für alle Beteiligten erprobtes, d. h. praktikables und vertrautes Vorgehen heraus; das kann im günstigsten Fall zu einem betrieblichen Standard führen.

5.4.2 Techniken und Werkzeuge

Für die Bearbeitung der Phasen einer Software-Entwicklung werden eine Reihe unterschiedlicher Techniken angewendet. Dabei werden immer stärker geeignete automatisierte Werkzeuge eingesetzt. Allerdings ist es nicht immer leicht, ein passendes Werkzeug zu finden. Da die frühen Phasen der Software-Entwicklung eher konzeptionell ausgerichtet sind, stehen dort kreative Prozesse im Vordergrund; automatisierte Werkzeuge können hier nur wenig Unterstützung bieten. Ihre Einsatzmöglichkeiten nehmen aber im Laufe des Entwicklungsprozesses zu und erreichen für Realisierungsphasen, insbesondere bei der Programmiertechnik, eine große Einsatzbreite.

Merksatz: Automatisierte **Werkzeuge** (englisch: tools) sind Programme zur Unterstützung ingenieurmäßiger Methoden bei der Entwicklung von Software.

Grundsätzlich ist davon auszugehen, dass die einfachste »Technik« darin besteht, die entsprechenden Ausarbeitungen verbal vorzunehmen. Formulierte Ergebnisse sind aber schwer überschaubar und häufig auf Anhieb nicht verständlich. Demgegenüber geben grafische Darstellungen mehr Klarheit. Bei ihnen entsteht aber das Problem, dass Detailangaben schlecht eingearbeitet werden können. Die nachfolgend beschriebenen Techniken und Werkzeuge suchen alle einen Kompromiss zwischen grafischer Übersichtlichkeit und textlicher Vollkommenheit.

5.4.2.1 Ablaufdiagramm

Die klassische Art der Darstellung eines Systemzusammenhangs ist das Ablaufdiagramm. Es kann für konzeptionelle Ausarbeitungen (Darstellung eines Ist-Zustandes bzw. eines Soll-Konzepts) wie auch für die Programmentwurfsphase (Programmablauf und Datenfluss) verwendet werden.

Die im Ablaufdiagramm verwendeten Sinnbilder sind nach DIN 66 001 genormt (Abbildung 5.4). Die Symbole bezeichnen die Art der Verarbeitung, die Art der verwendeten Datenträger und die Art des Datenflusses. Auf diese Weise können abhängig vom Grad der Detaillierung Informationsflüsse innerhalb eines Unternehmens, der Zusammenhang von Arbeitsabläufen oder einzelne Verarbeitungsläufe dargestellt werden.

Je nach Detaillierungsgrad unterscheidet man Grob- und Feindiagramme. In Abbildung 5.5 werden die drei Strukturformen dargestellt, nach denen Programme aufgebaut sind:

- Die **Folge** (Sequenz) lässt das Durchlaufen eines linearen Weges zu.
- Die **Wiederholung** (Iteration) erlaubt, abhängig von einer bestimmten Bedingung, das mehrmalige Durchlaufen eines linearen Weges.
- Die **Verzweigung** (Selektion) gestattet, in Abhängigkeit von einer bestimmten Bedingung, das Verfolgen eines von zwei möglichen Wegen.

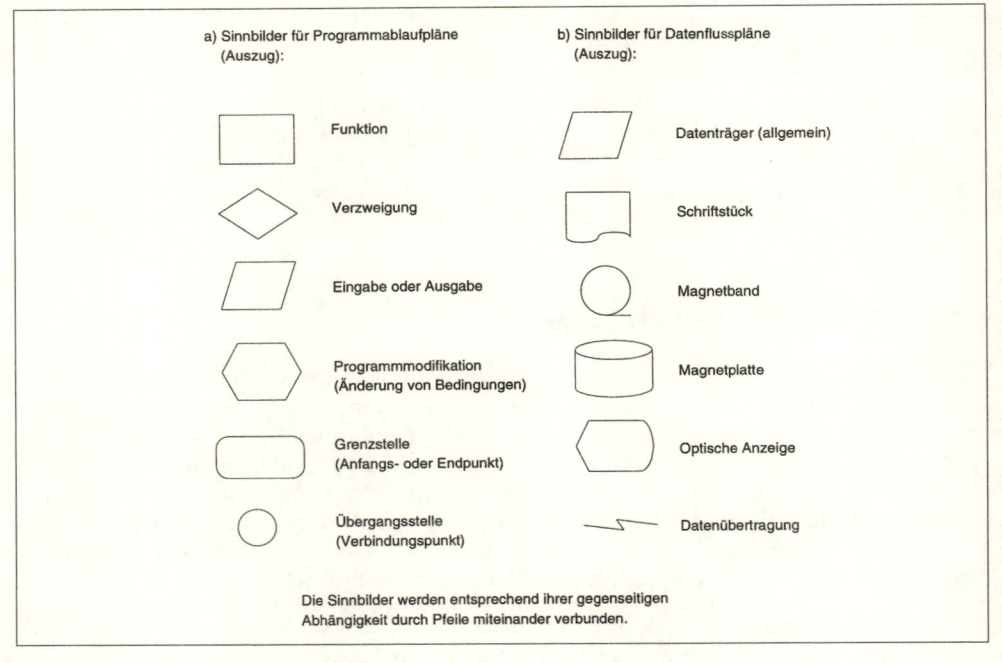

Abb. 5.4: Sinnbilder nach DIN 66 001

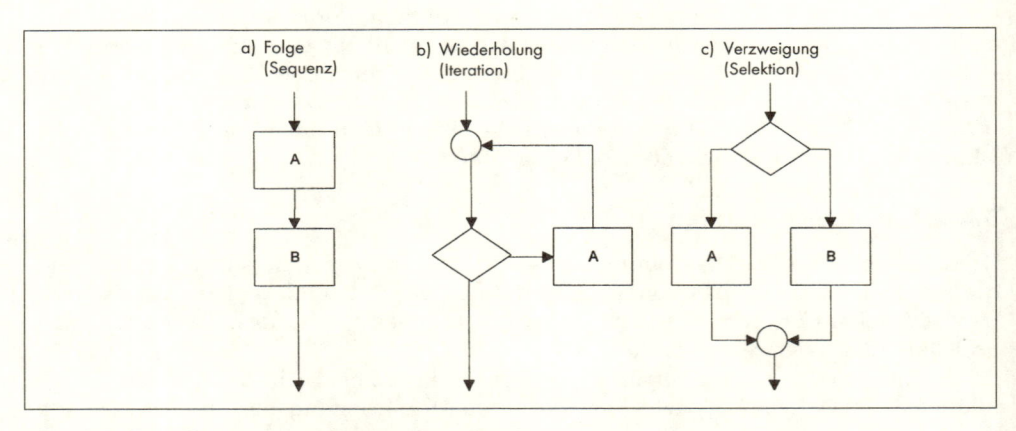

Abb. 5.5: Grundformen einer Programmstruktur

Als Beispiel für ein Programmablaufdiagramm ist das schon erwähnte Basic-Programm »Prämienerrechnung« angegeben (Abbildung 5.6).

Der **Vorteil** des Ablaufdiagramms ist die außerordentlich hohe Übersichtlichkeit, auch wenn viele Komponenten im Systemzusammenhang enthalten sind. Lücken oder Engpässe im Systemzusammenhang können rasch lokalisiert und behoben werden. Die Diagrammdarstellung lässt sich gedanklich leicht »durchspielen«; sodass konzeptionelle Fehler frühzeitig erkannt werden. Als **Nachteil** gilt, dass die Ausarbeitung sich nicht automatisiert in nachfolgende Prozesse integrieren lässt.

Die Darstellung von Ablaufdiagrammen ist nur sehr bedingt standardisierbar. Deshalb gibt es kaum Werkzeuge, die deren Erstellung unterstützen. Allerdings kann umgekehrt aus bestehenden Programmen ein Ablaufdiagramm automatisiert erstellt werden. Es dient dann der aktuellen Dokumentation eines Programms.

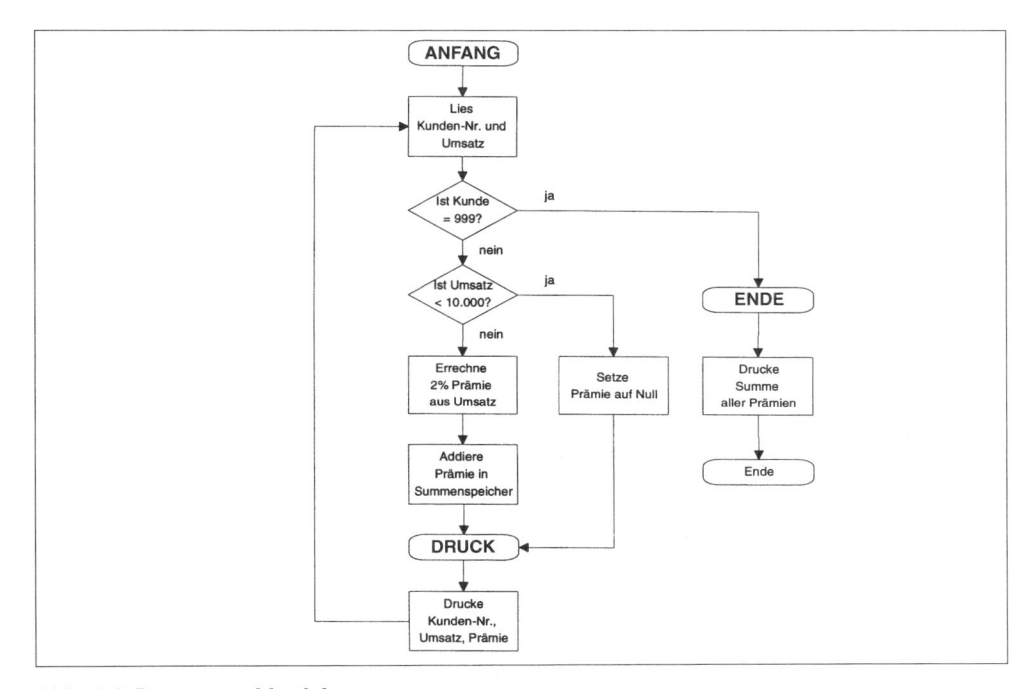

Abb. 5.6: Programmablaufplan

5.4.2.2 HIPO-Diagramme

Eine andere beliebte Darstellungstechnik ist HIPO (englisch: **h**ierarchie plus **i**nput **p**rocess **o**utput). Sie besteht aus der Verwendung von zwei Diagrammarten, dem Hierarchie-Diagramm und dem Funktionen-Diagramm.

– Im **Hierarchie-Diagramm** werden die einzelnen Programme einer Anwendung in ihrem hierarchischen Zusammenhang dargestellt. Das Diagramm hat die Struktur eines Baumes. Jedes Programm wird durch einen Block dargestellt.
– Im **Funktionen-Diagramm** werden in jeweiligen Blöcken die Eingabe, Verarbeitung und Ausgabe von Daten dargestellt.

Bei beiden Diagrammarten kann leicht eine Zerlegung vom Groben zum Feinen nach der Top-down-Technik erfolgen. Die so entwickelten Blöcke können mühelos als »Bauteile« wieder verwendet werden. Als Beispiel für HIPO-Diagramme wird eine Gliederung der Lohn-/Gehaltsabrechnung gewählt (Abbildung 5.7).

Die **Vorteile** der HIPO-Technik sind die übersichtliche und leicht verständliche Darstellungsform sowie die klare Gliederung und Struktur. Als **Nachteile** gelten: Gegenseitige Abhängigkeiten und Zusammenhänge (Netzstrukturen) sind grafisch nicht darstellbar, lediglich verbal beschreibbar. HIPO-Diagramme müssen aus diesem Grund häufig mit anderen Darstellungsformen ergänzt werden (z. B. Ablaufdiagramme).

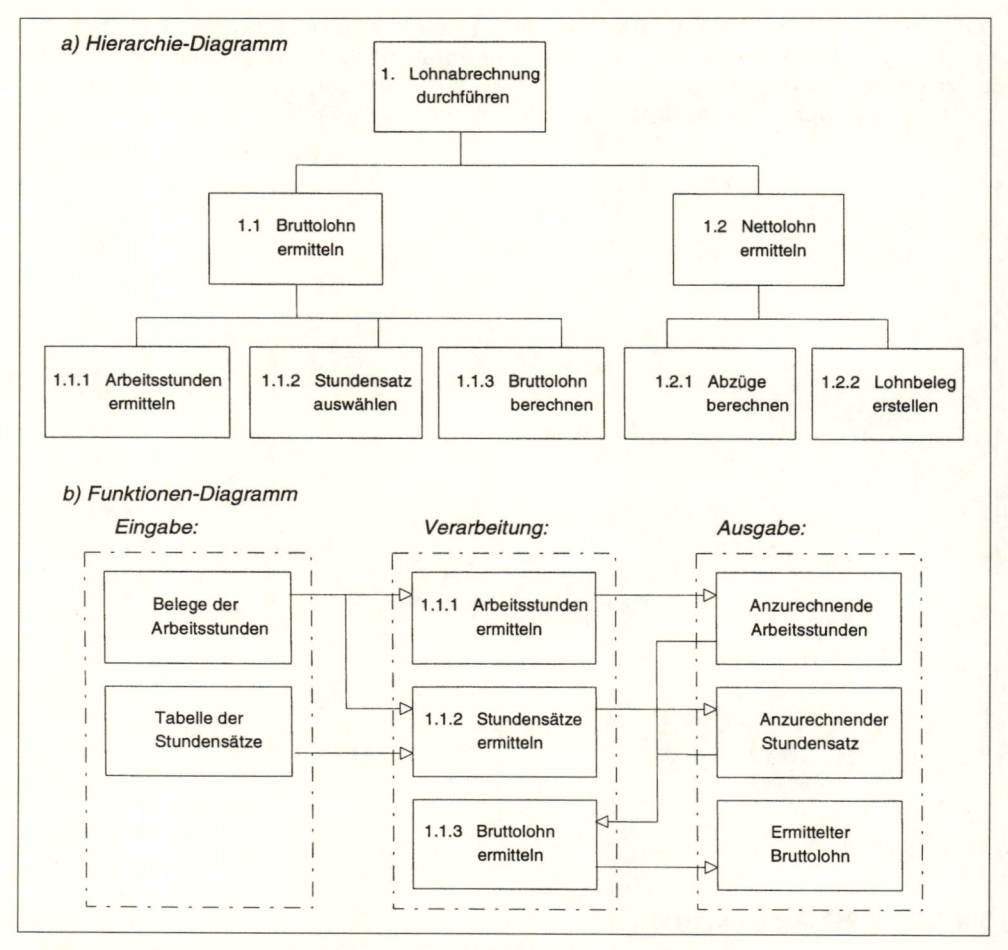

Abb. 5.7: HIPO-Diagramme (Beispiel: Bruttolohn ermitteln)

5.4.2.3 Struktogramme

Nochmals eine andere Form der grafischen Darstellung ist das Struktogramm. Es beschränkt sich auf die Verwendung von nur drei Grundstrukturen, wobei jeder Strukturblock nur einen Eingang und Ausgang enthält. Sprünge an beliebige andere Stellen sind nicht erlaubt.

Diese Technik wird vor allem mit den von NASSI und SHNEIDERMAN entwickelten grafischen Sinnbildern durchgeführt (Abbildung 5.8). Sie stellen eine geglückte Kombination aus grafischen und tabellarischen Darstellungsformen dar. NASSI-SHNEIDERMAN-Diagramme werden insbesondere in Phasen des Programmentwurfs eingesetzt. Die dargestellte Programmlogik kann unmittelbar in eine codierfähige Programmbeschreibung umgesetzt werden.

Es ergeben sich folgende **Vorteile:** Es gibt nur wenige elementare Strukturblöcke. Dadurch sind Struktogramme leicht lesbar und gut überschaubar. Logische Abhängigkeiten sind klar ersichtlich. Software, die mit Unterstützung von Struktogrammen entwickelt wurde, ist gut testbar und leicht änderbar. Als besonderer **Nachteil** gilt: Die

Verbindung zu Daten ist problematisch; Datenzusammenhänge müssen deshalb separat dargestellt werden.

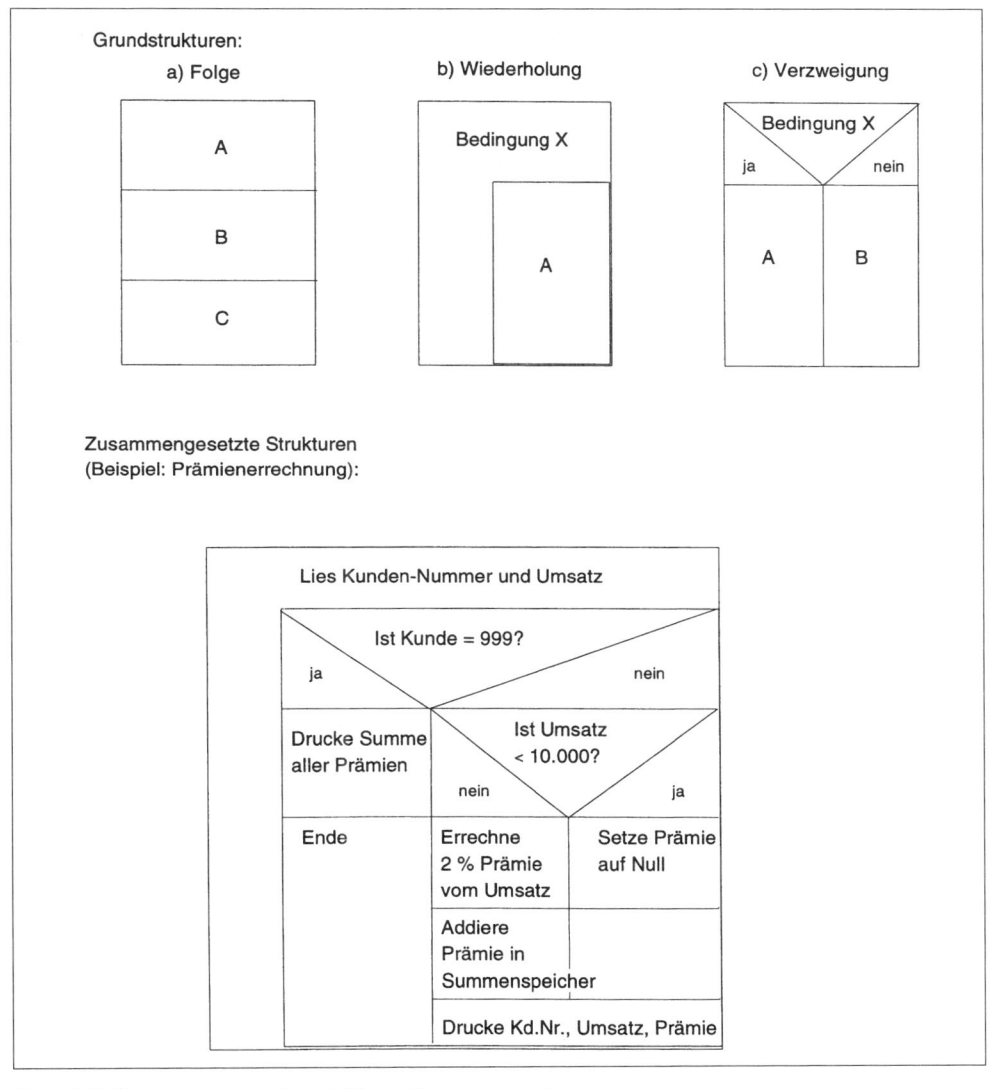

Abb. 5.8: Struktogramme (nach NASSI-SHNEIDERMAN)

5.4.3 Aufnahme der fachlichen Anforderungen

Wenn für eine bestimmte Anwendung eine Software entwickelt werden soll, müssen die Anforderungen der auftraggebenden Fachabteilung zusammengetragen werden. Es müssen eine **Analyse** und eine Gestaltung des Zusammenhangs **(Design)** erfolgen. Dazu können zwei Wege eingeschlagen werden: das funktionale oder das objektorientierte Vorgehen.

5.4.3.1 Funktionales Vorgehen

Die funktionale Vorgehensweise setzt sich aus zwei Teilschritten zusammen. Zunächst werden die fachlichen Anforderungen zusammengetragen und strukturiert. Man spricht von strukturierter Analyse (SA). Dann werden alle benötigten Daten in einem Beziehungssystem dargestellt. Diesen Vorgang nennt man strukturiertes Design (SD). Dadurch wird erkennbar, welche Daten auf andere Daten Einfluss haben bzw. von anderen beeinflusst werden. Das Ziel dieser Vorgehensweise ist, für jede dargestellte Einheit (»Entität«) eindeutig aufzuzeigen, durch welche Beziehungen ihr Vorhandensein sichergestellt wird.

> **Merksatz:** Das **funktionale** Vorgehen ist die klassische Vorgehensweise der Aufbereitung fachlicher Vorgaben. Es orientiert sich an der Untergliederung von Ordnungsbegriffen.

5.4.3.2 Objektorientiertes Vorgehen

Eine neuere Art der Vorgehensweise ist das **objektorientierte** Vorgehen. Hierbei werden für fachliche Vorgaben einzelne Einheiten gebildet, in der die Datenstruktur und die dazugehörigen Funktionen »eingekapselt« werden. Diese »Objekte« halten ihre technischen Eigenschaften nach innen verborgen; nach außen präsentieren sie nur ihre Anwendbarkeit. Die einmal definierten Eigenschaften eines Objekts sind deshalb (als Ganzes) sowohl übersichtlich zu bearbeiten wie auch leicht zu übertragen. Auch die objektorientierte Vorgehensweise unterteilt zwei Teilschritte: die objektorientierte Analyse (OOA) und das objektorientierte Design (OOD).

5.4.4 CASE

Das besondere Anliegen, den gesamten Entwicklungsprozess durchgängig automatisiert zu unterstützen, wird mit dem Schlagwort CASE (Abkürzung für englisch: computer aided software engineering) umschrieben. Es geht also darum, computergestützte Werkzeuge frühzeitig in den Entwicklungsprozess einzubringen und alle folgenden Entwicklungsstufen ohne logische oder technische Unterbrechungen anzuschließen. Die Ergebnisse vorausgegangener Phasen sollen durch automatisierte Schnittstellen in nachfolgende Phasen einfließen und dort, ohne dass sie neuerlich erfasst werden müssen, weiterbearbeitet werden.

Wesentliche Voraussetzung von CASE ist eine gemeinsam genutzte Datenhaltung (englisch: repository) mit einer Verwaltung der Schnittstellen zu den verschiedenen Werkzeugen. Dabei sollen möglichst viele Bestandteile einbezogen werden, wie z. B. Diagramme, Struktogramme, Datenmodelle, Quellcodes und Projektdaten einschließlich aktuelle Berichte über den Projektverlauf.

Die Durchlaufgeschwindigkeit eines Entwicklungsvorhabens kann mit einem CASE-Konzept ganz wesentlich gesteigert werden. Neben der erreichbaren Durchgängigkeit ergibt sich eine hohe Transparenz der Entwicklungsarbeiten. Ausarbeitungen, die in bestimmten Phasen entwickelt wurden, lassen sich sehr einfach auf andere Phasen projizieren.

Jederzeit ist nachvollziehbar, welche Aufgaben an welcher Stelle weiterverfolgt wurden oder nicht.

Leider ist CASE nur ein Konzept; es kann nur bestimmte Rahmenbedingungen festlegen. Die Umsetzung muss durch einzelne Werkzeuge erfolgen, deren Funktionen entsprechend auszuwählen und aufeinander abzustimmen sind. Hierin liegt die Problematik: Es gibt zu viele verschiedenartige Techniken und Werkzeuge, als dass die angestrebte Integration in idealer Weise erreicht werden könnte. Die Einführung eines konsequenten CASE-Konzepts ist daher mit hohem Aufwand verbunden. Dennoch ist die verstärkte Einbeziehung von Werkzeugen in die Software-Entwicklung ein unaufhaltsamer Vorgang. Sie bringt vor allem bei der Pflege von Software eine spürbare Entlastung. CASE führt zu einer Vereinheitlichung des Entwicklungsprozesses und damit zu höherem Standardisierungsgrad bei dem Endprodukt »Software«. Das wiederum hebt die Qualität der Software, eine grundlegende Forderung, die ihre zunehmenden Bedeutung im Unternehmen entspricht.

Kontrollfragen
1. *Weshalb ist es wichtig, dass bei einer Software-Entwicklung zwischen auftraggebender und ausführender Stelle regelmäßig kommuniziert wird?*
2. *Was spricht für bzw. gegen eine klare Abgrenzung von Phasen in einem Entwicklungsvorhaben?*
3. *Weshalb lassen sich Werkzeuge in der Software-Entwicklung eher in späten als in frühen Phasen umsetzen?*
4. *Suchen Sie nach Gründen, weshalb in späten Phasen der Software-Entwicklung (Realisierung) ein geringerer Aufwand nötig ist, wenn in vorausgehenden (kreativen) Phasen ein hoher Aufwand eingebracht wurde.*
5. *Was versteht man unter einem HIPO-Diagramm?*
6. *Worin bestehen die Stärken und Schwächen des CASE-Konzepts?*

Aufgabe 15.13 *(Merkmale für die Beurteilung von Software) S. 525*

Aufgabe 15.14 *(Entwurf eines Programmablaufdiagramms) S. 525*

6 Datenorganisation

Daten bilden den Kern der Datenverarbeitung. Um diesen wertvollen »Stoff« sicher, wirtschaftlich und effektiv zu verarbeiten, müssen verlässliche Verfahren und Techniken eingesetzt werden. Geeignete Hardware und Software unterstützen wesentlich den Verarbeitungsprozess. Von noch entscheidenderer Bedeutung ist aber, wie die Daten behandelt werden, d. h. wie der Umgang mit ihnen organisiert ist.

Computer können nur Daten verarbeiten, die sich im internen Speicher befinden. Weil Daten meist auch nach ihrer Verarbeitung verfügbar sein sollen, werden sie auf externen Speichern aufbewahrt. Externe Speicher haben eine wesentlich größere Kapazität als interne Speicher. Damit die Daten bei Bedarf schnell dem Computer wieder zugeführt werden können, muss die Datenhaltung entsprechend organisiert werden. Die Datenorganisation berücksichtigt alle Aspekte, wie Daten gehalten und gepflegt werden und wie auf sie zugegriffen werden kann.

> **Merksatz: Datenorganisation** umfasst alle Maßnahmen, um Daten so zu halten, dass sie möglichst effizient einem Datenverarbeitungssystem zugeführt und dort gespeichert sowie verarbeitet werden können.

Eine zweckmäßige Datenorganisation erfüllt zwei unterschiedliche Anforderungen: den organisatorischen Gesichtspunkt (Datenformat) und den technischen Gesichtspunkt (Speicherform).

6.1 Datenformat

Um eine geeignete Datenhaltung sicherstellen zu können, muss man sich bewusst machen, dass Daten in unterschiedlicher Form vorliegen können. Man unterscheidet folgende **Datentypen:** rein **numerische** Daten, das sind Zahlen, die sich aus Ziffern zusammensetzen, **alphanumerische** Daten, das sind Texte, die aus Buchstaben, Satzzeichen und auch aus Ziffern bestehen können, und **grafische** Daten, das sind Symbole wie z. B. die Darstellung eines Blitzes.

Einzelne Daten können zu logisch zusammenhängenden Gruppen zusammengefasst werden. Dieses stufenweise Gliederungsprinzip wird als **Datenhierarchie** bezeichnet (Abbildung 6.1):

– Die kleinste Einheit von Daten bildet das einzelne **Zeichen** (englisch: character). Es kann eine Ziffer, ein Buchstabe oder ein grafisches Symbol sein. (Wie wir schon wissen, wird ein Zeichen maschinenintern durch ein Byte dargestellt.)
– Werden mehrere Zeichen zu einer logischen Einheit zusammengefasst, ergibt das ein **Feld** (englisch: field). Das kann z. B. ein Tagesdatum, eine Artikelnummer oder ein Preis sein.
– Mehrere Felder, die in einem logischen Zusammenhang stehen, werden zu einem **Satz** (englisch: record) zusammengefasst. Das können Daten über einen Kunden sein, wie z. B. Kundennummer, Kundenname, Kundenanschrift und Telefonnummer.
– Schließlich werden alle Sätze, die logisch zusammengehören, in einer **Datei** (englisch: file) zusammengefasst. So können z. B. die Adressen sämtlicher Kunden eines Unternehmens in einer Datei gespeichert sein.

Datenfelder und Datensätze können eine gleichbleibende (feste) oder eine unterschiedliche (variable) Länge haben. Bei festen Längen werden die nicht verwendeten Stellen mit Füllzeichen aufgefüllt; das sind Nullen bei numerischen Daten und Leerzeichen bei alphanumerischen Daten. Variable Längen haben zwar den Vorteil, dass weniger Speicherplatz belegt wird, es müssen aber bestimmte Trennzeichen vereinbart und abgefragt werden, um den Wechsel von einem zum anderen Speicherelement erkennen zu können.

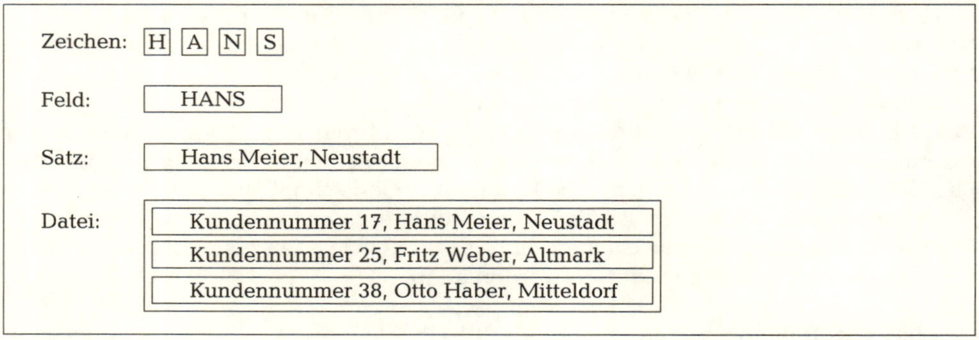

Zeichen: H A N S

Feld: HANS

Satz: Hans Meier, Neustadt

Datei: Kundennummer 17, Hans Meier, Neustadt
Kundennummer 25, Fritz Weber, Altmark
Kundennummer 38, Otto Haber, Mitteldorf

Abb. 6.1: Datenhierarchie

Auf den Ablauf der Datenverarbeitung wirkt sich vorteilhaft aus, wenn Daten sinnvoll zusammenhängend gespeichert sind. Wenige direkte Zugriffe sind weniger aufwendig, als wenn benötigte Daten an verschiedenen Stellen zusammengesucht werden müssen. Eine gut strukturierte Datenorganisation beeinflusst ganz wesentlich die Arbeitsschritte beim Erfassen, Zuordnen, Auswerten und Drucken von Daten.

Bei der Datenhaltung muss auch eine Festlegung darüber erfolgen, wie und in welchem Umfang für eine bestimmte Anwendung Daten gehalten werden sollen. Weder dürfen benötigte Daten fehlen, noch sollten nicht benötigte Daten mitgespeichert werden. Wenn ein Datenbestand aufgebaut wurde und es zeigt sich bei seinem Einsatz, dass nachträglich Änderungen in der Struktur erforderlich sind, erfordert dies meist einen relativ hohen Aufwand. Bei Änderungen des Datenbestandes müssen in der Regel nicht nur Felder eingeschoben, herausgenommen, verlängert oder verkürzt werden; die Änderung eines Datenbestandes zieht neben einer entsprechenden Umsetzung auch Änderungen von Programmen nach sich.

Beim Anlegen eines Datenbestands ist auch eine Regelung darüber notwendig, welches Feld eines Satzes als eindeutiges **Identifikationsmerkmal** gelten soll. Man spricht auch von Ordnungsbegriff oder Schlüssel (englisch: key). Bei einer Kundendatei kann das z. B. die Kundennummer sein. Um eine eindeutige Identifikation zu gewährleisten, muss jeder Datensatz eine Kundennummer enthalten und es darf keine Kundennummer doppelt vorkommen. In manchen Anwendungen wird darauf geachtet, dass die Ordnungsbegriffe aus einer fortlaufenden, d. h. nicht unterbrochenen Identifikationsnummer bestehen. Das dient der besseren Übersicht und Kontrolle, z. B. bei der Vergabe von Rechnungsnummern.

6.2 Speicherform

Sobald das Datenformat festgelegt ist, muss die Speicherform auf einem auszuwählenden Datenträger geregelt werden. Dabei werden folgende Grundspeicherformen unterschieden:

– Bei der **sequenziellen** Speicherform werden Daten hintereinander in einer vorgegebenen Reihenfolge gespeichert. Zwischen dem Ordnungsbegriff eines Satzes (Schlüsselfeld) und der Speicheradresse besteht keine Beziehung. Diese Speicherform ist einfach umzusetzen, führt aber zu relativ langsamen Zugriffszeiten.

   Beispiel
   Ein typisches Anwendungsgebiet für die **sequenzielle** Speicherform ist das Sammeln von Buchungen zur Auswertung an einem bestimmten Termin (Stapelverarbeitung). Typisches Speichermedium ist das Magnetband.

– Bei der **gestreuten** Speicherform werden Daten an den Stellen eines Speichers gespeichert, die ihrem Ordnungsbegriff entsprechen. Die Speicheradresse wird aus dem Ordnungsbegriff errechnet, sodass auf den Speicherplatz direkt (englisch: random) zugegriffen werden kann. Diese Speicherform erlaubt einen direkten und deshalb schnellen Zugriff auf Daten. Da aber wegen fehlender Ordnungsnummern möglicherweise nicht alle vorgesehenen Speicherplätze ausgenutzt werden, erfordert sie eine relativ hohe Speicherkapazität. Ein besonderer Vorteil ist dadurch gegeben, dass Zugänge, Abgänge und Änderungen direkt im Datenbestand berücksichtigt werden können, also ohne ihn neu zu erstellen.

Beispiel
Ein typisches Anwendungsgebiet für die **gestreute** Speicherform ist das Anlegen von Artikelnummern mit einer entsprechenden Lagerbestandspflege. Typisches Speichermedium ist die Magnetplatte.

- Eine vorteilhafte Mischung aus den vorgenannten Speicherformen stellt die **index-sequentielle Speicherform** dar. Datensätze werden in sequenzieller Reihenfolge gespeichert, wobei dazu parallel ein Inhaltsverzeichnis mit zugehöriger Speicheradresse (Index) geführt wird. Für einzufügende Datensätze wird ein separater Index geführt. Damit ist eine günstige Ausnutzung der Speicherkapazität möglich. Auf die Datensätze kann direkt wie auch sequenziell zugegriffen werden. Damit die nachträglich eingefügten oder gelöschten Sätze wieder sauber im Datenbestand berücksichtigt werden, muss in bestimmten zeitlichen Abständen der Datenbestand neu erstellt (reorganisiert) werden.

Beispiel
Typischer Vertreter der **index-sequenziellen** Speicherform ist die Magnetplatte.

Bei der Festlegung auf ein Datenformat ist zu berücksichtigen, dass es sich um eine **logische** Organisationsform handelt. Sie beeinflusst die Zuordnung von Daten im Verarbeitungsprozess. Bei der Speicherform geht es um eine **physische** Organisationsform. Sie hat Einfluss darauf, wie auf Datensätze zugegriffen werden kann. Es ist üblich, mehrere Datensätze nochmals zu einer physischen Gruppe zusammenzufassen, einem so genannten **Block**. Auf diese Weise können mit einem einzigen Zugriff mehrere Datensätze bereitgestellt werden, die dann entsprechend der Verarbeitungslogik einzeln abgearbeitet werden.

Wir wissen schon aus dem Abschnitt über externe Speichergeräte (vgl. S. 428), dass die Zugriffszeit für die genannten Speicherarten sehr unterschiedlich ist. Die Wahl der Speicherform hat daher unmittelbare Auswirkung auf die künftige Verarbeitungszeit.

6.3 Datenbanksysteme

Die Inhalte von Dateien können sich mitunter überschneiden. Je nachdem, welche Informationen in bestimmten Anwendungen benötigt werden, kann es vorkommen, dass die gleichen Daten in mehreren getrennten Dateien gehalten werden. Das mehrfache Vorhandensein identischer Elemente in einem System nennt man Redundanz; es hat eine Reihe von Nachteilen. Zum einen wird mehr Speicherkapazität belegt, als erforderlich ist. Wenn gleiche Daten an verschiedenen Stellen gepflegt werden, besteht zum anderen die Gefahr, dass keine einheitliche Aktualisierung erfolgt. So kann der Informationsgehalt auseinander laufen. Einen Ausweg aus diesem Problem bietet die Organisationsform der **Datenbank**. Mit der Zusammenführung aller Daten zu einer zentralen Datenhaltung werden mehrere Ziele verfolgt:

- Daten werden idealerweise nur einmal gespeichert. Sie sind physisch nur einmal vorhanden.
- Daten werden formal losgelöst von Anwendungsprogrammen gespeichert.
- Sie werden so angelegt, dass sie je nach Bedarf abgerufen und gleichzeitig von verschiedenen Anwendungen verwendet werden können.
- Die Struktur einer Datenbank muss flexibel sein; ihr Aufbau muss ohne großen Aufwand geändert und umgebaut werden können.

Merksatz: Ein **Datenbanksystem** (meist verkürzt als »Datenbank« bezeichnet) wird aus einem System gebildet, das sich aus einer Datenbasis und Systemprogrammen für die Steuerung der enthaltenen Daten zusammensetzt.

Der volle Umfang eines Datenbanksystems besteht also nicht nur aus einer zentralen Datenbasis, sondern aus einer Reihe von Programmen, die das Datenverwaltungssystem beinhalten (Abbildung 6.2). Sie gewährleisten, dass die gespeicherten Daten je nach Bedarf unterschiedlichen Anwendungen zur Verfügung gestellt werden können. Daraus ergeben sich folgende Vorteile eines Datenbanksystems:

– Im Gegensatz zu herkömmlich gespeicherten Dateien ermöglichen Datenbanken einen **mehrdimensionalen Zugriff**, d. h., es kann über mehrere Ordnungsbegriffe auf Datensätze zugegriffen werden. Die gespeicherten Daten können also miteinander verkettet und nach verschiedenen und wechselnden Erfordernissen abgerufen und verarbeitet werden.
– Die Speicherung und Verwaltung von Daten erfolgt **unabhängig von bestimmten Anwendungsprogrammen.** Wenn auf Daten zugegriffen werden soll, erfolgt dies grundsätzlich unter Vermittlung eines Datenverwaltungssystems.
– Datenbanken können **unabhängig von bestimmten Programmiersprachen** angelegt werden. So kann auf die Daten von Programmen, die in unterschiedlicher Sprache geschrieben sind, zugegriffen werden.
– Außerdem stehen verschiedene »Abfragesprachen« (englisch: query languages) zur Verfügung, mit denen ein direkter Zugang zu den Daten ermöglicht wird. So lassen sich Daten individuell zusammensetzen und auswerten. Abfragesprachen sind einfach zu erlernen, ohne dass Vorkenntnisse einer anderen Programmiersprache vorhanden sein müssen.
– Und schließlich bringen Datenbanken den schon angedeuteten **organisatorischen Vorteil**, dass die Datenhaltung auf eine zentrale Stelle konzentriert und von dort koordiniert wird.

Das Halten einer Datenbank führt zu hohen Anforderungen an die **Datensicherung**. Die Verantwortung für die Daten ist nicht mehr für einzelne Anwendungen auf verschiedene Benutzer verteilt. Sie muss vielmehr von einer zentralen Stelle, möglichst in der Verantwortung eines Datenbankadministrators, wahrgenommen werden. Bei ihm laufen alle Fäden für ein unternehmensübergreifendes »Datenmodell« zusammen. Er überblickt die organisatorischen Zusammenhänge und überwacht, dass vereinbarte Regelungen eingehalten werden. Er hat insbesondere sicherzustellen, dass bei Ausfall des Systems nachvollzogen werden kann, welche Daten in Ordnung sind bzw. bei welchen Daten eine unterbrochene Aktualisierung nachgeholt werden muss, und dass Daten in regelmäßigen zeitlichen Abständen gesichert werden. Dazu kommen noch Anforderungen des **Datenschutzes**. Es muss sichergestellt werden, dass nur derjenige Zugriff auf bestimmte Daten hat, der dazu befugt ist.

In diesem Zusammenhang gilt es zwei Hauptansprüche an Datenbanksysteme zu erfüllen: **Datenkonsistenz** verlangt, dass die gespeicherten Daten mit den Informationen, die sie abbilden sollen, übereinstimmen. **Datenintegrität** verlangt, dass die Datenbasis im Laufe der Zeit in sich stimmig gehalten werden muss. Die Erfüllung beider Anforderungen ist zur Beurteilung der Qualität eines Datenbanksystems sehr wichtig. Wenn der Informationsgehalt einer Datenbank in sich nicht stimmig gehalten wird, ist ihr Wert als Basis für betriebliche Entscheidungen äußerst zweifelhaft.

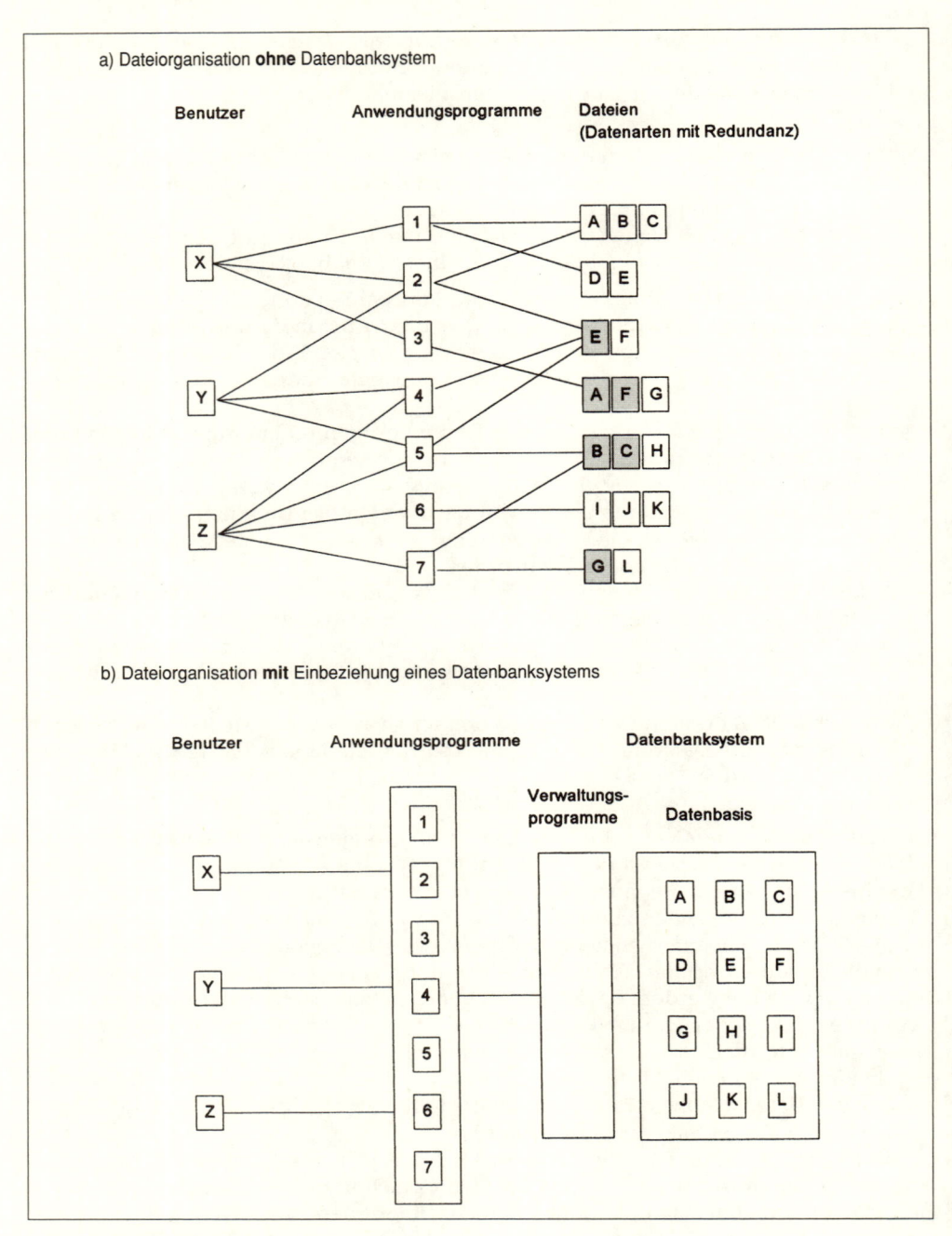

Abb. 6.2: Dateiorganisation

Obwohl Datenbanken gegenüber der herkömmlichen Datenhaltung in Dateien einen gewissen Mehraufwand für den Entwurf, den Betrieb und die laufende Sicherung erfordern, ist ihr Nutzen (inzwischen auch für kleinere Computer) unumstritten.

Aus technischer Sicht gibt es unterschiedliche Arten von Datenbanksystemen. Typische Vertreter sind hierarchische und relationale Datenbanken; eine organisatorische Sonderform sind verteilte Datenbanken.

6.3.1 Hierarchische Datenbanken

Bei einer hierarchischen Datenbank erfolgt der Zugriff immer über einen bestimmten Datensatz (Abbildung 6.3). Ausgehend von diesem Datensatz sind Zugriffe auf weitere von ihm abhängige Sätze möglich. Der Datensatz, auf den der erste Zugriff erfolgt, wird daher auch als Anker oder Besitzer (englisch: owner) bezeichnet, in unserem Beispiel: Bankkunde. Bezüglich ihrer Anwendbarkeit sind hierarchisch aufgebaute Datenbanken relativ unflexibel. Man kann nur über den Ordnungsbegriff des Ankersatzes zugreifen. Verschiedenartige Ordnungsbegriffe können nicht verwendet werden.

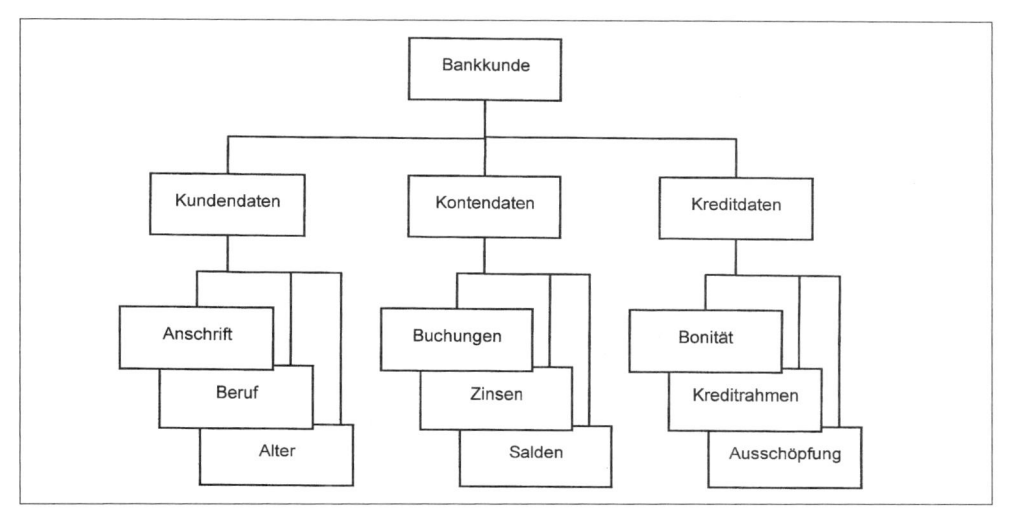

Abb. 6.3: Hierarchische Struktur

6.3.2 Relationale Datenbanken

Bei relationalen Datenbanken kann über jeden beliebigen Datensatz zugegriffen und auf abhängige Datensätze verwiesen werden. Relationale Datenbanken stellen eine flexible Form der Datenhaltung und Bereitstellung dar; sie finden deshalb immer stärkere Verbreitung und entwickelten sich zu einem Standardtyp.

Das Relationenmodell beruht auf der Anwendung von Tabellen. Diese ähneln in gewisser Weise herkömmlichen Dateien. Sie haben aber ganz besondere Eigenschaften:

- Tabellen sind eine einfache Speicherform, d. h., sie beinhalten keine Abhängigkeiten.
- Spalten enthalten immer eine gleiche Datenart; sie werden als Attribut bezeichnet.
- Zeilen haben verschiedene Inhalte; sie werden Tupel genannt. Jede Zeile enthält einen bestimmten Ordnungsbegriff.
- Zwischen Tabellen können mit Hilfe eines Ordnungsbegriffes Beziehungen (Relationen) hergestellt werden.

Aufgrund von Beziehungen zwischen Tabellen, die entsprechende Daten enthalten, können einfach und flexibel Daten ausgewählt werden. Hierzu gibt es zwei Funktionen (Abb. 6.4): Mit der Funktion »**Join**« werden Daten aus verschiedenen Tabellen zusammengefügt. Mit der Funktion »**Projektion**« wird aus einer Tabelle eine Relation hergestellt, die als Untermenge verwendet werden kann.

a) Join (Erstellen einer Relation mit den Eigenschaften Maler und LKW-Führerschein)

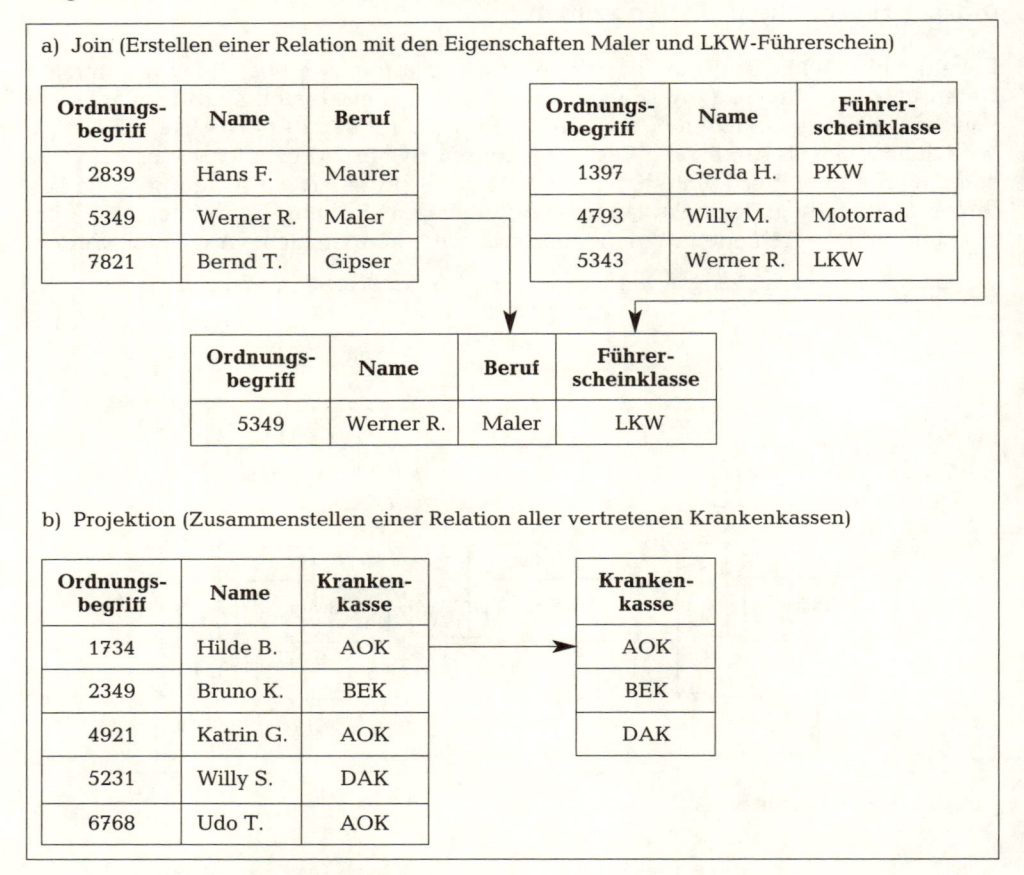

Ordnungsbegriff	Name	Beruf
2839	Hans F.	Maurer
5349	Werner R.	Maler
7821	Bernd T.	Gipser

Ordnungsbegriff	Name	Führerscheinklasse
1397	Gerda H.	PKW
4793	Willy M.	Motorrad
5343	Werner R.	LKW

Ordnungsbegriff	Name	Beruf	Führerscheinklasse
5349	Werner R.	Maler	LKW

b) Projektion (Zusammenstellen einer Relation aller vertretenen Krankenkassen)

Ordnungsbegriff	Name	Krankenkasse
1734	Hilde B.	AOK
2349	Bruno K.	BEK
4921	Katrin G.	AOK
5231	Willy S.	DAK
6768	Udo T.	AOK

Krankenkasse
AOK
BEK
DAK

Abb. 6.4: Auswahl neuer Relationen

Aufgrund der Datenhaltung in Tabellen können Relationen leicht gepflegt werden. Es können neue Datenfelder und neue Relationen eingefügt werden. Auch lässt sich der Datenschutz gut organisieren. Der Zugriff auf bestimmte Relationen wird nur für solche Benutzer zugelassen, die dazu berechtigt sind.

6.4 Verteilte Datenbanken

Die verteilte Datenbank stellt eine Sonderform dar. Bei ihr ist die Datenbasis nicht in einem einzigen Datenbanksystem enthalten, sondern sie verteilt sich über mehrere Systeme, die durch ein Netzwerk miteinander verbunden sind. Jedes System verfügt über einen eigenen Datenbestand, auf den bei Bedarf aber auch von anderen Systemen zugegriffen werden kann. Ihr Vorteil liegt darin, dass Daten dort gehalten werden, wo sie am ehesten und am häufigsten gebraucht und am ehesten gepflegt werden. Durch ihre verteilte Speicherung wird gegenüber einer zentralen Speicherung die Datentransportmenge reduziert.

6.5 Online-Datenbanken

Datenbanken, die Daten über ein bestimmtes Fach- oder Wissensgebiet enthalten und über öffentliche Übertragungsdienste zugänglich sind, werden als Online-Datenbanken bezeichnet. Der Zugriff auf Online-Datenbanken wird als Informationsdienst kommerziell angeboten, häufig länderübergreifend. Die Datenbasis liegt in der Regel auf Großrechnern (Hosts). Der Zugang kann über einfache Datenstationen, die an Datenübertragungsleitungen angeschlossen sind (Terminals), erfolgen.

Den Vorgang, mit dem man bestimmte Informationen sucht, nennt man **Recherche**. Dazu werden Suchbegriffe eingegeben, mit denen ein bestimmtes Thema möglichst treffend beschrieben wird. Mitunter führen erst mehrere Suchvorgänge stufenweise zur gesuchten Information.

Die zur Verfügung gestellten Informationen können einen sehr unterschiedlichen Gehalt haben.

- Es können vollständige Texte enthalten sein **(Volltextdatenbank)**; das ist z. B. bei Fachartikeln von Zeitungs- oder Fachverlagen der Fall.
- Es kann sich um Zusammenfassungen von Fachartikeln handeln, die nur die wesentlichen Fakten enthalten, meist ohne einen grammatikalisch vollständigen Satz zu bilden **(Faktendatenbank)**.
- Oder es werden lediglich Hinweise auf Fundstellen bereitgehalten **(bibliographische Datenbank)**; dann muss die eigentliche Information in einem bestimmten Fachbuch einer Bibliothek gesucht werden.

Verfahren des Wiederauffindens (englisch: retrieval) von Informationen können recht kompliziert sein. In umfangreichen Datenbeständen nach bestimmten Informationen zu suchen, erfordert ein entsprechendes systematisches Vorgehen. Umgekehrt sind in Datenbeständen meist bestimmte Stichworte markiert, damit sie leichter gefunden werden können. Das effiziente Einstellen von Informationen in einer Online-Datenbank und ihr Wiederauffinden werden durch spezielle Retrieval-Programme unterstützt. Der Umgang mit diesen Verfahren und Werkzeugen erfordert viel Erfahrung und wird auch als Dienstleistung angeboten.

Eine besondere Dimension erhalten Online-Datenbanken dann, wenn sie als **Expertensysteme** ausgelegt sind. In Expertensystemen wird nicht nur das Fachwissen von Spezialisten in bestimmten Fachgebieten abrufbar gehalten. Das enthaltene Fachwissen ist auch untereinander durch Beziehungen und Regeln verknüpft. So können durch so genannte Schlussfolgerungsmodule auch Alternativen abgefragt werden. Damit lassen sich Lösungsvorschläge für bestimmte Fachprobleme erarbeiten; Entscheidungsprozesse werden transparenter und kalkulierbarer. Expertensysteme sind ein Anwendungsgebiet der so genannten »**künstlichen Intelligenz**«. Hierbei handelt es sich um ein Forschungsgebiet mit dem Ziel, die natürliche Intelligenz des Menschen durch entsprechende Leistungsfähigkeiten von Computern nachzuahmen.

Kontrollfragen
1. Welche Nachteile hat das mehrfache Vorhandensein gleicher Daten in verschiedenen Dateien (Redundanz)?
2. Nennen Sie die drei Grundformen der Datenspeicherung, und zählen Sie ihre Vor- und Nachteile auf.
3. Was ist der Unterschied zwischen einem logischen und einem physischen Datensatz?
4. Nennen Sie Anwendungsgebiete, für die eine sequenzielle Datenorganisation sinnvoll ist.
5. Nennen Sie einen Vor- und einen Nachteil der gestreuten gegenüber der indexsequenziellen Organisationsform.

Aufgabe 15.15 *(Strukturierung einer Datenbank) S. 525*

7 Datenschutz und Datensicherung

Die Begriffe Datenschutz und Datensicherung klingen recht ähnlich; sie werden leicht verwechselt. Es handelt sich aber um zwei unterschiedliche Aspekte der Datenverarbeitung.
- Das Anliegen des **Datenschutzes** ist es, Daten zu schützen, die automatisiert verarbeitet werden. Sie dürfen nicht anders verwendet werden, als zu dem erklärten Sinn und Zweck, zu dem sie gespeichert sind. Der Schutz bezieht sich also auf den immateriellen Wert der gespeicherten Daten.
- Das Anliegen der **Datensicherung** ist es, die bei der Datenverarbeitung eingesetzten Mittel und Verfahren vor solchen Einflüssen abzusichern, die deren Funktionstüchtigkeit beeinträchtigen könnten. Sicherheit bei der Datenverarbeitung bezieht sich also auf die materiellen Komponenten, d. h. auf greifbare und messbare Gegenstände und Materialien, aber auch auf Verfahren, Methoden und Abläufe der Datenverarbeitung.

Jedem Mitarbeiter eines Unternehmens ist klar, dass innerbetriebliche Daten, z. B. über Forschung und Entwicklung, Produktion, Investitionen und Finanzierungen, einen besonderen Wert darstellen. Aus Gründen des Betriebsgeheimnisses müssen sie deshalb mit besonderer Sorgfalt behandelt werden. Es gibt aber noch höherrangige Interessen, die eine besondere Sorgfalt bei der Datenverarbeitung erfordern. Das ist immer dann der Fall, wenn sich Daten auf bestimmte Personen beziehen. Deshalb unterliegen **personenbezogene Daten**, wenn sie automatisiert verarbeitet werden, besonderen gesetzlichen Schutz- und Sicherheitsbestimmungen. Diese sind im Bundesdatenschutzgesetz (BDSG) geregelt. Das BDSG gilt für öffentliche Stellen (Behörden) und für nichtöffentliche Stellen (Unternehmen des freien Wettbewerbs). Für öffentliche Stellen gelten darüber hinaus länderspezifische Landesdatenschutzgesetze.

> **Merksatz:** Aufgabe des **Bundesdatenschutzgesetzes** ist es, den Bürger vor der Beeinträchtigung seiner Persönlichkeitsrechte durch Stellen, die seine Daten verarbeiten oder nutzen, zu schützen.

Auf welche Bereiche der Datenverarbeitung sich das BDSG auswirkt, zeigt Abbildung 7.1.

```
Datenschutz                          Datensicherung

                        BDSG

        Personenbezogene      Mittel und Verfahren,
        Daten, die automatisiert  die bei der Verarbeitung
        verarbeitet werden    personenbezogener Daten
                              eingesetzt werden
```

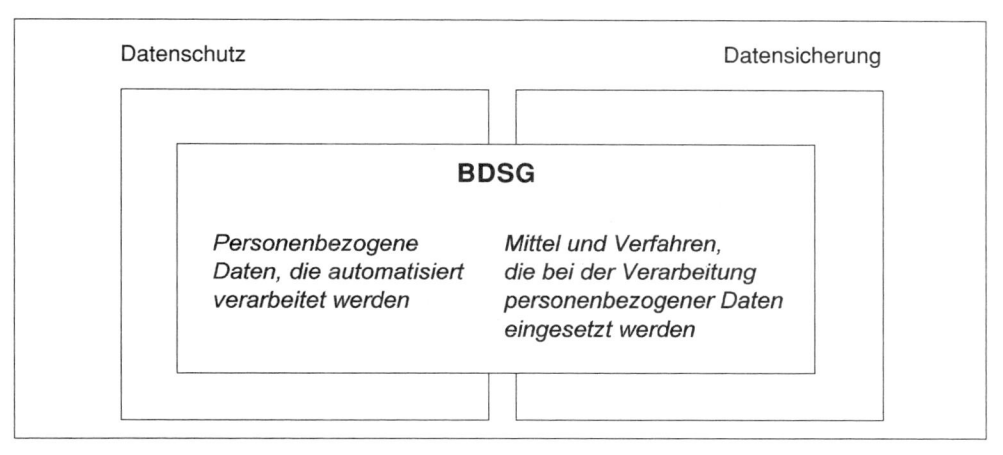

Abb. 7.1: Geltungsbereich des BDSG

7.1 Datenschutz

Damit der hohe Anspruch des Schutzes personenbezogener Daten verlässlich erfüllt wird, stützt sich das BDSG auf bestimmte Grundsätze.

7.1.1 Zulässigkeit der Datenverarbeitung und -nutzung

Die geschäftsmäßige Verarbeitung und Nutzung von personenbezogenen Daten ist grundsätzlich verboten, es sei denn, die datenverarbeitende Stelle kann sich auf bestimmte Kriterien berufen, nach denen dies ausdrücklich zulässig ist. Diese Erlaubnistatbestände können sein:

- das Bestehen »vorrangiger« Rechtsvorschriften.

    Beispiel
    Da der Gesetzgeber verlangt, dass bei einem Arbeitsverhältnis Lohnsteuer und Sozialversicherungsabgaben abgeführt werden, ist es auch zulässig, dass der Arbeitgeber alle hierzu erforderlichen Daten des Arbeitnehmers speichert, verarbeitet und gegebenenfalls übermittelt, d. h. an eine weitere in den Vorgang einbezogene Stelle (z. B. eine Bank) weitergibt.

- das Vorhandensein bestimmter Rechtsvorschriften nach dem BDSG.

    Beispiele
    1. »Bestehen eines Vertragsverhältnisses«: Wenn eine Person einen Vertrag über den Kauf eines Kraftfahrzeugs oder die Gewährung eines Bankkredits abschließt, ist der Geschäftspartner berechtigt, »zur Wahrung seiner Interessen«, d. h. zur Abwicklung des Vertrages, die entsprechenden Vertragsdaten zu speichern, zu verarbeiten und zu übermitteln.
    2. »Vertragsähnliches Vertrauensverhältnis«: Bei einer Bewerbung werden von einer Person Daten angegeben, ohne dass ein Vertrag abgeschlossen wurde. Sie

dürfen von der speichernden Stelle so lange gespeichert, verarbeitet und gegebenenfalls übermittelt werden, bis der Vorgang abgeschlossen ist.

3. »Berechtigte Interessen der speichernden Stelle, ohne dass es dem Schutzbedürfnis des Betroffenen entgegensteht«: Wenn ein Unternehmen alle Daten über Aus- und Weiterbildungsmaßnahmen zusammenstellt (und nicht gegen die schutzwürdigen Interessen der Betroffenen verwendet), dürfen diese Daten gespeichert, verarbeitet und gegebenenfalls übermittelt werden.

4. »Entnahme aus allgemein zugänglichen Quellen«: Wenn Daten aus amtlichen Veröffentlichungen (z. B. vom Standesamt) entnommen werden können (und schutzwürdige Interessen der Betroffenen dem nicht entgegenstehen), dürfen diese Daten gespeichert, verarbeitet und gegebenenfalls übermittelt werden.

Wenn keines der vorgenannten Kriterien erfüllt ist, kann eine Zulässigkeit für die Verarbeitung und Nutzung personenbezogener Daten letztlich nur dadurch erreicht werden, dass die betroffene Person um Erlaubnis gefragt wird und einwilligt.

Beispiel
»Einwilligung durch den Betroffenen«: Bei der An- oder Ummeldung eines Kraftfahrzeuges wird in einem Formblatt gefragt, ob die Kraftfahrzeugzulassungsstelle die personenbezogenen Daten an eine andere Stelle, z. B. an einen Teilezulieferer oder an eine Versicherungsgesellschaft, weitergeben darf. Der Kraftfahrzeughalter kann frei darüber entscheiden, ob er dazu einwilligt oder nicht.

Wenn kein entsprechendes Zulässigkeitskriterium nachgewiesen werden kann, ist die geschäftsmäßige Verarbeitung und Nutzung personenbezogener Daten verboten!

7.1.2 Rechte gegen Pflichten

Wenn geklärt ist, dass die Verarbeitung und Nutzung personenbezogener Daten durch eine bestimmte Stelle zulässig ist, wird zwischen demjenigen, der speichert (der »speichernden Stelle«), und demjenigen, über den Daten gespeichert werden (dem »Betroffenen«), gemäß BDSG ein gewisser Interessenausgleich geregelt: Einerseits kann die betroffene Person bestimmte Rechte geltend machen, andererseits muss die speichernde Stelle eine Reihe von Pflichten erfüllen. Vgl. hierzu Tabelle S. 499.

Darüber hinaus gibt es einige generelle Pflichten, die von der speichernden Stelle zu erfüllen sind:

– Soweit Personen bei der Verarbeitung oder Nutzung personenbezogener Daten beschäftigt sind, müssen sie auf Einhaltung des Datengeheimnisses verpflichtet werden.
– Soweit automatisierte Abrufverfahren (Online-Verfahren) eingesetzt werden, muss die Kontrollierbarkeit des Verfahrens gewährleistet werden.
– Zur Datensicherung müssen die erforderlichen technischen und organisatorischen Maßnahmen gewährleistet werden.

Die speichernde Stelle ist stets in letzter Konsequenz für den Schutz personenbezogener Daten verantwortlich, auch wenn sie eine andere Stelle, z. B. ein Dienstleistungsrechenzentrum, mit der technischen Durchführung der Datenverarbeitung beauftragt. Für den Fall, dass sich jemand in Datenschutzangelegenheiten ungerecht behandelt fühlt oder wenn er entsprechenden Rat benötigt, kann er sich an eine Art Schiedsstelle wenden: die Aufsichtsbehörde für den Datenschutz.

Rechte und Pflichten nach dem BDSG		
Vorgang	Rechte des Betroffenen (B)	Pflichten der speichernden Stelle (S)
– Wenn es von der Einwilligung des B. abhängt, ob personenbezogene Daten über ihn verarbeitet oder genutzt werden,	– kann B dazu die Einwilligung geben oder verweigern,	– muss S die Einwilligung des B einholen.
– Wenn erstmals personenbezogene Daten über eine Person gespeichert werden, ohne dass sie davon Kenntnis haben kann,		– muss S darüber eine Benachrichtigung an B geben.
– Wenn nicht bekannt ist, welche personenbezogene Daten gespeichert sind,	– kann B Auskunft von S verlangen,	– muss S auf Verlangen von B Auskunft erteilen.
– Wenn gespeicherte personenbezogene Daten unrichtig sind,	– kann B die Berichtigung der Daten verlangen,	– muss S die Daten berichtigen.
– Wenn weder die Richtigkeit noch die Unrichtigkeit personenbezogener Daten bewiesen werden kann,	– kann B diese Daten sperren lassen,	– darf S die Daten nicht weiter verwenden; er muss sie sperren.
– Wenn die Speicherung personenbezogener Daten unzulässig ist,	– kann B das Löschen der Daten verlangen,	– muss S die Daten löschen.
– Wenn Gründe für eine Datenschutzverletzung vorliegen,	– kann sich B an die Aufsichtsbehörde für den Datenschutz wenden.	
– Wenn die Aufsichtsbehörde für den Datenschutz eine Überprüfung vornimmt,		– muss S Auskünfte erteilen und Prüfungen und Besichtigungen seiner Geschäftsräume zulassen.

7.1.3 Aufsicht und Überprüfung

Wenn der Verdacht besteht, dass Datenschutzbestimmungen verletzt wurden, wird dies von **Aufsichtsbehörden** überprüft. Aufsichtsbehörden für den Datenschutz sind auf Länderebene eingerichtet, zum Teil auch in einzelnen Regierungsbezirken. Sie haben die Aufgabe, zu beraten, Beschwerden zu prüfen und Maßnahmen zu Datenschutz und -sicherung anzuordnen. Bei Dienstleistungsunternehmen, die personenbezogene Daten geschäftsmäßig im Auftrag verarbeiten, üben die Aufsichtsbehörden eine verstärkte Aufsicht und Überprüfung aus.

Bei der Vielzahl von öffentlichen und nicht-öffentlichen Stellen, die personenbezogene Daten verarbeiten, können diese Aufgaben allein von Aufsichtsbehörden nicht wahrgenommen werden. Deshalb muss von Unternehmen, in denen mehr als vier Personen bei der Verarbeitung personenbezogener Daten beschäftigt sind, ein **Datenschutzbeauftragter** eingesetzt werden.

Ein Datenschutzbeauftragter ist also der »verlängerte Arm« der Aufsichtsbehörde. Um die Interessen des Datenschutzes vertreten zu können, werden nach dem BDSG an ihn bestimmte Anforderungen gestellt. Er muss fachkundig und zuverlässig sein. Er muss weisungsfrei arbeiten können, d. h. ihm dürfen in Datenschutzangelegenheiten von anderer Seite keine Vorschriften gemacht werden. Er darf bei der Erfüllung seiner Aufgaben nicht behindert werden, und er muss dabei unterstützt werden.

Dem Datenschutzbeauftragten werden vom BDSG eine Reihe von Aufgaben zugeteilt:

- Er muss die ordnungsgemäße Anwendung von Datenverarbeitungsprogrammen überwachen.
- Er muss Personen, die bei der Verarbeitung personenbezogener Daten tätig sind, mit den Vorschriften des Datenschutzes vertraut machen.
- Er muss bei der Auswahl der bei der Verarbeitung personenbezogener Daten tätigen Personen beratend mitwirken.
- Er muss ein Register über alle im Unternehmen bestehenden Dateien mit personenbezogenen Daten und den dazu eingesetzten Datenverarbeitungsanlagen führen.

Der Datenschutzbeauftragte muss also sicherstellen, dass in einem Unternehmen die Vorschriften zum Datenschutz beachtet werden. Er ist in Sachen Datenschutz die Vertrauensperson einerseits gegenüber den Mitarbeitern und andererseits gegenüber der Aufsichtsbehörde.

Bei Behörden des Bundes ist der Bundesdatenschutzbeauftragte und bei Behörden des Landes sind Landesdatenschutzbeauftragte in ähnlicher Funktion tätig.

7.1.4 Aufbau des Bundesdatenschutzgesetzes

Das Bundesdatenschutzgesetz (BDSG) umfasst fünf Abschnitte; darin enthalten sind 44 Paragraphen und eine Anlage, in der technische und organisatorische Maßnahmen zur Datensicherung vorgegeben sind. Die Gliederung des BDSG ist aus der Tabelle S. 501 ersichtlich.

Auf die Straf- und Bußgeldvorschriften des BDSG soll kurz eingegangen werden. Bei Vergehen gegen den Datenschutz, insbesondere bei unbefugtem Speichern, Verändern, Übermitteln, Abrufen oder Beschaffen personenbezogener Daten, drohen Freiheitsstrafe bis zu einem Jahr oder Geldstrafe. Bei Vergehen aus finanziellen Interessen kann die Freiheitsstrafe verdoppelt werden. Bei Ordnungswidrigkeiten, z. B. wenn eine Benachrichtigung oder eine Auskunft nicht oder nicht richtig erteilt wird, kann eine Geldbuße bis zu 25 000,– € ausgesprochen werden.

7.2 Datensicherung

Datensicherung bezieht sich auf den technischen Aspekt der Datenverarbeitung. Wenn die Funktionstüchtigkeit eines Datenverarbeitungssystems beeinträchtigt wird, führt dies in der Regel zu spürbaren Störungen oder Unterbrechungen des Geschäftsablaufs. Es müssen deshalb Maßnahmen zur Sicherung der für eine ordnungsgemäße Datenverarbeitung erforderlichen Mittel und Verfahren getroffen werden.

7.2.1 Sicherung des Datenverarbeitungsprozesses

Sobald personenbezogene Daten verarbeitet werden, fordert das BDSG technische und organisatorische Maßnahmen zur Absicherung des Datenverarbeitungsprozesses. Wenn keine personenbezogenen Daten verarbeitet werden, bestehen an sich keine gesetzlichen Anforderungen zur Datensicherung. Da aber auch die Verarbeitung solcher Daten aus betrieblichem Interesse gesichert sein sollte, empfiehlt sich eine Angleichung an die Bestimmungen des BDSG.

Merksatz: Zur Gewährleistung der **Sicherheit von Datenverarbeitungssystemen**, mit denen personenbezogene Daten verarbeitet werden, verlangt das BDSG angemessene technische und organisatorische Maßnahmen. Sie müssen darauf ausgerichtet sein, eine unbefugte Nutzung des Systems oder Teilen davon zu verhindern.

Dazu werden zehn geeignete Maßnahmen in der Anlage zum BDSG genannt. Sie beziehen sich im Wesentlichen darauf zu verhindern, dass Unbefugte Zugang zu Datenverarbeitungsanlagen bekommen und diese unbefugt benutzen können. Es muss gewährleistet werden, dass Zugriffe auf Daten nur von denjenigen vorgenommen werden können, die dazu berechtigt sind. Und es muss sichergestellt werden, dass Daten außerhalb der Datenverarbeitungsanlage nicht unbefugt eingesehen und manipuliert werden können.

		Gliederung des Bundesdatenschutzgesetzes
Abschn. 1		Allgemeine Bestimmungen
	§ 1	Zweck des Gesetzes
	§§ 2, 3	Begriffsbestimmungen
	§ 4	Zulässigkeit der Datenverarbeitung und -nutzung
	§ 5	Verpflichtung auf das Datengeheimnis
	§ 6	Unabdingbare Rechte des Betroffenen
	§§ 7, 8	Schadensersatz
	§ 9	Technische und organisatorische Maßnahmen
	§ 10	Automatisierte Abrufverfahren
	§ 11	Auftragsdatenverarbeitung
Abschn. 2		Datenverarbeitung öffentlicher Stellen
	§§ 12–18	Rechtsgrundlagen der Datenverarbeitung
	§§ 19–21	Rechte des Betroffenen
	§§ 22–26	Bundesbeauftragter für den Datenschutz
Abschn. 3		Datenverarbeitung nichtöffentlicher Stellen
	§§ 27–32	Rechtsgrundlage der Datenverarbeitung
	§§ 33–35	Rechte des Betroffenen
	§§ 36–38	Beauftragter für den Datenschutz
Abschn. 4		Sondervorschriften
Abschn. 5		Schlussvorschriften
	§§ 43, 44	Strafvorschriften, Bußgeldvorschriften
Anlage	zu § 9	Technische und organisatorische Maßnahmen

Es ist allerdings zu bedenken, dass Sicherheitsvorkehrungen nicht nur gegen eine unbefugte und mißbräuchliche Benutzung des Datenverarbeitungssystems zu treffen sind. Die Systemkomponenten müssen auch gegen solch elementare Risiken wie Beschädigung, Zerstörung oder Raub gesichert werden. Das Gefährdungspotenzial im unmittelbaren Umfeld des Datenverarbeitungssystems ist größer, als auf Anhieb angenommen wird.

7.2.2 Sicherung gegen Gefährdungen im Umfeld

Um sich einen Überblick darüber zu verschaffen, welche Gefahren die Sicherheit eines Datenverarbeitungssystems bedrohen, sollte man sich alle Komponenten bewusst machen, die im Umfeld des Datenverarbeitungsprozesses angesiedelt sind. In Abbildung 7.2 wird ein Schalenmodell gezeigt, in dem die wichtigsten Komponenten rund um einen Kern mit höchstem Sicherheitsbedarf angesiedelt sind. Sie alle haben Einfluss darauf, wie sicher oder unsicher ein Datenverarbeitungssystem ist. Wenn nur eine Kom-

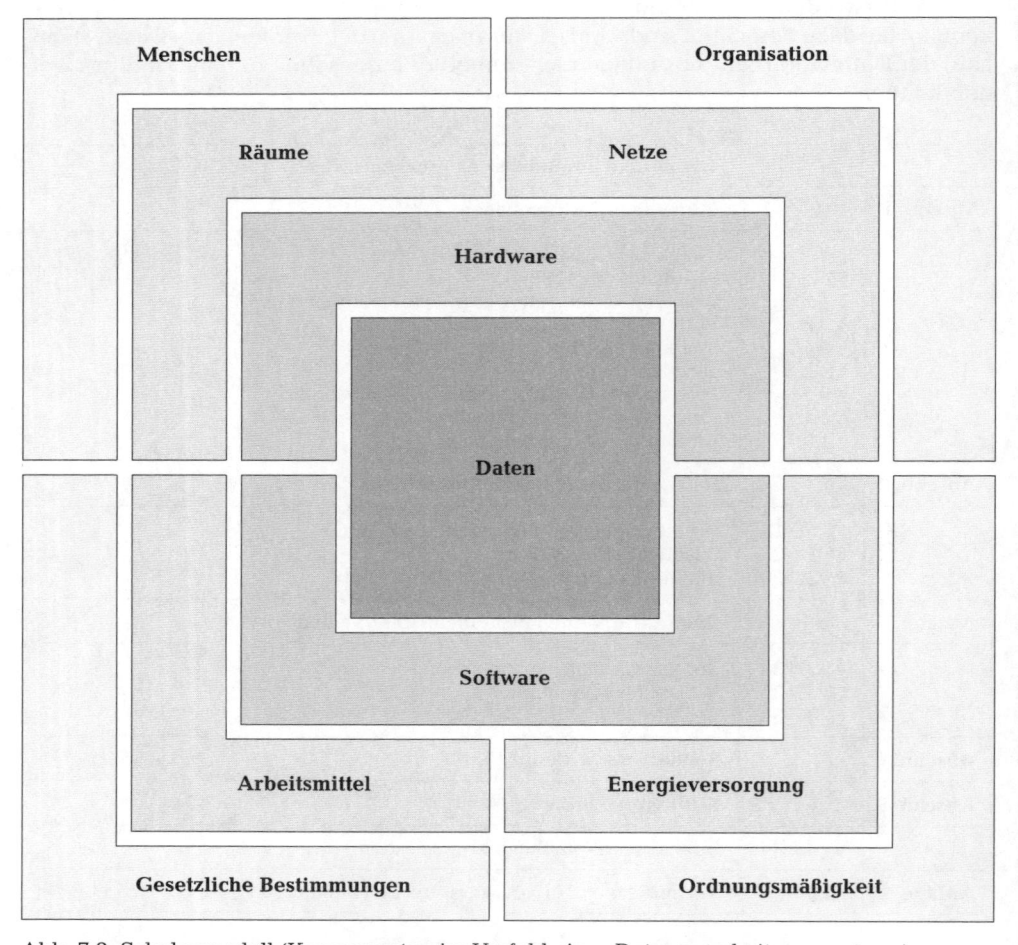

Abb. 7.2: Schalenmodell (Komponenten im Umfeld eines Datenverarbeitungssystems)

ponente unsicher ist, so ist die Sicherheit des gesamten Systems bedroht. Natürlich können sich Gefährdungspotenzial und Sicherheitsbedarf verschiedener Komponenten überschneiden.

In der unten stehenden Übersicht wird dargestellt, bei welchen Komponenten ein typisches Gefährdungspotenzial besteht und wie ihm zu begegnen ist.

Bei den aufgeführten Maßnahmen handelt es sich um eine Sammlung von Vorschlägen. Zur Sicherung eines Datenverarbeitungssystems ist es selten nötig, alle Maß-

Gefährdungen und Gegenmaßnahmen		
Objekt	Mögliche Gefahren	Vorbeugende Maßnahmen
1. Hardware	– Beschädigung – Zerstörung – Verlust	Zur Erhaltung der Funktionstüchtigkeit: – sicheren Standort auswählen – Zugangsbeschränkung einrichten – Geräte regelmäßig pflegen und warten Zur Erhaltung der Verfügbarkeit: – Geräte befestigen, abschließen oder wegschließen – Inventarverzeichnis anlegen und prüfen
2. Arbeitsmittel	– Unbrauchbarkeit – Verderblichkeit – Fehlen	Zur Erhaltung von Qualität und Verfügbarkeit: – Materialbestandsliste anlegen und abprüfen – Haltbarkeitsdatum prüfen – Mindestmengen prüfen
3. Versorgungseinrichtungen (Strom, Heizung, Klima)	– Störungen – Unterbrechungen – Ausfall	Zur Erhaltung der Qualität des Leitungsnetzes: – Leitungsnetz übersichtlich anlegen – Verlegungspläne verfügbar halten Besonderheiten bei Strom: – Kabel genügend abschirmen – Phasen separat belegen und absichern – Geräte zur unterbrechungsfreien Stromversorgung (USV) einfügen
4. Netzwerke	– Unterbrechung – Störung – Fehlerhäufigkeit	Zur Erhaltung der Qualität des Übertragungsweges: – Übertragungsmerkmale prüfen – Übertragungsverfahren organisatorisch sichern (Quittierungsverfahren einrichten)
5. Software	– Verfälschung – Vertauschung – Unterschlagung – Verlust – Einschleppen von Computerviren	Zur Erhaltung der Verfügbarkeit: – Inventarverzeichnis anlegen und kontrollieren – Übergabeverfahren einrichten Zur Erhaltung der Qualität: – Dokumentationsverfahren einrichten – Vergleichstests durchführen – Prüfverfahren gegen Computerviren einsetzen
6. Daten	– Verfälschung – Löschung – Ausspähung – Verrat – Raub	Zur Gewährleistung des Verarbeitungsverfahrens: – Zugriffsverfahren einrichten und absichern – Berechtigungsgruppen vereinbaren und zuordnen – Transport- und Übertragungswege absichern – Stichprobenkontrollen durchführen Zur Absicherung der Dateninhalte: – Kontroll- und Abstimmsummen einrichten – Plausibilitätsprüfungen einführen – Verschlüsselungsverfahren einrichten

nahmen umzusetzen. Es muss für den Einzelfall geprüft werden, welche Maßnahmen die passenden sind. Allerdings müssen Sicherungsmaßnahmen in ihrer Gesamtheit ausgewogen und angemessen sein. Ein aufwendiges Sicherheitskonzept hat keinen Wert, wenn es an einer unbeachtet gebliebenen Stelle unterlaufen werden kann. Andererseits kann der Wert eines unterdimensionierten Sicherheitskonzepts kaum durch die Einführung aufwendiger Einzelmaßnahmen aufgebessert werden.

Um einschätzen zu können, welche Maßnahmen zur Sicherung der Datenverarbeitung sinnvollerweise umgesetzt werden sollten, ist es nützlich, die Blickrichtung zu ändern. Wenn geklärt wird, welche Auswirkungen sich daraus ergeben, dass bestimmte Komponenten eines Systems vorübergehend oder dauerhaft nicht mehr funktionieren, lassen sich leichter Argumente für bestimmte notwendige Maßnahmen finden. In einem Stufenkonzept lässt sich darstellen, in welchen Bereichen größerer, mittlerer oder geringerer Handlungsbedarf besteht.

Um ein Bewusstsein darüber zu entwickeln, wie sicher oder unsicher ein Datenverarbeitungssystem ist, empfiehlt sich unbedingt, ein umfassendes **Sicherheitskonzept** auszuarbeiten. Das Sicherheitskonzept muss schriftlich formuliert werden. Es sollte den Beteiligten im Bereich der jeweiligen Datenverarbeitung zugänglich sein. Es muss so aufgebaut sein, dass es ergänzt und weiterentwickelt werden kann. Ein Sicherheitskonzept muss alle Objekte, die zu sichern sind, und die entsprechenden Sicherungsmaßnahmen enthalten. Und es muss Regelungen darüber enthalten, dass dies in regelmäßigen Abständen überprüft wird. In einem Sicherheitskonzept muss festgelegt werden, wer für die Umsetzung, Einhaltung und Überprüfung von Sicherheitsmaßnahmen verantwortlich ist.

Ein Sicherheitskonzept ist nicht für die Ablage bestimmt! Es ist wichtig, sich ständig mit seinen Inhalten auseinander zu setzen und zwar mit allen beteiligten Personen.

Alle Personen, die in der EDV zu tun haben, müssen über die Bedeutung der eingesetzten Komponenten vertraut gemacht werden und sie müssen für deren Sicherheit permanent sensibilisiert werden. Es ist statistisch erwiesen, dass die meisten Schäden in der EDV durch eigene Mitarbeiter geschehen, und zwar aus Unkenntnis und fehlender oder ungenügender Einweisung.

Kontrollfragen
1. Welche Aufgabe hat das Bundesdatenschutzgesetz?
2. Durch das BDSG werden nicht alle Daten, die automatisiert verarbeitet und genutzt werden, geschützt. Auf welche Art von Daten erstrecken sich die Bestimmungen des BDSG?
3. Welche unterschiedlichen Ziele verfolgen Datenschutz und Datensicherung?
4. Welche Rechte stehen einer Person zu, wenn sie in ihren schutzwürdigen Interessen beeinträchtigt wird?
5. Welche Hauptaufgabe hat ein Datenschutzbeauftragter?
6. Wer ist letztlich für den Schutz personenbezogener Daten verantwortlich?
7. Geben Sie mindestens drei Argumente für die Erarbeitung eines Sicherheitskonzepts an.

Aufgabe 15.16 *(Pflichten der speichernden Stelle nach dem BDSG) S. 525*

Aufgabe 15.17 *(Bekanntgabe von personenbezogenen Daten) S. 525*

8 Untersuchung der Wirtschaftlichkeit

Die Entscheidung für ein bestimmtes EDV-Verfahren zieht meist weitreichende Konsequenzen nach sich, und zwar in organisatorischer, technischer und finanzieller Hinsicht. Deshalb muss die Wirtschaftlichkeit eines EDV-Verfahrens möglichst genau untersucht werden. Dazu ist eine Analyse erforderlich, in der die Kosten dem Nutzen gegenübergestellt werden. Wenn der erwartete Nutzen die angesetzten Kosten überwiegt, kann das geplante Verfahren als wirtschaftlich beurteilt werden.

Die Kosten eines Verfahrens stellen sich im Allgemeinen unmittelbar als Geldwerte dar. Dagegen trifft dies für die Komponenten der Nutzen- bzw. Leistungsseite nur zum Teil zu. Hier handelt es sich häufig um wenig griffige Zielvorstellungen, die schwer kalkulierbar sind.

Um eine ausgewogene Vergleichsmöglichkeit zwischen mehreren Lösungsalternativen zu schaffen, müssen die jeweiligen Leistungsmerkmale an einem einheitlichen Bewertungsmaßstab gemessen werden. So wird eine einheitliche Basis für die Untersuchung der Wirtschaftlichkeit festgelegt.

8.1 Kostenanalyse

Bei den Kosten sind einmalige und wiederkehrende Kosten zu unterscheiden. In der Tabelle auf S. 506 sind die wichtigsten Kostenarten aufgeführt. Wenn für ein geplantes Verfahren mehrere Lösungsalternativen bestehen, muss für jede Alternative eine Übersicht ausgefüllt werden.

Die Übersicht bietet eine ausreichende Entscheidungsgrundlage, wenn die anstehenden Lösungsalternativen in etwa die gleiche Leistung umfassen, sich aber in den Kosten deutlich unterscheiden. Eine Entscheidung kann auch dann leicht getroffen werden, wenn die Kosten verschiedener Verfahren in etwa gleich sind, aber bei einzelnen Verfahren eine wesentlich höhere Leistung erkennbar ist. Wenn sich aber die anstehenden Lösungsalternativen sowohl in den Kosten wie auch in den Leistungen unterscheiden, reicht ein Kostenvergleich nicht aus. Dann muss auch eine Nutzenanalyse in den Vergleich einbezogen werden.

8.2 Nutzenanalyse

Der Nutzen eines geplanten EDV-Verfahrens wird meist mit Begriffen ausgedrückt, die sich nicht ohne Weiteres in Geldwerte fassen lassen, z. B. Aktualität und Übersichtlichkeit von Informationen oder Sicherheit des Verfahrens. Um Leistung und Nutzen dennoch beurteilen zu können, gibt es zahlreiche Methoden. Sie reichen von einer einfachen Bewertungsskala, z. B. plus (= gut), minus (= schlecht) und null (= nicht bewertbar), bis hin zu komplexen computergestützten Bewertungsprogrammen.

Hier wird eine Methode vorgestellt, die mit angemessenem Aufwand ein vernünftiges Maß an Sicherheit für die Entscheidungsfindung bietet. Sie beruht darauf, einerseits die Anforderungen an die geplante Lösung zu gewichten und andererseits die gebotenen Lösungskomponenten zu bewerten. Dazu wird die Übersicht einer Nutzenanalyse erstellt.

In der **linken Spalte** werden die Anforderungskriterien an das geplante Verfahren gesammelt. Die Wichtigkeit der Anforderungskriterien wird mit einer Punktzahl zwischen

Kostenarten an EDV-Komponenten und -Verfahren		
Objekt	Einmalige Kosten	Wiederkehrende Kosten
1. Hardware: – PC (Zentraleinheit) – Bildschirm – Tastatur/Maus – Drucker – Externe Speicher	– Anlieferungskosten – Aufstellungskosten – Einrichtungskosten	– Abschreibungen oder Mietkosten (Leasing) – Wartungsgebühren – Technischer Service – Auskunftsbereitschaft (Hotline-Service)
2. Vernetzung: – Lokales Netzwerk (LAN) – Öffentliche Kommunikationsdienste – Nutzung von Informationsdiensten	– Anschlusskosten	– Grundgebühren – Verkehrsgebühren – Nutzungsgebühren
3. Software: – Systemsoftware – Anwendungssoftware – Bürosoftware	– Einrichtungskosten	– Abschreibungen oder Mietkosten (Leasing) – Wartungsgebühren – Auskunftsbereitschaft (Hotline-Service)
4. Datenhaltung: – Datenbasis – Datenschutz und Datensicherung	– Einrichtungskosten	– Aktualisierung
5. Versorgung: – Arbeitsplatzausstattung – Betriebsmaterial (Papier, Farbband, Datenträger) – Energieversorgung – Sicherungsmaßnahmen (USV) – Versicherungen (gegen Ausfall oder Verlust)	– Einrichtungkosten – Grundausstattung – Abschlussgebühr	– Instandhaltungskosten – Nachlieferungs- und Erneuerungskosten – Wartungskosten – Prämien
6. Systembedienung und -unterstützung: – Personal – Ausbildung/Schulung – Fachliteratur	– Ausbildungskosten – Einarbeitungskosten – Anschaffungskosten	– Personalkosten – Weiterbildungskosten – Nachlieferungskosten

(weniger wichtig) und 10 (sehr wichtig) angegeben (G = Gewichtung). In den **restlichen Spalten** wird bewertet, inwieweit die jeweilige Lösungsalternative die gestellten Anforderungskriterien erfüllt. Es werden **Punktzahlen** zwischen 0 (nicht erfüllt) und 10 (stark erfüllt) verwendet (E = Erfüllungsgrad). In den Textfeldern kann in Stichpunkten festgehalten werden, welche Überlegungen zu den jeweiligen Punktzahlen geführt haben. Das Produkt der Messzahlen ergibt eine Bewertungsziffer für den Nutzwert der jeweiligen Komponenten (G x E).

Beispiel
Wenn das Leistungsmerkmal »Vernetzung« ein Gewicht von 8 (= ziemlich wichtig) erhält und von einer untersuchten Lösungsalternative die Erfüllung dieser Anforderung mit 10 (= voll erfüllt) bewertet wird, so ergibt das eine Bewertungsziffer von 80 Punkten.

Übersicht einer Nutzenanalyse							
Anforderungsmerkmale	G	Bisheriges Verfahren	E	G x E	Lösungs-alternative X	E	G x E
1. Technische Merkmale							
Leistungsfähigkeit (Performance)							
Kapazität							
Bedienkomfort							
Funktionssicherheit							
Vernetzung							
Informationsgehalt							
2. Organisatorische Merkmale							
Integrationsfähigkeit							
Ausbaufähigkeit							
Ergonomieaspekt							
Umweltverträglichkeit							
Datenschutz							
3. Zeitkritische Merkmale							
Zeitverhalten							
Einsatzhäufigkeit							
Freizügigkeit der Terminierung							
Dauer des Einrichtens							
4. Konditionen, Preise							
Vertragsgestaltung							
Einarbeitung, Schulung							
Serviceunterstützung							
Auskunftsbereitschaft							
Nähe zur Servicestation							
Summen:							

Für mehrere Lösungsalternativen sind mehrere Spalten anzulegen. An der **Summe aller Bewertungsziffern** kann abgelesen werden, welche Alternative den größten Nutzwert ausweist und damit gegenüber anderen zu bevorzugen ist. Eine besondere Aussagekraft dieser Übersicht kann dadurch erreicht werden, dass auch das bisherige (zu ersetzende) Verfahren in die Gegenüberstellung einbezogen wird. Generell gilt, dass die Aussagekraft der Übersicht steigt, je tiefer die einzelnen Punkte untergliedert sind.

Natürlich gibt es bei der Auswahl mehrerer Alternativen kein Patentrezept, die günstigste Lösung auf Anhieb zu finden. Eine systematische Vorgehensweise führt aber zu größerer Sicherheit beim Entscheidungsfindungsprozess. Dazu zählen das Einholen mehrerer Angebote, das Herausfiltern präziser Angaben und vor allem der Vergleich. Die Entscheidung, die letztlich getroffen wird, kann natürlich nur in einer bestimmten Situation, d. h. zu einem bestimmten Zeitpunkt, »richtig« sein. Erst im praktischen Einsatz wird sich zeigen, ob die absolut beste Alternative ausgewählt wurde.

Im Bereich der EDV trifft man ständig auf Neuentwicklungen und gewinnt neue Erkenntnisse. Das kann zu einer plötzlichen Änderung der Bewertungsmaßstäbe führen. Eine gestern getroffene Entscheidung muss aber nicht schon deshalb falsch gewesen sein, weil es morgen etwas Besseres gibt. Wichtig ist, dass ein Entscheidungsfindungsprozess, der zur Auswahl eines bestimmten Verfahrens geführt hat, dokumentiert wird und von allen Beteiligten nachvollzogen werden kann. So kann aufgrund von veränderten Anforderungen an entsprechender Stelle begründet nachgebessert werden.

Datenverarbeitungssysteme unterliegen einem raschen Wandel. Man muss sich darauf einstellen, dass mit der Einrichtung eines EDV-Verfahrens kein Endstand erreicht ist. In der Regel entwickeln EDV-Verfahren eine gewisse Eigendynamik, durch die immer neue Anwendungsgebiete beeinflusst bzw. einbezogen werden. Der Sinn der EDV liegt gerade darin, die automatisierte Ermittlung, Nutzung und Weitergabe von Informationen durch immer schnellere, integriertere und sichere Verfahren zu fördern.

Kontrollfragen
1. *Unter welchen Voraussetzungen ist ein EDV-Verfahren als wirtschaftlich einzustufen?*
2. *Die Einführung eines EDV-Verfahrens wirkt sich kostenmäßig nicht nur durch die Anschaffung von Hardware und Software aus. Führen Sie weitere Kostenblöcke auf.*
3. *Geben Sie die Formel an, nach der die Erfüllung von Anforderungen beurteilt werden kann.*

Aufgabe 15.18 *(Nutzenanalyse) S. 525*

AUFGABEN

Aufgaben zum 12. Hauptteil: Volkswirtschaftliche Grundlagen

Aufgabe 12.01 *Güterknappheit*
Im Agrarsektor der Europäischen Union werden allenthalben erhebliche Produktionsüberschüsse erzeugt (Butterberge, Weinseen etc.). Diskutieren Sie die Frage, ob in Bezug auf diese Produktionen keine Güterknappheit mehr besteht.

Aufgabe 12.02 *Lorenz-Kurve*
Erläutern Sie den ökonomischen Inhalt der Lorenz-Kurve.

Aufgabe 12.03 *Staatliche Investitionsplanung*
Welche Folgen für die Ordnungsstruktur einer privatwirtschaftlichen Marktwirtschaft hätte eine strikte staatliche Investitionsplanung?

Aufgabe 12.04 *Preisbildung bei vollständiger Konkurrenz*
Gegeben sei eine Marktangebotskurve: p = 8 + 1,2 x und eine Marktnachfragekurve: p = 120 – 0,8 x.

(1) Bestimmen Sie das Marktgleichgewicht hinsichtlich des Preises (p*) und der Menge (x*).
(2) Skizzieren Sie Ihre Ergebnisse in einer Grafik.

Aufgabe 12.05 *Preisbildung im Angebotsmonopol*
Die Kostenfunktion eines Monopolanbieters laute

(1) K = 10 + 0,2 x^2

Die Marktnachfrage sei beschrieben mit

(2) p = 120 – 0,4 x

(1) Bestimmen Sie den Cournotschen Punkt mit dem zugehörigen Preis (p*), der Absatzmenge (x*) und dem Gewinn (G).
(2) Welche Änderungen hinsichtlich der Fragestellung (1) ergeben sich, wenn der Monopolanbieter durch entsprechende wirtschaftspolitische Maßnahmen dazu gezwungen wird, sich wie ein Wettbewerbsanbieter zu verhalten?
(3) Skizzieren Sie Ihre Ergebnisse in einer Grafik unter Verwendung der Grenzkosten-Grenzumsatz-Argumentation.

Aufgabe 12.06 *Kreislaufzusammenhänge*
Wie sind die folgenden Vorgänge im Kreislaufzusammenhang der Volkswirtschaftlichen Gesamtrechnung zu erfassen?

(1) Ein ortsansässiges Unternehmen liefert Büromaterial an die örtliche Stadtverwaltung.
(2) Ein Unternehmen finanziert die Erweiterung seiner Anlagen, indem es hierfür einen Bankkredit in Anspruch nimmt.
(3) Ein Haushalt erhält eine Mietbeihilfe durch die örtliche Gemeindeverwaltung.
(4) Die öffentlichen Budgets weisen per Saldo ein Defizit auf.
(5) Die Arbeitnehmer zahlen Lohn- und Einkommensteuer.
(6) Der Sektor »übrige Welt« weist einen Importüberschuss (Ex < Im) auf.

Aufgabe 12.07 *Aktive Lohnpolitik*
Eine über dem Produktivitätsfortschritt liegende Lohnerhöhung als Ergebnis »aktiver Lohnpolitik« regt im Wege der dadurch erzeugten zusätzlichen Nachfrage nach Konsumgütern das Wachstum und damit die Beschäftigung an. Dies verbessert zudem die Einkommenssituation der abhängig Beschäftigten (Lohnquote). Nehmen Sie zu dieser Argumentation Stellung.

Aufgabe 12.08 *Magisches Viereck*
Worin liegt das Magische des »Magischen Vierecks« begründet?

Aufgabe 12.09 *Antizyklische Fiskalpolitik*
Zur Überwindung einer Rezession wird unter anderem empfohlen, der Staat möge sich verschulden und mit den so erzielten Budgeteinnahmen zusätzliche Nachfrage entfalten. Nehmen Sie Stellung zu dieser Argumentation.

Aufgabe 12.10 *Offenmarktoperationen*
Beschreiben Sie die Wirkungsweise der Offenmarktoperationen der EZB in Form des Hauptrefinanzierungsinstruments.

Aufgabe 12.11 *Wechselkurs und Kaufkraftparität*
In einem Partnerland, mit dem ein Land in intensiver Weise durch Außenhandel verbunden ist, liegt die Inflationsrate permanent über derjenigen des erstgenannten Landes. Welche Wirkungen gehen hiervon auf die Handelsströme und den Wechselkurs der Währung des Partnerlandes aus?

Aufgabe 12.12 *Selbstbeschränkungsabkommen*
Wegen eines hohen Leistungsbilanzdefizits übt ein Land auf ein Partnerland, das im Vergleich zu ersterem hohe Leistungsbilanzüberschüsse aufweist, Druck aus, um dafür zu sorgen, dass dessen Exporteure sich durch ein Selbstbeschränkungsabkommen binden, ihre Ausfuhrmengen in das in Rede stehende Land zu begrenzen.

Wie beurteilen Sie die ökonomischen Folgen für beide Länder und die zu erwartenden Leistungsbilanzeffekte?

Aufgabe 12.13 *Umweltschutzpolitik*
Ein Unternehmen entnimmt einem Fließgewässer reines Wasser zu Produktionszwecken und leitet unbehandeltes Brauchwasser in dieses Gewässer zurück. An dessen Unterlauf sind Unternehmen angesiedelt, die Wasser aus diesem entnehmen müssen, um die eigene Produktion durchführen zu können.

Beschreiben Sie mögliche umweltpolitische Maßnahmen, die eine umweltschonende und kostengerechte Nutzung des Gewässers ermöglichen.

Aufgabe 12.14 *Integrationsformen*
Zwei Länder vereinbaren, dass der gegenseitige Handel nicht mehr durch Zölle und Kontingente behindert werden soll. Die Beschäftigung von Arbeitskräften aus dem jeweiligen Partnerland bedarf einer entsprechenden Arbeitserlaubnis. Auch unterliegt der Kapitalverkehr nationalen Regulierungsvorschriften. Gegenüber Drittländern bleiben beide Länder hinsichtlich ihrer Handelspolitik weiterhin souverän.

Welche Form der wirtschaftlichen Integration wird hiermit begründet, und welche Wirkungen hinsichtlich des Ausmaßes und der Richtung des Handels ergeben sich hieraus für beide Länder?

Aufgaben zum 13. Hauptteil: Betriebswirtschaftliche Grundlagen

Aufgabe 13.01 *Betriebliche Prozesse*

(1) Beschreiben Sie den güterwirtschaftlichen Prozess eines Möbelproduzenten, der vom Beschaffungsmarkt über das Unternehmen bis zum Absatzmarkt verläuft.
(2) Erläutern Sie den entsprechenden finanzwirtschaftlichen Prozess.

Aufgabe 13.02 *Standortentscheidung*

Der Industriestandort Bundesrepublik Deutschland verliert zunehmend an Attraktivität. Problemfelder sind zu hohe Personalkosten, insbesondere die Sozialabgaben steigen ins Unermessliche, die überbordende Bürokratie und die hohe Steuerlast vor allem des so genannten Mittelstands.

Trotzdem hat sich die Dr. Ing. h. c. F. Porsche AG im Spätsommer 1999 für den Standort Leipzig als Produktionsstätte des neuen Geländewagens Cayenne und des Porsche GT entschieden. Insgesamt wurden bis zum Ende des Geschäftsjahres 2001/2002 128 Mio. € zur Schaffung von 370 Arbeitsplätzen in Leipzig investiert. Wie erklären Sie sich diese Entscheidung?

Aufgabe 13.03 *Unternehmenszusammenschlüsse*

(1) Sind folgende Unternehmenszusammenschlüsse Beteiligungen, Kartelle, Interessengemeinschaften oder Konzerne?
   (a) BMW AG, BMW Japan Corp., BMW Italia S. p. A., BMW Australia Ltd.
   (b) BASF AG, Bayer AG, Schering AG
   (c) Hochtief AG, Holzmann AG, Strabag AG, Heidelberger Zement AG
   (d) VW AG, VW Sachsen GmbH
   (e) Dr. Ing. h. c. F. Porsche AG, Porsche Cars North America Inc.
(2) Drei »Tante Emma-Läden« gründen in Stuttgart in der Königstraße eine Interessengemeinschaft.
   (a) Welche Ziele könnten Sie verfolgen?
   (b) Durch welche Aktionen könnte diese Interessengemeinschaft auf sich aufmerksam machen?

Aufgabe 13.04 *Kartelle*
Beschreiben Sie die Wirkungsweise eines Syndikats.

Aufgabe 13.05 *Fusionen*
Erläutern Sie das Für und Wider von Fusionen.

Aufgabe 13.06 *Verbände*

(1) Welche Art von Verband steht hinter folgenden Abkürzungen:
   – HdE
   – BGA
   – IHK Stuttgart
   – BDA

(2) Wodurch unterscheidet sich die IHK Karlsruhe von der Handwerkskammer Karlsruhe?
(3) Welche Arbeitnehmerverbände sind Ihnen bekannt?

Aufgabe 13.07 *Projektorganisation*
In einem Automobilwerk soll die Standardsoftware »Z/9 Dreamteam« eingeführt werden. Es ist geplant, zunächst nur die Module FI (Finance) und CO (Controlling) zu implementieren. Im Anschluss sollen auch die Material- und Logistikmodule im Unternehmen zum Einsatz kommen. Bis zum endgültigen Rollout von Z/9 muss gewährleistet sein, dass die vorhandenen individuellen Softwarelösungen in der Lage sind, die Produktions- und Verwaltungsabläufe ohne Unterbrechung zu bewältigen. Z/9 sollte von Anfang an möglichst fehlerfrei laufen.
Die Werkleitung beschließt, eine Projektorganisation einzurichten.
(1) Aus welchen Funktionen oder Bereichen sollten die Mitglieder der Projektgruppe stammen?
(2) Welche Aufgaben muss die Projektorganisation lösen?

Aufgabe 13.08 *Einrichtung einer Stabsstelle*
Direktor Berger ist als Rechnungswesenchef eines Großkonzerns jeden Tag besonders gefordert. Er muss sich um viele Dinge des täglichen Geschäfts selbst kümmern. Planvorgaben werden oftmals nicht eingehalten. Strategische Überlegungen kommen zu kurz. Die Rechnungswesensoftware müsste dringend den aktuellen Gegebenheiten angepasst werden.
(1) Welche Organisationsform würden Sie ihm empfehlen?
(2) Welche Probleme könnte Ihre Entscheidung mit sich bringen? Wie lassen sich diese lösen?

Aufgabe 13.09 *Funktionale Stablinienorganisation*
Die Spielwaren GmbH in Göppingen hat rund 3 000 Mitarbeiter. Zweigniederlassungen oder Vertriebspartner existieren nicht. Sie erhalten den Auftrag ein Organigramm aufzustellen, das mindestens folgende Abteilungen/Stäbe (ohne Fertigung sowie Forschung und Entwicklung) enthält:
– Einkauf,
– Rechnungswesen,
– Personal,
– Verkauf,
– Assistentin der Geschäftsleitung,
– Materiallager für Zwischenprodukte,
– Marktforschung,
– Finanzwesen,
– Werbung,
– Beschaffungslager.

Aufgabe 13.10 *Matrixorganisation*
Ingrid Kluge ist Mitarbeiterin des Automobilzulieferers Racuro, der Sitze produziert und taktgenau bei den Automobilfirmen zur Produktion anliefert. Racuro hat eine Matrixorganisation. Für ein neues Sitzdesign ist von der Spartenleitung die Fertig-

stellung auf Ende April terminiert. Der für die Durchführung zuständige Fertigungsbereich ist überlastet und kann erst Ende Mai das gewünschte Design liefern, da aus der Sicht der Fertigung wichtigere Kundenaufträge Vorrang haben. Frau Kluge wird von der Spartenleitung Design unter Druck gesetzt, termingetreu zu liefern. Erläutern Sie die Probleme dieser Matrixorganisation.

Aufgabe 13.11 *Optimale Bestellmenge*
Die Mayer OHG produziert Zulieferteile für die Serienfertigung von Maschinen. Sie bezieht von einem externen Unterlieferanten ein einzelnes Stück 10 000 mal jährlich. Der Einstandspreis beträgt 1 € je Stück. Je Bestellung fallen Bestellkosten von 50 € an. Der Lagerhaltungskostensatz wird mit 30 % des durchschnittlichen Lagerbestands angesetzt.
Wie groß ist die optimale Bestellmenge?

Aufgabe 13.12 *Materialwirtschaftliche Kontrolle*
In der Speedo GmbH beträgt der Jahresendbestand 01 an Rohstoffen 10 Mio. €. Am Ende von 02 werden 20 Mio. € verbucht. Der Jahresverbrauch an Rohstoffen beläuft sich auf 150 Mio. €.
Kontrollieren Sie den Materialfluss anhand von Kennzahlen.

Aufgabe 13.13 *Planung der Produktionsmenge*
Der Produktionsleiter von Rasenmähern der Marke MowQuick beklagt sich bei Ihnen, dass sein Betrieb im Sommer völlig überlastet und im Winter dagegen völlig unausgelastet ist.
Was würden Sie ihm empfehlen?

Aufgabe 13.14 *Deckungsbeitragsrechnung*
Die Baustoff GmbH stellt in einem Zweigwerk Wandfliesen in vier unterschiedlichen Qualitäten A, B, C und D her. Aufgrund der starken Konkurrenz auf dem Baustoffmarkt will die Baustoff GmbH durch eine aktive Preispolitik ihren Marktanteil verteidigen. Die hierzu erforderlichen Daten sollen mithilfe der Deckungsbeitragsrechnung ermittelt werden.
Für den Monat April lagen folgende Angaben vor:

	Fliese A	Fliese B	Fliese C	Fliese D	insgesamt
Verkaufspreis je Stück (€)	2,20	2,45	3,10	3,80	
variable Stückkosten (€)	1,50	1,90	2,65	3,20	
fixe Kosten (€)					286 000
Absatzmengen in Stück	80 000	110 000	145 000	65 000	

(1) Berechnen Sie das Betriebsergebnis des Monats April für die abgesetzten Mengen.
(2) Bestimmen Sie die Stückdeckungsbeiträge und geben Sie aufgrund dieser Zahlen eine Rangfolge der »erfolgreichen« und der »weniger erfolgreichen« Fliesensorten an.

(3) Zur Verbesserung der Erfolgssituation und zum Abbau freier Kapazitäten plant die Unternehmensleitung zusätzlich eine Bodenfliese mit monatlich 40 000 Stück zu produzieren. Diese Fliese würde zusätzlich 26 000 € fixe Kosten und 2,05 € variable Stückkosten verursachen. Sie ließe sich zu einem Preis von 2,65 € je Stück absetzen. Lohnt sich die Erweiterung der Produktion?

Aufgabe 13.15 *Effizienter Personaleinsatz*
(1) Welches Personaleinsatzprinzip liegt bei folgenden Texten einer Arbeitsplatzbeschreibung vor:
   (a) ... wobei einseitige Belastungen vermieden und zur Steigerung der Flexibilität der Mitarbeiter ein Wechsel des Arbeitsplatzes vorgesehen ist.
   (b) ... der Mitarbeiter hat somit nicht nur ausführende Tätigkeiten sondern auch Führungsaufgaben hinsichtlich Planung, Steuerung und Überwachung durchzuführen.
   (c) ... dadurch sollen qualitativ gleichwertige Arbeiten zusammengefasst und somit der Arbeitsinhalt vergrößert und ein dauernder Wechsel der Belastungen vorgenommen werden. Durch die Tätigkeit des Mitarbeiters sind Elemente verschiedener Arbeitsplätze an einem neuen Arbeitsplatz konzentriert.
(2) Die Müller OHG ist nach folgenden Funktionen organisiert:
   – Materialwirtschaft
   – Fertigung
   – Design
   – Finanzen
   – Rechnungswesen
   – Finanzen
   – Absatz
   – Marketing
   – Personal

In welchen Bereichen setzen sie folgende Mitarbeiter ein?
– Buchhalter
– Textilgestalter
– Einkäufer
– Controller
– Motoreningenieur
– Verkäufer
– Eventmanagerin
– Kassenverwalter
– Lagerverwalter
– Leiter der Ausbildung

Aufgabe 13.16 *Formen der Entlohnung*
In einem produzierenden Unternehmen erhalten die Mitarbeiter Zeit- oder Akkordlohn.
(1) Ein Mitarbeiter hat in der Woche 35 Stunden gearbeitet. Der Lohnsatz beträgt 14,75 €/Std. Wie hoch ist der Wochenlohn?
(2) Der Zeitlohn möge 13,00 €/Std. betragen. Der Mitarbeiter erhält einen Akkordzuschlag von 30 %. Die Vorgabezeit für die Fertigung einer Einheit beträgt 15 Minuten. Wie hoch ist der Stückakkord?

(3) Wie hoch ist der Akkordlohn des Mitarbeiters unter (2), wenn er
   (a) durchschnittlich 10 Stück pro Stunde oder
   (b) 2 Stück pro Stunde fertigt?
(4) Der tariflich zugesicherte Mindestlohn betrage 13,00 € und der Akkordzuschlag 35 %. Die Vorgabezeit für die Fertigung einer Einheit läge bei 10 Minuten. In einer Stunde werden 12 Stück gefertigt. Ermitteln Sie den Minutenfaktor und den Akkordlohn.
(5) Zehn Vertriebsmitarbeiter eines Unternehmens mit 100 Mio. € Umsatz erhalten jeweils
   (a) ein monatlich fixes Gehalt von 4 000 € (einschl. Nebenkosten),
   (b) eine Wehnachtsgratifikation von einem halben Gehalt,
   (c) 0,01 % Umsatzprovision. Wie hoch sind die gesamten Gehaltskosten für die Vertriebsmitarbeiter?

Aufgabe 13.17 *Kleiner Leitfaden bei der Stellensuche*
Peter Frusti ist als erfahrener Buchhalter mit Ambitionen zum Controlling mit seinem Vorgesetzten unzufrieden: »Der habe keine Ahnung und sei allenfalls als Marketingstratege zu gebrauchen«. Was raten Sie Peter Frusti, um seine berufliche Situation zu verbessern?

Aufgabe 13.18 *Zielvorgaben*
Formulieren Sie für das nächste Geschäftsjahr jeweils ein zu erreichendes quantitatives Ziel für einen

(1) Geschäftsführer einer produzierenden GmbH, der den Gewinn steigern soll.
(2) Bereichsleiter der Lackiererei eines Fahrzeugproduzenten, der die Nacharbeiten verringern soll.
(3) Debitorenbuchhalter, damit die Kunden schneller bezahlen.

Aufgabe 13.19 *Personalcontrolling*
Der Personalleiter der Quicky GmbH ist besorgt hinsichtlich der hohen nicht betriebsbedingten Fluktuationsrate der Mitarbeiter des Unternehmens. Er prüft anhand folgender Daten die geplanten Fluktuationsquoten bis 2008 und möchte wissen wie hoch die Neueinstellungsquote ab 2004 sein muss.

	2004	2005	2006	2007	2008
Monatlicher Personalbestand	700	675	650	625	600
Berufsjahre bei Quicky	20	20	20	20	20
Austritte nicht betriebsbedingt	80	70	60	50	40

Aufgabe 13.20 *Marketingplanung*
(1) Die Schoko AG verkaufte 2004 im Inland Schokolade im Wert von 700 T €. Die Konkurrenten setzten auf den inländischen Märkten Waren im Wert von 2 Mio. € um.

(a) Wie groß ist das inländische Marktvolumen?
(b) Ermitteln Sie den Marktanteil der Schoko AG am gesamten inländischen Schokoladenmarkt.

(2) Gewichten Sie für folgende Produkte die absatzpolitischen Maßnahmen von gering über mittel bis hoch.

Marketing-Mix	Instrumente	Verkauf eines neuen Pkw	Verkauf von Blumen	Einrichtung eines Girokontos
Produktpolitik	Design			
Preispolitik	Preisveränderungen			
Kommunikationspolitik	Werbung			
Vertriebslogistik	Direkter Absatzweg			

Aufgaben zum 14. Hauptteil: Recht

Aufgabe 14.01 *Minderjährigkeit*
Der 16-jährige M möchte unbedingt ein Moped. Seine Eltern erlauben es nicht, weil sie ein Moped für zu gefährlich halten.

(1) M kauft ein gebrauchtes Moped beim Händler H zum Preis von 500 €. Aus seinem ersparten Taschengeld zahlt er 300 € an, den Rest soll er vereinbarungsgemäß in monatlichen Raten von 50 € ebenfalls von seinem Taschengeld tilgen.

(2) M tauscht sein ihm von den Eltern geschenktes Rennrad mit einem Zeitwert von 500 € gegen das gebrauchte Moped ein.

In beiden Fällen verlangen die Eltern, als sie von den Vorgängen erfahren, dass H den Vertrag rückgängig macht und das Erlangte herausgibt; das Moped wollen sie zurückgeben. Wie sind die Erfolgsaussichten für die Ansprüche der Eltern?

Aufgabe 14.02 *Irrtum bei Vertragsschluss*
Landwirt L kauft beim Landmaschinenhändler H einen gebrauchten Traktor und einen Anhänger. Der Vertragsschluss findet im Büro des H statt. Zuvor hat sich L die beiden Fahrzeuge angeschaut, die unmittelbar vor dem Büro des H auf dem Hof stehen. Zur näheren Bezeichnung der Kaufgegenstände erklärt L daher, dass er die Fahrzeuge kaufe, »die auf dem Hof stehen«: Als die Fahrzeuge geliefert werden, stellt L fest, dass der Anhänger nicht durch sein Scheunentor passt und der Traktor ein ganz anderer ist, als der, den L gemeint hatte. Der Gelieferte stand etwas verdeckt weiter hinten; ihn hatte L gar nicht gesehen.

L möchte von den Kaufverträgen loskommen und den bei Vertragsabschluss bezahlten Kaufpreis wiederhaben. Wie sind seine Erfolgsaussichten?

Aufgabe 14.03 *Fehlerhafte Willenserklärung*
Die Firma M erwartet einen umfangreichen Großauftrag. Sie bestellt daher beim Lieferanten L hierfür benötigtes Material, weil sie weiß, dass dieses eine lange Lieferzeit hat. Der Großauftrag scheitert im letzten Moment. Da M für das bei L bestellte Material keine anderweitige Verwendung hat, möchte sie aus dem Kaufvertrag wieder aussteigen. Ist dies möglich, wenn im Vertrag mit L keine von den gesetzlichen Regelungen abweichenden Vereinbarungen getroffen wurden?

Aufgabe 14.04 *Stellvertretung*
Der alleinige Geschäftsführer G der Firma F-GmbH möchte für die GmbH einen gebrauchten Pkw erwerben. Er weiß, dass sein Arbeitnehmer A sich mit gebrauchten Pkws gut auskennt. Er bittet ihn daher, den Kauf für ihn vorzunehmen und sagt zu ihm, er solle einen Mercedes kaufen, aber dieser dürfe maximal 40 000 € netto kosten.

Beim Händler H verhandelt A mit dem Angestellten X über einen Kauf. Er stellt sich dabei als Vertreter der Firma F-GmbH vor. A erscheint der Kauf eines bestimmten Wagens besonders günstig, der allerdings 45 000 € kostet. In der Hoffnung, dass G schon einverstanden sein werde, schließt A im Namen der Firma F-GmbH den Kaufvertrag ab.

Als A den Kaufvertrag G vorlegt, weigert sich dieser, den Vertrag zu genehmigen. Er ruft beim Händler H an, aber dieser besteht auf Abnahme und Bezahlung.

Wie ist die Rechtslage? Prüfen Sie dabei insbesondere auch die Fragen: Wer ist Partner des Kaufvertrags? Welche Voraussetzungen sind für eine wirksame Stellvertretung notwendig?

Aufgabe 14.05 *Verjährung*
Der Auftraggeber A bestellt beim Schreiner S im Februar 01 eine Schrankwand nach Maß. Im Mai 01 wird diese geliefert und eingebaut; gleichzeitig erfolgt Rechnungsstellung durch S. Nachdem A die Rechnung nicht begleicht, wird er von S im August und im Oktober 01 gemahnt. S möchte wissen:

(1) wann sein Anspruch verjährt, und ob es dabei eine Rolle spielt, ob A Privatmann oder ein Kaufmann ist?
(2) was er tun kann, um einen Eintritt der Verjährung zu verhindern?
(3) ob er die Rechnungssumme ganz oder teilweise zurückerstatten muss, wenn A in Unkenntnis des Eintritts der Verjährung zahlt?

Aufgabe 14.06 *Allgemeine Geschäftsbedingungen*
In den AGB eines Autohändlers heißt es: »Tritt innerhalb von 6 Monaten ein Mangel an der Kaufsache auf, wird er vom Verkäufer beseitigt; ist dies nicht möglich, wird ein gleichwertiges Ersatzfahrzeug geliefert. Weitere Ansprüche sind ausgeschlossen.«

Ist diese Klausel wirksam?

Aufgabe 14.07 *Kaufvertrag*
Die Firma F hat beim Händler H nach Katalog eine neue Maschine gekauft. Am Tag nach der Lieferung fällt die Maschine bei einem Probelauf infolge eines zuvor nicht erkennbaren Materialfehlers vollständig aus. F kann deshalb einen bereits fest zugesagten Auftrag nicht ausführen, wodurch ihm ein Gewinn von 2 000 € entgeht.

(1) Welche Gewährleistungsrechte kann F geltend machen? Kann F auch den entgangenen Gewinn ersetzt verlangen?
(2) Wegen der langen Lieferfristen für derartige Maschinen wäre für F auch eine kurzfristige Reparatur von Interesse. Kann er dies verlangen?

Aufgabe 14.08 *Mängel beim Kauf*
Beim Einzelhändler E trifft eine Sendung Elektrogeräte ein. Er prüft die Ware und entdeckt folgendes:

(1) Ein Kühlschrank weist an der Frontseite so starke Kratzer auf, dass ein Verkauf nur zu stark herabgesetztem Preis möglich wäre.
(2) Statt 10 Gefrierschränken wurden Spülmaschinen geliefert. Inzwischen liegt dem E ein günstigeres Angebot einer Konkurrenzfirma vor.
(3) Anstelle von 5 Waschmaschinen wurden nur 3 geliefert; die Kunden des E drängen auf baldmöglichste Lieferung.

Welche Leistungsstörungen liegen jeweils vor und welche Rechte kann, welche wird E geltend machen?

Aufgabe 14.09 *Eigentumsvorbehalt*
Großhändler G kauft beim Hersteller H 30 Fernsehgeräte. Bei den telefonisch geführten Vertragsverhandlungen wird über einen Eigentumsvorbehalt nicht gesprochen. Als die Geräte bei G im Lager abgeliefert werden, übergibt der Fahrer F des H dem Lagerverwalter des G einen Lieferschein, auf dem in großen roten Buchstaben gedruckt ist: »Lieferung erfolgt unter Eigentumsvorbehalt.« Da G die Geräte nach Fälligkeit nicht bezahlt, verlangt sie H heraus. G meint, ein Eigentumsvorbehalt sei gar nicht, auf jeden Fall aber zu spät vereinbart worden. Ist wirksamer Eigentumsvorbehalt vereinbart worden?

Aufgabe 14.10 *Einfacher Eigentumsvorbehalt*
Baustoffhändler H hat dem Bauherrn B eine größere Menge Ziegel geliefert, die B dazu benutzen will, auf seinem Grundstück eine Garage zu bauen. H liefert unter Vereinbarung eines einfachen Eigentumsvorbehalts. Welche Möglichkeiten hat H durch die Vereinbarung des Eigentumsvorbehalts, wenn B nach Fertigstellung der Garage nicht zahlt?

Aufgabe 14.11 *Kaufmann*
Herr Z ist ehemaliger Springreiter, jetzt erfolgreicher Pferdehändler. Landwirtschaft betreibt er keine. Er verkauft im Jahr mehrere Pferde, wobei er Preise bis zu 100 000 € pro Pferd erzielt. Betreibt Z ein kaufmännisches Gewerbe?

Aufgabe 14.12 *Handelsregister*
Geschäftsführer G der X-GmbH scheidet zum 31.12.01 aus. Im Februar 02 wird sein Ausscheiden zum Handelsregister angemeldet, und am 15. Mai 02 wird die Eintragung seines Ausscheidens bekannt gemacht. Im März schließt G noch einen Kaufvertrag mit H über einen Pkw im Namen der GmbH ab. H weiß nichts vom Ausscheiden des G. Muss die GmbH den Wagen abnehmen und bezahlen?

Aufgabe 14.13 *Firma*
Theo Buddel betreibt eine kleine Bauunternehmung mit drei Arbeitnehmern. Im Handelsregister ist er nicht eingetragen. Als er stirbt, will sein Vorarbeiter Anton Grab den Betrieb übernehmen unter der Voraussetzung, dass er den eingeführten Namen des Betriebs weiterführen kann. Die Erben des Buddel wären damit einverstanden. Ist die Namensfortführung möglich?

Aufgabe 14.14 *Firmenfortführung*
Ändert sich die Rechtslage, wenn es sich bei dem Unternehmen in Aufgabe 14.13 um eine größere Handelsfirma handeln würde, die unter der Firma »Theo Buddel e. Kfm.« geführt wurde? Welche Möglichkeiten der Firmierung bestehen, wenn die Fortführung möglich ist?

Aufgabe 14.15 *Haftung bei Firmenfortführung*
Nachfolger N hat mit Zustimmung des Veräußerers V dessen Fachgeschäft mit allen Aktiven und Passiven seit dem 31. Dezember 03 unter dem eingeführten alten Namen weitergeführt. Beide waren als Kaufleute im Handelsregister eingetragen. Im Juli 04

verlangt die Bank B die Rückzahlung eines Kredits, den V ein Jahr zuvor aufgenommen hatte, und Lieferant L die Begleichung einer Rechnung, die aus einer Lieferung im September 03 herrührt. Da N nicht zahlen will, verlangen beide auch Zahlung von V. Wer muss zahlen?

Aufgabe 14.16 *Firmenfortführung ohne Übernahme von Verbindlichkeiten*
Ändert sich die Rechtslage im Fall der Aufgabe 14.15, wenn N mit V vereinbart hat, dass er für die vor dem Geschäftsübergang begründeten Verbindlichkeiten nicht haften soll?

Aufgabe 14.17 *Bürgschaft*
Der Sohn S des Kaufmanns K möchte sich als Gastwirt selbstständig machen. Als die Bank Sicherheiten verlangt, erklärt K im Gespräch mit dem Kreditsachbearbeiter der Bank nach langem Ausloten anderer Möglichkeiten, dass er selbst für Schulden seines Sohnes bis 200 000 € gerade stehe. Der daraufhin dem S gewährte Kredit wird bei Fälligkeit nicht zurückgezahlt. Die Bank will sich an K halten. Muss K zahlen?

Aufgabe 14.18 *Prokura*
P ist Einzelprokurist (gesetzlicher Umfang) der X-GmbH. Er nimmt in Abwesenheit des Geschäftsführers X (Alleingesellschafter) folgende Geschäftshandlungen vor: Er akzeptiert einen Wechsel, kündigt zwei Mitarbeitern, kauft ein Grundstück zur Erweiterung des Betriebs und verkauft ein anderes, welches durch den Kauf überflüssig geworden ist. Darüber hinaus unterschreibt er die zur Abgabe fällige Umsatz- und Lohnsteuererklärung. Sind die Handlungen für die GmbH gültig und verbindlich?

Aufgabe 14.19 *Personenzusammenschluss*
T betreibt seit vielen Jahren ein Verlagsgeschäft für Computerfachliteratur. Infolge zunehmender Umsätze und der zunehmenden Arbeitsbelastung entschließt sich T zu Beginn des Jahres 02, einen Partner in sein bisheriges Einzelunternehmen aufzunehmen. Einen solchen fand er in dem Computerfachmann C, der entsprechend den mündlich getroffen Vereinbarungen ab 2.5.02 als Teilhaber in den Verlag des T mit einstieg. Ab diesem Tag wurde der Verlag unter der gemeinsamen Firma C & T geführt. Bezüglich Geschäftsführung und Vertretung beließen es C und T bei den gesetzlichen Regelungen.
Bereits im Juni 02 hatte C seine ersten Unannehmlichkeiten mit seiner Beteiligung. T hatte noch im April 02 für Verlagsarbeiten einen Personalcomputer nebst Software bestellt und noch nicht bezahlt. Verkäufer V erfährt vom Eintritt des C und verlangt im Juni 02 Bezahlung von C. Wegen der Streitigkeiten um die Bezahlung dieser Rechnung scheidet C bereits zum 1.11.02 wieder aus der Gesellschaft aus. Im Juli 02, noch vor dem Ausscheiden des C, ist D als dritter Gesellschafter in den Verlag eingetreten.

(1) Zu welcher Gesellschaftsform haben sich C und T zusammengeschlossen? Begründen Sie Ihre Lösung unter Angabe der Voraussetzungen, unter denen die Gesellschaft entstanden ist. Gehen Sie dabei auch auf den Entstehungszeitpunkt der Gesellschaft sowie evtl. Gründungspflichten der Gesellschafter ein.
(2) Ändert sich etwas an der Beantwortung zu Frage (1), wenn die Verlagsgeschäfte der Gesellschaft so gering sind, dass sie einen in kaufmännischer Weise eingerichteten Geschäftsbetrieb nicht erfordern?

(3) Muss C die Rechnung bezahlen, solange er noch Gesellschafter ist oder gar nach seinem Ausscheiden aus der Gesellschaft? Stellen Sie die Rechtslage dar und gehen Sie dabei auf die Einwände des C ein, die Schuld sei vor seinem Eintritt in die Gesellschaft entstanden und V solle sich erst einmal bei T ernsthaft um die Bezahlung der Rechnung bemühen.
(4) Wie ist die Rechtslage, wenn C dem Drängen des V schließlich nachgibt und die Rechnung bezahlt?
(5) Haftet D für die bei seinem Eintritt in die Gesellschaft noch bestehende Verbindlichkeit aus der Anschaffung des Computers?
(6) Haftet C auch dann für die Computerrechnung, wenn T den Computer am 5. 5. 02 anlässlich eines Messebesuchs für den Verlag bestellt hat, ohne mit C Rücksprache zu nehmen? Das Gerät wurde eine Woche später geliefert.

Aufgabe 14.20 *Zusammenschluss von Freiberuflern*
Gehen Sie von dem in Aufgabe 14.19 dargestellten Ausgangssachverhalt aus mit dem Unterschied, dass T, C und D keine Verlagskaufleute, sondern Steuerberater sind, die sich zur gemeinsamen Ausübung ihres Berufs zusammenschließen.
(1) Zu welcher Gesellschaftsform können sich T und C nach den Vorschriften des BGB zusammenschließen? Nennen Sie Merkmale dieser Gesellschaftsform.
(2) Können T und C als Steuerberater auch eine Partnerschaft nach den Vorschriften des Partnerschaftsgesellschaftsgesetzes bilden? Welche Vorteile haben sie dann gegenüber der unter (1) bezeichneten Gesellschaftsform?

Aufgabe 14.21 *GmbH*
Der Spielwarengroßhändler Anton Bär firmiert unter der Firma »Anton Bär e. Kfm.«: Er verkauft sein Unternehmen samt Firma mit dem Recht zur Firmenfortführung an Willi Käfer, der das bisherige Unternehmen in eine GmbH umwandeln will. Welche Möglichkeiten der Firmierung bestehen für die GmbH?

Aufgabe 14.22 *Insolvenzverfahren*
Über das Vermögen der Firma G-GmbH wurde das Insolvenzverfahren eröffnet. Dabei treten folgende Fälle auf:
(1) Die Bank B hat eine Forderung über 150 000 €, die durch eine Hypothek auf dem Grundstück der G-GmbH abgesichert ist. Dessen Wert beträgt 500 000 €.
(2) Der Lieferant L fordert die Herausgabe eines Lkw im Werte von 40 000 €, der ihm zur Sicherung einer Forderung über 30 000 € sicherungsübereignet wurde.
(3) Die AOK hat noch Beitragszahlungen in Höhe von 12 000 € zu erhalten.

Wie werden die Forderungen der drei Gläubiger im Insolvenzverfahren behandelt?

Aufgabe 14.23 *Kündigung*
Arbeitnehmer A ist 49 Jahre alt. Er ist seit 18 Jahren bei der Firma F als a) Angestellter, b) Arbeiter beschäftigt. Zum 31. 3. möchte er sein Beschäftigungsverhältnis lösen, um sich selbstständig zu machen.
(1) Wann muss A spätestens kündigen?
(2) Wann müsste die Firma F kündigen, wenn sie das Arbeitsverhältnis ebenfalls zum 31. 3. lösen möchte?

(3) Welche Voraussetzungen (allgemein beschrieben) müssen vorliegen, damit die Firma F das Arbeitsverhältnis kündigen kann?

Aufgabe 14.24 *Kündigung bei mangelnder Auftragslage*
Arbeitnehmer B wird mit Kündigungsschreiben vom 31. 3. wegen mangelnder Auftragslage zum 30. 4. gekündigt. Das Schreiben ist B am 5. 4. zugegangen. B hält die Kündigung für sozial nicht gerechtfertigt.
(1) Was kann B tun? Hat er hierbei Fristen zu beachten? Ab welchem Zeitpunkt werden eventuelle Fristen berechnet?
(2) Welche Folgen hat es, wenn B am 9. 4. einen lange geplanten vierwöchigen Urlaub antritt und erst anschließend etwas gegen die Kündigung unternimmt?

Aufgabe 14.25 *Nicht gerechtfertigte Kündigung*
Arbeitnehmer C hat einen Prozess vor dem Arbeitsgericht gewonnen. Das Arbeitsgericht hat rechtskräftig festgestellt, dass die Kündigung des C durch seinen Arbeitgeber sozial nicht gerechtfertigt war.
 Was bedeutet dieses Urteil im Hinblick
- auf das Arbeitsverhältnis und insbesondere
- auf den Lohnanspruch des C nach Ablauf der Kündigungsfrist?

Aufgabe 14.26 *Arbeitsvertrag und Mutterschutz*
Frau F hat mit ihrem Arbeitgeber A einen ab 1. April laufenden, auf 6 Monate befristeten Arbeitsvertrag geschlossen. Im August erfährt sie von ihrem Arzt, dass sie schwanger ist. Sie teilt dies dem A sofort mit und verlangt, dass sie über den 30. September hinaus weiterbeschäftigt werde, da man eine schwangere Arbeitnehmerin nicht entlassen könne. Wie ist die Rechtslage?

Aufgabe 14.27 *Befristeter Arbeitsvertrag*
Die Sekretärin S hat mit ihrem Arbeitgeber einen ebenfalls 6 Monate laufenden befristeten Arbeitsvertrag geschlossen; Vereinbarungen über eine Kündigung wurden nicht getroffen. Nach Abschluss des Vertrags bekommt S eine wesentlich besser bezahlte Stelle angeboten, die zudem noch zeitlich unbefristet wäre.
(1) S möchte ihr befristetes Arbeitsverhältnis ordentlich oder außerordentlich kündigen, um die andere Stelle annehmen zu können. Geht das?
(2) Welche Konsequenzen hat es, wenn S nach der Kündigung einfach nicht mehr zur Arbeit erscheint?

Aufgaben zum 15. Hauptteil: EDV, Informations- und Kommunikationstechniken

Aufgabe 15.01 *Begriff Informatik*
Erläutern Sie den Begriff Informatik.

Aufgabe 15.02 *Argumente für die Verbreitung von PCs*
Führen Sie mindestens drei Argumente dafür an, weshalb Computer im »unteren« Bereich immer stärkeren Zuspruch finden.

Aufgabe 15.03 *Komponenten eines Computers und ihre Funktionen*
Aus welchen Funktionseinheiten wird ein Computer gebildet? Welche Aufgaben erfüllen sie?

Aufgabe 15.04 *Begriff Hardware*
Erläutern Sie den Begriff Hardware.

Aufgabe 15.05 *Anforderungen an die Aufbereitung von Ergebnissen*
Von den technischen Möglichkeiten der Ausgabegeräte hängt es ab, wie anwenderfreundlich die ermittelten Ergebnisse der Datenverarbeitung dargestellt werden. Stellen Sie mindestens drei Anforderungen zusammen, die Sie von einem anwenderfreundlichen Bildschirm und Drucker erwarten.

Aufgabe 15.06 *Konfiguration eines PCs*
Stellen Sie die Gesamtausstattung eines PCs (Konfiguration) für einen von Ihnen auszuwählenden Einsatz zusammen. Benutzen Sie dazu die Standardausstattung der Abbildung 3.1. Führen Sie mindestens drei Kriterien für jede Hardware-Komponente an, die Sie bei der Auswahl beachten müssen.

Aufgabe 15.07 *Klärungsbedarf bei der Einführung eines LAN*
Legen Sie eine Liste der Fragen an, die bei der Einführung eines LAN zu klären sind.

Aufgabe 15.08 *Vom Quellprogramm bis zum ausführbaren Programm*
Beschreiben Sie die Stufen eines Programms vom Quellprogramm bis zu seiner Ausführung auf dem Computer.

Aufgabe 15.09 *Begriff Software*
Erläutern Sie den Begriff Software.

Aufgabe 15.10 *Softwareanwendungen auf einem PC*
Anwendungssoftware unterteilt sich in drei verschiedene Arten von Software; geben sie Beispiele dafür an, dass Programme von allen drei Arten in einem Betrieb zum Einsatz kommen können.

Aufgabe 15.11 *Anforderungen beim Kauf von Software*
Zählen Sie einige Anforderungen auf, die beim Kauf von Software zu beachten sind.

Aufgabe 15.12 *Einsatz von Software in Anwendergruppen*
Wenn mehrere Anwender zu einer Gruppe zusammengefasst sind, können von ihnen dieselben Programme und Dateien genutzt werden. Zählen Sie einige Anwendungen auf, für die diese Möglichkeit nützlich ist.

Aufgabe 15.13 *Merkmale für die Beurteilung von Software*
Stellen Sie mindestens sechs Merkmale zusammen, an denen die Qualität einer Software beurteilt bzw. gemessen werden kann.

Aufgabe 15.14 *Entwurf eines Programmablaufdiagramms*
Wählen Sie eine der Diagrammstrukturen aus und entwerfen sie einen einfachen Programmablaufplan, z. B. zur Erstellung einer Rechnung (Faktura).

Aufgabe 15.15 *Strukturierung einer Datenbank*
Legen Sie die Struktur für eine hierarchische Datenbank an. Wählen Sie ein Beispiel aus Ihrer persönlichen Umgebung, z. B. die Gliederung Ihrer Bücher, Videos oder Fotos (Dias) nach Titeln.

Aufgabe 15.16 *Pflichten der speichernden Stelle nach dem BDSG*
Ein Unternehmen möchte einen Datenbestand über Aus- und Weiterbildungsmaßnahmen seiner Mitarbeiter anlegen und verarbeiten. Welche Pflichten müssen nach dem BDSG erfüllt werden?

Aufgabe 15.17 *Bekanntgabe von personenbezogenen Daten*
Die Personalabteilung erhält Anfragen auf Herausgabe von Mitarbeiterdaten (Name Geburtsdatum, Eintrittsdatum) einer Abteilung des Unternehmens. Welchen der nachfolgend aufgeführten Anfragen darf sie nachkommen und welchen nicht?
   Geschäftsfreund des Chefs, zuständiger Abteilungsleiter, Leiter einer anderen Abteilung Versicherungsvertreter, Datenschutzbeauftragter, Mitarbeiter der Abteilung.

Aufgabe 15.18 *Nutzenanalyse*
Für die Einführung der Lohn- und Gehaltsabrechnung mehrerer Unternehmensfilialen soll ein EDV-System ausgewählt werden. Führen Sie eine Nutzenanalyse durch.

LÖSUNGEN

Lösungen zum 12. Hauptteil: Volkswirtschaftliche Grundlagen

Lösung zu Aufgabe 12.01 *Güterknappheit*
Die Überschussproduktion bei den erwähnten Produkten kommt dadurch zu Stande, dass in den entsprechenden sog. Marktordnungen für diese Produkte Mindestpreise garantiert werden, um auf diesem Wege den Bauern der EG ein gewisses Mindesteinkommen zu sichern. Zu diesen Preisen wird in aller Regel weniger Nachfrage entfaltet als an Angebot aufgrund der gewinnorientierten einzelwirtschaftlichen Produktionsentscheidungen entsteht. Der so zu Stande kommende Überschuss muss durch entsprechende Aufkäufe »aus dem Markt genommen« werden, um einen ansonsten einsetzenden Preisverfall zu verhindern. Zur Produktion auch dieser Überschüsse werden knappe Ressourcen eingesetzt. Die staatliche Intervention in das Marktgeschehen (Mindestpreisgarantie) verhindert, dass sich die Knappheitsbedingungen tatsächlich in den Marktpreisen widerspiegeln können. Überschussproduktionen dieser Art sind das Ergebnis von staatlich verursachten Fehllenkungen weiterhin knapper Ressourcen.

Lösung zu Aufgabe 12.02 *LORENZ-Kurve*
Die LORENZ-Kurve ist eine statistische Darstellung der personellen Einkommensverteilung. Auf der Abszisse des Koordinatensystems ist in kumulativer Form die Zahl der Haushalte abgetragen, auf der Ordinate entsprechend das verfügbare Einkommen. Eine Diagonale durch das durch die 100-vom-Hundert-Eckpunkte und den Koordinatenursprung gebildete Rechteck stellt eine Linie völliger Gleichverteilung dar. Je stärker die aktuelle LORENZ-Kurve »ausgebuchtet« erscheint, desto ungleichmäßiger ist die personelle Einkommensverteilung und umgekehrt.

Lösung zu Aufgabe 12.03 *Staatliche Investitionsplanung*
Strikte staatliche Investitionsplanung bedeutet den Versuch, die Entwicklung von Umfang und Struktur des Kapitalstocks der Volkswirtschaft an staatlichen Zielprogrammen auszurichten. Zu diesem Zweck bedürfte es der Instrumente von Investitionsgeboten und -verboten. Damit würde ein zentraler Bereich des marktwirtschaftlichen Allokationsmechanismus durch jenen einer zentralen staatlichen Planung ersetzt. Dadurch gerieten der einzelwirtschaftliche Rationalitätskalkül von Unternehmen, der sich an gegebenen Marktchancen und erwarteten Marktentwicklungen ausrichtet und die Basis für einzelwirtschaftliche Investitionsentscheidungen bildet, und jener der staatlichen Planung, die sich in der Erfüllung staatlich beauftragter Pläne dokumentiert, unweigerlich in Widerspruch zueinander. Konsequenterweise erwüchse dann aus dem Versuch partieller Planung (staatliche Investitionsplanung) die Notwendigkeit der staatlichen Planung auch der übrigen Teilbereiche der Volkswirtschaft. Dies wäre gleichbedeutend mit einer Transformation einer Marktwirtschaft in eine Zentralverwaltungswirtschaft.

Lösung zu Aufgabe 12.04 *Preisbildung bei vollständiger Konkurrenz*

(1) Das Marktgleichgewicht wird bei Übereinstimmung des Preises erreicht. Es gilt also

$$(1) \quad 8 + 1{,}2\,x = 120 - 0{,}8\,x$$

Daraus folgt durch Zusammenfassen und Lösen der Gleichung (1)

$$(2) \quad x^* = 56$$

Durch Einsetzen der so bestimmten Gleichgewichtsmenge (x^*) in die Marktangebots- oder Marktnachfragefunktion erhält man den zugehörigen Gleichgewichtspreis (p^*)

$$(3) \quad p^* = 75{,}2$$

(2) Grafische Lösung

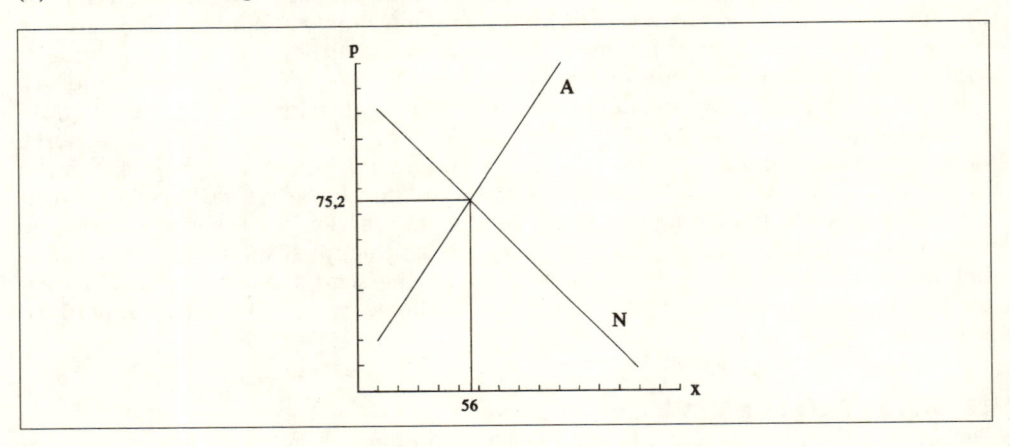

Lösung zu Aufgabe 12.05 *Preisbildung im Angebotsmonopol*

(1) In der Marktform des Angebotsmonopols bestimmt der COURNOTsche Punkt die Preis-Mengen-Situation des Gewinnmaximums. Die Marktnachfragefunktion stellt die Preis-Absatz-Funktion des Angebotsmonopolisten dar. Aus dieser errechnet sich die Umsatzfunktion mit

$$(1) \quad U = p\,x = 120\,x - 0{,}4\,x^2$$

Für die Bestimmung des Gewinnmaximums muss die Bedingung Grenzkosten (K') gleich Grenzumsatz (U') erfüllt sein. Aus Gleichung (1) der Aufgabenstellung ergibt sich

$$(2) \quad K' = \frac{dK}{dx} = 0{,}4\,x$$

Aus Gleichung (1) der Lösung folgt

$$(3) \quad U' = 120 - 0{,}8\,x$$

Durch Gleichsetzen der Gleichungen (2) und (3) der Lösung erhält man

$$(4) \quad 0{,}4\,x = 120 - 0{,}8\,x$$

Somit errechnet sich für die gewinnmaximale Menge (x^*) der Wert

$$(5) \quad x^* = 100$$

Setzt man den gefundenen Wert (x*) in die Marktnachfragefunktion ein, so erhält man den zugehörigen gewinnmaximalen Preis (p*), also

(6) p* = 80

Der Gewinn (G) wird aus der Differenz von Umsatz (U) und Kosten (K) gebildet. Werden die gefundenen Werte in die entsprechenden Gleichungen eingesetzt, erhält man

(7) G = 8 000 − 2 010 = 5 990

(2) Ein Wettbewerbsanbieter verhält sich nach der Regel Grenzkosten (K') gleich Preis (p). Die Grenzkosten (K') werden entsprechend Gleichung (2) der Lösung zu Aufgabenteil (1) gebildet; der Preis (p) ergibt sich aus der Gleichung der Marktnachfragefunktion (2) der Aufgabenstellung. Somit gilt

(1) 0,4 x = 120 − 0,4 x

Daraus errechnet sich dann eine Gleichgewichtsmenge (x*) von

(2) x* = 150

Durch Einsetzen des gefundenen Wertes von (x*) in die Gleichung der Marktnachfragefunktion (2) der Aufgabenstellung erhält man den zugehörigen Gleichgewichtspreis (p*) mit

(3) p* = 60

Aus der Definition des Gewinns (G) als Differenz von Umsatz (U) zu Kosten (K) ergibt sich sodann aus den gefundenen Werten von (x*) und (p*)

(4) G = 9 000 − 4 510 = 4 490

(3) Grafische Lösung

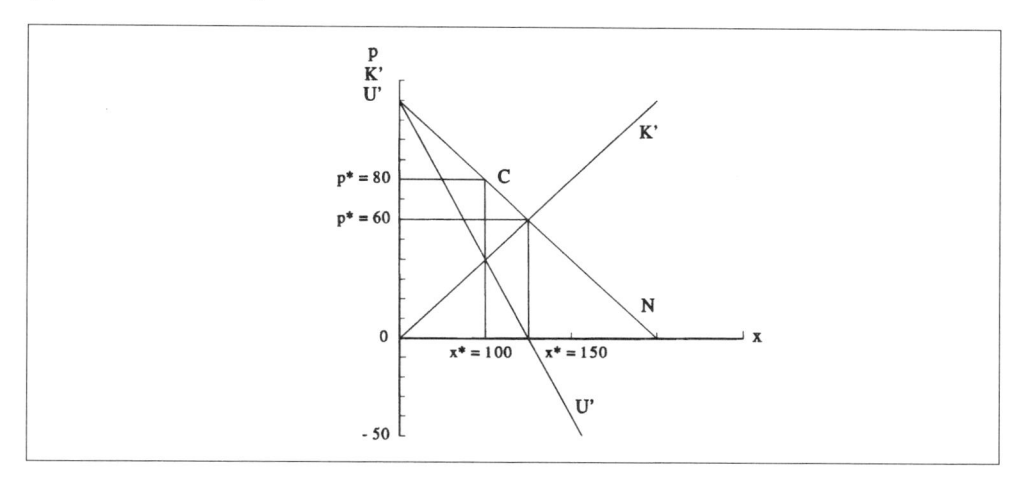

Lösung zu Aufgabe 12.06 *Kreislaufzusammenhänge*

(1) Vorleistungskäufe (VK_{St}): Sektor Staat an Sektor Unternehmen
(2) Nettoinvestitionen (I_U^n): Vermögensänderungskonto an Sektor Unternehmen
(3) Transferzahlungen (TR): Sektor Staat an Sektor Haushalte
(4) Budgetdefizit ($−S_{St}$): Vermögensänderungskonto an Sektor Staat
(5) Steuern (T_H): Sektor Haushalte an Sektor Staat
(6) Ex < Im: Sektor »übrige Welt« an Vermögensänderungskonto

Lösung zu Aufgabe 12.07 *Aktive Lohnpolitik*
Mit einer über dem Produktivitätsfortschritt liegenden Lohnerhöhung ist die Gefahr von dadurch verursachten Kostensteigerungen für die Unternehmen verbunden. Dies kann zu einer kosteninduzierten inflationären Entwicklung führen. Für die Unternehmen verursachen Kostensteigerungen einen Zwang zu Rationalisierungen, d. h. zu Einsparungen beim Einsatz des relativ zu teuer erscheinenden Faktors Arbeit mit der Folge möglicher Entlassungen. Die kurzfristig gestiegene Lohnquote reduziert sich dann wieder auf das die Arbeitsproduktivität reflektierende Niveau.

Wachstumsimpulse gestiegener Löhne erweisen sich in aller Regel als wenig wirksam, weil nur ein geringer Teil der zusätzlichen Einkommen tatsächlich nachfragewirksam wird. Dies deswegen, weil von einer Lohnerhöhung (brutto) wegen der Belastungen durch Steuern und Sozialabgaben und abzüglich des Teils, der gespart wird, nur ein geringer Nachfrageimpuls ausgeht. Kommt es infolge aktiver Lohnpolitik zu Entlassungen, kann der erwartete Nachfrageeffekt sogar völlig ausbleiben.

Lösung zu Aufgabe 12.08 *Magisches Viereck*
Mit dem Magischen Viereck werden die vier stabilitätspolitischen Ziele benannt: Stabilität des Preisniveaus, hoher Beschäftigungsstand, außenwirtschaftliches Gleichgewicht und stetiges und angemessenes Wirtschaftswachstum. Das Magische dieser Zielkomposition bezieht sich auf das Verhältnis dieser Ziele zueinander. So vermag zwar stetiges und angemessenes Wachstum auch die Beschäftigung fördern, doch kann es durchaus Konflikte zwischen dem letztgenannten Ziel und der Preisniveaustabilität geben. Dies zeigt sich oftmals in der Kombination eines hohen Beschäftigungsstandes bei gleichzeitig steigendem Preisniveau in Zeiten eines konjunkturellen Booms. Umgekehrte Zielsituationen lassen sich in Zeiten einer konjunkturellen Depression beobachten. Das Ziel des außenwirtschaftlichen Gleichgewichts ist definiert im Sinne eines möglichst ausgeglichenen Außenbeitrags (Summe der Salden aus Handels- und Dienstleistungsbilanz). Da sich insbesondere die hiermit verknüpften Bedingungen auf den Exportmärkten dem Einfluss nationaler Wirtschaftspolitik entziehen, bedürfte es sicherlich magischer Kräfte, damit die genannten vier Ziele zur gleichen Zeit in der wirtschaftspolitisch erwünschten Konstellation verwirklicht werden könnten.

Lösung zu Aufgabe 12.09 *Antizyklische Fiskalpolitik*
Dieser Argumentation liegt die Annahme zugrunde, dass Rezessionen durch eine Lücke in der gesamtwirtschaftlichen Nachfrage verursacht seien. Wegen der Unsicherheiten bei rückläufiger Nachfrage im Hinblick auf die private Konsumgüter- und Investitionsgüternachfrage (negative Erwartung in der Rezession) soll der Staat die Lücke durch zusätzliche Nachfrage kompensieren. Dieses könnte sich niederschlagen in Form zusätzlicher Investitionen (Straßenbau, Binnenwasserstraßenausbau, Hochbauten, Infrastrukturmaßnahmen anderer Art). Da in der Rezession die Steuereinnahmen rückläufig sind, Steuererhöhungen aber die Rezession noch verschärfen würden, eine Konjunkturausgleichsrücklage eventuell schon aufgelöst oder vorher nicht gebildet wurde, bleibt faktisch nur das Instrument der Staatsverschuldung zwecks Deckung eines entsprechenden Einnahmeausfalls und der Finanzierung zusätzlicher Ausgaben. Je nach Umfang des staatlichen Kreditbedarfs, kann dies zu einer Belastung des Kapitalmarktes durch staatliche Kreditaufnahme führen mit der Folge von Zinserhöhungen. Dadurch werden möglicherweise private Investitionen verdrängt. Der erhoffte Wachstumseffekt

bleibt womöglich gänzlich aus. Wegen verschiedener zeitlicher Verzögerungen (Planung, Durchführung, Wirkung) können zudem so finanzierte staatliche Aktivitäten in Zeiten wirksam werden, in denen die rezessive Entwicklung bereits überwunden sein kann, womit antizyklische in prozyklische Fiskalpolitik umschlägt. Auch findet der empfohlene Abbau der Staatsverschuldung in Zeiten eines Aufschwungs in aller Regel nicht statt (Politikverhalten), sodass sich von Rezession zu Rezession bei Beibehaltung dieser wirtschaftspolitischen Konzeption ein immer höherer Stand der Staatsverschuldung aufbaut. Wegen der Belastung des Staatshaushaltes und der damit verbundenen steigenden Zins- und Tilgungsleistungen sinkt zudem die konjunkturpolitisch einsetzbare Manövriermasse des Staatshaushaltes.

Lösung zu Aufgabe 12.10 *Offenmarktoperationen*
Dem Hauptrefinanzierungsinstrument sind jene Offenmarktoperationen der EZB zuzuordnen, die sich auf die im Wochenrhythmus mit einer Laufzeit von zwei Wochen betreffenden Wertpapierpensionsgeschäfte oder Darlehen beziehen. Die gewünschten liquiditätssteuernden Effekte können über eine entsprechende Gestaltung der Vergabebedingungen für derartige Kredite zu erreichen versucht werden.

Die technische Durchführung dieser Art offenmarktpolitischer Operationen erfolgt im Wege von Tenderverfahren. Bei einem Mengentender nennen die Banken jenen Betrag an Liquidität, den sie zu dem von der EZB festgelegten Zinssatz in Anspruch nehmen möchten. Als Zinstender wird jenes Verfahren bezeichnet, bei dem ein von der EZB vorgegebener Gesamtbetrag an Liquidität vergeben wird, der durch die Banken unter Nennung eines von ihnen gebotenen Zinssatzes ersteigert werden kann. In beiden Fällen erfolgt die tatsächliche Zuteilung (Quotierung) durch die EZB.

Der für das Hauptfinanzierungsinstrument festgelegte Zinssatz ist der »Leitzins«. Die liquiditätssteuernden Effekte sind allerdings abhängig von dem Verhältnis der effektiven Marktzinserträge der pensionsfähigen Papiere im Verhältnis zu jenen Zinsen, die im Repo-Geschäft mit der EZB tatsächlich zustande kommen.

Lösung zu Aufgabe 12.11 *Wechselkurs und Kaufkraftparität*
Richtung und Ausmaß des Handels zwischen zwei Ländern bestimmt sich nach der unterschiedlichen Ausstattung der betrachteten Volkswirtschaften mit Produktionsfaktoren und den dadurch begründeten komparativen Kostenvorteilen (HECKSCHER-OHLIN-Theorem). Der Wechselkurs der Währung eines Partnerlandes bestimmt sich (langfristig) nach den in den beiden Währungen repräsentierten Kaufkraftparitäten. Permanent höhere Inflationsraten in einem Partnerland schaffen für die Exporteure eines Landes deshalb (kurzfristig) günstigere Absatzchancen, wohingegen Importe aus dem Partnerland sich relativ verteuern. Damit steigt einerseits das Devisenangebot, und es sinkt gleichzeitig die Devisennachfrage. Daraus resultiert ein Sinken des Devisenkurses, d. h. die Währung des Partnerlandes wertet ab. Damit folgt der Wechselkurs in seiner Entwicklung den in ihm reflektierten Kaufkraftparitäten der durch Handelsbeziehungen miteinander verbundenen Volkswirtschaften.

Lösung zu Aufgabe 12.12 *Selbstbeschränkungsabkommen*
Selbstbeschränkungsabkommen sind besondere Formen von Handelsverträgen mit der Wirkung nicht-tarifärer Handelshemmnisse. Vordergründig kann zunächst für beide Länder eine Entlastung der Leistungsbilanz eintreten, aber nur dann, wenn das durch das Selbstbeschränkungsabkommen betroffene Handelsgut einen bedeutsamen Bei-

trag zum Wert der Importe bzw. Exporte beiträgt. Realwirtschaftlich gesehen sinkt die verfügbare Menge des importierten Gutes entsprechend den Vereinbarungen des Handelsvertrages. Dadurch steigt in aller Regel der Preis eines solchen Gutes. Handelt es sich hierbei um ein Zwischenprodukt (z. B. Speicherchips), steigt damit auch der Preis des Endprodukts. Ist dieses ein exportierbares Gut (z. B. PCs), sinken die Exportchancen für dieses Produkt, und eine Entlastung der Leistungsbilanz via gestiegene Exporterlöse tritt eventuell nicht ein. In den durch Selbstbeschränkungsabkommen betroffenen Branchen des Partnerlandes sinken die Absatzchancen, ökonomische Vorteile der Spezialisierung im internationalen Handel gehen damit teilweise verloren. Das Volumen importierbarer Güter sinkt. Für beide Länder ist ein vergleichsweise niedrigeres Wohlstandsniveau im Sinne der Verfügbarkeit auch von importierten Gütern die mittelbare Folge dieser außenhandelspolitischen Intervention.

Lösung zu Aufgabe 12.13 *Umweltschutzpolitik*

Das am Oberlauf eines Gewässers ansässige Unternehmen betrachtet das zu Produktionszwecken entnommene Wasser als ein freies Gut. Damit werden der Produktion nicht jene Kosten zugerechnet, die in Form negativer externer Effekte für die am Unterlauf dieses Gewässers liegenden Betriebe entstehen, sofern diese ebenfalls zur Durchführung ihrer Produktionen auf »reines« Brauchwasser angewiesen sind. Die Entnahme von Trinkwasser wird auch dann nur möglich, wenn zuvor Filtereinrichtungen geschaffen worden sind. Diesen genannten Unternehmen entstehen durch die notwendige Vorreinigung des Wassers Kosten, die sie nicht verursacht haben. Eine vollständige Entlastung des in Frage stehenden Gewässers von Schadstoffen würde evtl. ein Produktionsverbot erfordern, womit das entsprechende Produkt volkswirtschaftlich gesehen nicht mehr zur Verfügung stünde. Eine die Belastung des Gewässers wenigstens reduzierende Maßnahme bestünde in der Beauflagung von Grenzwerten für die Einleitung von Schadstoffen in das Brauchwasser. Damit ließe sich aber nicht die Gesamtmenge der Gewässerbelastung regulieren. Gleichwohl entstünden den Verursachern und eventuellen weiteren Nutzern zusätzliche Kosten, die zumindest einen sparsameren Umgang mit diesem Umweltmedium bewirken können. Umweltzertifikate versprechen, da sie die Knappheitssituation eines Umweltgutes durch entsprechende Preisgestaltung marktähnlich nachzubilden vermögen, den gewünschten Umweltzustand noch am ehesten erreichen zu können.

Lösung zu Aufgabe 12.14 *Integrationsformen*

Das beschriebene Abkommen begründet zwischen den vertragschließenden Ländern eine Freihandelszone. Mit dem Wegfall von Zollschranken und Kontingenten können die komparativen Kostenvorteile der jeweils spezialisierten nationalen Produktionen voll zur Wirkung kommen. Dies schlägt sich nieder in einer Ausdehnung der Handelsströme zwischen den beiden Ländern (handelsschaffender Effekt). Preissenkungen bei den in Rede stehenden Produkten und eine insgesamt jeweils größere verfügbare Gütermenge sind die damit verknüpften Effekte. Gleichzeitig kann sich das Ausmaß der Handelsbeziehungen gegenüber Drittländern reduzieren, dies aufgrund der sich ändernden Preisstrukturen im Verhältnis zu diesen, da deren Handelsgüter weiterhin mit Zöllen und/oder Kontingenten belastet bleiben (handelsumlenkender Effekt). Ausmaß und Richtung der durch die Zollunion bewirkten Handelsumlenkung hängt dann wesentlich von der Handelspolitik der Partnerländer gegenüber Drittländern ab.

Lösungen zum 13. Hauptteil: Betriebswirtschaftliche Grundlagen

Lösung zu Aufgabe 13.01 *Betriebliche Prozesse*

(1) Der für den Einkauf von Material zuständige Mitarbeiter des Möbelunternehmens bestellt beim Holzlieferanten z. B. 20 Holzbretter zu je zehn Meter Länge, zwei Liter Leim und vier Kartons Spezialnägel.
Die Holzbretter werden in der Fertigung mittels Maschinen (Betriebsmittel) zu mehreren Betten verarbeitet. Die produzierten Betten werden vom Versand an den Kunden ausgeliefert.

(2) Die Kunden bezahlen die Rechnungen für die Betten per Banküberweisung. Die Buchhaltung verbucht die Rechnungsstellung und den Zahlungseingang. Ein Teil der zufließenden Mittel wird zur Bezahlung der Lieferantenrechnungen verwendet. Mit einem anderen Teil der liquiden Mittel werden neue Maschinen angeschafft.

Lösung zu Aufgabe 13.02 *Standortentscheidung*

Porsche ist ein Beispiel dafür, dass der Standort Bundesrepublik Deutschland trotz der bekannten Nachteile auch Vorteile besitzt. Im Originalton Porsche heißt dies:

»Aufgrund der weitgehend ausgeschöpften Produktionskapazitäten im traditionsreichen Porsche Stammwerk in Stuttgart-Zuffenhausen musste für die künftige Cayenne-Fertigung ein neuer Standort gefunden werden. Nach einem mehrstufigen Auswahlverfahren, bei dem 25 Standortalternativen in Deutschland einer umfassenden Prüfung unterzogen wurden, hat sich Porsche ... für Leipzig als neuen Produktionsstandort entschieden. Ausschlaggebend hierfür waren die hervorragende Infrastruktur, das Potenzial an gut ausgebildeten Industriefacharbeitern auf dem regionalen Arbeitsmarkt sowie die flexible und dienstleistungsorientierte Verwaltung der Stadt Leipzig. Grundlage dieser Entscheidung war zugleich unser klares Bekenntnis zum Wirtschaftsstandort Deutschland.« (Porsche Geschäftsbericht 2000/2001, S. 10).

In einer Pressemitteilung hieß es, dass die Stadt Leipzig ein 90 Hektar großes Grundstück dem Unternehmen »preiswert« zum Kauf angeboten hat. Hinzu kommt der eigene Bahnanschluss des Werkes sowie die verkehrstechnische Anbindung an die Autobahn und den Flughafen.

Ein modernes Modulkonzept erlaubt es Porsche, den Cayenne bei vergleichsweise geringer Fertigungstiefe (Pressemeldungen zufolge werden 75 % der Teile in Bratislava gefertigt) höchst effizient zu niedrigen Fixkosten herzustellen. Somit müssen die Lieferanten fertige Systemmodule direkt ans Band liefern. Im Werk Leipzig entsteht durch die Verwendung dieser Systemmodule eine hochflexible lagerfreie Produktionsstätte.

Lösung zu Aufgabe 13.03 *Unternehmenszusammenschlüsse*

(1) (a) Beteiligungen und Teile eines Konzerns
(b) Kartell oder Interessengemeinschaft
(c) Kartell oder Interessengemeinschaft
(d) Beteiligung und Teile eines Konzerns
(e) Beteiligung und Teile eines Konzerns

(2) (a)
- Vertretung gemeinsamer Interessen gegenüber der Stuttgarter Stadtverwaltung.
- Gemeinsame Werbung für die Vorzüge von »Tante Emma-Läden«.
- Einrichtung eines gemeinsamen Preisausschreibens.
- Spendenaufruf zum Erhalt von »Tante Emma-Läden«.
- Einrichtung eines gemeinsamen Wach- und Schließdienstes.

(2) (b)
- Leistungsschau
- »Tante Emma-Fest«
- Ostermarkt
- »Rabattmarken«: für zehn Einkäufe einen Gratisfußball!

Lösung zu Aufgabe 13.04 *Kartelle*

Ein Syndikat ist ein Kartell höchster Ordnung, bei dem die Beschaffung oder der Absatz von Gütern und Dienstleistungen über eine Zentrale, z. B. ein Verkaufskontor, abgewickelt wird. Das Verkaufskontor entscheidet, welches beteiligte Unternehmen für den Kundenauftrag den Zuschlag erhält. Der Kunde leistet seine Zahlungen an das Verkaufskontor.

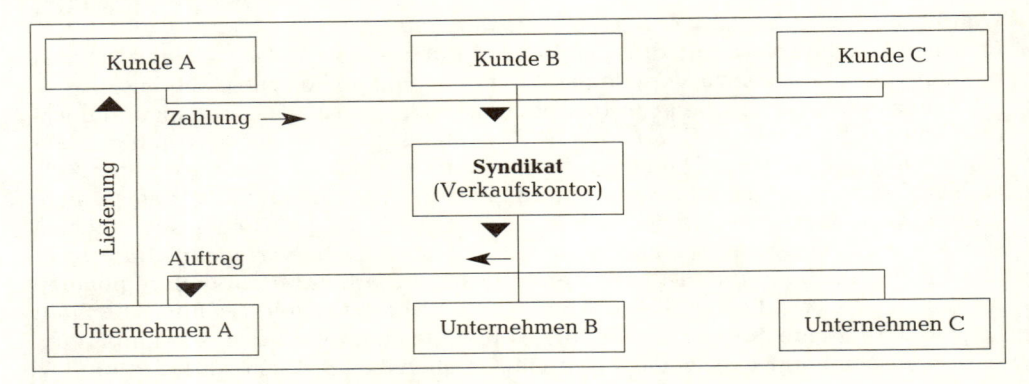

```
┌─────────────┐      ┌─────────────┐      ┌─────────────┐
│  Kunde A    │      │  Kunde B    │      │  Kunde C    │
└─────────────┘      └─────────────┘      └─────────────┘
      ▲    Zahlung →       ▼
      │              ┌─────────────┐
      │              │  Syndikat   │
   Lieferung         │(Verkaufskontor)│
      │              └─────────────┘
      │    Auftrag         ▼
      ▼              ←─────
┌─────────────┐      ┌─────────────┐      ┌─────────────┐
│Unternehmen A│      │Unternehmen B│      │Unternehmen C│
└─────────────┘      └─────────────┘      └─────────────┘
```

In obigem Beispiel erhält das Unternehmen A durch das Verkaufskontor (Syndikat) den Auftrag, ein Produkt an den Kunden A zu liefern. Der Kunde A bezahlt die Rechnungen an das Syndikat.

Lösung zu Aufgabe 13.05 *Fusionen*

Die Zahl der Fusionen hat in der Bundesrepublik Deutschland seit 1998 abgenommen. Viele Zusammenschlüsse haben nicht die Vorteile erbracht, die sich die Beteiligten versprochen hatten.

Für eine Fusion mehrerer Unternehmen sprechen vor allem folgende Gesichtspunkte:
- Abwehrstrategie gegenüber der Konkurrenz,
- Synergieeffekte, insbesondere Kostensenkung,
- verbesserte weltweite Marktpositionierung.

Viele kleinere Unternehmen haben heute **Angst** von größeren Unternehmen »geschluckt« zu werden, deshalb ist es für sie sinnvoll, sich mit anderen Unternehmen zu verschmelzen, um größer und damit für eine Übernahme teurer zu werden.

Zusammenschlüsse bewirken immer, dass **Doppelfunktionen** vor allem im Bereich Verwaltung (Buchhaltung, Controlling und Personal), aber auch in der Produktion (doppelte Fertigungslinien) entstehen. Somit können entsprechendes Personal und damit Kosten abgebaut werden.

Weitere **Synergieeffekte** können dadurch entstehen, dass z. B. Motoren eines Unternehmens beim anderen Unternehmen in die Pkw eingebaut werden können und somit verschiedene Anwendungsplattformen entstehen. Gegen einen Zusammenschluss sprechen:

– Abbau von Arbeitsplätzen,
– mangelnde Flexibilität großer Einheiten,
– Habgier der Manager,
– mangelhafte Integration unterschiedlicher Unternehmenskulturen.

Werden Fusionen in der Presse gemeldet, so steht nahezu immer das mögliche Potenzial an abbaufähigen **Arbeitsplätzen** im Mittelpunkt des Interesses. Getreu dem Motto: Fusion X bewirkt den Abbau von Y Arbeitsplätzen, die Börse reagiert mit Kurssteigerungen!

Ferry Porsche hat im Geschäftsbericht 1997/98 kritisch darauf hingewiesen, dass die Unternehmensgröße noch kein Prädikat an sich ist. »Größe allein ist keine Voraussetzung für das Überleben eines Unternehmens. Wir (Porsche) sind auf dem richtigen Weg.« Viel wichtiger als die Unternehmensgröße sei die Schnelligkeit und Flexibilität, mit der ein Unternehmen die anstehenden Probleme zu lösen in der Lage ist (Porsche Geschäftsbericht 1997/98 einleitende Photographie mit Untertitel).

Als ein weiteres Treibmittel zur forcierten Fusionierung hat sich die **Habgier des Managements** herausgestellt. Bundeskanzler a. D. Schmidt hat dies als »Raubtierkapitalismus« bezeichnet, wenn z. B. die Daimler-Benz-Vorstände durch die Fusion zu DaimlerChrysler ihre Gehälter dem höheren US-amerikanischen Standard angeglichen und somit mehr als verdoppelt haben. Das persönlich durchaus plausible Ansinnen, das eigene Gehalt deutlich zu erhöhen, muss nicht in jedem Fall mit dem Erfolg des fusionierten Unternehmens einhergehen, wie z. B. die Aktienkursentwicklung von DaimlerChrysler von 2000 bis 2003 und die negative Geschäftsentwicklung von 1998 bis 2003 belegen. Damit nicht genug, auf der Hauptversammlung 2003 haben sich die Aufsichtsräte (einschließlich Arbeitnehmervertreter!) des Unternehmens trotz der negativen Geschäftsentwicklung ihre Vergütung ebenfalls mehr als verdoppeln lassen.

Insbesondere der Erfolg von länderübergreifenden Fusionen hängt in hohem Maße von der Fähigkeit des Managements und der Mitarbeiter ab, **unterschiedliche Unternehmenskulturen** der betroffenen Unternehmen zu einer neuen Einheit zu integrieren. So ist ein Zusammengehen der ehemaligen Daimler-Benz-Tochter debis Systemhaus mit Cap Gemini schlicht und einfach daran gescheitert, dass die deutsche und die französische Unternehmenskultur in beiden Unternehmen nicht zueinander passten.

Lösung zu Aufgabe 13.06 *Verbände*

(1) – HdE (Hauptverband des deutschen Einzelhandels) – Fachverband
 – BGA (Bundesverband des Deutschen Groß- und Außenhandels) – Fachverband
 – IHK Stuttgart (Industrie- und Handelskammer Stuttgart) – Kammer
 – BDA (Bundesvereinigung der Deutschen Arbeitgeberverbände) – Arbeitgeberverband
(2) Die IHK Karlsruhe und die Handwerkskammer Karlsruhe sind beides Kammern, die aufgrund gesetzlicher Grundlage für ihre Zwangsmitglieder die Interessen im

Großraum Karlsruhe wahrnehmen. Bei der IHK sind dies die Unternehmen der gewerblichen Wirtschaft. Die Handwerkskammer vertritt die Interessen der selbstständigen Handwerker und handwerksähnlichen Betriebe.
(3) Beispiele: DAG (Deutsche Angestellten Gewerkschaft), DGB (Deutscher Gewerkschaftsbund), IGM (Industriegewerkschaft Metall), IGBCE (Industriegewerkschaft Bergbau, Chemie, Energie).

Lösung zu Aufgabe 13.07 *Projektorganisation*
(1) Aufgrund der Aufgabenstellung sollten die Mitglieder der Projektgruppe (jeweils mindestens ein Vertreter) aus den Bereichen
  – EDV,
  – Produktionscenter (z. B. Presswerk oder Ausstattung),
  – Assistent der Werkleitung,
  – Einkauf, Personal, Verwaltung, etc. stammen.
(2) Aufgaben der Projektorganisation:
  – Erarbeitung eines Umsetzungsplanes,
  – Koordination der Umsetzung zwischen den betroffenen Stellen,
  – Verantwortung für die Umsetzung.

Lösung zu Aufgabe 13.08 *Einrichtung einer Stabsstelle*
(1) Empfehlung zur Einrichtung einer Stabsstelle: Direktionsassistent.
(2) Bei der Ausübung einer Stabstätigkeit kann es sich immer nur um entscheidungsvorbereitende Aufgaben handeln. Ein Assistent hat keine Linienaufgabe und damit keine formelle Führungsaufgabe. Gleichwohl verfügt er aufgrund der täglichen Arbeitskontakte über informelle Macht, die er u. U. missbrauchen kann. Es ist die Führungsaufgabe von Herrn Berger dafür zu sorgen, dass er durch qualifizierte Aufgaben seinen Assistent fordert und nicht als »Aktenkofferträger« missbraucht. Der Assistent muss das Gefühl haben, dass er durch seine Leistung wichtige Entscheidungen vorbereitet. Somit wird sein Vorgesetzter entlastet und der Direktionsassistent kann von dem relativ ungefährdeten Stuhl einer Stabsstelle gute Einblicke in die Funktionszusammenhänge des Unternehmens erhalten.

Lösung zu Aufgabe 13.09 *Funktionale Stablinienorganisation*
Der Organisator entwirft folgende funktionale Stablinienorganisation:

```
                    ┌──────────────────┐   ┌──────────────┐
                    │ Geschäftsleitung │───│ Assistentin  │
                    └──────────────────┘   └──────────────┘
                              │
        ┌─────────────────────┼─────────────────────┐
┌───────────────────┐  ┌───────────────────┐  ┌───────────────────┐
│ Materialwirtschaft│  │ Absatz            │  │ Verwaltung        │
│ – Einkauf         │  │ – Verkauf         │  │ – Rechnungswesen  │
│ – Materiallager   │  │ – Marktforschung  │  │ – Finanzen        │
│ – Beschaffungslager│ │ – Werbung         │  │ – Personal        │
└───────────────────┘  └───────────────────┘  └───────────────────┘
```

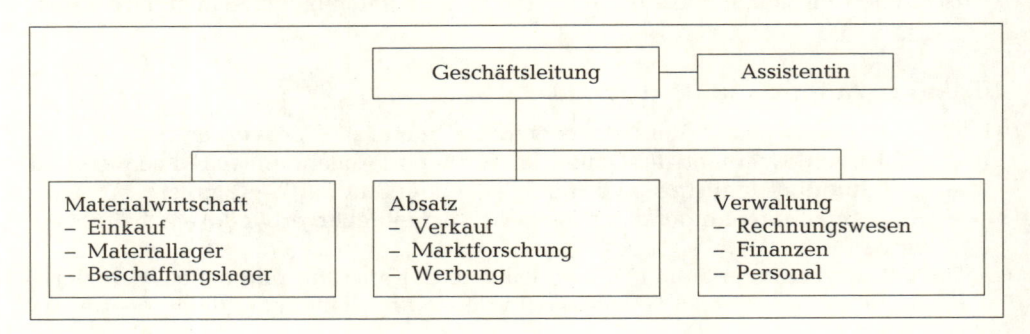

Lösung zu Aufgabe 13.10 *Matrixorganisation*

Frau Kluge ist gleichzeitig dem Produkt-Chef Design und dem Fertigungsleiter unterstellt. Die Terminvorgabe des Produktchefs wird von dem Funktionsbereich Fertigung nicht eingehalten. Da der Spartenchef der Fertigung gegenüber nicht weisungsberechtigt ist, kommt es an der Schnittstelle zwischen Sparte und Funktion zu einem Konflikt. Dieser Konflikt wird einerseits auf dem Rücken der Mitarbeiter ausgeführt und kann nur gelöst werden, indem sich die Geschäftsleitung von Racuro einschaltet und Prioritäten festlegt.

In der Praxis ist es üblich, dass im geschilderten Fall, alle Beteiligten von der Geschäftsleitung gerügt werden. Schließlich muss sich die Geschäftsleitung um »wirklich wichtige Dinge« kümmern. Der Spartenleitung wird demzufolge eine Fehlplanung bei der Terminierung vorgeworfen. Die Fertigung müsse effizienter und schneller arbeiten. Der Mitarbeiter müsse, wenn er Interesse an einer Weiterbeschäftigung habe, Überstunden einplanen.

Lösung zu Aufgabe 13.11 *Optimale Bestellmenge*

$$X_{opt.} = \sqrt{\frac{200 \times 10\,000 \times 50}{1 \times 30}} = 1\,825{,}74 \text{ Stück}$$

Lösung zu Aufgabe 13.12 *Materialwirtschaftliche Kontrolle*

Die Analyse erfolgt anhand folgender Kennzahlen:

$$\text{Lagerumschlagshäufigkeit} = \frac{\text{Jahresverbrauch an Rohstoffen}}{\text{Durchschnittlicher Bestand an Vorräte}}$$

$$\text{Lagerdauer} = \frac{365 \text{ Tage}}{\text{Lagerumschlagshäufigkeit}}$$

$$\text{Lagerumschlagshäufigkeit} = \frac{150 \text{ Mio. €}}{15 \text{ Mio. €}} = 10$$

$$\text{Lagerdauer} = \frac{365 \text{ Tage}}{10} = 36{,}5 \text{ Tage}$$

Das gesamte Rohstofflager wird zehn Mal pro Jahr verbraucht. Somit reichen die Rohstoffe im Durchschnitt 36,5 Tage für die Produktion. Ein Vergleich zum Vorjahr würde zeigen, ob sich die Werte verbessert oder verschlechtert haben.

Lösung zu Aufgabe 13.13 *Planung der Produktionsmenge*

Der Rasenmäherproduzent hat mehrere Optionen. Scheinbar gelingt ihm die Synchronisation zwischen Produktions- und Absatzmenge aufgrund fehlender Kapazitäten nicht. Da der Produktionsleiter die fehlende Auslastung im Winter beklagt, sollte das Unternehmen versuchen, die Produktion von MowQuick über das ganze Jahr hinweg auf einem mittleren Niveau festzuschreiben. Dadurch würde im Winter auf Lager produziert. Auf diese Lagerbestände könnte dann im Sommer zusätzlich zurückgegriffen werden.

Da diese Vorgehensweise zusätzliche Lagerkosten verursacht, sollte sich das Unternehmen überlegen, ob es nicht sinnvoll wäre, eine Produktdiversifikation vorzunehmen, um die saisonalen Schwankungen der Produktion und Nachfrage zu glätten. Hierzu böte sich die zusätzliche Produktion eines Schneeräumgerätes (Schneefräse) an, das größtenteils auf den vorhandenen Produktionsanlagen gefertigt werden könnte. Die Produktionskapazitäten könnten dann an den jeweiligen Spitzenbedarf im Sommer und Winter angepasst werden, auch wäre mit einer deutlichen Ertragsverbesserung zu rechnen.

Lösung zu Aufgabe 13.14 *Deckungsbeitragsrechnung*

(1)/(2) (in €)

	A	B	C	D	Insgesamt
Verkaufspreis – var. Stückkosten	2,20 –1,50	2,45 –1,90	3,10 –2,65	3,80 –3,20	–
Stückdeckungsbeitrag	0,70	0,55	0,45	0,60	–
Deckungsbeitrag gesamt – fixe Kosten	56 000	60 500	65 250	39 000	220 750 –286 000
Betriebsverlust					–65 250

Die Produktionsrangfolge nach den Stückdeckungsbeiträgen lautet: A – D – B – C

(3) (in €)

Verkaufspreis Bodenfliese	2,65
– variable Stückkosten	–2,05
Stückdeckungsbeitrag	0,60
Deckungsbeitrag bei 40 000 Stück	24 000
– zusätzliche fixe Kosten	–26 000
zusätzlicher Betriebsverlust	–2 000

Die Erweiterung der Produktion lohnt sich nicht, da der schon vorher bestehende Verlust nochmals um 2 000 € vergrößert würde. Dem Unternehmen wird empfohlen, die Produktion auf die Sorten zu konzentrieren, die einen hohen Stückdeckungsbeitrag leisten und die Fixkosten zu verringern.

Lösung zu Aufgabe 13.15 *Effizienter Personaleinsatz*

(1) (a) Prinzip des Arbeitsplatzwechsels (Job Rotation)
    (b) Prinzip der Arbeitsbereicherung (Job Enrichment)
    (c) Prinzip der Arbeitserweiterung (Job Enlargement)
(2) Buchhalter und Controller: Rechnungswesen
    Einkäufer und Lagerverwalter: Materialwirtschaft
    Motoreningenieur: Fertigung
    Textilgestalter: Design
    Kassenverwalter: Finanzen
    Verkäufer: Absatz
    Eventmanagerin: Marketing
    Leiter der Ausbildung: Personal

Lösung zu Aufgabe 13.16 *Formen der Entlohnung*

(1) Zeitlohn: 35 x 14,75 = 516,25 €
(2) Der Stückakkord beträgt: (13 + 13 x 0,3)/4 = 4,225 €/Stück
(3) (a) Akkordlohn: 10 x 4,225 = 42,25 €
    (b) Akkordlohn: 2 x 4,225 = 8,45 €
(4) Minutenfaktor: (13 + 13 x 0,35)/60 = 0,2925 €/Min.
    Akkordlohn: 10 x 12 x 0,2925 = 35,10 €/Std.
(5) Gehaltskosten: 10 x 12 x 4 000 =   480 000 €
    Weihnachtsgeld: 10 x 2 000 =   20 000 €
    Umsatzprovision: 10 x 0,0001 x 100 000 000 = 100 000 €
    Gehaltskosten für alle Vertriebsmitarbeiter   600 000 €

Lösung zu Aufgabe 13.17 *Kleiner Leitfaden bei der Stellensuche*

Um seine berufliche Unzufriedenheit zu meistern bieten sich Frusti drei Möglichkeiten an:

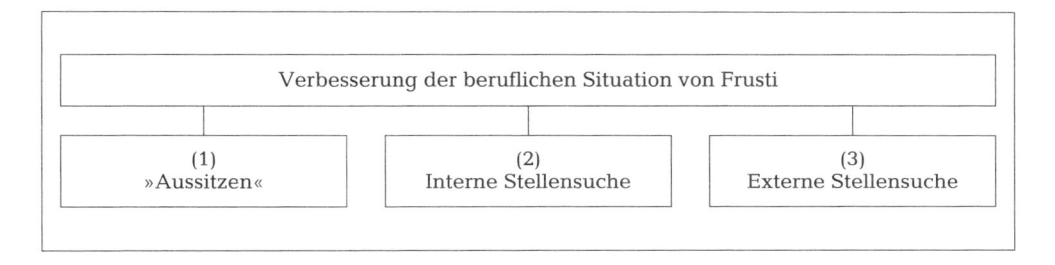

```
          Verbesserung der beruflichen Situation von Frusti
         ┌────────────────┬────────────────┬────────────────┐
              (1)              (2)                (3)
           »Aussitzen«    Interne Stellensuche  Externe Stellensuche
```

Die Situation, einen unangenehmen Chef zu haben, ist im beruflichen Alltag nichts Außergewöhnliches. Sollte Frusti recht haben, dass sein Vorgesetzter neben seiner unangenehmen Art auch noch fachlich unfähig ist, so bietet sich zunächst die Handlungsvariante (1) »Aussitzen« an. Irgendwann wird diese fachliche Unfähigkeit auch auf höheren Führungsebenen bekannt und das Problem erledigt sich von selbst. Ist die Wahrscheinlichkeit, dass dies in absehbarer Zeit geschieht, relativ gering, so bleiben als Handlungsalternative nur noch die interne oder die externe Stellensuche.

Die interne Stellensuche (2) bedeutet, dass Frusti gern im Unternehmen bleiben möchte und ein Wechsel in ein anderes Unternehmen für ihn derzeit nicht in Frage kommt. Es bieten sich dabei zwei Vorgehensweisen an:

Erstens man schaltet die Personalabteilung ein und bespricht die berufliche Situation mit dem zuständigen Personalbetreuer. Diese Vorgehensweise hat immer den Nachteil, dass das Unbehagen von Frusti über seinen Vorgesetzten unmittelbar im Unternehmen bekannt wird.

Eine ähnliche Argumentation gilt für Bewerbungen auf interne Stellenausschreibungen. Solche Stellenausschreibungen werden insbesondere von größeren Unternehmen auch dazu verwendet, vakante Stellen auszuschreiben, bei denen nicht auszuschließen ist, dass das Unternehmen für die zu besetzende Position schon konkret einen geeigneten externen Mitarbeiter gefunden hat. Die Verantwortlichen versuchen durch nachträgliche interne Stellenausschreibungen insbesondere gegenüber dem Betriebsrat zu dokumentieren, dass intern kein geeigneter Mitarbeiter zu finden war.

Die beste und effizienteste Methode intern einen anderen Arbeitsplatz zu finden, ist die direkte Vorgehensweise über einen neuen Fachvorgesetzten. Im Fall von Frusti könnte dieser z. B. den Chef des Controlling-Bereichs ansprechen und auf seine Veränderungswünsche hinweisen. Diese Vorgehensweise hat den Vorteil, dass Frusti unmittelbar erfährt, ob er für eine Stelle im Controlling geeignet ist oder nicht, ohne dass seine Unzufriedenheit sofort im gesamten Unternehmen bekannt wird.

Aufgabe der Personalabteilung ist es dann nur noch auf Wunsch des neuen Vorgesetzten von Frusti, die innerbetriebliche Umorientierung von Frusti arbeitsrechtlich zu organisieren.

Die externe Stellensuche ist die dritte Möglichkeit, sich beruflich anders zu orientieren. Dies setzt logischerweise das Verlassen des alten Unternehmens voraus. Es ist Frusti dabei dringend anzuraten, über sein Vorhaben firmenintern erst dann zu berichten, wenn mit dem neuen Arbeitgeber eine endgültige arbeitsrechtliche Vereinbarung getroffen wurde. Ein vorzeitiges Bekanntwerden seiner Kündigungsabsichten könnte zu internen Repressalien führen.

Lösung zu Aufgabe 13.18 *Zielvorgaben*

Folgende Ziele könnten für das folgende Geschäftsjahr vereinbart werden:

(1) Steigerung des Jahresüberschusses um 10 (i.V. 5) %.
(2) Anteil der nachzuarbeitenden Karosserien soll auf 5 (i.V. 10) % sinken.
(3) Durch schnellere Rechnungsstellung soll das durchschnittliche Zahlungsziel der Kunden auf 14 (i.V. 20) Tage verringert werden.

Lösung zu Aufgabe 13.19 *Personalcontrolling*

Die Fluktuationsquoten bis 2008 betragen: (Nicht betrieblich bedingte Austritte: Durchschnittlicher Personalstand) in %.

	2004	2005	2006	2007	2008
Fluktuationsquote in %	11,4	10,4	9,2	8,0	6,7

Die Personalleitung plant, bis 2008 die nicht betriebsbedingte Fluktuationsquote von 11,4 % auf 6,7 % zu verringern.

Bedarf an neuen Mitarbeitern (Nachwuchsquote) 2004:
    700 : 20 = 35 Personen
    oder quotal:
    (35 : 700) x 100 % = 5 %

Damit die Altersstruktur im Unternehmen erhalten bleibt, müssen jedes Jahr mindestens 5 % der Mitarbeiter durch neue Arbeitskräfte ersetzt werden.

Lösung zu Aufgabe 13.20 *Marketingplanung*

(1) (a) Marktvolumen = 700 T € + 2 Mio. € = 2,7 Mio. €
    (b) Marktanteil Schoko AG = 700 T € : 2,7 Mio. € = 25,9 %

(2)

Marketing-Mix	Instrumente	Verkauf eines neuen Pkw	Verkauf von Blumen	Einrichtung eines Girokontos
Produktpolitik	Design	hoch	hoch	gering
Preispolitik	Preisveränderungen	hoch	hoch	hoch
Kommunikationspolitik	Werbung	hoch	gering	hoch
Vertriebslogistik	Direkter Absatzweg	gering	hoch	mittel

Lösungen zum 14. Hauptteil: Recht

Lösung zu Aufgabe 14.01 *Minderjährigkeit*
M ist als Minderjähriger nur beschränkt geschäftsfähig (§ 106 BGB). Zu Willenserklärungen, durch die er nicht lediglich einen rechtlichen Vorteil erlangt, benötigt er die Einwilligung seiner Eltern als gesetzliche Vertreter (§ 107 BGB).

(1) **Kaufvertrag:** Der von M eingegangene Kaufvertrag wurde ohne Einwilligung der Eltern geschlossen. Er ist nach § 108 Abs. 1 BGB schwebend unwirksam, nach Verweigerung der Genehmigung durch die Eltern ist er nichtig. Die Ausnahme des § 110 BGB greift nicht ein. Der Taschengeldparagraph verlangt, dass M die Leistung »bewirkt«; d. h. voll erfüllt hat. Ratenzahlungsgeschäfte sind nicht gedeckt. Da kein Rechtsgrund für die Leistung des M vorliegt (Kaufvertrag ist nichtig), können die Eltern die bezahlten 300 € gegen Rückgabe des Mopeds herausverlangen.

(2) **Tauschvertrag:** Auch der Tauschvertrag ist mangels Zustimmung der Eltern nichtig. Das Rennrad können sie in diesem Fall aber herausverlangen, weil M noch Eigentümer geblieben ist. Die Übereignung, die er bezüglich des Rennrads auf den H vorgenommen hat, ist ebenfalls ein Rechtsgeschäft. Auch dieses ist mangels Zustimmung der Eltern nichtig, sodass H nicht Eigentümer geworden bzw. M Eigentümer geblieben ist. Anspruchsgrundlage ist in diesem Fall § 985 BGB. (Das Moped muss zurückgegeben werden, obwohl M Eigentümer geworden ist. Die Übereignung an M war nämlich wirksam, da M durch dieses Rechtsgeschäft lediglich einen rechtlichen Vorteil hatte. Aber für die Übereignung H an M fehlt ein Rechtsgrund, da der Kaufvertrag nichtig ist. Anspruchsgrundlage für den Händler ist § 812 BGB.)

Lösung zu Aufgabe 14.02 *Irrtum bei Vertragsschluss*
Bezüglich des Anhängers sind die Aussichten des L nach der Gesetzeslage schlecht. Er kann den Kaufvertrag nicht wegen Irrtums nach § 119 BGB anfechten. Seine Erklärung, den Anhänger kaufen zu wollen, war in der Willensbildung und in der Erklärung einwandfrei. Er hat sich nur im Vorfeld der Willensbildung über die Breite des Anhängers wohl keine Gedanken gemacht. Aus welchem Grund er den Entschluss fasste, den Anhänger zu kaufen oder nicht, ist aber rechtlich unbeachtlich. Es handelt sich um einen sog. Motivirrtum, wegen dem der Vertrag nicht anfechtbar ist. L kann nur versuchen, den Anhänger im Kulanzwege dem H wieder zurückzugeben.

Bezüglich des Traktors kann L den Vertrag anfechten. Es handelt sich in diesem Fall um einen Inhaltsirrtum i. S. des § 119 Abs. 1 BGB, da L sich über die Kaufsache geirrt hat. Als Rechtsfolge der Anfechtung ist der Kaufvertrag nichtig (§ 142 BGB). Da der Kaufvertrag die Rechtsgrundlage für die Zahlung des Kaufpreises war, kann L ihn zurückfordern. Aus dem gleichen Grund muss er den Traktor dann zurückgeben. L muss allerdings dem H einen etwa entstandenen Schaden ersetzen (§ 122 BGB).

Lösung zu Aufgabe 14.03 *Fehlerhafte Willenserklärung*
Nach der gesetzlichen Regelung ist der Vertrag wirksam und einzuhalten. Die Erwartung eines Großauftrags war das Motiv, die Bestellung bei L aufzugeben. Erfüllt sich diese Erwartung nicht, liegt ein unbeachtlicher Motivirrtum vor. Der Vertrag ist nicht nach § 119 BGB anfechtbar. Ein Rücktrittsrecht ist mangels vertraglicher Vereinbarung vom Gesetz nicht vorgesehen (§ 346 BGB). Eine andere Möglichkeit wäre gewesen, die Bestellung bei L unter der Bedingung des Zustandekommens des Großauftrags aufzugeben; dies ist aber laut Sachverhalt ebenfalls nicht erfolgt.

Lösung zu Aufgabe 14.04 *Stellvertretung*

Gehandelt haben beim Vertragsschluss A auf Seiten der GmbH und X auf Seiten des Händlers H. Über die Vertretungsmacht des X ist im Sachverhalt nichts ausgesagt, es ist aber anzunehmen, dass er zumindest nach § 56 HGB als Ladenangestellter zum Verkauf ermächtigt gilt. Er ist somit als Vertreter des H tätig geworden, sodass H die eine Partei des Vertrags ist. Fraglich ist, ob A auf Seiten der GmbH wirksam als Vertreter aufgetreten ist. Dazu sind nach § 164 BGB zwei Voraussetzungen notwendig. Zum einen muss der Vertreter in fremdem Namen, d. h. im Namen des Vertretenen gehandelt haben. Dies war bei A nach dem Sachverhalt der Fall. Zum anderen muss der Vertreter Vertretungsmacht haben. A hatte Vollmacht, einen Pkw bis zu einem Kaufpreis von 40 000 € zu kaufen. Diesen Betrag hat er überschritten. Dies bedeutet, dass sein Vertragschluss von der ihm erteilten Vollmacht nicht gedeckt war, und er somit ohne Vertretungsmacht handelte. Das Zustandekommen des Vertrags hängt beim Vertragsschluss eines vollmachtlosen Vertreters von der Genehmigung des Vertretenen, hier des G ab. Da diese laut Sachverhalt nicht erteilt wurde, haftet der A dem Händler H nach dessen Wahl auf Erfüllung oder Schadensersatz, d. h. im Ergebnis muss A den Wagen entweder selbst abnehmen und bezahlen oder an H Schadensersatz leisten (§§ 177, 179 BGB).

Lösung zu Aufgabe 14.05 *Verjährung*

(1) Die Verjährung der Ansprüche der Handwerker für die Lieferung von Waren oder die Ausführung von Arbeiten unterliegen der regelmäßigen Verjährungsfrist von 3 Jahren (§ 195 BGB). Ob an eine Privatperson oder an einen Kaufmann geliefert wurde, spielt keine Rolle. Die Verjährung beginnt nach § 199 Abs. 1 BGB mit Ablauf des Kalenderjahres, in dem der Anspruch auf Zahlung entsteht, somit mit Ablauf 01.

(2) Droht der Eintritt der Verjährung, kann sie nach den §§ 203 ff. BGB gehemmt sein oder unterbrochen werden (§§ ff. 212 BGB). Am einfachsten kann S eine Hemmung durch Klageerhebung oder Zustellung eines Mahnbescheids herbeiführen (§ 204 BGB). Wird die Verjährung unterbrochen, beginnt eine neue Verjährungsfrist zu laufen (§ 212 BGB).

(3) Zahlt der Auftraggeber, obwohl er das Recht gehabt hätte, die Leistung zu verweigern (§ 214 BGB), muss S nichts zurückerstatten. Der Eintritt der Verjährung bringt seinen Zahlungsanspruch nicht zum Erlöschen.

Lösung zu Aufgabe 14.06 *Allgemeine Geschäftsbedingungen*

Klauseln in AGB sind nach Maßgabe der §§ 307 ff. BGB unwirksam. Im vorliegenden Sachverhalt greift § 309 Nr. 8b BGB, denn für den Fall des Fehlschlagens der Nachbesserung oder der Ersatzlieferung müssen die gesetzlichen Gewährleistungsrechte eingeräumt werden.

Lösung zu Aufgabe 14.07 *Kaufvertrag*

Da die Maschine einen Mangel i. S. des § 434 BGB aufweist, hat F die Rechte des Käufers bei Mängeln (§ 457 BGB).

Er kann nach § 437 Nr. 1 i. V. m. § 439 BGB Nacherfüllung verlangen. Dies gibt ihm auch das Recht auf Reparatur, nämlich die Beseitigung des Mangels.

Daneben kann er nach § 437 Nr. 3 BGB Schadensersatz verlangen, der auch den entgangenen Gewinn umfasst, denn Schadensersatz bedeutet, dass er so gestellt wird, als ob die Maschine ordnungsgemäß einsetzbar gewesen wäre.

Stattdessen er kann nach § 437 Nr. 2 i. V. m. § 441 BGB Minderung des Kaufpreises verlangen, was für seine Situation jedoch uninteressant ist.

Lösung zu Aufgabe 14.08 *Mängel beim Kauf*

(1) Eine Beschädigung an der Frontseite des Kühlschranks ist ein Sachmangel im Sinne des § 434 BGB, der E die Rechte nach § 437 BGB gibt. Wenn E glaubt, dass er das Gerät mit Abschlag verkaufen kann, wird er Minderung (Herabsetzung des Kaufpreises) verlangen, andernfalls vom Vertrag zurücktreten, d. h. den Kühlschrank zurückgeben und den Kaufpreis zurückverlangen.

(2) Hier liegt eine Falschlieferung vor. Die Lieferung der falschen Sachen ist der mangelhaften Lieferung gleichgestellt. Er hat somit ebenfalls die Rechte gem. § 437 BGB. Nachdem er eine Nachfrist gesetzt hat, kann E Schadensersatz verlangen oder vom Vertrag zurücktreten (§ 326 BGB). In letzterem Falle könnte er auch bei der Konkurrenz günstiger einkaufen.

(3) Auch in diesem Fall liegt in Bezug auf zwei Maschinen ein Sachmangel vor (§ 434 Abs. 3 BGB). Nach Nachfristsetzung hat E wie im Fall (2) die Rechte nach § 347 BGB, Schadensersatz zu verlangen oder vom Vertrag zurückzutreten.

Lösung zu Aufgabe 14.09 *Eigentumsvorbehalt*

I. d. R. wird ein Eigentumsvorbehalt schon bei Vertragsschluss vereinbart, es genügt aber, wenn er bei der Übereignung als dem dinglichen Geschäft vereinbart wurde. Es ist darauf abzustellen, wie der Empfänger das Übereignungsangebot des Lieferanten H verstehen durfte. Ist der Empfänger Kaufmann, so muss er wissen, dass im kaufmännischen Verkehr i. d. R. nur unter Eigentumsvorbehalt geliefert wird. Als weiteres Problem taucht hier auf, dass der Eigentumsvorbehalt nicht gegenüber G selbst, sondern gegenüber seinem Lagerverwalter erklärt wurde. Es genügt aber, wenn die unter Eigentumsvorbehalt stehende Übereignungserklärung einer »empfangszuständigen« Stelle gegenüber erklärt wurde. Dies ist beim Lagerverwalter der Fall. G muss sich so behandeln lassen, als habe er die Ware selbst in Empfang genommen. Im Ergebnis ist der Eigentumsvorbehalt wirksam vereinbart worden.

Lösung zu Aufgabe 14.10 *Einfacher Eigentumsvorbehalt*

Die Vereinbarung eines einfachen Eigentumsvorbehalts gibt dem H keine Rechte über seine schuldrechtlichen Ansprüche auf Zahlung hinaus. H hat das Eigentum an den Ziegeln verloren, als die Ziegel beim Vermauern mit dem Grundstück des B fest verbunden wurden. Durch die Verbindung wurde B nach § 946 BGB Eigentümer der Ziegel als wesentliche Bestandteile seines Grundstücks. Der vereinbarte Eigentumsvorbehalt hindert den gesetzlichen Eigentumserwerb nach § 946 BGB nicht.

Lösung zu Aufgabe 14.11 *Kaufmann*

Z handelt mit Pferden. Pferde sind nach § 90a BGB beweglichen Sachen gleichgestellt. Die Anschaffung und Weiterveräußerung von beweglichen Sachen sind ein Handelsgewerbe. Z ist somit Kaufmann. Eine weitere Frage ist, ob sein Unternehmen nach Umfang und Art einen in kaufmännischer Weise eingerichteten Geschäftsbetrieb erfordert. Ist dies nicht der Fall, hat er nach § 1 Abs. 2 HGB ein Wahlrecht, sich ins Handelsregister eintragen zu lassen oder nicht.

Lösung zu Aufgabe 14.12 *Handelsregister*

G war als Geschäftsführer gesetzlicher Vertreter der X-GmbH (§ 35 GmbHG). Fraglich ist, ob dem H das Ausscheiden des G entgegengehalten werden kann, obwohl er davon nichts wusste. Das Ausscheiden des G ist eine Tatsache, die ins Handelsregister eingetragen werden muss. Solange sie nicht eingetragen und bekannt gemacht ist, kann sie einem Dritten nicht entgegengehalten werden (§ 15 HGB), wenn dieser sie nicht kennt (Publizität des Handelsregisters). Da im vorliegenden Fall das Ausscheiden erst im Mai bekanntgemacht wurde, muss die X-GmbH den Vertrag, den G mit H abgeschlossen hat, noch gegen sich gelten lassen, den Wagen abnehmen und bezahlen. (Sie kann aber Schadensersatzansprüche gegen G geltend machen.)

Lösung zu Aufgabe 14.13 *Firma*
Die Fortführung einer Firma ist nur möglich, wenn bisher bereits eine Firma bestand. Da Buddel nach Art und Umfang keinen in kaufmännischer Weise eingerichteten Geschäftsbetrieb unterhielt, brauchte er sich nicht ins Handelsregister eintragen zu lassen. Er war somit kein Kaufmann im Sinne des HGB und konnte somit keine Firma führen. Daher kann der Nachfolger Anton Grab die Firma des verstorbenen Theo Buddel auch nicht fortführen.

Lösung zu Aufgabe 14.14 *Firmenfortführung*
Im Abwandlungsfall liegt ein Handelsunternehmen, von größerem Umfang, vor. Buddel war eingetragener Kaufmann unter der Firma »Theo Buddel e. Kfm.«. Dann kann ein Nachfolger auch die Firma des Verstorbenen fortführen.

Bei Firmenfortführung kann Anton Grab entweder eine eigene Firma unter seinem Namen »Anton Grab« führen. Will er die Firma des Verstorbenen fortführen, kann er die Firma mit oder ohne Nachfolgezusatz weiterführen. Er firmiert z. B.: »Theo Buddel«; »Theo Buddel Nachf.«; »Theo Buddel Nachf. Anton Grab«; oder »Theo Buddel Inh. Anton Grab«, wobei jeweils der Zusatz »e. Kfm.« erforderlich ist (§ 19 I Nr. 1 HGB).

Lösung zu Aufgabe 14.15 *Haftung bei Firmenfortführung*
Im vorliegenden Fall können die Gläubiger (Bank B und Lieferant L) sowohl V als auch N als Gesamtschuldner in Anspruch nehmen. V ist nach wie vor Schuldner seiner alten Gläubiger. Durch die Übertragung seines Geschäfts wird er seiner vertraglichen Verpflichtungen nicht ledig. Wenn allerdings auch der Firmenfortführer haftet, sieht § 26 HGB eine besondere Verjährungsfrist von fünf Jahren vor, nach deren Ablauf V nicht mehr in Anspruch genommen werden kann.

N haftet als Geschäftsübernehmer nach § 25 HGB für alle betrieblichen Verbindlichkeiten des früheren Inhabers V, da er das Handelsgeschäft unter der alten Firma fortführt.

Lösung zu Aufgabe 14.16 *Firmenfortführung ohne Übernahme von Verbindlichkeiten*
Nach § 25 Abs. 2 HGB ist eine entgegenstehende Vereinbarung (Ausschluss des Übergangs der Verbindlichkeiten) vertraglich möglich; sie muss jedoch zu ihrer Wirksamkeit ins Handelsregister eingetragen und bekanntgemacht oder vom Erwerber oder Veräußerer den betreffenden Gläubigern mitgeteilt werden. Ist dies geschehen, können sich B und L nicht an den Übernehmer N, sondern nur an ihren alten Schuldner V wenden.

Lösung zu Aufgabe 14.17 *Bürgschaft*
Soll K für die Verbindlichkeiten einstehen, muss hierfür ein Rechtsgrund vorliegen. Die Bemerkung des K, er werde für die Schulden seines Sohnes »geradestehen«; kann als eine Bürgschaftserklärung ausgelegt werden. Nach § 765 BGB ist eine Bürgschaft das Versprechen an den Gläubiger eines Dritten, für eine fremde Schuld – die des Dritten

– einzustehen. Diese Erklärung ist wegen ihrer Gefährlichkeit nur schriftlich möglich (§ 766 BGB). Anders ist dies, wenn die Bürgschaft von einem Kaufmann im Rahmen seines Handelsgeschäfts abgegeben wird (§ 350 HGB), d. h. von seiner Seite aus ein Handelsgeschäft darstellt. Da aber die von einem Kaufmann vorgenommenen Rechtsgeschäfte als im Zweifel zum Handelsgeschäft gehörig vermutet werden (§ 344 HGB), ist die Bürgschaft des K auch ohne Schriftform gültig, zumal der Kreditsachbearbeiter der Bank die Sicherheit wohl nur unter der Voraussetzung formlos akzeptiert hat, dass K als Kaufmann, nicht nur als Vater einstehen will. Im Ergebnis muss daher K wohl für die Schulden seines Sohnes S als Bürge aufkommen.

Lösung zu Aufgabe 14.18 *Prokura*
Der Umfang der Vertretungsmacht des Prokuristen richtet sich nach § 49 HGB. Danach ermächtigt ihn die Prokura zu allen Geschäften, die der Betrieb eines Handelsgeschäfts mit sich bringt. Er darf aber nach § 49 Abs. 2 HGB keine Grundstücke belasten und veräußern. Somit gilt: Das Akzeptieren des Wechsels und die Kündigung der zwei Mitarbeiter sind gültig. Gleichfalls wirksam ist der Kauf des einen Grundstücks; nicht wirksam ist die Veräußerung des anderen Grundstücks.

Steuererklärungen darf er in der Regel nicht unterschreiben (§ 150 Abs. 3 AO), es sei denn, der Geschäftsherr ist an der Unterzeichnung durch längere Abwesenheit gehindert. Bei den fristgerecht abzugebenden Umsatzsteuer- und Lohnsteuer-Anmeldungen ist dies eher der Fall als bei den Jahreserklärungen.

Lösung zu Aufgabe 14.19 *Personenzusammenschluss*
(1) Durch den Zusammenschluss von C und T ist eine OHG entstanden. Gemeinsamer Zweck ist der Betrieb des Computerverlages (§§ 105 Abs.1 HGB, 705 ff. BGB). Ein Verlag ist nach § 1 Abs. 2 HGB ein Handelsgewerbe. Der gemeinschaftliche Firmenname »C & T« ist zulässig, die Bezeichnung OHG oder offene Handelsgesellschaft ist aber zusätzlich erforderlich (§ 19 Abs.1 Nr. 2 HGB). Eine KG liegt nicht vor, da weder bei C noch bei T die Haftung gegenüber künftigen Gläubigern der Gesellschaft beschränkt ist. Der Abschluss des Gesellschaftsvertrages ist formfrei.
Gemäß §§ 106 ff. HGB sind die Gesellschafter C und T verpflichtet, die OHG zur Eintragung in das Handelsregister anzumelden. dass diese Eintragung bislang nicht erfolgt ist, ist im gegebenen Fall für die Entstehung der OHG unerheblich. Der Entstehungszeitpunkt nach § 123 Abs. 1 HGB geht im gegebenen Fall ins Leere, da die OHG nach § 123 Abs. 2 HGB bereits mit der Aufnahme des Handelsgewerbes kraft Gesetz entsteht. Die spätere Eintragung ins Handelsregister hat nur noch deklaratorische Wirkung.
(2) Die Rechtsnatur der OHG ist u. a. dadurch gekennzeichnet, dass der Gesellschaftszweck darauf ausgerichtet ist, ein Handelsgewerbe zu betreiben. Erfordert das Unternehmen jedoch nach Art und Umfang keinen in kaufmännischer Weise eingerichteten Gewerbebetrieb, so brauchen sich C und T nicht ins Handelsregister eintragen zu lassen. Wenn sie dies nicht wollen, betreiben sie den Verlag als GbR.
(3) Bis zur Entstehung der OHG war die Verbindlichkeit aus der Anschaffung des Personalcomputers durch T dem Einzelunternehmen zuzuordnen (»durch das Handelsgewerbe verAnlasst« i. S. der §§ 343, 344 HGB). Da die Verbindlichkeit bei Eintritt des C in den Verlag noch bestand, haftet die entstandene OHG nach § 28 Abs. 1 HGB in vollem Umfang. Ein Haftungsausschluss des T nach § 28 Abs. 2 HGB wurde nicht vereinbart. Die ehemalige Verbindlichkeit des Einzelunternehmens ist somit zu einer Verbindlichkeit der OHG geworden. Dies gilt unabhängig davon, ob die

OHG die Firma des früheren Einzelunternehmens fortführt oder nicht.
Die Haftung kann nicht auf § 130 HGB gestützt werden, da C nicht in eine bestehende Gesellschaft, sondern in ein Einzelunternehmen eintritt. Bei der OHG haftet jeder Gesellschafter und somit auch C mit seinem gesamten Vermögen für die Verbindlichkeiten der OHG. Eine entgegenstehende Vereinbarung wurde lt. Sachverhalt nicht getroffen, im Übrigen wäre diese nur im Innenverhältnis, nicht aber gegenüber Dritten wirksam (§ 128 HGB). C haftet als Gesamtschuldner (§ 421 Satz 1 BGB) für die Verbindlichkeit aus der Anschaffung des Computers. V kann also von C die Bezahlung der Verbindlichkeit verlangen, ohne dass er sich zunächst an die OHG oder an T gewandt hat (Grundsatz der unmittelbaren und solidarischen Haftung).
Das Ausscheiden des C mit Wirkung ab 1. 11. 02 lässt dessen Haftung für die bei seinem Austritt bestehenden Verbindlichkeiten der OHG unberührt (§ 159 HGB). Die Verjährungsdauer beträgt grundsätzlich fünf Jahre.

(4) Die Erfüllung durch den Gesamtschuldner C wirkt nach § 422 Abs. 1 BGB auch zugunsten des anderen Gesamtschuldners T. Allerdings hat C gegen T nach § 426 BGB einen Anspruch auf anteiligen Ausgleich (50 %).

(5) D ist im Juli 02 in die bereits bestehende H & T OHG eingetreten. Die Verbindlichkeit war zu diesem Zeitpunkt bereits Gesellschaftsschuld der OHG (siehe Frage 3). D haftet somit nach § 130 Abs. 1 HGB für diese Schuld neben den Altgesellschaftern der OHG C und T als Gesamtschuldner persönlich, also mit all seinem Vermögen (§§ 128 HGB, 421 BGB). Für die Haftung des D ist es nicht von Bedeutung, ob sein Name in der Firma der OHG erscheint oder nicht.

(6) Es ist zu prüfen, ob die C & T OHG wirksam verpflichtet wurde und somit eine Verbindlichkeit der OHG entstanden ist, für welche auch der Gesellschafter C nach bereits dargestellten Grundsätzen haften würde. Geschäftsführungs- und Vertretungsbefugnis der Gesellschafter der C & T OHG wurden nicht ausdrücklich vertraglich geregelt. Es gelten somit die gesetzlichen Bestimmungen nach §§ 114 ff. und 125 HGB. Nach §§ 114 Abs. 1, 115 Abs. 1 HGB sind sowohl der Gesellschafter C wie auch T einzeln zur Geschäftsführung befugt. Dies gilt auch für den vorliegenden Geschäftsvorfall, da die Anschaffung eines Personalcomputers noch unter den gewöhnlichen Betrieb des Handelsgewerbes einzuordnen ist (§§ 116 Abs. 1 HGB). T war somit im Innenverhältnis berechtigt, eine Entscheidung über die Anschaffung des Computers auch mit Wirkung gegenüber C zu treffen. Da C nicht von seinem Widerspruchsrecht nach § 115 Abs. 1 HGB Gebrauch gemacht hat, ist diese Entscheidung auch bindend.
T war nach § 125 Abs. 1 HGB auch allein zur Vertretung der OHG befugt. Seine Erklärungen wirken nach § 164 Abs. 1 BGB für und gegen die C & T OHG (§ 124 Abs. 1 HGB), die somit wirksam verpflichtet wurde. Als Gesellschafter der C & T OHG haftet C somit nach § 128 HGB für die o. a. Verbindlichkeit.

Lösung zu Aufgabe 14.20 *Zusammenschluss von Freiberuflern*

(1) C und T können sich zu einer GbR nach §§ 705 ff. BGB zusammenschließen. Diese Gesellschaftsform ist durch folgende Merkmale gekennzeichnet: grundsätzlich formfreier Gesellschaftsvertrag, rechtsverbindliche Vereinbarung eines gemeinsamen Zweckes (Gesellschaftszweck), Pflicht, den Gesellschaftszweck auf vertraglich vereinbarte Art und Weise zu fördern (Förderpflicht).

(2) Angehörige freier Berufe, also auch Steuerberater, können sich zu einer Partnerschaft zusammenschließen (§ 1 Abs. 2 PartGG). Diese Partnerschaft ist ähnlich wie die OHG zu behandeln. Vorteile sind: Eintragung ins Register und Haftungsbeschränkung sind möglich; keine Auflösung, wenn ein Partner ausscheidet.

Lösung zu Aufgabe 14.21 *GmbH*
Nach § 4 GmbHG muss die Firma der Gesellschaft, auch wenn sie nach § 22 HGB oder anderen gesetzlichen Vorschriften fortgeführt wird, die Bezeichnung »Gesellschaft mit Beschränkter Haftung« oder eine allgemein verständliche Abkürzung dieser Bezeichnung enthalten.

Ansonsten gibt es für die Firmierung keine Vorschriften, die speziell auf die GmbH ausgerichtet sind; es gelten die allgemeinen Grundsätze über die Firmenbildung.

Nach § 18 Abs. 1 HGB muss die Firma zur Kennzeichnung des Kaufmanns geeignet sein und Unterscheidungskraft besitzen.

Es sind Personen-, Sach- oder gemischte Firmen ebenso zulässig wie eine reine Fantasiefirma.

Möglich wäre daher: »Käfer GmbH«, »Spielwarenhandels GmbH«, »Käfer Spielwarenhandels GmbH« oder auch »WiKo-GmbH« oder »Kiwi-GmbH« (reine Fantasienamen).

Unter Nachfolgegesichtspunkten kann auch der Name der übernommenen Firma in die Firma der GmbH aufgenommen werden, selbst wenn der Gegenstand des Unternehmens in der Firmierung bisher nicht aufgetaucht ist, z. B.: »Anton Bär GmbH«; »Anton Bär Spielwarengroßhandels GmbH«.

Lösung zu Aufgabe 14.22 *Insolvenzverfahren*
Bei der Durchführung des Insolvenzverfahrens werden nicht alle Gläubiger in gleicher Weise befriedigt.

(1) Die Bank B hat durch die dingliche Sicherung ihrer Forderung ein Recht auf abgesonderte Befriedigung aus dem Grundstück (§ 49 InsO). Dies bedeutet, dass das Grundstück verwertet wird – i. d. R. durch Versteigerung – und die Bank aus dem Erlös vorneweg ihre Forderung ausbezahlt erhält. Ein eventueller Mehrerlös fließt in die Insolvenzmasse.

(2) Die Sicherungsübereignung gibt L kein Recht zur Herausgabe des Lkw nach § 47 InsO, obwohl er zivilrechtlicher Eigentümer ist. § 51 Nr. 1 InsO gibt dem Sicherungseigentümer wegen des einem Pfandrecht entsprechenden wirtschaftlichen Gehalts der Sicherungsübereignung nur ein Recht auf abgesonderte Befriedigung. Der Lieferant erhält somit ebenso wie die Bank B aus dem Erlös des Pkw vor allen anderen Gläubigern seine Forderung ausbezahlt. Ein die Forderung des L übersteigender Betrag fließt in die Insolvenzmasse. Beträgt der Erlös aber z. B. nur 25 000 DM, ist L mit seiner restlichen Forderung von 5 000 DM gewöhnlicher Insolvenzgläubiger.

(3) Die AOK ist gewöhnlicher Insolvenzgläubiger. Sie wird nicht mehr wie früher bevorrechtigt befriedigt.

Lösung zu Aufgabe 14.23 *Kündigung*
Die Kündigungsfristen für Arbeiter und Angestellte sind in § 622 BGB einheitlich geregelt.

(1) Will A zum 31. 3. kündigen, kann er dies mit einer Frist von vier Wochen zum Ende des Kalendermonats tun (§ 622 Abs. 1 BGB), d. h. das Kündigungsschreiben muss spätestens vier Wochen vor dem 31. 3. beim Arbeitgeber eingehen.

(2) Will die Firma F kündigen, hat sie nach § 622 Abs. 2 BGB längere Kündigungsfristen einzuhalten. Im Fall des A beträgt die Frist sechs Monate zum Ende eines Kalendermonats (§ 622 Abs. 2 Nr. 6 BGB), da das Arbeitsverhältnis des A länger als 15 Jahre (gerechnet ab Vollendung des 25. Lebensjahres) bestanden hat. Die Kündigung zum 31. 3. durch die Firma F muss dem A somit spätestens am 30. 9. des Vorjahres zugehen.

(3) Um dem A zu kündigen, muss außerdem ein Kündigungsgrund vorliegen. Nach § 1 KSchG ist eine Kündigung unwirksam, wenn sie sozial ungerechtfertigt ist. Als Kündigungsgrund muss daher nachprüfbar angegeben sein, durch welche Gründe, die in der Person oder im Verhalten des A liegen, die Kündigung bedingt ist, oder ob dringende betriebliche Bedürfnisse der Weiterbeschäftigung des A entgegenstehen (§ 1 Abs. 2 KSchG). Besteht ein Betriebsrat, muss dieser gehört werden (§ 102 BetrVG).

Lösung zu Aufgabe 14.24 *Kündigung bei mangelnder Auftragslage*

(1) Arbeitnehmern wird durch das Kündigungsschutzgesetz Schutz vor unberechtigten Kündigungen gewährt. Nach § 4 KSchG muss B innerhalb von drei Wochen, nachdem ihm die Kündigung zugegangen ist, Klage beim Arbeitsgericht erheben. Den Zeitpunkt des Zugangs der Kündigung muss der Kündigende beweisen. Ist die Klage somit am 5. 4. zugegangen, muss die Klage spätestens mit Ablauf des 26. 4. beim Arbeitsgericht eingehen.
(2) Fährt B am 9. 4. in einen vierwöchigen Urlaub, muss er vorher Klage einreichen. Zwar kann nach § 5 KSchG auch eine verspätete Klage zugelassen werden, jedoch nur dann, wenn den Arbeitnehmer trotz Anwendung aller ihm nach den Umständen zuzumutenden Sorgfalt verhindert ist, die Klage zu erheben. Das ist nach dem Sachverhalt nicht der Fall. B kann seine Klage durchaus vorher einreichen.

Lösung zu Aufgabe 14.25 *Nicht gerechtfertigte Kündigung*

Da die Kündigung nicht wirksam war, besteht das Arbeitsverhältnis des C weiter. Somit besteht auch der Lohnanspruch weiter. Hat C nicht gearbeitet, weil er sofort freigestellt wurde, befand sich der Arbeitgeber im Annahmeverzug. In diesem Fall ergibt sich der Lohnanspruch des C aus § 615 BGB. C muss sich allerdings dasjenige anrechnen lassen, was er infolge seiner Freisetzung erspart hat oder was er anderweitig verdient hat (§ 615 Satz 2 BGB).

Lösung zu Aufgabe 14.26 *Arbeitsvertrag und Mutterschutz*

Ein befristeter Arbeitsvertrag endet mit Fristablauf, ohne dass es einer Kündigung bedarf. F beruft sich auf das Mutterschutzgesetz, nach dessen § 9 die Kündigung einer Schwangeren während der Schwangerschaft und bis zum Ablauf von vier Monaten nach der Entbindung unzulässig ist. Das Mutterschutzgesetz schützt aber nur vor Kündigungen des Arbeitgebers, nicht vor Beendigungen befristeter Arbeitsverhältnisse durch Zeitablauf. Aus dem Sachverhalt ergibt sich auch kein Hinweis, dass die Befristung des Arbeitsverhältnisses mißbräuchlich zur Umgehung von Schutzvorschriften vereinbart wurde. Das Arbeitsverhältnis der F wird also zum 30. 9. auslaufen.

Lösung zu Aufgabe 14.27 *Befristeter Arbeitsvertrag*

(1) Ein befristeter Arbeitsvertrag ist ordentlich nur kündbar, wenn dies vertraglich gesondert vereinbart worden ist. Das ist nach dem Sachverhalt nicht der Fall. Eine außerordentliche Kündigung ist grundsätzlich immer möglich, jedoch muss hierfür ein wichtiger Grund vorliegen. Die Möglichkeit, sich beruflich zu verbessern, ist nicht als wichtiger Grund in dem Sinne anerkannt, dass er eine außerordentliche Kündigung rechtfertigen könnte.
(2) Bleibt S einfach ihrer bisherigen Arbeitsstelle fern, macht sie sich wegen Vertragsbruchs schadensersatzpflichtig.

Lösungen zum 15. Hauptteil: EDV, Informations- und Kommunikationstechniken

Lösung zu Aufgabe 15.01 *Begriff Informatik*
Der Begriff Informatik setzt sich aus den Wörtern **Infor**mation und Auto**matik** zusammen. Er umfasst das abstrakte und modellhafte Entwickeln von Lösungsverfahren (theoretisch/wissenschaftlicher Aspekt) und die Umsetzung in lauffähige Systeme (funktional/technischer Aspekt).

Lösung zu Aufgabe 15.02 *Argumente für die Verbreitung von PCs*
Computer werden immer preiswerter und leistungsstärker; ihr »Preis-/Leistungsverhältnis« wird günstiger. Ihre Bauweise wird kompakter. Ihre Bedienung wird benutzerfreundlicher. Das alles führt zu mehr Flexibilität ihres Einsatzspektrums, also zur Arbeitsplatzorientiertheit des Computers.

Lösung zu Aufgabe 15.03 *Komponenten eines Computers und ihre Funktionen*
(1) Prozessor mit den Grundfunktionen des Rechnens und Steuerns,
(2) Hauptspeicher mit der Funktion des Speicherns, d. h. des Aufnehmens und Abgebens von Informationen,
(3) Ein-/Ausgabe-Schnittstellen mit der Funktion, Verbindungen zu Peripheriegeräten (externen Geräten) herzustellen und Informationen auszutauschen.

Lösung zu Aufgabe 15.04 *Begriff Hardware*
Gesamtheit aller technischen Bauteile, die zum Betreiben eines Computers erforderlich sind. Dazu zählen elektronische Bauteile (Schalt- und Speicherelemente) und Verdrahtungen sowie das Gestell und die Verkleidung des Computers.

Lösung zu Aufgabe 15.05 *Anforderungen an die Aufbereitung von Ergebnissen*
(1) Deutliche Lesbarkeit,
(2) gutes Schriftbild, variable Schriftarten, -größen und -schnitte,
(3) Hervorhebung der Darstellung durch Grafikfähigkeit und Farbigkeit.

Lösung zu Aufgabe 15.06 *Konfiguration eines PCs*

(1) Computer (Zentraleinheit): Prozessor mit hoher Taktfrequenz, genügend großer Hauptspeicher, genügend Ein-/Ausgabe-Schnittstellen, z. B. für Maus, Bildschirm und Drucker.
(2) Tastatur: frei beweglich, deutsche Norm, genügend großer Tastenvorrat, z. B. mit bestimmten Funktionstasten
(3) Maus: handlich, mehrere Klicktasten, genügend langes Anschlusskabel
(4) Bildschirm: Flimmerfreiheit, z. B. mehr als 60 Hz, hohe Auflösung, neigbares und schwenkbares Gehäuse.
(5) Drucker: genügend umfangreicher Zeichenvorrat, z. B. Grafikfähigkeit, gute Druckqualität, Farbfähigkeit, angemessene Druckgeschwindigkeit, geringes Druckgeräusch.
(6) Festplatte: angemessene Speicherkapazität, angemessene Zugriffsgeschwindigkeit, angemessene Übertragungsgeschwindigkeit.
(7) Diskettenlaufwerk: Größe der Disketten, sonst ähnliche Kriterien wie Festplatte.
(8) CD-ROM Laufwerk, Kriterien wie Festplatte.

Lösung zu Aufgabe 15.07 *Klärungsbedarf bei der Einführung eines LAN*

(1) Organisatorische Aspekte: Anzahl anzuschließender Stationen, Entfernung untereinander, Übertragungsmengen, Übertragungszeiten (zeitliche »Spitzen«), Anbindung an andere Netze.
(2) Technische Aspekte: Übertragungsgeschwindigkeit, Zugriffsschutz, Sicherheit gegen Ausfall, Diagnosefähigkeit, Datensicherungsverfahren, Erweiterbarkeit, Wartbarkeit.

Lösung zu Aufgabe 15.08 *Vom Quellprogramm bis zum ausführbaren Programm*

(1) Vorlage von Anweisungen in einer für den Menschen verständlichen Sprache (Quellprogramm)
(2) Mit Hilfe eines Compilers: Umwandlung in einzelne Befehle in einer für die Maschine verständlichen Sprache (Objektprogramm). Zuordnung der Adressen der Speicherplätze von Daten und Befehlen, Einfügen der Adressen in die auszuführenden Befehle. Hinweise auf formale Fehler; ggf. Korrektur der Fehler und nochmalige Übersetzung.
(3) Mit Hilfe eines Linkers: Verbindung der Befehle des Objektprogramms mit anderen Befehlen aus Modulen, die zu einem ablauffähigen Programm führen.
(4) Aufrufen des Programms unter seinem Namen und Ausführen des Programms.

Lösung zu Aufgabe 15.09 *Begriff Software*
Gesamtheit aller logischen Bestandteile, die für das Betreiben eines Computers erforderlich sind. Dazu zählen Anweisungen, Vorschriften und Regeln zur Lösung gestellter Aufgaben einschließlich ihrer Dokumentation.

Lösung zu Aufgabe 15.10 *Softwareanwendungen auf einem PC*

(1) Horizontalsoftware: Finanzbuchhaltung, Offene-Posten-Buchhaltung, Kostenstellenrechnung, Lohn- und Gehaltsabrechnung.
(2) Branchensoftware: Technische Berechnungen, Angebotswesen, Fakturierung.
(3) Bürosoftware: Textverarbeitung, Tabellenkalkulation, Datenbanken.

Lösung zu Aufgabe 15.11 *Anforderungen beim Kauf von Software*
Qualität der Software, Anpassbarkeit der Software, Kompatibilität zu Betriebssystemen und Hardware, Dokumentation der Software, Einweisung in die Anwendung der Software Schulungen und Beratungen (Hotline-Service), laufende Pflege und Wartung der Software, einmalige und wiederkehrende Kosten.

Lösung zu Aufgabe 15.12 *Einsatz von Software in Anwendergruppen*
Zugriff auf gemeinsamen Terminkalender, gesamtheitliche Einsatzplanung, Projektplanung, Austausch von Schriftsätzen, zentral geführte Informationen (schwarzes Brett).

Lösung zu Aufgabe 15.13 *Merkmale für die Beurteilung von Software*

(1) Zuverlässigkeit: Software ist hinreichend ausgetestet und möglichst weit im Einsatz (Referenzen).
(2) Stabilität: Software arbeitet auch unter ungewöhnlichen Voraussetzungen weiter (falsche Bedienung, Ausfall einzelner Komponenten).
(3) Erweiterbarkeit: Software kann leicht auf zusätzliche Anforderungen ausgerichtet werden.
(4) Wartbarkeit: Programme können auch von Programmierern, die die Programme nicht geschrieben haben, verstanden und verändert werden (Modularität, Dokumentation).

(5) Portabilität: Software kann auf andere Hardware und Betriebssysteme übertragen werden.
(6) Anpassbarkeit: Software kann mit anderen Anwendungen verbunden werden.
(7) Effizienz: Nur geringer Einsatz von Systemkomponenten erforderlich; günstiges Laufzeitverhalten, günstiger Speicherplatzbedarf.
(8) Benutzerfreundlichkeit: Software ermöglicht eine einfache Bedienbarkeit.
(9) Ergonomie: Anwendung der Software belastet den Benutzer weder übermäßig geistig noch körperlich.

Lösung zu Aufgabe 15.14 *Entwurf eines Programmablaufdiagramms*

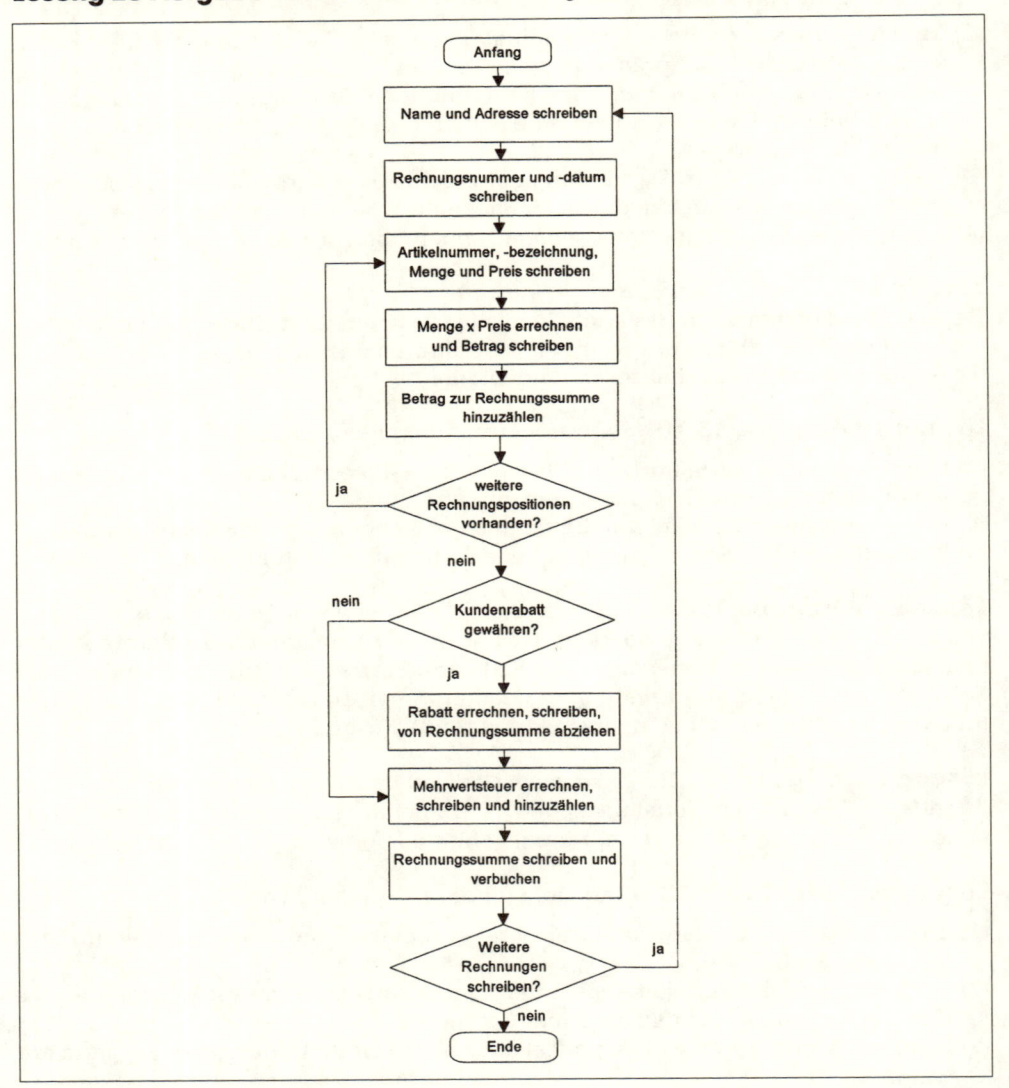

```
                    ┌─────────┐
                    │ Anfang  │
                    └────┬────┘
                         ▼
          ┌──────────────────────────┐◄──────────┐
          │ Name und Adresse schreiben│           │
          └──────────────┬───────────┘           │
                         ▼                        │
          ┌──────────────────────────┐           │
          │ Rechnungsnummer und -datum│           │
          │         schreiben         │           │
          └──────────────┬───────────┘           │
                         ▼                        │
          ┌──────────────────────────┐◄──┐       │
          │ Artikelnummer, -bezeichnung,│  │       │
          │  Menge und Preis schreiben │  │       │
          └──────────────┬───────────┘  │       │
                         ▼               │       │
          ┌──────────────────────────┐  │       │
          │  Menge x Preis errechnen  │  │       │
          │   und Betrag schreiben    │  │       │
          └──────────────┬───────────┘  │       │
                         ▼               │       │
          ┌──────────────────────────┐  │       │
          │ Betrag zur Rechnungssumme │  │       │
          │        hinzuzählen        │  │       │
          └──────────────┬───────────┘  │       │
                         ▼               │       │
                       ◇weitere◇          │       │
              ja    ◇Rechnungs-◇──────────┘       │
          ┌─────────◇ positionen◇                  │
          │         ◇vorhanden? ◇                  │
          │               │ nein                   │
          │               ▼                        │
          │          ◇Kunden- ◇   nein             │
          │          ◇ rabatt ◇───────┐            │
          │          ◇gewähren?◇       │            │
          │               │ ja         │            │
          │               ▼            │            │
          │    ┌──────────────────┐   │            │
          │    │Rabatt errechnen, │   │            │
          │    │    schreiben,    │   │            │
          │    │von Rechnungssumme│   │            │
          │    │    abziehen      │   │            │
          │    └────────┬─────────┘   │            │
          │             ▼◄────────────┘            │
          │    ┌──────────────────┐                │
          │    │Mehrwertsteuer    │                │
          │    │errechnen,        │                │
          │    │schreiben und     │                │
          │    │hinzuzählen       │                │
          │    └────────┬─────────┘                │
          │             ▼                          │
          │    ┌──────────────────┐                │
          │    │Rechnungssumme    │                │
          │    │schreiben und     │                │
          │    │verbuchen         │                │
          │    └────────┬─────────┘                │
          │             ▼                          │
          │        ◇Weitere ◇    ja                │
          │        ◇Rechnungen◇──────────────────┘
          │        ◇schreiben?◇
          │             │ nein
          │             ▼
          │         ┌──────┐
          │         │ Ende │
          │         └──────┘
```

Beispiel
Programmablaufplan für die Erstellung einer Rechnung (Faktura)

Lösung zu Aufgabe 15.15 *Strukturierung einer Datenbank*

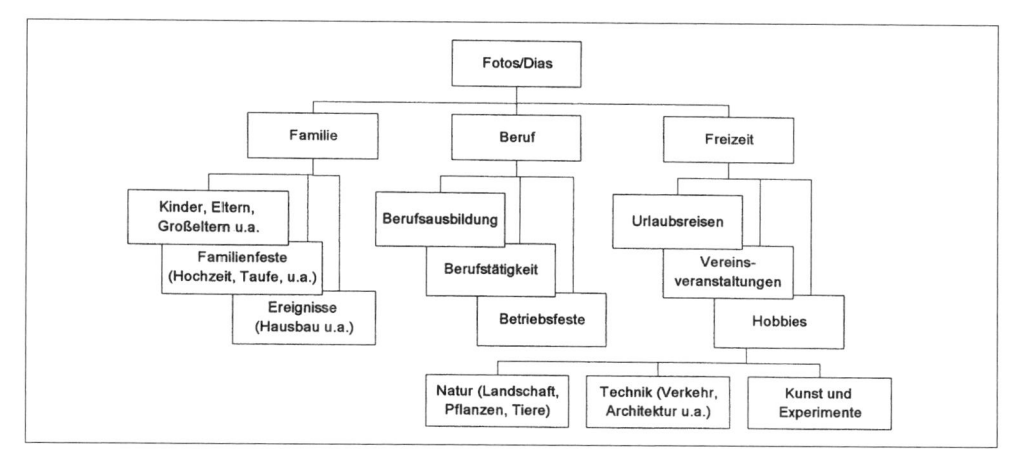

```
                          Fotos/Dias
        ┌──────────────────────┼──────────────────────┐
      Familie                 Beruf                Freizeit
        │                       │                       │
  Kinder, Eltern,        Berufsausbildung         Urlaubsreisen
  Großeltern u.a.                │                       │
        │                 Berufstätigkeit           Vereins-
  Familienfeste                  │                 veranstaltungen
  (Hochzeit, Taufe, u.a.)        │                       │
        │                  Betriebsfeste              Hobbies
  Ereignisse                     │                       │
  (Hausbau u.a.)                 │                       │
              Natur (Landschaft,   Technik (Verkehr,   Kunst und
              Pflanzen, Tiere)     Architektur u.a.)   Experimente
```

Beispiel
Gliederung eines Foto-/Dia-Archivs

Lösung zu Aufgabe 15.16 *Pflichten der speichernden Stelle nach dem BDSG*
Prüfen, ob die Speicherung zulässig ist (gemäß rechtlicher Grundlage nach dem BDSG oder einem anderen Gesetz oder aufgrund einer Zustimmung durch die Betroffenen); falls ja:

– Datenschutzmaßnahmen: Betroffenen benachrichtigen, falls er keine Kenntnis von der Speicherung haben kann. Auf Verlangen Auskunft geben und berichtigen, falls Daten unrichtig sind. Mitarbeiter, die bei der Verarbeitung der personenbezogenen Daten tätig sind, auf Einhaltung des Datengeheimnisses verpflichten.
– Datensicherungsmaßnahmen: Daten sowie Mittel und Verfahren für ihre Verarbeitung vor unberechtigtem Zugriff und unberechtigter Verwendung sichern.

Lösung zu Aufgabe 15.17 *Bekanntgabe von personenbezogenen Daten*

(1) Geschäftsfreund: nein, es sei denn, der Mitarbeiter wird vorher gefragt und ist einverstanden.
(2) Zuständiger Abteilungsleiter: ja, weil er der Vorgesetzte der Mitarbeiter ist.
(3) Leiter einer anderen Abteilung: nein, weil er kein Vorgesetzter ist.
(4) Versicherungsvertreter: nein, es sei denn, der Mitarbeiter wird vorher gefragt und ist einverstanden.
(5) Datenschutzbeauftragter: bedingt; nur falls ein konkreter Anlass zu einer Prüfung besteht.
(6) Mitarbeiter der Abteilung: ja, falls er der Mitarbeiter ist, den es betrifft; nein, falls ein anderer Mitarbeiter nachfragt.

Lösung zu Aufgabe 15.18 *Nutzenanalyse*
Für die Lohn- und Gehaltsabrechnung in mehreren Filialen wurde eine Nutzenanalyse druchgeführt. Es wurden mehrere Anforderungskriterien ermittelt, angegeben in der Reihenfolge ihrer Gewichtung (G):

Vernetzung (10), Informationsgehalt (9), Funktionssicherheit (9), Datenschutz (9), Leistungsfähigkeit (8), Zeitverhalten (8), Ausbaufähigkeit (8), Bedienkomfort (8), Serviceunterstützung (7), Auskunftsbereitschaft (7), Einarbeitung (6), Ergonomieaspekt (6), Umweltverträglichkeit (6), Integrationsfähigkeit (5), Einsatzhäufigkeit und Freizügigkeit der Terminierung (5), Vertragsbedingungen (5), Kapazität (4), Dauer des Einrichtens (3), Nähe der Servicestation (2).

Literaturverzeichnis

Arbeitsmethodik

Banyard, P./Cassels, A./Green, P./Hartland, J./Hayes, N./Reddy, P.: Einführung in die Kognitionspsychologie, übersetzt von Petra Holler, München, Basel 1995.

Bruns, B./Gajewski, P.: Multimediales Lernen im Netz. Ein Leitfaden für Entscheider und Planer, Berlin et al. 1999.

Drischoll, M.: Web-Based Training. Using Technology to Design Adult Learning Experiences, San Francisco, CA 1998.

Forgas, Joseph P.: Soziale Interaktion und Kommunikation. Eine Einführung in die Sozialpsychologie, 2. Auflage, Weinheim 1994.

Jung, H.: Personalwirtschaft, 2., durchgesehene Auflage, München 1997.

Koeder, K.: Studienmethodik. Leitfaden für ein effizientes Studium, München 1996.

Mohler, A.: Die 100 Gesetze überzeugender Rhetorik. Mit 27 Abbildungen von Rado H. Angerer, Frankfurt, Berlin 1996.

Reiners, L.: Stilfibel. Der sichere Weg zum guten Deutsch, 25. Auflage, München 1992.

Rückriem, G./Stary, J./Franck, N.: Die Technik wissenschaftlichen Arbeitens. Eine praktische Anleitung, 7., aktualisierte Auflage, Paderborn 1992.

Schneider, D./Rechtien, W.: Die Macht des Arguments. Sicher auftreten, klar formulieren, mit Überzeugung gewinnen, Wiesbaden 1991.

Theisen, M.: Wissenschaftliches Arbeiten. Technik – Methodik – Form, 6., überarbeitete und aktualisierte Auflage, München 1992.

Thomas, A.: Grundriß der Sozialpsychologie. Band I: Grundlegende Begriffe und Prozesse, Göttingen 1991.

Volkswirtschaftliche Grundlagen

Altmann, Jörn: Volkswirtschaftslehre. Einführende Theorie mit praktischen Bezügen. 6. überarb. Auflage., Stuttgart 2003.

Baßeler, Ulrich; Heinrich, Jürgen; Utecht, Burkhard: Grundlagen und Probleme der Volkswirtschaft. 17., überarb. Aufl., Stuttgart 2002.

Bofinger, Peter: Grundzüge der Volkswirtschaftslehre. Eine Einführung in die Wissenschaft von Märkten. Pearson Studium, München 2003.

Hardes, Heinz-Dieter; Schmitz, Frieder; Uhly, Alexandra: Grundzüge der Volkswirtschaftslehre. 8. neubearb. Auflage, München 2002.

Mankiw, N. Gregory: Grundzüge der Volkswirtschaftslehre. 3. Auflage, aus d. Englischen v. Adolf Wagner. Stuttgart 2004.

Paraskewopoulos, Spiridon: Volkswirtschaftslehre. Grundriss für Studierende. Bearb. hrsg. von: Tilo Köhler-Cronenberg, Tobias Legutke, Andreas Mikoleizik, Angelika Patz, Spiridon Paraskewopoulos, Herne 2003.

Siebert, Horst: Einführung in die Volkswirtschaftslehre. 14., völlig überarb. Auflage, Stuttgart 2003.

Woll, Artur: Allgemeine Volkswirtschaftslehre. 14., überarb. u. erg. Auflage, München 2003.

Betriebswirtschaftliche Grundlagen

Bea, F.-X./Dichtl, E./Schweitzer, M. (Hrsg.): Allgemeine Betriebswirtschaftslehre,
- Band 1, Grundfragen, 8. Auflage, Stuttgart/Jena 2000.
- Band 2, Führung, 8. Auflage, Stuttgart/Jena 2001.
- Band 3, Leistungsprozess, 9. Auflage, Stuttgart/Jena 2003.

Birker, K.: Einführung in die Betriebswirtschaftslehre Grundbegriffe, Denkweisen, Fachgebiete, 1. Auflage Berlin 2000.

Gutenberg, E.: Grundlagen der Betriebswirtschaftslehre,
- Band 1, Die Produktion, 24. Auflage, Berlin/Heidelberg/New York 1984.
- Band 2, Der Absatz, 17. Auflage, Berlin/Heidelberg/New York 1983.
- Band 3, Die Finanzen, 8. Auflage, Berlin/Heidelberg/New York 1980.

Knief, P.: Steuerberater- und Wirtschaftsprüfer-Jahrbuch 2004, 22. Auflage, Düsseldorf 2004.

Kosiol, E.: Die Unternehmung als wirtschaftliches Aktionszentrum, Hamburg 1974.

Olfert, K./Rahn, H.-J.: Einführung in die Betriebswirtschaftslehre, herausgegeben von Olfert, K., 7. Auflage, Ludwigshafen 2003.

Schmalen, H.: Grundlagen und Probleme der Betriebswirtschaft, 12. Auflage, Stuttgart 2002.

Schmalen, H.: Grundlagen und Probleme der Betriebswirtschaft, Übungsbuch, unter Mitarbeit von Kollmannsberger, C./Schachtner, D., 4. Auflage, Stuttgart 2003.

Schneck, O.: Betriebswirtschaftslehre, Eine praxisorientierte Einführung mit Fallbeispielen, 2. Auflage, Frankfurt 1999.

Schneck, O. (Hrsg.): Lexikon der Betriebswirtschaft, 5. Auflage, München 2003.

Vahs, D./Schäfer-Kunz, J.: Einführung in die Betriebswirtschaftslehre, Lehrbuch mit Beispielen und Kontrollfragen, unter Mitarbeit von Simoneit, M., 3. Auflage, Stuttgart 2002.

Weber, W.: Einführung in die Betriebswirtschaftslehre, 5. Auflage, Wiesbaden 2003.

Wöhe, G.: Einführung in die Allgemeine Betriebswirtschaftslehre, 21. Auflage, München 2002.

Recht

Baumbach/Duden/Hopt: Handelsgesetzbuch, 31. Auflage, München 2003.

Baumbach/Hefermehl: Wechselgesetz/Scheckgesetz, 22. Auflage, München 2000.

Baumbach/Hueck: GmbH-Gesetz, 17. Auflage, München 2000.

Creifelds: Rechtswörterbuch, 17. Auflage, München 2002.

Eickmann, Flessner, Irschlinger: Insolvenzverordnung, 3. Auflage, Heidelberg 2003.

Fitting/Kaiser: Schidsverfassungsgesetz, 21. Auflage, München 2002.

Haberkorn: Arbeitsrecht, 11. Auflage, Stuttgart 2002.

Hanau: Arbeitsrecht, 12. Auflage, Neuwied/Frankfurt 2000.

Hauck/Helml: Arbeitsgerichtgesetz, 2. Auflage, München 2003.

Jauernig: Zivilprozessrecht, 28. Auflage, München 2003.

Klunzinger: Grundzüge des Gesellschaftsrechts, 12. Auflage, München 2002.

Klunzinger: Einführung in das Bürgerliche Recht, 11. Auflage, München 2002.

Klunzinger: Grundzüge des Handelsrechts, 12. Auflage, München 2003.

Klunzinger: Übungen im Privatrecht, 8. Auflage, München 2003.

Maier/Schmitt: Bürgerliches Recht und Steuerrecht, 10. Auflage, Stuttgart 2003.

Palandt: Bürgerliches Gesetzbuch, 63. Auflage, München 2004.

Thomas/Putzo: Zivilprozessordnung, 25. Auflage, München 2003.

Zöller: Zivilprozessordnung, 24. Auflage, Köln 2004.

EDV, Informations- und Kommunikationstechniken

Technik-Fachzeitschriften
(geordnet nach Auflagenhöhe; beginnend mit der höchsten Auflage)

Computer-Bild	PC go
Com!Online	PC Professional
PC Welt	PC Praxis
C't	PC Magazin
Chip	PC Direkt
Tomorrow	Connect
Bravo Screenfun	Online Today
Game Star	Computer Easy
PC Games	PC Action

Schwarzer, B./Krcmar, H.: Wirtschaftsinformatik, 3. Auflage, Stuttgart 2004.

Stichwortverzeichnis

Abakus 402
ABC-Analyse, Lieferanten-
   bewertung 180
Ablaufdiagramm 481
Ablauforganisation 167, 173
Absatz 202
– absatzpolitische
   Instrumente 204
– Bestimmungsgrößen der
   Erlöse 202
Absatzkartell 161
Absatzwege, indirekte 209
Abschlussvertreter 327
Abschlusszwang 252
Abschreibungsgesellschaft 343
Absonderung, Insolvenz-
   verfahren 379
Abstraktionsprinzip 234, 265, 286
Abtretung, stille 307
Äquivalenzprinzip 135
AG
– Auflösung 357
– Gründung 353
– Kapitalbeschaffung 356
– Organe 354
– Satzungsänderung 356
AGB 261, 315
– Begriff 261
– Einbeziehung in Vertrag 262
– Geltungsbereich 261
– unwirksame Klauseln 262
– zwischen Kaufleuten 263
Akkordlohn 193
Akkreditiv 332
Aktien 352
– junge 356
Aktiengesellschaft 352
Aktienoptionen, Ausgestaltung
   der Vergütung 194
Akzept 361
Akzessorietät 281
Alleineigentum 291
Allgemeine Geschäfts-
   bedingungen 261, 315
Allgemeine Wirtschaftspolitik
   45
Allokationsfunktion 66
Allokationsproblem 37
Amtsgericht 368
analog, EDV 403
Anbieterinflation 100
Anfechtbarkeit 239
Angebot 250
Angebotskurve 55
Angebotsmonopol 64
– Preisbildung 61

Angebotsoligopol 65
Angebotsüberschuss 60
Anhang, Arbeitsmethodik 12
Anmeldekartell 69, 161
Anscheinsvollmacht 243
Anspruchsrechte 212
Antidumping-Zölle 118
Anwachsung 339
Anwaltszwang 369
Anwartschaftsrecht,
   Eigentumsvorbehalt 304
Anwendungssoftware 468
Arbeitgeber
– Begriff 381
– Hauptpflicht 384
– Nebenpflichten 385
Arbeitgeberverbände 162
Arbeitnehmer
– Begriff 381
– Hauptpflicht 384
– Nebenpflichten 384
Arbeitsgemeinschaft
– echte 162
– unechte 162
Arbeitsgerichtsbarkeit
– Prozesskostenhilfe 394
– Verfahren 393
– Zuständigkeit 394
Arbeitskampfrecht 390
Arbeitskosten
– im internationalen
   Vergleich 154
– Standortfaktoren 152
Arbeitslosenquote 94
Arbeitslosigkeit, Ursachen 95
Arbeitsmethodik 1
Arbeitsmittel 2
Arbeitsort 1
Arbeitspflicht 384
Arbeitsproduktivität 37
– Standortfaktoren 155
Arbeitsraum 1
Arbeitsrecht 381
– kollektives 390
– Quellen 381
Arbeitsschutz 387
Arbeitsschutzpolitik 45
Arbeitssicherheit 389
Arbeitsstättenverordnung 389
Arbeitsstoffverordnung 389
Arbeitsteilung, Arten 37
Arbeitsverhältnis
– Begründung 382
– Inhalt 384
– Kündigung 385
Arbeitsvertragsrecht 382
Arbeitszeit 1
Arbeitszeitschutz 387

ARGE 162
Artikulationsübungen, Arbeits-
   methodik 19
Artvollmacht 243, 326
ASCII-Code 407
Assessment-Center, Personal-
   auswahl 190
Assoziierte Unternehmen 165
Atemübungen, Arbeits-
   methodik 18
Audiocassetten 30
Aufbauorganisation 167
– Strukturierung der
   Kompetenzen 168
Auflage, Erbrecht 313
Auflassung 291
Auflösung, GmbH 351
Aufrechnung 260
Aufsichtsrat 350, 355
Auftrag 279
Ausbeutungsstrategien 68, 70
Auseinandersetzung
– GbR 339
– GmbH 351
Ausfallbürgschaft 282
Ausgabenpolitik 93
Ausgleichsabgabe für Schwer-
   behinderte 389
Ausgleichsanspruch des
   Handelsvertreters 328
Ausschließlichkeitsbindungen
   71
Außenhandelskontingente
   119
Außenhandelspolitik 118
Außenvollmacht 242
Außenwirtschaft 110
Außenwirtschaftliches Gleich-
   gewicht 93, 95
Außenwirtschaftspolitik 110
– Ziele und Instrumente 118
Aussonderung, Insolvenz-
   verfahren 379
Aussperrung 390, 391
Autarkie 129

Balanced Scorecard 201
Barakkreditiv 332
Barcode 440
Bargeld 98
Bargeldhaltungskoeffizient
   102
Bargeldquote 101
Bargründung, GmbH 347
Basis-Zinsatz, Diskont-Über-
   leitungsgesetz 363
Baustellenfertigung 184, 185
Bedingte Kapitalerhöhung 357

Bedingung 245
Bedürfnishierarchie, Maslow 35
Bedürfnispyramide, Maslow 196
Befristung 245
Beginnfristen 246
Beglaubigung, öffentliche 235
Beherbergungsvertrag 280
Beherrschungsrechte 212
Behinderungs- und Ausbeutungsmißbrauch 71
Behinderungsstrategien 68, 70
Bekanntmachung, Handelsregister 320
Beleglesung, maschinelle 438
Bereicherungsanspruch 285
Bericht, Arbeitsmethodik 9
Berichtstechniken 9
Berichtswesen, internes 201
Berufsbildungsgesetz 390
Berufsfreiheit 219
Beschaffungskartell 161
Beschaffungsschuld 252
Besitz 288
– mittelbarer 288
Besitzkonstitut 287
Besitzmittlungsverhältnis 305
Bestandteil, Begriff nach BGB 230
Bestellmenge, optimale 177
Bestellpunktverfahren 179
Bestellrhythmusverfahren 179
Besteuerung
– internationale 156
– nationale 156
Beteiligung, Begriff 165
Betriebsorganisation 167
Betriebsrat 392
Betriebssystem 457
Betriebsvereinbarung 382
Betriebsverfassungsrecht 392
Betriebswirtschaftslehre 139
– allgemeine 141
– Gegenstand 139
– Geschichte 144
– Grundbegriffe 139
– im Rahmen der Marktwirtschaft 141
– spezielle 141
– wissenschaftliches Umfeld 140
Beurkundung
– notarielle 235, 236
Beweisaufnahme, Klageverfahren 370
Beweiswürdigung, freie 370
Bezugsrecht 356
BGB 223
– Allgemeiner Teil 224
– Allgemeines Schuldrecht 250
– Besonderes Schuldrecht 264
– Sachenrecht 285

Bilanz der Vermögensübertragungen 87
Bildschirm 420
Binärsystem 403
Bit 406
Blankoindossament 361
Bluetooth 415
BMW, Subventionen 158
Bote 241
Bottom-up-Pläne 199
Boykott 71
BPV 179
Brainstorming, Arbeitsmethodik 18
Branchensoftware 468
Brauchtum 211
break-even-point 55
Briefhypothek 298
Bringschuld 253
Bruttoinlandsprodukt 79, 80
Bruttonationaleinkommen 80
Bruttowertschöpfung 78
BRV 179
BSC 201
Buchgeld 98
Buchgeldschöpfung 101
Buchgrundschuld 300
Buchhypothek 298
Budgetrestriktionen 47
Budgetvorgaben, Controlling 201
Bürgschaft 281
Bürosoftware 471
Bundesbank 87
Bundesdatenschutzgesetz 496
Bundesgerichtshof 369
Bundestaat 221
Business Reengineering 173
Byte 406

Call-Center 209
Case 486
Cash Cows, strategische Geschäftsfeldanalyse 203
CD-ROM 434
CEN 135
CENELEC 135
Change Management 167
Chip 408
Cinderellas, strategische Geschäftsfeldanalyse 203
Code 406
Compiler 459
Computer 404, 411, 412
Computerviren 467, 503
Controlling
– als Führungsinstrument 199
– Aufgaben des Controlling 200
– Organisation des Controlling 200
– Prozesse des Controlling 200
COURNOT'scher Punkt 63, 64

DaimlerChrysler, Subventionen 158
Darstellungstechniken 10
Datei 458, 488
Dateiverwaltung 457
Daten 398
– EDV 487
– Gefährdung 503
Datenbank
– hierarchische 493
– Online 495
– relationale 493
– verteilte 494
Datenbanksysteme 475, 490
Datenformat 488
Datenhierarchie 488
Datenorganisation 487
Datenschutz 491, 496
Datenschutzbeauftragter 499
Datensicherung 491, 496, 500
Datowechsel 360
Dauerfazilitäten 107, 109
Deckungsbeitragsrechnung 184
Defizit 103
Deflation 100
Deliktsfähigkeit 226
Demokratie 220
Devisenkurs 112
Devisenmarkt 112, 113
Devisenmarktungleichgewicht, an der unteren Bandbreite 117
Devisenmarktungleichgewicht, an der oberen Bandbreite 117
Devisenswapgeschäfte 108
DEVO 455
Dezentralisation, betriebliche Organisationsstruktur 168
Dezimalsystem 404
Dienstbarkeiten 293
Dienstleistungen 38
Dienstleistungsbilanz 87
Dienstleistungsrechenzentrum, Datenschutz 498
Dienstprogramme 466
Dienstvertrag 277
digital, EDV 403
DIN-Vorschriften 175
Diplomarbeit 10
Diskette 431
Diskont, Wechsel 363
Diskontsatz 363
Diskriminierung 71
Diskussionstechnik, Arbeitsmethodik 26
Dokumentenakkreditiv 332
Drohung 238
Drucker 422
Dualsystem 405
DÜVO 455
Duldungsvollmacht 243
DVD 434

E-Mail 453
EAG-EURATOM 130
EBCDI-Code 340
ECONFIN-Rat 104
EDI 455
EDIFACT 455
EDV 397
EG 128, 130
EGKS-Montanunion 130
Ehe, bürgerliche 308
Eheschließung 309
Eigenkapitalrendite, Definition 149
Eigenschaftsirrtum 237
Eigentümergrundschuld 299
Eigentum 286
Eigentumserwerb 286, 287, 291
Eigentumsgarantie 220
Eigentumsvorbehalt 303
Eignungstest, Personalauswahl 190
Eingliederungskonzern 164
Einheitliche Europäische Akte 131
Einkaufskommission 329
Einkaufskooperation 69
Einkommensverteilung
– funktionelle 82
– leistungsgerechte 38
– personelle 85
Einlagenfazilität 109
Einliniensystem 169
Einnahmenpolitik 93
Einproduktunternehmen 183
Einrede der Vorausklage 281
Einzelangebotsmonopol 61
Einzelfertigung 185
Einzelgeschäftsführung, OHG 341
Einzelunternehmen 334
Einzelvertretungsbefugnis, OHG 341
Einzelvollmacht 243
Enstehungsrechnung 77
Entscheidungen, konstitutive betriebliche 143
Entscheidungsfindung, Methoden 16
Entstehungsrechnung 80
Erbfolge
– gesetzliche 313
– gewillkürte 312
Erbrecht 312
– des Ehegatten 309, 314
– des Fiskus 314
Erbvertrag 313
Ereignisfristen 245, 247
Erfüllungsgeschäft 234
Ergänzungspflegschaft 312
Erinnern, Arten 6
Erklärungsbewusstsein 232
Erklärungsirrtum 237
Erlass 260
Erlaubniskartell 69, 161
ESZB 102

EU 128
EURATOM 130
Euro-Fixkurse 105
Europäische Freihandelszone 129
Europäische Gemeinschaft 128
Europäische Institutionen 130
Europäische Investitionsbank 134
Europäische Union 128
Europäische Zentralbank 103
Europäischer Binnenmarkt 134
Europäischer Gerichtshof 133
Europäischer Rat 131
Europäischer Rechnungshof 133
Europäisches Parlament 132
Europäisches System der Zentralbanken 102
Event-Marketing 208
EWG 130
Expertensystem 495
EZB 103
– Beschlussorgane 104
EZB-Rat 103

Fachverbände, Kooperation im Unternehmensbereich 162
Factoring 307
Fälligkeit 253
Familienname 309
Familienrecht 308
Familienunternehmen, KG 343
Faustpfand 302
Fenstertechnik 458
Fernabsatzverträge 271
Fertigungstypen 185
Fertigungsverfahren 184
Fertigungswirtschaft 182
– Durchführung der Produktion 184
– Programmplanung 182
Finanzplanung, mittelfristige 96
Finanzplanungsrat 96
Finanzzölle 118
Firma 316
– Begriff 321
– Schutz 323
Firmenausschließlichkeit 322
Firmenbeständigkeit 322
Firmenbildung 321
Firmentarifvertrag 392
Firmenwahrheit 321
Fiskalpolitik
– antizyklische 93, 94
– nachfrageorientierte antizyklische 97
Fixgeschäft, absolutes 253
Fließfertigung 184
Flüssigkristallbildschirm 422
Fluktuation, natürliche 195
Formkaufmann 316, 317
Frachtführer 330

Freihandelszone 129
Fristen, Berechnung 245
Früchte, Begriff nach BGB 231
Frühindikatoren, zur Existenzsicherung 201
Führungsmittel 198
Führungsstil
– autoritärer 197
– partizipativer 197
Führungssysteme, der Planung und Kontrolle 198
Führungstechniken 197
Fürsorgepflicht des Arbeitgebers 385
Fusion 159
– Definition 166
– durch Aufnahme 166
– durch Neugründung 166
– Hauptprobleme 166
Fusionskontrolle 72

Garantievertrag 282
Gattungsschuld 252
GbR 335
– Beendigung 339
– Geschäftsführung 337
– Gesellschaftsvermögen 338
– Gründung 335
– Rechtsbeziehungen der Gesellschafter untereinander 336
– Vertretung 337
– Wechsel der Gesellschafter 339
Gebrauchsgüter 36
Gedächtnistraining 5
Geld 98
Gelddarlehen 276
Geldersatz 284
Geldmengenaggregate 99
Geldpolitik 98
– Ansatzpunkte 106
Geldschöpfungsmultiplikator 101
Geldwertstabilität 100, 101
– Sicherung 106
Gemeinsamer Markt 129
Gemeinschaftsunternehmen 165
Genehmigtes Kapital 357
Generalbevollmächtigter 324
Generalhandlungsvollmacht 326
Generalkonsens 226
Generalvollmacht 243
Gerichtsbarkeit 367
Gerichtsstand 368
Gesamtgeschäftsführung
– GbR 337
– OHG 341
Gesamthandsvermögen, Gütergemeinschaft 310
Gesamthypothek 299
Gesamtkapitalrendite, Definition 149
Gesamtkosten 50

Gesamtprokura 325
Gesamtrechtsnachfolge, Erbrecht 312
Geschäftsbesorgungsvertrag 280
Geschäftsbezeichnung 323
Geschäftsfähigkeit 225
Geschäftsfeldanalyse, strategische 203
Geschäftsführer, GmbH 349
Geschäftsführung
- OHG 341
- ohne Auftrag 279
Geschäftswille 232
Gesellschaft 334
Gesellschafterversammlung, GmbH 349
Gesellschafterwechsel, GmbH 350
Gesellschaftsrecht 334
Gesellschaftsvertrag, GmbH 347
Gesetz gegen Wettbewerbsbeschränkungen 68
Gesetze 213
Gesetzgebungsverfahren 222
Gestaltungsrechte 213
Gewährleistung, für Sachmängel 266
Gewerbeanmeldung 366
Gewerbeaufsicht 366
Gewerbefreiheit 366
Gewerberecht 365
Gewerbesteuer, Standortwahl 156
Gewerbeuntersagung 367
Gewerkschaften 163
Gewinn, Definition 148
Gewinnabführungsvertrag 164
Gewinnmaximierung 52, 55
Gewinnquote 82, 83
Gewinnverteilung, GbR 336
Gewohnheitsrecht 214
Gezogener Wechsel 359
Giralgeldschöpfung 101
Gläubigerverzug 257, 258
Gleichheitssatz 219
Gleichordnungskonzern 164
Gliederung, Arbeitsmethodik 10
Gliederungstechniken 10
Global-Sourcing, Materialeinkauf 179
Globalzession 307
GmbH 346
- Änderung des Gesellschaftsvertrages 348
- Beendigung der Gesellschaft 351
- Firma 348
- Gesellschafterwechsel 350
- Gründung 347
- Haftung 350
- Organe 349
- Rechtsnatur 346
Grenzkosten 51, 55

Grenznutzen des Geldes 48
Grenznutzenkurve 48
Grenzumsatz 55
Grenzumsatzfunktion 62
Gründergesellschaft 347
Gründungsprüfung, AG 353
Grundbuch 289, 320
- Aufbau 289
- eintragungsfähige Rechte 290
- Rangfolge der Grundstücksrechte 290
Grundbuchamt 289
Grunddienstbarkeiten 293
Grundpfandrechte 296
Grundrechte 217
Grundschuld 300
Grundsteuer, Standortwahl 156
Gruppenarbeit 15
Gruppendynamik 15
Gruppenfertigung 184, 185
GSM 451
Güter, öffentliche 122
Güterarten 36
Gütergemeinschaft 310
Güterstand 309
Gütertrennung 310
Gütetermin, Arbeitsgerichtsbarkeit 395
GWB 68

Haftung
- bei Sachmängeln 267
- für fremdes Verschulden 284
- GmbH 350
Handeln in fremdem Namen 241
Handelsbevollmächtigter 326
Handelsbräuche 316
Handelsgeschäfte 330
Handelskauf 330
Handelsklauseln 330, 331
Handelsmakler 328
Handelsrecht 315
Handelsregister 316, 319
- Publizitätswirkung 320
Handelsverträge 120
Handelsvertreter 327
Handelsvorschriften, nichttarifäre 120
Handlungsgehilfe 327
Handlungsreisender 326
Handlungsvollmacht 326
Handlungswille 232
Hardware 411
- Gefährdung 503
Hauptspeicher 413
Hauptversammlung, AG 355
Haustarifvertrag 392
Haustürgeschäfte 270
HECKSCHER-OHLIN-Theorem 111
Herausgabeanspruch, Abtretung 287
Herrschaftsrechte 212

Hexadezimalsystem 405
Hilfsprogramme 466
Hinterlegung 260
HIPO-Diagramme 483
Höchstbetragshypothek 299
Holding 164
Holding-Konstruktion 172
Holschuld 253
Hypothek 297
- besondere Formen 299

Idealverein 227
IHK 163
Immsionsstandards 125
Importzoll 119
Incentives 193
Individualarbeitsrecht 382
Individualsoftware 469
Indossament 361
Industrie- und Handelskammern 163
Inflationsarten 100
Inflationsrate 103
Inflationsursachen 100
Informatik 399
Informationen 398
Inhaberaktien 353
Inhaberscheck 364
Inhaltsirrtum 237
Innenvollmacht 242
Insolvenzanfechtung 378
Insolvenzantrag 377
Insolvenzfähigkeit 376
Insolvenzgrund 376
Insolvenzverfahren 375
- Absonderung 379
- ausreichende Masse 377
- Aussonderung 379
- Eröffnung 377
- Rechtslage nach Beendigung 380
- vereinfachtes 380
- Verfahrensgang 378
- Verteilung der Masse 380
- Voraussetzungen 376
- Zweck 376
Insolvenzverwalter 378
Interessengemeinschaft 160
- wettbewerbsneutrale 161
- zeitlich befristete 162
- zeitlich unbefristete 162
Internationaler Handel, Bestimmungsgründe 110
Internet 453
- Dokumente 15
Intranet 454
ISDN 449
ISO-Normen 175
Istkaufmann 316
IT 397

Jit 177
Job Enlargement 190
Job Enrichment 190, 191
Job Rotation 190
Jugendarbeitsschutz 388

JUGLAR-Zyklen 90, 92
Just-in-time-Lieferungen 177

Kaduzierungsverfahren 349
Kalkulationsirrtum 238
Kammer für Handelssachen 368
Kammern 163
Kannkaufmann 316
- Kleingewerbetreibender 317
- Land- und Forstwirt 317
Kapital, genehmigtes 357
Kapitalbilanz 87
Kapitalerhöhung
- aus Gesellschaftsmitteln 357
- bedingte 357
- GmbH 348
- nominelle 357
- ordentliche 356
Kapitalgesellschaften 346
Kapitalherabsetzung, GmbH 348
Kapitalproduktivität 37
- Standortfaktoren 155
Kapitalverkehr 34
Kartell 70, 159
- Arten 160
- Ausnahmen vom Kartellverbot 161
Kartellarten, zulässige 69
Kartellgesetz 68
Kartellverbot 161
Kauf
- auf Probe 269
- besondere Arten 269
- mit Umtauschklausel 270
- zur Probe 269
Kaufkraftparitäten 114
Kaufmann 316
- Hilfspersonen 324
- kraft Eintragung 318
Kaufmannsvermutung 318
Kaufvertrag 264
- Begriff 264
- Gefahrtragung 265
- Gewährleistung für Sachmängel 266
- Rücktritt 269
- Verjährung 269
- Wesen 264
KG 342
- Beendigung 344
- Entnahmerecht 344
- Gesellschafterwechsel 344
- Gründung 343
- Stellung der Gesellschafter 343
- Verteilung von Gewinn und Verlust 344
KITCHIN-CRUM-Zyklen 90
Klageverfahren 367, 369
- Berufung 370
- Revision 371
Kleingewerbetreibender, Kaufmannseigenschaft 317

Koalition 390
Kollektivvollmacht 243
Kommanditgesellschaft 342
Kommanditist 342, 343
Kommission, Arten 329
Kommissionär 328
Kommittent 328
Kommunikationspolitik
- absatzpolitisches Instrument 207, 208
Kommunikationswege 172
Komplementär 342, 343
Komplementärgüter 49
Komponenten-Sourcing, Materialeinkauf 179
Konditionenkartell 69, 160
KONDRATIEFF-Zyklen 90, 92
Konjunkturausgleichsrücklage 97
Konjunkturen, Begriff 89
Konjunkturindikatoren 91
Konjunkturphasen 91
Konjunkturpolitik 93
Konjunkturrat 96
Konkurrenzklausel 327
Konsumentenrente 58, 119
Konsumgüter 36
Konsumgüternachfrage 49
Kontingente 119
Kontokorrent 332
Kontokorrenteigentumsvorbehalt 303
Kontrahierungszwang 252
Konvertibilität 112
Konzentration
- Definition 159
- im Unternehmensbereich 159
Konzentrationsstrategien 71
Konzern
- Arten 163
- Begriff 163
- faktischer 164
Konzernabschluss 165
Konzernrecht 358
Konzertierte Aktion 96
Kooperation
- Arten 160
- Definition 159
- im Unternehmensbereich 159
Koppelungsbindungen 71
Kosten
- fixe 50
- variable 50
Kostenanalyse, geplantes EDV-Verfahren 505
Kostendruck-Inflation 100
Kostenkategorien 50
Kreditsicherheiten 281, 296
Kreislaufmodell, makroökonomisches 76
Kündigung
- außerordentliche 195, 386
- ordentliche 195, 385
Kündigungsfrist 386

Kündigungsschutz 385
- besonderer 386
Kündigungsschutzprozess 386
Kurzzeitgedächtnis 2, 5

Ladenangestellte, Vertretungsmacht 327
Lagerdauer 181
Lagerhalter 330
Lagerumschlagshäufigkeit 181
LAN 445
Landgericht 368
Langzeitgedächtnis 2, 5
Leasing 274
Leihe 275
Leistungsbilanz 87
Leistungsort 253
Leistungsproblem 37
Leistungszeit 253
Leistungszulagen 193
Leitungssysteme 169
Leitzins, der EZB 107
Lenkungsfunktion 66
Lenkungsproblem 37
LEONTIEF-Paradoxon 111
Lernen, technologiegestütztes 27
Lernprozess 3
Lernsoftware 476
Lerntechniken 2
Lesestrategie 4
Liberalismus, Marktwirtschaft 142
Lieferantenbewertung 179
Lieferbedingungen, Preispolitik 207
Linienorganisation, funktionale 171
Linux 459
Liquidation, GbR 339
Literaturverzeichnis, Arbeitsmethodik 13
Lohnfortzahlung 385
Lohnpolitik, aktive 84
Lohnquote 82, 83
Lohntarifvertrag 392
Lohnzahlung, Verweigerung 391
Lombard, Wechsel 363
Lombardsatz 363
LORENZ-Kurve 39, 86

Maastrichter Vertrag 130
Märkte und Preisbildung 46
Magisches Viereck 93
Magnetband 432
Magnetplatte 429
Mahnverfahren 367, 371
Make-or-buy-Entscheidung, Materialeinkauf 179
Maklervertrag 278
Management
- by Delegation 198
- by Exception 198
- by Objectives 198
- by Results 198

Management-Informations-
  systeme 172
Manteltarifvertrag 392
Marketing-Mix, Handlungs-
  felder und Instrumente
  203
Marktangebotskurve 56
Marktbeherrschende Stellung
  67
Marktbeherrschung 71
Marktforschung 203
Marktstellung, überragende
  71
Marktstrukturen 56
Marktwachstum, strategische
  Geschäftsfeldanalyse 203
Marktwirtschaft 142
– freie 41
– Preismechanismus 142
– privatwirtschaftliche 41
– soziale 43, 142
– sozialistische 41, 43
Massenfertigung 185, 186
Materialbedarfsplanung 175
– Bruttomaterialbedarf 176
– Nettomaterialbedarf 176
Materialbeschaffung
– Beschaffungsarten 177
– Lagerhaltungsstrategien
  178
Materialeinkauf
– operative Aufgaben 179
– strategische Aufgaben 179
Materialfluss
– dezentrale Steuerung 181
– Durchführung und
  Kontrolle 180
– zentrale Steuerung 181
Materialwirtschaft
– Durchführung und Kontrolle
  des Materialflusses 180
– Grundlagen 173
– Planung im Materialbereich
  175
Matrixorganisation 171
Maus 417
Mehrliniensystem 169
Mehrwertdienste 451
Mehrwertsteuersätze in der EU
  136
Meistbegünstigungsklauseln
  121
Mengenkontingente 119
Mengentender 108
Mengenzoll 119
Mental Sets, Arbeitsmethodik
  18
Miete 274
Mikroelektronik 409
Mikrofilm 441
Mikroprozessor 410
Minderjährigkeit 225
Minderung 267
Mindestreserven 107, 109
Ministerkartell 69, 161
Ministerrat der EU 132

MIS 172
Mitbestimmungsgesetz 187
Mitbestimmungsrecht 393
Mitbürgschaft 282
Mittelbarer Besitz 287
Mittelstandskartell 69
Moral 211
Motivirrtum 237
MS-DOS 457
Münzregal 106
Mutterschutz 388

Nachbürgschaft 282
Nacherbschaft 313
Nacherfüllung 267
Nachfrage der Haushalte 47
Nachfragefunktion 61
Nachfrageinflation 100
Nachfragekurven 49
Nachfragesog-Inflation 100
Nachfrageüberschuss 60
Nachschusspflicht, GbR 336
Nachsichtwechsel 360
Namensaktien 353
Naturalherstellung 284
Nettonationaleinkommen 80
Nettowohlstandsverlust 119
Netzstruktur 446
Netzwerk 444, 494
– Gefährdung 503
Neue Medien
– Arbeitsmethodik 27
– Planspiele 30
– technologiegestütztes
  Lernen 27
Nichtigkeit 239
Nießbrauch 293
Normenkartell 69
Notstandskartell 69
Nottestament 312
Nutzenanalyse, EDV-
  Verfahren 505
Nutzungen, Begriff nach BGB
  231

Oberlandesgericht 368
Öffentlichkeitsarbeit 208
Ökologie 121
Ökonomie 121
Ökosteuer 126
Offene Handelsgesellschaft
  340
Offenmarktoperationen 107
OHG 340
– Auflösung 342
– Beziehungen der
  Gesellschafter unter-
  einander 341
– Geschäftsführung 341
– Gesellschafterwechsel 342
– Gründung 340
– Haftung 342
– Vertretung 341
Online-Datenbanken 495
Optimale Bestellmenge 177
Orderscheck 364

Organisation
– betriebliche Organisationsstrukturen 168
– formelle 167
– informelle 167
Organisationsformen
– der betrieblichen
  Kompetenzen 168
– Umsetzung einer
  Organisationsstruktur 170
Organisationsstruktur
– flache 169
– funktionale 170

Pacht 275
Paritätengitter 116
Peripherie, EDV 416
Personalabbau 195
Personalauswahl 189
Personalbereitstellung 189
Personalbindung
– aktive Personalverwaltung
  191
– Akzeptanz der Arbeits-
  bedingungen 192
– leistungsgerechte
  Vergütung 193
– Personalentwicklungs-
  maßnahmen 191
Personaleinsatz 190
Personalentwicklungs-
  maßnahmen 191
Personalfoliensystem 289
Personalführung 196
Personalplanung 187
– qualitative 188
– quantitative 187
Personalsuche 189
Personalumschichtung 194
Personalwirtschaft 186
– Personalabbau 194
– Personalbereitstellung 189
– Personalbindung an das
  Unternehmen 190
– Personalplanung 187
– Personalumschichtung
  194
– Stellenwert der Personal-
  abteilung im Unternehmen
  186
Personen
– juristische 224, 227
– natürliche 224
Personenfirma, GmbH 349
Personengesellschaften 334
Petitionsrecht 220
Pfandrecht
– an beweglichen Sachen
  und an Rechten 302
– gesetzliches 302
Pflegschaft 314
Pflichtteilsanspruch 314
Pflichtteilsrecht, des Ehegatten
  309
Phasenmodell, EDV 478
Planspiele, neue Medien 30

Planung
- Bottom-up-Pläne 199
- operative 199, 201
- strategische 199, 201
- taktische 199, 201
- Top-down-Planung 199
Planungsproblem 38
Platzkauf 269
Porsche, Subventionen 158
Prämienzahlungen 193
Preis-Absatz-Funktion 62
Preis-Quoten-Kartell 65
Preisbildung 56
- bei vollständiger Konkurrenz 58
- im Angebotsmonopol 61
Preisbindung 70
Preiskartell 161
Preisniveaustabilität 93
Preispolitik 205
- Kaufkonditionen 206
- preispolitische Strategien 206
Primärverteilung 85
Privatrecht 214
Probezeit 190
Problemanalyse, Methoden 16
Product-Placement 208
Produkt-Platzierung 208
Produktelimination 205
Produktgestaltung 182
Produktinnovation 205
Produktionsfaktoren 37
- betriebliche 145
- dispositiver Faktor 146
- Elementarfaktoren 145
Produktionskartell 161
Produktionsmenge, Planung 183
Produktionsmittel 36
Produktionsplanung 182
Produktionspotential, gesamtwirtschaftliches 90
Produktlebenszyklus-Phasen 204
Produktpolitik 204
Produzentenrente 58, 119
Profit-Center 171
Programm 403, 455
Programmiersprache 461
Programmplanung, Fertigungswirtschaft 182
Prohibitivpreis 58
Projektarbeit, Arbeitsmethodik 10
Projektorganisation 172
Prokura 243, 319, 325
Protektionismus 129
Protokolltechniken 9
Prozessor 409, 413
Prozessorganisation 167
Public-Relations 208
Publikumsgesellschaft, KG 343
Publizität, Handelsregister 320

Rabatt, Preispolitik 207
RAM 413
Rationalisierungskartell 69
Realfoliensystem 289
Reallast 296
Recherche, Online-Datenbanken 495
Recht 211
- Begriff 212
- betriebliches 382
- billiges 215
- Einteilung 213
- formelles 215
- materielles 215
- öffentliches 214
- strenges 215
- supranationales 67
Rechte
- an beweglichen Sachen 286
- an Grundstücken 289
Rechtsanwendung, Technik 216
Rechtsfähigkeit 224, 227
Rechtsformen, der Unternehmung 334
Rechtsgeschäfte 231
- einseitige 233, 250
- formbedürftige 235
- formlose 235
- mehrseitige 233, 250
Rechtsobjekte 229
Rechtsordnung, Grundlagen 211
Rechtsstaat 221
Rechtssubjekte 224
Rechtsverordnungen 213
Rede, Vorbereitung 23
Redeängste, psychologische Faktoren 24
Redetechnik, Grundlagen 18
Referat 9
Refinanzierungsfazilität 109
Registergericht 319
Reisescheck 365
Reisevertrag 278
Rektascheck 364
Rentabilität, Definition 149
Rentenschuld 301
Resonanzübungen, Arbeitsmethodik 20
Richterrecht 214
Rohstoffabkommen 121
ROM 413
Rückbürgschaft 282
Rücktritt, vom Kaufvertrag 267

Sachdarlehen 276
Sache, Begriff nach BGB 229
Sacheinlagen, GmbH 347
Sachenrecht 285
Sachfirma, GmbH 349
Sachgüter 36
Sachmangel 265
Sales-Promotion 208

SAP 470
Satzungen 213
Scanner 418
Schaden, immaterieller 285
Schadensersatz 267
- unerlaubte Handlung 283
- wegen Nichterfüllung 255
Scheck 363
Scheckhaftung 364
Scheckprozess 365
Scheckrecht 359
Scheingeschäft 236
Scheinkaufmann 318
Schenkung 274
Scherzerklärung 237
Schickschuld 254
Schlichtung 390
Schmerzensgeldanspruch 285
Schnittstellen 414
Schreibspeicher 413
Schriftform 235
Schuldbeitritt 282
Schuldnerverzug 257
Schuldrecht, Allgemeines 250
Schuldübernahme, kumulative 282
Schuldverhältnisse
- Aufhebung 260
- aus Gesetz 283
- Entstehung 250
- Erlöschen 259
- Inhalt 252
Schutzbestimmungen, arbeitsrechtliche 387
Schwägerschaft 310
Schwerbehindertenschutz 388
Scrap, strategische Geschäftsfeldanalyse 203
Sekundärverteilung 85
Selbstbeschränkungsabkommen 121
Selbstkontrahieren, Verbot 244
Serienfertigung 185
Sicherungsabtretung 306
Sicherungseigentum 304
Sicherungsgrundschuld 300, 301
Sicherungshypothek 299
Sicherungsübereignung 305
Sichteinlagen 99
Sichtwechsel 360
Sittenwidrigkeit 239
Software 455
- Gefährdung 503
Software-Engineering 478
Software-Entwicklung 477
Sortimentsgestaltung 182
Sozialbindung 286
Soziale Marktwirtschaft 43, 142
Soziale Wohlfahrt 45
Sozialpolitik, Ziele 45
Sozialprodukt, Berechnungsarten 80
Sozialstaatsklausel 220

Spartenorganisation 171
Speicher
- elektronische 437
- interner 487
- magnetische 428
- optische 432
Speicherform 489
Speichergeräte 428
Spezialilisierungskartell 69
Spezialitätsgrundsatz 294
Spezialvollmacht 243
Spielsoftware 476
Sponsoring 208
Sprachverarbeitung 442
Sprechgestaltung
- Regeln 20
- Verbote 20
Sprechtechnik, Grundlagen 18
Staatsverschuldung 103
Stabilitäts- und Wachstumspakt 137
Stabilitätsgesetz 93
Stabilitätsziele 45
Stabliniensystem 170
Stammaktien 353
Stammeinlagen 347
Stammkapital 347
Standardsoftware 469
Standortentscheidung 150
Standortfaktoren
- Arbeitskosten 152
- Arbeitsproduktivität 155
- Besteuerung 156
- inputbezogene 151
- Kapitalproduktivität 155
- outputbezogene 151, 152
- produktionsbezogene 151, 152
- staatliche Leistungen 158
- Subventionen 158
- Transportkosten 155
- Wechselkurs 155
Standortwahl, Ebenen 150
Stars, strategische Geschäftsfeldanalyse 203
Stellvertretung 241, 242
Steueroasen, Standortwahl 157
Steuerunterschiede
- internationale 157
- nationale 156
Stiftung 229
Stille Gesellschaft 344
- Kaufmannseigenschaft 317
Stille Zession 307
Stop-and-go-Politik 97
Strafmündigkeit 227
Streik 390
Struktogramme 484
Strukturkrisenkartell 69
Strukturziele 45
Studienarbeit 10
Stückkosten 50
Stücklisten 175
Stückschuld 252

Substitutionsgüter 49
Substitutionsprinzip der Organisation 169
Subsumtion 216
Subventionen
- an DaimlerChrysler 158
- in Deutschland 158
- Standortfaktoren 158
System-Sourcing, Materialeinkauf 179
Systemsoftware 457

T-Online 452
Tabellenkalkulationsprogramme 473
Täuschung 238
Tagesgeldmarkt 107
Tagwechsel 360
Tarifrecht 382, 391
Taschengeldparagraph 226
Tastatur 416
Tausch 274
Technologiegestütztes Lernen 27
Telebox 452
Telefax 451
Termineinlagen 99
Territorialprinzip, Grundprinzip internationaler Steuerpflicht 157
Testament 233, 312
- eigenhändiges 312
- gemeinschaftliches 312
- öffentliches 312
Testamentsvollstreckung 313
Textkörper, Arbeitsmethodik 12
Textverarbeitungsprogramme 471
Time-lags 97
Top-down-Planung 199
Touchscreen 452
Transportkosten, Standortfaktoren 155
Tratte 359
Treuepflicht
- des Arbeitnehmers 384
- GbR 336
Typenkartell 69

Übergabe kurzer Hand 287
Überinvestitionstheorie 92
Übertragungsdienste 448
Umsatzfunktion 62
Umsatzrendite, Definition 149
UMTS 451
Umwelt 34
Umweltabgaben 126
Umweltauflagen 125
Umweltgüter 122
Umweltnutzung
- optimale 124
- und Wirtschaft 121
Umweltpolitik 124
Umweltschutzpolitik 125
- praktische 125

Umweltschutzzertifikate 126
Unerlaubte Handlung 283
Ungerechtfertigte Bereicherung 285
Universalprinzip, Grundprinzip internationaler Steuerpflicht 157
UNIX 458
Unmöglichkeit 254
Unterhaltungssoftware 476
Unterkonsumtionstheorie 92
Unternehmen, assoziierte 165
Unternehmensführung 196
- Controlling 199
- Führungssysteme der Planung und Kontrolle 198
- Kernbereiche 196
- Personalführung 196
Unternehmensmitbestimmung 393
Unternehmensplanung, Ebenen 198
Unternehmenszusammenschlüsse, Arten 160
Unternehmerpfandrecht 273
Unterordnungskonzern 163
Urkundsprozess 365
USB 414
UWG 67

Verarbeitungsklausel, Eigentumsvorbehalt 304
Verbände, Kooperation im Unternehmensbereich 162
Verbandstarifvertrag 392
Verbraucherdarlehensvertrag 276
Verbraucherinsolvenzverfahren 380
Verbraucherpreisindex
- harmonisierter 100, 106
Verbrauchsgüter 36
Verbundene Unternehmen 165, 358
Verein 227
Verfassung, Begriff 217
Verfassungsprinzipien, allgemeine 220
Verfügungsgeschäft, dingliches 265
Verhandlungsstrategien 68
Verjährung 247
- Fristen 248, 249
- Hemmung 248
- Neubeginn 248
Verkaufsförderung 208
Verkaufskommission 329
Vermächtnis 313
Vermittlungsvertreter 327
Verpflichtungsgeschäft 234, 265
Verrechnungsscheck 364
Versammlungsfreiheit 219
Versendungskauf 269
Verteilungspolitik 45
Verteilungsrechnung 77, 79, 80

Verträge 250
Vertragskonzern 164
Vertragspflichten, Verletzung 254
Vertreter ohne Vertretungsmacht 243
Vertretungsmacht 242
Vertriebslogistik 209
Verwahrung 280
Verwandtschaft 310
Verwendungsrechnung 77, 79, 80
Verzeichnisse, Arbeitsmethodik 11
Verzug 257
- ohne Mahnung 257
Videocassetten 30
Viereck, magisches 93
Volkseinkommen 80
- Verteilung 81
Volkswirtschaftliche Gesamtrechnung 74
- Kontensystem 77
Volkswirtschaftslehre 34
Vollbeschäftigung 93
Vollmacht 243
Vollstreckung 374
Vollstreckungsbescheid 372
Vorbehalt, geheimer 236
Vorgesellschaft 347, 351
Vorgründungsgesellschaft 347, 351
Vorkauf 270
Vorkaufsrecht, dingliches 295
Vormerkung 292
Vormundschaft 311
Vorstand, AG 354
Vorstellungsgespräch 189
Vortragstechnik, Arbeitsmethodik 25
Vorzugsaktien 353

Wachstumsziele 45
Währungsunion 102
Warenakkreditiv 332
Wechsel 359
- Annahmeverweigerung 362
- Arten 359
- Basis-Zinssatz 363
- Diskont 363
- eigener 359
- Formerfordernisse 359
- gezogener 361
- Regress 362
- Übertragung 361
- Vorlage zur Zahlung 362
Wechselbürgschaft 282

Wechselgeschäftsfähigkeit 359
Wechselkurs 112
- Standortfaktoren 155
Wechselkurse
- fixe mit Bandbreiten 115
- freie 114
- Leitkurs 115
Wechselkurssysteme 114
Wechselprozess 365
Wechselrechtsfähigkeit 359
Wechselregress 362
Wechselrückgriff 362
Weiterverkaufsklausel, Eigentumsvorbehalt 303
Welteinkommensprinzip, Grundprinzip internationaler Steuerpflicht 157
Werbeerfolg, Messung 208
Werbung
- absatzpolitisches Instrument 207
- Ziele 207
Werklieferungsvertrag 271, 273
Werkstattfertigung 184
Werktarifvertrag 392
Werkvertrag 271
Werkzeuge, EDV 481
Wertekreislauf, güter- und finanzwirtschaftlicher 148
Wertkontingente 119
Wettbewerb 66
Wettbewerbsbeschränkungen
- horizontale 70
- vertikale 70
Wettbewerbsklausel 327
Wettbewerbspolitik 66, 67
Wettbewerbspolitische Instrumente 67
Wettbewerbspreise 66
Wettbewerbsverbot 327, 384
Widerspruchskartell 69, 161
Wiederkauf 270
Willenserklärung 231
- empfangsbedürftige 233
Willensmängel 236
Windows 457
Wirtschaftliche Wohlfahrt, Ziele 45
Wirtschaftlichkeit
- betriebswirtschaftliches Grundprinzip 147
- geplantes EDV-Verfahren 505
Wirtschafts- und Sozialausschuss 133

Wirtschafts- und Währungsunion 130
Wirtschaftskreislauf, makroökonomischer 75
Wirtschaftsordnungen 40
Wirtschaftspolitik
- allgemeine 45
- angebotsorientierte 97
Wirtschaftssysteme 40
Wirtschaftwachstum
- stetiges und angemessenes 93, 95
Wohlfahrt, soziale 45
Wohnungsrecht 293
World Wide Web 454
WWW 454

xDSL 449

Zahlensysteme 404
Zahlungsbedingungen, Preispolitik 207
Zahlungsbilanz 86
- Hauptposten 88
Zahlungsfähigkeit, Sicherung 149
Zahlungsmodalitäten im Außenwirtschaftsverkehr 120
Zahlungsverkehr, kaufmännischer 332
Zeitbürgschaft 282
Zeitlohn 193
Zeitplanung 7
Zentraleinheit 412
Zentralisation, betriebliche Organisationsstruktur 168
Zentralverwaltungswirtschaften 41, 42
Zentralverwaltungswirtschaft 141
Zession, stille 307
Zinsniveau, langfristiges 103
Zinstender 108
Zölle 119
Zollunion 129
Zubehör
- Begriff nach BGB 230, 231
Zugewinngemeinschaft 291, 309, 314
Zusatzkostenquote, in der Verarbeitenden Industrie 154
Zwangsversteigerung 297
Zwangsverwaltung 297
Zwangsvollstreckung 370, 373